CB068952

COMENTÁRIOS
AO
CÓDIGO PENAL

NÉLSON HUNGRIA
Membro da Comissão Revisora do Anteprojeto do Código Penal.
Membro da Comissão Elaboradora dos Anteprojetos da Lei das Contravenções
Penais e do Código de Processo Penal. Ministro do Supremo Tribunal Federal

RENÉ ARIEL DOTTI
Corredator dos anteprojetos da Lei nº 7.209/1984 (reforma da Parte Geral do Código
Penal) e da Lei nº 7.210/1984 (Lei de Execução Penal). Medalha Mérito Legislativo da
Câmara dos Deputados (2007). Professor Titular de Direito Penal. Advogado

COMENTÁRIOS AO
CÓDIGO PENAL

Dec.-Lei nº 2.848, de 7 de dezembro de 1940
Arts. 11 a 27

Lei nº 7.209, de 11 de julho de 1984
Arts. 13 a 31

Volume I

Tomo II

7ª edição

GZ
EDITORA

Rio de Janeiro
2016

7ª edição – 2016

© *Copyright*
Nélson Hungria

Atualizador
René Ariel Dotti

Organização: *Claudia Penovich*
Digitação da Bibliografia: *Mônica Catani*
Capa: *Bruna Montenegro Zardo*
Revisão: *Carmem Becker*
Diagramação: *Olga Martins*

CIP – Brasil. Catalogação-na-fonte.
Sindicato Nacional dos Editores de Livros, RJ.

H916c
7. ed.
v. I tomo II

Hungria, Nélson
Comentários ao Código Penal / Nélson Hungria, René Ariel Dotti. - 7. ed. - Rio de Janeiro: LMJ Mundo Jurídico, 2016.

968 p.: il.; 24 cm.   (Comentários ao Código Penal ; v. I tomo I)
Sequência de: Comentários ao Código Penal Continua com: volume I, tomo II

Inclui índice
ISBN 978-85-62027-86-4

1. Brasil. [Código penal (1940)]. 2. Direito penal - Brasil. 3. Brasil . [Código de processo penal (1941)]. 4. Processo penal - Brasil. 5. Direitos fundamentais - Brasil. I. Dotti, René Ariel. II. Título. III. Série.

16-32609   CDU: 343:342(81)(094.5)

O titular cuja obra seja fraudulentamente reproduzida, divulgada ou de qualquer forma utilizada poderá requerer a apreensão dos exemplares reproduzidos ou a suspensão da divulgação, sem prejuízo da indenização cabível (art. 102 da Lei nº 9.610, de 19.02.1998).

Quem vender, expuser à venda, ocultar, adquirir, distribuir, tiver em depósito ou utilizar obra ou fonograma reproduzidos com fraude, com a finalidade de vender, obter ganho, vantagem, proveito, lucro direto ou indireto, para si ou para outrem, será solidariamente responsável com o contrafator, nos termos dos artigos precedentes, respondendo como contrafatores o importador e o distribuidor em caso de reprodução no exterior (art. 104 da Lei nº 9.610/98).

As reclamações devem ser feitas até noventa dias a partir da compra e venda com nota fiscal (interpretação do art. 26 da Lei nº 8.078, de 11.09.1990).

Reservados os direitos de propriedade desta edição pela
GZ EDITORA

e-mail: contato@editoragz.com.br
www.editoragz.com.br
Av. Erasmo Braga, 299 - sala 202 – 2º andar – Centro – Rio de Janeiro – RJ – CEP 20010-170
Tels.: (0XX21) 2240-1406 / 2240-1416 – Fax: (0XX21) 2240-1511

Impresso no Brasil
Printed in Brazil

ÍNDICE SISTEMÁTICO

Nota da Editora... XXV
Prefácio XXVII

PRIMEIRA PARTE
Nélson Hungria

TÍTULO II
DO CRIME

49. Conceito jurídico do crime.	5
50. Fato típico.	6
51. Injuridicidade (ilicitude jurídica, ilegalidade).	14
52. Culpabilidade (culpa "sensu lato").	16
53. Punibilidade (incidência sob a ameaça da pena "stricto sensu").	17
54. Ilícito penal e ilícito civil.	19
55. Ilícito penal e ilícito administrativo.	24
56. Crime e contravenção.	26
57. Divisão dos crimes.	29
Art. 11. Relação de causalidade	41
58. Causalidade.	43
59. Interrupção de causalidade.	48
60. Causalidade da omissão.	49
Art. 12. Crime consumado; Tentativa; Pena de tentativa	51
Art. 13. Desistência voluntária e arrependimento eficaz.	51
Art. 14. Crime impossível	51
61. Crime consumado.	53
62. Tentativa.	54
63. Inadmissibilidade da tentativa.	61
64. Tentativa e "impetus".	63
65. Tentativa e dolo eventual.	65
66. Tentativa de lesão corporal.	65
67. Tentativa e crime complexo.	66

Índice

68. Pena de tentativa... 66
69. Tentativa abandonada. Desistência voluntária e arrependimento eficaz..... 67
70. Crime impossível ou tentativa inadequada (inidônea)................................... 71
71. Crime putativo... 75

Art. 15. Crime doloso e crime culposo... 79
72. Culpabilidade... 82
73. Dolo... 84
74. Preterdolo e caso fortuito.. 90
75. Consciência da injuridicidade.. 104
76. Distinções do dolo... 126
77. Culpa (stricto sensu)... 134
78. Graus da culpa... 148
79. Imprudência, negligência, imperícia... 149
80. Erro profissional.. 150
81. Culpa presumida... 151
82. Compensação de culpas... 152
83. "Actiones liberæ in causa".. 154
84. Punibilidade excepcional dos fatos culposos... 157

Art. 16. Ignorância ou erro de direito... 157

Art. 17. Erro de fato; erro culposo; Erro determinado por terceiros e Erro sobre a pessoa.. 157
85. Ignorância ou erro de direito... 159
86. Erro de fato.. 166
87. Erro provocado.. 181
88. Erro acidental. "Error in persona". "Aberratio ictus". "Aberratio delicti"..... 181

Art. 18. Coação irresistível e obediência hierárquica................................. 186
89. Coação irresistível... 187
90. Obediência hierárquica.. 190

Art. 19. Exclusão de criminalidade... 193

Art. 20. Estado de necessidade.. 193

Art. 21. Legítima defesa; Excesso culposo... 194
91. Generalidades.. 196
92. Estado de necessidade.. 198
93. Legítima defesa.. 206
94. Requisitos da legítima defesa.. 210

95. Agressão atual ou iminente e injusta. ... 213
96. Preservação de um direito, próprio ou de outrem. ... 219
97. Emprego moderado dos meios necessários à defesa. ... 221
98. Excesso culposo. ... 223
99. Inadmissibilidade da legítima defesa recíproca. ... 226
100. Cumprimento de dever legal e exercício de direito. ... 226

TÍTULO III
DA RESPONSABILIDADE

Art. 22. Irresponsáveis; Redução facultativa de pena ... 230

Art. 23. Menores de 18 anos ... 230

Art. 24. Emoção e paixão. Embriaguez ... 230
101. Responsabilidade penal. ... 235
102. Método biopsicológico. ... 242
103. Doença mental. ... 244
104. Desenvolvimento mental incompleto ou retardado. ... 246
105. Responsabilidade diminuída. ... 247
106. Classificação das anormalidades psíquicas. ... 261
107. Critérios ou requisitos psicológicos da responsabilidade. ... 262
108. Imaturidade. ... 263
109. Emoção e paixão. ... 269
110. Embriaguez. ... 280
111. Perícia psiquiátrica e quesitos. ... 284

TÍTULO IV
DA COAUTORIA

Art. 25. Pena da coautoria ... 288

Art. 26. Circunstâncias incomunicáveis ... 288

Art. 27. Casos de impunibilidade ... 288
112. Concurso de agentes. ... 290
113. Elemento subjetivo da participação. ... 302
114. Cooperação dolosamente distinta. ... 304
114-a. Participação de participação e instigação ou mandato sucessivo. ... 306
115. Concurso em crime culposo. ... 306
116. Participação mediante omissão. ... 308
117. Agravação e atenuação de pena. ... 309
118. Concurso necessário. Concurso-agravante. Crime multitudinário. ... 310
119. Agente provocador (agent provocateur, Lockspitzel). ... 315

Índice

120. Participação e arrependimento. 317
121. Circunstâncias incomunicáveis e comunicáveis. 318
122. Impunibilidade no caso de "delictum non secutum". 319

SEGUNDA PARTE
René Ariel Dotti

Tábua de Abreviaturas 325

TÍTULO II
DO CRIME

§ 1º Introdução histórica 339
I. As Ordenações do Reino de Portugal. 339
II. A devassa da Inconfidência Mineira. 340
III. A Independência do Brasil. 341
IV. A influência das bases da Constituição Portuguesa. 341
V. A Constituição do Império do Brasil (1824). 342
VI. O Código Criminal do Império (1830). 343
VII. O Código Penal da Primeira República (1890). 344
VIII. A Consolidação das Leis Penais (1932). 345
IX. O Código Penal de 1940. 346
X. O Código Penal de 1969 (Dec.-lei nº 1.004, de 21.10.1969). 348
    a. *A revisão do Anteprojeto Hungria* (1) 348
    b. *A revisão do Anteprojeto Hungria* (2) 349
    c. *As vicissitudes da reforma* 349
XI. A Lei nº 6.016, de 31 de dezembro de 1973 (reforma do CP 1969). ... 351
XII. A reforma setorial da Parte Geral do Código Penal de 1940. 353
XIII. A reforma global da Parte Geral do Código Penal de 1940. 355
XIV. O Anteprojeto Toledo. 356
XV. A reforma pontual. 356

§ 2º Conceitos de crimes 357
I. O Código Criminal do Império. 357
II. O Código Penal da Primeira República. 358
III. A Lei de Introdução ao Código Penal. 358
IV. Conceito material de crime. 358
V. Concepção de vários mestres. 359
VI. Propostas sob diversas perspectivas. 359
VII. Uma definição tautológica. 362

§ 3º Divisão das infrações penais ... 363
I. O critério adotado pelo Brasil. ... 363
II. Orientação de outros países. ... 363
III. Ausência de método seguro de distinção. ... 363
IV. Fundamento e critério. ... 364

§ 4º Modalidades de crimes ... 364
I. Introdução. ... 365
II. Relação. ... 365

§ 5º Elementos do crime (1) ... 381
I. A conduta. ... 381
II. Conceito legal de causa. ... 381

§ 6º Elementos do crime (2) ... 382
I. A tipicidade. ... 382
II. A tipicidade conglobante. ... 382
III. Classificação dos tipos legais. ... 383
IV. Conceito de tipo de ilícito penal. ... 385
V. O tipo penal como indiciário da ilicitude. ... 385
    a. *A conduta típica é indício de ilicitude* ... 385
    b. *O tipo de ilícito e a fragmentariedade do Direito Penal* ... 386
VI. Teoria dos elementos negativos do tipo. ... 387
VII. Classificação dos tipos penais. ... 388
    a. *Tipos penais fechados* ... 388
    b. *Tipos penais abertos* ... 388
    c. *Tipos fundamentais (básicos)* ... 390
    d. *Tipos derivados (de atenuação ou agravação)* ... 390
VIII. Elementos dos tipos penais. ... 390
    a. *Elementos descritivos* ... 390
    b. *Elementos normativos* ... 390
    c. *Elementos subjetivos* ... 391
IX. Funções do tipo penal. ... 392
X. O princípio da intervenção mínima. ... 393

§ 7º Elementos do crime (3) ... 394
I. A ilicitude. ... 394
II. Ilicitude formal e ilicitude material. ... 395
III. Elementos da ilicitude. ... 395
IV. Ilicitude e injusto. ... 395
V. O bem jurídico. ... 397

VI. Bem jurídico e objeto do crime.	398
VII. O princípio da insignificância jurídica.	399
VIII. Ilícito penal e ilícito civil.	401
IX. Ilícito penal e ilícito administrativo.	402
a. *Direito administrativo sancionador*.	402
b. *A unidade do* ius puniendi.	403
X. Ilícito penal e outras modalidades.	405

§ 8º Elementos do crime (4) 405

I. A culpabilidade.	405

§ 9º A punibilidade 405

I. Conceito.	405
II. A punibilidade como suposto elemento do crime.	405
III. Punibilidade e pena.	406

§ 10. Condições objetivas de punibilidade 407

I. Conceito.	407
II. Inclusão sistemática.	407
III. Condições de punibilidade ou condições de processabilidade.	407

§ 11. Escusas absolutórias 409

I. Designações.	409
II. Classificação.	410
III. Condições negativas de punibilidade.	410
IV. Escusa absolutória e perdão judicial.	411

§ 12. Causas extintivas de punibilidade 412

I. Conceito.	412

§ 13. Causalidade factual e jurídica 424

I. Precisão terminológica.	424
II. Não há crime sem resultado.	425
III. Direito penal do fato.	426
IV. Classificações do delito segundo o resultado.	427
V. O princípio da ofensividade.	427
VI. Causa e condição.	428
VII. Concausa.	428
VIII. A relação de causalidade.	429
IX. Teorias sobre a relação de causalidade.	431
a. *Teoria da totalidade das condições*	431
b. *Teoria da equivalência dos antecedentes* (conditio sine qua non)	432

c. Teoria da causalidade adequada	433
d. Teoria da predominância	434
e. Teoria da relevância jurídica	434
f. Teoria da causa humana exclusiva	435
g. Teoria da imputação objetiva	435
h. Outras teorias	439
X. Superveniência de causa independente.	440

§ 14. Conceito realístico da ação — 441

I. Elementos da ação.	441
II. Etapas de desenvolvimento da ação.	441
III. A incapacidade criminal da pessoa jurídica.	442
a. Inexistência de ação ou omissão da pessoa jurídica	442
b. Erro elementar de interpretação	442
c. Precedentes do Superior Tribunal de Justiça	444
d. Precedente do Supremo Tribunal Federal	444
IV. Assunto que não transitou em julgado.	445

§ 15. Teoria jurídico-penal da ação — 450

I. Posição dogmática.	450
II. Teorias sobre a ação.	451
a. Teoria causal-naturalista	451
b. Teoria sintomática	452
c. Teoria social	452
d. Teoria finalista	453
III. Ação e ato.	456
IV. Actio libera in causa.	456
V. Ausência de conduta.	458

§ 16. Teoria jurídico-penal da omissão — 460

I. Conceito doutrinário.	460
II. Conceito legal.	461
III. Teorias sobre a omissão.	461
a. Teoria normativa	462
b. Teoria finalista	462
IV. Elementos da omissão.	462
V. Natureza do dever de agir.	463
VI. Responsabilidade pelo dever de agir.	464
VII. Formas da omissão.	464
VIII. Classificação dos crimes omissivos.	464

a. *Crimes omissivos próprios (puros)*	464
B. *Crimes omissivos impróprios (comissivos por omissão)*	464
c. *Crime omissivo por comissão (conduta mista)*	465
IX. A causalidade nos delitos de omissão dolosa.	466
X. A causalidade nos delitos de omissão culposa.	468
XI. Omissão e conivência.	469

§ 17. Sujeitos do crime ... 470
I. Sujeito ativo. ... 470
II. Sujeito passivo. ... 471
III. Terceiro prejudicado. ... 472

§ 18. O dano ... 472
I. Sinonímia. ... 472
II. Espécies de dano. ... 473
    a. *Dano efetivo* ... 473
    b. *Dano potencial* ... 473

§ 19. O perigo ... 473
I. Conceito. ... 473
II. Espécies de perigo. ... 475
    a. *Perigo efetivo* ... 475
    b. *Perigo presumido* ... 475
    c. *Perigo coletivo* ... 477
    d. *Perigo individual* ... 477
    e. *Perigo atual ou iminente* ... 477
    f. *Perigo futuro (mediato)* ... 478

§ 20. O itinerário do crime ... 484
I. Fases do crime doloso. ... 484
II. Cogitação e deliberação. ... 485
III. Atos preparatórios. ... 485
IV. Distinção entre atos preparatórios e início de execução. ... 486

§ 21. A tentativa ... 489
I. Breve histórico. ... 489
II. Conceito. ... 490
III. Teorias. ... 491
IV. Elementos. ... 492
V. Espécies. ... 493
VI. Tentativa de lesão corporal ... 493

VII. Tentativa em outras espécies de crimes.	494
VIII. Tentativa no crime de perigo.	495
IX. Ilícitos penais que não admitem a tentativa.	495
X. Pena da tentativa.	496
XI. Crime impossível. Tentativa impunível.	498

§ 22. A consumação 498
- I. Conceito legal. 498
- II. Elementos. 499
- III. O momento da consumação. 499
- IV. A consumação nos crimes instantâneos, continuados e permanentes. ... 500

§ 23. O exaurimento 502
- I. Noção geral. 502
- II. Hipóteses. 502
- III. Efeitos penais. 503

§ 24. Desistência e arrependimento 506
- I. A desistência voluntária. 506
- II. O arrependimento eficaz. 507
- III. Desistência e arrependimento: aspectos comuns. 507

§ 25. Especial diminuição da pena 510
- I. Inovação legislativa. 510
- II. Disposição relativa à aplicação da pena. 512
- III. O suposto vício de linguagem. 513
- IV. Natureza jurídica. 514
- V. Aplicação e extensão do benefício. 514
- VI. A reparação do dano nos crimes culposos. 516
- VII. Causas gerais de atenuação da pena. 516
- VIII. Relevância jurídica do instituto. 517
- IX. Relevância social do instituto. 517
- X. Um exemplo legal de composição. 518

§ 26. Tentativa inidônea 521
- I. Crime impossível. 521
- II. Meio e objeto do crime. 522
- III. Ineficácia absoluta ou relativa (do meio). 522
- IV. Impropriedade absoluta ou relativa (do objeto). 523
- V. Teoria adotada pelo Código e seu efeito. 523
- VI. Crime imaginário. 524

§ 27. Elementos subjetivos do tipo 532
I. Conceito de dolo. 532
II. O dolo como elemento do tipo. 533
III. Classes de dolo (1). 534
IV. Classes de dolo (2). 535
V. O dolo eventual na orientação do Código Penal. 536
    a. *O consentimento como requisito essencial do dolo eventual* 536
    b. *O erro judiciário na abusiva presunção do dolo eventual* 538
    c. *A necessária releitura de Cervantes quatro séculos após* 539
VI. O "fetiche do dolo eventual". 539
VII. É urgente uma nova definição legal do dolo eventual. 540
VIII. Uma proposta para redefinir o dolo eventual. 541
IX. Os elementos subjetivos do injusto. 542
X. Conceito de culpa. 543
XI. A estrutura do tipo culposo. 544
XII. Limites entre a culpa consciente e o dolo eventual. 544
XIII. Precedentes paradigmáticos. 546
XIV. A neocriminalização. 547
    a. *Noção geral e exemplos* 547
    b. *As alterações no Código de Trânsito Brasileiro* 547
    c. *A razoabilidade judiciária em lugar da presunção do dolo* 548
XV. A culpa inconsciente. 549
XVI. A preterintencionalidade. 550
XVII. O problema da compensação de culpas. 551

§ 28. Prevenção da responsabilidade objetiva 558
I. Inovação legislativa. 558
II. A rejeição do *versari in re illicita*. 559
III. Crime qualificado pelo resultado. 559
IV. Limites da regra de agravação. 560

§ 29. A posição sistemática da culpabilidade 560
I. Breve leitura histórica. 560
II. Conceito. 561
III. Teorias sobre a culpabilidade. 562

§ 30. A culpabilidade como elemento da pena 563
I. As teorias sobre a culpabilidade de autor. 563
    a. *A culpabilidade pelo caráter* 563
    b. *A culpabilidade pela formação da personalidade* 564

    c. *A culpabilidade pela conduta de vida*.. 565
II. Concepções sobre a culpabilidade. 566
    a. *A concepção psicológica* 566
    b. *A concepção normativa*.. 566
    c. *A concepção psicológico-normativa*.. 567
    d. *A concepção adotada pela PG/1984*... 568
III. A adoção da teoria finalista da ação. 569
IV. Pressupostos da culpabilidade. 570
    a. *a imputabilidade*.. 570
    b. *a consciência* (potencial ou real) *da ilicitude* 570
    c. *possibilidade e exigibilidade, nas circunstâncias, de conduta diversa*................ 571
    d. *O juízo se reprovação ao sujeito pela sua conduta contrária à norma*................... 573
V. A culpabilidade como fundamento da pena. 574
VI. A culpabilidade como base para a escolha e limites da pena. 574
VII. A culpabilidade como base para a substituição da pena. 575
VIII. A culpabilidade como base para fixar o regime inicial da pena de prisão. 575
IX. O entendimento de doutrinadores nacionais. 576
X. O entendimento de doutrinadores estrangeiros. 582
XI. A definição tripartite de crime em código moderno. 584
XII. Dispositivos específicos em favor da tese. 584
XIII. A coculpabilidade. 586
XIV. O crime é um trecho da realidade. 587

§ 31. O erro sobre os elementos do tipo.. 594
I. Ignorância e erro. 594
II. Precisão terminológica. 595
III. Dicotomia: erro de tipo e erro de proibição. 596
IV. Conceito. 597
V. Espécies. 597
VI. Erro de tipo na circunstância de aumento da pena. 598
VII. Erro de tipo essencial e erro de tipo acidental. 599
VIII. A punição por crime culposo. 599
IX. Descriminantes putativas. 600
X. O princípio da personalidade da pena. 601
XI. O erro sobre a pessoa. 601
XII. Outras modalidades de erro. 601

§ 32. O erro sobre a proibição.. 607
I. Precisão terminológica e conceito. 607
II. Direito anterior. 608

III. A lenta desconstituição do dogma *error iuris nocet*. 609
IV. A orientação do Anteprojeto Toledo. 610
V. O dogma do *error iuris non nocet*. 611
VI. O conhecimento real da ilicitude. 611
VII. O conhecimento potencial da ilicitude. 612
VIII. A *cegueira jurídica* e a hostilidade ao Direito. 612
IX. Falta de consciência da ilicitude e desconhecimento da lei. 613
    a. *A distinção entre lei e Direito*. *613*
    b. *Ignorância da lei e ignorância do Direito*. *614*
X. Espécies de erro de proibição. 614
    a. *Erro de proibição direto*. *614*
    b. *Erro de proibição indireto*. *615*
    c. *Erro de mandamento*. *615*
    d. *Erro de vigência*. *615*
    e. *Erro de eficácia*. *615*
    f. *Erro de punibilidade*. *615*
    g. *Erro de subsunção*. *616*
    h. *Erro por convicção religiosa*. *616*
    i. *Erro por outras situações*. *616*
XI. A concepção adotada pelo Código Penal e o erro de proibição. 616
XII. Múltiplas funções da culpabilidade. 617
XIII. Erro de proibição extrapenal. 618

§ 33. Sujeição física ou moral 624
I. Coação física e coação moral. 624
II. Distinção entre as formas de coação. 624
III. Elementos comuns às formas de coação. 625
IV. Hipótese da coação com dois sujeitos. 626
V. Coação moral imposta pela sociedade. 626

§ 34. Obediência devida 628
I. Obediência hierárquica. 628
II. Natureza da relação entre as partes. 628
III. Natureza jurídica do instituto. 629
IV. A obediência devida no Direito Internacional. 629
    a. *A doutrina do positivismo jurídico*. *629*
    b. *Um novo paradigma de justiça penal internacional*. *631*

§ 35. Causas legais de justificação 636
I. A ordem legal das excludentes. 636

II. Clausulas de garantia. 636

§ 36. A punibilidade nos casos de excesso **638**
I. O abuso do direito. 638
II. O problema no Direito anterior. 638
III. A regra geral. 638
IV. Fundamento da punição. 639
V. Erro sobre a causa de justificação. 639

§ 37. Causas supra legais de justificação **639**
I. Introdução. 639
II. O consentimento do ofendido. 640
III. O risco permitido. 642
IV. As normas de cultura. 644
    a. *Meios de correção* 644
    b. *A cultura indígena* 645

§ 38. *Necessitas facit ius* **651**
I. Modelos antigos e modernos. 651
II. Fundamento jurídico. 652
III. Requisitos. 652
IV. A colisão de deveres. 654
V. Concurso de pessoas. 654
VI. Estado de necessidade putativo. 654
VII. Estados de necessidade defensivo e agressivo. 655
VIII. O dever legal de enfrentar o perigo. 655
IX. Estado de necessidade no Direito Civil. 655
X. O direito de resistência. 656

§ 39. A primitiva forma de reação **664**
I. Resumo histórico. 664
II. Teorias fundamentais. 664
III. Requisitos. 669
IV. Direitos suscetíveis de defesa legítima. 670
V. O caráter objetivo da legítima defesa. 670
VI. A orientação majoritária. 671
VII. Uma opinião relevante. 672
VIII. A exceção do ânimo de defesa. 673
IX. O elemento subjetivo no tipo. 674
X. Precedentes. 675

XI. A demonstração objetiva de justificação.	675
XII. A lição de HUNGRIA.	676
XIII. O caso de ausência de provocação do ofendido.	676
XIV. Legítima defesa abusiva.	677
XV. Reação contra agressão insignificante.	677
XVI. Legítima defesa contra multidão em tumulto.	678
XVII. Legítima defesa putativa.	679
XVIII. A defesa preordenada (*Offendiculum*).	680
a. *Noção geral*	*680*
b. *Natureza jurídica*	*681*
c. *Requisitos de admissibilidade*	*682*
d. *O problema do erro de pessoa*	*682*
XIX. A legítima defesa no Direito Civil.	683
XX. Situações especiais.	683
a. *Legítima defesa e aberratio ictus*	*684*
b. *Legítima defesa contra agressão de inimputável*	*684*
c. *Legítima defesa exercida por inimputável*	*684*
d. *Legítima defesa contra agressão de pessoa jurídica*	*685*
e. *Legítima defesa da alegada honra conjugal*	*685*
f. *Legítima defesa em favor de interesses difusos e de bens do estado*	*687*
g. *Legítima defesa contra legítima defesa*	*688*
h. *Legítima defesa em caso de rixa*	*688*
i. *Legítima defesa contra agressão culposa*	*688*
j. *Legítima defesa em caso de resistência agressiva*	*689*
k. *Outras hipóteses*	*689*
§ 40. Estrito cumprimento do dever legal	690
I. Noção geral.	694
II. Requisitos.	694
III. O descumprimento de ordem legal.	695
IV. O abuso de autoridade.	695
§ 41. Exercício regular de direito	695
I. Conceito.	699
II. Requisitos.	699
III. Intervenção médico-cirúrgica e lesão em prática desportiva.	699
IV. Atuação *pro magistratu*.	700
V. A autoajuda.	700
VI. A imunidade parlamentar.	700

VII. A imunidade profissional. 701
VIII. O exercício regular de direito no Direito Civil. 703

TÍTULO III
DA IMPUTABILIDADE PENAL

§ 42. Hipóteses de isenção de pena 707
I. Exclusão de culpabilidade. 707
II. Precisão terminológica. 708
III. Conceito. 709

§ 43. Absoluta incapacidade de culpa 715
I. A incapacidade de compreensão e o erro de proibição. 715
II. Casos de anomalia mental. 715
III. O sistema adotado pelo Código Penal. 715
IV. Doença mental. 716

§ 44. Relativa incapacidade de culpa 717
I. Desenvolvimento mental incompleto ou retardado. 717
II. Semi-imputabilidade. 718
III. Avaliação da Psiquiatria Forense. 718
IV. A surdo-mudez. 719
V. A epilepsia. 719

§ 45. Medidas de segurança 720
I. Precisão terminológica. 726
II. Noções gerais. 726
III. Pena e medida de segurança. 727
IV. Natureza jurídica. 727
V. Algumas notas sobre o Direito anterior. 728
VI. O Direito vigente. 729
VII. Pressupostos legais. 730
    a. Periculosidade real 730
    b. Periculosidade presumida 730
VIII. Estabelecimento adequado. 731
IX. Previsão de princípios, garantias e direitos. 732
    a. O princípio da necessidade 732
    b. A dignidade da pessoa humana 733
    c. Anterioridade da lei penal 733
    d. Personalidade 734
    e. Irretroatividade da lei mais grave 734
    f. Proporcionalidade 734

g. *Jurisdicionalidade* 735
X. Sistemas de aplicação e de execução. 735
XI. Execução definitiva e internação provisória.. 736
XII. Internação ou ambulatório.. 737
XIII. Desinternação ou liberação condicional. 738
XIV. Superveniência de doença mental. 739
XV. Perícia médica... 739
XVI. Tempo de duração... 740
XVII. Detração. 740
XVIII. Revogação e extinção... 741
XIX. Execução administrativa das medidas de segurança......................... 741

§ 46. Presunção legal de incapacidade de culpa.. 748
I. Algumas notas sobre o Direito anterior. 748
II. A declaração constitucional. 749
III. O momento da aquisição da imputabilidade. 751
IV. Maioridade penal e maioridade civil. 752
V. Fundamento da inimputabilidade. 752
VI. A permanente crise do sistema prisional.. 754
VII. A contradição entre a teoria e a prática. 754
VIII. A inimputabilidade penal declarada no art. 228 da Constituição Federal. 755
    a. *Uma cláusula pétrea*... 755
    b. *Proposta de Emenda ao art. 228 da Constituição Federal* 759
IX. O Estatuto da Criança e do Adolescente (Lei nº 8.069/1990). 759
X. Medidas aplicáveis às crianças e adolescentes. 761
XI. Projeto de lei ampliando o tempo de internação do menor infrator... 761
XII. "Ato infracional" ou infração penal (crime)?...................................... 762
XIII. Uma avaliação concreta sobre menores infratores. 765

§ 47. Estados emocionais e passionais 774
I. Algumas notas sobre o Direito anterior. 774
    a. *A privação dos sentidos e da inteligência* 774
    b. *A perturbação dos sentidos e da inteligência*.................................. 775
II. Emoção: conceito, consequências psicossomáticas e penais. 776
III. Paixão: conceito, consequências psicossomáticas e penais 777

§ 48. O problema da embriaguez... 779
I. Conceito. 779
II. Tipos de embriaguez.. 779
    a. *Embriaguez preordenada* 779

b. *Embriaguez voluntária* 779
c. *Embriaguez culposa* 780
d. *Embriaguez acidental* 780
e. *Embriaguez proveniente de caso fortuito ou força maior* 780
f. *Outras modalidades* 780
III. A embriaguez ao volante de veículo automotor 781
IV. A embriaguez e a imputabilidade 781
    a. *A regra geral* 781
    b. *Hipótese de exclusão da ilicitude* 781
    c. *Hipóteses de isenção e redução da pena* 781
V. Presunção de periculosidade 782

§ 49. A situação jurídico-penal do índio 783
I. Precisão terminológica 785
II. Cultura penal própria 785
III. A orientação do Código Civil revogado 788
IV. A Constituição Federal de 1988 788
V. O Código Civil em vigor 788
VI. A imputabilidade jurídico-penal do índio 789
VII. A individualização da pena 790
VIII. O equivocado reconhecimento da semi-imputabilidade 790
IX. Os aspectos da culpabilidade e da pena 790
X. A solução mais adequada 792
XI. Crimes contra grupos e comunidades indígenas 792

§ 50. Causas supralegais de exclusão de culpabilidade 793
I. Introdução 793
II. Inexigibilidade de conduta diversa 794
III. Estado de necessidade exculpante 797
IV. Obediência indevida exculpante 799
V. Excesso exculpável no estado de necessidade e na legítima defesa 799
VI. A cláusula de consciência 802
VII. A provocação da situação da legítima defesa 803
VIII. A desobediência civil 803
IX. O conflito de deveres 804
X. A grave alteração da consciência 805

TÍTULO IV
DO CONCURSO DE PESSOAS

§ 51. Introdução 813

I. O crime como fato individual. 813
II. O crime como fato comum. 814

§ 52. O concurso de pessoas no direito anterior 814
I. O Código Criminal do Império (1830). 814
II. O Código Penal da Primeira República (1890). 814
III. O Código Penal de 1940. 815

§ 53. O concurso de pessoas no direito a constituir 817
I. O Anteprojeto Hungria. 817
II. O Código Penal de 1969/1973. 819
III. O Anteprojeto Toledo. 820

§ 54. O concurso de pessoas no direito em vigor 821
I. Precisão terminológica. 821
II. A individualização da responsabilidade penal. 821
III. A consagração do princípio da culpabilidade. 822
IV. Espécies do concurso de pessoas. 822
    a. *O concurso eventual* 822
    b. *O concurso necessário* 822
V. Elementos do concurso. 823
    a. *pluralidade de condutas culpáveis* 823
    b. *a relação de causalidade física* 823
    c. *a homogeneidade do elemento subjetivo* 823
VI. Tipos e momentos do concurso 824

§ 55. Teorias sobre autoria e participação 825
I. Teoria objetivo-formal. 825
II. Teoria objetivo-material. 826
III. Teoria subjetiva. 826
IV. Teoria do domínio do fato. 827
    a. *O domínio da ação* 828
    b. *O domínio da vontade* 828
    c. *O domínio funcional do fato* 829
V. A teoria do domínio do fato e o art. 29 do Código Penal. 829
VI. Casos de inaplicabilidade da teoria do domínio do fato. 830

§ 56. Conceitos de autoria, coautoria e participação 831
I. Autor imediato (direto). 831
II. Autor mediato (indireto). 832
III. Coautoria. 832

a. *Coautoria em crime culposo*	833
b. *Crimes que não admitem a coautoria*	835
IV. A participação.	835
V. Formas de participação.	836
a. *Instigação*	836
b. *Mandato*	836
c. *Conselho*	837
d. *Comando*	837
e. *Ameaça*	837
f. *Induzimento*	837
g. *Cumplicidade*	837
VI. Graus de participação.	838
a. *A participação de menor importância*	838
b. *A vontade de participar de crime menos grave*	839
c. *A "participação" subjetivamente distinta*	839
VII. A participação em certos tipos de crimes.	839
a. *Crime continuado*: § 4º n. 13	839
b. *Crime permanente*: § 4º, n. 69	839
c. *Crime plurissubjetivo*: § 4º n. 71	840
d. *Crime societário*: § 4º, n. 86	840
e. *Crime de conduta mista*: § 4º, n. 22 bis	840
§ 57. Inexistência do concurso de pessoas	840
I. A conivência.	840
II. Autoria colateral.	841
III. Provocação, preparação e infiltração.	841
IV. Atividade ilícita posterior à consumação.	841
§ 58. A multidão criminosa	842
I. Noções gerais.	842
II. O problema da punibilidade.	842
III. O concurso de pessoas.	843
§ 59. Circunstâncias e condições pessoais	847
I. Precisão terminológica.	847
II. Conceito.	848
III. O concurso de pessoas no infanticídio.	849
§ 60. Casos de atipicidade	853
I. Precisão terminológica.	853

Índice

II. Noção realística do crime. 854
III. Exclusão do sistema "duplo binário". 854
IV. Cláusula de reserva. 854

APÊNDICE

1. **Dados biográficos.** René Ariel Dotti 861
2. **Tributo de respeito e admiração.** Heleno Cláudio Fragoso 865
3. **Memória jurisprudencial.** Luciano Felício Fuck 867
4. **A Pena de Morte.** Nélson Hungria 882
5. **Metáforas e pensamentos de Nélson Hungria.** René Ariel Dotti 895
6. **Reunião da Comissão Revisora do Anteprojeto do Código Penal de 1940.** 897
7. **Exposição de Motivos do Projeto definitivo do Código Penal de 1940.**
   (Dec.-lei n. 2.848, 07.12.1940: Parte Geral, arts. 11-27). 898
8. **Páginas originais do Anteprojeto Hungria redigidas por ele mesmo.**
   Doação: Clemente Hungria. 909
9. **Quadro comparativo de dispositivos penais.** 913

PLANO GERAL DOS COMENTÁRIOS AO CÓDIGO PENAL 929
ÍNDICE ALFABÉTICO REMISSIVO 931

NOTA DA EDITORA

A nova edição dos antológicos *Comentários ao Código Penal*, de Nélson Hungria, obra-prima da literatura jurídico-penal brasileira, caracteriza a manutenção de um projeto editorial que tem o objetivo de oferecer aos leitores o acesso à doutrina incomparável de um mestre imortal e que tem subsidiado pesquisas e textos dos cursos de graduação e pós-graduação, além de constituir indispensável fonte de jurisprudência para aprimorar a missão de juízes e tribunais.

A vida e a contribuição científica do *príncipe dos penalistas brasileiros* alcança, sem qualquer exagero, o número superior a 20.000 (vinte mil) textos, compreendendo artigos em jornais e revistas, discursos, monografias, ensaios, conferências, sentenças, votos, arrazoados, pareceres e livros. Esse foi o resultado do levantamento procedido pelo ex-Ministro do Superior Tribunal de Justiça, Cid Flaquer Scartezzini referido em seu discurso de posse, "*Nélson Hungria: o homem e o jurista*", em 23 de setembro de 1974, ao assumir a Cadeira n. 18 da Academia Paulista de Direito, sucedendo o homenageado.

Esta republicação dos famosos *Comentários* mantém, rigorosamente, o conteúdo da 4ª edição (1958) e agora surge com a valiosa contribuição do Professor René Ariel Dotti, titular de Direito Penal, corredator dos textos da Reforma Penal de 1984 (Leis n. 7.209 e 7.210/1984), vice-Presidente Honorário da Associação Internacional de Direito Penal (Aidp), Medalha Mérito Legislativo da Câmara dos Deputados (2007) e outros títulos, autor de prestigiados livros e trabalhos acadêmicos, professor de Direito Penal na Universidade Federal do Paraná (1962-2004) e trabalhador na advocacia criminal desde 1958. Além da interpretação dos dispositivos constantes dos Títulos II, III e IV (DO CRIME, DA IMPUTABILIDADE PENAL e do CONCURSO DE PESSOAS) Parte Geral, ilustrada com a melhor doutrina colhida de autores nacionais e estrangeiros, o atualizador cuidou de incluir no APÊNDICE um farto material que evoca a memória e a obra de Nélson Hungria com referência ao seu tempo de magistrado, legislador e jurista.

O projeto da reedição dos *Comentários ao Código Penal* segue o seu curso com a firme promessa de continuidade e sem olvidar as publicações anteriores com o selo da *Revista Forense*, desde os anos 50, e as iniciativas do Doutor Clemente Hungria e da Doutora Regina Bilac Pinto a partir de 1991, quando essa nova etapa foi concebida.

Guilherme Zincone

PREFÁCIO

O presente tomo dos *Comentários ao Código Penal* reproduz, na Primeira Parte, o texto original da 4ª edição (Forense, 1958), pela qual se identifica a erudição, o vigor das ideias, a independência das convicções, o fervor humanista e a abnegação de um monge trapista, virtudes que se subsumem na obra mestra do *príncipe dos penalistas brasileiros*. A missão de oferecer à leitura do dia os antológicos *Comentários* foi estimulada não somente pela memória das fascinantes lições doutrinárias colhidas na juventude e usufruídas depois na advocacia e na cátedra, como também pela minha participação na reforma penal de 1984 e em outras propostas legislativas para o sistema criminal em comissões instituídas pelo Ministério da Justiça (1979 a 2000), além de outros órgãos públicos e instituições acadêmicas.

A republicação observa, rigorosamente, a letra e o espírito das palavras e frases da exegese elaborada com o imenso acervo humano, cultural, jurídico e literário do imortal NÉLSON HUNGRIA. Qualquer intervenção no texto original, a pretexto de lhe conferir atualidade normativa ou acréscimo de opinião, equivaleria a dar uma *pincelada* no retrato de Mona Lisa.

Na homenagem de sua despedida como juiz do Supremo Tribunal Federal (12.04.1961), ele foi saudado por EVANDRO LINS E SILVA, que destacou a sua "vocação de advogado com assento na magistratura que o conduzia, muitas vezes, à veemência de uma linguagem que provocava perplexidade e o assombro na mansuetude dos tribunais". O imortal criminalista, que falava em nome dos causídicos brasileiros, salientou, também, a virtude do "*polemista exímio que sempre encontrava a réplica desconcertante para os opositores da tese que sustentava, com eloquência faiscante e a dialética contundente*", mas que nunca deixava de ser um grande magistrado "*com espírito combativo de lutador bravo e indômito, 'mineiro na vontade e gaúcho no penache', como o definiu o doce poeta Adelmar Tavares*".

Na Segunda Parte, sob minha responsabilidade e dedicada à memória de FRANCISCO DE ASSIS TOLEDO, há o empenho permanente em estabelecer a cronologia e o aprimoramento científico de disposições penais desde o Código Criminal do Império, sancionado pelo Imperador Dom Pedro I (16.12.1830), que cumpriu várias promessas da libertária Carta Política de 1824 e floresceu em bases de justiça e equidade. Na confrontação de ideias e alterações legislativas seguem-se, após a transcrição de cada norma em vigor, referências ao Código da primeira República e diplomas seguintes, incluindo projetos e anteprojetos.

Como *testemunha de vista* dos trabalhos de elaboração das leis nº 7.209 e 7.210 de 11 de julho de 1984 (reforma da Parte Geral e Lei de Execução Penal), posso dizer que Toledo tinha a compulsão pela investigação científica, o empenho diuturno pela pesquisa, a sensibilidade didática, a competência do mestre e a modéstia dos grandes espíritos.[1] As suas lições doutrinárias, os pareceres como Subprocurador da República junto ao Supremo Tribunal Federal e a sua judicatura no Superior Tribunal de Justiça, em suma, lembram as palavras de NORBERTO BOBBIO em sua lúcida *Prefazione* ao excepcional livro *Direito e razão*, de LUIGI FERRAJOLI, que estabelece as linhas mestras de uma *Teoria do Garantismo Penal*. Ele observa muito bem que o jurista não pode ser "*un freddo e distaccato commentatore delle leggi vigente*".[2]

Em meu entendimento, o papel reservado ao verdadeiro jurista jamais deve se traduzir no vício acaciano de repetir as palavras da lei sob a máscara de interpretação que não deve ser apenas literal (*gramatical*), mas uma *composição* que considere outros elementos: *lógico, sistemático, histórico, sociológico, teleológico* e *comparativo*, na medida em que um ou mais sejam necessários para se entender a *voluntas legis*. Em se tratando de exegese da norma em um Estado Democrático de Direito, estou convencido de que o intérprete tem, ainda, que trabalhar com o *elemento crítico*. E assim deve fazê-lo sob a perspectiva de uma *dogmática realista* considerada como núcleo característico da ciência penal que deve ajustar as suas normas às exigências da coletividade, mas sem perder de vista a condição humana de seus membros. E, retornando a BOBBIO: "*La parte critica, ripeto, non è meno importante di quella costruttiva: l'una e l'altra si sorreggono e si giustificano a vicenda*".[3]

* * *

No fundo e ao cabo de tudo, a ratificação, modificação e atualização do *ancien régime* pela Lei nº 7.209/1984 e a imperiosa necessidade de interpretá-las à luz da legislação, da jurisprudência e da doutrina nacional e estrangeira, deve-se ao entusiasmo de CLEMENTE HUNGRIA, o bom filho que guarda a memória do pai, ao idealismo e à determinação de GUILHERME ZINCONE, que está levando adiante um projeto de maior relevo para a teoria e a prática do Direito Penal brasileiro, idealizado por sua mãe, a Doutora REGINA BILAC PINTO, ao tempo em que foi diretora da tradicional *Revista Forense*.

Curitiba, 1º de fevereiro de 2016

René Ariel Dotti

---

1 Em sua experiência como elaborador do *direito a constituir*, é fundamental lembrar que FRANCISCO DE ASSIS TOLEDO, com a indispensável parceria de ROGÉRIO LAURIA TUCCI, redigiu o *disegno di legge* que se converteu no Projeto de Lei nº 1.655-B, de 1983 (*Código de Processo Penal*: DCN, seção I, supl. de 19.10.1984). Com 708 artigos e uma excelente Exposição de Motivos do Ministro da Justiça, IBRAHIM ABI-ACKEL, essa valiosa contribuição precisa ser retirada do *limbo da indiferença* para subsidiar as discussões sobre a ansiada reforma do processo penal brasileiro.

2 BOBBIO, Norberto, *Prefazione* (1989) FERRAJOLI, Luigi, *Diritto e ragione – Teoria del garantismo penale*, ottava edizione, Roma-Bari: Editori Laterza, 2004, p. XIV. (Itálicos meus).

3 Ob. e loc.cit. (Itálicos meus).

PRIMEIRA PARTE

Nélson Hungria

Título II
DO CRIME

BIBLIOGRAFIA (especial). BELING (Ernst), *Die lehre vom verbrechen* (A doutrina do crime), 1906; *Die lehre vom tatbestand*, 1930 (traduzido em castelhano por SEBASTIAN SOLER, sob o título *La doctrina del delito-tipo*, 1944); *Esquema de derecho penal*, trad. cast. de SOLER, 1944; SOLER (S.), *Analisis de la figura delictiva*, 1943; La raiz de la culpabilidad, 1945; Causas supralegales de justificación, extr. de *La Revista de derecho, jurisprudencia y administración*, vol. 39; ASÚA (Jiménez), Doctrina técnica del delito. In: *Problemas de derecho penal* 1944; *La ley y el delito*, 1945; La no exigibilidad de otra conducta. In: *El criminalista*, vol. II, 1942; LOPEZ-REY Y ARROJO, *Qué es el delito?*, 1947; FONTECILLA (R), *El concepto juridico del delito y sus principales problemas tecnicos*, 1936; BLUME, Tatbestandskomplemente. In: *Strafrechtliche abhandlungem*, fasc. 73, 1906; BATTAGLINI (G.), Gli elementi del reato nel nuovo codice penale. In: *Riv. Ital. di Dir. e Proc. Penale*, 1934; L'evento come elemento costitutivo del reato. In: *Annali di dir. e proc. penale*, 1934; CARNELUTTI (F.), *La teoria generale del reato*, 1933; *Il danno ed il reato*, 1930, ALTAVILLA (E.), *Teoria soggettiva del reato*, 1933; MARTUCCI, (A.), *Appunti sugli elementi del reato*, 1935; Reato. In: *Nuovo Digesto Italiano*, vol. X; RONCAGLI (G.), *La fattispecie penale*, 1947; BONUCCI (A.), Il reato come fatto illecito e come fatto punibile. In: *Riv. di Dir. e Proc. Penale*, 1919, I; MASSARI (E.), *Le dottrine generali del diritto penale*, 1928; *Il momento esecutivo del reato*, 1934; ZIMMERL (L.). Zur lehre vom tatbestand. In: *Strafrechtlische Abhandlungen*, fasc. 237; ANTOLISEI (F.), *L'azione e l'evento nel reato*, 1928; *L'offesa ed il danno nel reato*, 1930; Reati formali, reati materiali, reati di pericolo e di danno. In: *Riv. Penale*, 1922; *Problemi penali odierni*, 1940; BAUMOARTEN, *Der aufbau des verbrechenslehre* (A construção da teoria do crime), 1913; MANASSERO, *Il delitto collettivo*, 1914; VANNINI (O.), *Ricostruzione sintetica della dottrina del reato*, 1927; *I reati commissivi mediante omissione*, 1916; BETTIOL, La dottrina del tatbestand nella sua ultima formulazione. In: *Riv. Ital. di Dir. e Proc. Penale*, 1932; GRISPIGNI (F.), L'evento come elemento costitutivo del reato. In: *Annali di dir. e proc. penale*, 1934; L'omissione nel diritto penale. In: *Riv. ital. di dir. e proc. penale*, 1934; BINDING (K.), *Die normen und ihre übertretung* (As normas e sua transgressão), 1890; CECHI (O.), *L'evento nel reato*, 1932; Il reato formale. In: *Annali di dir. e proc. penale*, 1933; BOVIO (C.), *Gli* *elementi del reato*, 1933; *Delitti materiali e delitti formali*. In: *Annali di dir. e proc. penale* 1934; DELITALA (G.), *Il "fato" nella teoria generale del reato*, 1930; SANTORO (A.), *Teoria delle circostanze del reato*, 1933; CARNELUTTI, *Lezione di diritto penale. Il reato*, 1943; *Il caso fortuito nel diritto penale*, 1937; PANNAIN (R.), *Gli elementi essenziali e accidentali del reato*, 1936; GOLDSCHMIDT (J.), Contributo alla sistematica delle teorie generali del reato. In: *Riv. de dir. e proc. penale*, 1934; *La concepción normativa de la culpabilidad*, trad. cast. de M. GOLDSCHMIDT e RICARDO NUÑEZ, 1943; *Das verwaltungsstrafrecht*, 1902; Was ist verwaltungsstrafrecht?. In: *Strafrechtliche zeitung*, I, 1914; ROCCO (A.), L'oggetto del reato. In: *Opere giuridiche*, I, 1932; PERGOLA (U.). *Il reato*, 1930; ROMANO DI FALCO, Le dottrine generali del diritto penale e la teoria generale del reato nella letteratura recentissima. In: *Annali di dir. e proc. penale*. 1938; TESAURO (A.), L'omissione nella teoria del reato. In: *Scritti giuridici "in memoriam"* de EDUARDO MASSARI, 1938; MORO (Aldo), *La antijuricidad penal*, trad. esp. de SANTILLAN, 1949; *Unità e pluralità di reati*, 1951; Sui reati così detti di mero sospetto. In: *Scuola Positiva*, I, 1932; KOLMANN, Die stellung des handlungsbegriffes im strafrechtssystem. In: *Straf. Abhandlungen*, fasc. 91; NATORP, *Der mangel am tatbestand* (A ausência do conteúdo de fato do crime), *idem*, fasc. 272; REDSLOB, *Die kriminelle unterlassung* (A omissão criminosa), *idem*, fasc. 70; GIVANOWITCH, *Les problèmes fondamentaux du droit criminel*, 1929; STEVENSON (O.), *Da exclusão do crime*, 1941; MADUREIRA DE PINHO (D.), *O valor do perigo no direito penal*, 1939; TORNAGHI (H. B.), A questão do crime formal, 1934; BOTTI, La nozione giuridica del pericozo. In: *Studi in onore di* CARLO FADDA, 1905; MAYER (M. E.), Rechtsnormen und kulturnormen. In: *Strafr. Abhandlungen.*, fasc. 50; ANGIONI (M.), *Le cause che escludono l'illeceità obiettiva penale*, 1930; Sul concetto di pericolo. In: Scuola Positiva, 1913; *La volontarietà del fatto nel reati*, 1927; FINZI (M.), Le condizioni obiettive di punibilità del reato. In: *Giustizia Penale*, I, 1931; RATIGLIA (O.), *Il reato di pericolo nella dottrina e nella legislazione*, 1932; OPPENHEIM, *Die objekte des verbrechens*, 1894; BELLAVISTA, *I reati senza azione*, 1937; LEONE (O.), *Il reato aberrante*, 1940; *Del reato abituale, continuato e permanente*, 1933; Pisapia, *Reato continuato*, 1938; PILLITU, *Il reato continuato*, 1936; ALIMENA (F.), *Le condizioni di punibilità*, 1938; LAND, System der äusseren strafbarkeitsbedingungen. In: *Strafr. Abhandlungen*, fasc. 229; DAHM, *Verbrechen und Tatbestand*, 1935; BRUNETTI (G.), *Il delitto civile*, 1906; BETTIOL, *Sul reato proprio*, 1939; RANIERI, *Reato progressivo e progressione criminosa*, 1942; *Il reato complesso*, 1940; CAMARGO HERNANDEZ, *El delito continuado*, 1951; PROTO (E.), *Sulla natura giuridica del reato continuato*, 1951; JIMENEZ DE ASÚA, *La antijuricidad como concepto unitario*, 1952; BRASIL AMERICANO, *Do crime continuado*, 1956.

COMENTÁRIO

49. Conceito jurídico do crime. *Sub specie juris*, e em sentido amplo, crime é o *ilícito penal*. Mais precisamente: é o fato (humano) típico (isto é, objetivamente correspondente ao descrito *in abstrato* pela lei), contrário ao Direito, imputável a título de dolo ou culpa e a que a lei contrapõe a pena (em sentido estrito) como sanção específica. É de enjeitar-se, categoricamente, pelo menos em face do direito positivo, a inclusão da *periculosidade* subjetiva no conceito do crime, segundo pretende a chamada *teoria sintomática* (TESAR, KOLLMANN etc.), que vai ao ponto de subordinar a importância *realista* do crime (como efetivo ataque a bens ou interesses juridicamente tutelados) à sua importância *sintomática* (no sentido da periculosidade do agente). O reconhecimento de um fato como crime independe da periculosidade de quem o pratica. Entendida como "probabilidade de reincidência", a periculosidade não funciona, sequer, como critério de medida da pena. Na definição formulada acima, encontram-se fixados todos os *sinais* que, a nosso ver, devem ser distintamente considerados (segundo a *teoria realística*) na análise técnico-jurídica do crime: *fato típico, injuridicidade* (ilicitude jurídica), *culpabilidade, punibilidade*. O fato típico e a culpabilidade constituem, respectivamente, o *elemento material* (exterior, objetivo) e o *elemento moral* (psíquico, subjetivo) do crime: a injuridicidade é a sua própria *essência*, e a punibilidade, a sua *nota particular*. Advirta-se logo, porém, que não estamos em *zona pacífica*. A conceituação jurídica do crime é ponto culminante[1] e, ao mesmo tempo, um dos mais controversos e desconcertantes da moderna doutrina penal.[2] No esforço para uma requintada construção dogmática (a chamada "teoria jurídica do crime"), multiplicam-se, notadamente a partir de BELING,[3] lucubrações de lógica meticulosa, que, por vezes, se apresentam tão grávidas de sutilezas, de *atomizações* analíticas, que acabam abastardando a ciência jurídico-penal

---

1 A análise da "figura do crime" não é apenas uma injunção de técnica jurídica: há a inspirá-la o princípio *nullum crimen, nulla poena sine lege*, que é um dos redutos da liberdade individual. Este pondo de vista foi o adotado numa das conclusões da 1ª Conferência Pan-Americana de Criminologia, reunida no Rio, em julho de 1937.

2 ASÚA vai ao extremo de afirmar que o tema, de tão árduo, não é para ser estudado "*en los umbrales de la vejez*" (*La ley y el delito*, p. 254). Realmente, se o quisermos rastrear através do infatigável *capilarismo* de lógica abstrata, que já hoje entrou em decadência (v. ANTOLISEI, *Problemi penali odierni*, 1940), iremos lidar com alguma coisa que deixa de ser aquela diáfana ciência do direito penal ensinada por CARRARA e VON LISZT, para constituir um capítulo do tratado das[...] complicações. V., no "Apêndice", nossa dissertação sobre "Os pandectistas do direito penal".

3 *Die lehre vom verbrechen*, 1906.

num abstracionismo difuso, confuso e infecundo. Para encontrar-se caminho transitável por entre o *nevoeiro* formado por um exasperado tecnicismo jurídico, o *roteiro* traçado acima parece-nos o mais aconselhável. Como a seguir veremos, não há nele indicações supérfluas.

50. Fato típico. O crime é, antes de tudo, um *fato,* entendendo-se por tal não só a expressão da vontade mediante *ação* (voluntário movimento corpóreo) ou *omissão* (voluntária abstenção de movimento corpóreo), como também o *resultado* (*effectus sceleris*), isto é, a consequente lesão ou periclitação de um bem ou interesse jurídico penalmente tutelado.[4] Não há crime sem uma vontade *objetivada,* sem a voluntária conduta de um homem,[5] produtiva ou não impeditiva de uma alteração no mundo externo. É uma vontade que se realiza. Pensamentos ou desejos que se exaurem no foro íntimo não interessam ao direito secular (que *é relatio hominis ad hominem*). *Cogitationis poenam nemo patitur.* Só se pode transgredir a norma penal com um *facere* ou um *non facere (non facere quod debet facere)*, isto é, fazendo-se o que ela proíbe ou deixando-se de fazer o que ela manda (de modo que o *non facere,* em tal hipótese, não equivale ao *nihil agere*: importa um *aliud agere,* uma exteriorização de vontade, no sentido de uma conduta diversa da reclamada pela ordem jurídica). Daí, a primeira divisão dos crimes em *comissivos* e *omissivos,* subdividindo-se estes em *próprios* e *impróprios (comissivos por omissão),* conforme a omissão seja, em si mesma, o crime (ex.: a *omissão de socorro*), ou seja o meio ou ensejo a um evento ulterior, condicionante do crime (ex.: a mãe deixa, intencional ou negligentemente, de alimentar o filho recém-nascido, ocasionando-lhe a morte). Tem-se pretendido que há uma classe de

---

4   *Bem* é tudo aquilo que satisfaz a uma necessidade da existência humana (existência do homem individualmente considerado e existência do homem em estado de sociedade), e *interesse* é a avaliação ou representação subjetiva do bem como tal (Rocco, *L'oggetto del reato*). *Bem* ou *interesse jurídico* é o que incide sob a proteção do direito *in genere*. *Bem* ou *interesse jurídico penalmente protegido* é o que dispõe da reforçada tutela penal (vida, integridade corporal, patrimônio, honra, liberdade, moralidade pública, fé pública, organização familiar, segurança do Estado, paz internacional etc.).

5   Somente a *pessoa física* ou *natural* pode praticar crime. Redunda num contrassenso o admitir-se que também as *pessoas jurídicas* ou *entes morais* possam delinquir e incidir *sub poena*: faltam-lhes inteligência e vontade e, portanto, capacidade de direito penal. Nem lhes seria ajustável a sanção penal *expiatória*, mesmo a pena pecuniária, pois esta iria atingir, não ao *ente moral,* mas às pessoas físicas que o compõem, *culpadas* ou *inocentes*. Não se pode rejeitar o velho princípio de que *societas delinquere non potest*. O critério da *responsabilidade coletiva,* adotado pelo macabro Tribunal de Nuremberg, foi um triste retorno aos tempos primitivos, em que se confundia o "indivíduo" com o "grupo".

crimes que não são comissivos, nem omissivos: os chamados *crimes de mera suspeita*. Cita-se, como caso-padrão, a posse injustificada e suspeita de instrumentos destinados à prática de furto (fato que a nossa lei penal considera simples *contravenção*: art. 25 da Lei das Contravenções Penais). Argumenta MANZINI, a propósito de tal caso, que a *posse não é* uma *ação*, nem uma *omissão*, mas um *evento* ou um *estado*. Tal argumento, porém, ressente-se de superficialismo e com ele não se pode formular um conceito de dogmática jurídico-penal, no sentido de uma nova divisão geral de crimes. Convenha-se que a posse material de um objeto não é uma ação ou omissão, mas é bem de ver que resulta de uma ação: a ação de *apreender* o objeto. No exemplo invocado, portanto, não se pode negar que haja uma *ação*, imprescindível, aliás, para que se apresente, na espécie, quer a *imputatio juris*, quer a própria *imputatio facti*. Como diz PERGOLA, não basta que o indivíduo seja encontrado na posse dos instrumentos suspeitos: "[...] *occorre che la persona si fosse messa in possesso degli oggetti, giacchè, se Tizio se travasse in possesso di quegli oggetti perchè altri avevano posto in dosso a sua insaputa, Tizio non sarebbe punibile*". Replica MANZINI⁶ que a causa produtiva do evento "posse" não tem importância constitutiva da infração, e só eventualmente poderá funcionar como *descriminante*. É evidente o artifício do raciocínio. O alheamento do insciente possuidor à causa da posse não será uma *descriminante*, mas óbice à própria imputação física do evento, por isso mesmo que o resultado (evento de dano ou evento de perigo), de que depende a existência de qualquer infração, só é imputável a quem lhe deu causa. A relação de causalidade objetiva entre o agente e o resultado é indeclinável condição de fato de toda infração penal. Assim, no caso *de quo agitur*, para que se configure a infração é indispensável que o acusado tenha realizado, por ato próprio, a *apprehensio* dos instrumentos. Ora, a posse é a continuidade do efeito da *apprehensio*: sem esta, como é óbvio, não haveria aquela, de modo que uma e outra formam uma unidade incindível para o reconhecimento da infração, confirmando-se, portanto, a regra de que não há crime (ou contravenção) sem ação (ou omissão).

Igualmente, não existe crime sem resultado. A toda ação ou omissão penalmente relevante corresponde um *eventus damni* ou um *eventus periculi*, embora, às vezes, não seja perceptível pelos sentidos (como, por exemplo, a "ofensa à honra", no crime de *injúria*). É de se enjeitar a distinção entre *crimes de resultado* (*Erfolgsdelikte*) e *crimes de simples atividade* (*Reinetätigkeitsdelikte*).⁷ Todo crime produz um dano (real, efetivo) ou um

---

6   *Trattato di diritto penale italiano*, 1933, p. 562.
7   LISZT-SCHMIDT (*Lehrbuch des deutschen strafrechts*, 1927, p. 155): "Aus den Gesagten ergibt sich, dass zu jedem Verbrechen ein Erfolg erforderlich ist. Es ist also unrichtig,

perigo de dano (relevante possibilidade de dano, dano potencial), isto é, cria uma alteração do mundo externo que afeta a existência ou a segurança do bem ou interesse que a lei protege com a *ultima ratio* da sanção penal. É inegável que o perigo de dano também representa um *resultado*, isto é, um evento no mundo objetivo.[8] Segundo a impecável definição de Rocco, "perigo é a modificação do mundo exterior (resultado) voluntariamente causada ou não impedida (ação ou omissão), contendo a *potencialidade* (idoneidade, capacidade) de produzir a perda ou a diminuição de um bem, o sacrifício ou a restrição de um interesse (dano)". Assim disserta o ministro Campos, na sua *Exposição de motivos* sobre o projeto definitivo do vigente Código Penal: "O projeto acolhe o conceito de que *não há crime sem resultado*. Não existe crime sem que ocorra, pelo menos, um *perigo de dano*, e sendo o perigo um 'trecho da realidade' (um estado de fato que contém as condições de superveniência de um efeito lesivo), não pode deixar de ser considerado, objetivamente, como resultado, pouco importando que, em tal caso, o resultado coincida ou se confunda, cronologicamente, com a ação ou omissão".[9] Exposto a perigo,

---

innerhalb des kriminellen Unrechts zwischen "Erfolgsdelikten und reinen, einen Erfolg nicht voraussetzsenden 'Tätigkeitsdelikten' zu unterscheiden" („Do que fica dito, conclui-se que para todo crime é necessário um resultado. Errôneo, portanto, será distinguir, em matéria de ilícito penal, entre *crimes de resultado* e *crimes de mera atividade* ou 'sem o pressuposto de um resultado'").

---

8   Rocco (L'oggetto del reato, p. 35): "O perigo, do mesmo modo que o dano, tem uma causa, e causa não pode ser senão matéria, como força e energia. Perigo é, então, a possibilidade de um dano (condição, situação, estado de perigo)".

9   Eis a lição de M. E. Mayer (*Strafrecht, allgemeiner teil*, 1923, p. 119): "*Da nämlich bei manchen Delikten Willensbetätigung und Erfolg nicht vorhanden sei. Die zeitliche Einheit darf aber niemals über die logische Zweiheit täuschen; die logische Analyse ergibt, dass das Delikte aus Willensbetätigung und Erfolg besteht, auch wenn beide zeitlich zusammenfallen*" ("Como em muitos crimes a conduta voluntária e o resultado não diferem perceptivelmente no tempo, faz isso supor a inexistência do resultado. A unidade cronológica, porém, não pode iludir-nos a respeito da unidade lógica. A análise lógica demonstra que o crime consiste em conduta voluntária e resultado, ainda quando uma e outra coincidam no tempo").
A este raciocínio não atende Von Hippel (*Deutschen strafrecht*, II, 1930, p. 132), segundo o qual falha o resultado "nos chamados crimes de *simples ação* ou *mera atividade* e nos crimes omissivos puros" (*bei den sog. reinen Handlungs* – (*oder schlichten Tätigkeits und bei den reinen Unterlassungs [Omissiv -] Delikten*), pois que, "nos primeiros, há uma atividade e, nos últimos, uma omissão que incidem, *como tais*, sob a pena, abstraída qualquer ulterior mudança do mundo externo, pois o legislador considera já nesse ato ou inércia uma ofensa ou periclitação do bem jurídico" (*bei ersten ist eine Tätigkeit, bei letzteren eine Unterlassung als solche ohne Rücksicht auf weitere Veränderung*

o bem ou interesse jurídico não é *substancialmente lesado*, mas sofre uma turbação no seu estado de segurança: é colocado, embora transitoriamente, numa situação de precariedade, de incerteza, de instabilidade. Muito se discute, em doutrina, acerca do conceito de perigo. Há uma *quæstio præjudicialis*: o perigo é uma pura representação do espírito ou é, ao contrário, uma realidade fenomênica?

A teoria subjetiva (JANKA, VON BURI, FINGER) sustenta que o perigo não é senão uma *ideia*, um *ens imaginationis*, nada tendo de objetivo: é uma hipótese, não um fato; uma abstração subjetiva, não uma entidade concreta. Na realidade dos fenômenos, não há lugar para o perigo objetivo, isto é, para a *possibilidade* ou *probabilidade* do fenômeno: ou este acontece, e era desde o princípio possível, embora fosse julgado impossível; ou não acontece, e então era *ab initio* impossível, ainda que fosse julgado possível. Há sempre, desde o surgir da condição inicial, a certeza absoluta de que o fenômeno terá ou não de verificar-se. Não há fenômenos possíveis ou prováveis, impossíveis ou improváveis, mas apenas fenômenos *necessários* ou *não necessários*. Possibilidade e probabilidade não são mais que um fruto da nossa ignorância ou da imperfeição da natureza humana, um produto da limitação do nosso espírito, que não consegue abranger todas as causas de um *fenômeno*.[10] Perigo, portanto, segundo os subjetivistas, não passa de uma impressão de temor, de uma representação mental, de uma pura indução subjetiva (VON BURI).

Diverso é o ponto de vista da teoria objetiva (VON KRIES, BINDING, MERKEL, OPPENHEIM, HÄLSCHNER, VON LISZT, ROCCO, JANNITTI DI GUYANGA, RATIGLIA, FLORIAN): o perigo é um *trecho da realidade*. Existe uma possibilidade ou probabilidade *objetiva* (segundo um cálculo estatístico

---

der Aussenwelt unter Strafe gestellt, weil der Gesetzgeber bereits in diesen Tuno der Unterlassung selbst eine Verletzung oder Gefährdung von Rechtesgütern erblickt). Sutil e inútil parece-nos a distinção que VON HIPPEL faz entre resultado em sentido estrito (alteração juridicamente relevante do mundo externo) e resultado em sentido lato, isto é, realização do conteúdo típico do crime (*Verwirklichung eines konkreten Deliktstatbestandes*), para dizer que somente em vista do último, é que se pode acolher o princípio de que não há crime sem resultado.

---

10 Discorre JANKA: "O homem não tem o olhar suficientemente penetrante da realidade objetiva para poder ver e determinar todas as forças convergentes e divergentes que atuam inapercebidamente; de modo que o temor de que, no caso concreto, não se apresentem as condições contrárias ao evento lesivo, pode fazer parecer a situação como ameaçadora. Uma situação que provoca esse temor pode, sob tal ponto de vista, afigurar-se uma situação perigosa, um perigo. Neste sentido, quando a lei se serve dele, é que se deve entender o conceito de perigo" *(Das österreichische Strafrecht*, § 25, apud JANNITTI DI GUYANGA, *Concorso di più persone e valore dei pericolo nei delitti colposi*, 1913).

ou observação sistemática dos fatos) e, portanto, um perigo objetivo. Se, em certas circunstâncias, um fenômeno pode ocorrer ou falhar, significa isto que o fenômeno existe na ordem externa das coisas, na possibilidade ou probabilidade objetiva do mundo cósmico, ou, seja, que o fenômeno possível ou provável tem uma existência objetiva. O que impede o advento do fenômeno são, *in concreto*, condições ulteriores às que tendiam necessariamente a produzi-lo; mas a superveniência dessas condições impeditivas não exclui que o perigo tenha existido.[11] Perigo é, portanto, segundo objetivistas, um *estado de fato* que contém as condições (incompletamente determinadas) de um evento lesivo (von Kries).

Uma terceira teoria que, pode dizer-se, remonta a Oppenheim, defende um critério *misto* ou *integrativo*: perigo é um conceito ao mesmo tempo objetivo e subjetivo. Eis o raciocínio do citado autor: "Podemos apenas conhecer, mediante a experiência, a possibilidade próxima ou probabilidade (condições necessárias ao necessário dano) pela sua presença. Se essa possibilidade ou probabilidade é sempre alguma coisa de *subjetivo*, todavia a situação na qual um objeto é posto mediante o perigo é alguma coisa de *objetivo*.[12] Perigo, como possibilidade de dano, é uma situação objetiva; mas a possibilidade, embora tenha uma existência objetiva, não se revela por si mesma: tem de ser *reconhecida*, isto é, julgada. É preciso um juízo avaliativo, uma previsão, um cálculo (*Urteilsgefahr*). O juízo ou cálculo sobre a possibilidade de um fenômeno é o resultado de um raciocínio silogístico, de que a *premissa menor é* o conhecimento da presença de determinadas circunstâncias e a *premissa maior é* a lição da experiência em torno a circunstâncias análogas. Um fenômeno existente dispõe de potência causal quanto a outro fenômeno, ainda não ocorrido, quando a experiência (fundada na observação de casos idênticos) nos ensina que ao primeiro fenômeno costuma seguir-se o segundo, em relação de causa a efeito. Exemplo: a um ferimento no abdômen costuma seguir-se a peritonite (premissa maior); alguém foi

---

[11] Se, a seguir, o dano julgado possível ou provável deixa de sobrevir, não importa isso uma negação do cálculo de possibilidade ou probabilidade, pois esta ou aquela significa *verificabilidade*, e não *verificação*. Diz Rocco (ob. cit., pp. 301-302): *"Altro è* verificabilità, *o* effettuabilità, *o* realizzabilità *di un fenomeno, altro la sua* verificazione, *o* effettuazione, *o* realizzazione; *altro la* causabilità, *altro la* causazione: *quella è la* causalità in potenza, *questa è la* causalità in atto. *Fra la necessaria verificazione e la necessaria non verificazione di un fenomeno, vi è dunque posto per la* verificabilità (effettuabilità, realizzabilità, causabilità) *cioè per la possibilità – e quindi anche per la probabilità – del fenomeno stesso. La possibilità, come la probabilità, ha una esistenza obbiettiva, è un ens reale, un fatto, una realtà concreta, non* un ens imaginationis, *cioè un* non ens".

[12] *Die Objekte des Verbrechens*, I, 1894, p. 208.

atingido no abdômen por uma bala: logo, pode sobrevir-lhe peritonite. Em suma: a possibilidade não é apenas objetiva, nem somente subjetiva, mas, a um só tempo, objetiva e subjetiva. Esta última teoria é que é a verdadeira. Se é certo que se pode conceber objetivamente o perigo, não é menos certo que tal concepção não poderá jamais excluir uma avaliação subjetiva, isto é, uma apreciação sintética das circunstâncias.[13]

O perigo não é, por conseguinte, um elemento arbitrário. Se se tratasse de uma simples *impressão*, com ele não poderia operar o Direito Penal, que deixaria de tutelar a ordem externa, para proteger a *impressionabilidade* interna dos indivíduos.

Qual, porém, a *quantidade* ou *grau de consistência* que deve apresentar o perigo como conceito jurídico-penal? De novo, aqui, se estabelece a controvérsia doutrinária. Querem alguns autores que baste a simples *possibilidade* (FINGER, ROCCO, FLORIAN). Diz ROCCO (ob. cit., p. 304): "Perigo não é apenas a possibilidade próxima do dano, a *probabilidade*, maior ou menor (perigo próximo); mas a possibilidade de dano *in genere*, baixa ou elevada, maior ou menor, próxima ou remota (perigo próximo ou remoto). Para o conceito de perigo é, assim, indiferente o mais ou o menos, o *grau* de possibilidade. Mesmo aquilo que *não é provável* é possível. A possibilidade do dano, qualquer que seja o seu grau, é necessária e *suficiente* ao conceito de perigo".

Entendem outros, entretanto, que é necessária a *probabilidade* (a *Wahrscheinlichkeit*, dos autores alemães), isto é, uma relação de possibilidade deduzida do *id quod plerumque accidit*. Assim opinam, entre outros, ROHLAND, VON HIPPEL, BELING, LÔFFLER, HAFTER, MASSARI, ANTOLISEI, JANNITTI DI GUYANGA. Sob o mesmo ponto de vista, MERKEL e VON KRIES falam em *notável possibilidade*. OPPENHEIM e LISZT-SCHMIDT referem-se à *possibilidade próxima (nahe Möglichkeit)*.[14] GRISPIGNI entende que deve apresentar-se uma *relevante possibilidade*.

---

13 Deve notar-se que o dissídio entre as teorias subjetiva e objetiva é apenas *filosófico*. Praticamente se equivalem, pois se uma (a subjetiva), encarando os fatos *a posteriori*, declara o perigo *imaginado*, enquanto a outra, apreciando os fatos *a priori*, reconhece a objetividade do perigo, o certo é que ambas são acordes em admitir que o perigo pode ser *elemento* do crime. Além disso, a própria teoria subjetiva admite a *relativa* objetividade de perigo, dada a deficiência do espírito humano, que não pode prefixar, no seu desdobramento, o jogo de todas *as* forças processantes de um fenômeno (FINGER, *Lehrbuch des deutschen strafrechts*, I, 1904, § 52).

14 Esta é a lição de LISZT-SCHMIDT *(Lehrbuch des strafrechts*, 1927, p. 155): "Perigo é o estado no qual, dadas certas circunstâncias, geralmente reconhecíveis ou conhecidas apenas do agente, apresenta-se a possibilidade próxima (probabilidade) do advento do dano".

Sem dúvida alguma, a razão está com os que declaram a insuficiência da mera *possibilidade*.[15] O perigo, sob o prisma jurídico-penal, não pode ser uma abstrata possibilidade ou uma eventualidade anormal ou incomum. Para o seu reconhecimento, é necessário ter-se em conta *id quod sœpius accidit*. Como diz Löffler, o Direito Penal deve desinteressar-se dos perigos mínimos ou de escassa possibilidade, pois, de outro modo, cessaria toda a liberdade de movimentos. Se estivéssemos obrigados a prevenir a infinita variedade dos possíveis acontecimentos lesivos, teríamos de evitar as ações ou omissões mais comezinhas da vida cotidiana. No curso desta, há certa normalidade de *riscos*. O homem só deve abster-se daquilo que, segundo a lição da experiência comum, fundada no curso normal dos fatos, pode acarretar danos antijurídicos. O advento do dano será mais ou menos provável (segundo a maior ou menor preponderância das condições favoráveis sobre as contrárias), mas cumpre que seja sempre demonstrável lógica e praticamente, em cotejo com os casos análogos.

O perigo, no campo jurídico-penal, pode ser *presumido* ou *concreto*, *coletivo* (ou comum) ou *individual*, *atual* (ou *iminente*) ou *futuro* (mediato).

Perigo presumido (ou que deve ser reconhecido in *abstracto*) é o que a lei presume, *juris et de jure*, inserto em determinada ação ou omissão. Perigo concreto, ao contrário, é o que deve ser averiguado ou demonstrado de caso em caso na sua efetividade, ou é presumido *juris tantum*, admitida prova em sentido oposto. É bem de ver que a lei não deixa a apreciação do perigo ao juízo do agente: no caso de perigo presumido ou *in abstracto*, funda-se na experiência geral (*Urteil der Gesellschaft*) para, *a priori*, considerar perigosa esta ou aquela ação ou omissão; no caso de perigo *in concreto*, dependendo este de um juízo *a posteriori*, não é ainda a opinião do agente que se deve ter em conta, mas o juízo comum, o entendimento vulgar.

Perigo coletivo ou comum é aquele que afeta indeterminado número de pessoas, constituindo o evento típico dos crimes e contravenções *contra a incolumidade pública*.[16] Perigo individual é o que afeta o interesse de uma só

---

[15] Conforme observa Grispigni, "se, de um ponto de vista puramente lógico, o perigo consiste na mera possibilidade de um evento temido, não pode ele, entretanto, assumir importância prática, senão" quando essa possibilidade apresente certa relevância, de vez que, psicologicamente, o temor de um evento normalmente não é suscitado senão quando se reconhece relevante possibilidade de sua verificação" (La pericolosità. In: *Scuola positiva*, 1920, p. 104).

[16] Tít. VIII da "parte especial" do Código Penal e cap. III da "parte especial" da Lei das Contravenções Penais.

pessoa ou de um exíguo e determinado grupo de pessoas, e constitui o evento específico de certos *crimes formais* e dos *crimes de perigo*, que podiam ser chamados crimes contra a *incolumidade individual*.

Perigo atual ou iminente significa a possibilidade presente ou efetiva do dano, pouco importando a maior ou menor *persistência* ou *permanência* dessa possibilidade. Perigo futuro ou mediato é aquele que, embora não existindo na atualidade, pode advir em tempo sucessivo. É a probabilidade de perigo ou o *perigo de perigo*. É o evento genérico das contravenções e das tentativas dos *crimes de perigo*.

Há crimes cuja consumação depende da efetiva lesão do bem jurídico protegido, e são chamados crimes de *dano* ou *materiais* (ex.: homicídio, furto, estelionato, estupro, crimes culposos em geral); outros há, entretanto, que se consideram perfeitos com a só probabilidade de dano: são os crimes denominados *formais* (ex.: os crimes de *falsidade*), ou de *consumação antecipada*, e os *crimes de perigo* (ex.: os definidos no capítulo III do tít. I da "parte especial" do Código), devendo notar-se que a diferença entre uns e outros está apenas no elemento subjetivo, como adiante veremos.

Entre a ação (ou omissão) e o resultado deve existir uma relação de causa a efeito (*relação de causalidade*). Esta é indispensável à imputação física do *effectus sceleris*: para atribuir a alguém um crime, tem-se de averiguar, preliminarmente, se o evento de dano ou de perigo pode ser referido à sua ação ou omissão (v. n. 58).

O fato elementar do crime deve corresponder fielmente à descrição contida no preceito legal incriminador (considerado em si mesmo ou em conexão com a regra geral sobre a *tentativa*). A esse caráter do fato chama-se *tipicidade*.[17] Dizer-se que não há crime sem tipicidade é repetir o *nullum crimen sine lege*; mas pode acontecer que um fato, apesar de sua correspondên-

---

17 A *tipicidade* é o ponto de partida da famosa teoria dogmático-jurídica de BELING, que assim a define: "qualidade do fato, em virtude da qual este se pode enquadrar dentro de alguma das figuras de crime descritas pelo legislador mediante um processo de abstração de uma série de fatos da vida real". Segundo SOLER (*La formulación actual del principio "No hay delito sin ley previa"*), a doutrina em torno da *tipicidade* assinala um progresso da fórmula *nullum crimen sine prœvia lege*, acentuando que "*la sola existencia de ley previa no basta: esta ley debe reunir ciertos caracteres; debe ser concretamente definitoria de una acción, debe traer una figura cerrada en sí misma, en cuya virtud se conozca no solamente cual es la conducta comprendida sino también cuál es la no comprendida*". O só requisito da *lex prœvia* poderia ser iludido pela formulação de um *prœceptum aberto*, ou *vago*, deixando sem nítidos contornos o fato incriminado, de modo a ensejar francamente a analogia. Assim, o requisito da *tipicidade* não seria apenas um elemento indiciário do crime, senão também um obstáculo a que o legislador penal desrespeite, indireta ou obliquamente, o princípio de proibição da analogia.

cia formal com um *tipo* de crime, não seja crime ou fato contrário ao Direito, de modo que é justificável, na teoria jurídica do crime, o destaque entre *tipicidade* e *injuricidade,* pois se esta não pode existir sem aquela, a recíproca não é verdadeira. O indivíduo que, por exemplo, mata outro em *legítima defesa* ou em *estado de necessidade,* realiza *formalmente* o crime de homicídio e, no entanto, comete um fato que se apresenta *ab initio,* objetivamente lícito ou *secundum jus.*

51. Injuridicidade (ilicitude jurídica, ilegalidade). Um fato, para ser criminoso, tem de ser, além de típico, contrário ao Direito, isto é, estar positivamente em contradição com a ordem jurídica. Via de regra, o fato típico é também antijurídico, mas, como já se notou acima, nem sempre é assim. A tipicidade é um *indício* da injuricidade e, como todo indício, é falível.[18] Para se reconhecer que um fato típico é também antijurídico, basta indagar, dadas as circunstâncias que o acompanham, se não ocorre uma *causa de excepcional licitude* (*causa excludente de crime, descriminante*), isto é, se a ação ou omissão não se apresenta como exercício de uma faculdade legal (reação moderada contra uma agressão atual e injusta, sacrifício do bem ou interesse alheio em *estado de necessidade*), ou realização de um direito outorgado ou cumprimento de um dever imposto por outra norma legal (penal ou extrapenal).[19] Tanto a injuricidade quanto as causas de sua exclusão têm de ser apreciadas *objetivamente,* isto é, não dependem da *opinião* do agente, nem estão condicionadas à sua capacidade de direito penal. Assim como não age *contra jus* quem pratica um fato julgando-o, erradamente, ilícito (crime putativo por erro de direito), não deixa de agir ilicitamente quem pratica um fato supondo-o, por erro de direito, lícito (*error juris non excusat*). Se ocorre, *in concreto,* um *erro de fato* insuperável, que faça supor a inexistência de ilicitude, será excluída a *culpabilidade,* mas o fato não deixa de ser antijurídico.

---

18 M. E. MAYER (*Der allgemeine teil des deutschen strafrechts*, 1923, p. 52): "Até prova em contrário, a injuricidade deve ser aduzida da tipicidade. A prova em contrário pode resultar do sistema jurídico, ou do *todo* a que está incorporado o preceito legal, ou de uma especial regra de direito" *("Nur bis zum Beweis des Gagenteils ist der Schluss von der Tatbestandsmässigkeit auf die Rechtswidrigkeit richtig. Der Gegenbeweis kann aber durch das Rechtssystem, also durch den Zusammenhang, in den jede gesetzliche Vorschrift eingeglisdert ist, oder durch einen Rechtssatz, geführt werden").*

19 ROCCO (ob. cit., p. 527): *"Nel seno di seno di questa grande unità, che noi chiamiamo diritto, un dissidio interiore non è concepibile. L'ordinamento giuridico non può consentire, nelle viscere sue, la guerra interna fra le singole norme che lo costituiscono; di tal che l'una vieti, ciò che l'altra comanda, o comandi, ciò che l'altra vieta, ovvero vieti o comandi ciò che l'altra consente, rispettivamente, di fare o di non fare".*

Igualmente, um fato ilícito não deixa de ser tal, ainda quando cometido por um louco ou uma criança. Neste caso, como observa SOLER[20] o que falta para provocar a reação penal não é um fato ilícito, mas um *indivíduo punível*.

A excepcional licitude de um fato correspondente a um *tipo* de crime somente pode ser encontrada na órbita do direito positivo. Não há causas *supra*, *extra* ou *metalegais* de exclusão de crime. A teoria da "conduta adequada à realização de um fato reconhecido pelo Estado", de VON LISZT, ou a do "meio justo para um fim justo" (*princípio de justiça*), de GRAFZU DOHNA (inspirada na teoria do *direito justo*, de STAMMLER), ou a das "normas de cultura", de M. E. MAYER,[21] não podem ser admitidas *de jure constituto*. O fim reconhecido

---

20   *Derecho penal argentino*, 1945, I, p. 343.

21   *Rechtsnormen und Kulturnormen*, in *Strafrechtliche Sbhandlungen*, fasc. 50. A teoria das „normas de cultura", que, segundo MAYER, viria completar a *teoria das normas* de BINDING (O delinquente não age em contradição com a lei penal, mas com as *normas*, isto é, princípios *jurídicos* que antecedem e informam a lei penal), pode ser assim resumida: no caminho aberto, mas não suficientemente continuado por BINDING, devemos dar um passo adiante, isto é, mais além da lei penal: da norma de direito à norma de cultura. O que o delinquente transgride são as normas de cultura, reconhecidas pelo Estado. Não pode ser crime um fato consentâneo com as normas de cultura, que servem de elucidação e base à ordem jurídica. Quem diz *cultura*, diz apuro, requinte, progresso, civilização, avanço para um ideal. É a obra humana em contraste com a natureza. O domínio das forças naturais, o aperfeiçoamento dos instintos, o refinamento das necessidades inatas, tudo isto é cultura. Todas as atividades que convergem para esses *desiderata* são genuínos fatores de cultura. Ciência e arte, moral e religião, economia e direito, cooperando na vitória sobre o estado de natureza, são criadores de cultura. Há íntima relação entre *cultura* e *sociedade*. Sociedade é comunhão de interesses, e cultura é o tratamento adequado dos interesses comuns. Proibindo e ordenando, a cultura impõe-se ao indivíduo, cercando-o como sebe viva, e cria um complexo de normas, ou, mais exatamente, o complexo de normas, pois todas as normas são normas de cultura. *Normas de cultura* são proibições ou mandamentos, por meio dos quais uma sociedade exige conduta correspondente aos seus interesses. Neste conceito incidem as normas de religião e moral, as normas do intercâmbio material e moral, econômico ou social, as normas de cultura agrária, militar, técnica, acadêmica etc., e também, naturalmente, as normas jurídicas. As relações do Estado com a cultura são variadíssimas, e surgem desde que o Estado é juridicamente organizado, em que os interesses gerais deparam reconhecimento na ordem jurídica. O reconhecimento de interesses gerais é o reconhecimento de normas de cultura. Uma análise psicológica da legislação penal demonstra que tal reconhecimento consiste na seleção, conformação e amparo das normas de cultura. O dever jurídico remonta, ao dever cultural. A lei, no seu conjunto, não é mais que a adesão do Estado à cultura. Não é o Estado, mas a cultura que repele a conduta antissocial e justifica a punibilidade de uma ação.
Para desprestigiar esta teoria, basta ponderar que o legislador não está inibido de se pôr em contradição com a cultura, de modo que nem sempre as leis cristalizam normas de cultura.

pelo Estado (aprovado pela ordem jurídica) ou *fim justo* não exclui a ilicitude do *meio* empregado para consegui-lo, ainda quando proporcionado, desde que a lei lhe imprima o selo de sua desaprovação. As "normas de cultura" do mesmo modo que o "princípio de justiça", ou estão apoiadas pela lei, e são normas jurídicas, ou não estão, e redundam em princípios ajurídicos. Não há direito rondando fora, acima ou a *latere* da esfera legal. O *supralegalismo* de MEZGER, defendido entre nós por STEVENSON,[22] é incompatível com o positivismo jurídico.[23] O que está acima do *hortus clausus* das leis é um "nada jurídico".

52. Culpabilidade (culpa *sensu lato*). Para reconhecimento do crime, como *fato punível,* não bastam a tipicidade e a injuricidade: é também necessário que haja uma relação subjetiva ou de causalidade psíquica vinculando o fato ao agente (culpabilidade, culpa *sensu lato*). Cumpre que o fato seja, *culpado. Nulla poena sine culpa.* O agente deve ter *querido* livremente a ação ou omissão e o resultado (dolo), ou, pelo menos, a ação ou omissão (culpa *stricto sensu*). Ainda mais: é indispensável que o agente tenha procedido com a consciência da injuricidade ou ilicitude jurídica da própria conduta (crime doloso) ou com inescusável inadvertência quanto ao advento do resultado antijurídico (v. n. 75). O Direito Penal moderno repeliu a chamada *responsabilidade objetiva*. Além do grau mínimo da culpabilidade, isto é, além da culpa *stricto sensu*, entra-se no domínio do *caso fortuito*, e *nulla culpa est in casu*.

A culpabilidade tem como pressuposto a *capacidade de direito penal* (*responsabilidade, imputabilidade penal*), isto é, a capacidade de autodeterminação e de entendimento ético-jurídico, referida ao *homo medius*. Excluída a responsabilidade penal do agente, não há falar-se em culpabilidade. É o que ocorre no caso de "doença ou deficiência mental", de "imaturidade", de "embriaguez plena e fortuita" (v. comentário aos arts. 22 a 24). Pode, entretanto,

---

22   *Da exclusão de crime* e *O método jurídico na ciência do direito penal.*

23   Replicando a increpações de ASÚA e STEVENSON, assim se pronuncia SOLER (ob. cit., I, p. 350): "*Parecería que en gran medida ambos autores supusieran que nuestra fidelidad al principio in legibus salus, importase una canonización de las* palabras *de ley, cosa, claro está, que no puede atribuírsenos con justicia, pues muy claramente hemos dicho que la ley no está en las palabras, sino en la voluntad que yase dentro de ellas. Lo hemos dicho, con la cita de* CELSO, *fr. 17, D., I, 3* ("scire leges non est verba earum tenere, sed vim ac potestatem"). *Si con la expresión* "supralegal" *no se quiere decir nada más que* "supra verbal", *no tendríamos discrepancia que manifestar. Pero en esta epoca de derechos* artificiales, *le tememos mucho a* los derechos naturales *que asoman detrás de esa teoría. Eso,* en unas partes, *quiere decir* gesundene Volkansehaung (do ominoso *novus ordo* de Hitler[...]), *en otras partes, quiere decir* philosophia perennis".[...].

acontecer que, não obstante responsável o agente, seja excluída a culpabilidade mesma. São causas excludentes da culpabilidade: o escusável *erro de fato* (eliminativo da consciência de injuricidade ou mesmo da possibilidade de tal consciência), a *obediência legítima* (excepcional relevância do *erro de direito*, no sentido da exclusão do dolo) e a *coação irresistível* (ausência de vontade *livre*).

Certa corrente de autores alemães (Eb. Schimdt, Freudenthal. Mezger, Siegert), para suprir falha do Código Penal do seu país, entende que deve ser reconhecida como causa (*supralegal*) de exclusão de culpabilidade a "não exigibilidade" (*Nichtzumutbarkeit*) e assim aumenta: se o pressuposto da culpabilidade (*falta moral*) é a *censurabilidade* (*Vorwerfbarkeit*) da ação, segue-se que ela exprime a violação de um dever de conduta, do ponto de vista social; mas, conduta social não pode ser senão aquela que, sendo exigível de um indivíduo, não é seguida por este. A censurabilidade deixa de existir quando o indivíduo falta à observância de uma conduta que se apresentava impraticável no caso concreto (*ultra posse nemo tenetur*) ou particularmente difícil, *não exigível* do *homo medius,* do comum dos homens. O nosso Código assimilou explicitamente o critério da "não exigibilidade", mas para reconhecer, segundo a maior ou menor premência das circunstâncias, ora uma *descriminante*, isto é, identificando-a como a própria essência do "estado de necessidade" (art. 20, *caput*), ora simples minorante (art. 20, § 2º).

53. Punibilidade (incidência sob a ameaça da pena *stricto sensu*). Constitui esta a nota específica do crime. Somente ela assinala inconfundivelmente o *ilícito penal*, em cotejo com o *ilícito civil* e o *ilícito administrativo*. Não se trata, como se tem pretendido, de um *elemento* componente do crime: é a particularidade, que este apresenta, de estar *sob a ameaça da "pena"* (em sentido estrito). Advirta-se para logo, entretanto, que se o *nullum crimen sine pœna* não sofre exceções no tocante ao momento da cominação legal, pode ser abstraído no momento da imposição (aplicação, inflição) da pena. Um fato pode ser típico, antijurídico, culpado e ameaçado com pena *(in thesi)*, isto é, *criminoso*, e, no entanto, anormalmente, deixar de acarretar a efetiva imposição da pena. Por considerações de oportunidade ou de política criminal, a lei, não obstante a existência de um crime (com todos os seus elementos e caracteres), determina, em certos casos, a *não aplicação da pena*,[24] ou a *extinção da punibilidade*. Em razão de tais casos, em que falha praticamente a

---

24 O Código, quando se trata de causas excludentes da injuricidade, fala que "não há crime"; quando se trata de causas de exclusão da culpabilidade ou da punibilidade *in concreto*, fala, genericamente, em "isenção de pena".

punibilidade, é que esta não deve ser compreendida ou considerada necessariamente implícita, como já se tem sustentado, na *tipicidade*, na *injuricidade* ou na *culpabilidade*.

Na primeira das hipóteses citadas, apresentam-se as chamadas *causas pessoais de exclusão de pena* (*eximentes, escusas absolutórias*). Assim, no caso de "furto familiar" (art. 181, n. I e II) e no de "favorecimento pessoal" *inter próximos* (§ 2º do art. 348). O fato não deixa de ser crime (tanto assim que, no caso de *concursus delinquentium*, respondem por ele os copartícipes não beneficiados): só excepcionalmente em virtude de particular condição pessoal do agente, não se segue a imposição da pena cominada *in abstracto*.

Igualmente, na hipótese de *extinção da punibilidade* (que difere da anterior porque não exclui a imposição da pena *ab initio*, senão pela superveniência de certos fatos), não deixa de existir o crime: o que se dá, por motivos de conveniência ou critérios político-criminais, ligados a acontecimentos ulteriores ao crime, é uma renúncia do Estado ao já adquirido *jus puniendi* no caso concreto (*Verzicht auf den staatlichen Strafanspruch*, como dizem os autores alemães), rompendo-se o binômio *crime-pena*, na expressão de CARNELUTTI. O crime persiste, quer como *fato* (pois *factum infectum fieri nequit*), quer como *entidade jurídica* (tanto assim que, se já interveio condenação no juízo criminal, esta funcionará para reconhecimento da reincidência e impedimento da suspensão condicional da pena, caso o agente venha a cometer novo crime).[25]

O Código, no art. 108, declara causas de extinção de punibilidade a *morte do agente*, a *abolitio criminis*,[26] a *anistia*, a *graça*, o *indulto*, a *prescrição*, a *decadência*, a *perempção*, a *renúncia do direito de queixa* e o *perdão aceito* nos crimes de ação privada, a *reabilitação* a *retratação* (quando admitida), o *subsequens matrimonium* (em certos crimes contra os costumes) e o *ressarcimento do dano* (no caso único do peculato culposo). A enumeração, porém, não é taxativa. Outras causas extintivas da punibilidade se encontram, aqui e ali, no corpo do Código: a *desistência voluntária* e o *arrependimento eficaz* (art. 13), o autorizado *perdão judicial* (art. 140, § 1º, art. 176, parág. único, art.

---

25 Seja invocada a lição de ANGIONI *(Le cause che escludono l'illiceità obiettiva penale*, pp. 49-50): "As causas que implicam a proibição de punir o fato cometido, mas consistentes na ocorrência de *fatos sucessivos* (sejam estes queridos pelo agente, ou sobrevenham à sua revelia, ou mesmo contra a sua vontade), não são causas de exclusão de ilicitude do fato. E não o são porque não podem impedir a manifestação de uma ilicitude que já se manifestou, nem a apresentação de um crime que já aconteceu".

26 Este é o único caso em que não se pode deixar de reconhecer a anulação retroativa do "ente jurídico" crime.

180, § 3º, art. 240, § 4º), a *restitutio in integrum* na "subtração de incapazes" (art. 249, § 2º). Há também as causas extintivas *condicionais:* o livramento condicional e a suspensão condicional da pena.

É de acentuar que, às vezes, a punibilidade é condicionada a certas circunstâncias extrínsecas ao crime, isto é, diversas da tipicidade, da injuricidade e da culpabilidade. São as denominadas "condições objetivas de punibilidade". Representam um *quid pluris* indispensável para que, à violação da lei penal se siga a possibilidade de punição. Dizem-se condições *objetivas* porque são alheias à culpabilidade do agente. Nada têm a ver com o crime em si mesmo, pois estão fora dele.[27] Não há confundir as condições em apreço com os chamados "pressupostos" do crime, isto é, fatos ou situações *preexistentes*, a que a lei subordina o reconhecimento de determinado crime ou grupo de crimes.[28] Tais fatos ou situações, embora extrínsecas à atividade do réu, passam a fazer parte integrante (elemento constitutivo) do crime *in specie*.

54. Ilícito penal e ilícito civil. Na diversidade de tratamento dos fatos antijurídicos, a lei não obedece a um critério de rigor científico ou fundado numa distinção ontológica entre tais fatos, mas simplesmente a um ponto de vista de conveniência política, variável no tempo e no espaço. Em princípio, ou sob o prisma da lógica pura, a voluntária transgressão da norma jurídica deveria importar sempre a *pena* (*stricto senso*). Praticamente, porém, seria isso uma demasia. O legislador é um oportunista, cabendo-lhe apenas, inspirado pelas exigências do meio social, assegurar, numa dada época, a ordem jurídica mediante sanções adequadas. Se o fato antijurídico não é de molde a provocar um intenso ou difuso alarma coletivo, contenta-se ele com o aplicar a mera sanção civil (ressarcimento do dano, execução forçada, *restitutio in pristinum*, nulidade do ato). O Estado só deve recorrer à pena quando a conservação da ordem jurídica não se possa obter com *outros meios de reação*, isto é, com os meios próprios do Direito Civil (ou de outro ramo do Direito que não o Penal). A pena é um *mal*, não somente para o réu e sua família, senão também, sob o ponto de vista econômico,

---

27 Exemplos: a sentença declaratória de falência, em relação aos crimes falimentares; o oferecimento da queixa ou da representação, nos casos previstos em lei; a anulação do casamento, no caso do art. 236, parág. único; o ingresso no território nacional, em certos casos de extraterritorialidade da lei penal etc.

28 *In exemplis*: a *existência de casamento anterior* no crime de *bigamia*; a *qualidade de funcionário público* do sujeito ativo nos *crimes funcionais* ou do sujeito passivo no *desacato*.

para o próprio Estado. Assim, dentro de um critério prático, é explicável que este se abstenha de aplicá-la fora dos casos em que tal abstenção represente um *mal maior*.[29]

A *ilicitude jurídica* é uma só, do mesmo modo que um só, na sua essência, é o *dever jurídico*. Dizia BENTHAM que as leis são divididas apenas por comodidade de distribuição: todas podiam ser, por sua identidade substancial, dispostas "sobre um mesmo plano, sobre um só mapa-múndi". No que têm de fundamental, coincidem o delito civil e o delito penal. Um e outro são uma rebeldia contra a ordem jurídica. Consistem ambos num fato exterior do homem, antijurídico, imputável a título de dolo ou culpa. A única diferença entre eles está na *maior gravidade* do delito penal, que, por isso mesmo, provoca mais extensa e intensa perturbação social. Diferença puramente de *grau* ou de *quantidade*. A este critério relativo, e somente a ele, é que atende o direito objetivo do Estado na diversidade formal de sua ação defensiva contra a sublevação da vontade individual. Sob o ponto de vista histórico, em face do *jus positum*, o que decide entre a aplicação da simples sanção civil e a da reforçada sanção penal, no reajustamento da ordem jurídica, é a menor ou maior *intensidade* da violação desta, apreciada pelo legislador, sob a influência do mutável ambiente social. Nada mais.[30] Não há excogitar princípios gerais e prefixos na distinção entre o *injusto* que incide e o que não incide *sub pœna*. Não se pode deslocar a questão para o terreno de um direito ideal, com abstração do direito positivo.[31] Não se atêm à realidade do Direito, como emanação do complexo das leis, as teorias que buscam uma razão filosófica ou estritamente científica à diferenciação entre ilícito civil e ilícito penal.

Dizia HEGEL que o *fato antijurídico doloso* importa a *necessidade lógica da sanção penal*, e não constitui jamais *ilícito puramente civil*. Ora, isto contradiz francamente o direito positivo, que submete à exclusiva sanção civil

---

29 BINDING, *Die normen und ihre übertretung*, I, p. 431: "*Da der Staat ein Übel nur dann auf sich nehmen darf, falls er dadurch ein grösseres von sich abwendet, so kann er sich zur Straf nur dann für verpflichtet achten, wen das Übel der Nichtbestrafung für ihn noch grösser wäre als das der Bestrafung*" (isto é: "Como o Estado só deve chamar a si um mal para afastar outro maior, assim deve servir-se da pena somente quando o mal de sua não aplicação seja maior que o da sua aplicação").

30 Eis a lição de VON LISZT: "[...] nem a toda ação ilegal e informada de culpa (*sensu lato*) atribui a lei a consequência jurídica da pena. Somente é ameaçado com pena o delito que se apresenta, a juízo do legislador, especialmente perigoso para a integridade ou segurança dos bens jurídicos".

31 Conforme adverte MANZINI, "dato che non esiste altro diritto, che quello vigente, è duopo tener distinto ciò che fu o che potrebbe o dovrebbe essere, da ciò che è criterio storico-politico, dal criterio giuridico".

uma série de fatos antijurídicos dolosos, no mesmo passo que apena fatos antijurídicos meramente culposos. A adotar-se o critério hegeliano do ponto de vista de um ulterior progresso jurídico, ou como um "ideal do futuro", segundo sugere WALTHER, ter-se-ia de concluir que, de futuro, a sensibilidade do legislador penal chegaria ao extremo de apelar as mínimas infrações dolosas da *lex privata* dos contratos, quando o certo é que a tendência do pensamento jurídico universal é no sentido de evitar o *abuso* das sanções penais.

Segundo AHRENS, a distinção entre ilícito penal e ilícito civil está no modo por que a lesão de direito se realiza: no primeiro, a lesão é *direta* contra o *estado de direito*, ao passo que no segundo é *indireta*, revestindo formas legais. Tal critério, porém, não é, nem podia ser o do direito positivo. Por mais que se dissimule nos refolhos de um contrato, nem por isso deixa de ser menos *direta* a lesão do *estado de direito*. As formas legais não redimem o que AHRENS define como «*une disposition perverse d'âme et de volonté, présentant un danger permanent pour le mantien de l'état de droit*».

Igualmente inaceitável é a teoria de UNGER, segundo a qual, se há violação de um direito subjetivo (*facultas agendi*), tem-se o ilícito civil; se, porém, ocorre uma violação do direito objetivo ou da ordem jurídica em si (*norma agendi*), tem-se o ilícito penal. A objeção de MERKEL, reproduzida por HEYSSLER e MANZINI, é decisiva: é inconcebível a existência de um direito subjetivo sem a correspondente norma do direito objetivo. A lesão de um implica necessariamente a de outro. O direito objetivo e o direito subjetivo são dois aspectos da mesma realidade. Não colhe melhor êxito a teoria fundada na diversidade qualitativa da norma infringida (KORKONOV): se esta é de Direito Público, identifica-se o injusto penal; se de Direito Privado, o ilícito civil. Toda norma jurídica é ditada no interesse público e impõe, como observa BINDING, "um dever para com o Estado", e, assim, no fundo, toda norma é de Direito Público.

Também não há que assentar o critério distintivo na dualidade das normas jurídicas, que são, ou *imperativas*, exigindo a iniciativa de determinado ato e, assim, violáveis por *omissão*, ou *proibitivas*, impondo a abstenção do ato e, portanto, violáveis por *comissão*. Segundo MERKEL, o ilícito civil estaria circunscrito ao *ilícito puramente negativo* (*das bloss negative Unrecht*), ou em que a discórdia entre a vontade individual e a vontade geral encontra sua expressão integral no fato externo, sendo *possível* e *suficiente* a *execução forçada* e *direta* ou o simples *constrangimento à reparação*. Ao *ilícito positivo*, por isso mesmo que, no seu elemento interno, há um *quid pluris* que não encontra expressão no elemento externo, e vem a ser o *desprezo do direito*, deve corresponder um *quid pluris* na reação, isto é, a reação pela pena. Ora, existem delitos penais de pura omissão e delitos civis mediante comissão e, além disso, o *desprezo do direito* não é privativo do ilícito positivo, pois existe também no ilícito negativo.

Stahl e Venezian propõem o critério da *irreparabilidade potencial* na caracterização do ilícito penal. É igualmente um critério irreconciliável com o direito positivo: se este deixa fora da órbita penal grande número de fatos antijurídicos reparáveis, comina pena a outros que também o são (*v.g.*, os crimes patrimoniais) e até mesmo a alguns que nenhum dano efetivamente ocasionam (crimes materialmente frustros, crimes formais ou de mero perigo, contravenções).

Pretende-se ainda que o ilícito penal é a violação do direito de obediência do Estado (violação de direitos subjetivos públicos), ao passo que o ilícito civil apenas ofende direitos subjetivos privados. Ora, há crimes que, além de negarem o direito de obediência do Estado, atacam direitos subjetivos privados (crimes patrimoniais, por exemplo).

Heyssler, depois de distinguir entre ilícito *subjetivo* ou *culpado* e ilícito *objetivo* ou *não culpado*, afirma que o ilícito civil, incluído, com o penal, na primeira classe, só é configurável no *fato negativo* consistente no inadimplemento de uma obrigação de fazer ou prestar, derivada de um ato jurídico privado. Para evidenciar a inanidade de tal critério basta ponderar, como faz Brunetti, que o direito positivo não ameaça com a pena criminal o inimplemento de uma obrigação contratual de *non facere*.

Carrara, tentando escandir o ilícito penal, pretende que este, além da irreparabilidade do resultado lesivo do indivíduo, produz um *dano social*: para legitimar a reação penal, *"il danno che reca l'azione prava dell'uomo deve essere danno social: cioè tale che non possa con altri mezzi, tranne col sotoporlo alla repressione della legge, provedersi alla tutela dell'ordine esterno. Se il danno è ristritto all'individuo o riparabile con un'azione diretta, il legislatore eccederebbe i suoi poteri dichiarando delitto (nel senso penale) l'atto che ne fu causa"*. O critério da *irreparabilidade*, como já vimos, não condiz com o *jus positum* e, por outro lado, não se pode desconhecer que também o ilícito civil produz um dano *social*, resultante da violação de uma norma ditada no interesse da harmonia do convívio civil.

Brunetti, no seu *Il delitto civile* (que contém a resenha e crítica de quase todas as teorias que estamos citando), sustenta que todo ilícito *doloso* é ilícito penal. É a mesma conclusão da teoria de Hegel, que Masucci[32] assim impugna: "[...] admitido este critério de distinção, qualquer devedor que negue o seu débito, qualquer pessoa que receba o que lhe não cabe, qualquer contraente que não cumpra as obrigações do contrato, desde que tenham

---

32 *Intorno alla incriminalità delle frodi contrattuali*, In: *Riv. Penale*, vol. 28, 1888.

consciência da própria injustiça, mereceriam uma pena. Ora, legislação alguma, por mais feroz, jamais deu cunho de crime a tais fatos". Para ladear esta objeção, BRUNETTI não vacila em negar ao *inimplemento doloso da obrigação* o caráter de fato antijurídico. Com a evolução jurídica, diz ele, o direito do credor tornou-se apenas o direito de se ressarcir pelos bens do devedor, e o dever de *prestar*, por parte deste, deixou consequentemente de ser um *dever coativo*, para tornar-se um *dever livre*. Semelhante conceito abstrai o raciocínio de que a fidelidade aos contratos e uma condição da vida social e, portanto, um dever eminentemente jurídico, não podendo deixar de ser *coativo*.

Diz ROCCO que o *delito penal*, diversamente do *delito civil*, produz um "perigo social, mediato ou indireto", consistente na "possibilidade de novos crimes para o futuro" ou na "futura possibilidade de outros crimes por parte de todos ou contra todos os cidadãos". Ora, é inegável que o delito civil, embora com menos intensidade maléfica, também ocasiona o "perigo social" de reiteração de ilicitudes.

Embora reconhecendo a impossibilidade de um critério de lógica pura na classificação do ilícito, MANZINI assevera que, se o ilícito em geral é a violação do *mínimo ético, o ilícito* penal é a violação *do mínimo ético*. Ora, há fatos não imorais que, no entanto, o direito positivo define como crimes.

Demonstrada, assim, a impraticabilidade de uma distinção ontológica entre o injusto penal e o civil, pelo menos em face do direito positivo, o único critério discriminativo aceitável é o critério relativo ou contingente, não fixável *a priori*, da *suficiência* ou *insuficiência* das *sanções não penais*. Somente quando a sanção civil se apresenta ineficaz para a reintegração da ordem jurídica, é que surge a necessidade da enérgica sanção penal. O legislador não obedece a outra orientação. As sanções penais são o último recurso para conjurar a antinomia entre a vontade individual e a vontade normativa do Estado. Se um fato ilícito, hostil a um interesse individual ou coletivo, pode ser convenientemente reprimido com as sanções civis, não há motivo para a reação penal.[33]

Sob o ponto de vista histórico e político-jurídico, que é o único admissível in *subjecta materia*, ou, melhor, tendo-se em vista a formação, através

---

33 PUGLIA, *Manuale teorico-pratico di diritto penale*, 1895, I, assim discorre: "*Il criterio, che ci sembra accettabile scientificamente[...] è la insufficienza delle minori sanzioni per ristabiliri l'ordine giuridico turbato. La scinza non può dare che questo solo criterio: spetta poi al potere sociale, o, per dir meglio, al potere legislativo giudicare della gravità delle azione violatrici del diritto della loro reale ed intriseca natura, dagli effetti prodotti sulla società, esaminare poi se l'ordine giuridico violato possa ristabilirsi con altri mezzi che non siano quelli repressivi, ed infine annoverare ira i reati quelle violazioni che reputa necessario punire*".

das leis ditadas pelo Estado, dos dois sedimentos jurídicos que se chamam Direito Civil e Direito Penal, pode concluir-se que *ilícito penal* é a violação da ordem jurídica, contra a qual, pela sua *intensidade* ou *gravidade*, a única sanção adequada é a pena, e *ilícito civil* é a violação da ordem jurídica, para cuja debelação bastam as sanções atenuadas da indenização, da execução forçada, da restituição *in specie*, da breve prisão coercitiva, da anulação do ato etc.

55. Ilícito penal e ilícito administrativo. Tem sido igualmente em vão a tentativa de uma distinção ontológica entre o ilícito penal e o ilícito administrativo. A separação entre um e outro também atende apenas a critérios de conveniência ou oportunidade, afeiçoados à variável medida do interesse da sociedade e do Estado. Conforme acentuava Beling,[34] a única diferença que pode ser reconhecida entre as duas espécies de ilicitude é de *quantidade* ou de *grau*: está na maior ou menor intensidade lesiva de uma em cotejo com outra. O ilícito administrativo é um *minus* em relação ao ilícito penal. Pretender justificar um discrime pela diversidade *qualitativa* ou *essencial* entre ambos, será, persistir no que Kikula[35] justamente chama de "estéril especulação", idêntica à demonstração da "quadratura do círculo". Baldado tem sido todo o esforço doutrinário em tal sentido. Destaquemos, pelo seu especial relevo, cunho sistemático e repercussão, a teoria de Goldschmidt. Segundo este, há uma diferença fundamental entre *Direito Penal administrativo* (*Verwaltungsstrafrecht*) e *Direito Penal comum* (*Justizstrafrecht*): enquanto este visa ao indivíduo como vontade ou personalidade autônoma, aquele o encara como membro ou elemento sinérgico da sociedade e, portanto, adstrito a cooperar com a Administração Pública. A ilicitude administrativa seria apenas a omissão do *dever de auxiliar a Administração* no sentido do bem público ou estatal.[36] As normas de Direito Administrativo apresentam-se ao cidadão, não como *normas jurídicas*, mas, propriamente, como *ordens de serviço*. O Direito Penal administrativo, ao contrário do Direito Penal comum, não protege a *ordem pública* como *bem jurídico* (*Rechtsgut*), mas como *objeto de atenção* ou *de cuidado* (*Fürsorgeobjekt*) da Administração. O ilícito administrativo não é uma ação *contrária ao Direito* (*rechtswidrig*), isto é, não representa uma lesão ou perigo de lesão a um interesse juridicamente tutelado; mas uma ação *contrária à Administração* (*Verwaltungswidrig*), isto é, uma *falta* de cooperação com a atividade administrativa do Estado. A nor-

---

34 *Die lehre vom verbrechen*, p. 131.
35 *Der verwaltungzwang*, apud Zanobini, *Le sanzioni amministrative*, 1924.
36 "*Die Unterlassung der Unterstützung der auf Forderung des öffentlichen oder Staatswohls gerichteten Staatsverwaltung*".

ma penal comum sanciona um direito penal subjetivo da *justiça*; a norma penal administrativa sanciona um direito penal subjetivo da *administração*. Por isso que é uma simples falta de cooperação, o delito administrativo não é delito de dano: não constitui um *damnum emergens*, mas um *lucrum cessans*. É sempre delito de omissão (*Kommissivdelikt verwaltungsrechlicher Artgibt es nicht*). Desde que a Administração comina penas para o caso de transgressão de suas ordens, assumem estas a forma de preceitos penais; mas, se é certo que tais penas qualificam a violação da exigência administrativa (*Verwaltungsanspruch*) como ilícito de direito administrativo, não é menos certo que este se destaca do ilícito de direito penal. A consequência jurídica do ilícito administrativo é uma simples "obrigação *ex delicto* de direito administrativo" (*die Deliktsobligation des Verwaltungsrecht*).

Fixada, sucintamente, nos seus pontos centrais, é esta a construção doutrinária de GOLDSCHMIDT, cujo artificialismo não pode ser dissimulado. Dizer que o cidadão é um colaborador da Administração Pública e, como tal, está obrigado ao cumprimento de ordens administrativas, como se investido em função pública, não corresponde à realidade (pelo menos à realidade dos países democrático-liberais). É verdade que, em certos casos, o cidadão é chamado a colaborar na consecução dos fins do Estado, *v.g.*, como contribuinte do imposto, como soldado, como jurado, como eleitor, como testemunha etc.; mas tais casos têm caráter excepcional. No comum dos casos, só metaforicamente se pode falar em *falta de cooperação*. E, se a metáfora fosse autorizada, não haveria razão para que se não considerasse igualmente falta de cooperação o ilícito penal, quando consistente em omissão. As normas de Direito Penal administrativo são, indiscutivelmente, normas *jurídicas*, ditadas no sentido de tutelar o interesse da administração. A ordem pública, ainda como simples *objeto de cuidado* da Administração, é um interesse a ser protegido por essa e, como adverte VON HIPPEL,[37] desde que essa proteção se faz mediante preceitos jurídicos, tal interesse é um *bem jurídico*. O ilícito administrativo, à semelhança do ilícito penal, é lesão efetiva ou potencial de um bem jurídico, pois, de outro modo, não se compreenderia a existência de um Direito Penal administrativo. Uma ação que não constitua perigo, sequer *in abstracto* (como pretende GOLDSCHMIDT), a interesse juridicamente tutelado, não pode ser juridicamente reprovada ou incidir sob sanção legal. O *lucrum cessans*, de que fala GOLDSCHMIDT, já seria, mais que um simples perigo de lesão, um autêntico *damnum* (*in quantum mea interfuit, id est quantum mihi abest, quantumque lucrari putuit*). As normas penais administrativas não se limitam a ordenar ou a exigir ações *positivas*, pois também ordenam

---

37 *Deutsches strafrecht*, 1930, vol. II.

ou exigem *omissões*; e neste último caso, o ilícito administrativo não pode deixar de ser *comissivo*.

Não há falar-se em direito penal subjetivo da *Administração*, em contraposição a um direito penal subjetivo da *Justiça,* mas tão somente em direito penal subjetivo do Estado. A este, apenas a este, e não aos seus órgãos, cabe o *jus puniendi*. Ordens administrativas são ordens do Estado, e a *desobediência* contra estas é a essência, o *substratum* de todo e qualquer ilícito, e não uma peculiaridade do ilícito administrativo. A identidade essencial entre o delito administrativo e o delito penal é atestado pelo próprio fato histórico, aliás reconhecido por Goldschmidt, de que "existem poucos delitos penais que não tenham passado pelo estádio do delito administrativo".[38] A disparidade entre um e outro, repita-se, é apenas *quantitativa*. Qual outra diferença, senão de grau, *v.g.*, entre o retardamento culposo de um ato de ofício e a *prevaricação*, entre uma infração sanitária, e um *crime contra a saúde pública*, entre *violações de posturas municipais e contravenções penais*?

A punição de certos ilícitos na esfera do Direito Administrativo, ao invés de o ser na órbita do Direito Penal comum, não obedece, como já frisamos, senão a razões de conveniência política: para o Direito Penal comum é transportado apenas o ilícito administrativo de maior gravidade objetiva ou que afeta mais direta e intensamente o interesse público ou social, passando, assim, a ilícito penal. O ilícito administrativo de menor entidade não reclama a severidade da pena criminal.[39]

56. Crime e contravenção. O ilícito penal é um genus de que são *species* o *crime* e a *contravenção*. Esta, porém, não é senão crime de menor entidade, o *crime anão*. Se não há diferença ontológica entre o ilícito penal e o ilícito civil ou administrativo, muito menos poderá ser encontrada entre esses dois ramos do mesmo tronco. A diferença, também aqui, é apenas de *grau* ou *quantidade*, e essa mesma não obedece a um critério constante, senão a oportunos e variáveis critérios de política criminal, quando não ao puro arbítrio do legislador. Como se pode, então, identificar o crime ou a contravenção, quando se trate de ilícito penal encontradiço em legislação esparsa, isto é, não contemplado no Código Penal (reservado aos *crimes*) ou na Lei das Contravenções Penais? O critério prático adotado pelo legislador brasileiro é o da *"distinctio*

---

38 "*Es gibt wenige Rechtsdelikte, die nicht das Stadium des Verwaltungsdelikts durchschriten hätte*".

39 Sobre o tratamento de fatos que constituem, simultaneamente, delito penal e delito administrativo, v. Hungria, vol. 9º destes "Comentários", n. 133.

delictorum ex pœna" (segundo o sistema dos Direitos francês e italiano):[40] a *reclusão* e a *detenção* são as penas privativas de liberdade correspondentes ao crime, e a *prisão simples* a correspondente à contravenção, enquanto a pena de *multa* não é jamais cominada *isoladamente* ao crime.

Se não se quer abstrair a *realidade legislativa*, impõe-se rejeição das várias teorias que, fora desse critério formal, têm sido excogitadas para a diferenciação conceitual entre crime e contravenção. Se uma ou outra poderia ser aceita de um ponto de vista ideal, todas colidem com o direito positivo. Citemo-las, de relance:

Teoria romanística (ligada ao *"proba quœdam natura turpia sunt, quœdam civiliter, et quasi more civitate"*, de ULPIANO): o crime ofende direitos inatos; a contravenção ofende direitos de criação política.

Teoria da escola toscava: crime é o *malum quia malum*, contravenção é o *malum quia prohibitum*; crime é o fato reprovável independentemente da lei, ao passo que contravenção não é um fato reprovável em si mesmo; crime é uma ação ou omissão contrária aos princípios do direito natural e às eternas leis da moral, enquanto contravenção é uma ação ou omissão indiferente ao direito natural e à moral, sendo proibida somente para utilidade dos cidadãos (PUCCIONE).

Teoria de CARMIGNANI: O crime ofende a *segurança pública* ou *privada* e as leis que a protegem, enquanto a contravenção apenas ofende a *prosperidade pública* e respectivas leis tutelares.

Teoria de FEUERBACH: crime ofende direitos naturais, ao passo que contravenção é apenas violação da lei (direito objetivo) ou do direito do Estado à obediência, criado pela lei.

Teoria de GROLMANN: crime importa uma lesão a interesses jurídicos; contravenção apenas cria um perigo a esses interesses.

Teoria do perigo de perigo: crime acarreta um *dano* ou *perigo efetivo*; contravenção apenas um *perigo de perigo*.

Teoria de BINDING: crime ofende um bem jurídico (e necessariamente o direito de obediência do Estado); contravenção é mera *desobediência à norma* e, portanto, violação do direito subjetivo do Estado à obediência da norma, constituindo apenas um perigo remoto ao bem jurídico.

---

40 Assim dispõe a Lei de Introdução ao Código Penal (Dec.-Lei n. 3.914, de 9.12.1941), no seu art. 1º, para conjurar as dúvidas e perplexidades tão comuns na legislação anterior: "Considera-se crime a infração penal a que a lei comina pena de reclusão ou de detenção, quer isoladamente, quer alternativa ou cumulativamente com a pena de multa; contravenção, a infração penal a que a lei comina, isoladamente, pena de prisão simples ou de multa, ou ambas, alternativa ou cumulativamente".

Teoria de ROMANO: crime ofende *normas jurídicas* (que não são de *polícia*); contravenção ofende *normas de polícia*.

Teoria de MANZINI: crime ofende *interesses jurídicos*; contravenção ofende *interesses de polícia*.

Teoria de GOLDSCHMIDT: crime é ação *contrária ao Direito*; contravenção é apenas a falta *contrária à administração*.

Teoria de IMPALLOMENI: crime ataca os bens jurídicos essenciais ou direitos subjetivos primários, enquanto contravenção ofende os bens não essenciais ou direitos subjetivos secundários (os *quase direitos* de LANZA), ou, por outras palavras: crime ofende as condições primárias, fundamentais, permanentes da existência e convivência civil; contravenção ofende as condições secundárias, complementares, acessórias, acidentais e contingentes dessa convivência.

Teoria de CARNEVALE: crime ofende ou põe em perigo os bens jurídicos em si; contravenção ofende apenas as *condições ambientais* dos bens jurídicos (a chamada *polícia do direito* ou, segundo MANZINI, "as condições indispensáveis ou favoráveis às energias ou condições úteis à sociedade").

Teoria fundada no elemento subjetivo: crime exige *dolo* ou *culpa*; contravenção, apenas a *voluntariedade*.

Teoria que transporta a questão para o campo da prova: no crime, o dolo ou a culpa devem ser provados, ao passo que na contravenção se presumem até prova em contrário.

Nenhuma dessas teorias, repita-se, é conciliável com o *jus positum*, e algumas são mesmo inaceitáveis *de lege ferenda*.

Não há direitos *naturais* ou *inatos*, pois todo direito emana da lei do Estado. Não existe, por parte do Estado, direito à obediência pela obediência. Se a contravenção não fosse reprovável em si mesma, não poderia constituir ilícito. Não pode deixar de ser reconhecida a sua incompatibilidade com a moral prática (que outra coisa não é senão o *útil social*). Toda tutela, direta ou indireta, de interesses jurídicos, individuais ou sociais, é *segurança*, e não há distinguir, portanto, entre esta e *prosperidade*: toda ofensa do direito é ofensa da segurança social ou individual. O *evento periculi* não é privativo da contravenção, nem o *eventus damni* o é do crime. A contravenção nem sempre é um simples *perigo de perigo* (perigo remoto), encerrando, por vezes, um perigo concreto ou efetivo. Não há que destacar, dentre as normas ou interesses jurídicos, as normas ou interesses de polícia, desde que todas são normas legais; mas, ainda que admitida a distinção, é de observar que nem todas as contravenções se limitam a violar normas ou interesses de polícia. Sem fundamento, como já vimos (n. 55), é a pretendida diferença substancial entre ilícito *contrário ao direito* e ilícito *contrário à administração*. Inaferível é o discrime entre condições primárias e secundárias da vida social, desde que, asseguradas pelo Direito, são todas fundamentais e indispensáveis. Simples ofensa às condições ambientais ou favoráveis à existência e conservação dos bens jurídicos não é característica exclusiva das contravenções, pois também assinala os crimes de simples perigo. Em face do direito positivo, há contravenções irreconhecíveis sem o dolo ou a culpa. Se o dolo ou a culpa se presumem na maioria das contravenções, não se segue daí que a mesma regra se adote no tocante àquelas que, conceitualmente, reclamam uma ou outra dessas formas de culpabilidade.[41]

Já a União Internacional de Direito Penal (sob a direção de VON LISZT, VAN HAMEL e PRINS), há 40 anos, reconhecendo a inanidade do esforço no sentido de uma diferença essencial entre as duas espécies de infração penal, entendia que o discrime deve ser deixado ao legislador, segundo um critério meramente oportunístico.

57. Divisão dos crimes. Já conhecemos uma primeira divisão geral dos crimes (n. 50): *comissivos*, *omissivos* (propriamente) e *comissivos* por *omissão* (omissivos *impróprios*). Nos comissivos, há uma atividade positiva no sentido do resultado antijurídico; nos omissivos, há uma inação contrária ao dever jurídico de agir, constituindo, em si mesma, o crime; nos comissivos por omissão, a inatividade é meio ou antecedente causal do resultado antijurídico.

Também já conhecemos a divisão dos crimes em *materiais* ou *de dano*, *formais* e *de perigo*. Nos crimes materiais ou de dano, é necessária à *consumação* a superveniência de efetiva lesão do bem jurídico tutelado.[42] Se falha a lesão condicionante do *summatum opus*, apresenta-se a *tentativa* (crime tentado) ou um fato penalmente indiferente (como no caso de induzimento ou auxílio a suicídio, quando este se frustra ou não ocorre lesão corporal de natureza grave). Nos crimes formais, basta o *eventus periculi* (relevante possibilidade de dano, dano potencial): a consumação antecede ou alheia-se ao *eventus damni* (e por isso também se fala, aqui, em crimes *de consumação*

---

41 É força, pois, concluir com FERRI: "Entre crime e contravenção não há diferença substancial do ponto de vista jurídico: um e outra são infrações das normas penais, ditadas pela necessidade de defesa social contra ações lesivas ou perigosas à segurança ou prosperidade pública ou privada. Assim, não há outro critério positivo e seguro de distinção além do concernente à sanção repressiva estabelecida pelo Código ou por lei especial para uma ou outra espécie de infração" *(Principii di diritto criminale,* 1928, p. 590).

42 Exemplos: o homicídio, a lesão corporal, o furto, o estelionato, a extorsão, o induzimento ou auxílio a suicídio, os crimes culposos em geral.

antecipada).⁴³ Nos crimes de perigo, também é suficiente à consumação a simples possibilidade de dano; mas, enquanto nos crimes formais é indispensável o *dolo de dano*, os crimes de perigo têm um elemento subjetivo próprio, isto é, o *dolo de perigo* (o agente prevê necessariamente o dano, mas não o quer, nem mesmo eventualmente, limitando-se sua vontade ao advento da situação de perigo). Exemplos: os crimes de "periclitação da vida e da saúde" (cap. III do tít. I da "parte especial"), a rixa, certos crimes *contra a incolumidade pública*.

Toda vez que, já ocorrido o resultado suficiente à consumação do crime, atinge este ou é levado às suas extremas consequências lesivas, costuma-se falar em *crime exaurido*, e em tal caso, ou esse *plus* funciona como *agravante especial, majorante ou condição de maior punibilidade* (*v.g.*, o funcionário público subornado pratica ou omite o ato de ofício de que se trata; ao atentado contra a segurança de transporte segue-se o desastre) ou é indiferente (ex.: o ladrão vende ao receptador a *res furtiva*; *o fogo posto* consome totalmente a casa; em razão do testemunho falso sobrévem a condenação do inocente).

Outras divisões de crimes podem ser reconhecidas, como se segue.

Crimes dolosos, culposos e *preterdolosos*: *doloso* é o crime quando o agente quis conscientemente o resultado antijurídico ou assumiu o risco de produzi-lo (v. n. 73); *culposo*, quando o agente quis somente a ação (ou omissão), e não também o resultado antijurídico, mas sobrevindo este pela imponderação de sua conduta (imprudência, negligência, imperícia) (v. n. 72); *preterdoloso* se diz o crime em que a totalidade do resultado representa um *excesso de fim* (isto é, o agente quis um *minus*, e ocorreu um *majus*), de modo que há uma conjugação de dolo (no *antecedente*) e de culpa (no *subsequente*) (v. n. 74).

Crimes instantâneos e permanentes: *instantâneo* é o crime que se *esgota* com o evento que o condiciona (homicídio, lesão corporal, estupro, furto); *permanente*, aquele cujo momento consumativo se protrai no tempo (cárcere privado, sequestro, redução a condição análoga à de escravo). Não é de confundir-se o *crime permanente* com o *crime instantâneo de efeitos permanentes* (homicídio, furto, bigamia), pois se, no primeiro, a permanência depende da continuidade da *ação* ou *omissão*, já o mesmo não acontece no último.

Crimes continuados, habituais e progressivos. Chama-se *crime continuado* a uma pluralidade de fatos criminosos da mesma espécie, praticados pela mesma ou mesmas pessoas, sucessivamente e sem intercorrente puni-

---

43 Exemplos: o crime de falsidade, a injúria verbal, a ameaça.

ção, a que a lei imprime *unidade* em razão de sua homogeneidade objetiva.⁴⁴

---

44   Sobre o crime continuado, em face do nosso Código, já assim nos pronunciamos: "O Projeto ALCÂNTARA MACHADO, no seu art. 59 (posteriormente art. 48), assim perfilava o *crime continuado*: 'Quando, na execução do mesmo desígnio criminoso, o agente praticar, numa só ocasião ou em ocasiões diversas, várias infrações da mesma natureza, aplicar-se-á, aumentada de um a dois terços, a pena cominada para a mais grave das infrações cometida'. Era, como se vê, a manutenção da teoria *objetivo-subjetiva*, na conformidade do modelo italiano. Como o Código Rocco (art. 81, segunda parte) substituíra pela expressão *medesimo disegno criminoso* a locução *medesima risoluzione criminosa* do Código ZANARDELLI (art. 79), também o Projeto ALCÂNTARA cuidara de dizer 'mesmo desígnio criminoso', onde a antiga Consolidação das Leis Penais (art. 66, § 2º) dizia 'uma só resolução'. No seio da Comissão Revisora, porém, foi, desde logo, preferida a teoria *puramente objetiva*, que, no reconhecimento da *continuação*, prescinde de qualquer elemento psicológico, para deduzi-la tão somente da conexidade objetiva ou homogeneidade exterior das ações sucessivas. A impugnação da teoria *objetivo-subjetiva* partiu de COSTA E SILVA, que se manifestou nestes termos, acentuando preliminarmente a controvérsia entre os penalistas: 'Estes, modernamente, se dividem em dois grupos: o dos que sustentam a teoria *objetivo-objetiva* e o dos que sustentam a teoria puramente *objetiva*. Exigem os primeiros, para a existência no delito continuado, além de determinados elementos de natureza objetiva, outro de índole subjetiva. Este é expresso de modos diferentes: *unidade de dolo, unidade de resolução e unidade de desígnio*. Unidade de dolo – *um dolo compreensivo dos diversos crimes (Gesamtvorsatz)* – só a reclamam alguns criminalistas alemães, em diminuto número, e a praxe do Tribunal do Império (*Reichsgericht*). A grande maioria deles abraça a teoria objetiva, dispensando, portanto, esse elemento. A respeito desta teoria, muito bem disse MEZGER, 367 (segundo a versão italiana): '*Questa, è la costruzione prevalente nella dottrina. Essa deduce il concetto di azione continuata degli elementi costitutivi esteriori della omogeneità. Per to più, con taluni adattamenti al singoli casi, si dà rilevo all'analogia della fattispecie, all'eguaglianza della commisione, all'unicità dei bene giuridico, al nesso temporale, allo sfruttamento della medesima circostanza o della stessa occasione* (FRANK) *ecc., guali criteri obbiettivi. Effettivarnente, questo criterio puramente oggettivo sembra infatto il più esatto. L'unicità dei dolo – che il Trib. Sup. esige, rifiutando la semplice risoluzione unica è ordinariamente una* fictio'. E COSTA E SILVA prosseguia: 'Está hoje geralmente reconhecido o absurdo da exigência de um dolo único ou de uma resolução compreensiva dos diversos crimes. O novo Código italiano preferiu a *unidade de desígnio'*. Explica, por exemplo, MAGGIORE (*Principi*, I, p. 504): '*È parso al legislatore nel reato continuato quella che veramente rimane persistente è l'ideazione e non già la risoluzione con cui quella si traduce in atto. L'elemento intellettivo sarebbe la molla dell'attività criminosa, più che l'elemento deliberativo e volitivo*'. Contentam-se os autores italianos com palavras. A ideação[...] Que se pretende exprimir com essa desusada palavra? Ela significa – dizem os dicionários – o ato de formar a ideia, a formação desta. Em acepção figurada, pode ser equivalente a *plano*. Mas porventura o delito continuado exige uma ideação especial, extensiva aos diversos crimes? A tal ideação não vale mais que o 'dolo único', a 'mesma resolução'. A verdadeira definição do crime continuado deve orientar-se pela teoria objetiva. Esta fórmula me parece aceitável: 'Quando o agente, com várias ações ou omissões, praticar dois ou mais crimes do mesmo conteúdo, que, pelas condições de tempo, lugar, maneira de execução

Crime habitual e consiste na reiteração da mesma ação, de modo a constituir um hábito de vida que incide sobre a reprovação penal (ex.: o *curandeirismo*). Se o agente procede *lucri faciendi causa*, fala-se em crime *profissional* (ex.: o *rufianismo*). Ao contrário do crime continuado, as ações repetidas,

---

e outras semelhantes, devam ser havidos como continuação do anterior ou anteriores, impor-se-lhe-á a pena mais grave em que houver incorrido, aumentada até dois terços'. Aceitando a sugestão de Costa e Silva, a Comissão Revisora assim redigira, inicialmente, o dispositivo sobre o crime continuado (primitivo art. 50, § 2º): 'Quando o agente, com várias ações ou omissões, pratica dois ou mais crimes da mesma espécie, impõe-se-lhe a pena mais grave em que haja incorrido, aumentada de um sexto até dois terços, desde que, pelas condições de tempo, lugar, maneira de execução e outras semelhantes, devam os crimes subsequentes ser havidos como continuação do primeiro'. Em crítica ao que ele chamava projeto *substitutivo*, Alcântara Machado impugnou essa fórmula, a cujo respeito indagava: 'Quais serão as condições *semelhantes às de tempo, lugar, maneira de execução?*'. Defendendo seu ponto de vista, explicou a Comissão, na tréplica apresentada ao ministro Campos: 'No *crime continuado*, a pena-base é a mais grave das concorrentes, e não a *cominada à mais grave das infrações cometidas* (como se dizia no Projeto Alcântara). Isto, na prática, redundaria em perplexidade por parte do juiz: dadas as circunstâncias do caso concreto, uma infração, embora aperrada mais gravemente do que outra, pode ser considerada de menor gravidade do que esta. Na configuração do crime continuado, o *substitutivo* adotou a teoria objetiva, dispensando a *unidade de ideação* (que, como observa Mezger, não passa de uma *ficção*) e deduzindo o conceito da ação continuada dos elementos constitutivos exteriores de homogeneidade. Assim, pode ser reconhecida a continuação até mesmo de crimes *culposos*, com grande vantagem sobre a fórmula Alcântara. Indaga o Professor Alcântara quais são as condições *semelhantes às de tempo, lugar e maneira de execução*, a que alude o § 2º do art. 50. É fácil a resposta: são todas as demais circunstâncias objetivas que indicam a continuação entre a primeira e as sucessivas ações ou omissões. Exemplos: a identidade de favorável situação pessoal, de que o agente se aproveite reiteradamente (como no caso do caixeiro viajante que indebitamente se apropria, por várias vezes, do dinheiro recebido da clientela); a coesão objetiva entre as várias ações ou omissões, como no caso do indivíduo que, não podendo *passar* de uma só vez o seu *stock* de moeda falsa, consegue introduzi-lo parceladamente'. Prevalecendo o critério da Comissão, o preceito relativo ao crime continuado teve, afinal, a redação com que figura no Código (art. 51, § 2º): "Quando o agente, mediante mais de uma ação ou omissão, pratica dois ou mais crimes da mesma espécie e, pelas condições de tempo, lugar, maneira de execução e outras semelhantes, devem os subsequentes ser havidos como continuação do primeiro, impõe-se-lhe a pena de um só dos crimes, se idênticas, ou a mais grave, se diversas, aumentada, em qualquer caso, de um sexto a dois terços'. Corrigiu-se, dessarte, a fórmula primitiva, que não se referia à hipótese (aliás, a mais frequente) de penas *idênticas*. Preferindo a solução da teoria objetiva, a Comissão Revisora não fez mais do que ceder à irrepreensibilidade de sua lógica e à evidência de seu acerto. Desde que se reconhece a necessidade de manter a construção jurídica do *delictum continuatum*, cumpre afeiçoá-lo a um critério realístico, prescindindo-se de um elemento psicológico especial, que na grande maioria dos casos resulta puramente fictício ou convencional, a não ser que se restrinja de tal modo

aqui, consideradas isoladamente, não constituem crime (somente a reiteração é que faz surgir o crime).

> a identificação do crime continuado, que se tornaria quase praticamente inútil a sua permanência no sistema jurídico-penal. É força reconhecer que a *continuação* não deixa de existir ainda quando as sucessivas ações não se apresentem ligadas por um nexo subjetivo formado *ab initio*, chama-se a este 'dolo unitário', 'resolução coletiva' ou 'mesmo desígnio'. O agente, ao praticar a primeira ação, pode não ter a mínima ideia de praticar outras, ou pode arrepender-se após a prática de cada ação, sem que, por isso, as ações apreciadas em conjunto, na sua homogeneidade objetiva, deixem de apresentar o cunho de continuação. Justamente acentua M. E. MAYER (*Der allgemeine teil des deutschen strafrechts*, 1923, p. 170): 'Na realidade, as mais das vezes, o inculpado não faz ideia alguma sobre sua ulterior conduta, de modo que a afirmação do dolo unitário deriva, mais ou menos, de uma ficção' ('[...] *in Wahrheit wird sich der Schuldige aber über seins künftiges Verhalten überhaupt keine Gedanken gemacht haben, sodass die Feststellung des einheitlichen Vorsatz mehr oder weniger auf eine Fiktion hinausläuft*'). Eis também o claro raciocínio de VON HIPPEL (*Deutsches strafrecht*, II, p. 543, 1930); 'O que se apresenta como decisivo não é que o agente compreenda sua conduta como unidade, mas sim, que a ordem jurídica tenha fundamento para concebê-la como tal;* e esse fundamento existe já na homogeneidade objetiva

---

* É o que já acentuava MERKEL (*Derecho penal*, trad. esp. de DORADO, I, p. 382); "A, unidade (do crime) não pode resultar de relações meramente subjetivas entre distintas violações jurídicas. Não pode resultar, por exemplo, da circunstância de que o próprio delinquente considere tais violações como ligadas entre si, nem de que elas sirvam a um fim idêntico que incida fora dos elementos constitutivos do crime, nem de que a resolução de cometer um crime se haja tomado simultaneamente com a de cometer outros etc. O ponto de vista do direito não é o ponto de vista do delinquente. O que para este se apresenta como uma unidade não se apresenta necessariamente, como tal, também àquele'.

> da conduta, ainda que o agente (como as mais das vezes acontece) não represente a continuação ou se arrependa de cada vez, embora vindo a ceder, de novo, a idêntica tentação' ('*Nicht ob ter Täter sein Tun zur Einheit zusammenfasste, sondern ob die Rechtsordnung Grund hat, es als Einheit aufzufassen, ist entscheidend. Diese Bedürfnis aber besteht bereits bei Gleichartgkeit, auch wenn der Täter sich so meist über die Fortsetzung keine klaren Vorstellungen machte oder gar jedesmal Reue fühlte, dann aber erneut der gleichen Versuchung erlag*'). Um atestado da inconsistência da teoria objetivo-subjetiva é a desinteligência dos seus adeptos sobre o que seja realmente o *quid* psicológico da continuação. O Tribunal Imperial alemão fala em *dolo de conjunto* (*Gesamtvorsatz*), que não significa uma resolução genérica de agir do mesmo modo, sempre que se apresente ocasião propícia (o que para alguns subjetivistas é suficiente para a continuação): o agente deve, de antemão (*von vornherein*), abranger no seu dolo todas as ações singulares e o resultado total. A objeção de VON HIPPEL (ob. cit., p. 542),

Difere o crime continuado do crime permanente, pois neste a atividade ou inatividade não se fragmenta, como naquele (o crime permanente é *naturalmente uno*, enquanto o continuado só *juridicamente* forma unidade).

> porém, é irretorquível: 'De regra, não há um dolo ou resolução de conjunto que possa ocasionar automaticamente ações separadas no tempo, sejam ou não semelhantes, pois cada ação exige necessariamente uma nova resolução (dolo)' ('*Es gibt zunächst überhaupt keinen Gesamtvorsatz oder Gesamtentschluss, der automatisch zeitlich getrennte Einzelhandlungen hervorrufen könnte, mögen diese gleichartig sein oder nicht. Sondern jede Einzelhandlung erfordet notwendig einen neuen Entschluss (Vorsatz)*').
> O atual Código italiano, para iludir essa objeção, já não fala em *medesima risoluzione* como o Código de 89, mas, segundo já vimos, em *medesimo disegno*. E MANZINI assim define o que seja *disegno* (*desígnio*): 'É um projeto de ação ou omissão, firme, determinado e concreto, que não resulta apenas da coordenação de uma série de ideias substanciais, mas que pressupõe, outrossim, a escolha de meios para conseguir determinado fim e o prévio conhecimento das condições objetivas e subjetivas, nas quais se desenvolverá a atividade criminosa' (*Trattato*, II, p. 557).
> Ora, se assim é, raríssimos seriam os casos de crime continuado; de modo que, praticamente, resultaria quase inútil essa construção jurídica. A opinião de MANZINI, porém, é formalmente contrariada por outros comentadores do Código italiano, e a controvérsia em torno do elemento psicológico da continuação amplia-se indefinidamente, chegando a perder-se nos confins nebulosos da filosofia e da metafísica. Fala-se em *unidade de ideação, em unidade de motivo ou de fim, em fim coletivo ou genérico, em unidade de juízo, em unidade de desejo, em identidade de representações* etc., etc. A *Relazione* de ROCCO, justificando a troca do vocábulo 'resolução' pela palavra 'desígnio', no conceito do crime continuado, disserta. '*Nel reato continuato quella che veramente rimane persistente è la ideazione. e non già la risoluzione con cui questa si traduce in atto; è l'elemento intellettivo e non già l'elemento deliberativo o volitivo, che sorrege l'attività criminosa*'. Pura logomaquia. Um *desígnio* concreto, ou seja, um *plano de ação* não existe sem volição. *Ter um desígnio e não querer* é um absurdo lógico. Nem evita a incongruência a teoria de LEONE (*Del reato abituale, continuato e permanente*, 1933), que começa identificando *desígnio* com *desejo* (*desiderio*), e conclui falando em *unidade de motivo ou de fim* (repetindo o *plura delicta qui tendunt ad eunden finem*, de BALDO), como se este pudesse incidir fora da órbita da volição. O ponto de vista de LEONE é, aliás, uma simples tentativa de solução, pois ele próprio reconhece que o fundamento psicológico do crime continuado *giace in una zona di difficile penetrazione*. PILLITTU (*Il reato continuato*, 1936) nega se possa confundir o 'mesmo desígnio' com a 'identidade de fim', e contesta MANZINI, dizendo que não é necessária, no conceito de 'desígnio', a previsão das particularidades da ação ou omissão, para, assim concluir: 'Por desígnio deve entender-se a ideação ou *programa* do espírito de um indivíduo, que estabelece uma relação de interesse entre uma necessidade e um bem da vida'. Ora, é absolutamente inaceitável que essa remota *ideação*, desprovida de calor volitivo, possa ter relevo jurídico-penal, para servir de liame psicológico da continuação. PISAPIA (*Reato continuato*, 1938), por sua vez, diverge de MANZINI e de PILLITTU, e refere-se à *identidade de representações*, acostando-se à velha teoria de PESSINA, que falava em

Também não é de confundir-se o crime continuado com o de *ação múltipla* ou *conteúdo variado* (*Mischtatbestand*), isto é a cujo respeito a lei prevê di-

unidade de consciência. É na representação, diz ele, que está, o *momento* em que as várias ações (do crime continuado) se aliam no espírito do agente; mas é de ponderar-se que a *representação* é uma atitude inerte do espírito, e não pode, por isso mesmo, tornar-se decisivo ponto de referência da conexidade de ações humanas. JANNITTI-PIROMALLO (E.) (*Corso di diritto criminale*, 1932) Identifica *desígnio* com *plano* ou *programa* e, a seguir, com a *cogitatio*: '[...] *il piano o programa criminoso, non corrispondendo alla volontà operativa in ato (dolo), è da considerarsi come cogitatio, avente un particolare valore giuridico*'. Mas, por que estranha razão há de a *cogitatio*, ou, seja, o fato puro e simples de projetar *in mente* a execução de um crime a prestações, adquirir *particular valor jurídico*, para transformar-se em nexo psicológico unitário das sucessivas ações, independentemente da volição que a estas preside? Ou a *cogitatio* se conjuga com a volição e só então pode ter relevância, ou dela se separa, como etapa autônoma, e é um *nada jurídico*. ANGIONI (*La premeditazione*, 1933), depois de distinguir entre *desígnio e resolução* ('*il disegno o ideazione stà alla risoluzione come l'abbozzo di un programa stà al proposito di attuarlo o, per dire col* MASSARI, *come il momento intellettualistico stà al momento voluntaristico*'), discorre: '[...] o elemento subjetivo do crime continuado consiste, não na persistência constante e irrevogável da vontade de exercer determinada atividade criminosa, mas na persistência da ideação, isto é, na persistência da *disposição genérica* de realizar, fracionando-o, certo empreendimento criminoso, desde que se apresentem ocasiões propícias'. Ora, de duas, uma: ou *disposição* é o mesmo que *resolução*, e retorna-se ao campo da volição; ou é mero *pensamento*, e não pode ter consistência para justificar a *unidade* jurídica do crime continuado. Embora rejeitando a teoria objetiva *por ser contrária ao direito positivo italiano*, LEONE (ob. cit., p. 269) faz a seguinte confissão: '[...] *ad onta degli sforzi compiuti della dottrina, de porre un concetto fermo e sicuro di questa estremo del reato continuato, nella pratica giudiziaria sarà, piuttosto, una intuizione dei giudice, un criterio di begnità che si verrà imponendo, quasi una finzione di esistenza di questo nesso psicologico, come osservano alcuni scritori tedeschi. Basta la piu piccola esperienza giudiziaria per osservare como resti quasi genera mente senza alcuna dimostrazione concreta l'ammissione di un tale elemento: il giudice, per una intuitiva sensazione e per quel motivo di equità - che, come vedremo, costituisce l'anima dell'istituto - riconosceva quell'identità di resoluzione col Codice abrogato e riconosce quell'identità di disegno col Codice vigente, che autoriza a fissare la pena in più umani limiti, senza* che egli stesso riesce ad avvertire in che consista tale estremo'.

Deixemos, porém, de parte o 'trabalho de Sisifo' a que se entregam os subjetivistas, na pesquisa de um *momento* psicológico que, antecedendo a volição, sirva de alma ao crime continuado. Preliminarmente, é de todo dispensável, Para a existência do *delictum continuatum*, a averiguação de um elo subjetivo entre as várias ações. Como se poderia reconhecer esse *quid* psicológico senão deduzindo-o da homogeneidade objetiva das sucessivas ações? Seria inútil em tal sentido a própria *confissão* do acusado, se não se apresentasse demonstrado o elemento psicológico unitário pela conexidade exterior das ações. Corolário lógico: na identificação do crime continuado, é supérflua a pesquisa de fundamento outro além da homogeneidade ou encadeamento objetivo dos elementos sensíveis da atividade criminosa. É *necessária* e *suficiente* essa homogeneidade apreciada *ab externo*: a ulterior indagação de um elemento subjetivo unitário é tudo quanto

versas modalidades possíveis de conduta do agente (ex.: arts. 122 e 289, § 1º): neste, quando se sucedem os modos de ação no caso concreto, constituem etapas de um só e mesmo crime.

Crime progressivo: ocorre quando, da conduta inicial que realiza um tipo de crime, o agente passa a ulterior atividade, realizando outro tipo de cri-

---

há de mais ocioso. Este singelo raciocínio remonta a Von Bar (*Gesetz und schuld in strafrecht*, III, 1900, p. 582); '[...] o dolo unitário, dado que pudesse ser reconhecido de modo geral, não seria senão simples *reflexo* das circunstâncias objetivas.*

---

* Em sentido contrário, mas sem razão alguma, Roberto Lira, vol. II destes *Comentários*, p. 37. Sem a devida atenção, Basileu Garcia (*In: Justitia*, vol. II, ano II, fasc. II) e Magalhães Noronha (*Crimes contra os costumes* 1943, p. 52) continuam insistindo na indeclinabilidade da "unidade de desígnio", que seria o único elemento distintivo entre "crime continuado" e "concurso material de crimes". Ora, é tão somente a homogeneidade objetiva, das ações que torna possível o discrime em todos os casos. A unidade de desígnio é meramente eventual. Pode deixar de existir, não obstante a homogeneidade objetiva, e nem por isso deixará de apresentar-se o crime continuado.

Se assim não fosse, não poderia ser reconhecido. Por outras palavras: a exigência do dolo unitário é supervacânea' ('[...] *si wird der verlangte einheitliche Vorsatz, sofern er überhaupt beachtet werden soll, zu einem blossen Spiegelbild der objektiven Umstände: ist er dies nicht, so wird er nicht beachtet. Mit anderen Worten: das Erfordernis des einheitlichen Vorsatz ist überflüssig*').
Florian, não obstante adepto da teoria objetivo-subjetiva, não deixa de reconhecer (*Trattato*, parte geral, 1926, vol. II, p. 68) '*che nella vita pratica del diritto il concetto di unicità della risoluzione è piuttosto empirico, giacchè mentre logicamente e psichicamente dovrebbe precedere tutti i reati poi commessi ed esserne quasi il preludio, l'esatto accertamento di ciò incontra difficoltà enormi, onde comunemente della continuazione si giudica a posteriori ed alla stregua di criteri esterni (la successione dei reati nel tempo, ecc.)*'. O principal argumento, porém, contra a exigência de um elemento subjetivo unitário no conceito do crime continuado é o de que ela redunda em flagrante contrassenso, em evidente ilogismo. Sabe-se que o crime continuado, fundamentalmente, atende a um objetivo de equidade, * importando uma

---

* M. E. Mayer e Von Hippel pretendem que o crime continuado tenha um fundamento de *utilidade*, que é o da *economia do processo*. Diz o primeiro (ob. cit., p. 167): "[...] *es wärw unzweckmässig, jede einzelne Handlung zu bestrafen, weil danm im Prozess jede einzelne nachgewiesen, also ein unverhältnismässig grösser Aufwand an Zeit, Mühe und Geld getrieben werden müsste. Die Annahme des fortgesetzten Verbrechens ermöglicht, es dahingestellt sein zulassen, ob der Tatbestand einmal mehr oder weniger*

me, de que aquele é etapa *necessária* ou elemento constitutivo (reconhecida a unidade jurídica, segundo a regra do *ubi major, minor cessat*). Distingue-se

---

ausfüllt worden ist, und sich mit dem Beweis wiederholter Verwirklichung begnügen" (isto é: "[...] seria inconveniente punir cada ação de per si, por isso que, tornando-se necessário apurar no processo cada uma delas, haveria desproporcionado gasto de tempo, de esforço e de dinheiro. A admissão do crime continuado permite dispensar a verificação do número exato das várias ações, contentando-se com a prova da repetição do crime"). No mesmo sentido argumenta Von Hippel (ob. cit., p. 536): "*Der allein gagbare Weg ist hier vielmehr, Anzahl Stichproben zu, machen, die den Anjang, die Fortsetzung und den Schluss festlegen und dann zu verurteilen wegen eines fortgesetzten Deliktes, wobei die Mehrzahl der Fälle bei der Strafmessung ungemessen zu berücksichtigen ist und res judicata auch für die nicht ausdrücklich festgestellten Fälle eintritt*" ("O expediente preferível é obter certo número de provas que determinem o início, a continuação e a cessação desta, e condenar por crime continuado, devendo a pluralidade das ações ser devidamente considerada na medida da pena e ficando cobertas pela *res judicata* também as ações que não tenham sido expressamente averiguadas").

---

exceção à regra do 'concurso material', no sentido de uma penalidade mitigada. É um benefício que se instituiu em favor do inculpado, para conjurar, em certos casos um excesso de pena. Ao invés de se considerar na espécie uma pluralidade de crimes com penas cumuladas, sem qualquer temperamento, reconhece-se, por ficção jurídica, que se trata de crime *unum et idem*, aplicando-se-lhe uma pena complexa, mas inferior à que resultaria da soma das penas, se reconhecido o concurso material. Pois bem: o elemento psicológico reclamado pela teoria objetivo-subjetiva, longe de justificar esse abrandamento da pena, faz dele a paradoxal recompensa a um *plus* de dolo ou de capacidade de delinquir. É de toda evidência que muito mais carecedor de pena é aquele que *ab initio* se propõe repetir o crime agindo segundo um plano, do que aquele que se determina, de caso em caso, à repetição estimulada pela anterior impunidade, que lhe afrouxa os motivos da consciência, e seduzido pela permanência ou reiteração de uma oportunidade particularmente favorável. O êxito ou impunidade da primeira ação e a persistência da ocasião propícia exercem uma influência psicológica, no sentido de quebrantar ainda mais a resistência à tentação. Logo, a repetição do *mau passo*, em tais condições, é menos censurável do que a que resulta de um propósito formado de antemão. Nino Levi (*In: Codice Penale illustrato*, de Ugo Conti, fasc. 3º, p. 294), depois de acentuar que quem comete a primeira infração não tem, de regra, o propósito de cometer outras, observa: '[...] *poi per gli allettamenti della impunittà, per quella minore valutazione morare che corrisponde alla reiterazione del fatto in confronto al fatto iniziale (e che dal punto di vista psicologico è a mio aviso la giustificazione più efficace della minore repressione dei reato continuato), per il persistente impulso al conseguimento di quello stesso obbiettivo, ricade: vi è reato continuato. Senza di che si arriverebbe a questo assurdo: di punire più gravemente chi abbia opposto una certa resistenza agli impulsi criminosi e magari lottato per resistere, e di beneficiare chi abbia, frigido, pacatoque animo fin dal primo momento, concepito tutto lo svolgimento dei disegno criminoso*'. A incongruência da teoria objetivo-subjetiva já era acusada por

do crime continuado porque o crime anterior (menos grave) insere-se na própria estrutura do crime subsequente (mais grave).

Crimes unissubsistentes e plurissubsistentes. Nos crimes unissubsistentes, o processo executivo consiste num só ato (único *actu perficiuntur*), coincidindo este, temporalmente, com a *consumação*, de modo que não admitem *tentativa* (ex.: a injúria verbal); nos plurissubsistentes, ao contrário, há um *iter*, desdobrando-se a execução em etapas ou atos sucessivos. Quando, nesta última espécie de crimes, a ação e o resultado típico se separam no espaço, fala-se em *crime a distância* ou *de trânsito* (v. n. 34).

Crimes unilaterais, bilaterais e coletivos: *unilaterais* são os que podem ser cometidos por uma só pessoa; *bilaterais* (ou *de encontro*, *Begegungsdelikte*) os que, por sua própria natureza, exigem o *encontro* de duas pessoas (ex.: o adultério, a bigamia, a corrupção); *coletivos* (ou *de convergência*, *Konvergenzdelikte*) os que têm como elemento constitutivo o concurso de várias pessoas para um fim comum (ex.: a conspiração, a greve, a quadrilha ou bando). Os crimes bilaterais e coletivos incidem sob a denominação genérica de "crimes *de concurso necessário*". Costuma-se chamar *eventualmente coletivo* ao crime quando a pluralidade de pessoas *é qualificativa* ou *majorante* (ex.: arts. 150, § 1º, 155, § 4º, IV, e 226, I).

Crimes simples e complexos: *simples* é o que se identifica com um só tipo legal; *complexo*, o que representa a fusão unitária de mais de um tipo (ex.: roubo, estupro).

Crimes comuns e especiais (ou *próprios*, *Sonderverbrechen*, *Standesverbrechen*): *comuns* são os que podem ser praticados por qualquer pessoa; *especiais* os que pressupõem no agente uma particular qualidade ou condição pessoal, que pode ser de cunho *social* (ex.: funcionário público, militar, comerciante, empregador, empregado, médico) ou *natural* (mulher, mãe, ascendente, descendente). Assim, são crimes *especiais* os *funcionais*, os puramente *militares*, o crime falimentar próprio, a parede (greve), o autoaborto, o infanticídio, o crime do art. 302, o abandono de família.

Crimes qualificados e privilegiados. Depois de incriminar determinado fato, a lei penal, muitas vezes, passa a ter em conta certas circunstâncias subjetivas ou objetivas de que ele pode revestir-se, assumindo um cunho especial

---

Von Bar (ob. cit., p. 586): 'Não tem certamente direito a benigno tratamento, por isso que revela maior intensidade de dolo, aquele que, segundo um único plano (resolução) ou um plano delineado de antemão em seus detalhes, pratica vários crimes da mesma espécie; mas, ao contrário, não deixa de ter esse direito aquele que, dada uma ocasião essencialmente idêntica à em que já uma vez praticou o crime e sem que nesse meio tempo um sério motivo o dissuadisse do mau caminho, cede novamente à tentação'.

de maior ou menor gravidade, e adota, então, um tríplice critério de decisão: ou configura um crime à parte com título próprio e pena autônoma, superior ou inferior (em quantidade ou qualidade) à do *tipo fundamental;* ou con-

---

No mesmo sentido, M. E. Mayer (loc. cit.): '[...] tão evidente é o acréscimo de energia que a resolução criminosa imprime à unidade de dolo, que dificilmente se acomodaria o benigno tratamento colimado em razão da concepção conjunta das ações sucessivas' ('[...] *offenbar wird durch die Einheit des Vorsatz die Energie der verbrerischen Entschlossenheit so geistert, dass die mildere Beurteilung, die durch Zusammenfassung der Einzelakt wird, schlecht am Platze wäre*') * Mezger (*Tratado de derecho penal,* trad. esp. de Muñoz, II, p. 321) igualmente adverte:.[...] se o agente possuísse realmente, de antemão, um dolo unitário, por exemplo, de abusar impudicamente de uma criança em toda ocasião propícia, ** tal dolo não seria certamente motivo de atenuação, mas, ao contrário, de agravação da pena. Precisamente o sucumbir sempre de novo à tentação corresponde, em face dele, à ideia do crime continuado'. Beling (*Die lehre vom verbrechen*, p. 370), do mesmo modo, desacredita a t*eoria da resolução conjunta:* 'Uma resolução dirigindo-se de antemão, à totalidade das ações, só a têm de regra, os piores criminosos, que operam segundo um plano. Não a tem aquele que é seduzido, iterativamente, pelas várias oportunidades; assim, o benefício do *delictum continuatum* não reverteria em favor dos que mais o merecem, e vice-versa[...] 'Para construção jurídico-penal, tem-se de partir das ações, e não das fontes psicológicas de que decorrem, pois as ações é que são puníveis, e não as *resoluções criminosas*'.

---

* Ao argumento de que a unidade de desígnio é índice de maior intensidade de dolo, responde Lira (loc. cit.) que "não o seria menos o motu continuo acelerado que é antes reiteração do que continuação". Em primeiro lugar, não há *motu continuo* no crime continuado. Este, apesar do seu nome, caracteriza-se, paradoxalmente, pela *descontinuidade* das ações que o compõem. Além disso, seria interessante saber qual o critério para distinguir entre o *delictum continuatum* e o *delictum reiteratum*, se se abstrai a homogeneidade objetiva das ações singulares.

**Lira (ob. cit., p. 376) diz que esse exemplo "não seria crime continuado, e sim de reiteração, pela nova atitude da vontade". Ora, a cada uma das ações do crime continuado corresponde sempre, necessariamente, uma volição particular, tal como se dá no concurso material; mas isso, como é claro (e o proclamam os subjetivistas) não exclui a possibilidade de uma genérica resolução ab initio ou um desígnio de conjunto (alheio à volição, como querem os neossubjetivistas). O caso figurado por Mezger, quer em face da teoria objetivo-subjetiva (reconhecida a unidade de plano), quer perante a teoria puramente objetiva (dada a homogeneidade considerada *ab externo*) é de *típico* crime continuado.
Por último, é indisfarçável a imprestabilidade ou insuficiência da teoria objetivo-subjetiva, quando se tem em vista que ela exclui a continuação no campo da culpa *stricto sensu*, pois nesta não se pode falar em plano criminoso. É de chocante iniquidade que o benefício da continuação seja outorgado aos delinquentes dolosos e não o seja aos

serva o crime básico, com o seu *nomen juris*, mas cominando-lhe uma pena maior ou menor, dentro de novos limites (isto e, com caráter autônomo), ou limita-se a determinar ou autorizar uma especial agravação ou atenuação da pena do crime-básico (forma simples do crime), segundo uma quota fixa ou variável. Em tais casos, diz-se o crime *qualificado* (*delictum qualificatum*) ou *privilegiado* (*delictum privilegiatum*) ou *excepto* (*delictum exceptum*) confor-

---

culposos, isto é, justamente aqueles que mais devem ter direito a ele. Assim, por exemplo, a cozinheira que, segundo plano preconcebido, deita veneno, em dias sucessivos, no alimento da patroa, será favorecida pela continuação; mas, se, por mero descuido na limpeza do caldeirão de cobre em que prepara a comida, causa reiterados danos à saúde da patroa, terá de sofrer as penas cumuladas! Basta esse desconchavo de maior benignidade para com o delinquente doloso, em cotejo com o simplesmente culposo, para justificar o repúdio da teoria objetivo-subjetiva, que só por aferro à tradição ainda persiste no direito penal positivo.

Ao tomar partido por essa desprestigiada teoria, Roberto Lira, valendo-se de uma breve informação de Pisapia (ob. cit., pp. 246 e ss.), afirma que 'a última palavra da doutrina na Alemanha' a respeito do crime continuado, é a opinião de Diller, que teria negado qualquer razão de existência a essa construção jurídica. Antes do mais, o verdadeiro pensamento de Diller (*Die fortgesetzte Delikt im Licht der Strafrechtserneuerung, in Zeitschrift f. d. ges. Strafrechtswissenschaft*, vol. 56, 3º fasc., 1936, pp. 361 e ss.) é que o crime continuado deve ser, *de lege ferenda*, considerado uma simples *variante* ou *modalidade* do *concurso material* (*Tatmehrheit*), mas *posto que, quanto a este, se permita certa elasticidade na aplicação da pena*: 'O crime continuado deve ser, de futuro, convenientemente apenado na órbita do concurso material, em que se possibilitará um mais dúctil sistema de punição, a fim de atender devidamente a todos os possíveis graus de culpabilidade' ('*Das fortgesetzte Delikte wird deshalb zweckmässigertveise künftige im Rahmen der Tatmehrheit strafrechtlich geahndet, wobei ein weiteres Strafrahmen es ermöglichen wird, alle auftaucheden nach Gebühr strafrechtlich zu erfassen*'). *De jure constituto*, porém, Diller, não vacila em manifestar-se pela teoria objetiva do crime continuado, impugnando o ponto de vista do *Reichsgericht* (Superior Tribunal alemão) e da Comissão oficial do direito penal alemão (que cedeu à opinião de Freisler no sentido da jurisprudência do *Reichsgericht*). Depois de acentuar que, em face do direito penal *voluntarístico*, não vale assentar uma noção, arbitrária e aprioristicamente, sobre um puro elemento subjetivo, mas, sim, fixar os elementos objetivos dos quais se deduza, com segurança, a maior ou menor intensidade do dolo, conclui: 'Aplicado ao crime continuado, significa isso que, para o seu conceito, não é de ser exigido, como essencial, o dolo de conjunto, pois a conexão continuada deve ser, de preferência, apreciada e determinada segundo característicos objetivos, desde que se reconheça a necessidade de conservar esse instituto jurídico-penal'. O Código Penal brasileiro, embora conservando a figura do crime continuado, procura atender ao justo raciocínio que, antes de Diller, já era formulado por todos os defensores da teoria objetiva: a pesquisa de especial elemento subjetivo, no crime continuado, deve ser feita, de caso em caso, e, quando possível, somente para o fim da medida da pena complexa. E a esta imprimiu o Código, no § 2º do art. 51, a necessária amplitude ou maleabilidade para corresponder ao objetivo de seu ajustamento à variedade dos casos concretos".

me seja particularmente considerado, no dispositivo legal, o *plus* ou o *minus* de gravidade. Assim, crime *qualificado* é o *roubo*, em relação ao *furto*, e crime *privilegiado* é o *infanticídio*, em relação ao *homicídio*; *qualificado* é o homicídio previsto no § 2º do art. 121, como *privilegiado* é o homicídio nas hipóteses do § 1º do mesmo artigo.

Crimes comuns (em sentido extensivo) e *políticos* (ou *político-sociais*): enquanto os primeiros atacam os bens ou interesses jurídicos do indivíduo, da família e da sociedade, penalmente protegidos pelo Estado, os crimes políticos agridem a própria segurança interna ou externa do Estado ou são dirigidos contra a própria *personalidade* deste.

Crimes principais e acessórios. Há crimes que pressupõem a anterioridade de outros (ex.: receptação, favorecimento); estes se dizem *principais*, aqueles *acessórios*.

Crimes de ação pública e de ação privada: nos primeiros a ação penal cabe ao Ministério Público, de ofício ou mediante *representação* ou *requisição*; nos últimos a punibilidade depende de *queixa* do ofendido, ou de seu representante ou substituto legal.

Crimes incondicionados e condicionados: nestes, ao contrário do que ocorre naqueles, a punibilidade é subordinada a um acontecimento extrínseco e ulterior à consumação (condição objetiva de punibilidade – v. n. 53).

RELAÇÃO DE CAUSALIDADE

Art. 11. O resultado, de que depende a existência do crime, somente é imputável a quem lhe deu causa. Considera-se causa a ação ou omissão sem a qual o resultado não teria ocorrido.

Parágrafo único. A superveniência de causa independente exclui a imputação quando, por si só, produziu o resultado; os fatos anteriores, entretanto, imputam-se a quem os praticou.

DIREITO COMPARADO. *Códigos: italiano*, arts. 40 e 41; uruguaio, arts. 3º e 4º; português, art. 350; equatoriano, art. 13, alíneas 1ª, 2ª e 3ª; panamenho, art. 314; iugoslavo, art. 13.

BIBLIOGRAFIA (especial). VON BURI, *Die kausalität und ihre strafrechtlichn beziehungen* (*A causalidade e suas relações jurídico-penais*), 1885; VON KRIES, *Über den begriff der objektive möglichkeil und einige anwendungen desselben* (*Sobre a noção da possibilidade objetiva e algumas de suas aplica-*

ções), 1888; M.E. MAYER, Der *causalzusammenhang zwischen handlung und erfolg im strafrecht* (*A conexão causal entre ação e resultado em direito penal*), 1899; ENGISCH, *Die kausalität als* merkmal der *strafrechtlichen tatbestände* (*A* causalidade como *elemento* na *estrutura* jurídica do crime), 1951; MÜLLER (G.), Das kausalitätsproblem im strafrecht. In: *Gerichtssaal*, vol. 50, 1890; BIRKMEYER (Karl von), *Ursachenbegriff und causalzusammenhang im strafrecht* (*Conceito de causa e conexão causal em direito penal*), 1885; RADBRUCH (Gustav), *Die lehre von der adäquaten verursachung* (*A teoria da causação adequada*), 1902; HARTMANN, Das kausalproblem im strafrecht mit besonderer berücksichtigung der verursachungsbegriff des strafgesetzbuchs (O problema da causalidade em direito penal, com particulares considerações sobre o conceito de causação no código penal). In: *Strafrechtliche abhandlungen*, fasc. 27; POMP (Paul), *Die sogennante unterbrechung des kausalzusammenhanges* (*A chamada interrupção da conexão causal*), idem, fasc. 27; KÜCK (G.) *Die lehre vom kausalzusammenhange im* ausländischen *strafrecht* (*A teoria da conexão causal no direito penal estrangeiro*), idem, fasc. 137; HIRSCHBERG, *Schuldbegriff und adäquate kausalität* (*Conceito de culpa e causalidade adequada*), Idem, fase. 241; WIECHOWSKI, *Die unterbrechung des kausalzusammenhanges*, idem, fasc. 55; REDSLOB, *Die kriminelle unterlassung* (*A omissão* criminosa), idem, fasc. 70; SCHWARZ (W.) *Die kausalität bei den sogennanten begehungsdelikten durch unterlassung* (*A causalidade nos chamados crimes comissivos por omissão*), idem, fasc. 254; STUART MILL, *A system of logic*, ed. L. Green & Co., 1919; STOPPATO, Causalità e colpa penale. In: *Riv. Penale*, vol. 53; *L'evento punibile*, 1898; MASSARI, *Il momento esecutivo del reato*, 1923; VANNINI, Omissione causale. In: *Riv. Ital. di Dir. Penale*, 1931; Ancora sul problema della causalità. In: *Annali di dir. e proc. penale*, 1934; MARCIANO (G.), Rapporto di causalità e concorso di cause. In: *Il nuovo codice penale*, 1932; ANTOLISEI (F.), *Il rapporto di causalità, nel diritto penale*, 1934; RANIERI (S.), *La causalità nel diritto penale*, 1936; SANTORO (A.), *Il caso fortuito nel diritto penale*, 1937; Montalbano, Il rapporto di causalità materiale nel codice penale. In: *Scuola Positiva*, 1933; CAVALLO (V.), *Il principio di causalità nel codice penale*, 1936; MANDRIOLI, Le cause sopravvenute. In: *Riv. Penale*, 1931; In difesa dell'art. 41 del codice penale, idem, 1933; FINZI (M.), Rapporto di causalità e concorso di cause nel codice penale italiano. *In: Riv. Ital. Dir. Penale*, 1936; ALTAVILLA, Rapporto di causalità. In: *Nuovo Digesto Italiano*, vol. III; ANGIONI, Il problema dela causalità materiale. In: *Studi in onore di* UGO CONTI, 1932; BERNAU, Causalità adeguata? In: *Scuola Positiva*, 1932; GUARNIERI, In difesa della causalità adeguata. *In: Annali di dir. e proc. penale*, 1935; Causalità. In: *Dizionario di criminologia*, de FLORIAN-NICEFORO-PENDE, 1943; CECCHI (O.), *Teoria dell'evento nel reato*, 1937; GRISPIGNI, Il nesso causale nel diritto penale. In: *Riv. Ital. di Dir. Penale*, 1935; VON BAR, *Gesetz und schuld im strafrecht*, II, 1907; DRAPKIN (A.), *Relación de causalidad y delito*, 1943; ASÚA, *Relación de causalidad i responsabilidad criminal*, 1940.

COMENTÁRIO

58. Causalidade. Como já vimos (n. 50), o crime, no seu aspecto objetivo, é um *fato humano*, compreendendo dois *momentos*: uma *ação* (voluntário movimento corpóreo) ou *omissão* (voluntária abstenção de movimento corpóreo) e um *resultado* (evento de dano ou de perigo). Também já ficou acentuado que entre esses dois *momentos* deve existir, condicionando a *imputatio facti*, uma relação de causa a efeito. Averiguado o evento de dano ou de perigo, tem-se de indagar, preliminarmente, se pode ser referido, em conexão causal, à ação ou omissão do acusado. Surge, aqui, o problema da *causalidade*, em torno do qual se multiplicam as soluções propostas. Se todo evento tivesse na ação ou omissão a sua causa única e exclusiva, não se apresentaria o problema: este nasce da complexidade dos antecedentes causais daquele, entre os quais a ação ou omissão não é senão um elo de extensa cadeia. Quer-se, então, saber quando, sob o ponto de vista jurídico, a ação ou omissão tem o suficiente relevo de causa; e nessa indagação pululam as teorias, de que vamos dar breve notícia, mencionadas apenas as de maior prestígio.

Teoria da equivalência dos antecedentes causais ou da conditio sino qua non (VON BURI): não há diferença entre causa no plano natural e causa no plano jurídico. Causa é toda condição do resultado e todas as condições se equivalem. Não há distinguir entre *causa* e *condição* (ensejo ao funcionamento da causa), entre *causa* e *ocasião* (o que provoca, acidentalmente, a produzir o seu efeito), entre *causa* e *concausa* (condição preexistente, concomitante ou superveniente que *coopera* com a ação ou omissão): tudo quanto contribui para a produção do resultado é *causa* incindível dele. Existe relação causal entre a ação ou omissão e o evento sempre que este não teria ocorrido sem aquela, isto é, quando não se possa, mentalmente, supor excluída na série causal a ação ou omissão, sem admitir-se que, *in concreto*, o resultado teria deixado de ocorrer.

Teoria da causalidade adequada (VON KRIES, VON BAR): causa é a condição em geral idônea ou *adequada* a determinar o fenômeno. Também esta teoria não distingue entre causa e condição: todo antecedente é causal, desde que se apresente como *fator típico*, isto é, desde que mantenha com o fenômeno uma relação de regularidade estatística (uma relação de *constância*, segundo *id quod plerumque accidit*).

Teoria da eficiência (BIRKMEYER, STOPPATO): causa é a condição mais eficaz ("*Ursache ist die wirksamste Bedingung*"); causa é a força que produz um fato.

Teoria da causa próxima (que remonta a BACON): *in jure non remota causa, sed proxima spectatur*. É preciso distinguir entre *causa* (causa imediata) e *condição* (causa remota).

Teoria da causa decisiva (KÖHLER): causa é o *elemento dinâmico* que decide a espécie do efeito. Os *elementos estáticos* são simples *condições* e, como tais, juridicamente imponderáveis.

Teoria do equilíbrio (BINDING): causa é a *força última* que, rompendo o equilíbrio entre os elementos favoráveis (positivos) e os contrários (negativos), produz o evento.

Teoria da condição insubstituível (G. MÜLLER): só é causa a condição indispensável em relação ao evento.

Teoria do movimento atual (HORN): causa é o *movimento atual*, em contraposição ao estado inerte.

Teoria da causa humana exclusiva (ANTOLISEI): para a existência do nexo de causalidade, em sentido jurídico, é necessário que o homem, com sua ação ou omissão, tenha posto em ato uma condição do evento, e mais que a produção deste não se tenha verificado pelo concurso de fatos excepcionais (*raríssimos*), pois, se tal concurso advém, o nexo entre a ação ou omissão e o evento é simplesmente *ocasional*, e não basta para que se possa imputar o evento ao agente ou omitente.

Teoria da causa relevante para o Direito Penal (M. L. MÜLLER, MEZGER): causa, do ponto de vista lógico, é qualquer condição (como na teoria da equivalência); mas a existência do nexo causal não induz *a priori* a relevância deste para o Direito Penal: só é juridicamente relevante a causa idônea (a idoneidade, aqui, diversamente da teoria de VON KRIES ou da causalidade adequada, não é necessária para a existência do nexo causal, mas para a relevância jurídico-penal).

Teoria da causa típica (BELING) não existe propriamente um problema de causalidade, mas apenas a questão de *enquadramento* (*Subsumptio*) do fato no tipo penal, mediante a interpretação do texto legal, especialmente do sentido do "verbo" que preside à configuração do crime. Segundo BELING, a teoria da causalidade não pertence à teoria da *ação*, mas à do conteúdo de fato do crime, segundo o *tipo legal*.[1]

Teoria da tipicidade condicional (RANIERI): existe nexo causal, em Direito Penal, quando entre uma determinada conduta *típica* (isto é, corres-

---

[1] "*Sie gehört nicht zur Handlungslehre, sondern in die Lehre vom Tatbestand*" (*Die lehre vom verbrechen*, p. 208).

pondente à descrita por uma norma penal) e um determinado evento, consistente em particular modificação do mundo externo (também descrita, de regra, na dita norma), existe uma relação que tenha os característicos de *sucessão, necessidade* e *uniformidade*.

Teoria da condição perigosa (GRISPIGNI): a conduta humana é causa de um evento, não apenas quando lhe é condição (condição simples), mas, além disso, quando, apreciada *ex ante,* constitua um *perigo*, relativamente à superveniência do evento.

O nosso Código, ao resolver o problema, adotou a *teoria da equivalência* ou da *conditio sine* qua non.[2]

Como é sabido, o Código de 1890, ainda adstrito a distinções medievais entre *causa lethalis absoluta e causa lethalis relativa* ou *causa per se e causa per accidens,* concedia *privilegium* ao homicídio doloso *concausal*, isto é, reduzia aprioristicamente a pena quando, para o resultado "morte" tivessem concorrido as *condições personalíssimas* do ofendido ou a *inobservância,* por parte deste, do *regime médico-higiênico reclamado pelo seu estado.* Era uma solução injustificável, nada mais traduzindo que uma aberrante condescendência para com o criminoso. Se o agente procede *necandi animo* (isto é, com o dolo, direto ou eventual, distintivo do homicídio), que importa, sob o duplo ponto de vista da *imputatio facti* e da *imputatio juris*, a preexistência, concomitância ou superveniência de uma causa que, embora alheia ao cálculo do agente, favoreça ou condicione a eficiência letal da lesão infligida, sem ultrapassar a

---

[2] Assim disserta a *Exposição de motivos* do Ministro CAMPOS (sobre o projeto definitivo): "Seguindo o exemplo do Código italiano, o projeto entendeu de formular, no art. 11, um dispositivo geral sobre a *imputação física* do crime. Apresenta-se, aqui, o problema da causalidade em torno do qual se multiplicam as teorias. Ao invés de deixar o problema às lucubrações da doutrina, o projeto pronunciou-se *expressis verbis*, aceitando a advertência de Rocco, ao tempo da construção legislativa do atual Código italiano: "[...] *adosare la responsabilità della resoluzione di probiemi gravissimi ala giurisprudenza è, da parte dei legislatore, una vegliaccheria intellettuale*" (Lav. prep., IV, 2º, 117).
"O projeto adotou a teoria chamada da *equivalência dos antecedentes* ou da *conditio sine qua non*. Não distingue entre *causa e condição*: tudo quanto contribui, *in concreto,* para o resultado, é *causa*. Ao agente não deixa de ser imputável o resultado ainda quando, para a produção deste, se tenha aliado a sua ação ou omissão *uma concausa,* isto é, uma outra causa preexistente, concomitante ou superveniente. Somente no caso em que se verifique uma *interrupção de causalidade,* ou, seja, quando sobrevém uma causa que, sem *cooperar* propriamente com a ação ou omissão, ou representando uma cadeia causal autônoma, produz, por si só, o evento, é que este não poderá ser atribuído ao agente, a quem, em tal caso, apenas será imputado o evento que se tenha verificado por efeito exclusivo da ação ou omissão".

órbita do perigo criado por esta ou incidindo na sua linha de desdobramento físico? Argumenta-se que em tal caso, não obstante a existência do *animus occidendi*, o evento "morte" do ponto de vista objetivo, não pode ser imputado *exclusivamente* à conduta do agente e, assim, a pena deve ser diminuída. Afeiçoando-se a tal critério, o antigo Código, entretanto, não lhe prestava estrita fidelidade: reduzia a pena na hipótese das "condições personalíssimos do ofendido" (isto é, condições anatomofisiológicas *anormais* ou *excepcionais*; mas não *patológicas*) e na de "inobservância do regime médico-higiênico", mas equiparava à lesão mortal *per se* à que produz a morte por coeficiência da "constituição ou estado mórbido anterior" da vítima (isto é, causas *patológicas*). Era evidente o ilogismo, desde que idêntico, em qualquer dessas hipóteses, o grau de cooperação da *concausa*: tanto faz que a morte tenha resultado da concorrência, por exemplo, do estado hemofílico ou diabético do ofendido, quanto da fragilidade congênita do seu osso frontal, atingido pelo golpe, ou de um processo infeccioso consequente à lesão recebida e mal cuidada. No caso de "inobservância do regime médico-higiênico", a redução da pena era maior do que no das "condições personalíssimas", por entender-se que se apresentava ainda menos íntima a coligação entre o fato do agente e a concausa. Era a preocupação de miúdo *objetivismo* para a graduação da punibilidade, a redundar no despropósito de se considerar a evitabilidade do resultado letal como uma *condição de menor punibilidade* do homicídio doloso ou de admitir-se uma estranha compensação entre o dolo do agente e a negligência da vítima.

O legislador de 1940 não contemporizou com semelhantes critérios: separou, como conceitos distintos, a *causalidade* (física) e a *culpabilidade* e consagrou, em princípio, no tocante à primeira, o critério lógico-naturalístico da equipolência das condições.³ A questão da causalidade é resolvida na órbita exclusiva do *elemento material* do crime, isto é, no estrito limite da *ação ou omissão* e o *resultado*. Em face do art. 11 (caput) do Código vigente, é sempre integral e solidariamente responsável pelo resultado concreto, do ponto de vista lógico-causal, "a ação ou omissão sem a qual o resultado não teria ocorrido". Nada importa que haja cooperado, com a ação ou omissão, para o advento do resultado, outra força causal (concausa). Nenhuma diferença existe entre *causa e concausa*, entre *causa* e *condição*, entre *causa* e *ocasião*. Todas as forças que concorrem para o resultado *in concreto,* apreciadas em conjunto ou *uti singuli*, equivalem-se na sua eficiência causal. Nem uma só delas pode ser abstraída, pois, de outro modo,

---

3   *A teoria da equivalência dos antecedentes causais* remonta a STUART MILL, mas foi VON BURI que, inspirado ou não no filósofo inglês, a formulou no campo do direito penal.

se teria de concluir que o resultado, na sua fenomenalidade concreta, não teria ocorrido. Formam elas uma unidade infragmentável. Relacionadas ao evento, tal como este ocorreu, foram todas igualmente *necessárias*,[4] embora qualquer delas, sem o concurso das outras, não tivesse sido *suficiente*. A ação ou omissão, como cada uma das outras causas concorrentes, é condição *sine qua non* do resultado. O nexo causal entre a conduta do agente e o resultado não é *interrompido* ou *excluído* pela interferência *cooperante* de outras causas. Assim, no crime de homicídio, a relação causal entre a conduta do agente e o resultado "morte" não deixa de subsistir, ainda quando para tal resultado haja contribuído, por exemplo, a particular condição fisiológica da vítima ou a falta de tratamento adequado.

A equivalência dos antecedentes causais é um irrefutável dado de lógica, e nada impede que seja reconhecido na esfera jurídico-penal, desde que se não confundam a causalidade objetiva e a causalidade subjetiva (culpabilidade), a *imputatio facti* e a *imputatio juris*. Se o reconhecimento do nexo causal entre a ação ou omissão e o resultado coincidisse com o *juízo de culpabilidade*, a teoria da equivalência seria, no terreno do Direito Penal, evidentemente imprestável, pois autorizaria, para efeito da *imputatio juris* ou da punibilidade, uma *regressão infinita* às condições antecedentes. No caso de homicídio, por exemplo, não escaparia à sanção penal nem mesmo o fabricante da arma com que foi o crime praticado.[5]

A teoria em questão é a preferível dentre todas as formuladas sobre a causalidade física, pois serve a uma solução simples e prática do problema. À pergunta – *quando a ação ou omissão é causa do resultado?*, ela responde de modo preciso e categórico: a ação ou omissão é sempre causa quando, suprimida *in mente* ("processo de eliminação hipotética", na frase de Thyren), o resultado *in concreto* não teria ocorrido. Mas a causalidade física não é, nem podia ser o único pressuposto da punibilidade; acha-se esta, igualmente, subordinada à *culpabilidade* do agente. Após a averiguação de um evento penalmente típico na sua objetividade, tem-se de apurar, não somente se foi *causado* por alguém, mas, também, se o agente procedeu *dolosa* ou *culposamente*. O requisito da culpabilidade é, sob o prisma jurídico-penal, um corretivo à excessiva amplitude do conceito de causa (no sentido puramente lógico). Assim, no exemplo acima figurado, o fabricante da arma ofensiva

---

[4] Stuart Mill, *A system of logic*, p. 214: *"All the conditions were equally indispensable to the production of the consequent"*.

[5] Dizia Binding, ironicamente, que a teoria da equivalência, a coberto de limites, levaria a punir-se como partícipe de adultério o carpinteiro que fabricou o leito em que se deita o par amoroso.

não é penalmente chamado a contas pelo resultado "morte", pois este não lhe pode ser *psiquicamente* imputado a título de dolo ou culpa.

59. Interrupção de causalidade. Assimilando a teoria da equivalência, o Código entretanto, não o fez *sic et simpliciter*, pois lhe abre uma exceção, no terreno mesmo da pura causalidade objetiva. Dispõe o parág. único do art. 11 que "a superveniência de causa independente exclui a imputação quando, por si só, produziu o resultado" (salvo os fatos "anteriores", que se imputam "a quem os praticou"). Trata-se, como dissemos, de uma *exceção*, e não, como pode parecer (pela exegese literal), uma simples aplicação da regra formulada no *caput* do artigo. O parágrafo prevê a hipótese da *independência relativa* da causa superveniente.[6] Seria ele uma superfluidade, se se referisse à hipótese de *independência absoluta*, pois esta já está reconhecida na parte principal do artigo, *a contrario sensu*, como excludente da causalidade oriunda da ação ou omissão. Se a *causa superveniens* se incumbe sozinha do resultado, e não tem ligação alguma, nem mesmo ideológica, com a ação ou omissão, esta passa a ser, no tocante ao resultado, uma "não causa". Tomemos o exemplo formulado por von Liszt: *A* fere mortalmente o barqueiro *B*, mas este, antes que sobrevenha a morte em consequência do ferimento, perece afogado, porque um tufão fez soçobrar o barco. Em face do art. 11, *caput*, é claro que a *A* não pode ser imputada a morte de *B*, pois, ainda que suposta inexistente a sua ação, tal resultado teria igualmente ocorrido. Não é, portanto, de casos como este que cogita o parágrafo do art. 11. E tem-se de chegar, então, em face do mesmo parágrafo, à seguinte conclusão: para interromper ou excluir o vínculo causal, basta que sobrevenha à ação ou omissão uma causa *relativamente independente*, que se encarregue, por si só, de produzir o resultado. Figure-se o seguinte caso: Tício fere mortalmente Mévio, mas este, recolhido a um hospital, vem a morrer pela ingestão de uma substância tóxica que, ao invés do medicamento prescrito, lhe ministra, inadvertidamente, a enfermeira. Dentro da lógica da teoria da equivalência (endossada pelo *caput* do art. 11), o resultado "morte" teria de ser imputado a Tício, pois, se não fora a ação deste, Mévio não teria sido levado para o hospital e, portanto, não teria

---

6 Não se refere o Código, no parág. único do art. 11, às causas *preexistentes* ou *concomitantes*; de modo que estas somente quando *absolutamente* independentes excluem a causalidade desenvolvida pela ação ou omissão. Exemplos: *A* fere mortalmente *B*, mas este vem a morrer, não em consequência do ferimento, mas por efeito de uma dose de veneno que pouco antes ingerira. *A* desfecha um tiro mortal contra *B*, no mesmo instante em que este morre *exclusivamente* por efeito de um colapso cardíaco. Neste último caso, se há incerteza sobre a primazia de uma das causas, deve ser aplicado o *in dubio pro reo*, respondendo o agente apenas por tentativa de homicídio.

sido vítima da troca do remédio por veneno. É força, porém, convir que há *relativa* independência entre a ação de Tício e a causa sucessiva: não se achava esta na linha de desdobramento físico (ou *anatomopatológico*, como diz MONTALBANO) do resultado da ação de Tício. Sobreveio, com o descuido da enfermeira, um novo processo causal, que se substituiu ao primitivo, acarretando, por sua exclusiva eficácia, o resultado "morte". Tício deve responder somente por *tentativa* de homicídio. Se se abstrai o conceito ideológico de causalidade, não há dúvida que, no caso figurado, como acentua PERGOLA,[7] se apresentam dois processos causais distintos e autônomos: um que vai da ação de Tício até a lesão corporal de Mévio, com os seus consectários físicos ou anatomopatológicos (certos ou eventuais), e outro que vai da inadvertência da enfermeira até a morte de Mévio.

Para a solução de casos semelhantes, em que a causa superveniente, do ponto de vista relativo, não coopera propriamente com a causa primitiva, é que o parág. único do art. 11 cria um *temperamento* à teoria da equivalência, considerando interrompido ou truncado o nexo causal (*Unterbrechung der Kausalzusammenhanges*) entre a conduta do agente e o resultado. A limitação que o parágrafo introduz à regra do artigo deve ser entendida, repita-se, no próprio terreno objetivo-causal, isto é, sem qualquer apelo ao requisito da *culpabilidade*. Restringindo a teoria da equivalência,[8] o parágrafo não se orienta pela *teoria da adequação* ou qualquer outra que, implícita ou explicitamente, entrose a causalidade física com a causalidade psíquica. A causa superveniente, a que se refere o parágrafo, exclui a imputação integral do resultado ao agente, não porque tenha sido *imprevisível* ou *incalculável*, mas *porque a lei assim o determina*, considerando excluída a causalidade originária da ação ou omissão.

60. Causalidade da omissão. O Código, como se vê do art. 11, não distingue, em matéria de causalidade, entre ação e omissão. A eficácia causal da omissão, no entanto, tem sido objeto de infindáveis controvérsias.[9] Tem-se procurado demonstrar que a omissão é *mecanicamente causal*, o que vale pela tentativa de provar a quadratura do círculo.[10] O problema só admite solução quando se considera que *causa* não é apenas um conceito *naturalístico*, senão

---

7   *Il reato*, p. 382.

8   A teoria da equivalência, nem mesmo em doutrina, persiste com a pureza ou rigor com que a formulou VON BURI.

9   Segundo informa SCHWARZE, na Alemanha, até 1929, havia 293 publicações em torno do tema.

10 Sob o ponto de vista mecânico-causal, a omissão exime ao axioma de que *ex nihilo nihil*.

também um *conceito lógico*. Do ponto de vista lógico, *é condição* de um resultado a não interferência de forças que podem impedir o seu advento. Quem deixa de impedir um evento, *podendo* fazê-lo, é *condição* dele, tanto quanto as *condições* colaterais que tendiam para a sua produção. Para se aferir da *causalidade* da omissão, deve ser formulada a seguinte pergunta: "Teria sido impedido pela ação *omitida* o evento subsequente?" Se afirmativa a resposta, a omissão é *causal* em relação ao evento.

Tendo adotado a *teoria da equivalência* que não distingue entre *causa* e *condição*, o Código não podia deixar de reconhecer a identidade causal entre a ação e a omissão. Não conservou ele, entretanto, um dispositivo que o Projeto ALCÂNTARA fora buscar no Código italiano (e já reproduzido no Código uruguaio): "Não impedir um evento que se tem dever jurídico de evitar, equivale a causá-lo" (ulteriormente, o dispositivo foi assim modificado: "Faltar a obrigação jurídica de impedir o evento equivale a causá-lo").[11] Fez bem a Comissão Revisora em riscar o dispositivo. Desde que se reconhece, do ângulo de vista lógico (como já fazia o Projeto ALCÂNTARA), que a omissão é *causal*, redunda numa incoerência declarar-se, em seguida, que a omissão *equivale à causa*. E inteiramente ocioso é dizer-se que a omissão só tem relevância penal, como causa, quando represente o descumprimento de um dever jurídico. Ora, também a ação só tem sentido penal, como causa, quando é contrária ao dever jurídico. O evento lesivo resultante de uma omissão *lícita* não pode entrar na estrutura de um crime: é *objetivamente lícito*.

Quando existe o dever jurídico de impedir o evento? Pode ele resultar *a)* de um mandamento, expresso ou tácito, da ordem jurídica; *b)* de uma relação contratual; *c)* de uma situação de perigo, que se tenha precedentemente criado, ainda que sem culpa. Assim, a omissão é *causa* do evento criminoso (imputável a título de dolo ou culpa, segundo for a omissão dolosa ou culposa) nos seguintes casos, figurados exemplificadamente: a mãe deixa de amamentar o filho, vindo este a morrer de inanição; o guarda-chaves deixa de dispor os binários para a passagem livre do comboio que chega, sobrevindo a colisão deste com outro; o enfermeiro ajustado para cuidar de um doente, deixa que este morra, omitindo o tratamento prescrito; o cirurgião não retira uma pinça que, ao fazer uma laparotomia, esqueceu no abdômen do paci-

---

11 Já o projeto penal alemão de 1913 (§ 14) dispunha: "Pela produção de um resultado por omissão só é punível quem era juridicamente obrigado a evitar, mediante ação, o advento do resultado" ("*Wegen Herbeiführung eines Erfolges durch Unterlassung ist nur strafbar, wer rechtlich verpflichtet war, den Eintritt des Erfolges durch Handeln verrindern*"). Tal dispositivo foi reproduzido nos projetos de 1919, 1925 e 1927; mas a Comissão do *Reichstag* o cancelou.

ente, que, em consequência, vem a morrer; um indivíduo, tendo retido outro em cárcere privado, deixa-o morrer por falta de alimento; um hábil nadador convida alguém a acompanhá-lo em longo nado e, a certa altura, percebendo que o companheiro perde as forças, não o acode, deixando-o perecer afogado.

CRIME CONSUMADO

Art. 12. Diz-se do crime:

I - consumado, quando nele se reúnem todos os elementos de sua definição legal;

TENTATIVA

II - tentado, quando, iniciada a execução, não se consuma, por circunstâncias alheias à vontade do agente.

PENA DE TENTATIVA

Parágrafo único. Salvo disposição em contrário, pune-se a tentativa com a pena correspondente ao crime consumado, diminuída de um a dois terços.

DESISTÊNCIA VOLUNTÁRIA E ARREPENDIMENTO EFICAZ

Art. 13. O agente que voluntariamente, desiste da consumação do crime ou impede que o resultado se produza, só responde pelos atos já praticados.

CRIME IMPOSSÍVEL

Art. 14. Não se pune a tentativa quando, por ineficácia absoluta do meio ou por absoluta impropriedade do objeto, é impossível consumar-se o crime (art. 76, parág. único, e 94, n. III).

DIREITO COMPARADO. *Códigos: italiano*, arts. 56 e 49; suíço, arts. 21 a 23; português, arts. 8º a 14; alemão, §§ 43 a 46; polonês, arts. 23 a 25; dinamarquês, arts. 21 e 22; espanhol, arts. 3º a 5º; norueguês, §§ 49 a 51; holandês, arts. 45 a 46; iugoslavo, arts. 16 a 18; japonês, §§ 43 e 44; húngaro, §§ 65 e 68; francês, arts. 2º e 3º; soviético, art. 19; mexicano, art. 12; argentino, arts. 42 a 44; uruguaio, arts. 5º a 7º; chileno, arts. 7º a 9º; boliviano, art. 4º; colombiano, arts. 15 a 18; cubano, arts. 25 e 26; costa-riquense, arts. 37 a 42; equatoriano, arts. 16 e 17; guatemalteco, arts. 16 a 19; hondurense, arts. 4º e 5º; nicaraguense, arts. 4º a 6º; panamenho, arts. 61 e 62; paraguaio, arts. 3º a 5º; peruano, arts. 95 a 99; porto-riquense, § 50; salvatoriano, arts. 3º e 4º.

BIBLIOGRAFIA (especial). Schwarz, Versuch und vollendung (Tentativa e consumação). In: *Handbuch der deutschen strafrechts*, de Holtzendorff, II, 1871; Otto (G. E.), *Vom versuch der verbrechen (Da tentativa de crime)*, 1854; Mittermayer, Beiträge zur lehre vom versuch der verbrechen. In: *Neues archiv des kriminalrechts*, I; Castori (C.), Il tentativo. In: *Completo trattato di diritto penale*, de Cogliolo, vol. I, p. III, pp. 313 e ss.; Civoli (C.) Il tentativo. In: *Enciclopedia de* Pessina, vol. 5, pp. 195 e ss.; Cohn (L.), Die revisionsbedürftigkeit des heutigen versuchsbegriffs. In: *Strafrechtliche abhandlungen*, fase 192; Goldschmidt, *Die Lehre vom unbeendigte und beendigte versuch (A teoria da tentativa acabada e inacabada)*, idem, fase 7; Sauermann (K.), *Der versuch als „delictum sui generis"*, idem, fasc. 227; Baer (A.). *Rücktritt und tätige reue bei untauglichen versuch (Desistência e arrependimento eficaz na tentativa inadequada)*, idem, fase 14; Natorp (H.), *Der mangel am tatbestand (A falta de conteúdo de fato do crime)*, idem, fasc. 204; Spohr (L.), *Rücktritt und tätige reue beim versuchten und vollendeten verbrechen im amtlichen entwurf eines allgemeinen deutschen strafgesetzbuches (Desistência e arrependimento eficaz no projeto oficial de um código penal* para a *Alemanha)*, idem, fasc. 215; Klee, *Wille und erfolg in der versuchslehre (Vontade e resultado na doutrina da tentativa)*, idem, fasc. 14; Singewald (H.), *Der agent provocateur*, idem, fasc. 83; Redslob (R.), *Versuch und vorbereitung (Tentativa e preparação)*, idem, fasc. 90; Puglia (F.), *Da tentativa*, trad. de O. Mendes, 1921; Cavallo (V.), *Il delitto tentato*, 1934; Vannini (O.), *Il tentativo nella dottrina e nel codice penale italiano*, 1913; *Desistenza volontaria e ravvedimento attuoso*, supl. à *Riv. Penale,* 2ª série, vol. I; La dottrina dei delitto mancato. In: *Riv. Penale*, XCVII; *La nozione di attivitá esecutiva, idem*, XLIV; *Il valore del pericolo nel tentativo, idem*, XXVIII; *Il problema giuridico del tentativo*, 1943; Senf, *Die begriffliche abgrenzung von versuchs-und vorbereitungshandlungen (O limite conceitual entre atos de tentativa e atos preparatórios)*, 1904; Frank, Vollendung und versuch (Consumação e tentativa). In: *Vergleichende darstellung*, p. g., V; Fabian (T.), Abgrenzung von untauglichen versuch und putativdelikt. In: *Strafrechtliche Abhandlungen*, fasc. 63; Antolisei, Delitto mancato. In: *Riv. di Dir. e Proc. Penale*, III; Tolomei, *Desistenza nel tentativo, idem*; *Il pentimento nel diritto penale*, 1927; Musy, *La tentative complete et le desistement volontaire*, 1905; Carrara (F.), Grado nella forza fisica del delitto. In: *Opuscoli*, I, 1898; *Tentativo nell'impeto, idem*; Tentativo con mezzi inidonei. In: *Riminiscenze di* catedra *e di foro*, 1883; Valsecchi, *Reato putativo e tentativo impossibile*, 1912; Alimena (B.), *Ricerche intorno alla nozione* *del tentativo*, in. *Riv.* Pende XLIII; BELING (E.), *La doctrina del delito-tipo*, trad. cast. de SOLER, 1944; FRIAS CABALLERO, *El proceso ejecutivo del delito*, 1943; DEL VECCHIO, (Alfr.), *La nozione generale del tentativo ed i motivi della stessa nel sistema del nuovo codice penale*. In: *Scuola Positiva*, 1934; GEYER, Del tentativo. In: *Riv. Penale*, XIV; MASSARI, *Il momento esecutivo del reato*, 1923; ZACHARIAE, *Die lehre* vom *versuch der verbrechen*, 1836; DELAQUIS, *Der untaugliche versuch* (*A tentativa inadequada*) 1904; SALEILLES, Essai sur la tentative et plus particularièment sur la tentative irrealisable. In: *Révue Penitenciaire*, XXII; BERNINI, Il momento consumativo del reato. In: *Scuola Positiva*, VI; VON LISZT, Das fehlgeschlagen delikt und die cohnsche versuchstheorie (O crime falho e a teoria de COHN sobre a tentativa). In: *Zeitschrift f. d. ges. Strafrechtswissenschaft*, I; ALIMENA (F.), *La questione dei mezzi inidonei nel tentativo*, 1930; MIRTO, Il conato punibile secondo nuovo Codice Penale. In: *Scuola Positiva*, 1932; BUCELATTI-FERRINI, *Il tentativo nelle leggi e nella giurisprudenza romana*, 1884; ARRUDA (João), Da tentativa. In: *Rev. da Fac. de Direito de São Paulo*, 1910; MENDES PIMENTEL, *Fases do crime*. A tentativa. In: *Revista Forense*, 1ª fase, XXIX, 1918; RANIERI (S.), *Il reato complesso*, 1940; SOARES DE MELO, *O delito impossível*, 1936; SARDINHA (Álvaro), *A tentativa impossível*, 1941; TELES BARBOSA, *A tentativa em face do novo código penal*, 1941.

COMENTÁRIO

61. Crime consumado. Não se absteve o Código de definir expressamente o *crime consumado*, enjeitando, assim, o critério preferido na mais recente legislação penal de fixar apenas a noção do *crime tentado* e deixar implícito o conceito da consumação. A sugestão para essa explicitude (que remonta aos práticos: *dicitur delictum consummatum quando delictum est in suo esse quoad omnes circunstantias illud constituintes*) veio do Código de 90, que, por sua vez, se inspirara nos antigos Códigos bávaro (art. 37), toscano (art. 42) e dos cantões suíços. Não se trata de uma superfluidade. Cumpre deixar estreme de dúvida que, para se considerar consumado o crime, não é necessário que o agente alcance tudo quanto se propusera (*consumação* não se confunde com *exaurimento*) ou que se aguarde implemento de condição a que esteja subordinada a *punibilidade*. Desde que o fato reúna todos os elementos do "tipo legal", o crime está consumado, pouco importando que mais extenso fosse o fim do agente. Assim, nos crimes formais, não se indaga da superveniência de dano efetivo: a consumação antecipa-se, isto é, já se apresenta com a simples criação do perigo de dano. Nos crimes permanentes, a consumação não depende da cessação da permanência (embora daí decorra o prazo para prescrição). Nos crimes falimentares ou de ação privada, a sentença declaratória de falência ou o oferecimento da "queixa" *condicionam a punibilidade,* e não a *consumação.* Tanto nos crimes materiais, quanto nos formais ou de perigo, o momento consumativo coincide com o instante em que se verifica o evento (de dano ou de perigo) *típico* do crime. Deve ter-se em conta, não a *inteireza* do fato no seu desdobramento possível ou segundo a intenção do agente, mas a plena correspondência entre o fato in *concreto* e o descrito *in abstracto* no "molde" penal.¹

Advirta-se que a consumação não é conceito puramente objetivo, senão também subjetivo. O reconhecimento da consumação, ao invés da *tentativa,* depende muitas vezes de uma indagação sobre o *animus* do agente. Assim, a *lesão corporal* tanto pode ser um crime consumado (art. 129) como pode ser uma *tentativa de homicídio,* conforme haja ou não, por parte do agente, o *animus necandi*; a *violação de domicílio* pode constituir um *summatum opus* (art. 150) ou uma tentativa de *furto* ou de *rapto,* segundo a intenção do agente.

62. Tentativa. Normalmente, o crime apresenta os seguintes *momentos sucessivos* ou *graus de realização: cogitação, preparação de meios, execução, consumação.* O primeiro constitui a sua *fase interna* (psíquica, subjetiva) e os restantes a sua *fase externa* (material, objetiva). Entre a *cogitatio* e a consumação, desdobra-se o *iter criminis*; mas pode acontecer que este se interrompa, logo de início, não chegando, sequer, à *preparatio mediorum* ou, mesmo já começada a execução, não alcance o momento consumativo. Neste último caso, diz-se que o crime foi apenas *tentado* (artigo 12, n. II).

Segundo a *teoria realística*, decididamente aceita pelo nosso Código, não é concebível o crime sem que haja uma *atuação* voluntária, acarretando, pelo menos, uma situação de perigo, uma probabilidade de dano a um bem jurídico penalmente protegido. Enquanto não atinge esse *minimum* de atuação objetiva, a vontade criminosa, do ponto de vista jurídico-penal, *non est de hoc mundo*. Vá que seja resgatada com abluções de água benta, em penitência de confessionário; mas não provoca a reação penal, o exercício do *jus puniendi* por parte do Estado. Já dizia Ulpiano:² *cogitationis pœnam nemo patitur*. Ainda quando a vontade de violar a lei penal se anuncie por palavras ou *in scriptis*, não pode haver crime se não se vai além da expressão inócua de um pensamento. A lei só incrimina as manifestações orais ou escritas de ideias quando, já de si mesmas, criam uma situação de lesividade ou periclitação

---

1 É o que se depreende do art. 12, n. I: "Diz-se o crime consumado, quando nele se reúnem todos os elementos de sua definição legal".

2 Dig., XLVIII, 19, 18.

de um bem jurídico. É o que ocorre, por exemplo, com a *injúria*, a *ameaça*, *a incitação pública de crime*, pois em tais casos resulta ou pode resultar uma situação prejudicial, respectivamente, à honra *individual*, *à liberdade pessoal* e à *paz pública*. Mesmo quando o simples *projeto* criminoso apresenta elementos sensíveis, a repressão penal, salvo casos excepcionais (ex.: *conspiração, quadrilha* ou *bando, posse de apetrechos* para *falsificação de moeda*), abstém-se de intervir, cedendo o passo a meras medidas preventivas de polícia. Via de regra, o ajuste, o mandato, a instigação ou a proposta para determinado crime, desde que não seguidos de efeito, escapam à sanção punitiva (v. comentário ao art. 27).

O Código brasileiro não pactuou com a *teoria subjetiva* ou *voluntarística*, que se satisfaz com a exteriorização da vontade inequivocamente dirigida ao crime; nem com a *teoria sintomática* (preconizada pela "escola positiva"), que se contenta com a manifestada *periculosidade subjetiva*. Se nenhum bem jurídico é efetivamente ameaçado, o projeto criminoso, ainda que perceptível *ab externo*, exaure-se, afinal de contas, na esfera do pensamento, e *pensiero non paga gabella*. Não importa que o indivíduo tenha revelado temibilidade ou periculosidade: poderá ser submetido a uma *medida de segurança*, mas não *à pena*, pois esta representa, primacialmente, um *castigo*, e não pode, consequentemente, ser aplicada pelo mal que se é capaz de fazer, senão pelo mal que realmente se fez.

Se o indivíduo passa da *nuda cogitatio* aos *atos preparatórios*, e estes representam, em si mesmos, uma ameaça à ordem jurídica, já então a lei do Estado pode intervir, tornando punível a atuação da vontade, mas entenda-se: punível *por si mesma*, e nunca *por extensão da punibilidade do crime planejado*. De outro modo, estaria sendo confundido o aparelhamento de materiais para uma obra com a própria obra.[3] Para haver imposição de pena por extensibilidade da cominada a determinado crime, é necessário que haja, pelo menos, um "começo de execução" deste, isto é, que o agente inicie a *aggressio operis*, o ataque direto ao bem jurídico de que se trata. Se alguém empreende a *execução* de um crime, embora não consiga atingir a *meta optata*, já a sua conduta se insere na órbita do *tipo* desse crime, de que é uma *forma*, ainda que *imperfeita*. O bem jurídico protegido correu sério e imediato perigo *(periculum ingens)*; assim, mesmo do ponto de vista objetivo, plenamente se justifica que se considere o fato como *subespécie* ou *subtipo* do crime. É a

---

3   O Código soviético, entretanto, afeiçoando-se ao critério *positivista* da *periculosidade social* do agente, equipara sumariamente a preparação à tentativa, submetendo-as, em tese, à mesma pena do crime consumado (art. 19).

teoria da *tentativa (conatus)* ou *crime tentado*.[4] Segundo o nosso Código (fiel ao critério tradicional), o crime se diz *tentado* "quando, iniciada a execução, não se consuma, por circunstâncias alheias à vontade do agente" (art. 12, n. II), e a pena então aplicável não é senão uma *fração* da própria pena que teria de ser aplicada, se o crime se tivesse consumado: "salvo disposição em contrário, pune-se a tentativa com a pena correspondente ao crime consumado, diminuída de um a dois terços" (art. 12, parág. único).

A *tentativa* é crime em si mesma, mas não constitui crime *sui generis*, com pena autônoma: é violação *incompleta* da mesma norma de que o crime consumado representa violação plena, e a sanção dessa norma, embora mino-

---

4   O direito penal dos antigos tempos, essencialmente objetivo, não conheceu a teoria geral da tentativa: não se concebia crime sem a efetividade de um dano. A existência deste é que condicionava a punição. O próprio direito romano não chegou à generalização do conceito da tentativa. Somente na sua época avançada, e assim mesmo excepcionalmente ou nos casos graves, punia a tentativa, equiparando-a ao crime consumado. Assim, a tentativa de homicídio: *qui hominem non occidit, sed vulneravit, ut occidat, pro homicida damnandum* (Dig., XLVIII, I, § 3º). A *Lex Cornelia de sicariis* foi ao extremo de punir meros *atos preparatórios: Lege Cornelia tenetur[...] qui hominis occidendi, furtive faciendi causa cum telo ambulaverit[...] qui hominis necandi causa venenum confecerit[...] vel habuerit*. O crescente *subjetivismo* do direito penal romano, ao tempo do Império, levou mesmo ADRIANO, em sua *Constituição*, a dizer as palavras famosas: *in maleficiis voluntas spectatur, non exitus*. Com a separação entre os *crimina ordinária* e *extraordinária*, já se distinguia, em casos especiais, para diverso tratamento, entre *flagitium perfectum* e *flagitium imperfectum* Dig., *de extraordinariis criminibus*, I, § 2º). Todavia, somente com os *práticos italianos* é que se ampliou a noção da tentativa aos crimes em geral. Foi ALCIATO o primeiro a esboçá-la, com este ensinamento lapidar, que até hoje se invoca: *aliud est crimen, aliud conatus: hic in itinere, illud in meta est*. GANDINO, por sua vez, elaborou sua célebre fórmula: *"Cum quis cogitat, agit et perficit* (consumação) *punitur[...] si autem cogitavit et agit, sed non perficit* (tentativa), *tunc substingue, quia aut noluit et non potuit; quia noluit vênia dignus est[...] Si autem quia nono potuit, punitur; quia in maleficiis voluntas spectatur, non exitus. Si autem cogitavit, nec perficit substingue, quia aut agitur in foro soeculari et non punitur, quia cogitationis poenam nemo moeretur[...]"* E com DECIANO fixou-se o requisito do "começo da execução" para reconhecimento da tentativa punível: *conatus est minus quam factum ipsum, quia conatus est "principium exequendi" quod animo cogitavit*. É o requisito que o Código napoleônico de 1810 viria a oficializar definitivamente (art. 2): *"Toute tentative de crime que aura été manifestée par de actes exterieurs, et suivie d'un* commencement d'execution, *si ele n'a pas été suspendue ou n'a manqué son effet que par des circonstances fortuites indépendantes de la volonté de l'auteur, est considerée comme le crime même"*. É de notar-se que, rejeitando a lição doutrinária, que vinha dos práticos, e a sugestão de outras legislações (entre outras, o Código leopoldino de 1786), o direito francês ficou adstrito ao rigor da velha jurisprudência, generalizando o critério de equiparação da pena da tentativa à do crime consumado; mas o seu exemplo não teve repercussão.

rada, lhe é extensiva.⁵ Subjetivamente, não se distingue do crime consumado (isto é, não há um elemento psíquico distintivo da tentativa, em cotejo com o crime consumado) e, objetivamente, corresponde a um *fragmento* da conduta *típica* do crime (faltando-lhe apenas o evento condicionante ou característico da consumação). No crime consumado, o evento corresponde à vontade do agente; na tentativa, fica ele aquém da vontade (precisamente o inverso do que ocorre no *crime preterdoloso*, em que o evento excede à vontade).

Já se censurou o Código pelo seu apego ao critério objetivo, não admitindo que o conceito da tentativa se estenda aos atos simplesmente *preparatórios*. O requisito do "começo de execução", diz-se, é uma velharia, um resíduo bolorento de Feuerbach (na realidade, como já vimos, a exigência do *principium executionis* remonta aos práticos). Não se faz mister, para reconhecer a tentativa punível, que haja uma ameaça concreta à incolumidade de um bem jurídico penalmente tutelado: basta, na conformidade da teoria subjetiva, que a *voluntas sceleris* se exteriorize de modo inequívoco. Pretende-se, então, que, ao invés da noção fixada pelo Código, devia ter sido preferida a seguinte: "Tentativa é a manifestação, por atos inequívocos, da intenção de cometer um crime, que não se consuma, por circunstâncias independentes da vontade do agente".⁶ Ora, aí está: não se considera a tentativa como uma conduta informada pela *voluntas sceleris,* mas como uma *voluntas sceleris* revelada por uma conduta. É assim como quem, tendo de definir a papoula, ao invés de dizer que é uma flor de cor vermelha, dissesse que é a cor vermelha numa flor. Recuando da absurda ilação de que a tentativa punível pode ser reconhecida até mesmo quando alguém confesse ter *in mente* o propósito de cometer um crime, a teoria subjetiva exige que a resolução criminosa se revele por *atos inequívocos*, sejam estes *executivos* ou *preparatórios*. Figuremos o seguinte caso: Tício tendo recebido uma bofetada de Caio, corre a um armeiro, adquire um revólver, carrega-o com seis balas e volta, ato seguido, à procura de

---

5   Conforme acentua um aresto do Tribunal Federal suíço (apud Hafter), "o crime consumado e a correspondente tentativa não são dois crimes diferentes, mas formas de um só e mesmo crime" (*Das vollendete Delikt und der Versuch desselben sind nicht zwei verschiedene Deliktesarten, sondern nur verschiedene Erscheinungsformem eines und desselben Deliktes*").

    M. E. Mayer (*Der allg. teil des deutschen strafrechts*, 1923, p. 341) classifica a tentativa entre as causas de extensão da pena (*Strafausdehnungsgründe*), isto é, circunstâncias que estabelecem a tipicidade penal de uma conduta com o atribuírem aos sinais característicos do crime previsto um valor que excede sua órbita conceitual. A norma sobre a tentativa é uma norma acessória que amplia a esfera de aplicação das normas primárias fundamentais.

6   Sardinha, *A tentativa impossível,* p. 114.

seu adversário, que, entretanto, por cautela ou casualmente, já não se acha no local da contenda; Tício, porém, não desistindo de encontrar Caio, vai postar-se, dissimulado atrás de uma moita, junto ao caminho onde ele habitualmente passa, rumo de casa, e ali espera em vão pelo seu inimigo, que, desconfiado, tomou direção diversa. Não se pode conceber uma série de atos mais inequivocamente reveladores da intenção de matar, embora todos eles sejam meramente *preparatórios*. Segundo o critério subjetivista, Tício teria de responder por tentativa de homicídio. Mas, pergunta-se: ainda que Caio não se tivesse posto a salvo, teria Tício vencido, efetivamente, toda a distância que existe entre a concepção de um plano e a sua execução? Não teria ele, à vista de Caio, desistido de sacrificar ao seu ódio uma vida humana? Não teria triunfado nele, no derradeiro momento, a força de inibição que anula a *spinta* criminosa?

O critério da inequivocidade, por si só, é precaríssimo: faz de um *projeto* uma *realidade*, de uma *sombra* um *corpo sólido*. Revelar a vontade de cometer um crime, ainda que por atos inequívocos, mas sem que se apresente uma situação de *hostilidade* imediata ou direta contra o bem jurídico penalmente protegido, será uma tentativa *conjectural* ou *hipotética*, jamais uma tentativa real ou que ponha em sério e efetivo perigo a indenidade desse bem. O critério tradicional há de persistir no Direito Penal, enquanto este não passar a reconhecer crimes de mera intenção.[7] Pode deixar-se de aludir, no texto legal, ao *começo de execução*; mas este voltará a impor-se, inelutavelmente, como critério prático de decisão.

Tenha-se em mira o que aconteceu, na Itália, com o Código Rocco. Os seus comentadores reconhecem que foi debalde o repúdio ao *cominciamento dell'esecuzione:* Permanece este como imprescindível ponto de referência para a solução dos casos concretos. Eis o que afirma Vannini:[8] "Ainda que de 'execução' não fale a lei vigente; ainda que nos trabalhos preparatórios do Código se insista na necessidade de prescindir da clássica distinção entre atividade preparatória e atividade executiva, inconfundíveis argumentos atestam, entretanto, que de tal distinção não se pode logicamente prescindir e que dela não prescinde o Código".[9]

---

[7] Como dizia Ferri (*Relazione* sobre o seu Projeto de 1921), "a teoria subjetiva espiritualiza unilateralmente a justiça penal, atribuindo valor tirânico à mera intenção do delinquente e destacando-o da sua atividade exterior".

[8] *Il problema giuridico del tentativo*, p. 71.

[9] No mesmo sentido, Battaglini (*Diritto penale*, p. 250): "*La formula 'cominciamento dell'esecuzione' no c'è più nel vigente Codice. Ma l'idea, che nel Codice Zanardelli era racchiusa in quella locuzione, è rimasta, sia pure espressa in altre parole*".

Atos de tentativa são, necessariamente, *atos de execução*. A figura da tentativa só é concebível, logicamente, dentro da noção *realística* do crime. Se se abstrai a exigência de um ataque direto ao bem jurídico (somente possível com *atos executivos*), para dar-se relevo decisivo ao *propositum delinquendi*, já não haveria, sequer, razão para a antítese "tentativa-consumação" ou que se tenham em conta os *graus de realização* do crime, pois, se o que conta é o elemento subjetivo e este é o mesmo na consumação e na tentativa, já se compreenderia que se distinguisse entre uma e outra, para diverso tratamento penal, tendo-se em vista a diversidade do *quantum* objetivo.

Afirma-se que os atos executivos e os atos preparatórios são, às vezes, *fronteiriços*, e ainda não se achou um método infalível para distinguir entre uns e outros. Reconheça-se que, de fato, não se pode formular, na espécie, uma impecável teoria de *mecânica jurídica;* mas pode ser fixado um critério de orientação relativamente satisfatório. Passemos em revista, sumariamente, as múltiplas teorias que têm sido aventadas em doutrina, a propósito do tema.

Teoria cronológica (que remonta aos *práticos* medievais): deve-se ter em conta a maior ou menor proximidade temporal entre o ato e o resultado querido. Somente os atos *próximos* são atos de tentativa: os *remotos* são preparatórios. *Quando statutum mentionem conatus facit, intelligitur de próximo ad actum, non autem de remoto* (MENOCHIUS). *Non extrinsecis et remotis factis ut adparatu telorum, veneni mali poeparatione[...] sed proximis quoe ad perfectionem criminis pertingunt* (ARETINUS).

Teoria da univocidade (que CARRARA tomou a CARMIGNANI e depois repudiou): a univocidade de direção para o crime é o primeiro caráter indispensável nos atos externos que se devam imputar como tentativa. Enquanto o ato externo é tal que se possa referi-lo tanto a um crime quanto a um fato inocente, não haverá senão ato preparatório.

Teoria do ataque à esfera jurídica da vítima (que CARRARA adotou em substituição à anterior): os atos são preparatórios enquanto se exaurem no sujeito ativo *primário* (agente) ou *secundário* (*instrumentum sceleris*) do crime, e são executivos desde que invadam a esfera jurídica do sujeito passivo.

Teoria da causalidade inerte ou operante (IMPALLOMENI): há mera preparação, se a causalidade criminosa está inerte; há começo de execução, desde que a causalidade é posta em movimento para o fim criminoso. Assim, haveria tentativa de homicídio no caso do indivíduo que, *occidendi animo*, envia a outro, pelo correio, uma caixinha de confeitos envenenados, descoberta e retida, porém, pelo funcionário postal (isto é, antes de ser atingida a esfera jurídica do destinatário).

Teoria do começo de violação da norma (MANZINI, MASSARI): o ponto de transição da preparação à execução se apresenta no momento em que a conduta do agente inicia a violação concreta de determinada norma penal. Atos executivos, em relação ao crime, são *elementos causais efetivos*, enquanto atos preparatórios são *elementos causais meramente potenciais*.

Teoria de ROSSI: quando o agente pode dizer "não quero começar", está ainda nos atos preparatórios; quando, ao contrário, é obrigado a dizer "quero cessar", seus atos já são executivos.

Teoria casuística de ZACHARIAE: são atos preparatórios: *a)* os que têm por escopo impedir a descoberta do crime e assegurar ao agente o proveito que espera obter; *b)* os que servem ao agente para garantir a possibilidade da execução (ex.: o ladrão envenena o cão de guarda) e o seu momento propício (ex.: o ladrão se informa do dia em que o proprietário se ausenta); *c)* a aquisição e a preparação dos meios que devem servir à execução do crime (compra da arma, ajuste para o crime etc.); *d)* os que têm por fim colocar o agente em posição de realizar imediatamente o crime (ex.: o ladrão toma de uma chave falsa para abrir a porta da casa que pretende assaltar). São, ao contrário, atos executivos: *a)* os que consistem na aplicação dos meios preparados para a execução do crime (ex.: o envenenador deita o veneno no alimento da vítima); *b)* os que fazem parte integrante da própria execução do crime (ex.: o envenenador apresenta à vítima o alimento envenenado).

Teoria fundada na pretendida diferença entre causa e condição (BINDING): o ato executivo é *causa* do crime, enquanto o ato preparatório é simples *condição*.

Teoria da avaliação subjetiva (C. E. OTTO): ato preparatório revela uma vontade possível, ato executivo uma vontade exteriorizada. SCHWARZE prefere a seguinte fórmula: ato preparatório revela uma vontade indecisa, ato executivo uma vontade resoluta. Já HÄLSCHNER fala em maior ou menor *intensidade* da vontade criminosa para distinguir entre a execução e a preparação.

Teoria do perigo: só há execução quando o bem jurídico correu efetivo perigo (*pericolo corso,* de CARRARA) ou sofre risco atual (VANNINI).

Teoria de VON BAR: a diferença entre execução e preparação só é possível por meio da psicologia experimental. O ato assume caráter executivo quando revela ou faz imediatamente perceber um crime planejado e quando, ao mesmo tempo, se deva admitir (segundo a experiência psicológica não contrariada por circunstâncias individuais) que o agente, a não serem obstáculos inesperados, continuaria até a ultimação do ato.

Teoria objetivo-formal: ato executivo é somente aquele que já constitui uma parte real do fato incriminado pela lei (VON LISZT, BIRKMEYER). Deve ter-se em vista a ação essencial a cada crime, e reconhecer-se a execução desde que se inicie a série de atos que a compõem (NAPODANO). Dentro do *tipo legal* do crime há um "núcleo" constituído pelo conjunto de atos que realiza o *verbo* ativo principal do tipo; mas há uma zona (zona periférica), mais ou menos extensa, que está fora do "núcleo": todo o primeiro grupo de atos, isto é, todos os que estão dentro do "núcleo" são atos de execução, e todos os que estão fora dele são preparatórios (BELING). Atos executivos são aqueles que, por sua imediata relação com a atividade típica do crime, se apresentam, por compreensão lógica, como partes dela (VON HIPPEL). O ato executivo determina-se de modo mais preciso pelo verbo ativo que a lei emprega no "tipo" do crime e que em si mesmo encerra o resultado (LISZT-SCHIMDT). Atividade executiva é a conduta *típica*, isto é, faz parte do conteúdo de fato do crime, e toda atividade antecedente é preparatória (RANIERI). O começo de execução existe nos momentos de atividade que, em razão de sua necessária conexão com a ação típica, aparecem como partes integrantes dela, segundo a concepção natural (FRANK).

Teoria da hostilidade ao bem jurídico (M. E. MAYER): atos executivos são aqueles que *atacam* o bem jurídico (o primeiro ataque é o começo de execução); atos preparatórios não representam ataque ao bem jurídico, cujo "estado de paz" fica inalterado.

Cada uma dessas teorias tem o seu *quid* de verdade, mas nenhuma delas é suficiente para resolver todos os casos. Seria fastidioso repetir as objeções que lhes têm sido formuladas. É preferível que fixemos, desde logo, o nosso ponto de vista, que acima já deixamos antever. O critério mais aconselhável (embora não isento de refutações) é o preconizado por MAYER: cumpre indagar se há, ou não, uma agressão direta ao bem jurídico. Ato executivo (ou de tentativa) é o que ataca efetiva e imediatamente o bem jurídico; ato preparatório é o que possibilita, mas não é ainda, sob o prisma objetivo, o ataque ao bem jurídico. Assim, tendo-se em vista, por exemplo, o crime de homicídio, serão atos preparatórios: a aquisição da arma ou do veneno, a procura do local propício, a predisposição dos meios de fuga ou tendentes a evitar a descoberta do crime, o ajuste de auxiliares, o encalço do adversário, a emboscada, o fazer pontaria com a arma de fogo, o sacar o punhal; serão atos executivos: o disparo do tiro (ainda que erre o alvo), o deitar o veneno no alimento destinado à vítima, o brandir o punhal para atingir o adversário. Nos casos de irredutível dúvida sobre se o ato constitui um ataque ao bem jurídico ou apenas uma predisposição para esse ataque, o juiz terá de pronunciar o *non liquet*, negando a existência da tentativa.

63. Inadmissibilidade da tentativa. Como esforço consciente para um fim antijurídico, a tentativa não é compatível, *per definitionem*, com os crimes *genuinamente* culposos, pois nestes não há nexo entre a vontade e o resultado, senão apenas entre a vontade e a ação (ou omissão).[10] Há, porém, uma classe de crimes culposos que, como diz DE MARSICO,[11] não o são propriamente por sua estrutura, mas, antes, *por equiparação*, nos quais, por isso mesmo não falta a relação entre a vontade e o evento, é perfeitamente possível a tentativa. Em tais casos, há culpa (desatenção, inconsideração, erro inescusável) na avaliação da situação objetiva, mas o resultado não deixa de ser previsto e querido.

Dá-se, portanto, uma *ampliação* do conceito de culpa, que o nosso Código consagrou, quer na hipótese de exclusão de dolo por *erro de fato* (concernente a elemento constitutivo do crime ou causa objetiva de exclusão deste), quer na do *excesso culposo* de legítima defesa. Se o *erro* ou o *excesso* (quando derivado de erro) são inescusáveis, isto é se resultam de imponderação, responderá o agente pelo evento a título de simples culpa, não obstante ter-se representado e querido o seu advento. Figure-se o seguinte caso: supondo que o "vigilante noturno" é um ladrão que me invade o quintal da casa, tomo de um revólver e, sem maior indagação, inconsideradamente, faço repetidos disparos contra o policial, que, entretanto, escapa ileso ou fica apenas ferido. É inquestionável, em face do Código, que se apresenta uma *tentativa de homicídio culposo*. É o que também ocorre neste outro exemplo: Mévio, no curso de uma discussão com Tício, percebendo que este vem ao seu encontro, para agredi-lo a mão desarmada, saca da pistola e, precipitadamente, sem atender a amigos comuns que acorrem para evitar a agressão, dispara-a, vezes sucessivas, contra o adversário, que, por felicidade, não é senão levemente ferido.

Fora desses casos excepcionais, não se pode identificar a tentativa nos crimes culposos (e também não, como é óbvio, nos crimes preterdolosos, em que o *evento mais grave*, não querido, só é imputável a título de culpa). Não desconvencem desta ilação os exemplos formulados por HEPP: um indivíduo,

---

10 É irredutível o ensinamento de PESSINA (*Elementi di diritto penale*, 1882, I, p. 245): "A essência própria da tentativa está no *fim* que excede o *evento*, enquanto a essência própria da culpa está no *evento* que excede o *fim*. A culpa e a tentativa representam uma antítese perfeita, de modo que não podem jamais compenetrar-se, e excluem-se reciprocamente. A culpa supõe que, ou não se tinha um fim doloso, ou, se doloso, o dolo referia-se a um evento menos grave (alusão à *culpa dolo determinata*, nos delitos preterdolosos). Se o evento, não ocorrido, não foi previamente conhecido, nem querido, inexiste psiquicamente qualquer tentativa, não podendo acontecer que o homem se empenhe no sentido daquilo que ele não quer que aconteça. O esforço para um fim, o *conatus*, é o efeito da vontade, e faltando esta, isto é, a *causa*, deve igualmente faltar o *efeito*."

11 *Diritto penale*, 1935, p. 341.

supondo erroneamente que seu revólver está descarregado, dá o gatilho, visando, *jocandi animo*, a um seu amigo, que, casualmente, não é atingido pelo projétil; um médico, ignorante ou descuidado, prescrevendo erradamente tal ou qual substância farmacológica, está para envenenar o seu cliente, mas este, apenas degustando o suposto remédio, não chega a ingeri-lo, por um motivo qualquer; o condutor de um veículo impele-o entre a multidão com excessiva velocidade e está a pique de esmagar um cego, que, entretanto, é salvo heroicamente, por um transeunte. Em nenhum desses casos há direção da vontade para o resultado. Ora, *tentar* é tender voluntária e conscientemente para um fim. Não se pode *tentar* senão aquilo que entra no campo de nossa vontade.

Também não é admissível a tentativa:

a) nos crimes *unissubsistentes* (materiais ou formais), pois nestes não há fragmentação da atividade (*unico actu perficiuntur*);

b) nos crimes omissivos próprios:[12] ou o indivíduo deixa de praticar o ato (a que já está juridicamente adstrito), e o crime se consuma, ou o pratica em tempo hábil, e não há crime algum;

c) nos crimes condicionados: ou sobrevém a condição, e o crime se consuma, ou não sobrevém, e o fato é impunível (*non datur tertium*);

d) nas contravenções (a tentativa é punível porque representa um perigo concreto, e a contravenção encerra, via de regra, mero *perigo de perigo*), como explicitamente declara o art. 4º da Lei de Contravenções Penais.

64. Tentativa e "impetus". Uma velhíssima doutrina declara a tentativa incompatível com o *impetus*. Afirma-se que o "acesso de paixão" não é conciliável com o propósito *determinado* de cometer *determinado crime*. Os argumentos de CARRARA e HAUS, entre outros, são, em tal sentido, bem conhecidos. Na violência praticada num assomo de ira, ainda que empregadas armas perigosas – arrazoa exemplificativamente CARRARA[13] – a intenção do agente é duvidosa: queria ele matar ou simplesmente ferir? Não se pode deduzir o *animus necandi* da natureza dos *meios* empregados, a não ser que estes tenham por consequência *necessária* ou *quase necessária* o evento "morte". Dizer-se que o agente tinha a *intenção de matar* porque a arma empre-

---

[12] Perfeitamente possível, entretanto, é a tentativa nos crimes comissivos impróprios ou comissivos por omissão. Ex.: a mãe deixa de alimentar o filho recém-nascido, e este corre sério perigo de morrer de inanição, quando é socorrido por terceiros; o guarda ferroviário embriaga-se propositadamente para não dispor devidamente os binários e, consequentemente, ocasionar uma colisão de trens; mas o fato é tempestivamente descoberto, evitando-se o desastre.

[13] *Programma*, p.g., § 368.

gada *podia matar* é um raciocínio falso: *a)* porque, inferindo dos *meios* o *fim* querido, supõe um cálculo em quem não age por cálculo, mas por subitânea comoção; *b)* porque abstrai um dado da experiência comum, qual seja o de que o homem encolerizado se serve do primeiro instrumento que encontra à mão, sem refletir se o seu efeito é ou não mortífero; *c)* porque esquece a verdade estatística, segundo a qual o uso de armas, sejam estas de corte ou de fogo, têm como resultado mais frequente, ao invés do *homicídio*, as *lesões corporais*.

Vejamos, agora, como disserta HAUS:[14] "Algumas vezes notadamente quando se trata de violência contra a pessoa, a intenção criminosa é indeterminada (*dolus indeterminatus*)[...] O agente não tem especialmente por fim ocasionar a morte ou produzir ferimentos (graves ou leves): quer realizar, a qualquer preço, seu desígnio de fazer mal a outrem, sejam quais forem as consequências do seu ato de violência[...] O fato cometido com a intenção indeterminada de fazer mal não pode jamais constituir tentativa. Deve ter-se em vista unicamente o resultado produzido, e punir tal resultado como doloso, qualquer que ele seja. *Dolus indeterminatus determinatur eventu*". É manifesto o superficialismo dessa argumentação, que parte de uma premissa errônea, qual seja a existência de um *dolo indeterminado* ou de um *dolus generalis*. A *intenção indeterminada de fazer mal* (a genérica *intention de nuire*, da doutrina francesa) é uma pura fantasia e um absurdo lógico. Por mais súbita que seja a resolução criminosa, não falta ao agente um fim determinado. O estado emocional, por mais agudo, não realiza o contrassenso de uma vontade agindo sem escopo definido. *Dolus indeterminatus non determinatur eventu, sed determinatur actione ea ideo nihil aliud est quam dolus determinatus*. E não deixa de ser *determinado* o dolo quando ao espírito do agente se representam dois resultados diversos e ele empreende a ação querendo qualquer deles, indiferentemente. Quem age para *matar* ou *ferir* tem dois fins *determinados*, embora de modo alternativo ou sabendo que um exclui o outro. O aforismo *dolus indeterminatus determinatur ab eventu* não passa de um critério prático de *transação*, que, muitas vezes, só serve ao demasiado açodamento ou aberrante benevolência dos juízes.[15] Não se deve levar para a doutrina do dolo e da tentativa o que apenas representa a solução de uma dificuldade prática no terreno da prova. A tentativa tanto pode existir nos crimes de ímpeto, quanto nos crimes refletidos. É tudo uma questão de prova, posto que a indagação do *animus* não pode deixar de ser feita *ab externo*, diante das circunstâncias objetivas. A maior dificuldade de tal prova nos cri-

---

14   *Droit pénal belge*, I, n. 432 e 433.

15   Como diz MAGGIORE (*Principii di diritto penale*, I, p. 238): a regra "*dolus indeterminatus determinatur eventu*" não tem valor científico: é um critério probatório empírico.

mes de ímpeto nada tem a ver com a possibilidade conceitual da tentativa. Já a *Relazione* sobre o Projeto penal italiano de 1887 fixava nitidamente a solução acertada: "Nos crimes de ímpeto, se é certo que as paixões, invadindo o ânimo, lhe precipitam as determinações, isto não impede necessariamente a possibilidade da tentativa; nem a dificuldade da prova no aferir-se da intenção dirigida à execução de um dado malefício é boa razão para desarmar a lei e tornar deficiente a tutela jurídica. A lei penal não pode ocupar-se de uma ou outra dessas contingências de fato, mas apenas estabelecer em que consiste o elemento intencional da tentativa, salvo ao juiz, em seguida, o dever de avaliar com prudência o complexo das circunstâncias do fato, para decidir, por exemplo, se o criminoso, que feriu alguém num acesso de cólera, tencionava matar". Se se verifica, em face das circunstâncias, que, não obstante a instantaneidade da resolução, o agente, empregando os meios que empregou, por sua atitude, teve a consciência de que, com a sua ação, podia atingir o evento típico do crime, não há outra solução, na hipótese de não superveniência de tal evento, senão a de imputar-lhe o fato a título de tentativa.

65. Tentativa e dolo eventual. Do mesmo modo que é conciliável com o *dolo de ímpeto*, a tentativa também o é com o *dolo eventual*. Este ponto de vista é inquestionável em face de nosso Código, que equiparou o dolo eventual ao dolo direto. Se o agente *aquiesce* no advento do resultado específico do crime, previsto como possível, é claro que este entra na órbita de sua volição (v. n. 73): logo, se, por circunstâncias fortuitas, tal resultado não ocorre, é inegável que o agente deve responder por tentativa. É verdade que, na prática, será difícil identificar-se a tentativa no caso de dolo eventual, notadamente quando resulta totalmente *improfícua* (tentativa *branca*). Mas, repita-se: a dificuldade de prova não pode influir na conceituação da tentativa.

66. Tentativa de lesão corporal. É controvertida a admissibilidade de tentativa de lesão corporal. Argumenta-se, no sentido de excluí-la, que, frustrado o gesto dirigido à lesão, não se sabe qual a espécie de lesão visada pelo agente, isto é, se *leve* (art. 129, *caput*), *grave* (art. 129, § 1º) ou *gravíssima* (art. 129, § 2º), e, assim, não se pode reconhecer a tentativa, que exige a inequivocidade da orientação dos atos para um fim determinado. A objeção não procede. Se as circunstâncias evidenciam o *animus vulnerandi*, mas deixam em dúvida se o agente pretendia uma lesão simples ou qualificada, a imputação deve inclinar-se pela solução mais favorável, segundo o princípio do *in dubio pro reo*.[16] Há casos, porém que

---

16 Conf. GALDINO SIQUEIRA (*Direito penal brasileiro*, 1921-1924). Deve ser constante critério de decisão que, quando há dúvida sobre a intenção de cometer um crime antes

pode ser manifesta a *gravidade* da lesão tentada. Ninguém deixaria de reconhecer uma tentativa de lesão *gravíssima* no fato, por exemplo, de quem atira vitríolo na direção do rosto do inimigo, que, desviando-se tempestivamente, consegue escapar ileso.

67. Tentativa e crime complexo. Como o crime complexo (v. n. 57) representa uma *unidade jurídica*, indaga-se: Bastará a *tentativa* do crime-membro que serve de *meio* ao outro, para que se reconheça a *tentativa* do crime complexo? E quando um dos crimes-membros é consumado e o outro apenas tentado, pode reconhecer-se a *consumação* ou *tentativa* do crime complexo?

Na primeira hipótese, a resposta deve ser afirmativa. A tentativa do crime-meio é também, necessariamente, tentativa do crime-fim, e não há dúvida que se deve reconhecer a tentativa do crime complexo. Na segunda hipótese, não se pode falar em *consumação* do crime complexo, pois um dos crimes-membros ficou apenas tentado (não ocorrendo, portanto, a *inteireza* dos elementos constitutivos do crime complexo), e igualmente não se pode falar em simples tentativa, desde que um dos crimes-membros se consumou. A única solução que nos parece razoável é a de, sem desrespeito à *unidade jurídica* do crime, aplicar exclusivamente a pena mais grave, considerados os crimes separadamente, ficando *absorvida* ou abstraída a pena menos grave. Tome-se, por exemplo, o crime de *latrocínio* (art. 157, § 3º, *in fine*), e suponha-se que o homicídio (crime-meio) seja apenas tentado, enquanto a subtração da *res aliena* (crime-fim) se consuma: deve ser aplicada tão somente a pena de *tentativa de homicídio qualificado* (art. 121, § 2º, V), considerando-se *absorvida* por ela a do crime patrimonial. Se, ao contrário, o homicídio se consuma, ficando apenas tentado o crime patrimonial, a pena única a aplicar-se é a de homicídio qualificado *consumado*.

68. Pena de tentativa. Dispõe o Código que, "salvo disposição em contrário, pune-se a tentativa com a pena correspondente ao crime consumado, diminuída de uma a dois terços" (parág. único do art. 12). A tentativa, do ponto de vista objetivo, é um *minus* em relação ao crime consumado, e como justiça exige que a pena seja proporcionada à entidade do mal efetivamente praticado (ou pelo menos assim o entende a consciência popular, que o legislador não pode deixar de ter em conta), segue-se que a pena da tentativa deve ser, igualmente, um *minus* em relação à do crime consumado.

---

que outro, a tentativa é referível ao crime menos grave. Assim, se um indivíduo, não conhecido como ladrão, é surpreendido a galgar a janela da casa alheia, deve responder por tentativa de *violação de domicílio*, e não de *furto*.

Além disso, há para esse abrandamento de pena uma razão de oportunidade política, como bem acentua a *Exposição de motivos* do ministro CAMPOS: se se cominasse a mesma pena em ambos os casos, o agente não teria interesse algum em deixar de insistir, antes de ser descoberto, no seu frustrado propósito criminoso.

Para fixar *in concreto* a pena da tentativa, começa-se por um *processo hipotético*, mediante o qual o juiz calculará a pena como se o crime se tivesse consumado; em seguida, o *quantum* apurado será reduzido de um a dois terços, como determina o parág. único do art. 12.[17]

A ressalva de "disposições em contrário" refere-se aos casos em que o Código ou lei especial considera a tentativa como crime *sui generis* (com pena autônoma) ou a equipara ao crime consumado, cominando-lhe a mesma pena.

69. Tentativa abandonada. Desistência voluntária e arrependimento eficaz. É condição essencial da tentativa que a não consumação do crime resulte de "circunstâncias alheias à vontade do agente" (art. 12, II). Se o agente, de sua própria iniciativa ou por sua livre vontade, interrompe a atividade executiva ou, já exaurida esta, evita que se produza o resultado antijurídico, a tentativa deixa de ser punível como tal, ressalvada apenas a punibilidade dos atos anteriores (preparatórios ou executivos), quando constituam crimes por si mesmos. É o que se chama *tentativa abandonada*, de que cuida o art. 13: "O agente que, voluntariamente, desiste da consumação do crime ou impede que o resultado se produza, só responde pelos atos já praticados". Quando a contramarcha ocorre ainda no curso do *iter criminis* (renúncia de prosseguir na atividade executiva), fala-se em *desistência voluntária (freiwillige Rücktritt, desistenza volontaria)*; quando ocorre já depois de ultimada a atividade executiva, mas obstando o advento do resultado, fala-se em *arrependimento eficaz (tätige Reue, ravvedimento attuoso)*. A desistência voluntária é própria da *tentativa inacabada* (ex.: Tício prepara e apresenta a iguaria envenenada a Mévio, cuja morte se propusera; mas, a seguir, arrependido, faz cair o prato, evitando que o desprevenido Mévio ingira o alimento), enquanto o arrependimento eficaz somente diz com a *tentativa inacabada* ou *crime falho* (ex.: Tício propina o veneno a Mévio, mas ato seguido, ministra-lhe um antídoto, evitando o efeito letal).[18]

---

17   Vide N. HUNGRIA, *O arbítrio judicial na medida da pena*. In: *Novas questões jurídico-penais,* pp. 145 e ss.

18   O Código vigente, fiel à tradição do nosso direito, manteve o critério de não distinguir, para o efeito de diverso tratamento penal, entre tentativa inacabada e crime falho. Nem mesmo do ponto de vista objetivo se justifica o reconhecimento do crime falho como um *grau intermediário* entre a tentativa inacabada e a consumação.

Trata-se de *causas de extinção de punibilidade* (embora não catalogadas no art. 108), ou seja, circunstâncias que, sobrevindo à tentativa de um crime, anulam a punibilidade do fato a esse título. Há uma renúncia do Estado ao *jus puniendi* (no tocante à entidade "crime tentado"), inspirada por motivos de oportunidade. A tentativa, uma vez acontecida, não pode ser suprimida retroativamente (pois *factum infectum fieri nequit*), mas como diz von Liszt, "a lei, por considerações de política criminal, pode construir uma *ponte de ouro* para a retirada do agente que já se tornara passível de pena" ("*wohl aber kann die Gesetzgebung aus kriminal-politischen Grund dem bereits straffällig gewordenem Täter eine goldene Brücke zum Rückzuge*"). O fato não deixa de ser "crime tentado", a parte *objecti* e a parte *subjecti*: somente desaparece a possibilidade de aplicação da pena, a título de *conatus*. A recompensa da impunidade aqui, não tem outro fundamento que o da conveniência política.[19] Entre dois males – o dia da consumação do crime e o da impunidade do delinquente – o legislador prefere o último, prometendo o perdão, na esperança de evitar o primeiro. *Melius est occurrere in tempore quam post exitum vindicare*. Deixando-se de premiar com a impunidade ao que se arrepende e tempestivamente desiste de consumar o crime, estar-se-ia criando um estímulo para que ele prosseguisse até o fim. O nosso Código, rejeitando o exemplo dos Códigos italiano e suíço (este *autoriza* e aquele *ordena* a isenção de pena no caso de *desistência voluntária* e tão somente a atenuação da pena no caso de *arrependimento eficaz*), para aceitar o critério adotado pelos Códigos di-

---

19 São inaceitáveis, por evidentemente artificiais, as teorias que pretendem achar fundamento *intrínseco* ou jurídico à impunidade da tentativa abandonada. Ei-las:
Teoria da anulação (*Annullationstheorie*): o arrependimento do agente anula o dolo, e, portanto, faz desaparecer a tentativa.
Teoria da nulidade (*Nullitätstheorie*): com a desistência, a vontade (dolo) não desaparece *ex post*, pois, na verdade, jamais existiu, pelo menos no sentido jurídico.
Teoria da presunção (*Präsumptionstheorie*): a punibilidade da tentativa assenta na presunção de que o agente, no exercício da atividade antijurídica, perdeu o domínio sobre o efeito, e como a desistência destrói essa presunção, a tentativa não pode subsistir.
Teoria da enfermidade (*Infirmitätstheorie*): a vontade, na tentativa abandonada, apresenta-se fraca, *enferma* e, portanto, inoperante.
M. E. Mayer (ob. cit., p. 370) diz, com razão, que essas teorias têm apenas o valor de "curiosas antiguidades" ("*haben den Wert kurioser Antiquitäten*").
Os "positivistas", com o seu *ritornello* da "periculosidade", entendem que a desistência voluntária e o arrependimento eficaz deveriam importar imunidade penal somente quando os seus motivos revelassem a ausência de temibilidade do agente (Florian). Ferri, no seu *Projeto de Código Penal italiano*, de 1921, exigia que a renúncia do agente *fosse espontânea*. Semelhante critério não teve ressonância no direito positivo, à parte o Código Penal soviético, que o adotou por ódio à tradição jurídica.

namarquês e polonês, equipara as hipóteses em questão, determinando, imperativamente, quer numa, quer noutra, a cessação da punibilidade. Assim se pronuncia o Ministro CAMPOS, na sua *Exposição de motivos*: "A concessão da imunidade penal pareceu-nos mais aconselhável, do ponto de vista *político*, que o critério da simples atenuação da pena".

Nem sequer é exigido que a renúncia do propósito criminoso seja *espontânea*: basta que seja *voluntária*, isto é, que o agente não tenha sido coagido, moral ou materialmente, à interrupção do *iter criminis* ou ao impedimento do *effectus sceleris*. Não se faz mister que o agente proceda *virtutis amore* ou *formidine poenoe*,[20] por motivos nobres ou de índole ética (piedade, remorso, despertada repugnância pelo crime) ou por motivos subalternos, egoísticos (covardia, medo, receio de ser eventualmente descoberto, decepção com o escasso proveito que pode auferir): é suficiente que não tenha sido obstado por causas exteriores, independentes de sua vontade. É indiferente a *razão interna* do arrependimento ou da mudança de propósito: a recompensa da impunidade é condicionada exclusivamente à efetividade da voluntária não consumação do crime.[21] Tanto assim que, se resulta em vão o esforço do mais contrito resipiscente para evitar o prosseguimento da execução (hipótese do mandante que se arrepende e não consegue, tempestivamente, dar *contraordem* à atividade do mandatário) ou para impedir o evento lesivo, nenhum favor é concedido (salvo quanto à medida da pena *in concreto*). Ainda quando o crime deixe de consumar-se por circunstâncias outras que não a atividade empregada em tal sentido pelo resipiscente, não pode este pretender impunidade. Assim, não deixaria de haver tentativa punível no caso em que, ao ser ministrado o antídoto à vítima envenenada, esta já tivesse vomitado o tóxico.

Segundo FRANK,[22] a desistência é *voluntária* quando o agente pode dizer: "Não quero prosseguir, embora pudesse fazê-lo" ("*ich nicht weiter handeln, selbst wenn ich es könnte*"), e é *involuntária* quando tem de dizer: "Não posso prosseguir, ainda que o quisesse" ("*ich kann nicht weiter handeln, selbst ich es wollte*"). Para que se verifique a *involuntariedade*, não é imprescindível um atual e efetivo obstáculo material: é bastante que se apresentem circunstâncias que façam o agente, *razoavelmente* (ou segundo *id quod plerumque accidit*), supor a impossibilidade de continuar. Se, por exemplo, o ladrão ouve

---

20 Como já advertia FEUERBACH, seria uma singular contradição da lei penal, se esta não suspendesse ou atenuasse o seu rigor contra aqueles que, por ela intimidados, abandonem a ação criminosa ou evitem os seus efeitos.

21 VON HIPPEL (ob. cit., II, 413): "[...] *das Gesetz gewährt keine Prämie für Gesinnungswechsel, sondern für die Bewirkung der Nichtvollendung des Deliktes*".

22 *Das strafrechtgesetzbuch für das deutschen reichen*, 1908, § 46.

o rumor de uma porta que se abre e põe-se em retirada, temendo que alguém se aproxime e venha surpreendê-lo, não há desistência voluntária. Esta não é reconhecível ainda quando o obstáculo seja *putativo* ou erroneamente suposto (assim, no caso acima figurado, se fosse apenas o vento que impelira a porta, a desistência não teria deixado de ser involuntária).

Hipótese frequente na prática e que suscita controvérsia é a do indivíduo que, sacando de um revólver e visando a seu adversário em parte vital do corpo (cabeça, tórax, ventre), desfecha-lhe um tiro que se perde ou apenas fere levemente a vítima, e deixa de fazer novos disparos, embora dispondo de outras balas no tambor da arma. Que haja *tentativa de homicídio*, não padece dúvida; mas, pergunta-se: a desistência de prosseguir importa, no caso, a imunidade penal? VANNINI, entre outros, entende que não:[23] "Não há, aqui, desistência voluntária, pois esta não consiste em deixar de repetir um ato que *por si só* era meio idôneo a produzir o *eventus damni*; exauriu-se a ação executiva, pois não se pode admitir que o agente não tenha feito tudo quanto era suficiente para matar a vítima". Opinando no mesmo sentido, MANZINI[24] argumenta que, a decidir-se de outro modo, "os crimes tentados ficariam quase sempre impunes". DE MARSICO,[25] entretanto, decide de forma diferente, só admitindo a tentativa punível quando o agente dispunha de uma única bala no revólver. Se o agente podia fazer novos disparos e renuncia livremente a isso, tem-se de admitir a desistência voluntária. Entre os autores pátrios, COSTA E SILVA[26] pronuncia-se no sentido da tentativa punível, sem qualquer distinção: "O tiro que falhou representa uma tentativa perfeita ou acabada. A inação, consistente na abstenção de novos tiros, não corresponde à exigência legal de voluntário impedimento do resultado. Nem *de lege ferenda* as aludidas opiniões (de DE MARSICO e outros) se justificam. Elas criam uma situação de favor para o indivíduo que cautelosamente carrega todo o cilindro do seu revólver. O que dispõe de uma só bala incorre em tentativa punível. O que dispõe de várias, não. É palpável o absurdo". A razão, entretanto, a nosso ver, está com DE MARSICO. É verdade que se não pode falar, na espécie, em tentativa inacabada e, consequentemente, em *desistência voluntária* (pois esta supõe necessariamente aquela); mas é força reconhecer que, se na hipótese de tentativa acabada ou perfeita, o voluntário impedimento do resultado extingue a punibilidade, com maioria de razão deve ter esse efeito a voluntária

---

23   *Il problema giuridico del tentativo*, p. 104.
24   *Trattato*, II, p. 417.
25   *Diritto penale*, p. 348.
26   *Código penal*, 1943, p. 92.

abstenção de repetir o ataque, quando não haja resultado a conjurar. A objeção de Costa e Silva não é intransponível: o indivíduo que, *cauteloso* ou não, tinha completa a carga do seu revólver e, frustrado o ataque, deixou de repetir o disparo, não obstante a incolumidade real ou aparente da vítima, dá prova inegável de que assim procedeu porque *quis*; enquanto aquele que dispunha de um só tiro deixou de reiterar o ataque porque *não podia* agir de outro modo, e não passaria de gratuita conjetura o supor-se que, ainda no caso de dispor de mais balas no revólver, se teria abstido de novos disparos. É bem de ver que não deixará de haver tentativa punível, ainda no caso de disposição de mais balas, se o agente, tendo prostrado a vítima ao solo, julga erroneamente que a matou, dispensando-se de outros disparos.

    Não importa que haja continuada resistência da vítima: se o agente podia vencê-la e não o fez, tem-se de admitir a voluntariedade da renúncia. Mesmo no caso em que o agente desiste da atividade executiva com o desígnio de repeti-la em outra ocasião (desistência da consumação, sem abandono total do propósito criminoso), há desistência voluntária. Não se deve, porém, confundir o *adiamento* da consumação com a simples *pausa* na execução, como quando o ladrão *suspende* a execução do furto para *continuá-la* posteriormente, aproveitando-se, para penetrar na casa, da perfuração já por ele feita no telhado.

    A desistência voluntária consiste sempre numa omissão ou abstenção de atividade; ao passo que o arrependimento eficaz exige necessariamente uma atuação militante, e só é possível nos crimes materiais, em que o resultado se destaca da ação.

    Como já ficou acentuado, em qualquer das duas hipóteses, somente a tentativa como tal é que fica impune. Se a tentativa é *qualificada*, isto é, se os atos que a constituem são criminosos, ainda que destacados da *atividade de tentativa*, a punibilidade destes persiste (como também persiste a dos próprios atos preparatórios incriminados por si mesmos). Exemplo: se o ladrão desiste do furto, depois de haver penetrado na casa, responde por *violação de domicílio*; se, já alçado o punhal para desferir o golpe, o agente renuncia à intenção homicida e recolhe a arma, responderá pela contravenção de "porte de armas proibidas".

70. Crime impossível ou tentativa inadequada (inidônea). Ao resolver o problema do *crime impossível* ou *tentativa inadequada (untaugliche Versuch*, dos autores alemães), o Código atual, do mesmo modo que ao conceituar a tentativa punível, não alterou o direito anterior, e continuou na boa companhia de Feuerbach, Mittermayer e Carrara. O seu art. 14 é, no fundo, uma reprodução do parág. único do art. 14 do Código de 90: a punibilidade da tentativa é excluída quando, por ineficácia absoluta do *meio* empregado ou por absoluta impropriedade do *objeto*, era *impossível* a consumação do crime. Essa solução é igualmente imposta como um corolário lógico da noção *realística* do crime.[27] Na tentativa com meio absolutamente inidôneo, falha uma das condições à existência de um crime (segundo a dita noção), isto é, a ocorrência, pelo menos, de real perigo de dano a um bem jurídico; na tentativa sobre objeto absolutamente impróprio, a atipicidade penal é ainda mais evidente: *inexiste* o bem jurídico que o agente supõe atacar. Dá-se a ineficácia absoluta de *meio* quando este, por sua própria essência ou natureza, é incapaz, por mais que se reitere o seu emprego, de produzir o evento a que está subordinada a consumação do crime. Exemplo: Tício, tendo resolvido eliminar Caio, ministra-lhe erroneamente bicarbonato de sódio, ao invés da dose de estricnina que adquirira para este fim. Dá-se a absoluta impropriedade do *objeto* quando este, por sua condição ou situação, torna impossível a superveniência do evento típico do crime. Exemplo: Tício, supondo seu inimigo a dormir, quando na realidade está morto, desfecha-lhe punhaladas; Mévio, na penumbra da alcova, dispara tiros sobre o leito em que supõe achar-se deitado o seu inimigo, quando o certo é que este ainda não se recolhera à casa; uma mulher, supondo-se erroneamente em estado de gravidez, usa meios abortivos.

A decisão consagrada pelo Código é a da chamada *teoria objetiva temperada* (ou *intermediária*), que, ao contrário da *teoria objetiva pura* (ou *extremada*), reconhece tentativa punível no caso de *relativa* inidoneidade do meio empregado ou do objeto visado. Dá-se inidoneidade relativa do meio quando este, embora normalmente capaz de produzir o evento intencionando, falha no caso concreto, por uma circunstância *acidental* na sua utilização. Exemplo: um indivíduo visa ao seu adversário com um revólver e dá ao gatilho, mas a arma *nega fogo*. Ocorre a inidoneidade relativa do objeto: *a)* quando uma condição *acidental* do próprio objeto *neutraliza* a eficiência do meio empregado no ataque; *b)* quando presente o objeto na fase incoativa da ação, vem a ausentar-se no momento do ataque. Exemplos: Tício desfecha um tiro contra Mévio, mas o projétil é interrompido no seu curso por uma

---

27 A esta consideração não atendeu SOARES DE MELO (*O delito impossível*, p. 178) quando propõe seja a tentativa inadequada punida como *delictum sui generis* (como já o pleiteava COHN: "O delito impossível nas condições em que é perpetrado, quer pela falta do objeto, quer pela inidoneidade do meio, não pode de forma alguma alcançar o resultado visado. É diferente, portanto, da tentativa e do delito falho. Assim, deve ser punido com penas menores que as cominadas para aquelas duas figuras delituosas. De ser tratado com *delictum sui generis*". Desde que se não adota, como princípio dirigente, o *subjetivismo* da escola de VON BURI, é imprescindível, para o reconhecimento da tentativa punível, a periclitação objetiva de um bem jurídico (o *pericolo corso*, de CARRARA).

cigarreira metálica que a vítima traz consigo; Caio, penetrando no quarto de Semprônio, a quem tenciona matar, dispara vários tiros sobre a cama em que o supõe deitado, mas que ele, na realidade, casual ou propositadamente, abandonara momentos antes. Em tais casos, não há por que excluir a tentativa punível: o bem jurídico não só existia, como correu sério perigo, não se consumando o crime por circunstâncias alheia à vontade do agente, isto é, o desarranjo acidental da arma, a interferência casual de uma força neutralizadora ou a ausência *sucessiva* do objeto.

Várias são as teorias excogitadas, desde FEUERBACH, em torno do *crime impossível* ou tentativa inidônea. A mais antiga, mas sempre resistente às objeções que lhe têm sido dirigidas, é a adotada pelo Código: não há tentativa punível onde não há *possibilidade* de "começo de execução" (ou, o que vale o mesmo: de *periculosidade objetiva*), ou desde que inexista o bem jurídico que se cuidou atingir. Deve-se a MITTERMAYER, principalmente, a diferenciação entre a inidoneidade ou impropriedade *absoluta* e *relativa* de meio ou de objeto, para excluir-se a punibilidade num caso e admiti-la em outro. Contra esta distinção, pleiteando a impunibilidade em qualquer caso, apresentou-se a *teoria objetiva pura* (GEYER): a tentativa punível é um *fragmento* do crime consumado, e como tal não pode ser considerada a atividade incapaz, *ab initio*, de conduzir ao fim da consumação, ou que por si mesma o impede. Não se pode distinguir entre inidoneidade absoluta e relativa: em ambos os casos, não há bem jurídico em perigo e, portanto, não existe fato punível. No extremo oposto da teoria objetiva radical, entretanto, se encontra a teoria chamada *subjetiva* (VON BURI): deve ter-se em conta somente a *vontade criminosa*, desde que manifesta pela conduta do agente. Também a "escola positiva" não podia deixar de propor a sua teoria, adstrita ao estribilho da "periculosidade". É a determinada *teoria sintomática* (formulada por GAROFALO): critério decisivo, na espécie, é a temibilidade ou periculosidade do agente. Não há cogitar da inidoneidade dos meios ou objeto, nem é bastante a simples manifestação da vontade criminosa; é preciso que esta seja indiciária de uma personalidade temível. Em retificação da teoria objetiva temperada, também surgiu, com VON LISZT, a cognominada *teoria do perigo* (que coincide com aquela no tocante à impunidade da tentativa *absolutamente* impossível): o perigo que decide da punibilidade deve ser avaliado *ex ante*, e não *ex post* (como nas antigas teorias objetivas). O juiz (abstendo-se de critérios gerais, para atentar nas circunstâncias particulares do fato) deve proceder a uma "prognose póstuma" (*nachträgliche prognose*), tendo em conta as circunstâncias notórias (geralmente reconhecíveis) ou conhecidas do agente no *momento da ação* (excluídas, portanto, as que só posteriormente foram descobertas); e somente quando, em face delas, a ação se mostra completamente inadequada para produzir o resultado, deixa de ser punível a tentativa.[28] Assim, por exemplo, a tentativa de aborto por parte de uma mulher que não está grávida deve ser punível se, no momento em que comete o fato, a existência da gravidez podia parecer verossímil.

Finalmente, exige menção a moderna *teoria da atipicidade* (BELING): distingue esta entre casos de *crime impossível* e casos de *atipicidade*, isto é, em que falta o próprio conteúdo típico do crime (*Mangel am Tatbestand*, da doutrina alemã), de modo que sua impunidade fica à margem de qualquer discussão. Como exemplos da última espécie citam-se os seguintes: a aplicação de meio abortivo a uma mulher que erroneamente se supõe grávida; subtração da coisa própria, julgando-a alheia; ter relação sexual, *extra matrimonium*, com mulher que falsamente se supõe não ter ainda atingido a idade em que cessa a proteção penal. A teoria em questão (que é, afinal, uma confirmação da teoria objetiva intermédia ou temperada) não representa senão um obstáculo invencível à generalização da teoria subjetiva.

Os *subjetivistas*, na sua crítica à teoria objetiva temperada, comprazem-se em figurar hipóteses desconcertantes, para demonstrar a inexatidão do critério da inidoneidade *absoluta* de meios: açúcar propinado ao diabético, sal de cozinha ministrado a quem pouco antes ingerira calomelano, a "oração da morte" (a sovada *Todbeten* dos autores germânicos) rezada *contra* um indivíduo supersticioso e cardíaco etc. Como se a *intenção de matar*, só aferível através de fatos concludentes, pudesse ser praticamente deduzida em tais casos exóticos, que ficam numa zona de irredutível dubiedade entre o dolo e o erro de fato ou a boa-fé... No direito positivo, porém, continua do-

---

28 Quando foi da discussão do Projeto SÁ PEREIRA-MORAIS-BULHÕES no seio da Conferência de Criminologia, reunida no Rio, em 1936, GALDINO SIQUEIRA propôs que se adotasse a seguinte fórmula, no concernente à tentativa inadequada (fórmula que ele, com pertinácia comovedora, já incluíra no seu projeto de 1913 e ainda continua sustentando no seu opúsculo *Código penal brasileiro*, de 1941, e no seu recente Tratado, vol. II, p. 599): "A tentativa por meio inidôneo ou contra objeto impróprio será punível, quando as circunstâncias conhecidas pelo agente no momento da ação não excluíam a possibilidade de consumação do crime". É evidente, aqui, o influxo de VON LISZT, e o próprio GALDINO o confessa. Segundo a lição de VON LISZT, já fixada no texto, a tentativa inadequada deve ser punida quando, em face das circunstâncias conhecidas do agente e apreciadas *ex ante*, do ponto de vista do homem normal, não estava inteiramente fora de dúvida a possibilidade do resultado. Esta fórmula, em nossa modesta opinião, não resolve coisa alguma. É claro que o agente, se se trata de um homem normal, sempre age na persuasão errônea da possibilidade do resultado. Se não fora tal erro, isto é, se tivesse conhecido, por qualquer circunstância, a impossibilidade do evento, não teria empreendido a ação, pois, de outro modo, não seria um homem normal, mas um insensato, um desequilibrado psíquico.

minante a teoria de MITTERMAYER. Entre nós, SARDINHA[29] entende que, para salvaguarda do interesse da defesa social, o nosso Código devia tê-la repudiado, seguindo o exemplo do Código italiano, entre outros. O desprevenido crítico leu o art. 56 do Código ROCCO, mas não se apercebeu do art. 49. O que aconteceu foi o seguinte: o Código italiano entendeu, no seu rigorismo técnico, que a *tentativa inadequada* nada tinha a ver com a tentativa punível ou propriamente dita, e disciplinou-a como *crime impossível*, fora do setor do *reato tentato*, assim dispondo: "A punibilidade também é excluída quando, pela inidoneidade da ação ou inexistência do seu objeto, é impossível o evento lesivo ou perigoso". Interpretado literalmente, o Código italiano teria ficado com a *teoria objetiva pura*, que, como já vimos, exclui a punibilidade sempre que a ação for inidônea, sem distinguir entre inidoneidade absoluta e relativa. Positivamente, não é o Código brasileiro que descuida do interesse da defesa social.

Como observa a *Exposição de motivos* do Ministro CAMPOS, o Código fez uma concessão à *teoria sintomática* ou *positivista*, que sobrepõe a periculosidade do agente à real periclitação do bem jurídico penalmente protegido. Embora tivesse condicionado a aplicação da *medida de segurança*, do mesmo modo que a da pena, à prática de fato previsto como crime, permite o Código, por exceção, no caso da tentativa inadequada ou crime impossível, quando reconhecida a *periculosidade* do agente, seja este submetido à *liberdade vigiada* (arts. 76, parág. único, e 94, n. III, combinados com o art. 76, n. II). Foi uma solução acertada. O critério *sintomático* não pode ter senão uma importância secundária ou complementar. A *periculosidade subjetiva*, como já acentuamos mais de uma vez, é um critério informativo ou justificativo da *medida de segurança* e não da *pena*, e por si mesmo não pode constituir elemento de crime: é imprescindível à existência deste uma situação de fato que concretize, no mínimo, um efetivo perigo de lesão a um bem jurídico, pois, de outro modo, a justiça penal passaria a exercer-se num terreno de dilatado arbítrio.

71. Crime putativo. O crime impossível, por inexistência ou impropriedade jurídica do objeto (*Mangel am Tatbestand*), não é senão uma das modalidades do *crime putativo (sensu lato)*, que escapa a qualquer punição. O crime putativo,[30] em sentido amplo, é reconhecível em três hipóteses:

---

29   *A tentativa impossível*, p. 116.

30   VALSECCHI (*Reato putativo e tentativo impossible*, p. 49) assim define o crime putativo: "*dispiego di attività che l'autore manifesta contro un comando penale inexistente, ma di cui egli suppone erroneamente la esistenza, o contro un oggetto diverso da quello preveduto da un comando penale esistente, eche l'autore suppone di aver colpito, o, infine, in ódio a*

a) quando o agente supõe infringir uma norma penal, e esta realmente não existe *(erro de direito)*;

b) quando o agente, embora movido por uma representação criminosa, engana-se sobre o objeto específico do crime, ou sobre a qualidade jurídica necessária ao objeto para que o crime se configure (*erro de fato*);

c) quando circunstâncias preordenadas por outrem e ignoradas do agente, ardilosamente induzindo ao crime, impossibilitam a *seriedade* deste (simulacro de crime por obra de *agente provocador*).

Notadamente na primeira hipótese, o crime putativo é uma inanidade sob o ponto de vista jurídico-penal, ou, segundo a expressão de BELING[31] "*eine strafrechtliches Garnichts*". Por isso mesmo, inteiramente desnecessária se nos afigura a advertência contida no art. 49 do Código italiano: *"Non è punibile chi commette um fato non costituente reato, nella supposizione erronea che costituisca reato"*. Se um fato não é qualificado crime pela lei penal, pouco importa, como é óbvio, a errônea suposição contrária do agente: a impunidade deste decorre da própria impossibilidade de ser ajustado ao fato um artigo da lei penal, ou da ausência de qualquer cominação legal de pena (*nullum crimen, nulla poena sine lege*).[32]

Igualmente incontestável é a atipicidade penal da segunda hipótese. Se determinado fato carece de um elemento ou qualidade essencial, a *parte objecti*, para sua identificação como tal ou qual crime, não há, também, como enquadrá-lo no "molde" penal. Nesta hipótese (que coincide com uma das modalidades do crime impossível) já se vislumbra, entretanto, qualquer coisa que se diria a *sombra*, o *espectro* de um crime, pois o agente crê, embora ilu-

---

um comando penale existente che l'autore suppone di aver violato, ma l adi cui violazione invece è resa impossibile da preordinate circostanze dipendenti dalla volontà altrui".

---

31   *Die Lehre vom Verbrechen*, p. 329.

32   O caso de falsa concepção quanto à existência de norma penal nem mesmo deveria ser incluído na casuística do crime putativo, pois não envolve ideia alguma, por mais longínqua, de crime no sentido legal. É a justa opinião de FLORIAN: "Entendemos que se não pode aplicar no conceito de crime putativo a hipótese geralmente contemplada pelos autores, de uma figura delituosa inexistente em direito, no sentido de que o agente suponha crime um fato penalmente irrelevante, isto é, suponha punível um ato que na sua opinião constitui crime, mas que, na realidade, não é crime (ex.: envergar o terno de roupa do patrão, para um simples passeio, repondo-o depois no seu lugar); falta, aqui, totalmente, o crime e tal hipótese fica à margem do mundo jurídico-penal, não podendo, sequer, ser tomada em consideração". A inconsistência jurídico-penal de uma ação que só é crime na imaginação de quem a pratica, não escapa a ninguém e é até motivo de humorismo, tendo inspirado a anedota do tabaréu que se foi entregar à prisão, acusando-se de *crime de morte,* por haver abatido à paulada o seu burro empacador[...]

soriamente, infringir uma norma penal *realmente existente*; mas nem por isso deixa de ser menos evidente a impunibilidade, pois a falsa representação do agente não pode ter o mirífico efeito de transmudar em crime consumado ou tentado uma ação penalmente atípica, isto é, desprovida da *essência de fato* a que a lei subordina a existência do crime. Não há, aqui, o *corpus* da infração (*Tatbestand*), na conformidade do tipo legal. Redundaria num evidente disparate o aplicar pena, *verbi gratia*, por crime de aborto, à mulher que, supondo-se erroneamente em estado de gravidez, ingerisse substâncias abortivas,[33] ou, por crime de furto, ao indivíduo que, cuidando subtrair a coisa móvel alheia, *invito domino*, tomasse a sua própria ou uma *res derelicta* (este é o exemplo formulado nas fontes romanas: *si dominus id dereliquit, furtum non fite jus, etiam si ego furandi animum habuero*, ou *furtum non fite jus, sicut nec ejus, quoe sine domino est, et nihil mutat existimatio subipientis*). Exame mais detido, entretanto, reclama a terceira das citadas hipóteses, isto é, a que se verifica quando alguém insidiosamente *provoca* outrem à prática de crime, e, simultaneamente, toma as providências necessárias para surpreendê-lo na flagrância da execução, que fica, assim, impossibilitada ou frustrada. Exemplo típico dessa variante é um caso ocorrido, há tempos, na Capital Federal (e que foi objeto, se não nos falha a memória, de uma decisão do juiz, hoje desembargador, FERNANDES PINHEIRO): o proprietário de uma casa de modas, desconfiado da probidade de uma de suas empregadas, encarregou-a de selecionar um sortimento de *aigrettes*, deixando-a a sós, entregue a tal serviço, num dos cômodos da loja, ao mesmo tempo que punha a espreitá-la um agente de polícia, previamente chamado, o qual pode surpreendê-la no ato de esconder no seio algumas das penas de garça. É escusado dizer que essa moça, sujeita a processo criminal, foi absolvida. Não são raros os casos desta natureza, chamados *crimes de ensaio* ou *de experiência*, a que especialmente recorrem, de modo direto ou por interposta pessoa, certos agentes de polícia: fazem-se esses de *agentes provocadores* (utilizando, às vezes, terceira pessoa como *isca*) e conseguem induzir à execução de tal ou qual crime indivíduos suspeitos da autoria de crimes anteriores da mesma espécie, para poderem, assim, confundi-los, previamente resguardado de qualquer perigo o bem ou interesse tutelado pela lei penal. A crônica judiciária também registra casos de particulares que, para fim de *chantagem* ou por espírito de vingança, armam com êxito a *ratoeira* dessa *specie* de crime putativo, sempre acautelado o bem jurídico, pois se este é lesado ou efetivamente ameaçado, haverá crime

---

33 É de notar-se, entretanto, que o direito inglês e canadense incriminam o simples emprego de meios abortivos, sem indagar se a mulher estava ou não grávida: *"Whether she be ou not with child"*.

autêntico, de que é partícipe ou, pelo menos, responsável a título de culpa, se for caso, o *agente provocador* (v. n. 119).

A impunibilidade do *crime de ensaio* não tão evidente quanto nas hipóteses precedentes, mas tem de ser, também, plenamente reconhecida. Somente na aparência é que ocorre um crime exteriormente perfeito. Na realidade, o seu autor é apenas o protagonista inconsciente de uma comédia. O elemento subjetivo do crime existe, é certo, em toda a sua plenitude; mas, sob o aspecto objetivo, não há violação da lei penal, senão uma insciente cooperação para a ardilosa averiguação da autoria de crimes anteriores, ou uma simulação, embora ignorada do agente, da exterioridade de um crime. O desprevenido *sujeito ativo* opera dentro de uma pura ilusão, pois *ab initio*, a vigilância da autoridade policial ou do suposto paciente torna impraticável a real consumação do crime. Um crime que, além de astuciosamente sugerido e ensejado ao agente, tem suas consequências frustradas por medidas tomadas de antemão, não passa de um crime imaginário. Não há lesão, nem efetiva exposição a perigo, de qualquer interesse público ou privado. E como bem acentuou a Corte de Apelação de Veneza, apreciando o tema em aresto publicado em *La Scuola Positiva*, "*mancando effettiva violazione del diritto pubblico o privato vien meno il reato*".

Deve-se notar, porém, que já não há falar em crime putativo quando, sem ter sido artificialmente provocada, mas previamente conhecida a iniciativa dolosa do agente, a este apenas se dá o ensejo de agir, tomadas as devidas precauções. Em tal caso, se se trata de crime formal ou de mero perigo, este se integra em todos os elementos de sua definição legal; se se trata de crime material (subordinado o *summatum opus* à condição de efetividade do dano), haverá apenas *tentativa*, posto que o dano não possa verificar-se precisamente devido à prévia ciência e vigilância de outrem. Assim, no caso do vendedor de cocaína que, dissimuladamente vigiado por um agente de polícia, é preso por este no ato de vender o entorpecente a algum viciado, há plena *consumação* do crime previsto no art. 281 do Código. Haverá, porém, simples *tentativa* de furto, por exemplo, no caso em que o *dominus*, pressentindo o ladrão, facilita-lhe a tarefa para apanhá-lo "com a boca na botija". Do mesmo modo, o *chauffeur* que, tendo o seu taxímetro viciado para lesar os fregueses, recebe de um policial, que se faz passageiro do carro para surpreendê-lo em flagrante, o preço da "corrida" fraudulentamente marcado, comete apenas *tentativa de estelionato*. Os nossos anais judiciários consignam um fato que merece ser aqui recordado, porque nele, erroneamente, se lobrigou uma infração putativa: certo delegado de polícia, de uma feita, penetrando numa agência de "jogo do bicho", postou-se atrás do balcão e, fingindo-se de "bicheiro", entrou de autuar em flagrante todos quantos se lhe dirigiam para "comprar" apostas.

Não eram os autuados, ao contrário do que se invocou em sua defesa, meros contraventores putativos, dada a ausência de qualquer iniciativa de um *agente provocador*, embora o subsequente processo penal não deixasse de ser desarrazoado e ilegal, porquanto na espécie o único fato imputável era uma simples *tentativa de contravenção*, que a lei isenta de qualquer pena.

CRIME DOLOSO E CRIME CULPOSO

Art. 15. Diz-se do crime:

I – doloso, quando o agente quis o resultado ou assumiu o risco de produzi-lo;

II – culposo, quando o agente deu causa ao resultado por imprudência, negligência ou imperícia.

Parágrafo único. Salvo os casos expressos em lei, ninguém pode ser punido por fato previsto como crime, senão quando o pratica dolosamente.

DIREITO COMPARADO. Códigos: italiano, arts. 42 e 43; suíço, art. 18; noruegês, § 40; alemão, § 59, dinamarquês, arts. § 9 e 20; polonês, arts. 13 e 14; português, arts. 1º e 2º, 43, parág. único, e 44; n. 7; soviético, art. 10; húngaro, § 75; mexicano, arts. 8º e 9º; peruano, arts. 81 e 82; uruguaio, arts. 18 e 21; cubano, arts. 18 e 20; chileno, art. 2º; venezuelano, arts. 60 e 61; boliviano, arts. 1º e 2º; colombiano, art. 12; costa-riquense, art. 19; equatoriano, art. 14; guatemalteco, arts. 11 a 15; hondurense, arts. 1º e 2º; panamenho, art. 43; paraguaio, art. 6º.

BIBLIOGRAFIA (especial). BERNER, *Imputationslehre* (*A doutrina da imputabilidade*), 1843; ALIMENA (B.), *I limiti e i modificatori dell'imputabilità*, 1894; KÖHLER (A.), Dolo, culpa, errore. In: *Il progetto rocco nel pensiero giuridico contemporaneo*, I, 1930; *Probleme der fahrlälassigkeit im strafrecht*, 1912; BIRKMEYER (K.), *Schuld und gefährlichkeit*, 1914; BIANCHEDI, Contributo alla teoria della colpa. In: *Archivio Giuridico*, vol. LXXX, 1908; VON BAR, *Gesetz und schuld im strafrecht*, 1907; KOHLRAUSCH, *Irrtum und schuldbegriff*, 1903; SAUER, Vorsatz, irrtum, rechtswidrigkeit. In: *Zeitschrift f. die gesam. Strafrechtswissenchaft*, 51; GLEISPACH, *Über der schuld etc.*. In: *Monatschrift f. kriminalpsychologie und strafrechtsreform*, 1915; KLEE, Zur lehre vom strafrechtlichen vorsatz (Sobre a doutrina do dolo penal). In: *Strafrechtliche Abhandlungen*, fasc. 10; STURM, *Die strafrechtliche verschuldung* (*A culpabilidade penal*), idem, fasc. 41; *Die schuldarten und der vorent-*

wurf zu einem deutschen strafgesetzbuch (As espécies de culpa e o anteprojeto de um código penal alemão), idem, fasc. 122; GESSLER, *Begrif und arten des dolus* (Noção e espécies do dolo), 1860; HEMMEN (H.), Über den begrif, die arten und der beweis des dolus (Sobre o conceito, as espécies e a prova do dolo). In: Strafrechtliche Abhandlungen, fascículo 104; COHN (E.), *Der schwere erfolg als gesetzlicher grund erhöter strafbrakeit (O resultado mais grave como motivo legal de maior punibilidade), idem,* fasc. 112; SCHMIDT (C.), *Über schuld und schuldwesen (Sobre a culpa e sua essência), idem,* fasc. 120; STORCH (H.), Über den begriff, die arten und die bestrafung der culpa (Sobre a noção, espécies e punição da culpa), *idem,* fasc. 175; BERG (Otto), Der gegenwärtige stand der schldlehre im strafrecht (O estado atual da doutrina da culpa penal), *idem, fasc. 220;* EICHMANN (F.), Der vorsatz bei normativen tatbestandselementen (O dolo quanto aos elementos normativos do conteúdo do crime), *idem,* fasc. 255; MOHRMANN (G.), Die neuerem ansichten über das wesen der Fahrlässigkeit (Os novos critérios sobre a essência da culpa em sentido estrito), *idem,* fasc. 265; HOFFMANN (F.), Die normativen elemente des besonderen und allgemeinen tatbestandes im strafrecht (Os elementos normativos do conteúdo especial e geral dos crimes), *idem,* fasc. 272; GRAUMANN (J.), Die rechtswidrigkeit als verbrechensmerkmal im ausländischen recht (A injuridicidade como característico do crime no direito estrangeiro), *idem,* fasc. 288; ROSENTHAL, Deliktswille und handlungswille (Vontade referida ao crime e vontade da ação), *idem,* fasc. 288; *Graf zu dohna, recht und irritum* (Direito e erro), 1925; SANTORO, *Il caso fortuito nel diritto penale,* 1937; MITTERMAIER, Intima essenza e trattamento della colpa penale. In: *Riv. Ital. di Dir. Penale,* 1935; MONTALBANO, *Il fondamento dell'imputabilità,* 1933; SETTI, *Dell'imputabilità,* 1892; MELONI, *La colpa penale e la colpa civile,* 1935; RANIERI, *Colpevolezza e personalità del reo,* 1933; DELITALA, *Il fatto nella teoria generale del reato,* 1930; DE MARSICO, *Coscienza e volontà nella nozione del dolo,* 1930; GOLDSCHMIDT (J.), *La concepción normativa de la culpabilidad,* trad. esp. de M. GOLDSCHMIDT E RICARDO NUÑEZ, 1943; SOLER (S.), *La raíz de la culpabilidad,* 1945; LEVI (Nino), Dolo e coscienza dell'illeceità nel diritto vigente e nel progetto. In: *Studi economici-giuridici della R. Università di Cagliari,* ano XVI, 1928; Ancora In tema d'illeceità speciale. In: *Studi in onore di E. Massari,* 1937; FRANK (R.), *Über den aufbau des schuldbegriff* (Sobre a construção do conceito de culpa), 1907; FREUDENTHAL, *Schuld und vorwürf (Culpa e reprovação),* 1922; MEZGER, *Schuld und persönlichkeit (Culpa e personalidade),* 1932; GRÜNHUT, gefährlichkeit als schuldmoment (Periculosidade como momento da culpa). In: *Monatschrift f. kriminalpsychologie und strafrechtsreforme,* 1926; ANTOLISEI, La volontà nel reata. In: *Riv. Penale,* 1932, *L'azione e l'evento nel reato,* 1928; CECCHI, *Teoria dell'evento nel reato*, 1937; VAN CALKER, *Strafrecht und ethik* (*Direito penal e ética*), 1897; Ethische werte in strafrecht (*Valores éticos no direito penal*), 1904; ASÚA, *La ley y el delito*, 1945; PALADINI, *Fattori della responsabilità civile e penale*, 1911; ANGIONI (M.), *La premeditazione*, 1933; *Le cause de escludono l'illeceità obiettiva penale*, 1930; *La volontarietà del fatto nel reato*, 1927; IMPALLOMENI, *Colpa e omicidio colposo*, 1900; FLORIAN, La coscienza di antigiuricità speciale nei diritti. In: *Studi in onore di Carlo Fadda*; BONUCCI, Il reato come fatto illecito e come fatto punibile. In: *Riv. di Dir. e Proc. Penale*, 1919, I; POZZOLINI, *L'elemento psicologico dei delitti colposi*, 1930; La responsabilità a titolo di colpa. In: *Riv. di Dir, Pen. e Soc. Criminale*, I; RENDE (D.), Dolo di danno, dolo di pericolo e colpa con previsione. In: *Studi in onore di M. D'Amelio*, 1934; RICCIO (S.), Volontarietà della condotta e nesso di causalità nei delitti colposi. In: *Annali di Dir. e Proc. Penale*, 1935; STOPPATO, *L'evento punibile*, 1898; TOSTI, *La colpa penale*, 1907; VITOCOLONNA, *Teoria generale della colpa incriminabile*, 1914; LETO, *Il reato colposo*, 1911; SAUVARD, *Le délit d'imprudence*, 1899; DUVAL (R.), *Du dol éventuel*, 1900; ALTAVILLA, *Teoria soggettiva del reato*, 1933; *La colpa*, 1950; Dolo, colpa penale, forza maggiore e caso fortuito. In: *Nuovo Digesto Italiano*, vols. V, III e VI; ANGIOLINI, *Dei delitti colposi*, 1901; LANZA (V.), Dolo e colpa. In: *Riv. di Dir. Pen. e Soc. Criminale*, ano VIII; CAMPILI, *Condizioni e limiti di punibilità della colpa*, 1903; CARRARA (F.), Sul caso fortuito e dolo. In: Opuscoli; MASINI, *La colpa nel diritto penale*, 1890; PUGLIA, La psicologia della colpa. In: *Scuola Positiva*, 1898; Della responsabilità penale per colpa e senza colpa, *idem*, 1910; FINZI (M.), Previsione sensa volizione nel diritto penale, *idem*, 1910; *Il delitto preterintenzionale*, 1925; VON HIPPEL, *Die grenze vom vorsatz und fahrlässigkeit* (*Os limites do dolo e da culpa*), 1934; GRAMMATICA (F.), *Coscienza ed illecito nella nozione del dolo*, 1931; VANNINI (O.), La dottrina del dolo nei reati di pericolo. In: *Riv. di Dir. e Proc. Penale*, 1927; Per una più vasta nozione delle actiones liberae in causa. In: *Riv. Penale*, 1924; L'azione libera in causa nel nuovo codice penale. In: *Studi in memoria del prof. E. Rossi*, 1932; Colpa semplice e colpa con previsione. In: *Scuola Positiva*, 1936; Dolo di pericolo con evento di danno e colpa con previsione. In: Riv. di Dir. e Proc. Penale, 1932; Responsabilità senza colpa. In: *Riv. Penale*, 1921; CAVALLO (V.), *La responsabilità obiettiva nel diritto penale*, 1937; La pretesa responsabilità oggettiva nel Codice Rocco. In: *Annali de dir. e proc. penale*, 1935; FROSALI, *L'errore nella teoria del diritto penale*, 1937; NOVALLI (T.), Liberae in causa actiones. In: *Nuovo Digesto Italiano*, VII; DONDINA, Le actiones liberae in causa e la loro sistemazione nel nuovo codice penale. In: *Scuola Positiva*, 1931; BATAGLINI, La prevedibilità nel delitto colposo. In: *Il pensiero giuridico penale*, 1930; BORETTINI, Concorso di colpe nei delitti colposi. In: *Riv. Ital. di*

Dir. Penale, 1930; CARFORA, Dei delitti colposi, supl. da *Riv. Penale*, VI; DEL GIUDICE, *Il delitto colposo*, 1918; DEL VECCHIO, Cooperazione nel delitto colposo. In: *Riv. Penale*, 1933; La previsione dell'evento nel delitto colposo. In: *Annali di dir. e proc. penale*, 1933; JANNITTI DI GUYANGA, *Concorso di più persone e valore del pericolo nei delitti colposi*, 1913; MANDRIOLI, La nozione della colpa nella cosidetta attività illecita. In: *Studi in onore di M. D'Amelio*, 1933; MIRICKA, *Die formen der strafschuld* (*As formas da culpa penal*), 1903; MAGGIORE, *Prolegomeni al concetto di colpevolezza*, 1950; D'ACCARDO, L'imputabilità presunta in rapporto alla responsabilità penale. In: *Annali*, 1932; ENGISCH (K.), *Untersuchen über vorsatz und fahrlässigkeit im strafrecht* (*Indagações sobre o dolo e a culpa penais*), 1930; MAYER (M. E.), *Die schuldhafte handlung und ihre arten im strafrecht* (*A ação culpada e suas espécies em direito penal*), 1901; MACHADO (Raul), *A culpa no direito penal*, 1943; SARDINHA (Alvaro), *Homicídio culposo*, 1936; QUEIRÓS (Narcélio de), *Teoria da actio libera in causa*, 1936; MOTA FILHO (C.), *Da premeditação*, 1937; COCURULLO (B.), *I moventi a delinquere*, 1930; MADUREIRA DE PINHO, *O valor do perigo no direito penal*, 1939; ZUCCALÀ, *Il delitto preterintenzionale*, 1952; JIMENEZ DE ASÚA, *La notion de culpabilité en droit comparé*, 1954.

COMENTÁRIO

72. Culpabilidade. Como já vimos (n. 52), não é possível a *imputatio juris* de um evento criminoso sem que haja uma relação psíquica que a ele vincule o agente. Somente com a averiguação *in concreto* desse nexo subjetivo se pode atribuir ao agente, para efeito da punibilidade, uma conduta objetivamente desconforme com a ordem ético-jurídica, ou reconhecer sua incidência no *juízo de reprovação* que informa o preceito penal. Para que se considere um fato como punível, não basta a existência do vínculo causal objetivo entre a ação (ou omissão) e o resultado, nem o seu enquadramento formal num artigo da lei penal; é necessária a *culpabilidade* (culpa *sensu lato*) do agente, isto é, que tenha havido uma vontade a exercer-se, livre e conscientemente, para o resultado antijurídico ou *apesar* da representada probabilidade de que este ocorresse, ou, pelo menos, revele, ainda que sem previsão do resultado, inescusável inadvertência ou imponderação.[1] Só em tais hipóteses se apresen-

---

1 Segundo a chamada *teoria caracterológica* ou *sintomática* da culpabilidade, o coeficiente psíquico da ação não deveria ser pesquisado na vontade, mas na capacidade que tem a ação, de exprimir a constituição ou intimidade psíquica do seu autor, as suas tendências e a eficiência de seus freios inibitórios, naquela íntima conexão que permite atribuir-se o fato ao agente e considerá-lo como verdadeiramente "seu". Com este critério (que,

ta o *menosprezo* ou descaso pela ordem jurídica e, portanto, a *censurabilidade* que justifica a punição (*malum passionis ob malum actionis*). Sem culpabilidade não é admissível irrogação de pena. *Nulla poena sine culpa*. É este um princípio central do Direito Penal moderno, a que o nosso Código vigente se ajustou, repelindo irrestritamente a chamada *responsabilidade objetiva ou sem culpa*. O legislador de 40 não pactuou, em caso algum, com esse *escalracho* que o Código de 90 conservava, afiançando o famigerado *qui in re illicita versatur etiam pro casu tenetur,* no seu art. 27, § 6º, e nos seus dispositivos sobre a culpa *ex lege* (decorrente, por presunção *juris et de jure,* de "inobservância de disposições regulamentares"). A *responsabilidade objetiva,* que ainda persiste, embora como *anomalia,* em alguns Códigos Penais contemporâneos, representa, como observa Seuffert, um traço de primitivismo. É um resquício da *fase objetiva* do Direito Penal, em que só se cuidava do lado material ou sensível do crime. Entre os povos da remota antiguidade, não se indagava, para imposição do castigo, se o causador de um mal era *culpado*. A retribuição do mal pelo mal atendia a um raciocínio sumário: "Tu me fizeste um mal; logo, deves também sofrer um mal". Não se distinguia entre o fato voluntário e o involuntário. Cuidava-se do *factum externum,* e não do *factum internum*. A ideia da culpabilidade, como requisito indeclinável da reação penal, é uma conquista de avançada civilização.

Na Idade Média, os canonistas, seguidos pelos *práticos*, formularam a detestável responsabilidade pelo *caso fortuito,* da parte de quem já se achasse *in facto illicito*; mas a sobrevivência de tal critério, como diz Löffler, é um "baldão ignominioso de nossa época", ou, na expressão de Beling, um "vestígio de barbaria". O *versari in re illicita* não pode jamais autorizar a imputação do *casus*. Perante o nosso Código, o caso fortuito, antes de ser excludente da culpabilidade, impossibilita a própria *imputatio facti* ou a relação de causalidade física entre o agente e o resultado (v. n. 59 e 74).

A culpabilidade assume duas formas únicas: o "dolo" e a "culpa" (*stricto sensu*). *Dolo* é a vontade livre e conscientemente dirigida ao resultado antijurídico ou, pelo menos, aceitando o risco de produzi-lo. *Culpa* é a omissão de atenção, cautela ou diligência normalmente empregadas para prever ou evitar o resultado antijurídico. No dolo, ação (ou omissão) e resultado são referíveis à vontade; na culpa, de regra, somente a ação (ou omissão).

---

embora admitindo a *culpa moral,* tem afinidade com o do "estado perigoso" dos positivistas), para cuja defesa até Freud é invocado, levar-se-ia a justiça penal para um terreno de incertezas e perplexidades. V., no Apêndice, nossa dissertação sobre "Um novo conceito de culpabilidade".

73. Dolo. É a mais grave forma de culpabilidade. Ocorre crime *doloso*, diz o Código, "quando o agente quis o resultado ou assumiu o risco de produzi-lo". Vê-se que o nosso legislador de 40, ao fixar a noção do dolo, não se ateve à chamada *teoria da representação* (para a existência do dolo, basta a representação subjetiva ou previsão do resultado como certo ou provável), que, aliás, na sua pureza, está inteiramente desacreditada; e, com todo acerto, preferiu a *teoria da vontade* (dolo é a vontade dirigida ao resultado), completada pela *teoria do consentimento* (é também dolo a vontade que, embora não dirigida diretamente ao resultado previsto como provável, *consente* no advento deste ou, o que vem a ser o mesmo, assume o risco de produzi-lo). Dolo é, ao mesmo tempo, *representação e vontade*. Como argumenta Florian, a representação divorciada da vontade é *"cosa inerte dela psique"*, e a vontade sem representação é, do ponto de vista da psicologia normal, uma impossibilidade. A representação é *necessária*, mas não *suficiente* à existência do dolo. Nada nos diz a *atitude psíquica* do agente em face do resultado representado, e tal *atitude* (só reconhecível quando o agente *quer* ou *aprova* o resultado) é que decide da culpabilidade.[2] O dissídio entre as teorias da representação e da vontade está, hoje, pode dizer-se, superado. Toda a controvérsia reduzia-se, afinal, à pura logomaquia.[3] Os mais prestigiosos defensores da teoria da representação, isto é, Liszt e Frank, acabaram reconhecendo que a representação do resultado, por si só, não basta para exaurir a noção de dolo: é necessário um *momento* de mais intensa ou íntima relação psíquica entre o agente e o resultado; e tal *momento*, como adverte von Hippel,[4] detidamente analisado, não é outra coisa que a concomitante volição do resultado ("*Nähere Prüfung dieses Moment lehrt, dass es nichts anderes ist als das Wollen (Mitwollen) des Erfolges*"). Na conceituação do *dolus eventualis*, von Liszt e Frank aderem iniludivelmente à teoria da vontade quando, em tal caso, declaram insuficiente a simples representação do resultado e exigem para este o *consentimento* do agente. Ora, *consentir* no resultado não é senão um modo de *querê-lo*.[5]

---

2   Mezger, *Tratado de derecho penal*, trad. esp. de Muñoz, II, p. 146.

3   Angioni (*La volontarietá del fato nei reatti*, p. 134) pode afirmar que entre a teoria de representação e a da vontade *"non vi è affatto ne vi può essere lotta perchè sono la stessa cosa"*.

4   *Deutsches strafrecht*, II, p. 320.

5   Conforme acentua von Hippel, "consentir em determinadas consequências de uma ação não importa apenas representação delas, mas sua influência sobre a conduta do agente, isto é, sobre a vontade do evento". Justamente se pronuncia o Ministro Campos na sua *Exposição de motivos*: "É inegável que arriscar-se conscientemente a produzir um evento vale tanto quanto querê-lo: ainda que sem *interesse* nele, o agente o ratifica *ex ante*, presta *anuência* ao seu advento".

Quando a vontade se exerce *por causa* do resultado, o dolo é chamado *direto (determinado, intencional, incondicionado)*; quando a vontade se exerce *apesar* da previsão do resultado como provável, fala-se em dolo *eventual* (ou *condicionado*).[6] Em doutrina, costuma-se distinguir entre dolo *determinado* (*direto*) e dolo *indeterminado*, considerando-se subespécies do último o dolo *alternativo* (previsão de resultados diversos, que reciprocamente se excluem, propondo-se o agente a realizar qualquer deles, indiferentemente) e o *eventual*. É de rejeitar-se, porém, a concepção de um dolo *indeterminado*. O dolo pode ser *mais ou menos determinado*, mas nunca *indeterminado*. O pretendido dolo indeterminado (sobrevivência do antigo *dolus generalis*) admite um verdadeiro contrassenso, qual seja o de uma vontade de fazer mal *in genere*.[7] No dolo alternativo, não há indeterminação da vontade: quando se querem, indiferentemente, resultados diversos, sabendo-se que um excluirá o outro, a vontade é tão determinada como quando se quer um resultado único. Também não é indeterminada a vontade no dolo eventual: quando a vontade, dirigindo-se a certo resultado, não recua ou não foge da prevista probabilidade de outro resultado, consentindo no seu advento, não pode haver dúvida de que esse outro resultado entra na órbita da vontade do agente, embora de modo secundário ou mediato. A menção expressa que faz o Código ao dolo eventual, para equipará-lo ao dolo direto (em que o resultado é querido de modo principal ou imediato), plenamente se justifica: não obstante a justeza do raciocínio de que "quem arrisca, quer", tem-se pretendido, em doutrina e na jurisprudência, identificar o *dolus eventuais* com a *culpa consciente* (*luxuria* ou *lascivia*, do Direito romano), isto é, com uma das modalidades da culpa *stricto sensu*. Sensível é a diferença entre essas duas atitudes psíquicas. Há, entre elas, é certo, um traço comum: a previsão do resultado antijurídico; mas, enquanto no dolo eventual o agente presta anuência ao advento desse resultado, preferindo arriscar-se a produzi-lo, ao invés de renunciar à ação, na culpa consciente, ao contrário, o agente repele, embora inconsideradamente, a hipótese de superveniência do resultado, e empreende a ação na *esperança* ou persuasão de que este não ocorrerá. Eis a clara e precisa lição de LOGOZ,[8] que merece transcrição integral: "[...] a diferença entre essas duas formas de culpabilidade (dolo eventual e culpa consciente) apresenta-se quando se faz a seguinte pergunta: *Por que,* em um e outro caso, a previsão

---

6 Foram os autores alemães, notadamente HENK e BERNER, que escandiram o conceito moderno do dolo eventual.

7 Já OSENBRÜGGER considerava o *dolus indeterminatus* como um absurdo lógico (*logisches unding*).

8 *Commentaire du code pénal suisse*, p. 66.

das consequências possíveis não impediu o culpado de agir?" A esta pergunta uma resposta diferente deve ser dada, segundo haja dolo eventual ou culpa consciente. No primeiro caso (dolo eventual), a importância inibidora ou negativa da representação do resultado foi, o espírito do agente, mais fraca do que o valor positivo que este emprestava à prática da ação. Na alternativa entre duas soluções (desistir da ação ou praticá-la, arriscando-se a produzir o evento lesivo), o agente escolheu a segunda. Para ele o evento lesivo foi como que o menor de dois males. Em suma, pode dizer-se que, no caso de dolo eventual, foi por *egoísmo* que o inculpado se decidiu a agir, custasse o que custasse. Ao contrário, no caso de culpa consciente, é por *leviandade*, antes que por egoísmo, que o inculpado age, ainda que tivesse tido consciência do resultado maléfico que seu ato poderia acarretar. Neste caso, com efeito, o valor negativo do resultado possível era, para o agente, mais forte que o valor positivo que atribuía à prática da ação. Se estivesse persuadido de que o resultado sobreviria realmente, teria, sem dúvida, desistido de agir. Não estava, porém, persuadido disso. Calculou mal. Confiou em que o resultado não produziria, de modo que a eventualidade, inicialmente prevista, não pode influir plenamente no seu espírito. Em conclusão: não agiu por *egoísmo*, mas por *leviandade*; não refletiu suficientemente".

São bem conhecidas, a respeito do dolo eventual, as chamadas "fórmulas de FRANK". A primeira delas assim decide: "a previsão do resultado como *possível* somente constitui dolo, se a previsão do mesmo resultado como *certo* não teria detido o agente, isto é, não teria tido o efeito de um decisivo motivo de contraste". É esta a fórmula denominada "da teoria hipotética do consentimento", a que o próprio FRANK acrescentou esta outra (chamada "da teoria positiva do consentimento)": "Se o agente se diz a si próprio: *seja como for, dê no que der, em qualquer caso não deixo de agir*, é responsável a título de dolo".[9]

Ambas essas fórmulas deverão servir de orientação para o juiz, mas é óbvio que, para sua aplicação aos casos concretos, terá ele de guiar-se pelo conhecimento das *circunstâncias de fato*, para retraçar os *motivos* do agente. É o que bem acentua M. E. MAYER, com sua "teoria da motivação": "Para distinguir essas duas espécies de culpabilidade (dolo eventual e culpa consciente), deve indagar-se como o agente se comportou ao prever o resultado, tendo-se em vista, para tal fim, o complexo total de seus motivos".[10] Dois casos elucidativos são figurados por MAYER:

---

9   *Das strafgesetzbuch für das deutsche reich* (1968), p. 132: "*Sagt sich der Täter: mag es so oder anders sein, so oder anders werden, auf jedem Fall handle ich, so ist sein Verschulden ein vorzätzliches*".

10 *Der allgemeine teil des deutschen strafrechts*, p. 132: "*Um die beiden Schuldarten zu unterschieden, muss man untersuchen, wie sich der Täter zur Erfogsvorstellung verhalten*

O fazendeiro, após uma rusga com a esposa, vai, mal-humorado, fumar seu cachimbo no celeiro repleto de feno; sabe que há o perigo de comunicação do fogo à palha, mas confia no acaso ou na própria cautela que tal não se dará. Acontece, entretanto, que o vento leva uma fagulha, do cachimbo ao feno, e este arde, incendiando-se o celeiro.

O empregado da fazenda, depois de repreendido pelo patrão, retira-se mal-humorado e vai fumar seu cachimbo no celeiro etc.; mas, diversamente, do caso acima, tanto se lhe dá a incolumidade quanto ao incêndio do celeiro, e o vento resolve a alternativa. Solução: o fazendeiro agiu com culpa consciente; o empregado, com dolo eventual. No primeiro caso, investigado o *complexo motivante*, reconhece-se que foi *decisiva* para o empreendimento da ação a *esperança* de que o evento lesivo não sobreviria (se não fora tal esperança, o agente teria renunciado à ação); no segundo, a previsão do resultado não foi *contramotivo* à volição atuante, e, com a sua *indiferença*, o agente *consentiu* na superveniência do evento lesivo.

Para a existência do dolo eventual basta que o agente, na *dúvida* sobre se o resultado previsto sobreviria ou não, *atravesse o Rubicon*, não se abstendo da ação, pois quem age em tal dúvida assume o risco do quanto possa acontecer.

É bem de ver que nos casos em que não se revele inequívoca a atitude psíquica do agente, ou se há irredutível dúvida, em face dos coligidos elementos de informação, sobre se houve, ou não, aceitação do risco (consentimento, aprovação, anuência, ratificação *ex ante* do resultado), a solução, de acordo com o *in dubio pro reo*, deve ser no sentido do reconhecimento da culpa consciente, isto é, da hipótese mais favorável.[11]

Figuremos os seguintes casos:

Um médico, para fim científico, experimenta *in anima nobili* certa substância química, que talvez possa (juízo dubitativo) causar a morte do paciente, e o resultado letal vem, realmente, a ocorrer. Dá-se, aqui, incontestavelmente, um homicídio com dolo eventual.

---

hat, und muss zu diesem Zweck den gangen Komplex seiner Motive beachten." No mesmo sentido, SOLER (*Derecho penal argentino*, I, p. 138). "[...] *al buscar el complejo motivante, descobriremos más inmediatamente el motivo egoísta que tan característico es para decidir si el hecho es o no doloso*".

---

11 VON HIPPEL (ob. cit., II, p. 315): "Se a atitude psíquica do dolo eventual existe, ou não, no momento da ação, deve decidi-lo o juiz, com fundamento na apreciação objetiva das circunstâncias do fato. Pode, em pequeno número de casos, persistir a dúvida, e, então deverá ser rejeitada, por deficiência de prova, a hipótese de dolo" (*Ob der psychische Tatbestand des dolus eventualis zur Zeit der Tat vorlag odernicht, darüber hat der Richter auf Grund objektiver Würdigung der Sachlage zu entscheiden. Dabei können in einer kleinen Minderzahl von Fällen Zweifel bleiden; dann ist Vorsatz als nicht feststellbr abzulehnen*).

Tício, agindo em defesa do seu amigo Mévio, atracado em luta com Semprônio, que procura esfaqueá-lo, dispara um tiro para abater o último, mas acontecendo que o atingido é Mévio, que tomba morto. Pelas circunstâncias, verifica-se que Tício naturalmente previu como possível esse resultado; mas não se pode afirmar que tivesse *consentido* nele: seu propósito era salvar, e não matar o amigo. Responderá por homicídio com culpa consciente.

Um motorista, dirigindo o seu carro com grande velocidade, já em atraso para atender ao compromisso de um encontro amoroso, divisa à sua frente um transeunte, que, à aproximação do veículo, fica atarantado e, vacilante, sendo atropelado e morto. Evidentemente, o motorista previu a possibilidade desse evento; mas, deixando de reduzir ou anular a marcha do carro, teria aceito o risco de matar o transeunte, ou confiou em que este se desviasse a tempo de não ser alcançado? Na dúvida, a solução não pode ser outra senão a do reconhecimento de um homicídio simplesmente culposo (culpa consciente).

Não há muito tempo, tramitou no foro do Distrito Federal rumoroso processo em torno de um caso típico de homicídio com dolo eventual. Relembremo-lo. Tendo um cão policial mordido sua própria dona e, a seguir, um menino da vizinhança, suspeitou-se para logo que estivesse hidrófobo; mas, antes que viessem apreender o animal para exame, sua proprietária, às escondidas, o matou e enterrou no quintal, substituindo-o por outro da mesma raça, cor e tamanho, que veio a ser o examinado. Negativo o resultado do exame, foi interrompido o tratamento preventivo do menor no Instituto Pasteur, enquanto a dona do cão (conhecedora dessa circunstância, mas zelosa do seu segredo) prosseguiu com a própria imunização contra a raiva, indiferente à sorte da outra vítima, que, dias depois, veio a morrer, atacada do terrível mal. Para poupar-se aos incômodos de um processo por incúria na guarda de animal perigoso, não cedeu a mulher em seu requintado egoísmo e, apesar da suspeita de hidrofobia (suspeita tão veemente que fê-la continuar até o final seu próprio tratamento premunitivo), *consentiu previamente* no *provável* sacrifício da criança, ou assumiu o risco desse evento, nos termos do art. 15, n. I, do Código.[12]

Ao definir o dolo eventual, o Código inspirou-se, até certo ponto, na extensiva fórmula preconizada pela Comissão incumbida do último projeto de reforma do Direito Penal alemão: *"Vorsätzlich handelt auch, wer es zwar nur*

---

12 Submetida a acusada a julgamento perante o Tribunal do Júri, os juízes de fato, facilmente desorientados pela oratória da defesa, desclassificaram o crime, de homicídio doloso para homicídio culposo. No entanto, raramente se encontrará um caso mais característico de dolo eventual.

für möglich hält, uber doch in Kauf nimmt, dass er der Erfolg herbeifürt[...]" (isto é, "também age dolosamente aquele que prevê apenas como possível o resultado, mas consciente do risco de causá-lo").[13]

HANS FRANK[14] explica que a expressão *in Kauf nehmen,* empregada nesta fórmula, quer dizer "estar consciente do risco" (*"mit bewusstem Gefahrrisiko"*). Ao invés, porém, de traduzir fielmente a expressão alemã *in der Kauf nimmt,* o Código, mais restritivamente, fala em "assume o risco". A propósito da fórmula germânica, disserta SCHÄFER:[15] "[...] exigir o *consentimento* importa critério demasiadamente restrito, pois não abrange os casos em que o agente, prevendo a possibilidade de ocasionar o resultado, não *aprova* mas afasta mentalmente tal possibilidade com leviana indiferença, ou, em contraste com os prudentes conselhos da experiência, confia no acaso ou inconsideradamente que o resultado não sobrevirá. Uma tal atitude psíquica é tão grave, que, do ponto de vista do *novo Estado* (*in illo tempore*[...]), em que a proteção da coletividade sobreleva a do indivíduo, deve ser reconhecida como espécie de dolo, isto é, da mais grave forma da culpabilidade. É o que fez a Comissão, que não exige o *consentimento,* declarando bastante *o estar consciente do risco".*

Não é este o ponto de vista do Código. *Assumir o risco* é alguma coisa mais que *consciência de correr o risco*: é consentir previamente no resultado,

---

13 DONNEDIEU DE VABRES (*La politique criminelle des etats autoritaires,* p. 96) assim se referia à fórmula nazista: "Os delitos culposos ocupam, entre os delitos puramente materiais e os delitos dolosos, uma situação intermediária. O problema delicado é relativo ao caso da *culpa consciente,* conhecida em França com o nome de *dolo eventual*. A maior parte dos Códigos modernos, notadamente o Código Penal francês e o Código alemão de 1871, deixam aos tribunais a tarefa de resolvê-lo. Nossa jurisprudência, inspirando-se no princípio de *benignior interpretatio,* soluciona a questão, com grave prejuízo de interesses cada dia mais respeitáveis, pela assimilação do dolo eventual à simples culpa. O moderno legislador penal alemão propôs-se, com muita felicidade, a preencher a lacuna. O projeto de 1927 (§ 17) *assimilava à intenção criminosa* o caso de quem, sem ter interesse no evento lesivo, sem querê-lo, estava consciente dele e, por sua conduta, consentiu em que ocorresse *(Einwilligunstheorie).* Mais rigoroso é ainda o projeto nacional-socialista. Entende ele que, mesmo faltando a *consciência,* já a indiferença leviana, o fato de quem se fia cegamente "em sua boa estrela", merece ser equiparado ao dolo. O projeto substitui a noção da *Einwilligung* ou do *Einverstandensein* pela fórmula *in den Kauf nehmen".*

14 *Nationalsozialistisches Handbuch für Rechts und Gesetzgebung,* p. 1.341. HANS FRANK, posteriormente *Gauleiter* da Polônia, foi uma das vítimas da tragicomédia do Tribunal de Nuremberg (de que DONNEDIEU DE VABRES se prestou a ser um dos secretários, para deslustre da civilização contemporânea).

15 *In Das kommende deutsche Strafrecht,* col. de GÜRTNER, parte geral, p. 61.

caso venha este, realmente a ocorrer. Pela leitura da *Exposição de motivos*, não padece dúvida de que o Código adotou a *teoria do consentimento*. Diz o Ministro CAMPOS: "Segundo o preceito do art. 15, n. I, o dolo (que é a mais grave forma da culpabilidade) existe não só quando o agente quer diretamente o resultado *(effectus sceleris)*, como quando assume o risco de produzi-lo. O *dolo eventual* é, assim, plenamente equiparado ao *dolo direto*. É inegável que arriscar-se conscientemente a produzir um evento vale tanto quanto querê-lo: ainda que sem interesse nele, o agente o ratifica *ex ante*, presta anuência ao seu advento".[16] Deve notar-se que este raciocínio remonta a BOHEMERO: *"Qui enim vult antecedens specifice, non potest nolle consequens si est proevisum ac congnitum[...] voluit necem specifice, etsi eventualiter voluerit[...] in eventum inde scquutum consensisse".*

74. Preterdolo e caso fortuito. O dolo eventual representa uma das *faces* do antigo *dolus indirectus*, de que a outra face *passou* a ser o *preterdolo*, confinado atualmente na órbita da culpa *stricto sensu*. Para maior elucidação do tema, convém estudá-lo nos trâmites da sua evolução histórico-doutrinária e através do Direito moderno comparado. Segundo já foi acentuado, o Direito Penal na sua infância era estritamente objetivo, atendo-se apenas aos elementos materiais do evento maléfico. No mais antigo direito romano, por exemplo, só se tinha em conta o fato exterior, o fato apreciado *ab externo*. Não foi senão depois da Lei das XII Tábuas que se começou a cuidar do elemento subjetivo ou *factum internum*. A evolução jurídica em tal sentido culminou com o princípio, consagrado pelo imperador ADRIANO, de que *in maleficiis voluntas spectatur, non exitus*. Passou-se a punir somente aquilo que correspondia à *voluntas*. Assim, por exemplo, não se podia identificar o *homicídio*, sob o ponto de vista penal, na ausência do *animus necandi* ou da *voluntas ad necem*. O próprio homicídio culposo, punido *extra ordinem* depois de ADRIANO, já não era objeto de pena alguma no Direito justiniano. Excluía-se a condenação no caso de *preterintenção* ou *preterdolo* quanto ao evento letal. MARCIANO (D., XLVIII, I, 1.I, § 3º) reporta, a tal propósito, um rescrito do *Divus Hadrianus: "[...] eum, qui hominem occidit, si non occidendi animo hoc admisit, absolvi posse[...] Si gladium strixerit, et in eo percussit, indubitate occidendi animo id eum admisisse: ed si clavi percussit, aut cucuma in rixa, qua-*

---

16   Justíssima foi a crítica ao Projeto SÁ PEREIRA, que ultrapassara todos os limites toleráveis na conceituação do dolo eventual: "Responde por dolo aquele que tiver querido produzir a lesão ou criar perigo de lesão causado com o seu ato, ou que o praticar quando se *devessem prever* como necessárias ou prováveis as consequências que dele resultaram". *Dever prever* não equivale a *ter previsto*, e sem previsão não é concebível o dolo.

mvis ferro percusserit, tamen non occidendi animo, leniedam poenam ejus, qui in rixa casu magis quam voluntate homicidium admisit". Embora reconhecida (tratando-se de homicídio) a responsabilidade preterdolosa, era aplicada *extra ordinem* uma pena levíssima ou idêntica à do homicídio culposo (*relegatio in quinquennium*). Tratando-se de soldados, a pena era simplesmente disciplinar: *"Qui si probaverit non occidendi animo hominem ase percussum esse, remissa homicidii poena, secundum disciplinam militarem sententiam proferet"* (C., IX, 16, I).

Também no antigo Direito germânico, o elemento essencial do crime é o dano objetivo. Somente com as *leis populares (Volksrechten)* é que se esboçou a distinção entre os fatos voluntários e os involuntários. A lei visigótica foi a que mais se afirmou no sentido de tal diferenciação, inspirando-se no Direito romano: *crimen videri non potest, quod non est voluntate commissum*. Mas essa própria lei, cuja sensibilidade distinguia perfeitamente, para diverso tratamento penal, entre o homicídio culposo e o homicídio voluntário, não fazia diferença entre este e o homicídio no caso de preterdolo, punindo igualmente ambos: *"Si dum quis calce vel pugno aut quacumque percussione injuriam conatur inferre, homicidii extiterit occasio, pro homicidio puniatur"*.

O Direito eclesiástico, fundamentalmente *voluntarístico*, somente reconhecia a punibilidade do fato ilícito quando produto da vontade consciente e livre, embora em alguns casos admitisse a responsabilidade por simples *culpa (negligentia, imperitia,* inescusável *ignorantia)*. Foram, entretanto, como já notamos, os canonistas que formularam o ominoso brocardo *qui in re illicita versatur etiam pro casu tenetur*. BERNARDUS PAPIENSIS é apontado como precursor de tal princípio. Ensinava ele: *"Circa illud, quod fit casu, distingue, an ille que casu occidit instabat licito operi et adhibuit illam diligentiam, quam debuit, na non; primo casu non imputatur sibi, se casu et fato et fortunoe[...]; alioquin si vel non instabat operi licito vel non adhibuit illam diligentiam quam debuit, sibi debet imputari"*. Repetido pela maioria dos jurisconsultos práticos, esse critério de solução que, segundo DECIANO, a Igreja introduziu *propetr horrorem facti et rigorem disciplinoe ecclesiasticoe*, tornou-se corrente, fundando-se nele a teoria da *preterintenção* (limitada, a princípio, ao caso especial do evento letal como excesso de fim do autor da violência contra a pessoa).[17] Se de uma violência dolosa resulta a morte da

---

17 Para designar o *excesso de fim*, os práticos empregavam variada terminologia. FINZI *(Il delito preterintenzionale)*, cuja minuciosa exposição nos vem orientando, colige as seguintes expressões: *proeter intentionem, proeter voluntatem, proeter opinionem, proeter propositum, ultra cogitatum, extra intentionem, extra propositum, ultra intentionem, ultra propositum, extra voluntatem et propositum, proeter vel extra cogitatum*. Algumas

vítima, ainda que não compreendida na intenção do agente, devia este responder, incondicionalmente, pelo *quid pluris*. Era este imputado ainda que tivesse provindo de *caso fortuito*. Explicava GANDINO: *"Si aliquis commisit homicidium casu, aut dabat operam rei illicitoe, aut non[...] Si vero dabat operam rei illicitoe, sive adhibuit dilligentiam sive non, semper ei imputatur"*. O *majus delictum* (em contraposição ao antecedente doloso, chamado *minus delictum, principale delictum* ou *primum delictum*) era levado à conta do agente a título de *dolo,* quando o *minus delictum "tendebat ad illum finem delicti secuti"*. Respondia por homicídio doloso aquele que exercia violência contra alguém, causando-lhe a morte, desde que o instrumento empregado fosse *ad occidendum aptum, ut ensis vel hasta*. Se não havia essa relação de afinidade, segundo *id quod plerumque accidit*, entre o antecedente doloso e o evento "morte", era este imputado a título de *culpa*. A rigidez de tal critério, porém, veio a ser atenuada, firmando-se o princípio de que a imputação do evento mais grave estava necessariamente condicionada à *probabilidade* do seu advento, apreciada segundo a experiência comum. Doutrinava SANTO TOMÁS DE AQUINO que o evento mais grave *non proecogitatus* só era imputável no caso em que fosse consequência natural e comum do fato doloso anterior: *"si per se sequitur ex tali actu, et ut in pluribus"*; e nenhuma responsabilidade devia ser reconhecida pelo evento mais grave se este ocorresse *per accidens, et ut in paucioribus,* pois, em tal caso, *eventus sequens non addit ad bonitatem, vel ad malitiam actus*. No mesmo sentido opinavam COVARRUVIAS, COEPOLAS, DE ACCOLTIS, CARERIO, RAFAEL DE CUMA, FARINACIO E CARPSOVIO. RAFAEL DE CUMA dizia que o *vulnerator* só deve ser punido por homicídio *"quando verisimiliter ex ictu potuit et debuit sequi homicidium"*, pois, do contrário, responderá apenas *de vulnere*. DE ACCOLTIS formulava a seguinte hipótese típica de homicídio *proeter voluntatem et intentionem:* um indivíduo, agredido por outro a soco, cai por terra e quebra a cabeça contra uma pedra, vindo a morrer; e resolvia o caso, dizendo que o agressor não devia responder *de occiso*, pois que *"non est proeordinatum verisimiliter, ut ex eo debeat sequi id quod evenit"*. A pena aplicável ao homicídio preterintencional (quando o evento "morte" tivesse podido ser ou devesse ter sido *proecogitatus*) devia, segundo alguns juristas, ser a mesma cominada ao homicídio voluntário, e, segundo outros, a correspondente ao homicídio culposo ou uma pena mitigada, na conformidade, aliás, do Direito justinianeu. JULIUS CLARUS equiparava o preterdolo à culpa: *"dicitur etiam culposum homicidium quando quis citra animum occidendi alium percussit, ex qua tamem percus-*

---

vezes, eram usadas perífrases: *ubi, committens delictum, minus voluit delinquere et plus deliquit, delictum unius qualitate volens committens, et aliud comittens.*

siono illo mortuus est, cujus rei ut purimum sole summi conjectura ex genere armorum, vel instrumenti, cum quo illata fuit percussio". Esboçada por SANTO TOMÁS DE AQUINO, alcançou grande êxito a doutrina do *dolo indireto*, que justificava a punição do homicídio preterintencional como homicídio voluntário: quem quer um fato, do qual deriva, como sua própria e imediata consequência, um determinado evento, quer indiretamente este.[18] Na sua *Summa Theologica*, discorria o famoso doutor da Igreja: "[...] *considerandum est, quod aliquid dicitur volutarium directe, vel* indirecte; *directe quidem id, in quod voluntas fertur*; indirect *qutem illud quod voluntas potuit prohibere, sed non prohibet*". CORRUVIAS ensinava: "*Directe enim fertur voluntas in homicidium, quando quis animus habet occidendi et hoec est perfecta propriaque homicidii malitia.* Indirect *autrem et per accidens, fertur voluntas in homicidium, quoties fertur in id, ex quo immediate et per se, non per accidens, homicidium sequitur*". CARPSOVIO (1595-1666), cuja influência foi preponderante, quanto à doutrina penal alemã, nos séculos XVII e XVIII, assim decidia: se alguém empreende uma ação punível, para ocasionar determinado resultado, e em virtude da ação ocorre um resultado mais grave do que o intencionado, deve responder por este, a título de dolo (indireto), se podia tê-lo previsto. À sombra ou a pretexto do dolo indireto, porém, continuou a ser imputado o evento mais grave ainda quando sobrevindo fortuitamente. Em célebre monografia, editada pela primeira vez em 1756, GLÄNTZER contribuiu prestigiosamente para a restrição do conceito do *dolus indirectus* ou *intentio indirecta*. Dissertava ele, justificando a imputação do evento letal *proeter voluntatem*: "*Requisita ad homicidium ex intentione indirecta commissum necessária sunt: 1, homicidium ex facto quodam vel non facto nostro sponte admisso per se esse sequutum; 2, agentem animum nocendi habuisse; 3, directe eum non intendisse mortem; 4, ex facto vel non facto suo homicidum oeque facile sequi potuisse ac id, quod directe intendit, eumque hoc scivisse*". Desde então, o conceito do dolo indireto firmou-se no sentido de que era necessário o conhecimento ou previsão da probabilidade do evento não querido ou, pelo menos, a fácil previsibilidade deste. Já no século XIX, generalizada a noção do *crime preterintencional*, mas sempre adstrita à concepção do dolo indireto, doutrinava CARMIGNANI: "Diz-se direta a intenção quando a vontade tende a um fim necessário; indireta quando tendente a um fim meramente possível. A indireta, por sua vez, se distingue em *positiva* e *negativa*: a primeira, quando é prevista a possibilidade do efeito; a segunda, quando, podendo calcular-se a possibilidade do efeito, deixa-se de prevê-lo". CARRARA e PESSINA, entretanto, defenderam a restrição do dolo indireto ao caso único em que haja *pre-*

---

18 Alguns doutores falavam, na espécie, em *dolo implícito* ou *tácito*.

visão do evento não querido, e alhearam dessa espécie de dolo a noção de *preterintencionalidade*. A propósito do homicídio *proeter intentionem*, dizia Carrara, identificando a *intenção indireta positiva* com o *dolo indeterminado*: "[...] da forma do dolo indeterminado se destaca uma terceira figura de homicídio, que é exclusiva criação da equidade prática: o *homicídio preterintencional*. Pertence este à família dos homicídios dolosos, porque promana da intenção de *ofender fisicamente a pessoa*; mas, no que respeita à sua gravidade, ocupa uma posição de meio-termo entre os dolosos e os culposos. O homicídio preterintencional pressupõe, por necessidade absoluta, a intenção de ofender fisicamente a pessoa daquele a quem se mata, e isto é que o separa da família dos homicídios meramente culposos, para conservá-lo entre os homicídios dolosos; mas pressupõe igualmente que a morte, além de não ter sido querida, não foi, sequer, prevista, embora se pudesse prever". Pessina, que também conceituava o dolo indireto como *previsão sem volição*, dissertava: "O homicídio preterintencional não é voluntário e torna-se circunstância agravante do delito menor, de lesão corporal ou vias de fato, em virtude da sentença – *danti operam rei illicitoe imputantur omnia quoe contra voluntatem ejus eveniunt*". Mas enquanto Carrara sustentava que, se o evento não podia ser previsto, entrava na órbita do caso fortuito, limitando-se a imputação ao precedente doloso, pois *"giammai il versare in cosa ilícita può produrre l'effetto di rendere responsabilize nè in ragione di dolo, nè in ragione di colpa, di un evento che non solo fu preveduto, ma che nuppure era prevedibile"*, Pessina, acentuando que "a consequência do fato doloso pode constituir ou uma culpa ou um *casus*, segundo fosse, ou não, facilmente previsível pelo autor do delito menor", entendia que "a *consequência puramente casual* deve agravar o delito com menor intensidade do que a consequência culposa".

Na Alemanha, Feuerbach, repelindo por imprópria a locução "dolo indireto", via no crime preterintencional[19] um entrosamento de dolo e

---

19 Na doutrina italiana, chama-se *crime preterintencional* todo aquele em que o resultado ultrapassa a intenção, mas não deixa de ser *homogêneo* com o visado pelo agente. Distingue-se entre crime preterintencional e "crime qualificado pelo resultado": no primeiro, há um evento único, mas excedente, quantitativamente, do fim colimado pelo agente; enquanto, no segundo, há dois eventos, heterogêneos ou qualitativamente diversos, dos quais só um é visado pelo agente (ex.: estupro seguido de morte da ofendida). A noção restritiva da *preterintencionalidade* é, no entanto, rejeitada por alguns autores, entre outros, Finzi (ob. cit.) e Delitala (*Il fato nella teoria generale del reato*): não há inconveniente algum em ampliar-se o conceito do crime preterintencional, de modo a abranger não só o caso de um evento único exclusivo, como o do segundo evento involuntário, de espécie diversa do primeiro. Na doutrina alemã, fala-se, indistintamente, em "crime qualificado pelo resultado" (*"durch Erfolg qualifiziert Delikt"*).

culpa: "o delinquente está em dolo relativamente à lesão jurídica que quis praticar, e está em culpa no tocante à lesão jurídica que ocorreu além de sua intenção; está em dolo porque quis imediatamente uma certa lesão jurídica, e está em culpa porque, com esse doloso propósito, empreendeu uma ação que determinou, segundo as leis naturais e princípios de probabilidade, uma outra lesão jurídica mais grave". Para indicar o elemento subjetivo do crime preterintencional, FEUERBACH adotou uma fórmula que até hoje se repete: *culpa dolo determinata* (*durch dolus bestimmte culpa*, culpa determinada pelo dolo). CARRARA usava a expressão *colpa informata a dolo*, e PESSINA preferia falar em *colpa mista a dolo*. Cada vez mais desprestigiada, a doutrina do dolo indireto acabou por ser completamente banida da ciência jurídico-penal moderna: só existe dolo quando a vontade se dirige positivamente ao resultado previsto (dolo direto) ou não recua ante a probabilidade do seu advento (dolo eventual); fora daí, está-se no terreno da culpa ou do caso fortuito. Chega a causar pasmo que o insigne FLORIAN, a exemplo da rotineira literatura penal francesa, ainda continue a falar, no seu *Trattato* de 1934, em dolo indireto, para incluí-lo no conceito, da *preterintenção*. Se o agente prevê o resultado mais grave, mas não aquiesce no seu advento, o *quid pluris* é imputável a título de *culpa* (consciente), embora com pena especialmente agravada; se, ao contrário, prevê e aprova o resultado mais grave, o que se dá é o *dolo eventual* (não se podendo falar em *dolo indireto* ou *intenção indireta*, que representa uma *contradictio in adjetis*); finalmente, se o *majus delictum* deriva de *caso fortuito*, não é imputável ao agente.

Firmado no direito positivo de seus respectivos países, os autores germânicos e italianos, em sua grande maioria, opinam que, na preterintenção, o resultado mais grave é imputado independentemente de *culpabilidade* ou, o que vem a ser o mesmo, a culpabilidade quanto ao *majus delictum* é presumida *juris et de jure*. Trata-se – afirmam eles – de um caso de responsabilidade puramente objetiva (*Erfolgshaftung*, segundo a expressão alemã). Mesmo de *jure condito*, porém tal opinião é combatida por escritores de nota, ou, como diz MAYER, "por um grupo diminuto, mas seleto" (*"von einem kleinen, aber gewählten Kreis"*). Na Alemanha, BERNER, por exemplo, sustentava que as consequências de uma ação, quando imprevisíveis pelo homem de senso comum, não mantêm relação alguma com a vontade, e cessa, portanto, com referência a elas qualquer culpabilidade. No mesmo sentido se pronunciam HÄLSHNER, SCHÜTZE, BINDING, WACH, MEZGER. *De lege ferenda*, é unívoca a repulsa à *Erfolgshaftung*. SEUFFERT dizia que, em Direito Penal, o evento só é imputável quando causado com ciência e vontade ou por grosseira imprevidência.[20] Foi este, aliás, o ponto de vista que, defendido pelo mesmo SEUFFERT, prevaleceu na assembleia geral da "União Internacional de Direito Penal", reunida em São Petersburgo (Leningrado), em 1902: *"Personne n'est punissable à raison des consequences de ses actes que dans la mesure de celles qu'il a prévues ou pu prèvoir"*.[21] Já vimos acima como LÖFFLER (perante o Direito austríaco) e BELING estigmatizaram a responsabilidade sem culpa. Não menos veementes são LISZT e SCHMIDT: "Não subsiste dúvida que esse resquício da velha *responsabilidade pelo resultado* não corresponde à consciência jurídica moderna, nem aos princípios de uma sensata política criminal".[22]

Na Itália, ALIMENA (B.), contestando argumentos de IMPALLOMENI, assim dissertava, na interpretação do próprio *jus conditum*: "Para que um fato qualquer se diga voluntário[...] não basta que seja previsível, ou facilmente previsível: é necessário que seja previsto, ainda que com uma daquelas formas ambíguas, vacilantes e crepusculares de previsão[...]. Uma coisa é dizer que, em razão do *soepius accidit*, o facilmente ou muito facilmente previsível equivale ao previsto, e outro é dizer que o previsível ou facilmente previsível tenha sido, em todos os casos, previsto e, portanto, querido". Sustentando, a propósito do homicídio preterintencional, que o evento "morte" só era imputável a título de culpa, dizia ainda o professor da Universidade de Modena: "Se a morte, ocasionada pelo ferimento, não é imputável à culpa, como poderá, acaso, ser imputada? Diz IMPALLOMENI: pune-se o homicídio preterintencional menos que o homicídio voluntário, precisamente porque o réu quis menos do que o ocorrido e revelou menor temibilidade. É isto verdade, mas não é tudo, pois que, com tal argumento, IMPALLOMENI justifica apenas o aspecto do homicídio preterintencional que menos precisa de justificação. Mas se o agente quer somente a lesão corporal, como e por que lhe deve ser imputada também a morte não querida?[...] Evidentemente, se não se quer punir apelando para uma frase ou para uma tradição, é necessário imputar-se a morte referindo-se à culpa... Se o homicídio preterintencional é constituído por uma culpa, que se origina do dolo, é natural que ele já não mais se apresente quando, segundo a ordem natural dos acontecimentos, a morte seja imprevisível. Se, em tal caso, quiséssemos identificar um homicídio além da

---

20 *Ein noues Stafgesetzbuch für Deutschland*, 1902, p. 50: *"Der Erfolg im Strafrecht nur Beachtung finden, wenn er willentlich, wisentlich oder fahrlässing verursacht wurde".*

21 *Bulletin de l'Union Intern. de Droit Pénal*, vol. XI.

22 *Lehrbuch das deutschen Strafrechts*, 1927, p. 224: *"Dass diese Überrest der alten Erfolgshaftung weder dem heutigen Rechtsbewüsstsein noch den Grundsätzen einer vernünftigen Kriminalpolitik entspricht, sollte keinem Zweifel unterliegen".*

intenção, estaríamos imputando, sem mais nem menos, o caso fortuito, só porque este derivou do dolo, retrocedendo-se, assim, ao vetusto aforismo: *eum qui dat operam rei ilicitoe teneri de eo quod proeter ejus intentionem et cogitationem contingit*".

Não menos incisiva é a lição de VITOCOLONNA, sobre a preterintencionalidade em geral: "Demonstrada a imprevisibilidade ou não fácil previsibilidade do evento mais grave, a responsabilidade se restringe ao simples antecedente doloso[...]. É absurdo sustentar que a voluntária violação da lei, representada pelo crime doloso, basta para constituir em culpa o agente, em relação ao evento mais grave[...]. É uma lembrança de funestas aberrações do espírito humano a máxima *qui in re illicita versatur tenetur etiam pro casu*".

Em idêntico sentido se exprimia LONGO: "A antiga máxima – *eum qui dat operam rei illicitoe teneri de eo quod proeter ejus intentionem et cogitationem contingit*, talvez pudesse ter aplicação adequada, de regra, em matéria de responsabilidade civil, onde a culpa dos quase delitos é, por vezes, presumida; mas não em matéria penal, onde a imputabilidade é condicionada pela necessidade de simultâneo concurso do elemento subjetivo e do elemento objetivo do crime".

Tal foi o movimento doutrinário em oposição à sobrevivência do *versari in re illicita* (sobrevivência devida menos ao direito positivo que ao influxo de uma exegese anacrônica), que os Códigos Penais mais recentes acharam de bom aviso uma norma expressa no sentido da irrestrita abolição da responsabilidade objetiva. Uns a estabelecem de modo geral, outros em casos particulares.

O Código norueguês (1902) foi o primeiro que consagrou expressamente o princípio, dispondo no seu art. 43: "Quando a lei estabelece uma pena agravada para o caso em que um crime acarrete consequências involuntárias, o aumento de pena somente se aplica se o agente previu ou podia prever a possibilidade de tais consequências, ou não cuidou de evitá-las com os meios de que dispunha, logo que teve conhecimento do perigo". O Código peruano (1924) preceitua, a propósito do crime de *lesiones* (art. 165, § 3º, 2ª alínea): *"La pena será de penitenciaria, si la víctima hubiere muerto a consecuencia de la lesión y si el delincuente pudo prever este resultado"*. O Código dinamarquês (1930) estatui, na parte geral (art. 20): "Se uma pena ou agravação de uma pena é condicionada pelo fato de que uma infração voluntária tenha acarretado uma certa consequência involuntária, a dita pena não será aplicada senão quando tal consequência é imputável à culpa do agente ou quando não haja, na medida dos seus meios, procurado afastá-la, depois de haver percebido o perigo". O Código polonês (1932) igualmente contém a seguinte regra geral (art. 15, § 2º): "As consequências do ato que importem uma pena agravada não são tomadas em consideração senão quando o agente as previu ou devia prevê-las". O Código suíço (1937), no setor das *lesões corporais*, contém o seguinte preceito (art. 124, 2): "*La peine sera la réclusion si la victime est morte des suítes de la lésion et sile delinquant avait pu le prévoir*". No seio das Comissões revisoras do Projeto STOOS, GAUTIER, criticando o critério até então dominante, assim se exprimia: "As antigas legislações, cujo tipo é o Código francês, empregam como critério único o resultado. O delinquente é responsável e punido não pelo que tencionou fazer, mas pelo resultado que sua ação produziu. Assim deve ser, segundo essas legislações, ainda quando o resultado não podia ser previsto. Isto vale por punir o mero caso fortuito, o que o Código austríaco consagra com o seu *dolo indireto* e a jurisprudência alemã denomina *Erfolgshaftung*".[23]

Na Alemanha, o projeto de 1927, § 21, já repudiava a responsabilidade objetiva: "A pena agravada em razão de determinada consequência do fato somente será aplicada ao agente, se este houver dado causa, pelo menos culposamente, a essa consequência" ("*Die na eine besondere Folge der Tat geknüpfte höhere Strafe trifft den Täternur, wenn er die Folge Wenigstens fahrlässig herbeigefürhrt hat*"). Este dispositivo foi aceito, *ipsis literis*, pela Comissão da reforma nacional-socialista do Código alemão.

Na Áustria, o repúdio à *Erfolgshaftung* iniciou-se com o projeto de reforma de 1912 (§ 1º): "*Die erhohten Strafen, die ds Gesetz an den Eintritt bestimmter Folgen einer strafbaren Handlung knüpft, dürfen nur dann verhängt werden, wenn der Täter die Folgen fahrlässig herbeigeführt*" ("As penas agravadas, que a lei subordina ao advento de determinadas consequências de uma ação punível, somente devem ser aplicadas se o agente causou culposamente tais consequências").

O Código italiano de 1930, entretanto, não acolheu o critério de explícita declaração do *nulla poena sine culpa*. Vem daí que a maioria dos seus comentadores entende que precisamente o crime preterintencional representa uma persistência da responsabilidade objetiva, a que o dito Código, despejadamente, chega a consagrar uma especial rubrica. MANZINI e MAGGIORE pretendem que, no crime *ultra intentionem*, o *majus delictum* não é imputado a título de responsabilidade objetiva, mas em *aplicação ao princípio da cau-*

---

23   *Protokoll der zweite expertenkommission*, vol. II, p. 233. Na *Message* do Conselho Federal Suíço, sobre o projeto de 1918, dizia-se: "*En ce qui concerne les lésions corporelles, le projet exclut la notion traditionelle de la responsabilité basée sur le résultat atteint. En d'autres termes, le délinquant n'est punissble que pour la lésion qu'il a voulu causer ou du moins qu'il aurait pu prévoir ; les conséquences purement fortuites n'entrent pas en ligue de compte*".

salidade. Ora, a responsabilidade subordinada ao simples nexo de causalidade física não é outra coisa que a responsabilidade objetiva. MAGGIORE vai ao extremo de doutrinar que o crime preterintencional não é mais do que um crime doloso em que intervém um elemento *fortuito* (!). É a nostalgia da Idade Média. Não faltam, porém, autores que negam tenha o Código italiano conservado a velharia da pena *senza colpevolezza*. Podemos citar, entre outros, GIULIO BATTAGLIN, GENARO MARCIANO, GIACOMO DELITALA e VICENZO CAVALLO. MARCIANO, [24] depois de afirmar que "no homicídio preterintencional existe, substancialmente, um misto de dolo e de culpa", formula uma hipótese de *"misto di dolo e di caso"* e assim se pronuncia: "[...] o caso fortuito, ainda que se esteja incidindo *in re illicita*, não pode ser objeto de responsabilidade[...] Quando do ferimento resulta a morte por circunstâncias preexistentes e desconhecidas, ou supervenientes, imprevistas e imprevisíveis, o evento letal não pode ser levado à conta do agente, que deverá responder exclusivamente pelo fato doloso inicial". BATTAGLINI assim opina:[25] *"Nella preterintenzione siha una azionecon unico evento. Ma questo è risultanza di dolo e di colpa. L'agente ha, sì, voluto, soltanto un evento minore: però era prevedibile che la azione sorpassasse la mira a cui era rivolta, e tale prevedibilità non ha valso a trattenerlo"*. Referindo-se aos *crimes qualificados* pelo *resultado* (que distingue, sem razão, dos *preterintencionais*), em face do texto do art. 42, segunda alínea, do Código italiano (*"La legge determina i casi nei quali l'evento è posto altrimenti a carico dell'agente; come conseguenza della sua azione o omissione"*), explica: "[...] estes casos entram numa disciplina de maior rigor que a do crime culposo comum: é precisamente a disciplina da segunda alínea do art. 42, em face da qual se responde mesmo por culpa extremamente leve. Mas não além da culpa". Em outro passo, diz o professor bolonhês: "[...] na segunda alínea do art. 42, não se trata senão de um *grau de vontade* menor do que se exige na figura do crime que se denomina culposo. Nesta não entra toda a culpa, pois é excluída a mínima. Um fato ilícito de caráter tão grave, como é o crime, não pode ser constituído pela omissão de cautelas que exorbitam da capacidade do homem médio. Em certos casos, porém, o legislador pode julgar suficiente uma culpa extremamente ligeira, mesmo que em matéria penal. É a essas figuras excepcionais de voluntariedade mínima em relação à causa, que se refere precisamente o advérbio *diversamente (altrimenti)* (empregado na alínea do art. 42)". VINCENZO CAVALLO,[26] ao demon-

---

24   *Il nuovo codice penale*, pp. 40 e ss.
25   *Diritto penale*, 1937, p. 149.
26   *La responsabilità obbiettiva nel diritto penale*, p. 573.

strar a inexistência da responsabilidade objetiva no Código Rocco, entende que, no caso do homicídio preterintencional, a imputação do evento "morte" depende de que tenha sido, pelo menos, *representável* ao espírito do agente.[27]

DELITALA igualmente rejeita a interferência do *casus* no conceito dos crimes em que o resultado ultrapassa a vontade do agente: *"Il reato preterintenzionale non è infatti a nostro avviso che um reato misto di dolo e di colpa"*.[28]

Entre nós, conforme observa COSTA E SILVA,[29] os projetos de reforma da lei penal se mostraram "cegamente alheios" ao tema em questão. O Projeto SÁ PEREIRA, na sua primeira fase, continha o seguinte inverossímil dispositivo (art. 202): "Àquele que causou a morte, que não queria, *nem podia prever* como consequência dos seus atos, tendentes apenas a produzir lesão corporal, descontar-se-á por um terço a pena do homicídio". Era, como disse COSTA E SILVA, "a responsabilidade pelo caso fortuito em sua maior rudez e repugnância". O Projeto ALCÂNTARA imitava o Código italiano: ditava uma regra geral sobre a preterintencionalidade, de par com as referentes ao dolo e à culpa, mas só a aplicava nos crimes de *homicídio e de lesões*. Rezava o art. 11 desse projeto: "Diz-se o crime[...] II – preterintencional, quando "o resultado previsto e querido pelo agente é menos grave do que o produzido". A Comissão Revisora acertadamente suprimiu este dispositivo, pois formular uma norma genérica sobre a *preterintenção*, distinta das fórmulas do dolo e da culpa, faz supor, erroneamente, que se trata de uma espécie autônoma de culpabilidade. Em face do Código (resultante da revisão do Projeto ALCÂNTARA), que não limitou o dolo à *intenção,* tornou-se, mesmo inadequada ou insuficiente a expressão "preterintencionalidade" para designar os casos de evento criminoso *ultra voluntatem*. O termo próprio é *preterdolo*.

Na primeira fase da revisão do Projeto ALCÂNTARA, COSTA E SILVA enviou à Comissão Revisora a seguinte nota: "Entendo que o futuro Código, para não incorrer na pecha de atrasado, deve repelir toda responsabilidade sem culpa (a *Erfolgshaftung dos alemães*). Assim o aconselha uma sã política criminal". E terminava propondo esta fórmula: "Pelos resultados que agravam especialmente as penas só responderá o agente que os houver causado pelo menos culposamente". A Comissão assentiu, a princípio, em introduzir no projeto *substitutivo* (como chamou ALCÂNTARA MACHADO), um preceito assim redigido (parágrafo do art. 12): "Pelos resultados que agravam especialmente as penas não responde o agente quando derivados de caso fortuito".

---

[27] O autor distingue entre *responsabilidade* e *previsibilidade*: a primeira refere-se ao que poderá verificar-se; a segunda, ao que *deverá* verificar-se.

[28] *Il fatto nella teoria generale del reato,* p. 98.

[29] *Código penal*, 1930, I, p. 145.

Era o categórico repúdio ao *qui in re illicita vertatur etiam pro casu tenetur*. Na sua profusa crítica ao *substitutivo*, ALCÂNTARA impugnou a fórmula: "Não se percebe" – dizia ele – "pelo menos à primeira vista, quais os resultados que agravam ou aumentam as penas". A crítica mais parecia provir de um leigo. É claro que o dispositivo se referia à hipótese dos *crimes qualificados pelo resultado*, pois, de outro modo, não teria sentido; e assim o defendeu a Comissão: "O § 2º do art. 12 do *substitutivo* extirpa, uma vez por todas, o escalracho da *responsabilidade objetiva*. O brocardo *nulla poena sine culpa* deve ser o princípio orientador de qualquer reforma em matéria de legislação penal. Toda a vez que a superveniência de um determinado *resultado* (não necessário à consumação do crime) é *condição de maior punibilidade ou agravante especial*, o aumento da pena não será aplicado, se tal *resultado* derivar do caso fortuito, ou não puder ser imputado ao agente, pelo menos a título de culpa *"stricto sensu"*.

Na fase final de *montagem* do *substitutivo*, o preceito em questão foi, porém, retirado, não figurando no projeto definitivo. E a razão disso foi a seguinte: concordou-se, no seio da Comissão, que se tratava de uma advertência supérflua. Não já porque deixara de ser repetida a vetusta fórmula do § 6º do art. 27 do Código de 90, que só atribuía ao *casus* efeito excludente de pena quando o agente não estivesse incidindo *in facto illicito*; não já porque se repelira a culpa *ex lege*, ou não já porque se adotara o princípio de que, salvo os casos expressos de punibilidade a título de culpa, ninguém responde pelo crime senão a título de dolo,[30] mas porque, segundo o próprio critério firmado sobre a causalidade física, o resultado não pode ser imputado ao agente, quando produzido por causa sucessiva e independente. Em face do parág. único do art. 11, a intervenção do *caso fortuito*, rompendo o nexo causal inicial e incumbindo-se, sozinho, do resultado, impede, primacialmente, que este seja materialmente atribuído ao agente (ressalva a imputação pelos fatos anteriores, se constituírem crime). Devendo entender-se que tal norma é aplicável em qualquer caso (onde a lei não distingue, não é dado ao intérprete distinguir), não havia necessidade de repeti-la na disciplina dos *crimes qualificados pelo resultado*. O agente responderá apenas pelo *antecedente doloso* ou pelo *minus delictum*, quando o evento mais grave (*excesso no fim*) tiver sido determinado por caso fortuito. Sem dúvida, *o exercitium rei illicitoe* pode

---

30 Na sua *Exposição de motivos*, diz o Ministro CAMPOS: "No tocante à *culpabilidade* (ou elemento subjetivo do crime), o projeto não conhece outras formas além do *dolo* e da *culpa stricto sensu*. Sem o pressuposto do dolo ou da culpa stricto sensu, nenhuma pena será irrogada. *Nulla poena sina culpa*. Em nenhum caso haverá presunção de culpa (entenda-se: presunção *absoluta* ou *juris et de jure*). Assim, na definição da culpa *stricto sensu*, é inteiramente abolido o dogmatismo da 'inobservância de alguma disposição regulamentar', pois nem sempre é culposo o evento subsequente".

fazer *presumir* a culpa pelo evento *proeter voluntatem*: mas trata-se de presunção relativa ou *juris tantum:* a prova em contrário limitará a responsabilidade objetiva ao *crime-base* (*Grunddelikt,* da doutrina alemã). Por outras palavras: a responsabilidade pelo *majus delictum* depende, como em relação a qualquer outro resultado antijurídico, da condição mínima de responsabilidade, isto é, da previsibilidade ou prevenibilidade desse resultado. Não só o dispositivo formulado pela Comissão Revisora era ocioso: também o era o de Costa e Silva. Em face do que se assentara sobre a culpabilidade, tal como ficou definitivamente consagrado no Código, era inegável que pelo resultado antijurídico não devesse responder o agente, senão quando este lhe houvesse dado causa pelo menos culposamente. Convenha-se que, para a imputação do *resultado mais grave não querido,* baste, excepcionalmente, como diz Battaglini, a culpa levíssima (ou o grau mínimo da culpa *aquiliana*), embora o nosso Código não encerre dispositivo semelhante ao do art. 42 do Código italiano, que, além dos casos de dolo e de culpa, faz referência a *"i casi nei quali l'evento è posto altrimenti a carico dell'agente"*; mas o que não é possível, em face da letra e da sistemática do Código brasileiro, é aplicar uma pena pelo resultado oriundo do caso fortuito, isto pelo *id quod nullo humano ingenio proevideri potest*. Vá que em Direito Civil, em casos especiais, se consagre a responsabilidade objetiva ou pelo caso fortuito; mas em matéria penal, o *casus* não pode ser jamais objeto de uma *imputatio juris*. Redunda num despropósito o afirmar-se que a *dolosidade do minus delictum* ou crime-base seja suficiente para constituir, sem admissão de prova em contrário, a culpa do agente em relação ao evento mais grave. Repita-se: *o versari in re illicita* pode fazer presumir a culpa (jamais o dolo) no tocante ao *majus delictum,* mas tão somente *usque dum probetur contrarium.*

No crime preterdoloso há um concurso de dolo e culpa: dolo no antecedente (*minus delictum*) e culpa no subsequente (*majus delictum*). Trata-se de um crime complexo, *in partibus* doloso e *in partibus* culposo. A diferença que existe entre o crime preterdoloso e o crime culposo está apenas em que neste o evento antijurídico não querido resulta de um fato penalmente *indiferente* ou, quando muito, *contravencional*,[31] enquanto naquele o resultado involuntário deriva de um *crime* doloso.

É negada, principalmente, entre os autores italianos, a possibilidade de concurso simultâneo de dolo e culpa. Não se pode admitir, argumenta-se, a coexistência de dois estados de consciência contraditórios, quais sejam a

---

31 Como diz Miller (*On criminal law,* 1934), nos crimes preterdolosos, o antecedente *"must be* malum in se, *and not merely* malum prohibitum". Se o antecedente é uma simples *contravenção,* o fato total será imputável como simples crime culposo.

resolução e a *ausência de resolução*. A esta objeção responde-se, vantajosamente, que é irrefutável, tratando-se de uma ação com dois ou mais efeitos, que um destes pode ser doloso, isto é, querido pelo agente, e os outros não. Para não irmos longe, basta dizer que o nosso Código, a exemplo, aliás, do Código italiano, admite explicitamente a compossibilidade de dolo e culpa. Referimo-nos ao caso da *aberratio delicti* (erro na execução), com resultado de natureza diversa da do pretendido pelo agente. Diz o art. 54: "Fora dos casos do artigo antecedente (*aberratio* com homogeneidade entre o resultado pretendido e o ocorrido), quando, por acidente ou erro na execução do crime, sobrevém resultado diverso do pretendido, o agente responde por *culpa*, se o fato é previsto como crime *culposo*; se ocorre também o resultado pretendido, aplica-se a regra do § 1º do art. 51". Aludindo a este dispositivo, a *Exposição de motivos* cita o exemplo formulado por MAGGIORE, do indivíduo que, querendo quebrar a janela alheia com uma pedrada, fere um transeunte. Suponha-se o caso de duplicidade de resultado, importando a existência de um *concurso formal de crimes*. Aí estarão, nitidamente, conjugados o dolo e a culpa, embora se trate de uma só ação: dolo no tocante ao dano, e culpa em relação à lesão corporal. Redarguindo a IMPALLOMENI, que sustentava a incidibilidade da ação em dolosa e culposa, ponderava justamente ALIMENA que a possibilidade de um evento mais grave culposo a resultar de uma ação dolosa é lição da experiência cotidiana, e a tal respeito só se pode suscitar dúvida *"per il tropo ragionare"*. Consoantes no mesmo ponto de vista são a doutrina e a jurisprudência francesas, que falam em *faute jointe au dol*, e entre os autores alemães sempre teve grande prestígio a fórmula *culpa dolo determinata* de FEUERBACH.

A condição mínima da culpabilidade é a *previsibilidade* ou *evitabilidade* do resultado antijurídico, tendo-se em conta *id quod plerumque accidit*. Se o advento desse resultado exorbitava da previsão e diligência do *homo medius* (que é um imprescindível *ponto de referência* do Direito Penal), e ainda que não se trate, rigorosamente, de *caso fortuito*, não há reconhecer-se um agente *culpado* ou incurso na reprovação jurídico-penal. Quando à ação (ou omissão) humana este, por sua conta exclusiva, do resultado objetivamente antijurídico, antes de falar-se em *exclusão de culpabilidade*, deve falar-se *exclusão de causalidade*. Como diz GRISPIGNI,[32] "indubitavelmente, o caso fortuito exclui também o elemento subjetivo (*culpa*); mas, do ponto de vista lógico-sistemático, exclui, antes disso, o nexo causal e, consequentemente, torna inútil qualquer indagação sobre o elemento subjetivo". Costuma-se distinguir entre *caso fortuito* e *força maior*: no primeiro, o resultado, se fosse pre-

---

32   *Il nesso causale nel diritto* . In: Riv. Ital. di Dir. Penale, 1935.

visível, seria evitável; na segunda, ainda que previsível ou previsto, o resultado é inevitável.[33] Juridicamente (ou para o efeito de isenção de punibilidade), porém, equiparam-se o *casus* e a *vis major*: tanto faz não poder prever um evento, quanto prevê-lo ou poder prevê-lo, sem, entretanto, poder evitá-lo.

O Projeto ALCÂNTARA, a exemplo do Código italiano, continha dispositivo expresso sobre a exclusão de punibilidade nas hipóteses de *caso fortuito* e *força maior*; mas a Comissão Revisora o suprimiu, por supérfluo. Com a intervenção do caso fortuito, a ação ou omissão humana passa a ser, em relação ao resultado, uma *não causa*, e com a interferência da força maior, o homem não é mais que um joguete da fatalidade: não é um *dominus*, mas um *servus* da energia causal; não *age*: é *agido (non agit, sed agitur)*. Assim a impunibilidade, em tais casos, decorre, em toda a evidência, da própria regra fundamental sobre a causalidade (art. 11 e seu parág. único). Seria ocioso declará-la *expressis verbis*.

75. Consciência de injuricidade. O dolo não é só representação e vontade do resultado antijurídico: é, também, consciência de que se age contrariamente ao Direito, ou mais concisamente, *consciência da injuricidade*. Sem o enten-

---

33 Vários são os critérios propostos em doutrina para a distinção entre o caso fortuito e a força maior, resultando daí uma desconcertante confusão a respeito dos dois conceitos:
Teoria do fato extraordinário: caso fortuito é o fato relativamente extraordinário, ou seja, o fato que costuma ocorrer, mas não se sabe quando, onde e de que modo; força maior é o fato absolutamente extraordinário.
Teoria da previsibilidade e irresistibilidade: força maior é o casus que absolutamente não se pode prever, nem resistir.
Teoria das forças naturais e fato de terceiro: força maior é constituída por acontecimentos naturais alheios à ação humana (raio, ciclone etc.); caso fortuito é derivado de fato de terceiro.
Teoria do conhecimento: caso fortuito é o acontecimento cuja previsão escapa à nossa limitada experiência, e assume o nome de *força maior* quando deriva de forças naturais.
Teoria do reflexo sobre a vontade humana: o caso fortuito consiste na relação entre um fato e a incerteza do seu advento, enquanto a força maior consiste na relação entre a vontade de uma pessoa e os fatos que exercem sobre a vontade uma irresistível influência determinante ou impediente (o mesmo acontecimento pode ser caso fortuito ou *força maior*, segundo seja considerado pelo aspecto de incerteza de sua superveniência ou pelo aspecto da influência exercida sobre a vontade de uma pessoa).
MANZINI (*Trattato*, II, n. 283) entende que "*la comune distinzione tra caso fortuito e forza maggiore non ha alcuna ragione di essere: essa è una elite tante frasi vuote e sonore di cui si compiace il gergo giudiziario*". E prossegue: "*Tutto al più si può dire che caso si riferisce alla considerazione statica dell'evento, e forza maggiore alla contemplazione dinamica dell'evento stesso, ancorche neppure ciò sia sempre esatto come quando l'energia causale si esercita non contro le forze individuali d'azione o di resistenza, ma esclusivamente sulle cose di cui l'individuo è centro sociale*".

dimento de oposição ao dever jurídico ou de que se incide no *juízo de reprovação* que informa o preceito incriminador, não há falar-se em dolo. É este o postulado da chamada *teoria normativa* do dolo. De todo inaceitável é a *teoria psicológica*, já hoje quase totalmente repudiada,[34] segundo a qual para a existência do dolo basta a simples representação da importância do ato de vontade como causa, certa ou provável, de um resultado que corresponda objetivamente à típica essência de fato de um crime. Foi o insigne von Liszt o mais obstinado defensor deste ponto de vista. Teve, porém, poucos seguidores, notadamente entre os próprios autores alemães. Basta que se atente na flagrante antítese entre semelhante fórmula e o conceitual *subjetivismo* da culpabilidade, para que se torne evidente a sua falsidade ou deficiência. Se dolo, como quer von Liszt, é alheio à *importância ético-jurídica* da conduta, podendo referir-se tanto à conduta *lícita* quanto à *ilícita* (*passt in völig gleicher Weise auf die rechtmässige wie auf die rechtswidrige Handlung*), ter-se-ia de chegar à estranha conclusão de que age *dolosamente* tanto aquele que estrangula uma criança, como aquele que dá uma esmola. Não vale argumentar, como Givanowitch,[35] que é *supérflua* a inserção da consciência da injuricidade no conceito do dolo, porque este, do ponto de vista jurídico, só tem relevo quando ligado a um fato *criminoso*, isto é, como um fato psíquico relacionado a um fato contrário à ordem jurídica e, assim, não deixa de assumir, ainda que somente a título indireto, *cor* ético-jurídica. Este pretenso *mimetismo* do dolo, a que também von Liszt *fazia alusão*,[36] é apenas uma vã tentativa de salvação do insustentável conceito de sua *neutralidade*. Como pode a *injuricidade* do fato *colorir* um estado de consciência que lhe é estranho? Se o dolo é, em si mesmo, neutro, não se compreende como possa adquirir *especial* tonalidade por sua ligação com um fato antijurídico. Nem mesmo há dizer que a representação subjetiva da correspondência formal do fato a um *modelo abstrato* de crime já importa, de si mesma, a consciência da injuricidade. Como já acentuamos (n. 51), a *injuricidade* não é um infalível consectário da *tipicidade* (*Tatbestandsmässigkeit*, da doutrina alemã). Esta é

---

34 Conforme assinala Von Hippel (ob. cit., II, p. 342), "na atualidade, somente uma minoria rejeita a concepção normativa". Entre nós, Galdino Siqueira (*Tratado de direito penal*, I), continua, anacronicamente, apegado à teoria psicológica, repetindo fielmente a lição de Von Liszt, bem como as monótonas e ultrarrebatidas objeções à teoria normativa.

35 *Les problèmes fudamentaux du droit pénal*, 1929, p. 146.

36 *Lehrbuch des deutschen strafrechts*, 1908, p. 175: "*Dieser Vorsatzbegriff wird aber wesentlich dadurch erweitert, dass er sich als strafrechtlicher Vorsatz auf die rechtswidrige, vom Gesetz mit Straf bedrohte Handlung besteht*".

apenas um *indício*, uma *presunção relativa* daquela. A despeito da tipicidade, pode falhar a injuricidade.[37] O indivíduo, por exemplo, que, reagindo a uma agressão atual e injusta, mata o agressor, realiza intencionalmente o evento típico do crime de homicídio; no entanto, pratica um fato ilícito. O emprego de força para impedir que alguém se suicide constitui objetivamente o crime de *constrangimento ilegal*, mas sua licitude é reconhecida pela própria lei penal (Código, art. 146, § 3º, II). O médico militar que revela oficialmente a moléstia vergonhosa do conscrito, longe de cometer o crime de violação do sigilo profissional, cumpre um dever jurídico. Há ainda casos, porém, em que a não punibilidade do fato, apesar da sua coincidência objetiva com um *tipo* penal, não decorre, explícita ou implicitamente, de outra norma jurídica. E aqui está o insuperável escolho da teoria lisztcheana. Seria, acaso, punível o médico que, embora agindo com proficiência, ocasiona a morte de seu cliente no curso de uma operação *arriscada* (isto é, com previsão da probabilidade do resultado letal), mas aconselhado pela ciência como *último recurso?* Incorrerá, porventura, na pena da *loesio corporis* o pugilista que contunde *tecnicamente* o seu adversário, deixando-o *devastado* sobre o *ring?* Ou o *interno* de hospital que submete alguém à extração de sangue para transfusão, ou o descendente de Israel que circuncida o filho, ou a mãe que perfura as orelhas da filha para uso de brincos? Os exemplos podem multiplicar-se indefinidamente, mas fizemos ainda os seguintes: um repórter sensacionalista vai ter a um museu público e, para demonstrar a negligência dos respectivos guardas, subtrai dali uma estatueta, que mais tarde restituirá, depois de exibi-la à curiosidade popular; o meu vizinho, por um gracejo de *1º de abril*, penetra sorrateiramente na antessala da minha sala e retira um objeto de valor; o litógrafo, *demonstrandi causa*, contrafaz uma cédula do Tesouro; o coletor de rendas, tendo esquecido sua bolsa em casa, serve-se momentaneamente do dinheiro do Fisco, para pagar o vendedor a prestações; o ginecologista, para poder formular um diagnóstico, vence o pudor de sua jovem cliente, devassando-lhe os *ima velamenta* e submetendo-a a tateios indiscretos; o meu amigo adquire de um gatuno, por preço vil, uma joia que sabe ter-me sido furtada, assegurando-me, assim, a sua restituição; o visitante incivil, ou avesso a etiquetas, penetra no domicílio do amigo sem se fazer anunciar; o diretor de colégio retém na "cafua" o discípulo insubordinado. Em qualquer destes casos, não obstante a existência concreta e a representação subjetiva dos ele-

---

37 M. E. Mayer, ob. cit., p. 52: *"Nur bis zum Beweis das Gegenteils ist der Schlusse von der Tatbestandsmässigkeit aufdie Rechtswidrigkeit richtig. Der Gegen beweis kann aber durch das Rechtssystem, also durch den Zusammenhang, in den jede gesetzlich Vorschrift eingegliedert ist, oder durch einen einzeln Rechtssatz geführt werden".*

mentos de fato pertinentes a *tipos de crimes* (*furto, moeda falsa, peculato, corrupção de menores, receptação, violação de domicílio, cárcere privado*), ninguém poderia identificar um fato punível. E desde que não ocorre, em qualquer deles, uma *causa objetiva de exclusão de injuricidade* (v. n. 91), como explicar-se a imunidade, penal? Uma única solução se impõe: a impunibilidade, na espécie, decorre da carência de dolo, por isso mesmo que falta, *à parte subjecti*, a consciência de oposição ao dever jurídico, a consciência da injuricidade. Não há contornar a questão, como faz ANGIONI, dizendo que, em casos como os que foram acima figurados, o fato é *objetivamente* lícito porque não é prejudicado o *escopo prático* do preceito penal. Entende o citado autor que quando o fato, embora formalmente correspondente a um tipo de crime, *"non pregiudica il bene tutelato dalla norma, non cagiona cioè quel pericolo o quel danno che con l'incriminazione si vuole evitare, o, chio che è lostesso, non viola il precetto penale nel suo scopo pratico"*, deixa de ser punível.[38] Ora, com semelhante raciocínio, ter-se-ia de chegar, logicamente, à conclusão de que o gatuno que restitui a coisa subtraída não é punível a título de furto, porque, afinal, não foi praticamente contrariado o escopo da norma penal correspondente, qual seja o de tutelar a segurança patrimonial. A *ilicitude objetiva* de um fato voluntário e coincidente com o descrito no "molde" penal não é excluída senão nos casos excepcionais em que a lei (penal ou extrapenal), *apertis verbis*, o declare. Não se pode, portanto, recusar a ilação de que, em qualquer das precitadas hipóteses e outras análogas, o agente *extra reatum est* por ausência de dolo. É o que justamente acentua PAOLI,[39] referindo-se, precisamente, ao caso do repórter que subtrai a estatueta do museu, para comprovar a falta de vigilância dos guardas: *"Qui l'intenzione prava non si profila in nessun momento dell'attività del soggetto, qui la buona intenzione non comincia a funzionare dopo la consumazione del reato, ma anzi essa illumina tutto il fatto, rientra negli ambiti in cui il reato si contiene e ne esclude un elemento: lo scopo di lucro. Quindi, in tal caso, di reato non si potrà parlare, proprio perchè la intenzione buona, evidentemente incompatibile con la intenzione prava, esclude il dolo"*. O próprio ANGIONI, argumentando em torno ao mesmo caso, acaba por admitir, implicitamente, que a sua não criminosidade

---

38 *Le cause che escludono l'illiceità obbiettiva penale*, p. 69. O raciocínio de ANGIONI filia-se, evidentemente, a outro de VON LISZT (ob. cit., § 32, p. 139): "A lesão ou periclitação de um bem jurídico só é *materialmente antijurídica* quando contradiz o escopo da ordem jurídica, que disciplina a vida em comum; não obstante sua direção contra interesses juridicamente tutelados, é *materialmente conforme ao direito* desde que e enquanto corresponde ao escopo da ordem jurídica e, portanto, à vida humana associada".

39 *Principii di diritto penale*, 1929, pp. 52-53.

deriva da ausência de propósito antijurídico do agente: *"Il fato innegabilmente sembra modellato su quello del delito; sembra ma non è. E non è, perchè lo scopo della norma a tal delitto corrispondente, che è quello di tutelare la sicurezza patrimoniale, fu anzi assunto dal reporter come meta del suo agire".*[40] O que o ilustre autor deverá sustentar, como constante critério de decisão, é que o que torna impunível o fato, em casos como esse, não é a ausência de sua contradição prática com o escopo da norma a que é referível, mas a falta do *animus* ou da direção da vontade do agente no sentido de tal contradição, ou seja, a inexistência de dolo, a carência daquela atitude psíquica que caracteriza a rebeldia da vontade individual contra a ordem jurídica.

A doutrina de VON LISZT, alheando do dolo qualquer *juízo de valor* da conduta (para reduzi-lo à mera consciência do nexo da causalidade entre o ato de vontade e o resultado), conduziria, em muitos casos, à perplexidade. Se não se quer fazer aquela lógica abstrata, que, como dizia FERRI, procura construir o Direito Penal *nelle nuvole*, não é possível que se exclua da noção do dolo a relação psíquica do agente com o *momento* da injuricidade. Seria verdadeiro despropósito, segundo acusa BELING, que tal *momento*, tão relevante objetivamente, fosse tratado, do ponto de vista subjetivo, como *quantité negligeable*, não se podendo atinar em que consiste a *falta* (culpabilidade) de quem não teve, nem podia ter a consciência da injuricidade.[41]

O alheamento do dolo à representação subjetiva da injuricidade da conduta é reclamado como um corolário da velha máxima, explícita ou implicitamente consagrada nos Códigos Penais em geral, de que é irrelevante o desconhecimento da lei penal: *ignorantia juris criminalis non excusat*. ALTAVILLA, versando o tema em face do Código Penal italiano, assim repete o argumento:[42] "Já dissemos que o dolo importa representação da capacidade causal da conduta a produzir um evento, para o qual se dirige; mas é também necessária a consciência da ilicitude jurídica dessa conduta? Que seja preciso a consciência de violar um preceito penal, é negado pelo direito positivo e pela doutrina". Ninguém poderia, com ROMAGNOSI, definir o dolo como "consciência de infringir livremente o que a lei proíbe ou ordena". Porque muito claro é o imperativo do art. 5º: "Ninguém pode invocar em sua própria escusa a ignorância da lei penal". Qualquer tentativa no sentido da noção *normativa* do dolo, acrescenta o mesmo autor, colidiria com o princípio da irrelevância do *error juris*.

---

40   Ob. cit., p. 79.
41   *Die lehre vom verbrechen*, p. 180.
42   *Teoria soggettiva del reato*, 1933, pp. 124-125.

Ora, é falsa a premissa em que se funda a noção puramente *psicológica* do dolo. A inserção da consciência da injuricidade no conteúdo do dolo nada tem a ver com a inescusabilidade da ignorância da lei penal. Como já vimos, um indivíduo pode ter a ciência de que tal ou qual conduta é incriminada *in abstrato* pela lei e não ter, entretanto, ao realizá-la no mundo objetivo, a consciência (entendimento, ideia) de se pôr em antítese com o escopo de utilidade social ou moral positiva[43] colimado pela norma penal, ou, por outras palavras, sem o *animus* de contrastar a reprovação ético-social que lastreia o *proeceptum* penal. Com o incriminar um fato, descrevendo-lhe abstratamente o *corpus*,[44] a lei não quer significar que, toda a vez que se apresente *in concreto*

---

43 Como diz GRISPIGNI (*Introduzione alla sociologia criminale*, p. 142), "quem quer que, abstraindo as próprias convicções filosóficas e religiosas relativas ao *dever ser* da moralidade, considere, do ponto de vista científico, isto é, objetivo, o conteúdo que historicamente têm assumido os preceitos morais, ou, seja, a moral real e positiva, deve reconhecer que os fatos por esta proibidos são os nocivos à vida social". O direito penal é informado pela necessidade ética (MELONI, *La colpa penale e la colpa civile*, p. 20: "A exigência ética, seja como for, é inegável, ainda quando se queira verificá-la através de uma análise dos dados psicossociais. Como demonstrou WESTERMARK, ao estudar a origem e desenvolvimento das ideias morais, são apenas os sentimentos éticos os que explicam e justificam a existência das normas penais, do mesmo modo que são os motores de toda a vida do direito na sua progressiva formação").
Afirmava justamente STEINTHAL que "a ética é como um rio, e o direito é o leito desse rio". Tem-se tentado negar essa íntima conexão do direito penal com a moral, argumentando-se que nem todas as normas penais são contemporaneamente normas morais; mas é incisiva a réplica de MANZINI: "*Ciò potrà apparire vero soltanto a chi concepisce la morale, malgrado l'evidenza della sua storia, come um verbo rivelato e assoluto; mas non certo a chi coltiva gli studi senza recitare alcun credo. È vero che l'interprete dell'opinione popolare può eccezionalmente errare nelle incriminazioni; ma è altrettanto sicuro che di regola tutti i reati, comprese le contravvenzioni, non sono che precetti morali coattivamente imposti*". O postulado da chamada *escola penal humanista*, como se sabe, é a consubstancial unificação entre as órbitas do direito penal e da moral. Assim se exprime um de seus ilustres corifeus (VINCENZO LANZA): "Nesta afirmada unidade entre o ilícito penal e o ilícito moral, o crime se apresenta como ilícito moral antes de ser ilícito jurídico, precisamente porque, antes de ser violação de norma jurídica, é violação de nossos sentimentos morais. Vem daí que o juízo de avaliação do crime, antes que como avaliação jurídica, é expresso como avaliação moral, consistindo o seu conteúdo ideal num juízo de desaprovação... Pela concepção humanista, a pena, constituindo o modo mais enérgico da desaprovação que o Estado manifesta sob a pressão das vocações morais dos indivíduos transformadas em norma jurídica, assume a mesma função que de nossa consciência recebe a desaprovação, como força mais enérgica de educação moral" (Umanesimo e diritto penale, pp. 7-8).

44 Com este termo, queremos significar o "conteúdo de fato" do crime, o *objektiv Tatbestand* da doutrina alemã, isto é, o conjunto de circunstâncias objetivas pertinentes à configuração legal do crime.

uma ação voluntária realizando esse *corpus*, se deve sumariamente sem admissão de prova em contrário, afirmar que o agente se propôs a um fim criminoso. Valeria isso por continuar a identificação do dolo ao seco objetivismo do *factum pro dolo accipitur*. A *proesumptio doli* é relativa. Dizia FEUERBACH que *facta loesione proesumitur dolus, donec probetur contrarium*, e esta regra não deve ser entendida, sequer, no sentido de importar uma inversão do *onus probandi* em desfavor do réu. Já que não se pode devassar o *foro interno*, tem-se de *presumir* o dolo quando as circunstâncias externas (meios empregados, relação entre o resultado e a ação, motivos averiguados, ocasião, conduta do agente antes, durante e depois do fato etc.) indicarem, segundo *id quod soepius fit*, que o agente não podia ter deixado de querer o resultado; mas se vem a ser provada, por iniciativa ou não do réu,[45] alguma circunstância demonstrativa de que ele não quis o resultado antijurídico *como tal*, o juiz terá de reconhecer a ausência de dolo. É incontestável a afirmativa de GARÇON[46] sobre a inexistência de «*aucun délit intentionel où le fait d'avoir accompli l'acte matériel emportera nécessairement et dans tous les cas l'intention délictueuse*». A consciência da injuricidade pode faltar não obstante o conhecimento específico da lei, do mesmo modo que pode ocorrer a despeito da ausência de tal conhecimento. Quando se diz consciência da injuricidade, o que se quer exprimir é a consciência da oposição ao dever ético-jurídico, e o conhecimento deste não está indeclinavelmente adstrito à prévia *certeza* de que um artigo da lei penal especialmente o reclama ou sanciona. Recordemos, aqui, o ensinamento de FERRI:[47] "*[...] è altresi un errore tanto il fare consistere tutto il dolo nella sola coscienza dell'illecito quanto nel dire che questa coscienza non è elemento di dolo. Questa è certamente un elemento necessario nel dolo, perchè l'intenzione non può essere delittuosa se non si è consapevole che l'atto, che si stà per compiere, è illecito... anche se non si sa il numero dell'articolo di Codice che lo punisce*". A experiência da vida social faz com que o homem normal, ainda que analfabeto ou jamais tenha lido um exemplar de Código Penal, saiba o que é reprovado pela ordem jurídica.[48] Somente os loucos, os

---

45 Conf. SOLER (ob. cit., II, p. 104): "*Sobre la base de que ordinariamente el efecto de la presunción consiste en invertir el* onus probandi, *se ha concluido en la afirmación de que la ausencia de dolo debía ser probada por el imputado, lo cual constituye un grave error, o ya desde el punto de vista de la ley de fondo, sino del procedimiento penal, el cual no tiene por objeto la investigación de los cargos, sino el descubrimiento de la verdad*".

46 *Code pénal annoté*, art. 1°, n° 76.

47 *Principii di diritto criminale*, p. 427.

48 Pode dizer-se que a grande maioria dos cidadãos nunca teve o cuidado de ler os artigos da lei penal, mas, a despeito disso, tem notícia, de modo mais ou menos preciso, do que

imaturos e o *homo sylvester* ignoram o mínimo ético cuja transgressão constitui o ilícito penal. Não é porque haja leis penais, argumenta BERNER, que existem crimes, mas porque há crimes é que existem leis penais. Em geral, um fato não se torna crime pela letra da lei: o fato, de si mesmo criminoso, é apenas declarado tal pela lei.[49] É o mesmo pensamento de GIERKE, quando, ao tratar da máxima *ignorar eleges non licet*, diz que o fundamento desta "é menos a ficção do geral conhecimento da lei do que o raciocínio de que na lei é apenas expresso o que já existe ou deve existir na consciência jurídica de cada indivíduo".[50] Em suma: consciência da injuricidade, na contextura do dolo, é o *juízo de valor* pelo qual o agente reconhece na ação, que empreende, aquela mesma que a lei ou a *opinio juris* popular reprovam como violação do dever de disciplina ético-social. Segundo acentua MEZGER,[51] para a existência do conhecimento da injuricidade, basta a representação subjetiva, sob o ponto de vista *profano*, do caráter proibido do fato. Igualmente, adverte VON HIPPEL[52] que em geral se reconhece que a consciência da injuricidade "não exige um especial conhecimento da lei (ou seja, de tal ou qual artigo da lei), bastando o conhecimento que acerca do Direito se adquire pela instrução comum ou no traquejo social" *("[...] nicht einer Gesetzknntnis im einzelnen (also eines Paragraphenswissens), sondern das allgemeine, durch Erziehung, Lebensfahrung und Beruf bregründet Rechtskenntnis genügt").*[53] No mesmo

---

é proibido ou indiferente sob o ponto de vista penal. O conhecimento geral da lei não está necessariamente adstrito a que *todos* leiam o seu texto. Apenas uma exceção se deve abrir em relação ao *homo rusticus* (à parte o alienado mental, o *infans* e o silvícola), desde que se trate de infrações que *atrocitatem facinoris non habent*, como já decidia o direito romano: *doli mali[...] quod si per imperitiam vel rusticitatem[...] aliquis fecerit, non tenetur (D., de jurisdictione, 1.7, § 4º).*

---

49 *Imputationslehre*, p. 59: "Zum Verbrenchen kann allgemeinen eine Handlung nicht durch den Buchstaben des Gesetz werden, sodern die an sich verbrerische Handlung wird in Strafgesetz nur als das, was ist, ausgesprochen".

50 *Deutsches privatrecht*, I, p. 134: "Ist nicht etwa eine Fiktion allgemeiner Gesetzkenntnis, sondern der Gedanken, das im Gesetzrecht nur ir Worte gefasst ist, war in Rechtsbewwusstsein eines jeden lebt oder leben sollte".

51 *Tratado de derecho penal*, trad. de MUÑOZ, II, p. 129.

52 *Deutsches strafrecht*, II, p. 347.

53 Dizia FINGER *(Lehrbuch des deutschen Strafrechts,* I, p. 230) que para a consciência da injuricidade basta o "fato, refletido na consciência do agente, da desaprovação da ação por parte do círculo de concidadãos em que ele vive" *("die in das Bewusstsein des Handelnden reflektierte Tatsache der Missbiligung der Handlung seitens des Kreises der Rechtsgenossen in den man lebt").*

sentido, e com clareza meridiana, JIMÉNEZ DE ASÚA:[54] *"La objeción de que se sólo los técnicos podrían cometer infracciones con dolo, y que también podría invocarse en cuanto al conocimiento de la antijuricidad, queda desprovista de valor, si atinamos a fijar la índole del conocimiento de lo típico y de lo antijurídico. Todos, aun los más ignorantes en mecánica, sabemos lo que es un automóvil, y nadie ignora lo que es una pulmonía, aunque no se hayan hecho estudios médicos. Lo que nosotros sabemos del automóvil y la enfermedad, no es de la manera profunda y acabada como el técnico lo conoce. Nuestro conocimiento es profano. Pues bien, debemos exigir como elementos intelectuales del dolo el conocimiento de la naturaleza de los hechos y de su significación jurídica, de esa manera profana y no técnica".* Sem o conhecimento, ainda que *profano*, do cunho antijurídico da própria conduta, não se pode falar em dolo, a não ser que este deixe de ser um conceito jurídico, para confundir-se com o *processus* psíquico que preside às ações conscientes em geral. Agir dolosamente é agir conscientemente no sentido do ilícito. O Direito Penal teria de despedir-se do seu racional e vivificante subjetivismo, perdendo mesmo o seu fundamental sentido ético-social, se permitisse a concepção do dolo como simples previsão da causalidade entre o ato voluntário e o resultado objetivamente antijurídico.

Uma conduta punível deve ser, antes de tudo, uma conduta antissocial, e a medida desta sua desconformidade com o interesse social não é apenas o seu enquadramento formal num artigo da lei penal, mas também o fato subjetivo de uma vontade que se dirige conscientemente a um evento contrário à ordem jurídica, ou que, pelo menos, revele, ao produzi-lo, desatenção à disciplina social. A conduta *culpada* no sentido do Direito Penal não pode ser, na essência, diferente da conduta *culpada* no sentido ético. O direito positivo, de regra, somente proíbe e ameaça com a pena ações que já são reprovadas, eticamente, pela opinião pública, pela consciência coletiva. A *qualidade* em virtude da qual uma conduta incide sob ameaça de pena é inerente a ela independentemente do fato de estar sob a cominação penal, precedendo a esta no tempo, pois que remonta à fase pré-jurídica ou moral prática. É o que JERSCHKE[55] incisivamente põe em relevo, aderindo à teoria das *normas de cultura* de MAX ERNST MAYER (v. n. 51, nota 18). O objetivo do Direito, isto é, a proteção de bens ou interesses humanos, não é exclusivo do Direito, pois já depara imperativos na *cultura*, que serve de base à ordem jurídica. Não há ação proibida pelo Estado que a *cultura* já não tenha, antes, proibido. *Culpada*, no sentido ético, é a conduta que está em contradição com os deveres impos-

---

54   *La ley el delito*, p. 455.
55   *Die putativnotweh*. In: *Strafrechtliche Abhandlungen*, fasc. 124.

tos ao agente pela *cultura* que o circunda. Qual seja a conduta antiética com o dever ético, indicam-no as proibições e mandamento da *cultura* em cujo ambiente o indivíduo vive. Mas nem toda ação objetivamente contrária ao dever (ético, cultural) pode ser imputada ao agente como uma *falta*, ou a título de *culpabilidade*. Para que a ação materialmente em oposição ao dever seja imputável subjetivamente ao agente, ou para que este se torne responsável por sua conduta objetivamente contrária ao dever, é preciso que tenha tido a consciência ou possibilidade de consciência dessa antinomia com o dever. Sem a falta consciente ou grosseira desatenção ao dever, não se concebe, sob o prisma ético, ação *culpada*. Ora, os caracteres objetivos e subjetivos de todo fato imputável no sentido jurídico. A ação imputável no sentido do Direito Penal não é senão uma espécie da ação imputável no sentido da moral positiva.[56] Acontece que nem todos os interesses reconhecidos e protegidos pelas normas da moral prática (ou *normas de cultura*, como quer MAYER), senão os interesses humanos mais relevantes e carecedores de eficiente salvaguarda, gozam também o militante amparo da ordem jurídica. Apenas um *minimum* de exigências da ordem moral (isto é, somente aquelas que condicionam necessariamente a paz e a disciplina sociais) é *avalizado* pela ordem jurídica. O Direito em geral, pelo conteúdo de seus preceitos, é o *mínimo ético*,[57] podendo dizer-se que o direito penal, em particular, é o *mínimo do mínimo ético*, isto, bem entendido, como nota SCHEMOLLER, do ponto de vista do seu conteúdo e extensão, pois, do ponto de vista de sua eficácia e resultado, representa o *máximo ético*.[58] Segue-se daí que a conduta penalmente culpada

---

56 Conf. MONTALBANO (*Il fondamento dell'imputabilità*, p. 126): "[...] possiamo affermare in maniera chiara e recisa la perfetta medesimezza del campo della morale e del campo del diritto penale, medesimezza la quale fa si che la imputabilità, prima di essere imputabilità giuridica, è imputabilità etica".

57 MANZINI, *Trattato*, I, p. 27. O conceito do direito como "mínimo ético" remonta a JELLINECK (*Die sozialethische bedeutung von recht, unrecht und straf*).

58 MANZINI loc. cit.: "[...] o direito penal, em face das outras disciplinas jurídicas e sob o aspecto moral, apresenta-se como o mínimo da quantidade ética considerada indispensável e suficiente para manter as condições necessárias a uma determinada organização social". No mesmo sentido GRISPIGNI (ob. cit., pp. 142-143): "Do ponto de vista da ciência social que tem por objeto o fenômeno social da moral, o conteúdo dos preceitos desta consiste no proibir o que é socialmente prejudicial e no prescrever o que é socialmente útil. E precisamente em razão desse caráter dos preceitos morais, segue-se que os fatos criminosos são também fatos imorais, desde que uns e outros são fatos nocivos à vida social. A única diferença entre eles é esta: enquanto os fatos criminosos são os que 'mais gravemente' ofendem as condições de existência da vida associada, os atos imorais, diversamente, compreendem todos os fatos contrários ao útil social, de modo que abrangem, de um lado, mesmo as omissões de bondade e assistência para com os outros associados e, de outro lado, os atos puramente internos, porque uma

diverge da eticamente culpada apenas em que acarreta um resultado *ilegal* ou em contraste com o direito positivo, isto é, com os deveres *morais* ou *culturais* coativamente reclamados pelo Estado, em sua ordem jurídica, sob a forma de normas penais.[59] A imputação de uma e a de outra realizam-se sob as mesmas condições, não havendo razão alguma para que se decida de outro modo. Dir-se-á que, assim sendo, bastará para caracterizar o dolo a consciência do dever ético ou cultural, simplesmente como tal. E a esta conclusão chegam, entre outros, M. E. MAYER,[60] KOHLRAUSCH[61] e VAN CALKER. Este último assim se pronuncia: "O agente não precisa de saber que sua ação é desaprovada pelo Direito, bastando saber que é imoral e socialmente nociva".[62] Ora, o dolo penal é um *conceito jurídico* e não há, portanto, referi-lo apenas ao dever ético-social, *tout court*, mas, sim, ao dever ético-social reconhecido e reclamado pela ordem jurídica. Como diz BELING, a fórmula de *consciência de oposição ao dever*, ou vale o mesmo que *consciência da injuricidade*, ou é uma concepção extrajurídica e errônea.[63] A teoria da neutralidade ético-jurídica do dolo, formulada principalmente por VON LISZT, não teve senão um êxito passageiro. Não a salvou do descrédito, mesmo entre os penalistas alemães, a marcante influência do famoso professor da Universidade de Berlim. A pura representação de um resultado, ainda que este importe lesão ou perigo de lesão de um bem ou interesse juridicamente protegido, não pode, *per se*, acar-

---

intenção má ou um mau sentimento constituem já, embora em menor grau, um dano ou um perigo social. Consequentemente, pode afirmar-se que os crimes são os *fatos imorais que apresentam maior gravidade*. E com toda razão, por isso mesmo, se tem afirmado que as proibições penais representam o *mínimo do mínimo ético*".

59 M. E. MAYER (*Die schuldhafte handlung*, p. 106): "*Die schuldhaft Handlung im Sinne des Strafrechts ist eine pflichtwidrige Willensbetätigung, die einen rechtswidrigen Erfolg zur Wirkung hat*" ("A conduta culpada, no sentido do direito penal, é uma exteriorização de vontade em oposição ao dever, que acarreta uma consequência antijurídica").

60 *Rechtsnormen und kulturnormen*, p. 74 (In: *Strafrechtliche abhandlungen*): "*Die Zurechnung ist zweifellos berechtig, wenn der Handelnde seine Willen mit Bewusstsein der Pflichtwidrigkeit betätig hat*" ("A imputação é certamente autorizada, se o agente realizou sua vontade com a consciência da oposição ao dever").

61 *Irrtum und schuldbegriff im strafrecht*, p. 37, "*Voraussetzung der Schuld ist das Bewusstsein einer Pflichtwidrigkeit*" ("Pressuposto da culpa é a consciência de que se infringe um dever").

62 *Strafrecht (grundriss)*, p. 45: "*Der Täter braucht keineswegs zu wissen, ob das Recht seine Tat missbiligt; es genügt, wenn er weiss, dass sie unsittlich und sozialschädlich ist*".

63 *Die lehre von verbrechen*, p. 183: "*Aber die neue Formel ist entweder trotz allen Bemüthens, zwischen Bewustein der Rechtswidrigkeit und dem der Pflichtwidrigkeit zu scheiden, genau identisch mit der das Bewusstsein der Rechtswidrigkeit zum Vorsatz fordernden Formel, oder sie ist grundunjuristisch und verwirrend*".

rotar a culpabilidade do agente como consciente ou intencional infrator da ordem jurídica. No próprio *Tratado* de von Liszt atualizado por Eberhard Schmidt (edição de 1927), já o dolo não se apresenta como uma noção indiferente sob o prisma ético-jurídico, ou exaurindo-se na simples previsão das circunstâncias de fato atinentes à configuração legal do crime. Já ali se diz que o dolo abrange o *conhecimento do caráter antissocial da conduta*, saiba ou não o agente que esta é especialmente incriminada. E eis, textualmente, a lição de Liszt-Schmidt, depois de acentuar que o dolo penal é um avatar do *dolus malus* romano (de cunho essencialmente ético e não pode, portanto, ser concebido como uma atitude psíquica alheia ao *valor da conduta*: "Neste sentido, só há falar-se em conduta dolosa quando, dada a sua injuricidade, é exercida com a representação subjetiva das circunstâncias de fato pertinentes ao molde penal e da sua *nocividade social*, posto que tenha sido exigível do agente uma conduta conforme ao Direito, ao invés de ilícita.[64] Ou mais concisamente: é culpado a título de dolo aquele que, em oposição ao dever, atua no prévio conhecimento da significação, de fato e de direito, da própria conduta" (pp. 137-238). E a seguir (p. 242): "A representação subjetiva (para caracterizar o dolo) tem de abranger as circunstâncias de fato pertinentes ao tipo penal, não somente como tais senão também como elementos de uma ação socialmente nociva ou que não deve ser praticada. Por outras palavras: o dolo compreende o conhecimento do caráter antissocial do fato, no sentido de uma *previsão da importância jurídica da conduta*. Isto não significa que o agente deve conhecer a injuricidade formalmente declarada num determinado artigo de lei, pois tal conhecimento só de juristas seria exigível: basta o reconhecimento de que a ação, tal como é empreendida, contrasta com os fins sociais, avaliando-a o agente, nesse sentido negativo, seja como imoral ou repreensível, seja como ilícita, proibida, ilegal etc."

Embora divirjam quanto à identificação do elemento *normativo* do dolo, os autores alemães,[65] em geral, acentuam a sua indeclinabilidade. A opinião dominante é no sentido de que o dolo compreende a *consciência da injuricidade*, ou, pelo menos, a possibilidade de tal consciência.[66] Entre outros, assim se pronunciam Binding,[67] Bünger, Löning Beling,[68] Birkmeyer,

---

64 Sobre a *teoria da não exigibilidade*, v. n. 52.

65 A mais profunda análise do conceito do dolo deve-se à doutrina alemã.

66 Segundo o princípio de que *idem est scire leges, aut scire debuisse, aut scire potuisse*.

67 *Grundriss des deutschen strafrechts*, p. 120: "Como já acontecia no direito romano, ainda hoje é essencial ao dolo a consciência da injuricidade".

68 *Die lehre vom verbrechen*, p. 180: "[...] não se pode abstrair no conceito da culpa a relação psíquica com o *momento* da *injuricidade*".

Allfeld,[69] Gerland, Olshausen,[70] Mittermaier, Engelmann, Ortloff,[71] Baumgarten, Hoffmann,[72] Sauer,[73] Mezger,[74] von Hippel,[75] Siegert.

Reclamam outros, entretanto, com conteúdo do dolo, apenas a *consciência de que se age em oposição ao dever moral ou cultural*, ou pelo menos, a possibilidade dessa consciência. Em tal sentido, Liepmann, Hälslchner,[76]

---

69 *Lehrbuch des deutschen strafrechts*, p. 166. Refere-se Allfeld à consciência da "significação dos fatos em face da ordem jurídica".

70 *Kommentar zum strafgesetzbuch für das deutsche reich*, I, p. 259: "A consciência da injuricidade é uma condição do dolo".

71 Ortloff refere-se à consciência da *punibilidade* (*strafbarkeit*), e explica: "A consciência da punibilidade é apenas o conhecimento da criminalidade de uma ação, isto é, a consciência de que esta incide ou, pelo menos, possa incidir na esfera de repressão do Estado, em razão de sua injuricidade ou oposição à norma".

72 *Die normativen elemente des besonderen und allgemeinenn tatbestandes im strafrecht* (In: *Strafrechtliche abhandlungen*, fasc. 272, p. 48): "[...] quando especiais circunstâncias demonstram não ter havido a consciência da injuricidade, está o juiz adstrito a examinar a questão".

73 *Vorsatz, Irrtum, Rechtswidrigkeit*, in *Zeitscrift f. d. gesam. Strafrechtswissenschaft*, vol. 51, p. 169: "Dolo é o conhecimento da ilicitude jurídica (ligado a uma conduta desconforme com o direito)".

74 Ob. cit., II, p. 125: "A conduta dolosa exige, segundo o justo critério, o conhecimento da significação antijurídica da ação, pouco importando o conhecimento da punibilidade desta".

75 Ob. cit., p. 347: "[...] o que importa é se o agente, no caso concreto, tinha a possibilidade de conhecer a *injuricidade*, a *proibição* ou *ilicitude* de sua conduta".

76 Segundo Hälschner, a ação penalmente ilícita é, no fundo, uma ação imoral. Uma ação contra o direito é uma ação contra os mandamentos da moral. A essência da moralidade ou da ação ética consiste precisamente em afeiçoar-se a conduta às exigências da moral, e a essência da *falta moral* está em que se desprezam tais exigências, ou se procede ao arrepio delas. Pressuposto da ação imoral é que se conhecem os mandamentos da moral como tais, isto é, os deveres impostos por esta. Os conceitos de *ação, imputação* e *culpabilidade* não são específicos do direito penal (de modo geral, não são apenas jurídicos, mas pertencem à psicologia e à ética). O termo *imputação* não quer dizer, no sentido penal, uma simples imputação *formal*, isto é, o mero *juízo* de que um acontecimento, como efeito, deve ser atribuído à vontade de um homem, como causa, mas significa também um *juízo* sobre o valor ético daquilo que se imputa como querido (*"ein Urteil über den ethischen Wert dessen, was als gewolt zuzurechnen ist"*).

HEINZE, KOHLRAUSCH,⁷⁷ OETKER, GRAF ZU DOHNA, M. E. MAYER,⁷⁸ VAN CALKER,⁷⁹ MARTENS,⁸⁰ STURM,⁸¹ GOLDSCHMIDT, GLEISPACH.⁸²

Entre os autores italianos, prevalece igualmente a opinião de que, não obstante o *nemini licet ignorare legem*, é inseparável do conteúdo do dolo o elemento ético-jurídico. CARRARA ensinava que o dolo é "a intenção mais ou menos perfeita de praticar um ato que se sabe contrário à lei". ALIMENA assim define o dolo "consciência e vontade de cometer um fato ilícito".⁸³ SETTI conceitua o dolo como "determinação de cometer uma ação cuja criminosidade se conhece".⁸⁴ PESSINA entendia que a existência do dolo depende de que *"il fenômeno di negazione del diritto sai stato preveduto dall'essere operante e come negazione del diritto e come conseguenza, sia certa o sia probabile, di un movimento spontaneo del suo organismo"*.⁸⁵ FERRI, com o seu claro entendimento da realidade e sua irreconciliável aversão aos exageros do tecnicismo jurídico, assim opinava: "[...] a consciência do ilícito é inseparável da intenção, que, para ser intenção criminosa (dolo), deve necessariamente contê-la. A diferença – moral e legal – entre quem dispara o fuzil com intenção, por exemplo, de experimentar apenas a qualidade do cartucho ou de defender-se de um agressor, e quem o dispara para ferir ou matar com o fim de vingança ou de roubo, está inteira e somente na consciência de fazer coisa lícita ou ilícita. E por esta consciência se determina se há, ou não, o dolo, isto é, a intenção criminosa. O crime intencional (doloso), assim como não pode ser

---

77 Como já vimos, KOHLRAUSCH refere-se, no conceito de dolo, à consciência de oposição ao dever. Advirta-se, porém, que o mesmo autor alude à "consciência de que a ação é merecedora de pena" (*"Bewusstesein der Strafwürdigkeit"*), isto é, "o conhecimento do caráter lesivo ou proibido da ação" (*"Kenntnis des Verbotensein oder der Schädlichkeit"*).

78 Ob. cit., p. 235: "É essencial que o agente saiba que infringe um dever, pouco importando que o reconheça como dever jurídico".

79 *Strafrecht*, pp. 44-45: "Segundo a opinião mais acertada, o dolo compreende a consciência da oposição ao dever (moral, social). Quando não se apresenta, pelo menos, a possibilidade dessa consciência, nenhuma reprovação pode ser formulada contra o agente".

80 *Der irrtum über strafmilderungsgrud*, p. 37 (In: *Strafrechtliche Abhandlungen*, fasc. 246): "[...] para caracterizar-se o dolo, basta que o agente saiba que sua conduta é moralmente reprovada, dispensando o preciso conhecimento de que seja contrária ao direito".

81 *Die schuldarten*, p. 43.

82 *"Über der schuld etc."*. In: *Monatsschrift f. kriminalpsychologie und strafrechtsreform*, 1925, p. 231: "Dolo é a consciência de *nocividade social* da própria conduta".

83 *Principii di diritto penale*, I, p. 195. ALIMENA identifica o dolo com o *voluntas sceleris*.

84 *Dell'imputabilità*, p. 246.

85 *Elementi di diritto penale*, p. 246.

involuntário, também não pode existir sem a consciência do ilícito".[86] Eis a lição de MAGGIORE: "O dolo não implica a vontade de violar a lei, mas, certamente, a consciência da injuricidade da ação".[87] CIVOLI[88] assim disserta: "[...] *affinchè sia abbia la volizione di un fatto costituente reato[...] ocorre che la volizione del fatto materiale sia avvenuta col concorso della scienza della illeceità*". ANGIONE[89] afirma que, para a subsistência do dolo, "não basta dizer que o fato foi querido pelo agente, mas cumpre, outrossim, afirmar e demonstrar que este tinha consciência da criminosidade da ação que praticava". E não há objetar, continua ele, que o princípio da inserção da consciência da injuricidade do conteúdo do dolo contrasta com o da inescusabilidade da ignorância da lei penal, pois os dois princípios *"sono concialiabilissimi e tali che la mancanza dela coscienza dela illeceità del fato può essere utilmente eccepita se e quando l'eccezione non implichi il disconoscimento dell'altro principio"*. PERGOLA[90] entende que *"l'azione non può ritenersi dolosa se non quando ala nuda rappresentazione di ciò che si fa si aggiunga altresì la coscienza della sua illecità (in genere)"*. Não é diversa a opinião de CECCHI:[91] "Para constituir o dolo[...] não basta a previsão e vontade do evento ou resultado, pois é necessário outro elemento: a consciência da ilicitude ou da injuricidade". PAOLI[92] lobriga no dolo a *prava intenzione* (a que tantas vezes alude CARRARA), que pressupõe a consciência de oposição à ordem jurídica: "Prava intenzione *è un'espressione che bisogna meditare, perchè in essa forse sta buona parte del contenuto psicologico dell'elemento soggettivo (dolo)"*. MANZINI, que, na última edição do seu *Trattato*, parece aderir à crua noção do *dolus facti* (na interpretação do

---

86 *Principii di diritto criminale*, p. 427. E acrescenta à p. 408: "*La consapevolezza che l'atto è illecito e dannoso o pericoloso per altrui è condizione imprescindibile, tranne i casi di incoscienza o di colpa*". Já na sua Sociologia criminale dizia FERRI: "*Perché vi sia responsabilità penale[...] non basta aver voluto il fatto, ocorre di più un'intenzione lesiva del diritto altrui con scopo antisociale od antigiuridico*".

87 *Principii di diritto penale*, I, p. 236.

88 *Trattato di diritto penale*, I, p. 348.

89 *La volontarietà del fato nei reati*, p. 8.

90 *Il reato*, p. 310.

91 Repetindo DE MARSICO, CECCHI entende por consciência da injuricidade o conhecimento do "antagonismo entre o ato e o dever social", e, a seguir, declara que o requisito da consciência da injuricidade não colide com o *nemo censetur ignorar elegem*, "*perchè la conscienza dela illeceità non ha nulla che vedere con la consapevolezza della illeceità specifica, bastando invece all'uopo la coscienza della illeceità in genere, quale è data della consapevolezza che l'azione stessa non può costituire per l'agente nè l'adempimento di un dovere nè l'esercizio di un diritto*".

92 *Principii*, III, p. 52.

Código Rocco), continua, entretanto, a dizer (vol. I, p. 629), como outrora: "Determinado conceito do dolo, apresenta-se clara e precisa, igualmente, à noção do seu oposto: a *boa-fé*. Por isso que aquele é constituído pela previsão e vontade, ou seja, pela intenção de ocasionar um evento contrário ao Direito, qualquer que seja o motivo ou fim do agente ou omitente, é manifesto que por *boa-fé* se deve entender a razoável crença na legitimidade do evento voluntariamente causado, isto é, o ter agido objetivamente de modo contrário ao Direito Penal, não apenas sem intenção de violar a lei penal (o que não excluiria o dolo, como já vimos), senão também *sem a intenção de cometer um fato ilícito*, desde que tal estado subjetivo não decorra de ignorância ou de erro sobre a existência e validade da norma penal". Se a *boa-fé*, que é a consciência de não agir ilicitamente, exclui o dolo, segue-se que este, necessariamente, compreende a consciência da ilicitude da ação. É o que, aliás, já ensinava explicitamente o próprio MANZINI nas suas *Istituzioni di diritto penale* (p. 69): "Ao dolo contrapõe-se a boa-fé, isto é, a razoável persuasão da legitimidade do fato voluntariamente causado. Em tal caso, o fato apresenta-se antijurídico no seu aspecto objetivo, mas não é tal subjetivamente, porque no agente faltou a consciência da ilegitimidade".

DE MARSICO[93] sustenta que o dolo não prescinde da *consciência do valor do ato*: "[...] *noi riteniamo che la coscienza debba rimanere termine costitutivo della nozione* (do dolo), *ma come coscienza del valor dell'atto che si compie, non come coscienza dell'ato. Non basta ed è inutile dire che chi spara volendo sparare, sa di sparare; bisogna dire che di questo atto volontariamente compiuto in tanto lo si può tenere responsabile in quanto egli ne conosca il valore fisico, etico, legale: il potere lesivo del diritto altrui, il carattere contrastante col concetto del dovere, la illegalità*". Para que subsista o dolo, prossegue o insigne professor da Universidade de Nápoles, é preciso que se tenha consciência não somente do valor físico ou mecânico da ação, mas também do seu valor ético-social. Nenhuma antítese existe entre o princípio da inescusabilidade da ignorância da lei penal e a necessidade da consciência do valor do ato: não se trata de substituir a realidade por uma ficção ou uma presunção, mas de seguir um critério seguro de reconhecimento da realidade íntima do agente, pois que, com a maturidade psíquica e a experiência da vida, o homem sabe o que é imoral ou socialmente nocivo, e não pode supor que uma ação proibida pela lei moral possa, normalmente, ser permitida pela lei do Estado.

---

93 *Conscienza e volontá nella nozione del dolo*, pp. 120 e ss.

DELITALA,[94] depois de afirmar que, de *jure condito*, "a consciência da injuricidade não é, em caso algum, um requisito do dolo", reconhece, entretanto, que *"perchè il dolo sussista, non è suficiente la semplice volontà degli elementi costituivi del fato, ma si richiede per giunta che la possibilità che l'agente conosca l'antigiuridicità dell'azione non resti esclusa dalla falsa supposizione de una circostanza di leceità del fatto"*. O ilogismo é patente. Para concluir-se que o dolo é excluído desde que não tenha havido, em virtude da falsa suposição de uma circunstância de excepcional licitude da ação, a possibilidade de conhecimento da injuricidade desta, é imprescindível que se admita, como premissa, que o dolo está condicionado à consciência da injuricidade. A incoerência de DELITALA apresenta-se ainda mais chocante quando reconhece que "não há fatos absolutamente antijurídicos, pois qualquer fato, em determinadas circunstâncias, pode ser cometido *sine injuria*".[95] É claro que fica imune de pena o fato que, malgrado sua tipicidade penal objetiva, é praticado *sine injuria*, e isto ocorre precisamente porque falha o *animus* da oposição ao dever ético-jurídico, a consciência da injuricidade, ou seja, o dolo.[96]

Na doutrina penal franco-belga, é, do mesmo modo, reconhecido e proclamado o lastro ético-jurídico do dolo. NORMAND[97] ensina que o dolo consiste *"dans le fait d'avoir conscicence d'accomplir volontairement l'acte qua-*

---

94 *Il fato nella* teoria *generale del reato,* pp. 48 e ss.

95 Ob. cit., p. 42.

96 CARNELUTTI (*La teoria generale del reato,* p. 181), dissertando sobre o tema do erro em direito penal, igualmente impugna a inclusão da consciência da injuricidade no conceito do dolo: "[...] *non vi é bisogno di amettere che senza codesta coscienza no vi sia dolo per spegare como l'errore sulla leceità, entro certi limiti, esclucla il reato appunto perchè la inesistenza del reato deriva non dal difetto del dolo come elmento costitutivo, mas della presenza dell'errore come elemento impeditivo"*. Ora, não se compreende como possa o erro, alheado de sua tradicional reconhecida influência extintiva do dolo, ser considerado *elemento impeditivo* do crime, como se este (rejeitados os abstrusos critérios *privatísticos* de CARNELUTTI) pudesse ser assemelhado ao *contrato*, no campo do direito privado. O efeito obstativo do erro, sob ponto de vista penal, não se realiza com a eliminação da injuricidade objetiva do fato, mas tão somente porque exclui o elemento subjetivo, isto é, o dolo, e mesmo a culpa *stricto sensu*, se se trata de erro inevitável. Além disso, não é somente do ponto de vista da relativa relevância do erro que se impõe a inserção da consciência da injuricidade no conteúdo do dolo: independentemente de qualquer erro ou falsa percepção do agente, pode faltar a este, *in concreto*, como já vimos, o propósito de se pôr em contraste com a finalidade ético-social do preceito que, *in abstracto*, declara punível a ação, sendo que a inexistência de crime, em tal caso, também só é explicável por carência de dolo, e precisamente porque este não pode deixar de conter a consciência da reprovação jurídica da ação.

97 *Traité élémentaire de droit criminel,* p. 716.

lifió delictuoux, das les termes que donne la definition legale, et contrevenir ainsi librement à ce que la loi ordonne ou defend". GARRAUD[98] assim se exprime: "As mais das vezes, o agente, tendo consciência da imoralidade, da ilegalidade do ato que pratica, ou melhor, das consequências lesivas que pode acarretar a bens tutelados pela lei, quer, entretanto, executá-lo apesar dessa previsão: diz-se então que age *intencionalmente* ou *dolosamente*, de modo que, em Direito Penal, a *intenção* ou o *dolo* consiste na vontade de praticar um ato que se sabe ser reprovável, punível. É a malignidade, a vontade de fazer mal, o *animus delinquendi*, o estado d'alma daquele que dirige sua vontade a violar a lei, ou antes, a lesar os bens jurídicos para cuja proteção intervém a sanção penal".

Segundo VIDAL-MAGNOL,[99] o dolo (*intention criminelle*) consiste na "*volonté d'accomplir un acte avec la conscience qu'il est defendu ou de s'abstenir conciemment d'un acte ordonné par la loi, sans que d'alleuirs l'agent puisse invoquer l'ignorance de la loi*". Doutrina ROUX[100] que é responsável a título de dolo aquele que "*a agi de mauvaise foi[...], sachant ce qu'il faisait, et voulant les conséquences antijuridiques de son acte*". GARÇON[101] define o dolo como "*connaissance que l'agent possède qu'il accomplit un acte illicite*". Sem qualquer restrição, tal conceito é adotado, em livro recentíssimo, por DONNEDIEU DE VABRES.[102] HAUS[103] conceitua o dolo, em sentido amplo, como "*la determination de commetre une action dont on connaît la criminalité*". Consoante a lição de NYPELS,[104] a lei, em matéria penal, somente reconhece o dolo quando o agente procede "*avec intention de violer ses prescriptions*" (o que importa levar demasiadamente longe o *normativismo* do dolo).

Na doutrina hispano-latino-americana, igualmente, prevalece a noção normativa do dolo. CUELLO CALÓN[105] considera indispensável no conteúdo do dolo o "*conocimiento de la significación antijurídica de la acción u omisión*". No mesmo sentido, PUIG PEÑA:[106] "*Sin el conocimiento de la significación antijurídica del acto el dolo no puede concebirse*". JIMÉNEZ

---

98 *Traité théor. et prat. du droit pénal français* (1930), I, p. 572.
99 *Cours de droit criminel*, 1928, p. 171.
100 *Cours de droit penal et de procédure pénale*, 1920, p. 112.
101 *Code pénal annoté*, art. 177.
102 *Traité de droit criminel*, 1947, p. 79.
103 *Principes généraux du droit penal belge*, I, n. 298.
104 *Le code pénal belge*, I, art. 1º, n. 13.
105 *Derecho penal*, 6ª ed., 1943, I, p. 331.
106 *Derecho penal*, 1944, I, p. 307.

DE ASÚA[107] entende que o dolo não prescinde do conhecimento, ainda que de *modo profano*,[108] da significação antijurídica do fato. E o insigne SEBASTIÁN SOLER assim se exprime: "[...] *el dolo presupone la consciencia de la criminalidad del acto*", posto que "*esa consciencia de la ilicitud del hecho no quiere decir además conocimiento concreto de su punibilidad*".[109]

No Direito anglo-americano, do mesmo modo, o dole é uma noção essencialmente ético-jurídica. Incluído no amplo conceito de *malice*, significa a intenção *criminosa (criminal intent)*, a direção da vontade a um fim ilegal *(unlawful intent)* ou injusto *(wrongful intent)*.[110]

---

107 *La ley el delito*, p. 455.

108 Cumpre insistir que *consciência da injuricidade* não quer dizer conhecimento específico da lei penal. Nem se pode dizer que o dolo é a intenção de violar a lei. Inaceitáveis são as velhas definições de PUCCIONI (*"intenzione di violare liberamente la legge"*) e de CARMIGNANI (*"actus intentionis plus minusve perfectoe ad legem loedendam directus externisque signis prorumpens"*). Não se pode inserir no dolo o propósito de transgredir a lei, pois o geral conhecimento desta é uma presunção *juris et de jure*; nem deve ser exigido semelhante propósito, porque ninguém age pelo gosto de violar a lei. Criticando a definição de PUCCIONI, diz BIANCHEDI (*Contributo ala teorica dela colpa*, p. 152): "Não creio exata esta definição, como não considero acertadas todas aquelas que falam de intenção de cometer fatos contrários à lei, por isso que não há quem proceda pelo simples gosto de violar o preceito legislativo[...]; o dolo não está na intenção de ofender a lei ou, o que vem a ser o mesmo, de cometer um fato que se reconhece contrário a ela, mas na consciência de ofender um bem tutelado pela lei penal e, portanto, no conhecimento da contradição entre o próprio fato e o exigido pelo respeito ao direito subjetivo pertinente ao indivíduo ou à sociedade. Pouco importa o estar ciente, ou não, de que se ofende a lei penal: o que é verdadeiramente relevante e necessário à existência do dolo é saber que a própria ação visa a ofender um bem que devemos respeitar. O dolo de quem mata, de quem rouba, de quem incendeia, não está na intenção de violar a lei e de agir em oposição ao seu preceito, que ordena ao indivíduo abster-se de matar, de roubar ou de ocasionar incêndio, mas na consciência de eliminar injustamente, *sine jure*, uma vida humana ou de violar, com a própria ação, a propriedade individual e seu uso pacífico". No mesmo sentido, MANZINI (*Tratatto*, I, n. 249): "Não é a intenção de violar a lei penal que se deve ter em conta[...] Nada importa que o agente conheça, ou não, a norma que reprime o fato por ele cometido, porque os crimes, nos quais é exigido o dolo, não só representam violação de preceitos de moral mínima, conhecidos de toda a gente, como também constituem lesão ou periclitação de interesses alheios, de sorte que não é seriamente admissível que um indivíduo, dotado de capacidade de direito penal, ao praticar um fato previsto na lei como crime, possa agir, pelo menos, sem a dúvida sobre a ilegitimidade do mesmo fato. E o descaso no dirimir essa dúvida (nos poucos casos em que é concebível), antes de realizar o fato, constitui violação de um dever cívico e, no mesmo passo, um elemento suficiente para condicionar o dolo. Quem, em tais condições, voluntariamente pratica uma ação ou omissão, corre voluntariamente o risco de cometer um fato contrário ao direito penal, e quem arrisca, quer".

109 *Derecho penal argentino*, ed. 1945, II, pp. 100 e 117.

110 BISHOP, *New criminal law*, § 287; WHARTON, *Criminal law*, § 137; *On homicide*, cap. VII; STHEPHEN, *Digest of criminal law*, art. 223; *General view of the common law of England*,

Entre os autores pátrios, finalmente, sempre dominou o conceito de que o dolo encerra o conhecimento da injuricidade da conduta. FILINTO BASTOS[111] ensinava que há crime doloso quando "o agente, conhecendo o mal que à ordem jurídica resultará de seu ato positivo ou negativo, voluntariamente o pratica". LIMA DRUMMOND[112] escorreitamente doutrinava: "Para que sobre o dolo assente a responsabilidade criminal, não basta ter o agente querido o fato em si mesmo: é necessário ainda a intenção lesiva do direito alheio com um fim antissocial ou antijurídico". MONIZ SODRÉ[113] assim discorria: "[...] toda a vez que alguém pratica um ato, cujos efeitos ele prevê, desejando que sobrevenham ou aceitando voluntariamente o seu advento, e sabendo ou devendo saber que viola um preceito de lei, tutelador de um direito, sob o amparo de uma sanção penal, tem cometido um crime doloso ou intencional[...]. Cumpre observar, como faz MANZINI, que "não é necessário ao dolo saber-se que o fato que se comete é *reprimido pela lei penal*", mas basta a ciência da violação de um interesse jurídico qualquer, isto é, de um interesse protegido pelo direito objetivo, pela lei em geral".

Não se pode suscitar dúvida que o nosso atual Código endossou a noção normativa do dolo. Basta acentuar simplesmente o seguinte: entre as causas de exclusão de dolo, expressamente menciona o erro (falsa suposição) sobre "situação de fato que, se existisse, tornaria a ação legítima". Ora, pergunta-se: por que fica, em tal caso, excluído o dolo? A resposta somente pode ser uma; porque falta no agente a *consciência da injuricidade*. Logo, tal consciência é inerente ao dolo. A conclusão é tão evidente como a de que quatro é a soma de dois e dois. Admira, pois, que COSTA E SILVA[114] afirme o contrário (*quandoque bonus dormitat Homerus[...]*), acompanhado por GALDINO SIQUEIRA,[115] que ficou com a edição do *Tratado de* VON LISZT, traduzido por JOSÉ HIGINO, e com um voto precipitado da Conferência Brasileira de Criminologia, reunida no Rio em 1936, infenso à teoria normativa.

---

p. 11; CLARK, *Criminal law*, p. 46; MAC CLAIN, *On criminal law*, vol. I, § 112; HARRIS, *Principles of the criminal law*, p. 11; CLARK-MARSCHAL, *The law of crime*, p. 77; FOSTER, *Criminal law*, n. 256 e 262; HOLMES JUNIOR, *The Common Law*, p. 52; KENNY, *Outlines of criminal law* (1936), pp. 53-54; MILLER, *On criminal law* (1934), p. 54.

---

111   *Breves lições de direito penal*, p. 91.
112   *Direito criminal*, ed. 1908, p. 50.
113   *Curso de direito criminal*, p. 383.
114   *Código penal*, 1943, I, p. 107.
115   *Tratado de direito penal*, 1947, I, n. 410.

Os impugnadores da inclusão da consciência da injuricidade no contexto do dolo incidem em notável incongruência, quando reconhecem que, nos casos em que o preceito penal fez referência expressa à *injuricidade* ou a uma conduta *sine jure* ("sem justa causa", "indevida", "ilegal", "arbitrária"),[116] o dolo fica subordinado à condição do especial conhecimento de tal injuricidade. Este ponto de vista, conducente à duplicidade no conceito do dolo, remonta a von Liszt[117] e embora já não se encontre nas edições do *Tratado* lisztcheano atualizado por Eb. Schmidt,[118] ainda é assumido por Florian, que, depois de enjeitar a inserção da *"consapevolezza dell'illecito"* entre os elementos do dolo, ressalva:[119] *"[...] l'accenato fondamentale principio trova uma eccezione salientíssima nell'ipotesi di delitti, nel contenuto dei quali la legge ponga quela, che può dirsi la condizione di antigiudiricità speciale. In codesti casi, il delitto non sussiste se al dolo comune, desunto della volontá consapevole, non si aggiunga, nell'agente, la consapevolezza di operare senza diritto: ocorre, cioè, sia dimostrata la speciale coscienza dell'illecito".*[120] Ora, raciocinemos: para que se identifique um fato punível, é necessário, primacialmente, que se apresente um fato antijurídico. A injuricidade é pressuposto indeclinável, qualidade inerente a qualquer infração penal. Se a lei, num caso ou noutro, faz explícita menção da ilicitude jurídica do fato, não importa isso qualquer diferença substancial entre tais casos e aqueles outros em que tal menção é omitida. O que há a inferir é apenas o seguinte: o especial relevo da injuricidade, nos poucos casos em que isso se verifica, não passa de uma superfetação do *proeceptum*

---

116 Exemplos: arts.: 151, § 1º, n. I e II, 153, 154, 196, § 1º, n. VII, 246, 319 e 350, I, do Código.

117 *Lehrbuch*, 13ª ed., pp. 180-181: "Toda vez que a lei insere na conceituação do crime a ilicitude jurídica como característico, deve exigir-se, para identificação do dolo, a consciência dessa ilicitude por parte do agente".

118 Na 25ª edição (1927), ensina-se coisa inteiramente diversa: "A injuricidade do crime, por evidente, não precisa de especial menção na lei (tanto assim que o contraprojeto de Código Penal alemão sistematicamente a evita). O legislador, entretanto, achou de incluir no "molde" de certos delitos o requisito da injuricidade. Não se pode dar a isso maior importância. É possível que ao legislador tenha parecido necessário chamar a atenção para a especial dificuldade que, no tocante a tais delitos, se apresenta para a delimitação entre casos lícitos e ilícitos; mas nenhum fundamento jurídico existe para diverso tratamento desses delitos, em cotejo com os demais".

119 *Tratatto di diritto penale*, p. g., I, p. 460.

120 Também Nino Levi *(Dolo e cosciença etc. n. 39)*, outro adversário da culpa *normativa*, entende que o direito positivo *"indica come requisito dell'elemento materiale, che diviene per riflesso anche requisito dell'elemento psichico del reato, la coscienza della illegitimità o della ingiustizia in taluni specifici reati".*

penal. É a justa lição de ANGIONI:[121] "[...] poiché il legislatore segue la regola di considerare l'illegitimità della condotta come il presupposto sottinteso di ogni reato, non v'è ragione alcuna, se si vogliono evitare equivoci e se non si vuole sacrificare l'armonia del sistema dallo stesso legislatore adottato, di richiamare la nota dell'illegitimità nella norma che prevede un determinato reato". Assim, se a consciência da injuricidade é um elemento do dolo no tocante aos crimes em cujos 'moldes' legais é explícita a condição de injuricidade, não há razão para que não aconteça o mesmo nos demais casos, em que tal condição está implícita. Ou a consciência da injuricidade é sempre um elemento do dolo, ou não o é em caso algum: não há lugar para um critério dúplice ou bifronte. A solução contrária, adotada pelos que sustentam a nenhuma tonalidade ético-jurídica do dolo, é apenas um atestado do indisfarçável desacerto da teoria que defendem.

Se se limita o dolo ao simples fenômeno psicológico da representação do resultado a produzir-se com o movimento corpóreo (ou abstenção deste) consequente ao *fiat* da vontade, não haveria razão plausível para que tivesse ele especial significação no campo do Direito Penal, ou para fazer-se dele uma específica noção jurídica. Por que e para que cuidar-se de um particular *dolo penal,* se o nexo psíquico, que ele traduz, entre o agente e a ação, é alheio à *qualidade desta,* ou ao seu sentido ético-jurídico-penal, confundindo-se com o *processus psíquico* que antecede e preside as ações indiferentes ao Direito repressivo? Mas, não é só. Se o dolo não compreende a consciência de que a ação, *in concreto,* é aquela mesma que a ordem ético-jurídica reprova *in abstrato,* onde estaria, acaso, o fundamento para a repressão penal do agente, quer se considere a pena como um fim em si mesmo *(imperativo categórico, retribuição, expiação),* quer se lhe reconheça ou atribua um fim utilitário, fora de si mesmo *(coação psicológica,[122] emenda, defesa jurídica, defesa social)?* Como explicar-se, dentro do postulado clássico da *responsabilidade moral,* que se possa imputar *subjetivamente,* a título de consciente *falta moral,* uma conduta que, embora antijurídica na sua objetividade, não foi querida como tal pelo agente? E afeiçoado o Direito Penal contemporâneo, até certo limite, ao critério do "estado perigoso" subjetivo, qual a *periculosidade* do indivíduo que, não obstante haja praticado uma ação formalmente ilegal, e posto que

---

121 Ob. cit., p. 22.
122 Como diz DE MARSICO (ob. cit., p. 129), "*la sanzione penale dev'essere applicata quando avrebbe dovuto agire e non ha agito da controspinta alla infrazione; ma siccome da controspinta non puo agire senza la conoscenza almeno della illegalità del fatto, la sanzione non può essere applicata quante volte si abbia invece, sobbene per errore, slada e precisa coscienza della legalità del fatto*".

não tenha agido com omissão da diligência normal ou comum, não se propôs erguer a *bandeira vermelha* da indisciplina e rebeldia contra o império do Direito?[123] Sem dúvida, não se pode olvidar que, aceito em suas últimas consequências, o *subjetivismo,* na órbita do Direito Penal, poderá conduzir a um *individualismo* colidente com o interesse da defesa social. Assim é que se não pode deixar de apoiar, por exemplo, a presunção do conhecimento geral da lei, ainda que não corresponda à realidade, pois, de outro modo, estaria seriamente embaraçada a função social da Justiça Penal. A *razão política,* porém, não pode ir além da *utilidade* colimada, *contra tenorem rationis.* Ora, em face do puro senso jurídico, e sem que se abstraia o *ignorantia legis neminem excusat,* não há contestar que, para reconhecimento de uma ação punível informada de culpabilidade no seu mais alto grau, não basta a averiguação de um *corpus delicti* ou de um evento penalmente típico na sua materialidade: é preciso, também, averiguar se o agente previu e quis o resultado criminoso ou antijurídico *como tal.* Se, como diz Meloni,[124] *"é intenzione il campo su cui la valutazione si ferma ad indagare e ad intendere il disvalore del fatto delittuoso",* é inadmissível que se não faça conta, na concepção do dolo, da *qualidade* da intenção do agente. *Actus non facit reum, nisi mens sit rea.* Para identificar-se um crime, considerado este, como deve ser, *em função do delinquente,* é indispensável que se apure se o agente teve realmente a consciência de praticar a ação que a norma penal reprova e proíbe, e não outro; ou, o que vale o mesmo: é necessário averiguar se houve, da parte do agente, vontade *criminosa* (que abrange, implicitamente, a consciência da ilicitude jurídica).

76. Distinções do dolo. Já conhecemos a primeira divisão do dolo em *direto* e *eventual.* O Código equipara as duas *species,* sob o ponto de vista da integração do crime; mas, no tocante à graduação da pena *in concreto* (art. 42), cumpre reconhecer que o dolo eventual é um *minus* de intensidade em relação ao dolo direto. Várias outras distinções tradicionalmente se fazem a respeito do dolo. Deixando de margem as que já perderam o seu prestígio (como a que separa entre *dolo determinado* e *dolo indeterminado),* somente citaremos as que apresentam relevo técnico-jurídico.

Deve caber primazia à distinção entre *dolo de dano* e *dolo de perigo.* Este é peculiar aos *crimes de perigo,* diferenciando-os dos crimes tentados de

---

123 A pretendida *neutralidade* do dolo faz *tabula rasa* do postulado de psicologia criminal a que se ajusta o movimento de reforma das legislações penais modernas: "Quanto menos um crime corresponde à estrutura psicoética do seu autor, tanto menor periculosidade revela".

124 *La colpa civile e la colpa penale,* p. 20.

dano e dos crimes formais. Eis a lição de LANG: "Deve identificar-se um crime de perigo, segundo penso, somente no caso em que o dolo do agente abrange apenas a causação do perigo[...]. Quem age com dolo de dano necessariamente não deixa de querer, ao mesmo tempo, causar um perigo; mas seu intento é ir além, isto é, causar um dano. A recíproca, entretanto, não é verdadeira: quem quer criar uma situação de perigo, nem sempre tem, simultaneamente, a intenção de causar um dano, no sentido da lei penal".[125] A doutrina do dolo de perigo foi, a princípio, incerta e confusa. A tentativa de STOOS[126] em tal sentido, há meio século, não foi coroada de êxito. Figurava STOOS o caso de um caçador que atira contra a caça, prevendo poder atingir o guarda-mato, que se acha próximo, e distinguia: se o guarda-mato é atingido, dá-se um crime culposo; se, porém, fica incólume, e como não seja admissível que se deixe impune uma situação de perigo conscientemente ocasionada, deve reconhecer-se um especial estado de culpabilidade, que não é simples culpa, nem dolo pleno ou de direito, ou seja, precisamente, o *dolo de perigo*. Ora, se não existe relação entre a vontade e o *eventus periculi,* posto que *prever* ou *estar consciente* não é o mesmo que querer, não se pode falar em dolo. BINDING e LÖFFLER, por sua vez, confundiam o dolo de perigo com o dolo eventual de dano. Dizia BINDING[127] que *"der Gefährdungsvorsatz schliesse den eventuellen Verletzungsvorsatz in sich"* (isto é, "o dolo de perigo encerra em si o dolo eventual de dano"). LÖFFLER, que, com a sua teoria sobre a bipartição da *vontade* em *intenção* ou *dolo direto (Absicht)* e simples *consciência (Wisssentlichkeit),* identificada esta com o *dolo de perigo* (que seria a previsão do resultado antijurídico como provável, previsão que embora não seja *motivo,* também não é *contraste* à ação ou omissão), declarava:[128] "O dolo de perigo não é outra coisa que o *dolus eventualis,* ou, mais precisamente, a *consciência*[...]. Os crimes dolosos de perigo não são mais que tentativas de crimes de dano com o chamado *dolus eventualis*" (*"Der Gegahrdugsvorsatz ist nichts als der dolus eventualis, genauer gesprochen die Wissentlichkeit[...]. Die vorsätzlichen Gefährddungverbrechen sind nichts als unvollendete Verletzungsverbrechen mit sog dolus eventualis"*).

O nítido conceito de dolo de perigo veio a ser fixado, porém, entre outros, por ARTURO ROCCO:[129] "O dolo que se encontra nos crimes de perigo se

---

125 *Protokoll der zweite expertenkommission* (na revisão do projeto de Código Penal suíço), V, p. 35.
126 *In zeitschrift für die gesammte strafrechtswissenschaft* (vol. 15, 1895, pp. 199-201).
127 *Die normen und ihre übertretung,* IV, 1919, p. 405.
128 *Apud* HAFTER, *Schweizerisches strafrecht, bes. Teil,* 1937, p. 50, nota I.
129 *L'oggeto del reato,* 1932, p. 330.

chama *dolo de perigo*. Consiste ele na vontade consciente de expor a perigo um bem ou interesse humano. Distingue-se do dolo de dano ou de lesão, precisamente porque, neste, o que se quis é um dano e, naquele, somente um perigo".

Dolo de perigo, assim, é a vontade de criar tão somente um evento de perigo. É certo que o agente, querendo o *eventus periculi*, necessariamente prevê o *eventus damni*; mas este transcende à sua volição. Sua vontade consciente, como diz HAFTER, visa a uma situação de perigo e não a um ulterior resultado lesivo, pois, se o último é também visado, o que se apresentará é, conforme o caso, um crime de dano consumado ou tentado.[130] O dolo de perigo é, dessarte, reconhecível como uma autêntica *species* de dolo, por isso que é a *voluntas* conscientemente dirigida à ameaça concreta de um bem jurídico, ou como se exprimem SALTELLI-DI FALCO,[131] "a vontade consciente de produzir, com a própria ação ou omissão, uma situação perigosa relativamente a um bem ou interesse penalmente tutelado". Como o dolo de dano, pode ser *direto* ou *eventual*, isto é, a vontade do agente pode ter por *movens* a representação subjetiva do evento de perigo ou exercer-se apesar dessa representação. A diferença entre os *crimes dolosos de perigo*, de um lado, e os *crimes tentados de dano* ou os *crimes formais*, de outro, é a seguinte: nos últimos, o evento de perigo está aquém da vontade; naqueles, corresponde, precisamente, à vontade. Por outras palavras: nos crimes tentados de dano ou nos crimes formais, há um evento de perigo com dolo de dano; nos crimes de perigo, há um evento de perigo com dolo de perigo.

Como se distingue do dolo de dano (direto ou eventual), também o dolo de perigo se diferencia da culpa *stricto sensu*, inconsciente (sem previsão) ou consciente (com previsão). Na culpa inconsciente, o *eventus damni* não é, sequer, previsto; na culpa consciente, é previsto o *eventus damni*, mas o agente *confia* em que não sobreviverá; no dolo de perigo, o agente também não quer o *previsto* evento de dano, mas quer a situação de fato que o possibilita.[132]

MADUREIRA DE PINHO pretende que "mais expressivo que outro qualquer, na caracterização específica do dolo de perigo, é o exemplo citado por CARRARA e referido por NÉLSON HUNGRIA, do vigia de linha que, para obter

---

130 Ob. cit., p. 50: "*Sein Wissen und Wollen richtet sich auf eine Gefährdung, nicht auf einem weiteren verletzenden Erfolg. Trifft hingegen das letztere zu, so kommt je nachdem Vollendung oder Versuch eines Verletzungsdelikte in Frage*".

131 *Commento teorico-pratico del nuovo codice penale*, I, 1ª parte, p. 262.

132 RATIGLIA (*Il reato di pericolo nella dottrina e nella legislazione*, p. 194): "*Nel reato colposo cosciente, il soggetto vuole l'azione o l'omissione, ma non appetisce il contenuto di minaccia che è conesso alla condotta; nel dolo di pericolo egli vuole intenzionalmente l'azione o l'omissione nel suo contenuto di minaccia*".

o prêmio instituído pela companhia ferroviária a favor do empregado que impedisse algum desastre, simulou uma situação de perigo, deslocando um trilho da linha e, a seguir, correu a dar o "sinal de alarma ao comboio que se aproximava".[133] Há flagrante equívoco em tal parecer. Não houve, no caso, dolo de perigo: *simular* um perigo não é *querê-lo*. Dolo de perigo é a vontade conscientemente dirigida a um perigo *sério*, e não um simulacro de perigo. *Fingir* um perigo é ação indiferente ao Direito Penal, salvo se, traduzindo em si mesma uma imprudência, der causa ao evento lesivo, pois em tal hipótese, configurar-se-á um crime culposo (se a título de culpa for punível o fato). Este raciocínio escapou a MADUREIRA DE PINHO ao impugnar a seguinte observação nossa[134] em torno ao caso citado por CARRARA: "Suponhamos que, por uma circunstância excepcional, o sinal não fosse percebido pelo maquinista e sobreviesse o desastre: somente a título de culpa poderia ser este imputado ao agente, de vez que não houve a representação subjetiva do evento lesivo". Assim argumenta o exímio professor: "De logo vale acentuar que a *representação do evento lesivo* não poderia faltar na hipótese, já que, consistindo o perigo na probabilidade ou simples possibilidade de um dano, é impossível querer o perigo sem representar subjetivamente o dano provável ou possível. O que se pode verificar, como no exemplo em causa, é a vontade do evento de perigo e não o evento lesivo[...]. O crime é, portanto, [...] imputável a título de dolo, de dolo de perigo". Ora, na *simulação* de um perigo, está excluída, necessariamente, a direção da vontade no sentido da efetiva probabilidade ou possibilidade de dano, pois é claro que, se tal não fosse, não haveria falar-se em *simulação* de perigo. No hipotético desdobramento do exemplo de CARRARA inexiste, sem dúvida alguma, o dolo de perigo: longe de *querer* o perigo, o agente tomou as precauções que julgou necessárias para que ele não se apresentasse *realmente*. O inesperado evento lesivo só a título de culpa lhe poderia ser imputado. Se o agente não queria, sequer, o efetivo perigo, como poderia ter a representação subjetiva do evento de dano?

Outra relevante distinção do dolo é a que se faz entre *dolo genérico* e *dolo específico*. O dolo, conceitualmente, é a vontade a exercer-se *por causa* ou *apesar* do previsto resultado antijurídico. Acontece, porém, que, frequentemente, ao incriminar um fato, a lei menciona ou pressupõe um *fim especial* ou *determinado*, de modo que este passa a ser elemento integrante do dolo do crime *in specie*. Em tais casos, o dolo se diz *específico*, em contraposição ao dolo alheio a qualquer fim particular *à parte subjecti* e que se chama dolo

---

133 *O valor do perigo no direito penal*, p. 124.
134 *Compêndio de direito penal, parte especial*, vol. I, p. 205.

genérico. O dolo específico é, muitas vezes, o traço distintivo entre crimes de idêntica materialidade ou afins *à parte objecti*. Assim, a subtração de uma menor de 18 anos, consciente, deixa de se enquadrar no art. 249 do Código, se o agente é movido por *fim libidinoso* ou de *casamento*, pois que, em tais hipóteses, responderá por crime de *rapto consensual* (art. 220) ou *raptus privilegiatus* (art. 221). Entende Manzini que, quando o fim determinado é a própria *ratio essendi* da incriminação, só se pode falar de dolo genérico, isto é, "da vontade de cometer um fato contrário ao Direito Penal objetivo, na sua única forma punível".[135] Não vemos, entretanto, inconveniente algum na extensão do conceito do dolo específico a essa hipótese: desde que se exige, além da vontade referida ao resultado, um determinado fim do agente, o dolo se *especifica*. Asúa é infenso ao discrime entre dolo genérico e dolo específico (também denominado *com intenção ulterior*) e assim disserta:[136] "*El dolo con intención ulterior, al que los viejos autores denominaban dolo específico, es el que lleva en sí una intención calificada, a la que los alemanes llaman* Absicht. *A nuestro juicio, no puede hablarse de dolo específico, porque es imposible construir el mal llamado dolo genérico. Todo dolo, al conectarse con la imagen rectora del tipo, se adapta a ella exactamente y constituye un tipo de culpabilidad. El llamado dolo con intención ulterior, que es el que expresa un fin (el rapto es el robo de una mujer para casarse con ella o para corromperla), así como el animus que ciertos delitos exigen (como el lucrandi en el hurto), no son propiamente dolos con intención ulterior, sino elementos subjetivos de lo injusto, que ya hemos estudiado al hablar de la tipicidad*". A argumentação não convence. Posto que o dolo ora ocorre com a simples correspondência entre o resultado e a vontade (e esta é a regra geral), ora exige, como um *quid pluris*, determinado fim do agente, não é de se desprezar a tradicional distinção entre dolo genérico e dolo específico, para falar-se tão somente em *dolo típico*.

Costuma-se também distinguir o dolo, quanto à sua intensidade, em *dolo de propósito* ou *de premeditação (propositum, dolus deliberatus* ou *proemeditatus)* e *dolo de ímpeto* ou *passional (impetus, dolus repentinus)*. Esta distinção, que remonta ao Direito romano, já não tem o relevo que outrora se lhe atribuía. Certamente, o dolo tem uma escala, que vai desde uma intervenção mínima da consciência e vontade até o pleno domínio da inteligência sobre a volição; mas não se pode dizer, aprioristicamente, que no extremo inferior dessa escala esteja o dolo de ímpeto e, no extremo

---

135 *Trattato*, vol. I, p. 624.

136 *La ley y el delito*, p. 460.

superior, o dolo premeditado. Nem sempre a premeditação é indício de maior afirmação da *mens rea*, do mesmo modo que o *impetus* não revela, em todos os casos, menor perversidade. O nosso Código nem mesmo inclui a *premeditação* entre as agravantes genéricas *obrigatórias*, deixando-a entre as circunstâncias *inominadas* ou *indeterminadas* do art. 42, para ser apreciada, de caso em caso, pelo juiz. Havia razões de sobra para tal critério. Já antes do advento da "escola positiva" (que pleiteia o radical cancelamento da agravante da premeditação), HOLTZENDORFF evidenciara que a premeditação, ao contrário do conceito tradicional, não revela, por si mesma, perversidade ou abjeção de caráter, senão resistência à ideia criminosa. É mais perverso aquele que mata *ex improviso*, mas por um motivo imoral, do que aquele que mata depois de longa reflexão, mas por um motivo de valor moral ou social. O indivíduo ponderado, cujo poder de autoinibição oferece resistência aos motivos determinantes de uma conduta antissocial, não é mais capaz de crime do que o indivíduo impulsivo, que não sabe *sobrestar antes de começar*. Segundo a clássica definição de CARMIGNANI, a premeditação caracteriza-se pelo *intervalo de tempo (mora habens)* e a *frieza e calma de ânimo (frigidus pacatusque animus)*. Ora, o primeiro elemento é tudo quanto há de mais arbitrário e inconcludente. Quando ao segundo, não passa, como acentua COSTA, de um atributo da personalidade psicofísica ou psicofisiológica do agente, e nada tem a ver com o processo volitivo. A frieza ou calma de ânimo é um modo de ser do temperamento. Com frieza ou calma de ânimo, tanto se pode cometer um crime quanto uma ação nobilíssima (FERRI). Na tentativa de reabilitar a premeditação como agravante, cuidou-se de ampliar o seu conceito: deve ser retirada a índole moral dos motivos determinantes e a escolha de meios que tornam mais fácil ou menos aleatória a execução do crime. Tal critério, porém, levou à conclusão lógica de que se devia abolir, por inexpressiva e inútil, a agravante em questão, bastando que se formulassem agravantes referidas aos motivos e aos meios empregados ou modo de execução. Não impediu o descrédito da *premeditação* a defesa que lhe fez ROCCO (ALF.), na *Relazione* sobre o projeto definitivo do atual Código italiano (devendo notar-se que nos anteprojetos não figurava essa agravante): "*Vi avrebbe ragione di escludere, la premeditazione non fosse altro che quella specie di dolo che si contrapone al dolo d'impeto. Ma nel dolo vi è una scala, che sale per gradi, dal cosìdetto dolo d'impeto, alla reflessione normale, ed infine alla premeditazione. Questa aggiunge un* quid pluris *a quel grado di riflessione, che è comune alla maggior parte delle azioni delittuose*". Mas, que é o *quid pluris* a que se refere ROCCO? Para ANGIONI, *a tensão do propósito até a fixação* é que constitui esse *quid pluris*, em cotejo com o grau de reflexão comum à maior parte das ações delituosas.[137] Ora, semelhante *tensão*, sobre ser inaferível, não significa outra coisa senão a continuada predominância do *motivo mais forte;* de modo que este sim, é que deve ser apreciado na sua qualidade, para dele se deduzir a maior ou menor punibilidade do agente. Quando da elaboração do projeto do Código Penal suíço, com toda razão observou Gautier:[138] *"La préméditation est un critère que manque tout-à-fait de précision, puisque l'on a pas pu, jusqu'ici, se mettre d'accord sur le sens de ce mot. C'est um critère extremement incertain aussi pour la raison que la préméditation, qu'on l'entende dans l'un ou dans l'autre sens, est toujours un fait purement intérieur et que peut fort bien ne pas se traduire par des actes perceptibles. C'est de plus un critère faux et incomplet, en ce qu'il ne denote pas avec certitude et dans tous les cas sans exception un caractère criminel particulièrement dangereux"*. Entre os autores pátrios, a *premeditação* conta com adversários declarados. Osmã Loureiro[139] acentua e aplaude a tendência moderna no sentido de "proscrever dos Códigos a premeditação, como agravante, por se confundir com simples mecanismo da vontade criminosa, substituindo-se esta indicação pela investigação dos motivos". Costa e Silva[140] assim se pronuncia: "Os modernos autores de psicologia criminal despiram a premeditação de sua antiga importância. Hoje ela nem sempre indica, na pessoa do delinquente, grau mais elevado de depravação moral". Ponto de vista contrário é defendido por Cândido Mota Filho, na sua monografia *Da premeditação* (1937); mas esta foi o *canto do cisne* da velha agravante do Direito brasileiro. A premeditação é desconhecida dos Códigos de data mais recente, entre outros, o peruano, o argentino, o soviético, o dinamarquês e o polonês. O Código suíço mantém a premeditação como *qualificativa* do homicídio (art. 112), mas sob a condição de que revele efetivamente, da parte do delinquente, "uma particular periculosidade ou perversidade". Os Projetos Galdino, Sá Pereira e Alcântara já haviam abolido, quer como agravante genérica, quer, como qualificativa ou majorante. O Código de 40 não tinha outro caminho a seguir. Na visão de conjunto do fato criminoso *in concreto*, a premeditação poderá eventualmente ser levada em conta pelo juiz; mas deixou de ser uma circunstância apriorística de exasperação de pena.

No tocante ao *impetus*, igualmente, já não tem este o prestígio que lhe era conferido em outros tempos e chegava ao extremo, com a teoria do hi-

---

137 *La premeditazione*, 1933.
138 *Protokoll der zweite expertenkommission*, II, p. 149.
139 *Modificativos da pena no direito brasileiro*, 2ª tir.
140 *Código penal*, 1930.

potético *dolus indeterminatus*, da exclusão do *conatus*. Somente em especiais circunstâncias é tomado em consideração, funcionando como atenuante ou minorante. Assim, perante o nosso Código, figura entre as atenuantes genéricas (art. 48, IV, letra *c, in fine*) e torna *privilegiado* o crime de homicídio ou de lesão corporal a circunstância de ter o agente procedido "sob a influência de violenta emoção, provocada por ato injusto da vítima" para o reconhecimento do *privilegium* é, além disso, exigido expressamente que a reação se exerça *in continenti* e não *ex intervalo*: "logo em seguida à injusta provocação da vítima" (arts. 121, § 1º, e 119, § 4º). É de notar-se ainda que, nos casos de *injúria* subsequente à provocação direta (face a face) e de "retorsão imediata" de uma *injúria* por outra *injúria*, o Código autoriza o "perdão judicial" (art. 140, § 1º, I e II). Para que se reconheça a *degradação* do dolo, é necessário o *impetus justi doloris (simplex iracundioe calor non excusat, nisi justa causa proecedat)*.

Outra distinção que vem do direito romano é a que contrapõe ao *dolus malus* o *dolus bonus*. Relacionada à *qualidade dos motivos* determinantes, esta diferenciação pode ter relevo no setor da medida da pena *in concreto* (art. 42). No caso em que a *bonitas* do dolo resulta de "motivo de *relevante* valor social ou moral", o nosso Código manda reconhecer uma atenuante genérica (art. 48, IV, letra *a*) ou um *privilegium* (arts. 121, § 1º, e 129, § 4º).

Também não se diz com a essência do dolo, mas com a sua maior ou menor intensidade, deduzida do *modus operandi* do agente, a distinção entre *dolus velatus* e *dolus apertus*. O modo insidioso da conduta criminosa, por isso mesmo que revela um alto grau de perversidade, pode constituir até mesmo uma agravante genérica (art. 44, II, letra *d*) ou uma *qualificativa* (art. 121, § 2º, IV).

Por último, há uma distinção de valor técnico: é a que divide o dolo em *precedente (inicial* ou *preordenado), subsequente* e *geral*. Fala-se em *dolo precedente* quando: *a)* no curso do *iter criminis*, o agente se arrepende, mas *já não pode* ou não consegue evitar a consumação (arrependimento ineficaz): o dolo existente de início é bastante para que o evento criminoso lhe seja plenamente imputável a esse título; *b)* nas chamadas *actiones liberae in causa sive ad libertatem relatae* (v. n. 83). Dá-se o *dolo subsequente (ou sucessivo)* quando o agente, tendo empreendido uma ação com intuito honesto, passa, em seguida, a proceder com má-fé e pratica um crime (ex.: o caixeiro-viajante recebe o dinheiro da clientela, com o propósito de recolhê-lo a uma agência de banco, em nome do patrão, mas, a seguir, arrisca-o em apostas de jogo), ou, vindo a conhecer *post factum* a ilegitimidade de sua conduta, não procura evitar suas consequências (ex.: um indivíduo vem a saber que a cédula com que, em boa-fé, pagou o seu credor é falsa, e não cuida de substituí-la, mantendo-se reticente). Finalmente, fala-se em *dolo geral (dolus generalis)* quando o agente, julgando ter obtido o resultado intencionado, pratica segunda ação com diverso propósito e só então é que efetivamente o dito resultado se produz. Exemplo? Um indivíduo, depois de haver *occidendi animus*, golpeado outro e, supondo erroneamente que este já está sem vida, atira o presumido cadáver a um rio, vindo a verificar-se, pela autópsia, que a morte ocorreu por afogamento e não em consequência da lesão anterior. Como argumenta Vannini,[141] tratando do caso que vem de ser figurado, embora se apresente um erro essencial (versando sobre condição essencial de fato, isto é, a existência do objeto jurídico do homicídio), há um nexo causal doloso entre o evento "morte" e a ação do réu; a segunda ação (lançamento do suposto cadáver ao rio) não é em si mesmo dolosa, mas isto em razão de erro derivado da situação de fato criada pela primeira ação, empreendida *necandi animus*; de modo que o evento "morte" se liga, ainda que mediatamente, à vontade criminosa. Deve admitir-se, segundo Weber (a quem se atribui a fixação do conceito de *dolus generalis),* que existe, correspondentemente à vontade criminosa revelada na totalidade do processo executivo, um homicídio doloso consumado. O agente quis matar um homem, e matou. Advirta-se, entretanto, que grande número de autores (notadamente alemães) vê no exemplo dado uma tentativa de homicídio, de par com um homicídio culposo.

77. Culpa (*stricto sensu*). Ao invés de fixar uma noção unitária da *culpa* o Código preferiu declarar que o crime é culposo "quando o agente deu causa ao resultado por *imprudência, negligência* ou *imperícia*". A Comissão Revisora do Projeto Alcântara não se deixou seduzir pela fórmula do Projeto Sá Pereira (segunda fase): "Age culposamente quem o faz sem o cuidado a que é obrigado e do qual é capaz segundo as circunstâncias e as suas condições pessoais, e por isso não prevê que o conteúdo do crime pode realizar-se ou, julgando-o possível, confia em que essa realização não se dará".

Tampouco mereceu aprovação a fórmula, menos difusa, proposta por Costa e Silva no seio da Comissão: "Diz-se o crime culposo quando o agente, deixando de observar a diligência a que era obrigado, não prevê o resultado que podia prever; ou, prevendo-o, confia em que ele não se verifique". Sobre oferecer o flanco a objeções, nenhuma dessas fórmulas era *exaustiva*. Ficavam à margem delas os casos excepcionais de culpa *por extensão* (hipóteses de inescusável erro de fato nas chamadas "descriminantes putativas" e no excesso de legítima defesa"), em que o resultado, além de previsto, é

---

141   *Il delitto di homicídio,* p. 29.

querido. A fórmula vencedora não exprime, como entendeu COSTA E SILVA,¹⁴² o receio de escolher entre as teorias que seriamente se disputam o acerto na caracterização essencial da culpa, isto é, a da *previsibilidade* e a da *causa eficiente*. A adoção do critério da *previsibilidade* como linha de fronteira entre a culpa e o caso fortuito está implícita na tricotomia "imprudência, negligência, imperícia", tendo sido, portanto, enjeitada a teoria de STOPPATO ou *da causa eficiente* (também chamada *objetiva* ou *dos meios antijurídicos*). Dizendo-se que a culpa consiste em imprudência, negligência ou imperícia como causa do resultado, emite-se um conceito singelo, acessível ao entendimento vulgar, e não excludente dos casos em que o acento tônico da culpa incide, não no erro sobre a causalidade da ação (ou omissão), mas no erro que faz o agente supor-se *autorizado* a produzir o resultado.

O limite inferior, o mínimo necessário da culpa (e, portanto, da culpabilidade em geral) é a *previsibilidade* do resultado. Esta é a linha de fronteira, além da qual começa o império das forças cegas e incalculáveis, a órbita do *caso fortuito, e nullum crimen est in casu*. A *species* primária e mais frequente de culpa é a *culpa inconsciente* ou *sem previsão (culpa ex ignorantia)*: o agente deixa de prever o resultado, que, entretanto, segundo a lição da experiência comum, podia prever. Mas há também simples culpa (e não dolo) quando o agente: *a)* tendo previsto a possibilidade do resultado, não o quis, nem aceitou o risco de produzi-lo, esperando inconsideradamente que não ocorresse ou repelindo a ideia do seu possível advento; *b)* além de ter previsto, também quis o resultado, mas sem reconhecer previamente, por inescusável erro de fato, a sua injuricidade. Na primeira dessas variantes, dá-se a *culpa* consciente ou *com previsão (culpa ex lascivia);* na segunda, a culpa *por extensão* ou por *assimilação*. Sob o ponto de vista da *censurabilidade*, todas as modalidades de culpa se equivalem, não se podendo distingui-las, pelo menos aprioristicamente, para diverso tratamento penal: tanto faz prever o resultado previsível, quanto prevê-lo, mas confiando levianamente em que não sobrevirá, ou mesmo querê-lo, mas supondo-o, por precipitada e errônea apreciação das circunstâncias, não contrário ao Direito. Há em todas estas hipóteses uma predominante nota comum: omissão do dever de precaução ou diligência, a que se está adstrito, na medida ordinária, para não ocasionar a lesão de bens ou interesses alheios.¹⁴³ No crime doloso, o resultado antijurídico é consci-

---

142 Cons. NÉLSON HUNGRIA, "Costa e Silva, penalista". In: *Novas questões jurídicos-penais*, p. 310.
143 STOOS (*Lehrbuch des österridhischen strafrechts*, 1910, p. 95): "Todo homem tem o dever de orientar sua conduta de modo a não ocasionar consequências maléficas. Este dever não pode razoavelmente ultrapassar a capacidade e o poder de evitar o mal segundo o curso ordinário das coisas".

entemente querido; no crime culposo, o resultado antijurídico não é jamais querido, ou não é querido como tal, mas o agente deixa de abster-se da ação (ou omissão) que, se tivesse procedido com atenção ou cautela exigível do *homo medius*, teria reconhecido como conducente ao evento contrário ao Direito.

Para definir a culpa, pode ser repetida a velha fórmula de RAYNALDO: *incircumspecta deviatio ab ea diligentia quam communiter adhibent homines*. E para identificar-se essa *incircumspecta deviatio* ou falta de precaução, é condição mínima ou suficiente a que já consignava o ensinamento reportado por PAULO (Dig., 9, 1. 31): *Mucius dixit culpam esse, quod cum a diligente providerí poterit, non esset provisum aut tum denunciatum esset, cum periculum evitari non posset*. Nem há excogitar outro critério para distinguir entre culpa e *casus*. Tem sido improfícua a tentativa de formulação de teorias com fundamento diverso. Todas estas, no fundo, redundam implicitamente no critério da previsibilidade. Vejamos, por exemplo, a já citada teoria de STOPPATO, que chegou a ter grande sucesso. Assim criticava esse autor a doutrina tradicional:[144] "Com o critério da previsibilidade, deve aplicar-se o evento lesivo *a posteriori*. Quando o evento se verifica, acompanhado de várias circunstâncias, julgamos com o espírito voltado para estas. Do seu modo de apresentar-se, da sua concatenação, do seu complexo e, muitas vezes, obscuro enredo, deduzimos o nosso juízo sobre a previsibilidade ou imprevisibilidade do evento. Assim, vimos a colocar o agente na condição de ser julgado segundo o critério de nossa experiência e, o que é pior, de uma experiência que, se bem que nos figuremos o contrário, não sabemos se teria aconselhado e orientado a nós mesmos a agir diversamente. Essa experiência é fruto da observação material de fatos que estavam ou podiam estar fora da consciência do agente, como, muito provavelmente, teriam estado fora da nossa consciência. Ora, não creio que isso possa fornecer um justo e exclusivo critério para legitimar a repressão dos eventos lesivos. A experiência do passado nem sempre dá garantia na previsão do futuro." Segundo STOPPATO, para que um evento lesivo seja penalmente atribuído a alguém, basta que este tenha sido, com o seu ato voluntário, *causa eficiente* do evento e haja empregado *meios antijurídicos*, isto é, não consentâneos com os fins jurídicos. Não há necessidade de pesquisar-se um elemento moral específico. Mas é o próprio STOPPATO que, infiel à sua teoria, não prescinde do critério da previsibilidade. Diz ele[145] que deve ser punido "quem age voluntariamente, produzindo eventos lesivos com meios aberrantes dos fins jurídicos, *sem cuidar*

---

144 *L'evento punibile*, pp. 137 e ss.
145 Ob. cit., p. 196.

das consequências do próprio ato". Vê-se, por esta última frase, que o elemento *previsibilidade*, que Stoppato qualifica de *empírico, incerto e equívoco*, voltou a impor-se ao seu próprio raciocínio, para informar a justificação da punibilidade da culpa. Também o ilustre autor de *L'evento punibile* disserta que "a culpa se incrimina porque à vontade humana não pode ser consentida uma independência absoluta na escolha dos meios", ao que Alimena redargui: "Como, acaso, se podem escolher certos meios, de preferência a outros; como se pode ter o dever de escolhê-los; como se pode ser culpado por não os ter escolhido, se não são suscetíveis (na opinião de Stoppato) de uma avaliação subjetiva? Campili,[146] do mesmo modo que Stoppato, repele o critério da previsibilidade, a que faz acerba crítica, dizendo-o imaginado para, no tocante aos crimes culposos, salvar o princípio da responsabilidade moral, e nobilitar, atingindo as fontes da ética, a "prosaica razão de punir". Segundo ele, para a incriminação da culpa, é suficiente, de par com a *causalidade voluntária*, a *periculosidade do ato*. Ora, só se pode dizer perigoso um ato quando se apresenta, à luz da experiência comum, como capaz de produzir um evento lesivo. Assim, quem pratica voluntariamente um *ato perigoso* pratica um ato de que devia abster-se, de vez que podia e devia prever suas consequências maléficas. Na essência, a teoria de Campili vai aliar-se à da previsibilidade.

Examinemos, por último, a chamada "teoria psicosociológica", de Angiolini[147] e Altavilla.[148] Partindo do princípio positivístico de que "não há responsabilidade sem periculosidade subjetiva", declara Angiolini que não há indagar se o autor do dano foi ou não imprevidente ou desatento, mas, sim, ter-se em vista se os seus antecedentes psicossociais revelam nele um *indivíduo perigoso*; e a sociedade deve defender-se segundo o grau dessa periculosidade. Os delinquentes culposos são classificados por Angiolini em quatro categorias: 1ª, os que o são por efeito do senso moral ou altruísmo, em cujas ações é conscientemente querida a causa imediata que dá origem ao evento lesivo, e até mesmo é este previsto, embora se esperando que não ocorresse; 2ª, os que o são por inexperiência, imperícia, inaptidão etc., não prevendo o evento lesivo e não tendo, sequer, consciência da causa imediata que o determina; 3ª, os que o são por defeito do mecanismo da atenção ou das faculdades associativas, conscientes da causa e sem previsão do evento lesivo; e, finalmente, 4ª, os que o são por influência do ambiente ou por *surmenage física* e intelectual (não prevendo o evento e não tendo consciência da causa),

---

146 *Condizioni e limiti di punibilità della colpa*, p. 92.
147 *Del delitti colposi*, pp. 155 e ss.
148 *Delitti contro la persona*, 1921, p. 129.

de modo que não são temíveis ou o são em grau diminuto. Esta teoria, em última análise, não formula um novo conceito de culpa, visando apenas, com a classificação que propõe, a facilitar a individualização da pena em face dos delinquentes culposos. Vê-se que Angiolini, ao *esquematizar* os tipos de delinquência culposa, valeu-se do critério da previsibilidade. Altavilla, que adere à teoria de Angiolini, respondendo a uma objeção de Manzini em tal sentido, é o primeiro a reconhecê-lo, acrescenta que "a teoria da previsibilidade é a única que pode justificar a incriminação da culpa".[149]

Em suma: a teoria da previsibilidade, originária da inexcedível sabedoria romana, ainda não foi desacreditada e continua predominante. A própria "escola positiva", que andou renegando a torto e a direito os postulados do Direito Penal clássico, deu-lhe carta de fiança. São de Ferri[150] estas palavras: "A culpa consiste, inegavelmente, em um estado de desatenção e imprudência, e é um erro a exclusão de previsibilidade do evento da noção da culpa, para reduzi-la à só causalidade voluntária".

Mas, que é *previsibilidade,* como conceito jurídico-penal?

Existe previsibilidade quando o agente, nas circunstâncias em que se encontrou, podia, segundo a experiência geral, ter-se representado, como possíveis, as consequências do seu ato. Previsível é o fato cuja possível superveniência não escapa à perspicácia comum. Por outras palavras: é previsível o fato, sob o prisma penal, quando a previsão do seu advento, no caso concreto, podia ser exigida do homem normal, do *homo medius*, do tipo comum de sensibilidade ético social.[151] No tocante à identificação da culpa *stricto sensu,*

---

149   *Teoria soggettiva del reato,* p. 114.

150   *Principii,* p. 447.

151   O direito penal não é formulado tendo-se em vista o *super-homem, o herói, o santo*; mas o *homo medius*, o homem normal. Sobre este já escrevemos alhures: "O homem normal deve ser entendido sob um ponto de vista estatístico, isto é, tendo-se em conta *id quod plerumque accidit*. Não interessa ao nosso tema saber se há um homem *rigorosamente normal*, segundo um tipo ideal psicológico; mas apenas que há um *homem normal* como símbolo e medida de diligência ordinária. Segundo Di Tullio, o homem normal é "aquele que consegue atingir e adquirir, pela influência da educação e de ambiente, uma suficiente capacidade de prever, de avaliar e de inibir-se, de modo a poder facilmente adaptar-se às exigências complexas da vida social e, pelo menos, às restrições da moral codificada". Frequentemente, é metido à bulha. O homem médio, Lombroso assim o definia: *"Buon mangiatore e lavoratore ordinato, abitudinario e misoneísta, paziente, rispettoso d'ogni autorità, animale addomesticato"*. É o mesmo *Philister* de Victor Hehn: "produto do hábito, desprovido de fantasia, razoável, ornado de todas as virtudes da mediocridade, levando uma vida honesta graças à moderação de suas exigências intelectuais, suportando, com paciência comovedora, todo o fardo de preconceitos de seus antepassados". Ferri (*Studi sulla criminalità*) assim o farpeia: *"L'uomo normale – che*

é perfeitamente aceitável o critério da *não exigibilidade (Nicht zumutbrkeit)* como causa de exclusão de culpabilidade (v. n. 52): se o pressuposto desta (como *falta moral*) é a *censurabilidade* da ação, segue-se que ela exprime a violação de um dever de conduta, do ponto de vista social; mas, conduta social não pode ser senão aquela que, sendo exigível de um indivíduo, não é seguida por este. A *censurabilidade* deixa de existir quando um indivíduo falta à observância de uma conduta que se apresentava impraticável no caso concreto (*ultra posse nemo tenetur*) ou particularmente difícil, não exigível do *homo medius*, do comum dos homens. A Justiça Penal somente chama a contas o imprevidente ou desatento normal ou cuja deficiência ética-social não tenha causa mórbida. É de rejeitar-se, porém, a opinião segundo a qual a previsibilidade deve ser referida à individualidade subjetiva do agente, e não ao tipo psicológico médio. O que decide não é a atenção habitual do agente ou a diligência que ele costuma empregar *in rebus suis*, mas a atenção e diligência próprias do comum dos homens; não a previsibilidade individual, mas a medida objetiva média de precaução imposta ou reclamada pela vida social. De modo geral, a culpa, como diz Fauconnet é «*tout ce qui révèle une adresse ou une prudence inferieure à la moyenne, à la diligence du bon père de famille*». A imprevisão ou o erro de cálculo que condicionam a culpa são somente aqueles que podem ser superados com a diligência ordinária,

---

recorda il taglio degli abiti fatti, che si vendono nei grandi magazzini, buoni per coprire, ma non a dare um abito personale – l'uomo normale non è dunque che una specie di pasta vivente, di plasma continuativo – e anonimo – che trasmette la vita e le abitudini e l'incrostazione tradizionale dei pregiudizii attorno alle verità elementari, di generazione in generazione... Il gregge degli uomini normali passa nei secoli senza nome e senza numero. Per ricordare il pensiero di un grande anormale – Napoleone I – si potrebbe dire che l'uomo normale è la fanteria dell'eterna armata umana". Mas... convenhamos: *o homem normal é a personificação do bom senso, do equilíbrio moral*. É ele quem sempre reconduz ao justo ponto de equidistância entre os *extremos* o pêndulo da evolução humana. Por que cobri-lo de ironias e até mesmo de apodos, como fez, por exemplo, Ingenieros? Reconheça-se que é no seio dos anormais que costumam germinar os heróis à Carlyle, mas nem por isso se deve obscurecer o grande mérito do *homo medius*. Dos *anormais* já dissemos o seguinte, impugnando a *emasculatio* dos criminosos sexuais de tonalidade psicopática, como medida eugenética e penal: "[...] ao lado dos psicopatas parasitários ou inúteis, formando o triste rebanho dos *sub-homens*, há, em compensação, aqueles outros dos quais se pode dizer que são o *sal da terra*, peregrinos semeadores de beleza, requintados artistas da ideia e da expressão, pioneiros das grandes conquistas científicas, vanguardeiros da civilização, rasgadores de clareiras e novos horizontes ao espírito humano"; mas isto não nos impede de fazer também a apologia do *homo medius*: é ele o *corretivo*, a benéfica força de resistência aos Ícaros que tentam abstrair a irremediável contingência humana[...]" E como quer que seja, ridicularizado ou não, o *homem normal* é um paradigma de que não pode prescindir o direito penal.

com o atilamento comum, com a reflexão inerente à média capacidade humana, com a lição da experiência vulgar. Pouco importa o temperamento pessoal do agente: também o delinquente doloso é movido ao crime pela sua índole própria, e nem por isso se há de pretender que deixe de ser punível. O Projeto SÁ PEREIRA, inspirando-se no Projeto STOOS (de Código Penal para a Suíça), falava em *atenção* de que o agente "por suas condições pessoais, pudesse ser capaz". Tal critério, na sua amplitude, redundaria, como adverte VON BAR, numa recompensa aos lerdos e descuidados,[152] quando são estes, precisamente, os que mais necessitam do *estímulo* da ameaça penal ou da influência corretiva da pena. Não teria sido por outro motivo que a derradeira *Comissão de Direito Penal na Alemanha*, repelindo, neste particular, os projetos anteriores (em que se via a fórmula suíça), propôs o seguinte dispositivo: "Age culposamente aquele que, por omissão da cautela ou atenção a que estava obrigado *("aus Mangel an der pflichtgemäßen Sorgfalt")*, não prevê que dá causa ao evento". A previsibilidade deve ser apreciada *objetivamente*, isto é: não do ponto de vista individual do agente,[153] mas do ponto de vista do homem comum, em face da lição da experiência relativa ao que frequentemente acontece. A *individualidade* deve estar subordinada ao interesse coletivo, e não este àquela. À parte os *imbecis* da atenção ou os verdadeiros *enfermos das faculdades associativas*, a reclamarem o manicômio, ao invés da prisão comum, deve ser punido todo indivíduo que, ocasionando um evento lesivo a outrem, por grosseira desatenção, revele, por isso mesmo, um *desajustamento* com as normas jurídicas de disciplina e coordenação sociais. A pena cominada aos crimes culposos é um *memento* aos desatentos e, quando efetivamente aplicada, é uma medida pedagógica, pois a sua dolorosa experiência se transfundirá na psique individual como um vigilante motivo inibitório ou contrário à tendência para a desatenção, afeiçoando, destarte, o indivíduo ao ritmo normal da vida em sociedade. O desatento (abstraídas as formas patológicas) é um indivíduo que, no dizer de MELONI,[154] "*ha riserva*

---

152 *Gesetz und schuld im strafrecht*, II, p. 450: *"Eine Prämie sein würde für dienigen, welche nicht Neigung fühlen, sich um den Zusammenhang der Dinge, um Naturgesetze und um das, was neben ihnen vorgeht, zu kummern"* (Uma recompensa aos que por índole não se preocupam com a relação das coisas, as leis naturais e o que acontece em torno deles").

153 LIEPMANN, *Einleitung in das strafrecht*, 1900, p. 151: *"Nicht die individuelle Vorhersehbarkeit, sondern ein durchschnittlich angesetztes zur Erhaltung des gesellschaftlichen Lebens auf einer besttimmten Kulturstufe unumgängliches objektiv Mass an Sorgfalt bestimmt den Grad der rechtlichen Verantwortlichkeit"* ("O que determina a responsabilidade jurídica não é a previsibilidade individual, mas a indeclinável medida objetiva média de cautela imposta pela vida social em um dado grau de civilização").

154 *La colpa penale e la colpa civile.*

di energie volitive dentro di sè, di cui si defrauda e si dispoglia o che lascia inoperose ed inerti, per aver ignorato o disconosciuto il valore ético-sociale dell'attenzione", de modo que deve ser estimulado pela pena, para o efeito da aquisição daquela *"sfera superiore di potere, che caracteriza l'assidua e volontaria disciplina dell'attenzione"*. Não se trata de um indivíduo irreconhecível sob o prisma da psicologia normal: a sua deficiência ético-social é, principalmente, uma resultante de causas exógenas (maus hábitos, educação mal orientada etc.), e, assim, pode ser corrigida pela atuação artificial de outras causas externas, entre as quais, sem dúvida, a pena ressai.[155]

---

155 Recente doutrinarismo sociológico insiste no paradoxo da abolição da pena, ou mais precisamente, da pena de prisão, que, dada sua arguida inutilidade, deveria ser substituída, de futuro, por medidas de tutela, tratamento e educação readaptativa dos criminosos, sem nenhum caráter aflitivo. A ideia não é de hoje. Já estava em embrião no *correcionalismo (Besserungstheorie)* de Röder, bem como dentro da lógica da chamada "escola penal positiva" e fora tratada *ex professo* e apostolicamente defendida por Pedro Dorado, no seu livro *El derecho protector de los criminales*, deixando-se à parte, pelo seu cunho de pura fantasia, as lucubrações psicanalíticas de Fritz Wittels no seu *Die Welt ohne Zuchthaus* ("o mundo sem penitenciária"). Ao que se alega, o regime penal vigente (ou, o que vem a ser o mesmo, o *penitenciarismo*) teria aberto falência. O moderno sistema de execução penal atenuou a crueldade da prisão, mas nada teria alcançado no sentido da colimada eliminação ou redução da delinquência. Deve ser, consequentemente, desmontado desde a cúpula até os alicerces, aproveitando-se na pavimentação do inferno o material dos estabelecimentos penais arrasados... Acentua-se que a penitenciária teria falhado no seu próprio país de origem, isto é, os Estados Unidos, onde, precisamente, se encetou a nova cruzada pelo repúdio da pena privativa de liberdade. Depois de haver ensinado ao mundo os seus tão preconizados sistemas penitenciários, inspirados no idealismo *Quaker* da regeneração dos delinquentes, a grande República norte-americana, atestando a inanidade de sua própria obra, teve de inventar a cadeira elétrica, instituir os *G-men*, e construir as *malebolgi* da ilha de Alcatraz, que sobrepuja as bastilhas medievais no tratamento *more bellico* dos seus reclusos. O insucesso da penitenciária, pondera-se, vem de que ela persistiu no critério errôneo de *castigar*, ao invés de propor-se, exclusivamente, a finalidade de uma reeducação racional. Conjugando fins antagônicos, quais sejam *castigo* e *reforma*, redundou num hibridismo infecundo. Verifica-se que há, irremediavelmente, na sua técnica, qualquer coisa que esteriliza, deforma e encrua a alma dos seus hóspedes forçados (Barnes e Teeters, *News horizons in criminology*, 1943). O rigor da sua disciplina extirpa o que ainda existe de aproveitável e de bom no criminoso. Longe de conseguir o objetivo de reabilitação, é uma incubadora de reincidentes. Os estabelecimentos da atualidade não passam - afirma-se - de monumentos de estupidez. Para reajustar homens à vida social, invertem os processos lógicos de socialização: impõem silêncio ao único animal que fala; obrigam a regras que eliminam qualquer esforço de reconstrução moral para a vida

Tem-se discutido sobre a legitimidade da incriminação da culpa, por incompatível, ao que se diz com a fórmula tradicional da responsabilidade

> livre de amanhã; induzem a um passivismo hipócrita pelo medo do castigo disciplinar ao invés de remodelar caracteres ao influxo de nobres e elevados motivos; aviltam e desfibram, ao invés de incutirem o espírito de hombridade, o sentimento de amor-próprio; pretendem, paradoxalmente, preparar para a liberdade mediante um sistema de cativeiro.* Dobrado à rígida disciplina, não é senão aparentemente que o recluso demonstra a sua regeneração: posto em liberdade, ainda que *sub conditione,* ei-lo de novo na senda do crime. A sua intercorrente prisão foi apenas um *acidente de trabalho...* E por aí vai, acompanhado de objurgatórias de profeta bíblico, o pessimismo dos adversários da penitenciária. Será, porém, verdade que haja resultado inteiramente improfícuo todo o imenso e custoso esforço de mais de um século de penitenciarismo? É o que formalmente devemos contestar. Não se justifica o acrimonioso libelo formulado pelo transbordante *humanitarismo* de certos poetas líricos a serviço da causa do combate à delinquência. Não pode ser trazido à baila, para descrédito do regime penitenciário, o exemplo dos Estados Unidos, com seu espantoso recrudescimento de criminalidade. Há toda uma série de causas *extraordinárias* que explicam, sem argumentar-se com a pretendida ineficiência do sistema penitenciário, o fenômeno desse alarmante surto de delinquência, que, aliás, mesmo antes da última guerra mundial, já se achava em franco declínio, dada a aplicação de medidas excepcionalmente drásticas. O regime penitenciário serve ao objetivo de reduzir ao *minimum* a atividade criminosa dentro das condições sociais normais. Não possui, nem alardeia possuir o condão mirífico de uma infalível e onímoda *vis medicatrix*. O que se passa, ou, melhor, o que se passou no país dos *yankees* foi uma resultante de singulares fatores criminógenos, irredutíveis, na sua transitória exacerbação, aos processos comuns de repressão e prevenção da delinquência. Apontemo-los, de relance. A torvelinhante caudal da *strennuous life* norte-americana criou uma vertiginosa *steeple-chase* pelo dinheiro. A fome de outro lavrou espíritos e corações. A improvisação de imensas fortunas pelos meios reputados legais fez despertar a cobiça daqueles que, incapazes de êxito pelos processos regulares ou consentidos, recorreram a toda espécie de meios ilícitos e criminosos. Difundiu-se a estranha filosofia do *something for nothing*. Para enriquecer depressa, e facilmente, os *corredores* sem *handicap,* oriundos notadamente do seio dos inassimilados filhos de imigrantes, lançaram mão do *racketeering*, do crime organizado, do *gangsterismo*, do *kidnapping*, do *blackmail*. Nesse meio tempo, veio a famosa *Lei Seca*, que, fraudada sistematicamente, não conseguiu impedir o uso do álcool e deu ensejo ao contrabando em grande escala e à formação de *partidos* de contrabandistas, que, mutuamente hostis, chegavam a guerrear-se a metralhadora na própria via pública. Ajudava-os, para maior incremento do flagelo, segundo denuncia J. E. Hoover, diretor do Federal Bureau of Investigation, a "untuosa conivência de políticos venais". Revogada supervenientemente a proibição do álcool, os seus *aproveitadores* passaram, derivativamente, a *rackets*, a salteadores de bancos, a extorsionários, formando uma verdadeira legião de *cães danados* (*mad dogs*, como dizem os americanos do norte) e fazendo subir o coeficiente da criminalidade a um grau jamais atingido. E foi então que surgiram Alcatraz e os *G-men*, para enterrar vivos ou matar sumariamente os Al Capone, os Dillinger e os *Baby Face* Nelson. É explicável que, para contrabalançar a penalogia *machine-gun* ou *treat them rough,* haja surgido nos Estados Unidos a criminologia "pão de ló" ou *cream*

psíquica. PUGLIA (*La psicologia della colpa*, pp. 135 e ss.) postulava a radi-

puff, cujos postulados o citado HOOVER qualifica de *moo-cow sentimentalities* (ao pé da letra: sentimentalismos de vaca mugindo"). A contenda entre as posições extremadas é o prelúdio de sempre ao advento ou retorno do meio-termo, que é a expressão do equilíbrio ou da justa medida.
Não se pode repudiar, irrestritamente, o sistema ético-jurídico da pena, cuja modalidade principal é a prisão. A *compensatio mali cum malo* é ditada por uma lei da natureza e depara justificação em nossa própria consciência. Não há argumentar que a pena-retribuição é resquício do talião primitivo. O *modus faciendi* da punição tem evoluído no sentido da brandura e da estilizada proporção, mas a ideia da retorsão do mal pelo mal continua inscrita e viva na razão humana, tal como no tempo do "olho por olho, dente por dente". Surgiu com os primeiros homens e há de ser pedagogia de todos os tempos a correspondência entre o mal e o castigo, entre o bem e o prêmio. A pena, como sofrimento imposto aos que delinquem ou como contragolpe do crime *(malum passionais quod infligitur ob malum actionis)*, traduz, primacialmente, um princípio humano por excelência, que é o da justa recompensa: cada um deve ter o que merece. Além disso, é reparação, é disciplina e é escarmento. É reparação porque restabelece a ordem jurídica violada pelo crime, aplaca a indignação contra o criminoso e reintegra a consciência jurídica da coletividade. É disciplina porque reafirma o princípio da autoridade, que o criminoso desrespeitou. É escarmento porque representa um indelével *memento* para o criminoso que a sofre e um indireto contramotivo aos possíveis criminosos de amanhã. Sem dúvida alguma, a pena não deve ser um castigo infligido exclusivamente por amor ao castigo. O direito penal não é construído no plano da "razão pura" de KANT. Não visa à justiça absoluta, não atende apenas a um imperativo ético. A pena não é somente um *fim em si*, senão também um meio de utilidade social. É repressiva e preventiva: *quia peccatum est et ne peccetur*. Destina-se a punir o mal pretérito e a evitar o mal futuro. Retribuindo o mal pelo mal, é, simultaneamente, um meio profilático da *fames peccati*. Do ponto de vista relativo, a pena é incontestavelmente um meio de emenda, um instrumento de regeneração e um freio contra o crime. Não vale dizer que a pena é importante para conjurar uma grande percentagem de reincidentes, assim como não impede a delinquência primária. A ilação a tirar-se daí não é que a pena seja *ineficiente*, mas, sim, que é, em muitos casos, *insuficiente*. Os seres humanos não são impelidos pelo prazer ou repelidos pela dor de modo invariável ou uniforme, como asseguramos hedonistas. O êxito da pena, assim, não pode ser infalível em todos os casos. Não é justo nem leal arguir-se o nenhum efeito da pena, tendo-se em vista somente os que delinquem e os que reincidem; porque se abstraem, destarte, em favor de um estreito unilateralismo, a infinidade dos que não vão ao crime *formidine poenoe* e o copioso número dos que, escarmentados ou emendadas pela pena, não retornam ao crime. Suprima-se a pena *(quod Deus avertat)* e o crime seria, talvez, a lei da maioria. É indubitável a eficácia inibidora do castigo. A propósito, raciocina com *humour* o Prof. THORNDYKE (*Man and his works*, 1943): "Se certo prazer, por exemplo, o de beber um copo de cerveja, é acompanhado de certa punição, digamos, pagar alguns níqueis, o hábito, em determinado indivíduo, pode estabilizar-se na ingestão de três copos de cerveja por dia; mas, se a cerveja vem a ser-lhe fornecida de graça, rapidamente passará a beber uma dúzia de copos diários"[...] Afastada a ameaça da pena e a crer-se, segundo quer PATRIZI, que no fundo de cada um de nós há um criminoso nato, estaria implantada

cal exclusão do ilícito culposo da esfera penal. FERRI, embora defendendo a punibilidade da culpa com fundamento na necessidade da defesa social, assim argumentava, em contraposição ao postulado clássico: "Se o fato criminoso se pune porque efeito de livre escolha ou mesmo de simples voluntariedade, não será possível dar uma explicação lógica e jurídica da punição dos crimes culposos, especialmente quando consistem numa omissão involuntária, por exemplo, quando o guarda ferroviário, na cabina de bloqueio, *esquece* de dar passagem livre ao comboio que chega e, por sua omissão, vai colidir com outro. Neste caso, não se pode, sequer, dizer que seja voluntário o ato ini-

---

no convívio social a lei da *jungle*. Pondera-se, é certo, que a pena seria substituída por outras medidas, inteiramente isentas da ideia de expiação ou sofrimento, mas com maior virtude anticriminógena. Em primeiro lugar, se se renuncia ao efeito intimidativo da pena, ter-se-ia abolido a política de *prevenção geral* contra o crime. Em segundo lugar, pergunta-se: quais serão as medidas radical e vantajosamente substitutivas da pena? Estamos, a tal respeito, como reconhecia o próprio DORADO, em pleno domínio da alquimia. Tateios e ensaios. Fala-se em processos de cura, de tutela, de reeducação. Dever-se-ão tratar os criminosos adultos como já são tratados os delinquentes juvenis. O pensamento que construiu o Reformatório de Elmira deve ser irrestritamente ampliado e sob moldes que façam esquecer por completo a prisão tradicional. Ao invés de prisões, tão somente hospitais, manicômios, educandários, reformatórios. Ao invés de carcereiros e guardas, médicos, psiquiatras, psicólogos e pedagogos. Às urtigas com todas as variantes do *Panopticon* de BENTHAM e seus *gardes-chiourme!*

Não nos enganemos, porém com a criminologia dos visionários e utopistas. O objetivo da reforma dos delinquentes deve ser perseguido sem tréguas, pelos processos menos aleatórios que a experiência tem preconizado; mas seria aventura insensata a abolição da pena. Suprimir totalmente o caráter aflitivo e intimidante da sanção contra o crime, seria deixar à solta a alcateia dos instintos inferiores. A delinquência é diátese cancerosa para a qual ainda não se encontrou, nem talvez se encontrará jamais remédio específico. Nasceu com Caim e há de acompanhar o homem na terra. O que se pode exercer contra ela são paliativos, recursos para coibir-lhe a latitude, expedientes destinados a reduzi-la ao menor coeficiente possível. A penalogia vigente está certa ou, pelo menos, é prudente: não se abalança a destruir no solo firme para construir no espaço aéreo. É cautelosamente pragmática. Não avança demais no nevoeiro. No seu louvável ecletismo, não se filia a critérios rígidos ou a dogmas intratáveis, nem se prende indefinidamente à lógica de tal ou qual princípio. Assenta seus fundamentos naquela *"puente de todos los rios"*, a que se referia o cigano de GARCIA LORCA. Faz justiça e faz política. Atende, a um só tempo, à moral pura e à moral prática. Ora admite a culpa moral, com o seu corolário da pena-retribuição; ora prescinde dela, para aceitar, sem rebuços, o princípio puramente utilitário da defesa social. Atribui à pena uma dupla função: expiatória ou repressiva e finalística ou preventiva; e, ao lado da pena, como seu substitutivo ou complemento, a *medida de segurança*. A pena olha, simultaneamente, para o passado *(quia peccatum est)* e para o futuro *(ne peccetur)*; a medida de segurança olha somente para o futuro. Para uma, o crime *acontecido* é fundamento necessário e suficiente; para outra, é apenas *ocasião*, pois o seu fundamento essencial é a *periculosidade* do autor do crime. Para a incidência na pena, basta o crime, pois somente na medida do seu *quantum* é que se tem em conta a pessoa do criminoso. Para a medida de segurança, o crime é apenas um eventual sintoma ou indício de periculosidade subjetiva, que é

cial de que deriva o dano?¹⁵⁶ Ora, o ferroviário, no exemplo dado, omitiu a devida atenção ao seu dever, e como a atenção é governada pela vontade, não se pode negar que ele deu causa *voluntária* ao evento lesivo. Não lhe faltou a possibilidade de estar atento e não ignorava que sua desatenção poderia ocasionar o desastre; de modo que o seu esquecimento resultou de *não ter querido estar* atento.¹⁵⁷

---

a sua condição *sine qua non*. A pena é reação ético-jurídica (choque de retorno do crime, mal infligido ao indivíduo que, culpadamente, violou a lei) e, no mesmo passo, *prevenção especial (segregação,* escarmento ou emenda do criminoso) e *prevenção geral (*controspinta à prática de futuros crimes por outros membros da coletividade). A medida de segurança, diversamente, não é um mal ou castigo, mas um meio curativo ou reeducativo, de hospitalização, de internação benéfica, de possível readaptação: sua única *ratio essendi* é a *prevenção especial,* isto é, o objetivo de conjurar a probabilidade de novos malefícios por parte do indivíduo, procurando-se recuperá-lo para o seu próprio bem e para o bem da sociedade. A pena só é aplicável aos *responsáveis;* a medida de segurança somente se impõe aos perigosos, sejam responsáveis ou irresponsáveis, posto que no primeiro caso a pena haja resultado insuficiente. A pena tem em conta o que o indivíduo *fez;* a medida de segurança, o que ele *é.*

* Presentemente, está-se preconizando a chamada "prisão aberta", que é a abolição do regime de escravidão carcerária e uma conciliação entre a pena tradicional e a continuidade do contato do condenado com a vida livre. Postula-se que ensinar a viver em liberdade é o único meio racional de preparar para a liberdade, a que terá de ser devolvido o prisioneiro. A "prisão fechada", com o seu regime de ferrenha disciplina, é contraproducente, porque, suprimindo o espírito de iniciativa e a coragem de viver por si mesmo, agrava o desajuste social do criminoso. Ao término da pena, volta ele a um mundo que se lhe tornou estranho e que o recebe com desconfiança e desprezo. É um indivíduo totalmente fracassado na competição da vida e a quem o destino coloca numa encruzilhada: ou a mendicância, ou a vadiagem, ou o suicídio, ou a recaída no crime. Esta última é a solução frequentemente adotada, e para a qual o contágio da desvergonha e insensibilidade moral de seus ex-companheiros de prisão o preparou. Na "prisão aberta" (desprovida de grades, de trancas, de muralhas, de circunvalações), os condenados vivem num regime de self government e de cooperativismo, chegando o sistema de semiliberdade ao extremo de permitir aos mais dignos o trabalho fora do estabelecimento penal, em lavouras ou fábricas da circunvizinhança, de onde somente retornam para o pernoite.
A "prisão aberta" tem sido aplicada, com maior ou menor êxito, na Inglaterra, Canadá, Suécia e Suíça. No Brasil, já houve uma tímida experiência em São Paulo e Alagoas. Ao que parece, os resultados não foram muito animadores, mas, nada obstante, o atual projeto de Código Penitenciário contém todo um capítulo consagrado à disciplina do novo regime penal.

---

156 Na *Relazione* sobre o seu famoso Projeto de 1921, dizia Ferri que, se a impunibilidade da culpa era conclusão lógica das premissas tradicionais da imputabilidade humana, tal conclusão "era troppo contraria alle più evidenti necessità della vita sociale, crescenti anzi col complicarsi vertiginoso della civiltà moderna, fomentatrici di delitti colposi".

157 Jannitti de Guyanga (*Concorso di più persone e valore del pericolo nei delitti colposi*, p. 345) argumenta: "*Il guardino incorre in una colpa non perdonabile, in quanto, pur avendo accettato un incarico delicatissimo per le possibili conseguenze di una facile disattenzione*

Houve, de sua parte, uma recusa de atenção e, portanto, um ato de vontade, uma causa voluntária inicial do evento lesivo. IMPALLOMENI figura e resolve a seguinte hipótese: "Se não se provê as obras necessárias para remover o perigo de ruína de um edifício, e este vem a desabar, fazendo vítimas, o proprietário, que revele não ter tido conhecimento de tal perigo por descuidar de inspecionar sua propriedade, será responsável por homicídio culposo, tal como se tivesse tido conhecimento do perigo". É que em tal caso, não obstante a inconsciência da omissão, imediatamente produtiva do evento, houve uma precedente omissão voluntária, qual a de não procurar o proprietário certificar-se do estado de sua casa. MEZGER[158] fala, aqui, em voluntariedade referível ao "momento antecedente": a falta censurável do delinquente culposo por omissão está em ter deixado de prestar *antes,* quando ainda presente em seu espírito o dever de diligência, a atenção suficiente para *não esquecer* as cautelas que devia ter para com o interesse alheio.[159] KÖHLER refere-se ao "motivo de advertência" (*warnendes Motiv),* que é a "solicitação concreta que se apresenta à psique do agente, convidando-o a pensar no perigo e a evitá-lo com uma conduta adequada", e diz que a culpa reside na indiferença em face de tal motivo. E assim disserta o professor da Universidade de Erlangen: "Se partimos da ideia de um homem mentalmente são e vígil, e o aferirmos pela experiência que temos dos homens da civilização atual, uma solicitação ou obstáculo que segundo essa experiência seja digno de consideração deve provocar uma determinação e uma conduta conformes ao Direito. Se tais motivos se apresentaram a uma pessoa dotada de discernimento e, contra a razoável expectativa, deixaram de agir, é natural a dedução de que encontraram uma *resistência psíquica.* A resistência pode constituir numa lentidão de raciocínio ou de ação, ou na tendência a discrepar do pensamento comum, ou, finalmente, no desapreço ao *motivo de advertência.* Em todos estes casos, o agente não chega jamais a querer o evento que, se atendesse à advertência,

---

e pur essendosi reso conto di siffatta importanza, dimonstra col fatto di non aver voluto eccitare convenevolmente l'attenzione e le facoltà mnemoniche sino ad avvertire la pericolosità di una omissione e imprudenza, in cui fosse stato eventualmente per incorrere qualche istante prima dell'arrivo del treno".

158 Ob. cit., II, p. 160.
159 Alguns autores entendem que, nos crimes culposos por omissão, deve falar-se, de preferência, em *inércia da vontade;* mas, se a inércia é involuntária, voluntária é a conduta *diversa,* que se substitui à conduta obrigatória, tornando esta impossível. O indivíduo não agiu como devia, mas diversamente, e nesta *ação substitutiva* é que se encontra o elemento da voluntariedade, indispensável à imputação da culpa. É a teoria do *aliud facere,* que remonta a LUDEN.

deveria procurar evitar. Nem mesmo é necessário que o motivo de advertência se tenha apresentado de modo a fazer prever o evento nas suas características individuais; basta que tenha havido para o agente a solicitação no sentido de tornar-se consciente daquele gênero de possíveis danos dentro dos quais se enquadra o evento lesivo ocorrido[...]. Há culpa *quando o agente abstrai sem justo motivo a solicitação no sentido de representar-se e evitar o perigo do evento que produziu sem querer* (ou de um evento da mesma espécie)[...]. Se se quer dar um nome ao fato pelo qual um motivo, que em outras pessoas faz surgir a solicitação para estar de sobreaviso, não exerce o mesmo influxo sobre uma determinada pessoa, pode-se indicar tal resistência como uma recusa à atenção devida e, consequentemente, com um ato de vontade".[160]

É de notar-se que a voluntariedade da *precedente* conduta causal do evento não deixa de existir pelo fato de que no momento da realização deste se encontre o agente em estado de inconsciência (por exemplo, a dormir). Tem inteira aplicação ao crime culposo a teoria da *actio libera in causa* (n. 83). De incontestável acerto foi a decisão do Tribunal Imperial alemão (citada por KÖHLER) ao reconhecer, com aplicação dessa teoria, a culpa de um motorista que, não obstante ter-se dado conta da própria fadiga e prostração, continuou a guiar o carro e, acabando por dormir sobre o volante, veio a atropelar e matar um transeunte.

Não se deve esquecer que, no crime culposo, a imputação psíquica diz respeito à conduta causal, e não ao seu efeito objetivo, que é apenas uma *condição de punibilidade*.[161] E sendo sempre tal conduta referível à vontade, não há antinomia entre a culpa e o postulado da responsabilidade psíquica.

A ordem jurídica não pode renunciar à punibilidade do delinquente culposo; é este um *desajustado* à disciplina social. Falta-lhe constância na preocupação que, no convívio social, deve ter todo homem responsável, no sentido do *neminem laedere* ou de evitar a lesão ou periclitação do interesse de seus concidadãos. Não só a ofensa intencional ou voluntária da incolumidade ou segurança alheia é antijurídica, senão também aquela que, embora involuntária, deriva de uma conduta voluntária e desconforme com a circun-

---

160 "Dolo, colpa e errore". In: *Il Progetto Rocco nel pensiero giuridico contemporaneo*, II, pp. 242 e ss.; *Probleme der Fahrlässigkeit im Strafrecht*, § 10.

161 Via de regra, a *efetiva* lesão do interesse ou bem jurídico (evento de dano) é condição para punibilidade do crime culposo; mas, excepcionalmente, basta a simples possibilidade de dano (evento de perigo), como, por exemplo, na forma culposa do crime de "contágio venéreo" (art. 130: "Expor alguém por meio de relações sexuais ou qualquer ato libidinoso a contágio de moléstia venérea, de que deve saber que está contaminado").

specção ou ponderação do comum dos homens, e vai atingir direitos e interesses da maior relevância individual e social.[162]

78. Graus da culpa. Costuma-se dividir a culpa em *lata* ou *grave* (falta de atenção elementar), *leve* (falta da atenção do *homo medius*) e levíssima (falta de *extraordinária* atenção), e dizer que esta última é penalmente irrelevante. Em tal sentido, a clássica lição de Carrara:[163] "[...] como a lei humana não pode levar suas exigências ao ponto de impor aos cidadãos coisas insólitas extraordinárias, assim é fora de dúvida que a culpa *levíssima* não é imputável por princípio de justiça". A imunidade penal do grau mínimo da culpa *aquiliana (in lege Aquilia et levissima culpa venit)* não deve ser, porém, um princípio absoluto. Casos há em que, excepcionalmente, cumpre admitir sua imputação. É o que ocorre, *v.g.*, quando o agente, ao ocasionar involuntariamente o evento lesivo, já estava incidindo *in facto illicito*.

A distinção dos graus da culpa tem relevância no tocante à medida da pena *in concreto* (art. 42); mas é de notar que com ela não tem coincidência a partição da culpa em *inconsciente e consciente*. Tal como o Código anterior, o atual não distingue aprioristicamente, para diverso tratamento, entre uma e outra dessas *species* de culpa. É um critério acertado. Já não queremos argumentar com a dificuldade prática (*adducere inconveniens non est solvere argumentum*) em averiguar, na maioria dos casos, qual delas ocorreu. O que vale ponderar é que pouca ou nenhuma diferença faz não prever um resultado antijurídico, quanto prever a possibilidade do seu advento, mas confiando levianamente em que não ocorra, de tal modo que essa confiança é *decisiva* para o empreendimento ou abstenção do ato. Pode mesmo dizer-se que a culpa consciente, muitas vezes, será indício de menos obtusidade ou insensibilidade ético-social. Muito bem diz Köhler que "mais culpado é aquele que não cuidou de olhar o caminho diante de si, em cotejo com aquele que teve esse cuidado, mas credulamente se persuadiu de que o obstáculo se afastaria a tempo". Remonta a Feuerbach a construção teórica do discrime entre essas duas variantes de culpa, para reputar-se culpa consciente (*bewusste Fahrlässigkeit*)

---

162 Segundo observa Ratiglia (ob. cit., p. 173), "*vi sono, nella vita di ognuno e di tutti i consociati, beni e interessi diversi per natura, entità e vulnerabilità, la difesa dei quali non si appaga del divieto delle offese volontarie; vi sono, in questo grande, unitario, ma eterogeneo e dinamico mondo sociale in cui viviamo e siamo presi ogni giorno sempre più, manifestazioni e relazioni che sono bensì il prodotto di una civiltà che ascende geometricamente, ma che si traducono, necessariamente, in sempre nuoiv motivi di regole giuridiche all'operare individuale*". Já disse alguém que o progresso está sempre criando novos meios de malefícios involuntários.

163 *Programma*, I, p. 98.

um *plus* em relação à culpa inconsciente (*unbewusste Fahrlässigkeit*), mas é de enjeitar-se tal critério, pelo menos como um apriorismo. Ao juiz, de preferência, ao aplicar a pena, é que deve ser deixada, de caso em caso, a livre apreciação da maior ou menor gravidade da culpa. O projeto ALCÂNTARA, imitando o Código italiano, incluía entre as agravantes genéricas a "previsão do evento, em se tratando de crime culposo"; mas a Comissão Revisora, com toda razão, restabeleceu, implicitamente, neste ponto, a solução do Projeto SÁ PEREIRA. Equiparava este, *apertis verbis*, a culpa consciente à culpa inconsciente: "Responde por culpa aquele que, agindo sem a atenção ordinária ou atenção especial a que fosse obrigado ou a de que, segundo as suas condições pessoais e as circunstâncias, pudesse ser capaz, não prevê as consequências possíveis do seu ato, ou confia no acaso que elas se não produzam".

79. Imprudência, negligência, imperícia. Com esta *trilogia, o inciso II do art. 15 resume a casuística da culpa*. Só há culpa onde há *imprudência, negligência* ou *imperícia*. Trata-se como diz VANNINI, de sutis distinções nominais de uma situação culposa substancialmente idêntica, isto é, omissão, insuficiência, inaptidão grosseira no avaliar as consequências lesivas do próprio ato. Tanto na *imprudência* quanto na *negligência* há inobservância das cautelas aconselhadas pela experiência comum em relação à prática de certo atos ou emprego de certas coisas; mas, enquanto a imprudência tem caráter *militante* ou *comissivo*, a negligência é o desleixo, a inação, a torpidez. Uma é *imprevisão ativa* (culpa *in comittendo*), outra é a *imprevisão passiva* (culpa *in omittendo*). A *imperícia*, de seu lado, não é mais do que forma especial de imprudência ou de negligência: é a inobservância, por despreparo prático ou insuficiência de conhecimentos técnicos, das cautelas específicas no exercício de uma arte, ofício ou profissão. Tão imperito é o cirurgião que, pouco versado em anatomia topográfica, pinça o pneumogástrico ao paciente ou corta--lhe um vaso sanguíneo de grosso calibre, quanto o engenheiro que, por erro técnico, constrói uma ponte sem a devida resistência, vindo ela a desabar sob o peso que deveria suportar.

Como observam VON HIPPEL e MEZGER, há numerosas atividades ou profissões que encerram, ainda que exercidas com prudência, um certo e, às vezes, considerável perigo, como, por exemplo, a exploração de uma ferrovia ou de uma mina, a exploração de pedreiras em lugares próximos de centros urbanos, o tráfego de automóveis, a profissão médico-cirúrgica etc. Em tais casos, pelas necessidades da vida, permite-se um certo *risco*, isto é, não se proíbe o *perigo* que essas atividades, em si mesmas, traduzem. Somente se pode identificar a culpa quando, no exercício individual da atividade de que se trata, o agente falta com a atenção e cuidado *especiais* que tem o *dever de empregar*. É claro que quanto mais perigosa for a atividade, maior deve ser a prudência e vigilância do agente, não só de acordo com os ditames dos regulamentos legais, como também segundo as sugestões da experiência científica ou da vida prática.

80. Erro profissional. Não deve ser confundido com a *imperícia o erro profissional* devido à imperfeição mesma da ciência humana. A questão do erro profissional tem sido muito debatida, principalmente no que respeita à responsabilidade dos médicos e cirurgiões. O Direito romano punia o médico imperito: *"Sicuti medico imputari eventus mortalitatis non debet, ita quod per imperitiam commisit, imputari ei debet"* (Dig., de *off. Proesid.*, 1. 6. § 7º); *"Imperitia quoque culpoe adnumeratur; veluti si medicus ideo servum tuum occiderit, quod eum male secuerit, aut perperam ei medicamentum dederit"* (Just., Inst., liv. IV, tít. III, § 7º); e na Idade Média eram também severamente punidos os médicos que, por sua incapacidade, ocasionavam eventos letais. Não raras vezes, porém, imputava-se como culpa o que era apenas atestado da precariedade da arte de curar. Foi MONTESQUIEU quem iniciou uma nova corrente de ideias no sentido de afastar de sobre a cabeça dos médicos a *espada de Dâmocles* da sanção penal. Desde então começou a ser reconhecida uma certa liberdade de iniciativa dos médicos e a necessidade de tolerância para com os erros devidos à própria imperfeição da ciência hipocrática. E é preciso admitir, com BORRI e CEVIDALI,[164] que, se não fosse essa transigência, não teria sido possível, notadamente, o progresso da cirurgia: *"[...] i miracoli odierni non sarebbero realizzabili qualora l'arte operativa avesse dovuto aggirarsi inderogabilmente entro i rigidi confini di um sistematismo dottrinalmente prestabilito"*. O médico não tem *carta banca*, mas não pode comprimir a sua atividade dentro de dogmas intratáveis. Não é ele infalível, e desde que agiu racionalmente, obediente aos preceitos fundamentais da ciência, ou ainda que desviando-se deles, mas por motivos plausíveis, não deve ser chamado a contas pela Justiça Penal, se vem a ocorrer um evento funesto. BRILLON chegava a dizer que em uma só hipótese pode haver ação contra os médicos, isto é, quando tenha havido dolo, porque, então, temos um verdadeiro crime. Não deve ser lançado tão longe o disco. O médico que, por erro grosseiro, causa a morte do paciente, é um criminoso. Ninguém duvida, por exemplo, da punibilidade do médico que, por ignorância, cloroformiza um cardíaco ou ministra ao doente uma dose excessiva de estricnina, ocasionando-lhe a morte. Não há um direito ao erro; mas este será desculpável, quando invencível à mediana cultura médica e tendo-se em vista as

---

164 *Tratatto di medicina legale*, V, p. 223.

circunstâncias do caso concreto. Este critério de *meio termo* foi bem fixado por DUVERGIE: "Quanto a nós, não admitimos senão a responsabilidade que resulta na negligência do médico para com o doente, do abandono deste em circunstância em que carecia dos seus cuidados, ou, enfim, de uma *falta de tal maneira grave, que denote a mais completa ignorância de princípios consagrados pelo tempo e pela experiência*". Cada caso concreto tem de ser apreciado de um ponto de vista relativo. Um médico da roça que, alheado ao progresso científico, emprega, num caso de urgência, um processo operatório já condenado, e vem a causar a morte do paciente, deve ser considerado isento de culpa. Em caso idêntico, entretanto, não se eximirá de pena, a título de culpa, um especialista citadino, que não pode deixar de ter o ouvido atento ao *último grito da ciência*.

Cumpre notar que nada tem a ver a questão do erro profissional propriamente dito com as experiências *in anima nobili*, que resultem funestas: em tal caso, há imperdoável *imprudência,* no seu conceito genérico, quando não autêntico *dolo eventual* (desde que se evidencie ter o cientista assumido o risco do *provável* evento lesivo).

81. Culpa presumida. O Código vigente aboliu a chamada *culpa presumida,* ou reconhecível *juris et de jure,* segundo o Código anterior, pelo simples fato de "inobservância de alguma disposição regulamentar". A este propósito, adverte o Ministro CAMPOS, na sua *Exposição de motivos:* "Sem o pressuposto do ou da culpa *stricto sensu,* nenhuma pena será irrogada. *Nulla poena sine culpa.* Em nenhum caso, haverá presunção de culpa. Assim, na definição da culpa *stricto sensu,* é inteiramente abolido o dogmatismo da inobservância de alguma disposição regulamentar, pois nem sempre é culposo o evento subsequente". No regime do antigo Código, já dizíamos, relativamente à distinção entre *culpa efetiva* e *culpa presumida:*[165] "Não é de impugnar-se a distinção desde que a *presunção* de culpa não seja entendida *juris et de jure,* isto é, de modo a excluir, irrestritamente, a prova em contrário. Segundo nossa opinião, no caso de inobservância de disposição regulamentar, dá-se apenas uma inversão do *ônus probandi* (falávamos ao tempo em que ao juiz não cabia iniciativa alguma na produção das provas): ao réu incumbe demonstrar a ausência de culpa para eximir-se à condenação, diversamente do que ocorre nos demais casos, em que o ônus da prova cabe à acusação, sob pena de absolvição do réu. Se há disposições regulamentares que são, em si mesmas, indeclináveis normas de cautela e atenção ditadas pela experiência, outras há que não têm esse caráter. O princípio a ser fixado é o se-

---

165 *Compêndio de direito penal,* p. e., vol. II.

guinte: não vingará a presunção de culpa, se se provar que a inobservância da disposição regulamentar não foi *causa*, mas simples *ocasião* ao evento lesivo. Figuremos um exemplo. Certo indivíduo, guiando um automóvel, em que não está matriculado e cuja direção lhe foi momentaneamente confiada pelo respectivo motorista, atropela e mata um transeunte: presume-se a culpa, não só do indivíduo que estava ao volante, como a do motorista matriculado no carro, porque ambos estavam infringindo disposições regulamentares; mas, se vier a ser plenamente provado que o primeiro é um hábil *chauffeur*, tendo sido o fato inteiramente casual, é força reconhecer-se a ausência de culpa. Decidir de outro modo (como não raramente se vê em decisões de nossos juízes e tribunais) é afirmar uma responsabilidade meramente *objetiva*, segundo o arcaico princípio de *qui in re illicita versatur etiam pro casu tenetur*".

Em crítica ao Código de 40, GALDINO SIQUEIRA[166] impugna o critério adotado, invocando o medieval *versari in re illicita* ou a necessidade, na intensidade da vida contemporânea, de rigorosas normas disciplinadoras da conduta individual. A crítica é feita por amor de si mesma, pois não é crível que o ilustre autor ignore o formal repúdio, no Direito Penal moderno, do *exercitium rei illicitae*, que vinha mantendo nos Códigos a detestável *responsabilidade objetiva*. Nem se pode compreender que a civilização contemporânea, para corrigir a sua própria intensidade, redundasse nesse lastimoso resultado para o Direito Penal? O retorno à *responsabilidade sem culpa*, ou seja, à fase primitiva ou embrionária desse ramo do Direito. Cedendo à unívoca impugnação doutrinária, os mais recentes Códigos entenderam mesmo de ressalvar, com todas as letras, o princípio de que *não há pena sem culpa*. Se tivesse ficado fiel ao *qui in re illicita versatur etiam pro casu tenetur*, o nosso atual Código não seria um Código do seu tempo.

82. Compensação de culpas. Discute-se em doutrina se deve ser excluída a punibilidade a título de culpa, quando, com a ação culposa do agente, concorra a da vítima. É a questão da *compensação de culpas*. Figuremos o seguinte caso: um motorista, ao passar num cruzamento de ruas, após a *abertura do sinal* (os motoristas, ao que parece, entendem que, com o *sinal aberto*, adquirem o *direito de matar* quem quer que passe à frente do veículo), imprime ao carro uma arrancada brusca, indo colher e esmagar um pedestre que, desatento ao sinal, empreendia a travessia do local. Indaga-se: dada a convergência de condutas culposas, a do motorista fica *neutralizada* pela da vítima, alheando-se o fato à órbita da repressão penal? CARRARA responderia

---

166 *Código penal brasileiro* (1041) e *Tratado de direito penal* (1048), vol. I.

afirmativamente, pois, segundo ele, "*chi è causa del suo proprio male pianga sè stesso*". A opinião prevalente, porém, é no sentido de que, em Direito Penal, diversamente do que ocorre em Direito Civil, as culpas recíprocas do ofensor e do ofendido não se extinguem *quoad concurrentem quantitatem*. *In poenalibus*, não tem cabimento o critério privatístico da *debiti et crediti inter se contributio* para extinção de obrigações. Já os práticos repeliam a intromissão, em matéria penal, da regra romanística de que *paria delicta mutua pensatione dissolvuntur*. JACOBUS DE ARENA ensinava: "*In criminibus fit compensatio quantum ad executionem civilem; sed quantum ad criminalem executionem, non*". No mesmo sentido NICOLAU DE TUDESCHIS: "*delictum unius non tollitur per peccatum alterius, imo cujus-libet delictum poena condigna puniri debet*". Mesmo no caso singular da *retorsão de injúrias* (art. 140, § 1º, II), o que justifica o facultativo *perdão judicial* não é, propriamente, a *compensabilidade* das injúrias recíprocas, mas a consideração de que o primeiro injuriado, ao revidar a ofensa, cede a um *impetus doloris* até certo ponto desculpável (critério psicológico), enquanto o primeiro ofensor, de sua parte, vem a sofrer, com a injúria em revide, uma como punição infligida, *ex auctoritate propria*, pelo primeiro injuriado (critério político: *retorsio moderata extrajudiciale remedium reparandoe famoe est*). A teoria de CARRARA contrasta, evidentemente, com a necessidade da tutela e segurança da convivência civil. Se os desatentos pudessem matar ou estropiar-se impunemente, estaria implantada, na vida social, a lei do mato virgem. Além disso, é incoerente a doutrina carrariana.[167] Se, na hipótese de concurso de duas pessoas na ação culposa contra um terceiro, ninguém duvida que ambos devem responder, por que há de ficar impune o ofensor, no caso de concorrência de culpa do ofendido? Este é punido, muitas vezes, com a própria morte, e não se compreende a razão por que há de ficar a coberto de pena o ofensor, tão culpado quanto o ofendido. A teoria da compensação de culpas, em face de um Código, como o nosso, que proclama a *equivalência dos antecedentes causais*, redundaria num flagrante contrassenso. O ofensor só se eximirá de punição quando a culpa tenha sido exclusiva do ofendido, porque, então, o evento lesivo foi, em relação àquele, mera *infelicitas fati*. Admita-se que o juiz, na aplicação da pena (art. 42), tenha em conta a *con-*

---

167 Assim discorria o célebre professor da Universidade de Pisa: "*Quando l'offeso com la própria imperdonabilie negligenza fu la prima causa del proprio danno, non può dirsi che la punizione dell'offensore reprima il malo esempio dato agli scioperati: anzi il malo esempio se ne incorragisca per la pena e per le indennità, non essendo strano che nei calcoli delle umane speculazioni possa entrare anche quello di farsi stroppiare da un ricco signore. Quando poi all'allarme dei buoni, esso è nullo in tali ipotesi, perché la sentenza del poeta: chi è causa del suo proprio male pianga sè stesso, non è che l'espressione di un sentimento universale della pubblica conscienza*" (Programma, p. g., I, n. 1.100).

tribuição de culpa da vítima (tanto menor será a culpa do ofensor quanto maior for a do ofendido); mas a pena não pode deixar de ser imposta.

83. "*Actiones liberae in causa*". Como já foi acentuado (n. 52), a culpabilidade pressupõe a *responsabilidade* ou capacidade de Direito Penal. Antes de reconhecer a culpabilidade, cumpre indagar se, no momento da ação ou omissão, o indivíduo se achava em *estado de responsabilidade*. Somente no caso afirmativo é que se passa a averiguar se agiu com dolo ou culpa. Responsabilidade e culpabilidade são referíveis, exclusivamente, ao *momento da ação ou omissão:* não entra em linha de conta o *momento do resultado* (que pode suceder à distância daquele). Segundo a lição de von Liszt,[168] "o que regula é o momento em que o movimento corpóreo voluntário foi empreendido (ou, se se trata de uma omissão ilegal, devia ser empreendido): pouco importa o estado mental do agente no momento em que o resultado se produz". Não é necessário que a consciência e vontade estejam presentes ainda depois que a *causa física* tenha sido posta em movimento. Assim, se alguém predispõe uma armadilha mortífera para colher o seu inimigo, é indiferente que, ao tempo do ulterior funcionamento dela, esteja imerso no mais profundo sono: responderá por homicídio doloso (consumado ou tentado, conforme o caso). Do mesmo modo, se alguém deixa um revólver ao alcance de crianças, e uma destas, ao manejá-lo por curiosidade, é vitimada por um disparo, responderá a título de culpa pelo evento, ainda que nessa ocasião sucessiva se achasse em estado de letargia alcóolica. Em tais casos e muitíssimos outros que se poderia figurar, o reconhecimento do dolo ou da culpa é solução pacífica. A controvérsia surge, entretanto, quando o *estado de inconsciência* (ou de *perda de autogoverno*) antecede à ação ou omissão, mas verificando-se que foi *preordenado* (procurado intencionalmente) para a prática do crime, ou voluntariamente não foi evitado, em contraste com o dever jurídico, ou, em geral, sabendo o indivíduo que criava a possibilidade do resultado antijurídico (aceitando o risco de produzi-lo ou esperando levianamente que não ocorresse), ou mesmo quando, não tendo previsto essa possibilidade, podia e devia tê-la previsto. Apresentam-se, aqui, as chamadas *actiones liberae in causa seu ad libertatem relatoe*, cuja teoria é hoje formulada.[169] No Direito Penal moderno, o conceito das *actiones liberae in causa* é

---

168 *Tratado*, trad. de J. Higino, § 36, III.

169 Os práticos limitavam-se a considerar o crime cometido pelo ebriosus ou pelo dormiens, e decidiam uns pela punibilidade a título de dolo, se o estado de inconsciência tivesse sido preordenado (ebrietas affectata), ou soubesse o agente de sua propensão a malefícios em tal estado; e outros pela punibilidade a título de simples culpa. Neste

o fixado, com precisão, por NARCÉLIO DE QUEIRÓS:[170] "São os casos em que alguém no estado de não imputabilidade é causador, por ação ou omissão, de algum resultado punível, tendo-se colocado naquele estado, ou propositadamente, com a intenção de produzir o evento lesivo, ou sem essa intenção, mas tendo previsto a possibilidade do resultado, ou, ainda, quando a podia ou devia prever".

Tem-se contestado a punibilidade das *actiones* em questão, mesmo quando *preordenado* o estado de irresponsabilidade. Argui-se que a capacidade penal deve ser concomitante à consumação do crime ou à conduta diretamente causadora do evento antijurídico, ou que não é possível relação causal psicológica entre o estado de consciência e o de inconsciência, de modo que a *preordenação* não passa de mero *propósito (cogitatio)*, penalmente indiferente. Segundo teorias intermédias, a punibilidade só deve ser admitida, e a título de dolo, no caso de *preordenação*, ou somente a título de culpa, em qualquer caso.

Por outro lado, vários são os fundamentos com que se tem procurado justificar essa punibilidade, chegando mesmo a falar-se em *responsabilidade objetiva*, ditada por critério de política criminal, no sentido da defesa social. Não há necessidade de apelo a esse recurso extremo e incompatível com o direito penal de gente civilizada. O que legitima a punição na espécie, sem abstração do *nulla poena sine culpa*, é a inegável *referência* da ação ou omissão imediatamente produtiva do resultado antijurídico ao momento em que o agente se coloca em estado de inconsciência ou de abolição de *self control*. Nos casos em que o evento resulta de *omissão* (crimes omissivos próprios ou comissivos por omissão), essa relação é de toda evidência: ninguém pode duvidar, por exemplo, que o guarda ferroviário que propositadamente se embriaga para, descumprindo o dever de dispor os binários, causar uma colisão de comboios, ou inadvertidamente se deixa dominar pelo sono, dando causa ao mesmo resultado, deve responder, no primeiro caso, por desastre *doloso* e, no segundo, por desastre *culposo*. Nos casos de *comissão*, também

---

último sentido se manifestava JULIUS CLARUS (que teve a prestigiosa adesão de CARPSOVIO): "[...] *committens delictum tempore quo este ebrius[...] excusatur a dolo, sed non a culpa*"; "[...] *aliquis dormiendo delinquat[...] non enim erat tempore delicti compos mentis; ideo de eo tamquam de furioso videtur judicandum. Hoc tamen intellige, ut procedat, quando alias ei dormienti tali evenire non solet: sed si aliquando id ei contingere soleret[...], tunc si ipse non proecavisset[...] diceretur esse in culpa*" (Practica criminalis, quoest. 60, n. 11 e 12).

---

170 *Teoria da actio libera in causa*, p. 40.

não deixa de existir esse nexo de causalidade. Conforme observa MANZINI,[171] desde que o estado de perturbação da consciência não suprime a faculdade de movimento corpóreo, sempre fica, segundo a lição científica, um resquício de subconsciência, bastante para que a ação, ao invés de um puro *fortuito* psicológico, se ligue à vontade originária. E assim conclui o insigne tratadista, cuidando da hipótese da *preordenação*: "[...] segue-se que o indivíduo que se colocou ou se fez colocar em tal estado, com o fim de facilitar a execução de um crime ou de preparar-se uma escusa, é plenamente responsável, porque se serviu de si mesmo como de um instrumento para cometer o fato. E no tornar-se ou fazer-se tornar a si mesmo um meio atualmente inconsciente da própria vontade a princípio consciente, está a concomitância do dolo com um momento da execução do crime – o que basta para a imputação deste". E mesmo quando não haja *preordenação,* não fica excluída, nos crimes comissivos, a responsabilidade a título de dolo, desde que, ao colocar-se voluntariamente em estado de conturbação psíquica, o indivíduo soube que estava criando o risco, que aceitou, de ocasionar resultados antijurídicos. Posto que haja relação causal entre o *voluntário* estado de inconsciência e a conduta produtiva do evento lesivo, não há por que desconhecer a culpabilidade: sob a forma do dolo, se o evento corresponde à vontade conturbada, que se alia à atitude psíquica inicial de *aceitação do risco*; sob a forma de culpa *stricto sensu,* se o evento resulta de transitória perda do poder de atenção inerente ou consequente ao estado de perturbação mental voluntariamente provocado.

A teoria da *actio libera in causa* é modernamente utilizada em variados casos, até mesmo para justificar a punibilidade dos crimes praticados em estado de *emoção violenta*. Assim argumenta NARCÉLIO, apoiando esse critério ampliativo: "Se o delito resultou de um estado emocional que poderia ter sido evitado e só foi possível pela falta de disciplina do agente[...], não pode haver dúvida de que o ato por ele praticado possa ser, de certa maneira, considerado como voluntário na sua causa. E a punição dos crimes assim praticados, no estado de perturbação emocional, deve encontrar a sua justificação, não na chamada *responsabilidade objetiva,* ou *legal,* mas na teoria da *actio libera in causa*".[172]

O nosso Código, como adiante veremos (n. 109 e 110), adotou em toda a sua plenitude, a respeito dos crimes praticados em estado de *embriaguez* (pelo álcool ou substância de efeitos análogos) e de *emoção* ou *paixão,* a teoria da *actio libera in causa*. Nos demais casos (sono natural, automatismo

---

171 *Trattato,* I, p. 618.
172 Ob. cit., p. 77.

sonambúlico, estado hipnótico etc.), somente a título de culpa *stricto sensu* poderá ser admitida a punibilidade. No caso de embriaguez preordenada *(affectata)* é reconhecida uma agravante genérica (art. 44, II, letra c).

84. Punibilidade excepcional dos fatos culposos. A punibilidade a título de culpa tem caráter excepcional. Segundo generalizado critério de política jurídico-penal, a culpa só é incriminada quando se trata da salvaguarda de relevantes interesses ou bens jurídicos, e de eventos *efetivamente* lesivos ou extremamente perigosos à sua segurança ou incolumidade. Como exceção à *regra geral* da punibilidade, a título de dolo, a punibilidade de culpa só é reconhecível nos "casos expressos". Neste exclusivo sentido é que deve ser interpretado o parág. único do art. 15: "Salvo os casos expressos em lei, ninguém pode ser punido por fato previsto como crime, senão quando o pratica dolosamente". Já se pretendeu que este dispositivo autoriza a *responsabilidade objetiva*, isto é, a sua ressalva abrange também os possíveis "casos expressos" de imputação sem culpa. Esquece-se, porém, que se trata de um *parágrafo,* ou seja, de um *complemento* do art. 15, em cujo texto só há referência ao dolo e à culpa (como formas únicas da imprescindível causalidade psíquica) e a que está substancialmente adstrito ou subordinado. Não se pode considerar *implícita* no parágrafo a hipótese de responsabilidade objetiva, que o *caput* desconhece (e que a sistemática do Código, aliás, irrestritamente, repudia). O nosso Código não imitou o péssimo exemplo do Código italiano que, no seu art. 42, depois de referir-se ao dolo, à preterintenção e à culpa, acrescenta: "A lei determina os casos em que o evento é, *de outro modo,* levado à conta do agente como consequência da sua ação ou omissão".

Ignorância ou erro de direito

Art. 16. A Ignorância ou a errada compreensão da lei não eximem de pena.

Erro de fato

Art. 17. É isento de pena quem comete o crime por erro quanto ao fato que o constitui, ou quem, por erro plenamente justificado pelas circunstâncias, supões situação de fato que, se existisse, tornaria a ação legítima.

Erro culposo

§ 1º Não há isenção de pena quando o erro deriva de culpa e o fato é punível como crime culposo.

Erro determinado por terceiro
§ 2º Responde pelo crime o terceiro que determina o erro.

Erro sobre a pessoa
§ 3º O erro quanto à pessoa contra o qual o crime é praticado não isenta de pena. Não se consideram, neste caso, as condições ou qualidades da vítima, senão as da pessoa contra quem o agente queria praticar o crime.

DIREITO COMPARADO. *Códigos*: italiano, arts. 5º, 47 e 48 suíço, arts. 19 e 20; polonês, art. 20, §§ 1º e 2º; português, arts 29, n. 1 a 6, e 44, n. 6; dinamarquês, art. 84, 3º; norueguês, § 57; letão, art. 41; russo, art. 48, *g*; argentino, art. 34, § 1º; colombiano, arts. 14 e 23; §§ 2º e 3º; mexicano, art. 9º, n. III, IV e V; cubano, arts. 31, 33, 35, *H*, e 37, *F*; chileno, art. 1º, última alínea; nicaratuense, art. 3º; guatemalteco, art. 12; panamenho, art. 42; paraguaio, arts. 15, 17 e 21, n. I; peruano, arts. 84 e 87; salvadorense, art. 1º, última alínea; uruguaio, arts. 22 e 25; venezuelano, arts. 60 e 68.

BIBLIOGRAFIA (especial). FROSALI (R. A.), *L'errore nella teoria del diritto penale*, 1933; KOHLRAUSCH, *Irrtum und schuldbgriff im strafrecht (Erro e culpa em direito penal)* 1903; WEIZ, *Die arten des irrtum (As espécies de erro)*. In: *Strafrechtliche abhandlugen*, fasc. 296; JIMENEZ DE ASÚA, *Reflexiones sobre el error de derecho en materia penal*, 1942; CARRARA, Della ignoranza como scusa. In: *Opuscoli*, VII; BROCHARD, *De l'erreur*, 1926, ENGELMANN, *Irrtum und schuld (Erro e culpa)*, 1922; VON HIPPEL, Vorsatz, fahrlässigkeit, irrtum (Dolo, culpa, erro). In: *Vergleichende Darstellung*, p.g., vol. III; GRAF ZU DOHNA, *Recht und irrtum (Direito e erro)*, 1925; PALAZZO, L'ignorantia juris et facti nel diritto romano e nel diritto odierno. In: *Scuola Positiva*, 1921, I; SIEGERT, *Notstand und putativnotwehr (Legítima defesa e estado de necessidade putativos)*, 1931; JERSCHKE, Die putativnotwehr (*A legítima defesa putativa*). In: *Strafrechtliche abhandlungen*, fasc. 124; MARTENS, *Der irrtum über straframilderungsgrunde*, idem, fasc. 246; GORPHE, *Le principe de la bonne foi*, 1928; LERCH, Zur lehre von rechtsirrtum im strafrecht (*Para a doutrina do erro de direito em matéria penal*), 1928; DE GENNARO, Ignoranza e errore di diritto non penale. In: *Riv. Penale*, supl., 1919; ALLFELD, *Die bedeutung des rechtsirrtuns im strafrecht (A significação do erro de direito em matéria penal)*, 1909; SAUER, *Vorsatz, irrtum, rechteswidrigkeit* (Dolo, erro, Injuridicidade). In: *Zeitschrift f. d. ges. Strafrechtwissenschaft*, 1930, vol. 51; THURMAYR, *Die grenzen zwischen* error in objeto *und* aberratio (*Limites entre* error in persona e aberratio), 1932; KÖHLER, Dolo, colpa, errore. In: *Il Projetto Rocco nel pensiero giuridico contemporaneo*, I, pp. 215 e ss.; KAHN (O.), *Der ausserstrafrechtlich rechtsirrtum* (*O erro de direito extrapenal*). In: *Strafrecht*. Abhandl., fasc. 30; PENSO (G.), *Ignoranza ed errore nel diritto penale*, 1926; e *La difesa legitima*, 1939 (cap. sobre a legítima defesa putativa); ATAVILLA (E.), Errore ed ignoranza. In: *Nuovo Digesto Italiano*, vol. V; SINGER, *Über den einfluss des rechtsirrtums auf dem vorsatz in deutschen strafrecht* (*Sobre a influência do erro de direito no direito penal alemão*), 1909; SCHWEIZER, *Zur lehre von irrtum in strafrecht*, 1906; LIEPMANN, Rechtsirrtum. In: *Zeitschrift f. d. ges. Strafrechtwissenschaft*, 1916; vol. 38; BATTAGLINI, Errore su legge diversa della legge penale. In: *Giustizia Penale*, 1933, II; HUNGRIA, *A legítima defesa putativa*, 1936; LEONE (G.), *Il reato aberrante*, 1940; BETTIOL, Sul reato aberrante. In: *Scritti giuridici in memoria de* E. MASSARI, 1938; HACKEL, *Error in objecto und aberratio ictus im italienischen strafrecht*, 1935.

COMENTÁRIO

85. Ignorância ou erro de direito. No art. 16, o Código declara irrelevantes a ignorância da lei (desconhecimento da existência da lei) ou o erro de direito (errada compreensão da lei), colocando-os em pé de igualdade.[1] Praticamente, tanto faz a ausência total de conhecimento (ignorância) quanto o conhecimento desconforme com a realidade (erro). Não há por que distinguir, para diverso tratamento jurídico, entre o *nenhum* e o *falso* conhecimento da lei, entre a *ignorantia legis* e o *error juris*, entre o não conhecer e o conhecer mal a norma legal. A *ignorantia legis* não deixa de ser um *error juris* em sentido lato, pois vale o mesmo que *falsa convicção* de inexistência da lei. Não há, portanto, inconveniente ou impropriedade de técnica com o empregar-se na espécie, em caráter genérico, a expressão "erro de direito".

O Código vigente permaneceu fiel ao princípio tradicional de que *error juris nocet*,[2] e somente condescende em atribuir ao erro de direito, quando

---

[1] O art. 16 do Código corresponde, *na intenção*, ao art. 14 do Projeto ALCÂNTARA: "Não exime de pena o agente o erro ou ignorância da lei penal". A Comissão Revisora não podia conformar-se com esta péssima redação: o que é irrelevante não é o *erro da lei penal*, mas o erro no entendimento da lei penal.

[2] Já o direito romano sentenciava: *juris quidem ignorantiam non excusat* (Dig., 22, 6, 1. 9). Somente se eximiam à severidade da regra, em certos casos, as mulheres, os menores, os *tyrones* (soldados bisonhos) e os *rustici*. Na Idade Média, predominava o mesmo critério: *regulariter juris error non excusat* (ARETINUS). O direito estatutário condescendia com a ignorância do *direito local*, mas não com a do chamado *jus naturale vel divinum*: *ignorantia juris naturalis vel divini neminen excusat[...] etiam si sit paganus*

escusável, influência atenuadora da pena (art. 48, III). Censurando ao legislador brasileiro essa escassa transigência com a rigidez do velho princípio, Asúa[3] chama à colação, para um cotejo desfavorável ao Código, o Projeto Sá Pereira, que, sob certas condições, admitia a relevância do *error juris* em matéria de infrações *meramente convencionais*. Percebe-se, porém, que o insigne penalista, ao tempo de sua crítica, ainda não conhecia a nossa Lei das Contravenções Penais, para onde foram transladadas, na sua quase totalidade, as infrações de mera criação política (ou meramente convencionais), e cujo art. 8º dispõe, com mais amplitude que o Projeto Sá Pereira: "No caso de ignorância ou errada compreensão da lei, quando escusáveis, a pena pode deixar de ser aplicada".[4]

Galdino Siqueira opina que o dispositivo sobre a irrelevância do erro de direito devia estar no setor da "aplicação da lei penal", e não no que cuida da *culpabilidade*. Ora, o erro de direito, se fosse atendível, seria uma *causa de exclusão de culpabilidade*. Entre estas se acha, por sinal, a "obediência à ordem de superior hierárquico", que é um caso excepcional em que se admite a relevância do *error juris*. Inexiste, portanto, a arguida falha de técnica. Assevera ainda o ilustre censor, com ares de quem emite um conceito axiomático, que já "não há distinguir entre erro de direito e erro de fato para a isenção da pena, ou, como diz von Liszt, não há que distinguir se o erro consiste na ine-

---

vel homo syvester semper in montanis nutritus, ita quod nunquam ad eum proedicatio pervenerit, nam in omnem terram exivit sonus Apostolorum.
Modernamente, os Códigos Penais em geral (expressamente ou segundo a interpretação jurisprudencial) persistem na inescusabilidade do erro de direito, ora irrestritamente, ora admitindo-a a respeito das infrações de pura criação política ou que, como dizem as fontes romanas, *atrocitatem facinoris non habent*. O Código da Letônia (1933), entretanto, não distingue entre erro de direito e erro de fato (escusáveis) para a exclusão do dolo (art. 41). O Código suíço (1937) permite ao juiz diminuir livremente ou deixar de aplicar a pena no caso em que o agente tinha *razões suficientes* para acreditar lícita a sua conduta (art. 20). Idêntico é o critério de decisão do Código norueguês (1902), § 57: "Se o autor de uma infração julgava não transgredir a lei, a pena poderá ser reduzida abaixo do mínimo, ou substituída por outra, quando não for o caso de absolvição".

---

3   *Reflexions sobre el error de derecho em materia penal*, p. 61.
4   Era este o dispositivo do Projeto Sá Pereira (art. 30): "A ignorância da lei penal não exclui a responsabilidade; a ela, porém, atenderá o juiz nas infrações meramente convencionais, verificando que: I – a ilegalidade é elementar na qualificação da infração; II – a ignorância é devida a força maior, ou impossibilidade manifesta; III – o infrator é analfabeto, ou estrangeiro ainda não familiarizado com a língua do país e seus costumes. Parágrafo único. A responsabilidade será excluída: I, verificada qualquer das hipóteses no n. II; II, concorrendo com a hipótese do n. I qualquer das previstas no n. III. Fora destes casos, a pena poderá ser livremente atenuada".

xata apreciação dos fatos ou na errônea inteligência das *disposições de direito* em questão, ou na errônea *aplicação destas àquelas,* na errônea compreensão dos fatos sob a lei (subsunção)".⁵ Em primeiro lugar, isolando um conceito de von Liszt, não obstante sua ligação com outros, que o explicam, Galdino foi infiel ao seu oráculo. O que von Liszt dizia, *na interpretação do debatido § 59 do Código alemão,* é que, ressalvado o erro concernente à ilegalidade da ação, será impraticável uma nítida distinção entre erro de direito e erro de fato, pois um sempre envolve o outro. Assim, somente a ignorância da lei é irrelevante. Semelhante ponto de vista, contrário à jurisprudência do próprio Tribunal Imperial alemão, é de todo inaceitável, mesmo de *jure condendo*, por demasiadamente extensivo da noção do erro relevante. Von Liszt declarava relevante, por exemplo, o erro de subsunção ou erro de enquadramento do fato sob a lei. Se um indivíduo falsifica um *escrito*, ignorando que se trata de um *documento*, no sentido do dispositivo que incrimina a *falsidade documental*, não pratica um crime doloso. Não padece dúvida que o raciocínio lisztchiano, a ser adotado pelo direito positivo, seria profundamente *desconfortante* para o interesse da defesa social. Acontece, porém, que tal raciocínio não foi acolhido nem mesmo na Alemanha. Repeliu-o o Tribunal Imperial (que sempre distinguiu, com precisão, entre as duas espécies de erro, somente equiparando ao erro de fato o "erro sobre lei extrapenal"), e no próprio *Tratado* de von Liszt, atualizado por Eberhard Schmidt, já não se admite a relevância do chamado *erro de subsunção*, embora, na atualidade, grande parte de autores alemães se pronuncie (na interpretação de preceito da lei penal de seu país) no sentido de que, quando o erro versa sobre características do crime, é indiferente, para o efeito de exclusão do dolo e mesmo da culpa *stricto sensu* (se invencível o erro), que se trate de erro de fato ou de direito.

    Manifestando-se, *de lege ferenda*, pela razoabilidade dessa tese, Soler (ob. cit., t. II, p. 81) argumenta que não há diferença essencial, por exemplo, entre o fato do indivíduo que entra ilicitamente num escritório porque julga ser este um *lugar público* e o do indivíduo que o faz porque julga que um escritório não é "domicílio", no sentido legal. Realmente, não há diferença alguma, sob o ponto de vista prático; mas Soler declara que, no primeiro caso, se pretende que haja um *erro de fato*. Ora, isto é argumentar com um dado falso. Ninguém poderá sustentar, com êxito, que o indivíduo que supõe um escritório *lugar público* (conceito jurídico) comete um erro de fato: o que ele comete é um autêntico erro de direito, isto é, um erro sobre o que seja, em face da lei, um *lugar público*. Erro de fato praticaria ele se entrasse no escritório supondo falsamente que se tratasse, por exemplo, de uma sala de espera.

---

5   *Código penal brasileiro*, p. 85. A crítica é repetida no *Tratado de direito penal*, vol. I.

Nessa controvérsia sobre equiparação entre o *error facti* e o *error juris*, cumpre evitar a influência doutrinária de certos autores alemães, que gravitam em torno do famoso § 59 do Código germânico, tentando resolver um problema de construção dogmática, e não de política criminal ou de Direito Penal *in fieri*. A essa influência, entretanto, não se esquivou, entre outros, o provecto Asúa (defensor da radical equivalência das duas modalidades de erro), inadvertido de que os penalistas tedescos debatem sobre texto de lei nacional, cuja insuficiente explicitude parece permitir a defesa da tese de unificação: "Se alguém, ao praticar uma ação punível, não conhecia a existência de circunstâncias atinentes à configuração do crime ou agravantes da penalidade, não lhe serão elas imputadas".[6] Acresce que a interpretação deste dispositivo, no sentido da extensibilidade da relevância do erro de direito, não seria, talvez, politicamente desaconselhável na Alemanha, onde, pela generalização de uma disciplinada *opinio juris*, dificilmente viável seria a alegação de falta de consciência de injuricidade por erro de direito.

Esta consideração é que, naturalmente, explica a tendência, nos sucessivos projetos de novo Código alemão, para a abolição da diversidade de tratamento entre erro de direito e erro de fato.[7] Em países, porém, como o Brasil, onde impera o analfabetismo e em cuja vastidão a consciência jurídica do povo escasseia à proporção que se distancia do litoral, seria erro gravíssimo a admissão da generalizada relevância do erro de direito. Afora o caso de crimes que *atrocitatem facinoris habent*, estaria criado para a gente inculta dos "morros" e do remoto sertão, com o elastério da escusativa, um verdadeiro *bill* de indenidade contra a Justiça Penal.

Certamente, a *consciência da injuricidade*, integrante do dolo, deveria ser excluída pelo erro de direito, quanto o é pelo erro de fato; mas o erro de direito deve ser declarado inescusável, pelo menos em países com diversida-

---

[6] "*Wenn jemand bei Begehung einer strafbaren Handlung das Vorhandesensein von Tatumständen nicht kannte, welche zum gesetzlichen Tatbestande gehören oder die Strafbarkeit erhöhen, so sind ihm diese Umstände nicht zuzurechnen*".
Este dispositivo, apesar de ser um caput tempestatum, foi trasladado por Galdino para o seu projeto de 1913 (art. 12).

[7] Assim, os projetos de 1927 e 1930: "Se o agente procede intencionalmente, mas por escusável erro de direito, que lhe não permite conhecer a injuridicidade da ação, fica isento de pena; se o erro é inescusável, não se dará isenção de pena, mas esta deve ser atenuada". Ao tempo do nazismo, as propostas de reforma do Código alemão também não distinguiam entre as espécies de erro, reconhecendo-se que não há culpabilidade quando o agente, orientado pelo *são sentimento do povo*, não tem consciência de praticar coisa injusta.

de de graus de adiantamento cultural, por isso que, além de provir da omissão do dever cívico de conhecer as proibições impostas pela necessidade da disciplina social, importaria, se considerado relevante, a impunidade de extenso número de delinquentes, em cuja defesa se invocaria sempre, e com árdua dificuldade de prova em contrário, a ignorância da lei.

Justificando a manutenção do *error juris nocet*, em matéria de *crimes*, diz o Ministro CAMPOS, na sua *Exposição de motivos:* "O art. 16 dispõe sobre a irrelevância do *erro de direito*. Não cedeu a Comissão Revisora, em matéria de *crimes*, aos argumentos em prol da restrição a esse princípio. O *error juris nocet* é, antes de tudo, uma exigência de política criminal. Se fosse permitido invocar como escusa a ignorância da lei, estaria seriamente embaraçada a ação social contra o crime, pois ter-se-ia criado para os malfeitores um pretexto elástico e dificilmente contestável. Impraticável seria, em grande número de casos, a prova contrária à exceção do réu, fundada na insciência da lei. Conforme pondera VON HIPPEL *(Deutsche strafrecht,* vol. II, p. 348), pelo menos a prova do *dolus eventualis* teria de ser oposta ao réu, mas, ainda assim, redundaria, muitas vezes, num *non liquet,* que frustraria a ação repressiva. Aos piores delinquentes, quase sempre originários das classes sociais mais desprovidas de cultura, ficaria assegurada a impunidade. É a justa advertência de WHARTON *(Criminal law,* vol. I, p. 134): *"If ignorance of a law were defence for breaking such law, there is not law of which a villain not be scrupulously ignorant. The more brutal, in this view, a man becomes the more irresponsible would be in the eyes of the law, and the worst classes of society would be the most privileged".* E ainda mesmo que se abstraia o ponto de vista da utilidade social, o *nemo censetur ignorare legem* não traduz uma injustiça, quando se tem em atenção a gênese sociológica da lei, notadamente da lei penal. É de inteira procedência a argumentação de VON BAR *(Gesetz um schuld,* vol. 2º, p. 393): "Do ponto de vista do indivíduo, não há injustiça em que lhe não aproveite o erro de direito. Cresce ele como membro da comunhão social, a cuja consciência jurídica deve corresponder a lei penal, e por isso tem, de regra, a clara intuição de que deve evitar para não violar a ordem jurídica". É certo que nem sempre a lei é um reflexo da consciência jurídica coletiva, representando apenas conveniências políticas de momento. A tais casos, porém, atende o projeto, na medida do possível, incluindo entre as "circunstâncias que sempre atenuam a pena" o "escusável erro de direito".

Costuma-se distinguir entre *erro de direito penal* e *erro de direito extrapenal,* para equiparar-se este último ao erro de fato (excludente da culpabilidade, quando insuperável). Pretende-se que *error juris non criminalis excusat.* Tal critério de decisão, entretanto, não é aceitável, sob pena de se abrir larga brecha no princípio político-jurídico-penal do *error juris nocet.*

Não o endossou o nosso Código, e assim argumenta, irrefutavelmente, o Ministro CAMPOS: "[...] quando uma norma penal faz remissão a uma norma não penal ou a pressupõe, esta fica fazendo parte integrante daquela e, consequentemente, o erro a seu respeito é um irrelevante *error juris criminalis*". Referindo-se a este trecho da *Exposição de motivos*, entende AsÚA[8] que ele *"sienta uma doctrina inadmisible"*, pois "desde o Direito romano aos mais recentes Códigos e autores, o erro sobre lei não penal funciona como erro de fato". Ora, o Ministro CAMPOS não fez mais do que repetir uma noção corriqueira na doutrina penal moderna. Comecemos pelo ensinamento dos autores alemães. Assim se pronuncia LISZT-SCHMIDT (em antagonismo com o ponto de vista do Tribunal Imperial): "Inteiramente falso... é distinguir entre erro sobre a lei penal e erro sobre outras leis, e colocar o último, isto é, o erro de direito extrapenal, em igualdade com o erro de fato".[9] OLSHAUSEN[10] igualmente disserta, mostrando o ilogismo da tese contrária: "Não se compreende por que o erro sobre matéria não pertinente ao Direito Penal não deva ser considerado como erro de direito, e sim como erro de fato. Se semelhante erro exclui a culpabilidade, como se reconhece por esta interpretação restritiva do princípio *error juris nocet*, a lógica exige que se dê o mesmo efeito ao erro de direito no campo do Direito Penal". VAN CALKER[11] sentencia: "A distinção entre erro de Direito Penal e erro de Direito extrapenal é arbitrária, insegura e ilógica". Consultem-se ainda GERLAND[12] e KÖHLER.[13] Na Itália, MANZINI[14] declara errônea a opinião segundo a qual "se considera útil ao acusado a ignorância de leis diversas (civis, comerciais, constitucionais, administrativas) da lei penal que se quer aplicar ao caso concreto". MASSARI[15] não é menos categórico: "Deve considerar-se, como regra geral, que o dever peremptório do conhecimento abrange, não apenas o *praeceptum juris* (esteja inserto no Código Penal ou em outras leis penais gerais ou especiais, ou no corpo de lei não penais), mas também todas as várias normas que, em função de esclarecimento, de pressuposto, de elemento constitutivo de crime, acedem ao *praeceptum ju-*

---

8   Ob. cit., p. 45.

9   *Lehrbuch*, 1927, p. 249.

10 *Kommentar zum strafgesetzbuch*, 1927.

11 *Strafrecht*, 1927, p. 48.

12 *Deutsches strafrecht*, 1922, p. 105.

13 *Deutsches strafrecht*, 1917, p. 298.

14 *Trattato*, II, p. 297.

15 *Le dottrine generali del diritto penale*, 1930, p. 149.

ris (sejam elas de Direito Civil, Administrativo etc., derivadas da lei ou do Direito costumeiro). Na verdade, tais normas, pelo fato de que acedem ao *praeceptum juris*, concorrem todas na formação da norma penal, e todas têm, em relação a esta, valor essencialmente constitutivo; de modo que, quanto a elas, deve ter aplicação o princípio *nemo censetur ignorare legem*". No mesmo sentido, DE MARSICO[16] e DELITATA.[17]

Nem há distinguir, para solução diversa, o caso em que o erro de Direito extrapenal, acarreta erro sobre o fato que constitui o crime, segundo o que dispõe o art. 47 do Código italiano, que aceitou, neste particular, a jurisprudência do Tribunal Imperial alemão e a doutrina de CARRARA e FRANK. Os próprios exemplos formulados por MANZINI, em explicação do dito artigo, demonstram a inadmissibilidade lógica de tal critério, e é em vão que o ilustre tratadista procura iludir o princípio do *error juris nocet* em tais casos figurados, com o raciocínio de ausência do elemento subjetivo próprio do crime,[18] pois tal ausência ocorreria precisamente em virtude de erro de direito, que é irrelevante (a não ser que a lei transija, como faz o Código italiano). Tomemos dois desses exemplos: o do credor que supõe falsamente poder apropriar-se do objeto dado em penhor, no caso da impontualidade do devedor, e o legatário que se apodera da coisa legada *ex auctoritate propria*, julgando que podia fazê-lo. Entende MANZINI que em tais hipóteses não há fato punível. Evidentemente, é intolerável semelhante solução. No primeiro caso, o agente cometeu, sem dúvida alguma, o crime de *apropriação indébita* e, no segundo, o de *exercício arbitrário das próprias razões*. Em ambos os casos, não há erro sobre o fato constitutivo do crime, mas sobre a norma jurídica que define o crime, isto é, um inconfundível erro de direito. Qualquer transigência com a regra de irrelevância deste, à parte as infrações de pura criação política, evidencia-se incompatível com as injunções da política criminal. Mesmo o desconcertante exemplo de CARRARA – do indivíduo que *passa* papel-moeda cuja circulação foi suspensa por lei que ignorava, dada sua intercorrente ausência do país – não desconvence do critério de intransigência, pois ao agente se poderá redarguir que faltou ao dever de indagar sobre a continuidade de circulação das cédulas, desde que reingressara no território nacional.

O argumento que reputamos decisivo contra o critério que ora estamos refutando é o seguinte: não se pode admitir a relevância de erro sobre lei não penal, integradora do preceito incriminador, quando tal relevância não

---

16 *Diritto Penal*, p. 304.
17 *Il fato nella teoria generale del reato*, p. 191.
18 Ob. cit., II, p. 43.

é admissível ainda quando se considere essa lei fora da órbita jurídico-penal. A Lei de Introdução ao nosso Código Civil consagra um princípio universal ao dispor, no ser art. 3º, que "Ninguém se escusa de cumprir a lei, alegando que a não conhece".

Nem mesmo pode ser invocado, para quebrar a rigidez do princípio, o *error communis facit jus* ou a interpretação aberrante dos juízes e tribunais em casos anteriores. As decisões judiciais só valem para o caso concreto (desde que constituam *res judicata*), não importando, quando errôneas, salvo-conduto para ulteriores violações da lei. Com maioria de razão, não pode colher êxito o apelo a decisões ou instruções de *autoridade administrativa*, que hajam interpretado erroneamente a lei.

86. Erro de fato. Entre as causas de exclusão de culpabilidade, o Código contempla em primeiro lugar o *erro de fato* (seguindo-se a *coação* e a *obediência a ordem de superior hierárquico*). O *error facti* penalmente relevante é o que faz supor a inexistência de elemento de fato integrante do crime ou a existência de situação de fato excludente da injuricidade da ação. Em ambos os casos, pode falar-se em *erro essencial*, que sempre exclui o dolo e, se *invencível (inevitável, escusável,* não atribuível à imprudência, negligência ou imperícia do agente), também a culpa. Dispõe o art. 17: "É isento de pena quem comete o crime por erro quanto ao fato que o constitui, ou quem, por erro plenamente justificado pelas circunstâncias, supõe situação de fato que, se existisse, tornaria a ação legítima".[19] E ressalva o § 1º: "Não há isenção de

---

19   O Projeto ALCÂNTARA limitava-se a dizer, no seu art. 13: "Não será punível a ação, ou omissão, praticada em consequência de erro substancial sobre o fato que constitui o crime". Quando de sua primeira fase, o *substitutivo* da Comissão Revisora continha, repartidos entre o *caput* do art. 14 e seu § 1º, os mesmos preceitos que vieram afinal a ser englobados no *caput* do art. 17 do Código. Na sua crítica ao trabalho da Comissão, dizia ALCÂNTARA MACHADO: "*Erro substancial*, como diz o projeto, e não simplesmente erro, como propõe o substitutivo, abrangendo assim o acidental. *Per consenso unanime l'errore accidentale, detto anche concomitante, non reca a colui che há errato alcun beneficio di scusa, giacchè egli ha voluto commettere il reato e lo ha commesso* (FLORIAN, 396). O substancial, ao contrário, recai sobre os elementos constitutivos do delito, de modo que, se reconhecesse a realidade, o agente não cometeria o crime. Escusado é o § 1º, que é o da chamada legítima defesa putativa, ou do estado de necessidade putativo. Basta a regra da cabeça do artigo". A resposta da Comissão foi, como não podia deixar de ser, sumaríssima: "A crítica do Professor ALCÂNTARA foi, aqui, mais uma vez, infeliz. Se o erro versa sobre fato constitutivo do crime, para que o adjetivo *substancial*? É o próprio senhor ALCÂNTARA que reconhece, na sua crítica, que erro substancial é o que "recai sobre os *elementos constitutivos do delito*". Não é escusado o § 1º do art. 14 do "substitutivo", pois na hipótese aí prevista (*descriminantes putativas*) o erro não incide sobre fatos constitutivos, mas sobre fatos excludentes do crime".

pena quando o erro deriva de culpa e o fato é punível como crime culposo". O erro concernente ao fato constitutivo do crime é o que importa o desconhecimento de qualquer das circunstâncias ou condições que representam o conteúdo de fato da figura delituosa. Exemplos: o professor de anatomia golpeia mortalmente o corpo humano vivo, trazido ao anfiteatro, supondo tratar-se de um cadáver (não é punível por homicídio doloso e, se invencível o erro, nem mesmo por homicídio culposo); o visitante leva consigo, ao retirar-se, confundindo-o com o seu, o chapéu de sol do dono da casa (não é punível a título de furto); o namorado de uma menor de 18 anos, supondo-a com idade superior a esta, e em face de certidão cuja falsidade ignora, tem com ela conjunção carnal, desvirginando-a (não é punível por "sedução" ou "corrupção de menores"). Cumpre advertir que, muitas vezes, o erro sobre circunstância essencial de determinado crime não exclui a punibilidade por crime diverso (ex.: o indivíduo que dirige impropérios a outro, ignorando que este é um funcionário público *in officio*, não comete o crime de *desacato*, mas o de simples *injúria*). Com maioria de razão, o erro sobre circunstância *qualificativa* não isenta de pena pelo tipo *fundamental* do crime (aquele que favorece a prostituição da própria filha, mais insciente desta sua qualidade, não é punível por *lenocinium qualificatum*, mas por lenocínio simples).

Diz-se *invencível* o erro (e, portanto, *excludente* quer de dolo, quer de culpa) quando não podia ser evitado com a atenção, ponderação, perspicácia ou diligência ordinária, própria do comum dos homens. No aferir-se a *invencibilidade* do erro, tem-se de adotar o mesmo critério objetivo de reconhecimento da *imprevisibilidade* na órbita da culpa *stricto sensu* (n. 77). Deve ter-se em conta, como paradigma, o tipo psicológico médio, e não o agente em função de si mesmo, apreciado na sua conduta habitual, ou segundo seu maior ou menor poder de atenção, sua maior ou menor impressionabilidade. Tem-se de figurar a situação de fato ou o conjunto das circunstâncias objetivas em que ocorreu o erro e indagar como teria procedido o homem de tipo comum ou normal: se não se depara *desconformidade* alguma, o erro deve ser considerado *invencível* (impediente de qualquer culpabilidade); caso contrário, será declarado *vencível*, excluindo a punibilidade a título de dolo, mas não a título de culpa em sentido estrito.

A teoria do *erro de fato*, como diz M. E. MAYER,[20] não é mais do que o *reverso da teoria da culpabilidade (die kehrseite der schuldlehre)* ou a própria teoria da culpabilidade considera "de um ponto de vista negativo" *(die von negativen Standpunkt aus betrachtete Schuldlehre)*. Viciando o processo psicológico, o *error facti* cria representações ou motivos que determinam uma

---

20   Ob. cit., p. 316.

conduta diversa da que o agente teria seguido, se tivesse conhecido a realidade. A sua relevância jurídico-penal assenta num princípio central da teoria da culpabilidade: *non rei veritas, sed reorum opinio inspicitur*. A *ignorantia facti*, quando insuperável, acarreta uma atitude psíquica oposta à da culpabilidade, isto é, falta de *consciência da injuricidade* (ausência de dolo) e da própria *possibilidade* de tal consciência (ausência de culpa). Quando inexiste a consciência da injuricidade (que, como já vimos, nada tem a ver com a obrigatória *scientia legis*), não é reconhecível o dolo, e desde que inexiste até mesmo a possibilidade de reconhecer a ilicitude da ação (ou omissão), entra-se no domínio do *caso fortuito*. Não pode ser reconhecido *culpado* o agente, quando lhe era impossível cuidar que estava incorrendo no *juízo de reprovação* que informa o preceito incriminador. A inevitabilidade do erro coincide com a impossibilidade de consciência da injuricidade e, portanto, com a ausência de qualquer das formas de culpabilidade.

É bem de ver que o erro deve ser tal, que acarrete a sincera persuasão, a *certeza subjetiva* no sentido contrário ao da realidade. É preciso que ocorra, efetivamente, aquele *status intellectus quo veritatis notio ab aliqua falsitate obscuratur*, de que falava RUGGIERI. Se o agente procede na *dúvida*, nenhuma escusa poderá invocar, pois gravitou na órbita do *dolo eventual*.

Se a relevância do erro de fato vem de que ele exclui a consciência da injuricidade, não poderia deixar, logicamente, de compreender o caso em que o agente supõe encontrar-se em situação de fato que, se realmente ocorresse, expungiria a ilicitude da ação. Também, em tal caso, o erro exprime a relação entre a consciência do agente e a ilegitimidade da conduta. Apresentam-se, aqui, as chamadas *descriminantes putativas*. *Exemplo:* um indivíduo, por errônea apreciação de circunstâncias de fato, julga-se na iminência de ser injustamente agredido por outro e contra este exerce violência *(legítima defesa putativa)*; ao falso alarma de incêndio numa casa de diversões, os espectadores, tomados de pânico, disputam a retirada, e alguns deles, para se garantirem caminho, empregam violência, sacrificando outros *(estado de necessidade putativo)*; a sentinela avançada mata com um tiro de fuzil, supondo tratar-se de um inimigo, o companheiro d'armas que, feito prisioneiro, consegue fugir e vem de retorno ao acampamento *(putativo cumprimento de dever legal)*; o adquirente de um prédio rural, enganado sobre a respectiva linha de limite, corta ramos da árvore frutífera do prédio vizinho, supondo erroneamente que avançam sobre sua propriedade, além do plano vertical divisório *(putativo exercício regular de direito)*. Precavidamente, ou como uma advertência ao juiz criminal (não obstante sua faculdade de *livre convencimento*) o Código exige que, em tais hipóteses, o erro seja *"plenamente justificado pelas circunstâncias"*, para que tenha como efeito a completa isenção de pena.

A prova deve ser de molde a permitir a reconstrução do fato em todas as suas circunstâncias (antecedentes ou concomitantes), deixando evidente que o réu, segundo *id quo plerumque accidit*, não podia libertar-se do erro que motivou a sua conduta. O caso mais frequente, e merecedor de detido exame, é o da *legítima defesa putativa (suposta, imaginária)*, a cujo respeito já assim dissertamos:[21]

"Dá-se a legítima defesa putativa quando alguém erradamente se julga em face de uma agressão iminente ou atual e injusta e, portanto, da legalmente autoria da *reação*, que empreende. O nosso Código Penal resolve expressamente o caso, ao cuidar, no seu art. 17, do *error facti* chamado *essencial* ou *substancial*. Ao invés de equiparar a legítima defesa putativa à legítima defesa autêntica, disciplinando-a entre as causas excludentes de injuricidade, o Código, acertadamente, deu solução ao problema na sua sede própria, isto é, no setor das causas excludentes de culpabilidade ou, mais precisamente, ao disciplinar o *erro de fato*, que é uma causa incondicional de exclusão do dolo e condicional de exclusão da culpa *stricto sensu*. Se o dolo é a vontade livre e conscientemente dirigida a um fim ou resultado contrário ao direito, segue-se, necessariamente, que, intervindo erro sobre *situação de fato*, de modo a impedir a consciência dessa injuricidade, não é reconhecível essa forma do elemento subjetivo do crime. O *erro de fato* tanto pode fazer supor a inexistência de circunstâncias objetivas do crime, quando a existência de circunstâncias objetivas que tornam excepcionalmente lícito o fato incriminado *in abstracto*. Em qualquer dos casos, fica excluída *a consciência da injuricidade*, que é imprescindível elemento do dolo. Costuma-se dizer, e com toda razão, que a teoria do erro é o lado avesso da teoria do dolo. Não há negar que o dolo é excluído não somente pelo erro sobre elementos de fato essenciais à configuração do crime, mas também pelo que, sem importar o desconhecimento da lei pois *error juris nocet*, impeça o agente de representar mentalmente a sua ação como sendo aquela mesma que a lei incrimina. Se ao dolo é indispensável a relação psíquica entre o agente e o caráter antijurídico da conduta, e se um erro, qualquer que ele seja, insuperável ou não, intercepta essa relação, não há falar-se em crime doloso; ao invés da *mens rea*, o que se apresenta é uma atitude psíquica de conformidade com o direito. É relevante o erro, no sentido da exclusão do dolo, toda vez que obstrui o exato *juízo de valor* acerca da ação, ou o reconhecimento da sua injuricidade, e isto ocorre não somente quando o erro importa a suposição da ausência de circunstâncias de fato que condicionam a existência do crime, como quando gera a suposição da

---

21   *A legítima defesa putativa em face do novo código penal* (excerto e adaptação de nossa monografia *A legítima defesa putativa*, 1936).

presença de condições de fato que motivam a excepcional licitude penal da ação. Não se pode cogitar de dolo, ou, seja, de uma vontade conscientemente dirigida a um fim antijurídico, quando se verifica que precisamente a persuasão de que estava juridicamente autorizado à ação é que determinou o agente a empreendê-la. Se, não obstante a representação dos *essentialia* objetivos que ajustam a ação a um molde penal, intervém um erro que leva o agente a acreditar na existência daquela situação de fato que a lei prevê como exceção à regra da criminosidade da ação, poderá haver, tal seja o caso, punibilidade a título de culpa, jamais a título de dolo. Pode acontecer que o erro seja *inescusável*: o agente, se tivesse procedido com a devida atenção ou ponderação, poderia ter evitado o erro, ou por outras palavras: as circunstâncias não afastavam a *possibilidade* de consciência da ilicitude de sua conduta. Nem por isso deixará de ficar excluído o dolo (que pressupõe a *efetiva* consciência da injuricidade), mas não ficará excluída a culpa, e a este título responderá o agente, se o fato é punível como crime culposo.

Abstraído o aspecto subjetivo, a legítima defesa putativa nada tem de comum com a legítima defesa autêntica, senão no nome. Dentro da lógica jurídica, e a não ser que a lei arbitrariamente (como faz o atual Código Penal italiano) intervenha com uma *ficção* em sentido contrário, será erro grosseiro o confundir-se uma com a outra. Na genuína legítima defesa, a ação é *objetivamente lícita*; na legítima defesa putativa, ao contrário, a ação é *objetivamente ilícita*. Naquela inexiste punibilidade porque, preliminarmente, inexiste crime a *parte objecti;* nesta, há injuricidade a *parte objecti*, mas a punibilidade é excluída (salvo o caso de erro culposo) por carência de uma condição indispensável a *parte subjecti*, isto é, o dolo. Por mais que se transija em que deva ser apreciada *subjetivamente a necessidade* que condiciona a legítima defesa autêntica, não se pode dispensar, para o seu reconhecimento, um *princípio* de realidade objetiva. Para a legítima defesa propriamente tal, não basta a *crença* ou *opinião* do agente, de se achar na atual necessidade de violar o direito alheio para preservar o próprio (ou de terceiro): é imprescindível que ela se baseie sobre alguma coisa que se apresente como *efetivo* perigo ou *realidade* de uma agressão (injusta). Se há erro do agente no calcular a gravidade desse perigo ou dessa realidade, o que se poderá identificar é *excesso de legítima defesa* (que será penalmente indiferente, se deriva de erro escusável), e não legítima defesa putativa. Nesta o *quid pro quo* é completo: o erro do agente não diz respeito à gravidade ou importância, mas à existência mesma do perigo ou atualidade da agressão. Não é esta, aqui, uma *entidade concreta*, mas um *ens imaginationis*, uma hipótese a que não corresponde qualquer *veracidade* ou consistência no mundo objetivo. Vem daí que, para afirmar-se a imunidade penal da legítima defesa putativa, não há equipará-la à legítima defesa autêntica, emprestando-lhe, artificiosamente, a função de causa excludente da injuricidade objetiva. O agente fica isento de pena, não porque a errônea presunção de um *periculum proesens* o colocou juridicamente na situação de legítima defesa, mas, sim, porque tal suposição obstou que tivesse consciência da injuridicidade de sua conduta, acarretando, portanto, a ausência de dolo.

Tratando do tema da legítima defesa, em face do vigente Código italiano, disserta MANZINI:[22] "Posto que ação defensiva constitui um fato jurídico-penal que, como outro qualquer, deve ser avaliado tanto no seu elemento objetivo quanto no elemento subjetivo, segue-se que a suposição errônea, não culposa, da necessidade da defesa (legítima defesa *putativa*) equivale, para o efeito da justificação à real necessidade dela". Esta solução é um corolário do art. 59, segunda alínea, do Código Rocco: *"Se l'agente ritiene per errore che esistono circostanze di escluisone della pena, queste sono sempre valutate a favore di lui"*. Com semelhante fórmula criam-se, ao lado das *descriminantes reais*, e a estas plenamente equiparadas, as *descriminantes putativas*. Ora, por que e para que esse recurso a uma *fictio juris*, quando bastava reconhecer-se, *realisticamente,* que o dolo não prescinde da consciência da injuricidade, de modo que fia excluído pelo erro que induz a suposição da excepcional liceidade da ação?[23]

Na divergência entre a realidade e a sua representação na *mens* do agente – como justamente dizia DE MARSICO antes da vigência do Código ROCCO[24] – é que se plasma a consciência do valor do fato, que passa a ser figurado como um fato permitido pela lei, de modo que, ao invés da apli-

---

22 *Trattato,* II, n. 407.

23 O critério da *assimilação*, sobre ser inaceitável do ponto de vista técnico-jurídico, levaria, em face de nossa legislação sobre o dano *ex delicto*, às mais graves injustiças. Dispõe o Código Civil, art. 1.540: "As disposições precedentes" (sobre reparação do dano no caso de homicídio e lesões corporais) "se aplicam ainda no caso em que a morte, ou lesão, resulte do ato considerado crime justificável, *se não foi perpetrado pelo ofensor em repulsa de agressão do ofendido*". A Lei n. 387, de 27 de janeiro de 1937 (sobre o amparo das famílias dos funcionários vitimados no cumprimento do dever), estatui, no seu art. 2º: "A pensão a que se refere o art. 1º desta lei será paga depois do julgamento final do autor do crime e somente quando não for o mesmo absolvido *pelo reconhecimento da justificativa da legítima defesa*". Ora, equiparada a legítima defesa putativa à legítima defesa autêntica, isto é, identificada a *reação* contra uma agressão imaginária à reação contra uma agressão real, estaria frustrado o direito assegurado pelos dispositivos acima citados.

24 Já nas suas *Lezioni universitarie* (1935) DE MARSICO ensina diversamente: "[...] *il caso dela legittima difesa opinata, in cui si disse comunemente che manchi il dolo, mentre più corretto è dire (secondo il Codice che lo sottopone alle norme sulle esimenti) che manca l'antigiuridicità*".

cação da descriminante, deve falar-se, mais propriamente, em ausência de dolo. Exemplificava o mesmo autor: aquele que, sem agir em efetivo estado de legítima defesa, mata outrem, acreditando, no entanto, por uma falsa percepção da realidade que atende à necessidade de repelir uma violência atual e injusta, comete uma ação cuja representação subjetiva não coincide com a figurada *in abstracto* como homicídio punível. A consciência que tem o agente acerca do valor ético-jurídico da sua ação é, portanto, diversa daquela que condiciona o dolo, isto é, não de antítese, mas de consonância com a moral e com a lei. Ora, isto não cria uma descriminante, mas elide, indubitavelmente, o dolo, e só por isto é que se deve reconhecer, no caso, a isenção de pena. No mesmo sentido já opinava BIANCHEDI,[25] a violência praticada no caso de legítima defesa putativa fica imune de pena por carência de dolo, e não porque o fato não transcenda o campo da legítima defesa, pois que *"la legittima difesa, a prescindere d"altro, come a su pressuposto, vuole uma violenza che richiama uma violenza, um male minacciato che suscita um male chi inácia, uma ingiusta azione cui responde uma reazione, vuole, in uma parola, um aggredito e um aggressore".*[26] O princípio de que, em matéria criminal, o *putativo equivale ao real* só é inteligível na esfera da culpabilidade. Por mais razoável que seja, a errônea *crença* do agente na licitude da ação não pode fazer com que esta, na sua objetividade, passe de ilícita a lícita. Somente do ponto de vista subjetivo é que o *putativo equivale ao real*, justificando a impunibilidade. Fica isento de pena tanto quem age em legítima defesa como quem, por erro escusável, supõe fazê-lo; mas, no primeiro caso, a não punibilidade da ação decorre da sua legitimidade objetiva, enquanto no segundo deriva da ausência do elemento psicológico (dolo ou culpa).[27] A hipótese

---

25 Ob. cit., n. 14.

26 Ao mesmo critério atende PAOLI (*Principii di diritto penale*, 1929, p. 116), que assim figura e resolve um caso típico de legítima defesa putativa: *"Suppongasi che io tornando a casa di notte, mi imbatta in una comitiva di amici miei che, per farmi uns scherzo di cattivo genere, pur senza intenzione di nuocermi menomamente, mi si slancino contro: è, ripeto, uno scherzo, ma io penso (e chi non vi penserebbe?) a un'agressione: sparo, feriso, e uccido; in realtà non c'è violenza nè quindi necessità di difendersi; in realtà io non corro nessun pericolo effettivo, mas poichè alla violenza ho logicamente creduto, e poichè sono stato posto in condizione da dover ritenere la necessità della difesa diretta, non è dubbio ch'io debba andare impunito per la completa assenza in me di volontà criminosa".*

27 O próprio MANZINI, em outra passagem do seu *Trattato* (vol. I, p. 602), diz que no caso de errônea suposição de uma causa excludente de injuridicidade, deve ficar o agente isento de pena porque *"manca la volontà di commettere um fato contrario al diritto penale"* e, o que é mais interessante, invoca, nesse ponto, o apoio da própria *Relazione* sobre o vigente Código Penal italiano: *"Si agisce, sia pur per errore, nel ragionevole convencimento della esistenza di uma circostanza d'esclusione dela pena, ad es.*

da legítima defesa putativa é estranha ao quadro das causas excludentes de *injuricidade* (impropriamente chamadas *justificativas*), devendo ser tratada, como faz o Código brasileiro, no setor consagrado à disciplina do *erro de fato essencial*, excludente da culpabilidade. O nosso legislador de 40, no tocante às descriminantes putativas, inspirou-se na fórmula proposta, na Alemanha, pela antiga *Strafrechtsauschuss*, em sua sessão de 20 de novembro de 1828, e que era assim concebida: "Quem supõe erradamente uma situação de fato que tornaria a ação legítima ou isentaria de pena o agente, não será punido a título de dolo, mas de culpa, se se trata de erro culposo".[28]

VERGARA,[29] ao tempo do Código de 90, incluía a legítima defesa putativa na casuística da que ele chama *legítima defesa subjetiva*, assim doutrinando, um tanto obscuramente: "O excesso[...] quando o agente, por uma agressão putativa, pratica mais do que era necessário à sua defesa, na convicção de que fazia o que era preciso fazer, não tem um sentido jurídico, porque[...] o excesso aí se confunde com a própria legítima defesa". Se a agressão é *putativa*, como pode a *pseudorreação* confundir-se com a legítima defesa, posto que está inconcebível sem a realidade objetiva de uma efetiva agressão atual? Quando a *necessidade* da defesa é meramente *suposta*, a violência empregada contra o suposto agressor não é *legítima defesa* ou *excesso de legítima defesa*, mas coisa inteiramente diversa, isto é, *legítima defesa putativa*. Entende VERGARA que a legítima defesa "é e tem de ser, por força, um fenômeno subjetivo" e "não se pode falar em legítima defesa subjetiva, para opô-la, com requisitos distintos, próprios, à legítima defesa objetiva". Ora, a *verdadeira* legítima defesa, por isso mesmo que é uma causa *objetiva* de exclusão de injuricidade, só pode existir *objetivamente*, isto é, quando ocorrem, efetivamente, os seus pressupostos *objetivos*. Fora daí, em boa lógica, o que há é sempre *excesso de legítima defesa*, que poderá deixar de ser punido, se deriva de um erro escusável, e não porque se deva considerar não ultrapassado o limite próprio da legítima defesa. A chamada *interpretação subjetiva* dos requisitos da legítima defesa é um critério *extralegal*, uma *trovata curialesca*, que não pode servir à construção jurídica do instituto da legítima defesa, na sua genuinidade. Como irrefutavelmente sustenta POZZOLINI,[30] a formulação e sistematização técnicas dos denominados *casos de justificação* (melhor diria *descriminantes*, ou *causas excludentes de injuricidade*) não admitem a possibilidade de que

---

Legittima difesa putativa, e perciò sostanzialmente non si commette reato per difetto dell'elemento psciologico".

---

28 Consulte-se WEIZ, Die arten des irrtum. *In: Strafrechtlich abhandlungen*, fasc. 286.
29 *Da legítima defesa subjetiva*.
30 *I casi di giustificazione come causa di esclusione di reato*.

nelas se compreendam aquelas situações de fato em que, ausentes os requisitos objetivos enumerados na lei, o agente, entretanto, procede na falsa representação deles. Os *casos de justificação* são inconciliáveis com a *interpretação subjetiva*. E prossegue o citado autor: "Pareceria à primeira vista que esta formulação sistemática apresentasse uma lacuna impreenchível, posto que se não pode negar que há situações de fato nas quais a *juricidade* do motivo deve funcionar como elidente da sanção penal, e não como simples atenuação, através do instituto do *excesso*. Dificílimo é, na prática, estabelecer a diferença entre a subjetividade e o *excesso*; mas a justiça reclama que em tais casos se reconheça que, embora não existindo as condições objetivas da justificação, o agente, tendo atuado por um motivo cuja origem se encontra numa situação de justificativa que mentalmente se representou, deve ficar isento de pena. Qual será, então, a solução jurídica do caso? Parece-me que ela se encontra, nítida, na órbita do *erro de fato*. A representação mental de uma situação de justificativa não corresponde à realidade objetiva, mas determinante da ação, é um caso de *erro de fato* e deve ser tratada com os critérios jurídicos do *erro de fato*. Se essa representação mental é decorrente de um erro invencível, que a teria determinado em quem quer que se achasse nas mesmas condições dadas, isto é, se quem quer que estivesse no lugar do agente, tendo-se em vista a mentalidade, em geral, a constituição psíquica da média dos homens, não deixaria de ter, razoavelmente, a representação mental da situação objetiva de justificação, a ação é realizada em condições de erro de fato e, como tal, não punível".

Nos casos em que alguém, por escusável erro de cálculo em face de uma agressão atual e injusta, *pratica mais do que era necessário à sua defesa*, costuma-se falar em *legítima defesa subjetiva*, reconhecendo-se que o fato não deixa de conter-se dentro da esfera legal da legítima defesa; mas, se esta solução é admissível de um ponto de vista prático (quer se reconheça ficticiamente a descriminante, quer se afirme a ausência de dolo e culpa, o resultado é o mesmo: absolvição do acusado), nem por isso deixa de ser antagônica com o rigorismo técnico, com a lógica jurídica. Como quer que seja, porém, ou se equipare a *legítima defesa subjetiva* à legítima defesa objetiva (autêntica legítima defesa), ou seja ela considerada, segundo postula Vergara, como uma noção *inseparável* ou *consubstanciada* com o próprio instituto da legítima defesa, o certo é que não pode prescindir da *verdade concreta* de uma antecedente agressão ou antecedente perigo de agressão, e, consequentemente, não pode abranger o caso da legítima defesa putativa, em que a agressão ou perigo de agressão não passa de uma ilusão do agente. A legítima defesa putativa não pode ser, de modo algum, considerada uma *species* de legítima defesa.

LEMOS SOBRINHO,[31] do mesmo modo, não distinguia entre a legítima defesa putativa (isto é, "o caso de estar o indivíduo inicialmente enganado acerca da realidade da agressão, agindo na suposição de um perigo inexistente, ou, por outra, não ter objetividade o que subjetivamente se afigurou ao suposto agredido" e o *excesso* não culposo de defesa. Este seria o *genus* e aquela uma *species*. O equívoco é flagrante. O *excessus defensionis* pressupõe, necessariamente, uma agressão iminente ou atual e injusta, ou, seja, uma situação inicial de legítima defesa. Na legítima defesa putativa, ao revés, não preexiste, como realidade, uma violência contra a qual se tenha a faculdade legal de reagir. O chamado *excesso de legítima defesa* não é mais do que uma *defesa* que, originariamente *legítima*, ultrapassa, a seguir, a medida de sua necessidade.[32] Na legítima defesa putativa, não há *defesa contra um ataque precedente* senão na imaginação do agente. No excesso de legítima defesa, há um efetivo *agressor* em face de um *agredido*, ao passo que na legítima defesa putativa o *suposto* agredido é o único agressor. No excesso, reconhece-se que era necessária uma *defesa*, embora não a defesa realmente exercida; na legítima defesa putativa, a desnecessidade de qualquer defesa se apresenta *ab initio*. Não se pode dizer que se *defende* quem não foi, de modo algum, agredido, e, muito menos, que *excede os limites da legítima defesa* aquele que, investindo *moinhos de vento*, não tinha violência alguma a repulsar. O excesso de legítima defesa pode ser doloso; a legítima defesa putativa exclui

---

31   *Da legítima defesa*, p. 152.
32   JORGE SEVERIANO (*Justificativas penais*, p. 216) acoima de *dislate* o emprego da expressão *excesso de legítima defesa*. Mera preocupação de discrepar, sem ir além da *superfície*. BIANCHEDI, um dos mais claros e perspicazes autores que já trataram do assunto, sentencia (ob. cit., p. 165): "[...] *resta sempre fondamentale quel concetto che non si può da alcuno impugnare, essere cioè l'eccesso uma legitima difesa eccessiva*". Nem podia ser de outro modo. A locução "excesso de legítima defesa" não quer dizer senão *excesso no ato de legítima defesa*. O excesso de legítima defesa importa necessariamente a existência de um prévio estado de legítima defesa, isto é, uma situação de necessidade de conjurar uma agressão iminente ou atual e injusta. Se falha inicialmente esta condição da legítima defesa, ou o indivíduo age maliciosamente, a *pretexto* de legítima defesa, e o fato é *ab initio* um crime doloso, ou procede na errônea suposição de estar sendo agredido, e dá-se, então, a *legítima defesa putativa* (que nada tem a ver com o *excesso de legítima defesa*). O *cochilo* de JORGE SEVERIANO (cuja agudeza intelectual, entretanto, não podemos pôr em dúvida) vem de que ele perdeu de vista o seguinte: *o excesso de legítima defesa*, sob o ponto de vista jurídico-penal, está circunscrito ao *modo* de reação de quem se encontra em legítima defesa. É ainda o que elucida BIANCHEDI, ob. cit., p. 161): "*Quando si parla di eccesso, vuolsi aver presente che esso non consiste nel fine, ma nei mezzi, chiè a dire che sta nella sporporzione tra il mezzo usato a proteggere la nostra incolumità e quello che era sufficiente, in quella contingenza, a tutelarla*". Fala-se em *excesso de legítima defesa* do mesmo modo que se fala em *excesso de poder, abuso de direito* etc.

conceitualmente a ideia de dolo, embora doloso possa ser, por sua vez, o seu *excesso*, isto é, a exorbitância da pretensa *reação* contra a imaginária agressão. É certo que, quando resultante de um erro do agente, o excesso de legítima defesa confunde-se, no seu tratamento, com a legítima defesa putativa, isto é, em ambos os casos, o agente não é punível, quer a título de dolo, quer a título de culpa, se o erro é escusável; mas isso não autoriza a identificação das duas noções. A consideração mesma de ser perfeitamente concebível o *excesso* na legítima defesa putativa deixa evidente que se não pode admitir a paridade ontológica entre esta e o excesso de legítima defesa, pois teríamos de incidir no absurdo de reconhecer a possibilidade de um *excesso de excesso*.

Em torno da legítima defesa putativa podem ser formuladas, em resumo, as seguintes regras: *a)* se o agente, em consequência de um erro invencível, supõe achar-se em face de uma agressão iminente ou atual e injusta, ficará isento de qualquer pena, posto que se tenha contido dentro dos limites da reação que seria necessária contra a suposta agressão; *b)* se o agente é induzido à mesma suposição por erro superável (inescusável), será punível a título de culpa *stricto sensu* pelo evento lesivo (homicídio, lesões corporais); *c)* se o agente excede, conscientemente, a *medida* da defesa que seria necessária contra a imaginária agressão, responderá pelo *plus* a título de dolo; *d)* se tal excesso é inconsciente, mas resultante de erro e inescusável, responderá o agente pelo *plus* a título de culpa; *e)* se o excesso é inconsciente e resultante de erro escusável, nenhuma é a punibilidade do fato.

O erro que importa a imunidade penal da ação praticada em legítima defesa putativa é tão somente, repita-se, o que versa sobre os pressupostos objetivos da legítima defesa. Trata-se de uma aberrante percepção da realidade, que induz o agente a supor que a sua ação se enquadra nesse caso de excepcional exclusão de injuricidade. Se o agente erra, não sobre as condições de fato, *in concreto*, da legítima defesa, mas acerca da respectiva noção jurídica, como, por exemplo, se supõe que seja legítima a reação ainda contra uma agressão finda ou futura, seu erro é irrelevante, porque é um erro de direito, e *error juris nocet*. No reconhecimento da legítima defesa putativa, o que importa averiguar é se o agente, em razão do erro de representação subjetiva das circunstâncias, teve a *certeza moral* de que agia na situação de fato a que a lei subordina a excepcional licitude da ação, a título de legítima defesa. Evidentemente, não é de confundir-se a legítima defesa putativa com o chamado *pretexto de legítima defesa*, em que o indivíduo ardilosamente cria a situação de fato condicionante da legítima defesa, para praticar um crime planejado de antemão. E ainda mesmo que o agente proceda na *dúvida* sobre a identidade entre a sua ação e a ação autorizada *in abstracto* pela lei, já não há falar-se em legítima defesa putativa: apresenta-se, também em tal caso, u crime doloso, pois que, como diz DE MARSICO, *chi arrischia vuole* (dolo eventual). O que exclui o dolo é tão somente a atitude psíquica consistente na *certeza subjetiva* de que se não age *contra jus*. A legítima defesa putativa supõe que o agente atuou na *sincera e íntima convicção* da *necessidade* de debelar uma agressão atual (ou iminente) e injusta. Cumpre, entretanto, examinar se o erro era ou não vencível, ou, o que vale o mesmo, se ao agente *faltou, ou não*, nas circunstâncias dadas, a *possibilidade* de consciência de injuricidade da ação: no primeiro caso, não há crime doloso ou culposo, mas o *casus*, uma *infelicitas fati*, um evento indiferente ao Direito Penal; no segundo, resta um crime culposo. Como aferir-se, porém, na prática, da natureza do erro? Um critério único deve ser prefixado: é de presumir-se, *usque dum probetur contrariu*, que o erro obstou, invencivelmente, a possibilidade de conhecimento da injuricidade da ação, quando se verifica que à errônea impressão do agente (falsa apreciação dos fatos), nas mesmas circunstâncias ou condições em que este se encontrou, não teria escapado uma pessoa de atenção e calma comuns. O *ponto de referência* é o *homo medius*, e não o agente em função de si mesmo, apreciado na sua conduta habitual, segundo o seu temperamento mais ou menos emotivo, sua maior ou menor coragem pessoal, seu maior ou menor poder de atenção, sua maior ou menor impressionabilidade ou reatividade. Ainda mesmo que advenha de uma excitação ou perturbação momentânea, o erro será inescusável, se tal estado de ânimo não for justificado pelas circunstâncias, tendo-se sempre em vista a resistência psíquica do comum dos homens, e não a do agente. É o justo critério adotado pela Corte de Cassação italiana, em aresto citado por MANZINI:[33] *"Non basta il timore di um danno iminente, ma è indispensabile la ragionevolezza di tale timore per la media dell'umana sensibilità e delle normali circostranze degli avvenimenti".*[34] Convenha-se em que o erro, em qualquer caso, exclui o dolo: mas não excluirá a culpa, se se apresenta como uma *anormalidade* em face da experiência comum. O Direito Penal não pode negar-se a si mesmo, para deixar inteiramente à margem de suas sanções os indivíduos *assustadiços, pusilânimes* ou *nervosos*, facilmente propensos a tomar espectros pela realidade, ou a *fare legge di um sogno* com sacrifício de seus concidadãos e da ordem jurídica. A não ser que se identifique no fato o efeito ou índice de autêntica enfermidade

---

33 *Trattato*, II, p. 302, nota 2.

34 Segundo reporta WHARTON (*Criminal law*, vol. I, p. 786), é este o ponto de vista também dominante na legislação e jurisprudência penais norte-americanas: o medo escusativo, na *supposed self-defense*, *"must be the fear or a reasonable person"*, ou *"must be a reasonable fear, and the killing must have been under the influence of these fears"*. Notadamente, *"coward's unreasonable fear for his own safety will not justify a homicide"*.

mental, a pena, em tais casos, como nos crimes culposos em geral, se impõe e justifica (à parte a sua eficiência como *prevenção geral*) porque a lembrança do *malum passionais* será sempre um *contramotivo* à exagerada impressionabilidade ou imponderação do indivíduo, no sentido de afeiçoá-lo ao ritmo normal da vida social. Na consideração do erro de cálculo na legítima defesa putativa, deve ser empregado o mesmo critério genérico de avaliação do erro de observação que lastreia a culpa em sentido estrito: não é a atenção habitual do agente ou a diligência que ele costuma empregar *in rebus suis,* mas a atenção e diligência próprias do homem *estatisticamente normal* (v. n. 77). Em síntese: para que, na legítima defesa putativa, seja excluída *qualquer* culpabilidade, é necessário que, reconstituídas todas as circunstâncias objetivas, antecedentes ou concomitantes da ação,[35] e aferidas, não segundo a opinião do agente, mas segundo o entendimento comum, se verifique que era realmente impossível àquele libertar-se do seu erro.

Extensa é a casuística da legítima defesa putativa, mas registremos, para o respectivo *diagnóstico*, as seguintes hipóteses, figuradas ou reportadas, respectivamente, por CARRARA, LÖFFLER, STEPHEN, BIANCHEDI e JERSCHKE:

a) Certo indivíduo, vendo-se encalçado por um inimigo, que empunha, visando-o, uma arma de fogo, saca de seu revólver, dispara e mata-o. Verifica-se, a seguir, que a vítima trazia sua arma descarregada e tencionava apenas amedrontar o seu desafeto.

b) A atravessa, à noite, uma floresta, onde sabe que costuma acoitar-se um bandido perigoso, e é repetidamente surpreendido com a intimativa de alguém que, de arma em punho, lhe barra o caminho: "A bolsa ou a vida!". Sem perder o sangue frio, consegue distrair por um momento o presumido *salteador* e, sacando de um revólver, abate-o com um tiro. Constata-se, posteriormente, que todo o episódio anterior não passava de um gracejo, preparado por um amigo de A, para experimentar-lhe a coragem.

c) A, armado de um sabre, persegue o ladrão noturno que lhe invadiu a casa e, percebendo um vulto a ocultar-se num canto, toma-o pelo ladrão, quando, na realidade, era um doméstico, e prostra-o com um golpe.

d) A desperta pela madrugada com um ruído no seu aposento e vê um homem a penetrar pela janela. Ao crepúsculo matutino, toma-o por um ladrão e, servindo-se de uma pistola que tem à mesa de cabeceira, desfecha-lhe certei-

---

35 Assim, por exemplo, não devem ser indiferentes as condições de tempo (se é de dia ou de noite) ou de lugar (se o fato ocorre em lugar ermo ou frequentado, no tumulto de um conflito ou num pacífico *match* de futebol, as relações anteriores entre o acusado e o suposto agressor, a índole deste (se impetuosa ou moderada, se perversa ou não), conhecida daquele etc.

ro tiro. Vem-se depois a averiguar que se tratava de um operário ajustado, sem que A o soubesse, para um reparo na janela e que, para melhor certificar-se da obra a fazer, achara de penetrar no quarto, julgando-o desocupado.

e) Um habitante da cidade de Forli (Itália), em dia de Carnaval, vê irromper por sua casa adentro dois mascarados e, julgando-se em face de agressores, investe e mata um deles com um trinchete.

f) Um francês (digno patrício do *Tartarin*, de DAUDET...), penetrando numa floresta da Sicília, com o espírito saturado de histórias sobre um imaginário *brigantaggio* siciliano, divisa dois guardas campestres armados, que pacificamente percorriam a mata, e, tomando-os por bandidos, dispara repetidamente a sua espingarda, matando-os.

g) A procura B em sua casa para ultimar um negócio, e sobrevém uma discussão entre os dois, que mutuamente se injuriam. B intima A a retirar-se, mas só depois de alguma relutância, e sem que cesse o bate-boca, é atendida a intimação, dirigindo-se A para a porta da rua. Segue-o B e de novo o defronta no vestíbulo. A, julgando que vai ser agredido, puxa de uma faca e fere o seu antagonista.

Nos casos *a* e *b*, é incontestável a ausência de qualquer culpabilidade: a *aparência do periculum proesens* era de molde, sem dúvida alguma, a iludir qualquer pessoa de mediana prudência ou ponderação. Em qualquer deles, as circunstâncias se acumpliciavam, unívocas, para gerar no espírito do agente a *certeza* de que se achava naquela precisa situação de fato em que é legítimo o emprego de violência contra outrem. Não havia *sobrestar com isso antes de começar,* ou *refletir sobre a primeira impressão* a necessidade de reação afigurava-se com a evidência mesma da realidade. Também nos casos *c* e *d,* não se pode, sem excesso de rigor, impugnar a *razoabilidade* do erro como motivo de exculpação, tendo-se em vista que o estado emocional consequente à impressão de insegurança experimentada por um homem de resistência psíquica média com a presença de um ladrão em sua casa é de jeito a privá-lo do seu habitual senso de escrupulosa circunspecção.[36] Os casos restantes, se afastam

---

36 Tratando de caso análogo ao figurado acima *d*, WHARTON (*The law of homicide,* n. 229) faz o seguinte comentário: "*If belief of danger and necessity of kill is imputable to negligence, it does not justify killing in self-defense, however honest it may be. In Lovett's Case, for instance, which is the crucial case in this branch of the law, we find a man who, suddenly aroused from sleep, under information wholly false, kills another whom he supposes to be a burglar, acquitted on the ground that in the circumstances he acted under an innocent error of fact. But* FOSTER *tells us that possibly it (the case in question) might have been ruled manslaughter* (homicídio culposo), *when, at common law, due circumspection not having been used. Judge* BROWN, *in commenting on this passage, says: He* (FOSTER) *calls it nothing more than a case of manslaughter, when, if a man may not act upon appearances, it was a plane case of murder* (homicídio culposo). *In other words,*

a hipótese de crimes dolosos, não excluem, entretanto, a punibilidade a título de culpa. Ajusta-se-lhes como uma luva esta advertência de BIANCHEDI: "[...] se o erro nasce de uma ilusão da inteligência, da qual o homem, com o empregar cautamente os sentidos e a razão, podia libertar-se, não sabemos como eximi-lo de responsabilidade, e temos de lhe imputar, a título de culpa, a conduta precipitada e irrefletida, que foi causa de um mal irreparável, não obstante sua fácil evitabilidade, e que não depara justificação, especialmente no caso de quem, levianamente, obedecendo aos voos da fantasia, se aventura sem pretexto razoável a eliminar a vida de seus semelhantes... A suposta necessidade defensiva diz que não se trata de um perverso, mas a precipitação, a irreflexão, a inobservância do devido respeito à vida humana, que manda agir com prudência, e com conhecimento de causa, antes de ocasionar dano, e proíbe que se ceda prontamente a uma impressão, demonstram que esse indivíduo, são e maduro de espírito, é um ser perigoso à vida dos cidadãos e à segurança da ordem jurídica".

Um dos casos de legítima defesa putativa mais frequente na prática é o que se apresenta quando um indivíduo, no calor de uma discussão, faz emprego de violência contra seu adversário, ao perceber que este leva a mão à cintura ou ao bolso traseiro da calça, no gesto de quem vai sacar uma arma, e vem-se depois a verificar que a vítima se achava desarmada ou trazia uma arma ineficiente, não tendo passado o seu gesto de uma pura encenação.[37] O tratamento do caso varia, naturalmente, com as circunstâncias. Primacialmente tem-se de indagar do caráter da vítima e do conhecimento ou informação que, a respeito, possuía o acusado. Se este sabia o seu antagonista um indivíduo violento e habituado a andar amado, já se depara um elemento de convicção no sentido da *plausibilidade* da suposição do iminente perigo de agressão. Cumpre ainda perquirir dos pródromos do fato: natureza da dissenção, atitudes anteriores da vítima para com o acusado, ameaças acaso preferidas por aquela contra este, tensão da hostilidade entre ambos etc. Por último, devem ser apreciadas as circunstâncias imediatamente anteriores ao fato, como, por exemplo, se a vítima, simultaneamente ao gesto de sacar a

---

when a man kills another in an honest error of fact, murder is out of question. The only issue is: was the error negligent or non negligent? If negligent the killing is manslaughter. If non negligent, excusable homicide".

37 Quando se constata que a vítima era realmente portadora de uma arma ofensiva, costuma-se reconhecer em favor do acusado a própria legítima defesa, ainda mesmo que não houvesse *certeza* sobre se a vítima chegaria a usar efetivamente da arma. O critério mais acertado, entretanto, seria o reconhecimento da *ausência de dolo,* ou de *culpabilidade.* O que se tem a verificar é se foi razoável a suposição do agente, de achar-se na iminência de uma agressão injusta, e isto basta para excluir qualquer punibilidade.

arma, avançava decididamente para o acusado, ou se, ao contrário, deixava transparecer que apenas queria inspirar medo, fazer bravata, não passar da ameaça; se era possível à vítima realizar a ameaça, ou se logo acorreram circunstantes a intervir etc. Se as circunstâncias, no seu conjunto, examinadas segundo *id quod plerumque fit*, não evidenciarem a razoabilidade ou *normalidade* da sua *crença no periculum proesens*, o acusado não poderá eximir-se da pena a título de culpa, se não for o caso, bem entendido, de identificar-se um dissimulado crime *doloso*, ou o denominado *pretexto de legítima defesa*.

87. Erro provocado. O erro de fato pode ser *espontâneo* ou *provocado*, isto é, determinado por outrem. Dispõe o § 2º do art. 17 que "responde pelo crime o terceiro que determina o erro". A determinação ao erro pode ser *dolosa* ou *culposa*. Se o erro foi *preordenado* ao crime, o terceiro responderá por este a título de dolo, enquanto o agente imediato ficará isento de pena, salvo se precedeu com leviana credibilidade, caso em que responderá a título de culpa (se a este título é punível o fato). Se o terceiro agiu com simples culpa, por esta será punível, isoladamente ou em concurso com o agente imediato (se este também procedeu sem a devida circunspecção).

Suponha-se que Tício, introduzindo insidiosamente balas na pistola pertencente a Mévio, faz com que este, convencido de que a arma continua descarregada e de que apenas serve a um gracejo, dê ao gatilho, visando a Caio, que vem a ser atingido e morto pelo tiro disparado. Tício responderá por homicídio doloso, enquanto Mévio ficará isento de pena, salvo se tivesse razões para desconfiar da sugestão de Tício e eximir-se ao erro provocado (caso em que responderia a título de culpa). Figure-se agora que Tício fosse o próprio dono da arma, e, inadvertidamente, supondo-a descarregada, assim o informasse a Mévio, que, sem maior exame, apertasse o gatilho, seguindo-se o disparo do tiro e a morte de Caio; ambos responderão, em concurso, por homicídio culposo. O § 2º do art. 17 não é mais do que uma aplicação das regras gerais sobre a causalidade (com fundamento na equivalência dos antecedentes causais) e a culpabilidade.

88. Erro acidental. *Error in persona. Aberratio ictus. Aberratio delicti.* Irrelevante é o erro chamado *acidental*, isto é, o erro que versa, não sobre elementos integrantes do crime, mas sobre circunstâncias acessórias ou alheias à essência do crime. O Código reconhece expressamente essa irrelevância em duas hipóteses: na do *error in persona* (§ 3º do art. 17) e na *aberratio ictus seu actus* (erro na execução, sem troca de *objeto jurídico*). Distingue-se o *error in persona* da *aberratio*: no primeiro, há um erro de representação, que faz tomar uma pessoa por outra. Idêntico, porém, é o tratamento penal de ambos os casos, no sentido da *não exclusão do dolo* e da *unidade de crime* (posto que na *aberratio* não seja também atingida a pessoa visada). Quanto ao *error in persona*, a solução pelo crime doloso único é pacífica. A opinião contrária de Geib e Boehlau, que viam na espécie um crime duplo (crime doloso tentado contra a pessoa *desejada* e crime culposo consumado contra a pessoa realmente atingida) ficou inteiramente sem repercussão. Ao incriminar um fato, a lei protege tal ou qual bem ou interesse jurídico, sem ter em linha de conta quem seja o seu titular. Assim, ao incriminar o *homicídio*, o que ela procura resguardar não é a vida de Pedro, ou a de Sancho, ou a de Martinho, mas a *vida humana,* a vida do homem *in genere*. Igualmente, ao declarar penalmente ilícito o *furto*, não leva em atenção este ou aquele *dominus* da *res,* mas a *propriedade individual* considerada de modo geral. O erro sobre a *identidade* da vítima é, assim, meramente acidental (atinente ao objeto material, e não ao *objeto jurídico,* que é o bem ou interesse penalmente protegido) e, portanto, irrelevante, isto é, não excludente do dolo.[38] Se Tício, na *tocaia* noturna, confunde o seu amigo Mévio com seu inimigo Caio e o mata, responde por homicídio doloso, pois o que importa, no caso, é a vontade dirigida à eliminação da vida de um homem", e não a de um "inimigo". Tício quis matar um homem, e efetivamente matou. Do mesmo modo, é de todo indiferente, no que concerne à punibilidade a título de furto, que o ladrão subtraia o dinheiro de um operário, supondo subtrair o do patrão, dada a identidade entre o objeto jurídico e o que se pretendia atingir.[39]

No tocante à *aberratio ictus,* entretanto, a solução dada pelo Código não é tranquila. Entre os autores alemães é predominante a opinião de que, na *aberratio*, há dois crimes ou um concurso formal de crimes: um crime doloso, em relação à pessoa visada, e outro culposo, em relação à pessoa realmente atingida. Já entre os autores italianos, porém, prevalece a opinião de que há, no caso, tal como no *error in persona*, um crime único doloso; e tal ponto de vista foi explicitamente consagrado pelo Código Rocco, em que se inspirou o nosso.[40] Na própria Alemanha, o critério unitário tem adeptos

---

38   Como diz Angioni (*La volontarietà del fato nel reato*, p. 207), o decurso causal pode divergir nos seus detalhes do que fora previsto pelo agente, sem que por isso deixe o evento de ser querido.
Sobre o erro chamado sucessivo, que, apesar de incidir sobre condição essencial de fato ou sobre a existência do *objeto jurídico* do crime, é irrelevante, v. n. 76, no ponto relativo ao dolus *generalis*.

39   Com maioria de razão, é inócuo o erro sobre a *qualidade* ou *valor* da *res furtiva*: não deixa de ser punível por furto aquele que subtrai um escrínio contendo joias baratas, supondo que encerra pedras preciosas.

40   Na Idade Média, também divergiam os doutores. Baldo opinava irrestritamente pela exclusão do dolo (*factum excedit voluntatem in diversa persona, et ideo non punitur de*

do mais subido prestígio, como sejam, entre outros, von Liszt, Wächter, Beling e Max Ernst Mayer. Na doutrina italiana, ninguém o defendeu melhor que Impallomeni,[41] que assim expõe e refuta a opinião contrária: "Diz-se que o efeito homicida (na *aberratio*) não pode ser imputado a título de dolo, de vez que se realizou sobre objeto diverso do que fora representado ao espírito do agente, não se tratando, portanto, do efeito por este querido, ao contrário do que acontece no simples *error in corpore* ou *in persona*, em que há plena correspondência entre o objeto e a intenção, versando o erro apenas sobre a identidade da pessoa. Há, então, uma tentativa de homicídio, já que o propósito doloso não foi alcançado por circunstâncias fortuitas, e, contemporaneamente, um homicídio culposo, porque tinha o agente a obrigação de prever que, disparando contra Tício, outra pessoa podia vir a passar na linha de direção do tiro: *culpa dolo determinata*. Mas a distinção é arbitrária... O agente quis matar um homem, e matou: eis que é essencial. Não há erro quanto ao objeto representado quando se mata Tício supondo que se mata Semprônio *(error in persona)*, porque isso não exclui que tenha sido querida a morte de um homem; e pela mesma razão, quando, desviando-se o golpe dirigido contra Semprônio, resulte a morte de Tício, não há erro sobre o objeto "vida humana", que é somente o que importa para a imputação penal do homicídio. Concorrem, aqui, de fato, os três elementos necessários à imputação de tal crime: o propósito de matar um homem, a morte de um homem e o nexo de causalidade entre a ação e o evento letal. Pouco importa que o agente não tivesse consciência de produzir a morte de Tício. Teve ele a consciência de produzir a morte de um homem, e basta: este é o fato previsto pela lei como crime de homicídio. Em vão diria o acusado: "Vós me imputais a morte de Tício, pela casualidade de haver este passado na linha de direção do tiro". Porque assim lhe seria retrucado: "Teríeis podido renunciar ao benefício do feliz acaso do desvio de golpe, se a má sorte de Tício não o colocasse na direção do tiro? Como quereis que a fatalidade vos favoreça, se ela não contribuiu, em coisa alguma, para mudar aquilo que de essencialmente criminoso havia no vosso desígnio? De que vos queixais, se fostes a causa única da morte ocorrida? Foi indubitavelmente dolosa a vossa ação homicida, e por que, então, não seria doloso o homicídio que cometestes?"

Entre nós, no regime anterior ao Código de 40, divergiam a doutri-

---

dolo, sed de lata culpa), enquanto Bartolo reconhecia o dolo quando o resultado era provável (*se cogitatum tendit verisimiliter ad finem secutum*). Carpsovio e, depois dele, a maioria dos doutrinadores inclinavam-se, entretanto, pela existência incondicional de crime doloso, equiparando a *aberratio* ao *error in persona*.

---

41 *L'omicidio*, pp. 179-180.

na e a jurisprudência, no tratamento da *aberratio*, apesar de que Batista Pereira, autor intelectual do primeiro Código republicano, tivesse sustentado que o critério por este adotado fora o do *crime único*. O Código atual dissipa qualquer discussão, resolvendo, *expressis verbis*, o problema. Ora vê na *aberratio* uma *unidade simples* (no caso de não ser também atingida a pessoa visada), ora uma *unidade complexa* (no caso de ser também atingida a pessoa visada), mandando aplicar, nesta última hipótese, a regra do concurso formal. Assim dispõe o art. 53. "Quando, por acidente ou erro no uso dos meios de execução, o agente, ao invés de atingir a pessoa que pretendia ofender, atinge pessoa diversa, responde como se tivesse praticado o crime contra aquela, atendendo-se ao disposto no art. 17, § 3º, 2ª parte. No caso de ser também atingida a pessoa que o agente pretendia ofender, aplica-se a regra do § 1º do art. 51". Explica a *Exposição de motivos*: "No art. 53, é disciplinada a *aberratio ictus seu actus*, que eventualmente pode redundar num concurso de crimes. O projeto vê na *aberratio* uma unidade substancial de crimes, ou, seja, um só crime doloso (absorvida por este a *tentativa* contra a pessoa visada pelo agente), ou, no caso de ser também atingida a pessoa visada, um concurso formal de crimes. Na primeira hipótese, o erro sobre o *objeto material* (e não sobre o *objeto jurídico*) é acidental e, portanto, irrelevante. Na segunda hipótese, a solução dada se justifica pela *unidade* da atividade criminosa".

Exemplifiquemos. Suponha-se que Tício, armado de fuzil, desfecha um tiro contra Mévio, *necandi animo*, mas o projétil: *a)* atinge e mata Caio, que, no momento, passava junto a Mévio; ou *b)* atinge Caio, que fica apenas ferido; ou *c)* atinge Mévio e Caio, matando ambos; ou *d)* atinge Mévio, ferindo-o, e, também Caio, que vem a morrer; ou *e)* atinge Mévio e Caio, matando aquele e ferindo este; ou *f)* atinge Mévio e Caio, ferindo ambos. Em face do artigo acima transcrito, Tício responderá: na hipótese *a,* por homicídio doloso consumado (abstraída a tentativa de homicídio contra Mévio); na hipótese *b*, por um só homicídio tentado; nas hipóteses *c, d* e *e,* por um só homicídio doloso consumado, mas aumenta a pena correspondente, de um sexto até metade (regra do art. 51, § 1º); na hipótese *f,* por um só homicídio tentado, mas também com a pena aumentada, entre os mesmos limites.

É bem de ver que, em qualquer dessas hipóteses, se Tício previu a possibilidade da morte de Caio, aquiescendo no advento de tal resultado (dolo eventual), haverá não obstante a unidade da ação, um *concurso material* de crimes, aplicando-se as penas cumulativamente (art. 51, § 1º, *in fine*).[42]

---

42   Tome-se o exemplo clássico do indivíduo que atira contra a mulher que traz ao colo uma criança, vindo esta a ser atingida e morta. Se o agente é um atirador inábil, não padece dúvida que teria previsto tal resultado e, disparando o tiro *apesar* dessa previsão,

Diverso é o tratamento da *aberratio* quando não se dá *a persona in personam*, mas a *persona in rem* ou *a re in personam*, isto é, quando o bem jurídico atingido não é da mesma espécie do bem jurídico visado. Fala-se neste caso em *aberratio delicti*, que é assim disciplinada pelo art. 54 do Código: "Fora dos casos do artigo anterior, quando, por acidente ou erro na execução do crime, sobrevém resultado diverso do pretendido, o agente responde por culpa, se o fato é previsto coo crime culposo; se ocorre também o resultado pretendido, aplica-se a regra do § 1º do art. 51". Suponha-se que Tício desfecha um tiro para quebrar a vitrina da casa comercial do seu inimigo Mévio, e atinge um transeunte, matando-o: responderá por homicídio culposo (posto que a morte do transeunte não tenha sido *eventualmente* querida); e se ocorre também a destruição da vitrina, responderá por crime de dano e homicídio culposo, em concurso formal, isto é, a pena aplicável será a mais grave (correspondente ao homicídio culposo), aumentada de um sexto até metade.

Para a graduação da pena, quer no *error in persona*, quer na *aberratio a persona in personam*, devem ser levadas em conta, pró ou contra o réu, não as *condições* ou *qualidades* da pessoa atingida, mas as da pessoa contra a qual o réu supunha ou pretendia dirigir a ação. *Non rei verita, sed reorum opinio inspicitur*. Assim, se a vítima é *ascendente* do agente ou um *velho*, diversamente do que ocorre com a pessoa contra a qual o agente queria praticar o crime, não será reconhecida a agravante da letra *f* ou da letra *i* do n. II do art. 44; e, ao contrário, será computada uma ou outra agravante, se a pessoa que devia ser vítima, diversamente da que realmente o foi, reveste uma ou outra das ditas qualidades ou condições.[43]

Nenhuma exceção sofre a regra do *erro acidental* no caso de *concursus delinquentium*: os copartícipes (instigadores ou auxiliares) respondem pela morte da *alia et diversa persona* do mesmo modo que o executor direto, que, em relação àqueles, não é mais do que uma *longa manus* (n. 114).

Quid juris, se o *ictus* partiu de alguém que se achava em situação de legítima defesa e foi, por *aberratio*, atingir pessoa diversa do agressor? O agente é sempre julgado como se tivesse praticado a ação contra a pessoa visada; logo, na hipótese acima, não é criminoso.

---

responderá pela morte da criança a título de dolo eventual, em concurso material com tentativa de homicídio (em relação à mulher visada).

---

43   É de notar-se que, segundo a regra geral sobre o erro de fato, este versa sobre qualidade ou condição da vítima a que esteja subordinada a existência do crime, ficando o agente, quanto a este, isento de pena. Assim, se alguém, no calor de uma rixa, exerce violência contra o agente de polícia que intervém para separar e prender os contendores, não responderá a título de *resistência*, se ignorava essa qualidade da vítima.

Coação irresistível e obediência hierárquica

Art. 18. *Se o crime é cometido sob coação irresistível ou em estrita obediência a ordem, não manifestamente ilegal, de superior hierárquico, só é punível o autor da coação ou da ordem.*

DIREITO COMPARADO. *Códigos*: italiano, arts. 46, 51 e 54, última parte; alemão, §§ 52 e 59; suíço, arts. 32, 34 e 64, alíneas 2ª e 3ª; norueguês, § 44; holandês, arts. 40 e 43; francês, arts. 64, 114, 190 e 191; dinamarquês, arts. 14 e 84, I, n. 5º, e 2º; português, art. 44, n. 1, 2 e 3; espanhol, art. 8º, n. 9, 10 e 12; polonês, artigos 19 e 20, § 2º; húngaro, §§ 77 e 80; argentino, art. 34, n. 2º e 5º; colombiano, arts. 13, 1º, e 25, 1º; chileno, art. 10, n. 9º; equatoriano, art. 18; cubano, arts. 35, F e G, e 36, J; costa-riquense, art. 26, n. 1º e 2º; guatemalteco, art. 21, n. 4º, e 5º e 11; hondurense, art. 7º, n. 10 e 12; uruguaio, arts. 27 e 29; mexicano, art. 15, n. I e VII; nicaraguense, art. 21, n. 9 e 11; panamenho, arts. 47 e 51; paraguaio, art. 21, n. 2 e 6; salvatoriano, art. 8º, n. 9, 10 e 12; venezuelano, art. 65, n. 2º e 4º.

BIBLIOGRAFIA (especial). Winkler (E.), Der begriff der gewalt im strafrecht. In: *strafrechtliche abhandlungen*, fasc. 85 (*A noção do constrangimento em direito penal*); Hug, *Die drohung im strafrecht* (*A ameaça em direito penal*), 1924; Altavilla, Costringimento fisico. In: *Nuovo digesto italiano*, vol. IV; Jorge Severiano, *Justificativas penais*, 1936; Lobato Guimarães (M. N.), *Causas de justificação do fato*, 1946; Tiessen (F.), *Die strafrechtlichen wirkungen des rechtswidrige befehls* (*Os efeitos penais da ordem ilegal*), 1911; Mayer (M. E.), Der rechtswidrige befehl des vorgesetzten. In: *Festschrift für laband* (*A ordem ilegal do superior*), 1908; Rotermund, *Befehl in dienstsachen* (Ordem em matéria de serviço), 1926; Von Kallina, *Notwehr gegenüber amtshandlung* (*Legitima defesa contra atos da autoridade*), 1898; Giriodi, I pubblici ufficiali e la gerarchia amministrativa. In: *Trattato di diritto amministrativo de* Orlando, vol. I; Bettiol, *L'ordine dell'autorità nel diritto penale*, 1934; Girginoff, *Der bindende befehl* (*A ordem vinculante*), 1904; Mersmann, Der begrift der rechtsmässigkeit der amtsausubung (*A noção de legalidade do exercício de função pública*). In: *Strafrechtliche abhandlungen*, fasc. 96; Badenberg, *Das auf befehl begangene verbrechen* (*O crime praticado mediante ordem*), idem, fasc. 189; Von Ammon (W.), *Der bindende rechtswidrige befehl* (*A ordem ilegal vinculante*), idem, fasc. 217; Vaccheli, Il limite all'obbedienza gerarchica e l'art. 51 Codice Penale. In: Riv. Ital. di Dir. Penale, 1932; Longhi (S.), *La legitimità della resistenza*, ed. Vallardi (sem data); Capalozza, L'obbedienza gerarchica come causa escludente dell' imputabilità. In: Riv. Ital. di Dir. Penale, 1932; Santoro (A.), *L'ordine del superiore nel diritto penale*, 1957.

COMENTÁRIO

89. Coação irresistível. No setor das causas excludentes de culpabilidade, o Código contempla, em seguida ao *erro de fato* essencial (n. 84), a *coação irresistível* e a *obediência a ordem de superior hierárquico*. Respeitada a ordem com que figura no texto do art. 18, trataremos em primeiro lugar da *coação irresistível*.

Entende-se por *coação* o emprego de violência física *(vis atrox, vis absoluta, vis corpori illata)* ou moral *(vis compulsiva, vis conditionalis, vis animo illata)* para constranger alguém a fazer ou deixar de fazer alguma coisa. Diz-se *irresistível* quando não pode ser vencida pelo coagido, suprimindo-lhe a possibilidade física ou a liberdade de agir contra a vontade do coator. Entende SOLER[1] que somente o constrangimento moral deve ser chamado "coação", não compreendendo esta a violência física: "Há que distinguir, firmemente, a *coação (vis compulsiva)* da *violência física (vis absoluta)*, pois, neste último caso, supõe-se que o violentado atua exclusivamente como corpo, como objeto passivo ou instrumento, por meio do qual um terceiro executa o crime". Parece-nos, entretanto, que tal distinção colide com o próprio sentido léxico da palavra "coação". *Coagir* (do latim *coagere*) é constranger alguém, por meios físicos ou morais, a um *facere* ou a um *non facere*. Mesmo no caso em que a violência física determina e dirige o movimento corpóreo de quem a sofre (como na hipótese exótica do indivíduo que segura e impele violentamente a mão de outro para o golpe contra a vítima), está havendo *coação*. E a propriedade do termo é ainda menos contestável no caso em que a violência física é empregada para obrigar o violentado a uma omissão. Ninguém pode deixar de dizer *coagido*, por exemplo, o guarda ferroviário que se vê obrigado, mediante força física, a abster-se de dispor os binários para evitar uma colisão de comboios.

Diversa é a questão de saber se a *coação física* deve ser considerada separadamente da *coação moral*, para o efeito de se reconhecer na primeira a inexistência do próprio nexo de causalidade material entre o coagido e o evento, e na segunda apenas uma causa de exclusão de culpabilidade.

Na coação física irresistível *(vis absoluta)*, o coagido deixa de ser *agente*, para ser exclusivamente *paciente*. *Non agit, sed agitur*. Não se pode falar, aqui, nem mesmo em *ação* (ou *omissão*) por parte do coagido, pois sua faculdade de agir (ou de não agir) é inteiramente tolhida, não passando de um títere à mercê do coator. Tem-se de convir que é ocioso falar-se, na espécie, em exclusão de culpabilidade, bastando dizer-se, para evidenciar a impunibilidade do coagido, que o evento não lhe pode ser imputado *fisicamente*. A solução do caso fica na *órbita da causalidade*, não atingindo a da *culpabilidade*.

---

1   *Derecho penal argentino*, II, p. 95.

Assim, somente a *coação moral* (irresistível) entra, propriamente, no quadro das causas de inculpabilidade.[2] Em tal caso, o coagido contribui com a sua vontade (*coactus, tamen voluit*); mas, como esta não é *livre,* deixa de ser *censurável* e, portanto, *culpável.*

O Projeto ALCÂNTARA cuidava, especialmente, apenas da "violência física irresistível" (por entender, talvez, sob influência do Código Penal italiano, que a *coação moral* estava compreendida na fórmula do "estado de necessidade"). No seio da Comissão Revisora fomos infensos a que se fizesse qualquer referência expressa à "coação física irresistível" como causa de exculpação. Reputamo-la supérflua, de conformidade, aliás, com a crítica que fizéramos anteriormente ao primitivo anteprojeto (do professor paulista): "[...] no tocante aos crimes por ação, é inconcebível que alguém, a não ser que se trate de um louco, empregue a *vis absoluta* para constranger outrem, de modo imediato, ao movimento corpóreo causador do crime; mas, ainda que assim não fosse, é intoleravelmente ocioso dizer que um *agido* não é *agente...* Nenhum juiz, por mais bisonho, se lembraria de identificar como autor punível de um crime quem foi apenas um *instrumento passivo* de sua execução. Quer em relação aos crimes comissivos, quer em relação aos omissivos puros ou comissivos por omissão, a disposição em apreço é supervacânea. Em face dos arts. 9º e 10º (sobre causalidade física e psíquica), combinados, do anteprojeto, é de toda evidência que não há fato punível sem um *voluntário* movimento corpóreo ou uma *voluntária* abstenção de tal movimento. Por que, então, declarar-se, a seguir, que não será passível de pena quem praticar o crime mediante coação física irresistível?". A maioria da Comissão, porém, entendeu que se devia adotar a fórmula que hoje figura no art. 18 do Código, compreensiva da coação física e da coação moral, prestando, assim, uma homenagem à tradição do Direito pátrio.[3] É de notar, entretanto, que o texto legal não exclui a interpretação de que ele só se refere à *coação moral* ou à ilação de que o caso da *coação física* tem solução implícita no art. 11.

Criticando o critério de classificação do Código, pretende GALDINO SIQUEIRA que a "coação irresistível" é causa de exclusão de injuricidade objetiva *(justificativa, descriminante),* e não de culpabilidade. Nada menos sustentável. Redundaria num flagrante despropósito o admitir-se que o crime praticado pelo *coactus* se transforme, pela só virtude da coação, em fato objetivamente lícito, e o que é mais: lícito em relação apenas ao coagido, pois

---

2 M. E. MAYER, *Der allg. teil des deutschen strafrechts,* p. 312 e ss.; LISZT-SCHMIDT, *Lehrbuch,* p. 269; MEZGER, ob. cit., II, § 48, II; HAFTER, ob. cit., p. 179; SOLER, ob. cit., II, p. 95.

3 O Código de 1830 (art. 10) falava em "força e medo irresistíveis" e o Código de 1890, em "violência física irresistível, ou ameaças acompanhadas de perigo atual" (art. 27, § 5º).

continua ilícito em relação ao coator. Este ponto de vista, que faz de *quadro rotundum* e a assume estranho bifrontismo, pode ser tudo, menos uma noção digna de figurar num sistema jurídico. Ao contrário do que ocorre com as descriminantes, a coação irresistível não elimina a injuricidade *a parte objecti*. Nas primeiras, o fato é *sempre* lícito, quer em relação a quem se acha na situação que as concretiza, quer em relação a quem com ele coopere, moral ou materialmente; na última, ao revés, o fato não deixa de ser objetivamente ilícito, tanto assim que por ele responde o coator.[4] A isenção de pena decorre, aqui, tão somente da ausência de culpabilidade, por inexistência de vontade livre, isto é, de uma condição indispensável, *sub species juris*, ao nexo de causalidade psíquica. A adotar-se a opinião de GALDINO, chegar-se-ia a esta absurda conclusão: quem reagisse contra a agressão praticada por um coagido não poderia invocar legítima defesa, pois esta não é admissível contra atos lícitos. A semelhante desconchavo não poderia afeiçoar-se o Código.

Se para avaliar a *irresistibilidade* da coação física, cumpre ter em atenção o grau de resistência material do coagido, já na coação moral o critério é diverso: o ponto de referência é o *homo medius*. Nem o *herói*, o *homo constantissimus*, de GAIO, ou o *tenax propositi vir*, de Horácio, nem o pusilânime ou o indivíduo que tem o medo à flor da pele. É irresistível a coação moral, diz MAYER,[5] quando não pode ser superada senão com uma energia extraordinária e, portanto, juridicamente inexigível.

A coação física, como já ficou acentuado, é somente a empregada corporalmente sobre a pessoa do coagido, consubstanciando-se com o próprio movimento corpóreo dirigido ao evento criminoso. Pode dizer-se que, à parte casos raríssimos, a coação física só é concebível nos crimes omissivos próprios ou comissivos por omissão. Não é de confundir-se com a coação física a coação moral de que é famulativo o emprego de meios físicos. Assim não é reconhecível a *vis absoluta*, mas a *vis compulsiva* no caso do indivíduo que, espancado pelo coator, comete, por exemplo, um *falsum* documental, pois não é o espancamento, propriamente, mas a pressão do *receio* de continuar a ser espancado que o leva à prática da ação criminosa. Não era outra a decisão do Direito romano (D., IV, 2, I): "*Ait proetor: quod metus causa gestum erit, ratum non habebo. Olim ita edicebatur: Quod vi metusve causa; vis enim fiebat*

---

[4] Como diz MEZGER (ob. cit., II, p. 176), se a conduta do coagido é *conforme ao direito*, como pretende a tese contrária, a punição do coator seria um ilogismo: ninguém pode ser punido por cooperação em fato lícito.

[5] Ob. cit., p. 313: "*Nimmt man den Begriff im ethischen Sinne, so ist diejenige Gewalt, deren Überwindung eine abnorme Energie, erfordert und daher vom Rechte nicht verlangt werden kann, unwiderstehlich* (*vis compulsiva*)".

mentio, propter necessitatem impositam contrariam voluntati; metus, instantes, vel futuri periculi causa mentis trepidatione: sed postea defracta est vis mentio: (ideo) *qiua quodcumque vi atroci fit, id metu quoque fieri videatur"* (Disse o pretor: não aprovarei o que for feito por medo. Outrora, o édito dizia: *Do que é feito pela violência ou pelo medo;* fazia-se menção à violência como necessidade contrária imposta à vontade, e ao medo como abalo do espírito em razão de algum perigo iminente ou futuro, mas, posteriormente, foi suprimida a menção à violência, pois tudo que se faz em razão da violência deve ser considerado como feito também por medo").

A coação moral exerce-se pela *intimidação,* pela *ameaça* de um mal grave, que o coagido não possa arrostar ou cuja *paciência* não lhe possa razoavelmente exigível. Para ser *irresistível,* como é óbvio, deve ser acompanhada de perigo sério e atual, de que ao coagido não é possível eximir-se, ou que *extraordinariamente* difícil lhe seria suportar.

No conceito da coação em geral compreende-se o emprego de quaisquer meios físicos que reduzam o indivíduo à incapacidade de agir ou, pelo menos, de agir *compos sui,* como sejam: inebriantes, entorpecentes, gases, tóxicos etc. Em doutrina, considera-se *species* do *genus* coação a *sugestão hipnótica.*[6] Muito se tem discutido, porém, sobre o *hipnotismo,* como possível meio de levar alguém, contra sua própria vontade, a cometer crime. Não há em ciência, a tal respeito, conclusões definitivas. Os raros casos concretos registrados pela crônica judiciária não afastam a suspeita de que, neles, a invocada sugestão hipnótica não passava de um expediente de defesa. V., entretanto, H. E. Hammerschlag, *Hypnotism and crime,* trad. inglesa de J. Cohen, 1956.

Conforme expressamente declara o art. 18, somente responde o coator pelo crime executado pelo coagido. Advirta-se que a pena do coator é especialmente agravada (art. 45, n. II) e ainda terá ele de responder, em concurso formal, pelo crime de *constrangimento ilegal* (art. 146).

90. Obediência hierárquica. Acertado foi também o critério do legislador de 40 ao classificar como causa de exculpação, e não como causa excludente de injuricidade objetiva, a *obediência a ordem de superior hierárquico.*[7] Não se

---

[6] Alcântara Machado, em crítica à primeira edição do Projeto Revisto, disse que a fórmula por este adotada sobre a inimputabilidade era incompleta, porque não abrangia, entre outros casos, o sonambulismo provocado. Respondendo à objeção, assim nos pronunciamos: "Quanto ao sonambulismo provocado, ou hipnose, admitindo-se que um indivíduo normal cometa crime em tal estado, por influência do hipnotizador, a hipótese deveria ser identificada, com mais propriedade, entre as *species do genus* "coação irresistível".

[7] Em sentido contrário, Galdino Siqueira (*Código penal brasileiro,* p. 87, e *Tratado de direito penal,* I, p. 361).

pode perder de visa que se trata de obediência a ordem *ilegal*, embora, *prima facie* ou de modo manifesto, não se apresente tal. Se assim não fosse, não haveria razão para destacar-se a hipótese em apreço do conceito do "cumprimento de dever legal" (art. 19, III), que é, autenticamente, este sim, uma causa de exclusão de injuricidade objetiva. De um ponto de vista rigorosamente jurídico, repelido o princípio da *obediência cega* (o passivismo do *perinde ac cadaver*, preconizado por INÁCIO DE LOIOLA), uma ordem *ilegal*, ainda que a ilegalidade não seja reconhecível *ictu oculi*, não deveria jamais ser cumprida. O ato praticado em execução dela, quando correspondente a um tipo legal de crime, não perde, objetivamente, o seu caráter ilícito ou antijurídico. Tão somente em obséquio ao interesse da disciplina administrativa e ao princípio da autoridade é que a *política criminal* aconselha e o direito positivo prescreve que, em tal caso, se transija com o *error juris neminem excusat*, e nenhuma pena sofra o executor, se devida a obediência, respondendo pelo crime apenas o superior que expediu a ordem. Na sua *Exposição de motivos,* assim se exprime o Ministro CAMPOS: "A *ordem de superior hierárquico* (isto é, emanada de autoridade pública, pressupondo uma relação de direito administrativo) só isenta de pena o executor, se não é *manifestamente ilegal*. Outorga-se assim ao inferior hierárquico, tal como no Direito vigente, uma relativa faculdade de indagação da legalidade da ordem. Como observa DE MARSICO, se o princípio fundamental do Estado moderno é a autoridade, não é menos certo que o Estado é uma organização jurídica, e não pode autorizar a obediência cega do inferior hierárquico. De um lado, um excesso de poder na indagação da legalidade da ordem quebraria o princípio de autoridade, mas de outro, um excesso do dever de obediência quebraria o princípio do direito".[8]

O critério de classificação do Código, neste particular, é o dominante na moderna doutrina penal (à parte os autores italianos, adstritos ao direito positivo de seu país).[9] A obediência a ordem ilegal de superior hierárquico não

---

8   O Estatuto dos Funcionários Civis, no seu art. 224, dispõe que é dever do funcionário "cumprir as ordens dos superiores", mas "representando quando forem manifestamente ilegais". Nem mesmo no direito militar, cujo *leitmotiv* é a disciplina, se prescreve a obediência passiva ou irrestrita. O Código Penal Militar, art. 28, assim estatui: "Se o crime é cometido em estrita obediência a ordem de superior hierárquico, em matéria de serviço[...] só é punível o autor da ordem. § 1º Se a ordem do superior tem por objeto a prática de ato manifestamente criminoso,[...] é punível também o inferior".

9   M. E. MAYER foi dos primeiros a demonstrar que a obediência devida é causa de exculpação (*Entschuldigungsgrund*), e não de exclusão de injuricidade (*Rechtsfertigungsgrund*), pois "a execução de uma ordem antijurídica é, em quaisquer circunstâncias, uma ação antijurídica" (*"die ausführung eines rechtswidrigen befehls ist unter allen umständen eine rechtswidrige handlung"*) (ob. cit., p. 334). No mesmo sentido, MEZGER (ob. cit., I, p. 370); JIMÉNEZ DE ASÚA (*Teoria jurídica del delito*, p. 152; artigo publicado em *La Ley*, de Buenos Aires, de 16 de julho de 1941, e *La ley y el delito*, p. 508); SOLER, ob. cit., I, p. 386;

expunge de injuricidade, em caso algum, o fato praticado em razão dela, tanto assim que por este responde o expedidor da ordem e a oposição que se faça ao executor não constitui crime de *resistência*. O que fica excluído, no caso de não ser a ordem *manifestamente* ilegal, é a *culpabilidade*, porque o executor, por *erro de direito*, aqui excepcionalmente relevante,[10] supõe a legalidade da ordem. Exemplo: um bisonho soldado do polícia, por ordem do comandante da escolta, mata com um tiro de fuzil, supondo agir por obediência devida, o criminoso que tenta fugir ou opõe resistência *passiva* ao mandado de prisão. Não se deve confundir esta causa de exculpação com o caso em que o inferior cumpre uma ordem ilegal por *erro de fato*. Suponha-se que um guarda-civil, em tempo de agitação pública, atendendo à ordem do delegado de polícia, dispersa a tiros uma multidão que se dirige, com certo tumulto, ao palácio do Governo, supondo que se trata de um bando de sediciosos, quando, na realidade, eram populares que iam protestar sua adesão ao Presidente da República. A regra a aplicar-se, aqui, é a do art. 17, 2ª parte: o agente, iludido pelas circunstâncias de fato, supõe estar cumprindo um dever legal. Se vem a ser atingido e morto um dos populares, o guarda civil (do mesmo modo que o delegado, se este também laborou em erro) não responderá pelo homicídio a título de dolo, e nem mesmo a título de culpa, se o erro era escusável.

Na apreciação dos casos concretos deve ter-se em conta, entre outras circunstâncias, o grau de instrução do executor e o tempo que teve para refletir sobre a legalidade ou ilegalidade da ordem. É de negar-se, indubitavelmente, o dever de obediência (e, portanto, a ausência de culpabilidade ou

---

Liszt-Schmidt, ob. cit., *Lehrbuch des schweizerischen strafrechts*, parte geral, p. 180: "Se a ordem do superior visa à prática de um crime, que o inferior executa, é absurda opinião de que este não tenha agido contrariamente ao direito. A injuricidade objetiva subsiste em qualquer caso" (*"Zielt der Befehl des Vorgesetzten auf die Verübung eines Delictes ab, das der Untergebene ausführt, so geht die Annahme, der Befehlsempfänger habe nicht rechtswidrig gehandelt, gegen alle Vernunft. Die objektive Rechtswidrigkeit besteht in jedem Fall"*).

---

10 Von Bar (*Gesetz um schuld im strafrecht*, III, p. 115): "*Streng juristisch betrachtet erscheint die Straflosigkeit des Beanten auf Grund eines gesetzwidrigen Befehls als Entschuldrigung eines Rechtsirrtum, welche vom Gesetz als eine Art Privileg gewährt, wenn nötig auch ohne Verzug, sicherzustellen, ein Privileg, das zugleich sich daraus ergibt, dass die Staatsordnung den Untergebenen im allgemeinen der Autorität des Vorgesetzten unterstellt*" (isto é, "sob o ponto de vista rigorosamente jurídico, o fundamento da impunibilidade do executor de ordem ilegal está na exculpação de um erro de direito, que a lei assegura como uma espécie de privilégio, exatamente para garantir o cumprimento de ordens legais "privilégio que decorre do fato de a organização política subordinar geralmente o inferior à autoridade do superior").

isenção de pena) quando se trate de ordem cuja execução não podia deixar, *prima facie*, de afigurar-se crime mesmo aos olhos do *homo rusticus*. Era já este o critério romanístico, a propósito do *servus* que praticasse uma ação ilícita em obediência ao *dominus*: *"Ad ea, quoe non habent atrocitatem facinoris vel sceleris, ignoscitur servis, si vel dominis, vel his, qui vice dominorum sunt, obtemperaverit"* ("Perdoam-se aos escravos as ações que não tenham a atrocidade de um crime, se as praticaram em obediência ao senhor ou ao que suas vezes faz". Idêntica era a decisão do direito intermédio: *"In delictis atrocibus mandatum superioris nunquam excusat"*.[11]

A impunibilidade decorrente da obediência devida pressupõe, além disso: *a)* uma relação *oficial* (de Direito Público) de subordinação; *b)* ordem emanada de autoridade superior, nos limites de sua competência em face do subordinado, e *c)* forma legal da ordem (isto é, preenchimento dos requisitos mediante os quais a ordem se impõe à obediência).

O texto legal fala em "estrita obediência a ordem", o que vale dizer: o inferior não está isento de culpa e pena, se se *excede* na execução da ordem. Em tal caso, responderá pelo evento criminoso sem qualquer atenuação, enquanto o expedidor da ordem será tratado na conformidade do parágrafo único do art. 48.

Exclusão de criminalidade

Art. 19. *Não há crime quando o agente pratica o fato:*

I – em estado de necessidade;

II – em legítima defesa;

III – em estrito cumprimento de dever legal ou no exercício regular de direito.

Estado de necessidade

Art. 20. *Considera-se em estado de necessidade quem pratica o fato para salvar de perigo atual, que não provocou por sua vontade, nem podia de outro modo evitar, direito próprio ou alheio, cujo sacrifício, nas circunstâncias, não era razoável exigir-se.*

§ 1º Não pode alegar estado de necessidade quem tinha o dever legal de enfrentar o perigo.

§ 2º Embora reconheça que era razoável exigir-se o sacrifício do direito ameaçado, o juiz pode reduzir a pena, de um a dois terços.

---

11 Julius Clarus, *Practica Criminalis*, quaestio, LX, ns. 15 e 16.

Legítima defesa

Art. 21. *Entende-se em legítima defesa quem, usando moderadamente dos meios necessários, repele injusta agressão, atual ou iminente, a direito seu ou de outrem.*

Excesso culposo

Parágrafo único. O agente que excede culposamente os limites da legítima defesa responde pelo fato, se este é punível como crime culposo.

DIREITO COMPARADO. *Códigos penais*: italiano, arts. 51, 52, 54 e 55; alemão, §§ 53 e 54; francês, arts. 328 e 329; polonês, arts. 21, §§ 1º e 2º, e 22, §§ 1º a 4º; dinamarquês, arts. 13, n. 1 a 3, e 14; português, arts. 44 a 46; holandês, arts. 40 a 42; suíço, arts. 32 a 34; norueguês, §§ 47 e 48; húngaro, §§ 79 e 80; espanhol, arts. 8º, n. 4 a 7, 10 e 11; soviético, art. 13; argentino, art. 34, n. 3 a 7, e 35; chileno, art. 10, n. 4 a 10; mexicano, arts. 15, n. III, IV, V e VIII, e 16; uruguaio, arts. 26 e 27; venezuelano, arts. 65, n. 1, 3 e 4, 66 e 73; boliviano, art. 13, n. 6; colombiano, arts. 25, n. 1 a 3, e 27; equatoriano, arts. 18 a 27; peruano, arts. 85, n. 2 a 5, e 90; paraguaio, arts. 21, n. 3, 5 e 7, e 25 a 27; cubano, arts. 35, G, e 36, A e E, G e L; costa-riquense, art. 26, n. 4 a 7, e 27; guatemalteco, art. 21, n. 6 a 10 e 12; hondurense, art. 7º, n. 5 a 8, 11 a 13; nicaraguense, art. 21, n. 4 a 7, 10 e 12; panamenho, arts. 47 a 50; salvatoriano, art. 8º, n. 4 a 7, 10, 11 e 13; porto-riquense, §§ 52 a 55.

BIBLIOGRAFIA (especial), PENSO (G.), *La difesa legittima*, 1939; CONTIERI (E.), *Lo stato di necessità*, 1939; LA MEDICA (V.), *O direito de defesa*, trad. port. de F. MIRANDA, 1942; ALTAVILLA (E.), Difesa legitima e stato di necessità. *In: Nuovo Digesto Italiano*, vols. IV e VIII; CORSONELLO, *Teoria delle cause oggettive di cessazione del reato*, 1941; ANGIONI (M.), *Le cause che escludono l'illiceità obiettiva penale*, § 930; CARRARA (F.), Diritto della difesa pubblica e privata. In: *Opuscoli*, I, 1878; CIVOLI (C.), Legitima difesa e stato di necessità, supl. da *Riv. Penale*, I; Intorno alla legittima difesa ed allo stato di necessità. In: Riv. *Penale*, XLVII; BRASIELLO, *Lo stato di necessità nel diritto romano e nel sistema legislativo vigente*, 1903; BRANCATO, *Studio critico sulla legittima difesa*, 1896; BATTAGLINI, Il pericolo di offesa nella legittima difesa, supl. da *Riv. Penale*, 1911; Sulla legittima difesa. In: *Riv. Ital. di Dir. Penale*, 1933; BONUCCI, Il reato come fatto illecito e come fatto punibile. In: *Riv. di Dir. e Proc. Penale*, 1919; NOTARISTEFANI, Intorno alla legittima difesa, supl. da *Riv. Penale*, II; FIORETI-ZERBOGLIO, *Su la legittima difesa*, 1896; FLORIAN, I motivi determinanti e la legittima difesa. In: *Scuola Positiva*, IV; PERGOLA, Lo stato di necessità nella storia e nella legislazione comparata. In: *Riv. Penale*, LXX; *Fondamento giustificativo dello stato di necessità, idem*, II; I requisiti dello stato di necessità e l'eccesso scusabile, supl. da *Riv. Penale*, XVIII; POZZOLINI, I casi di giustificazione come cause di esclusione del reato nella legislazione italiana. In: *Scritti in onore* de E. FERRI, 1929; MORIAUD, *Du délit necessaire et de l'état de necessité*, 1899; MARCHAND, *De l'état de necessité*, 1903; ROUX (J. A.), L'état de necessité et de délit necessaire. In: *Revue Penitenciaire*, 1910; SERMET, *L'état de necessité en matière penale*, 1903; RATIGLIA, *Nuove teorie sullo stato di necessità*, 1923; CAVALLO, *L'esercicio del diritto nella teoria generale del reato*, 1939; TOBLER, *Die grenzgebiete zwischen notstand und notwehr* (*Os limites entre o estado de necessidade e a legítima defesa*), 1894; GEYER, *Die lehre von der notwehr* (*A doutrina da legítima defesa*), 1857; OETKER, *Notwehr und notstand* (*Legítima defesa e estado de necessidade*). In: *Vergleichende Darstellung*, p.g., II; PAOLI, Sulla legittima difesa. La fuga. In: *Riv. Penale*, 1927; MINTSCHEW (M. G.), *Der strafrechtliche notstand* (*O estado de necessidade jurídico-penal*), 1914; HENKEL (H.), *Die rechtsnatur des notstandes* (*A natureza jurídica do estado de necessidade*), 1927; BAUMGARTER, *Notstand und* notwehr, 1911; VON BURI, Stato di necessità e legittima difesa. In: *Riv. Penale*, XIII; FERRI, Legittima difesa reciproca. In: *Scuola Positiva*, 1893; KLEINFELLER, amtsrecht, amts-und dienstpflichte (Direitos funcionais, deveres de função e de serviço). In: *Vergleichende Darstellung*, parte geral, I; VON KALLINA (E. F.), *Notwehr gegenüber amsthandlungen* (*Legítima defesa contra atos da autoridade*), 1898; BRÄGGER, *Der notstand in schweizerisches strafrecht* (*O estado de necessidade no direito penal suíço*), 1937; JIMÉNEZ DE ASÚA, *El estado de necessidad en materia penal*, 1922; Estado de necessidad y hurto famélico. In: *Criminalista*, III, 1943; WURZBURGER, Das strafrechtlich notstand vor und nach inkraftteten des bürgerlichen gesetzbuch (O estado de necessidade jurídico-penal antes e depois da vigência do Código Civil). In: *Strafrechtlich Abhandlungen* fasc. 48; SIEGERT (K), *Notstand und putativnotstand* (*Estado de necessidade autêntico e putativo*), 1931; KÖHLER, *Der notstand in künftig strafrecht* (*O estado de necessidade no futuro direito penal*), 1926; MARCETUS, Der gedanke der zumutbarkeit (a ideia da exigibilidade). In: *Strafr. Abhandlungen*, fasc. 243; PERMACI, Lo stato di necessità causato dall'indigenza, dispetto ai reati di accantonagio e di furto. In: *Riv. Penale*, 1938; PAYEN, *De l'emploi d'engins automatiques pour la defense des propiétés et de la responsabilité pénale*, 1905; MASSARI, Congegni offensivi a scopo di difesa. In: *Scuola Positiva*, I; BENEDETTI, Gli ordigni o offendicula e la difesa dei beni. In: *Annali de dir. e proc. Penale*, 1932; CAPALOZZA, La questione degli offendicula secondo il Codice Rocco. In: *Rev. ital. di Dir. Penale*, 1933; DANTE, Sulla difesa della proprietà con mezzi meccanici. In: *Il pensiero giuridico-penale*, 1935; BONINI, *L'eccesso colposo e la legittima difesa*. In: *Il nuovo diritto*, 1936; GALLO, *L'ecesso scusabile nel nuovo codice penale*. In: *Riv. Penale*, 1932; LOBATO GUIMARÃES (M. N.), *Causas de justificação do fato* (*Licões de direito penal*), Coimbra, 1946; LEMOS SOBRINHO, *Da legítima defesa*, 1931; VERGARA (Pedro), *Da legítima defesa subjetiva*, 1929; D'ANIELLO, Legittima difesa ed attentati al diritto di proprietà. In: *Annali di Dir. e Proc. Penale*, 1935; MOTA FILHO (C.), *Do estado de necessidade*, 1938; JORGE SEVERIANO, *Justificativas penais*, 1936.

COMENTÁRIO

91. Generalidades. Como já vimos, o caráter essencial do crime é ser um fato contrário ao Direito, é a sua relação de desconformidade ou de contradição com a lei, numa palavra: a sua *injuricidade*. Diz esta com a existência objetiva do crime, devendo ser apreciada, portanto, de um ponto de vista estritamente objetivo, sem qualquer indagação *à parte subjecti*. É referida à vontade da lei, e não à consciência ou opinião do agente: não deixa de existir ainda quando este não tenha tido consciência dela (por erro de direito ou erro de fato) ou careça de discernimento para compreendê-la. A consciência da injuricidade ou possibilidade de tal consciência (abstraído sempre o erro de direto, que é irrelevante) constitui requisito da *culpabilidade*, e não da *injuricidade*. Como diz MAGGIORE,[1] "Nenhuma consideração subjetiva pode transformar em juridicamente lícita a ação que nega o Direito". É de todo indiferente na espécie a capacidade penal ou culpabilidade do agente: as causas de exclusão da primeira (*doença* ou *deficiência mental, imaturidade, embriaguez fortuita*) ou da segunda (*erro de fato, coação irresistível, obediência devida*) deixam intata a injuricidade do fato. Esta, só é excluída quando o fato incriminado *in genere* é, excepcionalmente, *permitido* ou *ordenado* por outra norma jurídica, penal ou extrapenal (posto que o Direito Penal não pode colidir com os outros ramos do Direito). Em tais hipóteses, o fato deixa de ser *crime*, para ser *objetivamente lícito*. Fala-se, aqui, tradicionalmente, em "justificativas" (ou "causas de justificação"), mas a denominação mais própria é *descriminantes*, ou "causas objetivas de exclusão de crime" (MASSARI), ou "causas excludentes de ilicitude objetiva" (ANGIONI), ou "causas de inexistência de crime" (CAVALLO). Os autores alemães preferem a locução "causas excludentes de ilicitude jurídica ou injuricidade" (*Unrechtsausschliessungsgründe*). Com a presença de tais causas, o fato surge *lícito, intrinsecamente lícito* (e não apenas "justificado" *in concreto*: pode ser *justificado* o que é *injusto*, e

---

1 *Principii*, I, p. 171.

não o que é *congenitamente justo*): inexiste crime, como diz ANGIONI,[2] quer concreta, quer *abstratamente*. Este ponto de vista, que elimina *in casu* qualquer interferência do "estado psicológico" do agente, é o dominante na doutrina penal moderna. Eis a lição de MASSARI:[3] "[...] pode suceder que na lei se depare um *praeceptum juris* (incriminador), mas também se encontrem outras normas que, sob determinadas condições, autorizam em casos particulares a conduta proibida pela norma geral, de que constituem, portanto, uma derrogação ou exceção. Quando tal concurso de normas derrogatórias se verifica, delineiam-se as que chamamos... causas objetivas de exclusão de crime". É o que também acentua VON HIPPEL: "Há casos em que uma ação penalmente proibida e, portanto, essencialmente antijurídica, pode ser, por motivos particulares, legalmente permitida ou mesmo ordenada. Quando se apresentam tais casos, falha a injuricidade, não existe um crime, apesar da genérica ameaça penal".[4] No mesmo sentido POZZOLINI,[5] embora mantendo a nomenclatura tradicional: *"L'azione che ha esternamente i caratteri di azione criminosa diviene legittima per il concorso di quella determinata situazione di fatto costituita dai cosidetti casi di giustificazione. Ogni concetto di imputabilità e di elemento soggettivo è estraneo a questa definitiva concezione del caso di giustificazione: è la natura intrinseca oggettivamente considerata dell'azione che la fa legittima in sè e per sè"*.

Como causas excludentes de injuricidade ou "descriminantes", o Código enumera o "estado de necessidade", a "legítima defesa", o "estrito cumprimento de dever legal" e o "exercício regular de direito". Em tais hipóteses, segundo declara o art. 19, "não há crime".

O Projeto ALCÂNTARA (art. 15, n. I), a exemplo do Código italiano, incluía entre as causas excludentes de injuricidade o *consentimento do ofendido*, ou *in verbis*, o "prévio consentimento de quem possa validamente dispor do bem jurídico "ofendido ou ameaçado". O dispositivo era evidentemente supérfluo, e assim entendeu a Comissão Revisora, que o suprimiu. Como é elementar, o Direito Penal não protege direitos individuais por si mesmos, senão porque e enquanto coincidentes com o interesse público ou social; mas, em certos casos, por exceção, condiciona a existência do crime ao *dis-*

---

2   *Le cause che escludono l'illicità obiettiva penale*, p. 120.

3   *Le dottrine generali del diritto penale*, p. 71.

4   Ob. cit., II, p. 185: *"Es gibt Fälle in denen eine-bei Strafevervotene, also gundsätlich rechtswidrige-Handlug aus besonderen Gründen erlaubt der gar rechtlich geboten sein kann. Liegt ein solcher Fäll vor, so fehlt die objektive Rechtswidrigkeit, ein Verbrechen ist trotz der allgemeinen Stradrohung nicht vorhanden"*.

5   "I casi di giustificazione" etc. In: *Scritti in onore di E. Ferri*, p. 384.

senso do lesado. Assim, nos crimes patrimoniais e, em geral, naqueles em que o *constrangimento*, o *engano* ou o *arbítrio* por parte do agente entram como condições essenciais. Em tais casos, o não consentimento do ofendido é *elemento constitutivo* do crime. Ora, se o inciso n. I do art. 15 do Projeto ALCÂNTARA a eles se referia, sua superfluidade chegava a ser incomodativa. É meridianamente claro que se não pode reconhecer a criminalidade de um fato que carece de uma das condições *sine quibus* da sua qualificação legal como crime. O axioma não precisava de ser trazido para o texto da lei. Em crítica o Projeto Revisto, porém, ALCÂNTARA MACHADO argumentou que podem apresentar-se outros casos em que o consentimento do ofendido seja excludente do crime. Quais seriam eles? Por isso mesmo que se trata de uma exceção ao caráter *publicístico* do Direito Penal, só se pode falar, do ponto de vista penal, em bem ou interesse jurídico *renunciável* ou *disponível*, a exclusivo arbítrio do seu titular, nos estritos casos em que a própria lei penal, explícita ou implicitamente, o reconheça. Não há investigar alhures as hipóteses de *livre disponibilidade* de direitos (bens, interesses) penalmente tutelados. É este o ponto intransponível para os que, seduzidos pelas chamadas *questões elegantes* de interpretação do *jus positum* em matéria penal, defendem o critério aceito pelo ilustre projetista. Fez este alusão especial *à violência esportiva* e ao *dano*. Ora, no primeiro caso, não é o consentimento do ofendido que exclui o crime: ou as consequências lesivas decorrem necessária ou normalmente de *golpes* permitidos (o esporte violento é autorizado e regulado pela própria lei do Estado), e o fato é *objetivamente lícito* (exercício regular de um direito), ou as consequências são *anormais* (morte, lesão corporal grave), e o fato só poderá deixar de ser *punível* por *ausência de culpabilidade* (n. 100); no segundo caso, o consentimento do ofendido exclui a injuricidade, é certo, mas porque o *dano* é crime patrimonial, que pressupõe, *per definitionem*, a vontade contrária do lesado. A razão está com PAOLI:[6] "[...] o consentimento do ofendido não tem jamais o prestígio de excluir a ilicitude da lesão de um bem jurídico protegido pela lei penal senão quando esta assim o disponha, e isso em razão de interesse público, sempre direto e imediato, que a lastreia".

92. Estado de necessidade. É a descriminante contemplada pelo Código em primeiro lugar. Nem o Direito romano, nem os canonistas ou os práticos medievais chegaram a elaborar uma verdadeira doutrina sobre o *estado de necessidade*. Admitia-se que *necessitas caret legem*, mas este princípio só era aplicado em casos particulares (furto famélico, aborto para salvar a vida da

---

[6] "Il consenso dell'offeso nel progeto preliminare ROCCO". In: *Scuola Positiva*, 1928, pp. 297 e ss. *V.* sobre o tema, O. STEVENSON, *Da exclusão de crime*, pp. 113 e ss.

gestante). Os jusnaturalistas é que fizeram do "estado de necessidade" uma noção geral, e esta foi transplantada para o Direito Penal. Surgiram, entretanto, divergências quanto ao efeito jurídico-penal da *necessitas cogens*: diziam uns que era excluída a *imputabilidade* ou a *culpabilidade* do agente (dada a sua consequente perturbação de ânimo ou coação psicológica), e não a *injuricidade* do fato *necessitas non facit licitum, quod jure naturae est illicitum*); outros, porém, entendiam que era suprimida a injuricidade: desde que, no conflito de interesses, era posto a salvo o *preponderante,* o estado de necessidade tornava *factum licitum* o sacrifício ainda que violento) do direito menos valioso. A doutrina dominante, por largo tempo, orientou-se no sentido da primeira corrente de opinião. Não obstante, era esta insustentável, por colidir com o próprio direito positivo e ser de manifesta insuficiência: considerava supressa a imputabilidade ou culpabilidade onde a fórmula da lei pressupõe um indivíduo *compos sui,* calculando e agindo comedidamente, e não explicava os casos que MASSARI denomina colaboração com a função estatal de *assistência* ao indivíduo, isto é, os casos de permitida ação em socorro de terceiro, nos quais não se apresenta a *necessitas cogens* reconhecível na salvaguarda dos próprios interesses ou bens. Ulteriormente, passando-se a distinguir entre *imputabilidade* e *responsabilidade,* foi o estado de necessidade considerado excludente da última (a imputabilidade, como a injuricidade, permanece, mas o fato é *politicamente* tolerado e declarado impunível). Na atualidade, entretanto, já repudiada a bizantina distinção entre imputabilidade e responsabilidade, pode dizer-se que a solução pacífica e definitiva é a de que, no estado de necessidade, não há crime, o que vale dizer: o fato necessitado é *objetivamente lícito.* Foi este o ponto de vista consagrado pelo nosso Código, que, acertadamente, destacou da fórmula do estado de necessidade a "coação irresistível" (exercida diretamente de homem para homem), pois não se pode dizer que esta elimine a injuricidade objetiva do fato consequente, desde que subsiste, em razão dele, a punibilidade do coator (n. 89). EBERHARD SCHMIDT (que atualizou o *Tratado* de VON LISZT), ao entrosar o critério da *inexigibilidade (Unzumutbarkeit)* no conceito do estado de necessidade (como faz o nosso Código), volta a insistir em que este não exclui a ilicitude objetiva, mas a culpabilidade.[7] Ora, a inexigibilidade é, precisamente, o fundamento central da *licitude* que na espécie se reconhece e declara.[8]

---

7   *Lehrbuch,* 25. ed., p. 269.

8   Em crítica à fórmula do Anteprojeto ALCÂNTARA MACHADO sobre o estado de necessidade, assim nos pronunciamos, replicando ao professor da Faculdade de São Paulo: "[...] o anteprojeto, truncando o projeto da Comissão Legislativa (SÁ PEREIRA-MORAIS-BULHÕES), omite a cláusula de que o "sacrifício do bem ameaçado não possa ser razoa-

Não é preciso referi-la à culpabilidade, cuja existência ficaria tolhida. Como acentua Helmut Mayer, o que não pode ser razoavelmente exigido a um homem, não lhe pode ser imposto pelo direito positivo.[9] A inexigibilidade só se apresenta em particulares circunstâncias de fato e, portanto, entende também com o lado objetivo da conduta. O que se dá, em tal caso, é, simplesmente, uma ação lícita ou não proibida juridicamente. Não se apresenta um crime, nem mesmo do ponto de vista abstrato. No estado de necessidade, entrando em conflito bens ou interesses que merecem igualmente a proteção jurídica, é concedida a *faculdade* da própria ação violenta para o salvamento de qualquer deles. *Faculdade,* e não propriamente *direito*, porque a este deve corresponder necessariamente uma obrigação *(jus et obligatio sunt correlata)* e, no caso, nenhum dos titulares dos bens ou interesses em colisão está *obrigado* a suportar o sacrifício do seu. A lei, aqui, assume uma atitude de *neutralidade* e declara sem crime o *vencedor* (seja este o mais forte ou o mais feliz).

Assim conceitua o Código o estado de necessidade (art. 20): "Considera-se em estado de necessidade quem pratica o fato para salvar de perigo atual, que não provocou por sua vontade, nem podia de outro modo evitar, direito próprio ou alheio, cujo sacrifício, nas circunstâncias, não era razoável exigir-se".

São, pois, requisitos da descriminante:

a) perigo atual, não provocado voluntariamente pelo agente;

b) salvamento de direito do próprio agente ou de outrem;

---

velmente exigido do agente". Neste ponto da minha crítica, dissera eu que tal cláusula era o próprio cerne da descriminante em apreço na sua formulação hodierna, e tal era, do ponto de vista ético-jurídico, o seu relevo, que está evoluindo no sentido de tornar-se um critério informativo da culpabilidade penal, in genere, como se depreende da teoria *Nichtzumutbarkeit,* dos modernos penalistas alemães. O Sr. Alcântara não procurou investigar detidamente o tema e deu-me uma resposta precipitada: desde o Código de Manu, diz ele, que o estado de necessidade é disciplinado sem a referida cláusula e só agora, mercê da moderna teoria teutônica (o pejorativo vai por conta do Sr. Alcântara), é que tende a fixar-se como postulado inconcusso". E continua: "Tão recente é essa tendência, que não se lhe percebe o reflexo em *nenhum dos Códigos contemporâneos*, e dentre os projetos, só o da Comissão Legislativa se ressente de sua influência". É preciso que nos entendamos: a teoria da *não exigibilidade* como *causa supralegal de exclusão de culpa* é novíssima, mas a inserção da cláusula em questão no conceito do estado de necessidade não é propriamente uma "criança de peito". Já figurava ela no Projeto Stoos para a Suíça (1896), no projeto alemão de 1925 e no austríaco de 1927 ("*nach den Umständen nicht zumuten war, den drohenden Schaden zu dulden*"), e está no art. 85, n. 3, do Código do Peru (de 1924) e no art. 34 do Código suíço (1937).

---

9 *Das strafrecht des deutschen volkes,* 1936, p. 230: *"Was einem Menschen nicht zugmutet wird, das wird ihm auch nicht geboten".*

c) impossibilidade de evitar por outro modo o perigo,
d) razoável inexigibilidade de sacrifício do direito ameaçado.

Sobre o que seja perigo, v. pp. 13 e ss. Deve tratar-se de perigo presente, concreto, imediato, reconhecida objetivamente, ou segundo *id quod plerumque accidit*, a probabilidade de ornar-se em dano efetivo. Não se apresenta a *necessitas cogens* quando o perigo é remoto ou incerto, e deixa de existir quando cessa o perigo. Não há *fato necessitado* sem a premência da necessidade objetiva. Se o perigo é erroneamente suposto, o que ocorre é o *estado de necessidade putativo*, aplicando-se a regra do art. 17 e seu § 1º: o agente ficará isento de pena por ausência de culpabilidade, salvo se inescusável o erro, pois, em tal caso, responderá a título de culpa *stricto sensu*, se a este título for punível o fato (v. n. 86).

Cumpre que a situação de perigo seja alheia à vontade do agente, isto é, que este não a tenha provocado intencionalmente ou por grosseira inadvertência ou leviandade. Neste último caso, deve entender-se (para não estreitar demasiadamente os limites do estado de necessidade, com abstração do instintivo *serva te ipsum*) que o agente não só podia e devia ter previsto o advento do perigo, como também a consequente *necessidade de violar o direito alheio*.[10] Mesmo no caso de salvamento de direito de terceiro, o perigo deve não ter sido voluntariamente provocado por este: se o foi, mas o agente ignorava tal circunstância, a isenção de pena poderá ser reconhecida também neste caso, por carência de culpabilidade (estado de necessidade putativo), e não por exclusão de injuricidade.[11] O perigo deve provir de ação humana (antijurídica ou não, imputável ou inimputável, culpada ou inocente), do fato de um irracional, de força da natureza, enfim: de qualquer acontecimento desfavorável (*in exemplis*: incêndio, desabamento, inundação, desastre ferroviário, naufrágio, fome, peste, investida de touro bravio etc.). Deve ameaçar a incolumidade de algum *direito*, criando a necessidade urgente de salvá-lo.

---

10 FRANK, *Das strafgesetzbuch f. das deutsche reich*, 1908, p. 120; LISZT-SCHMIDT, *Lehrbuch*, p. 260; VON HIPPEL, ob. cit., II, p. 223; OETKER. In: *Vergleichende darstelung*, p. g., II, 344; OLSHAUSEN, *Kommetar zum strafgesetzbuch*, § 54; THORMANN-OVERBECK, ob. cit., p. 146.

11 HAFTER (ob. cit., p.g., p. 155) entende que, em tal caso, não há, sequer, indagar se o periclitante foi ou não culpado do perigo: "*Dabei kommt es für den Notstandshelfer nicht darauf na, ob der in Not Geratene seinem Zustand verschuldet oder nicht verschuldet hat. Das kann für den Nothelfer keine Rolle spielen. Oft wird er auch gar nicht in der Lage sein, zu erkennen, ob der, dem er seine Hilfe zuteil werden lässt, durch eigene Schuld oder durch Zufall in Not geraten ist*" ("Não importa, para quem presta socorro ao necessitado, se este foi ou não culpado de sua situação. Isto nada tem a ver com o protetor interveniente, que, aliás, muitas vezes, não está em condições de saber se o socorrido ficou exposto à necessidade por sua própria culpa ou casualmente")

O vocábulo "direito", empregado no texto do art. 20, é referível a qualquer *bem ou interesse juridicamente tutelado:* vida, integridade física, liberdade, pudor, honra, propriedade, em suma: tudo quanto gravita na *esfera jurídica da pessoa*. Deve notar-se que, se não é concebível a *ação necessitada* por parte de uma *pessoa jurídica* (de Direito Público ou Privado), é perfeitamente admissível que uma pessoa física intervenha para resguardar de lesão seus direitos periclitantes (legítimo *socorro a terceiro*). Não subordina o Código a legitimidade do fato necessitado à relevância *hierárquica* do direito posto a salvo (como faz, por exemplo, o Código alemão, que, adstrito a um critério obsoleto, apenas se refere a perigo para a *vida* ou para o *corpo*). Nenhum direito, por mais modesto, deve ficar incondicionalmente exposto à lesão, ainda que reparável. Sejam traçados limites jurídicos ao estado de necessidade, notadamente quanto à *ponderação dos interesses em conflito*, mas não se pode exilar do seu conceito o salvamento dos interesses de relevo secundário.

O direito posto a salvo (ou que se pretendeu salvar) pode ser do próprio agente ou de outrem. Nessa última hipótese (*socorro a terceiro, Notstandshilfe*, do Direito alemão), a lei penal não podia deixar de reconhecer que, na impossibilidade de imediata e eficiente *assistência* do poder de polícia do Estado, deve ser outorgada (em acréscimo à permissão de autotutela do indivíduo) a faculdade de intervenção protetora de um particular em favor de outro, pouco importando que haja, ou não, uma relação especial entre ambos (parentesco, amizade, subordinação).[12] Além disso, é atendido, com essa autorização, o nobre princípio de caridade e solidariedade humanas inscrito nos Evangelhos: *Prout vultis ut faciant vobis homines, et vos facite illis similiter*.

Diz-se *defensivo* o fato necessitado que sacrifica direito de quem produziu ou contribuiu para produzir o perigo; diz-se *agressivo*, quando é sacrificado direito de um inocente.

Exige o Código que o perigo não possa ser evitado por *outro modo*, isto é, o sacrifício (total ou parcial) do direito alheio. O estado de necessidade, contrariamente ao que ocorre com a *legítima defesa* (n. 93), é, eminentemente, *subsidiário*: não existe se o agente podia conjurar o perigo com o emprego de meio não ofensivo do direito de outrem. A própria possibilidade de fuga (recaindo o perigo sobre bem ou interesse inerente à pessoa) exclui o estado

---

12 JORGE SEVERIANO (In: *Tratado de direito penal*, dir. por O. TENÓRIO, II, p. 214), de retorno à fase pré-histórica do direito, entende que devia ser abolido o "estado de necessidade" para salvamento do direito de terceiro, a não ser que se trate de *parente* do agente. Pela sua lógica, aquele que vê um *estranho* atacado por um touro bravio, e o socorre, abatendo com um tiro o animal, comete o... crime de *dano*. Entre a vida de um homem e a vida de um touro, devia ter preferido a última.

de necessidade, pois tal recurso, aqui, não representa uma pusilanimidade ou conduta infamante. A *inevitabilidade por outro modo* (distinta da necessidade criada pelo perigo) deve ser entendida no sentido *relativo*, e não *absoluto*. Tem de ser reconhecida de um ponto de vista objetivo, e diz também com a adequação da conduta do agente à entidade do perigo. Se o meio empregado é desproporcionado ou excessivo, é claro que o perigo podia ser evitado por outro modo, posto que este se achasse ao alcance do agente. Se o excesso resulta de erro, aplica-se a regra geral sobre o *error facti* (art. 17 e seu § 1º). Ao juiz incumbe apreciar os fatos *ex ante*, e não *ex post*, para decidir se havia possibilidade de outro recurso para debelar o perigo e se ao seu emprego estava adstrito, em idênticas condições, o *homo medius,* o homem de tipo comum.

Evitar o perigo não quer dizer *preveni-lo*, mas impedir que se verifique o dano ameaçado pelo perigo já surgido. Se o agente não provocou voluntariamente o perigo, não há exigir-lhe uma conduta anterior de prevenção deste.[13] A *idoneidade* do meio empregado deve ser reconhecida *in abstracto,* pouco importando que, no caso concreto, não tenha sido suficiente para salvar o bem ameaçado.

Igualmente em discrepância com a legítima defesa, o estado de necessidade prescinde da *injustiça* (injuricidade) da ofensa em perspectiva (a que se contrapõe o fato necessitado). É controvertido se a agressão de um *inimputável* (louco, criança, silvícola) coloca o agredido em situação de legítima defesa ou em estado de necessidade. Inclinamo-nos pela última solução. É certo que a *injustiça* da agressão, como requisito da legítima defesa, deve ser considerada objetivamente; mas, além de outras considerações, a admitir-se a legítima defesa no caso em questão, já não seria exigível que o ameaçado se eximisse, se possível, por meio da fuga, apesar de não ter caráter vexatório (v. n. 94).

Ao definir o estado de necessidade, o Código, corrigindo estreito critério da legislação penal anterior, aboliu a rigorosa condição de *preponderância* do interesse posto a salvo, em cotejo com o interesse sacrificado. A ação necessitada não deixa de ser legítima porque os interesses em conflito sejam de valor idêntico ou aproximadamente equivalentes. Eis como se exprime a *Exposição de motivos*: "No tocante ao *estado de necessidade,* é igualmente abolido o critério anti-humano com que o Direito atual lhe traça os limites. Não se exige que o direito sacrificado seja *inferior* ao direito posto a salvo, nem tampouco se reclama a "falta *absoluta* de outro meio menos prejudicial". O critério adotado é outro: identifica-se o estado de necessidade sempre que, nas circunstâncias em que a ação foi praticada, não era razoavelmente exigível o sacrifício do direito ameaçado. O estado de necessidade não é um

---

13 Contieri, *Lo stato di necessità*, p. 60.

conceito absoluto: deve ser reconhecido desde que ao indivíduo era *extraordinariamente* difícil um procedimento diverso do que teve. O crime é um fato *reprovável*, por ser a violação de um dever de conduta, do ponto de vista da disciplina social ou da ordem jurídica. Ora, essa *reprovação* deixa de existir e não há crime a punir, quando, em face das circunstâncias em que se encontrou o agente, uma conduta diversa da que teve não podia ser exigida do *homo medius*, do comum dos homens. A abnegação em face do perigo só é exigível quando corresponde a um *especial dever jurídico*".

Já não mais se fala, como no Código de 90, no condicionante afastamento de "mal maior". Assim, o náufrago que arrebata a *tábula de salvação (tabula unius capax)* a outro, que vem a perecer, pode invocar o estado de necessidade, se outro meio não havia para a sua salvação.[14] A *razoável inexigibilidade* (de renúncia ao bem ou interesse ameaçado), a que o Código subordina o estado de necessidade, não pode prescindir de um cotejo ponderativo entre os bens ou interesses em conflito (*Güterabwägung, Interessenabwägung*, da doutrina alemã); mas a descriminante só deixará de existir se o bem ou interesse posto a salvo, em comparação com o que foi sacrificado, representa, manifestamente, um *minus*. A avaliação deve ser feita do ponto de vista objetivo, mas sem total abstração do prisma subjetivo. Cumpre que se tenha em conta não apenas o valor *impessoal* do direito socorrido, mas também o que este significa *especialmente*, como utilidade, para o seu titular. Igualmente, não se pode abstrair o estado de ânimo do agente, cujo abalo está na proporção da entidade e instância do perigo. O ponto de referência, também aqui, é o tipo do homem comum ou normal (*Durchnittes – Staatsbürgertyp*, como dizem os autores tedescos). A inexigibilidade diz também com a proporção objetiva entre o *quantum* do perigo e o fato necessitado. Assim, se um pequeno sacrifício parcial do bem ameaçado só pode ser evitado com a destruição *total* do bem alheio, apresenta-se aquele como *razoavelmente exigível*. Em suma: o juiz deve colocar-se hipoteticamente, na situação em que se encon-

---

14 Sobre arrepiantes casos de estado de necessidade, v. MANZINI, *Trattato*, II, p. 325, nota 4. Um deles é realmente atroz: à margem de um riacho no território de Toroukhaus (Sibéria Oriental), Procópio Kelenine estabelecera o seu acampamento juntamente com seus irmãos Nikita, Davi e Maria, esta uma menina de 11 anos. Viviam com o produto da pesca, que, entretanto, veio a faltar depois de algum tempo. Davi pôs-se a caminho para encontrar lugar mais propício. Os três restantes sentiram-se morrer de fome, e então Procópio matou a irmãzinha, comendo-lhe as carnes, juntamente com Nikita. Mais tarde, salvos afinal os dois irmãos. Procópio confessou o fato e foi condenado a vários anos de trabalhos forçados (absolvido Nikita, por estranho ao trucidamento da irmã). Por mais cruel que se apresente o ato de Procópio, não poderia este ser condenado perante o art. 20 do nosso Código.

trou o agente e, apreciando em conjunto as circunstâncias, decidir como teria procedido, em idênticas condições, um homem de tipo médio. O seu cálculo deve ser desprovido de qualquer *formalismo* e dispensar uma precisão matemática. Muito justa, a respeito, é a advertência de GAUTIER: «*Il faut resoudre les difficultés non par de règles de droit rigidez, mais à force de mesure et de tact. Nous sommes ici sous le règne de la tolerance*". Assim quando se verifique, objetivamente, a exigibilidade do sacrifício do bem ameaçado, não deve ser excluído o *estado de necessidade putativo* (art. 17), se as circunstâncias demonstram que o agente, por erro de fato, não pode reconhecê-la.

Na hipótese de razoável exigibilidade, não fica expungido de ilicitude o fato necessitado, mas a pena aplicável (mesmo abstraído o caso de erro culposo) *pode* ser diminuída. É o que dispõe o § 2º do art. 20: "Embora reconheça que era razoável o sacrifício do direito ameaçado, o juiz pode reduzir a pena, de um a dois terços".

Uma ressalva à descriminante é feita no § 1º do citado artigo, demonstrando que o direito positivo não se submete incondicionalmente ao *necessitas caret legem*: "Não pode alegar estado de necessidade quem tinha o dever legal de enfrentar o perigo". O Direito é um complexo harmonioso de normas, não admitindo conflitos, realmente tais, em seu seio. Assim, uma norma penal não podia declarar ilícito o sacrifício do direito alheio, para salvar de perigo o próprio direito, por parte de quem, em virtude de outra norma jurídica, é *obrigado* a expor-se ao perigo. Trata-se de dever imposto pela *lei*. O texto do Código não permite extensão ao dever resultante simplesmente de *contrato*. COSTA E SILVA,[15] GALDINO SIQUEIRA[16] e BENTO DE FARIA[17] entendem, entretanto, que é abrangido o dever *contratual*. Ora, onde o Código fala apenas em *lei*, não se pode ler também *contrato*. O dever de que aqui se cogita é tão somente o que se apresenta diretamente imposto *ex lege*. O equívoco de interpretação dos autores acima citados vem naturalmente de leitura de comentários ao Código italiano; mas este, diversamente do nosso, refere-se, de modo genérico, a "dever jurídico". *Dever legal* é somente aquele que o Estado impõe, normativamente, em matéria de serviço de utilidade pública ou na defesa de interesse da comunhão social. Exemplo: o capitão do navio sinistrado é *legalmente* obrigado a arrostar o perigo de permanecer a bordo até a saída do último passageiro. Se mata alguém que tenta impedi-lo de entrar no bote de salvação, antes dos restantes passageiros, não poderá invocar o

---

15 *Código penal*, 1943, p. 163.
16 *Tratado*, p. 358.
17 *Código penal brasileiro*, II, p. 252.

estado de necessidade. Igualmente, dever legal é o que ocorre ao soldado ou ao bombeiro, de enfrentar os perigos próprios ou específicos de sua profissão. Há casos em que o dever legal deriva do próprio Direito Penal. Exemplo: a gestante é penalmente obrigada a suportar os perigos *normais* do parto, abstendo-se de provocar aborto (somente o *aborto terapêutico* ou de *mulher estuprada* fica isento de injuricidade penal, segundo o art. 128 do Código).

É de notar-se que o nosso Código Civil, depois de declarar, no art. 160, II, que "não constitui *ato ilícito* a deterioração da coisa alheia, a fim de remover perigo iminente" contraditoriamente, ao tratar das "obrigações por *atos ilícitos*", dispõe (art. 1.510) que "se o dono da coisa, no caso do art. 160, não for culpado do perigo, assistir-lhe-á indenização do prejuízo, que sofreu", e (art. 1.520 e seu parág. único) que por tal indenização responde o *autor do dano*, ainda que não culpado do perigo, apenas ressalvado direito regressivo contra o culpado ou o beneficiário do fato. A solução lógica seria tão somente a ação direta contra o culpado do perigo; mas... *legem habemus*.

93. Legítima defesa. Em seguida ao "estado de necessidade", a que se liga por parentesco próximo, figura entre as descriminantes contempladas pelo Código a *legítima defesa*, cuja noção é assim fixada no art. 21: "Entende-se em legítima defesa quem, usando moderadamente dos meios necessários, repela injusta agressão, atual ou iminente, a direito seu ou de outrem".

A repulsa da violência pela violência é ditada pelo próprio *instinto de conservação*, mas não é este, no seu cru *primitivismo*, que fundamenta o *instituto jurídico* da legítima defesa. O direito, como produto da cultura, é disciplina de instintos, e somente declara legítima a defesa privada quando, afeiçoada à vida social, representa um meio de oportuna e adequada proteção de bens ou interesses jurídicos arbitrariamente atacados ou ameaçados. Desde que adaptada, assim, à própria finalidade da ordem jurídica, a defesa privada, relegada a posto secundário o que ela tem de instintivo, não pode deixar de ser consentida pela lei do Estado. Tanto não é o *tenerrimus affectus* da própria conservação a *ratio essendi* da legítima defesa, que esta é condicionada à *injustiça* da agressão e não se limita à autoproteção do indivíduo, ampliando-se à proteção de indivíduo a indivíduo.

A lei do Estado, que não é a lei da selva, está adstrita, logicamente, a aprovar toda ação defensiva individual que, condicionada pela urgência e dentro da justa medida, e embora não seja ditame da *"non scripta sed nata lex"*, de que falava CÍCERO, colabore na consecução de um dos fins do próprio Estado, qual a tutela dos bens ou interesses jurídicos. Não se pode dizer, com GEIB, que a legítima defesa não tem história. Ela nasceu quando o Estado deixou de se conformar com a instintiva e ilimitada oposição da força contra a força. Chamando a si o *poder* de proteção aos direitos individuais, o Estado teve de abrir uma exceção, permitindo que o indivíduo o substituísse quando a debelação de *injusto* ataque aos direitos assegurados exigisse reação *in continenti*.

Já no Direito romano se encontra, quase com as mesmas linhas que lhe traça o Direito moderno, o instituto da legítima defesa. A injustiça da agressão (*aggressio injusta*) e a atualidade desta (*periculum proesens*), a necessidade da reação violenta (se outro recurso não podia ser empregado *sine periculo*) e a moderação do contra-ataque (*moderatio tuteloe*) já eram, como hoje, condições à licitude da defesa privada. Afora o desforço imediato contra o esbulho possessório, a *inculpata tutela* era limitada ao amparo dos bens jurídicos eminentemente pessoais (vida, integridade física, liberdade sexual). Bastava, em certos casos, o justo receio de ataque à pessoa. Assim, declarava-se legítima a ocisão do *fur nocturnus* ou a do *fur diurnus* munido de armas. Admitia-se a legítima defesa de terceiro, e se os textos parecem restringi-la ao caso em que o agredido fosse membro da família do defensor, não está excluída, como observa Falchi,[18] a suposição de que, se os jurisconsultos romanos tivessem cuidado expressamente da hipótese da defesa de *estranhos*, a decisão seria pela sua licitude.

O Direito canônico seguiu na trilha aberta pelo Direito romano, mas imprimindo maior relevo ao requisito da moderação da repulsa (dava mesmo à legítima defesa o nome de *moderamen inculpatoe tuteloe*) e reconhecendo expressamente a indistinta defesa de terceiro. Assim discorria Santo Tomás de Aquino: *"Si aliquis ad defendendam propriam vitam utatur majori violentia quam oporteat, erit illicitum; si vero moderate violentiam repellat, erit licita defensio. Nam secundum jura, vim vi repellere licet cum moderamine inculpatoe tuteloe"*. A defesa de outrem (quando possível) era considerada um autêntico dever: "[...] *Et quidem cuc liceat cuilibet suo vicino vel proximo pro repellenda ipsius injuria suum ipertiri auxilium, immo, si potest et negligit, videatur injuriantem jovere"*.

No Direito secular intermédio, a legítima defesa foi ampliada à proteção dos bens patrimoniais: cabe a repulsa *non solum pro defensione vitoe, et corporis sui, sed etiam pro defensione rerum suarum*. A defesa alheia foi igualmente autorizada de modo extensivo: *ipse potest a me impune occidi pro mea defension: non solum por mea, sed etiam propinquorum, immo etiam extraneorum*.

Várias são as teorias que, do ponto de vista filosófico, moral, psicológico, político ou jurídico, têm procurado fundamento à impunidade ou legitimidade da defesa privada. Uma das mais antigas é a que invoca o *instinto de conservação*: deve ser tolerada a defesa privada porque é expressão do inelutável

---

18   *Diritto penale romano*, vol. I, p. 177.

instinto que impele o moem *ad se conservandum*. Como já vimos acima, tal critério não se compadece com o *jus positum*, pois levaria, logicamente, a admitir-se como legítima ainda mesmo a defesa contra uma agressão *justa* e a declarar ilegítimo o socorro a terceiros ou o contra-ataque em proteção de direitos outros que não os atinentes à vida ou integridade corporal do próprio agente.

Com a "teoria do instinto de conservação" têm grande afinidade as teorias da "perturbação de ânimo ou coação moral" (Pufendorf) e da "inutilidade da ameaça penal" (Kant). Segundo a primeira, o indivíduo que vê periclitar sua própria incolumidade, é empolgado pelo medo, e este lhe conturba o espírito e o coage, necessariamente, à reação; segundo a última, ainda que a lei punisse a defesa privada, esta não seria contida pela ameaça penal, porque *necessitas caret legem*. Ambas estas teorias são, como a anterior, insuficientes, e passíveis das mesmas objeções: não explicariam por que só é declarada legítima a defesa contra um ataque *injusto* e por que se reconhece a impunidade da defesa alheia. A legítima defesa, no seu perfil jurídico, não é concedida somente aos que se perturbam diante do perigo, senão também ao varão horaciano. É facultada não somente aos *hiperemotivos*, mas também aos *hipoemotivos*.

Se a *perturbatio animi* fosse a *ratio* da legítima defesa, não se compreenderia que se reclamasse a *moderação* desta e se punisse o excesso de reação. Por outro lado, se se fundasse a legítima defesa na *necessitas cogens*, somente os direitos inerentes à pessoa seriam tuteláveis por ela.

Também não merece crédito a "teoria da retribuição do mal pelo mal" (Geyer), que assim argumenta: a defesa privada é, em sim mesma, injusta (pois somente ao Estado cabe reprimir as ofensas à ordem jurídica), mas, como quem se defende retribui o mal com um mal igual, a pena viria a ser um *novo* mal, e inútil, porque nada mais haveria que retribuir. Ora, se a reação não está condicionada à efetividade da ofensa (bastando o simples perigo de ofensa), não há falar em *compensação* integral de males (dada a desigualdade dos respectivos *quanta*). Além disso, admitindo-se que o mal ocasionado pela defesa é retribuição suficiente, não se compreenderia que o agressor sobrevivente continuasse passível de pena pelo mal que haja efetivamente causado ao defensor.

Esta mesma objeção é de ser formulada à teoria chamada da "negação da negação do direito" (Hegel): se, conforme o seu postulado, a defesa privada *nega* a ofensa, que *negou* o direito, a residual punição do agressor seria um *bis in idem*.

Não colhe melhor êxito a teoria da "colisão de direitos" (von Buri): quando dois direitos entram em conflito, de modo que um não pode subsistir sem o sacrifício do outro, o Estado deve permitir o sacrifício do "menos importante", que, no caso, passa a ser o do agressor, pelo fato mesmo da agressão. Ora, não há direitos mais ou menos importantes senão do ponto de vista de seu objeto ou conteúdo. É um puro artifício dizer-se que o fato da agressão *diminui* a importância do direito do agressor em face do direito do agredido-defensor.

Inaceitável é, igualmente, a teoria da "defesa pública subsidiária", ou da "cessação do direito de punir" (CARRARA), que assim se exprime: a defesa privada é um *direito originário,* enquanto a defesa pública é *subsidiária,* de modo que quando aquela pode ser eficaz, no momento em que esta se achava ausente ou foi impotente, deve entender-se que o indivíduo retoma o seu direito de autodefesa, e cessa, portanto, o *jus puniendi* por parte do Estado. Como facilmente se percebe, tal teoria assenta na fábula do "Contrato social" ou na absurda concepção individualística de direitos pré-estatais, e não merece maior atenção.

Incompatível com o direito positivo é também a teoria da "moralidade do motivo determinante" (FERRI e seus prosélitos): se se aceita que a licitude da defesa privada assenta na moralidade do motivo de agir, ter-se-ia de convir que todo fato definido como crime deixaria de o ser quando impelido o agente por motivos moralmente louváveis, e este não é o critério da atual realidade jurídica.

Não é mais afortunada a teoria da "ausência de periculosidade do defensor" (FIORETTI): a ausência de "estado perigoso subjetivo" (ainda que restrito à *capacidade de delinquir* revelada no crime), *de jure constituto,* influi na redução da pena e, excepcionalmente, pode ir até o *perdão judicial:* mas não é causa excludente de ilicitude penal.

Não se exime à coima de artificiosa a teoria da "delegação do poder de polícia" (MANZINI). Segundo esta teoria, a legítima defesa representa uma delegação hipotética e condicionada do poder de polícia do Estado (desde que este não pode intervir oportuna e eficazmente). Ora, é pura fantasia dizer-se que o defensor não age *nomine proprio,* mas como *delegado* do Poder Público. Não se concebe um *mandatário* sem a vontade consciente de exercer o *mandato.* Além disso, o Estado, para evitar a violação de direitos, não tem necessidade de ir ao extremo da cruenta violência, como a defesa privada, de modo que esta redundaria num ilegítimo *excesso de mandato.*

Vejamos, agora, as teorias de cunho estritamente jurídico.

Teoria da legitimidade absoluta (JHERING): a legítima defesa representa um *direito* e um *dever,* posto que o homem existe para si mesmo e para o mundo. É de objetar-se que não se pode reconhecer, na espécie, propriamente um *direito,* e muito menos um *dever.* Não há direito a que não corresponda uma obrigação, e seria absurdo dizer-se que o agressor tenha a *obrigação* de se deixar matar ou espancar.[19] Nem há falar-se em *dever* (do ponto de vista jurídico), desde que a defesa privada não é imposta coativamente pela lei. O que ocorre é, apenas, uma *faculdade* ou *autorização* legal.

Teoria do direito público subjetivo (BINDING): a legítima defesa é um direito subjetivo de caráter público, outorgado a todo indivíduo e que se harmoniza com a função de polícia do Estado. Não escapa esta teoria à mesma objeção articulada contra a teoria precedente: não há *direito* sem o correlativo de uma *obrigação*. A defesa privada protege tal ou qual direito subjetivo atacado, mas não importa no *dever* de passiva *obediência* do agressor ao facultativo emprego de violência por parte do agredido.

Teoria da ausência de injuricidade da ação defensiva (autores alemães em geral): a defesa privada não é contrária ao Direito, pois coincide com o próprio fim do Direito, que é a incolumidade dos bens ou interesses que coloca sob sua tutela. Realiza a vontade primária da lei, colabora na manutenção da ordem jurídica. E assim não pode deixar de ser *autorizada* ou *facultada*, ou declarada, pela própria lei, *objetivamente lícita*. À defesa privada (nos limites traçados pela lei) falta, pois, uma qualidade essencial à existência de um crime: a injuricidade *a parte objecti*. Esta teoria é a única aceitável, e é a que o nosso Código consagra.

94. Requisitos da legítima defesa. Em face do art. 21, são requisitos da legítima defesa:

I – agressão atual ou iminente e injusta;
II – preservação de um direito, próprio ou de outrem;
III – emprego moderado dos meios necessários à defesa.

Cotejado o Código atual com o anterior, verifica-se que profunda é a diferença entre um e outro na fixação das condições objetivas de legitimação da defesa privada. Foi suprimida a exigência de "impossibilidade de prevenir ou obstar a ação ou de invocar e receber socorro da autoridade pública", bem

---

19 Conf. MARSICH (*L'esercizio arbitraio dele proprie ragioni nel diitto penale*, p. 142): "*Se al diritto è correlativo il dovere e se fosse certo parlare di diritto di uccidere per difendersi, dovrebbe anche parlarsi del doveredi lasciarsi uccidere per altrui difesa, ciò che è ripugnante ed assurdo: esiste la semplice facoltà, no la potestà giuridica, non il diritto di uccidere per difendersi*". MAGALHÃES DRUMOND (In: vol. IX destes Comentários, p. 12) impugnando este raciocínio, diz que o agressor perde o direito à proteção legal, e assim argumenta: "[...] conceber-se-á obrigação tão pesada, tão onerosa quanto essa da perda da proteção à vida, pois que inapenável, por inincriminável, a morte do agressor pelo agredido, se necessariamente defensiva?" É evidente o sofisma. Não tem sentido dizer-se que o agressor tem a obrigação de "perder a proteção legal"; mas ainda que se admitisse semelhante desconchavo, a obrigação seria para com o Estado, e não para com o agredido.

como de "ausência de provocação que ocasionasse a agressão"; e ao invés de "emprego de meios *adequados* para evitar o mal e em proporção da agressão", passou-se a falar apenas em uso *moderado* dos meios *necessários*. Tal como é atualmente perfilada, a legítima defesa apresenta-se ampliada na sua órbita jurídica e razoavelmente ajustada à contingência das situações de fato. Não mais se reclama a *prevenibilidade* ou *evitabilidade* da ação agressiva. A reação deixou de ser subordinada à *necessitas inevitabilis* que o Direito canônico sugerira ao direito secular e já não tem caráter algum de *subsidiariedade*.[20] Não há contemporizar com o perigo resultante de uma injusta agressão, ainda que, no momento, possa ser invocado e prestado o socorro da autoridade pública ou de terceiros em geral. Se a autoridade pública não intervém espontaneamente, conjurando o perigo, o agredido não está adstrito ao *"adeste, comilitones!"* ou ao *"aqui d'el Rey!* O Ministro CAMPOS, na sua *Exposição de motivos*, fixou nítida e concisamente o critério que, neste ponto, inspirou o Código: "Na defesa de um direito, seu ou de outrem, injustamente atacado ou ameaçado, *omnis civis est miles*, ficando *autorizado* à repulsa imediata".[21]

---

20 COSTA E SILVA, em crítica ao Código anterior, foi dos primeiros, entre nós, a impugnar a função supletiva da legítima defesa (*Código penal*, 1930, p. 261): "O caráter subsidiário conferido à legítima defesa pelo nosso Código é erro que a ciência hoje em dia reprova. O apelo a terceira pessoa, como meio de prevenir ou obstar a agressão, carece de valor prático e teórico: nos verdadeiros casos de legítima defesa, a rapidez da reação nem sempre permite pensar nele; e só o Poder Público, e não os particulares, tem obrigação de atender ao pedido de auxílio. A fuga não pode ser imposta ao agredido ou ameaçado, embora sem perigo e sem humilhação. Só mal-entendida moral cristã (*charitas christiana*) pode pretender que por essa forma se avilte o direito perante a injustiça. Pode o prudente aconselhar ao fraco que se dobre covardemente à injustiça; mas ao Estado não fica bem exigir dos cidadãos que assim procedam, pois seria arvorar a poltroneria em dever jurídico".

21 GALDINO SIQUEIRA (*Tratado*, I, p. 327), inteiramente alheado ao moderno conceito da legítima defesa, continua falando em "reação necessária" contra "agressão inevitável", e vai ao cúmulo de repetir CARRARA e o "comentário oficial" do finado Código da Baviera: não há legítima defesa, se a agressão, além de ter podido ser evitada por "expedientes concomitantes", podia ter sido *prevista e prevenida*. Assim, o indivíduo avisado de que o seu inimigo está à sua espera em determinado lugar, para agredi-lo, deve abster-se de sair de casa ou mudar de caminho, se não pode receber socorro da autoridade pública; do contrário, se tiver de reagir contra a agressão esperada, não lhe será dado invocar legítima defesa. Também não poderá alegar a descriminante o defensor que poderia ter obtido a intervenção de terceiros, *gritando por socorro (o exemplo é de* GALDINO). Evidentemente, nada disso tem relação com o nosso Código. E se representa uma crítica a este, poderíamos observar que GALDINO, para maior prestígio do seu ponto de vista, devia ter chamado à colação o *Sermão da Montanha*: "*Si quis te percussit in dexteram maxilam tuam, proebe illi et alteram*"[...].

Não exige o Código a *necessidade inevitável* da defesa, contentando-se com a *atualidade ou iminência da agressão:* basta a presença concreta do perigo para que surja, sem qualquer outra indagação, a *necessidade* da defesa. Segundo a justa lição de BATTAGLINI, a legítima defesa deve ser, ao lado da ameaça penal, um contramotivo do crime. Quem se predispõe a delinquir deve ter em conta dois perigos, igualmente temíveis: o perigo da defesa privada e o da reação penal do Estado. Não há indagar se a agressão podia ser prevenida ou evitada sem perigo ou sem desonra. A lei penal não pode exigir que, sob a máscara da prudência, se disfarce a renúncia própria dos covardes ou dos animais de sangue frio. Em face de uma agressão atual (ou iminente) e injusta, todo cidadão é quase como um *policial*, e tem a faculdade legal (além do dever moral ou político) de obstar *in continenti* e *ex próprio Marte* o exercício da violência ou da atividade injusta.

Rompeu também o Código com a meticulosidade de disciplina do *modus defensionis*. Diz a *Exposição de motivos*: "Também é dispensada a rigorosa *propriedade* dos meios empregados, ou sua *proporcionalidade* com a agressão. Uma reação *ex improviso* não permite uma escrupulosa escolha de meios, nem comporta cálculos dosimétricos: o que se exige é apenas a *moderação* do revide, o exercício da defesa no limite razoável da necessidade". Já não há cogitar da rigorosa adequação ou proporção entre os meios da reação e os da agressão, mas da *necessidade* e *moderação* dos meios empregados pelo defensor.

A legítima defesa, por isso mesmo que é uma causa *objetiva* de exclusão de injuricidade, só pode existir *objetivamente*, isto é, quando ocorrem, efetivamente, os seus pressupostos *objetivos*. Nada têm estes a ver com a *opinião* ou *crença* do agredido ou do agressor devem ser reconhecidos de um ponto de vista estritamente objetivo. Como diz ROCCO, "*se uno agisce in stato di ligittima difesa, ma non as dia gire in tale stato, egli dev'essere ritenuto non responsabile, perchè anche se non lo sa, è in realtà nell'ambito del diritto*". Assim, se Tício, ao voltar à noite para casa, percebe que dois indivíduos procuram barrar-lhe o passo em atitude hostil, e os abate a tiros, supondo-os policiais que o vão prender por um crime anteriormente praticado, quando na verdade são ladrões que o querem despojar, não se lhe pode negar a legítima defesa.

Costuma-se falar em *legítima defesa subjetiva*, mas o que se designa com este nome não é outra coisa senão o *excesso de legítima defesa por erro escusável*, e, em tal caso, já não se trata de causa elidente de injuricidade, mas de causa excludente de culpabilidade (insuperável erro de fato). Somente para se saber se o *excessus defensionis* é *doloso, culposo* ou *isento de qualquer culpabilidade* é que se pode investigar a *subjetividade* da reação. Também consagrada é a locução "legítima defesa putativa", quando o erro de fato versa sobre a condição precípua da legítima defesa, isto é, quando o agente supõe erroneamente a existência de uma agressão atual (ou iminente); mas, também aqui, como já vimos (n. 86), não se trata de *descriminante,* mas de um caso de inculpabilidade (se o erro é escusável). Quer num, quer noutro caso, não se apresentam *species* de legítima defesa, pois o princípio *"non ri veritas, sed reorum opinio inspicitur"* só tem cabimento na órbita da teoria da culpabilidade. A chamada *interpretação subjetiva* dos requisitos da legítima defesa, no sentido de se incluírem o *excessus defensionis* não culposo e a escusável legítima defesa putativa na esfera da autêntica legítima defesa é um critério extralegal, que redunda na grosseira confusão de causa excludente de culpabilidade (elemento subjetivo do crime) com causa excludente de injuricidade (qualidade inerente ao crime *a parte objecti*).

Analisemos, separadamente, na ordem em que ficam acima enumerados, os pressupostos objetivos da legítima defesa.

95. Agressão atual ou iminente e injusta. A primeira condição da legítima defesa é que seja dirigida contra uma *agressão atual* ou *iminente*. Entende-se por *agressão* toda atividade tendente a uma ofensa, seja ou não violenta. Pode ser considerada na sua fase militantemente ofensiva (agressão atual) ou na sua fase de imediata predisposição objetiva (agressão iminente): em qualquer destas hipóteses, está-se na órbita de legitimidade da reação. O que é preciso é que se apresente um perigo concreto, que não permita demora à repulsa; e tal perigo existe não só quando a agressão, já iniciada, *perdura* (perigo de continuada ou maior ofensa), como quando está a pique de iniciar-se. Não é necessário aguardar a *loesio inchoata. Nemo tenetur expectare donec percuriatur.* Já sentenciava o Direito romano: *eum qui cum armis venit, possumus armis repellere.* A situação de perigo não está condicionada ao começo da ofensa. Idêntico ao resultado da agressão que *continua* é o perigo que deriva da agressão iminente. A reação é, em qualquer hipótese, *preventiva*: preventiva do começo de ofensa ou preventiva de maior ofensa. Não é, assim, admissível legítima defesa contra uma agressão que já cessou, ou contra uma agressão futura, ou contra uma simples *ameaça* desacompanhada de um perigo concreto e imediato.[22] Finda a agressão, já não existe um perigo a ser

---

22 Contra, G. PENSO (*La difesa legittima*, p. 108), que pretende distinguir entre *iminência da lesão* e *atualidade do perigo*, a que imprime um sentido extensivo: "Afirma-se geralmente que deve ser iminente o realizar-se da lesão. Não somos deste parecer. O que interessa é que o *perigo seja atual*. Se deste deriva uma iminência da lesão, não importa. Assim, no caso em que Tício ameace matar-me dentro de três ou quatro dias, se, digamos, não subscrever um certo documento, não posso estar obrigado, para reagir, a esperar que expire o prazo, isto é, até que a lesão se torne iminente. Desde o momento da ameaça, o perigo é *atual*, e desde esse instante, se se apresentar a possibilidade de me subtrair

conjurado (e em tal caso, o *remedium* é a reparação do dano, a ser pleiteada perante os órgãos jurisdicionais do Estado).[23] Como diz MARCIANO, "se a ofensa já se realizou, o revide não terá mais o fim legítimo de proteção e defesa, mas o perverso e ilícito da vingança". Assim, não se pode reconhecer a legítima defesa no caso de quem, já ferido, consegue ferir, por sua vez, o agressor fugitivo; nem no de quem acomete o *injuriador* que já se calou; nem do de emprego de força contra o ladrão, para reaver a *res furtiva* já transportada para sua esfera de posse.[24]

A atualidade ou iminência da agressão é que serve de medida única à *necessidade* da defesa. Como já foi acentuado, na legítima defesa não há indagar se a agressão era *evitável* e, muito menos, se era *prevenível*. Cumpre distinguir entre *necessidade da defesa* (correspondente à só presença do perigo) e *inevitabilidade do perigo* (impossibilidade de socorro alheio ou de afastamento para eximir-se à agressão). Esta última é alheia ao conceito da legítima defesa.[25] Desde que se apresente o perigo, a defesa é *necessária*, pouco importando, por exemplo, se podia, ou não, ter sido invocado oportuno e eficaz socorro de terceiros (civis ou policiais) ou se era ou não possível a fuga, ainda que não humilhante. A inevitabilidade do perigo por tais recursos é requisito do "estado de necessidade" (de caráter eminentemente *subsidiário*), e não da legítima defesa. Nesta o que se exige é tão somente a *moderação* no emprego do meio defensivo que se apresentou *necessário* (n. 97).

---

ao perigo, agredindo, estou autorizado a fazê-lo". É de todo inaceitável este critério ampliativo. Não é concebível legítima defesa sem a *certeza* do perigo, e esta só existe, só pode existir em face de uma agressão imediata, isto é, quando o perigo se apresenta *ictu oculi* como realidade objetiva. O perigo de uma agressão *futura*, por mais *verossímil*, não passa de uma *hipótese*, com a qual não pode operar o instituto da legítima defesa.

---

23 Não é de identificar-se legítima defesa no caso de *retorsão* de injúrias (simples caso de facultativo *perdão judicial*). Uma injúria já proferida é uma agressão finda. Já diziam os práticos que *injuria jam perfecta et consummata removeri nequit*, de modo que, em tal caso, a injúria em revide *non tendit ad defensionem, sed ad vindictam*. Nem se diga que a injúria em retruque é meio de obstar-se a que o primeiro injuriador prossiga com as suas contumélias. Para evitar a continuação dessas, o meio eficaz será o emprego de violência física, e essa, sim, será legítima defesa, desde que guardada a relativa adequação do meio empregado.

24 A violência empregada para retomar a *res furtiva* só é legítima defesa quando o ladrão ainda se acha na esfera de posse do proprietário ou ininterruptamente perseguido por esse. Como diz VON HIPPEL, "a possibilidade da legítima defesa termina quando o ladrão consegue possuir a coisa sem ser perturbado, pelo menos por algum tempo, isto é, consegue estabelecer uma nova relação de posse".

25 LA MEDICA, *O direito de defesa*, p. 127.

É de todo indiferente à legítima defesa a possibilidade de fuga do agredido. A lei não pode exigir que se leia pela cartilha dos covardes e pusilânimes. Nem mesmo há ressalvar o chamado *commodus discessus*, isto é, o afastamento discreto, fácil, não indecoroso. Ainda quando tal conduta traduza *generosidade* para com o agressor ou simples *prudência* do agredido, há abdicação em face da injustiça e contribuição para maior audácia ou prepotência do agressor. Embora não seja um *dever jurídico*, a legítima defesa é um dever moral ou político que, a nenhum pretexto, deve deixar de ser estimulado pelo direito positivo. Conforme adverte CONTI,[26] ninguém *"è tenuto a rinunziare ai propri diritti, perchè non succeda che pericolino i diritti altrui. Deve evitarsi il male, ma senza per questo venire meno ai propri diritti e doveri verso sè stesso o verso gli altri. Il diritto, dunque, non deve mai piegarsi alla prepotenza, e quindi all'aggredito non può imporsi la fuga ad evitare il pericolo"*.

A legítima defesa não está subordinada, sequer, à condição de *violência* da agressão. Assim, não se pode recusá-la para impedir a consumação de um furto *simples* ou *com destreza*.

Igualmente, não é necessário que a agressão seja dolosa: também de uma ação imprudente pode surgir um perigo, que autorize a reação contra quem a comete.

A agressão pode partir de uma multidão em tumulto, e contra esta cabe legítima defesa, ainda que nem todos os seus componentes queiram, individualmente, a agressão.

Em torno do requisito da atualidade (ou iminência) da agressão, trava-se controvérsia a propósito do uso de aparelhos ocultamente predispostos para a defesa da propriedade (*offendicula* ou *offensacula*, dos práticos; *Schutzvorrichtunge* ou *Abwehrungmassregeln*, dos autores alemães). Em tal caso, a defesa é preparada de antemão, isto é, quando o perigo é ainda futuro; mas o funcionamento do *offendiculum* é necessariamente subordinado à efetividade da agressão. A opinião dominante é que se trata de *legítima defesa preordenada*, a ser disciplinada segundo a regra geral. Já os juristas medievais cuidavam da questão. BLANCUS (*apud* MANZINI) opinava pela legítima defesa da propriedade (*"Si quis posit offendiculum ad fenestram pro capiendo fure nocturno, si fur occidit et moriatur, tunc ipse non tenetur in consilio"*), mas MENOCHIUS opinava pela simples ausência de dolo (*"Poena homicidii non tenetur, que dum offendiculum ad januam suoe domuns poneret, ut fures prehenderet, ingredientem furem occidit, non enim dolo egit"*). MANZINI[27] entende

---

26 In: *Completo trattato teórico-pratico di diritto penale*, 1888, I, parte II.
27 *Trattato*, II, n. 411.

que a colocação de *offendicula* em defesa da propriedade privada é exercício de um direito e "se o delinquente, ao invadir a casa alheia, cai nalguma cilada lesiva, *imputet sibi*". Em sentido idêntico já se pronunciava IMPALLOMENI:[28] *"Il citadino è sovrano nell'orbita dela sua sfera attuale di diritto.O volete considerare la casa sotto il punto di vista del poscesso, ed io vi respondo: qui continuat non attentat. O volete considerarla sotto il punto di vista della inviolabilità del domincilio, e vi dico: la mia casa è la mia fortezza, ed ho il diritto di premunirla con tutti quegli strumenti di difesa che la legge non vieta di tenere"*. Ora, o direito de propriedade (como outro qualquer direito, por mais relevante) não tem como corolário o *direito*, mas a simples *faculdade* de lesar outrem para sua defesa. Como já foi dito acima, não há direito sem o correlativo de um dever, e seria absurdo falar se em *dever* de se deixar lesar. O que ocorre na espécie é, sem dúvida alguma, legítima defesa. Quem predispõe o *offendiculum* não se encontra em condição diversa daquele que se arma de uma espingarda, ou adquire um cão de guarda, prevendo a eventualidade de um assalto. MENDES PIMENTEL[29] justamente louva a jurisprudência anglo-americana, que, em torno do assunto, estabelece que "essa defesa preventiva não pode ser usada inconsideradamente, mas proporcionada ao risco da agressão", sendo que "engenhos mortíferos só se admitem contra assaltantes perigosos, roubadores terríveis *(thieves and burglars)*, não se justificando em prevenção de simples gatunos, de meros transgressores *(trespassers)* da inviolabilidade domiciliar sem ânimo facinoroso *(felonious intent)"*.

Pouco importa que a instalação do aparelho insidioso preceda ao momento da agressão, desde que só entra em funcionamento na ocasião em que o perigo se faz atual. Pode acontecer, entretanto, uma *aberratio in persona*, isto é, que, ao invés do ladrão, venha a ser vítima da armadilha uma pessoa inocente. A hipótese deve ser tratada como de "legítima defesa putativa", posto que se comprove que o proprietário ou ocupante da casa estava persuadido de que a armadilha somente poderia colher o *fur nocturnus*:[30] se forem toma-

---

28   *L'omicidio*, p. 530.
29   Parecer. In: *Revista Forense*, 1ª fase, vol. 45, p. 485.
30   Segundo TITZE (*apud* VON BAR, *Gesetz und schuld*, III, p. 217) "os aparelhos devem naturalmente ser dispostos de modo que somente funcionem contra o atacante, e não também contra terceiros". Seria inadmissível, por ex., que a armadilha fosse colocada na soleira da porta que dá para a via pública. De modo geral, pode dizer-se que os *offendicula* somente são permitidos para proteger o domicílio contra assaltos noturnos. Problema diverso é o relativo às armadilhas para apanhar animais bravios ou daninhos: são elas permitidas, mas somente em zona a isso destinada, segundo os costumes locais, ou quanto devidamente assinaladas, e nunca me lugar de trânsito público. O direito romano assim decidia ocaso (D., 9, 2, 1, 28: *"Qui foveas ursorum cervorumque*

das as precauções devidas para que o aparelho não seja infiel à sua finalidade, o evento lesivo contra *alia persona* não deixa de ser antijurídico, mas não pode ser imputado, nem mesmo a título de culpa.

A agressão, além de atual ou iminente, deve ser *injusta*, isto é, representar uma conduta proibida ou desautorizada pelo direito. Não é necessário que constitua um *injusto penal*: basta que seja contrária ao direito *in genere*. Não entra em linha de conta a ação que, embora prejudicial ao agredido, e moralmente reprovável, não revista o cunho de *injuricidade*. A injustiça (ou injuricidade) deve ser avaliada *objetivamente*, nada importando a opinião do agredido ou a do agressor. É injusta a agressão desde que seja ameaçado, sem causa legal, um bem ou interesse juridicamente tutelado. Dado este critério estritamente objetivo, seria consequência lógica a admissibilidade da legítima defesa até mesmo contra o ataque provindo de um *inimputável* (louco, imaturo, silvícola), pois a inimputabilidade do agente não apaga a ilicitude objetiva da ação.[31] Cumpre, porém, atender que o instituto da legítima defesa tem um aspecto político ou de *prevenção geral*: representa um *contramotivo* à prática de ofensas injustas. Ora, esse *fim psicológico* da legítima defesa não pode dizer, evidentemente, com os incapazes de entendimento ou reflexão. Ainda mais: quando a lei deixa de exigir entre os requisitos da legítima defesa a *impossibilidade de fuga*, tem em consideração, não só que deve ser prestigiado o espírito de luta pelo direito, mas também que é inexigível vexatória ou infamante renúncia à defesa de um direito. Ora, a possível fuga diante da agressão de um inimputável nada tem de deprimente: não é um ato de poltronaria, mas uma conduta sensata e louvável. Assim, no caso de tal agressão, o que se deve reconhecer é o "estado de necessidade", que, diversamente da legítima defesa, fica excluído pela possiblidade de *retirada* do periclitante. A sua inclusão na órbita da legítima defesa importaria uma quebra dos princípios que a esta inspiram e regem.

---

capiendorum causa faciunt, si in itineribus fecerunt, eoque aliquid decidit, factunque alterius est, lege Aquilia obligati (isto é, responderão por culpa); *at si in allis locis, ubi fieri solent, facerunt, nihil tenetur*".

---

31   Não entende assim MANZINI, segundo o qual os inimputáveis são incapazes de "praticar pessoalmente qualquer fato juridicamente relevante", de modo que uma agressão por parte deles não pode ser jamais considerada *injusta*. Já aderimos a essa opinião, mas, reconsiderando, tivemos de repudiá-la, para evitarmos o ilogismo. Se a injustiça da agressão é estranha a qualquer indagação subjetiva, não há cogitar da condição psíquica do agressor. Nem se argumente que o *objetivismo* da injustiça levaria a admitir-se a legítima defesa até mesmo contra os irracionais. A lei, quando fala em "agressão", supõe obviamente uma "ação humana".

Como já tivemos ocasião de notar, a *provocação* do agredido não elimina, perante o Código atual, a *injustiça* da agressão, posto que não constitua, em si mesma, uma real agressão. A desproteção do *autor rixoe* é uma velharia do direito romano. Não é compreensível que a provocação, que jamais passou de *atenuante* ou, quando muito, de uma causa de facultativo perdão judicial em casos excepcionais, tenha, na disciplina da legítima defesa, a virtude de elidir até mesmo o *crime* do provocado.

É bem de ver que não se trata, aqui, da provocação que serve ao chamado "pretexto de legítima defesa", isto é, no caso em que alguém astuciosamente *provoca* outrem para, *prevendo* uma reação excessiva, proporcionar-se uma aparente situação de legítima defesa. Exemplo: Tício, querendo eliminar Caio, de cuja mulher é amante, faz com que ele surpreenda o adultério, e quando Caio saca do *punhal de Otelo* e investe furioso, Tício, de sobreaviso, mata-o com um tiro de revólver. Tício não poderá invocar a descriminante, embora a simples *provocação* de sua parte não autorizasse o ataque de Caio; pois a situação externa apenas em aparência era de legítima defesa, não passando, na realidade, de um ardil por ele próprio engendrado (de modo que, no caso, o que se apresenta é um dissimulado homicídio doloso). No ato de defesa, pode ser atingida pessoa diversa da do agressor, ou por *aberratio ictus* ou por *error in persona*: em qualquer dos casos não se pode reconhecer a legítima defesa, pois esta inexiste fora de suas condições objetivas, entre as quais a de que a repulsa seja exercida contra o injusto agressor; mas aplica-se a regra sobre o erro de fato, isto é, o agente não responderá, sequer, a título de culpa, se o erro for escusável.[32]

---

32 Foi este o ponto de vista que sustentei, quando juiz da 3ª Câmara Criminal do Distrito Federal, no rumoroso "caso Benjamin Vargas":
"Dava provimento à apelação, para absolver o apelante, cuja situação de legítima defesa somente pode ser recusada se se abstraem a prova dos autos e a conceituação legal dessa descriminante. Eis como o fato ocorreu, fielmente o retraçado através dos elementos probantes coligidos no processo: o apelante e vários companheiros encontravam-se sentados a uma das mesas da *boite* do Copacabana-Palace, alta madrugada, quando ali chegou, aboletando-se à mesa contígua, um grupo de que faziam parte a ofendida, Rosa da Conceição Conde, seu irmão Davi Conde, sua cunhada Cândida Conde e Carlos Augusto Alves dos Santos Filho. Momentos depois, este último, gratuitamente, achou de mofar de Zózimo Barroso do Amaral, do grupo em que se achava o apelante, dizendo-lhe que, dada a sua idade, já devia estar recolhido ao leito. Em represália, Zózimo, dirigindo-se a um companheiro de mesa, comentou que Carlos Augusto, apesar de moço, estava namorando uma *baleia*, isto com evidente alusão à ofendida Rosa da Conceição, que é excessivamente provida de carnes. Tal comentário foi ouvido por Davi Conde (irmão de Rosa), que, levantando-se, investiu contra Zózimo e deu-lhe com uma garrafa na fronte, de onde começou a escorrer sangue. A essa altura, outro dos

96. Preservação de um direito, próprio ou de outrem. A legítima defesa deve realizar a tutela de um *direito*. Tal como na fórmula do "estado de necessidade", o vocábulo "direito", empregado no art. 21, tem sentido amplo,

---

companheiros do apelante fez um protesto no sentido do desarrazoado da agressão, que até lhe parecia premeditada. Exaltaram-se os ânimos, formando-se grande reboliço, e só então é que o apelante, até ali distraído em palestra com um amigo, se inteirou do que se passava, notando o rosto ensanguentado de Zózimo. Indignado com a agressão sofrida por este, exigiu que fossem retirados da sala *aqueles desordeiros, aqueles cafajestes*. Carlos Augusto, que se negava à intervenção apaziguadora de terceiros, dizendo que "ainda ia haver coisa", retrucou que desordeiro ou cafajeste era o apelante, ao mesmo tempo que empunhava uma cadeira, deixando manifesta a intenção de arremessá-la contra a mesa em torno da qual se achavam o apelante e seus amigos. Foi nesse instante, já no auge da confusão e tumulto, que o apelante, assim ameaçado de agressão por parte de Carlos Augusto, sacou do bolso um pequeno revólver, tipo *Galant*, e disparou um tiro em direção do soalho, com o evidente intuito de conter o seu adversário pela intimidação, acontecendo, porém, que o projétil ricocheteou, para ir atingir Rosa da Conceição na coxa esquerda, sem penetrar além da região subcutânea. Este, simplesmente este, em seus detalhes, o fato imputado. Para logo, é de se notar o espírito de prevenção com que se formou o presente processo, envolvendo-se nele apenas o apelante, para excluir-se a Davi Conde, estúpido agressor de Zózimo, cujo ferimento foi averiguado pelo laudo de exame de corpo de delito a fls. 61 v. O que se fazia mister era dar respiradouro a insaciados ódios políticos e meter na cadeia o apelante, irmão do ex-presidente Getúlio. Pura obra de abissinismo. E só mesmo a sugestão criada pela ênfase e sensacionalismo da acusação pode explicar se deixasse de reconhecer em favor do apelante uma líquida situação de legítima defesa, própria e de terceiro. Quem informa sobre a tentativa de agressão por parte de Carlos Augusto contra o apelante e seus companheiros é, antes de qualquer outra testemunha, a própria ofendida, Rosa da Conceição Conde, a fls. 129, *in litteris*: "que, reagindo contra os insultos, o Sr. Carlos Augusto, um dos companheiros do grupo da testemunha, agarrou uma cadeira com a intenção de jogá-la em cima da mesa onde estava o acusado, mas esta intenção não foi executada porque a testemunha segurou-lhe os pulsos, evitando o seu gesto". Há que ter-se em conta o estado de exaltação de Carlos Augusto, que, em atitude francamente agressiva, não iria deixar-se dominar, em um segundo momento, pela força de uma mulher. E a cena desenrolou-se rapidamente, não se podendo exigir que o apelante aguardasse a efetividade da agressão. Negar a evidência mesma é dizer-se que o gesto de reação do apelante deixou de ser incensuravelmente moderado. Limitou-se ele a disparar para o chão, a fim de que, com a intimidação de Carlos Augusto, cessasse a agressão iminente. Segundo lição elementar, "nos casos em que se apresenta legítima a inflação do mal, é obviamente permitida a simples *ameaça* de causá-lo, seja por palavras, seja por atos, *v.g.*, o disparo feito para o ar (equivalente ao disparo para o chão)", "e se a ameaça é suficiente, o agredido está obrigado a preferi-la" (Mezger, *Tratado de derecho penal*, trad. de Muñoz, vol. I, p. 385). Foi o que fez o apelante, e com êxito: disparando para o chão, conseguiu amedrontar a Carlos Augusto e conjurou a agressão a pique de efetuar-se. É de causar surpresa que o acórdão, relatado por um dos mais esclarecidos colaboradores do vigente Cód. Penal, se tivesse deixado influir na conceituação da legítima defesa, por critério que ficou com o revogado Código de 1890. Atualmente, não se inclui entre os requisitos

compreendendo todo e qualquer bem ou interesse juridicamente assegurado, seja ou não, inerente à pessoa (vida, integridade corpórea, honra, pudor, liberdade pessoal, tranquilidade domiciliar, patrimônio, segredo epistolar, pátrio poder etc.). Também aqui, não se selecionam tais ou quais direitos, com exclusão de outros: o mais humilde dos direitos não pode ficar à mercê de injusto ataque. Todo direito é inviolável e nenhum, portanto, pode ser excluído da área da legítima defesa. Seria ilógica a solução em contrário. Como assinalava FERRI, "não há direitos mais ou menos *respeitáveis*, e, assim, seja qual for o direito, pessoal ou patrimonial, qualquer indivíduo pode exercer legítima defesa para impedir sua violação". Não é necessário que o direito ameaçado seja *penalmente* protegido: basta que seja assegurado em geral pelo direito (e ainda não seja *judicialmente* reclamável).

O direito de defender tanto pode ser do próprio defensor, quanto de terceiro. Como o "estado de necessidade", a legítima defesa foi *socializada*. A defesa privada é uma colaboração prestada à defesa pública e, como tal, não

---

da legítima defesa a "ausência de provocação que ocasionasse a agressão". Já escrevemos alhures: "a provocação do agredido não elimina, perante o Código atual, a injustiça da agressão, posto que não constitua, em si mesma, uma real agressão. A desproteção do *autor rixoe* é uma velharia do direito romano. Não é compreensível que a provocação, que jamais passou de atenuante, ou, quando muito, de uma causa de facultativo perdão judicial em casos excepcionais, tenha, na disciplina da legítima defesa, a virtude de elidir até mesmo o crime do provocado". No mesmo sentido, GALDINO SIQUEIRA (*Tratado de Direito Penal*, vol. I, pp. 324-325). Assim, mesmo admitindo-se que a provocação tenha partido do apelante, não estaria excluída, por isso, a sua faculdade de reagir pela força em face da agressão do provocado. A verdade, porém, é que a provocação partiu do grupo adverso ao apelante, com o debique e a agressão contra Zózimo. Não houve, por parte do apelante, imprudência alguma. Pouco importa que o local fosse uma sala onde, no momento, havia outras pessoas estranhas ao tumulto: a situação de defesa em que se achava o apelante autorizava-o a agir como agiu e o desvio do projétil, em consequência do ricochete, foi acidente inteiramente casual. Não restava ao apelante outra alternativa, dentro da moderação indispensável à legítima defesa, senão a de procurar intimidar o adversário, sacando da arma de que dispunha e disparando para o chão. Era um gesto reclamado pela *necessidade* de uma reação imediata. O apelante praticou ato lícito, e não estava obrigado a abster-se dele, *ainda mesmo que tivesse podido prever a eventualidade do ricochete do tiro, com prejuízo de terceiro*. Em suma: só mesmo fazendo *tabula rasa* da prova dos autos e de preceitos legais se pode deixar de reconhecer a legítima defesa em favor do apelante".

A vesga paixão política acusou esse voto de *parcialismo bajulador*, mas é preciso notar que ele foi proferido em 6 de julho de 1949, isto é, quanto o pranteado Getúlio Vargas, irmão do acusado, se achava no *ostracismo* de Itu, e *ninguém poderia imaginar sua volta ao poder*. Ainda mais: em maio de 1951, as Câmaras Reunidas do Tribunal de Justiça do Distrito Federal (por sete votos contra dois) deferiram a revisão pedida por Benjamin Vargas, adotando meu ponto de vista.

podia deixar de ser ampliada à tutela de direito de terceiros. O socorro ao próximo, antes de ser preconizado pela moral jurídica, é um mandamento evangélico. Afirmava justamente CARRARA[33] que "legitimando a defesa própria e não a de outrem, santificar-se-ia o egoísmo e se proscreveria a caridade".

97. Emprego moderado dos meios necessários à defesa. Finalmente, é requisito da legítima defesa a *moderação* no emprego dos meios *necessários* à debelação do perigo – o que vale dizer: a razoável proporção, apreciada *in concreto*, de modo relativo, entre o *modus* da reação e a gravidade do perigo resultante da agressão. Devem ter-se em conta, primacialmente, os *meios* de reação que o agredido tinha à sua disposição ou escolha e o meio de que lançou mão.

Em seguida, cumpre indagar se o meio foi empregado com o *possível* comedimento, atendidas as circunstâncias em que se encontrou o defensor. É bem de ver que, se o meio empregado era o único de que, no momento, dispunha o agredido, não fica excluída a moderação ou proporção da defesa, ainda que tal meio não pudesse deixar de infligir uma lesão mais grave do que a que poderia resultar da agressão impedida. Eis a lição de MANZINI:[34] "Para medir a adequação ou demasia da defesa, não se deve fazer o confronto entre o mal sofrido e o mal causado pela reação, que pode ser sensivelmente superior ao primeiro, sem que por isso fique excluída a justificativa. O confronto deve ser feito entre os meios defensivos que o agredido tinha à sua disposição e os meios empregados. Se estes eram os únicos que *in concreto* tornavam possível a repulsa da violência de outrem, não haverá excesso, por maior que seja o mal sofrido pelo agressor". No mesmo sentido, ALTAVILLA:[35] "Se o agredido não pode dispor senão de um meio desproporcionado, não existirá excesso, desde que o seu uso era indispensável à defesa", e DE MARSICO:[36] "[...] sussiste proproporzione anche in rapporto a mezzi per sè stessi non proporzionati, secondo che si abbia o no disponibilità di mezzi diversi".

A apreciação deve ser feita objetivamente, mas sempre, de caso em caso, segundo um *critério de relatividade* ou um *cálculo aproximativo*. Não se trata de *pesagem* em *balança de farmácia*, mas de uma aferição ajustada às condições de fato do caso vertente. Não se pode exigir uma perfeita equação entre o *quantum* da reação e a intensidade da agressão, desde que o *necessário*

---

33   *Programma*, p.g., I, § 300.
34   *Trattato*, II, p. 311.
35   *Il nuovo digesto italiano*, verb. *Defesa legittima*.
36   *Diritto penale*, p. 176.

meio empregado tinha de acarretar, por si mesmo, inevitavelmente, o rompimento da dita equação. Um meio que, *prima facie*, pode parecer excessivo, não será tal se as circunstâncias demonstrarem sua necessidade *in concreto*. Assim, quando um indivíduo franzino se defende com arma de fogo contra um agressor desarmado, mas de grande robustez física, não fica elidida a legítima defesa.

    Consoante a justa advertência de PENSO,[37] "quando há dúvida sobre se o cálculo teria podido ser feito com menor imprecisão, tal dúvida será resolvida em favor de quem reage e sempre contra o agressor, que, com sua conduta ilegítima, deu causa à ação defensiva". Cumpre, entretanto, que não se perca o ponto de vista objetivo, pois nunca é demais repetir que a legítima defesa está subordinada ao *objetivismo* de seus pressupostos. O critério *subjetivo* somente diz com a apreciação do anormal *excesso de defesa*, para reconhecer-se, não que este tenha gravitado na própria órbita da legítima defesa, mas se pode ficar impune por ausência de culpabilidade. Desde que havia possibilidade de recurso a meio menos desproporcionado, ou de menor lesividade no emprego do meio disponível, há *excesso*, está-se fora do campo da legítima defesa, embora o agente possa ficar isento de pena por ausência de dolo e de culpa (v. n. 98). O juízo de proporção não deve ficar adstrito ao cotejo entre o mal causado pela reação e o que poderia ter sido causado pela agressão, mas, sim, à *necessidade* e ao possível *comedimento* do emprego do meio defensivo. Por mínimo que seja o mal ameaçado ou por mais modesto que seja o direito defendido, não há desconhecer a legítima defesa, se a maior gravidade da reação derivou da indisponibilidade de outro meio menos prejudicial, e posto que não tenha havido imoderação no seu emprego. Sustenta a doutrina alemã que *qualquer* bem jurídico pode ser defendido mesmo com a morte do agressor, se não há outro remédio para salvá-lo O sentimentalismo latino, porém, acoima de *brutal* esse ponto de vista, e reclama que a proporcionalidade da defesa deve ser condicionada, não apenas à gravidade da agressão, mas também à relevância do bem ou interesse que se defende. Dentro da lógica, entretanto, a primeira solução é que é exata. Ou se reconhece que os bens de pouca relevância não são tuteláveis pela defesa privada, e *tollitur quoestio*; ou se admite (como faz o direito positivo) que todo bem, por ínfimo que seja, merece essa tutela, e a conclusão não pode ser outra senão esta: a legítima defesa do mais humilde dos bens pode ir *usque ad necem*, desde que o evento letal tinha de resultar necessariamente do único meio disponível. Argumenta-se, em apoio da tese contrária, que seria pactuar com o crime o reconhecer-se a legítima defesa, por exemplo, no caso do proprietário que mata com um tiro de espin-

---

[37] Ob. cit., p. 117.

garda o vagabundo que lhe invade o pomar para subtrair frutas. Ora, em tal caso jamais se poderia identificar a legítima defesa, porque, segundo *id quod plerumque accidit*, bastaria a simples *ameaça* da arma empunhada, para que, afugentado o invasor, fosse impedido o furto. O disparo do tiro foi um meio *desnecessário* (posto que a vítima não tenha oposto resistência). Eis a escorreita lição de MEZGER:[38] "Não é exigida uma absoluta *paridade* entre ataque e defesa: em caso de necessidade, pode o agredido recorrer ao emprego dos meios mais graves, *v.g.*, a morte do agressor, para defender-se contra o ataque dirigido ao seu interesse juridicamente tutelado, ainda quando este último seja, por exemplo, um simples interesse patrimonial. Em tais hipóteses, o que é imprescindível é que o agredido não tenha à sua disposição um meio menos grave de repelir o ataque. O Direito não tem que ceder o passo à injustiça. Nos casos em que é legítima a inflição do mal, é obviamente permitida a simples *ameaça* de causá-lo, seja por palavras, seja por atos, *v.g.*, o disparo feito para o ar, com o fim de intimidar. Se a ameaça é suficiente, o agredido está obrigado a preferi-la".

A defesa com meio desnecessariamente desproporcionado, ou com imoderação no emprego do meio disponível, torna-se violência *injusta* e coloca o agressor, por sua vez, em situação de legítima defesa (ressalvada sua punição pela violência anterior).

98. Excesso culposo. Como já dissemos acima, só há falar-se em *excesso de legítima defesa* quando o agredido podia ter escolhido um meio menos prejudicial ou usou imoderadamente do meio a que teve de recorrer. Em qualquer desses casos, o *plus* da reação é uma *anormalidade*, e sai-se da órbita da legítima defesa. Se o excesso provém de que o agredido não podia dispor, *in concreto*, senão do meio que empregou, e este não podia ter senão a consequência que teve, não é reconhecível o excesso, ou seja, não fica excluída a legítima defesa. Só se apresenta o excesso quando se verifica pelas circunstâncias que houve *evitável* exorbitância no *modus* da reação. E cumpre, então, distinguir: *a)* o agredido excedeu-se conscientemente, isto é, escolheu *ex professo* o meio desproporcionado (preferindo este a outro menos prejudicial, de que podia dispor) e quis o *plus* da reação, agindo por ódio ou espírito de vingança (e não mais *defensionis causa*); ou *b)* não quis o excesso, tendo este resultado de um erro de cálculo quanto à gravidade do perigo ou quanto ao *modus* da reação. Na primeira hipótese, o resultado é imputado a título de crime doloso (pouco importando o estado inicial de legítima defesa), e o mais que se poderá reconhecer em favor do agredido é a atenuante da *provocação* (art. 47, V,

---

38 *Tratado de derecho penal* (trad. esp. de MUÑOZ), I, p. 385.

c, in fine). Na segunda hipótese, tem-se ainda de distinguir se o erro foi, ou não, escusável. Se escusável, o defensor ficará isento de pena por ausência de culpabilidade (n. 86); se inescusável (isto é, derivado de desatenção, imponderação, demasiada precipitação), dar-se-á o *excesso culposo*, de que cogita o parág. único do art. 21: "O agente que excede culposamente os limites da legítima defesa, responde pelo fato, se este é punível como crime culposo".

O Código só admite, como injusto punível, o *excesso nos meios (excesso intensivo)*, não cogitando do *excesso na causa* (inferioridade do valor do bem ou interesse defendido, em confronto com o atingido pela repulsa).

Para identificação do excesso culposo devem ser apreciadas, no seu conjunto, as circunstâncias *objetivas* e *subjetivas* do caso concreto. Não se pode adotar o ponto de vista apriorístico e simplista de Nicolini:[39] "Atacado, e ameaçado de perto, defendo-me, e estava inteiramente dentro da minha esfera de direito. Mas defendo-me como posso. Suceda, portanto, o que tiver de suceder. Não me demoro a examinar a igualdade ou desequilíbrio dos meios, as circunstâncias da ação, nem a intenção ou estado de ânimo do agressor". Nem irrestritamente pode ser aceito o raciocínio de Marciano:[40] "Quem é atacado e agredido, dificilmente está em condições de calcular, com a balancinha do ourives, quando e como começa o delito de excesso. Se alguém alça a bengala para golpear-me, não poderei, em face da inopinada e enfurecida agressão, avaliar as dimensões e o alcance do meio ofensivo manejado contra mim, nem a medida do propósito do agressor. Serei apenas espancado, sofrendo uma contusão, ou serei gravemente ferido, com eventual perigo de vida? Como se poderia pretender a dosimetria da reação, se não se está em condições, ordinariamente, de aquilatar da entidade da ofensa a que se está exposto?" Em muitos casos, a situação será como a descrevem os citados autores italianos; mas daí a ser o que *sempre* ou *ordinariamente* acontece vai grande distância. Nem o direito positivo poderia conformar-se com a incontrolada *instintividade* da defesa privada, a não ser que viesse a consagrar, na espécie, o que alguém já chamou a "moral do assassino". Não há dúvida, porém, que os conceitos acima transcritos devem servir de advertência, no sentido da *relatividade* com que deve ser apreciada, de caso em caso, a anormalidade do excesso. Binding[41] justamente entendia que só se deve exculpar o excesso "quando o agredido, ao calcular o perigo, não contrastou o tipo do homem criterioso" (*"als der Angegriffene bei Schätzung der Gefahr den über-*

---

39 *Questioni di diritto*, 1869.
40 *Il nuovo codice penale*, p. 82.
41 *Handbuch des strafrechts*, I, p. 751.

legten Mann nicht verleugnet hat"). Já dissemos, e nunca é demais repetir, que o *critério subjetivo* não é utilizável para o reconhecimento da legítima defesa autêntica; mas não pode deixar de ser adotado para o efeito do *relativismo* com que, ocorrendo efetivamente uma agressão (atual ou iminente), se deve apreciar o "erro de cálculo" no tocante à gravidade do perigo, ou ao *modus* da reação, ou, por outras palavras: para se averiguar se o *excessus defensionis* é doloso, culposo, ou isento de qualquer culpabilidade.[42]

Costuma-se chamar *legítima defesa subjetiva* ao excesso por erro escusável, reconhecendo-se que o fato não deixa de conter-se na órbita da legítima defesa. Não é isto, porém, admissível, pelo menos no rigor técnico-jurídico. Só há legítima defesa quando ocorrem os seus pressupostos *objetivos*. O *excesso*, ainda que por erro invencível, não pode ser jamais *legítima defesa*: a isenção de pena decorrerá, não por elisão da injuricidade do fato, mas por exclusão da culpabilidade do agente.

Não se confunde o involuntário *excessus defensionis* (legítima defesa excessiva) com a *legítima defesa putativa*. Um e outra estão fora do campo da verdadeira legítima defesa, incidindo no setor do *erro de fato*; mas, enquanto no excesso há uma situação inicial de legítima defesa, isto é, uma efetiva agressão atual ou iminente, na legítima defesa putativa, ao contrário, não preexiste, como realidade, qualquer agressão (sendo esta imaginária, erroneamente suposta). O excesso não é mais do que uma defesa que, originariamente *legítima*, ultrapassa, a seguir, a medida de sua necessidade. Na legítima defesa putativa, não há *defesa* contra um *periculum proesens*, senão na fantasia do agente. No excesso, há um real *agredido* em face de um efetivo *agressor*: ao passo que na legítima defesa putativa o *suposto* agredido é o único agressor. No excesso, reconhece-se que era necessária uma *defesa*, embora não a defesa realmente exercida; na legítima defesa putativa, a desnecessidade de qualquer defesa se apresenta *ab initio*. No excesso, quando culposo, o agente quis o evento *proporcionado*, e não o *excessivo* (resultando este de sua indesculpável precipitação); na legítima defesa putativa não isenta de pena a título de culpa, o agente quis o evento tal como ocorreu, mas supondo-o (também por inescusável desatenção no apreciar a realidade) *legítima*, isto é, como se estivesse a produzi-lo em situação de legítima defesa.

---

42 No questionário ao Tribunal do Júri, o quesito sobre o excesso deve ser desdobrado, de modo que os jurados possam, sem qualquer ambiguidade, decidir sobre a existência ou ausência de dolo ou culpa: "O réu, ao exceder os limites da legítima defesa, agiu dolosamente?"; "O réu, ao exceder etc., agiu culposamente?" Se é formulado tão somente o quesito sobre a *culpa*, e vem a ser negado, fica-se na incerteza se o réu agiu dolosamente ou com ausência de qualquer culpabilidade.

99. Inadmissibilidade da legítima defesa recíproca. Por confundir-se a legítima defesa putativa com a autêntica legítima defesa é que surgiu em doutrina, por iniciativa de FERRI, a afirmação paradoxal da possibilidade de *legítima defesa recíproca*. É um contrassenso dizer-se que dois indivíduos possam estar, um em face do outro, simultaneamente, em situação de legítima defesa. No exemplo figurado por ALTAVILLA, do indivíduo que atira em outro, tomando-o falsamente por um malfeitor à sua espera, e vem a receber, em repulsa, um golpe desse outro, não há legítima defesa recíproca, por isso que o primeiro agressor não se encontrava em legítima defesa, senão na sua *galopante* imaginação. Vejamos agora o exemplo figurado por PENSO,[43] como de legítima defesa recíproca: dois indivíduos, separados por amigos durante uma altercação, afastam-se, embora trocando graves ameaças; algum tempo depois, de novo se encontram temendo-se mutuamente, em razão das ameaças recentemente proferidas, contemporaneamente lançam mão das armas e se ferem reciprocamente. Ora, aqui, não há legítima defesa de nenhum dos adversários, porque, objetivamente, não havia, de parte a parte, perigo algum a debelar: o simples *temor* de perigo iminente, sem correspondência com a realidade, não legitima a defesa. O que se poderia reconhecer, em tal caso, *ab utraque parte*, é a *legítima defesa putativa*. Para decidir-se de outro modo, seria preciso identificar-se uma causa excludente de culpabilidade (erro de fato) com uma causa excludente de crime (legítima defesa).

O que é perfeitamente admissível é uma *sucessiva* situação de legítima defesa por parte do agressor inicial, se o primeiro agredido se excede na reação, pois o excesso de defesa importa, por sua vez, uma agressão injusta. Pode também acontecer que, no caso de dois adversários que mutuamente se feriram, haja dúvida sobre qual deles tenha precedido ao outro na agressão: em tal caso, será compreensível que se absolvam um e outro, como se ambos tivessem agido em legítima defesa: mas isto por injunção decorrente de irredutível deficiência de prova *in concreto*, e não pelo reconhecimento de *reciprocidade* de legítima defesa.

100. Cumprimento de dever legal e exercício de direito. Já acentuamos, mais de uma vez, que o Direito é um complexo harmônico de normas, não sendo admissível um *real* conflito entre estas. Assim, se uma norma penal incrimina tal ou qual fato, que, entretanto, em determinados casos, outra norma jurídica, penal ou extrapenal, *permite* ou *impõe*, não há reconhecer, em tais casos, a existência de crime. Esta ilação é inquestionável ainda

---

43 Ob. cit., p. 224.

quando a norma de excepcional licitude seja de Direito Privado. Entrosa-se este, como elemento sinérgico, na ordem jurídico social. Nenhum *direito subjetivo individual*, ainda que de caráter *privatístico*, pode gravitar fora da órbita do interesse social. Se o Direito Civil, por exemplo, disciplinando esta ou aquela *facultas agendi*, autoriza, para assegurar-lhe o pleno exercício, a prática de um fato que, em outras condições, constituiria crime, tem-se de entender que assim dispõe, não apenas por amor ao direito individual em si, mas também no interesse da ordem jurídica em geral. Tal dispositivo, portanto, não pode deixar de repercutir sobre o Direito Penal. A explícita ressalva, como princípio genérico do Direito Penal, no sentido de que um fato definido *in abstracto* como crime passa a ser lícito quando represente o exercício de um direito ou o cumprimento de um dever legal, pode parecer uma superfluidade; mas, não é assim. Sobre dirimir quaisquer dúvidas que acaso pudessem ser suscitadas, significa, como diz Logoz,[44] uma advertência ao juiz, para que tenha em conta *todas* as regras de direito, mesmo extrapenais, que, no caso vertente, podem ter por efeito a excepcional legitimidade do fato incriminado. E ainda mais se justifica essa ressalva expressa quando sua fórmula sirva também para frisar que a licitude excepcional do fato está rigorosamente condicionada aos limites traçados ao exercício do *direito* ou ao cumprimento do *dever legal*. É o que faz o nosso Código, que, no art. 19, n. III, somente reconhece a inexistência de crime quando o agente pratica o fato "em *estrito* cumprimento de dever legal ou no exercício *regular* de direito".

Já o Direito romano proclamava, de modo genérico, que *juris executio non habet injuriam* e que *nullus videtur dolo facere, que jure suo utitur*. Outro não era o critério do Direito canônico, embora sem fixar uma regra geral: reconhecia, ao resolver determinados casos, que não cometia crime aquele que exerça o próprio direito ou o dever imposto pela lei (como no caso do carrasco: *cum homo juste occidetur, lex eum occidit, non tu*). E no mesmo sentido decidia o Direito estatutário, notadamente quanto ao homicídio do *bannitus* (colocado fora da lei), ao exercício do *jus domesticum* e do *jus corrigendi (emendatio propinquorum)*. Na atualidade, os Códigos Penais mais recentes consagram o princípio de modo explícito e genérico.

Como já observamos, a norma *permissiva* ou *impositiva* pode ser outra norma penal ou uma norma extrapenal (de Direito Civil, Comercial, Industrial, Judiciário Civil ou Penal, Público, Administrativo). Assim, a própria lei penal declara ilícitos, *in exemplis*: o aborto nos casos do art. 128, n. II (no caso do n. I, trata-se de "estado de necessidade"); a coação para evitar

---

44 *Commentaires du code pénal suisse*, fasc. II, p. 126.

suicídio ou realizar intervenção médica ou cirúrgica, em caso de perigo de vida do paciente (art. 146, § 3º); a violação de domicílio nos casos do art. 150; a violação do segredo profissional no caso do art. 269; o emprego da *vis modica* como meio de correção ou disciplina (art. 136, interpretado *a contrario sensu*).

E agora exemplos de excepcional licitude decorrente, explícita ou implicitamente, de lei extrapenal ou diversa da lei penal comum: a do ingresso em prédio alheio no caso do art. 384 do Cód. Civil ou para o fim de profilaxia sanitária, de acordo com o Regulamento da Saúde Pública; a da eliminação do inimigo no campo de batalha ou a do fuzilamento executado em cumprimento da pena de morte (nos casos previstos pela legislação militar); a da detenção de pessoa encontrada em flagrante delito (que constitui *dever* em relação ao *policial* e *direito* em relação a *quidam de populo*); a da violência esportiva; a da lesão corporal decorrente de operação cirúrgica (ainda que não seja para evitar perigo de vida, mas consciente o enfermo), nos casos aconselhados pela arte médica (cujo exercício é autorizado pelo Estado); a de qualquer fato que, embora correspondente a um tipo de crime, seja inerente ao exercício normal de uma profissão legalmente consentida (exemplo: extração de sangue humano para transfusão, realizada pelo médico ou enfermeiro habilitado). No caso da *violência esportiva*, cumpre notar que sua legitimidade se limita aos *golpes permitidos* e as consequências que daí normalmente resultam.[45] É claro que a lei não pode reconhecer a qualquer dos contendores, na prática do esporte violento, o *direito de matar ou lesar gravemente* o adversário. A violência esportiva é autorizada *pro virtute*, e não para que os participantes possam eliminar-se ou estropiar-se reciprocamente. Se, embora guardada a técnica do esporte, *anormalmente* resulta um evento letal ou um ferimento grave, o agente ficará isento de pena por ausência de culpabilidade (devendo identificar-se um *caso fortuito*), e não porque o fato deixe de ser objetivamente antijurídico. Idêntica ponderação é de se fazer no tocante à operação cirúrgica, quando desta, embora preconizada pela ciência e executada proficientemente, resulta a prematura morte do paciente. Também aqui a imunidade penal não decorre da legitimidade objetiva do resultado letal, mas porque esse se apresenta com uma *infelicitas fati*, não podendo ser imputado a título de dolo ou culpa.[46]

Para que o exercício de direito ou cumprimento de dever legal (dever oriundo diretamente de *ordem da lei*) descriminem o fato, é necessário que

---

[45] No Distrito Federal, o Decreto Municipal n. 4.906, de 27 de julho de 1934, regulamentou o *box*, o *jiu-jitsu* e a *luta livre (catch-as-catch-can)*, dispondo sobre os *golpes proibidos*. V. vol. V. destes *Comentários*, n. 22.

[46] Veja-se vol. V destes *Comentários*, n. 23.

obedeçam, rigorosamente, às condições objetivas a que estão subordinados. Todo direito, como todo dever, é limitado ou regulado na sua execução. Fora dos limites traçados na lei, o que se apresenta é o *abuso de direito* ou o *excesso de poder*: o fato torna-se ilícito e ao invés da *obrigação* ou *obediência* por parte de outrem, compete a este a faculdade legal de defesa privada (legítima defesa). A noção do *abuso de direito* em matéria penal não coincide com a noção do *abuso de direito* em matéria civil. Na interpretação do art. 160, n. I, 2ª parte, do Código Civil ("Não constituem atos ilícitos os praticados[...] no exercício regular de um direito reconhecido"), postula-se que o abuso de direito (uso irregular de direito) pode ser reconhecido mesmo no caso em que, embora não ultrapassados os limites objetivos, seja o direito exercido sem utilidade alguma para o seu titular e com o fim exclusivo de prejudicar outrem (*atos emulativos*).[47] O Direito Penal, entretanto, para reconhecer o abuso de direito negando a descriminante (causa *objetiva* de exclusão de crime), não vai até a indagação dos *motivos* do agente, limitando-se a critério puramente objetivo. Desde que o exercício do direito se mantém dentro de seus limites *objetivos*, o agente *extra reatum est*, embora o fato, do ponto de vista subjetivo, possa constituir um *ilícito civil*.

Se o excesso no exercício do direito ou no cumprimento do dever não foi *querido*, tendo resultado de erro de fato, aplica-se a regra do art. 17 e seu parág. único. Se o agente, também por erro de fato, supõe que lhe assiste o direito ou lhe cabe o dever, dá-se a hipótese de *descriminantes putativas*, igualmente regulada pelos citados artigos e seu parágrafo.

No caso de *resistência agressiva* por parte de quem está adstrito a sofrer ou tolerar o exercício do direito, o titular deste pode reagir em legítima defesa. Fora de tal caso, porém, se é oposto algum obstáculo material, que não possa ser removido sem ofensa a direito mais relevante do que o que se pretende exercer (pois que, já então, vigora o critério de *ponderação* dos bens ou interesses em conflito), o titular do direito deve recorrer à autoridade pública. Se se trata de direito *litigioso* ou *contestado*, não pode ser exercido senão mediante intervenção da autoridade judiciária, pois, do contrário, incorrerá o agente no crime de "exercício arbitrário das próprias razões" (art. 345). No caso de cumprimento de dever (que pressupõe no executor um funcionário ou agente do Estado, agindo por ordem da lei, a que deve estrita obediência) o rompimento da oposição pela violência, ainda que esta não constitua legítima defesa, pode ser praticado pelo executor *ex próprio Marte* (posto que atendidas as formalidades legais e não haja excesso no *modus*).

---

47   Cons. Batista Martins, *O abuso do direito e o ato lícito*, 1935.

Título III
DA RESPONSABILIDADE

IRRESPONSÁVEIS

Art. 22. *É isento de pena o agente que, por doença mental ou desenvolvimento mental incompleto ou retardado, era, ao tempo da ação ou da omissão, inteiramente incapaz de entender o caráter criminoso do fato ou de determinar-se de acordo com esse entendimento.*

REDUÇÃO FACULTATIVA DE PENA

Parágrafo único. *A pena pode ser reduzida de um a dois terços, se o agente, em virtude de perturbação da saúde mental ou por desenvolvimento mental incompleto ou retardado, não possuía, ao tempo da ação ou da omissão, a plena capacidade de entender o caráter criminoso do fato ou de determinar-se de acordo com esse entendimento.*

MENORES DE 18 ANOS

Art. 23. *Os menores de dezoito anos são penalmente irresponsáveis, ficando sujeitos às normas estabelecidas na legislação especial.*

EMOÇÃO E PAIXÃO. EMBRIAGUEZ

Art. 24. *Não excluem a responsabilidade penal:*

I – a emoção ou a paixão;

II – a embriaguez, voluntária ou culposa, pelo álcool ou substância de efeitos análogos.

§ 1º É isento de pena o agente que, por embriaguez completa, proveniente de caso fortuito ou força maior, era, ao tempo da ação ou da omissão, inteiramente incapaz de entender o caráter criminoso do fato ou de determinar-se de acordo com esse entendimento.

§ 2º A pena pode ser reduzida de um a dois terços, se o agente, por embriaguez, proveniente de caso fortuito ou força maior, não possuía, ao tempo da ação ou da omissão, a plena capacidade de entender o caráter criminoso do fato ou de determinar-se de acordo com esse entendimento.

DIREITO COMPARADO. *Códigos:* italiano, arts. 85 a 98; suíço, arts. 10 a 14; português, arts. 26, 41 a 43, 47, 48, 50 e 52; norueguês, §§ 44 a 46; francês, arts. 64, 66 e 67 a 69; holandês, arts. 37 a 39; alemão, §§ 51 e 58; húngaro, §§ 76, 83 a 88; polonês, arts. 17 e 18; dinamarquês, arts. 16 a 18; soviético, arts. 11 e 12; espanhol, art. 8º, n. 1 a 3; mexicano, art. 15, II; guatemalense, art. 21, n. 1 a 3; hondurense, art. 7º, n. 1 a 4; nicaraguense, art. 21, n. 1 a 3; cubano, art. 35, letras A a G; costa-riquense, arts. 25 e 29, 4º; colombiano, arts. 29 e 30; venezuelano, arts. 62 a 64 e 69 a 72; salvatoriano, art. 8º, n. 1 a 3; panamenho, arts. 18, 1 a 3, e 19; boliviano, art. 13, n. 1, 2 e 7; equatoriano, arts. 32, 34, 35 e 37 a 44; haitiano, arts. 48, 50 52; chileno, arts. 10, 1 a 3; paraguaio, arts. 18, 1 a 3, e 19; peruano, 85, 1, e 91 a 94; argentino, arts. 34, 1, e 36 a 39; uruguaio, arts. 30 a 35.

BILIOGRAFIA (especial). SETTI (A.), *Dell'imputabilità*, 1892; MONTALBANO (G.), *Il fondamento dell'imputabilità*, 1933; GRASSET (J.), *La responsabilité des criminels*, 1908; *Demi-fous et demi-responsables*, 1906; *La biologie humaine*, 1917; SCARANO (L.), *Libera volontà e libero arbitrio nel diritto penale*, 1937; RANIERI (S.), *Colpevolezza e personalità del reo*, 1933; VERGER (H.), *Evolución del concepto médico sobre la responsabilidad de los delincuentes*, trad. esp. de VIDAL Y MORA, 1922; SIQUEIRA (J. P.), *A imputabilidade e responsabilidade criminais*, 1938; ALIMENA (B.), *I limiti e i modificatori dell'imputabilità*, 1894-1899; FAUCONNET (P.), *La responsabilité*, 1928; GRETENER (X.), *Die zurechnungsfähigkeit als gesetzgebungsfrage (A imputabilidade como problema legislativo)*, 1897, OTTOLENGHI-DE SANCTIS, *Trattato di psichiatria forense*, 1915; WEYGANDT, *Psiquiatria forense*, trad. esp., 1940; FRANCO DA ROCHA, *Psiquiatria forense*, 1904; KRAFT EBING, *Psicopatologia forense*, trad. ital., 1897; REGIS (E.), *Psychiatrie*, 1914; SCHNEIDER (K.), *Psychiatrische vorlesung (Prelecão psiquiátrica)*, 1939; *Pathopsychologie der gefühle und triebe (Psicopatologia do sentimento e do instinto)*, 1935; KRÄPELIN-LANGE, *Psychiatrie*, 1927; HOCHE, *Handbuch der gerichtlichen psychiatrie (Manual de psiquiatria forense)*, 1909; DELBRUCK, *Gerichtlich psychopathologie (Psicopatologia forense)*, 1897; BIRNBAUM (K), *Kriminal psychopathologie*, 1931; *Die psychopathischen verbrechen (Os criminosos psicopatas)*, 1914; MITTERMAIER (W.), Zurechnungfahigkeit. In: *Handwöterbuch der Rechtswissenschaft*, de SOMLO-ELSTER; SALDAÑA (Q.), *La psiquiatria y el código*, 1925; DE SANCTIS, Psichiatria e criminologia. In: *La Scuola Positiva*, 1921; *Deboli di mente e criminali*, idem, 1915; SAPORITO, *Epilessia e delitto*, idem, 1918; TANZI-LUGARO, *Trattato delle malattie mentali*, 1923; LATTES, *La pericolosità criminale del punto di vista medico-legale*, 1921; LOPEZ-REY (M.), *Qué es ed* *delito?*, 1947; *Introducción al estudio de la criminologia*, 1945; MEZGER, *Die bedeutung der biologischen persönlichkeitstypen für die strafpflege* (*A significacão dos tipos biológicos de personalidade em matéria penal*). In: *Bulletin* de l'U. I. D. P., 1928; *Kriminalpolitik auf kriminalogischer grundlage* (*Política criminal sobre fundamentos criminológicos*), 1934; D'ACCARDO, *La responsabilità presunta in rapporto alla responsabilità penale*. In: *Annali di dir. e Proc. Penale*, 1932; BLEULER (E.), *Lehrbuch der psychiatrie*, 1930; WERNICKE, *Grundriss der psychiatrie* (*Lineamentos de psiquiatria*), 1906; BUMKE (O.). *Gerichtliche psychiatnie* (*Psiquiatria forense*). In: *Handbuch der psychiatrie* de ASCHANFFENBURG, 1912; *Trattato di psichiatria*, trad. ital. de TIRELLI, 1929; CRAMER (A.), *Gerichtliche psychiatnie*, 1908; POLLITZ (Paul), *Zur psychologic des verbrecher*, 1916, e sua trad. em esp. por V. GUERRA, sob o título *Psicologia del delincuente*, 1933; ASCHANFFENBURG (G.), *Die sicherung der gesellschaft gegen gemeingefährliche geisteskranke* (*A segurança social contra os doentes mentais geralmente perigosos*), 1912; *Die verminderte zurechnungsfähigkeit*, 1899; *Die unterbringung geisteskranker* (*O tratamento dos doentes mentais*), 1900; VAN CALKER (F.), Die strafrechtlich behandlung der geistig minderwertigen (*O tratamento penal dos inferiorizados psíquicos*). In: *Deutsche juristen zeitung*, 1904; WILMANNS (K.), *Die sogennante verminderte zurechnungsfähigkeit* (*A chamada imputabilidade diminuída*), 1927; GOTTSCHALK (A.), Materialien zur lehre von der verminderten zurechnungsfähigkeit. In: *Bulletin da U. I. D. P.*, 1904; BINSWANGER-SIEMERLING, *Trattato di psichiatria*, trad. ital. de DALMA, 1927; KOSTYLEFF (N.), *Les substituts de l'âme dans la psychologie moderne*, 1906; GARCIA (J. A.), *Compêndio de psiquiatria*, 1942; *Psicopatologia forense*, 1945; *Psicanálise e psiquiatria*, 1947; BIANCHI (L.), *Trattato di psichiatria*, 1930; DUMAS (G.), *Psychologie*, 1924; FREUD (S.), *Psychopathologie de la vie quotidienne*, 1926; *Introduction à la psychanalyse*, 1926; *Cinq leçons sur la psychanalyse*, 1926; *Totem et tabou*, 1926; LUTZ (G.), A responsabilidade criminal no novo código penal. In: *Revista Forense*, vol. 88, pp. 34 e ss.; Bases psiquiátricas da criminologia. In: *Arquivos do Manicômio Judiciário*, VII, 1936; RUIZ MAYA, *Psiquiatria Penal y Civil*, 1931; HART (B.), The psychologie of insanity. *In: An outline of abnormal psychologie* de MURPHY, 1929; GODDARD-FEEBLE, *Mindness, its cause and consequences*, idem; MATA (Pedro), *Irresponsables*, ed. PUEYO, 1921; BERGSON, *L'evolution créatrice*, 36ª ed.; CARRILHO (H.), *Epilepsia emotiva*, 1930; Objetivos da perícia psiquiátrica. In: *Arquivos do Manicômio Judiciário*, 1932; *Psicogênese e determinação pericial da periculosidade*, 1947; MATOS (Júlio), *Psiquiatria*, 1911; EAST (Norwood), *Forensic psychiatry in criminal courts*, 1927; ASÚA (J.), *Psicoanálisis criminal*, 1940; LANGE (J.), *Crime and destiny*, trad. ing.

de DUMBAR, 1931; FERENCZI-RANK, *The development of psychoanalysis*, 1925; JANET (P.), *Les neuroses*, 1909; LÉVY-BRÜHL, *La mentalité primitive*, 1922; ADLER (A.), *The individual criminal and his cure*, 1930; EXNER (F.), *Biologia criminal*, trad. esp. de ROSAL., 1946; VON RHODEN, *Einführung in die kriminalbiologisch methodenlehre*, 1933; ANGIOLELLA (G.), *Manuale di antropologia criminale*, 2. ed., sem data; GORING, *Kriminalpsychologie*, 1932; KAHN (E.), *Psychopathic personalities*, 1931; KRETSCHMER, *Körperbau und Charakter* (Constituicão e caráter), 1931; *Psychologie médicale*, trad. franc., 1926; PACHECO E SILVA, *O problema da responsabilidade em face da psiquiatria*, 1942; RIBOT, *Les maladies de la personalité*, 1924; *La herencia psicologica*, trad. csp. de R. RUBIO, 1928; *Essais sur les passions*, 1926; *Logique des sentiments*, 1925; ROJAS (Nerio), *Psiquiatria forense*, 1932; RICHET, *Psychologie*, 1932; PEIXOTO (Afrânio), *Psicopatologia forense*, 1931; *Criminologia*, 1933; ABRAHAMSEN (D.), *Delito e psique*, trad. esp. de ORTIZ, 1946; PELLEGRINI (R.), *Trattato di medicina legale*, 1932; LOMBROSO, *L'uomo delinquente*, 1889; LOMBROSO-FERRERO, *La donna delinquente*, 1915; SERGI, *Las emociones*, trad. esp. de J. BESTEIRO, 1906; NÁGERA, *La asexualización de los psicópatas*, 1934; *Psicosis sintomáticas*, 1941; RUBINO (O. B.), *Mis cuadernos de medicina forense*, 1942; GEMELLI (Ag.), *Metodi, compiti e limiti della psicologia nello studio e nella prevensione della delinquenza*, 1938; *La personalità del delinquente nei suoi fondamenti biologici e psicologici*, 1946; *Le dottrine moderne della delinquenza*, 1920; VIDONI, *Valore e limiti dell'endocrinologia nello studio del delinquente*, 1923; CAMARGO (C.), *El psicoanalisis en la doctrina y en la prática judicial*, sem data; *La esencia del psicoanalisis*, 1932; TIRELLI, *Psicopatologia forense nella legislazione italiana*, ap. ao *Trattato di psichiatria* de BUMKE, 1927; MORSELLI, *Manuale di psichiatria*, 1924; *La psicanalisi*, 1926; MELLUSI (V.), *Quelli che amano e uccidono*, 1924; *Delinquenti dell'amore*, 1932; *La madre folle* (L'incosciente nella genesi del delitto), 1935; MANCI, *Il delitto passionale*, 1928; MIRA Y LÓPEZ, *Problemas psicologicos actuales*, 1940; *Psicologia jurídica*, 1932; *Psiquiatria*, 1932; JAMES (William), *Précis de psychologie*, trad. franc. de BAUDIN e BERTIER, 1927; MAGNAN, *De l'alcoolisme*, 1874; GAUPP (R.), *Die Dipsomanie*, 1931; FINKELNBURG, *Über vermindert Zurechnungsfähige*, 1902; FOERSTER (F. W.), *Schuld und sühne* (Culpa e castigo), 1911; RUISINGER (F.), *Die selbstverschuldete trunkenheit im deutschen strafrecht der gegenwart und zukunft* (A embriaguez culpada no direito penal alemão do presente e do futuro). In: *Strafrechtliche abhandlungen*, fasc. 263; ZIMMERMAN (R.), *Trunksucht und sogennante verminderte zurechnungsfähigkeit*, idem, fasc. 342; DONDINA (M.), *Le actiones liberae in causa e la loro sistemazione nel nuovo codice penale*. In:

La Scuola Positiva, 1931; Queiros (Narcélio), *Teoria da actio libera in causa*, 1936; Féré (Ch.), *La pathologie des emotions*, 1892; Schurig (B.), *Die strafrechtliche bedeutung der sog. verminderten zurechnungsfähigkeit (A significação jurídico-penal da chamada responsabilidade diminuída)*. In: *Strafrechtliche Abhandlungen*, fasc. 129; Cohen (Hans), *Strafrecht und psychanalyse*, idem, fasc. 261; Birkmeyer (K), *Schuld und gefährlichkeit in ihrer bedeutung für die strafbemessung (Culpa e periculosidade na medida da pena)*, 1914; Oxamendi (R. A.), *Criminologia*, 1938; Lüscher, *Die behandlung der verminderten zurechnungsfähigkeit*, 1922; Jung, *Lo inconciente*, trad. esp. de Sadra, 1927; Verwaeck, *Le traitement des delinquants*, 1914; Ruiz Funes, *Endocrinologia y criminalidad,* 1929; Binet, *La nature des emotions.* In: *Journal de Psychologie,* 1911; Canis, *Il meccanismo dell'emozione*, 1919; Carrara (Mário), *La base biologica della imputabilità parziale.* In: *Scritti in onore di E. Ferri*, 1929; Conti (Enzo), *Endocrinologia e criminalità.* In: *La Scuola Positiva*, 1927; Marañon, *La doctrina de las secreciones internas*, 1915; Pavlov, *Los reflejos condicionados*, trad. esp., 1929; Pende (N.), *Endocrinologia*, 1923; *La biotipologia umana, scienza della individualità i suoi fondamenti. Le sue applicazioni*, 1924; Gruhle, *Kriminalpsychologie. In: Handwörterbuch der kriminologie*, de Elster-Lingemann; Healy, *New light in delinquency and its treatment*, 1936; Lenz (Ad.), *Grundriss der Kriminalbiologie*, 1927; Kaufmann, *Die psychologie des verbrechens*, 1912; Endemann (F.), *Trunkenheit und trunksucht (Embriaguez e dipsomania).* In: *Handwörterbuch. der Rechtswissenschaft*, de Somlo-Elster; Di Tullio, *Manuale di antropologia e psicologia criminale*, 1931; *La costituzione delinquenziale nella etiologia e terapia del delitto*, 1929; Grebaut, *De l'alcoolisme dans ses rapports avec la criminalité*, 1900; Severiano Ribeiro (J.), *Criminosos passionais, criminosos emocionais*, 1940; Marfori, *Gli stupefacienti*, 1930; Amarante (J.), *Os criminosos intoxicados*, 1937; Bandeira De Melo (L. M.), *Responsabilidade penal*, 1941; Magalhães Drummond, *Estudos de psicologia, criminologia e direito penal*, 1938; Ribeiro (Leonídio), *O novo código penal e a medicina legal*, 1942; Genil-Perrin, *Psicanálise e criminologia*, trad. port. de L. Ribeiro, 1936; Alexandre-Staub, *O criminoso e seus juízes*, trad. port. de L. Ribeiro, 1934; Mingazzini (G), *Saggi di perizie psichiatriche ad uso dei medici e dei giurisconsulti*, 1908; Mac Iver (L. C.), *Breve curso de medicina legal*, 1942; Borri-Cevidalli-Leoncini, *Trattato di medicina legale*, 1922; Hoffmann, *Der taubstumme im der französische und im deutschen rechte (A surdimudez no direito francês e alemão)*, 1914; Basileu Garcia, *Causalidade material e psíquica.* In: *Revista Forense, fasc.* 469; Noé Azevedo, *Responsabilidade criminal.* In: *Anais do 1º Congresso Nacional do Ministério Público*, vol. 3º.

COMENTÁRIO

101. Responsabilidade penal. Afeiçoando-se a uma generalizada técnica legislativa, o nosso Código não dá uma definição *positiva* da *responsabilidade*, sob o ponto de vista jurídico-penal, limitando-se a declarar os casos em que esta se considera excluída. Por dedução *a contrário*, do texto legal, verifica-se que a responsabilidade pressupõe no agente, contemporaneamente à ação ou omissão,[1] a capacidade de entender o caráter criminoso do fato e a capacidade de determinar-se de acordo com esse entendimento. Pode, então, definir-se a responsabilidade como a existência dos pressupostos psíquicos pelos quais alguém é chamado a responder penalmente pelo crime que praticou. Segundo um critério tradicional, que o Código rejeitou, haveria que distinguir entre *responsabilidade* e *imputabilidade*, significando esta a capacidade de direito penal ou abstrata condição psíquica da punibilidade, enquanto aquela designaria a obrigação de responder penalmente *in concreto* ou de sofrer a pena por um fato determinado, pressuposta a imputabilidade. A distinção é bizantina e inútil. Responsabilidade e imputabilidade representam conceitos que de tal modo se entrosam, que são equivalentes, podendo, com idêntico sentido, ser consideradas *in abstracto* ou *in concreto*, *a priori* ou *a posteriori*. Na terminologia jurídica, ambos os vocábulos podem ser indiferentemente empregados, para exprimir tanto a capacidade penal *in genere*, quanto a obrigação de responder penalmente pelo fato concreto, pois uma e outra são aspectos da mesma noção.

Argumenta-se em favor da distinção que, em certos casos, embora existente o estado de imputabilidade, falha o vínculo da responsabilidade. É o que aconteceria, ao que se diz, na hipótese das *descriminantes*, na das causas excludentes de culpabilidade (erro de fato, coação, obediência devida) e nas das chamadas "escusas absolutórias". Ora, em tais hipóteses, o que falha é a *criminalidade* do fato, ou a *culpabilidade*, ou *punibilidade* do agente, não havendo razão ou utilidade alguma para falar-se em *ausência do vínculo de responsabilidade*, ao invés de (como o exige a melhor técnica) "inexistência de crime" ou "isenção de pena." Capacidade de direito penal e obrigação de responder penalmente vêm a ser uma e a mesma coisa, a que se deve dar o nome de *responsabilidade*, de preferência ao de *imputabilidade*, que ingressou no vocabulário jurídico-penal com um sentido diverso do que tem na linguagem comum. Lexicamente, *imputabilidade* refere-se mais à *ação* (ou *omissão*) do que ao *agente*. É a "qualidade do que é imputável", o *imputável* quer dizer

---

1 Cumpre advertir, entretanto, que essa *contemporaneidade* é dispensada nas chamadas *actiones liberae in causa* (v. n. 83).

que "pode ser imputado", "que pode ser atribuído a alguém ou levado à sua conta". Para quem se fia em dicionários, o dizer-se *imputável* uma pessoa é tão impróprio ou ininteligível quanto dizê-la *atribuível*. E o Direito, notadamente o Direito Penal, deve abster-se de palavras com acepção discrepante da que lhe *atribui* ou *imputa* a linguagem comum.

Em face do Código, a responsabilidade só deixa de existir quando *inteiramente* suprimidas no agente ao tempo da ação ou omissão, a capacidade de entendimento ético-jurídico ou a capacidade de adequada determinação da vontade ou de autogoverno.[2] Tal supressão, porém, está indeclinavelmente

---

2   O Código não repudiou o critério de assentar a responsabilidade penal na responsabilidade psíquica ou moral, que, por sua vez, assenta no pressuposto da vontade livre. Houve um tempo em que o libertismo da vontade humana foi colocado num mostruário de museu entre a vértebra de um megatério e uma múmia egípcia; mas foi buscá-lo, de novo, *a teoria do conhecimento*, a confirmar, uma vez mais, a doutrina dos *retrocessos*, de Vico. A ciência, a serviço da filosófica materialista, apregoara o causalismo universal, a que não podia forrar-se a psique humana, e negara, a pés juntos, a liberdade volitiva do *homo erectus et sapiens*. A demonstração, porém, firmava-se numa simples e sumária dedução generalizadora, e pôde Bergson, um dos maiores cérebros da era contemporânea, fazendo a intuição suprir o limitado alcance da inteligência, formular a sua interrogação: se o movimento molecular pode criar sensação com um nada de consciência, por que a consciência não pode criar, por sua vez, movimento, seja com um nada de energia cinética e potencial, seja utilizando essa energia a seu modo? Se o espírito é matéria e cada ato mental é uma resultante mecânica de estados mentais, por que a consciência? Por que não pode o mecanismo material do cérebro dispensar esse "epifenômeno", essa aparentemente inútil flama emitida pelo calor da comoção cerebral? E veio também William James para proclamar a improbabilidade da tese do determinismo psíquico. Tanto é profissão de fé afirmar o livre arbítrio quanto negá-lo. É evidentemente impossível, diz o filósofo do *pragmatismo*, afirmar *post factum* se o esforço da atenção que prestamos a uma ideia não podia ser maior ou menor do que foi. No campo da psicologia, pode dizer-se que é insolúvel a controvérsia entre livre-arbítrio e determinismo. Um e outro são hipóteses extraexperimentais. A ciência não pode penetrar na vida do espírito. Para resolver tal problema, seria preciso que se pudesse remontar aos antecedentes do esforço, determinar matematicamente seus coeficientes causais e provar dedutivamente, em virtude de leis de que não temos a mais longínqua suspeita, que esses antecedentes não comportavam senão uma só quantidade fixa de esforço, isto é, a que precisamente foi empregada. Ora, conclui James, o espírito humano jamais poderá atingir essas medidas de quantidade nervosa ou psíquica, ou chegar a essas deduções. Os modernos estudos da psicologia da vontade, entretanto, como observa Gemelli, embora relegando para o domínio da filosofia o problema do livre-arbítrio, conduzem, no terreno mesmo da experiência, ao reconhecimento do caráter originário da vontade, como expressão e manifestação da personalidade. À decisão da vontade precede um momento típico em que se dá a luta dos motivos. É este um dado científico ou de psicologia experimental: não há vontade sem que haja escolha entre motivos. Mesmo nos casos em que parece que falha essa seleção e que a vontade se determina pelo motivo mais forte, mesmo

condicionada a certas *causas biológicas*: "doença mental", "desenvolvimento mental incompleto ou retardado" e "embriaguez fortuita e completa". Foi, assim, adotado o método chamado *misto* ou *biopsicológico,* devendo notar-se, entretanto, que o Código faz uma exceção a essa regra quando trata dos *menores de 18 anos,* pois nesta hipótese a causa biológica (*imaturidade*) basta, por si só, irrestritamente, sem qualquer indagação psicológica, para excluir

> então, existe decisão voluntária; se a vontade está presente, ainda que por um instante, e realiza um esforço ainda que mínimo, afasta os motivos que não aceita, inibindo-os e determinando-se na direção preferida. A escolha entre os motivos contrastantes é feita mediante a inibição dos motivos, no rumo segundo o qual a vontade se determina. É o eu que age, opondo-se a tais ou quais motivos e refreando-os, sobrepondo-se aos vários motivos e estabelecendo uma hierarquia entre eles, antes de determinar-se. Esta capacidade do eu no sentido de determinar-se é uma propriedade sua. Os atos volitivos podem ocorrer como verdadeiros e elementares conteúdos de consciência. As representações subjetivas, as sensações de tensão, os sentimentos de prazer ou desgosto, podem acompanhar ou não os atos volitivos, mas sua presença não é necessária para que ocorra uma atividade voluntária – o que vale dizer: o ato de vontade apresenta-se como ato autônomo elementar, não reduzível a outros conteúdos de consciência. Convém transcrever na íntegra esta página de GEMELLI (*La personalità del delinquente nei suoi fundamenti biologici e psicologici*): "A vontade é um processo psíquico, autônomo e primitivo, que não pode ser remetido a outros processos. Particularmente, não pode ser remetido, como fizeram WUNDT, ZIEHEN e outros psicólogos sensistas do século XIX, aos processos do substrato endotímico do caráter (sentimentos, instintos, tendências); ao contrário, a vontade se revela pelo seu caráter de autonomia, de autodecisão, ou, seja, é um processo original, independente de outros processos inferiores, com a vida afetiva e as tendências. A vontade, longe de ser determinada passivamente, ela própria é que domina as outras atividades da vida psíquica, dirige o curso da vida interior, decide quando e em qual direção deve ser realizada a ação. Retomando uma antiga observação, KLAGES, cuja influência na psicologia moderna é bem conhecida, escreve: "A consciência (do querer) atesta-me que sou o sustentáculo ativo do processo que em mim se opera no ato de sentir (isto é, no conjunto dos processos da vida endotímica)" De modo análogo, um moderno psicólogo, LERSCH, ensina que a vontade no eu consciente se ergue como uma ilha no mar tempestuoso dos impulsos endotímicos, quase como a representar um *ponto de Arquimedes* adaptado a guiar e a coordenar as várias tendências entre si. A nossa experiência nos conduz, portanto, a contrapor, de um ponto de vista fenomenológico, ao caráter passivo dos estados e processos endotímicos, a soberania e a autonomia da vontade, que, por estes seus caracteres, se impõe a nós como um processo independente e inconfundível. *Não basta, portanto, para afirmar a responsabilidade do homem, demonstrar a ação exercida sobre ele pelo ambiente físico e social em que vive, ou averiguar o tumulto borrascoso dos processos do "eu" profundo, o irrompimento e o violento impulso dos sentimentos, isto é, afirmar o império dos instintos e dos impulsos e o assomo impetuoso das várias tendências. Cumpre demonstrar que a vontade não foi livre ou incapaz de dominar esse mundo tempestuoso que existe no profundo "eu" de cada um de nós e que imprime mesmo à nossa personalidade uma fisionomia característica. Por isso que a vontade, como já se afirmou, não cria coisa alguma, mas somente dirige, e cabe ao espírito indicar*

a responsabilidade penal. O método biopsicológico exige a averiguação da efetiva existência de um nexo de causalidade entre o anômalo estado mental e o crime praticado, isto é, que esse estado, contemporâneo à conduta, tenha privado completamente o agente de qualquer das mencionadas capa-

> à vontade o fim a atingir e que ela deve escolher entre os vários fins que lhes são propostos e os móvitos pelos quais se autodetermina, segue-se que a responsabilidade só deve ser negada a quem não possui um suficiente desenvolvimento intelectual para conhecer esses fins, ou àqueles a quem o conhecimento do fim a atingir é obstado por um processo mórbido qualquer. Fora dessas duas eventualidades, o homem é responsável pelas suas ações, que, por isso mesmo, lhe podem ser imputadas".
> É de notar-se, especialmente, que o ato de vontade não pode ser reduzido a uma concatenação mecânica e automática de representações, como pretendem as doutrinas as sociacionistas, ou a *teoria dos reflexos condicionados* de PAVLOV, ou o *behaviorismo*. A característica do ato elementar de volição é ser uma atividade interior ou, mais precisamente, uma atividade própria do "eu". É a espontaneidade do "eu" que se inclina e tende para um fim. Graças ao jogo dos motivos, tal inclinação se determina. Quando, porém, se diz "se determina", não se quer dizer que haja um necessário nexo causal, senão apenas o fato de que a apresentação dos motivos dá ensejo ao indivíduo de avaliar os vários fins e, em virtude dessa avaliação, de natureza toda subjetiva, determinar-se à escolha entre os vários fins que se apresentam, isto é, entre o querer e o não querer.
> Os deterministas cuidam haver explicado o mecanismo da vontade como uma corrente de associações, cujo último elo é a energia motriz que realiza o ato volitivo, assim, negam a existência da vontade como autodeterminação. Mas recentemente, ainda sob um anacrônico influxo da filosofia materialista, o homem é equiparado, ou, melhor, rebaixado ao cão de PAVLOV. Tal concepção, porém, não serve para explicar as ações humanas, que são a manifestação externa de uma autodeterminação no sentido de um fim considerado como um bem a atingir. É ainda GEMELLI que disserta: quem estuda o jogo das inibições, ou o fato da maior ou menor intensidade dos atos volitivos, tem de reconhecer que estes não são o último anel de uma cadeia associativa. Entre os elos associativos e as demonstrações volitivas há desproporção ou descompensação, seguindo-se, portanto, que as últimas se apresentam como autodeterminações. O homem diferencia-se do animal, pois, se aquele, como estes, reage a todos os estímulos, no animal a reação é sempre dependente do estímulo e por ele condicionada, enquanto no homem, além das reações condicionadas pelos estímulos, há outras que não são necessariamente conexas com estes, apresentando-se como autodeterminações, isto é, como determinações cuja causa não pode deixar de encontrar-se na própria atividade psíquica, que domina soberanamente os motivos entre os quais escolhe. Dizer-se que os "reflexos condicionados" são a base do nosso conhecimento e vontade é mero paradoxo, tanto mais intolerável quanto é certo que as modificações do caráter por causas externas não se transmitem hereditariamente, como demonstram WENDEL e WEISEMAN, desmentindo DARWIN. Cada espécie é um fim em si mesma e não escala de um processo vitalista ordenado. A moral humana transcende à biologia e escapa à jurisdição científica. Há no homem um instinto moral superior, que não pode confundir-se com a moral da *jungle*. O homem comporta-se em face dos motivos, não como o animal (que reage aos estímulos *necessariamente*), mas ativamente, escolhendo os rumos da sua atividade

cidades psicológicas (quer a *intelectiva,* quer a *volitiva*). Fica, destarte, criado um iniludível obstáculo, a que, na órbita da Justiça Penal, se adote, abusivamente, um conceito elástico da irresponsabilidade. É reconhecido, em consonância, aliás, com a lição psiquiátrica, que não há uma relação necessária

> entre os muitos que se lhe deparam. Nem com isso, pondera GEMELLI, se diz que haja uma atividade voluntária sem causa. Seria um contrassenso admitir-se que há vontade sem causa. Nada existe no universo sem uma causa. A causalidade, aqui, deve ser identificada na própria natureza da vontade e do seu mecanismo. A vontade possui uma autocausalidade: na sua atuação, extrai de si mesmo os motivos de sua escolha e pode guiar-se por si mesma na avaliação dos motivos. Entre os motivos avaliados, uns são contrapostos aos outros, de modo que aparece o valor maior de um ou de outro; mas a determinação é ato próprio da vontade, tanto assim que ela pode prescindir da objetiva comparação dos motivos e agir em direção inteiramente oposta. Sem dúvida, quando se diz que a vontade pode autodeterminar-se, não se quer significar que está provada a liberdade do homem. É tarefa do filósofo a demonstração da existência dessa liberdade; mas a psicologia experimental fornece dados de fato que não se explicam no seu jogo, senão admitindo-se essa liberdade.
> Os deterministas, como conclui o ilustre psicólogo italiano, negam à vontade humana capacidade de autodirigir-se, e o fazem, ao que declaram, em nome da ciência, de vez que a liberdade volitiva é uma interpretação da filosofia; mas esquecem-se de que, assim argumentando, são eles próprios que fazem filosofia, e má filosofia, porque, pelo receio de fazer filosofia, recusam, em nome de um preconceito filosófico, um dado de fato que também a pesquisa experimental ilumina e a consciência atesta. Jamais os deterministas puderam demonstrar que o esforço da vontade é uma reação de tipo fixo, ao invés de ser, como diz JAMES, um fator idêntico ao que os matemáticos chamam "variável independente", a evoluir sobre os dados fixos, que são, em cada caso, os nossos motivos, o nosso caráter, as nossas predisposições etc. Ora, na medida em que nossas volições podem ser "variáveis independentes", a psicologia científica torna-se impotente para explicá-las.
> Não é somente, porém, a decrépita filosofia materialista, em cujos flancos brotou o *positivismo penal,* que excluía indagação psicológica do campo da responsabilidade penal A exclusão é também postulada em nome de um requintado tecnicismo jurídico, embora com diverso fundamento. KELSEN, no seu famoso livro *Hauptprobleme der Staatsrechtslehre,* defende a teoria chamada da "vontade normativa", segundo a qual vontade psicológica não tem relevância jurídica. O indivíduo, no âmbito das normas, é um ponto virtual sobre o qual converge toda a irradiação de deveres e direitos, devendo excluir-se o pensamento de que a relação entre o indivíduo e o fato imputável se baseia no vínculo da volição. Para o Direito, a vontade psicológica não conta: o nexo de responsabilidade se estabelece porque assim o exige a norma jurídica, desde que não acontece o que ela mandava que acontecesse. Pouco importa que o agente tenha ou não capacidade de querer. Ao invés de dizer-se: *há pena porque há culpa,* deve dizer-se: *há culpa porque há pena.* A essa teoria se pode chamar a quintessência do formalismo jurídico. É o divórcio o vínculo entre o Direito e a realidade da vida social. É a abstração do problema humano do Direito. Para atribuir-se a alguém uma obrigação como consequência de um ato ilícito, são indispensáveis requisitos ulteriores à disposição da norma, e precisamente eles é que constituem as condições fundamentalmente psicológicas da responsabilidade

e constante entre o *pathos* mental do agente e a sua conduta criminosa. Não basta diagnosticar, por exemplo, que o agente é portador de psicose maníaco-depressiva, de epilepsia, de paranoia ou de debilidade mental, pois há maníaco-depressivos, epilépticos, paranoicos ou débeis mentais que não são

> jurídica. A ordem jurídica, como objetam Gareis e Scarano, não pode constituir em um indivíduo faculdades e relações de vida, elementos já naturalmente constituídos, mas unicamente reconhecer-lhes os efeitos e, portanto, coordená-los em função da vida social. Ainda mais: para o fundamento da responsabilidade, segundo o pensamento kelseniano, é preciso que a norma crie não só a vontade como também uma ação que seja a fiel expressão desta, incidindo na relação entre uma e outra o juízo e o sentimento de imputação. Ora, nem um nem outro podem ser constituídos pela norma, pois são fenômenos morais que existem, ainda quando não exista a norma. Dentro da lógica da teoria em questão, seria inútil afirmar-se, por exemplo, o elemento subjetivo do crime, pois estaria suprimido. Se a vontade psicológica é irrelevante, já não haveria distinguir entre dolo e culpa. Abstraída a volição consciente do agente, seria estranho falar-se em crimes mais ou menos graves do ponto de vista moral, ou em atenuantes e agravantes, ou em motivos determinantes, ou em vícios da vontade (erro, coação) etc. Tudo quanto tivesse cunho ou relevo psicológico deixaria de ser juridicamente inteligível e estaria desarticulada toda a armação do Direito Penal. O artifício da fórmula de Kelsen é tanto mais evidente quanto assenta numa tautologia, pois redunda em afirmar que só é juridicamente relevante aquilo que para o Direito é relevante... E não valem mais que a teoria de Kelsen a de Alsberg, que é uma variante dela; a de Condorelli, que tenta uma conciliação entre o *idealismo atualístico* e o pensamento kelseniano, ou a de Sander, para quem o *juízo jurídico* se exaure num simples juízo de *existencialidade* ou *causalidade física*. Nenhuma delas resiste à mais superficial análise.
>
> Como quer que seja, comprovada ou não, dado científico ou conceito filosófico, a vontade livre, como condição da responsabilidade moral, é, na expressão de Sauerlandt, o ponto de ligação (*Anknupfungspunkt*) de todas as normas jurídicas. Excluído o indeterminismo psíquico da estrutura do Direito, estaria este esvaziado do seu conteúdo ético e nada mais seria que um corpo sem alma. A liberdade da vontade é um pressuposto sobre o qual se tece toda a trama da vida quotidiana e é um princípio de tal modo radicado na consciência individual e na consciência social, que o Direito deixaria de ser regra de experiência se não o acolhesse e valorizasse, transfundindo-o na sua própria essência. Com toda razão, dissera o Ministro Campos na sua *Exposição de motivos*: "Do ponto de vista ético-social, a autonomia da vontade é um *a priori* em relação à experiência moral, como o princípio da causalidade em relação à experiência física. Sem o postulado da responsabilidade moral, o Direito Penal deixaria de ser uma disciplina de caráter ético, para tornar-se um mero instrumento de utilitarismo social ou de prepotência do Estado. Rejeitado o pressuposto da vontade livre, o Código Penal seria uma congérie de ilogismos. Um Código recente (refere-se o Ministro Campos ao Código soviético), vazado nos moldes da "escola positiva", substituiu ao princípio da responsabilidade moral o da responsabilidade legal. Não se absteve, porém de declarar, um dos seus primeiros artigos, que às penas somente está sujeito o autor do crime "quando tenha tido consciência das consequências do seu ato, prevendo-as, *querendo-as* ou *favorecendo-as*". A incoerência é manifesta: o elemento *vontade*, que se abstraíra

desprovidos dos pressupostos psíquicos da responsabilidade: depende isto do período ou grau de evolução da doença ou deficiência mental, da estrutura psíquica do indivíduo e da natureza do crime. Devem ter-se em vista, igualmente, os prolongados "intervalos lúcidos" ou "períodos livres", próprios de certas doenças mentais.[3] Em qualquer dos casos acima citados, a *culpabilidade* pode ser menor, e autorizará uma atenuação de pena (parág. único do art. 22), mas a responsabilidade não deixa de existir.

do conceito da responsabilidade penal, volta a ser condição necessária desta. Se a vontade é absolutamente determinada, que importa saber se o agente praticou o crime com ou sem vontade? É a mesma contradição em que incidia o famoso Projeto FERRI, quando, depois de adotar o princípio da *responsabilidade legal*, dava preponderante importância à *intenção* (elemento subjetivo da vontade), ao fim (elemento objetivo da vontade) e aos *motivos determinantes* (formação íntima da vontade), o que importa, em última análise, reintroduzir o princípio, que se havia banido, da responsabilidade moral. A Direito Penal, como às demais disciplinas práticas, não interessa a questão, que transcende à experiência humana, de saber se a vontade é absolutamente livre. A liberdade da vontade é um pressuposto de todas as disciplinas práticas, pois existe nos homens a convicção de ordem empírica de que cada um de nós é capaz de escolher entre os motivos determinantes da vontade e, portanto, moralmente responsável". Mesmo que se reconheça cientificamente inadmissível a liberdade volitiva, seria inaceitável o determinismo, que declara o homem irresponsável. Se de um ponto de vista abstrato se pode negar essa liberdade, não se poderá recusá-la do ponto de vista ético-social, pois, além de postulada pela nossa consciência, é indispensável à vida jurídica dos povos. A liberdade, perdida na esfera do pensamento, readquire-se na esfera da ação, a qual exige, por indeclináveis razões de ordem social regulada pelo Direito, a responsabilidade humana. É o dualismo de MAX ERNEST MAYER, o insigne penalista filósofo, que defende a responsabilidade moral como uma *norma de cultura*: está em contraste com a lei do pensamento, mas em harmonia com a cultura dominante através de milênios e transfundida em nossa faculdade de sentir e querer ("[...] *stedt die Verntwortlichkeit in Wiederspruch mit dem Gesetzs des Denkens, abe rim Harmonie mit der Kultur, wie sie die letzten paar Jahrtausende geherrsucht und unser alle Fühlen und Wollen durchdrungen hat*"). Também SAUER, outro filósofo ilustre do Direito Penal, pronuncia-se por esse dualismo. Há diferença entre o mundo da natureza, que é dirigido pela lei da causalidade, e o mundo da moral e do Direito, que é o mundo da finalidade: um determinístico e outro não. Há em todos nós a consciência de que, quando agimos de certo modo, podemos agir de maneira diversa (*anderskönnen*), e isto basta para que o Estado, como diz KOHLRAUSCH, baseado que seja numa ficção, pressuponha a vontade livre e a responsabilidade moral, sem as quais não poderia subsistir nenhuma ordem jurídica.

---

3   V. a excelente dissertação de GUÁLTER LUTZ, A responsabilidade criminal no novo código penal. In: *Revista Forense*, vol. 88, pp. 34 e ss.

102. Método biopsicológico. Acolhendo o método biopsicológico, o Código brasileiro inspirou-se, mas sem imitação servil, no art. 10 do atual Código suíço, artigo este resultante de uma emenda apresentada por PHILIP THORMANN, quando da revisão (em 1916), do projeto helvético de 1908, e de que foi antecedente o § 3º do projeto austríaco de 1912. O texto da fórmula austríaca é o seguinte:

"Não é punível aquele que, no momento do fato, por motivo de perturbação ou deficiência mental, ou alteração da consciência, não possui a capacidade de entender o caráter ilícito de sua conduta ou de agir em conformidade com esse entendimento *(Wer zur Zeit der Tat wegen Geistsstörung, Geistesschwäche oder Bewustseinsstörung nicht die Fähigkeit besitzt, das Unrecht seiner Tat einzusehen oder dieser Einsicht gemäss zu handeln, ist nicht strafba*r").

A fórmula suíça é menos ampla.

"Não é punível quem, por motivo de *doença mental*, de *idiotia* ou de *grave alteração da consciência*, não possuía, ao tempo do fato, a faculdade de apreciar o caráter ilícito de sua conduta ou de se determinar de acordo com essa apreciação."

Ainda mais estrita é a fórmula brasileira: evita esta a locução "grave alteração da consciência", a que, na prática, poderia ser dada a mesma elasticidade que ao "estado de completa perturbação de sentido e de inteligência" do famigerado § 4º do art. 27 do Código anterior.

Consoante o Código de 40, a *causa biológica* que exclui *sub conditione* a responsabilidade é o estado mental *mórbido* ou *deficiente doença mental* ou *desenvolvimento incompleto ou retardado)*. O fundo patológico ou deficitário da anormalidade mental é uma preliminar indeclinável. A mais pronunciada decadência do senso moral ou o mais acentuado relaxamento da autoinibição na esfera dos instintos, se não se ligam a qualquer das causas biológicas que a lei entendeu de mencionar expressa e taxativamente, serão irrelevantes quanto à responsabilidade, e se não se apresentam como *constitucionais* ou inerentes a uma *personalidade psicopática*, longe de autorizarem a especial atenuação de pena a que se refere o parág. único do art. 22, devem mesmo ser fundamento a um maior rigor de punição.

O reconhecimento da *causa biológica* é tarefa do perito psiquiátrico, que deve, igualmente, dizer da influência dela na capacidade de discernimento ou poder de vontade do agente, ao tempo do fato criminoso; mas, por injunção mesma do método biopsicológico, não é retirada ao juiz criminal a faculdade de *livre convencimento*, que a lei processual penal, aliás, lhe assegura em matéria de provas. Não é o juiz, segundo a expressão de J. E. COLL, *um conviva de pedra*. Não assina de cruz o laudo pericial. A ele caberá sempre a *última palavra* na decisão dos casos ocorrentes, assumindo pessoalmente a responsabilidade da aplicação ou não aplicação da pena. É indispensável o exame psiquiátrico, toda vez que se suspeite da insanidade mental do acusado (Código de Proc. Penal, arts. 149 a 151); mas a conclusão positiva do laudo pericial não se substitui à sentença judicial.

Não está o juiz inexoravelmente adstrito a essa conclusão, máxime no tocante à inexistência das condições psicológicas da responsabilidade. A interferência decisiva do juiz, com a sua prerrogativa de livre convencimento, em face do laudo e demais elementos de informação, apresenta-se como um entrave ou corretivo ao que FOERSTER chamava *perigo funcional (Berufsgefahr)* dos alienistas, sempre inclinados, em virtude da própria especialização, lobrigar o *patológico* em qualquer reação mais forte ou aguda do psiquismo ou a exagerar a influência do *morbus* realmente existente. São dignas de meditação estas palavras do ilustre psiquiatra:[4] "Tão benéfico e desejável é que os fatores patológicos da conduta humana sejam exatamente reconhecidos e tratados, quão grande, por outro lado, é também o perigo de que aqueles que se aplicam ao estudo da imperfeição humana, sob tal aspecto, identifiquem por toda parte, terminantemente, fenômenos e impulsos patológicos... Em face dos laudos periciais, a propósito de alguns importantes e escandalosos processos destes últimos anos, não se pode deixar de ter a impressão de que se está trilhando caminha arriscado, posto que se passe a assinalar todos os desenfreios anormais de caráter e todas as incontinências eróticas como necessitados impulsos patológicos, e se se admite que qualquer disposição histérica ou qualquer fraqueza ou irritabilidade mórbida, por menos que seja, deve ser abroquelada contra a repressão penal. Todos nós temos, de qualquer modo, uma herança patológica, e quanto mais normais somos, mais perturbados parecemos, desde que as nossas energias psíquicas se desviam para o pecado e o crime. É, portanto, de grande importância que o *perigo funcional dos psiquiatras*, de lobrigar o *mórbido* por toda parte ou de exagerar o existente, seja seriamente contrastado, procurando-se fixar a anormalidade mórbida com a máxima prudência e com a clara consciência de todos os possíveis erros da análise psíquica dos alienistas. O patológico tem-se nos apresentado em tão numerosas espécies de paixão ou emoção, em tantas nuanças de perturbação da vida psíquica, em tantos graus de todas as possíveis *inferiorizações* psíquicas, que dificilmente é reconhecível a diferença entre abulia patológica e indolência normal, entre irritabilidade mórbida e simples grosseria, entre descargas epilépticas ou histericamente condicionadas, e os atos de violência do homem são".

---

4   *Schuld und sühne*, p. 349.

De modo genérico, pode dizer-se que o nosso Código adotou como tipo da responsabilidade penal o *homo medius,* o homem relativamente normal, mentalmente são e mentalmente desenvolvido (segundo a fórmula de VON LISZT), ou capaz de determinação normal por motivos normais (segundo o conceito de ASCHAFFENBURG).[5] É o tipo comum do homem em sociedade. Não se trata de um tipo ideal, de um modelo abstrato, de um ideal teleológico; mas de um padrão fixado segundo a média estatística ou segundo a experiência relativa ao *quod plerumque accidit*. É a personalidade chamada *normal*, a cujo respeito assim se refere ALVES GARCIA:[6] "[...] é aquela que funciona, por assim dizer, silenciosamente, e harmonicamente com a norma ou média do grupo social em que atua. Esse critério prático, social, que toma como normal um padrão, apesar de pouco rigor lógico, ainda é preferível ao critério abstrato e filosófico de norma ideal". Em conclusão: só deixa de ser plenamente responsável aquele que, em razão de mórbido ou deficiente estado mental, não tinha, ao tempo do crime, a normal possibilidade de entendimento ou autodeterminação; ou, por outras palavras: aquele que, ao tempo do fato, por mórbida alteração psíquica ou deficitário desenvolvimento mental, não podia ajustar-se à média de conduta no meio social em que vive.

103. Doença mental. Entre as causas biológicas que podem condicionar a irresponsabilidade, figura em primeiro lugar, no texto do art. 22, a *doença mental*. Esta expressão tem sido criticada. Não colheu aprovação geral no seio da classe médica. FLAMÍNIO FÁVERO,[7] LEONÍDIO RIBEIRO e MURILO DE CAMPOS[8] entendem que se devia ter dito "alienação mental". PACHECO E SILVA[9] opina igualmente que seria mais adequada a locução "alienação mental", conquanto declare incompreensível a razão por que o legislador brasileiro não se utilizou do termo "psicopatia", que por si só abrangeria as doenças mentais e o desenvolvimento mental incompleto ou retardado. Ora, o título "alienação mental", ainda que tivesse um sentido incontroverso em psiquiatria, prestar-se-ia, na prática judiciária, notadamente no tribunal dos juízes

---

5   Segundo FRANK (*Das strafgesetzbuch f. das deutsche reich,* p. 108), a determinabilidade normal pressupõe: *a)* a capacidade de dirigir a conduta segundo representações ético-sociais; *b)* capacidade de apreciar devidamente o impulso para a ação ou inserir representações inibitórias.

6   *Compêndio de psiquiatria,* 1942.

7   *Medicina legal,* ed. 1942, p. 822.

8   *O novo código penal e a medicina legal,* p. 353.

9   "O problema da responsabilidade em face da psiquiatria". In: *Revista Forense,* vol. XC, p. 608.

de fato, a deturpações e mal-entendidos. Entre gente que não cultiva a ciência psiquiátrica, *alienação mental* pode ser entendida de modo amplíssimo, isto é, como todo estado de quem está *fora de si,* alheio a si, ou de quem deixa de ser igual a si mesmo, seja ou não por causa patológica. Mesmo em psiquiatria, porém, não representa uma noção tranquila. Segundo a definição de NERIO ROJAS, invocada por FÁVERO, a alienação mental é conceitualmente patológica. Já LEONÍDIO RIBEIRO e MURILO DE CAMPOS, entretanto, afirmam que ela é "capaz de abranger todos os estados mentais, *mórbidos ou não*, que acompanham, ao tempo da ação, de incapacidade de entender o caráter criminoso do fato ou de determinar-se de acordo com esse entendimento". Não padece dúvida que, se a tivesse adotado, o nosso legislador penal de 40 teria sito tão imprudente quanto o de 90, com a sua distensível fórmula de "completa perturbação de sentidos e de inteligência". Quanto ao termo "psicopatia", inculcado por PACHECO E SILVA, além de um tanto *erudito* e, portanto, impróprio para o texto da lei penal, está longe de acepção pacífica no movediço campo da psiquiatria. Tanto é empregado em sentido lato, significando *doença mental* e compreendendo também as formas de oligofrenia, como em sentido estrito, designando certas anormalidades psíquicas que não chegam a ser *doença*. Para descrédito da opinião do insigne psiquiatra paulista, basta uma observação de GRUHLE,[10] que, depois de acentuar que a psiquiatria é uma ciência irrequieta (*lebendige*), cujo vocabulário muda de sentido em prazos relativamente breves, declara: "Na época atual, está extensamente difundido, na linguagem científico-psiquiátrica, que *doença mental* é o mesmo que *psicose* propriamente dita, isto é, um processo mórbido inserto no cérebro como qualquer coisa de novo: enquanto *psicopatia* designa uma anomalia estavelmente discordante da média, as mais das vezes constitucionalmente condicionada". Passível de severa crítica seria, sim, o Código, se tivesse preferido esse dúbio vocábulo.

A preferência pela expressão "doença mental" veio de que esta, nos tempos mais recentes, já superado em parte o critério de classificação a que aludia GRUHLE, abrange *todas* as psicoses, quer as *orgânicas* e *tóxicas*, quer as *funcionais* (*funcionais* propriamente ditas e *sintomáticas*), isto é, não só as resultantes de processo patológico instalado no mecanismo cerebral precedentemente são (paralisia geral progressiva, sífilis cerebral, demência senil, arteriosclerose cerebral, psicose traumática etc.) e as causadas por venenos *ab externo* (alcoolismo, morfinismo, cocainismo, saturnismo etc.) ou *toxinas metabólicas* (consecutivas a transtornos do metabolismo produzidos por infecções agudas, enfermidades gerais etc.), como também as que representam

---

10   *In handwörterbuch der kriminologie,* de ELSTER-LINGEMANN, p. 554.

perturbações mentais ligadas ao psiquismo normal por transições graduais ou que assentam, com diz Bumke, muito verossimilmente sobre anomalias não tanto da estrutura quanto da função do tecido nervoso ou desvios puramente quantitativos, que nada mais traduzem que variedades da disposição física normal, a que correspondem funcionalmente desvios da normal conduta psíquica (esquizofrenia, loucura circular, histeria, paranoia). A latitude da expressão "doença mental", na interpretação do art. 22 do Código, tem por si o apoio da psiquiatria moderna, e é tanto mais aceitável quanto o método biopsicológico é preservativo contra uma exagerada admissão da irresponsabilidade. Assim não há disparate algum em que sejam colocadas sob tal rubrica as perturbações de atividade mental que se ligam a certos estados somáticos ou fisiológicos mórbidos, de caráter transitório, como o *delírio febril* e o *sonambulismo*. Já escrevemos alhures: "[...] é inegável o fundo mórbido de perturbações mentais ligadas a desequilíbrios somáticos ou produzidos fora do psiquismo. Contestá-lo valeria por desmentir a própria unidade biológica. O *delírio febril* (a *frenitis* de Hipócrates) é uma transitória doença mental. E outra classificação não pode ter o "sonambulismo" espontâneo delirante a que só estão sujeitos, segundo a lição científica, os histéricos, os neurastênicos, os nevropatas e os epilépticos. À doença mental pode ser dada a mesma extensiva definição proposta por Beca Soto, na dissertação perante o II Congresso Latino-Americano de Criminologia, de Santiago do Chile (1941), relativamente à *psicose*: "Alteração patológica, mais ou menos prolongada, das funções psíquicas, a qual impede a adaptação do indivíduo às normas do meio ambiente, com perigo ou prejuízo para si próprio e para a sociedade".[11]

104. Desenvolvimento mental incompleto ou retardado. Em segundo lugar, o art. 22 fala em "desenvolvimento mental incompleto ou retardado". Sob este título se agrupam não só os deficitários congênitos do desenvolvimento psíquico ou *oligofrênicos* (idiotas, imbecis, débeis mentais), como os que o são por carência de certos sentidos (surdos-mudos) e até mesmo os *silvícolas* inadaptados. O conceito de *mente*, como adverte o Ministro Campos, na sua *Exposição de motivos*, é suficientemente amplo para abranger até o "senso moral" (ensina Tirelli que "mente é o complexo funcional, quantitativa e qualitativamente harmônico, dos diversos elementos do arco diastáltico psíquico"), e, assim, não há dúvida que entre os deficientes mentais é de se incluir também o *homo sylvester*, inteiramente desprovido das aquisições éticas do civilizado *homo medius* que a lei penal declara responsável.

---

11 *Anais do II Congresso Latino-Americano de Criminologia*, tomo 2º, pp. 108 e ss.

Alguns tratadistas de psiquiatria entendem que na fórmula da irresponsabilidade, desde que se fale em doença mental, não há necessidade de particular menção à oligofrenia, que não é mais do que uma subespécie daquela; mas entendem outros que pode haver *déficit* mental sem psicose, não passando de uma simples *minusvalia* em cotejo com a psique normal; de modo que a distinção deve ser feita. L. RIBEIRO e M. DE CAMPOS opinam que a frase "desenvolvimento mental incompleto ou retardado" é palavrosa ou redundante, isto é, usa inutilmente de duas expressões com idêntica significação psiquiátrica. Não é precisamente assim. *Desenvolvimento mental incompleto* é o que ainda não se concluiu (infantes, adolescentes), enquanto *desenvolvimento mental retardado* é o que não pode chegar à maturidade psíquica (oligofrênicos, surdos-mudos). Entre outros autores que fazem a distinção, pode ser citado ASCHAFFENBURG. Dir-se-á que, tendo sido declarados, em dispositivo à parte, irrestritamente irresponsáveis os menores de 18 anos, tornava-se desnecessária a referência ao "desenvolvimento mental incompleto"; mas, explica-se: a Comissão Revisora entendeu que sob tal rubrica entrariam, por interpretação extensiva, os *silvícolas*, evitando-se que uma expressa alusão a estes fizesse supor falsamente, no estrangeiro, que ainda somos um país infestado de gentio.

105. Responsabilidade diminuída. Em face do parágrafo único do art. 22, a responsabilidade subsiste quando a *causa biológica* não é de molde a suprimir totalmente a capacidade de entendimento ético-jurídico ou de autogoverno; mas, em tal caso, é autorizada a redução da pena, de um a dois terços. O parágrafo repete a locução "desenvolvimento mental incompleto ou retardado", contida no *caput* do artigo, mas substitui a expressão "doença mental" por outra mais compreensiva: "perturbação da saúde mental". Já foi observado, no entanto, que as duas últimas rubricas significam uma e a mesma coisa. Não procede a crítica. Se toda doença mental é uma perturbação da saúde mental, a recíproca não é verdadeira: nem toda perturbação da saúde mental constitui uma nítida, característica *doença mental*. O parág. único do art. 22 tinha de cuidar não só do caso em que a doença mental apenas reduz a *libertas intellectus* ou *libertas propositi*, como do caso em que tal redução provém de outras causas, que, embora afetando a higidez psíquica, não têm direito ao nome de *doença*. Vinha a calhar, portanto, o rótulo genérico "perturbação da saúde mental".

O parágrafo em questão define a atitude do Código em face do que se costuma chamar "responsabilidade diminuída". Teoricamente, como acentua com acerto WILMANNS,[12] tal expressão é insustentável. *Responsabilidade e ir-*

---

12 Falava-se antigamente, em relação aos "fronteiriços", que eram *semiloucos* (GRASSET, REGIS). E é bem conhecida a polêmica que este conceito suscitou. Digladiaram-se em

responsabilidade são antônimos como vida e morte. Não é imaginável um meio-termo entre uma e outra. *Non datur tertium sive medium inter duo contradictoria*. A responsabilidade não tem graus. O que é suscetível de gradação

> campos opostos a teoria dos "dois blocos" e a teoria do "bloco único". Segundo a primeira (a que se apegou a "escola positiva" como a uma definitiva solução científica), ou é-se louco ou não se é louco, ou é-se responsável ou não se é responsável: não há graus intermédios. A unidade das faculdades psíquicas não admite a concepção de indivíduos *parcialmente* loucos. De modo diverso, entretanto, postulava a teoria do "bloco único": não há uma nítida linha de separação entre os mentalmente sãos e os doentes mentais; estão de permeio os "fronteiriços", que são *graus de passagem (natura non facit saltus)*. Se os "fronteiriços" não são inteiramente responsáveis, também não podem ser declarados irresponsáveis.
> Atualmente, porém, pode dizer-se que o dissídio está superado: não há *semiloucos* ou *semirresponsáveis*, mas entre a saúde mental e a loucura há estados psíquicos que representam uma variação mórbida da norma, embora alheios à órbita da loucura ou doença mental, e os seus portadores são *responsáveis*, mas com menor culpabilidade, em razão de sua inferioridade bioético-sociológica, isto é, de sua menor capacidade de discernimento ético-social ou de autoinibição ao impulso criminoso. Não se trata, como outrora se dizia, de um a*rtifício* de política criminal. A moderna psiquiatria fornece base científica ao critério do "vício parcial de mente" (segundo a expressão do Código italiano). É o que acentua MÁRIO CARRARA (La base biologica dela imputabilità parziale. In: *Scritti in onore di E. Ferri*, pp. 51 e ss.): "Sem ter ressuscitado propriamente as *faculdades* distintas e autônomas da antiga doutrina, a fisiopsicologia moderna apresenta, entretanto, assinalada tendência a localizar algumas funções psíquicas em certos particulares *aparelhos*, ou, pelo menos, demonstrou – o que praticamente vem a dar no mesmo, – como certas anomalias das estruturas orgânicas, que normalmente as presidem, podem modificá-las correspondente e profundamente... Não se recusa a proclamada solidariedade das funções psíquicas, mas se afirma a possibilidade da existência de isoladas alterações individuais da personalidade fisiopsíquica com escassa ou nenhuma repercussão sobre outras funções. Pode existir no mesmo indivíduo uma profunda lesão das funções psicossexuais, por exemplo, e uma integridade ou mesmo notável *plenitude* de outros campos: os homossexuais podem ter normalidade afetiva e sentimental fora de suas anomalias e até podem exceder na vida pública, nas produções científicas, na criação artística, sem que nessas atividades se lobrigue a menor anomalia: de modo que parece justo considerá-los responsáveis por crimes que nesses outros campos acaso cometam. Assim, a imputabilidade parcial adquire hoje um demonstrado fundamento anatômico; não é mais a*bstração jurídica*, mas uma concreta realidade biológica. Compreende-se a oposição inicial da "escola positiva", pois esta considerava com sua característica doutrinária a avaliação da inteira personalidade psicossomática do indivíduo. A essa concepção da unidade orgânico-funcional harmônica e integral deveria parecer contrastar uma distinção de imputabilidade, que importava uma cisão de faculdades ou, pelo menos, uma atenuação de grau: uma ou outra devia afigurar-se um puro artifício jurídico abstrato, e não uma realidade concreta. O homem, proclamava-se, é louco ou não é louco... No entanto, hoje, mesmo em nome da biologia e com fundamento em recentes conquistas, podem reivindicar-se legitimamente concepções da combatida experiência clássica médico-legal do passado".

é a *culpabilidade*, como medida da gravidade do crime e da pena. E deve-se, então, dizer que o que se chama impropriamente "responsabilidade diminuída" não é senão reponsabilidade com menor culpabilidade ou com pena atenuada. Tão difundida, porém é a expressão "responsabilidade diminuída", que, feita a ressalva acima, não há maior inconveniente em que se continue a usá-la.

Os estados mentais que condicionam a responsabilidade diminuída constituem, de modo geral, a zona limítrofe entre a doença mental ou a oligofrenia e a normalidade psíquica. Compreendem-se no seu elenco os casos benignos ou fugidios de certas doenças mentais, as formas menos graves de debilidade mental, os estados incipientes, estacionários ou residuais de certas psicoses, os estados interparoxísticos dos epilépticos e histéricos, certos *intervalos lúcidos* ou *períodos de remissão*, certos estados psíquicos decorrentes de especiais estados fisiológicos (gravidez, puerpério, climatério etc.) e, sobretudo, o vasto grupo das chamadas *personalidades psicopáticas* (psicopatias em sentido estrito). Foi esta a escala de transição entre o psiquismo normal e as psicoses funcionais. Seus portadores são uma mistura de caracteres normais e caracteres anormais. São os *degenerados* ou *inferiorizados* psíquicos (*geistige minderwertigen*, como dizem os autores alemães). Não se trata propriamente de doentes (ou de doentes em sentido estrito), mas de indivíduos cuja constituição é *ab initio* formada de modo diverso do que corresponde ao *homo medius*. São personalidades desviadas do tipo normal, no sentido da inferiorização, ou, como diz BECA SOTO, *"que se apartan permanentemente del promedio considerado como normal, hasta el punto de dificultar la adaptación al ambiente y el logro de las normales aspiraciones de la vida del sujeto, com perjuicio para él mismo y para la sociedad"*.[13] ALVES GARCIA[14] assim se refere às personalidades psicopáticas: "Como a perturbação dominante ora está nas estruturas fundamentais (constituição e temperamento), ora nos móveis do caráter, desde cedo notam-se no futuro psicopata as desarmonias, discórdias, o embotamento ético, a indisciplinalidade escolar e doméstica: são as crianças turbulentas, rixosas, querelantes e reclamadoras, vagabundas, fujonas; já adolescentes, resistem às ideias e costumes da família e de seu grupo social, tendem a socializar-se em nível inferior, elegem ocupações incompatíveis com a sua categoria, mostram precocidade sexual e, enfim, descambam para a delinquência infantil e juvenil... Já e sempre, um certo número de psicopatas procura escapar a uma situação difícil, refugiando-se no alcoolismo, no jogo, no crime, ao invés de tentarem resolver seus proble-

---

13   Ob. cit., p. 112.

14   Ob. cit., p. 408.

mas pelas vias normais e pragmáticas, ou recorrem a um episódio nevrótico". Conforme assinala BUMKE,[15] os psicopatas são os anéis de conjunção entre a sintomatologia das doenças funcionais da mente e as manifestações da vida psíquica normal. Uma oitava a menos, e seriam *doentes;* uma oitava a mais, e seriam *normais.* Com os seus desvios na esfera do entendimento, da emotividade, dos instintos e da volição, representam um *minus* de valor sob o ponto de vista biossocial, e do seio deles provém uma assídua clientela do crime. WILMANNS[16] chega mesmo a afirmar que "num Estado com vida econômica organizada e florescente, quase somente soçobra aquele que é de qualquer modo um inferiorizado psíquico" (*"in einem Staate mit geordnetem umd blihendem Wirtschaftlebem fat nur der seelisch irgendwie Minderwertige scheitert).* E WILMANNS invoca a opinião de VON HESSERTS e VANDERVELDE. Afirma o primeiro, um tanto paradoxalmente, que o Código Penal é essencialmente destinado aos inferiorizados psíquicos, pois só raramente podem outros incidir sob suas sanções; e o segundo assim se pronuncia, no seu livro *Les anormaux et la defesnse sociale:* "Peut-être, sans doute, le temps viendra-t--il où il apparaîtra qu'à exception de quelques occasionels, tous les delinquants sont, en quelque mesure, des anormaux". É evidente o exagero da generalização, mas cumpre reconhecer que uma grande porcentagem dos conscritos do crime vem da numerosa grei dos psicopatas.[17]

---

15   *Tratatto di psichiatria,* trad. ital. de CARLO FERRIO, I, p. 3.
16   *Die sogenannte verminderte zurechnungsfärigkeit,* p. 74.
17   A preocupação da *anormalidade* do delinquente é o *leitmotiv* das novas teorias criminológicas, mais ou menos construídas sobre *hipóteses,* e a cujo respeito já assim nos pronunciamos:
"Nada menos de três teorias se apresentem, atualmente, para a pesquisa e explicação do *mecanismo* do crime: a *caracterológica,* a *psicanalítica* e a *individual-psicológica.* Em rápidas palhetadas, vamos fixá-las dentro de suas fórmulas. A teoria caracterológica assenta no postulado da unidade biológica ou correlação entre o soma e a psique, já afirmada por LOMBROSO, mas agora, ao que se proclama, confirmada cientificamente, dado o melhor conhecimento dos sistemas humoral, neuroendócrino e constitucional. São discriminados e estudados os *biótipos* humanos, sob o tríplice aspecto morfofisiológico, bioquímico-humoral e psicológico. O problema do caráter é trasladado para o campo ontogenético-constitucional, visando-se à fixação do modo típico de reação individual em face dos estímulos do mundo externo. Segundo PENDE, "os três citados aspectos da personalidade convergem para um vértice comum, que é a resultante vital complexa do biótipo, o conjunto dos valores funcionais e dos valores psicológicos, que constituem o produto sintético da tríplice série dos caracteres individuais e aliadamente traduzem a *fórmula somático-psíquica individual".* Em contraposição à doutrina morfológica francesa, a biológica-constitucionalista admite e sustenta a origem humoral do tipo biológico, recusando as influências exógenas, PENDE e KRETSCHMER (para só citar os corifeus da biotipologia) estabeleceram como

No que interessa mais particularmente ao ponto de vista criminal, VON RHODEN (*Einführung in die kriminalbiologisch methodenlehre*, p. 150) classifica os psicopatas em quatro grupos: psicopatas do instinto, psicopatas do temperamento, psicopatas do caráter e psicopatas complexos. No primeiro inclui os *sexuais* e os *impulsivos;* no segundo, os *cicloides,* os *esquizoides,* os *epileptoides* e os *explosivos;* no terceiro, os *fantásticos,* os *pseudólogos* e os *instáveis;* no quarto, os *histéricos,* os *rixentos,* os *fanáticos,* os *querelantes,* os *paranoides* e os *amorais.* Seguindo mais ou menos a classificação de SCHNEIDER, ALVES

> indeclinável premissa que os tipos da personalidade se definem por suas características e expressões somático-psíquicas. Ambos se fundam na aludida hipótese de íntima correlação entre a alma e o corpo, demonstrada pelo estudo das perturbações endócrinas ou pela reconhecida influência dos hormônios (produtos secretivos das glândulas endócrinas) sobre a vida somática e psíquica do homem. Para KRETSCHMER, há três diferentes biótipos: o *lepto-omático,* o *atlético* e o *pícnico.* Sua teoria, como acentua MEZGER, parte da afinidade (por ele sustentada), entre os dois primeiros tipos, de um lado, e o último, de outro, respectivamente, e as doenças mentais ou psicoses, ambas de origem humoral, denominadas *esquizofrenia* (demência precoce) e ciclofrenia (*psicose maníaco-depressiva,* loucura circular), das quais se desce às personalidades psicopáticas *esquizoide* e *cicloide* e, por fim, aos temperamentos *esquizotímico* e *ciclo tímico.* Há paralelismo ou relação entre *psicose, psicopatia* e *constituição,* ligando-se a esta o caráter e o temperamento. A diferença entre *frênicos* (esquizofrênicos, ciclo frênicos), *oides* (esquizoides, cicloides) e *tímicos* (esquizotímicos, ciclotímicos) é apenas de grau. No sistema de PENDE, para quem, igualmente, a personalidade psíquica depende da fórmula hormônica, são contrapostos os *vagotônicos* e os *simpático-tônicos,* os tipos *brevilíneo* e *longilíneo,* o *hiper* e o *hipotireoideu* etc. As glândulas de secreção interna, vertendo no sangue seus produtos em quantidade variável, atuam sobre os processos vitais e constituem verdadeiros "registros do relógio da vida" – é o que afirma o professor de Gênova. Os postulados de PENDE e de KRETSCHEMER foram naturalmente aplicados à criminologia. Os biótipos, ao que se pretende, orientam a pesquisa crimino-psicológica, no sentido da correspondência entre a psique e o soma. KRETSCHMER julga ter facilitado o conhecimento da alma humana e, portanto, do criminoso, pelo estudo dos *tipos psíquicos de reação.* PENDE sustenta a semelhança entre o *facies* e o tipo morfológico de alguns delinquentes e certos indivíduos endocrinopatas, e daí infere que há relação entre as anomalias morfológicas e o caráter, a ser explicada pela endocrinologia. Abstém-se de afirmar que a etiologia do crime esteja nas anomalias endócrinas, mas declara irrecusável a influência destas na criminalidade. As anomalias endócrinas não constituem, por si mesmas, predisposição suficiente e fatal para o crime, mas são *condições facultativas* e, algumas vezes, indispensáveis na cadeia causal que redunda na delinquência. São agravantes ou *mordentes* das manifestações da constituição mental anormal, do mesmo modo que esta ocasiona exacerbação das desordens endócrinas, apresentando-se, assim, intercadência entre umas e outra. Sob o prisma criminológico, a biologia constitucional procura, em suma, com fundamentos causal-científicos, pesquisar os tipos de personalidade em seus caracteres e manifestações somático-psíquicas, aplicando-os ao estudo e compreensão do delinquente.

GARCIA fala em psicopatas *hipertímicos, inadaptáveis, inseguros, ostentativos, explosivos, fanáticos, amorais, astênicos, sexuais* e *de múltipla reatividade,* descrevendo-os sucintamente e fixando critérios para sua identificação e julgamento no foro criminal. Não cabem nos limites deste livro maiores detalhes a respeito, mas remetemos o leitor aos recentes trabalhos de ALVES GARCIA (*Compêndio de psiquiatria e psicopatologia forense),* que representam, na sua

> Passemos, agora, a focalizar a *psicanálise criminal* (como a denominou JIMÉNEZ DE ASÚA). Reproduzindo MEZGER (*Kriminalpolitik,* p. 57), assim resume ASÚA a *posição* do freudismo, no terreno anímico (*Psicanálisis criminal,* pp. 34 e ss.): "A psicanálise esclarece o fenômeno anímico com a ajuda dos chamados *complexos*, que nascem na vida psíquica infantil e que seu titular, as mais das vezes inconscientemente, envia à consciência em formas compensatórias de variada espécie. Sua dinâmica anímica é a consequência última e extrema de uma visão naturalística e mecânica do mundo, aplicada à vida da alma humana. O cenário dessa dinâmica é a *psique inconsciente* do homem, de onde derivam as forças autenticamente propulsoras da conduta. Estas forças são de índole sexual, determinando-se e formando-se nos episódios sexuais da criança. Em primeiro plano, apresenta-se o *complexo de Édipo*: o ódio ao pai (à autoridade) e o amor à mãe. Parricídio e incesto são os crimes primitivos da humanidade". Esta, a súmula da doutrina psicanalítica que ASÚA nos dá de segunda mão. Cumpre, porém, notar que o freudismo não faz obra apenas com os fatos ou experiências (*vivências*) psicossexuais da vida infantil, pois também admite uma *herança arcaica*. É o que acentua o próprio FREUD. Há certos casos em que as reações da criança não correspondem à sua própria experiência e se apresentam como instintiva, deixando perceber uma aquisição filogenética, resíduo de acontecimentos vividos por nossos primeiros antepassados. Acolhe, portanto, a psicanálise, pelo menos até certo ponto, a teoria darwinista ou a chamada *lei biogenética* de HAECKEL, segundo a qual a ontogênese é uma recapitulação da filogênese. Seu proclamado mérito principal é ter demonstrado o dinamismo incessante de energias, adquiridas ou primitivas, que atuam no *inconsciente* e constituem o próprio *substratum* da personalidade humana. Entre tais energias, são predominantes as tendências sexuais, que se acham *carregadas* pelo *Eros*. Quando contrastadas ou *censuradas* pelas exigências éticas da vida social, cuidam de ladear, ou disfarçam-se sob formas longínquas de sua finalidade específica, ou se *sublimam*, ou redundam em neuroses. O *inconsciente* freudiano é tudo quanto há de mais remoto na evolução ontogenética e na hereditariedade filogenética. Em conflito com o *consciente*, que lhe contrapõe o tabique ou diafragma da *censura* (aquisições éticas, educacionais, religiosas etc.), trata de realizar-se sub-repticiamente, por meio do *simbolismo dos sonhos*, dos *atos falhados*, dos *lapsos*, ou dos *sintomas neuróticos*. Todos nós teríamos, na primeira infância, uma fase de *incestuosidade* latente e outras tendências eróticas, que são *recalcadas*, formando-se, então, o *complexo edípico*, o *complexo de castração*, o *complexo de Diana*, o *complexo de Narciso* etc. Mas o recalque não elimina as tendências, e essas podem reaparecer mais tarde, durante ou após a puberdade, provocando as mais variadas neuroses. O desenvolvimento ulterior de tais complexos, como afinal consentiu FREUD em reconhecer, depende da constituição individual, do temperamento ou fórmula hormônica de cada um de nós, e, assim, a psicanálise viria a cruzar com a doutrina endocrinológica.

singeleza e precisão, como que fios de Ariadne a guiar-nos pelo intricado e pouco firme terreno da psiquiatria.

A responsabilidade penal do psicopata, embora com atenuação facultativa de pena, não é somente uma ilação da moderna psiquiatria, mas uma necessidade de defesa social. Se ele, como diz SCHÄFER, não é incapaz de satisfazer as exigências médias da ordem jurídica, e deixa de empregar, na medida do possível, uma resistência mais forte à inclinação para o crime, não é admissível que fique à margem da reação punitiva. Aplica-se-lhe o brocardo: *tu podes; logo, deves*. Não está anulada a sua capacidade de entendimento e autodireção: é intimidável, disciplinável, educável, capaz de adaptação à ordem jurídica. A sua *minusvalia* psíquica poderá justificar a minoração da pena, quando venha a delinquir, mas não a exclusão de sua responsabilidade. E pelo seu notável grau de periculosidade (são os *reincidentes* por excelên-

---

Vejamos, a seguir, a aplicação da psicanálise à criminologia. Continuando a repetir fielmente MEZGER, escreve o Prof. ASÚA: "A concepção psicanalítica do crime explica este com a simples ajuda dos *complexos*. Sobre o delinquente gravita, em virtude do impulso criminoso inconsciente, um constante *sentimento de culpa*. Por isso, trata de libertar-se do crime, e, assim, inconscientemente, ao invés de temer a pena, deseja-a. O complexo de Édipo faz surgir o sentimento social de culpa. O portador de tal sentimento, na insatisfação dos seus desejos criminosos, pratica o crime e exige para a pena, com o desígnio de aplacar a consciência de culpabilidade reprimida". O mesmo ASÚA, depois de intercalar conceitos de FREUD, REIK e FERENZI sobre o sentimento de culpa, prossegue reproduzindo a sinopse de MEZGER: "Os *delinquentes neuróticos* praticam o crime porque este é proibido e porque sua excecução lhes dá alívio. A causa ignorada do sentimento de culpa que sobre eles pesa, procedente do complexo de Édipo, ao associar-se mediante o crime a um ato determinado, transforma-se em fenômeno consciente, mais suportável. O *enfermo neurótico* e o *delinquente neurótico* são, no fundo, a mesma coisa: aquele manifesta autoplasticamente a tensão entre os impulsos inconscientes e as forças repressoras, por sintomas neuróticos mórbidos: este, ao contrário, transforma essa tensão aloplasticamente no ato criminoso da realidade. O que o neurótico faz pela representação no domínio dos sintomas inofensivos, executa-o o delinquente em ações reais criminosas. Ambos, porém, neurótico e delinquente são enfermos, e ambas as condutas mórbidas trazem a marca dos fatos do inconsciente, que, por sua vez, se originam na vida sexual da criança e em seus desejos proibidos". É grande a colheita que faz ASÚA no livro do insigne professor de Munique. Até mesmo este trecho de conclusão é trasladado do penalista alemão, apenas com algumas interpolações: "Em suma, segundo FREUD, o homem vem ao mundo como um ser associal, com tendência para o crime, produzida por seus impulsos de dar satisfação a seus instintos, isto é, como um ser socialmente inadaptado. Os homens normais conseguem reprimir ou transformar, no sentido social, suas impulsões criminosas, enquanto no delinquente se frustra esse processo de adaptação. Há, pois, uma criminalidade *latente*, que só a psicanálise pode tratar, segundo FRITZ WITELLS. A criminalidade é, portanto, segundo esta doutrina, abstraídos os casos limítrofes, não uma *tara de nascimento*, mas um *defeito de educação*".

cia), não basta a imposição de pena: depois do cumprimento desta, deve ser submetido a um regime de tratamento adequado e reeducação. Foi este o

> Finalmente, vejamos o que postula a *psicologia individual*, que tem relação muito íntima com o *marxismo*. A doutrina foi formulada por ADLER, discípulo dissidente de FREUD, e encontrou apóstolos decididos em EUGEN SCHMIDT, WEXBERG e BOHNE. A tese adleriana é um amálgama de FREUD, NIETZSCHE e MARX. Não é o instinto sexual que deve explicar a dinâmica do psiquismo. Predomina em nós o *instinto do Ego (Ichtriebe)*, cujo conteúdo é o *desejo de poder*. Nos neuróticos, esse instinto se exaspera e atua mais que o *Eros* de FREUD ou a *libido* de JUNG. O *conflito* não ocorre entre o sexualismo e as inibições éticas, mas entre o instinto egoístico da personalidade e a realidade social. O que o indivíduo manda para o inconsciente são as lembranças de tudo quanto, no domínio do consciente, tornariam presentes à memória os seus próprios defeitos e os seus insucessos sociais e lhe criariam um penoso *complexo de inferioridade*. É este sentimento que produz o neurótico, em cujo inconsciente se lhe disfarça a debilidade ou insuficiência do *eu*. O homem enérgico pode transformar em realidade as suas fantasias inatas; mas aquele que não pode realizar-se a si mesmo, seja por obstáculos exteriores, seja por sua própria deficiência, recolhe-se e isola-se no seu mundo fantástico, cujo conteúdo, em caso de enfermidade, se transforma em sintoma neurótico. Ainda aqui, a auxiliar-nos na tarefa de traduzir um resumo contido na *Kriminalpolitik* de MEZGER, encontramos o castelhano de ASÚA, tão mais fácil de ser vertido para o nosso idioma: "A psicologia individual esclarece os fenômenos anímicos mediante *um complexo de inferioridade* ou *minusvalia*, procedente de inferioridades orgânicas, falsa educação, repressão social etc., que o *impulso de poder* do homem trata de superar mediante *compensações* e conduz o indivíduo a múltiplos conflitos internos e externos. O conjunto da doutrina, apesar de sua base orgânica, acha-se, *ab initio*, fortemente incorporado à concepção sociológica e não repudia sua relação espiritual com certas doutrinas econômicas e sociais" (no original de MEZGER lê-se: *"mit den sozialistischen Lehren des Marxismus"*, isto é, "com as doutrinas socialistas do marxismo"). "Estes vínculos se manifestam no pensamento da repressão e no protesto contra a mesma, aliado à forte relevância das relações com o próximo. Das "relações do *eu* com o mundo circulante" recebe a "relação do *eu* consigo mesmo" seu desenvolvimento dinâmico. Permite isso a identificação da linha vital de uma individualidade com seu programa de autovalorização. De tais relações nascem os sentimentos de inferioridade, pelos quais o indivíduo se reconhece fraco ante o poder social, e põe em jogo sua ânsia de superá-lo. Nessa luta pelo desejo de superioridade e pela afirmação de si próprio, criam-se os mais variados mecanismos de *segurança*: proteções e compensações do desenvolvimento físico e dos traços do caráter, construções espirituais e sintomas neuróticos... Por isso, a psicologia individual considera como objetivo da educação adaptar o indivíduo à comunidade, e para tanto não deve representar papel algum o fundo biológico, nem como pretexto de debilidade, nem como escusa de vaidades. Em primeiro lugar, como diz WEXBERG, a igualdade de todos como princípio prático... pode realizar seu ideal de comunidade e deve impor-se vivamente aos indivíduos". Nestas palavras está patente o pensamento do materialismo econômico, segundo o qual *todos os homens são iguais,* isto é, sem diferenças de classes. O indivíduo e a personalidade nada valem; ao homem, formam-no as condições econômicas. A psicologia individual é, exclusivamente, uma teoria do mundo circundante".

critério adotado pelo nosso Código. A princípio, a Comissão Revisora do Projeto Alcântara entendera, pelo voto da maioria, de trasladar para o setor das atenuantes genéricas a circunstância de "ter o agente diminuída, no momento do crime, a capacidade de entender a criminalidade do fato ou de se determinar de acordo com este entendimento", e fora, em parágrafo, acrescentado a seguinte cláusula: "[...] verificando-se que a diminuição da capacidade de entendimento é resultante de anomalia psíquica do agente, poderá o juiz substituir a pena por medida de segurança detentiva". Este critério

> Da psicologia individual ou *adlerismo* derivou, também uma teoria criminológica, para cuja exposição ainda nos vamos servir de MEZGER: "A psicologia individual, segundo os fundamentos expostos, concebe o crime como expressão, no agente, do complexo de inferioridade e da luta por sobrepujá-lo... A ação criminosa se produz como protesto contra a ordem social. O crime é, para a psicologia individual, uma *forma de expressão do desalento social*, como diz EUG. SCHMIDT num livro que tem esse título. É este o esquema que se pode traçar: inferioridade orgânica ou social – complexo anímico de inferioridade – ânsia de superação e protesto viril – crime. Fica assim definitivamente esclarecido que, ao contrário da tese da herança de disposições e inclinações criminais, a *única hipótese possível* de interpretação da delinquência, fecunda na órbita da luta contra o crime, é considerar a origem deste nas influências do mundo circundante e em reação da personalidade sobre esse mundo. O crime aparece como um *produto de desalento*, como a atitude típica do homem que perdeu a fé de vencer dentro da sociedade, com os meios que oferece a organização social. O delinquente sofre pelos erros que adquiriu na juventude e que o induzem a pôr-se em hostilidade contra o mundo circundante. Na investigação das recordações infantis dos criminosos, sempre se depara o fato de que se trata de homens que não foram conquistados, na sua infância, para a cooperação e a solidariedade. Entre o delinquente e o neurótico, apesar de que ambos têm de comum o poderoso sentimento de inferioridade e o ardoroso impulso de superação, há a diferença de que em todo desalento do criminoso resta ainda atividade bastante para realizar seu objetivo, embora em *cenário beligerante subalterno (Nebenkriegschauplatz)*, enquanto o neurótico reprime "seus desejos anormais". Vê-se por aí que o adlerismo não refere o dinamismo do inconsciente ao instinto sexual, como faz o freudismo, mas, sim, ao *instinto de poder, à vontade de potência* no sentido nietzschiano, e o crime seria o protesto militante do *sub-homem* inconformado com a própria inferioridade.
> Expostas assim, de relance, as três novas teorias sobre a gênese do crime, indaguemos das medidas práticas que propõem no tocante ao problema da delinquência. Todas elas pleiteiam uma radical modificação dos meios de prevenção e reação contra o crime. Os constitucionalistas ou caracterologistas pretendem que os delinquentes, pelo menos aqueles cuja atividade antissocial é imputável a causas endócrinas, devem ser entregues à clínica criminal. Podem ser tais causas neutralizadas ou atenuadas por meio farmacológico ou cirúrgico. Podem ser corrigidas as tendências hiper ou hipossecretivas das glândulas endócrinas. Preconiza-se a medicação opoterápica, isto é, a ministração por via oral ou parenteral, de extratos glandulares (tireoidina, adrenalina, extrato hipofisário, extrato ovárico). Aconselha-se, em certos casos, a tireoidectomia parcial. LUGARO, no seu fácil entusiasmo, proclamava que, se se aplicasse a resseção de três quartos da tireoide, não haveria mais criminosos violentos!

ajustava-se à lição de WILMANNS, segundo a qual a chamada responsabilidade diminuída não é outra coisa que responsabilidade com pena atenuada ou culpabilidade diminuída. E pouca diferença havia entre o levá-la para as ate-

> De seu lado, os psicanalistas apregoam, quanto à delinquência neurótica, uma especial terapia, a que eles chamam *catártica*, em substituição ao vigente sistema penal. O que cumpre fazer é desarraigar o inconsciente sentimento de culpa e tornar conscientes os motivos inconscientes. Em tal sentido há toda uma técnica de *interpretação de sonhos*, de *interrogatórios* e *confissões*, de *associações livres ou provocadas*, de *translação afetiva*. Extirpados os escalrachos do inconsistente, estará o paciente curado, e de um criminoso far-se-á um elemento útil à sociedade a que deverá ser devolvido.
> Por último, a doutrina individual-psicológica reclama a substituição da pena por adequados métodos pedagógico-sociais. Se o indivíduo foi ao crime por *desalento*, não deve ser ainda mais *desalentado* com a pena. O delinquente deve ser *ressocializado*. Ao invés de punir, educar, no sentido da sincronização com a vida social.
> Apreciemos, agora, o que valem essas doutrinas e teorias, a que se apegou, em desespero de causa, o moribundo positivismo penal, mas que só lhe tem servido para a prolongação da agonia. Não se apercebem os teóricos das causas orgânicas do crime que a época da antropologia criminal está definitivamente terminada. Não há de ser com generalizações ilegítimas, com analogias infundadas e com profusa verbiagem que se poderá penetrar na misteriosa etiologia do crime. Continuamos, a tal respeito, tão profundamente ignorantes quanto o éramos antes de LOMBROSO. A contribuição lombrosiana, que tanto se exaltou, foi apenas uma tentativa malograda, e depois dela não se avançou um palmo no estudo objetivo da criminalidade: tudo são hipóteses, conjeturas, inferências sem base na realidade, falsificações do método galileano para o encalço de fantasias, deixando apenas de manifesto a persistente indemonstrabilidade das pretendidas causas genéticas do crime. Cada doutrina, cada "escola", dentro de seus preconceitos e unilateralismos, somente sabe fazer dialética abstrata, através de intérmina avalancha livresca. Os dados recolhidos são pouco mais que nada: alguns correlativos, umas tantas *analogias,* certas *coincidências,* tais ou quais *nuvens parecidas com Juno.* Mas, no emprego equívoco de tais dados, os argumentos abstratos, as sutilezas, os raciocínios arbitrários e as conclusões gratuitas de tal forma se desdobram, que ultrapassam a estratosfera e vão soldar-se com o Infinito. Ao invés do *dinheiro de contado* da Ciência, os *saques a descoberto* da metafísica e da filosofia.
> Focalizemos a *caracterologia,* com suas bases na morfologia constitucional e na endocrinologia. Seus resultados, em matéria criminológica, são e não podem deixar de ser nulos. Somente serviria ao estudo dos casos *patológicos* e, portanto, teria de ser confinada na órbita da *psiquiatria.* Não nos dá a conhecer coisa alguma do *mecanismo* do crime nos homens normais, e para estes, somente para estes, é que existe a sanção penal. E acontece, além disso, que, sob o prisma psiquiátrico-constitucionalista, como observa GEMELLI, a caracterologia redundou no insucesso. Se as classificações de KRETSCHMER e de PENDE coincidem, mais ou menos, no estabelecer as grandes categorias, divergem quando procuram passar à indicação dos vários tipos. Fora do tipo *Sancho Pança* e do tipo *D. Quixote,* tudo é artifício. Nem poderia caber em esquemas e quadros fechados o polimorfismo do caráter humano. Tentá-lo é pretender cercar o Infinito. Os caracterólogos, repita-se, só têm diante de si os tipos anormais,

nuantes genéricas e o considerá-la uma causa especial de atenuação de pena (tal como acabou figurando no Código). O critério, porém, foi impugnado

> os modelos fornecidos pela patologia. Não explicam o crime do *homo medius*, do homem de glândulas equilibradas e sãs. E o estudo das correlações psicofisiológicas e psicomorfológicas é tão incipiente e tão problemático nas suas ilações, que se não pode deixar de reconhecer a sua lamentável inutilidade. Pretender definir uma personalidade com os dados da biotipologia vale o mesmo que tentar reconstituir o templo de Salomão pelo conhecimento de um mero detalhe de sua estrutura. Dizer-se que o caráter é fixado exclusiva e imutavelmente pela constituição, importa num unilateralismo cego e surdo à realidade. Não é no pneumogástrico e no simpático ou na constituição do corpo que se há de condicionar irremissivelmente o caráter, pois na formação deste entram em jogo fatores variadíssimos, a que não resistirá nenhuma classificação apriorística. O que a experiência ensina é que cada indivíduo reage a seu modo diante dos estímulos externos e que até um mesmo indivíduo não reage sempre igualmente em face dos mesmos motivos. É de evidência meridiana a ilegitimidade de rastrear-se a psicogênese do crime no campo dos anormais. A anormalidade nem sempre explica o crime do próprio anormal. O crime não é um episódio fatal da vida dos anormais. Como, então, querer generalizar o que é apenas um acidente? Não está absolutamente provado que haja delinquentes constitucionalmente tais. Não está, de modo algum, averiguado que haja indubitáveis sinais ou estigmas, biológicos ou patológicos, do crime. Se este ou aquele delinquente apresenta uma constituição mórbida, uma perturbação endócrina, um traumatismo psíquico, não significa isso, iniludivelmente, que o crime está em relação de causalidade com uma ou outra dessas anomalias. O ato criminoso pode ser, às vezes, o acontecimento pelo qual se manifesta uma constituição psíquica, mas não é o *único* modo de exteriorização desta. A hipótese endocrinológica é apenas uma aventura mais no campo da desacreditada biologia criminal. A literatura de PENDE é a primeira a deixar-nos em perplexidade, colocando-nos numa encruzilhada de *possibilidades:* as relações entre as anomalias humorais e as éticas são de *subordinação,* ou de simples *coordenação,* ou de *influência recíproca?* A resposta a qualquer destas perguntas ainda não foi dada senão através de vã logomaquia, sem avanço de um milímetro além do terreno das ilações hipotéticas. O próprio PENDE faz a advertência de que, na atualidade, é temerário querer entrar em generalizações sobre a influência endócrina na etiologia do crime. VIDONI declara que o campo das secreções internas é demasiadamente amplo para ser iluminado em todos os seus pontos. O estudo de que têm sido objeto é ainda obscuro, mesmo quanto a certas preliminares, e a avaliação de muitos dados é baseada mais sobre hipóteses do que sobre verdadeiras conquistas científicas. PALOPOLI assevera que seria imprudente supor que se possa explicar o crime como reação endócrina. JIMÉNEZ DE ASÚA acoima de *literárias* e *ingênuas* as concepções tipológicas de PENDE e declara aventurosa a pretensão de criar uma biotipologia criminal. São palavras do ilustre professor espanhol: *"Por mui prometedoras que sean las investigaciones llevadas a cabo en el campo de las secreciones internas, jamás podrá creerse en que esta doctrina se ala única interpretación del crimen. Los que quisieran transformar en Endocrinología toda la Criminología emprenderían una ruta simplista y unilateral".* GEMELLI concede que "a endocrinologia pode explicar os poucos e desinteressantes casos em que a vida emotiva está ligada a desequilíbrios endócrinos". E a concessão é ainda excessiva, pois o desequilíbrio endócrino, por si só, é zero à esquerda.*

por Costa e Silva: a *semirresponsabilidade* não podia ser conceituada como simples atenuante, desde que podia levar até a substituição da pena pela me-

---

*Sobre o escassíssimo resíduo atual da pretensiosa "endocrinologia criminal", v. Lopez-Rey, *Introducción al estúdio de la criminologia*.

Passemos, de seguida, ao balanço da psicanálise e sua teoria criminal. É uma sucessão de paradoxos, de hipérboles, de irrisórias *trouvailles*, de extravagâncias de toda ordem. Dir-se-ia o sonho delirante de um febrento. Falta ao freudismo, como diz Hoche, qualquer fundamento teórico ou prático: o método de Freud é anticientífico, e a psicanálise não passa de um *episódio* da cultura. É um pábulo aos *boateiros* da ciência, como foram a *frenologia* de Gall, o *magnetismo animal* de Mesmer, a *lei biogenética* de Haeckel, e a *morfologia* de Lombroso. Segundo justamente observa Kraepelin, o pouco que a psicanálise tem de aceitável é de Janet. No mesmo sentido, George Dumas: na psicanálise somente se salva o que ela aproveitou da psicologia tradicional. Weigandt, criticando-lhe a *mania interpretiva*, considera-a apenas uma *epidemia*, alheia a pesquisas de clínica e de laboratório. Liepmann acusa o freudismo de ser "uma deplorável devastação do pensamento lógico e naturalístico". Mac Curdy atribui a popularidade da psicanálise ao seu aspecto de "pornolalia". Mendes Correia assim se pronuncia: "Duvidamos do valor terapêutico da psicanálise, que nos parece, as mais das vezes, um *match* de imaginação em que são protagonistas o paciente e o psicanalista e que, como diz Blondel, se exerce em doenças que, quando curáveis, se curam por si mesmas ou que, como a histeria, quase desapareceram das listas nosográficas nos países em que se não pratica a psicanálise". Morselli faz-lhe crítica cerrada: as "energias" da "dinâmica" de Freud são descritas como um jogo de excitações e inibições recíprocas, que combinam ou se neutralizam: é uma dinâmica abstrata, e não biofisiológica, de modo que vai dar na metafísica e na filosofia. Deixa de lado a hereditariedade mórbida, os fatores individuais, os precedentes mórbidos, a predisposição patológica. Tudo nela é analogia, ilações empíricas, raciocínios absurdos, asserções gratuitas, interpretações arbitrárias, fraseologia complicada, a lembrar as ciências exotéricas. Dos mais insignificantes fatos da vida cotidiana faz método de interpretar o inconsciente. A pseudoterapia psicanalítica está ao alcance de qualquer *curioso*: não exige tirocínio sério, nem de clínica, nem de laboratório, e, assim, qualquer pessoa com vocação para padre confessor ou juiz de instrução pode praticá-la, embora a lutar em vão com a *resistência* do paciente e sem que se possa distinguir qual é o neurótico: se o interrogador, se o interrogado... Quando o freudismo sai do seu metapsicologismo de complexos adquiridos e se mete a refazer a *paleopsique*, é para argumentar artificialmente, dentro de sua mania de incestuosidade latente, com o *totemismo* primitivo e as prescrições-*tabu*, deturpando o pensamento de Darwin, e para aderir à fantástica e já inteiramente desmoralizada lei biogenética de Haeckel. Genil-Perrin está cheio de razão quando diz que "o reino da criminologia psicanalítica não é deste mundo". Ruiz Maia nega que a psicanálise possa servir de fundamento a uma criminologia: "[...] *si nos olvidamos que es una doctrina violentamente impugnada, que entre sus verdades encierra o contiene muchas fantasias, que establece conceptos sin existencia real etc., no será atrevido, ni expresión de partidismo, afirmar que el psicoanálisis carece aún de eficiencia, de suficiente valor para ser ofrecido a los juristas. El psicoanálisis explicará algunos casos de delincuencia, pero no puede ser el fundamento de una criminología*". Nem de outro modo opina Ferenczi, psicanalista convencido,

dida de segurança, e essa substituição era desaconselhável: "Não posso concordar com a faculdade outorgada ao juiz de substituir a pena pela medida

> que, se admite possa a psicanálise fundar uma nova psicologia criminal, declara ceticamente: "Desgraçadamente, as investigações realizadas até agora em tal sentido são, quase sem exceção, de índole puramente teórica e não autorizam conselhos ou deduções suficientemente práticos para interessar os juristas". SCHNEIDER entende que a psicanálise substitui as contribuições científicas pela afirmação do seu particular ponto de vista sobre o mundo, o que vale por uma atitude simplista, mas apropriada para atrair o favor do grande público, sempre inclinado ao misticismo. HANSEL considera a doutrina psicanalista um fator dissolvente, pois ameaça subverter, entre as massas populares, o sentimento da responsabilidade pessoal. ASCHAFFENBURG vê na psicanálise uma série de infundadas fórmulas genéricas, dentro de preconceitos e apriorismos. Impugna as ideias de STAUB e as de REIK sobre o "constrangimento à confissão" e a "necessidade de castigo" e declara que nenhuma prova existe da eficácia do extravagante método psicanalista na conjuração das tendências criminosas. Supondo fazer *psicologia profunda*, a psicanálise redunda em generalização superficial. MEZGER, depois de acentuar o ilogismo do "desejo inconsciente da pena", dado que o receio da pena devia contribuir na formação do *superego*, deita sobre o ataúde do freudismo esta *pá de cal*: "A psicanálise não pode demonstrar a pretendida existência do chamado *complexo de Édipo*, como fenômeno geral humano, e, portanto, esboroam-se os seus fundamentos criminológicos". *
>
> _____
> * Para uma desenvolvida e incisiva crítica à psicanálise, consulte-se ALVES GARCIA, *Psicanálise e psiquiatria*, 1947.
> Apreciemos, afinal a *psicologia individual*. É um cisma da psicanálise, uma variante do pretensioso psicologismo profundo: o *complexo de inferioridade* é, aqui, o *stigma Diaboli*, e vale o complexo de Édipo. Embora menos extravagante que o freudismo, o adlerismo é também baseado num terreno de lucubrações abstratas e unilaterais. É de todo inaceitável o apriorismo de que o crime seja derivativo do *desalento* do indivíduo na luta pela vida, dentro da organização atual da sociedade. E nada nos assegura que numa ordem social *igualitária,* segundo a utopia marxista, o crime desaparecesse. Evidentemente, a delinquência subsistiria, ainda que sob novas formas, para que surgisse um *Adler* às avessas, atribuindo-lhe a origem a um complexo de... superioridade reprimida! Quanto ao seu programa educacional de solidariedade humana e espírito de comunidade, isso já vem dos Evangelhos e dois mil anos de pregação foram inúteis para extirpar a pretensa criminalidade neurótica. Em crítica ao adlerismo, discorre MEZGER, com todo acerto: "O crime não é apenas a expressão de um *desalento* no sentido posto em moda, ou de um sentimento de inferioridade na luta social pela existência, pois que, em maior proporção e em numerosos casos (sirva de exemplo a delinquência profissional), representa luta aberta e sem escrúpulos contra os legítimos interesses do próximo. Na realidade, não é o delinquente um produto lamentável dos fenômenos repressivos, ao qual pode representar-se a ordem social como repressão injusta. A psicologia individual desloca a imagem da realidade por construções teóricas preconcebidas, e também abstrai que o mecanismo anímico da "supercompensação" tanto pode ser fonte do crime como gênese do mais elevado pregresso humano... O extremadíssimo exclusivismo

de segurança. Uma ou outra vez poderá essa substituição justificar-se. Na maioria dos casos, não. Receio os abusos". Esta última advertência muito contribuiu para a contramarcha da Comissão Revisora. Ouve ainda, porém, outra razão de ordem prática que desaconselhava a facultativa abstenção de pena: o receio da indiferença da Administração Pública pela execução das medidas de segurança; de modo que a total supressão da pena e inexistência da "casa de custódia e tratamento" dariam em resultado a sumária devolução dos criminosos psicopatas à vida livre. De que tal receio era fundado, demonstraram-no os fatos posteriores. Após 16 anos de vigência do atual Código, em parte alguma do Brasil (salvo São Paulo) foi instalada a "casa de custódia e tratamento", nem mesmo a supletiva "seção especial de manicômio, asilo ou casa de saúde", de que fala o parág. único do art. 22 da Lei de Introdução ao Código Penal.

> mesológico, que a psicologia individual defende, não corresponde à realidade da vida. Finalmente: a psicologia individual também não atende a que o Direito Penal é direito de luta na evolução social, cultural e popular. A piedosa importância que concede às tendências de inferioridade na alma humana produz resultados contrários aos que pretende obter. Além disso, a teoria, no fundo, manifesta-se como princípio hostil, mais ou menos consciente, de materialismo econômico nivelador, contra a ordem cultural dominante, e como o Direito Penal está ao serviço desta, repele, consequentemente, as suas pretensões político-criminais". Não é preciso dizer mais, com tanta precisão e lógica. Já de outra feita assim nos exprimimos: "O legislador não pode substituir a construção jurídica atual por critérios fundados em hipóteses aventurosas e gratuitas. Os colaboradores do novo Código brasileiro deveriam ter sido levados imediatamente para o manicômio se, ao invés da pena, mandassem aplicar aos criminosos uma injeção de extrato genital ou tiroxina, uma dose de adrenalina ou de hormônio hipofisário, ou entregá-los à terapia psicanalítica, para extirpar-lhes do inconsciente os escalrachos edípicos e outras putrilagens da invencionice freudiana". No Congresso de Criminologia, de Santiago de Chile (1941) já havíamos batido na mesma tecla: "[...] é preciso afastar inteiramente o Direito Penal, em suas aplicações práticas, das ervas daninhas de hipótese mais ou menos gratuitas que por aí andam com o rótulo de ciência, como sejam a endocrinologia, a caracterologia e a psicanálise criminais. Os médicos e biólogos não podem reclamar dos juristas que adotem seus pontos de vista, enquanto estes não estejam plenamente comprovados. Não há de ser porque entre os delinquentes se encontrem 10 % de endocrinopatas, que se tenha de reconhecer na endocrinopatia uma causa genética do crime. Conheço *baseadowianos* flagrantes que são incapazes de fazer mal a uma formiga. O biopsicograma de KRETSCHMER poderá servir à psiquiatria, mas não à criminologia, porque não explica o crime do homem normal. Por outro lado, não há de ser por meio de simbolismos em torno do *inconsciente* que se deverá explicar o fenômeno da delinquência. Os psicanalistas, fazendo abstração do terreno de predisposição, que provém do plasma germinal, imaginaram o complexo de Édipo, mas não explicam por que tal complexo impele certos indivíduos ao crime e a outros não".

A 1ª Conferência Pan-Americana de Criminologia, realizada em julho de 1947, no Rio, aprovou a conclusão de que os criminosos de responsabilidade diminuída devem ser recolhidos a estabelecimento adequado, que seria um posto intermédio entre a prisão comum e o manicômio (tese apresentada por Salvagno Campos). Cumpre, porém, reconhecer que tal conclusão se ressente de *teorismo*, do mesmo *teorismo* que inspirou, de início, a Comissão de Revisão do Projeto Alcântara. A lição da experiência, neste particular, não é muito promissora. Ao que informa Pollitz, baseado no que tem ocorrido nos *anexos* de manicômios alemães, os criminosos psicopatas, quando reunidos separadamente dos criminosos normais, revelam mais vivamente sua índole de indisciplina. Fracassou inteiramente, a respeito deles, o sistema, preconizado por Aschaffenburg, do *open door* ou do *no restraint*. Dir-se-ia que, na prisão comum, eles se *diluem na* massa dos delinquentes isentos de anomalias psíquicas, tornando-se mais acessíveis à correção e à reeducação. Com quer que seja, porém, o problema não é de fácil solução, e enquanto os teoristas dissertam, é prudente não se perder de vista o interesse da defesa social, segregando, de qualquer modo ou mediante qualquer sistema, os psicopatas cuja rebeldia ou associabilidade vá até o crime. A este critério de precaução atendeu o nosso Código: a inferiorização psíquica é considerada uma minorante *facultativa* da pena, mas, ao mesmo tempo, faz presumir *juris et de jure* a *periculosidade* do criminoso, para o fim de ser imposta, cumulativamente com a pena, a adequada medida de segurança (art. 90: internação em casa de custódia e tratamento ou, nos casos leves, a liberdade vigiada).

106. Classificação das anormalidades psíquicas. No Congresso Latino-Americano de Criminologia, de Santiago do Chile, a que já acima referimos, Beca Soto, em notável estudo sobre a nomenclatura e classificação das anormalidades psíquicas que podem excluir a responsabilidade ou atenuar a culpabilidade, apresentou um quando sedutoramente singelo, que aqui vamos reproduzir (apenas com adição de algumas notas entre parênteses, para ajustá-lo ao texto do nosso Código), recomendando-o ao uso dos que militam no foro criminal:

ANORMALIDADES PSÍQUICAS

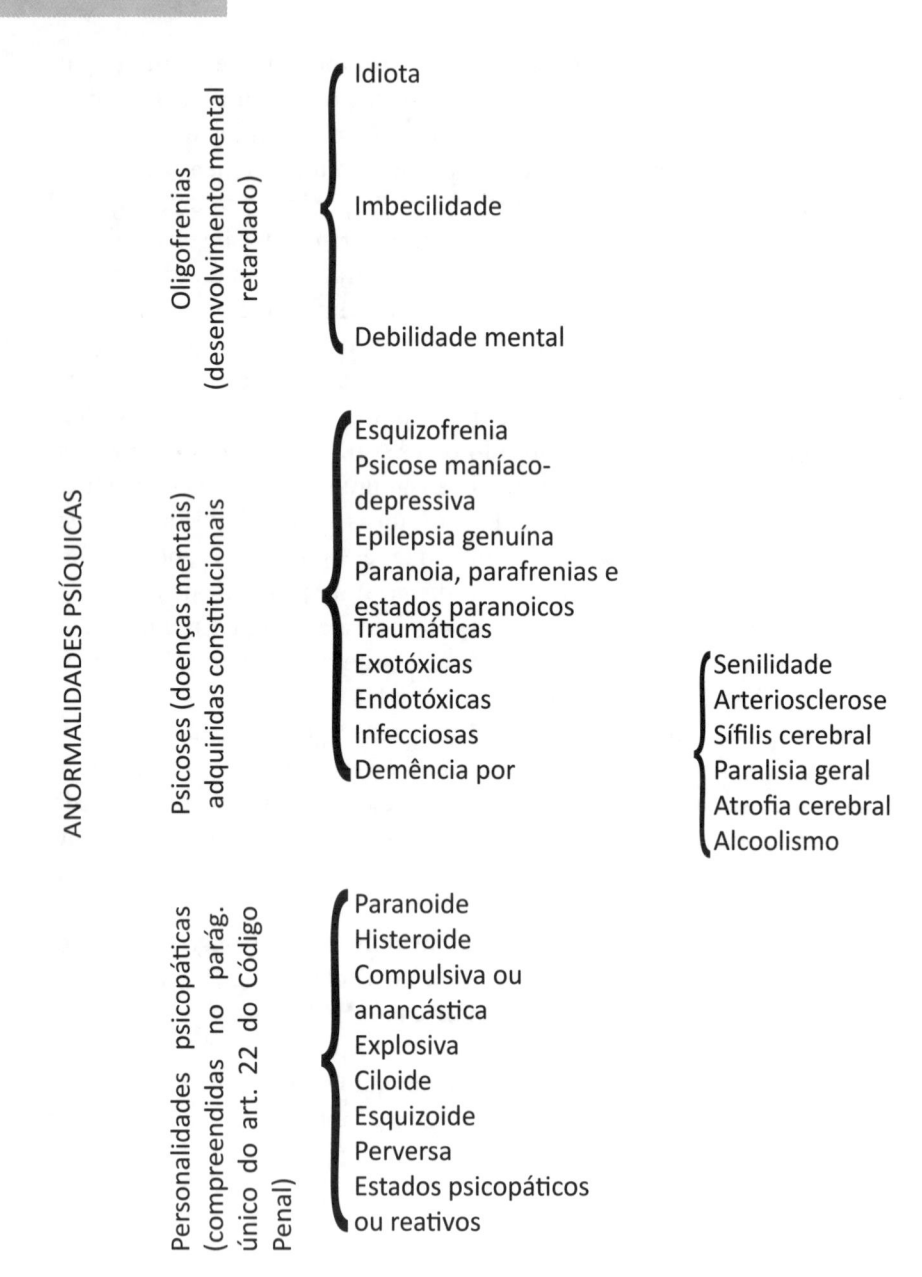

- Oligofrenias (desenvolvimento mental retardado)
  - Idiota
  - Imbecilidade
  - Debilidade mental

- Psicoses (doenças mentais) adquiridas constitucionais
  - Esquizofrenia
  - Psicose maníaco-depressiva
  - Epilepsia genuína
  - Paranoia, parafrenias e estados paranoicos
  - Demência por
    - Traumáticas
    - Exotóxicas
    - Endotóxicas
    - Infecciosas
    - Senilidade
    - Arteriosclerose
    - Sífilis cerebral
    - Paralisia geral
    - Atrofia cerebral
    - Alcoolismo

- Personalidades psicopáticas (compreendidas no parág. único do art. 22 do Código Penal)
  - Paranoide
  - Histeroide
  - Compulsiva ou anancástica
  - Explosiva
  - Ciloide
  - Esquizoide
  - Perversa
  - Estados psicopáticos ou reativos

107. Critérios ou requisitos psicológicos da responsabilidade. Passemos, agora, à análise dos *critérios psicológicos* da responsabilidade, isto é, a "capacidade de entender o caráter criminoso do fato" e a "capacidade de determinar-se de acordo com esse entendimento". O primeiro é chamado o "momento intelectivo" da responsabilidade. É a possibilidade ou faculdade de compreender que o fato é reprovado pela moral jurídica. Não se trata, aqui, da efetiva ou possível *consciência da injuricidade objetiva,* que, como já vimos, é requisito da *culpabilidade,* mas da capacidade de discernimento ético-jurídico *in genere,* no momento da ação ou omissão. Tal capacidade deve ser entendida no sentido da possível consciência ético-jurídica normal ou comum. Como o *Direito* é um *minus* em relação à *moral,* pode dizer-se que capacidade de entendimento ético faz presumir a possibilidade de consciência jurídica. Em outros termos: a possibilidade de consciência do dever ético é presunção da possibilidade de consciência do dever jurídico. *In eo quod plus est semper inest et minus.* Eis o justo raciocínio de von Hippel:[18] "Para o Direito somente importa o que é juridicamente proibido; mas quem pode compreender a reprovação ética está, igualmente, as mais das vezes, em condições de inferir a possível existência da proibição jurídica". Basta, assim, a capacidade de perceber que o fato seja possivelmente criminoso – o que é diferente do efetivo conhecimento do caráter criminoso do fato ou mesmo da possibilidade de *positivo* conhecimento de que o fato seja crime.

O segundo critério psicológico da responsabilidade é o que diz com a *vontade* (*momento volitivo* da responsabilidade): capacidade de dirigir a conduta de acordo com o entendimento ético-jurídico. É a capacidade do *homo medius* no sentido de uma suficiente força de vontade para resistir ao impulso para a ação e agir em conformidade com a consciência ético-jurídica, geral. É a capacidade de resistência ou de inibição ao impulso criminoso. Não se trata de autodeterminação no sentido filosófico, mas no sentido empírico ou da vida habitual. Pode ser razoável ou adequado o entendimento do agente sobre a significação do seu ato, mas um defeito de vontade (resultante de estado psíquico mórbido) impede-o de dirigir sua conduta como devia corresponder a esse entendimento.[19] É, em última análise, a capacidade de ajustar a ação aos motivos, a faculdade de agir normalmente, de conformar a conduta a motivos razoáveis. Sabe-se que há certas anormalidades psíquicas, bem definidas como entidades nosológicas, que podem interessar só uma ou outra das citadas condições da responsabilidade; mas esta é excluída pela ausência de qualquer delas.

108. Imaturidade. Segundo declara o art. 23, "os menores de 18 anos são penalmente irresponsáveis, ficando sujeitos às normas estabelecidas na le-

---

18   Ob. cit., II, p. 294.
19   Thormann e Overbeck, *Das schweizerische strafgesetzbuch,* fac. I, p. 70

gislação especial". Este preceito resulta menos de um postulado de psicologia científica do que de um critério de política criminal. Ao invés de assinalar o adolescente transviado com o ferrete de uma condenação penal, que arruinará, talvez irremediavelmente, sua existência inteira, é preferível, sem dúvida, tentar corrigi-lo por métodos pedagógicos, prevenindo a sua recaída no malefício.[20] O *delinquente juvenil* é, na grande maioria dos casos, um corolário do *menor socialmente abandonado*, e a sociedade, perdoando-o e procurando, no mesmo passo, reabilitá-lo para a vida, resgata o que é, em elevada proporção, sua própria culpa. Assim, tem sido, modernamente, uma assídua preocupação do Estado o amparo material e moral da infância e adolescência. A defesa dos *pequenos homens*, notadamente contra o seu abandono moral, assumiu o mais alto relevo, desde que se compreendeu que estava aí, em grande parte, a solução de um dos mais graves problemas sociais, qual seja o da prevenção da delinquência. Merece o tema que o abordemos, embora sem o intuito de exauri-lo.

Certamente não é de ser acolhido o *apriorismo* lombrosiano de que todas as tendências para o crime têm o seu começo na primeira infância. Nem é de admitir-se, por outro lado, o unilateralismo simplista de RANDALL:

---

20 Por isso mesmo é que a incapacidade penal dos menores de 18 anos não cessa com a *emancipação civil* (art. 9º do Código Civil). Salvo para excluir, como é óbvio, o crime de rapto *in parentes vel tutores* e os demais lesivos do pátrio-poder ou tutela, o instituto da emancipação não tem ingresso na órbita penal. O art. 23 contém uma presunção *juris et de jure*, isto é, inelidível por prova em contrário. Rompendo com o antigo sistema de subordinar a responsabilidade, na espécie, à indagação de haver, ou não, o menor agido *com discernimento*, o atual Código, inspirado principalmente por um critério de política criminal, cortou o cerne da questão: os menores de 18 foram postos inteira e irrestritamente à margem do Direito Penal, ficando apenas sujeitos às medidas de pedagogia corretiva do Código de Menores. Não cuidou da maior ou menor precocidade psíquica desses menores: declarou-os, por presunção absoluta, desprovidos das condições da responsabilidade penal, isto é, o entendimento ético-jurídico e a faculdade de autogoverno. É bem de ver, portanto, que a emancipação civil é, de todo, irrelevante *sub specie juris criminalis*. E entender de outro modo redundará em desconchavos. Se fosse atendível, *in poenalibus*, a emancipação, ou, seja, a antecipação da maioridade civil, o emancipado não poderia reclamar o benefício de contagem por metade dos prazos de prescrição, nem o de suspensão condicional da pena de reclusão não superior a dois anos, e, ainda mais, não poderia ser sujeito passivo dos crimes de sedução, corrupção, certas formas de lenocínio qualificado etc., etc. Por último: a adotar-se tese contrária (como fez um acórdão do Tribunal de Justiça do Pará), para admitir a influência do Direito Civil no Direito Penal, quanto à capacidade das pessoas, chegar-se-ia a este desconcerto: o art. 23 do Código Penal, não deve ser atendido quanto ao menor entre 16 e 18 anos, pois o art. 156 do Código Civil dispõe que "o menor, entre 16 e 21 anos, equipara-se ao maior quanto às obrigações resultantes de atos ilícito, em que for culpado".

"Salvai a criança, e não haverá mais homens a punir!" Não. A delinquência é, na sua etiologia, um problema complexíssimo, desconcertante, que se não deixa fixar de modo integral. A pobre ciência humana sobre ele se debruça, impotente e ansiosa, para tecer e destecer a sua *teia de Penélope*. LOMBROSO, LACASSAGNE, TARDE, FERRI, PATRIZI, PENDE, KRETSCHMER, FREUD, ADLER valem o mesmo na tentativa de uma fórmula decisiva na identificação do *primum movens* do fenômeno da criminalidade: teorias, hipóteses, conjeturas. O mais que se pode reconhecer, de modo positivo, são algumas *condições* ou *causas próximas* da delinquência. Nem mesmo é permitido afirmar se existe, de modo geral, uma *predisposição* biopsíquica para o crime. Quando a pesquisa científica julga ter surpreendido uma causa genética universal da criminalidade, vem-se a verificar, logo a seguir, que se trata de um simples e inconstante efeito, que remonta a alguma causa preexistente, indecifrável, misteriosa, a desafiar a argúcia e penetração do espírito humano. Entre as condições próximas e mais frequentes da delinquência é, fora de dúvida, porém, que ressai, na primeira plaina, a incúria em torno à formação moral de um grande número de homens no período da infância e adolescência. Muitíssimos delinquentes que constituem a clientela habitual das penitenciárias não teriam chegado a esse estado de miséria e desgraça moral se tivessem tido, na sua juventude, o necessário amanho e orientação protetora. Se no sulco de suas almas, ao invés da erva daninha dos vícios, se tivesse feito cair a semente benéfica dos imperativos éticos. Ao arrepio de uma ciência que anda por aí improvisada, supondo encontrar um repositório de torpezas no *inconsciente* infantil, o postulado *spenceriano* está bem próximo da verdade: *toda criança é boa por natureza*. Há uma fase, porém, na vida do *pequeno homem,* em que este, para formação mesma do seu caráter individual, é um elemento revolucionário, em permanente conflito com o mundo objetivo, com o princípio da autoridade, com as injunções sociais. E se vamos rastrear os adolescentes nas baixas camadas da sociedade, naquele *troisième dessous* de que falava VÍTOR HUGO, nós o encontraremos como vibriões das leziras pestíferas e letais. Não conhecem da vida senão o que ela tem de sofrimento, de privação, de crueldade, de injustiça. Como diz um criminólogo contemporâneo, vivem eles em tugúrios infectos e foram engendrados em ventres famélicos, com a sinistra colaboração do álcool, da sífilis, da tara hereditária. Ao invés de carinho, só recebem pancada; ao invés do mais elementar conforto, só conhecem a insuficiência, senão a carência do pão. Tornam-se-lhes odiosos o lar, a família, a sociedade. Esses pequenos desgraçados, que vagueiam em molambos, quase nus, desnutridos, dormindo nos desvãos da via pública, ou em lúgubres pardieiros ou misérrimas baiucas, ao *Deus dará,* desprotegidos, maltratados, corridos como cães, que se poderia esperar deles senão que se deixem resvalar pelo declive de todos os vícios, de todas as perversões, de todos os malefícios? Imaginemo-nos a nós mesmos, beneficiários de melhor destino, se nos tivéssemos encontrado, na manhã de nossas vida, nessa mesma sóbria e dolorosa situação, rodeados de um ambiente de corrupção e imoralidade, passando fome e frio, acuados pelo acicate de todas as necessidades, impelidos ao descaramento pelo aguilhão de todas as privações, mal compreendendo as iniquidades fatais da vida social, deixados ao capricho de nossos próprios instintos e à sugestão de todos os maus exemplos: seríamos iguais ou piores que esses desventurados *homenzinhos* delinquentes, que começam por furtar um pedaço de pão para matar a fome e acabam por integrar-se no mundo torvo da criminalidade. Não foi senão em época relativamente recente que o Estado reconheceu seu grande quinhão de culpa no abandono e corrupção dos meninos e rapazes que vivem no *bas--fond* social, nos sórdidos porões das populações urbanas. Não foi senão nestes últimos tempos que as leis sociais cuidaram de proteger as crianças desprotegidas da sorte, para incorporá-las como homens úteis no convívio social. Não foi senão modernamente que os legisladores se renderam à evidência de que o mais alto índice de civilização humana é a afirmação e garantia do direito dos *socialmente fracos*. Todos os povos cultos compreendem, hoje, a necessidade de amparar e zelar pelas crianças que não têm lar, ou desertam dele pela sua penúria ou maldade, ou vivem, pelo desleixo dos pais, em meios corrompidos e deletérios. A proteção não visa somente aos menores materialmente abandonados, mas, de modo principal, os moralmente tais; não somente os *órfãos*, os *sem-família*, os meninos párias, mas também aqueles que vivem num mau ambiente familiar, quer se trate de lares batidos pela pobreza, quer daqueles outros que, embora economicamente felizes ou fartos, são aviltados e podres na sua intimidade. Reconheceu-se que a delinquência juvenil é, principalmente, um problema de educação. Erraram LOMBROSO e MAUDSLEY quando disseram, numa apressada generalização, que os criminosos *nascem,* como os poetas. Erraram aqueles que afirmaram ser o crime um fato normal da infância, porque nesta só se encontram a ira, a crueldade, a lascívia, a inveja, a falsidade. Errou FREUD – o denegridor de espécie humana – quando, nas suas hipóteses sobre o *inconsciente*, viu na psique da criança um volutabro em que se acumulam infâmias e sordícies. Ainda que se não queira admitir o otimismo de SPENCER e ROUSSEAU, de que todos os homens, ao nascer, só têm sentimentos bons, a experiência tem evidenciado a gênese marcadamente *social* ou *exógena* da criminalidade infantil. O mau ambiente doméstico, o pauperismo, a incorreção moral, a má educação, a vida solta nas ruas, o mau exemplo e mesmo a instigação dos pais, as más companhias, os espetáculos obscenos e leituras impudicas, as solicitações ao livre ensejo dos instintos e múltiplas outras causas do *mundo externo* é que fazem o homem madrugar para o crime. Não devemos crer no fatalismo da delinquência. O próprio adulto inveterado na trilha do crime é *corrigível,* pois, como diz SALDAÑA, não é ele uma pedra. A proclamada tendência hereditária ou congênita para o crime, o pretendido determinismo orgânico para o mal tem sido exagerado pela preocupação de *redondas* conclusões científicas ou pretendidamente tais. E ainda que seja inegável em certos casos a tara hereditária, pode esta ser neutralizada ou atenuada pela educação, pela profilaxia do meio, pelo trabalho racionalizado, por influências morais a transfundirem-se na alma juvenil, a criarem motivos inibitórios que condicionam a harmonia do indivíduo com o todo social. Não vale dizer que 30% de menores delinquentes são filhos de alcoólicos ou sifilíticos, ou são psiquicamente anormais, deficientes, retardados, abúlicos, impulsivos etc. Não fora a cumplicidade do ambiente social viciado, aliada à ausência de uma educação adequada, e jamais teriam palmilhado a senda do crime. Pode afirmar-se, como um princípio geral, que o menor delinquente é um produto do meio, a resultante de um ambiente familiar e social corrompido. A criança, pela sua plasticidade, pelo seu mimetismo, é solidária com tudo quanto a circunda. O lar doméstico, como diz JUARROS, é a forja em que se modela a delinquência infantil, notadamente entre as classes inferiores ou desprovidas de fortuna. A criança que nasce e respira numa atmosfera de extrema pobreza e que se vê constantemente rodeada de exemplos corruptores, de provocações indiretas, quando não francas e despejadas, para o mal; que cresce entregue exclusivamente à inspiração dos próprios desejos e caprichos; que vive, o maior tempo, distanciadas dos pais, a quem a conquista do pão obriga ao trabalho fora de casa; que se forma o próprio caráter com o testemunho cotidiano de cenas perversas e indecorosas; que se cria brutaliza, suja de corpo e de alma, em lares ensombrados pela penúria e onde reina a mais despudorada promiscuidade, que coisa se poderá esperar dela senão que se exilem do seu coração todos os sentimentos bons e morais: Em segundo lugar, vem a rua, que, principalmente nos bairros pobres, é o vazadouro de todas as impurezas, a feira de maus conselhos, as cenas de brutalidade, a calaçaria, as sugestões obscenas, as amizades perigosas, as más companhias, os grupilhos de prematuros malandros, os espetáculos perniciosos, o cinema como o seu amoralismo que vai até a apologia velada do crime, as leituras malsãs, as casas de vício, tudo isso se acumplicia para desviar do direito caminho a criança desvigiada. Informa-nos CUELLO CALÓN, com a sua experiência de juiz de menores em Barcelona, que duas terças partes, pelo menos, da criminalidade infantil derivam do meio imoral e derrancado em que vivem seus protagonistas. Ora, pondera o ilustre escritor de Direito Penal, a influência perniciosa do ambiente familiar ou social pode ser anulada pela assistência material e moral do Estado e, assim, a grande maioria desses prematuros delinquentes é suscetível de reforma e de adaptação às condições normais da vida social. Mendes Correia divide os menores delinquentes em *anormais por "déficit" intelectual* (idiotas, imbecis, débeis ou retardados mentais), *instáveis* (com ou sem debilidade mental), *astênicos* (apáticos, abúlicos, perversos), *anormais por "déficit" afetivo ou moral* (indisciplinados, amorais, viciados), *anormais convulsivos* (epilépticos, histéricos, coreicos), *alienados propriamente ditos, anormais por "déficit" físico ou sensorial* e, finalmente, *anormais por "déficit" educativo*. Esses últimos, porém, avultam de tal maneira sobre os outros, que quase se poderia resumir a eles a ação profilática ou preventiva contra a delinquência juvenil. De assistência moral, principalmente, repita-se, é que necessitam os malfeitores precoces. É preciso socorrê-los, salvá-los de si próprios e do meio em que vegetam, ensejando-se-lhes aquisições éticas, reavivando neles o sentimento de vergonha e de autocensura. É preciso que se forme neles aquela personalidade moral que, se não fora nossa idiossincrasia por Freud, consentiríamos em chamar o *superego* individual. É preciso reabilitá-los para a dignidade da vida, para o seu direito a um suficiente *lugar ao sol*. Há toda uma nova ciência para esse fim: é *a pedagogia correcional*, a *Heilpedagogik,* dos alemães. A alma da criança é um terreno afeiçoável a todas as culturas. O delinquente infantil está longe de ser um caso irredutível aos processos educacionais inspirados na psicologia experimental. Há episódios da criminalidade precoce que atestam, paradoxalmente, por vezes, o tesouro de bondade e nobreza, que é o coração de uma criança. Bugallo Sanchez conta-nos de um rapazelho que havia furtado de uma colchoaria certa porção de lã, e interrogado sobre o que pretendia fazer com aquilo, informou, sem mentir: "Um travesseiro para minha pobre mãezinha, que está doente". As mais das vezes, o crime na infância não é mais que um episódio doloroso de miséria extrema, que nos enche de infinita piedade e, também, de revolta contra a brutal, embora inevitável desigualdade dos destinos humanos. O mesmo B. Sanchez relembra, a propósito, o caso de um menino que furtou a uma confeitaria uma caixinha de bombons e assim se justificava: "Para falar verdade, eu não queria tirá-la, mas me fazia inveja ver os outros meninos comprando doces... Eu estava com fome, e aquilo parecia tão gostoso... Eu nunca tinha provado um bombom..."

Cumpre atalhar na criança a inclinação congênita ou adquirida para o mal, formando-se ou preservando-se nela o futuro *homem de bem*. O Estado, a quem incumbe a consecução dos fins coletivos, não pode alhear-se, em tal sentido, a uma função de assídua vigilância, a uma próvida e militante ação tutelar. Embora sem a desejável eficiência ou realização prática, as nossas normas legais sobre proteção à infância podem emparelhar com as das mais adiantadas legislações. O nosso Código de Menores é modelar (e só a nossa incurável mania de legislação *de fachada* é que está atualmente empenhada em reformá-lo), e sob suas exclusivas sanções, de caráter meramente reeducativo, devem ficar, ainda nos casos de extrema gravidade, o menor de 18 anos que comete ações definidas como crimes. Em face do atual Código Penal, em caso algum será o menor de 18 anos mandado para a prisão comum, mesmo com separação dos criminosos adultos. Ainda nesta hipótese, alterado o art. 71 do Código de Menores, será o menor internado "em seção especial de escola de reforma", conforme dispõe o art. 7º da Lei de Introdução ao Código Penal (Decreto-Lei n. 3.914, de 9 de dezembro de 1941).

109. Emoção e paixão. Não transige o Código, no terreno da responsabilidade penal, com os emotivos ou passionais que não exorbitam da psicologia normal. Explícita e categoricamente dispõe o art. 24, n. I, que "não excluem a responsabilidade penal a emoção ou a paixão". *Emoção* é um estado de ânimo ou de consciência caracterizada por uma viva excitação do sentimento. É uma forte e transitória perturbação da afetividade, a que estão ligadas certas variações somáticas ou modificações particulares das funções da vida orgânica (pulsar precípite do coração, alterações térmicas, aumento da irrigação cerebral, aceleração do ritmo respiratório, alterações vasomotoras, intensa palidez ou intenso rubor, tremores, fenômenos musculares, alteração das secreções, suor, lágrimas etc.). Segundo a teoria *intelectualista*, que é a mais antiga, os fenômenos somáticos da emoção representam uma *consequência* do estado afetivo. Para a doutrina *somática* (*fisiológica, periférica*), entretanto, é justamente o contrário que sucede: a emoção produz-se independentemente de um estado psíquico *especial*, sendo precedida e provocada pelas variações fisiológicas. Foi WILLIAM JAMES,[21] logo seguido do professor dinamarquês LANGE,[22] quem formulou a teoria fisiológica ou somática da emoção. Segundo ele, "ter consciência de uma emoção forte é ter consciência de sua expressão orgânica". Ao que geralmente se supõe, a emoção procederia diretamente da percepção de um tal ou qual objeto e, em seguida, o estado subjetivo emocional exprimir-se ia no corpo, determinando modificações orgânicas. A realidade, porém é outra: as alterações orgânicas seguem imediatamente à percepção do objeto, e a consciência que temos delas, à proporção que se produzem, é que constitui a emoção como fato psíquico. Consoante

---

21 *Précis de psychologie*, trad. de BAUDIN e BERTIER, pp. 495 e ss.
22 *Les émotions, étude psychophysique*, trad. de DUMAS.

a noção vulgar, diz-se: quando perdemos os nossos haveres, afligimo-nos e choramos; quando encontramos um urso, tremmos e fugimos; quando somos insultados, irritamo-nos e reagimos. Ora, o que se deve dizer, embora pareça paradoxal, é que ficamos aflitos porque choramos, ficamos com medo porque tremmos, ficamos irritados porque reagimos. Se a percepção não ocasionasse diretamente variações somáticas, não passaria de pura percepção, sem o menor calor emocional.

Uma teoria conciliatória é proposta por DE SANCTIS.[23] Segundo este, o fenômeno emotivo se desenvolve com as seguintes etapas: primeira, percepção sensória; segunda, atividade consciente da córtex representativa e orgânica (emoção primária), com reconhecimento do valor afetivo da percepção; terceira, fenômenos reflexos bulbares e talâmicos (vasomotores) e humorais; quarta, ricochete desses reflexos como novos estímulos à consciência; quinta, estado emotivo completo ou emoção verdadeira.

Segundo a explicação endocrinológica, a emoção resulta de um estímulo que determina, através do sistema nervoso, uma variação endócrina (de glândulas de secreção interna) e esta, por sua vez, repercute sobre o sistema nervoso, tornando-o mais suscetível à ação do estímulo. CANNON vê no choque emotivo uma tempestade simpática ocasionada e acompanhada por um excesso de adrenalina e glucose no sangue. MONAKOV entende que há diversidade de hormônios segundo esta ou aquela emoção, e SPERANSKI formula a hipótese de humores especificamente emotivos.

Os psicanalistas, de seu lado, pretendem que toda emoção é expressão dinâmica de um instinto, emanada de fontes conscientes ou inconscientes.

É inegável que a emoção tem a sua fonte na atividade orgânica, em uma série de movimentos e detenções de movimentos que provocam certos fenômenos circulatórios e ressoam até o cérebro, graças ao sistema nervoso da vida vegetativa.

Há uma certa diferença entre *emoção* e *paixão*, embora esta seja originária daquela. Dizia KANT que a emoção é como "uma torrente que rompe o dique da continência", enquanto a paixão é o "charco que cava o próprio leito, infiltrando-se, paulatinamente, no solo". A emoção é uma descarga nervosa subitânea, que, por sua breve duração, se alheia aos plexos superiores que coordenam a conduta ou não atinge o *plano neopsíquico* de que fala PATRIZI. A paixão é, por assim dizer, a emoção em estado crônico, perdurando, surdamente como um sentimento profundo e monopolizante (amor, ódio, vingança, fanatismo, despeito, avareza, ambição, ciúme). Sua lógica, como diz RIBOT, é fundada exclusivamente sobre bases afetivas, que, extrain-

---

23 *Psicologia sperimentale*, 1930.

do o próprio conteúdo de motivos sentimentais e inerentes a inclinações, necessidades, desejos, procura dar uma forma racional externamente plausível, uma justificação idêntica a que se tem na lógica racional e que torna aceitáveis todos esses motivos (VERGANI). É a chamada *lógica do sentimento*. Pode dizer-se que a paixão é a emoção que protrai no tempo, incubando-se, introvertendo-se, criando um estado contínuo e duradouro de perturbação afetiva em torno de uma *ideia fixa,* de um pensamento obsidente. A emoção dá e passa; a paixão permanece, alimentando-se de si própria. Mas a paixão é como o borralho que, a um sopro mais forte, pode chamejar de novo, voltando a ser fogo crepitante, retornando a ser estado emocional agudo. Como observa MELLUSI,[24] "nos tratados contemporâneos, a palavra *paixão* desaparece quase inteiramente, substituída pelo vocábulo *emoção*. A paixão, porém, pelas suas características no conjunto da vida afetiva, deve ser colocada entre a emoção e a loucura. É difícil indicar com clareza e exatidão a diferença entre emoção e paixão. Não há diversidade de natureza, porque a emoção é fonte de que nasce a paixão; não há diferença de grau, pois, se há emoções calmas e paixões violentas, pode ocorrer também o contrário. Resta uma terceira diferença: a duração. Geralmente se diz que a paixão é um estado que dura; a emoção é a forma aguda, a paixão, a crônica". A emoção estênica ou reativa (ou a paixão violenta), que pode levar até o crime, é um debatido tema, sob o ponto de vista da responsabilidade penal. Querem uns que ela funcione como *dirimente* (excludente da capacidade de direito penal), de vez que subverte o entendimento e o autogoverno. Dizem outros, entretanto, que ela não anula os *motivos da consciência* ou o *poder de inibição* próprio do homem normal. Há persistência do *self-control*, senão integralmente, pelo menos de modo a que as maiores excitações emotivas lhe são permeáveis e, sob sua influência normalizadora, podem deixar de traduzir-se em aberrações de conduta. Não há falar-se, aqui, em substituição ou abolição da consciência – o que só se verifica nas doenças mentais. Quanto mais a consciência é provida dos motivos inibitórios, menos dominante é a emoção, mais o *psíquico* resiste ao *fisiológico*. A emoção, do mesmo modo que a paixão (que é a emoção em *câmara lenta),* pertence à psicologia normal. Declarando-se *responsáveis* os criminosos emocionais ou passionais cria-se, com a ameaça da pena, um *motivo antitético,* que, transfundido na consciência individual, se alia às forças inibitórias ou repressivas da agitação fisiopsíquica.

  Entendemos que a emoção (ou a paixão explosiva), quando atinge o seu auge, reduz quase totalmente a *vis electiva* em face dos motivos e da possibilidade do autogoverno. Já alguém comparou, com justeza, o homem sob o

---

24 *Quelli che amano e uccidono,* p. 16.

influxo da emoção violenta a um carro tirado por bons cavalos, mas tendo à boleia um cocheiro bêbado. Na crise aguda da emoção, os motivos inibitórios tornam-se inócuos freios sem rédea, e são deixados a si mesmos os centros motores de pura execução. Dá-se a desintegração da personalidade psíquica. Dissocia-se o jogo das funções cerebrais. Recordemos ainda a lição de MELLUSI: "*Certo l'emozione acutissima inpedisce l'apprezamento esatto delle sensazioni, perifeche, onde percezioni assolutamente erronee, e quindi idee di reazione, ostacolo alla formazione di idee controstimolanti o insorgenza di idee troppo deboli per contraporsi alle altre. E così l'idea della reazione non sufficientemente vagliata, non discussa, incalza e si compie, ridotto al minimo il processo inibitore: sovente questo stato equivale ad un acesso epilettico. Come trovare in questa tempesta, e tanto più se insorge in soggetti nevropsicopatici e degenerati, gli estremi psicologici del normale volere?*"

É fora de dúvida, porém que, na sua fase incoativa, o *processus* da emoção (ou da paixão violenta) pode ser interrompido. Nessa fase, ainda é possível a interferência da *autocrítica*, e o indivíduo pode conservar-se "dentro de si" ou, como diz JAMES, deixar de exprimir a emoção, *contando até dez ou modulando um assobio*. Antes do momento agudo da *descarga* ou *raptus* emocional, há um decisivo instante em que ainda se pode obedecer ao influxo da atividade psíquica frenadora ou atender à exortação de HORÁCIO:

"*[...] animum rege, nisi paret,
Imperat*".

Já o velho SÊNECA, no seu tratado *De ira*, distinguia entre o arranque ingovernável da emoção e o período da incipiência desta, em que é ainda impraticável a intervenção da vontade consciente e livre: "A alma, uma vez aluída, lançada fora da sua sede, a nada mais obedece além do impulso que recebeu. Há coisas que, no seu início, dependem de nós, mas que, deixadas a si mesmas, nos arrastam por sua própria força e não mais permitem recuo. O homem que se lança ao fundo de um abismo não é mais senhor de si, não pode deter-se, nem diminuir sua queda: um despenhamento inelutável cortou cerce toda a prudência, todo o arrependimento, e é-lhe impossível retornar ao momento ou posição em que podia ter deixado de cair. Assim, a alma que se entrega à cólera, ao amor, a uma paixão qualquer, perde os meios de conter-lhe o ímpeto. O melhor é dominarmos a primeira irritação, matando-a em seu germe, resguardando-nos do menor desvairo, pois, se ela consegue arredar nossos sentidos, já não há mais evitar-lhe o império: agirá segundo o próprio capricho, não segundo nossa permissão. Cumpre que desde a fronteira se repila o inimigo: se este avança, apoderando-se das portas da cidadela, como poderá receber o comando de um prisioneiro?"

A emoção incipiente quase sempre *aborta* quando se apresenta um forte contramotivo. Isto é de experiência comum. As mais das vezes, um indivíduo que se encoleriza, e está prestes a um ataque, sabe conter-se quando percebe a disposição reacionária do adversário ou de algum circunstante. O temor do revide é, como se diz vulgarmente, *água fria na fervura*. No momento inicial da emoção, portanto, não se eclipsa o relativo poder de seleção entre os motivos que solicitam a vontade, isto é, não desaparece a condição da responsabilidade penal. Se o indivíduo se deixa empolgar pela emoção ou paixão violenta e vai até o crime, este se apresenta como uma *actio libera in causa*.[25] Além disso, é

---

25 A propósito do tema, assim dissertamos recentemente (conferência proferida na Faculdade de Direito de São Paulo, em 21-10-1950):
"Um dos mais nítidos contrastes entre o Cód. Penal de 1890 e o atual é o que se apresenta no tocante aos tratamentos acamados *criminosos emocionais*. Enquanto o antigo Código outorgava, sob a rubrica de 'completa perturbação de sentidos e de inteligência', um extensivo '*bill* de indenidade' aos indivíduos que cometessem crime em estado emocional agudo, o Código de 1940 estatui, de modo categórico, iniludível e irrestrito, que a emoção não exclui a responsabilidade penal. Os pressupostos desta já não podem ser elididos pela conturbação emocional do agente no momento do crime. E não deixa de ser assim ainda quando a emoção seja *violenta* e ocasionada por grave *injustiça*, pois, em tal caso, apenas se reconhece uma diminuição ou degradação da *culpabilidade*, pela qual se mede a pena *in concreto*. Responsabilidade com menor culpabilidade ou menor punibilidade, mas nunca irresponsabilidade. Por mais que acarrete a obnubilação da inteligência, ou por mais que subverta o juízo de comparação entre os estímulos e contraestímulos ou restrinja a faculdade de autogoverno, traduzindo uma verdadeira explosão afetiva, com rompimento dos liames entre a conduta e o psiquismo superior, e exprimindo-se numa reatividade ou descarga psicomotora incontrolável, a emoção, em face do Código vigente, deixa intata, por presunção *juris et de jure*, a capacidade de direito penal. Não há contornar o preceito legal: em caso algum pode a emoção, considerada em si mesma e com exclusão de outras causas, operar como dirimente. Desde que se não ligue a doença ou profunda deficiência mental, de que seja precisamente um sintoma, a emoção não exclui, nos crimes praticados sob seu influxo ou domínio, um agente responsável e punível. Mas, como se explica que, assentando a condição psíquica da responsabilidade na adequada ou razoável atuação da vontade em face dos motivos, ou na capacidade normal de dirigir a conduta segundo representações ético-sociais, possa o nosso Código atual declarar responsáveis os possuídos da emoção-choque, que se afirma ser, como estado anímico, a anarquia da vontade, o crepúsculo da consciência inteligente, o ofuscamento da razão, o intenso abalo da personalidade psicoética?
Prima facie, o ilogismo é chocante; mas, na realidade, não é senão aparente. Não apenas sob o ponto de vista pragmático ou de política criminal, que identifica a *verdade* com a *utilidade*, se fundamenta e legitima a responsabilidade dos que delinquem em estado de *raptus* emocional: para adoção de tal critério, não há, sequer, necessidade de se criar um *jus singulare* ou de se repudiar, excepcionalmente, o princípio de subordinação da responsabilidade penal à responsabilidade moral, que, por sua vez, pressupõe a normalidade da volição consciente e livre.

inegável que a certeza da futura punição intervém no jogo dos motivos inibitórios e, no período nascente da emoção ou da paixão, pode decidir como

> Primacialmente, uma indagação se impõe: por que são minoria os indivíduos que se deixam empolgar pela emoção até o extremo da reação pelo crime? A razão se evidencia por si mesma: é que há nesses indivíduos uma deficiência dos poderes de autocrítica e de autoinibição. Deve seguir-se daí, porém, que se trate de pessoas constitucionalmente anormais ou incapazes de conduta normal? De modo algum. A normalidade não é um tipo rigidamente fixo: admite, sem desclassificar-se, variações para um *plus* e para um *minus*. É de se enjeitar, por sua gratuidade, a hipótese de uma constituição especificamente delinquencial ou fatalisticamente orientada para o crime. Não há negar que haja no fundo de cada um de nós um *pequeno diabo*, um malévolo *djin*, um criminoso *in potentia* (que nada tem a ver com o desacreditado "criminoso nato" da doutrina lombrosiana), e o mais rigorosamente típico *homo medius* não está isento, tais sejam os motivos e as circunstâncias, de vir a cometer um crime. O crime não é privilégio dos anormais. Isso de vincular o crime, de modo genérico, à anormalidade psíquica é ritornelo monótono de uma pseudociência criminológica, orientada por um vaidoso e excessivo psiquiatrismo, que ainda não conseguiu, que eu saiba, avançar além de "palpites", de conjeturas, de "saques a descoberto", e do qual alguém já disse, como toda razão, que é um quadro pintado pela fantasia com as tintas do arco-íris.
> O que naturalmente acontece é apenas o seguinte: por disposição congênita, que se vem aliar a uma educação deficitária sob o prisma ético-social, há indivíduos que apresentam, em relação a outros, um desfalque de resistência psíquica, e mais facilmente, por isso mesmo, cedem aos eventuais estímulos para a conduta antissocial. Não há nisso, porém, nenhuma proclividade ou tendência irresistível. Sempre persiste a possibilidade de isenção da vontade aos fatores endógenos e exógenos. Na formação da personalidade psíquica, não é jamais a vontade um "zero à esquerda" ou um "conviva de pedra": ainda que claudicante, pode, pela constância de um maior esforço de si mesma, evoluir entre essas concausas e sobrepor-se a elas, por mais que conspirem no sentido de sua indisciplina. O ser humano não é precisamente o cão de Pavlov, à mercê do automatismo de "reflexos condicionados". Em razão mesmo da sempre possível autonomia e dinamismo da vontade é que a personalidade não se apresenta como um modo de ser irrecorrivelmente definitivo ou estático. O frouxo de inibição ou lerdo de *self control* não se equipara ao louco, autômato do incubo da própria loucura e a ele sempre pode dizer-se: "Tu podes; logo, deves". Certamente que há os *hipersensíveis* como há os *hipossensíveis*, mas a hiper a hipossensibilidade são atitudes temperamentais, e não índices de anormalidade psíquica. Nem mesmo aqueles que enxameiam na "zona fronteiriça" de Maudsley estão desprovidos de um mínimo de autoinibição capaz de fazer abortar uma reação criminosa. Nada mais razoável, portanto, que os vulgares débeis da vontade sejam considerados dentro da psicologia normal e respondam plenamente por suas aberrações de conduta, tanto mais quanto são estimuláveis por motivos contrários à sua impulsividade, entre os quais, ressai, sem dúvida alguma, a sanção penal. Pode mesmo dizer-se que precisamente para eles é que foi instituída a pena, que, como a ameaça, exerce uma salutar coação psicológica (segundo a clássica expressão de Anselmo Feuerbach) e, como execução, deixa, em quem a sofre, uma impressão indelével ou dificilmente esquecível, de modo a tornar mais vigilante e ativa a sua faculdade de autogoverno.

motivo prevalente. Se assim não acontecer, seguindo-se a conduta aberrante, a efetiva punição deixará no indivíduo uma impressão indelével, que aumentará e tornará mais vigilante a sua faculdade de autogoverno. Não foi, certa-

> Pois bem: é de experiência comum, com abstração de improváveis ilações de *eruditismo* psicológico, que a emoção, pelo menos na sua fase incipiente, não elimina a *vis selectiva* da vontade, podendo o indivíduo, como diz WILLIAM JAMES, deixar de *exprimi-la* e frustrar, portanto, a progressividade da sua tirania. Já advertia SÊNECA, ao dissertar sobre a exaltação emotiva: "Cumpre dominarmos a primeira irritação, matando-a em seu germe, pois, se ela consegue arredar nossos sentidos, já não há evitar-lhe o império: agirá segundo o próprio capricho, não segundo nossa permissão. É preciso que desde a fronteira se repila o inimigo; se este avança, apoderando-se das portas da cidadela, como poderá receber o comando de um prisioneiro?" Antes do momento agudo do *raptus* emocional, há um decisivo instante em que ainda se pode obedecer à exortação de HORÁCIO:
> "[...] *animum rege, nisi paret,*
> *Imperat*".
> Salvo nos casos de reação instintiva e imediata, ou reflexa, a um inopinado estímulo físico, precede sempre à emoção, ainda que breve, um *estado de consciência* permeável ao jogo dos estímulos e contraestímulos. Assim sendo, e se o indivíduo não se coíbe *ab initio*, permitindo que a emoção passe de brasa a incêndio, para atingir o seu clímax de agitação psicomotora e descarregar na reação criminosa, não é despropósito que sua responsabilidade seja referida ao momento em que podia ter impedido o *crescendo* do estado emocional. Seu crime é uma *actio libera in causa*. Sua responsabilidade é idêntica e até mais evidente que a do indivíduo que comete crime em voluntário estado de embriaguez. Desde que deixou de atalhar a empolgadura da emoção, quando podia fazê-lo, voluntariamente se entregou ao desvario, não só prevendo como querendo, ou aprovando *ex ante* a reação antissocial que em tal extado veio a praticar.
> Depois de justamente acentuar que a emoção, em si mesma, como fenômeno biopsíquico, não é moral ou imoral, social ou antissocial (como entendia FERRI), pois tais qualificativos somente podem dizer com a personalidade em cujo âmbito surge e se desencadeia, pretende ALTAVILLA que ela deve ser elisiva da responsabilidade nos limitados casos em que o subsequente desafogo pelo crime não corresponda ao cunho da personalidade ética do indivíduo agente. Se o crime está em dissonância com os sentimentos morais do possesso da emoção, deixa de ser expressão de sua personalidade, isto é, deixa de ser éticopsiquicamente "seu". Deve ser declarada a irresponsabilidade quando o choque emotivo deriva numa ação criminosa inteiramente alheia à moralidade habitual ou genérica do agente. Ora, tal raciocínio é inaceitável. Se a consciência moral do agente, na etapa incoativa da emoção, não se ajustasse à ideia do crime, isto é, se existissem nele suficientes *motivos de consciência* ou radicadas aquisições ética, a funcionarem como antítese frenadora, é claro que o crime não podia ter sido praticado. A emoção é uma brecha por onde sempre se escoa o fundo da personalidade. Do mesmo modo que a excitação alcoólica, age sobre a intimidade psíquica como o calor sobre uma esfera metálica: dilata-a, mas não a deforma. Como se diz *in vino veritas*, pode também dizer-se *in emota mente veritas*. O indivíduo emocionado jamais se destaca de si mesmo, para adquirir uma personalidade essencialmente contrária à que possui fora do estado emocional.

mente, por outros raciocínios que o nosso legislador penal de 40 entendeu de declarar que "não excluem a responsabilidade penal a emoção ou a paixão".

> É verdadeiramente estranho, por isso mesmo, o sentimento de piedade ou tolerância com que se costuma julgar o delinquente emocional. Do ponto de vista estritamente psicológico, é uma incoerência macroscópica o atribuir-se prêmio ao emocionado que pratica ações nobres, e se chama *herói*, e o não irrogar-se punição ao emocionado que comete ações maléficas, deixando-se de tratá-lo como *criminoso*. Tão responsável é o último pelo seu crime, quanto o primeiro pelo seu heroísmo. Existe diferença sob o prisma ético-social, pois, enquanto um é socialmente benéfico, o outro é socialmente nocivo; mas, se o herói é glorificado pela sua proeza, por que o criminoso não deve ser punido pela sua façanha? Compraz-se a psicologia moderna em pesquisar a psicogênese ou *processus* da emoção, e tem gasto com isso arrobas de papel e tinta. E como acontece toda vez que se pretende submeter a psique humana ao "olho mecânico" da ciência objetiva, não se logrou ultrapassar, até hoje, o terreno de *hipóteses provisórias*, que se sucedem ao sabor de lucubrações mais ou menos plausíveis, mas sem a marca da certeza, ou mesmo da aliciante persuasão. A antiga teoria *intelectualista*, tão convencidamente sustentada por HERBERT e NAHLOWSKY, foi substituída, durante 50 anos, pela teoria denominada *periférica* ou *somática*, de JAMES e LANGE. Aquela subordinava o afetivo ao intelectivo: os fenômenos fisiológicos da emoção (pulsar precípite do coração, alterações térmicas, aumento de irrigação cerebral, aceleração do ritmo respiratório, modificações vasomotoras, intensa palidez ou intenso rubor, midríase, horripilação, fenômenos musculares, perturbação das secreções, sudorese, lágrimas etc.) são *consequência* de um estado afetivo especial, cuja origem se encontra no jogo recíproco das representações. Suprima-se a inteligência, e o sentimento – cuja excitação caracteriza a emoção – se esvairá, como a vida de um ser parasitário ao separar-se do seu mutuante de seiva ou alimento, deixando de operar-se os fenômenos somáticos de natureza acessória.
> Para a teoria periférica, entretanto, é precisamente o contrário que ocorre: as variações somáticas seguem-se imediatamente à percepção do fato externo ou representação deste, e a consciência delas, à proporção que se produzem, é que constitui a emoção como fato psíquico. Consoante a noção vulgar, diz-se: quando perdemos nossos haveres, afligimo-nos e choramos; quando deparamos uma fera, trememos e fugimos; quando somos insultados, irritamo-nos e reagimos. Ora, o que se deve dizer, embora se afigure paradoxal, é que ficamos aflitos porque choramos, ficamos com medo porque tremermos, ficamos irritados porque reagimos. Se a percepção não ocasionasse diretamente alterações fisiológicas, que vão ressoar no cérebro, seria puramente cognoscitiva, desprovida do mais mínimo calor emocional. Poder-se-ia, em tal caso, receber, por exemplo, um insulto e julgar-se conveniente a reação, mas não experimentaríamos a emoção da ira. Várias têm sido as objeções formuladas a esta teoria, que, no entanto, ainda não foi totalmente repudiada, em razão da inviabilidade de uma prova decisiva em contrário. Para demonstrar o seu erro seria preciso, como argumenta JAMES, que se encontrasse um indivíduo que, apesar de anestesiado, não estivesse paralisado e, nada obstante, ainda fosse capaz de exprimir fisicamente a emoção, sem experimentar qualquer afecção subjetiva. SHERRINGTON e HEYMANS, entre outros, tentaram, *in anima vili*, realizar essa prova crucial; mas, não tendo sido possível a situação integral proposta

O Código atual somente condescende com a *emoção violenta* no campo da *culpabilidade*, para a atenuação da pena, e ainda assim quando derive de

---

por JAMES, os resultados não afastaram a dúvida. Tomou-se a um cão e secionou-se-lhe a medula espinho-cervical, de modo que ficaram obstruídas as conexões nervosas, entre o cérebro e as vísceras tóxicas, abdominais e pelvianas, e quase completamente isolados do centro vasomotor bulbar os vasos sanguíneos. Pois bem, ainda que com a quase totalidade do corpo impedida de participar do mecanismo emocional, quer na sua fase centrípeta, quer na sua fase centrífuga, o cão continuou capaz de sentir emoções. Entretanto, como ainda tivessem restado, sem interceptação, certos nervos cranianos, que asseguravam via de comunicação com o cérebro, persistiu a incerteza sobre se a expressão somática é antecedente ou posterior à ação cerebral que sobrevém ao estado emocional.
O próprio JAMES, porém, andou tergiversando com a sua teoria, que veio, finalmente, a encontrar em CANNON o seu mais sério opositor. Pondera este que as variações somáticas observadas no estado de emoção também se produzem em estados fisiológicos ou orgânicos sem nenhuma significação emocional, como, por exemplo, a febre, a exposição ao ar frio. A hipoglicemia resultante do excesso e insulina. E indaga: "Como é possível conceber que reações desprovidas de calor emocional em si mesmas, na maior parte dos casos em que se produzem, adquiram esse valor em outros casos, a ponto de constituir emoções?" Ainda mais: a produção artificial das reações pretendidamente emocionais não acarreta, como demonstrou MARAÑON, o fenômeno da emoção. E é de experiência vulgar que o riso simulado não produz a alegria, nem o soluço forçado provoca a tristeza... Ter-se-ia de reconhecer, portanto, no dinamismo psicofisiológico da emoção, estados cerebrais originais e autônomos, não passando de um fenômeno acessório ou secundário as alterações neurovegetativas, possivelmente resultantes da atividade cerebral sobre o centro bulbar, que seria o centro da vida emocional. É a teoria chamada "da sensibilidade central", que se substituiu à estritamente periférica. Mas, pergunta-se: como se passa da percepção do fato ou objeto à variação cerebral, e desta à variação bulbar? Segundo CANNON, uma situação dada vem a provocar, por via dos sentidos, da associação e da memória, separada ou conjugadamente, não só um conhecimento, claro ou confuso, da sua significação, como também uma excitação cortical mais ou menos forte, que, segundo o seu sentido, alcança, mediante processos desconhecidos e automáticos, tais ou quais centros emocionais do tálamo. Este, então, reaciona, e para isso é necessário que a córtex, que envia ordens, se relaxe, dentro de certa medida, na sua função de controle e inibição. Reacionando, o tálamo repercute, de um lado, sobre a córtex, a que leva a consciência dos processos emocionais e do *proprium quid* de cada emoção, e, de outro lado, sobre os centros dos músculos e das vísceras, mediante os quais se realiza e se exprime a emoção em todo o corpo.
Ora, tudo isso não passa, como adverte DUMAS, de uma explicação verbal, de vez que não se acham estabelecidos e comprovados os mecanismos fisiológicos de ação, interação e seleção que a nova teoria pressupõe. BUSCAINO, depois de excluir a interferência original de um estado emocional subjetivo, entende que os fatos puramente somáticos "constituem constelações complexíssimas de reflexos nos músculos estriados no sistema autônomo, no sistema simpático, no sistema endócrino, com os respectivos centros de coordenação localizados nos gânglios da base e no mesencéfalo, isto é, essencialmente na massa cinzenta que circunda o terceiro ventrículo e o aqueduto de SÍLVIO". É como se o ilustre fisiólogo italiano estivesse lendo no escuro a edição minúscula da "Divina

provocação injusta. Quum sit difficilimum justum dolorem temperare. A emoção, ainda quando *violenta* e derivada de uma *injustiça* da vítima, não exclui a responsabilidade, mas influi na degradação da culpabilidade, refletindo-se na

---

Comédia" de Dante... De Sanctis, conciliatoriamente, afirma que o *processus* da emoção apresenta as seguintes etapas: primeira, percepção sensória; segunda, atividade consciente da córtex representativa e orgânica (emoção primária), com reconhecimento do valor afetivo da percepção; terceira, fenômenos reflexos bulbares e talâmicos (vasomotores), bem como humorais; quarta, ricochete desses reflexos como novos estímulos à consciência; quinta, estado emotivo completo (emoção verdadeira). Nada, porém, nos garante contra o desacerto desses esquemas, cuja exposição pode ser apenas logorreia em torno de conjeturas e miragens.

Os endocrinólogos, por sua vez, têm a sua teoria: a emoção resulta de um estímulo que determina, através do sistema nervoso, uma variação endócrina, e esta, de seu lado, repercute sobre o sistema nervoso, tornando-o mais suscetível à ação do estímulo. Segundo Levi e Rothschild, a tireoide seria, por excelência, a glândula da emoção. Dizia Lugaro que, com a resseção de três quartos da tireoide, não haveria mais criminosos violentos. Entretanto, a *hipertireoideus* ou *basedowianos* flagrantes, desses de olhos salientes como empolas de câmara de ar por interstícios de pneu, conheço eu que se mostram de estoica serenidade... O já citado Cannon reconhece a influência endócrina, mas as cápsulas suprarrenais, estas, sim, é que seriam as glândulas específicas da excitação violenta. O hormônio que segregam, isto é, a adrenalina, é o melhor "combustível" às labaredas da emoção. A hiperadrenalinemia, devida ao estímulo emocional, e a consequente hiperglicemia acentuam e prolongam a onda emocional. Ao que informa Dumas, porém, são contrárias a essa hipótese as experiências de Stewart e Rogoff: operando estes sobre gatos, extraíram uma das suprarrenais e cortaram os nervos da outra, de modo a ficar suprimida qualquer secreção de adrenalina, e, no entanto, esses gatos continuaram suscetíveis de todas as reações emotivas dos gatos normais.

Vê-se por aí que muito pouco pode fornecer, para o estudo da emoção, a ciência de exploração do psiquismo. Em que pese a ingênua credulidade de certos juristas, que se metem a *dilettanti* da psicologia rotulada de "experimental", não pode esta apresentar, sequer, uma explicação cabal sobre a psicogênese da emoção. Continuamos, nós, juristas, pelo menos os que temos a cabeça sobre os ombros e ambos os pés firmemente sobre o globo terráqueo, a lidar tão somente com os dados da experiência empírica. E é esta, sem contraste de qualquer ilação positiva no campo científico, que nos atesta o que particularmente nos interessa sob o ponto de vista jurídico-penal, isto é, que existe no fenômeno da emoção um estado subjetivo especial que, se no seu auge é impulsividade quase automática, permite, entretanto, na sua fase incoativa, a interferência dos *motivos da consciência* ou dos *freios inibitórios*, o exercício do poder lógico no sentido de resistência à emotividade, o predomínio da inteligência experiente, a atuação normalizadora da faculdade de crítica e seleção dos motivos. A lei social, portanto, não pode deixar de atender a essa lição de banal experiência e, consequentemente, com fundamento no princípio da *actio libera in causa*, de inserir a sanção penal entre os motivos de antítese ao desencadear tumultuário da emoção ou à sua crescente expansão egoárquica, que, quando orientada para o crime, pode rebaixar o homem ao estado da pura animalidade.

medida da pena: é uma *atenuante comum* (art. 48, IV, letra *c*) e, tratando-se de *homicídio* ou de *lesões corporais,* constitui *causa de facultativa diminuição es-*

> Não faltam, é certo, ao nosso Código azedos censores que, assumindo o *ar de suficiência* dos que julgam possuir a chave de todos os mistérios e segredos, impugnam o raciocínio com que nós, juristas, construímos a teoria das *actiones liberae in causa seu ad libertatem relatae* e a aplicamos ao delinquente por emoção; mas desde que se reflita sobre a extrema e inexplicável complexidade do psiquismo, que é ainda, por isso mesmo, uma região quase incógnita, é bem de ver que orça pela charlatanice a crítica desses *boateiros* de ciência elaborada sobre probabilidades e presunções. Ainda que fosse artificialismo a teoria da *actio libera in causa* no caso dos delinquentes por ímpeto emotivo, qual a segurança que nos dão os psicólogos especialistas a respeito do que inculcam? Se eles gravitam em torno de uma hipotética recrudescência emotiva em razão de descargas de tireoidina ou golfadas de adrenalina, por que nos seria vedado, a nós, juristas, formular as nossas teorias, ainda que sobre base empírica? Por que haveríamos de repudiar um critério que corresponde ao interesse de ordem e disciplina da vida social e, em substituição, expedir, em nome de uma ciência eivada de ficções e devaneios um preventivo salvo-conduto aos que matam por emoção, as mais das vezes quando a vítima se encontra à sua mercê ou incapaz de reação defensiva?
> Alguns desses censores, que fazem crítica por amor à crítica, já procuraram até mesmo atribuir ao nosso Código de 40 o dislate da indiferenciação entre emoção do homem normal e emoção de fundo patológico. Ora, é de toda evidência que o nosso legislador, ao declarar que "a emoção não exclui a responsabilidade penal", refere-se exclusivamente à emoção do homem normal ou daquele que, não obstante uma certa *minusvalia* psíquica, não chega a ser um doente mental. Se a emoção não é mais que um sintoma de franca e autêntica morbidez psíquica, é claro que não há falar em responsabilidade penal (art. 22 do Código Penal).
> Se o Código é severo para com os criminosos emocionais, não é, porém, intransigente. Como já notamos, autoriza uma atenuação ou minoração de pena quando o agente comete o crime ao impulso de "violenta emoção injustamente provocada". É ainda de advertir que, se se trata de indivíduo "fronteiriço" ou portador de "personalidade psicopática", ainda poderá beneficiar-se de maior ou especial redução de pena (parág. único do art. 22). Semelhante transigência, entretanto, tem sido interpretada com grande elastério, dada a excessiva benignidade de que fazem praça muitos de nossos juízes e tribunais: contentam-se estes, aprioristicamente com a simples *injustiça* da provocação considerada *in abstrato* (isto é, sem ter em conta a moralidade ou condição do provocado), como se importasse, necessária e invariavelmente, o fenômeno emotivo e, mais ainda, a *violência* da emoção. Já escrevemos alhures, na tentativa de uma orientação mais condizente com o interesse da defesa social: "Com a fórmula do Código, teve-se em vista a menor gravidade do crime emocional injustamente provocado, e isto quer do ponto de vista subjetivo, quer do ponto de vista político (pois a vítima, com a sua conduta, é quem criou para si mesma, pelo menos em parte a situação de perigo ou de dano). Cautelosamente, o Código exige que a emoção seja violenta. A injustiça da provocação não faz presumir a perturbação de ânimo. Aquele que, embora injustamente provocado, reage a sangue frio, como se estivesse praticando uma ação

pecial de pena.²⁶ É a confirmação do antigo princípio de que as perturbações afetivas *non excusant in totum, sede tamen faciunt ut delinquens mitius puniatur*. E foi destarte cancelado o texto elástico do famigerado § 4º do art. 27 do Código de 90, essa chave falsa com que se abria, sistematicamente, a porta da prisão a réus dos mais estúpidos crimes. Ninguém ignora que a fórmula da dirimente reconhecida nesse parágrafo, tanto mais infeliz quanto mutilara o modelo bávaro, com exclusão da cláusula que subordinava a dirimente da "perturbação dos sentidos e da inteligência" à condição de não ser esta *imputável ao agente*, foi uma das razões máximas da ineficiência do primeiro Código republicano, porque se tornou uma prévia garantia de impunidade aos mais brutos e feros delinquentes.

110. Embriaguez. Entre as causas biológicas que podem excluir a responsabilidade ou condicionar a responsabilidade com a pena atenuada, inclui o Código a *embriaguez acidental ou fortuita*, depois de declarar que não elimina a capacidade penal a "embriaguez, voluntária ou culposa, pelo álcool ou substância de efeitos análogos".

---

normal, revela que não sentiu a *injustiça*, e comete o crime por mera perversidade, pela só vanglória de não levar desaforo para casa. Como dizem THORMANN e OVERBECK, não basta a provocação injusta: é preciso que esta produza uma viva emoção (*heftige Gemutsbewegung*)". A emoção violenta é inconfundível pelas suas expressões somáticas e pela atitude do agente antes, durante e após o crime.
No *raptus* emocional, a hipertonia muscular acarreta uma agitação convulsiva. As perturbações motrizes são acompanhadas de desordenados impulsos para agir, apresentando o choque emotivo as características de um estado de embriaguez. Costuma-se mesmo falar em *ebriedade emocional*: o indivíduo tem estampada no semblante e em todo o corpo a tempestade íntima. Rosto intensamente vermelho ou intensamente pálido (ocorrendo, por vezes, a chamada *icterícia* emotiva), faces intumescidas, olhos desorbitados, esclerótica injetada, artérias do pescoço carregadas, narinas palpitantes, pernas vacilantes, gestos desatinados, passos incoerentes. Outra das notas típicas da emoção violenta é a pobreza de ideias, de modo que o indivíduo é levado à repetição monótona das mesmas frases, que lhe saem da garganta como rugidos. Dá-se uma espécie de ataxia mental. Também traço infalível do verdadeiro criminoso emocional é a ostensividade do seu crime, pois o seu estado paroxístico de excitação, causando obscurecimento da consciência, torna inexcogitável qualquer plano de precaução. São incompossíveis a emoção e a premeditação. Ainda mais: retornando ao seu estado normal, o delinquente emocional quase sempre se entrega a demonstrações de remorso, a profundo abatimento, até mesmo a crises de choro. Não procura negar o crime, e o confessa espontaneamente, embora com lacunas de memória.

---

26   Vejam-se comentários aos arts. 121, § 1º, e 129, § 4º, no vol. V.

Na sua *Exposição de motivos,* o Ministro CAMPOS explica: "Ao resolver o problema da embriaguez (pelo álcool ou substância de efeitos análogos), do ponto de vista da responsabilidade penal, o projeto aceitou em toda a sua plenitude a teoria da *actio libera in causa seu ad libertatem relata,* que, modernamente, não se limita ao estado de inconsciência *preordenado,* mas a todos os casos em que o agente se deixa arrastar ao estado de inconsciência. Quando *voluntária* ou *culposa,* a embriaguez, ainda que plena, não isenta de responsabilidade (art. 24, n. II): o agente responderá pelo crime. Se foi *preordenada* responderá o agente a título de dolo, com pena agravada (art. 24, n. II, combinado com o art. 44, n. II, letra *c*). Somente a embriaguez *plena e acidental* (devida a caso fortuito ou força maior) autoriza a isenção de pena, e, ainda assim, se o agente no momento do crime, em razão dela, estava inteiramente privado da capacidade de entendimento ou de livre determinação. A propósito, não é de esquecer a opinião de BATTAGLINI,[27] que, se contém algum exagero, não deixa de ser útil advertência: "[...] o ébrio, com inteligência suprimida e vontade inexistente, é uma criação da fantasia: ninguém jamais o viu no banco dos réus". Se a embriaguez, embora fortuita, não é de molde a subverter totalmente a consciência e vontade, o juiz pode reduzir a pena (§ 2º do art. 24), tal como no caso dos anormais psíquicos". É a sucinta e precisa fixação de como foi solucionada pelo Código a *vexata quaestio* da embriaguez sob o ponto de vista penal.

Do mesmo modo que no caso da emoção ou paixão foi aceita, na sua moderna latitude, para reconhecimento da responsabilidade do delinquente ébrio (por efeito do álcool ou qualquer outro inebriante ou estupefaciente: ópio, éter, cocaína, clorofórmio, escopolamina, ciclopropana, protóxido de azoto, barbitúricos etc.), o princípio das *actiones liberae in causa.* Em face deste, persiste a responsabilidade do indivíduo que, colocando-se em estado de transitória perturbação fisiopsíquica por ato voluntário seu, ainda que simplesmente culposo, vem em seguida a praticar uma ação (ou omissão) violadora da lei penal.

Cumpre notar, além disso, que, segundo a lição da experiência, a vontade do ébrio não é tão profundamente conturbada que exclua por completo o poder da inibição, como acontece nas perturbações psíquicas de fundo patológico. É o que justamente acentua MEZGER:[28] "A experiência ensina que na embriaguez é possível e pode ser exigido um grau mais alto de autocontrole do que, por exemplo, nas alterações da consciência de índole orgânica. As perturbações por intoxicação de álcool (acrescente-se: *et similia*) sempre

---

27 *Diritto penale,* p. 125.
28 Ob. cit., II, p. 69.

ficam, em maior ou menor medida, na superfície". E como ainda observa o insigne penalista alemão, a embriaguez quase sempre revela o indivíduo na sua verdadeira personalidade, e precisamente o objetivo da teoria da culpabilidade é tornar-se responsável o indivíduo pelos atos que são expressão de sua personalidade.

Finalmente, não se deve abstrair que a ameaça penal será um motivo inibitório a mais no sentido de *prevenir* a embriaguez, com os seus eventuais efeitos maléficos.

Diante de todas essas considerações, o legislador brasileiro não podia ter hesitado em *equiparar a* vontade do ébrio à vontade condicionante da responsabilidade e, consequentemente, da punibilidade. No caso de embriaguez *preordenada*, o agente responderá sempre a título de dolo (e com a pena agravada); no caso de embriaguez não preordenada, mas *voluntária* ou *culposa*, responderá por crime doloso ou culposo, segundo o indicarem as circunstâncias ou, seja, segundo a direção ou atitude da residual vontade que existe no estado de ebriedade. Não é necessária uma relação finalística entre a embriaguez e a conduta aberrante: basta o nexo de causalidade entre aquela e esta, de par com a previsão ou possibilidade de previsão dos anarquizantes efeitos da ingestão do álcool ou substância análoga.

BASILEU GARCIA,[29] não obstante apoiar a solução do Código *in subjecta matéria*, "porque, na verdade, o estado de embriaguez, voluntária ou culposa, que permita verificar-se um crime, no comum dos casos com que defrontamos nos pretórios, jamais é de tal abolição das faculdades volitivas, sensórias ou intelectivas do agente, que realmente se deva falar em tal irresponsabilidade", faz o seguinte comentário, em relação à embriaguez voluntária ou culposa: "Não me parece que aqui se deva fazer realmente uma aplicação da teoria das *actiones liberae in causa*, como sustenta a *Exposição de motivos*. Quer na embriaguez simplesmente voluntária, quer na embriaguez culposa, o agente não tem em vista cometer um crime, o que se dá em hipótese muito diferente, que é a da embriaguez dolosa, preordenada. O agente quer tão somente beber ou quereria talvez embriagar-se, mas não quer delinquir. Entretanto, vem a cometer um crime. Diz o Código – é responsável, e diz a *Exposição de motivos* – é responsável em virtude da aplicação que fazemos das *actiones liberae in causa*, porque a ação criminosa foi livre na sua causa. Respondo que não foi livre na sua causa a ação criminosa. Não se nota aí um nexo de causalidade subjetiva entre a ação daquele que quer, quando muito, embriagar-se e o resultado final: o crime que vem a cometer". De duas, uma: ou o professor paulista desconhece, ou não quer aderir à extensiva conceitua-

---

29   Causalidade material e psíquica. In: *Revista Forense*, fasc. 469.

ção moderna da *actio libera in causa,* tão bem fixada entre nós, em escorreita monografia, por NARCÉLIO DE QUEIRÓS (v. n. 83). Quando da elaboração do atual Código Penal italiano, em que se inspirou o nosso na solução da questão ora versada, a *Relazione ministeriale sul progetto preliminare* (I, p. 143) dizia: "O projeto regula a imputabilidade das pessoas em estado de embriaguez, aplicando o princípio da *actiones liberae in causa*, excetuada apenas, expressamente, a eventualidade da embriaguez acidental, isto é, derivada de força maior ou caso fortuito. Qualquer outra causa geradora da embriaguez (voluntária, culposa, preordenada) não pode autorizar a exclusão ou diminuição da imputabilidade". ALOISI, delegado ministerial, assim se pronunciou no seio da Comissão Parlamentar: "Aquele que é imputável, isto é, pessoa capaz de direito penal, deve responder pelo crime cometido em estado de embriaguez não acidental, porque livremente se colocou em condição de delinquir". E foi assim a amplitude do conceito da *actio libera in causa* consagrada num dos mais perfeitos Códigos Penais contemporâneos, não se compreendendo que ainda se invoque a velha doutrina, com se fora uma proibição *tabu*. Não é de identificar-se na espécie, como já se tem pretendido, um caso de *responsabilidade objetiva*, mas de responsabilidade por ampliação (ditada por motivos de índole social) do próprio critério *voluntarístico*. E não é demais invocar, aqui, a opinião de um ilustre professor de medicina legal, RINALDO PELLEGRINI: "O ébrio, que cometeu crime, é punível porque era livre na sua atuação relativamente ao fato inicial, isto é, ao primeiro anel da cadeia que constituiu, a seguir, o nexo de causalidade entre a embriaguez e o crime; a sucessiva atividade criminosa do agente, ainda que alheada ao controle deste, foi, portanto, provocada por uma ação *voluntária* (o abuso inconsiderado do álcool), que resultou na embriaguez e à qual pode ser referido o evento."

Várias são as hipóteses formuláveis a respeito do indivíduo que comete crimes em estado de embriaguez:

a) embriagou-se voluntariamente, com o fim preconcebido de cometer o crime;

b) embriagou-se voluntariamente, sem o fim de cometer o crime, mas prevendo que em tal estado podia vir a cometê-lo e assumindo o risco de tal resultado;

c) embriagou-se voluntariamente ou imprudentemente, sem prever, mas devendo prever, ou prevendo, mas *esperando* que não ocorresse a eventualidade de vir a cometer o crime;

d) embriagou-se por caso fortuito ou força maior (sem intenção de se embriagar e não podendo prever os efeitos da bebida).

Nos casos *a, b* e *c* é inegável que, maior ou menor, existe um vínculo de causalidade psíquica entre o ato de embriagar-se e o evento criminoso, entre o intencional, voluntário ou culposo estado de transitória perturbação fisiopsíquica e o crime. Em todos os três, o agente se colocou, livremente, em estado de delinquir, sabendo ou devendo saber que a embriaguez facilmente conduz à frouxidão dos freios inibitórios e à consequente prática de atos contrários à ordem jurídica. Somente na quarta hipótese deixa de haver uma *actio libera in causa*.

Ainda sem razão, B. GARCIA entende que o Código não resolveu a hipótese da embriaguez *patológica* não acidental. Ora, evidentemente, a embriaguez, a que se refere o art. 24, n. II, é a chamada *simples*, isto é, a que não se complica com a anormalidade psíquica de que seja acaso portador o agente. Se este é, por sua condição mesma, um doente mental ou um anormal psíquico, ficará isento de pena ou sofrerá pena atenuada, na conformidade do *caput* e parágrafo do art. 22.

Sobre a intensidade da embriaguez fortuita, é preciso que não se faça dela um problema complexo ou a ser resolvido com a miúda precisão de aparelhos psicográficos. Sobretudo, deve ter-se em vista que o juiz, em grande número de casos, não poderá instruir-se com a ajuda de um laudo médico-legal, e terá de contentar-se com a informação de testemunhas. A embriaguez *completa* (plena) e a *incompleta* (semiplena), a que se referem os §§ 1º e 2º do art. 24, correspondem, respectivamente, aos *clássicos* "segundo" e "primeiro" *períodos*, devendo notar-se que a embriaguez no *terceiro período* ou *período letárgico*, obviamente qualificada como *completa*, somente pode ser causa de crimes de omissão ou comissivos por omissão. PELLEGRINI[30] faz a respeito do *segundo período* da embriaguez a seguinte descrição, que o torna reconhecível pelos próprios leigos: "[...] observam-se acentuadas alterações vasomotoras, especialmente no rosto, geralmente de tipo congestivo (rubor intenso), mais raramente de tipo constritivo (palidez); o ritmo respiratório se acelera; os movimentos se fazem incertos, desordenados, vacilantes; o indivíduo prorrompe em gritos ou ruge surdamente, ou fala de modo incoerente; os poderes inibitórios estão em grande parte anulados". Para que outras minúcias de técnica médico-legal, que, aliás, não têm um valor matematicamente certo? Em face dos indícios acima, deve ser reconhecida a embriaguez *completa*, enquanto a *incompleta* se identificará por exclusão, isto é, quando, à parte o chamado terceiro período, não se apresentarem os ditos indícios espetaculares.

111. Perícia psiquiátrica e quesitos. Nos casos de arguida ou suspeitada irresponsabilidade ou "responsabilidade diminuída" do agente, é missão do perito-médico (art. 149 do Código de Processo Penal) averiguar a *causa pato-*

---

30 *Trattato di medicina legale,* II, p. 995.

lógica acaso existente e, no caso afirmativo, informar sobre as consequências de ordem psicológica, dela decorrentes, referidas ao momento do fato imputado. Nos casos de irredutível dúvida, deve prevalecer o princípio do *in dubio pro reo*: se o perito está indeciso quanto à *plenitude* da faculdade intelectiva ou volitiva do agente, deve orientar suas respostas no sentido da responsabilidade com pena atenuada (parág. único do art. 22); se a dúvida é sobre a radical ausência de qualquer dessas faculdades, deve decidir por tal hipótese, ao invés de adotar uma solução transacional, que tal seria a de afirmar a condição de responsabilidade com pena atenuada. Semelhante transação seria de manifesta incurialidade. Em qualquer caso, porém, não será abstraída a regra geral do art. 157 do Código de Processo Penal, de que é corolário o art. 182. Dispõe o primeiro: "O juiz formará sua convicção pela livre apreciação da prova"; e acrescenta o segundo: "O juiz não ficará adstrito ao laudo (de qualquer perícia), podendo aceitá-lo ou rejeitá-lo, no todo ou em parte". Não deve ser esquecida a advertência de BUMKE: "O magistrado não está escravizado a nenhum testemunho e muito menos ao laudo pericial[...]. É natural que um perito se sinta ofendido, se o laudo não é tomado em consideração; mas cumpre dizer que isso quase nunca acontece ao verdadeiro perito, que sabe adaptar suas conclusões ao ponto de vista dos profanos que vão julgar". Ao perito não é de formular-se pergunta sobre se o acusado é ou não *responsável* (com ou sem pena atenuada), pois sua função limita-se a verificar a existência ou ausência da *causa biológica* (doença, deficiência ou perturbação mental) e, no primeiro caso, dizer da influência dela sob o ponto de vista psicológico (isto é, no tocante às faculdades intelectiva ou volitiva do paciente). Devem ser sempre contempladas, em quesitos separados, as condições legais da irresponsabilidade e da responsabilidade com pena atenuada, e, ao formular os quesitos deve o juiz seguir, com a possível fidelidade, a linguagem da lei, abstendo-se de outra casuística além da prevista no texto legal, de modo que somente neste encontre limite o pronunciamento específico do perito. O Professor HEITOR CARRILHO (saudoso ex-diretor do Manicômio Judiciário do Distrito Federal e um dos mais notáveis psiquiatras sul-americanos), por mim solicitado, forneceu-me as seguintes preciosas observações sobre os quesitos relativos ao art. 22 e seu parág. único:

"O art. 22 do Código Penal e seu parág. único comportam, a meu ver, quatro quesitos relacionados com a perícia psiquiátrica.

O *primeiro quesito* deverá indagar sobre a presença no acusado, ao tempo da ação ou da omissão, de sintomas de *doença mental* (funcional, orgânica, constitucional ou toxi-infecciosa) que lhe tenha suprimido inteiramente a capacidade de entender o caráter criminoso da reação antissocial realizada ou que lhe tenha anulado a capacidade de autodeterminação. Nesta fórmula se acham contidas todas as psicoses, funcionais ou dinâmicas, orgânicas ou destrutivas, tais como as esquizo ou ciclofrenias, as decorrentes de auto ou heterointoxicações, as epilépticas e sifilíticas, as ligações a infecções e, ainda, todos os estados demenciais correspondentes a processos orgânicos (arteriosclerose cerebral, demência senil, paralisia geral etc.).

O *segundo quesito* indagará apenas se o acusado apresenta *desenvolvimento mental incompleto ou retardado*, em grau suficiente para anular a capacidade de entendimento ou de autodeterminação, às quais se refere o quesito anterior. Aí se acham incluídas as oligofrenias em grau profundo (idiotia e imbecilidade) e, mesmo, a debilidade mental acentuada.

O *terceiro quesito* considerará a questão da *perturbação da saúde mental*. Embora esta expressão possa permitir confusões com a de *doença mental*, dado o conceito amplo de *saúde mental* perturbada, penso que, dentro do espírito da lei penal, sobretudo quatro hipóteses clínicas podem ocorrer, permitindo a limitação da capacidade de entendimento e de autodeterminação: 1ª, achar-se a saúde mental do acusado atingida ao tempo da ação ou da omissão, por *distúrbios leves*, ligados a fases iniciais ou preliminares de psicose; aí se enquadram as esquizofrenias latentes ou as fases iniciais dessa psicose, as manifestações prodrômicas da psicose maníaco-depressiva, as fases pré-clínica da neurossífilis etc.; 2ª, apresentar o acusado *perturbações residuais*, integrantes de remissões francas de certas psicoses funcionais, notadamente a esquizofrenia e a psicose maníaco-depressiva ou as que caracterizam as chamadas *curas com defeito* e as *curas sociais*, sobretudo verificadas nos portadores de psicoses endógenas e nos paralíticos gerais malarizados; 3ª, manifestar o acusado distúrbios iniciais ou sequelas psíquicas das endo e heterotoxicoses; 4ª, apresentar ele os desvios expressivos de *personalidades psicopáticas*, notadamente os que caracterizam os psicopatas hipertímicos, depressivos, inseguros, fanáticos, ostentadores, inconstantes, explosivos, insensíveis, abúlicos e astênicos, da classificação de KURT SCHNEIDER, diretor do Instituto de Investigações Psiquiátricas de Munique.

O *quarto quesito* indagará sobre se o desenvolvimento mental do acusado deixou de atingir o nível normal e se essa parada de evolução é de grau a permitir a atenuação da capacidade e entendimento ou de autodeterminação. Uma única hipótese comporta essa indagação: é a da debilidade mental em grau leve.

Parece-me que os quesitos devem ser redigidos em termos gerais, aproximados dos próprios dispositivos legais, contidos no art. 22 e seu parágrafo. Destarte, ficaria o perito com a liberdade de examinar todas as hipóteses clínicas e as exceções que, acaso, ocorrerem, dentro da complexidade da patologia mental".

É uma síntese perfeita do quanto se pode dizer sobre o assunto. O emprego da expressão "perturbação da saúde mental", a que faz reparo o insigne psiquiatra, já foi por nós explicado acima: compreende não só os casos por ele tão nitidamente fixados, como a própria *doença mental,* desde que não totalmente supressiva da capacidade de entendimento ou de autodeterminação.

Se nos fosse permitido opinar sobre o número dos quesitos, reduzi-los-íamos a dois apenas, que corresponderiam, respectivamente, ao *caput* e ao parágrafo do art. 22. Nenhum prejuízo poderia advir daí para a resposta do perito, bastando que este indique, dentre as hipóteses aventadas alternativamente, qual a que realmente ocorre. Os dois quesitos, segundo penso, devem ser assim formulados (abstendo-se o juiz de adminículos de erudição *ad hoc*):

1º) O acusado F., ao tempo da ação (ou da omissão), era, por motivo de doença mental ou desenvolvimento mental incompleto ou retardado, inteiramente incapaz de entender o caráter criminoso do fato ou de determinar-se de acordo com esse entendimento?

2º) O acusado, ao tempo da ação (ou da omissão), não possuía, por motivo de perturbação da saúde mental ou desenvolvimento mental incompleto ou retardado, a plena capacidade de entender o caráter criminoso do fato ou de determinar-se de acordo com esse entendimento?

No caso de embriaguez, os quesitos devem corresponder às hipóteses dos §§ 1º e 2º do art. 24, formulando-se um terceiro sobre a *acidentalidade*, quando o reconhecimento do *caso fortuito* ou da *força maior* envolver indagação médico-legal (como nos exemplos figurados por PELLEGRINI: do operário que trabalha em local com exalações etílicas; do indivíduo em lipotimia, a quem tenha sido ministrada forte dose de álcool; da desproporção entre a embriaguez e a sua causa; da embriaguez por impulso patológico etc.). Eis a fórmula que julgamos acertada:

1º) O acusado F., ao tempo da ação (ou omissão), era, por motivo de embriaguez completa, inteiramente incapaz de entender o caráter criminoso do fato ou de determinar-se de acordo com esse entendimento?

2º) O acusado, ao tempo da ação (ou omissão), não possuía, por motivo de embriaguez, a plena capacidade de entender o caráter criminoso do fato ou de determinar-se de acordo com esse entendimento?

3º) (Quando necessária a consulta do perito.) A embriaguez do acusado proveio de caso fortuito ou força maior?

É possível que a alguns se afigure demasiadamente rigoroso o Código, ao resolver o problema da responsabilidade; mas a esses é de ponderar-se que, cada vez mais, deve ser gravada na consciência geral, e efetivamente realizada, a ideia de que ninguém, no seio da coletividade, tem *carta-branca* para cometer crime. E desde que ao delinquente não era de todo impossível agir *socialmente* deve atingi-lo a aguilhada da pena, para que acerte o passo ao ritmo da ordem jurídica.

Título IV
DA COAUTORIA

Pena da coautoria
Art. 25. Quem, de qualquer modo, concorre para o crime incide nas penas a este cominadas.

Circunstâncias incomunicáveis
Art. 26. Não se comunicam as circunstâncias de caráter pessoal, salvo quando elementares do crime

Casos de impunibilidade
Art. 27. O ajuste, a determinação ou instigação e o auxílio, salvo disposição expressa em contrário, não são puníveis, se o crime não chega, pelo menos, a ser tentado (art. 76, parágrafo único).

DIREITO COMPARADO. *Códigos*: italiano, arts. 110 a 119; francês, arts. 59 a 61; alemão, §§ 47 a 50; holandês, arts. 42 a 52; espanhol, arts. 12 a 18; português, arts. 19 a 25; suíço, arts. 24 a 26; polonês, arts. 26 a 30; dinamarquês, arts. 23 e 24; norueguês, § 58; soviético, arts. 17 e 18; turco, art. 45; húngaro, § 69 a 74; argentino, arts. 45 a 49; uruguaio, arts. 59 a 65; venezuelano, arts. 83 a 85; colombiano, arts. 27 a 32; mexicano, arts. 13 e 14; boliviano, arts. 8 a 12; peruano, arts. 100 a 104; equatoriano, arts. 45 a 49 e 51 a 53; costa-riquense, arts. 43 a 47; dominicano, arts. 59 a 63; guatemalteco, 28 a 33; haitiano, arts. 44 a 47; hondurense, arts. 10 a 15; nicaraguense, arts. 17 a 20; panamenho, arts. 63 a 65; paraguaio, arts. 34 a 46; porto-riquense, §§ 35 a 38; salvatoriano, arts. 11 a 15.

BIBLIOGRAFIA (especial). Castori, Del concorso di persone in uno stesso reato. In: *Trattato* de Cogliolo, I, 1889; Impallomeni, Del concorso di più persone in un reato. In: *Riv. Penale*, XXVI, 1887; Von Buri, *Zur lehre von der teilnahme an dem verbrechen und der begünstigung* (Sobre a doutrina da participação no crime e o favorecimento), 1860; Nocito (P.), Il concorso di più persone in uno stesso reato. In: *Enciclopedia* de Pessina, vol. 5, pp. 307 e ss., 1904; Ranieri (Sílvio), *Il concorso de più persone in un reato*, 1938; Zerboglio (A.), Concorso di più persone in un reato. In: *Nuovo Digesto Italiano*, vol. III, 1938; Grispigni, Il delitto del non imputabile nel concorso di più persone in uno stesso reato. In: *Scuola Positiva*, 1911; FOINITZKY. In: *Zeitschrift f. d. ges. Strafrechtswissenschaft*, XII; ZIMMERL, *Täterschaft, teilnahme, mitwirkung* (*Autoria, participação, cooperação*), idem, 1935; CARRARA (F.), Complicità. In: *Opuscoli*, I, 1898; NICOLADONI E GETZ. In: *Bulletin de l'Union Internacionale de Droit Penal*, vol. V; SIGHELE, *La teoria positiva della complicitá*, 1894; *La coppia criminale*, 3ª ed., 1927; *I delitti della folla*, 5ª ed., 1923; *L'intelligenza della folla*, 2ª ed., 1922; *La delinquenza settaria*, 1897; BETTIOL, I lineamenti dell'istituto del concorso di più persone nel reato, secondo il nuovo codice penale italiano. In: *Archivo Giuridico*, 1931; Sulla natura accessoria della partecipazioni delittuosa nel Codice vigente e nel Progetto Rocco. In: *Riv. Ital. di Dir. Penale*, 1930; Sul tentativo di partecipazione delittuosa. *In: Annali di Dir. e Proc. Penale*, 1932; *Sul concorso di più persone nei delitti colposi*. In: *Riv. ital. di dir. penale*, 1930, II, parte 2ª; GUARNERI (G.), *Il concorso di più persone nel reato secondo le dottrine della causalità e della acessorietà*. In: *Scuola Positiva*, 1936, fascs. 5-6; MANASSERO (A.), *Il delitto collettivo e la teoria del concorso*, 1914; TOLOMEI (A. D.), *Il pentimento nel diritto penale*, 1927; VANNINI (O.), È ammissibile la partecipazione colposa al reato colposo. In: *Riv. Penale*, volume dedicado ao seu 50º aniversário; Del concorso di persone nel reato. In: *Il codice penale ilustrato*, de HUGO CONTI, pp. 438 e ss.; HEIMBERGER, *Die teilnahme am verbrechen von Schwarzenberg bis Feuerbach* (*A participação no crime desde Schwarzenberg até Feuerbach*), 1896; BIRKMEYER (Karl von), *Die lehre von der teilnahme und die rechtsprechung des deutschen reichgericht* (*A doutrina da participação e as decisões do Tribunal Imperial*), 1890; *Teilnahme am verbrechen*. In: *Vergleichende Darstellung*, vol. 2; NAGLER, *Die teilnahme am sonderverbrechen* (*A participação nos crimes próprios*), 1903; PETRI, Die mittelbare täterschaft (A autoria mediata). In: *Strafrechtliche abhandlungen*, fasc. 125; FREUDENTHAL, *Die notwerdige teilnahme am verbrechen* (*A participacão necessária no crime*), idem, fasc. 37; REDSLOB (R.) *Die persönliche eigenschaften, welche die strafbarkeit erhöhen oder vermindern*, idem, fasc. 97; HOBERG (T.), *Der begrif der anstiiftung und sein verhältnis zu den sogennanten teilnahmetheorie* (*O conceito da instigação e sua relação com a chamada teoria da participação*), idem, fasc. 290; SCHREIBER (R.), *Täterschaft und teilnahme bei straftaten, die nur am bestimmten personen begangem werden können* (*Autoria e cumplicidade nos crimes que somente por determinadas pessoas podem ser praticados*), idem, fasc. 172; PERTEN (P.), *Die behülfe zum verbrechen* (*O auxílio ao crime*), idem, fasc. 198; GERMANN (O. A.), *Bestimmungen über die teilnahme im entwurf eines schweizerischen strafgesetzbuches* (*Dispositivos sobre a participação no projeto de um código penal suíço*), idem, fasc. 207; ENGELSING (H. W.), *Eingehändige delikte. Eine untersuchung über die grenzen mittelbarer täterschaft* (*Delitos de mão própria. Um estudo sobre os limites da autoria mediata), idem,* fasc. 212; AWMON (W.), *Der bindende rechtswidrige befehl (A ordem ilegal vinculante), idem,* fasc. 217; LUDWIG (W.), *Die lehre von der teilnahme und ihre behandlung im amtlichen entwurf eines allgemeinen deutschen strafgesetzbuches (A doutrina da participação e a sua regulação no projeto oficial de um código penal comum alemão), idem,* fasc. 223; DAHM (G.), *Täterschaft und teilnahme im amtlichen entwurf eines allgemeinen deutschen strafgesetzbuches, idem,* fasc. 224; WOLF (P.), *Betrachtungen über die mitelbare täterschaft (Observações sobre a autoria mediata), idem,* fasc. 225; REICHLE (E.), *Die teilnahme am verbrechen nach RStGB, und den neuen deutschen strafgesetzentwurf (A participação criminosa segundo o código penal alemão e o novo projeto de Código), idem,* fasc. 285; RICCIO (Stefano), *L'autore mediato,* 1939; COHIN (M. R.), *L'abstention fautive,* 1929; POCHON, *L'auteur moral de l'infraction,* 1945; MAGRI, *Causalità materiale e causalità psichica del reato,* 1924; ANTOLISEI, *Il rapporto di causalità nel diritto penale,* 1934, pp. 247 e ss.; MARCIANO (G.), Concorso di persone nel reato. In: *Il nuovo codice penale,* 1932; THIBIERGE, *La notion de la complicité,* 1898; FONTECILLA (R.), El concurso de delincuentes en un mismo delito y sus problemas jurídicos. In: *Rev. de Derecho Penal,* I, 1945, pp. 105 e ss.; WUTTIG, Fahrlässige teilnahme am verbrechen (Participação culposa no crime). In: *Strafrechtliche Abhandlungen,* fasc. 40; SINGEWALD (H.), *Deragent provocateur, ein, beitrage zur theorie der teilnahme am verbrechen, idem,* fasc. 83; NIEDERMANN, *Untersuchungen über begriff und wesender mittelbaren täterschaft,* 1936; JIMÉNEZ DE ASÚA, La relación de causalidad y la responsabilidad penal. In: *El criminalista,* II, pp. 100 e ss.; MASSARI, *Il momento esecutivo del reato,* 1934; BELING (E.), *Die lehre vom verbrechen,* 1906; VON BAR, *Gesetz und schuld im strafrecht,* cap. *Teilnahme und begünstigung,* 1907; SANTORO, *Teoria delle circostanze del reato,* 1933; MENDES PIMENTEL, *Tentativa e cumplicidade* (apostilas), 1906; FERREIRA BORGES, Da coautoria. In: *Anais do I Congresso do Ministério Público,* 3º, pp. 166 e ss.; GUSMÃO (Sadi), *Da coautoria no novo direito penal brasileiro,* 1944; ELIAS DE OLIVEIRA, *Criminologia das multidões,* 1934; PEDRAZZI (C.), *Il concorso di persone nel reato,* 1952.

COMENTÁRIO

112. Concurso de agentes. O crime, do mesmo modo que o fato lícito, tanto pode resultar da ação (ou omissão) isolada e exclusiva de uma só pessoa, quanto de uma conduta coletiva, isto é, de cooperação (simultânea, ou sucessiva) de duas ou mais pessoas. Se esses se conjugam livremente, ou se há voluntária adesão de umas a outras, visando todas ao mesmo resultado antijurídico, ou, pelo menos, querendo a ação conjunta de que era previsível derivasse tal resultado, não pode suscitar dúvida, do ponto de vista lógico-jurídico, que o crime seja, na sua unidade, atribuível a cada uma delas, ainda que qualquer das atividades individuais, considerada em si mesma, não fosse bastante para produzir o *effectus sceleris*. Sob o duplo prisma psicológico e causal (a consciente confluência de vontade e a relação de necessidade *in concreto* entre o resultado e a conexão de atividades), impõe-se o raciocínio de que o crime pertence, por inteiro, a todos e a cada um dos concorrentes. Embora pactuando com o ilogismo, que o Direito Penal contemporâneo vai repelindo, de uma apriorística e irrestrita diferença de punição dos codelinquentes, não é de outro o fundamento da tradicional concepção *unitária* do *"concursus plurium ad idem delictum"*: ainda mesmo os concorrentes que, além dos que cooperam diretamente na execução ou consumação do crime (chamados, restritamente, *coautores*), se tenham limitado a determiná-lo ou a instigá-lo (*autores morais* ou *intelectuais*) ou a *facilitar* sua execução *(cúmplices "stricto sensu"),* isto é, a praticar atos que não realizam qualquer elemento do conteúdo típico do crime, devem responder por este, porque não só o quiseram, como não deixaram de contribuir para sua realização, conscientes da própria atividade em comunhão com a atividade dos outros. Decisivo, em relação ao conceito unitário da participação criminosa, sob o aspecto jurídico-penal, é o vínculo psicológico que une as atividades em concurso, ou, seja, a vontade consciente de cada copartícipe referida à ação coletiva. Se inexiste tal vínculo, o que se dá é a denominada *autoria colateral,* na qual, se qualquer das atividades convergentes (mas desconhecidas umas das outras) realiza, sozinha, o resultado final, por este não responderão as demais. Suponha-se que Pedro e Sancho, ignorando-se mutuamente, desfecham tiros contra Martinha, que vem a morrer em consequência dos ferimentos recebidos de Pedro: somente este responderá por homicídio, respondendo Sancho apenas por tentativa de homicídio. A mesma solução, entretanto, não poderia ser dada, se Pedro e Sancho tivessem agido *combinadamente,* assistindo-se um ao outro e cada qual querendo a ação do outro para atingir o fim comum (isto é, a morte de Martinho): a ação de Pedro teria entrado na órbita da vontade de Sancho, e irrelevante seria que ele, ao invés de Sancho, tivesse ocasionado o ferimento letal. No primeiro caso, ficou excluída a energia causal empregada por Sancho, e este não queria a empregada por Pedro, a que foi inteiramente estranho; no segundo caso, porém, embora excluída a energia causal de Sancho, contava este com a empregada por Pedro, a que prestou militante solidariedade.

A noção unitária da codelinquência remonta ao Direito romano, que, embora não tivesse chegado a uma teoria geral sobre a participação no crime, já continha vários princípios que ainda hoje se repetem a propósito do tema. Terminologicamente, ou sob aspecto simplesmente descritivo, distinguiam os jurisconsultos romanos, ao lado do *auctor* ou *princeps sceleris, os socii* (intervenientes na consumação do crime) e os *conscii, adjutores* ou *ministri* (os que, sem participarem da consumação, ajudam ou facilitam a prática do crime, e os que se consideravam mero instrumento passivo de outrem); mas todos, pelo menos nos primeiros tempos, respondiam *in solidum*, considerado o fato coletivo como *unum delictum*, pouco importando que a cota de cooperação de cada qual fosse, individualmente, inidônea para o resultado integral. *Si duos pluresve unum tignum furati sunt omnes eos furti in solidum teneri; neque potest dicere pro partem furtem fecisse singulos, sed totius rei universos* (Dig., 47, 7, fr. 21, § 9). *Cum plures trabem alienam furandi causa sustulerint[...] furti actione omnes teneri existimatur, quamvis subtili ratione dici possit neminem eorum teneri, quia neminem verum sit eam sustulisse* (Dig., 9, 2, fr. 51, § 7).

Somente com a *cognitio extraordinaria* e as mais recentes Constituições imperiais é que se esboçou a tendência para a atenuação da pena dos partícipes em geral, cotejada com a do executor.

A sua punibilidade era condicionada ao *consilium malignum* (propósito doloso), embora não fosse exigido um prévio acordo de vontades, bastando o conhecimento de cooperar na ação de outrem; e bem assim ao *factum secutum*, isto é, à efetiva realização do fato criminoso. *Sane post veterum auctoritatem eo perventum est, ut nemo ope videatur fecisse, nisi et consilium malignum habuerit; nec consilium habuisse noceat, nisi et factum secutum fuerit* (Dig. 50, 16, fr. 53, § 2). Era admitida a participação por omissão, desde que houvesse o dever legal de impedir o crime. Contemplava-se a participação *moral* (mediante *consilium*), ao lado da participação física (mediante *opus*): *Consilium autem videtur que persuadet et impellit atque instruit consilio ad furtum faciendum; opem fecit que ministerium atque adjutorium ad subripiendas res proebet* (Gaio, Ist., 3, 202).

O critério de *unidade do delito* foi mantido pelo Direito Canônico (que também não cuidava do *concursus delinquentium* de modo genérico) e se, em princípio, equiparava os cúmplices *sensu lato*[1] ao executor (*puniuntur sicut ipse principaliter committens*), atenuava-lhes o castigo em certos casos de cooperação secundária.

O Direito longobardo, conservando igualmente o princípio do *unum delictum*, distinguia entre agentes principais *(qui in capite sunt)* e secundários *(sequaces)*, sofrendo estes pena atenuada.

---

1   O vocábulo *cúmplice (complex)* vem de *complectere*, isto é, *punir juntamente*, e significava ora o partícipe em geral, ora, como modernamente, apenas o concorrente reputado secundário.

No Direito Estatutário não havia regra uniforme, embora indiscutida a unidade do crime: ora se determinava a equiparação das penas, ora se punia menos severamente os cúmplices considerados secundários, ou a punição era deixada ao arbítrio judicial.

Não foi senão na avançada Idade Média que se pode formular, em torno ao que se chamava *concursus ad delictum alterius,* uma teoria de cunho científico, resultante da aplicação dos princípios da causalidade ao Direito Penal (notadamente por influxo de PUFENDORF). Passou-se a cuidar da participação criminosa em capítulo especial dos *tractatus* ou, com VIGELIUS, TIRAQUELLUS e COVARRUVIAS, na "parte geral" do Direito Penal. Achou-se um fundamento para a distinção entre os partícipes e diferenciação do respectivo tratamento penal: uns eram *causa principalis* ou *immediata* do crime, outros, *causa secundaria et minus principais* ou *causa non imediata,* devendo estes, portanto, ser punidos com menos rigor. Entre as modalidades de participação distinguiam-se o *auxilium (proximum* ou *remotum, cooperativum* ou *non cooperativum, ante delictum, in delicto* e *post delictum),* o *consilium (instigatio, persuasio, adhortatio),* o *mandatum* (determinação para o crime), o *jussus* (ordem do supeior ao inferior, para a prática do crime), a *ratihabitio* (ratificação do crime por aquele em cujo favor foi praticado), a *receptatio* (favorecimento *post delictum),* o *não impedimento do crime* (quando houvesse um *vinculum speciale* para impedi-lo, ou quando se tratasse de *delicta atrocia)* e a *conscientia (não denunciação do crime* de que tivesse conhecimento, desde que importasse causa comum com o criminoso). Discriminava-se entre *auctor* ou *delinquens pincipalis ("qui delictum facto suo ipse exequitur"),* co--auctores (autores simultâneos) e *concorrentes ("qui delicti, quod alter perficit, quodcumque fiunt participes");* ou, segundo PÜTIMANN, entre *socii oequales* e *socci inoequales ("oequales ipsi sunt delicti perpetrati autores, inoequales autem, qui facinorosis opem tantum et auxilum proestant aut alia ratione, e.g., consulendo, laudando, non impediendo, tacendo, delicti particepes sunt").*

Nos tempos modernos, a doutrina da participação criminosa tornou--se uma das mais complicadas do Direito Penal. Para afeiçoá-la ao direito positivo (que, à exceção do Código francês, manteve o sistema de diversa punibilidade dos coautores e cúmplices) excogitou-se uma série de teorias. Teorias objetivas, teorias subjetivas, teorias mistas ou intermédias. Para as teorias objetivas, coautor é o que coopera na execução do fato típico do crime, o que contribui imediatamente no ataque ao bem jurídico, ou cuja atividade funciona como *causa* direta na produção do resultado; enquanto o cúmplice se limita a atos preparatórios, secundários, de auxílio *a latere,* de ataque mediato ou de simples periclitação do bem jurídico, não passando sua contribuição de uma simples *condição* do resultado. Para as teorias subjetivas (de que foi precursor von Buri), que sustentam a equivalência dos antecedentes causais (não distinguindo entre *causa e condição*), e, consequentemente, repelem qualquer diferenciação objetiva entre coautoria e cumplicidade, o discrime tem de ser encontrado na direção da vontade dos partícipes: coautor é o que procede *animo auctoris*, isto é, o que quer o fato como próprio, ou no seu próprio interesse ou *incondicionalmente* (isto é, sem subordinação ao interesse, de outrem), enquanto o cúmplice quer o fato *animo socci*, ou, seja, como fato de outrem ou no interesse alheio, ou *condicionalmente* (isto é, posto que o autor o quer). As teorias mistas ou intermédias, finalmente, reúnem o critério objetivo ao subjetivo.

Da consideração de que a punibilidade da participação depende da superveniência do fato do executor *(principale factum secutum)*, pelo menos como *tentativa de crime* surgiu e teve ingresso na dogmática jurídico-penal, atravancando-a de artifícios e sutilezas, a renitente *teoria da acessoriedade*. Argumentando-se que a participação moral (determinação, instigação) ou a *facilitação* material (cumplicidade em sentido estrito) não realizavam elemento algum de configuração do crime e, portanto, nada tendo de puníveis em si mesmas, deduziu-se que sua punibilidade não podia deixar de ser uma *acessão* à punibilidade do fato do executor. Punibilidade por *empréstimo* ou em ricochete. Como toda teoria falsa, a da acessoriedade, para manter-se viável, teve de recorrer a subterfúgios. Assim, no caso do executor irresponsável ou isento de pena, como fosse um absurdo lógico admitir-se a punibilidade da participação por *acessão* a um fato não punível *in concreto*, excogitou-se o expediente da *autoria mediata*: o executor irresponsável ou imune de pena não representa mais que um *autômato*, uma *longa manus*, um *instrumento passivo*, de modo que, *sub specie juris*, deixa de haver *participação*, e até mesmo o simples *auxiliar* (ainda que alheio à execução material do *factum principale* e sem *animus auctoris*) passa a ser *autor*, isto é, autor *mediato*. É flagrante o artifício. A própria expressão "autor mediato" redunda numa impropriedade: se o executor não é mais que um *instrumento passivo*, quem dele se serviu é *autor imediato*, como o seria quem praticasse um crime fazendo funcionar um *robot*. Mas falar-se, na espécie, em *instrumento passivo* não passa de uma ficção ou metáfora, nem sempre tolerável. Conceda-se que seja como tal considerado o penalmente incapaz, o irresistivelmente coagido, o induzido a erro essencial de fato, mesmo o que obedece à ordem vinculante do seu superior hierárquico; mas, nos casos de isenção de pena do executor por motivos de mera conveniência política ou de não punibilidade *ratione personoe* (eximentes, escusas absolutórias), como no "furto doméstico"[2] ou

---

2   Código penal, art. 181.

no "favorecimento de parentes próximos",[3] já não é possível reconhecer-se o pretendido *automatismo* ou *passividade* do executor, o que vale dizer: já não há possibilidade de contornar, com o recurso à "autoria mediata", o desconchavo de uma punibilidade tomada de empréstimo a um fato não punível em relação ao autor principal.[4] Para salvar a teoria da acessoriedade, sem a evasiva da "autoria mediata", postulou-se que, para o efeito da punibilidade da participação não é necessária a punibilidade *in concreto* do fato principal: basta que este corresponda, na sua pura materialidade, a um tipo de crime (*acessoriedade mínima*). Em relação ao partícipe, o mero fato material valeria pelo crime integrado na totalidade dos seus elementos. É bem de ver, porém, que, com semelhante critério, se chegaria ao absurdo: nem mesmo o indivíduo que instigasse ou auxiliasse outro a defender-se de uma agressão atual e injusta, resultando a morte do agressor, poderia eximir-se à união por homicídio (enquanto o instigado ou auxiliado seria absolvido por "legítima defesa"). Outra fórmula pretende que, além de típico, o *factum principale* deve ser objetivamente antijurídico, abstração feita de qualquer elemento psíquico (*acessoriedade limitada*). Destarte, seria possível acessão ao fato do próprio louco. Como tal conclusão, porém é por demais chocante, inculcou-se uma terceira fórmula, que apenas restringe a órbita de aplicação da "autoria mediata": além da tipicidade e antijuricidade objetiva do fato principal é necessária a *culpabilidade* do executor (*acessoriedade extrema*); de modo que o recurso à autoria mediata só seria utilizável nos casos de não punibilidade *in concreto* do fato principal por motivo outro que não a ausência de responsabilidade ou de culpabilidade. Também esta fórmula conduz à perplexidade: como pode haver, em qualquer caso, punibilidade por *acessão* à "não punibilidade"? Surgiu, então, uma quarta solução: a punibilidade da participação depende da punibilidade *in concreto* do fato do executor. A aceitar-se tal critério, a participação no "furto doméstico", por exemplo, não subsistiria juridicamente e, afastado o recurso à "autoria mediata", chegar-se-ia a esta conclusão desconfortante: o estranho que cooperasse no furto do filho contra o pai ficaria impune (!). A solução que se impõe, remetendo-se para o museu

---

3 Código penal, art. 348, § 2º.

4 Outra séria questão se trava, em doutrina, sobre se é, ou não, utilizável a "autoria mediata" nos crimes especiais ou próprios (ex.: crimes funcionais), nos crimes chamados de "mão própria" ou que não podem ser praticados per alium (ex.: adultério), nos crimes formais ou de mera atividade, nos crimes omissivos etc. E ainda uma série de questiúnculas, com detalhes infinitesimais, foram suscitadas em torno da teoria da acessoriedade, transformando o problema da participação criminosa, no Direito Penal moderno, num verdadeiro "quebra-cabeça".

do Direito Penal as teorias da acessoriedade e da autoria mediata, é o repúdio à diferenciação apriorística entre os partícipes, pelo reconhecimento da singela verdade de que a participação, em qualquer caso, é concausação do resultado antijurídico, não havendo distinguir entre causa e concausas, entre causa e condição, entre causa imediata e causa mediata, entre causa principal e causa secundária. O resultado é uno e indivisível, e como todos os seus antecedentes causais, considerados *in concreto*, se equivalem, segue-se logicamente que é atribuível, na sua totalidade, a cada um dos que cooperam para sua produção. Assim, é de todo irrelevante indagar se o executor é ou não punível: o partícipe é sempre um *coautor* e responde integralmente pelo resultado, desde que, consciente e voluntariamente, contribuiu para ele (participação em crime doloso) ou, pelo menos, construiu para a ação comum de que era previsível derivasse tal resultado (participação em crime culposo). Esta é a teoria chamada *da cumplicidade-causa, monística ou igualitária,* adotada pelo nosso Código, a exemplo do Código italiano. Partindo do princípio da equivalência de todos os elos da cadeia causal de um fato *in concreto* (isto é, tal como se verificou no mundo objetivo), não faz, em tese, distinção alguma entre os partícipes do crime, para diverso tratamento penal. Desaparece, com ela, o cunho de acessoriedade ou de *qualitas adjecticia* que tradicionalmente se procura imprimir à participação criminosa: todos os partícipes são *autores,* pois todos cooperam na realização do crime com igual eficiência causal (isto é, suas cotas de cooperação são igualmente necessárias e decisivas *in concreto* ou segundo um juízo *ex post*). Como justamente adverte Battaglini,[5] "na participação criminosa, não há um crime do executor imediato, a que os outros *acedam,* mas um *crime que é resultante da atividade empregada por todos os partícipes".* Não há falar-se em ações distintas – umas *principais* e outras *acessórias,* – mas em atos que fazem parte de uma única ação. Se tal ou qual concorrente é irresponsável, não está em culpa ou é imune de pena, não se segue, de modo algum, a exclusão de punibilidade dos outros. Uma coisa é ser partícipe e outra é ser responsável, culpado ou punível. Não é necessário, para a existência do concurso, que em relação a cada partícipe subsistam todos os requisitos do crime: basta que *um crime,* tipicamente tal, se tenha verificado com a *cooperação* da pluralidade de indivíduos. A questão da responsabilidade ou da punibilidade é distinta da do concurso. Este pode existir com um só coagente responsável ou punível. Contra a "nebulosa construção exótica" da teoria da acessoriedade, assim argumenta Antolisei (embora substituindo a teoria da equivalência dos antecedentes pela que ele defende, isto é, da "causalidade humana adequada"): "A partici-

---

5   *Diritto penale,* 1937, pp. 261 e ss.

pação não é outra coisa que causação do fato antijurídico. A punição dos partícipes depende das mesmas, mesmíssimas razões pelas quais se pune o executor e, em geral, qualquer pessoa que cometa crime sozinha: ela é, pura e simplesmente, a aplicação do princípio ultrageral de que cada qual responde pelo fato próprio. Segue-se que, do ponto de vista da causalidade, nenhuma diferença é possível entre aqueles que concorrem a um crime: todos são autores deste".[6] Entre os modernos penalistas alemães, VON HIPPEL[7] declara totalmente errônea (*volständig verfehlt*) a teoria da acessoriedade: desde que a atividade participante foi condição para o resultado, é causa deste, e não há falar-se em punibilidade tomada de empréstimo ao executor. Seria profundamente contrário à cultura e cientificamente insustentável punir-se o partícipe, porque, embora não tivesse *causado* o resultado antijurídico, devesse ser considerado "mutuário" do fato deliberado e praticado por outrem. E exclama o ilustre professor de Göttinge: "Como se se pudesse, modernamente, punir-se alguém pelo fato e culpa alheios!". Não há saber se o executor é ou não punível, nem dizer que os atos de participação, separados do fato do executor, não são puníveis. A participação é punível por si mesma, como *concausa* do fato criminoso. Não há interrupção de causalidade, como se tem pretendido, entre a conduta do partícipe e a conduta do executor, pois uma e outra se conjugam, incindivelmente, para o resultado. Igualmente, não vale arguir que a punibilidade do partícipe depende do *delictum secutum*, pelo menos em fase de tentativa: também no caso de unidade de agente, não é este punível se não vai além dos *atos preparatórios* (não especialmente incriminados).

É de notar-se que, precisamente com fundamento na teoria da equivalência (ou da *conditio sine qua non*), surgiu uma doutrina que elimina a concepção unitária e a especial disciplina jurídica do "concurso de agentes", não mais distinguindo entre "participação consciente" e "autoria colateral" (em que os agentes se ignoram). É a teoria denominada *pluralística*, ou "da cumplicidade-delito distinto", ou "da autonomia da participação" ("*des verslebstandigung der teilnahme*"): ou considera cada partícipe autonomamente, como autor (GETZ, FOINITZKY),[8] ou considera a participação como crime *sui generis* (NICOLADONI), que poderia chamar-se "crime de concurso" (MASSARI), atribuível a cada um dos partícipes.

Também em substituição à teoria unitária foi proposta por MANZINI (na edição do seu *Trattato* anterior ao atual Código italiano) uma fórmula *dua-*

---

6   *Il rapporto di causalità nel diritto penale*, p. 250.
7   *Deutsches strafrecht*, p. 451.
8   Esta é a teoria adotada pelo Código norueguês (1902), em que já não se fala em "concurso de agentes" ou "participação criminosa".

lística: deve distinguir-se entre *participação primária* (correato, concurso à execução), em que as várias ações seriam momentos de *uma única* operação, e importando corresponsabilidade no crime; e *participação secundária*, que constituiria, essa sim, um crime *per sè stante*, menos severamente punido.[9]

Quaisquer dessas teorias, entretanto, são contrárias à lógica: não pode haver pluralidade ou dualidade de crimes onde há conjugação de vontades e causas para o mesmo e único resultado, para a mesma e única lesão ou periclitação do bem jurídico penalmente protegido. No *concursus delinquentium*, todas as ações são dirigidas à produção de um mesmo evento final, não de modo autônomo (como na *autoria colateral*), mas em tal relação de reciprocidade objetiva, de interdependência causal ou de coeficácia, de solidariedade ou adesão de vontades, de identidade ou conexidade de interesses, que constituem, no seu conjunto, uma só operação, a vincular, lógica e necessariamente, *sub specie causae* e *sub specie juris*, todas elas e cada uma delas pela totalidade do crime único e indivisível. Não se pode considerar os partícipes *uti singuli* (para uma graduação de causalidade), mas, sim, *uti universi*, como um complexo único de condições necessárias *in concreto* ao resultado, para o qual se coligam psicologicamente. Sob o duplo ponto de vista material e jurídico, única é a série causal, única é a violação do interesse jurídico penalmente tutelado, único é o crime.

Com a adoção da teoria monística, o nosso vigente Código rompeu com a tradição que remontava ao Código imperial, abolindo inteiramente as distinções entre participação primária (correato) e participação secundária (cumplicidade), entre participação moral e participação material, entre cúmplices necessários e não necessários. Eis como se pronuncia o Ministro CAMPOS na sua *Exposição de motivos:* "Já não haverá mais diferença entre participação *principal* e participação *acessória*, entre auxílio *necessário* e auxílio *secundário*, entre a *societas criminis* e a *societas in crimine*. Quem emprega qualquer atividade para a realização do evento criminoso é considerado responsável pela totalidade dele, no pressuposto de que também as outras forças

---

[9] CARNELUTTI (*La teoria generale del reato*, 1933, pp. 31 e ss.) defende um ponto de vista que representa uma aglutinação entre as teorias monística e pluralística. Com a sua infecunda e pouco louvável preocupação de desfigurar o Direito Penal com critérios e terminologia tomados ao Direito Privado, chama ele o "concurso de agentes" de "crime concursal", considerando-o um "ato jurídico complexo". Os atos individuais seriam "crimes em concurso" reunidos num crime único, que é a soma deles (isto é, o "crime concursal"). Entre "crimes em concurso" e "crime concursal" haveria a mesma diferença que existe entre as "partes" e o "todo". O crime concursal seria uma soma de crimes que constitui um crime só. O próprio CARNELUTTI chama isso de "adivinha" (*indovinello*), para cuja explicação vai até o *grex corpus universum* do Direito romano...

concorrentes entraram no âmbito de sua consciência e vontade. Não há nesse critério de decisão do projeto senão um corolário da teoria da *equivalência das causas*, adotada no art. 11. O evento, por sua natureza, é indivisível, e todas as condições que cooperam para a sua produção se equivalem. Tudo quanto foi praticado para que o evento se produzisse é causa indivisível dele. Há, na participação criminosa, uma associação de causas conscientes, uma convergência de atividades que são, no seu incindível conjunto, a causa *única* do evento e, portanto, a cada uma das forças concorrentes deve ser atribuída, solidariamente, a responsabilidade pelo todo. Ficou, assim, repudiada a insuficiente ficção segundo a qual, no sistema tradicional, o *cúmplice* "acede" à criminalidade do autor principal. Perde sua utilidade a famosa teoria do *autor mediato*, excogitada para não deixar impune o *cúmplice*, quando o *autor principal* é um irresponsável. Por outro lado, os juízes já não ficarão em perplexidade... para distinguir entre *auxiliar necessário* e *auxiliar dispensável*."

Depois do exemplo do Código norueguês (1902), e vitorioso no seio da União Internacional de Direito Penal, o critério da equiparação dos concorrentes ao crime tornou-se tendência do Direito Penal moderno. Acolheu-o, entre as suas resoluções, a Conferência Internacional de Varsóvia, de 1927 (*"Tous ceux que ont participé à la tentative ou à la consommation d'un crime ou d'un delit comme instigateurs ou auxiliaires seront punis comme s'ils étaint auteurs"*). Os Códigos italiano e dinamarquês (ambos de 1930) inscreveram-no entre os seus dispositivos.[10]

Entre nós, o critério igualitário já vinha do Projeto GALDINO (1913), que assim dispunha: "São agentes do crime os que tiverem determinado outrem a cometê-lo, os executores e os que, por outro meio, tiverem concorrido cientemente para sua realização". O Projeto SÁ PEREIRA (na sua primeira redação) estatuía (art. 46): "Autor do crime não é somente aquele que o executa, como também o que determina outrem a executá-lo ou por qualquer modo concorreu para que ele se executasse". Com a revisão da Subcomissão Legislativa ficara assim redigido o dispositivo: "Responde pelo crime, como se o houvera cometido, quem tiver determinado, ou instigado, o seu autor a cometê-lo, para ele concorrido, ou à sua execução prestado assistência". O Projeto ALCÂNTARA também consagrava a igualdade de punição, em tese,

---

10 O Projeto argentino COLL-GOMEZ, no seu art. 11, dispõe: *"Todos los que concurren, moral o materialmente, en cualquier forma, a la ejecución de un delito, será sometidos a las sanciones estatuidas para el mismo"*. E o Projeto PECO (1942) assim se exprime (art. 19): *"El autor material, el instigador y el que coopere en la ejecución de un delito serán sometidos a las sanciones establecidas para el mismo, aunque podrán ser disminuida para el que haya prestado un concurso que revelar menor peligrosidad"*.

mas fazendo, em seguida, supérflua casuística de modalidades da participação, entre as quais destacava, não se sabe com que fim, o famigerado *auxílio necessário*. Criticando-o, dizíamos nós: "O projeto não distingue, em princípio, entre coautoria e cumplicidade *stricto sensu*, adotando a teoria da *cumplicidade-causa* (segundo a expressão de GIVANOWITCH), isto é, repele, como também fazia o projeto da Subcomissão Legislativa, o tradicional critério de que a chamada *participação secundária* deve importar, fundamentalmente, atenuada punibilidade. Entretanto, ao cuidar do correto, no art. 17, não se limita a uma fórmula sintética, como a do Código italiano, ou a do Projeto SÁ PEREIRA-MORAIS-BULHÕES, pois entendeu de fazer miúda casuística, a exemplo do Código de 1890. Não é só: entre os incisos do art. 17 insere um que, pela sua redação, parece referir-se à unidade de autoria e chega a incomodar os nervos pela sua superfluidade, pois declara que incorrerá nas penas cominadas para o crime "quem o houver diretamente resolvido e executado". Para evidenciar a falta de técnica com que foi formulado o art. 17, basta fixar o seguinte: enquanto o inciso V consagra a regra genérica de que, seja qual for a cota de participação, ficará o partícipe sujeito às penas do crime, o inciso IV destaca a hipótese do *auxílio necessário,* desse tormentoso *auxílio sem o qual o crime não seria cometido*, que, na prática, a gente não sabe como distingui-lo do *auxílio secundário* e só serve para dar dor de cabeça aos juízes. Por que ou para que essa discriminação? Explica o Sr. ALCÂNTARA: precisava de separar as diferentes modalidades do concurso de pessoas no delito, de vez que, em certos casos, segundo os arts. 18 e 19, a pena do partícipe é especialmente agravada ou atenuada. A desculpa é de *mau pagador*. O conteúdo dos arts. 18 e 19 (correspondente ao dos arts. 45 e 48, II e parág. único, do Código atual) é perfeitamente compossível com uma fórmula genérica sobre o correato."

A equiparação, em princípio, de todos os partícipes não importa desconhecer as várias formas da participação ou impedir a diversidade de tratamento penal no caso ocorrente (art. 42), ainda quando a lei não determine, aprioristicamente (art. 45), tal diversidade. Segundo distinção tradicional, a participação pode ser *material* ou *psíquica (moral, intelectual), direta ou indireta* (em relação à execução do crime). *Participação material direta* é a cooperação imediata no ato de execução (ainda que prestada apenas mediante *presença encorajadora ou solidarizante*, ou para o fim de simples *vigilância preventiva* contra possíveis *contratempos)*. Aos partícipes, em tal caso, se chamam *executores* ou *cooperadores imediatos*. *Participação psíquica direta* é a *determinação* ou *instigação* para a execução do crime, de que vem a incumbir-se, exclusivamente, o determinado ou instigado. *Participação indireta* é a que ocorre sem concurso à execução, posto que não represente, ainda que tacitamente, determinação ou instigação. A esta forma de participação dá-

-se o nome, em *sentido estrito*, de *auxílio*. O próprio Código, no seu art. 27, é o primeiro a referir-se, expressamente, à *determinação, instigação* e *auxílio* (para declarar que são impuníveis no caso de *delictum non secutum*).

Determinação é a influência no sentido de *suscitar* ou *despertar* em outrem a resolução criminosa. É indiferente o modo pelo qual se opere: *mandato* (remunerado ou gratuito, por influxo de relação de amizade ou ascendência moral, ou mediante sugestões ou ameaças, ou com abuso de superioridade hierárquica) ou *artifícios* de induzimento. *Instigação* é a influência no sentido de *excitar* ou *reforçar* em outrem uma *preexistente* resolução criminosa, de modo a eliminar os últimos escrúpulos ou hesitações (ex.: prometer assistência a ser prestada após o crime; chamar a brios o marido que ainda vacila em matar a esposa adúltera). *Auxílio*, finalmente, é a prestação de serviço, ministração de instruções ou fornecimento de meios para a execução do crime, mas sem participação direta ou imediata nesta. É claro que a determinação, a instigação ou o auxílio devem ter cunho de *dolosidade*. Não há participação *culposa* em crime *doloso*. Assim, as manifestações de simples *desejo* de que ocorra um crime contra tal ou qual pessoa, revelando apenas imprudência, inconsideração ou leviandade, e não a *intenção positiva* de *determinar* ou *instigar* alguém a sua execução, ou, pelo menos, sem a consciência de que se está assumindo o risco de provocar ou excitar em outrem a resolução para o crime, não são penalmente relevantes, isto é, não constituem participação, se o crime vem a ser realmente cometido (ainda que por influência de tais manifestações). Do mesmo modo, tratando-se de *auxílio*, é indispensável a *scientia sceleris,* a *consciência de contribuir* para o crime. Por mais *imprudente* que tenha sido, por exemplo, o emprestar uma arma a um indivíduo facinoroso, que vem a utilizar-se dela para a prática de um homicídio, é irreconhecível a participação, se quem confiou a arma ignorava o propósito criminoso.

É bem de ver, outrossim, que a determinação, a instigação ou o auxílio devem ser *casualmente eficazes*. Se o indivíduo a quem é dirigida a determinação ou a instigação já está *firmemente decidido* à prática do crime (*omnimodo facturus*), não há participação, pois, em tal caso, aquelas não são mais que a "abertura de uma porta aberta". Igualmente, se após a determinação ou a instigação vem a ocorrer fatos tais que, por si mesmos, se tornem *causa exclusiva* do crime (parág. único do art. 11), aquelas se há de considerar penalmente indiferentes ou não vinculativas. No caso de auxílio, se, por exemplo, as instruções não foram seguidas ou os meios fornecidos não foram empregados, igualmente se subverte o nexo de causalidade e não se poderá reconhecer a participação (salve se a prestação de serviço, as instruções ou a ministração de meios tiverem influído como *instigação*).

Por outro lado, se se demonstra a *eficácia* da determinação ou instigação, nada importa que não tenha sido necessário um longo ou insistente trabalho de persuasão: dadas as circunstâncias, um simples olhar ou aceno *expressivo*, ou mesmo o *silêncio* a importar *aprovação* (por parte de quem tinha o dever jurídico de falar para dissuadir ou de quem exerce grande ascendência moral sobre o executor), bastará para que se identifique a participação. A propósito do *silêncio* como forma de instigação, MANZINI cita o caso do médico de família que permanece calado ante a confissão de um filho do enfermo, de que está disposto a praticar a *eutanásia* para poupar o pai a maiores sofrimentos.

É indiferente que o determinado ou instigado tenha *motivos próprios* para o crime, desde que se demonstraram *suficientes* para vencer sua inibição ou decidi-lo a execução. É a justa lição de RANIERI (loc. cit., p. 208): *"indiferente è anche che il determinato o l'istigato agisca per motivi propri, meno che non possa essere dimostrato che questi sono stati sufficienti per la sua risoluzione criminosa. Ricorrerebbe, infatti, in questo caso, l'ipotesi dell'inefficacia della condotta, che potrebbe escludere tanto la determinazione quantol'istigazione".*

113. Elemento subjetivo da participação. Sob o ponto de vista objetivo para que se reconheça a participação no crime, basta a *cooperação* na atividade coletiva, de que promana o resultado antijurídico; mas, para que o partícipe responda penalmente, é também necessário um elemento psicológico: a vontade consciente e livre de concorrer, com a própria ação, na ação de outrem. Já não se exige, como na antiga doutrina, um "acordo prévio", um *pactum sceleris* ou mesmo um instantâneo entendimento recíproco entre os concorrentes: a precedência de uma *combinação* ou de um *ajuste* é circunstância que excede os requisitos da participação criminosa. Suficiente é a voluntária adesão de uma atividade a outra, pouco importando que seja ignorada ou até mesmo recusada por quem a recebe. Assim, o criado que, pressentindo o gatuno, e sem que este o perceba, abre a porta da casa, para, em vingança contra o patrão, facilitar o furto, é partícipe deste. Do mesmo modo, é partícipe de homicídio o filho que, não obstante a proibição expressa do pai, disfarçadamente o auxilia a eliminar o seu desafeto, subtraindo as armas com que este contava para a própria defesa. Por isso mesmo que a *vontade de contribuir* é o vínculo psicológico que, na espécie, sob o prisma jurídico, decide da unidade do título do crime, é indispensável que seja conformada, em relação a cada concorrente, ao elemento subjetivo próprio do crime de que se trata. Nos crimes dolosos, é necessário que o advento do resultado (*eventus damni* ou *eventus periculi*), previsto como certo ou eventual, entre na órbita da vontade do partícipe; nos crimes culposos, é preciso que à vontade de contribuir na ação coletiva se alie inescusável imprevidência no tocante ao subsequente evento lesivo.¹¹ Dado o indeclinável requisito de homogeneidade do elemento subjetivo (à parte os motivos determinantes, que podem ser diversos), é bem de ver que se não pode falar de participação *culposa* em crime *doloso* ou participação *dolosa* em crime *culposo*, pois, em tais casos, é radical o dissídio de vontades. Suponha-se que um fâmulo, negligentemente, deixa aberta a porta, por onde vem a entrar o ladrão: não é partícipe do furto (e ficará impune, porque tal crime não é punível a título de culpa). Figure-se outro caso: *A* faz o imprudente *B* acreditar falsamente que uma pistola está descarregada e o induz a dar ao gatilho, visando *jocandi animo* a *C*, cuja morte, que vem ocorrer em consequência do disparo da arma, era precisamente o intuito de *A*. Não há, aqui, participação, mas dois crimes autônomos: homicídio culposo, a cargo de *B*, e homicídio doloso, por parte de *A*.

---

11 GALDINO SIQUEIRA (*Código penal brasileiro*, 1941, p. 115; *Tratado de direito penal*, vol. I), em crítica ao art. 25, argui que este não disciplina a *participação criminosa*, mas a *autoria colateral* (a *Nebentäterschaft*, dos autores alemães), porque não faz expressa referência, como era de mister, à *consciência do fim comum*. Já assim respondemos a esse reparo: "É flagrante o equívoco do crítico. Em primeiro lugar, o elemento psíquico da participação criminosa, na sua moderna conceituação, não é a *consciência do fim comum*, mas a *consciente vontade no sentido da ação comum:* se o resultado desta é previsto e querido por todos os partícipes, dá-se a participação em crime doloso; se o resultado, embora previsível, não é previsto ou, se previsto, não é *ratificado*, dá-se a participação em crime culposo. Por outro lado, se a participação não tivesse como pressuposto a consciência, em cada um dos copartícipes, de concorrer à atividade coletiva, não teria sentido, sob o ponto de vista da responsabilidade penal, a unificação do título do crime, determinada no art. 25. Evidentemente supérflua teria sido, portanto, a menção expressa, no texto legal, desse elemento psicológico. Por supérfluo, foi rejeitado, na elaboração do atual Código Penal italiano, o proposto acréscimo do advérbio "conscientemente" após o verbo "concorrerem", na fórmula sobre o concurso de agentes. É meridianamente claro que a participação *inconsciente* na ação de outrem não pode ser equiparada a esta, em face de um Código visceralmente fundado na responsabilidade subjetiva. Se há convergência de ações sem que os agentes tenham consciência disso, não há falar-se em *participação*, porque esta, sob o prisma jurídico-penal, só é concebível quando haja uma ligação ou interdependência de vontades. Inexistindo o nexo volitivo, cada um dos agentes responde por conta própria e exclusiva e na estrita medida da respectiva ação. Isto é elementar, e a lei deve abster-se de dizer coisas elementares. Um Código não é livro de doutrina. A *autoria colateral*, de VON LISZT, entrará no conceito de *participação*, se há entre os agentes a consciência de cooperar na ação comum (exemplo dos dois operários que, imprudentemente, arremessam uma tábua do alto do andaime à via pública, ocasionando a morte de transeunte); do contrário, é lógico que não terá aplicação o disposto no art. 25, porque, faltando a consciência de cooperação na obra comum, falta o nexo psicológico que faz das ações convergentes, segundo comezinho princípio de direito penal, uma ação única e irrepartível, para o efeito de uma idêntica responsabilidade para cada um dos coagentes".

114. Cooperação dolosamente distinta. Não há, entretanto, exclusão de unidade do título do crime na hipótese da chamada *cooperação dolosamente distinta*. Esta se acha disciplinada no art. 48, parág. único (que gravita na órbita do art. 11): "Se o agente quis participar de crime menos grave, a pena é diminuída de um terço até metade, não podendo, porém, ser inferior ao mínimo da cominada ao crime cometido". Cumpre notar que para tal efeito (atenuação da pena) é preciso que o ocorrido evento mais grave, não querido pelo partícipe *dissensiente, esteja* na linha de desdobramento causal da atividade para a qual contribuiu. Esta ilação se impõe pela própria regra da causalidade consagrada pelo Código. Assim, se Tício determina Mévio a espancar Semprônio, e Mévio age com tal brutalidade que produz a morte da vítima, responderá Tício a título de homicídio (diminuída a pena, de um terço até metade, não podendo, porém descer abaixo do mínimo cominado *in abstracto)*. No caso em que o evento mais grave seja alheio à atividade para a qual o dissensiente prestou sua cota de causalidade, não há *convergência,* mas *dissídio* de energias, rompendo-se o vínculo da unidade causal, na conformidade do parág. único do art. 11: a superveniente conduta dos outros agentes é causa *independente* e *exclusiva* do evento diverso mais grave. Assim, se Tício manda Mévio esbofetear Caio, e Mévio desfecha um tiro contra este, não responde Tício a título de homicídio. Outro exemplo: Tício e Mévio combinam um furto em casa de Caio, e Tício, penetrando na casa, enquanto Mévio fica de alcateia, estupra e mata uma filha de Caio, para saciar seu instinto de sádico. Não responde Mévio por tais crimes. Suponha-se, agora, que Mévio, no primeiro caso, cumprindo o mandato, tivesse esbofeteado Caio, mas este, tendo reagido, fosse morto por Mévio; ou no segundo caso, que Tício matasse Caio, que o surpreendera e procurava impedir a consumação do furto: Tício, num caso, e Mévio, noutro, responderão por homicídio, pois, em tais condições, não deixaram de ser causa da causa (e *causa causae est causa causati).* Suponha-se ainda que Caio, ao ser esbofeteado por Mévio, a mando de Tício, perca o equilíbrio e tombe, com tanta infelicidade que, batendo com a cabeça contra o meio-fio do passeio, venha a morrer por fratura de base do crânio: Tício, do mesmo modo que Mévio, responderá por *homicídio preterdoloso* ou "lesão corporal seguida de morte" (art. 121, § 3º). E para a imputação do resultado ao partícipe, tão indiferentes quanto o *excesso de fim* são os erros acidentais do executor *(aberratio ictus, error in objeto vel persona).*

Deve ponderar-se que não terá aplicação o disposto no parág. único do art. 48, se o partícipe, embora não tendo interesse no resultado mais grave, previu-o e *consentiu* no seu advento (dolo eventual). Assim, se Tício manda Caio dar uma *coça de pau* em Mévio, sabendo que Caio é um indivíduo possante e facinoroso, responderá por homicídio, a título de dolo eventual, sem atenuação especial de pena, se Caio, com a brutalidade do espancamento, vem a matar a vítima (tendo aplicação aqui, aliás, o raciocínio de que *vulnera non dantur ad mensuram*, de modo que nada tem de injusto que *vulnerare mandans tenetur de occiso*). Entende MANZINI[12] que, para ser aplicada a atenuação, é necessário que o partícipe não tenha querido, de modo algum, o crime mais grave; de sorte que estaria excluída naqueles crimes em que a vontade do agente não pode eficazmente dominar ou limitar as consequências da ação, pois, em tais casos, é evidente que o resultado mais grave se compreende necessariamente no campo de sua volição. Igualmente deixa de haver atenuação da pena, se o dissenciente se abstém de impedir o evento mais grave, quando podia fazê-lo (concurso mediante omissão no crime mais grave).

Tratando do caso mais frequente de crime diverso mais grave, qual o de *excesso de mandato*. RANIERI propõe o seguinte critério de orientação: a regra *causa causae est causa causati* deve ser aplicada sempre que a conduta do mandatário tiver sido dominada pelo motivo que lhe fez surgir no espírito a conduta do mandante.[13] Não há dizer-se, portanto, que a solução dada pelo art. 48, parág. único, consagra uma *responsabilidade objetiva* (sistematicamente repelida pelo Código): também aqui não se aplica o *versari in re illicita etiam pro casu tenetur*, isto é, o partícipe não responderá pelo crime mais grave quando a conduta do executor se apresente de tal modo alheia à sua cota de contribuição, moral ou material, que valha por um rompimento da cadeia causal ou represente, em relação a ele, um mero *casus*.

Cumpre não perder de vista que, sem eficácia causal da participação, não há concurso. Assim, se Pedro fornece a Sancho uma dose de veneno que

---

12 *Trattato*, pp. 454-455.

13 Ob. cit., p. 123: "Em tal caso, de fato, quer a conduta do mandatário, quer as consequências que dela derivam, são sempre coordenadas e conexas, como são sempre dependentes da conduta do mandante. E isto é quanto basta para coligar suas condutas criminosas, uma das quais é desdobramento da outra, atuação de uma mesma série, originada da conduta do mandante" E o mesmo autor exemplifica: *"[...] se alcuno dà mandato di percuotere, ma il mandatario, invece di attuare il mandato ricevuto, e cioè invece di percuotere, uccide la vittima con un colpo di fucile o di pistola, l'omicidio verificatosi non può essere attribuito al mandante, perchè non si può dire della sua condotta nè che sia stata esecuzione del mandato ricevuto, nè che l'omicidio si sia verificato per eseguire il mandato, che era di percuotere, nè che abbia continuato a essere dominata dal motivo fatto sorgere, nell'animo di lui, dalla condotta del mandante... Qualora, invece, il mandante dia mandato di percuotere e il mandatario di fatto percuota ma, con le percosse, uccida la vittima, l'omicidio verificatosi sarà da attribuire anche al mandatante, sebbene non l'abbia voluto, e non soltanto all'autore, perchè avvenuto nell'esecuzione del mandato ricevuto, e nello sviluppo di una condotta dominata da quello stesso motivo, fatto sorgere dal mandante nell'animo del mandatario".*

sabe destinada à morte de Martinho, e Sancho, ao invés de veneno, se utiliza de uma arma de fogo, o que se dá, em relação a Pedro, é uma *participação putativa*, que, como tal, escapa a qualquer punição. É como se, ao auxílio prestado por Pedro, não se tivesse seguido, sequer, a tentativa do crime (devendo aplicar-se a Pedro o disposto no art. 27) Diversamente deve ser decidida a hipótese em que o executor, determinado por outrem, receba deste um "meio" que resultou inidôneo, tendo-se utilizado outro para consumação do crime. Aqui, como é claro, a determinação não deixou de ser causal: foi um mero acidente a utilização de um meio executivo em lugar de outro.

114-a. Participação de participação e instigação ou mandato sucessivo. A participação em qualquer ato de participação (ex.: instigação de instigação, mandato de mandato) é participação mediata, mas punível em pé de igualdade com a participação imediata, desde que demonstrada a sua influência causal. Como adverte von Hippel (*Deutsches Strafrecht*, vol. 2, p. 466), "a participação de participação (por exemplo, instigação de instigação do executor) é punível como qualquer participação, pois outra coisa não é que uma dolosa causação do fato criminoso, no qual, ao invés de uma só pessoa, intervém ainda uma segunda na cadeia causal" (*"Teilnahme an der Teilnahme, z. B. Anstiftung zur Anstiftung der Täter, ist wie jede andere Teilnahme strafbar. Denn auch sie ist nicht anders als vorsätliche Verursachung der Hauptat, bei der sich lediglich statt einer Person noch eine zweite in den Kausalzusammenhang einschiebt"*).

Da participação mediata distingue-se o caso de instigação ou determinação sucessiva. Ex.: Pedro e Sancho, de comum acordo ou ignorando-se, instigam ou determinam Martinha a matar Semprônio. Se precede acordo, Pedro e Sancho respondem, como é claro, como instigadores ou mandantes, segundo a regra geral; caso contrário, cumpre distinguir entre o caso em que a sucessiva instigação ou determinação haja sido eficiente (causal) e o caso em que o executor já estava firmemente decidido em virtude da anterior instigação ou determinação. Nesta última hipótese, que é a da *alias facturus*, a instigação ou mandato sucessivo terá sido inteiramente inócuo ou penalmente irrelevante (conf. von Bar, *Gesetz und schuld im strafrecht*, vol. II, p. 332).

115. Concurso em crime culposo. O *concursus delinquentium* é plenamente admissível nos crimes culposos. Para que se reconheça o elemento psicológico da participação criminosa é suficiente, como já vimos, a vontade consistente referida à ação comum. Se o resultado é também querido, dá-se a participação em crime doloso; se o resultado não foi querido nem previsto, embora previsível, ou se foi previsto, mas não foi querido, dá-se participação em crime culposo. Disserta o Ministro CAMPOS: "Para que se identifique o *concurso* (de pessoas no crime), não é indispensável um 'prévio acordo' de vontades: basta que haja em cada um dos concorrentes *conhecimento de concorrer à ação de outrem*. Fica, destarte, resolvida a *vexata quaestio* da chamada *autoria incerta,* quando não tenha ocorrido ajuste entre os concorrentes. Igualmente, fica solucionada, no sentido afirmativo, a questão sobre o concurso em *crime culposo,* pois neste tanto é possível a *cooperação material*, quanto a *cooperação psicológica*, isto é, no caso de pluralidade de agentes, cada um destes, embora não querendo o evento final, tem *consciência de cooperar* na ação". No crime culposo (do mesmo modo que no crime doloso) pode haver cooperação de atividades *simultâneas* ou *sucessivas*. Desde que estas se apresentem subjetivamente coligadas ou coordenadas, ou desde que uma saiba que contribui para outra, identifica-se o concurso, aplicando-se o art. 25. Exemplos: o passageiro do automóvel induz o motorista a empreender uma velocidade excessiva (imprudente) e vem a ocorrer o atropelamento de um transeunte; dois operários de uma construção tomam conjuntamente uma tábua e, inconsideradamente, a arremessam ao leito da rua, atingindo um passante; dois indivíduos resolvem fazer uma fogueira de São João e, depois que um deles amontoa a lenha, o outro deita-lhe fogo, sem atentarem na proximidade de uma casa que vem a incendiar-se.

Cumpre advertir que, no caso de cooperação sucessiva de atividades *subjetivamente independentes* ou sem coordenação de vontades, só haverá pluralidade de culpados (com imputação separada e distinta) quando a atividade culposa subsequente ou imediata era *previsível*; caso contrário, somente esta responderá pelo evento lesivo. Exemplo do primeiro caso: se uma dona de casa deixa, imprudentemente, na prateleira da cozinha, certa porção de arsênico, e a cozinheira, também imprudentemente, sem maior inspeção, serve-se do arsênico como se fora sal, ocasionando a morte dos que ingeriram o alimento assim preparado, respondem ambas, distintamente, por homicídio culposo. Exemplo da segunda hipótese, tomada a GOYENA:[14] um indivíduo comete a imprudência de convidar várias pessoas, entre as quais uma criança, para um passeio em carro puxado por cavalos que têm o hábito de *tomar o freio nos dentes,* e vem a acontecer que os cavalos realmente disparam e um dos passageiros, com inescusável precipitação, atira a criança para fora do carro, com a intenção de salvá-la, mas ocasionando a sua morte (a segunda imprudência não podia ser prevista pelo autor da primeira, a quem deve, portanto, ser imputado a título de culpa o evento lesivo).

---

14   *El delito de homicidio*, 1928, p. 102.

Pode ocorrer que a atividade sucessiva seja *necessitada*, em razão da antecedente, e em tal caso apenas responde esta última. Figure-se o seguinte caso: um ciclista vê surgir à sua frente, na contramão, um automóvel e, para escapar ao atropelamento iminente, inflete para o passeio, onde colhe, ferindo-o, um transeunte. Não há concurso: culpado único do *eventus damni* é o *chauffeur*.

116. Participação mediante omissão. A participação tanto pode consistir em ação quanto em omissão. Contribui-se mediante omissão para um crime sob a mesma condição de existência dos crimes comissivos por meio de omissão: é necessário que a atitude de inércia represente infração de especial dever (*abstention fautive* dos autores franceses), resultante de preceito legal, de relação contratual ou de situação de perigo precedentemente criada pelo próprio omitente (v. n. 60). Não é de confundir-se a participação mediante omissão com a participação que, embora consistente numa atitude corporalmente inerte, redunda em força moral cooperativa, como no caso, por exemplo, de quem, com a só presença ao lado do executor, o acoroçoa e encoraja pela certeza de sua solidariedade e esperança de sua eventual ajuda, ao mesmo tempo que entibia, por intimidação, o espírito de resistência da vítima. Nesta hipótese, não deixa de haver uma cooperação *positiva*, uma participação mediante *ação*.

Na participação mediante omissão, basta, sob o prisma causal, que se não tenha impedido o crime faltando a um dever jurídico. Se este inexiste, a abstenção não é participação, salvo se foi prometida livremente, como condição de êxito da ação criminosa. Quando o não impedimento do crime não foi ajustado de antemão, e apenas infringe um dever moral, o que se dá é a chamada *conivência* (ou *participação negativa*), que, quando não constitui crime *per sè stante* escapa à sanção penal. Quem, por exemplo, deixa de denunciar o plano criminoso de que tem conhecimento, ou de impedir fisicamente a execução do crime, presenciando-a como simples espectador ou afastando-se do local onde se realiza, *não é partícipe*.[15] Tome-se a hipótese de um banhista que assiste a um celerado atirar às ondas uma criança, e se abstém de intervir, por mero comodismo ou indiferença, deixando que a criança se afogue, embora

---

15 MANZINI (*Trattato*, II, p. 443): "*La sola connivenza può senza dubbio facilitare anch'essa la esecuzione del reato, ma non perciò la persona semplicemente connivente concorre nel reato medesimo...Codesto omittente, invero, no pone in essere alcun fatto (azione od omissione) dal quale risulti la volontà che quel reato si commetta, no eccita nè rafforza la risoluzione di commmetterlo (se ciò fosse non si tratterebbe più di mero silenzio o di mancato impedimento), non promette nè presta assistenza od aiuto, non fornisce nè istruzioni nè mezzi*".

tivesse podido salvá-la: responderá pelo crime de *omissão de socorro* (art. 135 do Código Penal), mas não como partícipe de homicídio. Ainda mesmo no caso de existência do dever jurídico de impedir, não se pode reconhecer a participação, se não há, da parte do omitente, a vontade de *aderir* à prática do crime. Não basta a eficácia causal (sob o prisma lógico-jurídico) da omissão: é necessário, também aqui, o vínculo psicológico que faz inserir a vontade individual na vontade coletiva. Assim, o policial que, faltando ao seu dever específico, assiste inerte, mas por mera covardia, à prática de um assalto à mão armada, incorre em "falta disciplinar", mas não lhe pode ser imputada participação no crime.

117. Agravação e atenuação de pena. Segundo o art. 25, que pressupõe o princípio da equivalência dos antecedentes causais consagrado no art. 11, todos quantos concorrem para o crime incidem na pena a este cominada *in abstracto*; mas isso, como é claro, segundo já foi acentuado não inibe que, *in concreto*, atendido o critério de relativa individualização, diversifique, quantitativamente (ou qualificativamente, no caso de penas paralelas), o tratamento penal dos concorrentes. Em certos casos, o Código entendeu mesmo de determinar *a priori*, ou especialmente, a agravação ou atenuação da pena, tendo em conta a maior ou menor *capacidade de delinquir* que tais ou quais circunstâncias revelam, da parte dos coautores. Assim, em face do art. 45, a pena é agravada em relação ao concorrente que:

"I – promove ou organiza a cooperação no crime ou dirige a atividade dos demais;

II – coage outrem à execução material do crime;

III – instiga ou determina a cometer o crime alguém sujeito à sua autoridade, ou não punível em virtude de condição ou qualidade pessoal;

IV – executa o crime, ou nele participa, mediante paga ou promessa de recompensa."

Por outro lado, o art. 48, n. II e IV, letra *c*, princ., declara obrigatória a atenuação da pena do concorrente cuja cooperação tiver sido de "somenos importância" e a do que tenha agido sob *coação a que podia resistir*.

No caso do inciso I do art. 45 é plenamente justificada a agravação: aquele que *promove* a cooperação no crime (isto é, que, concebendo a ideia do crime, tem a iniciativa da *societas sceleris*), ou a *organiza* (isto é, que embora alheio à iniciativa do crime, toma a si o encargo de coligir ou aparelhar os elementos necessários à sua execução) ou *dirige* a atividade coletiva (isto é, que, sem ter projetado o crime ou organizado a *empresa*, assume a chefia da ação criminosa), revela, em cotejo com os *gregários*, maior grau de criminosidade ou de *mens rea*.

Nas hipóteses dos incisos II e III do mesmo artigo é bem de ver que, se entram em cena apenas o coator, o instigador ou o determinador e o executor, somente aqueles são puníveis; mas, se há outros concorrentes *puníveis*, a agravação da pena não se estende a estes. Manifesta é a *ratio* da agravação nas ditas hipóteses: quem coage outrem à execução do crime ou se serve, para tal fim de um *irresponsável* (louco, menor) ou de alguém não punível *ratione personae*, demonstra, além de pravidade, o intuito de garantir-se ardilosamente contra os riscos, acobertando-se atrás do executor coagido ou facilmente manejável pela sua condição psíquica ou pela certeza da impunidade.

Finalmente, a exasperação da pena quanto aos concorrentes *mercenários* (art. 45, IV) suficientemente se explica pela torpeza do motivo determinante (o inciso em questão não é mais do que o destaque, na disciplina do concurso de agentes, de uma modalidade da agravante genérica prevista no art. 44, II, letra *a*).

No tocante aos casos de atenuação da pena, representam eles um *temperamento* à regra do art. 25: aprioristicamente, é determinado um *minus* de pena em relação ao concorrente que prestou contribuição de mínima relevância ou sofreu coação, embora resistível, pois em um e outro caso revela menor capacidade de delinquir.

118. Concurso necessário. Concurso-agravante. Crime multitudinário.
Há casos em que a pluralidade de agentes é *elemento essencial* da configuração do crime (*crimes coletivos* ou *de convergência*: conspiração, quadrilha ou bando, greve, rixa, motim de presos; *crimes bilaterais* ou *de encontro*: adultério, bigamia, corrupção), e tem-se, então, o chamado "concurso necessário" (*concursus necessarius ad idem delictum*), já não se podendo falar em participação, propriamente, mas em *coexecução*. Ainda mesma em tais casos, porém, não fica excluída a possibilidade do *concursus facultativus* (isto é, da participação criminosa): pode ocorrer a cooperação de pessoas não indispensáveis à configuração do crime e que se limitem a uma atuação *a latere* para o *exitus sceleris*. Assim, na *rixa* ou na *bigamia*, é partícipe aquele que instiga ou presta auxílio a qualquer dos concorrentes necessários. Por vezes, o *concursus deliquentium* (presentes os partícipes no local do crime) se apresenta como agravante especial ou *qualificativa* (arts. 146, § 1º, 150, § 1º, 155, § 4º, 157, § 2º, II, 158, § 1º, 161, § 1º, II, 226, I, 351, § 1º). Dá-se, então, o que MANASSERO denomina *crime eventualmente coletivo*.

SIGHELE *(La teorica positiva dela complicità)* postulava, em nome do positivismo penal, que o *concursus delinquentium*, desde que premeditado, devia ser incluído entre as agravantes genéricas, dada a maior *periculosidade* que revela. Tal critério, que já se encontrava adotado, sob a influência de

Bentham, em nossos Códigos anteriores (de 1830, art. 16, n. 17, e de 1890, art. 39, § 13), no Código português (art. 34, n. 10) e nos antigos Códigos russo (art. 129, § 4º), espanhol (art. 10, n. 15)[16] e zuriquense (art. 59, letra *f*: *"Wenn ein Verbrechen von mehereren Teilnehmer auf voragegangene Verabredung hin verünbt worden ist"*), foi rejeitado no próprio seio da "escola positiva" (cons. Florian. In: *Trattato di diritto penale*, parte geral, vol. 2º, pp. 692 e ss., 1934).

Especial atenção merece o "crime multitudinário", isto é, o crime cometido por uma multidão em tumulto. Foi Sighele quem, primeiro, tratou desse tema, sob o ponto de vista científico-jurídico.[17] Tendo começado por estudar o que ele chamou a "parelha criminosa" (*coppia criminale*), na qual distinguia entre *incubo* (sugestionador) e *sucubo* (sugestionado), passou a aplicar essa distinção aos componentes da *multidão criminosa* (da qual diferenciou a *seita delinquente*, que não tem, como aquela, subtaneidade de formação), em cujo seio discriminou os *meneurs* e *menés*. Segundo o postulado de Sighele, a multidão é um agregado humano *heterogêneo* e *inorgânico* por excelência, pois é composta de indivíduos de todas as idades, de ambos os sexos, de todas as classes e de todas as condições sociais, formando-se sem prévio acordo, de súbito, inopinadamente. Nela, o caráter do todo não corresponde aos caracteres das unidades: seus componentes não se somam na sua inteireza, na sua realidade, mas, ao contrário, se elidem ou se deformam moralmente. Se a multidão pode superar, às vezes, o *individuum* na manifestação das mais altas faculdades da alma humana, mais frequentemente, no seu seio, dá-se a prevalência de um psiquismo inferior. Diz Radbruch que "a multidão é má, e a criatura humana também o é, mas uma e outra podem ser matéria-prima para todo o bem" (*Gewiss Masse ist nicht gut. Auch der Mensch ist nicht gut, aber Masse wie Mensch sind Rohstoff zu allem Gut*").

---

16   O Código espanhol atual (1944) considera agravante genérica a circunstância de ser o crime cometido *"con auxilio de gente armada o de personas que aseguren o proporcionen la impunidad"*,ou *"en quadrilla"*, isto é, *"cuando concurren a la comisión del delito más de tres malhechores armados"*.

17   Cons. sobre o tema: Sighele *(La coppia criminale, La delinquenza settaria, La teoria positiva dela complicità, I delitti della folla)*; Le Bon *(Psychologie des foules*, 1895); Jelgersma (Quelques observations sur la psychologie des foules. In: *Scuola Positiva*, 1901); Tarde (Les crimes des foules. In: *Actes du III Congrès d'Anthropologie Criminelle*, 1890); Manci *(La folla*, 1924) ; Manassero *(Il delitto collettivo*, 1914); Freud *(Psychologie collective et analyse du moi*, trad. franc., 1924) ; Maculotti *(I reati della folla*, 1920); Rossi (Pasquale), *(Psicologia collettiva morbosa*, 1901); Aubry (La contagion du meurtre, 1894); Kipouridy (Das Verbrchen der Masse. In: *Strafrechtliche Abhandlungen*, fasc. 245); Nagler (Das Verbrechen der Menge. In: *Gerichtssaal*, vol. XCV); Elias de Oliveira *(Criminalidade das multidões*, 1934).

Não se pode, entretanto, negar a maior propensão para o mal da parte dos *homens agrupados*. Este fato não escapou à observação dos antigos: *senatores boni viri, senatus autem mala bestia*. A multidão, afirma o autor de *I delitti della folla*, tem, como a mulher, uma psicologia *extrema*, capaz somente de excessos: ora admirável de abnegação, ora arrepiante de ferocidade. Nunca, ou raramente, é comedida nos seus sentimentos. TARDE assim define a multidão: "Um fenômeno difícil de ser compreendido, uma reunião de elementos heterogêneos, desconhecidos entre si, mas na qual, entretanto, apenas uma centelha de paixão se desprende de um deles e eletriza o ambiente coletivo, dá-se, de súbito, como por geração espontânea, uma espécie de organização". KIPOURIDY assim a concebe: "[...] a essa reunião de pessoas, inorgânica, condicionada no tempo e no espaço, em cujo seio ocorre, acerca de um motivo qualquer, uma inconsciente, empolgante influência psíquica recíproca entre seus membros, chamamos multidão" (*"Einen solchen unorganisierten, lokal und zeitlich bedingten, Personenverband nun, bei welchen, aus irgend einem Grunde eine sehr intensive, unbewusste, gegenseitige, psychische Beeinflussung seiner Mitglieder erfolgt, nennen wir Masse"*).

Na sua incoerente ou variável condição, a turba é fermento de egoísmo ou eclosão de altruísmo, engendra delinquentes ou plasma heróis e mártires. Elaboram-se no seu regaço anjos e demônios, pelicanos e hienas, Cristos e Marats. Inconstante e arbitrária, exalta o Nazareno, para depois crucificá-lo; aplaude Bruto, e, em seguida, Marco Antônio. É capaz de todas as generosidades e renúncias, como de todas as torpezas e crueldades. Detêm-se diante das lágrimas de Mademoiselle de Sombreuil e profana o cadáver de Madame de Lambale, ou bebe o sangue do General Laleu. Carrega em triunfo a um celerado que lhe sabe explorar a vaidade e despedaça, como esfaimada alcateia de lobos, o inocente que lhe cai no desagrado.

PUGLIESE descreve, com precisão, a fase incoativa do fenômeno da turba tumultuária: "Uma multidão é excitada, mas a força que a comove qual um mar tempestuoso não recebeu ainda a determinação do movimento; uma caldeira está sob pressão, mas não foi ainda aberta a válvula que vai permitir o escapamento do vapor; um montão de pólvora está exposto ao sol, mas ninguém ainda chegou ao fogo para fazê-lo explodir. Surge, então, um homem, ou, antes, uma ideia; um brado ressoa: "Vamos matar Tício, o inimigo do povo!" ou "Vamos salvar Caio, amigo dos pobres!", e o movimento é determinado, a válvula abre-se, a pólvora explode. Eis a multidão".

No seio da multidão, pela influência recíproca, pela sugestão, pelo contágio moral, nivelam-se os mais díspares indivíduos, operando-se, como dizem os "unanimistas", a formação de um *ser único*, de uma *alma coletiva*, em que nenhum daqueles poderia reconhecer sua própria alma. É bem verdade, como observa KRAOKOWIC, que as multidões têm uma alma e uma mentalidade próprias, a que se escravizam os indivíduos que as compõem (*"Die Massen besitzem eingenen Geist und die Einzeln, die Mitglieder der Masse unterwerfen sich diesen Geist"*). Não nos furtemos ao prazer de ler esta página de MAUPASSANT, citada por SIGHELE "[...] todas essas pessoas, lado a lado, distintas, diferentes pelo espírito, pela inteligência, pelas paixões, pela educação, pelas crenças, pelos preconceitos, repentinamente, pelo simples fato de sua reunião, formam um ser especial, dotado de uma alma própria, de uma mentalidade nova, comum, que é a resultante imperscrutável da média das opiniões individuais. Um dito popular afirma que a multidão não raciocina. Ora, por que a multidão não raciocina, quando é certo que cada indivíduo na multidão raciocina? Por que uma multidão faz espontaneamente o que nenhuma das unidades dela seria capaz de fazer? Por que uma multidão tem impulsos irresistíveis, vontades ferozes, assomos estúpidos, que nada detém, e, impelida por esses arrebatamentos irrefletidos, pratica atos que nenhum dos indivíduos que a compõem praticaria? Um indivíduo profere um grito, e eis que uma espécie de frenesi se apodera de todos, e todos, numa arrancada única, que ninguém se lembra de resistir, arrastados por um mesmo pensamento que instantaneamente se lhes torna comum, apesar das castas, opiniões, crenças e hábitos diferentes, vão precipitar-se sobre um homem, para massacrá-lo, para aniquilá-lo, quase sem pretexto, embora cada um dos amotinados, se estivesse só, ter-se-ia arrojado, com risco da própria vida, para salvar o homem que, naquele momento, ajuda a matar! E mais tarde, cada qual regressando ao lar, de si mesmo indagará que cólera ou loucura o teria dominado, sacando-o bruscamente fora de sua índole e de seu caráter, e como teria podido ceder a esse impulso feroz. É que ele cessara de ser um homem para fazer parte de uma multidão. Sua vontade individual misturara-se à vontade comum como uma gota d'água se mistura a um caudal. Sua personalidade desaparecera, tornando-se ínfima partícula de uma vasta e estranha personalidade – a da multidão".

O fenômeno da exaltação coletiva é assim fixado por ELIAS DE OLIVEIRA: "Os desvairamentos da multidão são rápidos e perigosos. A sugestão que a inflama exerce, às vezes, sobre os indivíduos que a formam, uma espécie de fascinação quase irresistível. Exagera o fator antropológico. Exalta o ódio reprimido. Anestesia, instantaneamente, a consciência e desperta e anima os sentimentos de crueldade que permanecem adormecidos. A sua força é um tufão violento, a cujo sopro não se esquivam senão os temperamentos excepcionais. No seu ímpeto aniquilador, a multidão comumente comete excessos e derrama o sangue inocente. Só após o seu retorno à calma e ao raciocínio, passada a excitação que empolga, é que acorda do pesadelo sofrido aquele que, ao seu contato, se tornou criminoso".

No âmago da multidão dir-se-ia que a animalidade irrompe, o *gorila darwiniano* desperta, quebrando os freios morais, fazendo saltar a camada dos *motivos inibitórios,* estratificados na alma do homem civilizado. Até mesmo os poltrões e timoratos, quando na *melée* da turba tumultuosa, atrevem-se aos mais brutais excessos, como que na aliviadora desforra das humilhações passadas. Na sua *Massenpsychologie und ich-analyse,* FREUD afirma a desvalorização do indivíduo pelo seu enquadramento na multidão: "Esta acarreta a diminuição das iniciativas independentes, uma recíproca influência eliminadora das mais valiosas qualidades do indivíduo a favor da reação comum da turba, operando-se um recuo a estádios psicológicos primitivos". Pode dizer-se que essa transformação psíquica decorre menos da influência acoroçoante do número do que do contágio do mau exemplo. Os motins populares têm sempre a pronta adesão dos piores elementos sociais. É muito justa a observação de SIGHELE: "Desde que surge no horizonte político alguma nuvem prenunciadora de temporal, e uma insólita animação se manifesta nas vias públicas, com os ajuntamentos e escaramuças, veem-se aparecer, aqui e ali, figuras sinistras que ninguém jamais encontrara. Todos se interrogam: donde poderiam ter saído esses indivíduos? E como única resposta todos pensam naqueles imundos animais, que surgem de seus esconderijos quando sentem, de longe, o cheiro de um corpo em putrefação". São os indivíduos que, como diz CARLIER, em tempos de paz tratam de esconder-se ou fugir à aproximação da ronda policial, mas, tão cedo se produz uma agitação na opinião pública, surgem arrogantes, insuflando a desordem e fomentando as sedições, de que se fazem os mais cruéis e mais temíveis agentes. É o exemplo dos maus, as mais das vezes, que se difunde no seio da multidão, transformando-a num arremesso de insânia, num monstro de perversidade, numa hidra policéfala... SIGHELE proclama a influência desnormalizante da multidão, mas não conclui, sob o ponto de vista jurídico-penal, pela irresponsabilidade de seus componentes: a responsabilidade destes, segundo o critério central da escola positiva, deve ser medida de acordo com o grau de temibilidade de cada um. Cumpre indagar se o indivíduo, ainda quando libertado da sugestão da turba amotinada, apresenta um perigo social, justificativo da reação defensiva ou penal. A sugestão não despersonaliza inteiramente o indivíduo. O *eu normal* sobrevive ao *eu anormal* criado pela sugestão. Esta, como o álcool, altera a personalidade e enfraquece a vontade, mas não as suprime. Se na própria sugestão hipnótica, que é a mais forte de todas as sugestões, não se consegue anular completamente a personalidade, mas unicamente afrouxá-la, com maioria de razão sobrevive esta na sugestão em estado de vigília, ainda mesmo no paroxismo da multidão desembestada. O crime praticado por um indivíduo no ímpeto da multidão, que o arrasta, terá sempre uma parte de sua etiologia, ainda que mínima, na constituição fisiopsicológica do seu autor, e não fica excluída, assim, a responsabilidade. Igualmente reconhece SIGHELE a necessidade de diverso tratamento penal entre os que ele chama *ativos* e *passivos* (os *meneurs* e *menés*, de TARDE), mas isto segundo um critério variável de caso em caso.

FERRI, na *Relação* sobre o seu malogrado Projeto de Código Penal italiano, assim se pronunciou, apoiando os pontos de vista de SIGHELE: "Quanto aos delitos cometidos por uma multidão em tumulto, a responsabilidade penal caberá a cada um dos autores, cúmplices ou instigadores, segundo a atividade de cada um no caso concreto. O juiz terá de distinguir entre os provocadores e os *meneurs*, de um lado, e os provocados e *menés*, de outro, e avaliará, segundo as circunstâncias de maior ou menor periculosidade, a personalidade de cada um... Não haverá jamais a inimputabilidade, mas o juiz poderá, humanamente, ir até o perdão judicial."

É necessário um critério de identificação subjetiva. Somente o juiz, adverte BUONOCORE, poderá distinguir entre o instigador e o sugestionado, o provocador e o provocado, o *meneur* e o *mené*, o demagogo e o inconsciente, apreciando a personalidade de cada qual, sem abstrair, todavia, que a multidão arrebata, cega, desvaira. PRINS entende, e com razão, que "*la notion de la foule criminelle, quando une infraction peut être attribuée à une foule, a fait comprendre la nécessité de rechercher et de frapper sévèrement les meneurs et de ne reserver l'indulgence qu'aux menés*». Entretanto, é preciso não esquecer a advertência de TARDE: "*C'est solvent le foule que mène son chef*", isto é, há muito chefe que, ao invés de conduzir, é conduzido pela multidão...

O vigente Código Penal italiano inclui entre as atenuantes genéricas a circunstância de haver o delinquente agido "por sugestão de uma multidão em tumulto, quando não se trate de reuniões ou ajuntamentos proibidos por lei ou pela autoridade, e o culpado não seja delinquente ou contraventor habitual ou profissional, ou delinquente por tendência". O Código uruguaio (1934) declara isentos de pena os gregários que não tenham tomado parte na execução material do crime, se este não fora previamente ajustado entre todos e a reunião não constitua, por si mesma, um crime. Semelhante critério de decisão refletira-se no Projeto brasileiro de SÁ PEREIRA, reproduzido, neste ponto, pelo de ALCÂNTARA MACHADO, e, afinal, o Código de 40 inclui entre as circunstâncias que sempre atenuam a pena "ter o agente cometido o crime sob a influência da multidão em tumulto, se, lícita a reunião, não provocou o tumulto, nem é reincidente".

119. Agente provocador (*agent provocateur, Lockspitzel*). Discute-se em doutrina se é aplicável a disciplina da participação no caso do *agente provoca-*

dor, isto é, do indivíduo que, para surpreender outro em flagrante e sujeitá-lo à punição, o induz, ardilosamente, a cometer um crime, mas, contando, pela sua própria vigilância, que não passe de tentativa improfícua. Semelhante prática, apesar de censurável, não é infrequente como método policial para a descoberta de suspeitas atividades criminosas. Para solução do tema, há que distinguir: ou a vigilância do agente provocador tornou impraticável qualquer dano, efeito ou potencial, ou não pode evitar que se realizasse. Na primeira hipótese, não há crime algum.[18] O fato carece de *seriedade* como violação da lei penal (v. n. 71): não passa de uma comédia, de que inconscientemente participa o induzido. Segundo a tradicional noção *realística* do crime, este não pode ser reconhecido quando, *in concreto*, era impossível a superveniência de lesão ou perigo de lesão a um bem jurídico penalmente protegido. De maior evidência é ainda a inexistência de crime quando para o engano concorre o pretenso sujeito passivo. Figure-se o seguinte caso: certo comerciante, suspeitando da honestidade de um seu empregado, deixa-o propositadamente a sós no estabelecimento, mas sob a despercebida vigilância de um agente de polícia previamente avisado, verificando-se que o empregado se dirige à caixa registradora e, no momento em que está subtraindo dinheiro, é detido pelo policial. Ter-se-ia obtido veemente indício de autoria de furtos anteriores, mas não se pode identificar, no caso, a existência de um furto tentado.

Na segunda hipótese, ainda há que distinguir: ou o agente provocador assumiu o risco do evento de dano ou de perigo (dolo eventual), e terá de responder como partícipe do crime; ou, não tendo assumido esse risco, agiu inconsideradamente, e ao invés de participação, o que ocorre são dois crimes distintos: um doloso, a cargo do induzido, e outro culposo, a cargo do agente provocador (se o crime é punível a título de culpa). Pouco importa a *moralidade* do motivo determinante (salvo quanto à medida da pena) do agente provocador, pois o fim não *santifica* os meios.

Autêntica participação haverá no caso em que o agente provocador *quer* positivamente a consumação do crime, nada significando que, de sua parte, não tenha sido querido o crime por si mesmo, senão como um meio de ver punido o induzido (fim de vingança) ou de livrar dele por qualquer motivo (ex.: poder mais facilmente ter comércio sexual com sua mulher).

Cumpre notar que a hipótese do agente provocador não se confunde com o caso em que se dá a intervenção da autoridade policial, notificada de antemão, para colher em flagrante o indivíduo que, de sua exclusiva iniciativa ou sem qualquer sugestão direta ou indireta, concebeu a ideia do crime e pretendia consumá-lo. Assim, responde por tentativa de *extorsão* o

---

18 Veja-se FLORIAN, ob. cit., vol. I, p. 634, e vol. II, p. 711.

indivíduo que, mediante grave ameaça, exige indevidamente certa quantia de outro, e este, vencendo a intimidação ou confiante na polícia, mas fingindo ceder, empraza-o para o recebimento e o faz prender "com a boca na botija". A intervenção policial, aqui, não é mais que a circunstância, alheia à vontade do agente, que impede a consumação do crime e caracteriza a tentativa (art. 12, II).

120. Participação e arrependimento. Pode acontecer que, antes ou depois de iniciado o *iter criminis*, venha a cessar a coerência das vontades dos concorrentes, ou, mais precisamente: pode ocorrer que um dos concorrentes se arrependa, enquanto os outros persistam no propósito criminoso. O arrependimento, como puro *factum internum*, é inócuo, mas, se assume caráter prático ou militante (v. n. 69), várias são as hipóteses formuláveis:

a) o arrependido é o designado executor, e não inicia a execução do crime projetado, ou é um partícipe, vindo este a impedir (por qualquer meio) que a execução se inicie;

b) o arrependido é o executor e, já iniciada a execução, desiste da consumação ou impede que o resultado se produza (art. 13); ou é um partícipe, que alcança evitar (por qualquer meio) seja atingida a *meta optata*;

c) o arrependido é o partícipe, e resulta inútil o seu esforço para impedir a execução ou consumação.

Na hipótese *a*, não há fato punível (podendo ser aplicado o art. 27). Na hipótese *b*, identificam-se causas extintivas de punibilidade (*desistência voluntária* e *arrependimento eficaz*) e, dado o seu caráter *misto* (subjetivo--objetivo), são *comunicáveis* (v., adiante, n. 121), ficando todos os concorrentes isentos de pena a título de tentativa (ressalvada a punibilidade pelos atos já praticados).[19] Na hipótese *c*, finalmente, nenhuma isenção penal pode ser reconhecida em favor do arrependido, pois o crime não deixa de *pertencer* a quem, depois de contribuir voluntariamente para ele, se arrepende sem evitá--lo (o arrependimento ineficaz é irrelevante, salvo quanto à medida da pena). Figure-se agora, o seguinte caso: Tício, que incumbiu a Mévio, mediante promessa de recompensa, o homicídio de Semprônio, arrepende-se em seguida e revoga o mandato, mas acontecendo que, nesse meio tempo, Mévio recebe agravos de Semprônio e, *omnimodo facturus*, resolve matá-lo por conta pró-

---

19 Tal solução é a que nos parece razoável: se, quando o crime é tentado ou consumado, mesmo os concorrentes arrependidos não escapam à pena, é de admitir-se que aproveite a todos, mesmo aos não arrependidos, a desistência eficiente ou impedimento da consumação por parte de um deles. É a solução mais condizente com o princípio de solidariedade dos concorrentes.

pria: Tício é estranho ao crime, pois nenhuma foi sua contribuição, não se podem dizer, sequer, que haja despertado em Mévio o propósito criminoso.

121. Circunstâncias incomunicáveis e comunicáveis. Dispõe o art. 26 que "não se comunicam as circunstâncias de caráter pessoal, salvo quando elementares do crime". *A contrario sensu,* são sempre *comunicáveis* as circunstâncias *reais* (objetivas) e as *mistas* (subjetivo-objetivas), sejam ou não conhecidas de todos os concorrentes.[20] *Circunstâncias,* no sentido lato com que o vocábulo é aqui empregado, não são apenas as que excedem a configuração do crime, isto é, as a*gravantes* e *atenuantes,* genéricas ou especiais, e só influem na medida da pena (*accidentalia delicti*), mas também as que constituem *elementos essenciais* do crime (*essentialia delicti*) ou, de qualquer modo, alteram, excluem ou extinguem a punibilidade. Chamam-se *pessoais* as de natureza subjetiva, as condições ou qualidades que só dizem com a pessoa de tal ou qual concorrente, sem qualquer reflexo sobre a execução e materialidade do crime, ou sobre a convergente força psíquica dos corréus. Tais são a *reincidência,* o *motivo torpe,* o *erro de fato,* a *embriaguez fortuita,* a *menoridade,* certas qualidades inerentes ao corréu (ser "funcionário público", ser "ascendente" ou "descendente" da vítima etc.). Dizem-se *reais* (ou *objetivas*) as que afetam a execução ou materialidade do crime, isto é, as que concernem à natureza, espécie, meios, objeto, tempo, lugar ou qualquer outra modalidade da ação, à maior ou menor gravidade das consequências, à reparação destas, às condições ou qualidades pessoais da vítima. Exemplos: a *emboscada,* o *emprego de veneno,* o ser o crime praticado *durante o repouso noturno,* o ser a vítima "velho" ou "criança", a duplicidade de vítimas na *aberratio ictus* etc. Denominam-se *mistas,* finalmente, as circunstâncias que, embora pessoais, se refletem sobre a objetividade do crime. Exemplos típicos dessa espécie, em que pese a contrária opinião dominante, são a "desistência voluntária" e o "arrependimento eficaz" (no primeiro caso é detida a já iniciada execução material do crime; no segundo, é impedida a produção do resultado): a isenção penal, em tais hipóteses, não é concedida apenas porque o agente revele escassa capacidade de delinquir (condição *pessoal*), mas também, e principalmente, porque foi evitado o *eventus damni* ou o *summatum opus;* de modo que é inegável o caráter *misto* de tais circunstâncias e sua consequente comunicabilidade aos copartícipes.

A incomunicabilidade das circunstâncias pessoais cessa quando estas entram na própria noção do crime. No *homicídio qualificado,* por exemplo,

---

20 Não há falar-se, aqui, em responsabilidade objetiva: quem se mete numa empresa criminosa, aceita-lhe, de antemão, os riscos.

as *qualificativas* de caráter pessoal, *ex capite executoris*, se estendem aos partícipes. Do mesmo modo, a qualidade de "funcionário público", no peculato, comunica-se aos *extranei*. Deve notar-se, porém, que a ressalva do art. 26 não abrange as condições *personalíssimas* que informam os chamados *delicta excepta*. Importam elas um *privilegium* em favor da pessoa a que concernem. São conceitualmente inextensíveis e impedem, quando haja cooperação com o *beneficiário*, a unidade do título do crime. Assim, a "influência do estado puerperal" no "infanticídio" e a *causa honoris* no crime do art. 134: embora elementares, não se comunicam aos cooperadores, que responderão pelo tipo comum do crime (isto é, sem o *privilegium*).

122. Impunibilidade no caso de *delictum non secutum*. Na conformidade da noção *realística* do crime, como já acentuamos, não existe este sem que se apresente, pelo menos, a periclitação do bem jurídico penalmente tutelado. Não bastam manifestações da vontade criminosa por palavras ou atos: é necessária uma atividade que efetivamente acarrete, no mínimo, um *eventus periculi*, um começo de execução do crime projetado. Somente em casos excepcionais, dado o grave perigo que em si mesmos representam, se incriminam ou se punem os atos meramente *preparatórios* ou os entendimentos ou articulações preliminares (ex.: associação para delinquir *in genere*, incitação pública de crime, conspiração etc.). Não importa que as exteriorizações do *animus delinquendi*, embora não seguidas de efeito, revelem a periculosidade social de quem as faz: o indivíduo só é punível quando de tal atividade antijurídica deriva, realmente, um dano ou perigo de dano. *Punir-se* alguém apenas porque é socialmente perigoso, seria puni-lo, não pelo mal que praticou, mas pelo mal que possa vir a praticar. A *periculosidade* é fundamento da *medida de segurança* (eminentemente *preventiva*), e não da *pena* (que é, principalmente, *repressiva*). O Código brasileiro, adstrito a este ponto de vista, não se deixou influenciar pelo Projeto FERRI e o exemplo de alguns Códigos modernos (polonês, art. 29, e suíço, art. 24), no sentido de considerar *tentativa* a atividade que se limita a exprimir o projeto criminoso, ainda que se não siga o começo de execução. Dispõe o art. 27: "O ajuste, a determinação ou instigação e o auxílio, salvo disposição expressa em contrário, não são puníveis, se o crime não chega, pelo menos, a ser tentado (art. 76, parág. único)". Comentando este artigo, COSTA E SILVA (*Código penal*, 1943, p. 202) entende que ele "serve para reafirmar o caráter acessório da concorrência (coautoria)". De modo algum. O dispositivo é corolário (tão evidente, que é até ocioso) da regra geral, de que não há fato punível onde não haja, pelo menos, começo de execução. Não havia razão alguma para que, adotada essa regra no caso de unidade de agente, fosse rejeitada na disciplina do *concursus delinquen-*

tium, em que cada agente é considerado, juridicamente, como se fora um só. Prosseguindo na sua crítica, o pranteado mestre observa: "A referência às diversas formas de coparticipação criminosa prova que o legislador não pode esquecê-las. *Naturam expelles furca, tamen usque recurret*". Ora, a referência às modalidades possíveis da participação não visa a distingui-las sob o ponto de vista jurídico-penal: ditou-a apenas a necessidade de evitar-se uma fórmula genérica ou elástica, que tal seria a que dissesse, por exemplo, "atos preliminares do concurso para o crime". Nem jamais se cogitou, com a "teoria da cumplicidade-causa", de *esquecer as formas de coparticipação no crime: o que se sustenta é a equipolência delas para o tratamento penal*.

Se o ajuste, a determinação, a instigação ou o auxílio, no caso de *factum no secutum*, são impuníveis, com maioria de razão deve sê-lo a oferta ou proposta não aceita de execução de um crime. O nosso Código não destacou essa hipótese para incriminá-la, como faz o Código alemão, alterando por lei de 1876 (para atender à opinião pública, em seguida ao famoso caso do belga Duchesne, que propusera ao provincial dos jesuítas do seu país e ao arcebispo de Paris, mediante recompensa, o assassinato do Chanceler Bismarck, então envolvido em lutas religiosas).

A remissão feita, entre parênteses, ao art. 76, parágrafo único, devia ter-se estendido ao art. 94, III: se o juiz se convencer da *periculosidade* dos *concorrentes frustros* poderá aplicar-lhes a medida de segurança de "liberdade vigiada".

SEGUNDA PARTE

René Ariel Dotti

*À memória brilhante de
Francisco de Assis Toledo
(1928- 2001)*

TÁBUA DE ABREVIATURAS

//	Sinal gráfico utilizado para indicar que existe outro livro ou artigo do mesmo autor: ASÚA, Luís Jiménez de. *La ley y del delito*. Caracas: Editorial "Andrés Bello", 1945 // *Tratado de derecho penal*, 3ª ed., Buenos Aires: Editorial Losada, S.A., 1964.
ADIn	Ação Direta de Inconstitucionalidade
ADPF	Arguição de Descumprimento de Preceito Fundamental
AgRg	Agravo Regimental
AI	Ato Institucional
ampl.	ampliado, ampliada
Anteprojeto argentino	Anteproyeto de Código Penal de la Nación Argentina[1]
Anteprojeto Hungria	Anteprojeto de Código Penal redigido pelo Ministro NÉLSON HUNGRIA (1891-1969), a convite do Ministro da Justiça[2]
Anteprojeto Toledo	Anteprojeto da Parte Geral do CP (Dec.-Lei n. 2.848, de 07.12.1940), redigido e revisto por comissões instituídas no Ministério da Justiça, tendo como membro e coordenador o Professor e Subprocurador-Geral da República, Francisco de Assis Toledo (1928-2001).[3]
Ap.	Apelação
ApCrim	Apelação Criminal
apud	extraído da obra de
Boletim	Publicação do Instituto Brasileiro de Ciências Criminais
CCiv.	Código Civil (Lei n. 10.406, de 10.01.2002)

---

1 (Dec. P.E.N. 678/2012). Redigido pela Comissão para a elaboração do projeto de lei de reforma, atualização e integração do Código Penal da Nação, presidida por E. Raúl Zaffaroni, publ. em Anteproyeto de Código Penal de la Nación: aportes para un debate necesario, Eugenio Raúl Zaffaroni y Roberto Manuel Carlés, Matías Bailone (Coord.). 1ª ed. Buenos Aires: La Ley, 2014.

2 Publicado pelo Ministério da Justiça (1963) e pela RBCDP n. 1 e 2 (1963).

3 Anteprojeto de Lei Modificativo da Parte Geral do Código Penal, elaborado pela Comissão instituída pelas Portarias n. 1.043, de 27.11.1980 e n. 1.150, de 18.12.1980 e publicadas pelo MJ, cf. Portaria n. 192, de 06.03.1981, do Ministro da Justiça, IBRAHIM ABI-ACKEL (Brasília, Departamento de Imprensa Nacional, 1981). Sobre as comissões de redação e revisão, v. o XII do § 1º (Tít. II - DO CRIME) e o item 6 da Exp. Mot. da Lei n. 7.209, de 11.07.1984.

Siglas

cedam	casa editrice dott. ANTONIO MILANI (Padova - Italia)
Código Penal alemão (StGB)	Código Penal alemán (Claudia Lópes Diaz - Traductora) (<http://www.juareztavares.com/textos/leis/cp_de_es.pdf>.) Acesso em: 09 fev. 2015
Código Penal alemão (StGB)	Dispositivos centrais em ROXIN, Claus. *Novos estudos de direito penal*. Alaor Leite (Org.). São Paulo: Marcial Pons, 2014, p. 221-222 (anexo)
Código Penal Tipo	Código Penal Tipo para Latino-América: Parte General, t. I.[4]
Cf. / cf.	Conforme/conforme
cit.	citado
CBA	Código Brasileiro de Aeronáutica: Lei n. 7.565, de 19.12.1986
Ciências Penais	Revista da Associação Brasileira de Professores de Ciências Penais
CCrim. 1830	Código Criminal do Império (16.12.1830)[5]
Código Penal; CP	Código Penal: Parte Geral (Lei n. 7.209, DE 11.07.1984) e Parte Especial (Dec.-Lei n. 2.848/1940)
CP 1890	Código Penal dos Estados Unidos do Brasil (Dec. n. 847, de 11.10.1890)
CP 1940	Código Penal (Dec.-Lei n. 2.848, de 07.12.1940)[6]

---

4   O Código Penal Tipo para Latino-América, contendo disposições de uma Parte Geral (arts. 1º a 112), nasceu de um projeto concebido pelo Instituto de Ciências Penais do Chile, na sessão de 8 de outubro de 1962, sob a presidência do mestre EDUARDO NOVOA MONREAL, com o objetivo de reunir os mais qualificados juristas do continente. Foram realizadas sessões plenárias em Santiago (1963); México (1965); Lima (1967); Caracas (1969); Bogotá (1970) e São Paulo (1971). O Brasil foi representado por HELENO CLÁUDIO FRAGOSO, NÉLSON HUNGRIA, PAULO JOSÉ DA COSTA JÚNIOR e JOÃO BERNARDINO GONZAGA, alternando-se da primeira à quinta reunião. No último encontro, quando foi aprovado o texto final, estiveram presentes, além de HELENO CLÁUDIO FRAGOSO e PAULO JOSÉ DA COSTA JÚNIOR, RAFAEL CIRIGLIANO FILHO, THEODOLINDO CASTIGLIONE, GUILHERME PERCIVAL DE OLIVEIRA e MANOEL PEDRO PIMENTEL. Os estudiosos e os profissionais das ciências criminais em nosso país devem prestar um tributo de reconhecimento à devoção e ao idealismo dos membros desse histórico movimento que resgatou princípios e regras fundamentais para a manutenção de um ordenamento penal adequado ao Estado Democrático de Direito, apesar da viragem ideológica que concebeu e fomentou as ditaduras latino-americanas dos anos 60 e 70. O Código Penal Tipo para Latino-América: Parte Geral, foi publicado em 3 volumes, sob a direção do Professor FRANCISCO GRISOLIA e o selo da Editorial Juridica de Chile, 1973.

5   Sancionado pelo Imperador D. Pedro I, mediante a Carta de Lei de 08.01.1831.

6   Redação final do Projeto Alcântara Machado, revisto por comissão instituída pelo Ministro da Justiça, Francisco Campos e integrada por Nélson Hungria, Vieira Braga e Narcélio de Queirós (magistrados) e Roberto Lyra (Promotor de Justiça). Contribuíram com os trabalhos da comissão: Min. A. J. da Costa e Silva e Abgar Renault. Este, emérito professor, na redação final do projeto.

CP 1969 (original)	Código Penal (Dec.-Lei n. 1.004, de 21.10.1969
CP 1969	Código Penal de 1969 (Dec.-Lei n. 1.004, de 21.10.1969, alterado pela Lei n. 6.016, de 31.12.1973, e revogado pela Lei n. 6.578, de 11.10.1978)
CPM	Código Penal Militar (Dec.-Lei n. 1.001, de 21.10.1969)
CTB	Código de Trânsito Brasileiro (Lei n. 9.503, de 23.09.1997)
DJ	Diário da Justiça
DJe	Diário da Justiça eletrônico
Dec.-Lei	Decreto-Lei
EC	Emenda Constitucional
ECA	Estatuto da Criança e do Adolescente (Lei n. 8.069, de 13.07.1990)
ed.	edição, edición, edizione
et alii	e outros (locução latina)
Exp. Mot.	Exposição de Motivos
Gr.Cs.	Grupo de Câmaras
IBCCrim	Instituto Brasileiro de Ciências Criminais
i.e.	*id est* (isto é)
IELF	Instituto de Ensino Jurídico Professor Luiz Flávio Gomes
inc.	inciso
infra	advérbio utilizado para indicar trecho da mesma página, mais abaixo, ou de página posterior
in verbis	nestes termos; nestas palavras
j.	julgado, julgamento
JTACrimSP	Julgados do Tribunal de Alçada Criminal de São Paulo
LCP	Lei das Contravenções Penais (Dec.-Lei n. 3.688, de 03.10.1941)
LC	Lei Complementar
LEP	Lei de Execução Penal (Lei n. 7.210, de 11.07.1984)
LICP	Lei de Introdução ao Código Penal (Dec.-Lei n. 3.914, de 09.12.1941
LICPP	Lei de Introdução ao Código de Processo Penal (Dec.-Lei n. 3.931, de 11.12.1941)
LINDB	Lei de Introdução às Normas do Direito Brasileiro (Dec.-Lei n. 4.657, de 04.09.1942)
loc. cit.	local citado
Min.	Ministro
MP	Ministério Público
MS	Mandado de Segurança
n.	número
N. a.	Nota do atualizador

Siglas

ob. cit.	obra citada
ob. e loc. cit.	obra e local citados
omissis	omitido. Utiliza-se para indicar que não houve modificação em certo dispositivo
org.	organizador; organizado
p.	página
p.ex.	por exemplo
parág. único	parágrafo único
PG/1940	Parte Geral do Código Penal (Dec.-Lei n. 2.848, de 07.12.1940) revogada pela Lei n. 7.209, de 11.07.1984
PG/1984	Parte Geral do Código Penal determinada pela Lei n. 7.209, de 11.07.1984
Proj.-lei	Projeto de lei
PL	Projeto de Lei da Câmara dos Deputados
PLS	Projeto de Lei do Senado Federal
Projeto Alcântara Machado	Projeto de Código Criminal Brasileiro, redigido por José de ALCÂNTARA MACHADO de Oliveira (1875-1941), a convite do Ministro da Justiça, Francisco Campos[7]
publ.	publicado
RAD	René Ariel Dotti
RBCCrim	Revista Brasileira de Ciências Criminais
RBCDP	Revista Brasileira de Criminologia e Direito Penal, órgão oficial do Instituto de Criminologia da Universidade do Estado da Guanabara, n. 1 e 2 (1963)
RDA	Revista de Direito Administrativo
RDP	Revista de Direito Penal, órgão oficial do Instituto de Ciências Penais do Rio de Janeiro – Conjunto Universitário Candido Mendes, editado pela Revista Forense
RDPC	Revista de Direito Penal e Criminologia, órgão oficial do Instituto de Ciências Penais do Rio de Janeiro, Ed. Forense
Reforma de 1977	Alteração setorial do CP e do CPP, determinada pela Lei n. 6.416, de 24.05.1977[8]
Reforma	Reforma da Parte Geral do Código Penal (Lei n. 7.209, de 11.07.1984
Reforma de 1984	Reforma da Parte Geral do Código Penal e a edição da Lei de Execução Penal (Leis n. 7.209 e 7210, de 11.07.1984)
reimp.	reimpressão

---

7 São Paulo: Empresa Gráfica da "Revista dos Tribunais", 1938.

8 Regime penitenciário, sistema de penas, sursis, livramento condicional reincidência, prisão provisória, prescrição e prova testemunhal.

Rel. rel.	Relator/relator
RF	Revista Forense
REsp.	Recurso Especial
RJTJRS	Revista de Jurisprudência do Tribunal de Justiça do Rio Grande do Sul
rev.	revisão, revista
Revista Magister	Revista Magister de Direito Penal e Processual Penal
Revista IOB	Revista IOB de Direito Penal e Processual Penal
Revista Síntese	Revista Síntese de Direito Penal e Processual Penal
RExt.	Recurso Extraordinário
RIL	Revista de Informação Legislativa
RJTJSP	Revista de Jurisprudência do Tribunal de Justiça de São Paulo
RT	Editora Revista dos Tribunais
RT	Revista dos Tribunais
RTJ	Revista Trimestral de Jurisprudência (STF)
rubrica	indicação do princípio ou regra de direito impressa acima ou ao lado do artigo do Código para resumir o seu conteúdo
s.	seguinte
Súmulas Vinculantes	Supremo Tribunal Federal
Súmula STF	Súmula da Jurisprudência predominante do Supremo Tribunal Federal
Súmula STJ	Súmula da Jurisprudência predominante do Superior Tribunal de Justiça
supra	advérbio que indica trecho da mesma página, mais acima, ou de página anterior
t.	tomo
T.	Turma
TACrimSP	Tribunal de Alçada Criminal de São Paulo (extinto)
Tít.	Título (Subdivisão das matérias do Código Penal)
TJ	Tribunal de Justiça
TJSP	Tribunal de Justiça de São Paulo
TJRJ	Tribunal de Justiça do Rio de Janeiro
TJMG	Tribunal de Justiça de Minas Gerais
TJPR	Tribunal de Justiça do Paraná
TR/RT	Thomson Reuters/Revista dos Tribunais
trad. Trad.	tradução/Tradução
USP	Universidade de São Paulo
usque	até, a, para
UTET	UNIONE TIPOGRAFICO-EDITRICE TORINENSE

Siglas

verbi gratia; v.g.	por exemplo
versus	em comparação com; em relação a
v.g.	*verbi gratia* (por exemplo)
v.u.	votação unânime
vide	expressão que remete o leitor a um outro texto, outro trecho de um texto etc.
vol.	volume
v.u.	votação unânime

TÍTULO II
DO CRIME

BIBLIOGRAFIA (ESPECIAL)

ALCÂNTARA MACHADO, José de Oliveira. *Projeto do código criminal brasileiro*. São Paulo: Empresa Gráfica da Revista dos Tribunais, 1938 •• AMATO, María Inés. *Víctimas de la violencia*. Buenos Aires: Rocca, 2006 •• ANDRADE, Manuel da Costa. *A vítima e o problema criminal*. Coimbra: Universidade de Coimbra, 1980 •• ARAÚJO, Marina Pinhão Coelho. *Tipicidade penal*. São Paulo: Quatier Latin, 2012 •• ARDILA GALINDO, Humberto. *Los derechos de las víctimas*. Bogotá: Ed. Nueva Jurídica, 2012 •• AZEVEDO, Noé. Ilícito civil e ilícito penal. *RT*, 290/1959 •• BACIGALUPO, Enrique. *Delito y punibilidad*. Buenos Aires: Hammurabi, 1999 •• BERISTAIN, Antonio. *Derecho penal*: criminología e victimología. Curitiba: Juruá, 2007 •• BITENCOURT, Edgard de Moura. *Vítima*. São Paulo: Ed. Universitária de Direito, 1971 •• BITENCOURT, Cezar Roberto; MUÑOZ CONDE, Francisco. *Teoria geral do delito*. São Paulo: Saraiva, 2000 •• BITTAR, Walter Barbosa. *As condições objetivas de punibilidade e as causas pessoais de exclusão da pena*. Rio de Janeiro: Lumen Juris, 2004 •• BOTTINI, Pierpaolo. *Crimes de perigo abstrato*. São Paulo: Revista dos Tribunais, 2014 •• BRANDÃO, Claudio. *Teoria jurídica do crime*. Rio de Janeiro: Forense, 2007 // *Tipicidade penal*. São Paulo: Almedina, 2012 •• CALHAU, Lélio Braga. *Vítima e direito penal*. 2ª ed. Belo Horizonte: Mandamentos, 2003 •• CALLEGARI, André Luís. *Teoria geral do delito*. Porto Alegre: Livraria do Advogado, 2005 •• CÂMARA, Guilherme Costa. *Programa de política criminal*: orientado para a vítima de crime. São Paulo: RT; Coimbra, 2008 •• CAMELI, Vittore. *Le condizioni objettive di punibilitá e la sfera dei principi penali*. Napoli: Morano, 1961 •• CAMPOS, Alberto A. *Introducción a la teoría del delito*. Buenos Aires: Abeledo-Perrot, 1971 •• CANCIO MELIÁ, Manuel. Reflexiones sobre la "victimodogmatica" en la teoría del delito. *RBCCrim*, 25/1999 •• CARNELUTTI, Francesco. *Teoria general del delito*. Trad. Victor Conde. Madrid: Revista de Derecho Privado, 1952 •• CARLOS, André. *Teoria geral do delito*: primeiras lições. Rio de Janeiro: Freitas Bastos, 2013 •• CARVALHO, Érika Mendes de. *Punibilidade e delito*. São Paulo: Revista dos Tribunais, 2008 •• CARVALHO, Salo de. A configuração da tipicidade do tráfico na nova Lei de drogas e as hipóteses de consumo compartilhado. *Revista de Estudos Criminais*, 30/2008 •• CASTRO, Viveiros de. *A nova escola penal*. Rio de Janeiro: Jacintho Ribeiro dos Santos – Editor, 1913 •• CHAVES, Raul Afonso Nogueira. *Da tipicidade penal*. Bahia: Artes Gráficas, 1958 •• COELHO, Walter. *Teoria geral do crime*. Porto Alegre: Fabris, 1998 •• CORDOBA RODA, Juan. *El conocimiento de la antijuridicidad en la teoría del delito*. Barcelona: Bosch, 1962 •• CORREA FILHO, Ruy Barbosa. Considerações sobre tipicidade. *MPPR*, 6/1976 •• COSTA, José Francisco. *O perigo em direito penal*. Coimbra: Coimbra Ed., 1992 •• COSTA ANDRADE, Manuel da. *A vítima e o problema criminal*. Coimbra: Universidade de Coimbra, 1980 •• COUTINHO, Jacinto Nelson de Miranda. Elementos normativos e descrição da tipicidade da denúncia. *Boletim*, 166/2006 •• CRETELLA JR., José. Ilícito penal e ilícito administrativo. *Justitia*, 79/1972 •• DAMÁSIO DE JESUS, E. Tipo penal. *Justitia*, 88/1975 D'AVILA, Fabio Roberto. *Ofensividade em direito penal*: escritos sobre a teoria do crime como ofensa a bens jurídicos. Porto Alegre: Livraria do Advogado, 2009 // *O ilícito penal nos crimes ambientais*. *RBCCrim*, 67/2007 •• DEAN, Fabio. La tipicità nella teoria generale dell'illecito penale. *RIDPP*, 1/2006 •• DONNA, Edgardo Alberto. *Teoría del delito y de la pena*. Buenos Aires: Astrea, 1996 •• DOTTI, René Ariel. O problema da vítima. *RT*, 648/1989 // Teoria geral da punibilidade. *Revista CEJ*, 7/1999 •• FASSONE, Elvio. *La declaratoria inmediata delle cause di non punibilitá*. Milano: A. Giuffrè, 1972 ••FELIPPE, Marcio Sotelo. Linguagem e tipicidade. *RBCCrim*, 4/1993 •• FERNANDES, Antonio Scarance. *O papel da vítima no processo criminal*. São Paulo: Malheiros, 1995 •• FERRI, Henrique. *Ao lado das vítimas*: discursos de acusação. São Paulo: Saraiva, 1939 •• FIGUEIREDO DIAS, Jorge de. *Crime preterencional, causalidade adequada e questão de facto*. Coimbra: Ed. do Autor, 1971 •• FRAGOSO, Heleno Cláudio. *Conduta punível*. São Paulo: José Bushatsky Ed., 1961 // Subsídios para a história do novo Código Penal. *RDP*, 3/10 •• GALLAS, Wilhelm. *La teoria del delito en su momento actual*. Barcelona: Bosch, 1959 •• GARÓFALO, Raffaele. *A reparação as victimas do delicto*. Trad. José Benevides. Lisboa: T. Cardoso, 1899 // *Criminologia*: estudo sobre o delicto e a repressão penal. 2ª ed. Trad. de Julio de Mattos. Lisboa: Livraria Clássica Editora, 1908 // *La criminología*: estudio sobre el delito y la teoría de la represión. Trad. de Pedro Dorado Montero. Buenos Aires: B de F, 2005 •• GIULIANI, Ubaldo. *Il problema giuridico delle condizioni di punibilitá*. Padova: CEDAM, 1966 •• GOMES, Luiz Carlos. Ilícito civil e penal. *Revista do MP*, 3/1974 •• GOMES, Luiz Flávio. Da punibilidade como terceiro requisito do fato punível. *Revista Síntese*, 22/2003 // Punibilidade abstrata. *RT*, 840/2005 // Tipicidade penal = Tipicidade formal ou objetiva + tipicidade material ou normativa + tipicidade subjetiva. *Informativo Consulex*, 37/2006 // Requisitos da tipicidade penal consoante a teoria constitucionalista do delito. *Revista IOB*, 37/2006 •• GOMES, Suzana. *Crimes eleitorais*. 4ª ed. São Paulo: Revista dos Tribunais, 2010 •• GRECO, Alessandra Orcesi Pedro. *A autocolocação da vítima em risco*. São Paulo: RT, 2004 // Vítima: consentimento e imputação objetiva. *Ciências Penais*, 1/2004 •• GRINOVER, Ada Pellegrini. A defesa penal e sua relação com a atividade probatória. A vítima e o princípio de oportunidade. Relações entre Juiz e Ministério Público. *RBCCrim*, 40/2002 •• GUEDES, Jorge. Teoria da tipicidade e ação penal. *Revista Brasileira de Criminologia*, 20/1952 •• HARBICH, Ricco. Tipo e tipicidade no direito penal alemão. *Ciência penal*, 2/1976 •• HUNGRIA, Nelson. Ilícito administrativo e ilícito penal. *Revista de Direito Administrativo*, 1/1945 •• J. F. MARQUES, José Frederico. Teoria geral do delito. *Revista Forense*, 168/1956 •• JIMENEZ DE ASÚA, Luís. *La ley y del delito*. Caracas: Editorial Andrés Bello, 1945 •• JIMENEZ HUERTA, Mariano. *La tipicidad*. Mexico: Porrúa, 1955 •• JORGE, Alline Pedra. *Em busca da satisfação dos interesses da vítima penal*. Rio de Janeiro: Lumen Juris, 2005 •• JORGE BARRERA, Mario. *Teoría del delito y praxis penal*: aportes del normativismo. Buenos Aires: B de F, 2012 •• KREBS, Pedro. *Teria jurídica do delito*. Barueri (SP): Manole, 2006 •• KUEHNE, Maurício. *Teoria e prática da aplicação da pena*. Curitiba: Juruá, 2006 ••LEITE, Alaor [et alii]. *Reforma penal. A crítica científica à parte geral do projeto de código penal (PLS 236/2012)*, Alaor Leite (Org.). São Paulo: Atlas, 2015 •• LESCH, Heiko H. *La función de la pena*. Bogotá: Universidad Externado, 2000 •• LOPES, Luciano Santos. *Os elementos normativos do tipo penal e o princípio constitucional da legalidade*. Porto Alegre: Sergio Antonio Fabris, 2006 •• LOPEZ BETANCOURT, Eduardo. *Teoría del delito*. Mexico: Porrúa, 1996 •• LUIS, Rafael Nobre. Tipicidade e tentativa. *Revista Criminal*, 11/2010 •• LUISI, Luiz. *O tipo penal e a teoria finalista da ação*. Porto Alegre: Ed. do Autor, [198- ?] // *O tipo penal, a teoria finalista e a nova legislação*. Porto Alegre: Sergio Antonio Fabris, 1987 •• LUNA, Everardo da Cunha. *Estrutura jurídica do crime*. Recife: UFPE, 1968 •• LUNA CASTRO, Jose Nieves. *Los derechos de la victima y su protección*. México: Ed. Porrúa, 2009 •• LYRA, Roberto. *Novo direito penal*. Rio de Janeiro: Borsoi, 1971, vol. I •• MACEDO, Raimundo. *Da extinção da punibilidade*. Rio de Janeiro: Forense, 1946 •• MACHADO, Agapito. Extinção da punibilidade. *RT*, 631/1988 •• MACHADO, Luiz Alberto. Uma visão material do tipo. Curitiba: Ed. Do Autor, 1975 •• MARCHIORI, Hilda. *Criminologia*: la victima del delito. México: Ed. Porrúa, 2009 •• MÉDICI, Sérgio de Oliveira. Aspectos introdutórios da teoria geral do crime. *Revista do Advogado*, 78/2004 •• MEIRA, José de Castro. O ilícito civil e o ilícito penal. *Revista de Informação Legislativa*, 70/1981 •• MENDES, Nelson Pizzotti. Do concurso de agentes a luz da tipicidade penal. *Justitia*, 79/1972 •• MIR PUIG, Santiago. *Direito penal*: fundamentos e teoria do delito. Trad. Cláudia Viana Garcia, José Carlos N. Porciúncula Neto. São Paulo: Revista dos Tribunais, 2007 // La teoría del delito. *RBCCrim*, 42/2003 •• MORAES, Rodrigo Lennaco de. Breve análise sobre a teoria geral do crime. *RT, 815/2003* •• MOREIRA FILHO, Guaracy. *Vitimologia*: o papel da vítima na gênese do delito. Niterói: Cultura Jurídica, 2004 •• MUÑOZ CONDE, Francisco. *Teoria geral do delito*. Porto Alegre: S.A. Fabris, 1988 •• NEVES, Serrano. O código futuro e a paratipicidade penal. *Ciência Penal,* 1/1981 •• OLIVEIRA, Ana Sofia Schmidt de. *A vítima e o direito penal*. São Paulo: Revista dos Tribunais, 1999 •• OLIVEIRA, Frederico Abrahão de. *Vítimas e criminosos*. Porto Alegre: Sagra, 1996 •• ORELLANA WIARCO, Octavio Alberto. *Teoría del delito*. México: Porrúa, 1996 •• PELLEGRINO, Laercio. A criminologia e a prevenção da criminalidade. *RT*, 578/1983 •• PEREIRA, Flavio Cardoso. Apontamentos sobre os delitos de perigo. *Revista Síntese*, 22/2003 •• PESSINA, Enrico. *Teoria do delito e da pena*. São Paulo: Rideel, 2006 •• PIEDADE JÚNIOR, Heitor. *Contravenções penais em perguntas e respostas.* Rio de Janeiro: Freitas Bastos, 1986 •• PIMENTEL, Manoel Pedro. *Crimes de mera conduta*. 2ª ed. São Paulo: Revista dos Tribunais, 1968 // Breves notas para a história da Criminologia no Brasil. *Ciência Penal*, 2/1979 // A teoria do crime na reforma penal. *RT*, 591/1985 // Tipicidade e crimes contra o sistema financeiro. *Revista da OAB*, 53/1989 •• PINHEIRO, Bruno. *Teoria geral do delito*. São Paulo: Elsevier, Campus, 2009 •• POLITOFF LIFSCHITZ, Sergio. *Los elementos subjetivos del tipo legal*. Montevideo: BdeF, 2008 •• PRADO, Luiz Regis. Apontamentos sobre a punibilidade e suas condicionantes positiva e negativa. *RT*, 776/2000 •• REALE JR., Miguel. *Teoria do delito*. São Paulo: Revista dos Tribunais, 1998 // Tipicidade e causa do aumento da pena. *RBCCrim*, 46/2004 •• REYNOSO D'AVILA, Roberto. *Teoría general del delito*. México: Ed. Porrúa, 1995 •• ROCCO, Arturo. *El objeto del delito y de la tutela jurídica penal*: contribución a las teorías generales del delito y de la pena. Trad. Gerónimo Seminara. Montevideo: B de F, 2005 •• RODRIGUES, Arlindo Peixoto Gomes. *A proteção da vítima no processo criminal*: aspectos teóricos e práticos. Leme (SP): Habermann, 2012 •• RODRIGUEZ MANZANERA, Luis. *Victimologia*: estudio de la victima. México: Ed. Porrúa, 2010 •• ROMAN PINZON, Edmundo. *Victima del delito en el sistema acusatorio y oral*. México: Ed. Flores, 2012 •• RONCAGLI, Giorgio. *La premeditazione nella teoría generale del diritto*. Milano: A. Giuffré, 1950 •• ROSENTHAL, Sérgio. *A punibilidade e sua extinção pela reparação do dano*. São Paulo: Dialética, 2005 •• ROXIN, Claus. *La teoría del delito*: en la discusión actual. Trad. Manuel Abanto Vásquez. Lima: Grijley, 2007 •• RUIZ, Servio Tulio. *La estructura del delito*. Bogota: Temis, 1978 ••

SALES, Sheila Jorge Selim de Sales. *Dos tipos plurissubjetivos*. Belo Horizonte. Del Rey, 1997 •• SALOMÃO, Heloísa Estelitta. Tipicidade no Direito Penal econômico. *RT*, 725/1996 •• SALVADOR NETTO, Alamiro Velludo. *Tipicidade penal e sociedade de risco*. São Paulo: Quartier Latin, 2006 •• SANTOS, Juarez Cirino dos. *A moderna teoria do fato punível*. 3ª ed. Curitiba: Fórum, 2004 •• SANTOS, Nildo Nery dos. *A teoria do crime*. Belo Horizonte: Nova Alvorada, 1998 •• SARABANDO, José Fernando. Da preponderância da decisão extintiva da punibilidade sobre a que decreta a absolvição do réu. *RT*, 774/2000 •• SCALCON, Raquel Lima. *Ilícito e pena*: modelos opostos de fundamentação do direito penal contemporâneo. Rio de Janeiro: GZ, 2013 •• SILVA, Ângelo Roberto Ilha da. *Dos crimes de perigo abstrato em face da constituição*. São Paulo: Revista dos Tribunais, 2003 •• SILVA, João Miranda. *A responsabilidade do estado diante da vítima criminal*. Leme (SP): Mizuno, 2004 •• SILVA, José Geraldo da. *Teoria do crime*. Campinas: Millenium, 2013 •• SILVA, Marcelo Rodriguez da. Fundamentos constitucionais da exclusão da tipicidade penal. *RBCCrim*, 45/2003 •• SILVA-SANCHEZ, Jesús-Maria. La consideración del comportamiento de la víctima en la teoría jurídica del delito. *RBCCrim*, 34/ 2001 •• SILVEIRA, Marco Aurélio Nunes da. *A tipicidade e o juízo de admissibilidade da acusação*. Rio de Janeiro: Lumen Juris, 2005 •• SIQUEIRA, Geraldo Batista de. Teoria geral do delito. *Revista Síntese*, 23/2004 // Teoria geral do crime. *Revista Magister*, 52/2013 •• SUBIJANA ZUNZUNEGUI, Ignacio José. *El principio de las victimas en el orden jurídico penal*: del olvido al reconocimiento. Granada: Conores, 2006 •• TAVARES, Juarez. *Teorias do delito*: variações e tendências. São Paulo: Revista dos Tribunais, 1980 •• TOGNOLO, Osmar. A extinção da punibilidade. *Revista CEJ*, 7/1999 •• TORRES, José Henrique Rodrigues. Extinta a punibilidade, réu absoluto. *Boletim*, 221/2011 •• TRÊS, Celso Antonio. *Teoria geral do delito pelo colarinho branco*. Curitiba: Imprensa Oficial, 2006 •• TRÍPOLI, Cesar. *História do direito brasileiro*: época colonial. São Paulo: Revista dos Tribunais, 1936. vol. I (Época Colonial) e 1947, vol. II (Época Imperial), t. 1º •• TUBENCHLAK, James. *Teoria do crime*: o estudo do crime através das suas divisões. Rio de Janeiro: Forense, 1980 •• WALLER, Irvin. *Derechos para las víctimas del delito equilibrar la justicia*. México: INACIPE, 2013 •• ZAFFARONI, E. Raúl et al. *Direito penal brasileiro*: teoria do delito: introdução histórica e metodológica, ação e tipicidade. 2ª ed. Rio de Janeiro: Revan, 2010. vol. 2.

BIBLIOGRAFIA (GERAL)

ANTOLISEI, Francesco. *Manuale di diritto penale*: parte generale. 13ª ed. Milano: Dott. A. Giuffrè, 1994 •• ASÚA, Luís Jiménez de. *La ley y el delito*.

Caracas: Editorial Andrés Bello, 1945 // *Tratado de derecho penal.* Buenos Aires: Editorial Losada, t. I e II (1964), t. III (1965); t. IV (1961), t. V (1963); t. VI (1962) •• BASILEU GARCIA. Instituições de Direito Penal. 4ª ed. São Paulo: Max Limonad, 1959. vol. I, t. I •• BATAGLINI, Giulio. *Teoria da infracção criminal.* Trad. Augusto Victor Coelho. Coimbra: Coimbra Ed., 1961 •• BELING, Ernst von. *Esquema de derecho penal*: la doctrina del delito-tipo. Trad. Sebastian Soler. Buenos Aires: Editorial Depalma, 1944 •• BENTO DE FARIA, Antonio de. *Annotações theorico-praticas ao codigo penal do Brazil.* Rio de Janeiro: Francisco Alves e Cia., 1913 // Código penal brasileiro (comentado). Rio de Janeiro: Distribuidora Récord Ed., 1958. vol. 2 •• BETTIOL, Giuseppe. *Diritto penale*: parte generale. 11ª ed. Padova: CEDAM, 1982 •• BITENCOURT, Cezar Roberto. *Tratado de direito penal*: parte geral. 19ª ed. São Paulo: Saraiva, 2013 •• BOCKELMANN, Paul; VOLK, Klaus. *Direito penal*: parte geral. Belo Horizonte: Del Rey, 2007 •• BUSATO, Paulo César. *Direito penal*: parte geral. São Paulo: Atlas, 2013 •• CARRARA, Francesco. *Programma del corso di diritto criminale*: parte generale. 11ª ed. Firense: Casa Editrice Libraria *Fratelli Cammeli*, 1924. vol. 1 •• CARVALHO, Érika Mendes de. *Curso de direito penal brasileiro.* Coautoria. 13ª ed. São Paulo: Thomson Reuters/Revista dos Tribunais, 2014 •• CAVALEIRO DE FERREIRA, Manuel. *Direito penal português:* parte geral. Viseu: Editorial Verbo, 1981 •• CEREZO MIR, José. *Derecho penal*: parte general. São Paulo: Revista dos Tribunais; Lima (PE): ARA Ed., 2007 •• CIRINO DOS SANTOS, Juarez. *Direito penal*: parte geral. 3ª ed. Curitiba: ICPC; Lumen Juris, 2008 •• COBO DEL ROSAL, M.; VIVES ANTÓN, T. S. *Derecho penal*: parte general. Valencia: Universidad de Valencia, 1984 •• CORREIA, Eduardo. *Direito criminal.* Colaboração de Figueiredo Dias. Coimbra: Almedina, 2001. vol. I e II •• COSTA E SILVA, Antônio José da. *Código penal.* São Paulo: Companhia Editora Nacional, 1943. vol. 1 •• DAMÁSIO DE JESUS, E. *Direito penal*: parte geral. 35ª ed. São Paulo: Saraiva, 2014 •• DELMANTO, Celso (et. alii). *Código penal comentado.* 8ª ed. São Paulo: Saraiva, 2010 •• DELMAS-MARTY, Mireille. A criação das leis e sua recepção pela sociedade. Relatório apresentado no IX Congresso Internacional de Criminologia, Viena, 1983, publ. da Procuradoria-Geral da República, Lisboa •• DOTTI, René Ariel. *Curso de direito penal*: parte geral. 5ª ed. Colaboração de Alexandre Knopfholz e Gustavo Britta Scandelari. São Paulo: Thomson Reuters/Revista dos Tribunais, 2013 •• FAYET JÚNIOR, Ney. *Do crime continuado.* 6ª ed. Porto Alegre: Livraria do Advogado, 2015 •• FERRI, Enrico. *Principii di diritto criminale*: delinquente e delitto. Torino: UTET, 1928 // *Princípios de direito criminal*: o criminoso e o crime. São Paulo: Livraria Acadêmica, 1931 •• FEUERBACH, Paul Johann Anselm Ritter von. *Tratado de derecho penal.* Trad. da 14ª ed. alemã por Eugenio Raúl Zaffaroni e Irma Hagemeier. Buenos Aires:

Hammurabi, 2007 •• FIANDACA, Giovanni; MUESCO, Enzo. *Diritto Penale*: parte generale. 2ª ed. Bologna: Zanlchelli, 1994 •• FIGUEIREDO DIAS, Jorge de. *Direito Penal*: parte geral, questões fundamentais, a doutrina geral do crime. São Paulo: Revista dos Tribunais. 2ª ed. Coimbra: Coimbra Editora, 2007 •• FRAGOSO, Heleno Claudio. *Comentários ao código penal*. 5ª ed. Rio de Janeiro: Forense, 1978. vol. I, t. II (arts. 11/27) // *Lições de direito penal*. 17ª ed. atual. Fernando Fragoso. Rio de Janeiro: Forense, 2006 •• GALDINO SIQUEIRA. *Tratado de direito penal*. Rio de Janeiro: José Konfino, 1947 •• GARCÍA-PABLOS DE MOLINA, Antonio. *Derecho penal*: parte general, fundamentos. Lima: INPECCP 2009 •• GAROFALO, Raffaele. *Criminologia*: estudo sobre o delicto e a repressão penal. 2ª ed. Trad. de Julio de Mattos. Lisboa: Livraria Clássica Editora, 1908 // *La criminología*: estudio sobre el delito y la teoría de la represión. Trad. de Pedro Dorado Montero. Buenos Aires: B de F, 2005 •• GOMES, Luiz Flávio. *Direito penal*: parte geral. 3ª ed. São Paulo: Revista dos Tribunais/LFG-Rede de Ensino Luiz Flávio Gomes, 2006 •• GRECO, Rogério. *Curso de direito penal*: parte geral. 15ª ed. Niterói: Impetus, 2013 •• HASSEMER, Winfried. Fundamentos del derecho penal. Trad. y notas Francisco Muñoz Conde, Luis Arroyo Zapatero. Barcelona: Bosch, 1984 •• HUNGRIA, Nélson. *Comentários ao código penal*. 4ª ed. Rio de Janeiro: Forense, 1958. vol. I, t. II e vol. VII •• J. F. MARQUES. *Tratado de direito penal*. 2ª ed. São Paulo: Saraiva, 1965. vol. 2 •• JESCHECK, Hans-Heinrich. *Tratado de derecho penal*: parte general. Barcelona: Bosch, Casa Editorial, 1981. vol. 1 •• LIMONGI FRANÇA, R. *Enciclopédia saraiva do direito.* São Paulo: Saraiva, 1977. vol. 15 •• LISZT, Franz Von. *Tratado de direito penal allemão*. Trad. e prefácio José Hygino Duarte Pereira. Rio de Janeiro: F. Briguiet & Cia-Editores, 1899. t. I // *O novo sistema jurídico penal:* uma introdução à doutrina da ação finalista. 3ª ed. Trad. de Luiz Regis Prado. São Paulo: Revista dos Tribunais, 2001 •• LUZÓN PEÑA, Diego-Manuel. *Lecciones de derecho penal*: parte general. 2ª ed. Valencia(ES): Tirant lo Blanch, 2012 •• MAGALHÃES NORONHA, Edgard. *Direito penal*. 3ª ed. São Paulo: Saraiva, 1965. vol. 1 •• MANTOVANI, Ferrando. *Diritto penale*. 4ª ed. Padova: CEDAM, 2001 •• MANZINI, Vincenzo. *Tratado de derecho penal*: teorias generales. Trad. Santiago Sentís Melendo. Buenos Aires: EDIAR, 1948. vol. II // Trattato di diritto penale italiano. Torino: UTET, vol. I, 1961•• MARINUCCI, Giorgio; DOLCINI, Emilio. *Corso di diritto penale*. 2ª ed. Milano: Giuffrè Editore, 1999 •• MAURACH, Reinhart. *Tratado de derecho penal*. Trad. e notas Juan Cordoba Roda. Barcelona: Ediciones Ariel, 1962. t. I e II •• MAURACH, Reinhardt; ZIPF, Heinz. *Derecho penal*: parte general. Trad. 7ª ed. alemã por Jorge Bofill Genzsch e Enrique Aimone Gibson. Buenos Aires: Ed. Astrea de Alfredo y Ricardo Depalma, 1994. t. 1 e 2 •• MAYER, Max Ernst. *Derecho penal*: parte general. Trad. de Sergio Politoff Lifschitz, rev. geral e prólogo José Luis Guzmán Dalbora, ed. alemã de 1915. Buenos Aires: Julio César Faria-Editor, 2007 •• MAYRINK DA COSTA, Álvaro. *Direito penal*: parte geral. 8ª ed. Rio de Janeiro: Forense, 2009. vol. 1 •• MESTIERI, João. *Manual de direito penal*: parte geral. Rio de Janeiro: Forense, 2002 •• MEZGER, Edmundo. *Tratado de derecho penal.* trad. de José Arturo Rodríguez Muñoz. Madrid (ES): Ed. Revista de Derecho Privado, 1955. t. I •• MIR PUIG, Santiago. *Derecho penal*: parte general. 9ª ed. Buenos Aires: B de F, 2012 •• MIRABETE, Julio Fabbrini; FABRINNI, Renato N. *Manual de direito penal*: parte geral. 30ª ed. São Paulo: Atlas, 2014 •• MUÑOZ CONDE, Francisco. *Introducción al derecho penal.* 2ª ed. Buenos Aires: Julio César Faira-Editor, 2007 •• MUÑOZ CONDE, Francisco; GARCÍA ARÁN, Mercedes. *Derecho penal*: parte general. 5ª ed. Valencia: Tirant lo Blanch, 2002 •• NOVOA MONREAL, Eduardo. *Curso de derecho penal chileno:* parte general. 2ª ed. Santiago: Editorial Juridica Ediar-Cono Sur Ltda, 1985. t. 1 •• PIERANGELLI, José Henrique. *Código penal*: comentado artigo por artigo. São Paulo: Verbatim, 2013 •• PIRAGIBE, Vicente. *Consolidação das leis penais.* Rio de Janeiro: Freitas Bastos, 1938 •• POLITOFF L., Sérgio [et alii]. *Lecciones de derecho penal chileno*: parte general. 2ª ed. Santiago: Editorial Jurídica de Chile, 2003 •• PRADO, Luiz Regis. *Tratado de direito penal*: parte geral. São Paulo: Thomson Reuters/Revista dos Tribunais, 2014. vol. 2 // *Curso de direito penal brasileiro.* 13ª ed. Coautoria. São Paulo: Thomson Reuters/Revista dos Tribunais, 2014 •• PUIG PEÑA, Federico. *Derecho penal*: parte general. 6ª ed. Madrid: Editorial Revista de Derecho Privado, 1969 •• QUINTERO OLIVARES, Gonzalo. *Parte general del derecho penal.* 4ª ed. Colaboración de Fermín Morales Prats. Pamplona: Thomson Reuters, 2010 •• REALE JÚNIOR, Miguel. *Instituições de direito penal*: parte geral. 3ª ed. Rio de Janeiro: Forense, 2009 •• ROBERTI, Maura. A intervenção mínima como princípio no direito penal brasileiro. Porto Alegre: Sérgio Antonio Fabris Editor, 2001 •• RODRIGUEZ DEVESA, José Maria; SERRANO GOMEZ, Alfonso. *Derecho penal español*: parte general. 15ª ed. Madrid: Dykinson, 1992 •• ROXIN, Claus. *Derecho penal*: parte general. Trad. 2ª ed. aleman Diego-Manuel Luzón Peña [et alii]. Madrid: Civitas Ediciones, 2003 •• SOLER, Sebastian. *Derecho penal argentino.* Buenos Aires: Tipografia Editora Argentina, 1970 •• SOUZA E BRITO, José de. A lei penal na Constituição. In: *Estudos sobre a Constituição.* Lisboa: Livraria Petrony, 1978. vol. 2 •• SOUZA & JAPIASSÚ. *Curso de direito penal*: parte geral. Rio de Janeiro: Elsevier, 2012 •• STRATENWERTH, Günther. *Derecho penal*: parte general I, El hecho punible. 4ª ed. Trad. Manuel Cancio Meliá y Marcelo Sancinetti. Buenos Aires: Hammurabi, 2005 •• TOLEDO, Francisco de Assis. *Princípios básicos de direito penal.* 5ª ed. São Paulo: Saraiva, 2002 •• VILLALOBOS, Ignacio. Derecho penal mexicano. México: Ed. Porrúa, 1975 •• VON WEBER, Hellmuth. *Lineamentos del derecho penal aleman*. 2ª ed. Buenos Aires, 2008 •• WELZEL, Hans. *Derecho penal aleman*: parte general. 11ª ed., aleman; trad. castellana, 4ª ed., de Juan Bustos Ramírez e Sergio Yáñez Pérez. Santiago de Chile: Editorial Juridica de Chile, 1997 •• WESSELS, Johannes. *Direito penal*: parte geral (aspectos fundamentais). Trad. do alemão e notas de Juarez Tavares. Porto Alegre: Sérgio Antonio Fabris Editor, 1976 •• ZAFFARONI, Eugenio Raúl. *Tratado de derecho penal:* parte general. Buenos Aires: EDIAR (vol., 1, 1980; vols. II e III, 1981; vol. IV, 1982; vol. V, 1983 // ZAFFARONI, Eugenio Raul; ALAGIA, Alejandro; SLOKAR, Alejandro. *Derecho Penal*: parte general. 2ª ed. Buenos Aires: EDIAR, 2014 •• ZAFFARONI-BATISTA: ZAFFARONI, Eugenio Raúl; BATISTA, Nilo; ALAGIA, Alejandro; SLOKAR, Alejandro. *Direito Penal brasileiro*. Rio de Janeiro: Revan, 2010. vol. II, I •• ZAFFARONI, Eugenio Raúl; PIERANGELI, José Henrique. *Manual de direito penal brasileiro*: parte geral. 7ª ed. São Paulo: Revista dos Tribunais, 2007. vol. 1.

§ 1º INTRODUÇÃO HISTÓRICA

I. As Ordenações do Reino de Portugal

Ao tempo da descoberta do Brasil, o regime jurídico dos portugueses era fundado nas *Ordenações Afonsinas* (de D. Afonso V), promulgadas em 1446, além de textos do Direito Romano, do Direito Canônico e do direito costumeiro. O Livro V daquelas *Ordenações* tratava do Direito Penal e do Direito Processual Penal constituindo um vasto "acervo de incongruências e maldades", como foi dito com propriedade (TRÍPOLI, *História do direito brasileiro – época colonial,* I/67). Poucos anos mais tarde, foram impostas as *Ordenações Manuelinas* (1514 a 1603 – de D. Manuel, o Venturoso). Consolidando o Direito de Portugal, aquele diploma era distribuído em cinco livros. No último deles constam as matérias de Direito Penal e Processual Penal.

Depois das *Manuelinas* foram divulgadas várias leis, decretos, alvarás, cartas-régias, resoluções, provisões, assentos da Casa de Suplicação, regimentos, estatutos, instruções, avisos e portarias que foram compilados por determinação de D. Henrique. Foi incumbido de tal tarefa, Duarte Nunes de Leão a fim de se ordenar a multiplicidade dos éditos em vigor. A *coleção* tratou na sua IV parte "dos delitos e do acessório a eles". Seguiram-se as *Ordenações Filipinas* (de D. Felipe III) que passaram a vigorar a partir de 11 de janeiro de 1603. As denúncias contra a ferocidade das sanções corporais e infamantes e a multiplicidade absurda de "ilícitos" constituem passagem necessária na história das práticas penais daquele tempo. Narram os cronistas que o catálogo de infrações era tão vasto que um rei africano estranhou, ao lhe serem lidas as *Ordenações*, que nelas não se cominasse pena para quem andasse descalço (cf. J. F. Marques, *Tratado*, I/85, 86).

O Brasil-Colônia sofreu, desde a sua descoberta até que se completasse o período da dominação portuguesa, as consequências graves de regimes fantásticos de terror punitivo. Sobre o corpo e o espírito dos acusados e dos condenados se lançavam as expressões mais cruentas da violência dos homens e da ira dos deuses. As *Ordenações Filipinas* – assim como as anteriores – desvendaram durante dois séculos a *face negra* do Direito Penal. Contra os hereges, apóstatas, feiticeiros, blasfemos, benzedores de cães e demais bichos, sem autorização do rei, e muitos outros tipos pitorescos de autores, eram impostas as mais variadas formas de suplícios com a execução das penas de morte, de mutilação e da perda da liberdade, além das medidas infamantes.

As *Ordenações Filipinas* e toda a legislação promulgada durante o domínio filipino subsistiram após a Restauração da Independência de Portugal (1640). Durante o reinado de D. José manifestou-se um extraordinário rigor na repressão, especialmente para os delitos de lesa-majestade, conforme a Carta Régia de 21 de outubro de 1757, o Alvará de 17 de janeiro de 1759 e a Lei de 3 de agosto de 1770.

II. A devassa da Inconfidência Mineira

Foi sob a inspiração e o comando daquele *direito penal do terror* que se processaram e condenaram os mártires do inesquecível episódio da *Inconfidência Mineira*, tendo à frente JOAQUIM JOSÉ DA SILVA XAVIER, O *Tiradentes*. As penas corporais e infamantes (morte, esquartejamento, açoites, degredo e declaração de infâmia) eram aplicadas sob o fundamento e o pretexto de uma *ideologia da salvação* dos costumes sociais, políticos e religiosos ditados pelos poderosos, como se poderá ver pelo acórdão da Relação de 18.04.1792.

Os descendentes dos réus do crime de lesa-majestade eram declarados infames para sempre e submetidos a múltiplas perdas e restrições de direitos. O Título VI do Livro V das *Ordenações Filipinas* tratava do referido delito e impunha terríveis sanções. Nada mais expressivo em tal sentido que a sentença imposta a *Tiradentes*: "Accordão em relação os da Alçada, etc. Vistos estes autos que em observancia das ordens da dita Senhora se fizeram summarios aos vinte e nove Réus pronunciados [...] Mostra-se que na Capitania de Minas alguns Vassallos da dita Senhora, animados do espírito de pérfida ambição, formaram um infame plano, para se subtrahirem da sujeição, e obediência devida á mesma Senhora; pretendendo desmembrar, e separar do Estado aquella Capitania, para formarem uma republica independente, por meio de uma formal rebellião, da qual se erigiram em chefes, e cabeças [...] Portanto condemnam ao Réu Joaquim José da Silva Xavier por alcunha o Tiradentes Alferes que foi da tropa paga da Capitania de Minas a que com baraço e pregação seja conduzido pelas ruas publicas ao lugar da forca e nella morra morte natural para sempre, e que depois de morto lhe seja cortada a cabeça e levada a Villa Rica aonde em o lugar mais publico della será pregada, em um poste alto até que o tempo a consuma, e o seu corpo será dividido em quatro quartos, e pregados em postes, pelo caminho de Minas no sitio de Varginha e das Sebolas aonde o Réu teve as suas infames praticas, e os mais nos sitios nos sitios (sic) de maiores povoações até que o tempo também os consuma; *declaram o Réu infame, e seus filhos e netos tendo-os...*"[9]

III. A Independência do Brasil

O Brasil conquistou a sua independência de Portugal em 07.09.1822. Mas a revogação das *Ordenações Filipinas* não foi imediata. Uma lei promulgada pela Assembleia Constituinte, em 20.10.1823, determinou que se observasse ainda a legislação portuguesa, enquanto se aguardavam a elaboração do novo Código e a revogação dos diplomas em vigor. No entanto, já se manifestavam os ideais de uma Reforma a se colocar em harmonia com a nova sociedade brasileira que se desenvolvia sob o manto da liberdade nacional. Alguns princípios fundamentais ao Direito Penal europeu do último quartel do *século das luzes* já ganhavam defensores entre os juristas brasileiros como FERNANDES PINHEIRO, JOSÉ CLEMENTE PEREIRA e BERNARDO PEREIRA DE VASCONCELOS. A irretroatividade da lei penal, a igualdade de todos perante a lei, a personalidade da pena e a utilidade pública da lei penal foram alguns desses princípios que mais tarde iriam basear a legislação criminal propriamente brasileira.

IV. A influência das bases da Constituição portuguesa

As *Bases da Constituição portuguesa*, decretadas pelas Cortes Extraordinárias e Constituintes de Lisboa, em 10.03.1821, serviram de inspiração e roteiro para a segunda etapa da elaboração constitucional brasileira. Essas *Bases* foram juradas no dia 05.06.1821, no Teatro São João Batista, no Rio de Janeiro, e, nos dias seguintes, na sessão continuada do Senado e da Câmara, por todas as autoridades, civis, militares, eclesiásticas e empregados públicos.

---

9   *Autos de Devassa da Inconfidência Mineira*, publicação autorizada pelo Dec. n. 756-A, de 21.04.1936. Rio de Janeiro: Ministério da Educação, Biblioteca Nacional, 1938, vol. VII, p. 145 e ss. e 194.

Estando as *Bases* reduzidas a escrito e na forma de um documento legislativo, a sua acolhida pelo Príncipe caracterizou autêntica recepção pelo sistema nacional, em face do disposto no item 21º. Realmente, em face de tal dispositivo, as *Bases*, como Constituição para Portugal e Algarves, tornaram-se obrigatórias para os portugueses residentes no Brasil, embora o mesmo não ocorresse com os nacionais que não eram e nem poderiam ser tidos como portugueses. Segundo TRÍPOLI, o ato de juramento das *Bases* deve ser tido como similar à adoção da Carta Política espanhola em abril de 1821 (TRÍPOLI, ob. cit., II/128).

Tendo as *Bases* vigorado em nosso País, independentemente da hipótese formal de recepção, é importante destacar os princípios essenciais daquele importante documento, consubstanciados em 37 itens e divididos em duas seções: a primeira sobre os *direitos individuais do cidadão* e a segunda sobre a *organização e os limites dos poderes políticos do Estado*. Foram declarados como direitos individuais do cidadão: *a)* liberdade individual, segurança pessoal, direito de propriedade, segredo epistolar e direito de petição; *b)* liberdade de pensamento, com as seguintes especificações: quando exercida através da imprensa, submetia-se ao controle de um Tribunal especial destinado a coibir os abusos e quando envolvesse dogmas da religião católica e aspectos morais, ficavam sob a censura dos bispos; *c)* igualdade de todos perante a lei, salvo determinadas exceções que iriam confirmar a regra visando eliminar privilégios; *d)* as penas somente poderiam ser estabelecidas nos casos de absoluta necessidade e deveriam ser proporcionais à gravidade do delito; *e)* eram abolidas todas e quaisquer penas infamantes e cruéis, tais como a declaração de infâmia, a tortura, os açoites, o baraço e o pregão e a marca de ferro em brasa; *f)* acesso aos empregos públicos, atendendo-se ao critério do merecimento em função do talento e das virtudes do candidato.

V. A Constituição do Império do Brasil (1824)

Antes de reordenado o sistema positivo através da compilação de leis harmonizadas com os novos tempos políticos e institucionais, a Constituição imperial (25.03.1824) proclamara importantes princípios que deveriam informar as novas leis penais e de processo penal. O art. 179, § 18, determinava que se organizasse o "*quanto antes* um código civil e criminal, fundado nas sólidas bases da justiça e equidade". Através de outros parágrafos, o mesmo dispositivo proclamou a inviolabilidade dos direitos civis e políticos dos cidadãos tendo por base a liberdade, a segurança individual e a propriedade. Além das garantias gerais no campo das liberdades públicas e dos direitos individuais, a Carta Política declarou, formalmente, a abolição dos açoites, da tortura, da marca de ferro quente e todas as demais penas cruéis; proibiu o confisco de bens e a declaração de Infâmia aos parentes do réu em qualquer grau; proclamou que nenhuma pena passaria da pessoa do delinquente e que "as cadeias serão seguras, limpas e bem arejadas, havendo diversas casas para separação dos réus, conforme suas circunstâncias e a natureza de seus crimes" (§§ 19, 20 e 21).

Por outro lado, foram solenemente declarados: *a)* a proibição de perseguição por motivo religioso (§ 5º); *b)* a inviolabilidade do domicílio (§ 7º); *c)* a proibição de prender e conservar na prisão alguém sem prévia culpa formada (§§ 8º, 9º e 10); *d)* o princípio da personalidade da pena (§ 20).

De relevo acentuar que alguns dos princípios penais, consignados na Constituição, foram expressamente desenvolvidos na legislação penal posterior, compreendendo o Código Criminal e o Código de Processo. Vale destacar alguns deles pela sua repercussão social e humana: *a)* o princípio da irretroatividade da lei penal declarado juntamente com o da irretroatividade de qualquer outra espécie ou natureza de leis (§ 3º). Tal detalhamento tornava-se imprescindível para garantir o novo regime de garantias em relação a toda legislação especial. À nova ordem constitucional, repugnava a rotina da lei de ter eficácia retroativa, de modo a sacrificar a liberdade e a segurança jurídica; *b)* o princípio da igualdade de todos perante a lei (art. 179, § 13). A legislação anterior desconhecia inteiramente tal princípio, ficando ao arbítrio do juiz aplicar ou desconsiderar a lei conforme a natureza e a condição das pessoas. Por exemplo, a lei cominava a pena de morte para os criminosos contra a honra da mulher, quando o autor fosse peão, e, pelo contrário, adotava a alternativa da pena de degredo quando o autor fosse um fidalgo ou outra pessoa detentora de prestígio ou dignidade social ou política; *c)* o princípio da individualização da responsabilidade, em virtude do qual "nenhuma pena passará da pessoa do delinquente. Portanto, não haverá, em caso algum, confiscação de bens; nem a infâmia do réu se transmitirá aos parentes em qualquer grau que seja" (art. 179, § 20). [10]

VI. O Código Criminal do Império (1830)

A elaboração do Código Criminal do Império teve a inspirá-la não somente os princípios consagrados na Constituição como a irretroatividade da lei penal, igualdade de todos perante a lei etc. mas, também, a melhor

---

10 Sobre a história do Direito Penal brasileiro desde o período colonial até a reforma determinada pelas Lei n. 7.209/1984 (nova Parte Geral do CP), v. DOTTI, *Curso*, p. 265 e ss. Sobre o tema, v. PEREIRA DOS SANTOS, Gérson. Código penal brasileiro (Evolução histórica. In: *Enciclopédia*, vol. 15, p. 461 e ss.).

doutrina e a mais atualizada legislação compendiadas nos Códigos Criminais do primeiro quartel do século XIX como os da Áustria (1803), França (1810), Baviera (1813), Nápoles (1819), Parma (1820) e da Espanha (1822). O modelo brasileiro subsidiou a redação do Código espanhol de 1848 e os posteriores de 1850 e 1870, além de contribuir em reformas dos sistemas penais latino-americanos. Foi uma obra muito prestigiada por juristas europeus como Haus e Mittermayer e mereceu traduções contemporâneas ao tempo de sua edição. Mais recentemente, dois outros grandes penalistas de nomeada internacional, como JIMÉNEZ DE ASÚA (*Tratado*, t. I, p. 1.330 e ss.) e ZAFFARONI (*Tratado*, vol. I, p. 373) analisaram o diploma sob perspectivas gerais e destacaram as suas qualidades.[11]

VII. O Código Penal da Primeira República (1890)

Com o Dec. n. 1, de 15.11.1889, o Governo Provisório, chefiado pelo Marechal MANUEL DEODORO DA FONSECA, proclamou a República Federativa do Brasil e estabeleceu as normas pelas quais se deveriam reger os Estados-membros. O ato contou também com as assinaturas de ARISTIDES DA SILVEIRA LÔBO, RUY BARBOSA, QUINTINO BOCAIÚVA, BENJAMIN CONSTANT e WANDENKOLK CORREIA. E desde o dia seguinte já se falava da futura Carta Política.

A abolição da escravatura, em consequência da Lei de 13.5.1888, acarretou sensíveis modificações no Código, como a supressão de algumas figuras delituosas.

Em razão daquele fato e da natural transformação pela qual estava passando o Brasil, em fase de transição política e institucional de profundas repercussões humanas e sociais, JOAQUIM NABUCO – o grande líder do abolicionismo – apresentou na Câmara dos Deputados um projeto autorizando o ministro da Justiça a mandar publicar uma nova edição do Código Criminal, eliminadas as disposições referentes à escravidão, constantes em leis especiais.

O Ministro da Justiça do Governo Provisório, CAMPOS SALLES, incumbiu o Conselheiro BAPTISTA PEREIRA de organizar o projeto de um novo Código Penal, recomendando urgência na elaboração do trabalho. E antes mesmo de tal evento, o Governo baixou o Decreto n. 774, de 20.9.1890, abolindo a pena de galés, reduzindo a trinta anos as penas perpétuas, computando no tempo de prisão o período da prisão preventiva e instituindo a prescrição das penas. A pena de *galés* sujeitava os réus a andarem com calceta no pé e corrente de ferro, juntos ou separados, e a empregarem-se nos traba-

---

11 Mais amplamente e sobre a evolução legislativa no período imperial, v. DOTTI, *Curso*, p. 277-281).

lhos públicos da província onde ocorrera o delito, e ficando à disposição do Governo (art. 11).

O Projeto Baptista Pereira foi apresentado em pouco mais de três meses e uma Comissão (da qual fazia parte o autor) introduziu pequenas alterações e algumas emendas de simples redação. Em 11.10.1890 foi assinado o Decreto n. 847, que mandava observar o novo Código Penal.[12]

VIII. A Consolidação das Leis Penais (1932)

Os estudos e as conquistas da Escola Positiva se manifestaram em nosso país com bastante intensidade. TOBIAS BARRETO, considerado por VIVEIROS DE CASTRO como "o homem mais eminente que o Brasil tem produzido nesta segunda metade do século" (*A nova escola penal*, p. 7), foi um dos prestigiados escritores que receberam as contribuições dos positivistas, objetivando a reformulação do ordenamento legal insuficiente para conter os avanços da criminalidade.

As investigações criminológicas contribuíram decisivamente para uma abertura de perspectivas em torno dos grandes problemas do delito, do delinquente e da pena. Em tal sentido, os esforços de TOBIAS BARRETO foram merecidamente reconhecidos, ligando o seu nome ao advento da Criminologia no Brasil.

Dentro daquele quadro, quando a Primeira República desenvolvia uma nova marcha de progresso, a obra de FERRI serviu de modelo obrigatório para as pesquisas entre nós. Adotava-se como linha de princípio que a criminalidade não poderia ser esbatida através de medidas penais de extrema severidade. Analisando os *substitutivos penais* expostos num plano geral envolvendo diversas ordens (econômica, política, científica, legislativa, administrativa, religiosa, familiar e educativa), o criminalista VIVEIROS DE CASTRO concorda com o grande sociólogo e jurista italiano. E reconhece a ineficácia da pena que perdia a força de intimidação apregoada pela Escola Clássica: "A penalidade torna-se mais forte e a criminalidade cresce em proporção ainda maior", dizia ele, admitindo ser "tempo de mudar de rumo" (ob. cit., p. 82).

A Antropologia, a Psicologia, a Psiquiatria, a Endocrinologia e outras disciplinas destinadas ao conhecimento integral do Homem e sua circunstância entusiasmaram os penalistas brasileiros. Exemplo dessa corrente de ideias que floresceram das investigações das ciências naturais, políticas e sociais, foi a fundação da Sociedade de Antropologia Criminal, Psiquiatria e

---

12 Para uma sumária visão histórica dos trabalhos de elaboração do Código e das críticas que ensejou, v. GALDINO SIQUEIRA (Tratado, vol. I, p. 74 e ss.).

Medicina Legal (1895) integrada por Machado de Oliveira, Cândido Motta, Alcântara Machado e outros professores catedráticos da Faculdade de Direito de São Paulo.

A ampla discussão acadêmica e doutrinária em torno dos postulados e do confronto das Escolas Clássica e Positiva estimulava os movimentos de reforma precoce do diploma. Em uma de suas ácidas críticas, HUNGRIA se referiu ao "caluniado Código de 1890!" Assim, já a partir de 1893 foi apresentado à Câmara dos Deputados um projeto de autoria de JOÃO VIEIRA DE ARAÚJO, professor da Faculdade de Direito do Recife. Em 1913, GALDINO DE SIQUEIRA elaborou também um projeto, mas que não alcançou repercussão no âmbito parlamentar. No ano de 1927 foi divulgado (incompleto) o projeto de Código Penal de autoria do Desembargador VIRGÍLIO DE SÁ PEREIRA. As penas eram divididas em duas classes: *principais e acessórias*. As primeiras eram constituídas pela multa, o exílio local, a detenção, a prisão e a relegação; as outras seriam: a interdição de direitos, a publicação de sentença, o confisco de certos objetos e a expulsão de estrangeiro.

A natural profusão de leis durante o período republicano e as tendências muito vivas no sentido de se rever o CP 1890 levaram o Governo a promover uma consolidação das leis existentes. Havia dificuldades não somente de aplicação das leis extravagantes, como também de seu próprio conhecimento.

Na Exposição de Motivos ao Decreto n. 22.213, de 14.12.1932, o Chefe do Governo Provisório admitia o malogro das várias tentativas de reforma do Código Penal brasileiro "que ora se empreende e ainda tardará em ser convertida em lei, não obstante a dedicação e competência da respectiva Subcomissão Legislativa".

O trabalho de consolidação foi realizado pelo Desembargador VICENTE (Ferreira da Costa) PIRAGIBE e continha 410 artigos. Nos termos do decreto de promulgação, o diploma aprovado não revogava dispositivo da lei em vigor no caso de incompatibilidade entre os textos respectivos (art. 1º, parágrafo único).

IX. O Código Penal de 1940

Em fins do ano de 1937, o Ministro da Justiça, FRANCISCO Luís da Silva CAMPOS (1891-1968) incumbiu o jurista, escritor e professor José de ALCÂNTARA MACHADO de Oliveira (1875-1941), da redação de um projeto de Código Penal em face das mudanças institucionais e políticas determinadas pelo advento do Estado Novo (1937-1945). O trabalho foi feito em duas etapas: o Anteprojeto da Parte Geral foi entregue em 15.05.1938 e no dia 11.08.1938 veio a lume a Parte Especial, sob a moldura de Projeto de Código Criminal, com um total de 390 dispositivos.

A Parte Geral continha 131 artigos, distribuídos da seguinte maneira. **Tít. I** – *Da aplicação da lei penal*; **Tít. II** – *Do crime*; **Tít. III** – *Do agente*; **Tít. IV** – *Das penas*; **Tít. V** – *Das medidas de segurança*; **Tít. VI** – *Do regime da minoridade* e **Tít. VII** – *Da ação criminal*. A Parte Especial (arts. 132 a 390) compreendia a proteção dos seguintes bens jurídicos: **Tít. I** – *Dos crimes contra a personalidade do Estado;* **Tít. II** – *Dos crimes contra a administração pública*; **Tít. III** – *Dos crimes contra a ordem e a tranquilidade públicas*; **Tít. IV** – *Dos crimes contra a economia nacional*; **Tít. V** – *Dos crimes contra a incolumidade pública*; **Tít. VI** – *Dos crimes contra a fé pública*; **Tít. VII** – *Dos crimes contra o sentimento religioso e o respeito aos mortos*; **Tít. VIII** – *Dos crimes contra o pudor individual e a moralidade pública*; **Tít. IX** – *Dos crimes contra a família*; **Tít. X** – *Dos crimes contra a pessoa*; **Tít. XI** – *Dos crimes contra a propriedade imaterial*; **Tít. XII** – *Dos crimes contra patrimônio*.

Uma nova edição daquele *disegno di legge* surgiu em abril de 1940, sem perder as características de influência do *Codice Rocco* (1930), além de outros modelos de seu tempo, como o Código dinamarquês (1930), o Código Penal suíço (1937), o projeto argentino (1937).

Discorrendo acerca de seu conteúdo, TOLEDO observa que embora influenciado por um código de ideologia fascista, o modelo nacional "manteve a tradição liberal iniciada com o Código do Império [...] Basta mencionar que não adotou a pena de morte nem a de ergástulo (prisão perpétua), do modelo italiano. Uma das maiores virtudes do Código – senão a maior – é a boa técnica e a simplicidade com que está redigido, tornando-o uma lei de fácil manejo, fato que lhe tem acarretado merecidos elogios. Por outro lado, na época em que veio à luz, incorporava o que se tinha de melhor em outros códigos, circunstância que levou o 2º Congresso Latino-Americano de Criminologia, realizado em Santiago, no ano de 1941, a dedicar-lhe moção de aplauso pela sua estrutura, técnica e adiantadas instituições" (*Princípios básicos,* § 7º, p. 63-64).

O exame do Projeto Alcântara Machado foi deferido a uma Comissão integrada por NÉLSON HUNGRIA, VIEIRA BRAGA, NARCELIO DE QUEIROZ e ROBERTO LYRA, tendo algumas contribuições de COSTA E SILVA e ABGAR RENAULT, este na redação final do projeto.

Os trabalhos de revisão tiveram a duração de dois anos, mas não contaram com a participação de ALCÂNTARA MACHADO, justamente o autor do projeto que, em artigo intitulado *"Para a história da Reforma Penal brasileira"* afirmou que só teve conhecimento do trabalho da Comissão depois de concluído, por cópia datilografada que lhe enviara o Ministro da Justiça, "desde que efetuara ela suas reuniões a *portas e janelas cerradas,* como se o trabalho tendesse não à repressão, mas à prática de crime" (cf. GALDINO

SIQUEIRA, *Tratado,* p. 81 e 82, nota n. 53). Na contundente crítica ao trabalho da Comissão Revisora, ALCÂNTARA MACHADO analisa as incorreções de linguagem, a linha política da revisão em face do novo regime, a desumanização do texto primitivo etc. Mas, em conferência pronunciada no ano de 1954, HUNGRIA procurou negar a denúncia, afirmando que "a cada passo, no texto do Projeto convertido no Código, depara-se a marca, o *sinal de unha* do emérito e saudoso professor paulista [...]. Já disse e repito que é de todo verdadeira a comparação no sentido de que o Projeto Alcântara Machado está para o atual Código Penal como o Projeto Clóvis Beviláqua está para o Código Civil" (*Comentários,* vol. I, t. I, p. 209).

O Código Penal foi publicado em 31.12.1940 (Decreto-Lei n. 2.848, de 7 de dezembro de 1940) quando o Congresso Nacional ainda permanecia em recesso decretado pela ditadura Vargas em 10.11.1937.

A propósito da ideologia do novo diploma, é notória a adesão aos postulados do movimento técnico-jurídico. MANOEL PEDRO PIMENTEL, também professor da Faculdade de Direito de São Paulo, salienta que os anteprojetos que modelariam o Código Penal de 1940 foram marcados pelas linhas do tecnicismo jurídico ou pelos postulados do neopositivismo jurídico, o qual não guardava mais qualquer semelhança com o positivismo naturalista.

X. O Código Penal de 1969 (Dec.-Lei n. 1.004, de 21.10.1969)

a. A revisão do Anteprojeto Hungria (1)

O Anteprojeto Hungria, após a sua primeira publicação oficial em 1963 (a segunda ocorreu em 1965), foi objeto de análise por comissões instituídas no âmbito do Ministério da Justiça. A primeira delas, integrada por NÉLSON HUNGRIA, HÉLIO TORNAGHI e ROBERTO LYRA, iniciou seus trabalhos em janeiro de 1964. Em face dos acontecimentos políticos determinados pelo movimento militar, de 1º.04.1964, os trabalhos do grupo foram gravemente prejudicados. Em carta dirigida ao Ministro da Justiça, MILTON CAMPOS (17.06.1964), o mestre LYRA renunciou aos cargos de presidente da comissão revisora do anteprojeto de Código Penal e de membro da comissão revisora do anteprojeto de Código de Processo Penal. Vale transcrever um eloquente trecho daquela histórica correspondência: "Li, com o respeito de sempre, a entrevista em que Vossa Excelência aludiu a remessa dos referidos anteprojetos, depois de revistos ao Congresso Nacional. Estou convencido de que uma obra de tanta magnitude científica e de tanta delicadeza técnica não deve sobrecarregar e desviar nesta hora um Parlamento ressentido e emprazado. Em relação ao meu anteprojeto de Código das Execuções Penais, que é uma tentativa de criação e avanço, dirijo a Vossa Excelência emocionado apelo no sentido de deixar sua revisão e seu encaminhamento para oportunidade mais propícia à reflexão" (*Novo direito penal*, vol. I, p. 30). Aquela comissão foi dissolvida em 09.02.1965.

b. A revisão do Anteprojeto Hungria (2)

Uma nova comissão foi designada pelo Ministro MILTON CAMPOS, integrada por NÉLSON HUNGRIA, HÉLIO TORNAGHI, ANÍBAL BRUNO e HELENO FRAGOSO. Em artigo-memória desses trabalhos, FRAGOSO destaca a sensibilidade e a compreensão reveladas pelo autor do anteprojeto, recolhendo, com humildade, as críticas e as propostas de revisão de seu texto (Subsídios para a história do novo Código Penal. In: *RDP*, 3/10).

Em fins de 1965 foi encerrada a primeira parte da revisão. Ninguém melhor que o próprio FRAGOSO para narrar as dificuldades que surgiram: "O projeto revisto deveria ser passado a limpo, distribuindo-se cópias aos membros da Comissão, ficando entre eles acertado que uma segunda leitura do texto revisto deveria realizar-se. Várias questões haviam ficado em aberto, e um estudo comparativo deveria ser feito quanto às penas cominadas, na Parte Especial. Ficamos, assim, os membros da Comissão, aguardando que de novo nos convocassem para o prosseguimento do trabalho. Parece, no entanto, que o governo se havia desinteressado do assunto, talvez em face dos graves problemas políticos que àquela época o ocupavam e não mais recebemos qualquer notícia do projeto. Nélson Hungria externou, em várias oportunidades, desde então, o seu desânimo, não mais acreditando que o trabalho realizado pudesse vingar. Com o passar do tempo, as insuficiências e os defeitos do projeto foram-se tornando evidentes a nossos olhos (e seguramente ao próprio Nélson Hungria). O prof. Aníbal Bruno certa vez nos disse que preferia desvincular o seu nome do trabalho de revisão, se o projeto se convertesse em lei na forma como o havíamos deixado. Em verdade, porém, o trabalho não estava concluído, devendo-se esperar pela oportunidade de reexaminá-lo, numa segunda leitura do projeto, como já mencionamos".[13]

c. As vicissitudes da reforma

Merecem nova transcrição literal as palavras do saudoso penalista denunciando o açodamento para se editar o novo Código Penal: "Em janeiro de 1969, recebemos comunicação telefônica de Nélson Hungria, dando con-

---

13 O projeto revisto foi publicado pelo órgão de divulgação do Ministério Público de São Paulo, *Justitia*, n. 68 e 69.

ta de que o Ministro da Justiça de então, o Prof. Gama e Silva, o avisara de seu propósito de editar o nôvo Código Penal, por decreto, imediatamente. A Câmara Federal e o Senado achavam-se então em recesso, por fôrça do Ato Institucional n. 5. Estava, já então Hungria, gravemente enfermo, vítima de insidiosa moléstia que o levaria à morte, em 26 de março. Ponderamos ao mestre que o projeto revisto não estava em condições de se transformar em lei como se achava, lembrando que ficáramos de realizar uma segunda leitura, bem como que diversas questões haviam ficado em aberto" (Subsídios, cit., p. 11) (Itálicos meus).

A narrativa prossegue dando conta de que HUNGRIA manifestara o interesse de ver o projeto sancionado por decreto, diante da impossibilidade de discussão pelo Congresso Nacional. E prometera analisar com os demais membros da Comissão algumas questões em aberto, quando recebesse do Ministério da Justiça os originais do projeto, na forma como a Comissão o deixara em 1965. Com a morte de HUNGRIA, o Ministério da Justiça não mais reuniu a Comissão, principalmente após a advertência feita por fragoso, a um assessor, de que o projeto não estava em condições de ser promulgado. Mas o interesse oficial remava em sentido contrário. E o próprio pessoal do Ministério iria se encarregar da redação da Exposição de Motivos. Continua o depoimento histórico de FRAGOSO. Surgiu, no entanto, um fato novo: o Ministro da Justiça designara o Professor ALFREDO BUZAID para a coordenação da reforma dos códigos e sob a sua presidência realizaram-se algumas reuniões com os remanescentes das comissões revisoras dos anteprojetos do Código Penal e do Código Penal Militar. Estiveram presentes apenas os professores IVO D'AQUINO e BENJAMIN MORAES, pois ANÍBAL BRUNO, doente, escusou-se. FRAGOSO apresentou 45 emendas à Parte Geral. Quanto à Parte Especial, dada a urgência, nada podia ser reexaminado. FRAGOSO redigiu a Exp. Mot. da Parte Geral e BENJAMIN MORAES a da Parte Especial. O histórico depoimento é encerrado: *"Pronto o trabalho, datilografado às pressas para o seguinte despacho ministerial, entrou novamente num ponto morto, com a doença e depois com o falecimento do presidente COSTA E SILVA e a situação política complicada que então se criou. Nessa oportunidade o professor BENJAMIN MORAES reexaminou com mais vagar o projeto, introduzindo-lhe modificações, sobretudo na Parte Especial. Nenhuma participação tivemos nessa fase do trabalho, nem sabemos quem aqui interferiu ou colaborou. O Código foi promulgado pela Junta Militar que governava o país, em 21 de outubro de 1969 (Dec.-Lei n. 1.004)"* (Subsídios, cit., p. 11 e 12).

Possivelmente, o sinal mais expressivo da descontinuidade científica dos trabalhos de revisão do Anteprojeto Hungria e do malsucedido Código de 1969 foi transmitido por LUIZ DE MELLO KUJAWSKI, em nota escrita que precede um anteprojeto elaborado pelo Ministério Público de São Paulo: "Segundo foi revelado em conferência pública pelo Prof. Benjamin Moraes Filho, a publicação do nôvo Código resultou, por engano, de um rascunho inacabado, que será revisto e novamente publicado" (*Justitia*, n. 67, p. 362) (cf. FRAGOSO, *Subsídios*, cit., p. 12, nota 10).[14]

XI. A Lei n. 6.016, de 31 de dezembro de 1973 (reforma do CP 1969)

O CP 1969 original[15] sofreu alterações decorrentes da Lei n. 6.016, de 31.12.1973, antes de sua entrada em vigor. O seu art. 407 prometia o início da vigência para o dia 1º.1.1970. Mas assim não ocorreu, posto que as grandes dificuldades de natureza político-institucional não aconselhavam a Junta Militar a admitir uma profunda alteração no sistema do Direito Penal comum, máxime quando proliferavam os processos instaurados sob a acusação da prática de crimes contra a segurança nacional, sob a vigência do terrífico Dec.-Lei n. 898, de 29.9.1969, que previa as penas de morte e de prisão perpétua para as infrações políticas em tempo de paz.

Paradoxalmente, entrou em vigor o Código Penal Militar (Dec.-Lei n. 1.001, de 21.10.1969). Algumas propostas comuns a ambos os diplomas (CP comum e CP militar), a exemplo do estado de necessidade como excludente da culpabilidade e a redução do limite de capacidade penal para 16 anos – se o agente revelasse suficiente desenvolvimento psíquico para entender o caráter ilícito do fato e determinar-se de acordo com esse entendimento – somente foram viabilizadas pelo Código castrense. Com o objetivo de aprimorar o novo Código Penal, o Governo encaminhou ao Congresso Nacional o Projeto de Lei n. 1.457, de 1973, cuja Mensagem foi lida na sessão de 23.08.1973. O pranteado parlamentar paranaense ACCIOLY FILHO foi o relator da matéria no Senado. Sua notável obra foi muito justamente reconhecida pelo Senador FRANCO MONTORO como um esforço "*verdadeiramente beneditino*", pela colheita e difusão de ideias em vários centros intelectuais do País, como universidades, tribunais, associações da Magistratura

---

14 A propósito do regime de governo autoritário então vigente é importante lembrar que em 31.08.1969, os Ministros da Marinha de Guerra (AUGUSTO HAMANN RADEMAKER GRUNEWALD), do Exército (AURÉLIO DE LYRA TAVARES) e da Aeronáutica (MÁRCIO DE SOUZA E MELLO) comunicaram o impedimento, por doença, do Presidente General ARTHUR DA COSTA E SILVA. E, através do Ato Institucional n. 12, assumiram o Governo da Nação, enquanto perdurasse o impedimento. Mas, com a morte do presidente, a Junta Militar manteve-se no Governo até a posse do novo Presidente: EMÍLIO GARRASTAZÚ MÉDICI (1971/1974).

15 Dec.-Lei n. 1.004, de 21.10.1969.

e do Ministério Público, Ordem dos Advogados do Brasil e Institutos de Advogados. Em 16.11.1973, o Senador ACCIOLY FILHO apresentou um substitutivo, como fruto daquele perseverante e lúcido trabalho. Aprovado no Senado, o substitutivo foi rejeitado pela Câmara dos Deputados, que preferiu ficar com a proposta do Governo. A Nação brasileira perdeu um patrimônio jurídico de grande relevo, posto que sintetizou, através de um grande número de emendas, as tendências mais vivas e ilustradas do pensamento brasileiro.[16] A Lei n. 6.016/1973 mantinha a dicotomia *erro de direito – erro de fato*, assim como fora proposto pelo CP de 1969, mas alterou a Parte Geral em aspectos relevantes: ***a)*** não admitiu a possibilidade de sancionar a tentativa com a pena do crime consumado, em caso de excepcional gravidade (parág. único do art. 14), mantendo o critério da PG/1940 e reafirmado pela Lei n. 7.209, de 11.7.1984, isto é, a pena correspondente ao crime consumado, diminuída de um a dois terços; e ***b)*** não rebaixou o limite da capacidade penal, conservando-o em 18 anos. O art. 40 do novo diploma institucionalizou a prisão-albergue nos seguintes termos: *"Quando o condenado for primário e de nenhuma ou escassa periculosidade, poderá o juiz determinar que a pena privativa de liberdade seja cumprida sob o regime de prisão-albergue: I – desde o início da execução, se a pena não for superior a três anos; II – após completado um terço da execução, se excedido esse limite e ouvido o Conselho Penitenciário. § 1º No regime de prisão-albergue, o condenado poderá exercer, fora do estabelecimento penal e sem vigilância, atividade profissional e frequentar instituição de ensino, sujeito às condições especificadas na sentença de concessão do regime. § 2º Se o condenado fugir, será transferido para estabelecimento penal fechado, não se lhe concedendo mais a prisão-albergue"*.

Aquela consagração legislativa foi o ponto alto de um itinerário de dúvidas e convicções em torno da libertária instituição que teve o seu nascedouro no Conselho da Magistratura do Tribunal de Justiça de São Paulo. Através dos Provimentos n. XVI/65, de 7 de outubro, e XXV/66, de 14 de novembro, o Conselho regulou a prisão-albergue como variante da *prisão-aberta*, experiência que países europeus do ocidente estavam transmitindo a partir do início dos anos 50.

O CP 1969, com a reforma introduzida pela Lei n. 6.016, de 31.12.1973, foi revogado pela Lei n. 6.578, de 11.10.1978.

---

16 Sobre a tramitação do aludido projeto, v. Código Penal, histórico da Lei n. 6.016, de 1973, edição do Senado Federal, Brasília, 1974.

XII. A reforma setorial[17] da Parte Geral do Código Penal de 1940

Em face da condenação ao limbo do CP 1969, exigências de Política Criminal determinavam modificações urgentes da PG/1940, especialmente no domínio das penas privativas de liberdade; da pena de multa; das penas acessórias e dos institutos da reincidência, *sursis* e do livramento condicional. Também as disposições sobre o tratamento normativo da periculosidade, da extinção da punibilidade, da prescrição e do perdão judicial reclamavam alterações significativas. Esse foi o objetivo da Lei n. 6.416, de 24.05.1977.[18]

Os trabalhos de redação do anteprojeto respectivo foram elaborados por comissão instituída pelo Ministro da Justiça, ALFREDO BUZAID, sob a coordenação do então Subprocurador da República, FRANCISCO DE ASSIS TOLEDO e tiveram a participação da Professora ARMIDA BERGAMINI MIOTTO, a quem se deve o mérito da humanização do sistema com substanciais alterações na execução da pena privativa de liberdade com previsão dos regimes semiaberto e aberto, remuneração do trabalho prisional, frequência a cursos profissionalizantes, de instrução de segundo grau e superior, além de outras medidas socializadoras. Foi relator da matéria[19] o Deputado IBRAHIM ABI-ACKEL que, pouco tempo depois, assumiu o Ministério da Justiça e liderou a Reforma de 1984.

A respeito do assunto, tive oportunidade de afirmar: "Não obstante os grandes avanços determinados pela Lei n. 6.416/1977, que revelou grandes preocupações com a individualização executiva da pena e a dignidade pessoal do condenado, não foi ela cumprida adequadamente pelos sistemas penitenciários brasileiros de um modo geral. E o problema resultou, basicamente, da orientação em se deferir à legislação local ou à sua falta, aos 'provimentos do Conselho Superior da Magistratura ou órgão equivalente', a regulamentação de aspectos fundamentais à boa execução penal como os tipos de regimes, com suas transferências e retornos; a prisão-albergue; o cumprimento da pena em prisão da comarca da condenação ou da residência do condenado; o trabalho externo; a frequência a cursos profissionalizantes, bem como de segundo grau ou superior, fora do estabelecimento e as licenças periódicas para visitar a família, frequentar a igreja e participar de atividades que pudessem concorrer para a emenda e reintegração no convívio social" (DOTTI, *Curso*, p. 300).

---

17 A reforma é *setorial* quando cria, altera ou suprime títulos, capítulos ou secções.
18 Sobre a justificação das modificações dessa *reforma setorial*, v. DOTTI, *Curso*, p. 209-304.
19 Proj. de Lei n. 2, de 1977, de reforma dos Códigos Penal, de Processo Penal e da Lei das Contravenções Penais.

Mas foram notáveis as modificações em diversos setores: ***a) a pena de multa***. Os graves problemas da inflação financeira que envolvia o País a partir dos anos 60 e 70 exigiam radical mudança de critério quanto à pena patrimonial. Segundo o art. 4º da Lei n. 6.416/1977, todos os valores monetários previstos no Código Penal, no Código de Processo Penal e na Lei das Contravenções Penais foram reajustados na proporção de 1:2.000 (um por dois mil). A *multa* teve o seu limite máximo fixado em duzentos mil cruzeiros, cf. a nova redação do art. 55 do Código Penal; ***b) a reincidência* (I)**. A Lei n. 6.416/1977 eliminou a dicotomia entre reincidência genérica e reincidência específica. Segundo a redação original da PG/1940, a reincidência era *genérica* quando os crimes fossem de natureza diversa e *específica* quando os crimes fossem da mesma natureza. Para efeito de tal classificação, seriam crimes da mesma natureza os previstos no mesmo dispositivo legal, bem como os que, embora previstos em dispositivos diversos, apresentassem, pelos fatos que os constituíssem ou pelos seus motivos determinantes, caracteres fundamentais comuns (art. 46, §§ 1º e 2º). A reincidência específica importava: **i)** na aplicação da pena privativa de liberdade acima da metade da soma do mínimo com o máximo; **ii)** na aplicação da pena mais grave em qualidade, dentre as cominadas alternativamente; ***c) a reincidência* (II)**. Foi instituída a *temporariedade da reincidência*, declarando o parág. único do art. 46: "Para efeito de reincidência, não prevalece a condenação anterior, se entre a data do cumprimento ou extinção da pena e a infração posterior tiver decorrido período de tempo superior a cinco anos"; ***d) a reincidência* (III)** Deixou-se de reconhecer, para efeito de reincidência, os crimes militares ou puramente políticos (art. 47); ***e) A suspensão condicional da pena.*** O *sursis* na redação da PG/1940 somente era permitido nas hipóteses de condenação à pena de detenção não superior a dois anos, ou de reclusão, se o condenado fosse menor de 21 (vinte e um) anos, ao tempo do fato, ou mais de 70 (setenta), ao tempo da condenação (cf. art. 57). A Lei n. 6.416/1977 eliminou a distinção e permitiu a suspensão condicional da pena privativa de liberdade, independentemente de sua natureza (reclusão ou detenção). Entre os pressupostos, o texto reformado admitiu o *sursis* ainda quando houvesse uma condenação anterior à pena de multa, consagrando a orientação fixada na Súmula do STF n. 499.

Outros institutos a exemplo do livramento condicional, penas acessórias, verificação e presunção de periculosidade, extinção da punibilidade, prescrição pela pena concretizada e perdão judicial, foram objeto da reforma de 1977 a trasladados, alguns deles, para a PG/1984.[20]

---

20 Mais detalhadamente em DOTTI, Curso, p. 300-304.

XIII. A reforma global[21] da Parte Geral do Código Penal de 1940

A Exp. Mot. do projeto que se converteu na Lei n. 7.209, de 11.07.1984, contém um resumo histórico do texto da nova Parte Geral do Código Penal, assinalando que o movimento reformador iniciou com o Anteprojeto Hungria publicado pelo Ministério da Justiça em 1963 para conhecimento e discussão da comunidade jurídica nacional. Aquele notável documento sintetizou as tendências iniciadas nos anos 50 em nosso país sob a influência determinada pelas famosas *Regras Mínimas* adotadas pelo 1º Congresso das Nações Unidas sobre os temas da Prevenção do Crime e Tratamento dos Delinquentes, realizado em Genebra (1955) e aprovadas pelo Conselho Econômico e Social da ONU, conforme a Resolução 663 C I de 31.07.1957.

Mas a *proposta de lei* começou a ser redigida pelo então Ministro do Supremo Tribunal Federal, em 1961, haurindo não somente a fonte acima referida como também a experiência refletida em projetos e leis de países europeus e latino-americanos, cuidadosamente referidos após cada dispositivo do anteprojeto.

As *Regras Mínimas* constituíram uma das frentes avançadas da reforma que, no entanto, foi muito mais além para revisar os institutos da PG/1940 e para declarar a ineficácia da Lei n. 3.274, de 02.10.1957, que dispunha sobre "normas gerais do regime penitenciário", sem conter, porém, nenhum dispositivo sancionador para o descumprimento de seus preceitos.[22] A CF de 1946, vigente ao tempo da referida lei restringia a competência da União para federalizar o sistema de execução das penas e medidas de segurança, admitindo, tão somente a edição de "normas gerais de regime penitenciário" (art. 5º n. XV, *b*).

A Secretaria da Justiça e Negócios do Interior do Estado de São Paulo – tendo como titular o Professor MIGUEL REALE – em parceria com o Instituto Latino-Americano de Criminologia, editou uma valiosa coletânea de diversos artigos, palestras e conferências sobre o Anteprojeto Hungria. A publicação[23] documentou três dias de trabalho realizados de 3 de setembro de 1963 a 26 de fevereiro de 1964, reunindo a presença do próprio HUNGRIA e de notáveis mestres do Direito Penal brasileiro, membros do Ministério Público, da magistratura e demais operadores forenses. Os temas envolveram tanto a Parte Geral como a Parte Especial, na obra de 487 páginas.

---

21 A reforma é *global* quando traduz a mudança ideológica e técnica do código inteiro; da Parte Geral ou da Parte Especial.

22 O mencionado diploma foi ab-rogado pele Lei n. 7.210/1984 (LEP), art. 204.

23 *Ciclo de Conferências sobre o Anteprojeto do Código Penal Brasileiro de autoria do Ministro Nelson Hungria,* São Paulo: Imprensa Oficial do Estado, 1965.

Com argumentos vigorosos, larga demonstração de sensibilidade, fecunda cultura jurídica e corrosivas metáforas, o *príncipe dos penalistas brasileiros* defendeu o seu anteprojeto – em resposta às objeções de participante do evento - com a devoção de um missionário e a resistência de obcecado artista, a exemplo de MICHELANGELO (1475-1564) ao produzir, no tempo e nas intempéries, as imagens e as cores da Capela Sistina (1508-1512).

XIV. O Anteprojeto Toledo

O então Subprocurador da República, Professor FRANCISCO DE ASSIS TOLEDO foi o presidente e o coordenador dos grupos de trabalhos responsáveis pela elaboração e revisão do anteprojeto que se converteu em projeto e, finalmente, na Lei n. 7.209, de 11.07.1984. Participaram da primeira etapa, FRANCISCO DE ASSIS SERRANO NEVES, RICARDO ANTUNES ANDREUCCI, MIGUEL REALE JÚNIOR, RENÉ ARIEL DOTTI, ROGÉRIO LAURIA TUCCI e HÉLIO FONSECA.[24] Concorreu para os trabalhos da equipe original o Professor SÉRGIO MARCOS DE MORAES PITOMBO. A revisão foi feita por FRANCISCO DE ASSIS TOLEDO, MIGUEL REALE JÚNIOR, JAIR LEONARDO LOPES, e DÍNIO DE SANTOS GARCIA. O texto foi mandado publicar pela Portaria n. 192, de 06.03.1981, assinada pelo Ministro IBRAHIM ABI-ACKEL com o objetivo de, "estimulando o debate do documento, obter o maior número possível de contribuições sobre a matéria, tanto da parte de pessoas, como de instituições interessadas". Nas palavras do coordenador, o trabalho constituiu uma "profunda reforma da Parte Geral, apoiada no princípio nullum crimen sine culpa e na ideia de reformulação do elenco tradicional das penas criminais" (*Anteprojeto de Lei: altera dispositivos do Código Penal e dá outras providências,* Brasília: Ministério da Justiça, 1981, p. 2).

O *disegno di legge* será constantemente referido nos presentes *Comentários* porque trouxe relevantes modificações na teoria geral do crime.

XV. A reforma pontual[25]

Nenhuma reforma pontual foi introduzida em relação à Teoria do Crime que é objeto dos comentários dos arts. 13 a 31 do Código Penal, ora publicados. Esse fato revela a estabilidade de um sistema que passou a vigorar há três décadas sem que houvesse qualquer modificação pontual, i.e., alterando, acrescentando ou suprimindo disposições. A propósito, merece leitura o texto crítico de ALAOR LEITE "Deixem a Parte Geral do Código Penal como está". O talentoso penalista refere-se ao malsinado Proj. de Lei do

---

24 Cf. Portarias do Ministério da Justiça n. 1.043, de 27.11.1980 e 1.150, de 18.12.1980.

25 A reforma é *pontual* quando revoga, modifica ou acrescenta dispositivos isolados.

Senado n. 236, de 2012, que pretende a reforma global do Código Penal. É uma tentativa de solpir a terra da experiência acumulada por gerações de legisladores, de uma apurada doutrina e da sedimentação da jurisprudência para a construção dos edifícios da Parte Geral e da Parte Especial em vigor. Fruto de graves erronias técnicas, do açodamento dos trabalhos[26] e da exclusão da comunidade científica para o debate – o desastrado *disegno di legge* recebe a análise abalizada do mestre e doutorando da Universidade de Munique (Alemanha) e traduz o pensamento da generalidade dos especialistas da matéria. Vale reproduzir: "O sentido da parte geral repousa, precisamente, em sua estabilidade e não em sua constante alteração. O legislador não deve criar 'conceitos modernos' e nem resolver dilemas dogmáticos na parte geral do Código Penal. Neste ponto, há, por parte do movimento reformador, uma má compreensão da relação entre legislador, ciência e jurisprudência. A parte geral, com a sua estrutura sistemática e com enunciação das categorias jurídicas básicas que formam a aplicação da lei penal, as formas de imputação do crime e a determinação da aplicação judicial da pena é justamente o instrumento que serve à 'adaptação' de eventuais inadequações e dilemas dos delitos em espécie, e isso por meio de estudos científicos e das decisões judiciais, e não por meio de alterações legislativas" (ob. cit. In: *Reforma penal,* p. 262).

§ 2º CONCEITOS DE CRIME

I. O Código Criminal do Império

O CCrim. 1830 (Lei de 16.12.1830), declarava pelo art. 2º "*Julgar-se-ha crime ou delicto*: § 1º *Toda a acção ou omissão voluntaria contraria ás leis penaes.* § 2º *A tentativa do crime quando fôr manifestada por actos exteriores e principio de execução, que não teve effeito por circumstancias independentes da vontade do delinquente. Não será punida a tentativa de crime ao qual não seja imposta maior pena que a de dous mezes de prisão simples, ou de desterro para fóra da comarca.* § 3º *O abuso de poder, que consiste no uso do poder (conferido por Lei) contra os interesses publicos, ou em prejuizo de particulares sem que a utilidade publica o exija.* § 4º *A ameaça de fazer algum mal a alguem*".

---

26 A Comissão redatora do anteprojeto teve o prazo improrrogável de 7 (sete) meses para compor um novo Código Penal porque assim determina o Regimento Interno do Senado Federal, normativo elevado à categoria de tempo fatal para redação de uma lei destinada a milhões de pessoas no Brasil e no exterior. Afinal, como disse sabiamente o diplomata e escritor JOAQUIM NABUCO (1849-1910): "O tempo não perdoa quem faz as coisas sem ele".

II. O Código Penal da Primeira República

O CP 1890 (Dec. n. 847, de 15.10.1890), assim definia: "*A violação da lei penal consiste em acção ou omissão; constitue crime ou contravenção*". Para a doutrina de BENTO DE FARIA, "Crime ou delicto, expressões consideradas entre nós como synonimas, é um facto prohibido por lei sob ameaça de uma pena, em benefício da segurança da ordem social constituida no Estado" (*Annotações theórico-praticas*, p. 16. Nota de rodapé).

III. A Lei de Introdução ao Código Penal

O Código Penal vigente não traz um conceito de crime. Mas a sua Lei de Introdução (Dec.-Lei n. 3.914/1941) estabelece a distinção entre crime (ou delito) e contravenção, nos seguintes termos: *Considera-se crime a infração penal a que a lei comina pena de reclusão ou de detenção, quer isoladamente, quer alternativa ou cumulativamente com a pena de multa*; contravenção, a infração penal a que a lei comina, isoladamente, pena de prisão simples ou de multa, ou ambas, alternativa ou cumulativamente".

IV. Conceito material de crime

São infinitas as possibilidades para estabelecer concepções de delito conforme a orientação ideológica e os componentes políticos e sociológicos.

Uma abordagem acerca do *conteúdo material* da definição de crime revela que é inútil e inaceitável a sua definição segundo o modelo positivista, ou seja, aquilo que o legislador considera como tal. Para FIGUEIREDO DIAS, a pergunta "por um conceito material de crime só tem sentido se um tal conceito se situar *acima* ou *atrás* – mas, em todo caso, sempre *fora* – do direito penal legislado. O conceito material de crime [e, neste sentido, *previamente* dado ao legislador e constitui-se em *padrão crítico* tanto do direito vigente, como do direito a constituir, indicando ao legislador aquilo que ele pode e deve criminalizar e aquilo que ele pode e deve deixar de fora do âmbito do direito penal. Com um tal conceito deve poder medir-se a correcção ou incorrecção político-criminal de cada uma das incriminações constituídas ou a constituir; alimentar a discussão científica sobre a criminalização e a descriminalização; e lograr a ligação referida *supra*, 3º Cap., § 39,[27] entre os três domínios da ciência penal global: o da política criminal, o da dogmática jurídico-penal e o

---

27 O texto remete a uma "síntese conclusiva" no sentido de que a Política Criminal, a Dogmática jurídico-penal e a Criminologia são "do ponto de vista científico, três âmbitos autônomos, ligados, porém, em vista do integral processo da realização do direito penal, em unidade teleológico-funcional. É a esta unidade que continua hoje a convir o antigo conceito de VON LISZT de 'ciência conjunta do direito penal'" (*Direito penal*, t. I, p. 41).

da criminologia, bem como a colaboração frutuosa entre estes domínios e a 'enciclopédia das ciências criminais' ou ciências auxiliares do direito penal" (*Direito penal*, t. I, p. 107) (Itálicos do original).

V. Concepção de vários mestres

Partindo do pressuposto de que a pena criminal é imposta como reação e monopólio do Estado, considerado pela *communis opinio auctoris* como sujeito passivo primário de todas as infrações,[28] ANTOLISEI propõe a seguinte fórmula: "*È reato quel comportamento umano che, a giudizio del legislatore, contrasta coi fini dello Stato ed esige come sanzione una pena (criminale)*" (*Manuale*, p. 154). Para FEUERBACH, "*crimen es, en el más amplio sentido, una injuria contenida en una ley penal, o una acción contraria al derecho de otro, conminada en una ley penal*" (*Tratado*, § 21, p. 55). CARRARA apresenta a seguinte definição para *il dellito civile*: "*la infrazione della legge dello Stato promulgata per proteggere la sicurezza dei cittadini, risultante da un atto esterno dell'uomo, positivo o negativo, moralmente imputabile, e politicamente dannoso*" (*Programma*, vol. I, § 21, p. 61) (Itálicos do original). Na doutrina de VON LISZT o crime "é a acção culposa e contrária ao direito" (*Tratado*, t. I, p. 183) ENRICO FERRI, o mais notável representante da Escola Positiva, na condição de presidente da Comissão Real, criada em 14.09.1919, apresentou o seu *Progetto preliminare di Codice penale italiano per i delitti* (1921), e um relatório contendo os critérios fundamentais de reforma. Na parte relativa ao crime consta o seguinte: "Art. 11. Il delitto, considerato astrattamente dal punto di vista giurídico, consiste, secolndo la teoria classica, ina una 'lesione di diritto', sia come 'diritto soggetivo', sia come 'bene o interesse giuridico' protetto dalle norme penali" (FERRI, *Principii*, p. 624).

VI. Propostas sob diversas perspectivas

Seguem algumas *propostas de definição* elaboradas conforme distintas perspectivas: **Conceito analítico.** *Crime é a ação ou omissão típica, ilícita e culpável.* É também chamado de *dogmático* porque decompõe os elementos do fato punível para submetê-los a uma análise individual, porém inseparável da noção de conjunto. Trata-se de uma visão dedutiva e sistemática do fenômeno do delito que se impõe como exigência de segurança

---

[28] "Daí deriva que sujeito passivo constante de todo crime é o Estado-Administração, por ser ele o titular do interesse jurídico que se consubstancia no jus puniendi nascido com a prática da infração penal" (J. F. MARQUES, Tratado, II, p. 21).

jurídica. Cf. TAVARES, com o isolamento das partes componentes do crime, "aprofunda-se o estudo do desenvolvimento interno das normas penais e, assim, facilitar a aplicação do direito, com o consequentemente enquadramento lógico dos fatos nas respectivas fases de valoração, da *tipicidade, antijuridicidade e culpabilidade*" (*Teorias do delito,* p. 2) (Itálicos do original). •• *Conceito formal. Crime é um fato humano contrário à lei penal.* Esta é uma das fórmulas sintéticas mais antigas para conceituar o delito. Ela tem em consideração a etimologia da palavra *delinquere* (omissão de uma conduta exigida). Um clássico brocardo jurídico nos diz que *delinquere significat proprie praetermittere quod non oportet praeteriri,* ou seja, delinquir significa preterir aquilo que é necessário não preterir. •• *Conceito jurídico-legal. Crime é o fato definido como tal pela lei.* Esse enunciado assim posto revela, também, um aspecto meramente formal. Ele identifica e limita o objeto da Criminologia aos fatos que o sistema positivo declara delituosos. Essa é a perspectiva positivista que ainda conserva adeptos, como os representantes da Criminologia Socialista. •• *Conceito material. Crime é a ação ou omissão que, a juízo do legislador, contrasta violentamente com valores ou interesses do corpo social, de modo a exigir seja proibida sob ameaça de pena.* Trata-se de uma visão imperfeita e não correspondente à realidade, como observa FRAGOSO, o redator dessa definição. Para ele, tal entendimento repousa em uma ficção, pois há infrações penais leves (como a injúria e o dano) que não atingem as condições de existência do corpo social, as quais, de resto, podem ser afetadas por determinados ilícitos civis de gravidade (*Lições,* p. 178). •• *Conceito natural. Crime é a violação dos sentimentos altruísticos fundamentais de piedade e de probidade, na medida média em que se encontram na humanidade civilizada, por meio de ações nocivas à coletividade.* Tal definição – que não alcançou maior prestígio científico – foi sustentada por RAFAEL GAROFALO, um dos líderes da Escola Positiva, em sua obra clássica, *Criminologia,* p. 59 e ss. •• *Conceito radical. Crime é toda a violação individual ou coletiva dos direitos humanos.* A definição, assim resumida por FIGUEIREDO DIAS e COSTA ANDRADE, foi introduzida pelos adeptos da Criminologia Radical e transcende o critério da *estadualidade,* libertando a Criminologia e os seus operadores, das servidões das ordens politicamente impostas (*Criminologia,* p. 80). •• *Conceito sociológico. Crime é o comportamento socialmente desviado que produz um dano ou perigo de dano.* Há um *processo de seleção* legalmente institucionalizado para a definição do crime e a indicação do criminoso. A crítica geralmente feita a essa concepção decorre da natureza fluida da *deviance* como violação ou ruptura dos padrões de comportamento comunitário. Por outro lado, o bem jurídico lesionado ou posto sob perigo de lesão não pode ficar subordinado a critérios difusos na avaliação da conduta humana, segundo as circunstâncias de tempo e lugar. Essas objeções se justificam se considerarmos que existe crime mesmo quando a acção ilícita é motivada por relevante valor social. Em tal exemplo, a qualidade do motivo funciona somente como causa de especial diminuição da pena (CP, art. 121, § 1º) ou de simples atenuante (CP, art. 65, III, *a*). No entanto, e cf. prestigiados penalistas, a *realidade* do crime não depende apenas de uma perspectiva conceitual, ainda que material, mas também da *construção social* da mesma realidade. "Ele é em parte produto de sua definição social, operada em último termo pelas instâncias formais (legislador, polícia, Ministério Público, Judiciário) e mesmo informais (família, escolas, igrejas, clubes, vizinhos) de controlo social. Numa palavra: a realidade do crime não deriva exclusivamente da qualidade 'ontológica' ou 'ôntica' de certos comportamentos, mas da *combinação* de determinadas qualidades materiais do comportamento com o processo de *reacção social* àquele, conducente à *estigmatização* dos agentes respectivos como criminosos ou delinquentes. Na formulação paradigmática de BECKER, o fundador do *labeling approach*: 'são grupos sociais que criam a *deviance* ao elaborar as normas cuja violação constitui a *deviance* e ao aplicar estas normas a pessoas particulares, estigmatizando-as como marginais" (FIGUEIREDO DIAS, *Direito penal*, p. 132) (Itálicos do original).[29] •• ***Conceito dominante.*** *Crime é a conduta típica, ilícita e culpável.* Sem rejeitar alguns aspectos que estruturam critérios anteriores, como, p. ex., o do *bem jurídico* a ser tutelado pela norma penal, esta é a concepção dominante na literatura nacional e estrangeira levando em conta as exigências de segurança individual, posto indicar um aspecto fundamental para justificar a pena criminal: a culpabilidade. A *conduta* é representada por uma ação ou omissão humana dirigida a um fim; a *tipicidade* é a adequação, objetiva e subjetiva, dessa conduta a uma norma legal; a *ilicitude* é a qualidade de um comportamento não autorizado pelo Direito e a *culpabilidade* é o juízo de reprovação que recai sobre a conduta do sujeito que tem ou pode ter a consciência da ilicitude e de atuar segundo as normas jurídico-penais.

Tal fórmula sintética acolhe a proposição analítica, completando-a com a exigência de que somente haverá crime através do comportamento das pessoas naturais (físicas) e jamais das pessoas jurídicas (morais). ••

---

29 Referindo-se à *"teoria do etiquetamento"*, assim diz HASSMER: "La criminalidad no es una cualidadde una determinada conducta, sino el resultado de un proceso de atribución de tal cualidad, de un proceso de estigmatización. *La criminalidad es una etiqueta* que se aplica por la policía, los fiscales y los tribunales penales, es decir, por las instancias formales de control social (*Fundamentos del derecho penal*, p. 81-82) (Itálicos do original).

Conceito funcional. *Crime é a conduta típica e ilícita.* Tenho afirmado, há muitos anos,[30] que a função da culpabilidade é própria da teoria da pena – como juízo de reprovação *post factum* – e que nesse território dogmático deve ser tratada segundo as regras dos arts. 32 a 90 (Tít. V) do Código Penal.[31] Como se pretende demonstrar mais adiante, os inimputáveis (CP, arts. 26 e 27) podem cometer infrações penais (crimes ou contravenções), ou seja, *ações* (ou *omissões*) *típicas e ilícitas.* Acolhendo esse entendimento são as valiosas opiniões, entre outros penalistas brasileiros, de DELMANTO (*Código penal*, p. 123-125); DAMÁSIO, *Direito penal*, p. 500-501) e PIEDADE JÚNIOR: "Entendemos que 'culpável' não é a conduta e sim o agente. Em razão disso, hoje, preferimos definir o ilícito penal (crime ou contravenção) como sendo uma conduta típica e ilícita" (*Contravenções penais*, p. 23).[32]

VII. Uma definição tautológica

Surge como indisfarçável eufemismo a terminologia *"ato infracional"* reservada às crianças e adolescentes, como agentes de fato punível, e que é assim definida pelo próprio Estatuto da Criança e do Adolescente: *"a conduta descrita como crime ou contravenção"* (art. 103).[33] Sem ignorar os benefícios humanitários e sociais desse missionário diploma, forçoso é reconhecer a desnecessária *linguagem dulcificada* em muitas de suas disposições, máxime ao se referir à *"apreensão"* do adolescente (art. 106, parág. único). O subterfúgio vocabular não é recepcionado pela Constituição que utiliza as palavras consagradas pela tradição popular: *"prisão"*, *"presidiária"* e *"preso"* para significar a perda da liberdade física (art. 5º, XLIX, LXI (*"ninguém* será preso"), LXII ("de *qualquer pessoa"*), LXIII, LXIV, LXV, LXVI, LXVII). A função da culpabilidade, portanto, é fundamentar e medir a natureza e a espécie da pena e não a de constituir parcela ou fragmento do delito já praticado.

---

30 Desde a edição da monografia *O incesto* (Curitiba, 1976) venho sustentando que a culpabilidade deve ser considerada como um pressuposto (*rectius:* elemento) da pena.

31 Amplamente, DOTTI, Curso, p. 445-452. V. os Comentários ao § 27 do art. 19 do CP.

32 Culpabilidade como elemento da pena: v. *Comentários* ao § 30 (CP, art. 19).

33 A mesma crítica à amenização vocabular é feita por DELMANTO: "A denominação 'ato infracional', a nosso ver, não passa de um pleonasmo, mesmo porque o seu conceito se identifica com as próprias figuras típicas que definem crimes. Os menores não são processados criminalmente justamente por serem inimputáveis, faltando justa causa para a ação penal, embora possam ter cometido um 'ato infracional' que assim é considerado por ser descrito pelo Código Penal como 'crime'" (*Código penal*, p. 125).

§ 3º DIVISÃO DAS INFRAÇÕES PENAIS

I. O critério adotado pelo Brasil

Desde o primeiro diploma penal após a Independência de Portugal, ou seja, o Código Criminal do Império (1830), o Brasil adota a divisão *bipartida* das infrações penais. O art. 1º dispunha: *"Não haverá crime ou delicto (palavras synonimas neste Codigo) sem uma Lei anterior que o qualifique"*. Além dos *crimes públicos* (arts. 68 a 274) o Código imperial previa os *crimes policiaes* (arts. 276 a 307). O Código da Primeira República (1890) mantinha a dicotomia com as seguintes definições: "Art. 7º Crime é a violação imputável e culposa da lei penal. Art. 8º Contravenção é o facto voluntario punivel, que consiste unicamente na violação, ou na falta de observancia das disposições preventivas das leis e dos regulamentos". O CP 1940 trata somente dos crimes enquanto as contravenções penais estão previstas no Dec.-Lei n. 3.688, de 03.10.1941, contendo uma Parte Geral e uma Parte Especial.

II. Orientação de outros países

Alguns países, a exemplo da França adotam a classificação *tripartida*, desde o Código napoleônico (1810) e mantida no diploma de 1992: "Art. 111.1. *Les infractions pénales sont classés, suivant leur gravité, en crimes, délits et contraventions"*. No mesmo sentido o Código Penal espanhol (1995), cujo art. 13 determina: (1) *"Son delitos graves las infracciones que la ley castiga con pena grave* (2) *Son delitos menos graves las infracciones que la ley castiga con pena menos grave* (3) *Son faltas las infracciones que la ley castiga con pena leve"*. Tal orientação fora adotada pelo Código Penal bávaro (1813), pelo Código prussiano (1851) e pelo Código Penal alemão (1871). Mas a nova Parte Geral do diploma germânico (1969) não contém a previsão de *faltas* (art. 12)

III. Ausência de método seguro de distinção

Não existe parâmetro seguro para distinguir o crime (ou delito) da contravenção. A doutrina empreendeu tentativas para alcançar tal objetivo por meio da *qualidade* ou *quantidade* do grau da ofensa. Segundo os partidários da corrente *qualitativa*, o crime ataca bens e interesses fundamentais, lesando-os ou expondo-os a perigo, enquanto a contravenção é apenas e circunstancialmente a revelação de um estado ou situação de perigo. Para os defensores da corrente quantitativa a contravenção é um *minus* em relação ao delito e, por isso mesmo, é chamada *delito-anão*. Essa proporção se refere ao dano efetivo e ao perigo de dano. Uma terceira posição surgiu pela conciliação entre as duas correntes. "A *qualidade* seria aferida pela transgressão formal da lei, enquanto a *quantidade* seria apreciada em relação à ofensa decorrente da ação ou omissão (PIMENTEL, *Contravenções penais*, p. 9).

IV. Fundamento e critério

O fundamento da distinção é puramente político-criminal e o critério é simplesmente quantitativo ou extrínseco com base na resposta penal: reclusão ou detenção para o crime e prisão simples, quando for o caso, para as contravenções (BITENCOURT, *Tratado*, vol. 1, p. 280).Considerando o disposto pelo Dec.-Lei n. 3.914, de 09.12.1941 (Lei de Introdução ao Código Penal), a distinção entre um e outro ilícito, "se afirma na natureza da pena cominada, sem qualquer outra referência a propósito da quantidade ou qualidade da infração" (PIEDADE JÚNIOR, *Contravenções penais*, p. 23).

§ 4º MODALIDADES DE CRIMES

BIBLIOGRAFIA

BARBOSA, Licínio leal. *Direito penal e direito de execução penal*. Brasilia: Zamenhof, 1993 •• BELING, Ernst von. *Esquema de derecho penal*: la doctrina del delito-tipo. Buenos Aires: DEPALMA, 1944 •• BOTTINI, Pierpaolo. *Crimes de perigo abstrato*. São Paulo: Revista dos Tribunais, 2014 •• COSTA JÚNIOR, Paulo José da. *Do nexo causal*. São Paulo: Malheiros, 1996 // Uma lei na contramão da história. Em *Discursos sediosos*: crime, direito e sociedade. Rio de Janeiro: Instituto Carioca de Criminologia, n. 3, 1997. •• DAMÁSIO DE JESUS, E. *Direito penal*: parte geral. 35ª ed. São Paulo: Saraiva, 2014 •• FAYET JÚNIOR, Ney. *Do crime continuado*. Porto Alegre: Livraria do advogado, 2015 •• FERRI, Enrico. Princípios de direito criminal •• FRANCO, Alberto Silva. *Crimes hediondos*. São Paulo: Revista dos Tribunais, 2007 •• HUNGRIA, Nelson. *Comentários ao código penal*. 4ª ed. Rio de Janeiro: Forense, 1958. vol. I, t. II. •• KUEHNE, Maurício. *Doutrina e prática da execução penal*. 2ª ed. Curitiba: Juruá, 2000 // 4ª ed. 2004 •• LEAL, João José. *Crimes hediondos*: aspectos político-jurídicos da Lei n. 8.072/90. São Paulo: Atlas, 1996 •• LOBÃO FERREIRA, C. Crimes contra a segurança nacional. In: *Enciclopédia saraiva do direito,* vol. 21 •• MANZINI, Vincenzo. *Tratatto di diritto penale italiano*. Torino: UTET, 1961. vol. 1 •• MESTIERI, João. Leis hediondas e penas radicais. In: *Estudos jurídicos em homenagem a Manoel Pedro Pimentel*. São Paulo: Revista dos Tribunais, 1992 •• MIRABETE, Julio Fabbrini. Crimes hediondos: aplicação e imperfeições da lei. In: *Livro de Estudos Jurídicos*. James Tubenchlak e Ricardo Silva Bustamante (Coords.). Rio de Janeiro: Instituto de Estudos Jurídicos, 1991 •• PIMENTEL, Manoel Pedro. Crimes sem resultado. In: *Enciclopédia saraiva do direito*, vol. 21 // Crimes de mera conduta. São Paulo: Revista dos Tribunais, 1968 •• RODRIGUEZ DEVESA, José Maria; SERRANO GOMEZ, Alfonso. *Derecho penal español*: parte general. 15ª ed. Madrid: Dykinson, 1992 •• SILVA FRANCO, Alberto. *Crimes hediondos*. 6ª ed. São Paulo. Revista dos Tribunais, 2007 // 7ª ed., 2001 •• SOUZA & JAPIASSÚ. *Curso de direito penal*: parte geral. Rio de Janeiro: Elsevier, 2012 •• TAVARES, Juarez. *As controvérsias em torno dos crimes omissivos*. Rio de Janeiro: Instituto Latino-Americano de Cooperação Penal, 1996 •• TORON, Alberto Zacharias. *Crimes hediondos*. São Paulo: Revista dos Tribunais, 1996 •• WELZEL, Hans. *Derecho penal aleman*: parte general. 11ª ed., aleman; trad. castellana, 4ª ed., de Juan Bustos Ramírez e Sergio Yáñez Pérez. Santiago de Chile: Editorial Juridica de Chile, 1997 ••

I. Introdução
São múltiplas as variantes a serem observadas para se estabelecer uma classificação dos ilícitos penais. Podem eles decorrer dos elementos relacionados ao fato punível (conduta, tipicidade, ilicitude); da culpabilidade; dos motivos determinantes; do meio e modo de execução; do bem jurídico afetado; das etapas do *iter criminis*; de situações exteriores, como as que se referem às condições de procedibilidade etc.

II. Relação
(1) Crime aberrante. O agente pode errar quanto ao objeto material visado. Ao atirar contra o seu desafeto vem a atingir outra pessoa. Trata-se de uma hipótese de *aberratio ictus*, i.e., *erro de execução* (CP, art. 20, § 3º). **(2) Crime a distância.** Caracteriza-se pela separação, no espaço, entre a ação e o resultado. Um sujeito dispara uma arma de fogo da cidade gaúcha de Santana do Livramento para atingir a vítima que se encontra em Rivera, no Uruguai. A classificação interessa para definir o lugar do crime. **(3) Crime ambiental.** Também designado Crime contra o ambiente, Crime contra o meio ambiente e Crime ecológico. São variações da conduta que provoca, indevidamente, a poluição da água, do ar e do solo ou atenta contra a flora e a fauna. V. CF, art. 225 e Lei n. 9.605/1998). **(4) Crime acessório** é o que pressupõe a existência de um delito anterior (*Crime principal*) e do qual é *parasitário*, assim como ocorre com a receptação relativamente a um dos ilícitos contra o patrimônio (CP, arts. 155 e 180). **(5) Crime bilateral,** também chamado *crime de encontro,* é aquela infração que, por sua própria natureza, exige a reunião de duas pessoas (bigamia e corrupção). O *crime bilateral* constitui uma subespécie do *crime de concurso necessário*. **(6) Crime coletivo**. Exige a participação obrigatória de várias pessoas, como a rixa, a associação criminosa e a constituição de milícia privada (CP, arts. 137, 288 e 288-A). **(7) Crime comissivo**. É praticado por uma conduta positiva. A grande maioria dos delitos pertence a essa categoria porque são produzidos por ação. **(8) Crime comissivo por omissão.** Normalmente cometido por ação (homicídio

ou lesões corporais), mas que resulta de omissão da ação exigível do omitente. Ex.: o policial que se abstém de socorrer a vítima de uma agressão física, podendo e devendo intervir. **(9) *Crime complexo*.** O tipo é composto por duas ou mais condutas que, por si mesmas, constituem crime: roubo (CP, art. 157 e parágrafos) que reúne o furto mais a violência ou ameaça à pessoa (CP, arts. 155; 121, 129 ou 147 ou LCP, art. 21). **(10) *Crime comum*.** Pode ser cometido por qualquer pessoa, não exigindo a lei qualquer qualidade ou condição pessoal, como funcionário público, médico, advogado etc. É o oposto do *crime especial*, também chamado de *próprio*, e do *crime de responsabilidade*. **(11) *Crime conexo*.** Embora autônomo em sua caracterização aparece, ocasionalmente, ligado a outro delito praticado pelo mesmo agente. Um dos exemplos é o homicídio qualificado porque o agente o cometeu para assegurar a execução, a ocultação, a impunidade ou a vantagem de outro crime (CP, art. 121, § 2º, V; CPP, art. 76). A conexão implica, em regra, na unidade de processo e de julgamento (CPP, art. 79). **(12) *Crime consumado*.** O crime é consumado "quando nele se reúnem todos os elementos de sua definição legal" (CP, art. 14, I). **(13) *Crime continuado*.** Ocorre o *crime continuado* quando o agente, mediante mais de uma ação ou omissão, pratica dois ou mais crimes da mesma espécie e, pelas condições de tempo, lugar, maneira de execução e outras semelhantes, devem os subsequentes ser havidos como continuação do primeiro. Nesse caso, aplica-se a pena de um só dos crimes, se idênticas, ou a mais grave, se diversas, aumentada, em qualquer caso, de um sexto a dois terços (CP, art. 71). Em outras palavras: "[...] o conceito do delito continuado se traduz em uma pluralidade de ações assemelhadas sob o ponto de vista objetivo, que são alvo, de uma valoração jurídica unitária" (FAYET JÚNIOR, *Do crime continuado*, p. 113). **(14) *Crime contra a ordem política e social*.** A conduta visa a ofender a estabilidade político-institucional do Estado e a segurança da comunidade social. V. art. 2º da Lei n. 7.170, de 14.12.1983, que dispõe de critério para a caracterização desse ilícito. **(15) *Crime contra a segurança nacional*.** Variação semântica do chamado *crime político*. Tais expressões têm sido utilizadas como sinônimas por especialistas da matéria.[34] **(16) *Crime contra o ambiente*.** O ordenamento positivo pátrio usa a expressão *meio ambiente* (CF, arts. 170, VI, e 225) enquanto a Carta Política de Portugal se refere a *ambiente* (art. 66º). V. *supra*, *Crime ambiental*. **(17) *Crime contra o meio ambiente*.** V. *supra*, *Crime ambiental*. **(18) *Crime culposo*.** É o que resulta de imprudência, negligência ou imperícia e cuja punibilidade depende de pre-

---

34 V. LOBÃO FERREIRA, C. Crimes contra a segurança nacional. In: Enciclopédia, 21/437-449.

visão legal expressa (CP, art. 18, II, e parág. único). **(19) Crime da mesma natureza**. A PG/1940 declarava que são da mesma natureza os crimes previstos no mesmo dispositivo legal, bem como os que, embora constem de dispositivos diversos, apresentam, pelos fatos que os constituem ou por seus motivos determinantes, caracteres fundamentais comuns (art. 46, § 2º). A PG/1984 suprimiu a distinção entre *reincidência genérica* e *reincidência específica* para diverso tratamento punitivo (art. 46, §§ 1º e 2º), razão pela qual a aludida definição não foi mantida no Código. No entanto, a Lei n. 8.072, de 25.07.1990 (crimes hediondos), pelo art. 5º acrescentou o inciso V ao art. 83 do CP que nega ao *reincidente específico* o benefício da liberdade condicional.[35] **(20) Crime de atentado** é a denominação utilizada para indicar o ilícito cujo tipo é preenchido pela tentativa ou pela consumação com a mesma pena (CP, art. 352). **(21) Crime de circulação.** Designação comum para os crimes culposos praticados através dos veículos automotores. Muitos autores se valem dessa expressão para indicar os *crimes de trânsito*. V. infra, Crime de trânsito. **(22) Crime de concurso necessário.** Há fatos puníveis que exigem, para a sua caracterização, a presença de dois ou mais sujeitos para realizar o verbo constante do tipo. O concurso em tais casos não é *eventual,* porém *necessário* como ocorre com a rixa, a bigamia e o motim de presos (CP, arts. 137, 235 e 354). **(22 bis) Crime de conduta mista**. Pode-se reconhecer essa modalidade no fato punível praticado em concurso de pessoas quando, por exemplo, um deles (o vigilante) omite-se no dever jurídico de agir enquanto o outro (o ladrão) comete o furto planejado por ambos. **(23) Crime de consumação antecipada**. Também chamado de *crime formal* é a modalidade de ilícito em que não se indaga da superveniência de um dano efetivo. Os exemplos mais comuns são os relativos aos *crimes de perigo* cuja caracterização independe da ocorrência de uma lesão ao bem jurídico ameaçado (CP, arts. 130 a 137, 147, 250 a 284). Dentro dessa categoria podem ser indicados a violação de domicílio, o ato obsceno e o reingresso de estrangeiro expulso (CP, arts. 150, 233 e 338). **(24) Crime de conteúdo variado**. Muitos tipos de ilícito contêm mais de um verbo indicativo da conduta do agente e pode ser preenchido através de várias formas

---

35 Dispositivo considerado inconstitucional por DELMANTO (*Código penal*, p. 343). Em posição contrária, NUCCI (*Código penal,* p. 544), louvando-se em precedente do STJ, cuja conclusão é a seguinte: " [...] tanto mais que a regra geral que se extrai do Texto Magno é no sentido do cumprimento integral da pena, sendo a antecipação da liberdade condicional mera *benesse* concedida pela lei ordinária" (RHC n. 8.484-RJ, 5ª T. Rel. Min. JOSÉ ARNALDO DA FONSECA, j. 20.04.1999, v.u. DJ 24.05.1999, Seção I, p. 183) (Itálico meu na palavra *benesse*).

de ação ou omissão, como a usurpação, o dano, a receptação, a falsificação de documento público ou privado, a falsidade ideológica e a receptação (CP, arts. 161, 163, 180, 297, 298 e 299). Nas leis especiais, pode ser mencionado como paradigma o crime de tráfico ilícito de drogas previsto no art. 33 da Lei n. 11.343/2006, que tem uma variedade de comportamentos típicos, tais como *importar, exportar, remeter, preparar, produzir, fabricar, adquirir, vender, expor à venda* ou *oferecer, ter em depósito, transportar* [...] *entregar a consumo ou fornecer droga ainda que gratuitamente, em autorização ou em desacordo com determinação legal ou regulamentar.* **(25) Crime de dano.** É o ilícito que produz efetiva lesão ao bem jurídico (CP, arts. 121, 129, 163 etc.), sendo o oposto ao *crime de perigo*. **(26) Crime de simples desobediência.** Consiste no descumprimento de uma norma de comando ou de proibição estabelecida por órgão público: CP, arts. 268 e 269; Lei n. 9.503/12997, art. 307. **(27) Crime de encontro.** Trata-se de uma espécie do crime de concurso necessário (v. *supra*, *Crime bilateral*). **(28) Crime de ensaio.** Também chamado *crime de experiência*, consiste na atuação do *agente provocador* que instiga alguém a cometer a infração. É comum o emprego de ardil pelo policial que se apresenta como interessado na aquisição de entorpecente para efetuar a prisão em flagrante do traficante e do adquirente da droga. A Súmula STF n. 145 dispõe que não há crime, quando a preparação do flagrante pela polícia torna impossível a sua consumação (v. *infra*, *Crime impossível*). **(29) Crime de expressão.** Cf. DEVESA-GOMEZ, "En estos delitos la acción requiere que exista una contradicción entre lo que sabe el sujeto y lo que manifiesta. El falso testimonio (art. 326) puede suministrar un ejemplo siempre y cuando se considere que lo esencial en él es la falta de concordancia entre lo que el testigo falso cree saber y lo que declara" (Derecho penal, p. 409-410). **(30) Crime de forma livre.** É aquele praticado por qualquer modo de execução. O exemplo clássico é o de homicídio simples que pode ser realizado de qualquer forma (comissiva ou omissiva). **(31) Crime de forma vinculada.** A norma incriminadora descreve a modalidade da conduta como ocorre em algumas modalidades de crime de perigo comum (explosão, uso de gás tóxico ou asfixiante – CP, arts. 251 e 252) ou de crime contra a saúde, a exemplo do curandeirismo (CP, art. 284). Em tais hipóteses, a realização do tipo de ilícito depende de formas predeterminadas de comportamento. Essa *vinculação* poderá ser: **a)** *cumulativa*, quando há duas ou mais condutas sucessivas (CP, art. 151, § 1º, I); **b)** *alternativa*, quando a norma exige uma ou outra modalidade de ação, como no tráfico ilícito de drogas (Lei n. 11.343, de 23.08.2006, art. 33). **(32) Crime de ímpeto.** "É aquele em que a vontade delituosa é repentina, sem preceder deliberação. Ex.: homicídio cometido sob o domínio de violenta emoção, *logo em* *seguida à injusta provocação da vítima* (art. 121, § 1º, 3ª figura)" (DAMÁSIO DE JESUS, *Direito penal*, p. 257) (itálicos meus). **(33) Crime de imprensa.** Modalidade que era tipificada pelo abuso nas liberdades do pensamento e de informação por qualquer meio de comunicação (jornal, revista, rádio e televisão). Abrangia os delitos contra a honra praticados por um desses meios e os atentados contra as liberdades de informação e de comunicação protegidas pela Constituição (arts. 5º, IV e IX, e 220) e pela legislação especial (Lei n. 4.117, de 27.08.1962; Lei n. 5.250, de 09.02.1967 e Lei n. 9.472, de 16.07.1977). O STF, nos autos da *Arguição de Descumprimento de Preceito Fundamental* (ADPF) n. 130-7, declarou não recepcionada pela Constituição Federal a Lei n. 5.250, de 09.02.1967. Os ilícitos praticados por meio da mídia passaram a ser objeto do Código Penal e do Código Civil. **(34) Crime de mão própria.** Há delitos que só podem ser cometidos por ação ou omissão personalíssima, assim, identificados por WELZEL: "De ahí que sólo pueda ser autor el que efectúa corporalmente ese acto, la perpetración mediata del hecho queda aquí excluída" (*Derecho penal*, p. 128). Servem como exemplos em nosso ordenamento: infanticídio, estupro de vulnerável, autoacusação falsa, falso testemunho ou falsa perícia (CP, arts. 123, 217-A, 341, 342) e deserção (CPM, art. 187 e ss.). Vale a antiga e expressiva observação: o desertor somente foge pelas próprias pernas. **(35) Crime de menor potencial ofensivo:** v. o n. 90: *Infração penal de menor potencial ofensivo*. **(36) Crime de ocasião.** Em sua tipologia de autores, FERRI conceituava o *criminoso ocasional* ao lado de outras categorias antropológicas: *nato, louco, habitual e passional*. A conduta criminosa, raras vezes repetida, se deve à forte influência de fatores ambientais (injusta provocação da vítima, necessidades familiares ou pessoais, facilidade de execução, comoção pública etc.), sem os quais a sua personalidade e o seu caráter não o levariam ao ilícito (*Principii*, p. 270). **(37) Crime de mera conduta.** Também chamado *crime de mera posição,* "é aquele em que a ação ou omissão bastam para constituir o elemento material (objetivo) da figura típica penal" (PIMENTEL, *Crimes de mera conduta*, p. 86). Como exemplo pode-se referir ao delito de posse irregular de arma de fogo de uso permitido (Lei n. 10.826/2003, art. 12) e a contravenção de porte de arma (LCP, art. 19). **(38) Crime de mera suspeita.** Essa espécie foi concebida por MANZINI ao admitir a ocorrência de um delito sem conduta (ação ou omissão), mas caracterizado simplesmente por um estado individual. Como exemplo, utiliza o art. 708 do CP italiano que criminaliza a conduta de quem, tendo antecedentes criminais ou estando submetido a medida de segurança pessoal ou caução de bom comportamento, é encontrado em posse de dinheiro ou objeto de valor que não correspondem à sua situação. Tratar-se-ia de um simples *estado* sem que houvesse ação ou omissão (*Tratatto,* vol. 1º, p. 648-651). Tal classificação foi adotada por BENJAMIN MORAES FILHO na monografia *Crimes sem ação* (*RJ,* 1941). Mas não existe crime sem a ação ou omissão (conduta). O exemplo do mestre italiano existe no ordenamento brasileiro como delito de porte ilegal de arma de fogo (Lei n. 10.826, de 22.12.2003, art. 16); os crimes de drogas (ter em depósito, guardar) art. 33 da Lei n. 11.343, de 23.08.2006. A hipótese apresentada pelo mestre italiano tem similar na contravenção de *posse não justificada de instrumento de emprego usual na prática de furto*"(LCP, art. 25). Nessas e em outras hipóteses, é elementar que *existe a ação* de se colocar em estado ou situação de suspeita. **(39) Crime de ofensa presumida**. Designação dada por PIMENTEL às infrações nas quais a simples conduta é suficiente para a sua caracterização, independentemente de qualquer resultado, porque a ofensa engloba as ideias de dano ou de perigo presumidos, ao mesmo tempo" (Crimes sem resultado. In: Enciclopédia, vol. 21, p. 477). **(40) Crime de opinião.** É o ilícito que configura abuso da liberdade no exercício da atividade intelectual, artística ou científica. **(41) Crime de perigo**. Modalidade cuja conduta ameaça ofender o bem jurídico protegido pela norma. É o oposto do *crime de dano* (CP, art. 163). São crimes de perigo, entre outros, os previstos nos arts. 130 a 137 e 147; 250 a 266 do Código Penal. **(42) Crime de perigo abstrato**. Cf. a doutrina de BOTTINI, "o tipo de perigo abstrato é a técnica utilizada pelo legislador para atribuir a qualidade de crime a determinadas condutas, independentemente da produção de resultado naturalístico (*Crimes de perigo abstrato,* p. 87). **(43) Crime de perigo efetivo (perigo concreto).** Esse tipo de ilícito expressamente se refere à probabilidade de dano, como o incêndio, a explosão e o uso de gás tóxico ou asfixiante (CP, arts. 250 a 252). **(44) Crime de perigo presumido**. Essa modalidade é também chamada *Crime de simples desobediência* e, impropriamente, de *crime de perigo abstrato* (v. supra n. 42), porque a norma incriminadora não condiciona a sua caracterização à demonstração, caso a caso, da probabilidade de dano. **(45) Crime de responsabilidade.** É o oposto do *crime comum,* i.e., somente pode ser praticado por uma categoria de pessoas que detenham determinados cargos públicos. A CF define os crimes de responsabilidade do Presidente da República (art. 85). A legislação ordinária prevê delitos de responsabilidade de Ministros de Estado (Lei n. 1.079, de 10.04.1950); de governador do Distrito Federal, dos governadores dos Territórios Federais e de seus respectivos secretários (Lei n. 7.106, de 28.06.1983) e de Prefeitos Municipais (Dec.-Lei n. 201, de 27.02.1967). O crime de responsabilidade não se confunde com o *crime funcional* (v., *infra*) embora este possa constituir uma face daquele quando o detentor do cargo age contra o dever imposto pela função. **(46) Crime de resultado**. Cf. BELING:

"La mayoría de los delitos tipos se refieren a un *resultado* como hecho final típico: los llamados *delitos de resultado* o *materiales*. Constituyen su opuesto de los *delitos de pura acción* o *delitos formales,* en los cuales es indiferente, con respecto al tipo, lo que sucede *después* del comportamiento corporal" (*Esquema de derecho penal,* p. 45). **(47) Crime de resultado naturalístico.** Essa modalidade se divide em três categorias: (1ª) o tipo penal exige o resultado para restar completo – os chamados *crimes materiais* – e que compreendem a maior parte dos delitos do Código Penal e na legislação especial; (2ª) o tipo penal descreve o resultado mas não o exige para a sua caracterização – são os crimes formais ou de consumação antecipada; e (3ª) aqueles em que não há a descrição de um resultado naturalístico – os chamados *delitos de mera conduta* ou *delitos de mera atividade* –, bastando, unicamente, a realização de determinada conduta que se amolda à sua descrição (SOUZA-JAPIASSÚ, *Direito penal,* vol. 1, p. 170). **(48) Crime de tendência**. Em diversos tipos de ilícito revela-se a direção de vontade do agente, caracterizando o elemento subjetivo do injusto. São exemplos: CP, arts. 130, § 1º ("se é intenção do agente"); 131 ("com o fim de"); 134, *caput* ("para ocultar desonra própria"); 155, *caput;* 156, *caput* e 157, *caput* ("para si ou para outrem"); 261, § 2º (prática do crime com o fim de lucro"); 299 ("com o fim de [...]"). **(49) Crime de trânsito**. Também designado *Crime de circulação,* é o ilícito cometido na direção de veículos automotores. A classificação também abrange outras hipóteses relacionadas à violação de regra de conduta imposta ao motorista ou proprietário, como a entrega de veículo a pessoa não habilitada e a alteração de local, de coisa ou pessoa, com o objetivo de prejudicar a apuração de acidente. A Lei n. 9.503, de 23.09.1997, ao instituir o Código de Trânsito Brasileiro, adotou a denominação *crimes de trânsito* para as infrações penais ali previstas (arts. 291 a 312). **(50) Crime doloso.** É doloso o delito quando o agente quis o resultado (dano ou perigo de dano) ou assumiu o risco de produzi-lo (CP, art. 18, I). Para os efeitos penais se equivalem as figuras do dolo *direto* e do dolo *eventual*: tanto é responsável quem quis produzir o evento como quem assentiu em sua realização. O juiz, no entanto, poderá dosar diferentemente a pena (CP, art. 59). **(51) Crime ecológico.** A *Ecologia* consiste no setor da Biologia que estuda as relações entre os seres vivos e o meio ambiente em que vivem, bem como as suas influências recíprocas. O vocábulo ganhou consagração constitucional com a declaração do direito em favor de todos "ao meio ambiente *ecologicamente* equilibrado, bem de uso comum do povo e essencial à sadia qualidade de vida" (CF, art. 225). O *crime ecológico*, portanto, é a infração dolosa ou culposa que ofende esse interesse de caráter geral (v. *Crime contra o meio ambiente*). **(52) Crime eleitoral.** É o ilícito que ofende a liberdade e a integridade do voto direto e secreto como exercício da soberania popular. A infração poderá se caracterizar tanto no sufrágio para os representantes dos Poderes Executivo e Legislativo como em momentos preparatórios e posteriores às eleições (alistamento de eleitores; filiação partidária; registro de candidatos; atos preparatórios da votação; fiscalização, recepção, apuração e publicação dos votos etc.). É possível também a ocorrência desse ilícito durante o plebiscito, quando a população é chamada para responder *sim* ou *não* para a solução de determinadas questões como ocorreu em 7 de setembro de 1993 quando o eleitorado definiu a forma e o sistema de governo, aprovando a República e o Presidencialismo e rejeitando a Monarquia Constitucional e o Parlamentarismo.[36] Cf. a lição de SUZANA GOMES, "a locução *crimes eleitorais* compreende todas as violações às normas que disciplinam as diversas fases e operações eleitorais e resguardam valores ínsitos à liberdade do exercício do direito ao sufrágio e autenticidade do processo eleitoral, em relação às quais a lei prevê a imposição de sanções de natureza penal" (*Crimes eleitorais*, p. 26). Existem crimes *propriamente eleitorais* e crimes *impropriamente eleitorais*. Os primeiros estão previstos exclusivamente no Código Eleitoral (Lei n. 4.737, de 15.7.1965) e nos diplomas especiais de natureza eleitoral como, p.ex., Lei n. 6.091, de 15.8.1974; Lei n. 8.713, de 30.9.1993 e Lei n. 9.100, de 29.9.1995. Os demais são infrações previstas tanto na legislação penal eleitoral como no Código Penal. São crimes *propriamente* eleitorais os descritos no Código Eleitoral pelos arts. 242 a 246 (alistamento eleitoral); arts. 247 a 249 e 255 a 259 (propaganda eleitoral); arts. 260 a 265 (sufrágio universal); arts. 268 a 275 (votação); arts. 276 a 280 (apuração e contagem de votos) e arts. 281 a 283 (administração da Justiça Eleitoral). Exemplos de crimes propriamente eleitorais constantes de leis especiais: fornecimento gratuito de transporte (Lei n. 6.091/1974) e doação irregular para campanha eleitoral (Leis n. 8.713/1993 e 9.100/1995). São crimes *impropriamente* eleitorais, entre outros, os definidos pelos arts. 250 a 253 (ofensa à honra de pessoa viva e à memória de pessoa morta); art. 266 (corrupção); art. 267 (violência ou grave ameaça); arts. 276 e 278 (falsidade material e ideológica). Pertencem a esta mesma categoria os delitos previstos no CP, como os vários tipos de dano, de falsidade documental e ideológica, de falso reconhecimento de firma ou letra, de certidão ou atestado ideologicamente falso. Vários deles já estão inseridos no Código Eleitoral. **(53) Crime especial.** Também chamado de *crime próprio,* é todo aquele que exige determinada condição ou qualidade do agente para a rea-

---

36 V. CF, arts. 14, I; 18, §§ 3º e 4º, e ADCT, art. 2º.

lização do tipo. São exemplos dessa modalidade, o infanticídio, a falsidade de atestado médico, o peculato e o patrocínio infiel (CP, arts. 123, 302, 312 e 355). Em tais casos, o sujeito ativo detém uma *condição* (mãe) ou *qualidade* (médico, funcionário público, advogado ou procurador), implícita ou explicitamente declaradas no tipo legal de ilícito. Também são especiais (próprios) os *crimes comissivos por omissão* (*v. supra*). É o oposto de *crime comum*. **(54) Crime exaurido.** Alguns autores clássicos sustentavam que determinados delitos apresentavam uma etapa posterior à consumação, segundo o propósito visado pelo agente. Assim, o crime de incêndio seria *exaurido* se o proprietário da casa ficasse arruinado pela perda financeira ou a vítima do falso testemunho fosse condenada em razão do depoimento falso prestado pelo sujeito que pretendia causar-lhe o mal da condenação. O *exaurimento* do delito deve ser considerado no momento da individualização judicial da pena (CP, art. 59) em face da acentuada culpabilidade e das consequências mais graves do delito. **(55) Crime formal** também designado *crime de consumação antecipada,* é o ilícito cujo *summatum opus* consumação independe de um efetivo resultado externo, como ocorre com a calúnia, a difamação e a injúria na modalidade oral (CP, arts. 138 a 140). Constitui uma categoria oposta aos *crimes materiais* ou *crimes que deixam vestígios* (*v.g.*, homicídio, lesões corporais). **(56) Crime funcional**. É o praticado por servidor público no exercício de suas funções. Os exemplos elementares estão previstos no Cap. I do Tít. XI que trata dos crimes praticados por funcionários públicos contra a administração em geral (CP, arts. 312 a 326). Outros existem como a falsidade documental e a falsidade ideológica praticados por tais agentes que, por essa condição, têm a pena especialmente aumentada (CP, arts. 297, § 1º e 299, parág. único)ou ideológica etc., e em leis especiais, como a que dispõe sobre as sanções aplicáveis aos agentes públicos nos casos de enriquecimento ilícito no exercício de mandato, cargo, emprego ou função na administração pública, direta, indireta ou fundacional (Lei n. 8.429, de 02.06.1992). Também pertence a este gênero de ilícitos o chamado *crime de responsabilidade,* isto é, o praticado pelo detentor de um cargo público e que ofende não somente a Administração Pública como outros bens jurídico-penais (Lei n. 1.079, de 10.04.1950; Dec.-Lei n. 201, de 27.02.1967 e Lei n. 7.106, de 28.06.1983. **(57) Crime habitual**. O delito é *habitual* quando a sua realização típica indica um estilo reiterado de comportamento ou um modo de ser peculiar do agente. Um dos exemplos é o *rufianismo* (CP, 230) que consiste em tirar proveito da prostituição alheia, participando diretamente de seus lucros ou fazendo-se sustentar, no todo ou em parte, por quem a exerce. O tráfico ilícito de drogas (Lei n.

11.343, de 23.08.2006, art. 33) poderá revelar a habitualidade da conduta, embora tal característica não seja necessária para o reconhecimento do ilícito. O mesmo se poderá dizer das ações praticadas por associação criminosa e organizações criminosas (CP, art. 288 e Lei n. 12.850, de 02.08.2013) e do crime de *lavagem de dinheiro* (Lei n. 9.613, de 03.03.1998) nos quais a habitualidade poderá ser identificada quanto a um ou mais autores, embora não seja condição típica. O CP 1969 considerava criminoso habitual quem: *a)* reincidisse, pela segunda vez, na prática de crime doloso da mesma natureza, em período de tempo não superior a cinco anos, descontado o que se referisse ao cumprimento da pena; *b)* embora em condenação anterior, cometesse sucessivamente, em período de tempo não superior a cinco anos, quatro ou mais crimes da mesma natureza e demonstrasse, pelas suas condições de vida e pelas circunstâncias dos fatos apreciados em conjunto, acentuada inclinação para o crime (art. 64, § 2º). **(58) *Crime hediondo*.** Categoria de infração criada pela Constituição de 1988 (art. 5º, XLIII). Os chamados *crimes hediondos* estão indicados na Lei n. 8.072, de 25.07.1990, com as alterações introduzidas pela Lei n. 8.930, de 06.09.1994 e pela Lei n. 9.677, de 02.07.1998. A doutrina tem criticado a omissão do legislador em fornecer um conceito substancial do crime hediondo, como expressão de um fato repugnante, torpe, abjeto, repulsivo, horrível etc., limitando-se ao simples rótulo formal. A insuficiência do critério é manifesta e permite distorções sumamente injustas, a partir da seleção, feita pelo legislador, das figuras criminosas.[37] **(58-A) *Crime imaginário*.** Denominação também atribuída ao *crime putativo*. V. n. 81). **(59) *Crime impossível*.** É inviável a consumação do delito quando o meio é absolutamente ineficaz ou o objeto é absolutamente impróprio para se obter tal finalidade. A conduta em tais hipóteses, não é punível (CP, art. 17). Exemplo da primeira situação é a "tentativa" de homicídio na qual o agente supõe estar envenenando a vítima com arsênico (*meio*) quando, por equívoco, coloca na bebida uma substância inócua; exemplo

---

37 Sobre as críticas à Lei dos Crimes Hediondos, v. FRANCO, Alberto Silva. *Crimes hediondos*, p. 159 e ss. e Lei dos crimes hediondos, *Fasc.* n. 5, p. 52 e 53; TORON, Alberto Zacharias. *Crimes hediondos*, p. 151; LEAL, João José. *Crimes hediondos*, p. 113 a 115; KUEHNE, Maurício. *Doutrina e prática da execução penal*, p. 117 e 118; MESTIERI, João. Leis hediondas e penas radicais. In: *Estudos jurídicos em homenagem a Manoel Pedro Pimentel*, p. 189 e ss.; COSTA JÚNIOR, Heitor. Uma lei na contramão da História. In: *Discursos sediciosos – crime, direito e sociedade*, p. 229 e ss. e MIRABETE, Julio Fabbrini. Crimes hediondos – aplicação e imperfeições da lei. In: *Livro de Estudos Jurídicos*, p. 36 e ss. e BARBOSA, Licínio Barbosa. *Direito penal e direito de execução penal,* p. 202 e ss.

da segunda são as manobras abortivas em mulher (*objeto*) que não está grávida. Não se confunde com o crime putativo (v., infra). **(60) Crime instantâneo.** Caracteriza-se quando o resultado é produzido num só momento, ou seja, a fase consumativa se realiza num só instante, sem continuidade no tempo. Cf. BRUNO, é o momento da consumação que dá o caráter instantâneo ao fato criminoso (*Direito penal*, t. 2º, p. 220). Assim, o homicídio e o furto são considerados crimes instantâneos porque a perda do bem jurídico tutelado (vida e patrimônio) ocorre num só momento, embora o processo letal ou os atos de execução possam ser destacáveis em frações de tempo. **(61) Crime instantâneo de efeito permanente.** Há casos em que a infração penal já se consumou, porém os seus efeitos permanecem como ocorre com a ameaça (CP, art. 147). O delito é *instantâneo* e se consumou quando o agente, pelo telefone, ameaçou de morte o interlocutor. Mas as consequências imediatas podem persistir com o estado de perturbação psicológica ou de terror sofridos pela vítima. O mesmo ocorre com o crime de furto (CP, art. 155) quando o ofendido é privado de comprar os alimentos com o dinheiro que lhe foi subtraído. **(62) Crime material.** É aquele que exige um resultado distinto da atividade do agente e a ele ligado pela relação de causalidade. É o crime de dano por excelência, no qual o evento lesivo se concretiza em um acontecimento destacado da ação (homicídio, lesões corporais, dano etc.). Há nesses ilícitos um evento externo à conduta para a sua consumação. Os *crimes materiais* formam uma categoria oposta aos *crimes formais* e constituem a maior parte das infrações previstas no CP e nas leis especiais. A comprovação dos delitos materiais deve ser obrigatoriamente feita pelo exame de corpo de delito (CPP, arts. 158 e ss.) sob pena de nulidade do processo (CPP, art. 564, III, *b*). **(63) Crime militar.** Sob a perspectiva da tipicidade, existem duas categorias de *crime militar*: *a)* os crimes militares *próprios*, i.e., previstos exclusivamente no Código Penal Militar e que não têm correspondência no CP e leis especiais. Como exemplos podem ser referidos a insubmissão e a deserção (CPM, arts. 183 e 187); *b)* os crimes militares *impróprios*, i.e., descritos no CPM e também na legislação penal comum, quando cometidos por militar em atividade (STF, *RTJ*, 115/1097): homicídio, lesões corporais, furto, calúnia etc. O CPM classifica o delito militar em duas espécies: *crimes militares em tempo de paz* e os *crimes militares em tempo de guerra*. Os respectivos conceitos estão expostos nos arts. 9º e 10. **(64) Crime mutilado em atos.** Consiste na prática de um delito anterior como meio ou instrumento para a prática de outro. Ex.: o homicídio para assegurar a execução, ocultação, impunidade ou vantagem de outro crime e a falsificação de moeda para introduzi-la em circulação (CP, arts. 121, § 2º, inc. V; 289, *caput* e seu § 1º). **(65) Crime omissivo.** Os crimes omissivos classificam-se em *omissivos próprios* e *omissivos impróprios*,[38] estes últimos também chamados de *comissivos por omissão*. Caracteriza-se o *crime omissivo próprio* (ou *puro)* em omitir a *ação esperada*, isto é, em descumprir um comando jurídico que impõe uma conduta positiva. Esse *dever de agir* tem as suas fontes rigorosamente fixadas pelo § 2º do art. 13 do CP. O exemplo rotineiro dessa modalidade de infração é o crime de omissão de socorro (CP, art. 135). Como ensina TAVARES, os crimes omissivos próprios não individualizam o sujeito. Todos podem ser sujeitos do ilícito porque o dever de assistência, como se dá, p. ex., na omissão de socorro, é extensivo a toda a coletividade, uma vez reunidos os pressupostos típicos (*As controvérsias em torno dos crimes omissivos*, p. 63). Relativamente, porém, ao *crime omissivo impróprio*, tipifica-se ele com a violação de um dever imposto a determinadas pessoas, a qual produz o resultado danoso. Como exemplo clássico menciona-se o comportamento da mãe que deixa de amamentar o filho recém-nascido, com o propósito de causar-lhe a morte. **(66) *Crime omissivo por comissão.*** Os *crimes omissivos por comissão* são resultantes de um não fazer determinado pela ação de outrem ou do próprio omitente. Acolhendo essa modalidade, COSTA JÚNIOR formula o exemplo do médico que pretendia intervir para salvar a paciente em perigo de vida, mas é impedido pelo marido que desejava a morte da mulher (*Do nexo causal*, p. 16). Outra hipótese desses *crimes de conduta mista* ocorre com o ilícito previsto na alínea *d* do art. 95 da Lei n. 8.212, de 24.7.1991: "Deixar de recolher, na época própria, contribuição ou outra importância devida à Seguridade Social e arrecadada dos segurados ou do público".[39] **(67) *Crime organizado.*** Designação comum para abranger as hipóteses da revogada Lei n. 9.034, de 03.05.1995, que dispunha sobre a utilização de meios operacionais para a prevenção e a repressão de ações praticadas por organizações criminosas, mas não definia o que se entende por *crime organizado* embora fizesse referência ao delito de quadrilha ou bando (CP, art. 288). A Lei n. 12.850, de 02.08.2013, define *organização criminosa* (art. 1º, § 1º), revogou a Lei n. 9.034/1995; deu nova redação ao *nomen iuris* **(Associação criminosa)**, ao *caput* e ao parág. único do art. 288 do CP. A Lei n. 12.720, de 27.09.2012, acresceu ao art. 288 do CP a letra *A*, para definir o crime de *constituição de milícia privada*, punível

---

[38] Sobre a discussão em torno da designação dessa categoria de ilícitos, v. JUAREZ TAVARES, *As controvérsias em torno dos crimes omissivos*. Rio de Janeiro: Instituto Latino-Americano de Cooperação Penal, 1996, p. 64 e ss.

[39] Este dispositivo foi revogado pela Lei n. 9.983, de 14.7.2000, que transferiu para um novo tipo do CP (168-A) o material de proibição ali constante.

com a reclusão de 4 (quatro) a 8 (oito) anos. A organização criminosa é *institucionalizada*, quando seus membros são submetidos a uma disciplina e autoridade interna, como ocorre com a *máfia* e a *camorra*, ou poderá decorrer simplesmente de uma atuação preponderante de um dos agentes que promove ou organiza a cooperação no crime ou dirige a atividade dos demais sujeitos. Nestas hipóteses, a pena será agravada se tais circunstâncias não constituírem ou qualificarem o crime (CP, art. 62, I). **(68) Crime passional.** Na acepção mais comum, o *crime passional* é aquele determinado pela paixão. Nos termos do Código Penal a paixão não é causa de isenção de pena (art. 28, I), salvo quando for reflexo de um dos estados mórbidos que determinem a inimputabilidade por doença mental ou desenvolvimento mental incompleto ou retardado (CP, art. 26). O estado passional poderá, no entanto, precipitar um comportamento delituoso que se ajuste à causa de especial diminuição de pena, quando o fato for praticado "sob o domínio de violenta emoção, logo em seguida à injusta provocação da vítima" (CP, art. 121, § 1º). O *criminoso passional* está nas categorias antropológicas de delinquentes propostas por FERRI, ao lado de outras quatro: *nato, louco, habitual* e *ocasional*. Para o imortal criminalista italiano, esse tipo criminológico é identificado, via de regra, por peculiares aspectos da personalidade e do estilo de vida, da idade jovem, do motivo proporcionado, da execução em estado de comoção – com apresentação espontânea à autoridade – e com remorso sincero do mal praticado, que frequentemente se exprime no imediato suicídio ou tentativa séria de pôr fim à própria vida (*Princípios*, p. 264). **(69) Crime permanente**. É caracterizado pelo prolongamento da execução no tempo, embora a consumação ocorra com a reunião dos seus elementos constitutivos. Cf. FAYET JÚNIOR, "*a característica fundamental dessa modalidade delitiva é que a ação típica prossegue de modo ininterrupto após a consumação*" (*Do crime continuado*, p. 154) (Itálicos meus). Em tal situação, remanesce a ofensa ao bem jurídico protegido, como ocorre com o sequestro e o cárcere privado (CP, art. 148). A perda da liberdade (bem tutelado) persiste enquanto a vítima continua em mãos dos delinquentes ou no cativeiro. Nas infrações de caráter permanente, entende-se o agente em flagrante delito enquanto não cessar a permanência (CPP, art. 303) e a prescrição da ação penal (prescrição da pretensão punitiva) somente começa a correr do dia em que cessou a permanência (CP, art. 111, III). **(70) Crime pluriofensivo.** A conduta típica ofende mais de um bem jurídico. Um dos exemplos mais frequentes desse ilícito é o roubo (CP, art. 157), quando se verifica um *concurso de bens jurídicos* atingidos (liberdade, integridade corporal ou a vida e mais o patrimônio). **(71) Crime plurissubjetivo.** A norma incriminadora exige o concurso de duas ou mais pessoas. A pluralidade de agentes é elemento constitutivo do tipo (v., *supra: Crime de concurso necessário*). **(72) *Crime plurissubsistente*.** O processo executivo se compõe de vários atos ou etapas, de maneira a caracterizar um *iter criminis*. É o oposto do *crime unissubsistente*, ou seja, caracterizável em um único ato, assim como ocorre com a injúria verbal. **(73) *Crime político*.** Nos termos do art. 8º do Código Penal italiano, é *político* todo o delito que ofende um interesse político do Estado ou um direito político do cidadão. É assim também considerado o crime comum determinado, no todo ou em parte, por motivo político (cf. Lei n. 7.170, de 14.12.1983, art. 2º). O crime político pode ser: *a) próprio*, quando ofende a personalidade e a organização política do Estado; *b) impróprio*, quando agride um direito político do cidadão; *c) puro*, o que tem exclusiva natureza política; e *d) impuro* ou *relativo*, quando ofende bens e interesses tanto políticos como comuns. O crime político é julgado em primeira instância pelos juízes federais (CF, art. 109, IV) e, em grau de recurso ordinário, pelo STF (CF, art. 102, II, *b)*. **(74) *Crime por tendência*.** O CP 1969 considerava *criminoso por tendência* "quem, pela sua periculosidade, motivos determinantes e meios ou modo de execução do crime, revela extraordinárias torpeza, perversão ou malvadez" (art. 64, § 3º). **(75) *Crime preterdoloso*.** Essa designação leva em conta a conjunção *praeter dolus*, e significa *além* ou *acima do dolo*, ou seja, o resultado da ação excedeu a vontade do agente que não o queria nem assumiu o risco de sua produção. **(76) *Crime preterintencional*.** Também chamado de *preterdoloso*, é todo o ilícito cujo resultado (dano ou perigo de dano) é mais grave que o pretendido pelo agente. O vocábulo deriva do prefixo *praeter* e do substantivo *intentio* (intenção, desígnio), exprimindo, no sentido jurídico, como no literal, um evento além da intenção ou maior que o desejado. Um exemplo de crime preterintencional é o da lesão corporal seguida de morte (CP, art. 129, § 3º). Em tal hipótese, existe uma nova infração, resultante da fusão de dois tipos subjetivos: *a)* o *dolo* na conduta (antecedente); *b)* a *culpa* pelo resultado mais grave (consequente). A culpa deve ser demonstrada pela *previsibilidade* do evento mais grave. V. *Crime qualificado pelo resultado*. **(77) *Crime principal*.** É *principal* o crime que se encontra numa situação de autonomia em relação ao *crime acessório*. Assim é o furto relativamente à receptação; o roubo em relação ao favorecimento (real ou pessoal). **(78) *Crime privilegiado*.** O fato punível é *privilegiado* quando a lei estabelece uma causa especial de diminuição de pena, assim como ocorre com o homicídio praticado nas condições do § 1º do art. 121 do CP ou se o rapto é praticado para fim de casamento (CP, art. 221). O *tipo privilegiado* é identificado em relação a um *tipo fundamental*, estejam eles em um mesmo artigo de lei (CP, art. 121, *caput* e § 1º) ou em artigos separados (CP, arts. 220 e 221). Existe também o *crime privilegiado* quando o mesmo bem jurídico é atingido, porém uma das infrações é *privilegiada* em face da condição pessoal do agente, como ocorre com o infanticídio (CP art. 123) em relação ao homicídio, ou em função do motivo, a exemplo do parág. único do art. 242 do CP. **(79) *Crime progressivo.*** Ocorre o *crime progressivo* quando o agente, após realizar um tipo de ilícito, passa a ulterior atividade realizando outro tipo de crime, de que o anterior é uma etapa necessária ou elemento constitutivo. Assim ocorre, p.ex., com o furto quanto tem como antecedente necessário a violação de domicílio ou o uso do documento falso pelo próprio autor da falsidade. **(80) *Crime próprio.*** V. *Crime especial, supra.* **(80-A) *Crime provocado.*** É provocado o delito quando o suposto autor é induzido por outrem (agente provocador) a realizar a ação proibida para ser preso. É o caso do *flagrante preparado* que descaracteriza a ilicitude cf. a Súmula n. 145, do STF: "*Não há crime, quando a preparação do flagrante pela polícia torna impossível a sua consumação*". **(81) *Crime putativo.*** Na acepção jurídica, considera-se *putativo* algo que aparenta ser verdadeiro. É uma ilusória qualidade ou a condição que se pensa ter (criada, imaginada) ou que se deveria ter, mas que na realidade não se tem. A palavra é oriunda do latim (*putativus*, isto é, imaginário). Um dos exemplos se contém no art. 221 do Cód. Civ. que trata do *casamento putativo*. Ocorre o *crime putativo* quando a ilicitude do fato existe somente na imaginação do agente. O fato é atípico e, portanto, irrelevante para a ordem jurídico-penal. Não se confunde com o *crime impossível* (CP, art. 17). **(82) *Crime qualificado.*** O crime pode ser *qualificado* em função de diversas variantes: *a)* motivo; *b)* meio ou modo de execução; *c)* para assegurar a execução, a ocultação, a impunidade ou vantagem de outro crime (CP, art. 121, § 2º); *d)* abuso de confiança, fraude, escalada ou destreza; *e)* mediante concurso de duas ou mais pessoas (CVP, art. 155, § 4º); *f)* pelo resultado mais grave em crime preterintencional = dolo + culpa (CP, art. 129, § 3º); *g)* pelo resultado mais grave em crimes de aborto (CP, art. 127, c/c os arts. 125 e 126); *h)* pelo resultado mais grave no roubo, na extorsão e na extorsão mediante sequestro (CP, arts. 157, § 3º; 158, § 3º e 159, §§ 2º e 3º). **(83) *Crime qualificado pelo resultado.*** É *crime qualificado pelo resultado* o evento típico e ilícito cuja reprovabilidade é acentuada em função das consequências mais danosas, como ocorre com o latrocínio, isto é, o roubo com o evento morte (CP, art. 157, § 3º). Também pertence a esta categoria os ilícitos chamados *preterintencionais* ou *preterdolosos,* nos quais há uma conjugação de elementos subjetivos do tipo: o dolo (no antecedente) e a culpa (no consequente) como ocorre com a lesão corporal seguida de morte. Também nos crimes de perigo comum, provocados por dolo ou culpa, há formas qualificadas (CP, art. 258). O mesmo sucede com os delitos contra a segurança dos meios de comunicação e transporte e outros serviços públicos (CP, arts. 262 e 263). Os ilícitos de perigo individual: abandono de incapaz, exposição ou abandono de recém-nascido, omissão de socorro e maus tratos, apresentam modalidades de qualificação pelo resultado (CP, arts. 133 a 16). V. *Crime preterintencional*. **(84) Crime simples.** O *crime simples* é aquele cuja norma incriminadora não apresenta nenhum outro tipo de ilícito. Em outras palavras, é o que se identifica por um único tipo legal. É o oposto do *crime complexo*. **(85) Crime social.** Segundo o magistério de HUNGRIA, não há distinção entre *crime político* e *crime social*, sendo idêntica a sua objetividade jurídica caracterizada pela *ordem política* que compreende não apenas a organização do Estado, como também a organização social, de que o Estado é fiador e sustentáculo (*Comentários*, I, 1º/187).O entendimento acima referido está em harmonia com a tradição legislativa brasileira que desde o Dec. n. 4.269, de 17.1.1921 – primeiro diploma a reprimir em leis especiais a criminalidade política – sempre refere como objeto de tutela a ordem política e social. V. Lei n. 38, de 4.4.1935; Dec.-Lei n. 431, de 18.5.1938; Lei n. 1.802, de 5.1.1953; Dec.-Lei n. 314, de 13.3.1967; Dec.-Lei n. 898, de 29.9.1969 e Lei n. 7.170, de 14.12.1983. Tais diplomas declaram na súmula que definem as infrações contra a segurança nacional e a *ordem política e social.* **(86) Crime societário.** A jurisprudência cunhou a modalidade ordinária de crime coletivo, i.e., a infração praticada por um número indeterminado de pessoas, com essa designação que ficou consagrada em relação aos delitos previstos na Lei n. 7.492, de 16.06.1986 (crimes contra o sistema financeiro nacional) e Lei n. 8.137, de 27.12.1990 (crimes contra a ordem tributária, econômica e contra as relações de consumo. No entanto, são também delitos societários os previstos pelo art. 177 do CP (fraudes e abusos na fundação ou administração de sociedade por ações). **(87) Crime tentado.** Diz-se o crime *tentado* quando, iniciada a execução, o mesmo não se consuma por circunstâncias alheias à vontade do agente (CP, art. 14, II). **(88) Crime unilateral.** É crime *unilateral* aquele que pode ser cometido por uma só pessoa. Trata-se de situação oposta ao crime de concurso, eventual ou necessário. **(89) Crime unissubsistente.** Nos *crimes unissubsistentes*, o processo executivo consiste num só ato (*unico actu perficiuntur*), coincidindo o momento da conduta com a consumação, de modo a não admitir a tentativa, assim como ocorre com a injúria verbal. **(90) Infração penal de menor potencial ofensivo.** Nesta classificação, de origem constitucional (CF, art. 98, I), se incluem os crimes e as contravenções para os quais a lei comina pena privativa de liberdade não superior a 2 (dois) anos, cf. o parág. único do art. 2º da Lei n. 10.259/2001, que instituiu os Juizados Especiais Cíveis e Criminais, no âmbito da Justiça Federal. A doutrina e a jurisprudência sustentavam ter havido derrogação, i.e., revogação *parcial* do art. 61 da Lei n. 9.099/1995, que previa o limite máximo de 1 (um) ano para a caracterização desse tipo de ilícito. A orientação se baseava no princípio constitucional da isonomia, uma vez que não seria adequado punir-se diversamente a conduta de igual natureza, porém submetida à jurisdição estadual. Assim, p.ex., o crime de *resistência* (CP, art. 329) praticado contra funcionário público *estadual* não seria de menor potencial ofensivo. A Lei n. 10.259/ 2001 corrigiu aquela distorção alterando o art. 61 da Lei n. 9.099/1995, para fixar o limite máximo de 2 (dois) anos.

§ 5º ELEMENTOS DO CRIME (1)

I. A conduta

O Código Penal utiliza as palavras *ação* e *omissão* (arts. 13, 69, 70 e 71). É comum o emprego dos vocábulos *ação,* indicando um *fazer, e omissão* significando um *não fazer* algo. Para evitar dúvida, muitos estudiosos preferem falar em *conduta*[40] ou *comportamento,* para designar genericamente tanto a ação como a omissão (FRAGOSO, *Conduta punível,* p. 5). No mesmo sentido, NUCCI: "([...] conduta é a ação ou omissão, voluntária e consciente, implicando em um comando de movimentação ou inércia do corpo humano voltado a uma finalidade (tomando o conceito de conduta como gênero, do qual são espécies a ação e a omissão)" (*Código penal,* p. 152). No curso do presente trabalho essas modalidades de comportamento serão referidas conforme a natureza do adjetivo: positivo ou negativo. E quando houver necessidade de reuni-las, adotar-se-á o termo *conduta,* que é o primeiro elemento do crime.[41]

II. Conceito legal de causa

Ao declarar que a *causa* "é a *ação* ou a *omissão* sem a qual o resultado não teria ocorrido", o sistema do Código exclui a modalidade de ilícito concebida por MANZINI, i.e., o chamado *crime de mera suspeita,* que consistiria em simples *estado* ou *situação*. Fatos puníveis dessa natureza seriam as contravenções previstas nos arts. 707 e 708 do *Codice Rocco* que punem a posse de chaves alteradas ou falsificadas e petrechos para arrombamento, bem como a posse suspeita de dinheiro e objetos de valor. Louvando-se

---

40 Assim, p. ex. PIMENTEL, Manoel Pedro. *Crimes de mera conduta.* 2. ed. São Paulo: Editora Revista dos Tribunais, 1968.

41 Conceitos de ação e de omissão: v. respectivamente, infra § 14, n. I, § 15, n. I e § 16, n. I e II.

em PETROCELLI, BETTIOL, PANNAIN, MAGGIORE e BATAGLINI, o saudoso HELENO CLÁUDIO FRAGOSO demonstra que "não é possível conceber sanção onde não haja infração a um comando"; que "a própria posse constitui ação"; que "a posse pressupõe a ação ou que constitui uma presunção de ação" (*Conduta punível,* p. 33-34).[42]

§ 6º ELEMENTOS DO CRIME (2)

I. A tipicidade

A *tipicidade* é a adequação do comportamento humano ao tipo de ilícito contido na norma incriminadora. Ou, em outras palavras: é a conformidade do fato à imagem diretriz traçada na lei, a característica que apresenta o fato quando realiza concretamente o tipo legal (BRUNO, *Direito penal,* t. 1º, p. 341). Na lição de REALE JÚNIOR a adequação típica "é a congruência de uma ação concreta a um tipo de injusto. Essa ação concreta é descrita pelo tipo de forma paradigmática, de modo a revelar o valor que se tutela. A ação será típica se enquadrável no modelo e se realizada segundo um sentido valorado negativamente pelo Direito, ou seja, dotada desse sentido contrário ao valor cuja positividade se impõe" (*Instituições,* p. 144).

A distinção entre *tipo* e *tipicidade* é muito bem exposta por ZAFFARONI, ao esclarecer que o *tipo* é uma figura que resulta da criação do legislador, enquanto o *juízo de tipicidade* é a averiguação que sobre uma conduta se efetua para saber se apresenta os caracteres imaginados pelo legislador. E arremata: *"La tipicidad es el resultado afirmativo de ese juicio"* (*Tratado,* vol. II, p. 172).

Autorizada doutrina sustenta que é oportuno considerar o plano da tipicidade como um *terreno de conflito no qual colidem o poder punitivo e o Direito Penal.* O primeiro luta pela expansão de seu exercício arbitrário e o segundo procura contê-lo racionalmente. "O conceito de tipo é portanto dual: para o poder punitivo, o tipo constitui instrumento habilitante de seu exercício; para o Direito Penal, o tipo configura limitação do poder punitivo" [...] (ZAFFARONI-BATISTA, *Direito penal brasileiro,* II, 1, p. 126).

II. A tipicidade conglobante

A *tipicidade penal,* como elemento essencial do delito, não se satisfaz com a *tipicidade legal,* ou seja, a simples adequação da conduta a uma norma incriminadora. Ela exige, também, a violação de um imperativo de comando ou de proibição. Daí falar-se em *tipicidade conglobante,* que iden-

---

42 Sobre o tema, v. MODALIDADES DE CRIMES, n. 38: *Crime de mera suspeita.*

tifica o verbo *conglobar* (juntar, reunir, aglomerar). O exemplo formulado por ZAFFARONI-PIERANGELI é bem ilustrativo: um oficial de justiça, cumprindo mandado regular, expedido por juiz competente, apreende uma obra de arte de propriedade de um devedor a quem se executa em processo adequado pelo legítimo credor. Obviamente esse comportamento não é delituoso. Mas a inexistência de crime, segundo os mesmos autores, resulta não do estrito cumprimento do dever legal (CP, art. 23), mas da ausência da *tipicidade penal* que vem a ser um fenômeno composto entre a tipicidade legal e a violação de uma norma jurídica. Vale reproduzir: "*A tipicidade conglobante é um corretivo da tipicidade legal*, posto que pode excluir do âmbito do típico aquelas condutas que apenas aparentemente estão proibidas, como acontece no caso exposto do oficial de justiça, que se adequa ao "subtrair, para si ou para outrem, coisa alheia móvel" (art. 155, *caput*, do CP), mas que não é alcançada pela proibição do 'não furtarás'" (*Manual*, p. 395-396).[43]

É no âmbito de compreensão da tipicidade conglobante que se resolve, também, o problema das *infrações de bagatela* pela insignificância do bem jurídico afetado.[44] Uma lesão corporal de ínfima repercussão ou um furto de irrelevante valor econômico, embora caracterizem a tipicidade *legal*, não chegam a produzir uma ofensa capaz de justificar a reação penal. No escólio de ZAFFARONI, a lesividade "se comprueba constatando la afectación (por daño o por peligro) del bien jurídico en forma *significativa* [...]" (*Derecho penal*, § 32, p. 484).

Na decisão do *Habeas Corpus* 92.463-8 (RS), em 13.9.2007, o STF aplicou o princípio da insignificância para declarar a falta de justa causa de um furto simples, em sua modalidade tentada, de um botijão de gás no valor (ínfimo) de R$ 20,00, equivalente a 5,26% do salário-mínimo em vigor. O relator, Min. CELSO DE MELLO, destacou a descaracterização da tipicidade penal em seu aspecto material, lembrando que a jurisprudência da Corte Suprema "reconhece possível, nos delitos de bagatela, a incidência do postulado em causa (*RTJ*, 192/963-964)".

III. Classificação dos tipos legais

Os tipos legais distribuídos no Código Penal e nas leis especiais podem ser: *a) de incriminação*. Também chamados *penais* esses tipos contêm as normas definindo as figuras dos delitos; *b) de justificação*. Estabelecem as

---

43 (Itálicos do original). Mais exaustivamente, ZAFFARONI, *Derecho penal*, p. 461 e ss.
44 Acerca da consagração constitucional do *princípio da intervenção penal mínima* e seu corolário lógico, o *princípio da insignificância*, v. DOTTI, *Curso*, p. 154-155.

hipóteses em que a conduta é autorizada pelo Direito; *c) de exculpação.* Indicam os casos de isenção da pena; *d) de aplicação da lei penal.* Revelam os princípios e regras fundamentais para dirigir o ordenamento positivo; *e) de sanções.* Prescrevem as formas de reação penal (penas e medidas de segurança), sua aplicação e execução; *f) de efeitos da condenação.* Especificam as consequências jurídicas do reconhecimento do crime e da reabilitação; *g) de processo.* Mostram os requisitos, condições e procedimentos para a persecução penal; *h) de extinção da punibilidade.* Apontam fatos e as situações que impedem a aplicação ou execução das reações penais contra o delito.

Na tese com a qual obteve a titularidade da Cadeira de Direito Penal, em concurso promovido pela Faculdade de Direito da USP, REALE JÚNIOR observa que a tipologia e a tipicidade, enquanto técnicas que dotam de operacionalidade as regras jurídicas, não são exclusividade das normas penais incriminadoras. E pontualiza: "As normas da Parte Geral para desempenhar o papel em função do qual surgem nas codificações penais, não poderiam estar isentas de estrutura típica, pois só assim alcançariam a sua primordial finalidade de revestir de maior garantia a aplicação da lei penal. A legítima defesa, por exemplo, desenvolvida particularmente com relação ao crime de homicídio, teve de ganhar forma genérica e abstrata, aplicável a todos os delitos, para que a legislação penal, com caráter científico, alcançasse o caráter de garantia e de segurança jurídica (*Parte geral e tipicidade,* p. 26). O mesmo jurista relaciona vários institutos da Parte Geral que reafirmam a tese: *a)* relação de causalidade; *b)* crimes comissivos por omissão; *c)* tentativa; *d)* desistência voluntária e arrependimento eficaz; *e)* crime impossível etc. (ob. cit., p. 28 e ss.).

Com efeito, a estrutura normativa do primeiro título do Código Penal; as disposições sobre o crime; a inimputabilidade penal; o concurso de pessoas; as penas e as medidas de segurança, além de outras instituições, têm pressupostos, requisitos e limites que não são arbitrariamente estabelecidos pelo legislador. Ao contrário, devem estar submetidos a determinados princípios que são positivados em comandos de permissão ou de proibição. Essa conclusão está em perfeita harmonia com a doutrina de BRUNO. Após definir a norma penal incriminadora ou em sentido estrito, o mestre imortal observa: "[...] normas penais são também aquelas que completam o sistema penal com os seus princípios gerais e dispõem sobre a aplicação e os limites das normas incriminadoras (*Direito penal,* t. 1º, p. 195). Em síntese, no ordenamento jurídico-penal brasileiro, fundado na linguagem escrita, a consagração do princípio da legalidade (CF, art. 5º, II), ilumina todo o complexo universo de mandamentos.

IV. Conceito de tipo de ilícito penal

O *tipo de ilícito penal* "é o conjunto dos elementos do fato punível descritos na lei penal, ou, para dizermos com Beling, a imagem reguladora (*leitbild*), à qual tem de ajustar-se o fato para constituir crime" (BRUNO, *Direito penal*, t. 1º, p. 341). "El *tipo penal* comprende el conjunto de elementos que integran la descripción legal de un delito" (POLITOFF, *Lecciones,* p. 183) Pode-se concluir que se trata de um modelo abstrato de comportamento proibido. Ou, em outras palavras: "a descrição esquemática de uma classe de condutas que possuam características danosas ou ético-socialmente reprovadas, a ponto de serem reputadas intoleráveis pela ordem jurídica" (TOLEDO, *Princípios básicos*, § 127, p. 127). Para ZAFFARONI-BATISTA, o *tipo penal* "*é a fórmula legal necessária ao poder punitivo para habilitar o seu exercício formal, e ao direito penal para reduzir as hipóteses de pragmas conflitivos e para valorar limitativamente a proibição penal das condutas submetidas à decisão jurídica*" (*Direito penal brasileiro,* II, 1, p. 127) (Itálicos do original). Sob outro aspecto e tendo em vista a elaboração legislativa, pode-se afirmar com os mesmos juristas que o tipo "é produto de uma decisão política, e portanto de uma valoração" (ob. cit., p. 131). Em síntese: o *tipo penal* é a descrição abstrata do comportamento proibido ou da ação permitida.

V. O tipo penal como indiciário da ilicitude

a. A conduta típica é indício de ilicitude

Na clássica lição de M. E. MAYER, "la tipicidad [...] constituye la más importante base para el reconocimiento de la antijuridicidad. Ellas se comportan como el humo y el fuego" (*Derecho penal,* p. 12). Portanto, a tipicidade é a *ratio cognoscendi* da ilicitude, i.e., a tipicidade da ação ou da omissão constitui um razoável indício (ou presunção *juris tantum*) de sua ilicitude. Tal presunção é desfeita quando a conduta humana tem como razão de ser uma *causa justificante* (CP, art. 23). A tipicidade, como acentua PRADO, "é a base do injusto penal. [...] Com a tipicidade, delimita-se, portanto, o âmbito do jurídico-penalmente relevante – o âmbito do punível – em que se estabelecem as fronteiras e os contornos da intervenção penal" (*Tratado,* vol. 2, p. 374). A verificação da existência do crime é feita com base, não na conduta humana, e sim no fato típico. "Só depois que a ação ou omissão é enquadrada no preceito primário da norma penal incriminadora, caberá indagar-se da licitude do acontecimento ou fato assim tipificado. Donde a conclusão de que o juízo de valor tem como objeto o próprio fato típico" (J. F. MARQUES, *Tratado,* vol. II, p. 36).[45]

---

45 Sobre o tema, v. TEORIA DOS ELEMENTOS NEGATIVOS DO TIPO: *infra*, § 6º, item VI.

b. O tipo de ilícito e a fragmentariedade do Direito Penal

O Direito Penal constitui um sistema descontínuo de ilícitos. O sistema legal de crimes e sanções é necessariamente seletivo porque não pode estender seus mecanismos de proteção a todos os bens jurídicos existentes na sociedade civil organizada, porém somente àqueles que o legislador considera fundamentais ao exercício dos direitos humanos, sociais, políticos e culturais. Esta axiomática afirmação decorre da existência de três princípios fundamentais que se entrelaçam: o **princípio da anterioridade da lei penal,** o **princípio da intervenção mínima** e o **princípio da subsidiariedade**. O primeiro deles consiste na garantia constitucional e legal de que não há crime sem lei anterior que o defina e nem pena sem prévia cominação legal (CF, art. 5º, XXXIX; CP, art. 1º). O segundo é demonstrado pelo jurista português SOUZA E BRITO observando com a perspectiva constitucional de que, traduzindo-se a pena em restrições ou sacrifícios importantes dos direitos fundamentais do acusado, cujo respeito é uma das finalidades essenciais do Estado, é imprescindível que tal sacrifício seja necessário à paz e conservação sociais, isto é, à própria defesa dos direitos e das liberdades e garantias em geral que constituem a base do Estado. E arremata: "É este o princípio da necessidade ou da máxima restrição das penas e das medidas de segurança (art. 18º, n. 2 e 3), que está ligado ao princípio da legalidade (art. 29º) e ao princípio da jurisdicionalidade da aplicação do Direito Penal, como garantia da máxima *objectividade* e do mínimo abuso" (A lei penal na Constituição. In: *Estudos sobre a Constituição,* 2º/200). O *princípio da intervenção mínima* deve, obrigatoriamente, ser atendido pelo Poder Legislativo através de critérios sólidos na elaboração da lei penal, elegendo apenas os bens jurídicos dignos de proteção pelo Direito Penal e que guardam estreita relação com a Constituição. Esse dever institucional também obriga o Poder Judiciário, "extirpando o ranço jurídico da tipicidade legal, para uma tipicidade penal, esta sim compatível com um Estado Democrático de Direito" (ROBERTI, *A intervenção mínima,* p. 153-154).[46]

E o terceiro princípio (subsidiariedade) resulta de antiga orientação da doutrina apoiada pela jurisprudência segundo a qual o Estado deve recorrer à pena criminal como *ultima ratio,* quando não houver, no ordenamento positivo, meios adequados para prevenir e reprimir o ilícito. São muito apropriadas e atuais as palavras do eminente e pranteado HUNGRIA: "Somente quando a sanção civil se apresenta ineficaz para a reintegração da ordem jurídica é que surge a necessidade da enérgica sanção penal. O legislador não obedece a outra orientação. As sanções penais são o último recurso para

---

46 Princípio da intervenção mínima: v. *infra* § 6º, item X.

conjurar a antinomia entre a vontade individual e a vontade normativa do Estado. Se um fato ilícito, hostil a um interesse individual ou coletivo, pode ser convenientemente reprimido com as sanções civis, não há motivo para a reação penal" (*Comentários*, vol. VII, p. 178).

VI. Teoria dos elementos negativos do tipo

Para a teoria dos *elementos negativos do tipo*, formulada por MERKEL (1889), além dos elementos descritivos (objetivos) normativos e subjetivos, o tipo deve abarcar, também, todas as circunstâncias relativas à antijuridicidade. "Los presupuestos de las causas de justificación se entienden, así, como elementos negativos del tipo. Se incluyen, por tanto, en el tipo porque sólo cuando faltan es possible un juicio definitivo sobre la antijuricidad del hecho. Elementos del tipo y pressupuestos de las causas de justificación se reúnen, por esta vía, en un tipo total y se sitúan sistemáticamente en un mismo nivel" (JESCHECK, *Tratado,* vol. 1º, § 25, p. 338). Cf. autorizada doutrina, essa teoria "llega a la conclusión de que las causas de justificación excluyen no sólo la antijuricidad, sino ya el propio tipo. Tipo y antijuridicidad se funden en un tipo global (o total) de injusto (Lang-Hinrichsen), que incluye dentro de sí la totalidad de los elementos sustanciales para el juicio de injusto (elementos positivos y negativos, escritos y no escritos, relevantes para la comisión y para la omisión)" (ROXIN, *Derecho penal,* § 10, p. 284). Corolário lógico dessa doutrina: "toda vez que não for ilícita a conduta do agente não haverá o próprio fato típico. É que, para ela, estando a antijuridicidade fazendo parte do tipo penal, se a conduta do agente for lícita, em virtude da existência de uma causa de justificação, o fato deixará de ser típico" (GRECO, *Curso,* p. 165).

A evolução do conceito do *tatbestand* e seus reflexos em relação à ilicitude, a partir de sua formulação por BELING (1906) revela três estádios bem definidos: *a) neutro.* "Todos los delito-tipos son, en consecuencia, de carácter puramente descriptivo; en ellos no se expresa aún la valoración jurídica calificante de lo 'antijurídico' (tipo de ilicitud")" (BELING, *La doctrina del delito-tipo,* p. 16); *b) ratio cognoscendi* da antijuridicidade (ilicitude). M. E. MAYER (1915), desenvolve a doutrina de que "la separación de los tres presupuestos de la pena es la base para la construcción de la teoría del delito; pero por sobre la división no debe descuidarse la conexión: los tipos legales son *fundamentos del reconocimiento* de la antijuridicidad" (*Derecho Penal,* p. 227) (Itálicos do original); *c) ratio essendi* da antijuridicidade (ilicitude). "El que actúa típicamente actúa también antijurídicamente, en tanto no existe una causa de exclusión del injusto. El tipo jurídico-penal que describe dicho actuar típico posee, portanto, la más alta significación en orden a la existencia dela antijuridicidad penalmente relevante de la acción: es fundamento real y de validez ('ratio essendi') de la antijuricidad, aunque a reserva, siempre, de que la acción no aparezca justificada en virtud de una causa especial de exclusión del injusto. Si tal ocurre, la acción no es antijurídica, a pesar de su tipicidad" (MEZGER, *Tratado*, p. 375-376) (Itálicos do original).

A harmonia da concepção de MEZGER com a realidade humana e social é demonstrada nos *quadros de uma exposição* das tragédias urbanas. Nas ruas das grandes cidades, populares se aproximam do corpo inerte de uma pessoa e com ferimentos visíveis pelo sangue que ainda corre em seu rosto. A primeira reflexão é de que houve uma morte violenta (tipicidade); a segunda é de que essa morte é criminosa (ilicitude).

A hipótese revela a nítida distinção entre o tipo e a ilicitude, como juízos mentalmente separados. Daí por que a razão está com JESCHEK, ao sentenciar: "La teoría de los elementos negativos del tipo debe rechazarse" (ob. cit., p. 339).

VII. Classificação dos tipos penais

Os tipos penais que contêm o repertório de ordens jurídicas de mandato e proibição (crimes comissivos e crimes omissivos), classificam-se em:

A. *Tipos penais fechados*

Para a sua compreensão o intérprete ou aplicador da lei não necessita recorrer a qualquer indagação estranha aos elementos constantes da norma incriminadora. Cf. TOLEDO, na criação dos tipos penais, pode o legislador adotar dois critérios. O primeiro consiste na descrição completa do modelo de conduta proibida, sem deixar para o intérprete a verificação da ilicitude, outra tarefa além da correspondência entre a conduta e a descrição típica. O segundo critério consiste na descrição incompleta do modelo de conduta proibida, transferindo-se para o intérprete o encargo de completar o tipo, dentro dos limites e das indicações nele próprio contidas. São os denominados 'tipos abertos', como se dá em geral com os delitos culposos que precisam ser completados pela norma geral que impõe a observância do dever de cuidado" (*Princípios básicos*, § 135, p. 136).

B. *Tipos penais abertos*

Correspondem ao enunciado acima e justificam a crítica em face dos abusos ao princípio da taxatividade,[47] cf. sustenta RODRIGUEZ DEVEZA: "el

---

[47] Princípio da taxatividade. As normas incriminadoras devem ser claras e precisas. Trata-se de um postulado dirigido ao legislador vetando a elaboração de leis com expressões ambíguas, equívocas e vagas, ensejando diferentes e até mesmo contrastantes entendimentos (LUISI, *Os princípios constitucionais penais*, p. 18).

tipo del injusto ha de ser siempre cerrado, en el sentido de que ha de contener todas las características determinantes del injusto" (*Derecho penal*, p. 422-423). Os tipos penais abertos são caracterizados por normas incriminadoras que não indicam suficientemente a conduta proibida a qual somente é identificada em função dos elementos exteriores ao tipo. Falta, em tais preceitos, "*una guía objetiva para completar el tipo, de modo que en la práctica resultaría imposible la diferenciación del comportamiento prohibido y del permitido con la sola ayuda del texto legal*" (JESCHECK, *Tratado*, vol. 1º, § 25, p. 336).[48] É oportuna a lição de ROXIN: "En estos supuestos el tipo resulta 'abierto', es decir, la conducta prohibida no está caracterizada por una descripción objetiva y exhaustiva y, por tanto, la realización del tipo no podría indicar la antijuridicidad. Consecuencia de esto sería que el juez, en lugar del procedimiento negativo habitual propio de los tipos cerrados, aquí tendría que comprobar la antijuridicidad en forma 'positiva'. Para ello, luego de determinar la realización del tipo 'abierto', debe investigar la antijuridicidad mediante la comprobación de los llamados 'elementos del deber jurídico'" (*Teoría del tipo penal,* p. 6).

São tipos penais abertos: *a) **crimes culposos***; *b) **crimes comissivos por omissão***; *c) **crimes cujo preceito utiliza expressões ou vocábulos como*** "*contra a vontade expressa ou tácita de quem de direito*" (CP, art. 150); "*indevidamente*" (CP, arts. 151; 151, § 1º, n. I e II); "*sem justa causa*" (CP, arts. 153 e 154); "*sem consentimento de quem de direito*" (CP, arts. 164); "*sem a necessária autorização*" (Lei n. 6.453/1977, art. 20) etc. Em todas as hipóteses dos *tipos penais abertos* o preenchimento da tipicidade depende do reconhecimento, feito pelo juiz, de que a conduta (ação ou omissão) desobedeceu aos deveres objetivos de cautela impostos pela vida comunitária nas variadas formas de atividade humana.[49]

---

48 ROXIN: "[...] existen también tipos 'abiertos' en los que no se describe exhaustivamente y en todos sus aspectos el objeto de la prohibición. En ellos ocurre, según esto, que el tipo aún no es un indicio del injusto; por el contrario, el injusto sólo puede comprobarse desde la perspectiva de la antijuridicidad mediante verificación positiva de 'elementos especiales de antijuridicidad' (antes 'elementos del deber jurídico')". *Derecho penal*, t. I, § 10, n. 43, p. 298.

49 São distintas as noções de *tipos penais abertos* e *leis (normas) penais em branco*. Enquanto os primeiros, como foi dito acima, dependem do exame de elementos exteriores para se aferir a ilicitude da conduta, os segundos precisam ser preenchidos com disposição normativa em amplo sentido (lei, decreto, regulamento, portaria etc.). Os primeiros são avaliados pelo intérprete ou aplicador da lei, em cada caso concreto, por meio das normas de cultura; os segundos são integrados por normas de Direito.

C. Tipos fundamentais (básicos)

Os tipos fundamentais, ou básicos, são os que oferecem a imagem mais singela de uma espécie de delito. De sua redação é impossível extrair qualquer elemento sem que se desfigure a imagem de que ele é expressão (TOLEDO, *Princípios básicos*, § 137, p. 139). São exemplos comuns, o homicídio, as lesões corporais, o furto, a falsidade documental, entre muitos outros.

D. Tipos derivados (de atenuação ou agravação)

São tipos *derivados* os que se formam a partir do tipo fundamental, através da existência de circunstâncias gerais ou especiais de aumento ou diminuição de pena. Como exemplos da primeira hipótese, tem-se os crimes de homicídio e furto qualificados (CP, arts. 121, § 2º, e 155, § 4º), e da segunda, pode ser referido o homicídio privilegiado (CP, art. 121, § 1º).

VIII. Elementos dos tipos penais

A. Elementos descritivos

Os *elementos descritivos* também chamados *objetivos* são os que indicam o aspecto externo do que deve ser o fato punível, i.e., a ação com seu objeto e as circunstâncias acessórias típicas que se realizam objetivamente e podem ser percebidas pela simples capacidade de conhecimento, sem a necessidade de qualquer recurso de avaliação (BRUNO, *Direito penal*, t. 1º, p. 344). Nessa categoria de infrações estão o homicídio, as lesões corporais, o dano e falsidade documental. Alguns penalistas (MACHADO, *Direito criminal,* p. 96), p.ex., distinguem entre tais elementos objetivos outros que exprimem circunstâncias de tempo ou lugar ou especiais condições do sujeito ou do objeto da ação, chamando-os de *elementos modais*.

B. Elementos normativos

Os *elementos normativos* são aqueles para cuja compreensão o intérprete não pode se limitar a desenvolver uma atividade meramente cognitiva, subsumindo em conceitos o dado natural, mas deve proceder a uma interpretação valorativa. Cf. LUISI, "não são, portanto, elementos que se limitam a descrever o natural, mas que dão à ação, ao seu objeto, ou mesmo às circunstâncias, uma significação, um valor. As expressões 'indevidamente', 'sem justa causa', e mesmo, 'cruel', 'insidioso' para qualificar os meios, são exemplos de elementos típicos normativos" (*O tipo penal, a teoria finalista e a nova legislação penal*, p. 57). Os elementos normativos se classificam em *jurídicos* e *culturais*. Elementos normativos *jurídicos* são os que trazem conceitos próprios do Direito ("coisa alheia", "documento", "duplicata", "cheque", "*warrant*", "funcionário público", "coisa tombada", "esbulho possessório" etc.). Elementos normativos *culturais* são os que envolvem aspectos ou elementos próprios de outras disciplinas do conhecimento, científicas, artísticas, literárias ou técnicas. São múltiplos os exemplos dessa categoria: "ato obsceno", "pudor", "ato libidinoso", "arte", "culto religioso", "esterilização cirúrgica", "fauna silvestre" etc. Há uma preocupação muito viva entre os estudiosos com o grande aumento do número de elementos normativos, principalmente na legislação especial, gravemente comprometida pela inflação de novos textos legislativos. Assim como ocorre com os chamados *tipos penais abertos* podem se abrir grandes margens de insegurança em função de uma interpretação que comprometa o princípio da taxatividade da lei penal. Mas é impossível suprimi-los do ordenamento positivo uma vez que os tipos legais de ilicitude refletem a natureza e o valor da realidade humana e da circunstância que a envolve.

c. *Elementos subjetivos*

Além do dolo e da culpa (*stricto sensu*), que são componentes do tipo subjetivo, alguns tipos de ilícito revelam elementos internos, i.e., que pertencem ao mundo subjetivo do sujeito ativo. M. E. MAYER alude aos tipos delitivos que "*sólo se pueden descubrir mediante la confesión o través de una interpretación de su conducta* [do delinquente]. *De acuerdo con ello, se distingue aquello en que el hecho consiste exteriormente, el tipo exterior (objetivo), de lo que sucede en el plano psíquico del sujeto, el tipo subjetivo; así, el alejamiento de la tropa es el tipo objetivo, la intención de excluirse de manera durable del servicio militar el tipo subjetivo de la deserción*" (*Derecho penal*, p. 9) (Itálicos meus). Como exemplos podem ser referidos os *delitos de intenção*,[50] como a vontade de subtrair a coisa alheia móvel para si ou para outrem no furto (CP, art. 155), o ânimo de lucro indevido na extorsão (CP, art. 158), os delitos agravados ou qualificados pelo motivo (fútil ou torpe) e os ilícitos de natureza política, nos quais a motivação e os objetivos do agente constituem indicadores subjetivos para se distingui-los de outros crimes. Vários outros crimes exigem a comprovação do elemento subjetivo para a configuração típica (CP, arts. 131; 161, *caput*; 161, § 1º, II; 171, § 2º, V; 202 etc.). Tais elementos, cuja existência foi equivocadamente

---

50 Além dos *delitos de tendência*, a doutrina inclui as espécies de *delitos de expressão* e *delitos mutilados em atos* (DEVESA-GOMES, *Derecho penal español*, p. 409). V. MODALIDADES DOS CRIMES, n. 29, 48 E 64, respectivamente.

indicada como expressão de um *dolo específico*,[51] compõem a relação dos chamados *elementos subjetivos do injusto*.

IX. Funções do tipo penal

A primeira e essencial função do tipo penal é a *função de garantia individual* (*nullum crimen sine lege*). BELING se refere a antigas práticas nas quais o juiz exercia arbitrariamente a sua função quando toda ação ilícita era, já por isso, uma ação punível. É que o movimento do Liberalismo nascente no Século XVIII denunciou a insegurança jurídica daquele sistema provocando o legislador posterior à tarefa de estreitar a compreensão da conduta antijurídica. Foram, então recortados e extraídos determinados tipos delitivos (assassinato, furto etc.) prevendo-se para cada um deles uma pena determinada. "Así logró expresión un valioso pensamiento: el de que sólo ciertos modos de conducta antijurídica (los 'típicos') son suficientemente relevantes para la intervención de la retribución pública y que, además, deben todos ser colocados en una firme escala de valores" [...] "El *delito-tipo* ('*gesetzliche Tatbestand*') es un concepto *fundamental* para todo el Derecho Penal. Su importancia no se limita a la de constituir el esquema unitario para cada figura delictiva autónoma, esquema en el cual todas las características de éstas se enhebran como en un hilo" (*Esquema de derecho penal,* § 15, p. 37 e 48) (Itálicos do original).

Também relevante é a *função sistemática do tipo* que ROXIN resume "en la necesidad de un concepto fundamental del sistema de derecho penal que pueda insertarse entre los elementos 'acción' y 'antijuridicidad'" (*Teoría del tipo penal,* p. 176). A teoria e a prática destacam a *função do tipo no erro quanto aos seus elementos,* para a exclusão do dolo na conduta do agente, ressalvada a punição por crime culposo, se previsto em lei (CP, art. 20). Outra importante função consiste na *determinação* ou *motivação geral de comportamento coletivo* em face do indício de ilicitude que é ínsito na redação dos tipos em geral os quais pressupõem a aplicação de uma pena pelo desvalor da conduta. E finalmente "el tipo cumple una función de *llamada de atención*: al destacar que una conducta es penalmente relevante, intenta alertar a los ciudadanos para que no incurran en errores de tipo ni de prohibición. Por último, la parte positiva del tipo cumple una función *definidora* y *delimitadora* de unos tipos frente a otros, precisando sus elementos característicos: los distintos bienes jurídicos y las distintas modalidades de

---

51 Dolo específico; dolo genérico. Sobre essa pretensa divisão, v. DOTTI, *Curso,* p. 415.

ataques a los mismos, sirviendo así de base para labor sistemática y clasificadora" (LUZÓN PEÑA, *Lecciones*, Cap. 12, p. 162) (Itálicos do original).

X. O princípio da intervenção mínima

É nos terrenos do tipo de ilícito e da tipicidade que se deve considerar a importância humana e social do *princípio da intervenção mínima*, que constitui uma das manifestações mais vigorosas do movimento crítico que se propõe a discutir e avaliar a crise do sistema positivo, depurando-o da insegurança jurídica e da ineficácia a que conduz o fenômeno da hipercriminalização.

Pode-se afirmar que nas três últimas décadas um dos temas de maior ressonância no panorama de combate ao sistema penal tem sido a hiperinflação legislativa ao denunciar os abusos do poder coercitivo do Estado em face da rotineira criação de tipos de ilícito que não satisfazem as exigências de proteção dos bens jurídicos fundamentais. Tem sido constante o recurso às leis penais para atender interesses conjunturais do poder público ou de grupos de pressão em má orientação da Política Criminal.

Deve-se admitir, no entanto, que o expansionismo penal não é novo e muito menos restrito a esse ou àquele país. MONTESQUIEU já deplorava o número infinito de coisas que um legislador ordena ou proíbe, tornando os povos mais infelizes e nada mais razoáveis. E muitos outros, antes ou depois dele, também lamentaram o fenômeno, a exemplo de LAO TSEU, LE TAO TO KING: "Quanto mais interdições e proibições houver,/ mais o povo empobrece,/ mais se possuirão armas cortantes,/ mais a desordem alastra,/ mais se desenvolve a inteligência fabriqueira,/ mais estranhos produtos aparecem,/ mais se multiplicam os regulamentos,/ mais florescem os ladrões e os bandidos" (DELMAS-MARTY, *A criação das leis e sua recepção pela sociedade*).

Corolário lógico do princípio de intervenção mínima é a existência de um *direito penal mínimo*, como um conjunto de princípios e regras que reserve a pena criminal para as mais graves lesões aos bens jurídicos, além de outras finalidades. Entre as propostas de redução do sistema de justiça criminal, defendidas pelo referido movimento, estão a descriminalização, a despenalização e a humanização do sistema penal.

A primeira das *propostas fundamentais* para reverter esse quadro de anomia que envolve o sistema criminal brasileiro consiste na necessidade de se levar a frente um amplo movimento de descriminalização e despenalização. Somente por esse caminho será possível resgatar o prestígio do magistério penal que ficou profundamente abalado nos últimos tempos diante da massificação dos processos de incriminação e da consequente ineficácia das reações penais contra o delito.

O *princípio da intervenção penal mínima* foi recepcionado pela Constituição Federal conforme a cláusula geral prevista pelo § 2º do art. 5º: "Os direitos e garantias expressos nesta Constituição não excluem outros decorrentes do regime e dos princípios por ela adotados, ou dos tratados internacionais em que a República Federativa do Brasil seja parte". O princípio em análise tem a sua raiz no art. 8º da Declaração dos Direitos do Homem e do Cidadão (Paris, 1789), ao proclamar que a lei deve estabelecer "penas estrita e evidentemente necessárias".

A compatibilização entre a letra e o espírito das leis fundamentais internas e as declarações internacionais constituem exigência de uma ordem jurídica universal. A Constituição de Portugal dispõe que "os preceitos constitucionais e legais relativos aos direitos fundamentais devem ser interpretados e integrados em harmonia com a Declaração Universal dos Direitos do Homem" (art. 16º, 2). A Carta Política espanhola também prescreve que as normas relativas aos direitos fundamentais e às liberdades reconhecidas constitucionalmente serão interpretadas em conformidade com a Declaração Universal dos Direitos do Homem e os tratados e acordos internacionais sobre as mesmas matérias, ratificadas pela Espanha (art. 10,2).

O *princípio da intervenção mínima* caracteriza o movimento em favor do chamado *direito penal mínimo* como expressão vigorosa do pensamento doutrinário contra o expansionismo penal. Em relação ao direito já positivado, o princípio alimenta as tendências de descriminalização e despenalização e no que tange ao direito a constituir, sustenta a necessidade de se reduzir a produção das normas incriminadoras à absoluta necessidade para a proteção de bens jurídicos fundamentais. Há hipóteses em que embora a lesão seja considerável, não se justifica a intervenção penal quando o ilícito possa ser eficazmente combatido pela sanção civil ou administrativa, por exemplo.

§ 7º ELEMENTOS DO CRIME (3)

I. A ilicitude[52]

Numa concepção teleológica de Direito Penal, o primado pertence, indubitavelmente, à ilicitude. Cf. autorizada doutrina, entre os elementos constitutivos do crime não há outro que dê tanta cor e relevo à matéria, como o da oposição do fato às exigências do Direito, vale dizer, o choque entre a conduta humana e a norma (BETTIOL, *Diritto penale*, p. 292-293).

---

52 Sobre o uso do vocábulo *ilicitude* em lugar de *antijuridicidade,* v. § 32, n. I (art. 21).

II. Ilicitude formal e ilicitude material

A doutrina distingue as formas de conduta ilícita em formal e material. É *formal* a ação ou a omissão que desatende a ordem de proibição ou de comando expressa na norma incriminadora; é *material* o comportamento de ofende o bem jurídico tutelado pela norma. Cf. QUINTERO OLIVARES, la *antijuridicidad formal* no es más que la oposición entre un hecho y el ordenamiento jurídico positivo, juicio que se constata en el modo expuesto [...] en sentido '*material*' se dice que una acción es antijurídica cuando, habiendo transgredido una norma positiva (condición que impone el princípio de legalidad), *lesiona o pone en peligro un bien jurídico* que el Derecho queria proteger. De este modo, el concepto de *antijuridicidad material* se vincula directamente con la función y fin de la norma y no sólo con su pura realidad positiva. La norma persigue un fin social y político criminal: la protección de bienes jurídicos. Gracias a la idea de antijuridicidad material, el delito deja de ser un mero 'malum quia prohibitum' y adquiere carácter de comportamiento intolerable para la convivencia" (*Parte general del derecho penal*, p. 282 e 284).

III. Elementos da ilicitude

A ilicitude tem como elementos: *a)* uma conduta humana; *b)* a lesão ou o perigo de lesão de um bem; *c)* o objeto da proteção legal desse bem.

Quanto ao primeiro, mantém-se o dogma segundo o qual somente os eventos produzidos pela vontade humana são suscetíveis de merecer a qualificação jurídica de ilicitude. O segundo elemento reafirma o conceito material de ilicitude, fazendo perder substância a artificiosa classificação entre *ilicitude formal* e *ilicitude material*. A concepção unitária de ilicitude é fundamental posto que permite a admissão das causas supralegais de justificação ao lado das causas legais. Sob outro aspecto, a visão material da ilicitude confere maior dinamismo ao sistema penal, provocando os movimentos de descriminalização, despenalização, neocriminalização ou neopenalização, segundo a flutuação dos interesses individuais e sociais que envolvem os bens jurídicos. Finalmente, é através do ordenamento positivo que a ilicitude se completa, máxime porque dentro de uma visão finalista do tipo – que inclui o dolo e a culpa *stricto sensu* –, a ilicitude será sempre uma *ilicitude típica*.

IV. Ilicitude e injusto

São distintas as noções de *ilicitude* e de *injusto*. O primeiro termo significa a *contradição* entre a conduta e a norma que impõe um comando ou uma proibição; o segundo reflete o *desvalor* jurídico do fato praticado. A distinção conceitual entre tais fenômenos é relevante pois somente o injusto possui qualidade e quantidade, podendo ser diferençado qualitativa e quantitativamente. Já a ilicitude é sempre a mesma, não ensejando diferenciações materiais ou escalonamentos: um homicídio não é mais *ilícito* que uma lesão corporal; um homicídio doloso não é mais ilícito que um homicídio culposo, simplesmente porque não há graus de ilicitude. Sobre o tema, mais amplamente, TOLEDO (*Princípios básicos,* § 123, p. 119 e ss.).

A ação (ou a omissão) tida como *injusta* pode ser típica e ilícita, embora não culpável como ocorre em relação aos inimputáveis. (CP, arts. 26 e 27). Sobre a utilização de tais vocábulos, assim discorre LUZÓN PEÑA: "En Derecho penal moderno se vienen utilizando los adjetivos injusto(a) – por influencia del alemán *unrecht (e)* – como equivalentes a antijurídico (a) o ilícito (a), y no en el sentido de la teoría jurídica general, donde lo injusto como contrario a la justicia no coincide necesariamente con lo antijurídico. Por último, desde el finalismo se ha impuesto la utilización del término **'el (o lo) injusto'** (*das Unrecht*), no como calificativo de la acción, sino como sustantivo - o adjetivo sustantivado - equivalente a hecho antijurídico, y como tal, suscetible de graduación en su desvalor. Por eso también al tipo, que según las concepciones es indicio o descripción de una acción antijurídica, se lo denomina *tipo de injusto*" (*Lecciones,* Cap. 13, p.179) (Destaques do original).

No entanto, o mestre madrileno observa com muita propriedade: "Ciertamente que, en vez de la traducción literal de *das Unrecht* por el o lo injusto, se podía haber optado por una algo menos literal, también con un adjetivo sustantivado: **'el ilícito'**, que es equivalente a hecho antijurídico, prohibido o no autorizado, y que tiene la ventaja de utilizarse en otras ramas del Derecho,: el ilícito civil, administrativo, laboral, penal, etc., y de modo a no producir confusión con la justicia o injusticia de algo. Efectivamente, tal terminología es utilizada de modo minoritario (p.ej. por *Sancinetti*) en la literatura de lengua española Y REALMENTE ME PARECE PREFERIBLE A LA DE INJUSTO; pero vamos a manter ésta, dado lo absolutamente dominante que es su utilización" (*Lecciones*, loc. cit.) (Itálico e negrito do original; versais meus).

Considerando o largo emprego da palavra "ilicitude" na doutrina brasileira[53] e que, aliás, foi adotada pela PG/1984, será ela empregada preferencialmente em relação a "injusto", salvo quando o texto se referir a um *fim especial de agir*,[54] para além do dolo como elemento subjetivo do tipo.[55]

---

53 Por todos, PRADO, Luiz Regis. *Tratado de direito penal:* parte geral. São Paulo: Thomson Reuters/Revista dos Tribunais, vol. 2, 2014.

54 *Fim especial de agir:* v. § 27, n. IX (CP, art. 18).

55 V. § 27, *caput.*

V. O bem jurídico

O *princípio do bem jurídico* é refletido por diversas normas constitucionais (arts. 5º, 6º, 14, 144, 170 e ss.) e integra todo o sistema penal moderno, afeiçoado às exigências de um Estado Democrático de Direito com o objetivo de compor o repertório dos fatos ilícitos. Não é admissível a incriminação de condutas que não causem perigo ou dano aos bens corpóreos e incorpóreos inerentes aos indivíduos e à coletividade. Como acentuam ZAFFARONI--BATISTA, "a legislação penal não cria bens jurídicos; são eles criados pela Constituição, pelo direito internacional a ela incorporado e pelo resto da legislação (civil, comercial, administrativa etc.), com ela compatível. Nesses âmbitos, sim, é possível entrever bens jurídicos tutelados pelas respectivas normas que os criam e disciplinam. A lei penal pode, apenas, eventualmente, demarcar alguma ação que ofenda o bem jurídico de certo modo, porém sua natureza fragmentária não lhe faculta outorgar uma verdadeira tutela (toda e qualquer ofensa ao bem jurídico que não observe estritamente o modelo típico é indiferente para a lei penal). O Direito Penal recebe o bem jurídico *já tutelado* e a norma que se deduz do tipo não faz mais do que anunciar um castigo para certas formas bem demarcadas e isoladas de ofensa a ele, mesmo quando o faça por expressa obrigação constitucional. Essa obrigação determina a criminalização primária de algumas ações que afetam o bem jurídico, porém mesmo que a obrigação não existisse o bem jurídico continuaria existindo" (*Direito penal brasileiro,* II, 1, p. 216). (Itálico do original) Essa é a lição clássica como se pode verificar em M. E. MAYER: "La función del Derecho no es la de crear, sino la de reconocer intereses. Si se quiere saber cómo han surgido eses intereses, hay que acudir al estudio de la historia da la cultura, aunque no se debe olvidar que algunos intereses fundamentales pertenecen a la natureza del ser humano. El reconocimiento por el Estado significa, empero, tanto seleccionar – junto a los intereses reconocidos están los no reconocidos – como dar forma – junto al contenido y extensión reconocidos del interés se encuentran los no reconocidos –, y en último efecto, de ello se sigue la tutela. El Derecho crea un grupo de intereses jurídicamente tutelados. Y si en vez de intereses hablamos de bienes, cámbianos solamente la expresión (a través de una, modificación aquí insignificante): el Derecho eleva los bienes y bienes jurídicos, es tutela de bienes jurídicos" (*Derecho penal,* p. 26-27).

O nosso sistema jurídico está ancorado no modelo do crime como ofensa a bens jurídicos. No expressivo magistério de PRADO, "o pensamento jurídico moderno reconhece que o escopo imediato e primordial do Direito Penal reside na proteção dos bens jurídicos – essenciais ao indivíduo e à comunidade –, dentro do quadro axiológico constitucional ou decorrente da concepção de Estado de Direito democrático" (*Curso de direito penal*, p. 140).

A exigência de que o Direito Penal só deve proteger bens jurídicos tem desempenhado um importante papel nas discussões sobre a reforma do sistema penal alemão nas últimas décadas. Essa orientação teve como base a conclusão de que o Direito Penal deve assegurar determinados *bens* previamente reconhecidos como a vida (§§ 211 e ss.), a integridade corporal (§§ 223 e ss.), a honra (§§ 185 e ss.), a Administração da Justiça (§§ 153 e ss.) etc. Essa posição, observa ROXIN, se refletiu na exigência de uma substancial restrição da punibilidade, como a exclusão das "meras imoralidades de Derecho Penal e a exclusão das contravenções do âmbito do Direito Penal" (*Derecho penal,* I, p. 52-53).

Não se confundem as noções de bem jurídico e Interesse jurídico. São bens jurídicos "os valores ético-sociais que o direito seleciona, com o objetivo de assegurar a paz social, e coloca sob a sua proteção para que não sejam expostos a perigo de ataque ou a lesões efetivas" (TOLEDO, Princípios básicos, § 10, p. 16) (Itálicos do original). O interesse jurídico não é mais que o reflexo subjetivo do bem e revela a tendência ou a aspiração em vê-lo conservado (ANTOLISEI, *Manuale*, p. 160). Como ensina PRADO, "em um Estado Democrático e Social de Direito, a tutela penal não pode ser dissociada do bem jurídico, sendo legítima, sob a ótica constitucional, quando socialmente necessária" (*Bem jurídico-penal e Constituição*, p. 70).

A Constituição indica os mais variados tipos de bens jurídicos materiais, morais e espirituais, a começar pela vida humana. Há bens materiais, como a propriedade, bens morais como a honra e bens espirituais como a liberdade e o lazer. Os bens e os interesses jurídicos são fenômenos de estrutura dos tipos penais que irradiam das normas incriminadoras. Por exemplo: "matar alguém"; "ofender a integridade corporal ou a saúde de outrem"; "caluniar alguém [...]; "subtrair, para si ou para outrem, coisa alheia móvel"; "impedir ou perturbar enterro ou cerimônia funerária" (CP, arts. 121, 129, 138, 155, 209).

VI. Bem jurídico e objeto do crime

O crime lesiona (ofende) um bem jurídico. Pode-se afirmar que o objeto *jurídico* do crime de homicídio é a *vida* humana e que o objeto *jurídico* do delito de falsidade documental é a *fé pública*. Mas o objeto *material* do crime de morte é a pessoa humana e no falso é o documento público ou particular. O objeto do crime, portanto, é a pessoa ou a coisa sobre a qual recai a conduta do delinquente. Essa distinção é adotada sem restrições. "El objeto de la acción en el hurto es la cosa ajena sustraída, y el jurídico protegido, la propiedad y la posesión" (ROXIN, *Derecho penal*, p. 62-63).

Ambos os conceitos pertencem ao universo da norma penal e ao universo da realidade (ou da experiência). O bem jurídico é identificado pela via interpretativa e diz respeito à tutela da norma penal; o objeto da conduta (ou do fato) é referido pela ação típica. Como acentuam PRADO – CARVALHO – CARVALHO, nessa nova perspectiva, a distinção não consiste em pertencerem a mundos distintos (normativo e empírico), mas na função exercida: "O objeto da conduta exaure seu papel no plano *estrutural*, do tipo, é elemento do fato. Já o bem jurídico se evidencia no plano axiológico, isto é, representa o peculiar ente social de tutela normativa penal. Não são conceitos absolutamente independentes um do outro, mas que se inter-relacionam, numa mútua imbricação" (*Curso de direito penal brasileiro*, p. 218-219) (Itálicos do original).

VII. O princípio da insignificância jurídica

Há determinadas condutas que não caracterizam lesões significativas perante a ordem social e humana. Cf. a doutrina de ROXIN, esse grupo "es el relativo a la exclusión del tipo de las acciones insignificantes y socialmente toleradas de modo general. A este grupo pertenece el ejemplo antes mencionado del pequeño regalo de año nuevo al cartero, que por su adecuación social no debe subsumirse en el tipo del § 331 pese al estricto tenor literal de la ley; como tampoco deben considerarse punibles conforme al § 284 los juegos de azar con apuestas muy pequeñas; igualmente se excluyen de los tipos de injurias (§§ 185 ss.). Las expresiones denigrantes pronunciadas confidencialmente en el círculo familiar más íntimo; las transacciones arriesgadas, pero que se mantienen en el marco de una ordenada gestión de negocios, no se subsumen en la gestión desleal del § 266, etc. [...] Por consiguiente, la solución correcta se produce en cada caso mediante una interpretación restrictiva orientada hacia el bien jurídico protegido" (*Derecho penal*, § 10, p. 297). Essa via de orientação dogmática é preferível, segundo ROXIN ao recurso da *teoria da adequação social* embora esta persiga o mesmo objetivo. "Dicho procedimiento es preferible a la invocación indiferenciada a la adecuación social de esas acciones, pues evita el peligro de tomar decisiones siguiendo el mero sentimiento jurídico o incluso de declarar atípicos abusos generalmente extendidos" (ob. e loc. cit.).

O chamado *princípio da insignificância* decorre da concepção pragmática que se vislumbra cotidianamente nas pautas do Direito Criminal e do Direito Processual Penal.[56] Cf. RIBEIRO LOPES esse fenômeno surge na doutri-

---

56 Entre elas, a definição legal de *infrações penais de menor potencial ofensivo* categoria prevista na Carta Política de 1988 (art. 98, I) e institucionalizada com a Lei n. 9.099/1995.

na e na jurisprudência como uma "especial maneira de se exigir a composição do tipo penal, a ser preenchido, doravante, não apenas por aspectos formais, mas também, e essencialmente, por elementos objetivos que levem a percepção da utilidade e da justiça de imposição de pena criminal ao agente" (*Princípio da insignificância no direito penal*, p. 33-34).

O Código Penal soviético de 1960, introduzindo o princípio da anterioridade da lei penal no conceito material de delito (baseado na periculosidade social e política da conduta), declarou não ser delito a ação ou a omissão que, embora revestindo formalmente as características de um fato previsto na parte especial do Código, não oferece perigo social, dada sua *escassa significação* (art. 7º). O referido diploma atendeu às *Bases* da legislação penal aprovadas pelo Soviete Supremo da URSS, em 25.12.1958.

Na lição de VICO MAÑAS, o *princípio da insignificância* pode ser definido "como instrumento de interpretação restritiva, fundado na concepção material do tipo penal, por intermédio do qual é possível alcançar, pela via judicial e sem macular a segurança jurídica do pensamento sistemático, a proposição político-criminal da desnecessidade de descriminalização de condutas que, embora formalmente típicas, não atingem de forma socialmente relevante os bens jurídicos protegidos pelo direito penal" (*O princípio da insignificância,* p. 81).

O Supremo Tribunal Federal, em precedente relatado pelo Min. CELSO DE MELLO, já reconheceu esse aspecto relevante de Política Criminal, *verbis:* "O sistema jurídico há de considerar a relevantíssima circunstância de que a privação da liberdade e a restrição de direito do indivíduo somente se justificam quando estritamente necessárias à própria proteção das pessoas, da sociedade e de outros bens jurídicos que lhes sejam essenciais, notadamente naqueles casos em que os valores penalmente tutelados se exponham a dano, efetivo ou potencial, impregnado de significativa lesividade. O Direito Penal não se deve ocupar de condutas que produzam resultado, cujo desvalor – por não importar lesão significativa a bens jurídicos relevantes – não represente, por isso mesmo, prejuízo importante, seja ao titular do bem jurídico tutelado, seja à integridade da própria ordem social (2ª T., DJ 31.10.2007).

A doutrina e a jurisprudência têm se referido a determinados ilícitos penais de diminuto valor financeiro (pequeno furto ou dano, p.ex.) como *crime de bagatela*. Segundo orientação da Receita Federal não é punível como descaminho (CP, art. 334) o ingresso no território nacional de mercadoria adquirida no exterior de quantia não excedente a quinhentos dólares. Na verdade, trata-se de uma *descriminalização branca* que também pode levar em consideração, nos casos de crimes tributários (Lei n. 8.137/1990, art. 1º), a Portaria do Ministério da Fazenda n. 75, de 29.03.2012, que determina o não ajuizamento de execuções fiscais de débitos com a Fazenda Nacional, cujo valor consolidado seja igual ou inferior a R$ 20.000,00 (vinte mil reais). Esse parâmetro tem sido acolhido pelo STF, ressalvando apenas que, dependendo da conduta do agente, tal critério pode deixar de ser absoluto (HC 122.029, 2ª T. DJe 29.05.2014 e, inclusive para o delito de descaminho: HC 121.408/PR, 2ª T. Rel. Min. RICARDO LEWANDOWSKI (DJe 25.09.2014).

É preciso observar, porém, que embora penalmente insignificante e excluído da tipicidade criminal, o fato pode se subsumir a normas sancionatórias de outro ramo jurídico (administrativo, civil etc.).

Enquanto o princípio da *intervenção mínima* se vincula mais ao legislador, visando a reduzir o número dos tipos penais, o da *insignificância* se dirige ao juiz do caso concreto, quando o dano ou o perigo de dano são irrisórios. No primeiro caso é aplicada uma sanção extrapenal; no segundo caso, a ínfima afetação do bem jurídico dispensa qualquer tipo de punição. Pode-se falar então em intervenção mínima (da *lei* penal) e insignificância (do *bem* jurídico afetado).

VIII. Ilícito penal e ilícito civil

A distinção entre o ilícito penal e o ilícito civil, administrativo, disciplinar, tributário etc., é estabelecida pelo direito positivo. Em princípio, a resposta criminal é um dado que permite identificar a diferença entre as infrações de outra natureza, em face de sua maior e mais grave sanção que é a pena privativa de liberdade. Mas não é suficiente. Há exemplos típicos de ilícitos civis de maior repercussão financeira que a pena criminal de multa em casos de não cumprimento de obrigações contratuais.

Sob o plano puramente formal, pode-se dizer que enquanto o ilícito criminal é aquele a que se referem as sanções criminais, o ilícito civil é aquele a que se referem as sanções civis. As sanções civis podem visar não somente a uma coação direta (inutilizando o ato quanto às suas vantagens jurídicas, como é o caso das nulidades, ou visando a cumprir especificamente um dever jurídico (reintegração de posse, p.ex.) e também na coação indireta como ocorre com a indenização moral e/ou material. Na lição de CORREIA a indenização civil se distingue da pena, desde logo, quanto à sua finalidade: "pois enquanto aquela tem em vista *remediar patrimonialmente* os interesses próprios de certas pessoas, dando ao ofendido um valor equivalente ao dano patrimonial sofrido, ou compensando-o por forma idêntica de um dano moral, as sanções criminais têm por fim reprovar os crimes, prevenir a sua futura repetição e readaptar socialmente o criminoso" (*Direito criminal*, vol. I, p. 16) (Itálicos do original). As sanções civis se distinguem das criminais quanto à sua natureza jurídica: enquanto as primeiras são, via de regra, disponíveis, as criminais têm caráter público e normalmente indisponíveis.[57] Por outro lado, a modalidades de coação civil que podem acarretar a prisão, a exemplo do devedor de alimentos e a condenação criminal pelo abandono material (CP, art. 244).

O critério distintivo sobre a gravidade penal, ou seja, a criminal em relação à civil não é absoluto. Em primeiro lugar, porque há penas alternativas (substitutivas das privativas de liberdade) de menor densidade que certas condenações na instância cível. Ainda em sede de prejuízo há ilícitos civis com maior gravidade sancionatória que o penal. Um caso rotineiro possível é estelionato pela emissão de um cheque de R$ 50.000,00 (cinquenta mil reais) sem suficiente provisão de fundos em poder do sacado (CP, art. 171, § 6º) produz uma consequência muito menor para o infrator[58] que o prejuízo financeiro causado pela violação de uma cláusula contratual que obrigue a parte vencida a pagar a indenização de R$ 20.000,00 à parte vencedora.

IX. Ilícito penal e ilícito administrativo

a. *Direito administrativo sancionador*

O Direito Administrativo Sancionador é o ramo do Direito Administrativo que disciplina a aplicação das sanções respectivas. O pressuposto da sanção é a infração administrativa, cuja consumação é apurada em um processo específico. Portanto, o Direito Administrativo Sancionador dedica-se ao estudo dos princípios e regras incidentes sobre a infração, a sanção administrativa e o respectivo processo apuratório.

Tais princípios e regras emanam diretamente da Constituição Federal – em especial do art. 5º, dedicado aos direitos e deveres individuais e coletivos – e se espraiam por toda a legislação. O inciso II preceitua que ninguém será obrigado a fazer ou deixar de fazer alguma coisa senão em virtude de

---

57 As exceções ao caráter indisponível do Direito Criminal ocorrem com a ação penal de iniciativa privada, que permite a renúncia ao direito de queixa e o perdão do ofendido (CP, arts. 100, 104 e 105) (CP, art. 100) e as ações penais relativas às infrações de menor potencial ofensivo (Lei n. 9.099, de 26.09.1995), que permitem a conciliação e a transação (arts. 2º, 72 e ss.).

58 A pena mínima prevista para tal delito (um ano de reclusão) admite a suspensão do processo e a extinção da punibilidade, com a satisfação das condições estabelecidas (Lei n. 9.099/1995, art. 89, caput, §§ 1º-5º).

lei, consagrando o princípio da legalidade. O inciso XXXIX dispõe que não há crime sem lei anterior que o defina, nem pena sem previsão legal. O inciso XL prevê que a lei penal não retroagirá, salvo para beneficiar o réu, definindo o princípio da irretroatividade. O inciso XLV estabelece a pessoalidade da sanção ao determinar que nenhuma pena passará da pessoa do condenado. O inciso XLVI exige que a pena seja individualizada. O inciso LIII consagra o princípio do juiz natural dispondo que ninguém será processado nem sentenciado senão pela autoridade competente. Os incisos LIV e LV versam sobre o devido processo legal, o contraditório e a ampla defesa. E o inciso LVII diz que ninguém será considerado culpado até o trânsito em julgado da sentença penal condenatória, de onde deflui o princípio da presunção de inocência.

b. *A unidade do ius puniendi*

Como observa MELLO, muitos desses dispositivos "fazem referência a expressões próprias do Direito Penal ('crime', 'pena', 'lei penal') – o que não significa que os princípios jurídicos neles veiculados não se apliquem também no campo do Direito Administrativo sancionador" (*Princípios constitucionais de direito administrativo sancionador,* p. 104). As conexões entre as duas ciências são identificadas por outros juristas, a exemplo de NIETO: "O Direito Administrativo Sancionador toma de empréstimo os instrumentos que lhe proporciona o Direito Penal simplesmente porque lhes são úteis por causa de seu amadurecimento e de sua superioridade teórica [...] a potestade administrativa sancionadora, assim como a potestade penal dos juízes e tribunais, forma parte de um genérico '*ius puniendi*' do Estado, que é único ainda que logo se subdivida nestas duas manifestações" (*Derecho administrativo sancionador,* p. 85-86). Nesse sentido, a jurisprudência do STJ tem afirmado que: "à atividade sancionatória ou disciplinar da Administração Pública se aplicam os princípios, garantias e normas que regem o Processo Penal comum, em respeito aos valores de proteção e defesa das liberdades individuais e da dignidade da pessoa humana, que se plasmaram no campo daquela disciplina" (STJ, RMS 24.559/PR, Rel. Min. NAPOLEÃO NUNES MAIA FILHO, DJ 01.02.2010).

Portanto, os princípios e regras ditos de Direito Penal e que incidem sobre o Direito Administrativo Sancionador são, a rigor, normas comuns ao direito punitivo do Estado, que se manifesta sob essas duas formas (ZARDO, *Infrações e sanções,* p. 39).

Com muita propriedade científica, HUNGRIA sustenta, em artigo escrito quando era Desembargador do Tribunal de Apelação do Distrito Federal, que a ilicitude jurídica é uma só, do mesmo modo que um só, na sua essência, é o dever jurídico. Quando às normas penais o raciocínio não difere substancialmente porque se de um lado a pena criminal constitui um mal como consequência do crime, a sanção administrativa caracteriza um meio de intimidação ou coação psicológica na prevenção do ilícito. Segue-se, portanto, o desfecho: " Assim, não há falar-se de um ilícito administrativo ontologicamente distinto de um ilícito penal. A separação entre um e outro atende apenas a critérios de conveniência ou de oportunidade, afeiçoados à medida do interesse da sociedade e do Estado, variável no tempo e no espaço. Conforme acentua BELING,[59] a única diferença que pode ser reconhecida entre as duas espécies de ilicitude é de quantidade ou de grau; está na maior ou menor gravidade ou imoralidade de uma em cotejo com outra. O ilícito administrativo é um *minus* em relação ao ilícito penal". (Ilícito administrativo e ilícito penal. In: *RDA*, vol. 1, 1991, p. 15). Também PABLOS DE MOLINA pensa no mesmo sentido: "Toda tesis que trate de distinguir el injusto criminal del civil contraponiendo *lesión y peligro*, o peligro concreto y peligro abstracto o presunto está condenado al fracaso. Pues el criterio básico de la diferenciación entre ambos injustos no puede ser otro que el de la mayor o menor gravedad de la infracción, apreciada caso a caso, por el legislador histórico; y no el de la naturaleza abstracta o concreta del peligro para el bien jurídico, criterio este último que tanto la legislación penal como la administrativa desmienten" (*Derecho penal*, p. 57).

A mesma conclusão é exposta por PRADO ao mencionar "a unidade do ordenamento jurídico" e afirmar que entre crime e infração administrativa, "existem apenas diferenças quantitativas ou de grau, nunca de essência" (*Curso*, vol. 1, p. 77). Remanesce lúcida a doutrina de MANZINI, apesar do tempo: "per ciò che concerne l'essenza sull' *illiceità* giuridica, come la nozione di questa sia unica, poichè unico è l'ordine giuridico generale" (*Trattato*, p. 168) (Itálico do original).

É certo porém, que princípios e regras constitucionais relativas ao Direito Penal e ao Direito Processual Penal exercem obrigatória intervenção nos domínios da teoria e da prática do Direito Administrativo. Duas *vias preferenciais* para um caminho de harmônico funcionamento entre as duas ciências foram abertas com a declaração da lei fundamental acerca das garantias do devido processo legal, do contraditório e da ampla defesa, "em processo judicial ou administrativo" (art. 5º, incs. LIV e LV).

---

59 *Die lehre vom verbrechen,* 1906, p. 131.

X. Ilícito penal e outras modalidades

Além de modalidades tradicionais, contendo relações entre o Direito Penal e outras disciplinas jurídicas, a exemplo do Direito Constitucional, Direito Tributário, Direito Comercial, Direito Eleitoral, Direito do Trabalho, Direito Agrário, Direito Penal Internacional e Direito Internacional Penal, o desenvolvimento da sociedade dos tempos modernos estabeleceu conexões entre o Direito Criminal e outros ramos: p.ex., Direito Sanitário, Direito Ambiental, Direito do Consumidor, Direito Desportivo, Direito Disciplinar, Direito Menoril, Direito de Trânsito, também designado Direito de Circulação etc.

§ 8º ELEMENTOS DO CRIME (4)

I. A culpabilidade

Tradicionalmente a *culpabilidade* tem sido considerada pela doutrina nacional e estrangeira como o último elemento da definição analítica do delito e, como tal, integrante do fato típico e ilícito. Ao discordar dessa orientação, procuro demonstrar que a reprovabilidade da conduta humana é um dos elementos da pena, cf. a exposição feita por ocasião dos *Comentários* ao art. 19 deste Código (*infra*).

§ 9º A PUNIBILIDADE

I. Conceito

Como uma das condições para o exercício da ação penal (CPP, art. 43, II) a *punibilidade* pode ser definida como a possibilidade jurídica do Estado aplicar a sanção penal (pena ou medida de segurança) ao autor do crime. Poderia soar estranha a conclusão de que também os inimputáveis, como os referidos pelo art. 26 e parág. único do CP, estariam submetidos a uma forma especial de "punição", quando, ao reverso, devem ser objeto de medidas curativas (internamento em hospital de custódia e tratamento psiquiátrico, outro estabelecimento adequado ou ao tratamento ambulatorial). Mas, como se verá no verbete a seguir, as noções de *punibilidade* e de *pena* são distintas. Corolário desta afirmativa é a regra do parág. único do art. 96 do Código Penal: "Extinta a punibilidade, não se impõe medida de segurança nem subsiste a que tenha sido imposta".

II. A punibilidade como suposto elemento do crime

Para alguns escritores, a punibilidade seria um elemento componente do crime. Embora não incluída no fato material, a punibilidade integraria o próprio conceito de crime (BATAGLINI, *Teoria*, p. 228). Em tal sentido, ASÚA, afirmando que "*el delito es el acto típicamente antijurídico culpable, some-*

tido a veces a condiciones objetivas de penalidad, imputable a un hombre y sometido a una sanción penal" (*La ley y el delito*, p. 256). Esta, porém, não é a posição dominante como pondera BRUNO: "Definindo o crime, o que se procura determinar é qual o fato que deve ser considerado punível. Incluir nessa definição a punibilidade é cair, como já tem sido afirmado, em uma tautologia. A pena não é um momento constitutivo do atuar criminoso, é a sua consequência jurídica; uma consequência cujos pressupostos são precisamente os elementos do crime" (*Direito penal*, t. 1º, p. 290. Nota de rodapé). Cfe. TOLEDO, "a pena criminal, como sanção específica do Direito Penal, ou a possibilidade de sua aplicação, não pode ser *elemento constitutivo*, isto é, *estar dentro* do conceito do crime. Ao contrário, pressupõe a existência de um crime já aperfeiçoado" (*Princípios básicos*, § 95, p. 81). E reafirma: "[...] a punibilidade é efeito, consequência jurídica do crime, não um seu elemento constitutivo" (ob. cit., § 95, p. 82) (Itálicos meus).

Em conclusão: a punibilidade não é elemento do crime. E se a culpabilidade é o fundamento e o limite da pena, é óbvio que a culpabilidade não integra o delito que tem existência autônoma, com três elementos: conduta (ação ou omissão), tipicidade e ilicitude.[60]

Perante o sistema do Código Penal, distinguem-se perfeitamente as instituições do delito e da pena. Não somente porque estão regulados em setores diversos (Tit. II, DO CRIME; TIT. V, DAS PENAS), como também porque é possível a existência de crime sem a pena correspondente como ocorre nas hipóteses de inimputabilidade por doença mental, desenvolvimento mental incompleto ou retardado, menoridade e no caso de embriaguez completa, proveniente de caso fortuito ou força maior (CP, arts. 26, 27 e 28, § 1º).

III. Punibilidade e pena

Punibilidade e *pena* envolvem natureza e conceito muito distintos, constituindo erro primário unificar os institutos em uma concepção generalizadora como sugerem os vocábulos. A diferença resulta claríssima com a simples conclusão de que pode haver o ilícito sem aplicação da pena, como nas hipóteses dos arts. 121, § 5º; 129, § 8º; 140, § 1º; 181; 242, parág. único e 348, § 2º, do CP (escusas absolutórias), posto que a isenção da pena pressupõe a existência do ilícito, enquanto sem a punibilidade é logicamente inadmissível falar-se em crime (ou delito) e contravenção.

---

60 Sobre essa concepção tripartite de delito que defendo, v. *Conceito funcional*, § 2º, n. VI e também *A culpabilidade como elemento da pena*, § 30 (CP, art. 19).

§ 10. CONDIÇÕES OBJETIVAS DE PUNIBILIDADE

I. Conceito

"Las condiciones objetivas de punibilidad son circunstancias que se encuentran en relación inmediata con el hecho, pero que no pertenecen ni al tipo de injusto ni al de culpabilidad. Cuentan todas ellas entre los presupuestos materiales de la punibilidad, pero entre sí muestran importantes diferencias, y que algunas forman un proprio grupo específico mientras que otras se hallan próximas a los elementos del tipo. Pese a estas diferencias, todas se tratan con arreglo a mismo principio: en orden a la punibilidad únicamente importa el hecho de su concurrencia, no siendo necesario que el dolo ni la imprudencia se refieran a ellas" (JESCHECK, *Tratado*, vol. 2º, § 53, p. 763-764) (Destaques do original). Portanto, são independentes as noções de *punibilidade* e de *condição objetiva de punibilidade*. Esta é exterior à conduta típica, mas a lei a estabelece como inevitável para a punibilidade. Não existe crime antes que a condição objetiva de punibilidade se verifique. Antes dela não se pode falar em *crime condicional* ou *condicionado* e muito menos de *crime de punição condicionada*, como querem alguns autores italianos, porém um fato irrelevante para o Direito Penal. O fato somente se torna punível a partir do momento em que a condição se realiza (FRAGOSO, *Lições*, p. 267).

II. Inclusão sistemática

A condição objetiva de punibilidade geralmente é referida no preceito ou na sanção, podendo, no entanto, resultar de uma normal geral. Como exemplos podem ser referidos: *a)* o resultado morte ou lesão corporal, no induzimento, instigação ou auxílio ao suicídio (CP, art. 122); *b)* a sentença que decreta a falência, concede a recuperação judicial ou extrajudicial (Lei n. 11.101, de 9.2.2005, art. 180); *c)* a existência do prejuízo quanto ao crime de introdução ou abandono de animais em propriedade alheia (CP, art. 164); *d)* a ocorrência do perigo (concreto) à vida, à integridade física ou ao patrimônio de outrem, quanto ao incêndio e outros crimes de perigo comum (CP, arts. 250 e s.); *e)* a entrada do agente no território nacional para ser aplicada a lei brasileira quanto ao crime praticado no estrangeiro (CP, art. 7º, II, *b* c/c o § 2º, *a*).

III. Condições de punibilidade ou condições de processabilidade

O Supremo Tribunal Federal reconheceu, no *leading case* HC n. 81.611, relatado pelo Min. SEPÚLVEDA PERTENCE, em decisão publicada em 13.5.2005, que "enquanto dure, por iniciativa do contribuinte, o processo administrativo suspende o curso da prescrição da ação penal por crime contra a ordem tributária que dependa do lançamento definitivo." Esta decisão foi o marco do estabelecimento do *exaurimento da via administrativa* como *condição objetiva de punibilidade* nos crimes materiais (ou de resultado) contra a ordem tributária nacional. Atualmente, esta orientação, que não decorre de lei mas de doutrina e jurisprudência, é pacífica para os crimes materiais previstos na Lei n. 8.137, de 27.12.1990, sendo hesitante quanto a alguns dos demais ilícitos tributários existentes no ordenamento jurídico nacional. O STJ, seguindo a correta tendência emanada pelo STF, também entende que "o lançamento definitivo do crédito tributário é condição objetiva de punibilidade nos crimes contra a ordem tributária" (Ação Penal 449, Rel. Min. HUMBERTO DE BARROS, DJ 06.12.2007). A propósito a Súmula Vinculante do STF n. 24: *"Não se tipifica crime material contra a ordem tributária, previsto no art. 1º, incisos I a IV, da Lei 8.137/1990, antes do lançamento definitivo do tributo".*

Na opinião de PRADO, apesar da ampla aceitação da existência das condições objetivas de punibilidade, há autores que negam peremptoriamente a sua existência, sob fundamentos diversos, entre eles, o de que elas afrontam o princípio da culpabilidade, ou, então, não passam de elementos do tipo de ilícito ou de pressupostos processuais (*Curso,* vol. 1, p. 806). Argumenta-se com a falta de segurança em sua delimitação segundo variações da doutrina e da jurisprudência. Para TOLEDO, acolhendo ensinamento de TOURINHO FILHO, as "condições de punibilidade" são, na verdade, meras "condições de procedibilidade" (*Princípios básicos,* § 143, p. 158). Dentro dessa perspectiva pode-se indicar o art. 156, § 1º, do Código Penal, que trata do furto de coisa comum. A ação penal contra o condômino, coerdeiro ou sócio depende de representação. A mesma exigência está prevista no art. 182, se o crime contra o patrimônio é cometido em prejuízo: I – do cônjuge desquitado[61] ou judicialmente separado;[62] II – de irmão, legítimo ou ilegítimo; III – de tio ou sobrinho, com quem o agente coabita".

O conflito de opiniões acerca do conceito e da natureza jurídica dessa instituição não permite precisar a sua dimensão teórica e fixar a sua exata posição no contexto do sistema penal. Autorizada doutrina sustenta que em determinadas ocasiões é difícil a distinção entre as condições objetivas de punibilidade e as condições de procedibilidade (CEREZO MIR, *Derecho penal,* p. 1.156).[63]

---

61 Separação judicial: v. os arts. 1.571, III; 1.574-1.578 do CCiv.

62 O divórcio (CCiv., art. 1.571, IV; 1.579-1.582), extinguindo o vínculo judicial, elimina a *cláusula de imunidade* (relativa).

63 Para uma visão geral da legislação e da doutrina brasileiras acerca de tais condições, v. BARBOSA BITTAR, *As condições objetivas de punibilidade e as causas pessoais de exclusão da pena,* p. 61 e ss.

Apesar disso, há efeitos específicos no quadro dos delitos de punibilidade condicionada, a exemplo da prescrição que não começa a correr a partir do dia em que o delito se consumou (CP, art. 111, 1), mas sim, com o implemento da condição. No sentido do texto, o seguinte precedente do STF, relatado pelo Min. CELSO DE MELLO: "Tratando-se dos delitos contra a ordem tributária, tipificados no art. 1º da Lei n. 8.137/1990, a instauração da concernente persecução penal depende da existência de decisão definitiva, proferida em sede de procedimento administrativo, na qual se haja reconhecido a exigibilidade do crédito tributário ("*an debeatur*"), além de definido o respectivo valor ("*quantum debeatur*"), sob pena de, em inocorrendo essa condição objetiva de punibilidade, não se legitimar, por ausência de tipicidade penal, a válida formulação de denúncia pelo Ministério Público. Precedentes. – Enquanto não se constituir, definitivamente, em sede administrativa, o crédito tributário, não se terá por caracterizado, no plano da tipicidade penal, o crime contra a ordem tributária, tal como previsto no art. 1º da Lei n. 8.137/1990. Em consequência, e por ainda não se achar configurada a própria criminalidade da conduta do agente, sequer é lícito cogitar-se da fluência da prescrição penal, que somente se iniciará com a consumação do delito (CP, art. 111, I). Precedentes".[64]

§ 11. ESCUSAS ABSOLUTÓRIAS

I. Designações

Causas pessoais de exclusão de pena, causas especiais de isenção de pena, causas de não punibilidade em sentido estrito etc., são algumas das designações para o instituto que é mais divulgado sob a expressão escusas absolutórias, cujo fundamento assenta em orientação de Política Criminal. NOVOA MONREAL lembra que as mesmas se originaram como espécie de eximentes em uma época de conhecimento mais rudimentar acerca dos elementos do delito. Acreditava-se, então, que todas as escusas de responsabilidade poderiam ser reunidas em três grupos: *a)* causas de justificação; *b)* causas de inimputabilidade; *c)* escusas absolutórias. Ao comentar que tal classificação perdurou no Chile durante muitos anos (remanescendo, porém, alguns vestígios) menciona antiga frase de JIMÉNEZ DE ASÚA com a qual se harmonizaria perfeitamente aquela orientação: "En las causas de justificación no hay delito; en las de inimputabilidad no hay delincuente, y en las excusas absolutorias no hay pena" (*Curso*, t. I, p. 646).

---

64   HC 86.032, 2ª T. j. 04.09.2007, DJe 107, divulg. 12.06.2008, publ. 13.06.2008, *RTJ*, 00205-01, p. 00231.

II. Classificação

As escusas absolutórias admitem uma classificação conforme o tempo da prática do delito. Elas podem ser *preexistentes,* a exemplo do art. 181, incs. I e II, do Código Penal que declara a isenção de pena em crime patrimonial cometido em prejuízo de *cônjuge,* na constância da sociedade conjugal; de ascendente ou descendente, "*seja o parentesco legítimo ou ilegítimo, seja civil ou natural*";[65] *concomitante,* no caso da desistência voluntária dos atos de execução de um crime (CP, art. 15, 1ª parte) e *superveniente,* quando o agente impede, eficazmente, a produção do resultado danoso (CP, art. 15, 2ª parte) ou quando a testemunha se retrata do depoimento falso ou declara a verdade antes da sentença em que ocorreu o ilícito (CP, art. 342, § 2º).

É possível a ocorrência do erro em matéria de escusa absolutória. Cf. o magistério de CEREZO MIR, "puede darse el caso de que el sujeto desconozca la concurrencia de los presupuestos de una excusa absolutoria; por ejemplo el autor de un delito de hurto desconoce que el sujeto pasivo, con el que convive, es su hermano. Puede darse también el caso inverso, de que el sujeto crea erróneamente que concurren los presupuestos de una excusa absolutoria; por ejemplo el autor de un delito de hurto cree erróneamente que el sujeto pasivo, con el que convive, es su hermano" (*Derecho penal,* p. 1.162).[66] No primeiro exemplo e em nosso sistema legal (CP, art. 182, II) o autor do furto teria em seu favor o benefício de uma condição objetiva de punibilidade (ou processabilidade) porque a ação penal dependeria de representação do ofendido. Sem ela o fato não é punível. No segundo caso, e também perante o nosso ordenamento, o exercício do *jus puniendi* não é tolhido em face do erro ou da ignorância acerca de uma condição ou requisito favorável, porém, inexistente.

III. Condições negativas de punibilidade

É possível dizer que as escusas absolutórias são também condições de punibilidade do delito, porém, negativamente formuladas para excluir a punibilidade do crime em relação a determinadas pessoas, como sucede nas infrações previstas pelos arts. 1. Embora presentes os elementos constitutivos do delito isenta-se o réu de pena por razões de Política Criminal (uti-

---

65 V. CF, art. 227, § 6º, e CCiv., art. 1.596: igualdade em direitos e qualificação dos filhos, havidos ou não da relação de casamento ou por adoção.

66 Em função de tais exemplos, o mestre espanhol observa: "Falta una regulación legal del error sobre las excusas absolutórias" (ob. e loc. cit.).

lidade e conveniência), ou seja, são causas de impunidade *utilitatis causa* (PRADO, *Curso*, vol. 1, p. 811).

Um caso de imunidade pessoal ocorre no *favorecimento pessoal*,[67] se quem presta o auxílio é ascendente, descendente, cônjuge ou irmão do criminoso (CP, art. 348, § 2º). É elementar que essa escusa atende à imperiosa exigência de solidariedade, fenômeno que encontra a sua justificação ao se elevar a *dignidade da pessoa humana* a um dos fundamentos da República (art. 1º, III). Tratando-se de causa *personalíssima* de isenção de pena, os eventuais coautores ou partícipes do fato respondem pelo delito.

IV. Escusa absolutória e perdão judicial

Finalmente, é relevante salientar que não se confundem as escusas absolutórias, de reconhecimento obrigatório, com o *perdão judicial*, que têm caráter facultativo, segundo a previsão legal "o juiz *poderá* deixar de aplicar a pena" (CP, arts. 120, 121, § 5º; 129, § 8º; 242, parág. único). Na rotina forense, porém, essa decisão humanitária tem sido sistematicamente concedida quando provado o requisito de admissibilidade legal (CP, art. 107, § IX c/c os arts. 121, § 5º; 129, § 8º; 242, parág. único, etc.).

Sobre a natureza jurídica do *perdão judicial* a PG/1984 destacou-o como uma das causas de extinção de punibilidade (CP, art. 120). A melhor interpretação e que se ajusta à teleologia do instituto entende que a respectiva sentença é meramente declaratória. Efetivamente, não há condenação. O juiz reconhece a existência do ilícito, entretanto afasta a sanção, considerando-a desnecessária, senão inconveniente no caso concreto. A sentença não tem característica condenatória e nem sugere esse efeito. Ao contrário. No mesmo sentido, o artigo de BRUSSOLO PACHECO: "Ora, se não há a aplicação da sanção, fica-se na fase declaratória, não havendo qualquer condenação, posto que esta é efetivamente a imposição de pena, que não ocorre nas decisões que concedem perdão. Ademais disso, é caráter indefectível em qualquer sentença condenatória a sua exequibilidade, uma vez que essa decisão cria o título executório da pretensão provida" (*O perdão judicial no direito brasileiro*: natureza jurídica e consequências, *Justitia*, 116/157).

---

67 CP, art. 348. "Auxiliar a subtrair-se à ação de autoridade pública autor de crime a que é cominada pena de reclusão: Pena – detenção, de um a seis meses, e multa. § 1º Se ao crime não é cominada pena de reclusão: Pena – detenção, de quinze dias a três meses e multa".

§ 12. CAUSAS EXTINTIVAS DE PUNIBILIDADE

I. Conceito

As *causas extintivas de punibilidade* são atos ou fatos que impedem a aplicação da sanção penal. Algumas delas resultam de acontecimentos naturais como a morte; outras de fatos complexos como a passagem do tempo e a inércia do titular do direito (prescrição, decadência, renúncia e perempção); outras, ainda, decorrem da vontade do Estado (indulto, anistia, graça, perdão judicial), da vontade do ofendido (renúncia e perdão) ou da vontade do agente (retratação e ressarcimento do dano); algumas se relacionam exclusivamente a ilícitos de ação privada; algumas podem alcançar todos os crimes (morte) ou somente alguns deles (ressarcimento do dano no peculato culposo e o perdão do ofendido). Tais causas podem ocorrer após o fato, durante o processo ou depois da condenação. Algumas fazem desaparecer o próprio tipo legal de ilícito (lei nova retroativa); outras excluem a reprovabilidade do fato (anistia) e outras extinguem somente a pena (indulto), mantendo-se o caráter ilícito do fato para os demais efeitos jurídicos, como o dever de indenizar o dano (prescrição da ação penal).

Em face da diversidade dos motivos e dos critérios admitidos, o Código Penal não adota uma classificação sistemática ao estabelecer a sequência das múltiplas causas. Esta é a melhor orientação segundo a doutrina (BRUNO, *Direito penal*, t. 3º, p. 197).

As causas ora examinadas se distinguem das *causas de exclusão do crime*, posto que nestas a conduta humana é lícita, isto é, autorizada pelo Direito. Elas também são distintas das *causas de isenção de pena* que impedem a aplicação da sanção apesar de caracterizada a ilicitude da conduta.

A sua natureza jurídica é *mista* posto constituírem institutos de Direito Penal e de Direito Processual Penal, estando previstas e reguladas em ambos os códigos. Como é sabido, há institutos que têm *dupla face*, i.e., são previstos em ambos os diplomas e na Lei de Execução Penal (Lei n. 7.210/1984): suspensão condicional da pena, livramento condicional, ação, perdão, renúncia etc.

Há causas extintivas da punibilidade que não estão relacionadas no art. 107 do Código Penal, mas que defluem do sistema do próprio Código. Como exemplos pode-se mencionar: *a)* o cumprimento das condições do *sursis*, do livramento condicional (CP, arts. 82 e 90) e da suspensão do processo (Lei n. 9.099/1995, art. 89, § 5º); *b)* a desistência voluntária e o arrependimento eficaz quanto à punição da tentativa (CP, art. 15); *c)* a renúncia do direito de representação, exigível nos casos de ação penal pública condicionada (CP, arts. 130, § 2º; 145, parág. único; 182 e LJECC, art. 88); *d)* o ressarcimento do dano no peculato culposo (CP, art. 312, § 3º).

Também nas leis especiais estão previstas tais modalidades extintivas, fora, portanto, da relação do art. 107 do Código Penal, *verbi gratia*: *a)* a Lei n. 9.099, de 26.9.1995, ao instituir a suspensão condicional do processo, para as infrações em que a pena mínima cominada for igual ou inferior a 1 (um) ano (art. 89), estabeleceu, implicitamente, uma nova causa de extinção da punibilidade que se caracteriza pela satisfação das obrigações estabelecidas pelo juiz, cf. ocorre no livramento condicional e no *sursis*; *b)* o art. 95, *d,* da Lei n. 8.212, de 24.7.1991, foi revogado pela Lei n. 9.983, de 14.07.2000, que inseriu no Código Penal o art. 168-A (apropriação indébita previdenciária). E o art. 9º, da Lei n. 10.684, de 30.05.2003, dispõe sobre a extinção da punibilidade deste crime; *c)* o pagamento do tributo de modo integral ou parcelado igualmente constitui causa extintiva da punibilidade na legislação especial.

As causas extintivas da punibilidade podem se referir a um só dos agentes ou a todos eles. A morte, a graça e a retratação, são exemplos da primeira hipótese. No segundo caso, todos os responsáveis pelo fato (autores, coautores ou partícipes) são beneficiários da mesma causa. São exemplos: a anistia, o indulto coletivo, a retroatividade de lei descriminalizante, a renúncia do direito de queixa e o perdão aceito (nos crimes de ação privada).

*DIREITO COMPARADO
Código Penal espanhol. Título preliminar. De las garantías penales y de la aplicación de la Ley Penal. 1. (1). No será castigada ninguna acción ni omisión que no esté prevista como delito o falta por ley anterior a su perpetración. **2.** Las medidas de seguridad sólo podrán aplicarse cuando concurran los presupuestos establecidos previamente por la ley. **2. (1).** No será castigado ningún delito ni falta con pena que no se halle prevista por ley anterior a su perpetración. Carecerán, igualmente, de efecto retroactivo las leyes que establezcan medidas de seguridad. **(2).** No obstante, tendrán efecto retroactivo aquellas leyes penales que favorezcan al reo, aunque al entrar en vigor hubiera recaído sentencia firme y el sujeto estuviese cumpliendo condena. En caso de duda sobre la determinación de la ley más favorable, será oído el reo. Los hechos cometidos bajo la vigencia de una ley temporal serán juzgados, sin embargo, conforme a ella, salvo que se disponga expresamente lo contrario. **3. (1).** No podrá ejecutarse pena ni medida de seguridad sino en virtud de sentencia firme dictada por el Juez o Tribunal competente, de acuerdo con las leyes procesales. **(2).** Tampoco podrá ejecutarse pena ni medida de seguridad en otra forma que la prescrita por la ley y reglamentos que la desarrollan, ni con otras circunstancias o accidentes que los expresados en su texto. La ejecución de la pena o de la medida de seguridad se realizará bajo el control de los Jueces y Tribunales competentes. **4. (1).** Las leyes penales no se aplicarán a casos distintos de los comprendidos expresamente en ellas. **(2).** En el caso de que un Juez o Tribunal, en el ejercicio de su jurisdicción, tenga conocimiento de alguna acción u omisión que, sin estar penada por la ley, estime digna de represión, se abstendrá de todo procedimiento sobre ella y expondrá al Gobierno las razones que de asistan para creer que debiera ser objeto de sanción penal. **(3).** Del mismo modo acudirá al Gobierno exponiendo lo conveniente sobre la derogación o modificación del precepto o la concesión de indulto, sin perjuicio de ejecutar desde luego la sentencia, cuando de la rigurosa

aplicación de las disposiciones de la ley resulte penada una acción u omisión que, a juicio del Juez o Tribunal, no debiera serlo, o cuando la pena sea notablemente excesiva, atendidos el mal causado por la infracción y las circunstancias personales del reo. **(4)**. Si mediara petición de indulto, y el Juez o Tribunal hubiere apreciado en resolución fundada que por el cumplimiento de la pena puede resultar vulnerado el derecho a un proceso sin dilaciones indebidas, suspenderá la ejecución de la misma en tanto no se resuelva sobre la petición formulada. También podrá el Juez o Tribunal suspender la ejecución de la pena, mientras no se resuelva sobre el indulto cuando, de ser ejecutada la sentencia, la finalidad de éste pudiera resultar ilusoria. **5.** No hay pena sin dolo o imprudencia. **6. (1).** Las medidas de seguridad se fundamentan en la peligrosidad criminal del sujeto al que se impongan, exteriorizada en la comisión de un hecho previsto como delito. **(2).** Las medidas de seguridad no pueden resultar ni más gravosas ni de mayor duración que la pena abstractamente aplicable al hecho cometido, ni exceder el límite de lo necesario para prevenir la peligrosidad del autor. **7.** A los efectos de determinar la ley penal aplicable en el tiempo, los delitos y faltas se consideran cometidos en el momento en que el sujeto ejecuta la acción u omite el acto que estaba obligado a realizar. **8.** Los hechos susceptibles de ser calificados con arreglo a dos o más preceptos de este Código, y no comprendidos en los artículos 73 a 77, se castigarán observando las siguientes reglas: 1ª El precepto especial se aplicará con preferencia al general. 2ª El precepto subsidiario se aplicará sólo en defecto del principal, ya se declare expresamente dicha subsidiariedad, ya sea ésta tácitamente deducible. 3ª El precepto penal más amplio o complejo absorberá a los que castiguen las infracciones consumidas en aquél. 4ª En defecto de los criterios anteriores, el precepto penal más grave excluirá los que castiguen el hecho coa pena menor. **9.** Las disposiciones de este Título se aplicarán a los delitos y faltas que se hallen penados por leyes especiales. Las restantes disposiciones de este Código se aplicarán como supletorias en lo no previsto expresamente por aquéllas ••
Anteprojeto argentino > TÍTULO I PRINCIPIOS Y APLICACIÓN DE LA LEY PENAL. Art. 1 – Principios 1. *Principios constitucionales y de derecho internacional.* Las disposiciones del presente Código se interpretarán de conformidad con los principios constitucionales y de derecho internacional consagrados en tratados de igual jerarquía. 2. Se aplicarán con rigurosa observancia los siguientes principios, sin perjuicio de otros derivados de las normas supremas señaladas: **a)** *Legalidad estricta y responsabilidad.* Solo se considerarán delitos las acciones u omisiones expresa y estrictamente previstas como tales en una ley formal previa, realizadas con voluntad directa, salvo que también se prevea pena por imprudencia o negligencia. No se impondrá pena ni otra consecuencia penal del delito, diferente de las señaladas en ley previa. **b)** *Culpabilidad.* No habrá pena sin culpabilidad ni que exceda su medida. Para la determinación del delito y de la pena no se tomarán en cuenta el reproche de personalidad, juicios de peligrosidad ni otras circunstancias incompatibles con la dignidad y la autonomía de la persona. **c)** *Ofensividade.* No hay delito sin lesión o peligro efectivo para algún bien jurídico. **d)** *Humanidad, personalidad y proporcionalidad.* Se evitará o atenuará toda pena que por las circunstancias del caso concreto resultare inhumana, trascendiere gravemente a terceros inocentes o fuere notoriamente desproporcionada con la lesión y la culpabilidad por el hecho.

Relação de causalidade

Art. 13. *O resultado, de que depende a existência do crime, somente é imputável a quem lhe deu causa. Considera-se causa a ação ou omissão sem a qual o resultado não teria ocorrido.*

Superveniência de causa independente

§ 1º A superveniência de causa relativamente independente exclui a imputação quando, por si só, produziu o resultado; os fatos anteriores, entretanto, imputam-se a quem os praticou.

Relevância da omissão

§ 2º A omissão é penalmente relevante quando o omitente devia e podia agir para evitar o resultado. O dever de agir incumbe a quem:

a) tenha por lei obrigação de cuidado, proteção ou vigilância;

b) de outra forma, assumiu a responsabilidade de impedir o resultado;

c) com seu comportamento anterior, criou o risco da ocorrência do resultado.

* **DIREITO ANTERIOR**
CCrim. 1830: "Art. 2º. Julgar-se-ha crime ou delicto: § 1. Toda a acção ou omissão voluntaria contraria ás Leis penais". •• **CP 1890:** "Art. 2º A violação da lei penal consiste em acção ou omissão; constitui crime ou contravenção". •• **Projeto Alcântara Machado (1938):** Art. 9º O agente só responderá pelo evento que for efeito de sua ação ou omissão. § 1º Faltar à obrigação jurídica de impedir o evento equivale a causá-lo. § 2º O concurso de causa anterior, simultânea ou sobrevinda, que absolutamente não dependa do fato ou da vontade do agente e que este não possa prever, exclui a relação de causalidade entre a ação ou omissão e o evento; -respondendo nesse caso o agente pelos atos anteriores que constituam crime". •• **Anteprojeto Hungria (1963):** Art. 14. O resultado de que depende a existência do crime é imputável a quem lhe deu causa. Considera-se causa ação ou omissão sem a qual o resultado não teria ocorrido. § 1º A omissão é relevante como causa quando quem omite devia e podia agir para evitar o resultado, decorrente esse dever seja da lei, seja da relação contratual ou de perigosa situação de fato criada pelo próprio omitente, ainda que sem culpa. § 2º A superveniência de causa independente, ainda que relativamente tal, exclui a imputação quando, por si só, produziu o resultado; os fatos anteriores, entretanto, imputam-se a quem os praticou. •• **CP 1969. Art. 13.** Corresponde ao dispositivo vigente. § 1º Corresponde ao dispositivo vigente que, após a palavra "resultado", contém ponto e vírgula (;) em lugar de ponto (.). § 2º A omissão é relevante como causa quando o omitente devia e podia agir para evitar o resultado. O dever de agir incumbe a quem tenha por lei obrigação de cuidado, proteção ou vigilância; a quem, de outra forma, assumiu a responsabilidade de impedir o resultado; e a quem, com seu comportamento anterior, criou o risco de sua superveniência. •• **Anteprojeto Toledo (1981).** "Art. 13. O resultado, de que depende a existência do crime, somente é imputável a quem, por ação, o tenha causado ou, por

omissão, não o tenha impedido. § 1º Corresponde ao dispositivo vigente. § 2º Corresponde ao dispositivo vigente. *a)* idêntico ao dispositivo vigente; *b)* idêntico ao dispositivo vigente; *c)* com seu comportamento anterior, criou o risco de sua superveniência".

BIBLIOGRAFIA (ESPECIAL)

ABREU, Iduna Weinert. A teoria da ação finalista de Hans Welzel. *Revista de Informação Legislativa*, 51/1976 •• ALMEIDA, Felipe Lima de. *Causalidade e imputação no direito penal*. Rio de Janeiro: GZ, 2013 •• ARANDA, Enrique; CANCIO MELIÁ, Manuel. *Imputacion ¿objetiva?*: ¡normativa¡ del resultado ¡a la conducta¡ México: Flores Ed. y Distribuidor, 2013 •• AZZALI, Giampiero. *Contributo alla teoria della causalitá nel diritto penale*. Milano: Ed. Dott. Antonino Giuffré, 1954 •• BACIGALUPO, Enrique. *Delitos improprios de omision*. Buenos Aires: Pannedille, 1970 // Sobre a teoria da ação finalista e sua significação no direito penal. *RBCCrim*, 52/2005 •• BACILA, Carlos Roberto. *Teoria da imputação objetiva no direito penal*. Curitiba: Juruá, 2009 •• BADARÓ, Ramagem. *Causalidade, culpabilidade, nexo causal na doutrina penal*. Rio de Janeiro: J. Konfino, 1970 •• BASTOS, João José Caldeira. Crime de omissão de socorro: divergências interpretativas e observações críticas. *RBCCrim*, 34/2001 •• BENAVENTE CHORRES, Hesbert. *Imputacion objetiva en la omision impropia o comision*. México: Flores Ed. y Distribuidor, 2011 •• BOTTINI, Pierpaolo Cruz. *Crimes de perigo abstrato*. 3ª ed. São Paulo: Revista dos Tribunais, 2013 •• BRAGA JUNIOR, Américo. *Teoria da imputação objetiva*. Belo Horizonte: IUS Ed., 2010 •• BUSATO, Paulo César. *Fatos e mitos sobre a imputação objetiva*. Rio de Janeiro: Lumen Juris, 2008 •• CALLEGARI, André Luiz. *Teoria geral do delito e da imputação objetiva*. Porto Alegre: Livraria do Advogado, 2008 // *Imputação objetiva*. 2ª ed. Porto Alegre: Livraria do Advogado, 2004 •• CAMARGO, Antonio Luis Chaves. *Imputação objetiva e direito penal brasileiro*. São Paulo: Cultural Paulista, 2001 •• CANCIO MELIÁ, Manuel. Aproximação à teoria da imputação objetiva no direito penal. *RT*, 831/2005 // *Líneas básicas de la teoria de imputación objetiva*. Mendoza: Ediciones Jurídicas Cuyo, 2004 •• CAPEZ, Fernando. O que é a teoria da imputação objetiva? *Revista do MP*, 37/2010 •• CARDENAL MURILLO, Alfonso. *La responsabilidad por el resultado em derecho penal*. Madrid: EDERSA, 1990 •• CARRAZZA, Roque Antonio. Ação direta de inconstitucionalidade por omissão e mandado de injunção. *Justitia*, 55/1993 •• CASTALDO, Andrea. *La imputación objetiva en el delito culposo de resultado*. Buenos Aires: B de F, 2008 •• CEREZO MIR, José. Ontologismo e normativismo na teoria finalista. *Ciências Penais*, 0/2004 •• CHAMON JÚNIOR, Lúcio Antonio. *Imputação objetiva e risco no direito penal*: do funcionalismo à teoria discursiva do delito.

Belo Horizonte: Mandamentos, 2005 •• CONSTANTINO, Carlos Ernani. Teorias da causalidade e imputação objetiva no direito penal. *Revista Síntese*, 8/2001 •• CORCOY BIDASOLO, Mirentxu. *El delito imprudente, critérios de imputación de resultado*. Buenos Aires: Euros Editores, 2008 •• COSTA JÚNIOR, Heitor. Teorias acerca da omissão. *RT*, 587/1984 •• COSTA JÚNIOR, Paulo José da. *Nexo causal*. 2ª ed. São Paulo: Malheiros, 1996 •• DAMÁSIO DE JESUS, E. de. A doutrina brasileira e a teoria da imputação objetiva. *Justilex,* 21/2003 // Imputação objetiva e causa superveniente. *Revista Síntese*, 6/2001 // *Imputação objetiva*. São Paulo: Saraiva, 2000 // O consentimento do ofendido em face da teoria da imputação objetiva. *Boletim, 94/2000* // Teoria finalista da ação e teorias da culpabilidade no código penal de 1969. *Justitia*, 85/1974 •• D'AVILA, Fabio Roberto. *Ofensividade e crimes omissivos próprios*: contributo à compreensão do crime como ofensa ao bem jurídico. Coimbra: Coimbra Ed., 2005 // Direito penal e direito sancionador: sobre a identidade do direito penal em tempos de indiferença. *RBCCrim*, 60/2006 •• DARIVA, Paulo. *O delito de apropriação indébita previdenciária*: crime de omissão material? Porto Alegre: Livraria do Advogado, 2009 •• DIAS, Jorge de Figueiredo. *Crime preterintencional, causalidade adequada e questão-de-facto*. Coimbra: Ed. do Autor, 1971 •• FAYET, Fábio Agne. Da tentativa impossível e do erro sobre o nexo causal. *RBCCrim*, 72/2008 •• FEIJOÓ SANCHEZ, Bernardo. *Teoria da imputação objetiva*. Barueri (SP): Manole, 2003 •• FELICIANO, Guilherme Guimarães. Autoria e participação delitiva: da teoria do domínio do fato à teoria da imputação objetiva. *RT*, 839/2005 •• FERRAZ, Esther de Figueiredo. *Os delitos qualificados pelo resultado*: no regime do código penal de 1940. São Paulo: Revista dos Tribunais, 1948 •• FIALDINI, Filipe Schmidt Sarmento. Controvérsias ainda pendentes sobre a teoria da equivalência dos antecedentes. *RBCCrim*, 72/2008 •• FIERRO, Guillermo J. *Causalidad y imputacion*. Buenos Aires: Editorial Astrea, 2002 •• FIGUEIREDO DIAS, Jorge de. *Crime preterintencional, causalidade adequada e questão-de-facto*. Coimbra: Ed. do Autor, 1971 •• FLORENCE, Ruy Celso Barbosa. *Teoria da imputação objetiva*: sua aplicação aos delitos omissivos no Direito penal brasileiro. São Paulo: Ed. Pilares, 2010 •• FRAGOSO, Heleno. *Conduta punível*. São Paulo: José Bushatsky, Editor, 1961 •• FRANCISCO, Antonio de Oliveira. Mandado de injunção: da inconstitucionalidade por omissão, enfoques trabalhistas, jurisprudência. São Paulo: RT, 1993 •• FRONTINI, Paulo Salvador. *Crime econômico por meio da empresa*: relevância da omissão causal. *Revista de Direito Mercantil*, 41/1972 •• GALVÃO, Fernando. *Imputação objetiva*. 2ª ed. Belo Horizonte: Mandamentos, 2002 •• GIMBERNAT ORDEIG, Enrique. Causalidad, omisión e imprudência. *RBCCrim*, 17/1997 // Causalidad en la omision impropria y la llamada omision por C. Buenos

Aires: Rubinzal Culzoni, 2003 // *Delitos cualificados por el resultado y causalidad*. Madrid: Reus, 1966 // La distinción entre delitos proprios (puros) e delitos improprios de omisión (o de comissión por omisión). *RBCCrim*, 44/2003 •• GOMES, Luiz Flávio. *Teoria constitucionalista do delito e imputação objetiva*. São Paulo: RT, 2011 // A crítica de Frisch contra a teoria da imputação objetiva de Roxin. *Informativo Consulex*, 21/2007 •• GONZAGA, João Bernardino. *O crime de omissão de socorro*. São Paulo: Max Limonad, 1957 •• GONZALEZ LAGIER, Daniel. *Quaestio facti*: ensayos sobre prueba, causalidad y acción. México: Dibs Fontamara, 2013 •• GRECO, Alessandra Orcesi P. Vítima: consentimento e imputação objetiva. *Ciências Penais*, 1/2004 •• GRECO, Luís. *Um panorama da teoria de imputação objetiva*. 2ª ed. Rio de Janeiro: Lumen Juris, 2007 •• GUEDES, Fábio dos Santos. *A teoria da imputação objetiva e as prisões à luz do princípio da não culpabilidade*. Brasília: Imprima, 2009 •• HERZBERG, Rolf Dietrich. El delito comisivo doloso consumado como un delito cualificado respecto del delito omisivo, imprudente y en tentativa. *RBCCrim*, 52/2005 •• HUERTA FERRER, Antonio. *La relación de causalidad en la teoría del delito*. Madrid: Bosch, 1948 •• JAKOBS, Günther. *A imputação objetiva no direito penal*. 5ª ed. Barueri (SP): Manole, 2014 // *Autoria mediata e sobre o estado da omissão*. Barueri (SP): Manole, 2003 // *A imputação penal da ação e da omissão*. Barueri (SP): Manole, 2003 // *A imputação objetiva no direito penal*. Trad. André Callegari. São Paulo: Revista dos Tribunais, 2000 // *La imputación penal de la acción y de la omisión*. Bogotá: Universidad Externado de Colombia, 1996 •• JIMENEZ de ASÚA, Luis. *Tipicidad e interpretación de la Ley 11.210*: relación de causalidad y responsabilidad criminal. Buenos Aires: La Ley, 1940 •• KAUFMANN, Armin. *Dogmática de los delitos de omisión*. Madrid: Marcial Pons, 2006 •• LACRUZ LÓPEZ, Juan Manuel. *No centenário da publicação de Der handlungsbegriff in seiner bedetung für das strafrechtsssystem de gustav radbruch*: ruptura da teoria jurídica do delito?. *Ciências Penais*, 3/2005 •• LIMA, Marcellus Polastri. Teoria da imputação objetiva e instauração da ação penal. *Revista Magister*, 11/2006 •• LISZT, Franz von. *La idea del fin en el derecho penal*. Bogotá: Ed. Temis, 1998 •• LOPES, Othon de Azevedo. Os fundamentos filosóficos e e metodológicos da teoria finalista da ação. *RBCCrim*, 44/2003 •• LUNA, Everardo da Cunha. *O resultado, no direito penal*. Recife: Ed. do Autor, 1959 // Teoria finalista da ação. *Revista Forense*, 266/1979 •• MACIEL, Adhemar Ferreira. Mandado de injunção e inconstitucionalidade por omissão. *Revista de Direito Público*, 43/1989 •• MALHEIROS FILHO, Arnaldo. Omissão de rendimentos presumidos. *RBCCrim,* 15/1996 •• MARQUES, Ildefonso. *O crime de omissão de socorro*. Curitiba: Ed. do Autor, 1952 •• MASCARENHAS JUNIOR, Walter A. *Aspectos gerais do risco na imputação ob-*

jetiva. Porto Alegre: Nuria Fabris, 2008 •• MASI, Carlo Velho. A teoria da imputação objetiva e sua influência na moderna dogmática jurídico penal. *Revista Magister*, 12/2011 •• MAYRINK DA COSTA, Alvaro. Reflexões sobre a imputação objetiva. *Revista da EMERJ*, 22/2003 •• MIR PUIG, Santiago. Significado e alcance da imputação objetiva em direito penal. Trad. Ricardo Breier. *RBCCrim*, 56/2005 •• MODESTO, Paulo Eduardo Garrido. Inconstitucionalidade por omissão: categoria jurídica e ação constitucional específica. *Revista de Direito Público*, 99/1991 •• MONIZ, Helena. Aspectos do resultado no direito penal. *RBCCrim*, 57/2005 •• MOORE, Michael. *Causalidad y responsabilidad*. Madrid: Marcial Pons, 2011 •• MATOS, Everardo Mota e. Causalidade e imputação objetiva. *Revista Síntese*, 13/2002 •• MUNHOZ, LAERTES M. *Da causalidade subjetiva no código penal brasileiro*. São Paulo: Revista dos Tribunais, 1943 •• MUNHOZ NETTO, Alcides. *Os crimes omissivos no Brasil*: comunicação ao XIII Congresso Internacional de Direito Penal. Cairo, 1984. Curitiba: UFPR, 1983 •• NOVOA MONREAL, Eduardo. *Fundamentos de los delitos de omisión*. Buenos Aires: Depalma, 1984 // Causalismo y finalismo en derecho penal. 2ª ed. Bogotá: Ed. Temis, 1982 •• OLIVEIRA, Marcondes Pereira de. *Imputação objetiva e causalidade penal*. Curitiba: Juruá, 2014 •• OLIVEIRA, Marcos Granero Soares de. *Do crime de omissão de socorro*. São Paulo: Ícone, 2010 •• ORELLANA VIARCO, Octavio Alberto. *Teoria del delito*: sistema causalista, finalista e funcional. México: Editorial Porrúa, 2009 •• PASCHOAL, Janaina Conceição. *Ingerência indevida*: os crimes comissivos por omissão e o controle pela punição do não fazer. Porto Alegre: Sergio Antonio Fabris, 2011 •• PAVONI VASCONCELOS, Francisco. *La causalidad en el delito*. México: Editorial Porrúa, 2013 •• PÉREZ BARBERÁ, Gabriel. Causalidad y determinación: el problema del presupuesto ontológico en ámbitos estadísticos o probabilísticos. *RBCCrim*, 60/2006 •• PERIAS, Osmar Rentz. *Omissão de socorro*. Leme (SP): CL EDIJUR, 2001 •• PIRES, Eduardo Rockenbach. A teoria da imputação objetiva e o novo direito penal. *Revista Consulex*, 141/2002 •• PRADO, Luiz Regis; CARVALHO, Érika Mendes de. *Teorias da imputação objetiva do resultado*: uma aproximação crítica a seus fundamentos. 2ª ed. São Paulo: Revista dos Tribunais, 2006 // A imputação objetiva no direito penal brasileiro. *Ciências Penais*, 3/2005 // Teoria da imputação objetiva do resultado. *RT*, 798/2002 •• PRADO, Luiz Régis; DOTTI, René Ariel; LUISI, Luiz (et alii). *Responsabilidade penal da pessoa jurídica*: em defesa do princípio da imputação penal subjetiva. 3ª ed. Coordenação Luiz Regis Prado e René Ariel Dotti. São Paulo: Revista dos Tribunais, 2011. •• PRAZAK, Mauricio. *Imputação objetiva*. São Paulo: Ed. Juarez de Oliveira, 2009 •• QUEIROZ, Paulo. A teoria da imputação objetiva. *Boletim*, 103/2001 •• REALE JÚNIOR, Miguel Os crimes omissivos no Brasil, em RDPC, n. 33 // Superveniência de causa independente. *RBCCrim*, 67/2007 •• *Responsabilidade penal da pessoa jurídica e medidas provisórias e direito penal*. Luiz Flávio Gomes (Coord.). São Paulo: Revista dos Tribunais, 1999 •• REATEGUI SANCHEZ, Javier. *La omision impropria em el derecho penal*. Lima: Jurista Ed., 2009 •• ROCHA, Fernando A. Galvão da. *Imputação objetiva*. Belo Horizonte: Mandamentos, 2000 // Imputação objetiva nos delitos omissivos. *RBCCrim*, 33/2001 •• RODRIGUES, Eduardo Silveira Melo. A relevância causal da omissão. *RBCCrim*, 14/1996 •• RODRIGUES, Marta Felino. *A teoria penal da omissão e a revisão crítica de Jakobs*. Lisboa: Almedina, 2000 •• ROMEO-CASABONA, Carlo María. Limites de los delitos de comisión por omisión. *RBCCrim*, 7/ 1994 •• ROXIN, Claus. *La imputación objetiva en el derecho penal*. Alvarado (Peru): Ed. Jurídica Grijley, 2013 // A teoria da Imputação objetiva. *RBCCrim*, 38/2002 •• SAAD-DINIZ, Eduardo. Omissão de socorro nos hospitais privados: porque você é pobre deve morrer mais cedo. *Boletim,* 236/2012 •• SANTORO FILHO, Antonio Carlos. *Teoria da imputação objetiva*. São Paulo: Malheiros, 2007 •• SILVA, Daniele Souza de Andrade e. Relação de causalidade e imputação objetiva do resultado. *RBCCrim*, 43/2003 •• SILVA, José Carlos. Teoria finalística da ação. *Revista da OAB Brasil*, 72/2001 •• SILVA JUNIOR, Délio Lins e. *Imputação objetiva e a conduta da vítima*. Curitiba: Juruá, 2008 •• SILVA SÁNCHEZ, Jesús Maria. *El delito de omision*: concepto y sistema. Buenos Aires: B de F, 2006 •• SIQUEIRA, Geraldo Batista. Teoria finalista da ação. *Revista Síntese*, 3/2003 •• SOLIS RODRIGUEZ, Javier. *Analisis dogmático de la omision imprópria en la legislación penal mexicana*. México: Editorial Porrúa, 2012 •• SOUZA, Luyla Cavalcanti de. O nexo de aumento de risco da imputação objetiva. *RBCCrim*, 66/ 2007 •• STIVANELLO, Gilbert Uzeda. Teoria da imputação objetiva. *Revista CEJ*, 22/2003 •• TAVARES, Juarez. *As controvérsias em torno dos crimes omissivos.* Rio de Janeiro: Instituto Latino-Americano de Cooperação Penal, 1996 // Alguns aspectos da estrutura dos crimes omissivos. *RBCCrim*, 15/1996 •• VASCONCELOS, Vinícius Gomes de. Nexo de causalidade e imputação objetiva. *Revista Magister*, 55/2013 // Breves apontamentos acerca dos aportes de Günther Jakobs à teoria da imputação objetiva. *Revista Síntese*, 82/2013 •• VIDAL, Hélvio Simões. *Causalidade científica no direito penal*. Belo Horizonte: Mandamentos, 2004 •• VILANOVA, Lourival. *Causalidade e relação no direito*. 4ª ed. São Paulo RT, 2000 •• WAMBIER, Luiz Rodrigues. Ação direta de inconstitucionalidade por omissão, na constituição federal e nas constituições dos estados-membros. *Revista de Processo*, 75/1992 •• WELZEL, Hans. *La teoría de la acción finalista*. Buenos Aires: Editorial Depalma, 1951.

BIBLIOGRAFIA (GERAL)

ABBAGNANO, Nicola. *Dicionário de filosofia*. São Paulo: Ed. Mestre Jou, 1970
•• ANTOLISEI, Francesco. *Manuale di diritto penale*: parte generale. 3ª ed. Milano: Dott. A. Giuffré, 1994 •• ASÚA, Luís Jiménez de. *Tratado de derecho penal*. 3ª ed. Buenos Aires: Editorial Losada S/A, 1964. t. III // *La ley y el delito*. Caracas: Editorial "Andrés Bello", 1945 •• BASILEU GARCIA. *Instituições de direito penal*. 4ª ed. São Paulo: Max Limonad, 1959. vol. I, t. I •• BENTO DE FARIA, Antonio de. *Annotações theorico-praticas ao codigo penal do Brazil*. Rio de Janeiro: Francisco Alves e Cia., 1913 // *Código penal brasileiro (comentado)*. Rio de Janeiro: Distribuidora Récord Ed., 1958. vol. 2 •• BETTIOL, Giuseppe. *Diritto penale*: parte generale. 11ª ed. Padova: CEDAM, 1982 •• BITENCOURT, Cezar Roberto. *Tratado de direito penal*: parte geral. 19ª ed. São Paulo: Saraiva, 2013 •• BOCKELMANN, Paul; VOLK, Klaus. *Direito penal*: parte geral. Belo Horizonte: Del Rey, 2007 •• BRUNO, Aníbal. *Direito penal*: parte geral. 3ª ed. Rio de Janeiro: Forense, 1967. t. 1 •• BUSATO, Paulo César. *Direito Penal*: parte geral. São Paulo: Atlas, 2013. vol. 1 •• CARRANCA Y TRUJILLO, Raul. *Derecho penal mexicano*: parte general. México: Ed. Porrúa, 1970. t. I •• CASTALDO, Andrea Raffaele. *La imputación objetiva en el delito culposo de resultado*. Buenos Aires: Julio César Faira Ed., 2008 •• CEREZO MIR, José. *Derecho penal*: parte general. São Paulo: Revista dos Tribunais; Lima (PE): ARA Ed., 2007 •• CIRINO DOS SANTOS, Juarez. *Direito penal*: parte geral. 3ª ed. Curitiba: ICPC; Lumen Juris, 2008 •• CORREIA, Eduardo. *Direito Criminal*. Colaboração de Figueiredo Dias. Coimbra: Livraria Almedina, 2004. vol. I e II •• COBO DEL ROSAL, M.; VIVES ANTÓN, T. S. *Derecho penal*: parte general. Valencia: Universidad de Valencia, 1984 •• COSTA E SILVA, Antônio José da. *Código penal*. São Paulo: Companhia Editora Nacional, 1943. vol. 1 •• COSTA JR., Paulo José. *Código penal comentado*. 8ª ed. São Paulo: DPJ Editora, 2005 •• CUNHA LUNA. *Estrutura jurídica do crime*. 2ª ed. Recife, 1968 •• DAMÁSIO DE JESUS. *Direito penal*: parte geral. 35ª ed. São Paulo: Saraiva, 2014. vol. 1 // *Imputação objetiva*. São Paulo: Saraiva, 2000 •• DELMANTO, Celso (et. alii). *Código penal comentado*. 8ª ed. São Paulo: Saraiva, 2010 •• DOTTI, René Ariel. *Curso de direito penal*: parte geral. 5ª ed. Colaboração de Alexandre Knopfholz e Gustavo Britta Scandelari. São Paulo: Thomson Reuters/Revista dos Tribunais, 2013 •• FERRI, Enrico. *Principii di Diritto Criminale*: delinquente e delitto. Torino: UTET, 1928 // *Princípios de Direito Criminal*: o criminoso e o crime. São Paulo: Livraria Acadêmica, 1931 •• FEUERBACH, Paul Johann Anselm Ritter von. *Tratado de derecho penal*. Trad. da 14ª ed. alerman por Eugenio Raúl Zaffaroni e Irma Hagemeier. Buenos Aires: Hammurabi, 2007 •• FIANDACA, Giovanni; MUESCO, Enzo. *Diritto penale*: par-

te generale. 2ª ed. Bologna: Zanichelli, 1994 •• FIGUEIREDO DIAS, Jorge de. *Direito penal*: parte geral, questões fundamentais, a doutrina geral do crime. 2ª ed. Coimbra: Coimbra Editora; São Paulo: Revista dos Tribunais, 2007. t. I •• FRAGOSO, Heleno Cláudio. *Lições de direito penal*: parte geral. 17ª ed. Atualização de Fernando Fragoso. Rio de Janeiro: Forense, 2006 •• GOMES, Luiz Flávio. *Direito penal*: parte geral. 3ª ed. São Paulo: Editora Revista dos Tribunais/LFG-Rede de Ensino Luiz Flávio Gomes, 2006 •• GRECO, Rogério. *Curso de direito penal*: parte geral. 15ª ed. Niterói: Impetus, 2013 •• HOUAISS, Antônio. *Dicionário da língua portuguesa*. Rio de Janeiro: Objetiva, 2009 •• HUNGRIA, Nélson. *Comentários ao código penal*. 4ª ed. Rio de Janeiro: Forense, 1958. vol. I, t. I •• ISAACS, Alan; MARTIN, Elisabeth (org.). *Dicionário de música*. Trad. Álvaro Cabral. Rio de Janeiro: Zahar Editores, 1985 •• JAKOBS, Günther. *Derecho penal*: parte general, fundamentos y Teoria de la Imputación. Trad. Joaquin Cuello Contreras, José Luis Serrano Gozalez de Murillo. Madrid: Marcial Pons, 1995 •• JESCHECK, Hans-Heinrich. *Tratado de derecho penal*: parte general. Barcelona: Bosch, Casa Editorial S.A, 1981. vol. 1 •• J.F. MARQUES. *Tratado de direito penal*. 2ª ed. São Paulo: Saraiva, 1965. vol. 2 •• LEONARDO LOPES, Jair. *Curso de direito penal*: parte geral. 2ª ed. São Paulo: Revista dos Tribunais, 1996 •• LISZT, Franz von. *Tratado de direito penal allemão*. Trad. e prefácio José Hygino Duarte Pereira. Rio de Janeiro: F. Briguiet & Cia-Editores, 1899. t. I •• LUZÓN PEÑA, Diego-Manuel. *Lecciones de derecho penal*: parte general. 2ª ed. Valencia(ES): Tirant lo Blanch, 2012 •• MAGALHÃES NORONHA, Edgard. *Direito penal*. 3ª ed. São Paulo: Saraiva, 1965. vol. 1 •• MAIA GONÇALVES, M. *Código penal português*. 8ª ed. Coimbra: Livraria Almedina, 1995 •• MANZINI, Vincenzo. *Tratado de derecho penal*: teorias generales. Trad. Santiago Sentís Melendo. Buenos Aires: EDIAR, 1948. vol. II // *Trattato di diritto penale italiano*. 4ª ed. A cura del prof. Gian Domenico Pisapia. Torino: UTET, 1961. vol. 1 •• MANTOVANI, Ferrando. *Diritto penale*. 4ª ed. Padova: CEDAM, 2001 // *Principi di Diritto Penale*. Padova: CEDAM, 2002 •• MARINUCCI, Giorgio; DOLCINI, Emilio. *Corso di diritto penale*. 2ª ed. Milano: Giuffrè Editore, 1999 •• MAURACH, Reinhart. *Tratado de derecho penal*. Trad. e notas Juan Cordoba Roda. Barcelona: Ediciones Ariel, 1962. t. I e II •• MAURACH, Reinhardt; ZIPF, Heinz. *Derecho penal*: parte general. Trad. 7ª ed. alemã por Jorge Bofill Genzsch e Enrique Aimone Gibson. Buenos Aires: Ed. Astrea de Alfredo y Ricardo Depalma, 1994. t.1 e 2 •• MAYER, Max Ernst. *Derecho penal*: parte general. Trad. de Sergio Politoff Lifschitz, rev. geral e prólogo José Luis Guzmán Dalbora, ed. alemã de 1915. Buenos Aires: Julio César Faira Ed., 2007 •• MESTIERI, João. *Manual de direito penal*: parte geral. Rio de Janeiro: Forense, 2002 •• MEZGER, Edmundo. *Tratado de Derecho penal*. Trad. de José Arturo Rodríguez

Muñoz. Madrid (ES): Ed. Revista de Derecho Privado, 1955. t. I •• MAYRINK DA COSTA, Álvaro. *Direito penal*: parte geral. 8ª ed. Rio de Janeiro: Forense, 2009. vol. 1 •• MIR PUIG, Santiago. *Derecho penal*: parte general. 9ª ed. Buenos Aires: B de F, 2012 •• MIRABETE, Julio Fabbrini; FABRINNI, Renato N. *Manual de direito penal*: parte geral. 30ª ed. São Paulo: Atlas, 2014 •• MUÑOZ CONDE, Francisco. *Introducción al derecho penal*. Buenos Aires: Julio César Faira Ed., 2007 •• MUÑOZ CONDE, Francisco; GARCÍA ARÁN, Mercedes. *Derecho penal*: parte general. 5ª ed. Valencia: Tirant lo Blanch, 2002 •• NOVOA MONREAL, Eduardo. *La evolución del derecho penal en el presente siglo*. Caracas: Editorial Juridica Venezoelana, 1977 // *Curso de derecho penal chileno:* parte general. 2ª ed. Santiago: Editorial Juridica Ediar-Cono Sur Ltda, 1985. t. 1 •• NUCCI, Guilherme de Souza. *Código penal comentado*. 13ª ed. São Paulo: Thomson Reuters/Revista dos Tribunais, 2013 •• NUÑEZ, Ricardo C. *Manual de derecho penal*: parte general. 3ª ed. Cordoba: Marcos Lerner Editora Cordoba, 1982 •• PIERANGELLI, José Henrique. *Código penal*: comentado artigo por artigo. São Paulo: Verbatim, 2013 •• PINTO, Cesar. *A divina música ao alcance de todos*. 2ª ed. Rio de Janeiro: Livraria Freitas Bastos S.A., 1954 •• POLITOFF, Sergio L.; PIERRE MATUS, A. Jean; RAMIREZ G., Maria Cecilia. *Lecciones de derecho penal chileno*: parte general. 2ª ed. Santiago: Editorial Juridica de Chile, 2008 •• PRADO, Luiz Regis. *Tratado de direito penal*: parte geral. São Paulo: Thomson Reuters/Revista dos Tribunais, 2014. vol. 2 // *Curso de direito penal brasileiro*. 13ª ed. Coautoria. São Paulo: Thomson Reuters/Revista dos Tribunais, 2014 •• PUIG PEÑA, Federico. *Derecho penal*: parte general. 6ª ed. Madrid: Editorial Revista de Derecho Privado, 1969 •• QUINTERO OLIVARES, Gonzalo. *Parte general del derecho penal*. 4ª ed. Colaboración de Fermín Morales Prats. Pamplona: Thomson Reuters, 2010 •• REALE JÚNIOR, Miguel. *Instituições de Direito penal*: parte geral. 3ª ed. Rio de Janeiro: Forense, 2009 •• RODRIGUEZ DEVESA, José Maria; SERRANO GOMEZ, Alfonso. *Derecho penal español*: parte general. 15ª ed. Madrid: Dykinson, 1992 •• ROXIN, Claus. *Novos estudos de direito penal*. Alaor Leite (Org.). Trad. Luís Greco [et alii]. São Paulo: Marcial Pons, 2014 •• SILVA FRANCO, Alberto. *Código penal e sua interpretação:* doutrina e jurisprudência. 8ª ed. Coordenadores: Alberto Silva Franco e Rui Stoco. São Paulo: Editora Revista dos Tribunais, 2007 •• ROXIN, Claus. *Derecho penal*: parte general. Trad. 2ª ed. aleman Diego-Manuel Luzón Peña (et alii). Madrid: Civitas Ediciones, 2003 •• SOLER, Sebastian. *Derecho penal argentino*. Buenos Aires: Tipografia Editora Argentina, 1970 •• SOUZA E BRITO, José de. A lei penal na Constituição, em *Estudos sobre a Constituição*. Lisboa: Livraria Petrony, 1978. vol. 2 •• SOUZA & JAPIASSÚ. *Curso de direito penal*: parte geral. Rio de Janeiro: Elsevier, 2012 •• STRATENWERTH, Günther. *Derecho pe-*

nal: parte general I; El hecho punible. 4ª ed. Trad. Manuel Cancio Meliá y Marcelo Sancinetti. Buenos Aires: Hammurabi, 2005 •• TAVARES, Juarez. *Teorias do delito*: variações e tendências. São Paulo: Revista dos Tribunais, 1980 // *Teoria do injusto penal*. Belo Horizonte: Del Rey, 2000 •• TOLEDO, Francisco de Assis. *Princípios básicos de direito penal*. 5ª ed. São Paulo: Saraiva, 2002 •• VILLALOBOS, Ignacio. Derecho penal mexicano. México: Ed. Porrúa, 1975 •• VON WEBER, Hellmuth. *Lineamentos del derecho penal aleman*. 2ª ed. Buenos Aires, 2008 •• WELZEL, Hans. *Derecho penal aleman: parte general*. 11ª ed. aleman; trad. castellana, 4ª ed., de Juan Bustos Ramírez e Sergio Yáñez Pérez. Santiago de Chile: Editorial Juridica de Chile, 1997 •• WESSELS, Johannes. *Direito penal*: parte geral (aspectos fundamentais). Trad. do alemão e notas de Juarez Tavares. Porto Alegre: Sérgio Antonio Fabris Editor, 1976 •• ZAFFARONI, Eugenio Raul; ALAGIA, Alejandro; SLOKAR, Alejandro. *Derecho penal*: parte general. 2ª ed. Buenos Aires: EDIAR, 2014 •• ZAFFARONI-BATISTA: ZAFFARONI, Eugenio Raúl; BATISTA, Nilo; ALAGIA, Alejandro; SLOKAR, Alejandro. *Direito penal brasileiro*. Rio de Janeiro: Revan, 2010. vol. II, I •• ZAFFARONI, Eugenio Raúl; PIERANGELI, José Henrique. *Manual de direito penal brasileiro*: parte geral. 7ª ed. São Paulo: Revista dos Tribunais, 2007. vol. 1 ••

§ 13. CAUSALIDADE FACTUAL E JURÍDICA

I. Precisão terminológica

O Código Penal utiliza o substantivo *resultado* ou o tempo verbal *resulta* em vários dispositivos, tanto da Parte Geral como da Parte Especial: arts. 4º; 6º; 13, *caput* e parágrafos; 18, I e II; 19; 129, §§ 1º a 3º; 134, § 1º; 135, parág. único, 136, §§ 1º e 2º; 148, § 2º etc. O termo é consagrado legislativamente, embora alguns textos doutrinários utilizem, como sinônimo, o vocábulo *evento* que é emprestado do sistema positivo italiano como se verifica pelo art. 40 do *Codice Penale* ao tratar do *rapporto di causalità*. Assim ocorre, p.ex., com HUNGRIA, *Comentários*, vol. I, t. II, p. 13; COSTA E SILVA, *Código penal*, vol. I, p. 65 e ss.; J. F. MARQUES: *Tratado*, vol. II, p. 59; FRAGOSO, *Conduta punível*, p. 67 e ss.; e *Lições*, p. 205 e ss.) e ANTOLISEI, *Manuale*, p. 198 e ss.. O mesmo vocábulo foi usado no Projeto Alcântara Machado (art. 9º, *caput* e §§).

No entanto, o vocábulo *resultado* é preferível porque, na fundamentação de CUNHA LUNA: "Tem uma significação precisa e é de puro vernáculo. Os dicionários registram *resultado* como *consequência, efeito imediato*, significação esta que corresponde ao sentido da lei. Já o termo *evento* significa *sucesso, acontecimento*, tanto podendo ser evento efeito da ação, como a própria ação, ou o crime com todos os seus elementos constitutivos.

Resultado e evento são termos, portanto, de significação diferente e o emprego do um por outro pode gerar confusão" (CUNHA LUNA, *O resultado, no direito penal*, p. 16-17) (Itálicos do original).

II. Não há crime sem resultado

A regra do art. 13 do Código Penal, estabelecendo a relação de causalidade entre a conduta humana e o evento típico, é uma *guardiã fiel* do axioma segundo o qual a existência do crime depende de um *resultado*, ou seja, de um *dano* ou um *perigo de dano* a um bem tutelado pelo Direito Penal.

E a maior evidência dogmática de que não há crime sem um resultado (naturalístico ou jurídico) reside na consistência substancial do *princípio da ofensividade* (*infra,* n. IV). Realmente, ao contrário do chamado *direito penal do autor*, que criminaliza a pessoa pelo que ela *é* e não pelo que ela *faz*, todo o ilícito penal pressupõe a ocorrência de um *fato típico* representado por um dano ou perigo de dano, i.e., por uma ofensa a um bem jurídico.

Na certeira doutrina de HUNGRIA, "não existe crime sem *resultado* [...] Todo crime produz um dano (real, efetivo) ou um perigo de dano (relevante possibilidade de dano, dano potencial), isto é, cria uma alteração do mundo externo que afeta a existência ou a segurança do bem ou interesse que a lei protege como a *última ratio* da sanção penal. É inegável que o perigo de dano também representa um *resultado,* isto é, um evento no mundo objetivo [...] A toda ação ou omissão penalmente relevante corresponde um *eventus damni* ou um *eventus periculi,* embora, às vezes, não seja perceptível pelos sentidos (como, por exemplo, a 'ofensa à honra', no crime de *injúria*" (*Comentários*, vol. I, t. II, p. 13) (Itálicos do original). Também o Código Penal italiano é expresso ao declarar que não há crime sem resultado: **"Art. 40 (Rapporto di causalità)**. – Nessuno può essere punito per un fatto preveduto dalla legge come reato, *se l'evento dannoso o pericoloso, da cui dipende la esistenza del reato*, non è consequenza della sua azione od omissione".

O *resultado,* em Direito Penal, significa o *dano* (lesão, ofensa) ou *perigo de dano (lesão, ofensa).*[1] Daí a divisão em *delitos de dano* e *delitos de perigo.* Os primeiros acarretam uma lesão (ofensa) real ao bem jurídico protegido (CP, arts. 121, 129, 163 etc.) enquanto os segundos provocam simples ameaça ao bem (CP, arts. 130 a 137 e 147; 250 a 266). O perigo pode ser *efetivo* ou *concreto* (CP, arts. 250 a 252) e *presumido*, quando a norma incriminadora não condiciona a sua caracterização à probabilidade de dano

---

1 As expressões "dano", "lesão", "ofensa", são sinônimas e encontradas em passagens do CP: arts. 83, IV; 163 (*nomen iuris*) e 129 (*nomen iuris* e tipo). E serão utilizadas indistintamente ao longo destes *Comentários*.

(CP, arts. 264, 267, 268 e 269). O perigo é um trecho sensível da realidade, sendo equivocada por não assentar na realidade, a classificação de *crimes de perigo abstrato* (DOTTI, *Curso,* p. 433; BITENCOURT, *Tratado,* p. 22).

III. Direito penal do fato

Ao declarar que o *resultado* é *conditio sine qua non* para a caracterização do crime, o Código Penal adota, sem restrições, o princípio do *direito penal do fato* repudiando a concepção do *direito penal do autor*. O sistema penal dos Estados Democráticos de Direito rejeita a incriminação fora dos limites de um *fato* típico, ilícito e culpável. O chamado *direito penal do autor* pressupõe que o delito seja sintoma de um estado *de ser* do sujeito. Lamentavelmente existe ainda em muitas legislações, do passado e do presente, um vago e aterrorizante conceito de personalidade perigosa de que foram padrões os modelos normativos do nazifascismo e de outros regimes autoritários. Na expressiva doutrina de MANTOVANI, "il *fatto illecito* constituisce la base fondamentale e imprescindibile di un diritto penale di civiltà. Senza il fatto o prescindendo della esso si ha un diritto penale poliziesco, terroristico, liberticida: un diritto penale delle intenzioni, dell' atteggiamento interiore o del sospetto oppure un diritto penale della pericolosità *sine delicto, ante o praeter delictum,* fondato su semplici stati solggettivi o su atteggiamenti sintomatici del soggeto, perseguito per quel che è e non per quel che fa" (*Principi,* p. XVII-XVIII, Padova: Cedam, 2002).

Na apropriada observação de FIGUEIREDO DIAS, o princípio hoje indiscutivelmente aceito em matéria de dogmática jurídico-penal e de construção do conceito de crime é o de que "todo o direito penal é **direito penal do facto**, não *direito penal do agente*. E num duplo sentido: no de que toda a regulamentação jurídico-penal liga a punibilidade a tipos de factos singulares e à sua natureza, não a tipos de agentes e às características de sua personalidade; e também no de que as sanções aplicadas aos agentes constituem consequências daqueles factos singulares e neles se fundamentam, não são forma de reacção contra uma certa personalidade ou tipo de personalidade. A esta dupla conclusão vinculam as posições acima tomadas em matéria de legitimação e de função do direito penal num Estado de Direito democrático. Nesta acepção pode e deve logo ser dito que a construya dogmática do conceito de crime é afinal, em última análise, a construção do conceito de **facto punível**" (*Direito penal,* t. 1, p. 235) (Negritos e itálicos do original).

É oportuno lembrar a escorreita observação de ROXIN: "Está claro que el principio constitucional *nullum crimen nulla poena sine lege* favorece más el desarrollo de un Derecho penal del hecho que el de un Derecho penal de autor; pues las descripciones de acciones y las penas por el preceptos penales que atiendan a 'un elemento criminógeno permanente' en la persona del autor o 'al ser-así humano de la personalidad que hay que castigar' y que midan por ese baremo la clase y cuantía de la sanción. Asi pues, un ordenamiento jurídico que se base en principios propios de un Estado de Derecho liberal se inclinará siempre hacia un derecho penal del hecho" (*Derecho penal,* § 6º, p. 177).

IV. Classificações do delito segundo o resultado

Uma das múltiplas classificações do delito leva em conta o resultado sob duas perspectivas: *a) naturalística,* a exemplo dos delitos materiais que mostram um efeito perceptível externamente, como os ilícitos de homicídio e lesão corporal; *b) normativa,* que consiste em uma ofensa a bens jurídicos, "admitindo até mesmo que o resultado consista simplesmente na vulneração de um comando normativo" (BUSATO, *Direito penal,* p. 317).

No tocante ao resultado naturalístico, há três categorias de delito, cf. SOUZA-JAPIASSÚ: *a)* aqueles em que o tipo penal exige o resultado para restar completo (crimes materiais), que compõe a maioria dos ilícitos no Código Penal e na legislação especial; *b)* aqueles em que o tipo penal descreve o resultado, mas que não o exige para a sua caracterização (crimes formais ou de consumação antecipada); e *c)* aqueles em que não há a descrição de um resultado naturalístico (delitos de mera conduta ou mera atividade), bastando, unicamente, a realização de certa conduta que se amolda à sua descrição" (*Direito penal,* p. 170).

V. O princípio da ofensividade

Não se caracteriza a infração penal quando a conduta humana não chega a danificar (ofender) ou colocar em perigo de dano (ofensa) um bem jurídico penalmente protegido. Pelo princípio da ofensividade, somente é admissível a caracterização de um ilícito penal "quando o *interesse* já selecionado (reserva legal) sofre um ataque (ofensa) efetivo, representado por um perigo concreto ou dano" (BITENCOURT, *Tratado,* p. 24).

A conclusão em análise tem duas funções básicas: *a) função político-criminal,* na medida em que determinadas modalidades de lesão consideram-se insuportáveis para a normalidade da vida individual ou coletiva e são destacadas para sofrerem a imposição de pena ou medida de segurança. Cabe à Política Criminal – "a sabedoria legislativa do Estado", como bem definiu VON LISZT, essa tarefa de seleção; *b) função interpretativa ou dogmática,* que se exercita *a posteriori,* i.e., quando se aplica a norma penal. Cf. GOMES, trata-se de uma função "que pretende ter natureza 'material' e significa constatar *ex post factum* (depois do cometimento do fato) a concreta presença de uma lesão ou de um perigo concreto de lesão ao bem jurídico protegido" (*Princípio da ofensividade no direito penal*, p. 99).

VI. Causa e condição

Tudo o que produz um efeito é uma *causa*. Em outras palavras: "Causa é a energia criadora do resultado" (BASILEU GARCIA, *Instituições*, vol. I, t. I, p. 219). ARISTÓTELES distinguia quatro espécies de causa: *a) formal* (ideia ou modelo ao qual o objeto corresponde); *b) material* (a matéria da qual o objeto é feito); *c) eficiente* (o agente da modificação); *d) final* (aquilo em função do que o objeto existe). Segundo o *princípio da causalidade* (que é a relação entre a causa e o seu efeito), todo fenômeno tem uma causa.

Em linguagem comum, a *condição* é o fenômeno humano ou natural que admite a previsão de um fato como provável. Pode-se empregar esse vocábulo sempre que se está em presença de um campo, mais ou menos limitado, de possibilidades, das quais processos oportunos de pesquisa podem estabelecer o índice de probabilidade relativa, ou seja, o grau de previsibilidade que compete a cada uma (ABBAGNANO, *Dicionário de filosofia*, p. 158). Alguns autores sustentam haver uma distinção fundamental entre *causa* e *condição*. A causa, afirmam, tem um sentido "positivo", porque é aquilo que produz um efeito, enquanto a condição tem um sentido "negativo", porque é simplesmente aquilo sem o qual não se produziria o efeito (MORA, *Dicionário de filosofia*, p. 115).

Para os efeitos da relação de causalidade jurídico-penal a distinção entre causa e condição é irrelevante. A Exp. Mot. da PG/1940, acentuava que o projeto adotou a teoria chamada de *equivalência dos antecedentes* ou da *conditio sine qua non*. "Não distingue entre *causa e condição*: tudo quanto contribui, *in concreto*, para o resultado, *é* causa. Ao agente não deixa de ser imputável o resultado, ainda quando, para produção deste, se tenha aliado à sua ação ou omissão uma *concausa*. Somente no caso em que se verifique uma *interrupção de causalidade*, ou seja, quando sobrevém uma causa que, sem *cooperar* propriamente com a ação ou a omissão, ou representando uma cadeia causal autônoma, produz, por si só o evento, é que este não poderá ser atribuído ao agente, a quem, em tal caso, apenas será imputado o evento que se tenha verificado para efeito exclusivo da ação ou omissão" (item n. 11).

VII. Concausa

Concausa, segundo a própria palavra está indicando, significa uma *causa antecedente, concomitante* ou *superveniente* à conduta, ou seja, uma ação ou omissão humana ou um fato da natureza que contribui para a produção do resultado. Na precisa definição de BASILEU GARCIA, a concausa é "um elemento causal a concorrer com outro, de modo a determinarem, em influência conexa, o resultado" (*Instituições*, p. 222).

Sob o regime do CP 1890, a pena para o homicídio era sensivelmente diminuída se a morte resultasse não da natureza e sede da lesão, e sim de condições personalíssimas do ofendido ou quando este não observasse o regime médico reclamado pelo seu estado (art. 295, §§ 1º e 2º). Eram as concausas classificadas em *preexistentes*, *concomitantes* e *supervenientes*.

O Código Penal vigente não manteve aquela orientação que acarretava soluções iníquas e somente admite o rompimento do nexo de causalidade quando a causa original for substituída por outra que, por si só, produziu o resultado. É o exemplo do paciente que, não obstante o prognóstico médico de óbito em consequência da lesão, é ferido por outra pessoa quando se encontrava no hospital, tendo a perícia demonstrado que o segundo ferimento foi a causa independente do resultado.

A jurisprudência, iterativamente, tem salientado que o nexo causal entre a conduta do agente e o resultado não é interrompido ou excluído pela interferência cooperante de outras concausas (extinto TACRIM-SP, *RT*, 504/381). Em outras palavras: "Ao agente não deixa de ser imputável o resultado ainda quando, para a produção deste, se tenha aliado à sua ação ou omissão uma concausa, isto é, uma outra causa preexistente, concomitante ou superveniente" (TJSP. In: *RJTJSP,* 1/210).

VIII. A relação de causalidade

A relação de causalidade, expressamente declarada no Código Penal como vínculo entre a conduta humana e o resultado penalmente relevante (causa e efeito), constitui uma das garantias individuais porque limita a imputabilidade penal a quem, efetivamente, tenha produzido um dano ou perigo de dano previsto no tipo legal de ilícito. Não pode o delito ser atribuído a quem não for, por ação ou omissão, sua causa. Com acerto, NUCCI observa que a relação de causalidade tem reflexos diretos na tipicidade (*Código penal*, p. 131). Pode-se afirmar, por outro lado, que o dispositivo em comento tem a sua importância humana e social extraída do *princípio da personalidade da pena* (CF, art. 5º, XLV)[2], tradicionalmente declarado nas cartas políticas de nosso país,[3] e nas diversas Declarações de Direitos, a exemplo da Convenção Americana de Direitos Humanos (Pacto de São José

---

2   CF, art. 5º [...]: [...] XLV – "nenhuma pena passará da pessoa do condenado, [...]".
3   Constituições: 1824 (art. 179, § 20); 1891 (art. 72, § 19); 1934 (art. 113, § 28); 1946 (art. 141, § 30); 1967 (art. 153, § 13) e 1969 (art. 153, § 13). A CF de 1937 foi omissa.

da Costa Rica – 1969), cujo art. 5º, n. 3, declara: "*A pena não pode passar da pessoa do delinquente*".

Autorizada doutrina sustenta que o tema do nexo de causalidade não tem mais a amplitude e a significação atribuída por juristas que, no século XIX, a introduziram como categoria fundamental na estrutura do crime. Daí a conclusão de que o tema do nexo de causalidade somente surge nos delitos materiais, dela não se cogitando nos crimes omissivos puros e nos crimes formais (de simples atividade) (FRAGOSO, *Lições*, p. 200). No entanto, o relevo dogmático da regra é demonstrado pelo imenso número de *delitos comissivos* previstos no Código Penal e nas leis especiais os quais mostram um efeito distinto da atividade do agente a ele ligado pela relação de causalidade. Daí a importância dessa *cláusula de proteção individual* representada pelo dispositivo em análise. *Material* é o crime de dano por excelência, no qual o fato lesivo se concretiza em um acontecimento destacado da conduta (homicídio, lesões corporais, explosão etc. Ao contrário, nos ilícitos *formais,* também chamados de *mera conduta,* basta a ação para consumá-los, independentemente de um resultado naturalístico. São exemplos os delitos contra a honra, violação de domicílio, desobediência e corrupção, passiva e ativa: CP, arts. 138-140, 150, 330, 317 e 333. Também nos delitos *omissivos próprios* (ou *puros*)[4] como a omissão de socorro (CP, art. 135) não há um evento objetivamente perceptível no mundo exterior.

A indispensabilidade da regra sobre a causa e o efeito relevante para o Direito Penal tem se mantido no sistema brasileiro. Assim, na PG/1940 (art. 11 e parág. único); Anteprojeto Hungria, art. 14 e CP 1969, art. 13 e §§. Bem a propósito é a advertência da Exp. Mot. PG/1940: "Seguindo o exemplo do Código italiano, o projeto entendeu de formular, no art. 11, um dispositivo geral sobre a *imputação física* do crime. Apresenta-se, aqui, o problema da causalidade, em torno da qual se multiplicam as teorias. Ao invés de deixar o problema às elucubrações da doutrina, o projeto pronunciou-se *expressis verbis,* aceitando a advertência de Rocco, ao tempo da construção legislativa do atual Código Penal italiano: "[...] adossare la responsabilità della resoluzione di problemi gravissimi alla giurisprudenza è, da parte del legislatore, una vegliaccheria intelettuale" (Lav. prep., IV, 2º, 117) (Item 11. Itálicos do original).

Traduzindo a *communis opinio doctorum* dos penalistas da América Latina, o Código Penal Tipo (1973), acentua: "Art. 12. *El hecho punible puede ser realizado por acción o por omisión. Cuando la ley reprime el hecho*

---

4   Os crimes omissivos se classificam em: *a)* omissivos próprios (puros); *b)* omissivos impróprios (comissivos por omissão) e omissivos por comissão. V. MODALIDADES DE CRIMES, n. 65 e 66.

atendiendo al resultado producido, responderá también quien no lo impidió si pudo hacerlo de acuerdo con las circunstancias, y se tenía el deber jurídico de evitarlo".

IX. Teorias sobre a relação de causalidade

Não obstante a opinião de escritores de prestígio, sustentando que o tema da causalidade física perdeu o relevo que lhe emprestou a doutrina clássica,[5] sendo dispensável a sua regulação normativa, no pressuposto de que não há pena sem culpabilidade (*nullum crimen sine culpa*), não seria adequado ao sistema positivo deixar de disciplinar o fenômeno. É certo que nos crimes omissivos puros e nos crimes de simples atividade (também chamados *formais*) não se apresenta a relação de causalidade física, como fenômeno externo à conduta. Mas nos crimes materiais, como o homicídio, as lesões corporais, a falsidade documental e tantos outros ilícitos, é fundamental que o Direito Penal estabeleça, claramente, os limites pelos quais é admissível a responsabilidade em face da ação ou da omissão. Daí a regra do art. 13 do CP, indicada pela rubrica: "Relação de causalidade".

As teorias que se desenvolveram no curso de muitos anos para explicar o fenômeno da causalidade material do delito se dividem em dois grandes grupos: **a)** as teorias que não veem diferença entre causa e condição; **b)** as que admitem uma diferença entre causa e condição e procuram estabelecer critérios que permitam, dentre as condições, destacar a causa (BRUNO, *Direito penal*, t. 1º, p. 322). Seguem-se as teorias de maior repercussão científica.

a. *Teoria da totalidade das condições*

São causas do resultado todas as condições que para ele concorreram. Não é somente uma delas, mas o conjunto de todas, atuando como um complexo individual, que faz surgir o evento. Cf. ilustrativo exemplo, não é somente o gesto do lavrador lançando a semente na terra que faz nascer a planta, mas ainda as condições da própria semente, do clima, da natureza do solo, da água, do sol e, além de tudo isso, os cuidados do cultivo. A causa, portanto, seria a soma de todas essas condições reunidas.

Mas, como foi bem observado, essa teoria, que corresponde à realidade das coisas no processo dos fenômenos naturais, não proporciona a solução do caso jurídico sob a perspectiva da ação humana. A rigor, não se trata de apontar as causas determinantes de certo resultado, mas de saber se determinada condição, posta pelo homem, pode ser considerada causa

---

5 Nesse sentido, entre outros, FRAGOSO, *Lições,* p. 200.

quanto a esse resultado. "O que importa não é considerar a força causal das condições em seu conjunto, mas de uma ou algumas delas isoladamente" (BRUNO, *Direito penal*, ob. e loc. cit.).

b. *Teoria da equivalência dos antecedentes (conditio sine qua non)*

Os excessos da teoria da *Totalidade das condições* (*supra*) são corrigidos com a fórmula normativa do Código Penal (art. 13). "O resultado, de que depende a existência do crime, somente é imputável a quem lhe deu causa. Considera-se causa a ação ou omissão sem a qual o resultado não teria ocorrido". Cf. a Exp. Mot. da PG/1984, não há distinção entre *causa* e *condição*: "Tudo quanto contribui, *in concreto*, para o resultado, é *causa*. Ao agente não deixa de ser imputável o resultado, ainda quando, para a produção deste, se tenha aliado à sua ação ou omissão uma *concausa*, isto é, uma outra causa preexistente, concomitante ou superveniente" (Item 11).

Segundo MEZGER, a teoria da equivalência das condições tem o mérito de haver distinguido perfeitamente o conceito de causalidade e, assim, o limite da responsabilidade penal (*Tratado*, t. I, § 15, p. 229). O mestre BRUNO ensina que "causa não é o conjunto individual das condições, mas qualquer delas, desde que necessária à produção do resultado, uma vez que todas se equivalem, e por uma delas importa em assumir o nexo causal com o resultado. Só em por essa condição, o atuar do agente se fez causa do resultado" (ob. cit., p. 323). Adotando-se o chamado *processo hipotético de eliminação*, não haverá contribuição causal para o evento se a condição for mentalmente eliminada. JESCHECK, discorre a propósito: "Un resultado ha sido causado por una acción cuando ésta no puede suprimirse mentalmente sin que desaparezca el resultado. Para que resulta causal, la acción ha de constituir una 'conditio sine qua non' del resultado. Todas las condiciones del resultado se consideran equivalentes, por lo que la teoría de la condición recibe también el nombre de *teoría de la equivalencia*. Caso de que varias acciones constituyan condiciones del resultado, será todas ellas causales, puesto que no es posible distinguir entre causalidad jurídico-penalmente relevante e irrelevante en el seno del concepto de causa ('*regressus ad infinitum*') (*Tratado,* vol. 1º, § 28, p. 380) (Itálicos do original).

Os adversários dessa teoria sustentam que a mesma poderá conduzir a soluções aberrantes com o regresso ao infinito do nexo de causalidade. Através dela, no rigor da lógica e segundo o exemplo clássico, seria também responsável pelo adultério[6] o fabricante da cama onde deitaram os parcei-

---

6   Descriminalização do adultério: v. a Lei n. 11.106, de 28.3.2005, que revogou os art. 240 do CP.

ros sexuais.[7] A limitação do extraordinário alcance que adquire a responsabilidade em função da teoria da *conditio sine qua non* tem o necessário corretivo em função da teoria da imputação objetiva, pelos elementos da ação do correspondente tipo e pela exigência do dolo ou da culpa (JESCHECK, ob. e loc. cit.).

c. *Teoria da causalidade adequada*

O verdadeiro fundador de *teoria da causalidade adequada* não foi um jurista, mas um fisiologista, J. VON KRIES, que sustentou sua tese na Universidade de Friburgo, em Brisgóvia (Alemanha). Ele teve como pontos de partida os fenômenos da possibilidade e da probabilidade e atribuiu à sua doutrina um componente subjetivo, na medida em que o cálculo de probabilidade sobre o resultado deve ser feito da perspectiva do sujeito que atua. ASÚA refere que os defensores da doutrina da causação adequada partem, assim como os seus seguidores, da escolha de uma causa entre as condições "del cuerpo empírico de causa como conjunto de aquéllas; pero consideran preciso distinguir, de entre dichas condiciones, las que son *generalmente adecuadas* para producir el resultado, desdeñando el papel de las restantes. Para lograrlo se opera con un criterio de *probabilidad*, de regularidad, rigorosamente estadística [...] El juicio de adecuación no ha de fundarse en la absoluta certeza, lo que es radicalmente imposible, sino en la consideración del *id quod plerunque accedit* conforme a la experiencia de la vida" (*Tratado,* t. III, p. 534) (Itálicos do original).

Em síntese: a causa é somente a *condição adequada* para produzir o resultado. A condição não é considerada em relação ao evento *in concreto*, mas abstratamente e em relação a um acontecimento do gênero daquele a que se refere o juízo de causalidade. Em outras palavras: a condição é causa quando se apresenta geralmente proporcionada ou adequada ao resultado, o que se pode constatar através de um juízo de probabilidade. Como foi muito bem aclarado pela doutrina, para a determinação da causalidade adequada, o importante é verificar se existe um nexo causal ligando o atuar do agente como causa ao resultado como efeito. "O problema se resume, então, em assentar se, conforme o demonstra a experiência da vida, o fato conduz normalmente a um resultado dessa índole; se esse resultado é con-

---

7 Ou a outra hipótese alvitrada pelos críticos da teoria da *conditio sine qua non* do resultado: "A mãe que dá à luz um filho, o qual 34 anos depois vem a descarregar a munição de seu revolver na direção de outrem, praticaria uma ação típica de matar, pois, se ela não tivesse posto esse menino no mundo, a vítima não teria morrido em função dos disparos por ele realizados 34 anos depois [...]" (GRECO, *Um panorama*, p. 24).

sequência normal, provável, previsível daquela manifestação de vontade do agente. O fundamento desse juízo é um dado estatístico, é um critério de probabilidade" (BRUNO, *Direito penal*, t. 1º, p. 325/326). Trata-se de entendimento antigo como lembra MEZGER: "**Conforme a una doctrina muy difundida, es causa en Derecho Penal, no toda condición del resultado concreto, sino sólo aquella que generalmente es apropiada para producir tal resultado. Causa no es toda condición, sino sólo la condición adecuada al resultado (teoría de la adecuación)** (*Tratado de derecho penal*, § 15, p. 234-235) (Negritos do original). Essa é, também, a compreensão de COSTA JÚNIOR: "Conforme essa teoria, causa é o antecedente, não só necessário, mas adequado à produção do evento. Portanto, para que se possa considerar um resultado como causado por um homem, faz-se mister que este, além de realizar um antecedente indispensável, desenvolva uma atividade adequada à concretização do evento" (*Nexo causal*, p. 88).

O Código Penal português adotou expressamente a teoria da causalidade como se verifica pelo Tít. II ("Do facto") Cap. I (*Pressupostos da punição),* art. 10º "(Comissão por acção e por omissão)": "**1.** Quando um tipo legal de crime compreender um certo resultado, o facto abrange não só a *acção adequada a produzi-lo* como a *omissão adequada a evitá-lo*, salvo se outra for a intenção da lei".

d. *Teoria da predominância*

Segundo BINDING, as forças determinantes na produção de um fenômeno se dividem em dois grupos: o das *condições positivas* e o das *condições negativas*. Aquelas, dirigidas à produção do evento; estas, no sentido de impedi-lo. A condição que rompe o equilíbrio dessas forças e se encaminha para o resultado é que pode ser reconhecida como sua causa. Para o imortal jurista alemão, é o atuar humano, orientado pela vontade, que dá preponderância a uma daquelas condições positivas frente às negativas. Desse modo pretendeu sustentar um conceito especial de causalidade, "próprio das ciências do espírito", como ele mesmo explica (BRUNO, *Direito penal*, t. 1º, p. 327-328).

e. *Teoria da relevância jurídica*

Uma conjugação entre as teorias da equivalência das condições e da causalidade adequada foi promovida por alguns autores, sustentando que o problema da causalidade se insere no plano da responsabilidade penal. Conforme os seguidores dessa concepção, o aspecto da causalidade propriamente dita somente se resolve pela teoria da equivalência das condições. Na síntese de BRUNO, o que faz a teoria da adequação não é determinar o nexo causal, mas a relevância jurídica da condição – "não resolve o problema da causalidade, mas o da responsabilidade penal" (ob. cit., p. 329). Para MAGALHÃES NORONHA, essa doutrina que foi criada por MÜLLER e desenvolvida por MEZGER, encontra em BELING a sua forma definitiva: "A corrente causal não é o simples atuar do agente, mas deve ajustar-se às figuras penais. Não basta ser *conditio sine qua non;* é mister produzir o *tipo* descrito em lei. Tem se dito, com razão, que a teoria vai além do terreno da pura causalidade: subordina-a à existência de uma norma legal" (*Direito penal,* p. 136)

f. *Teoria da causa humana exclusiva*

Essa concepção, formulada por ANTOLISEI, parte do princípio que a *causalidade humana* é bem diversa da causalidade mecânica, pois o homem é provido de consciência e vontade, "podendo, pois, dar-se conta de circunstâncias que impeçam ou favoreçam sua ação, ou prever os efeitos que possam derivar de determinadas causas. Tal possibilidade de previsão, contudo, não ultrapassa um certo limite, circunscrevendo-se à esfera de domínio do homem" (COSTA JÚNIOR, *Nexo causal,* p. 93). Nas palavras do mestre italiano: "Per mezzo della coscienza, infatti, l'uomo è in grado di rendersi conto delle circosntanze che ostacolano o favoriscono la sua azione, e, aiutato dall'esperienza, può calcolare in anticipo gli effetti che derivano da determinate cause. Mediante la voluntà egli può inserirsi nel proceso causale ed imprimere ad esso una direzione desiderata, eccitando le forze esteriori che sono inattive, arrestando quelle in moto, oppure lasciando che le forze stesse si svolgano liberamente" (ANTOLISEI, *Manuale di diritto penale,* p. 221) (Itálicos meus).

g. *Teoria da imputação objetiva*

Na 3ª edição de seu *Lehrbuch des strafrechts* (1978), JESCHECK refere-se à nova teoria da imputação objetiva, nos seguintes termos: "La dogmática más reciente ha acogido los puntos de vista que ofrecen las teorías de la adecuación y de la relevancia para la restricción de la responsabilidad jurídico-penal y, con ayuda de ulteriores argumentos, ha desarrollado una teoría de la imputación objetiva, que, se bien no ha sido formulada todavía, de forma acabada, ya revela qué grupos de casos deben contemplarse y qué criterios deben guiar su solución. Fundamento de la teoría de la imputación objetiva es la observación, deducida de la esencia de la norma jurídico-penal, que se halla también en la base de la teoría de la adecuación: sólo es objetivamente imputable un resultado causado por una acción humana (en el sentido de la teoría de la condición), cuando **dicha acción ha creado un peligro jurídicamente desaprobado que se ha realizado en el resultado típico**" (*Tratado,* § 28, p. 389) (Negritos do original).

Cf. GRECO, a noção elementar da teoria da imputação objetiva pode ser resumida numa única ideia: "A imputação objetiva enuncia o conjunto de pressupostos genéricos que fazem da causação uma causação objetivamente típica" (*Um panorama*, p. 23). Comparando ao aspecto fundamental de teoria finalista da ação, o prestigiado mestre salienta:" O que essa teoria faz é relegar o tipo subjetivo e a finalidade a uma posição secundária e recolocar o tipo objetivo no centro das atenções. Este tipo objetivo não pode, porém, esgotar-se na mera causação de um resultado – é necessário algo mais para fazer dessa causação uma causação objetivamente típica. Esse algo mais compõe-se, fundamentalmente, de duas ideias: a criação de um risco juridicamente desaprovado e a realização deste risco no resultado (*Um panorama*, ob. cit., p. 25-26) (Itálicos do original). Para ele, alguns finalistas (não todos e nem a maioria) consideram a finalidade como a única dimensão do ilícito, dele excluindo o desvalor do resultado. E enfatiza: "o injusto passava a ser entendido como mero desvalor subjetivo da ação, ou seja, desvalor da intenção. E a teoria da imputação objetiva complementa ambas as dimensões de desvalor com novos aspectos. O desvalor da ação, até agora subjetivo, mera finalidade, ganha uma face objetiva: a criação de um risco juridicamente proibido. Somente ações intoleravelmente perigosas são desvaloradas pelo direito. Também o desvalor do resultado é enriquecido: nem toda causação de lesão a bem jurídico referida a uma finalidade é desvalorada; apenas o será a causação em que se realize o risco juridicamente proibido criado pelo autor. Ou seja, a imputação objetiva acrescenta ao injusto um desvalor objetivo da ação (a criação de um risco juridicamente desaprovado), e dá ao desvalor do resultado uma nova dimensão (realização do risco juridicamente desaprovado" (GRECO, *Um panorama*, p. 27-28). Na síntese de ROXIN, "un resultado causado por el agente sólo se puede imputar al tipo objetivo si la conducta del autor ha creado un peligro para el bien jurídico no cobierto por un riesgo permitido y ese peligro también se ha realizado en el resultado concreto" (*Derecho penal*, § 11, p. 363). Em outras palavras: o resultado típico somente pode ser imputado ao agente quando sua conduta produz um risco socialmente proibido.

Para os adeptos desta teoria é fundamental saber se a conduta do agente criou uma situação de perigo ou de *risco juridicamente proibido* e se esse perigo ou risco produziu o resultado típico. Na exposição de DELMANTO, "a diferença entre os conceitos de risco permitido (ínsito a toda sociedade civilizada) e risco proibido (ou juridicamente proibido) é, pois, fundamental para o estudo desta teoria. Assim, a condução de veículo automotor de acordo com as regras de trânsito gera um *risco permitido* (aceitável, adequado, tolerável) para toda a sociedade, que, via de regra, não pode gerar responsabilização criminal. Já a condução deste veículo em via pública, estando o motorista com concentração de álcool por litro de sangue igual ou superior a 6 (seis) decigramas (art. 306, primeira parte, do CTB, com redação dada pela Lei n. 11.705/2008, gera um *risco proibido* (ou desaprovado), podendo, assim, levar à punição criminal do condutor. No que tange ao resultado, interessa não apenas o *resultado naturalístico* (ex.: a morte ou as lesões corporais em função de atropelamento), mas, sobretudo, o *resultado jurídico ou normativo* (efetiva lesão ou ameaça de lesão ao bem juridicamente tutelado) [...]. É por isso que, segundo esta teoria, o crime não deve ser analisado apenas no plano da causalidade material ou físico, devendo sê-lo, também, no plano normativo e jurídico" [...] E mais adiante, conclui: "Extrai-se, pois, a finalidade da imputação objetiva: analisar o sentido social de um comportamento, precisando se este se encontra, ou não, socialmente proibido e se tal proibição se mostra relevante para o Direito Penal. Portanto, para se ter a imputação objetiva, será necessário, além da causalidade natural, a verificação de um risco jurídico penalmente relevante, imputável no resultado e alcançado pelo fim de proteção do tipo penal" (*Código penal comentado,* p. 129-130; 133)

A mesma fonte arremata: "É de se observar, contudo, que a teoria da imputação objetiva sofre críticas de adeptos da teoria finalista, entendendo estes ser ela supérflua para os crimes dolosos e inadequada para os culposos, conforme discorre CANCIO MELIÁ *(Líneas básicas dela teoría de la imputación objetiva,* Ediciones Jurídicas Cuyo, Mendoza, 2001, p. 75 - 80) (DELMANTO, ob. e loc. cit.).

A conclusão acima está ajustada com um *exemplo de laboratório* formulado para "explicar" a doutrina: "El sobrino que induce al tío a frecuentes viajes en avión, con la esperanza de que sea víctima de un accidente para poder lucrar con la herencia, o del que persuade a la persona odiada a pasear por el bosque durante un temporal con la esperanza de que la golpee un rayo [...]" (CASTALDO, *La imputación objetiva...,* p. 66).[8]

Nessa hipótese, de acordo com a *teoria da imputação objetiva,* caso haja o *resultado* morte, ele não seria imputável à pessoa que o desejou, pois nunca coube a ela a *criação* do risco realizado no resultado. Isto é, por mais

---

8   Há vários outros casos hipotéticos nos quais a *imaginação surrealista* de seus criadores torna aparentemente viável a tese de que a cogitação de um crime, sob a máscara de uma conduta inocente (mas criadora de um perigo), pode alcançar o resultado pretendido desde que, para tanto, concorram *forças ocultas,* naturais ou humanas, impossíveis de serem manipuladas pelo "delinquente". V. uma fértil relação em DAMÁSIO, *Imputação objetiva,* p. 26-32).

que se pretendesse que o raio atingisse alguém, esse evento sempre seria totalmente imprevisível e incontrolável, pelo que a eventual consequência lesiva a bem jurídico relevante seria impunível, como um acontecimento sem autor. CASTALDO segue explicando que tais ações (ou não ações), segundo a *teoria social*, não teriam significado jurídico; mas, atualmente, diz-se que, nelas, haveria a ausência de vontade efetiva, pois "resultados de ese tipo sólo podrían *desearse* pero no *quererse*" (ob. cit., p. 67), já que nunca alguém poderia razoavelmente crer ter efetivo domínio sobre causas naturais ou fortuitas.

Além disso, não se pode desprezar que a suposta vítima, nesses casos, sempre tem a possibilidade de se autodeterminar, escolhendo se vai ao bosque ou se viaja de avião, sendo que, caso a opção resulte em sua morte, no final das contas, a "culpa" poderá ter sido exclusivamente sua. Quanto ao "autor", a impunidade também é resolvida por um fundamento bastante conhecido na dogmática penal: a simples cogitação é criminalmente irrelevante.

As objeções mais contundentes à *sedução* dessa doutrina são expostas por três outros exímios penalistas brasileiros. A começar por PRADO: "Longe de obter a uniformização dos critérios de imputação e a necessária coerência lógico-sistemática, a teoria da imputação objetiva do resultado – levada ao extremo – por introduzir uma verdadeira *confusão* metodológica, de índole arbitrária, no sistema jurídico-penal, como construção científica dotada de grande coerência lógica, adstrita aos valores constitucionais democráticos, e que deve ter sempre no inarredável respeito à liberdade e à dignidade da pessoa humana sua pedra angular" (*Tratado,* vol. 2, p. 367). Segue BITENCOURT: "Os reflexos da *teoria da imputação objetiva* e suas versões devem ser muito mais modestos do que o *furor de perplexidades* que andou causando no continente latino-americano. Afinal, as únicas *certezas*, até agora, apresentadas pela teoria de imputação objetiva são a *incerteza* de seus enunciados, a imprecisão dos seus conceitos e a insegurança dos resultados a que pode levar quando comparamos as inúmeras propostas formuladas pela doutrina a respeito! Aliás, o próprio CLAUS ROXIN, maior expoente da teoria em exame, afirma que 'o conceito de risco permitido é utilizado em múltiplos contextos, mas sobre seu significado e posição sistemática reina a mais absoluta falta de clareza'.[9] Por isso, sem se opor às inquietudes e às investigações que se vem realizando, já há alguns anos, recomenda-se cautela e muita reflexão no que se refere aos progressos e

---

9 No original, nota de rodapé n. 49, *verbis:* ROXIN, *Derecho penal*, ob. cit., p. 371.

resultados 'miraculosos' sustentados por determinado segmento de *aficionados* de tal teoria" (*Tratado,* vol. 1, p. 337) (Itálicos do original). Também TAVARES, ao afirmar que "a teoria da imputação objetiva, portanto, não é uma teoria para atribuir, senão para restringir a incidência da proibição ou determinação típica sobre determinado sujeito. Simplesmente, por não acentuarem esse aspecto, é que falham no exame do injusto inúmeras concepções que buscam fundamentá-lo" (*Teoria do injusto penal*, p. 222-223).

Diante de tais objeções, pode-se concluir que a decantada *teoria de imputação objetiva* deve ser considerada como um *critério de temperamento* para evitar o *regressus ad infinitum* a que poderia conduzir o excesso de cogitação com base na *conditio sine qua non*.

h. *Outras teorias*

A doutrina indica outras concepções que, embora razoavelmente fundamentadas por seus criadores ou defensores, não mantêm o prestígio científico das indicadas pelas letras B e C[10] (equivalência dos antecedentes e causalidade adequada) gerando confusão e insegurança no campo prático. Vale mencionar a relação apresentada por PRADO (*Tratado,* vol. 2, p 137-139): *a)* *Teoria da qualidade do efeito ou da causa eficiente* (KOHLER). Causa é a condição da qual depende a qualidade do resultado. Diferencia entre condições estáticas e dinâmicas, sendo que somente estas últimas seriam causa *decisiva* ou *eficiente* para o efeito; *b)* *Teoria da condição mais eficaz ou ativa* (BIRKMEYER, STOPPATO). Causa de um acontecimento é aquela que, dentre as condições do resultado, contribuiu mais (eficazmente) que as outras para a sua produção. O valor de uma causa é reduzido a uma expressão quantitativa. Causa é "a força que produz um fato"; *c) Teoria da causa próxima ou última* (ORTMANN) – Causa é a última condição (ação humana) que aparece na cadeia causal ou "a última das condições positivas de um fato"; *d) Teoria da causalidade jurídica* (MOSCA, MAGGIORE) – a causalidade jurídica é de ordem prática. O jurista "escolhe a causa responsável de um resultado antijurídico dado". O juízo jurídico funciona como um juízo de valor, isto é, valora as causas para fins de imputabilidade; *e) Teoria da causa humana* (ANTOLISEI) – A noção de causa para o direito tem característica exclusivamente humana, isso porque "o homem é provido de consciência e vontade, podendo, pois, dar-se conta das circunstâncias que impeçam ou favoreçam sua ação, ou prever os efeitos que possam derivar de determinadas causas". Para que se possa afirmar a existência do nexo causal há necessidade de

---

10 Equivalência dos antecedentes e causalidade adequada.

dois elementos: um positivo e outro negativo. Pelo primeiro, o homem com sua ação tenha dado lugar a uma condição do evento (antecedente sem o qual o evento não teria ocorrido). Pelo segundo, o resultado não decorreria do concurso de fatores excepcionais. A noção de causa integra a imputabilidade; *f) Teoria da tipicidade condicional* (RANIERI) – Segundo essa doutrina, "*vínculo particular* para ser causal exige que apresente os requisitos da sucessão, a *necessidade* e a *uniformidade*, para indicar que, inclusive, no campo do direito, a relação causal revela definitivamente, não obstante as peculiaridades do critério adotado para comprová-la, os caracteres que são próprios de toda relação de causalidade, na qual os termos são sucessivos e têm de estar numa relação de produção uniformemente necessária".

X. Superveniência de causa independente

Se uma nova causa, por si só, determina o resultado, ocorre a hipótese da superveniência de causa *absolutamente* independente. Vale o exemplo de COSTA E SILVA: "A fere gravemente, mortalmente o marinheiro B. Quando este era transportado para a terra, sobrevém uma tempestade que faz soçobrar a embarcação. B morre afogado. A não pode ser havido como causa desse resultado: responderá apenas por lesões corporais ou tentativa de homicídio" (*Código penal*, p. 72). Mas se o novo curso causal é *relativamente* independente, o seu agente responderá somente pelo fato que inicialmente desencadeou. Um paciente entrou ferido no hospital, mas a *causa mortis* resultou de uma complicação pós-operatória. Será acusado por homicídio o autor da lesão corporal. Outro exemplo: A vítima, ao fugir de seus perseguidores, tentou atravessar a via expressa de intenso movimento, ocasião em que foi atropelada e morta. Responderam os agentes pelo crime de homicídio doloso (*RJTJSP*, 106/455). A decisão considerou que o evento morte também decorreu de duas condições: perseguição injusta dos réus e o simultâneo atropelamento provocado por um terceiro (SILVA FRANCO, *Código penal*, p. 114-115). Também como *relativamente* independente deve ser considerada a morte do paciente que entrou ferido no hospital e foi causada pela imperícia do médico na intervenção cirúrgica. Responderá por homicídio quem provocou a lesão corporal.

Analisando a superveniência de causa autônoma, porém, sob o aspecto da *criação do risco*, BUSATO expõe: "Assim, no caso do clássico exemplo da vítima que sofre um disparo de arma de fogo de seu algoz, mas é socorrida por uma ambulância, vindo a falecer por causa de um acidente com o veículo a caminho do hospital, será solucionado pela impossibilidade de imputação do resultado morte ao autor do disparo. A razão é que o resultado que levou à morte foi derivado do risco que implica a circulação de veículos e não do disparo da arma de fogo. Portanto, não há responsabilidade pelo resultado que se tenha produzido vinculado causalmente ao autor, mas que não derive da *fonte de perigo* criada por este, razão pela qual, no exemplo, o autor do disparo responderá unicamente pelo crime tentado. Se o *risco* que se realiza no resultado não foi criado ou incrementado pelo agente, este não pode ter responsabilidade pelo resultado, remanescendo, no entanto, a responsabilidade pelo desvalor da ação. Presente o *desvalor da ação* e *ausente o desvalor do resultado*, a responsabilidade se resumirá à tentativa. A questão aqui se resume à coincidência entre risco criado e risco realizado" (*Direito penal*, p. 340) (Itálicos meus).

§ 14. CONCEITO REALÍSTICO DA AÇÃO

I. Elementos da ação

A ação para os objetivos da ciência penal é, antes de tudo, um fenômeno da realidade palpitante da vida; é evidência de uma força, expressão de um agente. A ação é formada por um comportamento externo, objetivamente identificável, e de um componente psicológico, i.e., a vontade dirigida a um fim. Compreende a representação ou antecipação mental do resultado a ser alcançado, a escolha dos meios e a consideração dos efeitos concomitantes ou necessários e o movimento corporal dirigido ao fim proposto (FRAGOSO, *Lições*, p. 183). O resultado não é um elemento integrante da ação, embora a ela esteja ligado pela relação de causalidade nos delitos materiais. O resultado de dano, ou perigo de dano, é indicado pelo tipo objetivo do injusto.

II. Etapas de desenvolvimento da ação

Partindo-se do pressuposto de que a ação é a *atividade humana conscientemente dirigida a um fim,* há duas etapas percorridas pelo autor em seu desenvolvimento: **1ª)** A primeira movimenta-se no *plano intelectivo* e compreende: *a)* a cogitação do fim proposto pelo agente; *b)* a seleção dos meios de ação para alcançar esse fim; *c)* a consideração dos efeitos concomitantes ou circunstâncias que acompanham o uso dos meios; **2ª)** Na sequência, o autor pratica a ação, i.e., realiza a conduta finalista (TAVARES, *Teorias do delito*, p. 59). Essa última fase "corresponde ao terceiro ato da formulação de N. HARTMANN e caracteriza o que se chama comumente de manifestação da vontade" (TAVARES, ob. e loc. cit.).

Não obstante a valiosa opinião acima referida, penso que a fase subjetiva do *iter criminis* compreende, além da *cogitação*, também a *deliberação*, i.e., a *decisão* para o atuar criminoso.[11]

---

11 Fases do crime doloso: *v.* § 20 n. I (CP, art. 14).

III. A incapacidade criminal da pessoa jurídica

a. *Inexistência de ação ou omissão da pessoa jurídica*

O conceito de *ação*, como primeiro elemento do delito, historicamente a refere como produto do *ser humano*, da *pessoa natural,* e não da pessoa *moral*. E assim tem entendido a doutrina durante a mais remota antiguidade, exceção apenas à responsabilização de animais e coisas inanimadas.[12] No entanto, desde meados do Século XIX, o movimento organicista[13] levou à frente a tese da capacidade penal das pessoas morais, provocando uma discussão que se mantém até os dias correntes. Na observação de ZAFFARONI e BATISTA, "para qualquer teoria da ação cuja construção não respeite limites ônticos, a questão da possibilidade de exercício de poder punitivo sobre pessoas jurídicas é matéria de pura decisão legal. Nessa perspectiva, pode-se sustentar que a ação e mesmo os sujeitos do Direito Penal são construídos funcionalmente, e portanto é possível equiparar o registro dos atos constitutivos da pessoa jurídica e sua estrutura organizativa com o registro de nascimento e a tomada de decisões humanas, concluindo que quando a pessoa jurídica delibera e negocia segundo seus estatutos estaria agindo, cabendo falar-se numa culpabilidade pela deliberação" (*Direito penal brasileiro,* II, I, p. 117).

b. *Erro elementar de interpretação*

Uma desastrada interpretação de dispositivos constitucionais e um *descaminho intelectual* produziram o espectro da responsabilidade objetiva no sistema penal brasileiro com a transformação da pessoa jurídica de *instrumento* em *agente responsável* pela ação delituosa praticada por terceiro a ela vinculado e no seu interesse ou benefício. Esse é um assunto no qual as teorias que procuram explicar a natureza e a existência da pessoa moral como sujeito ativo do delito ultrapassaram os limites da ficção, olvidando clássica e irretorquível lição: "As pessoas jurídicas são realidades do direito, porém não realidades fisiopsíquicas. Não podem agir por si, como as pessoas naturais. Necessitam de órgãos, para a sua vida de relação, que são os seus representantes, diretores e gerentes" (BEVILAQUA, *Código Civil*, vol. 1, p. 178).

O esdrúxulo art. 3º da Lei n. 9.605, de 22.02.1998, estabelece que as pessoas jurídicas serão responsabilizadas penalmente "conforme o dispos-

---

12 ASÚA, Tratado, t. III, p. 87.

13 O *organicismo*, sob a perspectiva sociológica, consiste no estabelecimento da analogia entre a sociedade e o organismo vivo, resultando na tendência de aplicar as leis e teorias da biologia aos fatos sociais (HOUAISS, *Dicionário*, p. 1.396).

to nesta Lei, nos casos em que a infração seja cometida por decisão de seu representante legal ou contratual, ou de seu órgão colegiado, no interesse ou benefício de sua entidade". A redação faz supor que tal *responsabilidade* seria autônoma, como se verifica pelo parágrafo único do mesmo dispositivo: "A responsabilidade das pessoas jurídicas não exclui a das pessoas físicas, autoras, coautoras ou partícipes do mesmo fato". O texto legal prevê duas hipóteses: ***a)*** a pessoa natural é *autora* da infração penal, caso em que a pessoa moral é seu *meio de ação*; ***b)*** a pessoa natural é coautora ou partícipe do mesmo fato, portanto, uma modalidade excêntrica de concurso de pessoas, que exige, como um de seus elementos fundamentais, o *liame subjetivo* unindo cada concorrente à prática do fato típico. Como é curial, não bastam a pluralidade de condutas, a relevância causal de cada uma delas e a identidade da infração para todos os agentes. Embora não se exija o prévio ajuste, é mister algo mais, ou seja, "que se forme um *vínculo*, de *caráter subjetivo*, ou *psicológico entre os vários concorrentes*, em razão do qual *cada concorrente tem consciência e vontade* de contribuir para a atividade criminosa de outrem" (SILVA FRANCO, *Código penal*, p. 225). No fundo, essa *responsabilidade de proveta* não tem o condão de estabelecer uma parceria criminal entre o *ser humano,* como sujeito capaz de culpa, e os *entes morais,* de direito público ou privado, cuja responsabilidade por atos ilícitos é objetiva.

O mencionado diploma foi averbado de inconstitucional por escritores de prestígio, a exemplo de MAYRINK DA COSTA: "A nossa Carta política restringe a responsabilidade (não fala em responsabilidade penal) a atos nas áreas limitadas à ordem econômica popular e financeira e à economia popular, não fazendo incluir o meio ambiente. Há que notar as diferenças semânticas das palavras *condutas* e *atividades*. Os defensores da *criminalização* sustentam que as penas criminais sempre atingem a terceiros (*princípio da personalidade das penas*), com os efeitos socioeconômicos sobre a família e dependentes sobre a família e dependentes do encarcerado, na pena privativa de liberdade. Em conclusão, o conceito de delito (tipo injusto e de culpabilidade) é restrito à pessoa física, que tem capacidade de representação e vontade, bem como o conceito de pena (presunção geral e especial, positiva e negativa" (*Direito penal,* vol. 2, p. 900).

Reconhecendo que o legislador brasileiro filiou-se à orientação *societas delinquere non potest*, FERRAZ indica como demonstração dessa máxima a previsão dos crimes aglutinados sob a rubrica marginal "fraudes e abusos na função ou administração de sociedade por ações (CP, art. 177; CP 1969, art. 189). "Em todas essas figuras estão bem caracterizadas as pessoas que possam figurar como sujeito ativo – os que promovem a fundação da sociedade por ações; seus diretores, gerentes, fiscais; seus liquidantes; o representante da sociedade estrangeira autorizada a funcionar no Brasil (art. 177 e § 1º, incs. I a X). Mesmo o acionista a que se refere o § 2º do artigo em questão não estará sendo responsabilizado pelo fato de ser acionista, mas sim pelo de haver negociado seu voto nas deliberações de assembleia geral, a fim de obter vantagem para si ou para outrem" (*A codelinquência*, p. 99).

c. *Precedentes do Superior Tribunal de Justiça*

A jurisprudência do Superior Tribunal de Justiça, em vários precedentes, afirmou que não é possível a responsabilização criminal autônoma da pessoa moral – como pretende o *caput* do art. 3º da Lei n. 9.605, de 12.02.1998 – se não houver a imputação simultânea da pessoa natural apontada como corresponsável pelo fato típico. Seguem alguns deles: é essencial a "imputação simultânea da pessoa moral e da pessoa física que, mediata ou imediatamente, no exercício de suas qualidades ou atribuição conferida pelo estatuto social, pratique o fato-crime, atendendo-se, assim, ao princípio do *nullum crimen sine actio humana*" (STJ, RMS 16.696/PR, 6ª T. Min. HAMILTON CARVALHIDO, DJ 13.03.2006). No mesmo sentido: "[...] Admite-se a responsabilidade penal da pessoa jurídica em crimes ambientais desde que haja imputação simultânea do ente moral e da pessoa física que atua em seu nome ou em seu benefício, uma vez que não se pode compreender a responsabilização do ente moral dissociada da atuação de uma pessoa física, que age com elemento subjetivo próprio (REsp 889.528/SC, Rel. Min. FELIX FISCHER, DJ 18.06.2007)". STJ, REsp 847.476/SC, 6ª T., Rel. Min. PAULO GALLOTTI, j. 08.04.2008, DJe 05.05.2008. *Idem:* STJ, REsp 564.960/SC, 5ª T., Rel. Min. GILSON DIPP, DJ 13.06.2005).

d. *Precedente do Supremo Tribunal Federal*

Em 6 de agosto de 2013, ao julgar o RE 548.181, a 1ª T. do Supremo Tribunal Federal, rejeitou a orientação mais consentânea ao espírito da Constituição, para declarar a "constitucionalidade" de processo criminal contra a pessoa moral, autonomamente. Esta é a ementa: "1. O art. 225, § 3º, da Constituição Federal não condiciona a responsabilização penal da pessoa jurídica por crimes ambientais à simultânea persecução penal da pessoa física em tese responsável no âmbito da empresa. A norma constitucional não impõe a necessária dupla imputação. 2. As organizações corporativas complexas da atualidade se caracterizam pela descentralização e distribuição de atribuições e responsabilidades, sendo inerentes, a esta realidade, as dificuldades para imputar o fato ilícito a uma pessoa concreta. 3. Condicionar a aplicação do art. 225, § 3º, da Carta Política a uma concreta imputação também a pessoa física implica indevida restrição da norma constitucional, expressa a intenção do constituinte originário não apenas de ampliar o alcance das sanções penais, mas também de evitar a impunidade pelos crimes ambientais frente às imensas dificuldades de individualização dos responsáveis internamente às corporações, além de reforçar a tutela do bem jurídico ambiental. 4. A identificação dos setores e agentes internos da empresa determinantes da produção do fato ilícito tem relevância e deve ser buscada no caso concreto como forma de esclarecer se esses indivíduos ou órgãos atuaram ou deliberaram no exercício regular de suas atribuições internas à sociedade, e ainda para verificar se a atuação se deu no interesse ou em benefício da entidade coletiva. Tal esclarecimento, relevante para fins de imputar determinado delito à pessoa jurídica, não se confunde, todavia, com subordinar a responsabilização da pessoa jurídica à responsabilização conjunta e cumulativa das pessoas físicas envolvidas. Em não raras oportunidades, as responsabilidades internas pelo fato estarão diluídas ou parcializadas de tal modo que não permitirão a imputação de responsabilidade penal individual. 5. Recurso Extraordinário parcialmente conhecido e, na parte conhecida, provido" (Rel. Min. ROSA WEBER, DJe 30.10.2014). Votaram com a relatora, os Ministros DIAS TOFFOLI e ROBERTO BARROSO. Ficaram vencidos, os Ministros MARCO AURÉLIO e LUIZ FUX.

IV. Assunto que não transitou em julgado

Como a decisão acima é de órgão fracionário o assunto deverá voltar à discussão por outra Turma ou pelo Plenário do Tribunal, e, obviamente pela comunidade jurídica e profissionais forenses. Com efeito, a matéria contém elementos de repercussão geral envolvendo normas constitucionais e também porque o processo penal brasileiro não contém regras específicas para determinar que a pessoa jurídica *sente* no banco dos réus.[14] Essa impossibilidade é declarada por ZAFFARONI, em palavras finais de um *Parecer* de sua lavra: "Por ello, *estimo que en el actual estado legislativo, las disposiciones concernientes a la responsabilidad penal de las personas jurídicas no son aplicables hasta que se sancionen las normas procesales que permitan su realización*" (In: PRADO-DOTTI, *Responsabilidade penal da pessoa jurídica*, p. 67) (Itálicos do original).[15] Criticando a lei do meio ambiente, ZAFFARONI

---

14 Igualmente o PLS 156, de 2009 e o PL 8.045/2010 (Projeto de Código de Processo Penal), aprovado com o Parecer n. 1.636, de 2010 e atualmente PL 8.045/2010, da Câmara dos Deputados, não contém previsão específica para esse tipo de ação penal, com os procedimentos e recursos pertinentes.

15 O Parecer, publicado integralmente, na obra mencionada, está juntado nos autos da Ação Penal 2000.51.01.500647-3 de São João do Meriti (RJ), 5ª Vara Federal.

e BATISTA observam que ao contrário do modelo francês, que o inspirou, o legislador brasileiro não editou uma *lei de adaptação,* com o que se estabeleceram algumas perplexidades. A falta de um só dispositivo sobre processo penal parece questionar frontalmente o princípio constitucional do devido processo legal em sua expressão mais elementar, a garantia do *procedimento tipificado*. Igualmente grave, desafiando o princípio da legalidade, foi não ter a lei estipulado os delitos que podem ser atribuídos às pessoas jurídicas, nem as penas que a cada um de tais delitos corresponderiam, impondo ao juiz uma verdadeira integração analógica que fere no peito a divisão republicana de poderes e a reserva legal [...] O custo de alterar gravemente o conceito de ação e sua função política limitadora não é compensado pela aplicação de penas às pessoas jurídicas" (*Direito penal brasileiro,* ob. cit., p. 119).

Entre os diplomas penais estrangeiros mais recentes, além do Código francês, os Códigos de Portugal e da Espanha admitem essa extravagante forma de imputação.[16] O primeiro dispõe: "Artigo 11º (**Carácter pessoal da responsabilidade**) *Salvo disposição em contrário, só as pessoas singulares são suscetíveis de responsabilidade criminal*" (Negrito do original; itálicos meus). Trata-se de uma solução de Política Criminal já admitida anteriormente no âmbito do chamado *direito penal acessório, secundário* ou *econômico-social* em oposição ao chamado *direito penal primário, de justiça ou clássico.* FIGUEIREDO DIAS lembra o Dec.-Lei n. 630, de 28.07.1976, e o Dec.-lei n. 28, de 20.01.1984, que regula infrações contra a economia e contra a saúde pública (*Direito penal,* t. I, p. 297). Na pátria de Cervantes, a Lei Orgânica n. 5, de 2010, acrescentou ao art. 31, mais um dispositivo (31 *bis*) ao Código Penal para declarar que nos casos previstos no Código, as pessoas jurídicas serão penalmente responsáveis pelos delitos cometidos em seu nome ou por conta das mesmas e em seu proveito, por seus representantes legais e administradores de fato ou de direito. Também as pessoas morais serão responsáveis pelos delitos cometidos no exercício de atividades sociais, por conta e proveito das mesmas, por quem, estando submetido à autoridade das pessoas físicas mencionadas no parágrafo anterior, permitiram a ocorrência do fato por não terem exercido sobre ele o devido controle

---

16 Também o Anteprojeto argentino se filia a essa corrente, embora não contenha a previsão de "crimes" praticados pela pessoa moral, cominando somente as sanções e fixando critérios para sua aplicação e determinação (arts. 60-62). O art. 59 é muito expressivo ao revelar uma norma penal em aberto: "1. Las personas jurídicas privadas son responsables, en los casos que la ley expresamente prevea, por los delitos cometidos por sus órganos o representantes que actuaren en beneficio o interés de ellas. La persona jurídica quedará exenta de responsabilidad solo si el órgano o representante actuare en su exclusivo beneficio y no generare provecho alguno para ella".

segundo as circunstâncias concretas do caso. Essa inovação foi considerada por respeitável setor da doutrina espanhola como "um novo Direito Penal", construído para as pessoas jurídicas de maneira distinta dos critérios utilizados para as pessoas físicas. Na vigorosa crítica de BITENCOURT, "essa construção do legislador espanhol não passa de um grotesco simulacro de direito, porque de direito penal não se trata, na medida que adota responsabilidade por fato de outrem. De plano constata-se que essa previsão penal espanhola afronta toda a estrutura da dogmática penal, especialmente de um *direito penal da culpabilidade*, que se pauta pela responsabilidade penal subjetiva e individual. Trata-se, na verdade, de uma *engenhosa construção ficcionista* do legislador espanhol, capaz de fazer inveja aos maiores ilusionistas da pós-modernidade, negando toda a história evolução/dogmática garantista de um *direito penal da culpabilidade*, que não abre mão da responsabilidade penal subjetiva" (*Tratado,* p. 303).

Na tradição do sistema penal brasileiro e fiel ao princípio da responsabilidade penal subjetiva, a legislação especial se orienta no sentido de que as pessoas morais não são sujeitos ativos de crime mas, sim, eventuais instrumentos para a sua prática. Assim é a regra do art. 11, *caput*, da Lei n. 8.137, de 27.12.1990: "Quem de qualquer modo, *inclusive por meio da pessoa jurídica*, concorre para os crimes definidos nesta lei, incide nas penas a este cominadas, na medida de sua culpabilidade". E mais: o art. 25 e o § 1º, da Lei n. 7.492, de 16.06.1986, ao individualizarem os responsáveis penalmente pelos crimes contra o Sistema Financeiro Nacional, somente referem-se às pessoas físicas, embora haja hipótese, como a do art. 16, na qual a pessoa jurídica funciona como meio para a realização do ilícito.

Um dos argumentos em favor da capacidade criminal da pessoa jurídica é a cominação legal de penas adequadas à sua natureza: multa, restritivas de direitos e prestação de serviços à comunidade (art. 21). É elementar, no entanto, que o foco da discussão não é esse. O que se demonstra, exaustivamente, é que ela não atende a dois elementos considerados pela doutrina nacional e estrangeira como indispensáveis para a estrutura do delito: a *conduta* (ação ou omissão) e a *culpabilidade* (imputabilidade, consciência real ou potencial da ilicitude e exigibilidade de conduta diversa). Tais elementos são de absoluta propriedade do ser humano (homem ou mulher) e jamais da pessoa moral. E quanto às respostas ao delito, forçoso é reconhecer que, no ordenamento positivo brasileiro, a pena é estabelecida judicialmente "conforme seja necessário e suficiente para reprovação e prevenção do crime" (CP, art. 59). A prevenção de novas infrações é uma das finalidades da execução penal, que visa a efetivar as disposições de sentença ou decisão criminal e proporcionar ao condenado, ou seja, à pessoa física, condições para a harmônica integração social (Lei n. 7.210/1984, art. 1º).

A analogia com institutos do Direito Civil tem servido para a tentativa de justificação da pena criminal para a pessoa jurídica. Nesse rumo é o argumento do prestigiado Professor KLAUS TIEDEMANN, invocando as doutrinas inglesa, holandesa e norte-americana: "Si la persona moral puede concluir un contrato, p. ej., de compra venta, ella es quien es sujeto de obligaciones que se originan de estos contratos y ella es quien puede violar essas obligaciones. Esto quiere decir que la persona moral puede actuar de manera antijurídica" (Responsabilidad penal de personas jurídicas. In: *RBCCrim*, n. 11, de 1995, p. 28).

Para instrumentalizar, nos sistemas legais, a responsabilidade criminal da pessoa jurídica, os seus seguidores propõem uma nova edificação dogmática para o fenômeno da culpabilidade. Essa é a tese de TIEDMANN: "Reconocer en derecho penal tal culpabilidad (social) de la empresa no hace sino exponer las consecuencias de su realidad social de una parte y las obligaciones correspondientes a los derechos de la empresa de otra parte, como muy bien dicen los autores de habla inglesa hasta lhegar a una "corporate blameworthiness". Introducir por vía legislativa tal concepto de culpabilidad colectiva o de agrupación, al lado de la culpabilidad individual tradicional, no es imposible según un punto de vista ideológico que reserva la responsabilidad en la sociedad a los individuos" (ob. e loc. cit, p. 31).

Mas, como se pode perceber, esse *modelo anfíbio* jamais se ajustaria à doutrina e ao sistema legal brasileiros, que concebem a culpabilidade como um fenômeno integrado por pressupostos inerentes ao ser humano, como foi exposto acima. A orientação exótica, incorporada no art. 3º da Lei 9.605/1998, constitui um atentado ao bom senso jurídico e não pode ficar à vontade para incubar o *ovo da serpente* e produzir o monstro da responsabilidade objetiva em matéria penal, em holocausto à natureza da ação como produto do ser humano e à formação científica do fenômeno da culpabilidade que, no dizer iluminado de BETTIOL, é o coração do Direito Penal: "O grande mérito da concepção normativa da culpabilidade foi, precisamente, o de ter trazido para um plano de valor o "coração" do Direito Penal, o qual não pode pulsar na atmosfera rarefeita do conceitualismo esquematizador, mas precisa viver num mundo concreto e vital" (BETTIOL, *O problema penal*, p. 153). Segundo a doutrina de ROXIN, "Tampoco son acciones conforme al Derecho Penal alemán los actos de personas jurídicas, pues, dado que les falta una sustancia psíquico-espiritual, no pueden manifestarse a sí mismas. Sólo 'órganos' humanos pueden actuar con eficacia para ellas, pero entonces hay que penar a aquéllos y no a la persona jurídica" (*Derecho penal,* t.

I, § 8, p. 258-259). Comungam desse entendimento, entre muitos outros, REGIS PRADO: "A culpabilidade penal como juízo de censura pessoal pela realização do injusto típico só pode ser endereçada a um indivíduo (culpabilidade da *vontade).* Como juízo ético-jurídico de reprovação, ou mesmo de motivação normal pela norma, somente pode ter como objeto a conduta humana livre" (*Curso*, p. 535).

Seria fastidioso, nesta oportunidade, tecer outras considerações de ordem doutrinária e que compõem o patrimônio de segurança jurídica formado pela histórica reunião dos elementos essenciais do delito. Bastam as minuciosas observações e conclusões que se extraem de cada um dos artigos da coletânea *Responsabilidade penal da pessoa jurídica: em defesa do princípio da imputação objetiva* (3ª ed., RT, 2011), todos eles orientados por princípios cravados pela cultura e pela experiência seculares. A sacralização da doutrina e da legislação estrangeiras, especialmente ao art. 121-2 do Código francês que, por sua vez, adotou o modelo inglês, não é aplicável ao sistema penal brasileiro, como foi dito acima. O equívoco de muitos apóstolos desse tipo de responsabilidade provém da distorcida interpretação dos arts. 173, § 5º, e art. 225, § 3º, da Constituição, como foi dito no primeiro período destes *Comentários.* A Carta Política de 1988 não concedeu uma *franquia* – sem pagamento de imposto e controle alfandegário – para o ingresso em nosso sistema jurídico-penal desse produto capaz de produzir insidiosos efeitos colaterais em princípios e regras secularmente consagrados de ação e de culpabilidade, como atributos do ser humano. A propósito, CERNICCHIARO enfatiza que a sanção penal "está vinculada à responsabilidade pessoal (art. 5º, XLV). Hoje, dela é inseparável. A Constituição brasileira, portanto, não afirmou a responsabilidade penal da pessoa jurídica, na esteira das congêneres contemporâneas" (*Direito penal da Constituição*, p. 144). Também CIRINO DOS SANTOS, em estilo claro e vigoroso, analisa o art. 173, § 5º, da *Lei Magna.* Segue apenas um trecho: "A Constituição fala em *responsabilidade* – e não em *responsabilidade penal*; a Constituição fala de *atos* – e não de *crimes*; finalmente, a Constituição delimita as áreas de incidência da *responsabilidade* pela prática *desses atos*, exclusivamente, à *ordem econômica e financeira* e *à economia popular,* sem incluir o *meio ambiente*" (*Direito penal,* p. 434-435) (Itálicos do original).

O saudoso penalista LUIZ LUISI demonstrou muito bem o vício de hermenêutica – nessa *leitura apressada* – ao analisar texto da Comissão de Sistematização da Carta de 1988 que previa: "*A lei sem prejuízo da responsabilidade individual dos integrantes da pessoa jurídica estabelecerá a responsabilidade criminal desta.*" Prossegue LUISI: *"Esse texto não mereceu a aprovação do Plenário da Constituinte. O texto aprovado refere que devem ser aplicadas à pessoa jurídica 'punições compatíveis com a sua natureza'. Retirando a expressa e literal referência à responsabilidade criminal da pessoa jurídica, é de evidência solar que o Constituinte recusou-se a estabelecer a responsabilidade em causa. É óbvio que o Constituinte ao dar ao parágrafo em questão uma redação diferente da proposta pela Comissão de Sistematização, com ela não concordou. Ou seja: é solar que o Constituinte ao não aprovar a redação que expressamente estabelecia a responsabilidade penal da pessoa jurídica, a repeliu. E limitou-se a dizer, sem necessidade real, que a punição da pessoa jurídica tem que se compatibilizar com a "ontologia" da pessoa jurídica, ou seja, com sua natureza"* (LUISI, Luiz. Notas sobre a responsabilidade penal das pessoas jurídicas. In: *Responsabilidade penal da pessoa jurídica,* ob. cit. p. 36-37) (Itálicos meus).

A academia, o debate forense, a jurisprudência e a boa doutrina irão provar que o teorismo da inovação acadêmica, alimentado por exótico paradigma estrangeiro sem afinidade com a cultura penalística brasileira, perderá a substância que a influou. E o tempo esmaecerá o brilho de sua anunciada aparição, como um milagre de fundo religioso para *curar* os males da incerteza de autoria, da participação e da impunidade no terreno fértil e irrigado dos crimes contra o meio ambiente.

§ 15. TEORIA JURÍDICO-PENAL DA AÇÃO

I. Posição dogmática

A ação humana é a base comum de todas as modalidades de crime. Na precisa formulação de MAURACH, *"la acción és una conducta humana, regida por la voluntad orientada a un determinado resultado"* (*Tratado,* vol. I, p. 182). Ou cf. a conclusão de CEREZO MIR, "la acción es ejercicio de actividad finalista. Si el Derecho parte de la concepción del hombre como persona, como ser responsable, se destaca como esencial para la valoración jurídica la estructura finalista de la acción humana. Solo la conducta finalista aparece entonces como conducta específicamente humana y puede ser objeto de la valoración jurídica" (*Derecho penal,* p. 414). No mesmo sentido, FRAGOSO: "Ação é a atividade humana conscientemente dirigida a um fim" (*Lições,* p. 183). Cf. ZAFFARONI/BATISTA, "o conceito de ação do direito penal é um *conceito jurídico.* [...] o certo é que o direito penal deve construir seu conceito de ação procedendo por abstração de dados da realidade. Qualquer saber que se ocupe da conduta humana procederá da mesma maneira, de sorte que não existe um conceito de *ação real*, mas somente uma realidade (a conduta) da qual cada ciência (ou, dentro dela, cada escola ou tendência), conforme seus interesses, abstrai aquilo que considera mais revelador ou mais útil para seu conceito de ação: a psicanálise enfatizará motivações inconscientes, a sociologia destacará comportamentos grupais ou interativos, o comportamentalismo (*behaviourism*) privilegiou os movimentos corporais sobre a introspecção etc. Não há qualquer motivo para que o Direito Penal opte por um conceito de ação produzido por outro saber, ao invés de elaborar o seu, a partir de seus próprios interesses. *É pois inevitável que o conceito de ação seja, para o Direito Penal, um conceito jurídico e não um simples dado da realidade*" (*Direito penal*, II, I, p. 100) (Itálicos meus).

II. Teorias sobre a ação

a. *Teoria causal-naturalista*

LISZT define a ação como "o facto que repousa sobre a vontade humana, a mudança do mundo exterior referível à vontade do homem [...] Dest'arte são dados os dois elementos, de que se compõe a idéa de acção e portanto a de crime: acto de vontade e resultado. A estes dois elementos deve accrescer a relação necessaria, para que elles formem um todo, *a referencia do resultado ao acto*" (*Tratado*, vol. I, p. 193) (Destaques do original). Esse conceito causal de ação, que também foi desenvolvido por RADBRUCH, era fracionado em duas partes constitutivas: o processo causal externo (objetivo) e o conteúdo da vontade (subjetivo). Em consequência, a ação seria um mero processo causal que desencadeia a vontade (o impulso voluntário ou a enervação) no mundo exterior, como efeito da vontade, sem levar em consideração se o autor queria ou somente poderia prever (conteúdo da vontade).

Para os adeptos da teoria causal-naturalista, a ação pode ser definida como um comportamento humano voluntário que produz modificação no mundo exterior. Ela tem como componentes necessários: *a)* um processo interno de vontade; *b)* a atuação dessa vontade no mundo exterior por meio de um fazer ou não fazer do agente; *c)* o resultado dessa atuação (BRUNO, *Direito penal*, t. 1º, p. 296). Essa mesma concepção *mecanicista* é adotada por CORREIA, ao acentuar que para poder falar-se de "acção positiva, é necessário que por via dela tenha lugar uma modificação do mundo externo, muito embora ela se reduza a um mero movimento corpóreo do agente" (*Direito criminal*, vol. I, p. 236).

Um dos mais autorizados críticos dessa teoria é HANS WELZEL. Para ele, a concepção tradicional (o "causal objetivo" e o "anímico subjetivo") se revelou inapropriada para a compreensão do delito culposo, posto que o elemento decisivo de tal ilícito não radica na pura causação do resultado, mas na contrariedade ao dever objetivo de cuidado imposto ao agente (*Derecho penal alemán*, § 8º, p. 47).

b. *Teoria sintomática*

Para os adeptos da Escola Positiva, o crime deveria ser visto não apenas em sua *entidade objetiva,* mas também pelo seu *valor* sintomático, i.e., como expressão da conduta do delinquente. Segundo FERRI, o grande intérprete daquele movimento, o crime deve ser considerado não apenas como ação antissocial e antijurídica, mas ainda como índice revelador da personalidade mais ou menos perigosa do seu autor. São suas estas palavras: "La Scuola Positiva ha invece sempre parlato di temibilità o di periculosità del *delinquente*, la quale ha una funzione geiuridica – non solo nell'applicazione individuale della pena, ma anzitutto nella norma che ha la costatazione di un pericolo di fronte al danno non effett. Altro è considerare *il fatto pericoloso* e ben altro l'*uomo pericoloso* [...] La *pericolosità del delinquente* è quindi il criterio (soggettivo) fondamentale che va sostituito al criterio classico (obbiettivo) della *entità del delito*" (*Principii*, p. 286-288) (Itálicos do original). Assim, todo delito, além de um aspecto causal (bem jurídico lesado ou posto em perigo de lesão), conterá um aspecto sintomático (periculosidade de seu autor. Este último aspecto reveste-se de primacial importância, já que a Justiça Penal deve servir à defesa social, considerando a potencialidade ofensiva do sujeito, independentemente da gravidade do delito praticado (COSTA JÚNIOR, *Nexo causal*, p. 19).

Aquela orientação, ou seja, de uma personalidade perigosa de autor, estava em harmonia com as cinco categorias fundamentais de delinquentes adotadas pelos positivistas: loucos, natos, habituais, ocasionais e passionais.

Apesar de essa teoria perder prestígio com relação aos autores imputáveis – em face da rejeição de uma *culpa pela formação da personalidade* – o seu valor histórico é incontestável. E mesmo nos sistemas positivos da atualidade a sua contribuição é relevante no campo das medidas de segurança e nas investigações criminológicas.

c. *Teoria social*

Cf. o magistério de JESCHECK, a categoria fundamental do comportamento *ativo* é a *finalidade*, pois a capacidade de conduzir processos causais fundamenta a posição específica do homem na natureza. A ela se agrega uma segunda categoria, não apenas relevante para o Direito Civil, mas também para o Direito Penal: a *omissão*. E estabelece o conceito social de ação: é o comportamento humano socialmente relevante (*Tratado*, vol. 1º, § 23, p. 296). BETTIOL sustenta uma concepção social-valorativa da ação, como a única capaz de determinar a unicidade ou a pluralidade das próprias ações, visto faltar, no plano naturalístico, uma unidade de medida. Para esse notável mestre, "se o homem é um ser 'vivente', a acção, sendo a mais característica manifestação do homem, deve ser também considerada como 'vivente', bem entendido, sob um aspecto teleológico. [...] É só em virtude desse momento finalístico que podemos reduzir a perfeita unidade de dois elementos, objectivo e subjectivo, do agir humano e que podemos plasmar o conceito de acção como conceito de valor, que supera as exigências de uma concepção meramente naturalística. O homem não age sem um fim. Se afastarmos a consideração do fim, degradamos, verdadeiramente, a acção, sistematizando-a no plano da cega causalidade, e colocamos o homem entre as grades de um naturalismo que aprisiona a sua rica e complexa personalidade moral, ou melhor, que a nega. O homem acaba por ser considerado apenas como o animal mais perfeito na escala dos vertebrados. É unicamente com base na concepção que aqui se defende, que se pode dar ao conceito de acção a plena concretização a que tem direito. A acção, como valor, não pode deixar de ser uma coisa concreta, que não cabe no esquema, que é vazio e árido, expressão de uma realidade naturalística" (*O problema penal*, p. 140/141).

Os demais defensores da teoria social da ação (E. SCHMIDT, ENGISH, MAIHOFER, WOLFF etc.) embora admitindo as diferentes formas em que a mesma se apresenta, admitem a existência de um elemento comum: a *relevância social* da conduta humana (MAURACH, *Derecho penal*, vol. I, p. 262). Para esses mestres, cf. o resumo feito por WESSELS, o conceito de ação transcreve-se como: "*A causação voluntária de consequências calculáveis e socialmente relevantes*" (ENGISCH); "*a conduta objetivamente controlável pelo homem, dirigida a um resultado social objetivamente previsível*" (MAIHOFER, EB. SCHMIDT); "*a conduta portadora de vontade, que afeta a esfera de vida de seus consócios através de seus efeitos e que se apresenta sob aspectos normativos como unidade de sentido social*" (EB. SCHMIDT) (*Direito penal*, p. 20).

Negando o prestígio e a eficácia da teoria, ROXIN parte do princípio segundo o qual há ações socialmente relevantes, porém há outras que não o são. Vale reproduzir: "*Así pues, la relevancia social es una cualidad que una acción puede tener o no tener, y se falta, no desaparece la acción, sino sólo su importancia social*" (*Derecho penal*, t. I, § 8, p. 247).

d. *Teoria finalista*

Dissertando acerca das etapas da evolução histórica da sistemática do delito, ROXIN observa que um modelo distinto do sistema de Direito Penal marcou a discussão da dogmática penal das primeiras décadas do pós--guerra (1939-1945) com a denominada *teoria final da ação*. O seu ponto de partida caracterizou-se por revelar uma perspectiva de ação distinta das anteriores concepções sistemáticas "*y mucho más rico en contenido. Para* esta teoría la 'esencia' de la acción, que determina toda la estructura sistemática, estriba en que, mediante su anticipación mental y la correspondiente selección de medios, el hombre controla el curso causal dirigiéndolo hacia un determinado objetivo, es decir, lo 'supradetermina de modo final'. En consecuencia, sólo habrá una acción de matar si el autor pone rumbo al objetivo con conocimiento y voluntad, o sea si mata dolosamente. De ahí se deriva como consecuencia sistemática que el dolo, que en sistema clásico e incluso en el neoclásico se había entendido como forma de culpabilidad y del que también se consideraba componente necesario la conciencia del injusto, ahora aparece en una forma reducida a la dirección causal y se considera ya como componente del tipo" (*Derecho penal*, t. I, § 7, p. 199) (Itálicos meus).

Também fazendo uma retrospectiva acerca do tema, LUZÓN PEÑA comenta que frente aos conceitos causalistas anteriores, que consideravam como fundamental a causação de resultados ou mudanças no exterior, sem dar grande importância à vontade, surge, ao contrário, o finalismo para sustentar que "*la naturaleza de las cosas impone la preeminencia en la acción del aspecto subjetivo: su fin o finalidad, pues lo que diferencia a las acciones humanas de los fenómenos o procesos naturales ciegos es precisamente la finalidad; esto es, que 'el hombre, gracias a su saber causal, puede prever en cierta medida las posibles consecuencias de su actuación, fijarse por ello diversos objetivos y dirigir planificadamente su actuación a la consecución de esos objetivos'"* (*Lecciones,* Cap. 10, p. 130) (Itálicos meus).

A *teoria finalista da ação* consiste no reconhecimento de que toda a conduta (ação ou omissão) é um *acontecimento final*. AWELZEL, o seu grande sistematizador, louvou-se em ARISTÓTELES (*Ética a Nicômaco*), em SÃO TOMÁS DE AQUINO e HEGEL, para sustentar que toda a ação humana é o exercício da atividade finalista. Esse processo natural compreende não só a finalidade da ação, como também os meios empregados e as consequências necessárias da conduta. Com clareza e síntese, o imortal penalista nos diz que toda a vida comunitária do ser humano se estrutura, para o bem ou para o mal, sobre uma *atividade final*. E arremata: "*Esto presupone que los miembros de la sociedad pueden actuar conscientes del fin, es decir, proponerse fines, elegir los medios requeridos para su obtención y ponerlos en movimiento con conciencia del fin. Esta actividad final se llama 'acción [...]' El Derecho Penal, también sólo porque el hombre es capaz de la ejecución de acciones con conciencia del fin, puede dirigir-se al hombre mandando y prohibiendo. El ámbito de la normatividad jurídico-penal se limita al recinto de la posible actividad final humana*" (*Derecho penal aleman*, § 7º, p. 37-38). Daí por que o contraste entre as teorias causal e finalista da ação pode ser resumido pela seguinte comparação: a causalidade é *cega*; a finalidade é *vidente*.

A teoria é amplamente aceita não somente quanto às condutas dolosas, quando o agente *quer* o resultado ou *assume o risco* de produzi-lo, mas também quanto às culposas, quando por ação ou omissão o sujeito deixou de atender ao dever de cuidado objetivo a que estava obrigado no âmbito da relação. O comportamento final, em tal caso, não se dirige à prática do resultado típico, mas ao cometimento de uma ação ou de uma omissão (imprudência, negligência ou imperícia) que produz o evento previsível. Cf. as próprias palavras de WELZEL, o direito exige de cada uma das pessoas que pretendem participar da vida social, *"un mínimo de dirección finalista en sus acciones. Este mínimo, como observancia de 'la diligencia necesaria en el intercambio' (§ 276, Cód. Civ.), es decir, de la diligencia de la que es capaz y la que está obligado un individuo inteligente y prudente"* (*La teoría de la acción finalista*, p. 39).

Os defensores do finalismo acentuam que o erro fundamental dos *causalistas* consiste não apenas no desconhecimento da função constitutiva, por antonomásia, da vontade reitora da ação, como também porque a destrói, convertendo-a em um mero processo causal desencadeado por um ato qualquer de vontade (ato de voluntariedade). O conteúdo da vontade, que antecipa mentalmente as consequências possíveis de um ato de vontade e que dirige, conforme um plano e sobre a base do saber causal, o processo de acontecimento externo, converte-se em mero "reflexo" do fenômeno causal externo na alma do ator (WELZEL, *Derecho penal aleman,* § 8º, p. 48).

A PG/1984 adotou a teoria finalista como se poderá concluir pela inclusão do dolo na estrutura do tipo legal de ilícito,[17] de que são exemplos o erro sobre os elementos do tipo e o erro de proibição (CP, arts. 20 e 21). No mesmo sentido é a nova regra sobre o concurso de pessoas[18] de nítida "inspiração finalista" como o reconhecem LUISI (*O tipo penal, a teoria finalista*, p. 119) e PRADO (*Tratado*, vol. II, p. 274).

Cf. GUARAGNI, a teoria finalista da conduta atua em dois sentidos: ***a)*** como *elemento básico*, abrangendo crimes comissivos, os omissivos (toda omissão é um *fazer final* diferente do exigido), dolosos e culposos; ***b)*** como *enlace*, "ao dar supedâneo para todas as formas de tipicidade (inclusive culposa, pois nesses crimes a finalidade tem importância para fixar o cuidado

---

17 V. a Exp. Mot. da PG/1940, que considerava o dolo como elemento da culpabilidade: "13. No tocante à culpabilidade (ou elemento subjetivo do crime), o projeto não conhece outras formas além do dolo e da culpa *stricto sensu*".

18 CP, art. 29 [...] "§ 2º Se algum dos concorrentes quis participar de crime menos grave, ser-lhe-á aplicada a pena deste; essa pena será aumentada até metade, na hipótese de ter sido previsível o resultado mais grave".

devido), dando sustentação à ilicitude e à culpabilidade" (*As teorias da conduta em direito penal*, p. 337).

Na lúcida conclusão de TAVARES, a teoria finalista "teve o mérito principal de levar a investigação da teoria do delito às mais profundas indagações acerca de seus elementos e de proporcionar um debate aberto sobre as questões controvertidas do Direito Penal. Dogmaticamente, a colocação do dolo no tipo, que hoje é aceita até mesmo por não finalistas, trouxe enormes facilidades na construção do delito" (*Teorias do delito*, p. 86). No mesmo sentido, MUÑOZ CONDE: *"Por todo ello se puede considerar a la teoría final de la acción como la teoría sistemática actualmente más importante en el ámbito del derecho penal y no es de extrañar que se haya extendido en Alemania hasta hacerse dominante y que, por eso mismo, haya sido atacada y haya provocado polémicas todavía evidentes"* (*Introducción*, p. 266-267). (Itálicos meus).

III. Ação e ato

A *ação* não se confunde com o *ato*, ou seja, um movimento corpóreo que *"causa un cambio en el mundo exterior"* (ASÚA, *La ley y el delito*, p. 260) (Itálicos do original). Uma só ação pode ser constituída de vários atos, que ganham unidade por serem uma só manifestação de vontade. Quem efetua vários disparos para ferir ou matar alguém pratica uma só ação, embora composta de vários atos (o acionar a arma de fogo por mais de uma vez). O mesmo sucede com os diversos golpes de instrumento contundente para ferir a vítima. Chamam-se *plurissubsistentes* os delitos cujo processo de execução se desdobra em várias fases ou atos sucessivos, em direção a um mesmo e único resultado punível. Ao reverso, existe a categoria dos crimes *unissubsistentes*, que são realizados com um só ato, como a injúria verbal.

IV. Actio libera in causa

O momento do crime é o da ação ou da omissão quando o sujeito ativo tem consciência e vontade de praticar o fato punível. Na rotina da criminalidade, a capacidade de culpa coincide com o momento da conduta. Há, no entanto, uma situação na qual o agente se embriaga voluntariamente com o propósito de fugir à responsabilidade penal (alegando a incapacidade de entender e querer) ou para vencer as resistências externas ou psicológicas. Juridicamente, essa hipótese é chamada de *actio libera in causa* (ação livre na causa) que se caracteriza quando no espírito do agente, antes de embriagar-se, existe dolo ou culpa em relação ao fato criminoso e não só em relação à embriaguez (BRUNO, *Direito penal*, t. 2º, p. 153). É o que ocorre nos exemplos comuns do guarda-chaves e do vigilante que se embriagam pensando no resultado punível ou devendo prevê-lo em face da natureza das funções exercidas. A doutrina da *actio libera in causa* justifica a reprovabilidade da conduta em função da capacidade do sujeito anteriormente à prática do fato, que sempre deve ser certo e determinado. O cometimento do crime em estado de embriaguez preordenada, longe de excluir a capacidade de culpa, agrava a pena (CP, art. 61, I, c/c o art. 28, II).

Justificando a maior repressão, NUCCI comenta: "Há pessoas que não teriam coragem de cometer um crime em estado normal – para atingir seu desiderato, embriagam-se e, com isso, chegam, ao resultado almejado. A finalidade da maior punição é abranger pessoas que, em estado de sobriedade, não teriam agido criminosamente, bem como evitar que o agente se coloque, de propósito, em estado de inimputabilidade, podendo dele valer-se mais tarde para buscar uma exclusão de culpabilidade" (*Código penal*, p. 461).

Não há dúvida que a criminalidade violenta dos dias correntes, em suas expressões mais trágicas de homicídios qualificados, roubos com o resultado morte, sequestro etc., tem a alimentá-la o consumo de drogas.

O estudo e a conceituação dos fenômenos designados por *actiones liberae in causa sive ad libertatem relatae* pelos práticos italianos da Idade Média tiveram como ponto de partida a responsabilização criminal dos agentes que se embriagavam voluntariamente para mais facilmente cometer os crimes previamente deliberados ou para o reconhecimento posterior de uma atenuante. Em tempos modernos, os trabalhos de juristas alemães e italianos ampliaram a noção desse fenômeno para compreender que a abolição da consciência ou da livre disposição dependesse de outras causas além da intoxicação pela bebida alcoólica. Dessa maneira, ingressavam na compreensão da *actio libera in causa* também os atos praticados no estado de sono comum, de sugestão hipnótica, de perturbação psíquica resultante da intoxicação pela morfina, cocaína, ópio e demais substâncias entorpecentes (NARCÉLIO DE QUEIRÓS, *Teoria da "actio libera in causa"*, p. 14). Uma especial vertente sobre o tema da embriaguez conduziu à severidade de propostas de punição. Ao comentar essa tendência, BRUNO observa que os códigos mais recentes "procuraram levar mais adiante o crime do ébrio, chegando a construções que muitas vezes se apresentam contrastantes com os princípios que informam o sistema penal. Pretendia-se, por meio de um regime de particular severidade contra os efeitos criminais da embriaguez, empreender uma luta de caráter geral contra o alcoolismo. E assim veio-se a punir, sem outra consideração, todo fato típico cometido por quem se embriagara dolosa ou culposamente, sem que a posição psíquica do agente na fase inicial se relacionasse com a ação punível. Mas aí o Direito Penal se viu disputado por forças contraditórias: de um lado, o imperativo da culpabilidade, base do sistema, com o pressuposto da imputabilidade; do outro, a exigência empírica da luta social contra o alcoolismo. À influência deste último pensamento é que cederam as disposições legislativas mais recentes sobre a matéria. Essa posição, entretanto, tem sido julgada excessiva e já se manifestam a seu respeito exigências de reforma" (NARCÉLIO DE QUEIRÓS, ob. cit., nota de rodapé, p. 18-19).

Essa reprovabilidade mais grave ao alcoolismo se refletiu na elaboração da PG/1940, considerando a embriaguez preordenada como agravante obrigatória (art. 44, II, c)[19] orientação seguida na PG/1984, com substancial variação do texto, *verbis:* Art. 61. [...], II – ter o agente cometido o crime: "[...]; *l)* em *estado de embriaguez* preordenada". Com efeito, a regra anterior dispunha que a pena seria agravada por ter o sujeito praticado o crime "depois de embriagar-se *propositadamente* para cometê-lo", ou seja, de um crime *doloso*. A nova disposição permite que o delito posterior à embriaguez possa ser culposo. É oportuna a hipótese de NUCCI: "[...] quando agente, sabendo que irá dirigir um veículo, por exemplo, bebe antes de fazê-lo, precipita a sua imprudência para o momento em que atropelar e matar um passante. Responderá por homicídio culposo, pois o elemento subjetivo do crime projeta-se do momento de ingestão da bebida para o instante do delito" (*Código penal,* p. 305).

A incriminação da *ação livre em sua causa* está prevista pelo Código Penal Tipo nos seguintes termos: "*Cuando el agente hubiere provocado la grave perturbación de la conciencia a que se refiere el artículo 19 responderá del hecho realizado, por el dolo o culpa en que se hallare respecto de ese hecho, en el momento de colocarse en tal estado. La pena podrá agravarse hasta un tercio de la escala penal respectiva si la perturbación de la conciencia hubiere sido provocada por el agente para facilitar la realización del hecho o procurarse una excusa*" (art. 21).[20]

V. Ausência de conduta

Independentemente da posição dogmática acerca da natureza e do conteúdo da conduta (ação ou omissão), a orientação doutrinária preponderante divide em três grandes grupos os casos de sua ausência: ***a)*** *estados de inconsciência;* ***b)*** *atos reflexos;* ***c)*** *coação física irresistível.*

---

19 "Art. 44 (circunstâncias agravantes). São circunstâncias que sempre agravam a pena, quando não constituem ou qualificam o crime: I – [...]; II – ter o agente cometido o crime: *a)* [...]; *b* [...]; *c)* depois de embriagar-se propositadamente para cometê-lo:"

20 Código Penal Tipo para Latino-América, v. ABREVIATURAS.

Constituem situações do primeiro grupo: coma, desmaio, embriaguez letárgica, sono profundo, crise epilética, sonambulismo, sugestão hipnótica etc.[21] Não há, efetivamente, ação no sentido jurídico-penal no caso da "existência vegetativa de um descerebrado". Em relação aos fenômenos do sonambulismo e do transe hipnótico, nos quais a pessoa aparenta estar consciente, realizando atividades complexas, das quais não se lembra após cessado o efeito, alguns penalistas deslocam a solução do problema para o campo da inimputabilidade. "Entretanto, considerando-se que cabe resolver a dúvida em favor do réu, é recomendável que em todos esses casos se proclame a ausência de ação" (ZAFFARONI-BATISTA, *Direito penal brasileiro*, II 1, p. 114). São *atos reflexos* os movimentos corporais incontroláveis que respondem imediatamente (i.e.), sem mediação da consciência a um estímulo fisiológico sensitivo. Em outras palavras, tais fenômenos surgem como rápido mecanismo de estímulo e reação do sistema nervoso. Além das hipóteses corriqueiras da tosse, do espirro e do soluço, há, também, "o movimento desastrado de quem, dirigindo seu veículo, vê-se acometido por um inseto no olho ou por uma câimbra na perna, ou de quem afasta violentamente a mão de um objeto que a queimou, ou ainda de quem, chocado pela terrível cena do acidente que presencia, fica paralisado e emudecido, incapacitado de prestar ou pedir auxílio" (ZAFFARONI-BATISTA, ob. e loc. cit.). Alguns escritores distinguem os atos reflexos dos *movimentos automatizados* que são identificados nas *ações em curto-circuito* e nos *atos mecânicos*. Por *coação física irresistível*, entende-se a absoluta impossibilidade corporal de a pessoa livrar-se da violência a que é submetida e utilizada como instrumento para realizar o verbo contido no tipo penal ou para omitir a ação esperada. É oportuna a suposição de SILVA FRANCO: "Se *A* força fisicamente, através de pressão exercida sobre o dedo de *B* que está no gatilho de uma arma de fogo, a atirar contra *C*, qual a margem de decisão que foi deixada para *B*? Nenhuma, evidentemente. Nesse caso, não há cuidar mais de três pessoas porque, em verdade, *B* não manifestou sua vontade por ter sido mera extensão da mão de *A*. Destarte, no caso de coação física, *A* e não *B*, é o autor do delito e, portanto, somente ele terá sua conduta punível" (*Código penal*, p. 186). Na oportuna imagem de ANDREUCCI, na coação física absoluta ocorre um "deslocamento da ação" (*Coação irresistível por violência*, p. 84).

---

21 Obviamente tais hipóteses não se confundem com a situação em que o sujeito se coloca em estado de incapacidade psíquica ou física para não praticar a ação esperada e, assim, contribuir, por omissão, para a prática do crime. V., *supra*, o fenômeno jurídico da *actio libera in causa:* § 15, n. V.

Na coação física irresistível não se caracteriza a autoria mediata e, sim, "uma verdadeira autoria direta do coator, fundamentada no domínio da ação" (BATISTA, *Concurso de agentes,* p. 137).

Cf. CIRINO DOS SANTOS, não constituem ação: *a)* acontecimentos da natureza (terremotos, inundações, tempestades, desabamentos, raios etc.; *b)* ataques de animais ferozes (mas que podem ser usados como instrumentos de agressão); *c)* atos de pessoas jurídicas, já que somente as pessoas naturais, como órgãos representativos das pessoas morais têm a capacidade para a ação ou omissão; *d)* pensamentos, atitudes e emoções como *atos psíquicos* sem exteriorização; *e)* movimentos do corpo como *massa mecânica*: estados de inconsciência (desmaios, delírios ou convulsões epilépticas (a mãe sufoca ou lesiona o filho na amamentação, ao sofrer desmaio ou ataque de epilepsia). Como hipótese de *movimento reflexo,* esse penalista refere o motorista que, para proteger o olho atingido por um inseto, realiza movimento manual e perde o controle do veículo produzindo um acidente. E como exemplo de *ação automatizada* ou de *curto-circuito,* o do motorista que, em velocidade aproximada de 90 km/h, "vê animal do tamanho de cachorro 10 a 15 metros à frente do veículo, gira o volante, bate na proteção lateral de cimento e passageiro morre" (*Direito penal,* p. 100-101).

§ 16. TEORIA JURÍDICO-PENAL DA OMISSÃO

I. Conceito doutrinário

A *omissão* é a abstenção da atividade juridicamente exigida. Constitui uma atitude psicológica e física de não atendimento da *ação esperada,* que devia e podia ser praticada. O conceito, portanto, é puramente normativo.

Na doutrina de WELZEL há normas jurídicas que ordenam a prática de ações para a produção de resultados socialmente desejados ou para evitar aqueles socialmente indesejados. "Estas normas se lesionan mediante la omisión de la conducta mandada. La lesión de estas normas de mandato, que se produce por la omisión de la acción mandada, está en cierta medida sujeta a pena: en los llamados delitos de omisión [...] Omisión es la no producción de la finalidad potencial (posible) de un hombre en relación a una determinada acción. Solo aquella acción que está subordinada al poder final del hecho (dominio del hecho) de una persona, puede ser omitida [...] Omisión no significa un mero no hacer nada, sino un no hacer una acción posible subordinada al poder final del hecho de una persona concreta" (*Derecho penal aleman,* § 26, p. 237-238).

Em síntese, a omissão jurídico-penal consiste na abstenção da *ação esperada* quando o omitente podia e devia agir para impedir o resultado.

II. Conceito legal

Além da definição adotada pelo nosso Código ao positivar a *relevância da omissão* (§ 2º do art. 13), diplomas contemporâneos como os de Portugal e da Espanha estabelecem o fundamento e os limites da omissão punível. O primeiro dispõe no artigo 10º, n. 2: *"A comissão de um resultado por omissão só é punível quando sobre o omitente recair um dever jurídico que pessoalmente o obrigue a evitar esse resultado".* E o segundo estabelece: "**11.** Los delitos o faltas que consistan en la producción de un resultado sólo se entenderan cometidos por omisión quando la no evitación del mismo, al infringir un especial deber jurídico del autor, equivalga, segun el sentido del texto de la Ley, a sú causación. A tal efecto se equipararà la omisión a la acción: *a)* Cuando exista una específica obligación legal o contractual de actuar. *b)* Cuando el omitente haya creado una ocasión de riesgo para el bien jurídicamente protegido mediante una acción u omisión precedente".

III. Teorias sobre a omissão

O conceito da omissão não se movimentava em terreno pacífico até o tempo em que a causalidade desse fenômeno passou a ser construída com uma base normativa. É necessário distinguir, desde logo, duas espécies dessas infrações: os *crimes omissivos próprios* e os *crimes comissivos por omissão*. Nos primeiros, a agente falta, com a sua inatividade, a um comando da lei penal; nos segundos, com a sua falta de agir, produz um fato típico. No resultado próprio de omissão, o agente deixa de praticar um ato que lhe é ordenado pela lei, como no delito de omissão de socorro (CP, art. 135). No fato omissivo impróprio, deixa de realizar um ato que juridicamente lhe incumbe, necessário para que não ocorra um resultado de dano ou perigo constitutivo do tipo penal, como o caso da mulher que deixa de alimentar o próprio filho, causando-lhe, propositadamente ou por negligência, a morte (BRUNO, *Direito penal*, t. 1º, p. 308-309).[22]

Até que se encontrasse uma teoria adequada para a omissão punível, várias tentativas foram feitas, merecendo referência: *a)* as *atividades neuromusculares* que o indivíduo desenvolve para não praticar o ato exigido; *b)* o *fazer algo diferente* no momento em que se exigia a ação; *c)* a da *ação esperada*, fórmula mais tarde substituída por outra: a *ação que era de se esperar*.

As duas primeiras procuram explicar o fenômeno à luz de uma coordenada naturalista, enquanto a última é compreensível sob uma visão normativista.

---

22 *Crimes omissivos próprios e crimes comissivos por omissão*, v., MODALIDADES DE CRIMES, § 4º, n. (65) e (66).

a. *Teoria normativa*

A omissão relevante para o Direito Penal é identificada por um juízo *post factum*. Produzido o resultado típico, faz-se uma avaliação concreta sobre o *dever de agir* imposto a determinado sujeito e o seu *poder de agir*. Sob o primeiro aspecto, pode-se afirmar que o conceito de omissão é puramente normativo. Porém não basta, para caracterizar a omissão punível, a violação do dever de agir. É indispensável que o omitente, nas circunstâncias do caso concreto, tenha a possibilidade factual de agir.

Uma teoria puramente normativa não satisfaz às exigências jurídicas e éticas para justificar a omissão penalmente relevante. Daí a necessidade de se recorrer à teoria finalista que explica a incriminação da conduta omissiva, com a deliberação do sujeito em não praticar a ação com a *finalidade* de evitar o resultado.

b. *Teoria finalista*

Cf. o magistério de WELZEL, as teorias da causalidade e da finalidade (atual) não explicam a omissão punível. Mas, justificando a orientação do finalismo em tal assunto, à luz de uma finalidade potencial, ele ensina que a omissão *"es la no producción de la finalidad potencial (posible) de un hombre en relación a una determinada acción. Solo aquella acción que está subordinada al poder final del hecho (dominio del hecho) de una persona, puede ser omitida. [...] Omisión no significa un mero no hacer nada, sino un no hacer una acción posible subordinada al poder final del hecho de una persona concreta"* (*Derecho penal aleman*, § 26, p. 238).

IV. Elementos da omissão

Considerando-se que a omissão jurídico-penal é a abstenção de uma atividade que o agente deveria e poderia realizar, tem-se que os seus elementos de estrutura se reduzem a dois aspectos: ***a)*** o *dever* de agir; ***b)*** o *poder* agir. Essa é a regra do § 2º do art. 13 do CP: *"A omissão é penalmente relevante quando o omitente devia e podia agir para evitar o resultado"*.

De um modo geral, todos os cidadãos penalmente capazes estão obrigados a cumprir as determinações impostas pelo interesse público, cf. o princípio da legalidade.[23] Mas quando se trata da responsabilidade penal em consequência da omissão, é essencial que a mesma seja delimitada, quanto ao dever de agir, aos estritos casos previstos pelo § 2º do art. 13

---

23 CF art. 5º, II – "ninguém será obrigado a fazer ou deixar de fazer alguma coisa senão em virtude de lei".

do CP, isto é, a quem: *a)* tenha, por lei, obrigação de cuidado, proteção ou vigilância; *b)* de outra forma, assumiu a responsabilidade de impedir o resultado; *c)* com seu comportamento anterior, criou o risco da ocorrência do resultado. Como exemplos, podem ser referidos: *a)* agente de segurança pública que se limita a assistir a uma agressão contra a vítima, querendo o resultado de dano à integridade física da mesma; *b)* o professor de natação que, em função do contrato, assumiu o encargo de ensinar e proteger os seus alunos durante os exercícios na piscina;[24] *c)* o motorista que, dirigindo o veículo imprudentemente, atropelou o pedestre.

Para que se responsabilize o omitente por não ter realizado a *ação esperada* (ou *ação determinada*) é essencial: *a)* o conhecimento da situação típica (o mero dever de conhecer tal situação é insuficiente); *b)* a consciência do seu poder de fato para realizar a ação omitida (o chamado *dolo* de omissão); *c)* a real possibilidade física de levar a efeito a ação exigível nas circunstâncias (WELZEL, *Derecho penal aleman*, § 27, p. 242-243).

V. Natureza do dever de agir

O *dever de agir* é de conteúdo estrita e exclusivamente jurídico não havendo qualquer incidência da regra social, ética, religiosa ou filosófica de comportamento. REALE JÚNIOR contesta a opinião de CUNHA LUNA, no sentido de que a obrigação de atuar deve ser ampliada no contexto de um "dever de comunidade de vida e de perigo". E para justificar sua tese, o ilustre catedrático do Recife argumenta: "Quem vê um cego caminhando para um despenhadeiro não se enquadra nas hipóteses fixadas pelo art. 13, § 2º, da Parte Geral. No entanto, é inegável o seu dever de agir". Opondo-se a esse alargamento da tipicidade, REALE JÚNIOR lembra a existência de uma norma *genérica* que impõe a todos, indistintamente, o dever de agir fundado "no valor da solidariedade humana: o crime de omissão de socorro (CP, art. 135). É precisamente esse dever, que se estende a todos os membros da sociedade, que constitui, em nosso juízo, o preconizado dever genérico de comunidade de vida e perigo" (*Instituições*, p. 261).

---

24 Esta é a situação do chamado garantidor. Trata-se de toda pessoa que, em face da lei, do contrato ou mesmo por uma situação de fato, se colocou, efetivamente, na posição de garantidor da não ocorrência do resultado. Assim, tanto são garantidores a enfermeira paga, como a vizinha que voluntariamente se ofereceu para cuidar do recém-nascido; também o são o guia contratado para a excursão perigosa, e o morador do local que, espontaneamente, se ofereceu para guiar os excursionistas. Todos eles poderão ser responsáveis pela morte ou lesão das pessoas de quem deviam cuidar, caso as abandonem (DELMANTO, Código penal comentado, p. 20).

VI. Responsabilidade pelo dever de agir

São responsáveis pelo dever jurídico de agir: *a)* quem tiver, *por força de lei*, obrigação de cuidado, proteção ou vigilância, p.ex., o agente de segurança pública que se limita a assistir uma agressão à vítima; *b)* quem, de outra forma, assumiu a responsabilidade de impedir o resultado, p. ex., o professor de natação contratado para ensinar e proteger seus alunos durante o exercício; *c)* quem, com seu comportamento anterior, criou o risco da ocorrência do resultado, p. ex., o motorista que, dirigindo o veículo imprudentemente, atropelou o pedestre que sofreu ferimentos. Em síntese: o § 2º do art. 13 refere-se à pessoa do *garantidor*.

VII. Formas da omissão

A omissão é punível sob três formas: *a)* pela inobservância do dever de solidariedade humana e obrigação natural e civil como nas hipóteses de *omissão de socorro* e *abandono material* (CP, arts. 135 e 244); *b)* pela conduta alternativa ou cumulada de *introdução* ou abandono de animais em propriedade alheia (CP, art. 164); *c)* pela violação do *dever de agir* estabelecido nas situações previstas pelo art. 13, § 2º, do Código Penal. Nesta última hipótese, a doutrina e a jurisprudência condicionam a responsabilidade penal à infração de um dever jurídico de evitar o resultado (ex.: homicídio por infração pela mãe do dever de alimentar o próprio filho, CP, art. 121). O que distingue estas formas de crimes omissivos, é que, na primeira, a punição independe da produção de qualquer resultado, enquanto, nas demais, a superveniência real ou potencial do resultado é elemento caracterizador do crime consumado ou de sua tentativa.

VIII. Classificação dos crimes omissivos

a. *Crimes omissivos próprios (puros)*

São crimes *omissivos próprios* (*puros*) os que se realizam com a simples inatividade a um comando de lei, como na omissão de socorro (CP, art. 135).

b. *Crimes omissivos impróprios (comissivos por omissão)*

Comumente praticados por ação (homicídio, lesões corporais etc.) tais ilícitos podem ser cometidos por omissão, como no caso da enfermeira que desliga o respirador artificial causando a morte do paciente por asfixia.

Daí a certeira opinião de TOLEDO, o coordenador dos trabalhos da reforma da PG/1984: "O problema da causalidade nesses delitos comissivos por omissão tem ensejado inúmeras disputas doutrinárias que, entre nós, com a reforma penal, perdem relevância. Com efeito, o legislador pátrio estabeleceu um nexo de causalidade normativo entre a omissão e o resultado, no art. 13 e parágrafos do Código Penal, especificando as hipóteses em que esse nexo deva ser reputado presente, a saber: *a)* tenha o agente, por lei, obrigação de cuidado, proteção ou vigilância; *b)* de outra forma, assumiu a responsabilidade de impedir o resultado; *c)* com seu comportamento anterior, criou o risco da ocorrência do resultado. A omissão terá o mesmo valor penalístico da ação quando o omitente se colocar, por força de um dever jurídico (art. 13, § 2º), na posição de garantidor da não ocorrência do resultado" (*Princípios básicos,* p. 116-117). O Supremo Tribunal Federal, acolhendo parecer de TOLEDO, emitido na condição de subprocurador da República, decidiu: *"A causalidade, nos crimes comissivos por omissão, não é fática, mas jurídica, consistente em não haver atuado o omitente, como devia e podia, para impedir o resultado"* (*RTJ,* 116/177; TOLEDO, ob. cit., § 119, p. 117) (Itálicos meus).

Segundo a observação de BITENCOURT, no crime comissivo por omissão (omissivo impróprio), o dever de agir é para evitar um resultado concreto. "Nesses crimes, o agente não tem simplesmente a obrigação de agir, mas a *obrigação de agir para evitar um resultado,* isto é, deve agir com a *finalidade* de impedir a ocorrência de determinado evento. Nos crimes comissivos por omissão já, na verdade, um crime material, isto é, um crime de resultado, exigindo, consequentemente, a presença de um *nexo causal* entre a ação omitida esperada) e o resultado" (*Tratado,* p. 326) (Itálicos do original).

No Código penal alemão (StGB) o delito comissivo por omissão é assim definido: "§ 13 (1) Quem se omite de impedir um resultado, que integra um tipo legal, só é punível por esta lei, se tiver de responder juridicamente pela não ocorrência do resultado e quando a omissão corresponder à realização do tipo legal por meio de um agir".

c. *Crime omissivo por comissão (conduta mista)*

Os *crimes omissivos por comissão* são os decorrentes de um não fazer determinado pela ação de outrem ou do próprio omitente. Acolhendo essa modalidade, COSTA JÚNIOR formula o exemplo do médico que pretendia intervir para salvar uma paciente em perigo de vida, mas é impedido pelo marido que desejava a morte da mulher (*Do nexo causal,* p. 16). Outra hipótese desses *crimes de conduta mista* ocorre com o ilícito previsto no art. 168-A do Código Penal: "Deixar de repassar à previdência social as contribuições recolhidas dos contribuintes, no prazo e forma legal ou convencional".

IX. A causalidade nos delitos de omissão dolosa

Não existe uma causalidade *física* na omissão. Em tal sentido, a doutrina é muito clara: "A omissão só é causal de um ponto de vista jurídico: o Direito comanda a ação que, omitida, produz o resultado. O agente não produz o resultado com a omissão, apenas não pratica a ação a que estava obrigado e que o evitaria" (MACHADO, *Direito criminal*, p. 115). Nem toda omissão pode ser considerada como causa do evento típico, mas somente aquela que implica na violação de um *dever jurídico* de agir. Nos crimes praticados por omissão, a causalidade não é factual, porém jurídica, consistente em não haver o omitente atuado como devia e podia atuar para evitar o resultado (STF, *RTJ,* 116/177). Esta é a orientação do Código Penal estabelecendo que a omissão é penalmente relevante "quando o omitente devia e podia agir para evitar o resultado. O dever de agir incumbe a quem: *a)* tenha por lei obrigação de cuidado, proteção ou vigilância; *b)* de outra forma, assumiu a responsabilidade de evitar o resultado; *c)* com seu comportamento anterior, criou o risco da ocorrência do resultado" (art. 13, § 2º). A regra se aplica aos crimes *omissivos impróprios (comissivos por omissão)*.

MUNHOZ NETTO, em contribuição apresentada ao Colóquio de Direito Penal realizado no Rio de Janeiro (20-23.10.1982), observa que os esforços para a elaboração de um novo e mais aperfeiçoado Código Penal[25] fomentaram trabalhos doutrinários nos anos 60 e 70 em relação aos crimes omissivos impróprios revelando sensíveis modificações. "A preocupação com a causalidade naturalística da omissão cedeu lugar à negação desta causalidade e sua substituição por uma causalidade normativa ou por um juízo hipotético de causalidade. Passou-se a questionar acerca da compatibilidade entre o princípio da legalidade e a punição dos crimes comissivos por omissão sem que a lei penal especifique as hipóteses em que há o dever de evitar o resultado. Acentuou-se que o dever de agir surge da posição de garantidor do sujeito, que deve estar em estreita relação com o bem tutelado e observou-se que tal posição, além de ter como fontes a lei e a anterior atividade causadora do perigo, pode originar-se, independentemente da relação contratual, da assunção, de fato, da responsabilidade de evitar o resultado". E mais adiante, pondera: "*Mecanicamente jamais a omissão é causal*. Como categoria do ser, a omissão requer uma fonte real de energia, capaz de acarretar um desencadeamento de forças. Isto falta na omissão: '*ex nihilo nihil fit*'. A omissão, como a não execução da ação, não causa absolutamente nada. Consiste, ao contrário, em não interromper

---

25 O texto refere-se ao CP 1969: Dec.-Lei n. 1.004/1969, alterado pela Lei n. 6.016/1973 e revogado pela Lei n. 6.578/1978.

uma série causal *in itinere*. Daí afirmar REALE JÚNIOR que o processo causal é estranho ao omitente, o qual não corta o curso. *Mas, se não há causalidade física na omissão nada impede que a lei pressuponha uma relação entre a omissão e o resultado, partindo de um juízo de probabilidade sobre se a ação, possível para o omitente, o teria evitado*. Trata-se, portanto, de um juízo de causalidade quanto à ação esperada e não quanto à omissão, isto é, de um 'juízo causal hipotético'. Para que o não evitar o resultado se equipare à respectiva produção, é preciso que se possa predizer 'com um grau de probabilidade que limita com a certeza', que o resultado teria sido evitado com a ação omitida" (Os crimes omissivos no Brasil. In: *RDPC*, n. 33, p. 8 e 12) (Itálicos meus).

Na dissertação com a qual obteve, brilhantemente, o título de Livre-Docente na Faculdade Nacional de Direito (RJ) e publicada em 1961, FRAGOSO sintetiza: "Há omissão quando o agente transgride uma ordem, sendo-lhe imposto o dever jurídico de agir. Como já se observou, o conceito de ação é puramente negativo: a omissão *não é* alguma coisa. Não há omissão em si. É um equívoco supor que *naturalisticamente* poderíamos reconhecer omissão, pela simples observação do comportamento humano. Esta somente nos pode revelar uma atividade ou uma inatividade corpórea. A omissão, porém, envolve sempre a necessidade de um termo de relação, que depende não de quem realiza o comportamento que se considera, mas de um juízo objetivo, realizado por quem constata a inexistência de uma atividade devida ou esperada (que não tem qualquer correspondência com a inércia ou a atividade corpórea. A omissão é, porém, uma realidade social, como a ação, constatada através de um juízo objetivo" (*Conduta punível*, p. 183).[26]

Aquele valioso trabalho acadêmico iria contribuir, decisivamente para a regulação normativa da omissão a partir do Anteprojeto Hungria (1963) que, mantendo o *caput* do art. 11 da PG/1940,[27] estabeleceu no § 1º: *"A omissão é relevante como causa quando quem omite devia e podia agir para evitar o resultado, decorrente esse dever seja da lei, seja de relação contratual ou de perigosa situação de fato criada pelo próprio omitente, ainda quem sem culpa"*. O mesmo texto, com pequena variação, foi incluído como § 2º do art. 13 do CP 1969 e desenvolvido na PG/1984.

---

26 Entre os penalistas brasileiros, HELENO CLÁUDIO FRAGOSO, foi o primeiro a acolher e destacar a importância crescente na doutrina internacional da concepção finalista da ação (*Conduta punível*, ob. cit., p. 17-25).

27 PG/1940, "Art. 11 (Relação de causalidade). O resultado, de que depende a existência do crime, somente é imputável a quem lhe deu causa. Considera-se causa a ação ou omissão sem a qual o resultado não teria ocorrido".

A redação do art. 13, *caput* e § 2º, do Código Penal não deixa dúvida: a relação de causalidade é considerada sob duas perspectivas: *naturalística* e *normativa*. No *caput,* adota-se a teoria da equivalência dos antecedentes (*conditio sine qua non);* no § 2º, acolhe-se uma regra obrigatória de conduta. Nesse caso, o sujeito responde pelo resultado não porque foi seu causador físico mas porque não o evitou.

Para o Código Penal español, "los delitos o faltas que consistan en la producción de un resultado sólo se entenderán cometidos por omisión cuando la no evitación del mismo, al infringir un especial deber jurídico del autor, equivalga, según el sentido del texto de la Ley, a su causación. A tal efecto se equiparará la omisión a la acción: *a)* cuando exista una específica obligación legal o contractual de actuar. *b) cuando el omitente haya creado una ocasión de riesgo para el bien jurídicamente protegido mediante una acción u omisión precedente"* (art. 11). O Código Penal italiano estabelece: **Raporto di causalità** – *Nessuno può essere punito per un fato preveduto dalla legge come reato, sel'evento dannoso o pericoloso, da cui depende la esistenza del reato, non è consequenza della sua azione od omissione. Non impedire un evento, che si ha l'obbligo giuridico di impedire, equivale a cagionarlo"*. Dispõe o Código Penal português: Art. 10º *"1. Quando um tipo legal de crime compreender um certo resultado, o facto abrange não só a acção adequada a produzi-lo como a omissão da acção adequada a evitá--lo, salvo se outra for a intenção da lei. 2. A comissão de um resultado por omissão só é punível quando sobre o omitente recair um dever jurídico que pessoalmente o obrigue a evitar esse resultado (art. 10º, n. 1 e 2).*

A regra n. 2, acima, esclareceu de algum modo a questão – já tratada pelo Código Penal de 1886, mas de imprecisa redação – tornando-se agora inequívoco que a comissão por omissão é punida quando o dever de agir é imposto por um preceito legal, por situação contratual ou profissional ou, ainda, por um dever de ordem jurídica que pessoalmente obrigue o omitente a evitar o resultado. Ficaram, portanto, excluídos os deveres oriundos de outras fontes, a exemplo dos de ordem moral (MAIA GONÇALVES, *Código penal,* p. 222). O Código Penal Tipo dispõe: *"Artículo 12. El hecho punible puede ser realizado por acción o por omisión. Cuando la ley reprime el hecho atendiendo al resultado producido, responderá también quien no lo impidió si pudo hacerlo de acuerdo con las circunstancias, y si tenía el deber jurídico de evitarlo".*

X. A causalidade nos delitos de omissão culposa

A abstenção do dever de agir que constitui o substrato da causalidade nos delitos omissivos pode ser dolosa ou culposa. A primeira modalidade ilustra as inúmeras hipóteses do cotidiano com o reconhecimento de que o omitente queria ou assumira o risco da produção do resultado ao não praticar a ação esperada e exigível.[28] No entanto, há muitos casos nos quais a omissão do garantidor produz o resultado típico em face de sua imprudência, negligência ou imperícia. ZAFFARONI e BATISTA apresentam quatro hipóteses culposas da inobservância do dever de cuidado: "*a) na apreciação da situação típica* (o policial ouve os gritos de socorro porém supõe, sem certificar-se, ser uma brincadeira e não os atende; *b) na execução da conduta ordenada* (na pressa de apagar o fogo, o bombeiro, inadvertidamente, arremessa gasolina sobre as chamas, ao invés de água; *c) na avaliação da possibilidade física de agir* (o pai, que não sabe nadar, deixa de salvar o filho pequeno que se afoga num açude com profundidade máxima de oitenta centímetros, o que desatentamente não percebeu; *d) nas circunstâncias que fundamentem sua posição de garantidor* (o médico, por erro vencível, acredita não estar de plantão na noite em que se dá a situação típica" (*Direito penal brasileiro,* II, 1). Inúmeros outros acontecimentos podem surgir no cotidiano das relações funcionais, públicas ou privadas, pelos servidores que em decorrência da lei ou do contrato têm o dever jurídico de impedir o resultado danoso. Assim, p.ex., o enfermeiro que, por negligência, deixa de ministrar o medicamento indispensável para manter a vida do paciente internado na UTI. Ou o motorista contratado para levar uma pequena criança à escola e trazê-la de volta à casa, imprudentemente a abandona no portão em frente da residência em local de grande movimento de pessoas e veículos.

XI. Omissão e conivência

Da omissão punível se distingue a mera *conivência*. Esta se traduz pela atitude negativa de alguém que presencia a execução de um delito ou sabe que ele irá ser praticado e não adota nenhuma iniciativa para impedir o evento ou não chamar a autoridade pública para evitá-lo porque, no fundo, tal acontecimento satisfaz ou pode satisfazer o seu interesse ou a mera vontade. Essa modalidade de *testemunho* ou *apoio clandestino* não configura a participação punível quando inexiste a obrigação jurídica de intervir, como

---

28 Nenhuma dúvida razoável pode surgir quanto à existência do dolo direto ou eventual nos crimes omissivos, o chamado *dolo de omitir*. Figure-se a cena do único policial de plantão que, sendo informado por um alcaguete do plano de fuga de alguns presos, nenhuma providência adota para inibir a ação dos mesmos. A omissão é motivada pela campanha do sindicato a que pertence de que as delegacias de polícia não têm estrutura para atender a carceragem.

ocorre em relação ao policial, por exemplo. O mero conhecimento de que alguém está prestes a cometer um delito, ou a omissão em denunciar o fato à autoridade, não configura coparticipação, salvo se havia o dever jurídico de impedir o evento (STF, *RT,* 603/447). Cf. precedente do extinto TACRIM-SP, não fica caracterizada a participação do agente que apenas presenciou o delito. "A inexistência do dever jurídico de impedir o resultado desvincula o agente da autoria do delito. A sua conivência, ainda que evidenciada, não sendo delituosa, é impunível" (SILVA FRANCO, *Código penal*, p. 149). Outro aresto nos diz que se o acusado não praticou qualquer ato de execução, "permanecendo a certa distância do autor do delito, sem lhe dar força moral e nem desencorajá-lo à prática da conduta delituosa, não há se falar em participação no crime, pois a mera convivência ou a participação negativa não caracteriza o concurso; também inexiste coautoria por omissão sem que haja o dever jurídico de impedir o resultado" (TJMG, *RT,* 733/654).

§ 17. SUJEITOS DO CRIME

I. Sujeito ativo

Na terminologia jurídico-penal, *sujeito ativo* do delito é a pessoa humana[29] que atua no fato punível como autor, coautor ou partícipe, segundo o art. 29 do Código Penal: "Quem, *de qualquer modo*, concorre para o crime incide nas penas a este cominadas, na medida de sua culpabilidade". Cf. SALES, o sujeito ativo "ou agente, ou sujeito agente, é a pessoa que realiza o fato descrito na lei penal como crime" (*Dos tipos plurissubjetivos,* p. 24). Em sentido restrito ou objetivo-formal, *autor* é a pessoa física que realiza o verbo contido no tipo de ilícito. Mas essa definição é insuficiente no caso de *autoria mediata* quando o executor atua em nome e no interesse de outrem, como ocorre no mandato criminal. *Autor* é, portanto, o sujeito que tem o *domínio do fato punível*, ou seja, que exerce o comando sobre os demais agentes com o poder de prosseguir ou paralisar o processo de execução do delito. A ideia do *domínio do fato* manifesta-se em três concretas formas: ***a)*** *domínio da ação* (na autoria **i**mediata); ***b)*** *domínio da vontade* (na autoria **m**ediata); ***c)*** *domínio funcional do fato* (coautoria).[30] GRECO, Luís [*et alii*], *Autoria como domínio do fato. Estudos*, p. 25-31). Na linguagem jurídico-processual-penal, o autor é designado por: preso, suspeito, indicia-

---

29 A pessoa jurídica não pratica ação ou omissão criminal. As suas atividades são próprias das pessoas naturais que as representam. V., § 14, n. III e § 15, n. V (CP, art. 13).

30 O assunto será mais desenvolvido nos *Comentários* ao art. 29.

do, denunciado, réu, acusado, querelado, pronunciado, condenado etc. Na generalidade dos ilícitos previstos no Código Penal e nas leis extravagantes, não existe referência ao sujeito ativo, podendo os mesmos ser praticados por qualquer pessoa. Ao contrário surgem as hipóteses de *crimes próprios*, também chamados *crimes especiais* e os *crimes de mão própria*.[31]

II. Sujeito passivo

Sujeito passivo do delito é o titular do bem jurídico ou do interesse ofendido ou ameaçado de ofensa. Cf. ANTOLISEI, "per soggetto passivo si intende la persona offesa dal reato: in altre parole, la vittima del reato" (*Manuale*, p. 168). Em outras palavras: é a pessoa física ou jurídica como titular do bem ou interesse.

A PG/1984 introduziu a regra segundo a qual na individualização da pena o juiz deverá ter em conta, também, o comportamento da vítima (CP, art. 59). Assim, se a sua conduta contribuiu, de qualquer forma, para a produção do evento, a pena deverá ser maior ou menor, quer se trate de *vítima inocente* ou *vítima culpada*.[32] Como diz SILVA FRANCO, uma posição maniqueísta, colocando em linha de colisão o delinquente *culpável* e a vítima *inocente* não é mais admissível. "Não há dúvida de que é inafastável, para um decreto condenatório, a ideia de que o delinquente atuou culpavelmente. Mas não se pode afirmar, com o mesmo nível de certeza, que a vítima é inocente. Ao contrário, em inúmeros fatos delituosos, a vítima, com sua conduta, contribuiu, eficientemente, para a atividade criminosa" (*Código penal*, p. 902). O art. 268 do Código de Processo Penal legitima o ofendido para intervir, como assistente do Ministério Público, em todos os termos da ação penal pública. E a Lei n. 11.690, de 09.06.2008, ampliando e criando direitos processuais, determina que o juiz adote providências para a preservação da intimidade, vida privada, honra e imagem da vítima, "podendo, inclusive, determinar o segredo de justiça em relação aos dados, depoimentos e outras informações constantes dos autos a seu respeito para evitar sua exposição aos meios de comunicação" (CPP, art. 201, §§ 2º). Há outras regras de proteção legal da vítima durante as investigações e ação penal quando se trate de: *a)* criança ou adolescente (Lei n. 8.069/1990); *b)* idoso (Lei n. 10.741/2003); *c)* mulher, nos casos de violência doméstica ou familiar (Lei n. 11.340/2006, chamada *Lei Maria da Penha*); *d)* pessoa vulnerável (CP, arts. 217-A a 226). Seguem-se outros diplomas de proteção especial do

---

31 V. as respectivas definições em MODALIDADES DE CRIMES, § 4º, respectivamente n. (80), (53) e (34).

32 Acerca das espécies tipológicas de vítima, v. DOTTI, *Curso*, p. 186.

ofendido: Lei n. 12.483, de 08.09.2011 e Lei n. 9.807, de 13.07.1999 (DOTTI, *Curso*, p. 192).

III. Terceiro prejudicado

Existe uma distinção relevante entre o sujeito passivo do delito e o terceiro prejudicado pela infração quanto à recuperação de bens (CP, art. 91, II) e reparação de danos provenientes do crime (CPP, art. 63 e ss.). Enquanto a titularidade de certos direitos processuais como a queixa e a representação estão ligados à pessoa do ofendido, salvo as exceções legais, "as pretensões do direito civil sobre a indenização *ex-delicto* também têm prejudicado, a pessoa ativamente legitimada para reclamar em juízo, o ressarcimento desses danos" (J. F. MARQUES, *Tratado*, vol. II, p. 25). Em relação ao homicídio, por exemplo, terceiros prejudicados são os familiares da vítima; enquanto no furto do taxi a vítima é o possuidor ou detentor legítimo do objeto subtraído (motorista), o terceiro prejudicado é o titular do bem (proprietário).

§ 18. O DANO

I. Sinonímia

No sentido vernacular as palavras *dano*, *ofensa* e *lesão* têm o mesmo significado e assim também ocorre na linguagem jurídica. O vocábulo *ofensa* tem livre trânsito nos textos doutrinários, sendo, inclusive utilizado para denominar um dos cânones do Direito Penal, i.e., o *princípio da ofensividade (lesividade)*, que nos termos do Anteprojeto de Código Penal argentino deve ser aplicado, ao lado de outros, "*con rigorosoa observancia*", é assim declarado: "**Art. 1 – Principios**. 2. *a)* [...]. *c) Ofensividad. No hay delito sin lesión o peligo efectivo para algún bien jurídico*". Na ausência da ofensa ou do perigo de ofensa, "nenhum direito pode legitimar uma intervenção punitiva quando não medeie, pelo menos, um conflito jurídico, entendido como a afetação de um bem jurídico total ou parcialmente alheio, individual ou coletivo" (ZAFFARONI-BATISTA, *Direito penal brasileiro*, vol. I, p. 226).

A legislação penal brasileira emprega usualmente a palavra *dano*. Além de nominar um tipo de infração penal (CP, art. 163)[33] ela está presente em outras disposições do estatuto a exemplo da suspensão condicional da execução da pena e do livramento condicional que, entre os requisitos de concessão, exige a *reparação do dano* (art. 78, § 2º, e 83, IV). No CCiv., a *lesão* e o *dano* têm significados diversos (arts. 157 e 186). Para os efeitos penais, o dano é a perda ou a restrição de um bem juridicamente tutelado, identifi-

---

33 CP, art. 163. "Dano. Destruir, inutilizar ou deteriorar coisa alheia".

cado pela expressão, material ou imaterial. Daí a correta afirmação de que todo crime é um dano jurídico (BETTIOL, *Diritto penale*, p. 314). A doutrina distingue o dano em duas espécies bem caracterizáveis no cotidiano, com relevantes consequências práticas: o *dano efetivo* e o *dano potencial*.

II. Espécies de dano

a. *Dano efetivo*

O dano é *efetivo* ou *real* quando o bem jurídico é afetado pela conduta do agente. É a morte da vítima de homicídio, a alteração anatômica do ofendido em caso de lesão corporal ou a perda da coisa móvel no furto.

b. *Dano potencial*

O dano é *potencial* ou *virtual* quando o bem jurídico não é atingido, mas sofre a probabilidade de sê-lo. É nessa probabilidade de dano que reside a definição de perigo (BRUNO, ob. cit., t. 2º, p. 223).

§ 19. O PERIGO

I. Conceito

Na lição de FARIA COSTA "o perigo é essencialmente um conceito normativo. Uma noção que o Direito Penal constrói de modo a poder satisfazer certas exigências determinadas pelo vector da política criminal, mas também uma noção que, não obstante a sua normatividade, não deixa de ter raízes na dimensão ontoantropológica que a relação de cuidado-de-perigo solidifica. *É um real construído ao nível do direito* – e é nesta dimensão, frise-se, que o percebemos como categoria normativa – que em atitude reversa vai servir de centro gerador da normatividade, na medida em que, arrancando dele, se pode fazer um juízo de imputação" (*O perigo,* p. 563-564) (Itálicos meus).

Nos *crimes de perigo* a realização do tipo não pressupõe a lesão, "mas antes se basta com a mera *colocação em perigo* do bem jurídico" (FIGUEIREDO DIAS, *Direito penal,* t. I, p. 309) (Itálicos do original). Para uma exata compreensão do perigo são estabelecidos *dois pilares essenciais* "a probabilidade de um acontecer e o caracter danoso do mesmo" (FARIA COSTA, ob. cit., p. 584). O perigo, portanto, é a probabilidade de um evento temido. O perigo não passa de uma especificação do dano: é o *dano potencial*, não o efetivo. Sob a perspectiva do Direito Penal, o *perigo* pode ser definido como *a probabilidade de um evento temido*. Essa *probabilidade* deve ser aferida tomando-se como referência o *juízo da comunidade* e não a reação individual das pessoas. A probabilidade distingue-se da mera *possibilidade*, ou seja, um fenômeno de maior amplitude no campo do acontecimento futuro.

Cf. ANTOLISEI, "il pericolo non è altro che la probabilità e, siccome esse implica l'idea di un avvenimento non desiderato, può definirsi, in generale, 'la probabilità di un evento temuto' e, nel campo del diritto, *la probabilità di un evento antigiuridico*" (*Manuale*, p. 211) (Itálicos do original). Para MANZINI, "il pericolo, *soggettivamente considerato*, è la previsione logica attuale della verificazione, più o meno prossima, di una realtà dannosa" *(Trattato*, p. 641).

O conceito de perigo é também um conceito normativo, de fundo emocional. Cf. uma teoria subjetiva, o conceito de perigo seria mera criação do espírito posto que, objetivamente, ele não existe. Tratar-se-ia de mera expectativa de um evento indesejável. Para uma concepção oposta, o perigo é uma realidade objetiva demonstrável pelo cálculo das probabilidades. Haverá o perigo sempre que as probabilidades de sua produção sejam superiores às que se opõem à sua verificação. Como ensina BETTIOL, o perigo é uma realidade objetiva e não mera criação do espírito (*Diritto penale*, p. 315). Os crimes de perigo se classificam em crimes de perigo *efetivo* (ou *concreto*, na terminologia de alguns autores), e crimes de perigo *presumido*. Esta é a orientação que tem base no critério legislativo quando separa as duas situações como fenômenos do cotidiano humano e social. Os primeiros indicam a situação perigosa no próprio tipo de ilícito; os outros, não.

Na escorreita orientação do mestre italiano, a distinção entre crimes de perigo abstrato e crimes de perigo concreto não pode ser aceita. São suas estas palavras: "A noi sembra però che la distinzione tra reati di pericolo astratto e reati di pericolo concreto non possa accettarsi. Un pericolo meramente astratto non esiste, perché il pericolo à sempre probabilità di un evento temuto. Ogni pericolo è quindi sempre pericolo concreto" (BETTIOL, ob. cit., p. 317). Vem a propósito a lúcida observação de FARIA COSTA: "Por isso não cairemos na esfera do erro se dissermos que, em um determinado sentido, os chamados crimes de perigo abstracto são o exemplo mais acabado da relevância da ausência em direito penal. O perigo que não é elemento do tipo, que está, por conseguinte, ausente, é ainda através da sua presença-ausência que vai determinar a qualificação. Nesta perspectiva, o perigo, enquanto, enquanto elemento oculto e que não é sequer chamado ao mundo da imediata discursividade dogmático-penal, influencia decisivamente, toda a compreensão dos crimes de perigo abstracto" (*O perigo em direito penal,* p. 622).

II. Espécies de perigo

a. Perigo efetivo

O crime é de *perigo efetivo* (ou *concreto*) quando o tipo se refere, expressamente, à existência da probabilidade de dano (lesão), assim como ocorre com o incêndio, a explosão e o uso de gás tóxico ou asfixiante (CP, arts. 250 a 252). Em tais hipóteses, o Código estabelece que a conduta para ser punível deve *expor a perigo* determinados bens jurídicos (vida, integridade física ou patrimônio). Característica especial dessa categoria de ilicitude é a necessidade de se demonstrar, caso a caso, a evidente situação do *periculum*. Para o Anteprojeto do CP argentino o *perigo efetivo* para algum bem jurídico é requisito essencial para configurar o delito (art. 1 - 2, c).

b. Perigo presumido

O delito é de *perigo presumido* quando a norma incriminadora dispensa a constatação factual da probabilidade de dano (lesão). Como exemplos podem ser mencionados os tipos legais de ilícitos previstos nos arts. 264, 267, 268 e 269 do CP e que tratam, respectivamente, do arremesso de projétil, da epidemia, da infração de medida sanitária preventiva e da omissão de notificação de doença. É também crime de *perigo presumido* a conduta de quem dirige veículo automotor "com capacidade psicomotora alterada em razão da influência de álcool ou de outra substância psicoativa que determine dependência" (CTB, art. 306). Em tais hipóteses, a situação perigosa é presumida, *juris et de jure*. O réu não exclui a imputação ao argumento de que poderia provar a inexistência real do perigo de dano (lesão).

Autorizados intérpretes utilizam a designação *"perigo abstrato"* para as hipóteses que eu chamo de *perigo presumido*. Entre muitos, além da relação abaixo,[34] está FIGUEIREDO DIAS: "Nos crimes de perigo abstrato o pe-

---

34 BOTTINI, *Crimes de perigo abstrato*. São Paulo: Revista dos Tribunais, 2013 •• CALLEGARI, André Luís. Delitos de perigo concreto e delitos de perigo abstrato. *RT*, 87/1998 // Delito de perigo abstrato: um retrocesso no Código de Trânsito brasileiro. *Boletim*, 189/2008 •• CARVALHO, Érika Mendes de. A técnica dos valores-limite e os delitos de perigo abstrato. *Boletim*, 228/2011 •• GOMES, Luiz Flávio. A contravenção do artigo 32 da lei das contravenções penais é de perigo abstrato ou concreto?: A questão da inconstitucionalidade do perigo abstrato ou presumido. *RBCCrim*, 2/1994 •• GRECO, Luís. Princípio da ofensividade e crimes de perigo abstrato: uma introdução ao debate sobre o bem jurídico e as estruturas do delito. *Doutrinas Essenciais*, 1/2010 // Modernização do direito penal, bens jurídicos coletivos e crimes de perigo abstrato. Rio de Janeiro: Lumen Juris, 2011 •• NEVES, Serrano. *Crime de perigo abstrato*: toxicomania, toxicologia, direito penal. Rio de Janeiro: J. Ozon, 1961 •• OLIVEIRA, Marco Aurélio. Crimes de perigo abstrato. *Revista Magister*, 23/2008 •• ROMERO, Diego. Reflexões sobre os crimes de direito abstrato. *Revista IOB*, 39/2006 •• SEBASTIÃO

rigo não é elemento do tipo, mas simples motivo de proibição. Quer dizer, neste tipo de crimes são tipificados certos comportamentos em nome de sua perigosidade típica para um bem jurídico, mas sem que ela necessite de ser comprovada no caso concreto: há como que uma presunção iniludível de perigo e, por isso, a conduta do agente é punida independentemente de ter criado ou não um perigo efectivo para o bem jurídico. Diz-se também – sendo esta, malgrado as críticas que lhe possam ser dirigidas, uma razoável forma de expressão – que nesta espécie de crimes o perigo é presumido *iuris et de iure* pela lei. Temos como exemplo a condução de veículo em estado de embriaguez (art. 292º), em que o condutor embriagado é punido pelo facto de o estado em que se encontra constituir um perigo potencial para a segurança rodoviária" (*Direito penal*, ob. e loc. cit.) (Itálicos do original).

Um perigo *abstrato*, vale dizer, que não corresponde a nenhum dado sensorial ou concreto, a rigor não existe. Essa é a conclusão mais adequada porque, na observação natural das coisas, a ocorrência de qualquer perigo é, sempre, a de um perigo concreto. O perigo, pode-se afirmar, é um *trecho da realidade objetiva* que decorre da conduta humana, de fato do animal ou força da natureza. Essas considerações se harmonizam perfeitamente com a doutrina de HUNGRIA quando defende a *probabilidade* como perspectiva de que *algo próximo* está para acontecer: "Sem dúvida alguma, a razão está com os que declaram a insuficiência da mera *possibilidade*. O perigo, sob o prisma jurídico-penal, não pode ser uma abstrata possibilidade ou uma eventualidade anormal ou incomum" (*Comentários,* vol. I, t. II, p. 18-19) (Itálico do original). E mais adiante, o imortal penalista indica que o perigo pode ser "*presumido* ou *concreto, coletivo (*ou comum*) ou individual, atual (*ou *iminente) ou futuro (*mediato*).* Perigo presumido (ou que deve ser reconhecido **in abstracto**) é o que a lei presume, *juris et de jure*, inserto em determinada ação ou omissão" (Ob. e loc. cit.) (Itálicos do original; o destaque em negrito é meu). Fica, portanto, muito claro: não se confunde o *método* de reconhecimento (*abstrato*) dessa categoria de infrações com uma *denominação jurídica* autônoma. Mesmo porque, é o mesmo HUNGRIA quem nos diz: "O perigo não é, por conseguinte, um elemento arbitrário. Se se tratasse de uma simples *impressão*, com êle não poderia operar o direito penal, que deixaria de tutelar a ordem externa, para proteger a *impressionabilidade* interna dos indivíduos" (ob. cit., p. 17-18) (Itálicos do original).

FILHO, Jorge. A criminalização de condutas de perigo abstrato e a tutela de bens jurídicos supraindividuais nos delitos econômicos. *Revista Jurídica Curitiba*, 25/2010 •• SILVA, Ângelo Roberto Ilha da. *Dos crimes de perigo abstrato em face da Constituição*. São Paulo: Revista dos Tribunais, 2003 •• WUNDERLICH, Alexandre. Uma reflexão sobre os delitos de perigo abstrato ou presumido. *Revista Jurídica IOB*, 270/2000.

No entendimento de BITENCOURT, "são *inconstitucionais todos os chamados crimes de perigo abstrato*, pois no âmbito do Direito Penal de um Estado Democrático de Direito, somente se admite a existência de infração penal quando há efetivo, real e concreto perigo de lesão a um bem jurídico determinado" (*Tratado*, p. 22). Interessante é o entendimento de ILHA DA SILVA (*Dos crimes de perigo abstrato em face da Constituição*) formulando diversos exemplos práticos que seriam enquadrados nessa modalidade, entre eles, o tráfico ilícito de drogas. Mas para o referido penalista, os vocábulos "abstrato" e "presumido" são tidos como sinônimos (p. 72). Algumas hipóteses que menciona, inclusive com o acesso à jurisprudência, em nosso entendimento devem ser classificadas como de perigo presumido.

No sentido filosófico, a abstração "é uma operação intelectual que consiste em isolar, por exemplo num conceito, um elemento à exclusão de outros, do qual então se *faz abstração* [...] O termo abstrato qualifica o que deriva de uma abstração" (DUROZOI- ROUSSEL, *Dicionário de filosofia*, p. 11/12). Uma das acepções de abstração é "imagem mental subjetiva, irreal" (HOUAISS, *Dicionário*, p. 32).

c. *Perigo coletivo*

Também chamado de *perigo comum*, essa espécie de insegurança afeta indeterminado número de pessoas, constituindo o evento típico dos crimes e das contravenções contra a incolumidade pública.[35]

d. *Perigo individual*

É o que afeta o interesse de uma só pessoa "ou de um exíguo e determinado grupo de pessoas, e constitui o evento específico de certos *crimes formais* e dos *crimes de perigo,* que podiam ser chamados crimes contra a *incomunicabilidade individual*" (HUNGRIA, ob. e loc. cit.) (Itálicos do original).

e. *Perigo atual ou iminente*

O perigo é *atual* quando está ocorrendo, como no incêndio no interior de um edifício de lojas com pessoas em seu interior. Há *iminência* do perigo quando as chamas se aproximam de um prédio vizinho.

---

35 CP, Tit. VIII. DOS CRIMES CONTRA A INCOLUMIDADE PÚBLICA: Dos crimes de perigo comum (arts. 250-259); Dos crimes contra a segurança dos meios de comunicação e transporte e outros serviços públicos (arts. 260-266); Dos crimes contra a saúde pública (arts. 267-284). LCP, Cap. III. Das contravenções referentes à incolumidade pública (arts. 28-38).

f. *Perigo futuro (mediato)*

Essa classificação pode ser identificada na hipótese do crime de ameaça (CP, art. 147) quando o delinquente, em comunicação telefônica, afirma à vítima que ela será morta se confirmar, em juízo, o depoimento prestado na polícia de que foi vítima de estupro do ameaçador. Segundo a doutrina, essa hipótese de *probabilidade concreta do perigo* é classificada como *perigo de perigo,* porque o prometido mal injusto e grave é para o futuro.

* **DIREITO COMPARADO**
Código Penal italiano: "**Art. 40 (Rapporto di causalità).** – Nessuno può essere punito per un fatto preveduto dalla legge come reato, se l'evento dannoso o pericoloso, da cui dipende la esistenza del reato, non è consequenza della sua azione od omissione. Nin impedire un evento, che si ha l'obbligo giuridico di impedire, equivale a cagionarlo". •• **Código Penal português:** "**Artigo 10º (Comissãopor acção e por omissão) 1.** Quando um tipo legal de crime compreender un certo resultado, o facto abrange não só a acção adeqquada a produzi-lo como a omissão adequada a evitá-lo, salvo se outra for a intenção da lei. **2.** A comissão de um resultado por omissão só é punível quando sobre o omitente recair um dever jurídico que pessoalmente o obrigue a evitar esse resultado. **3.** No caso previsto no número anterior, a pena pode ser especialmente atenuada". •• **Código Penal alemão:** "**§ 13. Comisión por omisión. (1)** Quien omita evitar un resultado que pertenezca al tipo de una ley penal, sólo incurre en un hecho punible conforme a esta ley, cuando debe responder jurídicamente para que el resultado no se produciera, y cuando la omisión corresponde a la realización del tipo legal mediante una acción **(2)** La pena puede disminuirse conforme al § 49, inciso 1". •• **Código Penal espanhol: Art. 11.** "Los delitos o faltas que consistan en la producción de un resultado sólo se entenderan cometidos por omisión cuando la no evitación del mismo, al infringir un especial deber jurídico del autor, equivalga, según el sentido del texto de la Ley, a su causación. A tal efecto se equiparará la omisión a la acción: ***a)*** Cuando exista una específica obligación legal o contractual de actuar; ***b)*** Cuando el omitente haya creado una ocasión de riesgo para el bien jurídicamente protegido mediante una acción u omisión precedente".

> **Art. 14. Diz-se o crime:**
> **Crime consumado**
> I – *consumado, quando nele se reúnem todos os elementos de sua definição legal;*
>
> **Tentativa**
> II – *tentado, quando iniciada a execução, não se consuma por circunstâncias alheias à vontade do agente*
> **Pena de tentativa**
> Parágrafo único. *Salvo disposição em contrário, pune-se a tentativa com a pena correspondente ao crime consumado, diminuída de um a dois terços.*

* **DIREITO ANTERIOR**
CCrim. 1830: Omisso em definir a consumação, descrevia a tentativa: "**Art. 2.** Julgar-se-ha crime ou delicto: **§ 1º** Toda a acção ou omissão voluntaria contraria ás Leis penaes. **§ 2º** *A tentativa do crime, quando fôr manifestada por actos exteriores e princípio de execução, que não*

teve effeito por circumstancias independentes da vontade do delinquente". •• **CP 1890**: "**Art. 9º** É punivel o crime consummado e a tentativa [...] **Art. 12**. Reputar-se-ha consummado o crime, quando reunir em si todos os elementos especificados na lei. **Art. 13**. Haverá tentativa de crime sempre que, com intenção de commettel-o, executar alguem actos exteriores que, pela sua relação directa com o fato punivel, constituam começo de execução, e esta não tiver logar por circumstancias independentes da vontade do criminoso". •• **Projeto Alcântara Machado** (1938): "**Art. 10**. Diz-se o crime: **I** – consumado, quando se realizam todos os elementos de sua qualificação legal; **II** – tentado, quando a execução já iniciada se não consuma por circunstancias independentes da vontade do agente. •• **Anteprojeto Hungria (1963)**: "Omisso em definir a consumação, descrevia a tentativa: **Art. 15**. Quem, com o fim de cometer um crime, começa sua execução com atos idôneos e inequívocos, mas não vem a consumá-lo por circunstâncias independentes de sua vontade, será punido, pela tentativa, com a pena correspondente ao crime, diminuída de um terço até metade". **CP 1969: Art. 14 e parág. único.** Corresponde ao dispositivo vigente. •• **Anteprojeto Toledo (1981)**. **Art. 14**. Corresponde ao dispositivo vigente.

BIBLIOGRAFIA (ESPECIAL)

ALCÁCER GUIRAO, Rafael. *Estudios sobre la tentativa y el desistimiento en derecho penal*. México: Ed. Temis, 2006 •• ALIMENA, Carla Marrone. *A tentativa do (im)possível*: feminismos e criminologia. Rio de Janeiro: Lumen Juris, 2010 •• ALIMENA, Francesco. *La questione dei mezzi inidonei nel tentativo*. Roma: Foro Italiano, 1930 •• BARBOSA, Telles. *A tentativa em face do novo código penal*. 2ª ed. São Paulo: Saraiva, 1946 •• BECKER, Marina. *Tentativa criminosa*. 2ª ed. Campinas(SP): Millennium, 2009 •• BITENCOURT, Cezar Roberto. Do crime consumado e do crime tentado. *RT*, 646/1989 •• BUSATO, Paulo César. *La tentativa del delito*: análisis a partir del concepto significativo de la nación. Curitiba: Juruá, 2010 •• CARACCIOLI, Ivo. *Il tentativo nei delitti omissivi*. Milano: A. Giuffré, 1975 •• CARRARA, Francisco. *Teoria de la tentativa y de la cumplicidad, o, del grado em la fuerza física del delito*. Madrid: Centro Ed. de Gongora, 1926 •• CASTALDO, Andrea Raffaele. *La imputación objetiva em el delito culposo de resultado*. Buenos Aires: B de F, 2004 •• CASTRO, Pedro Soliani de. "A incompatibilidade entre a tentativa e o dolo eventual. *Boletim*, 253/2013 •• COSTA, José de Faria. *Tentativa e dolo eventual*: ou da relevância da negação. Lisboa: Almedina, 1996 •• CUELLO CONTRERAS, Joaquín. Neofinalismo no centenário de Hans Welzel. *Ciências Penais*, 2/2005 •• CURY URZÚA, Enrique. *Tentativa y delito frustrado*. Chile: Ed. Juridica de Chile, 1977 •• DEMETRIO CRESPO, Eduardo. *A tentativa en la autoria mediata y en la* ""*actio libera in causa*". Granada(ES): Comares, 2003 •• DINIZ NETTO, Eduardo. Da tentativa no Direito Penal português. *Ciências Penais*, 3/205 •• FARRE TREPAT, Elena. *La tentativa del delito*. Barcelona: Bosch, 1986 •• FAYET, Fábio Agne. Da tentativa impossível e do erro sobre o nexo causal. *RBCCrim*, 72/2008 •• FERRACINI, Luiz Alberto. Da tentativa. São Paulo: LED, 1996 •• FONSECA, Jorge Carlos de Almeida. *Crimes de empreendimento e tentativa*. Coimbra: Almedina, 1986 •• GARCIA GARCIA, Rodolfo. *Tratado sobre la tentativa 2 :* inter criminis critério valido para distinguir tentativa y preparación. México: Ed. Porrúa, 2014 •• GOMES, Julio. *A desistência da tentativa*: novas e velhas questões. Lisboa: Editorial Notícias, 1993 •• HERZBERG, Rolf Dietrich. El delito comisivo doloso consumado como un delito cualificado respecto del delito omisivo, imprudente y en tentativa. *RBCCrim*, 52/2005 // "A tentativa na autoria mediata". *RBCCrim*, 66/2007 •• LETO, Gaetano. *Gli atti di esecuzione mel tentativo*: studio. Palermo: Alberto Reber, 1908 •• MAGALHÃES, Délio. A tentativa e o atentado. Vitória: Ed. do Autor, 1971 •• MALO CAMACHO, Gustavo. *Tentativa del delito*. México: UNAM, 1971 •• MANCERA ESPINOSA, Miguel Angel. *El tipo de la tentativa*: teoria e práctica. México: Ed. Porrúa, 2011 •• MARQUES PIÑERO, Rafael. *La tentativa* :: consideraciones y problemática. México: Ed. Trillas, 2010 •• MARTINEZ GARNELO, Jesus. Teoría de la tentativa y de las formas delictivas de participación: teoría del dominio del hecho. México: Porrúa, 2007 •• MORENO-TORRES HERRERA, Maria Rosa. *Tentativa de delito y delito irreal*. Valencia(ES): Tirant lo Blanch, 1999 •• MOSSA, Antonio. Il tentativo. Sassari (IT): G. Dessi, 1896 •• MOTTA FILHO, Candido. *Da premeditação*. São Paulo :: Revista dos Tribunais, 1937 •• MUNHOZ NETTO, Alcides. *Da tentativa no código penal brasileiro*. Curitiba: Litero-Técnica, 1958 •• MUÑOZ CONDE, Francisco. *El desistimiento voluntario de consumar el delito*. Barcelona: Bosch, 1972 •• OLIVEIRA, Eduardo Ribeiro de. "Tentativa". *Doutrina e Jurisprudência TJDF*, 4/1968 •• PALACIOS VARGAS, J. Ramon. *La tentativa*. México: Cardenas Ed., 1979 •• PAVON DE VASCONCELOS, Francisco. *La tentativa*. México: Editorial Porrúa, 1974 // Breve ensayo sobre la tentativa. Mexico: Ed. Porrúa, 2003 •• PESSOA, Nelson R. *Injusto penal y tentativa*. Buenos Aires: Hammurabi, 2007 •• PETROCELLI, Biagio. *Il delitto tentato*: studi. Padova: CEDAM, 1959 •• PESSOA, Nelson R. *La tentativa.* Buenos Aires: Hammurabi, 1987 •• PIEDECASAS FERNANDEZ, Jose Ramon Serrano. *Fundamentación del injusto de la tentativa*. Córdoba: Marcos Lerner, 2001 •• PIRES FILHO, Nelson. *Crime tentado* :: o delito imperfeito no direito penal. São Paulo: WVC, 2001 •• POLAINO NAVARRETE, Miguel. *El injusto de la tentativa em el ejemplo de los delitos de mera actividad e omisión pura*. Bogotá: Universidad Externado, 2004 •• POLITOFF LIFSCHITZ, Sergio. *Los actos preparatorios del delito*: tentativa y frustación. México: Juridica de las Americas, 2009 •• POZUELO PEREZ, Laura. *El desistimiento en la tentativa y la conducta postdelictiva*. Valencia(ES): Tirant lo Blanch, 2003 •• PREUSSLER, Gustavo de Souza. *Aplicação da teoria de imputação objetiva no injusto negligente*. Porto Alegre: S.A. Fabris, 2006 •• PUGLIA, Fernando.

Da tentativa. Porto: Livraria Classica Editora, 1921 •• REALE JÚNIOR, Miguel. *Parte geral e tipicidade*. São Paulo: Ed. do autor, 1986 •• RODRIGUES, Castro. *A tentativa*: doutrina, legislação e jurisprudência. São Paulo: Livraria Teixeira, 1932 •• SANSEVERINO, Milton. Tentativa de furto de uso. *RT*, 458/1973 •• SANCINETTI, Marcelo A. *Fundamentacion subjetiva del ilícito y desistimiento de la tentativa, a la vez, uma investigación sobre la fundamentación del ilícito em Jakobs*. Bogotá: Temis, 1995 // "¿ Responsabilidad por acciones o responsabilidad por resultados ??: A la vez, una refundamentación de la punibilidad de la tentativa". *RBCCrim*, 18/1997 // *Fudamentación subjetiva del ilícito y desistimiento de la tentativa*. Buenos Aires: Hammurabi, 2005 •• SARDINHA, Alvaro. *A tentativa Impossível*. Rio de Janeiro: Ed. do Autor, 1941 •• SCARANO, Luigi. *Da tentativa*. Buenos Aires: Temis, 1960 •• SERRANO-PIEDCASAS, José Ramon. "Fundamento da punibilidade da tentativa. *Ciências Penais*, 0/2004 •• SINISCALCO, Marco. *La strutura del delitto tentato*. Milano: A. Giuffré, 1959 •• VALDÁGUA, Maria da Conceição S. *Início da tentativa do co-autor*: contributo para a teoria da imputação do facto na coautoria. 2.ed.ª ed. Lisboa: Lex, 1993 // *O início da tentativa do co-autor no Direito Penal alemão*. Lisboa: Faculdade de Direito de Lisboa, 1988 •• VALSECCHI, Wolfango. *Del reato putativo e del tentativo impossible*. Torino: Unione Tipografico-Editrice Torinese, 1912 •• VASCONCELOS, Vasco Joaquim Smith de. *Da tentativa*: doutrina e jurisprudência. Campinas: Linot. Y Pia da casa Genoud, 1932 •• WELZEL, Hans. *La teoria de la accion finalista*. Trad. Carlos Balestra; Eduardo Friker. Buenos Aires: Depalma, 1951 •• ZAFFARONI, Eugenio Raúl; PIERANGELLI, José Henrique. *Da tentativa*: doutrina e jurisprudência. 4ª ed. São Paulo: Revista dos Tribunais, 1995.

BIBLIOGRAFIA (GERAL)

ANTOLISEI, Francesco. *Manuale di Diritto Penale*: parte generale. 13ª ed. Milano: Dott.A. Giuffrè, 1994 •• ASÚA, Luís Jiménez de. *Tratado de derecho penal*. 3ª ed. Buenos Aires: Editorial Losada, 1965. t. III e VII •• BASILEU GARCIA. *Instituições de direito penal*. 4ª ed. São Paulo: Max Limonad, 1959. vol. I, t. I •• BENTO DE FARIA, Antonio de. *Annotações theorico-praticas ao codigo penal do Brazil*. Rio de Janeiro: Francisco Alves e Cia., 1913 // Código penal brasileiro (comentado). Rio de Janeiro: Distribuidora Récord Ed., 1958. vol. 2 •• BETTIOL, Giuseppe. *Diritto penale*: parte generale. 11ª ed. Padova: CEDAM, 1982 •• BITENCOURT, Cezar Roberto. *Tratado de direito penal*: parte geral. 19ª ed. São Paulo: Saraiva, 2013 •• BOCKELMANN, Paul; VOLK, Klaus. *Direito penal*: parte geral. Belo Horizonte: Del Rey, 2007 •• BRUNO, Aníbal. *Direito penal*: parte geral. 3ª ed. Rio de Janeiro: Forense, 1967. t. 2 •• BUSA-

TO, Paulo César. *Direito penal:* parte geral. São Paulo: Atlas, 2013. vol. 1 •• CARRANCA Y TRUJILLO, Raul. *Derecho penal mexicano*: parte general. México: Ed. Porrúa, 1970. t. I •• CARRARA, Francesco. *Programma del corso di diritto criminale*: parte generale. Firenze: Casa Editrice Libraria "Fratelli Cammellli", 1924 •• CAVALEIRO DE FERREIRA, Manuel. *Direito penal português*: parte geral. Viseu: Editorial Verbo, 1981 •• CEREZO MIR, José. *Derecho penal*: parte general. São Paulo: Revista dos Tribunais, Lima (PE): ARA Ed., 2007 •• CIRINO DOS SANTOS, Juarez. *Direito penal*: parte geral. 3ª ed. Curitiba: ICPC; Lumen Juris, 2008 •• COBO DEL ROSAL, M.; VIVES ANTÓN, T.S. *Derecho penal*: parte general. Valencia(ES): Universidad de Valencia, 1984 •• CORREIA, Eduardo. *Direito criminal*. Colaboração de Figueiredo Dias, reimpressão. Coimbra: Livraria Almedina, 2004. vol. I e II •• COSTA E SILVA, Antônio José da. *Código penal*. São Paulo: Companhia Editora Nacional, 1943. vol. 1 •• COSTA JR., Paulo José. *Código penal comentado*. 8ª ed. São Paulo: DPJ Editora, 2005 •• CARRARA, Francesco. *Programma del corso di diritto criminale:* parte generale. 11ª ed. Firense: Casa Editrice Libraria *"Fratelli Cammeli"*, 1924. vol. I •• DAMÁSIO DE JESUS, E. *Direito penal*: parte geral. 35ª ed. São Paulo: Saraiva, 2014 •• DELMANTO, Celso (et. alii). *Código penal comentado*. 8ª ed. São Paulo: Saraiva, 2010 •• DOTTI, René Ariel. *Curso de direito penal*: parte geral. 5ª ed. Colaboração de Alexandre Knopfholz e Gustavo Britta Scandelari. São Paulo: Thomson Reuters/Revista dos Tribunais, 2013 •• FERRI, Enrico. *Principii di diritto criminale*: delinquente e delitto. Torino: UTET, 1928 // *Princípios de direito criminal*: o criminoso e o crime. São Paulo: Livraria Acadêmica, 1931 •• FIANDACA, Giovanni; MUESCO, Enzo. *Diritto penale*: parte generale. 2ª ed. Bologna: Zanichelli, 1994 •• FIGUEIREDO DIAS, Jorge de. *Direito penal*: parte geral, questões fundamentais, a doutrina geral do crime. 2ª ed. São Paulo: Revista dos Tribunais; Coimbra: Coimbra Editora, 2007 •• FRAGOSO, Heleno Cláudio. *Comentários ao código penal.* 5ª ed. Rio de Janeiro: Forense, 1978. vol. I, t. II // *Lições de direito penal:* parte geral. 17ª ed. atual. Fernando Fragoso. Rio de Janeiro: Forense, 2006 •• GALDINO SIQUEIRA. *Tratado de direito penal*. Rio de Janeiro: José Konfino, 1947 •• GOMES, Luiz Flávio. *Direito penal*: parte geral. 2ª ed. São Paulo: Revista dos Tribunais/LFG– Rede de Ensino Luiz Flávio Gomes, 2006 •• GRECO, Rogério. *Curso de direito penal*: parte geral. 15ª ed. Niterói: Impetus, 2013 •• HUNGRIA, Nélson. *Comentários ao código penal.* 4ª ed. Rio de Janeiro: Forense, 1958. vol. I, t. II •• JAKOBS, Günther. *Derecho penal*: parte general, Fundamentos y teoria de la imputación. Trad. Joaquin Cuello Contreras, José Luis Serrano Gozalez de Murillo. Madrid: Marcial Pons, 1995 •• JESCHECK, Hans-Heinrich. *Tratado de derecho penal*: parte general. Barcelona: Bosch, Casa Editorial, 1981. vol. 1º e 2º •• J. F MARQUES. *Tratado *de direito penal*. 2ª ed. São Paulo: Saraiva, 1965. vol. 2 •• LEONARDO LOPES, Jair. *Curso de direito penal*: parte geral. 2ª ed. São Paulo: Revista dos Tribunais, 1996 •• LISZT, Franz von. *Tratado de direito penal allemão*. Trad. e prefácio José Hygino Duarte Pereira. Rio de Janeiro: F. Briguiet & Cia-Editores, 1899. t. I •• LUZÓN PEÑA, Diego-Manuel. *Lecciones de derecho penal*: parte general. 2ª ed. Valencia(ES): Tirant lo Blanch, 2012 •• MAGALHÃES NORONHA, Edgard. *Direito penal*. 3ª ed. São Paulo: Saraiva, 1965. vol. 1 •• MAIA GONÇALVES. *Código penal português*: anotado e comentado. 8ª ed. Coimbra: Livraria Almedina, 1995 •• MANTOVANI, Ferrando. *Diritto penale*. 4ª ed. Padova: CEDAM, 2001 •• MANZINI, Vincenzo. *Tratado de derecho penal*: teorias generales. Trad. Santiago Sentís Melendo. Buenos Aires: EDIAR, 1948. vol. II // *Tratatto di diritto penale italiano*. Torino: UTET, 1961. vol. 1 •• MAURACH, Reinhart. *Tratado de derecho penal*. Trad. e notas Juan Cordoba Roda. Barcelona: Ediciones Ariel, 1962. t. I e II •• MAURACH, Reinhardt; ZIPF, Heinz. *Derecho penal*: parte general. Trad. 7ª ed. alemã por Jorge Bofill Genzsch e Enrique Aimone Gibson. Buenos Aires: Ed. Astrea de Alfredo y Ricardo Depalma, 1994. t. 1 e 2 •• MAYER, Max Ernst. *Derecho penal*: parte general. Trad. de Sergio Politoff Lifschitz, regeral e prólogo José Luis Guzmán Dalbora, ed. alemã de 1915. Buenos Aires: Julio César Faria-Editor, 2007 •• MEZGER, Edmundo. *Tratado de derecho penal*. Trad. de José Arturo Rodríguez Muñoz. Madrid(ES): Ed. Revista de Derecho Privado, 1955. t. I •• MAYRINK DA COSTA, Álvaro. *Direito penal*: parte geral. 8ª ed. Rio de Janeiro: Forense, 2009. vol. 2 •• MIR PUIG, Santiago. *Derecho penal*: parte general. 9ª ed. Buenos Aires: B de F, 2012 •• MIRABETE, Julio Fabbrini; FABRINNI, Renato N. *Manual de direito penal*: parte geral. 30ª ed. São Paulo: Atlas, 2014 •• MUÑOZ CONDE, Francisco; GARCÍA ARÁN, Mercedes. *Derecho penal*: parte general. 5ª ed. Valencia(ES): Tirant lo Blanch, 2002 •• NOVOA MONREAL, Eduardo. *Curso de derecho penal chileno:* parte general. 2ª ed. Santiago: Editorial Juridica Ediar-Cono Sur, 1985. t. 1 •• NUCCI, Guilherme de Souza. *Código penal comentado*. 13ª ed. São Paulo: Thomson Reuters/Revista dos Tribunais, 2013 •• NUÑEZ, Ricardo C. *Manual de derecho penal*: parte general. 3ª ed. Cordoba: Marcos Lerner Editora Cordoba, 1982 •• PIERANGELLI, José Henrique. *Código penal: comentado artigo por artigo*. São Paulo: Verbatim, 2013 •• POLITOFF L., Sérgio [et alii]. *Lecciones de derecho penal chileno*: parte general. 2ª ed. Santiago: Editorial Jurídica de Chile, 2003 •• PRADO, Luiz Regis. *Tratado de direito penal*: parte geral. São Paulo: Thomson Reuters/Revista dos Tribunais, 2014. vol. 2 // *Curso de direito penal brasileiro*. 13ª ed. Coautoria. São Paulo: Thomson Reuters/Revista dos Tribunais, 2014 •• QUINTERO OLIVARES, Gonzalo. *Parte general del derecho penal*. 4ª ed. Colaboración de Fermín Morales Prats, Pamplona: Thomson Reuters,

2010 •• REALE JÚNIOR, Miguel. *Instituições de direito penal*: parte geral. 3ª ed. Rio de Janeiro: Forense, 2009 // *Parte geral e tipicidade*. São Paulo: Ed. do Autor, 1986 •• RODRIGUEZ DEVESA, José Maria; SERRANO GOMEZ, Alfonso. *Derecho penal español*: parte general. 15ª ed. Madrid: Dykinson, 1992 •• ROXIN, Claus. *Derecho penal*: parte general. Trad. 2ª ed. aleman Diego-Manuel Luzón Peña [et alii]. Madrid: Civitas Ediciones, 2003 // *La teoría del delito en la discusión actual*. Trad. Manuelk Abanto Vásquez. Lima: Editora Jurídica Grijley, 2007 •• SILVA FRANCO, Alberto. *Código penal e sua interpretação*: doutrina e jurisprudência. 8ª ed. Alberto Silva Franco e Rui Stoco (Coords.). São Paulo: Editora Revista dos Tribunais, 2007 •• SOLER, Sebastian. *Derecho penal argentino.* Buenos Aires: Tipografia Editora Argentina, 1970 •• SOUZA & JAPIASSÚ. *Curso de direito penal*: parte geral. Rio de Janeiro: Elsevier, 2012 •• STRATENWERTH, Günther. *Derecho penal*: parte general I; El hecho punible. 4ª ed. Trad. Manuel Cancio Meliá y Marcelo Sancinetti. Buenos Aires: Hammurabi, 2005 •• TOLEDO, Francisco de Assis. *Princípios básicos de direito penal*. 5ª ed. São Paulo: Saraiva, 2002 •• VILLALOBOS, Ignacio. Derecho penal mexicano. México: Ed. Porrúa, 1975 •• VON WEBER, Hellmuth. *Lineamentos del derecho penal aleman*. 2ª ed. Buenos Aires, 2008 •• WELZEL, Hans. *Derecho penal aleman:* parte general. 11ª ed., aleman; trad. castellana, 4ª ed., de Juan Bustos Ramírez e Sergio Yáñez Pérez. Santiago de Chile: Editorial Juridica de Chile, 1997 •• WESSELS, Johannes. *Direito penal*: parte geral (aspectos fundamentais). Trad. do alemão e notas de Juarez Tavares. Porto Alegre: Sérgio Antonio Fabris Editor, 1976 •• ZAFFARONI, Eugenio Raul; ALAGIA, Alejandro; SLOKAR, Alejandro. *Derecho penal*: parte general. 2ª ed. Buenos Aires: EDIAR, 2014 •• ZAFFARONI-BATISTA: ZAFFARONI, Eugenio Raúl; BATISTA, Nilo; ALAGIA, Alejandro; SLOKAR, Alejandro. *Direito penal brasileiro.* Rio de Janeiro: Revan, 2010. vol. II, I •• ZAFFARONI, Eugenio Raúl; PIERANGELI, José Henrique. *Manual de Direito penal brasileiro*: parte geral. 7ª ed. São Paulo: Revista dos Tribunais, 2007. vol. 1.

§ 20. O ITINERÁRIO DO CRIME

I. Fases do crime doloso

Diversamente do delito culposo, que resulta da violação de um dever objetivo de cuidado que produz o resultado danoso involuntário (CP, art. 18, II), o crime doloso (CP, art. 18, I) segue um roteiro que a doutrina clássica chama de *iter criminis*. As fases do *caminho do crime* são: ***a)*** *cogitação,* que significa pensar sobre o fato a ser praticado, em seus detalhes; ***b)*** a *deliberação*, i.e., a decisão refletida sobre a ação ou omissão criminosa; ***c)*** *atos* *preparatórios*, que se caracterizam pelas atividades materiais ou morais de organização dos meios e dos instrumentos para a prática delituosa. Tanto pode ser a seleção de uma arma como o convite ardiloso para um encontro com a vítima ou a escolha do lugar para atacá-la; ***d)*** *início de execução,* i.e., o começo da realização do verbo contido no tipo, como na hipótese de o sujeito dar facadas na vítima com o objetivo de matá-la (CP, art. 121: matar alguém); ***e)*** *consumação,* momento em que o agente realizou em todos os seus termos a figura delituosa, em que o bem jurídico protegido sofreu a efetiva lesão ou a ameaça de lesão indicadas pelo núcleo do tipo. Na consumação, os elementos objetivos e subjetivos referidos pela norma incriminadora estão presentes (CP, arts. 155, 171).

II. Cogitação e deliberação

A *cogitação* e a *deliberação* constituem processos psicológicos que, embora inerentes aos crimes dolosos, são impuníveis se não houver a exteriorização da vontade (*cogitationis poenam nemo patitur*), cf. a máxima de ULPIANO. Ninguém pode ser juridicamente punido em função apenas de seus pensamentos nos regimes que adotam o *princípio da ofensividade* como essencial à configuração de um delito que tem, no *fato típico,* a sua prefiguração. Na sugestiva frase de WELZEL, "la energía delictiva no se muestra justamente en los pensamientos delictivos, sino en su transformación en un hecho real" (*Derecho penal alemán,* § 24, p. 221).

III. Atos preparatórios

O CP 1890 estabelecia: "**Art. 10.** A resolução de commeter crime, manifestada por actos exteriores, que não constituírem começo de execução, não é sujeita á acção penal, salvo si constituir crime especificado na lei".

Os *atos preparatórios* constituem atividades materiais ou morais de eventual organização prévia de meios ou instrumentos para o cometimento do crime. Tanto pode ser a aquisição ou o municiamento da arma para o homicídio, como a atitude de atrair a vítima para determinado lugar a fim de ser atacada. Em geral, tais atos não são puníveis, porque não houve, ainda, um começo de ofensa ao bem jurídico protegido. No entanto, há situações nas quais essa etapa se converte em crime próprio, como ocorre com a associação criminosa, a constituição de milícia privada, os petrechos para falsificação de moeda (CP, arts. 288, 288-A e 291) e os atos de sabotagem (Lei n. 7.170, de 14.12.1983, art. 15, § 2º). No campo das contravenções penais podem ser indicados como ilícitos autônomos os atos preparatórios dos arts. 24, 25 e 39, com as seguintes rubricas: "Instrumento de emprego usual na prática de furto", "Posse não justificada de instrumento de emprego usual na prática de furto" e "Associação secreta".

Asúa, tratando de "la asociación ilícita como delito preparatorio", refere-se à expressão *"conventiculum"* para indicar "las asociaciones de bandoleros que asolaban el Estado Romano, constituidas para atentar contra las personas y la propriedad, siempre que se hubieren reunido 'con mal fin y con armas'. Los romanos primero, y los prácticos italianos, después, extendieron el uso del vocablo para designar las agrupaciones armadas con fines de venganza o para cometer saqueos, depredaciones u otros hechos delictivos" (*Tratado*, t. VII, p. 370-371)

Também dentro dessa categoria de ilícitos estão as hipóteses previstas pelo art. 31 do CP: "O ajuste, a determinação ou instigação e o auxílio, salvo disposição expressa em contrário, não são puníveis, se o crime não chega, pelos menos, a ser tentado". Tais atos são penalmente irrelevantes (extinto TACRIM-SP. In: *RT*, 621/323). A mesma solução é adotada quando um dos sujeitos, embora tenha praticado uma das atividades acima referidas, se retira antes do início da execução do delito (extinto TACRIM-SP. In: *JUTACRIM-SP*, 91/38).

A segurança jurídica e o objetivo de se proteger bens jurídicos com a incriminação exigem que somente tenham relevo penal os atos que constituam, efetivamente, um início de execução do delito e não meros atos preparatórios, "como o de limpar um fuzil, postar-se no caminho do desafeto armado, sem, no entanto, acionar o gatilho" (REALE JÚNIOR, *Instituições*, p. 33).

IV. Distinção entre atos preparatórios e início de execução

"A distinção entre atos preparatórios e início de execução continua a atormentar os juristas e os legisladores" (FRAGOSO, *Comentários*, vol. I, t. II, p. 528). No mesmo sentido, ZAFFARONI e PIERANGELI: "A distinção entre atos preparatórios – usualmente impunes – e atos de tentativa é um dos problemas mais árduos da Dogmática e, seguramente, o mais difícil do estudo da tentativa. Trata-se de determinar qual é o grau de objetivação, no mundo exterior, que deve ter alcançado a resolução criminosa para que seja punida. A fórmula legal do 'começo de execução' não passa de um indicador geral e fluido, que pouco nos esclarecem cada caso particular, ou seja, quando se torna mister precisá-la para a sua aplicação a uma realidade concreta. O problema que surge para se precisar quando há 'começo de execução' ocorre porque a tentativa não é um tipo independente, porquanto não existe uma 'tentativa em sí', mas sim tentativas de delitos determinados" (*Da tentativa*, p. 45). Os prestigiados penalistas invocam o magistério de JESCHECK (*Lehrbuch des strafrechts – Allgemeiner teil*, p. 388), assim exposta: "A tentativa é um tipo dependente, de maneira tal que não cabe entender as suas *características partindo de si mesma, mas sim da sua vinculação ao tipo de determinado delito. Toda remissão a critérios gerais, como a periculosidade da conduta ou a intensidade da vontade criminosa, lesa o princípio de legalidade, quando não se garante a sua conexão com o tipo"* (ZAFFARONI--PIERANGELI, ob. e loc. cit.) (Itálicos meus).

O entendimento generalizado da doutrina se orienta por dois critérios: **a)** *formal,* que consiste no início de realização do tipo, tendo como fonte o art. 2º do Código Penal francês de 1810, que alude ao *"commencement d'exécution"*; **b)** *material,* quando a conduta cria uma situação concreta de perigo para o bem jurídico protegido pela norma incriminadora. Já para WELZEL: "La tentativa comienza en aquella actividad con la cual el autor inicia inmediatamente, de acuerdo con su plan de delito, la concreción del tipo penal" (*Derecho penal alemán,* § 24, p. 224). Louvando-se na chamada *formulação da tentativa de Frank,* MAURACH explica que se pode considerar começo de execução "todos los actos que, por su necesaria unión con la acción típica, aparezcan *para la concepción natural* como *parte integrante* de esta acción. Lo decisivo para la delimitación viene pues dado por el curso natural del suceso; se da tentativa cuando el autor inicia un *ataque imediato* contra el bien, presentándose los actos ulteriores como el desarrollo, adecuado, planeado, del delito" (*Tratado,* vol. II, § 411-B, p. 176) (Itálicos do original).

O critério formal sustenta que o ato executivo deve dirigir-se à concreção do tipo, i.e., o começo de sua realização. Noutras palavras, é mister ser examinado em relação ao tipo legal, tomando-se em consideração, naturalmente, o fim que o sujeito ativo tem em vista. Consequentemente, conforme o tipo, o mesmo ato pode ou não ser de execução. Já o critério material funda-se no perigo corrido pelo bem jurídico tutelado. Se o ato não representar esse perigo, não será de execução.

Para alguns juristas há, basicamente, duas teorias acerca do assunto: **a)** *subjetiva;* **b)** *objetiva.* A primeira não cogita de uma *linha divisória* de natureza externa entre a preparação e a execução do delito, bastando a vontade do sujeito dirigida para a consumação; a segunda, adotada pelo Código Penal, consiste na evidência de atos característicos para cumprir o verbo indicado no tipo legal. Os golpes de faca na vítima constituem o *começo de execução* do homicídio se o dolo do agente tiver esse objetivo.

O Código Penal acolheu a *teoria objetiva,* de evidente natureza garantista. Não sufragou a *doutrina subjetiva*, para a qual basta a revelação da intenção delituosa, ainda que em atos preparatórios. No contexto da teoria objetiva há desdobramentos: **a)** *teoria objetivo-formal,* "preconizando que ato executório é aquele que 'constitui uma parte real do fato incriminado pela lei' (VON LISZT, BIRKMEYER), ou, nas palavras de BELING, atos executórios são os que fazem parte do núcleo do tipo (verbo) (cf. HUNGRIA, *Comentários ao código penal,* vol. I, t. II, p. 83-84). Ainda no contexto da teoria objetivo--formal, pode-se destacar a *teoria da hostilidade ao bem jurídico,* sustentando ser ato executório aquele que *ataca* o bem jurídico, retirando-o do 'estado de paz'" (NUCCI, *Código penal,* p. 190) (Itálicos do original); *b)* teoria *objetivo-material,* que procura completar a anterior considerando a *situação de perigo* para o bem jurídico protegido e a *inclusão de atos* imediatamente anteriores "por sua vinculação com a ação típica, aparecem, segundo uma concepção natural, como parte integrante dela" (ZAFFARONI-PIERANGELLI, *Manual,* p. 603), porém apelando para tanto ao critério de um terceiro observador; *c) teoria objetivo-individual,* que constitui um aprimoramento das anteriores porque leva em conta o chamado *"plano concreto do autor",* ou seja, o *elemento individualizador* (subjetivo).

Essa é a orientação que oferece alguns pontos mais claros a salvo do maniqueísmo de posições absolutamente antagônicas – as que negam e as que afirmam – a passagem dos atos preparatórios para os executórios. Nesse rumo estão ZAFFARONI e PIERANGELI: "Com a teoria 'objetivo individual', pelo menos, podemos ter alguns pontos mais ou menos claros, e acreditamos que possa, no futuro, servir de base concreta para um trabalho indagatório mais profundo: *a) o 'começo de execução do delito' não é o 'começo da execução da ação típica'; b) o começo de execução do delito abarca aqueles atos que, conforme o plano do autor, são imediatamente anteriores ao começo de execução da ação típica (e, logicamente, também o começo de execução da ação típica); c) um ato parcial será imediatamente precedente da realização da ação típica quando entre este e a ação típica não exista outro ato parcial; d) para se determinar se há ou não outro ato parcial intermediário dever-se--á tomar em conta o plano concreto do autor, e não o que possa imaginar um observador alheio*" (*Da tentativa,* p. 56) (Itálicos do original).

O Código Penal português acolhe a *teoria objetivo-material* como se verifica pela redação do art. 22º, n. 2: "São actos de execução: *a)* Os que preencherem um elemento constitutivo de um tipo de crime; *b)* Os que forem idôneos a produzir o resultado típico; ou *c)* Os que, segundo a experiência comum e salvo circunstâncias imprevisíveis, forem de natureza a fazer esperar que se lhes sigam actos das espécies indicadas nas alíneas anteriores".

O texto legal acima[1] não tomou partido na debatida questão de saber se no juízo de previsibilidade (alínea *c)* "pode ser levada em conta a persona-

---

1   O dispositivo seguiu literalmente o texto do Projecto da Parte Geral do Código Penal (1963, art. 22º) elaborado pelo mestre EDUARDO CORREIA, cf. a sua lição em *Direito criminal,* vol. II, p. 227 e ss.

lidade do agente, ou se somente se deve atender aos actos materiais na sua objectividade. Parece assim que o recurso à personalidade do agente, suposto um mínimo de factos a que seja de prever se sigam condutas típicas, é de se aceitar como adjuvante na formação do juízo de previsibilidade, já que a lei não vinculou de qualquer modo o intérprete e parte substancial da doutrina assim entende" (MAIA GONÇALVES, *Código penal português*, p. 248-249).

A distinção entre atos preparatórios e atos de execução é *"uno dei problemi più dibatutti del diritto penale che ha portato i giuristi quasi alla disperazione"*, cf. a experiente conclusão de ANTOLISEI (*Manuale*, p. 442). Mas a dúvida nos casos do cotidiano forense deve ser resolvida com uma dose de razoabilidade em favor da inexistência do *conato* porque "e vedado, em qualquer ordenamento jurídico democrático, haver condenação sem certeza" (DELMANTO, *Código penal*, p. 137).

§ 21. A TENTATIVA

* DIREITO ANTERIOR
O CCrim. 1830 previa a "tentativa do crime, quando fôr manifestada por actos exteriores e princípio de execução, que não teve efeito por circumstancias independentes da vontade do delinquente" (art. 2º, § 2º) •• CP 1890: "Art. 13. Haverá tentativa de crime sempre que, com intenção de commettel-o, executar alguem actos exteriores que, pela sua relação directa com o facto punivel, constituam começo de execução, e esta não tiver logar por circumstancias independentes da vontade do criminoso". •• Projeto Alcântara Machado: "Art. 10. Diz-se o crime: I – [...]; II – tentado, quando a execução já iniciada se não consuma por circunstancias independentes da vontade do agente". •• Anteprojeto Hungria: "Art. 15. Quem, com o fim de cometer um crime, começa sua execução com atos idôneos e inequívocos, mas não vem a consumá-lo por circunstâncias independentes de sua vontade, será punido, pela tentativa, com a pena correspondente ao crime, diminuída de um terço até metade. •• CP1969 (art. 14, II) e o Anteprojeto Toledo (idem, ibidem) mantém a redação adotada pela PG/1940 (art. 12, II), e reproduzida na PG/1984 (art. 14, II).

I. Breve histórico
A síntese elaborada por ZAFFARONI e PIERANGELI contém as informações essenciais para a compreensão das etapas evolutivas dessa modalidade de ilícito. É oportuna a reprodução literal: "O Direito Romano não possui uma teoria geral acerca da tentativa e os textos onde ela aparece apresentam-se bastante contraditórios, principalmente quanto à sua punição, como se pode encontrar nos fragmentos de Paulo e de Marciano. Na Lex Cornelia de Sicariis porém, aparece a pena da tentativa como equivalente à do delito consumado, pena que se estendia até os atos preparatórios. Ortolan contudo, observa que a legislação romana possuía uma distinção, punindo com a mesma pena do delito consumado as infrações para as quais a pena era

prefixada de um modo positivo, as denominadas crimina ordinária, enquanto em outros delitos, os chamados crimina extraordinaria, o juiz possuía arbítrio que lhe possibilitava reduzir a pena. O critério da legislação romana estendeu-se para outras legislações posteriores, chegando ao Código francês de 1791, onde as penas dos delitos de homicídio e envenenamento, tanto consumados como tentados, eram idênticas. Também os Códigos franceses de 1810 e 1832 seguiram a mesma direção, sendo que, no último, a equiparação das penas formava regra geral, muito embora o seu art. 463 consignasse a faculdade atribuída aos juízes de atenuar a pena em caso de tentativa. Contra essa tendência de equiparação pronunciaram-se o Código liberal espanhol de 1822 e o Código de Nápoles, critério que viria, ao depois, cimentar-se nos Códigos alemão de 1871, húngaro de 1878, norueguês de 1902, argentino de 1921 e peruano de 1824, dentre outros. No Brasil, o Código imperial de 1830 estabeleceu que "não será punida a tentativa de crime ao qual não esteja imposta maior pena que a dos dous mezes de prisão simples ou desterro para fóra da comarca" (art. 2º, § 2º, segunda parte). Complementando essa disposição, o art. 34 enfatiza: "A tentativa a que não estiver imposta pena especial será punida com as mesmas penas do crime, menos a terça parte em cada um dos gráos. Se a pena fôr de morte, impôr-se-ha ao culpado de tentativa no mesmo grão a de galés perpetuas. Se for de galés perpetuas, ou de prisão perpetua com trabalho ou sem elle, impôr-se-há a de galés por 20 annos, ou de prisão com trabalho ou sem elle, por 20 annos. Se fôr de banimento, impôr-se-há a de desterro para fóra do Imperio por 20 annos. Se fôr de degredo ou desterro perpetuo, impôr-se-ha a de degredo ou desterro por 20 annos". O Código de 1890 estabeleceu que "não será punida a tentativa de contravenção e nem a de crime ao qual não esteja imposta maior pena que a de um mês de prisão cellular" (art. 16), enquanto o art. 63 preconizava que a tentativa do crime, a que não estiver imposta pena especial, será punida com as penas do crime, menos a terça parte em cada dos seus graus. A redução obrigatória da pena de tentativa em nosso Direito Penal constitui, portanto, uma tradição, posteriormente ampliada pelo legislador de 1940" (Da tentativa, p. 124-125).

II. Conceito

Na escorreita definição de M. E. MAYER, "la tentativa se encuentra en el camino de la consumación: es un crimen in itinere" (Derecho penal, p. 427) (Itálicos do original). Em outras palavras, porém com o mesmo sentido é o conceito de ROXIN, ao interpretar o § 22 do Código Penal alemão: "Una tentativa es, en definitiva, una actuación próxima al tipo con dolo de realización típica" (Derecho Penal, ed. 2014, t. II, § 29, p. 434) (Negritos do original).

Para WELZEL: "La tentativa es la realización de la decisión de llevar a efecto un crimen o simple delito, mediante acción que constituye un principio de ejecución del delito" (Derecho penal alemán, § 24, p. 224). Segundo o magistério de HUNGRIA, a tentativa, sob o aspecto objetivo, "é um fragmento da conduta típica do crime (faltando-lhe apenas o evento condicionante ou característico da consumação" (Comentários, vol. I, t. 2, p. 78) (Itálicos do original). Cf. FRAGOSO, a tentativa "é a realização incompleta da conduta típica, que não se integra, em seu aspecto objetivo, por circunstâncias alheias à vontade do agente" (Lições, § 230, p. 295). Na tentativa, o movimento criminoso para em uma das etapas da execução, impedindo o agente de prosseguir em seu desígnio por circunstância alheia ao seu querer. "O homicida potencial alveja com a pista a sua vítima, mas a arma, ao detonar, é desviada do alvo por um terceiro" (BRUNO, Direito penal, t. 2º, p. 236). E na clássica doutrina de VON LISZT, "o crime é tentado, quando se opera o acto voluntario dirigido ao resultado que a lei incrimina sem que o resultado se produza" (Tratado, t. I, p. 322) (Itálicos do original). Para CARRARA, "il conato – tentativo, attentato" – [é] "qualunque atto esterno, univocamente conducente di sua natura ad un evento criminoso, el al medesimo diretto dall' con esplicita volontà, non susseguiro dall'evento stesso, nè dalla lesione di un diritto o poziore od equivalente a quello che si voleva violare" (Programma, vol. I, § 356, p. 313) (Itálicos do original).

Para o Código Penal espanhol: "Hay tentativa cuando el sujeto da principio a la ejecución del delito directamente por hechos exteriores, practicando todos o parte de los actos que objetivamente deberían producir el resultado, y sin embargo éste no se produce por causas independientes de la voluntad del autor" (art. 16, 1). O diploma penal português dispõe: "Há tentativa quando o agente praticar actos de execução de um crime que decidiu cometer, sem que este chegue a consumar-se" (art. 22º, n. 1). O Código Penal italiano estabelece: "Chi compie atti idonei, diretti in modo non equivoco a commettere um delitto, risponde di delitto tentato, se l'azione non si compie o l'evento non si verifica" (art. 56). E o Código Penal Tipo adotou a seguinte definição: "Artículo 39. El que iniciare la ejecución de un delito por actos directamente encaminados a su consumación y ésta no llegare a producirse por causas ajenas a él, será reprimido con una pena no menor de los dos tercios del mínimo ni mayor de los dos tercios del máximo de la establecida para el correspondiente delito".

III. Teorias

Duas teorias têm disputado a preferência para justificar a incriminação da tentativa. A primeira sustenta que o conatus deve ser reconhecido quando é manifesta a vontade do agente em consumar o delito. É a teoria subjetiva. A segunda toma em consideração o aspecto exterior da conduta e a intervenção penal se justifica a partir do início da realização do tipo de ilícito. É a teoria objetiva. O nosso Código adotou esta última. Um exemplo eloquente para demonstrar a imprestabilidade da teoria subjetiva é oferecido por HUNGRIA: "Tício tendo recebido uma bofetada de Caio, corre a um armeiro, adquire um revolver, carrega-o com seis balas e volta, ato seguido, à procura do seu adversário, que, entretanto, por cautela ou casualmente, já não se acha no local da contenda; Tício, porém, não desistindo de encontrar Caio, vai postar-se, dissimulado atrás de uma moita, junto ao caminho onde ele habitualmente passa, rumo de casa, e ali espera em vão pelo seu inimigo, que, desconfiado, tomou direção diversa. Não se pode conceber uma série de atos mais inequivocamente reveladores da intenção de matar, embora todos eles sejam meramente preparatórios [...] O critério da inequivocidade, por si só é precaríssimo: faz de um projeto uma realidade, de uma sombra um corpo sólido" (Comentários, vol. I, t. II, p. 79-80) (Itálicos do original).

Uma outra e nova teoria é mencionada por ROXIN como verdadeira forma da teoria objetiva. É considerada idônea a chamada tentativa perigosa, "determinando el peligro igual como ya antes lo había hecho la teoría de la adecuación y como la hace ahora la teoría de la imputación objetiva. Según ella, una tentativa es peligrosa (y con ello, idónea) cuando un observador promedio razonable, el cual está provisto además con cualquier conocimiento especial del autor, tuvo que haber considerado ex-ante que el resultado era seriamente posible" (La teoría del delito, p. 379).

IV. Elementos

A tentativa é composta dos seguintes elementos: a) uma ação que penetrou na fase de execução, i.e., dirigida para a realização de um tipo de ilícito; b) a interrupção dessa fase por circunstância estranha à vontade do agente; c) dolo direto em relação aos elementos objetivos do tipo. Não é possível a tentativa com dolo eventual porque a vontade de realizar a consumação é incompatível com a conduta do agente que não quer o resultado embora possa, nas circunstâncias do caso concreto, ter assumido o risco de sua verificação. HUNGRIA opina em sentido contrário sustentando com base em nosso Código de equiparar o dolo eventual ao dolo direto. "Se o agente aquiesce no advento do resultado específico do crime, previsto como possível, é claro que este entra na órbita de sua volição (v. n. 73): logo, se, por circunstâncias fortuitas, tal resultado não ocorre, é inegável que o agente deve responder por tentativa. É verdade que, na prática, será difícil identificar-se a tentativa no caso de dolo eventual, notadamente quando resulta totalmente improfícua (tentativa branca). Mas, repita-se: a dificuldade de prova não pode influir na conceituação da tentativa" (Comentários, vol. I, t. II, p. 90). ASÚA entende que é impossível pronunciar-se no campo da teoria sobre a compatibilidade da tentativa com o dolo eventual. "Sólo en el terreno dogmático; es decir, en consideración al concreto ordenamiento jurídico de un país, puede ser decidida la question" (Tratado, t. VII, p. 896-897) (Itálicos meus).

Com a devida vênia penso que a melhor doutrina está com DELMANTO: "O dolo eventual – como modalidade de dolo indireto – configura-se quando o agente, conscientemente assume o risco de produzir o resultado e consente na ocorrência do mesmo. Assim é que, não havendo o consentimento no resultado – mas apenas a assunção do risco de produzi-lo – caracteriza a culpa consciente. Desse modo, como a tentativa não é possível nos crimes culposos (não, tampouco nos crimes preterdolosos (ou preterintencionais), ela também não é possível nos crimes com dolo indireto. A tentativa só é admissível, pois, na hipótese de dolo direto" (Código penal, p. 138) (Itálicos meus).

V. Espécies

Cf. o momento em que a execução for interrompida, a tentativa será perfeita (acabada) e imperfeita (inacabada). A perfeita é também chamada de crime falho. Este ocorre quando o agente fez tudo quanto lhe era possível, para alcançar o resultado, v.g., ministra dose mortal de veneno na bebida que é oferecida à vítima porém a mesma, desconfiada, rejeita a oferta. A tentativa é imperfeita quando a ação não é esgotada, i.e., o agente não exauriu, em atos executivos, a sua intenção delituosa. A distinção entre as duas espécies de tentativa tem toda a oportunidade, quando se trata da desistência voluntária e do arrependimento eficaz (v., infra, art. 15). A doutrina também reconhece a chamada tentativa branca (incruenta) que ocorre "quando o objeto material não sofre lesão. Ex.: o sujeito, tentando matar a vítima, dispara em sua direção tiros de revólver, errando o alvo" (DAMÁSIO DE JESUS, Direito penal, p. 261).

VI. Tentativa de lesão corporal

Em tese é possível a caracterização da tentativa cf. admite a generalidade da doutrina. A objeção de alguns consiste na impossibilidade de, frustrado o gesto dirigido à consumação, se saber qual seria o grau da lesão (leve, grave ou gravíssima). HUNGRIA sustenta que tal óbice não existe: "Se as circunstâncias evidenciam o animus vulnerandi, mas deixam em dúvida se o agente pretendia uma lesão simples ou qualificada, a imputação deve inclinar-se pela solução mais favorável, segundo o princípio in dubio pro reo". E admite: "Há casos, porém, em que pode ser manifesta a gravidade da lesão tentada. Ninguém deixaria de reconhecer uma tentativa de lesão gravíssima no fato, por exemplo, de quem atira vitríolo na direção do rosto de seu inimigo, que, desviando-se tempestivamente, consegue escapar ileso" (Comentários, vol. I, t. II, p. 90) (Itálicos do original).

Em relação a essa modalidade de ilícito – como de tantos outros – o reconhecimento ou não da tentativa não depende da probabilidade de se obter a prova material, assunto pertinente ao processo penal. A propósito, HUNGRIA: "Mas, repita-se: a dificuldade de prova não pode influir na conceituação da tentativa" (ob. e loc. cit.).

VII. Tentativa em outras espécies de crimes

A indagação acerca da possibilidade de caracterização da tentativa em algumas modalidades de delito depende da verificação prévia sobre o fracionamento do processo executivo ou, em outras palavras, sobre a decomposição da imagem reitora da figura típica. Na medida em que o itinerário do crime possa ser interrompido após iniciada a execução, a figura da tentativa é admissível.

Seguem algumas situações possíveis: a) tentativa no crime de ímpeto. Na opinião de CARRARA não é admissível a tentativa com dolo de ímpeto: "Di questa verità che tutti i criminalisti riconoscono, sul fondamento della regola inconcussa che in qualunque dubbiosi debe suporre nel'agente la intenzione piū mite e meno malvagia, ne consegue il principio che ai fatti commesi per subitaneo impeto di affeti non pu̇ò addatarsi la nozione del conato" (Programma, vol. I, § 368, p. 326) (Itálicos do original). O imortal mestre de Pisa, ao dissertar sobre a força moral do delito aponta a existência de quatro requisitos que acompanham a operação interna, em decorrência da qual o homem procedeu à ação externa: a) o conhecimento da lei; b) a previsão dos efeitos; c) a liberdade de escolha; d) a vontade de agir (Programmna, ob. cit., § 59, p. 95-96) (Itálicos meus). A ação praticada sob o impulso de uma força psíquica, bruta e intensa, seria incompatível com o conatus porque não haveria "la libertà di eleggere". Sob outro aspecto, o caráter súbito e arrebatado da conduta também negaria o critério de "durata e di spontaneità", como fenômenos inerentes a maior ou menor energia da determinação do dolo (CARRARA, ob. cit., § 72, p. 103).

Mas o entendimento diverso prevalece na doutrina estrangeira e nacional. ASÚA, por exemplo, considera possível a tentativa nos casos de ímpeto, ressalvando "que el problema de la dificultad no reside en la propia esencial de dolo, sino de la prueba" (Tratado, t. VII, p. 889). Com efeito, o dolo não exige uma intenção determinada ou os elementos da premeditação ou do cálculo. No ordenamento penal brasileiro, o domínio da violenta emoção, que leva o agente a praticar o crime em reação à injusta provocação da vítima (CP, art. 121,§ 1º), é somente causa de especial diminuição da pena, justificável não em face da graduação do dolo mas da menor reprovabilidade do ato. E a declaração expressa de que a emoção e a paixão não excluem a imputabilidade penal (CP, art. 28, I) encerra qualquer possibilidade de discussão a respeito.

Lembrando que no Brasil, sob a vigência do CP 1890, a inadmissibilidade do conatus era aceita sem restrições por BENTO DE FARIA e JORGE SEVERIANO RIBEIRO, ao entendimento de que "ao delito por súbito ímpeto de afetos falta o cálculo necessário à figura da tentativa, diante do inopinado da ocorrência", MUNHOZ NETTO sustenta que "o fenômeno da representação, imprescindível para que se possa querer um determinado efeito ou para assentir em sua produção, embora subordinado a processos internos múltiplos e complexos, pode surgir de maneira instantânea, de sorte que é inadmissível que o dolo de ímpeto exclua a incriminação, seja da tentativa, seja do delito consumado" (Da tentativa, p. 66) (Itálicos meus).

VIII. Tentativa no crime de perigo

Cf. MAURACH: "No plantea problemas la tentativa de un delito de peligro. Al igual que los delitos de lesión, los de peligro son delitos de resultado, susceptibles pues de ser cometidos por tentativa" (Tratado, § 41, IIIA, p. 184) (Itálicos do original).

No sistema do Código Penal os crimes de perigo comum (arts. 250-259), por exemplo, admitem a tentativa. Por todos: PIERANGELI, Código penal, p. 868.

IX. Ilícitos penais que não admitem a tentativa

Além do crime culposo, também não admitem a tentativa: a) os crimes formais, também chamados crimes de consumação antecipada, nos quais a consumação independe de um resultado externo. Mas é preciso distinguir: se o delito formal for unissubsistente, o conatus é impossível, por exemplo, a ameaça verbal. O contrário ocorre com o crime formal plurissubsistente quando o meio utilizado pelo agente para ofender a honra subjetiva de alguém admite um fracionamento, cf. a hipótese de DELMANTO: "a pessoa contrata a publicação de um informe publicitário em determinado jornal e, embora enviado o texto e quitado o custo da publicidade, esta é obstada pelo editor-chefe, no último instante" (Código penal, p. 138). O mesmo sucede com o delito de extorsão que, embora formal, admite a tentativa se a vítima não cede às exigências do autor (TJMG, apel. n. 1.0625.05.044924-2/001(1), Rel. William Silvestrini, j. 24.05.2006); b) os crimes de mera conduta (ou crimes de simples atividade) nos quais a ação ou omissão bastam para constituir o elemento material do tipo, de que é exemplo o ato obsceno (CP, art. 233); c) os crimes omissivos próprios. A mesma impossibilidade relativa ao crime formal unissubsistente existe em relação ao crime omissivo próprio ou seja, o ilícito que se consuma como a simples inatividade do sujeito que tem o dever jurídico de praticar a ação esperada a fim de evitar o resultado típico. Pratica esse delito o enfermeiro que deixa de ministrar o medicamento determinado pelo médico para debelar a crise do miocárdio querendo a morte do paciente; d) os crimes habituais, que se caracterizam pelo estilo de comportamento parasitário do agente, como ocorre com o rufianismo (CP, art. 230); a repetição de conduta no tráfico ilícito de drogas (Lei n. 11.343/2006, art. 33), e as reiteradas operações financeiras consideradas como de gestão temerária (Lei n. 7.492/1986, parág. único do art. 4º); e) os crimes qualificados pelo resultado a exemplo da lesão corporal seguida de morte (CP, art. 129, § 3º); f) os crimes condicionados, porque dependem de uma condição superveniente para a sua consumação, como o previsto no art. 122 do Código Penal (induzimento, instigação ou auxílio ao suicídio), cuja realização típica depende da morte ou lesão corporal da vítima; g) os crimes permanentes na forma omissiva, cf. a hipótese de NUCCI (Código penal, p. 196): o carcereiro recebe o alvará de soltura de um preso mas decide não cumpri-lo cometendo a infração de cárcere privado (CP, art. 148); h) os crimes preterintencionais, também chamados crimes preterdolosos, cujo resultado (dano ou perigo de dano) vai além do querido pelo agente. Como a tentativa fica aquém do evento desejado, torna-se impossível o conato (Bitencourt, Tratado, vol. I, p. 538); i) os crimes de atentado, nos quais a tentativa caracteriza uma infração autônoma (Lei n. 7.170/1983, art. 11) ou a sua punibilidade é idêntica à do crime consumado (CP, art. 352). Outras hipóteses podem ser mencionadas: arts. 261 e 262 do Código Penal, quanto à primeira parte das condutas: a) "Expor a perigo embarcação ou aeronave [...]" b) "Expor a perigo outro meio de transporte público [...]".

Embora realisticamente demonstrável em algumas hipóteses, a tentativa de contravenção não é punível (LCP, art. 4º). Com efeito, o art. 14, caput, alude somente ao "crime" como infração penal.

X. Pena da tentativa

A punibilidade da tentativa é justificada pela criação objetiva de perigo para o bem jurídico protegido. Não se leva em consideração o aspecto subjetivo do fato, i.e., a impressão da vítima ou de circunstantes mesmo porque o ilícito pode ser praticado em lugar ermo e sem conhecimento do ofendido que foi alvejado pelas costas. O nosso Código rejeitou a teoria subjetiva para acolher a teoria objetiva que é demonstrável externamente.

A tentativa é a figura truncada de um crime. Deve revelar tudo o que caracteriza o crime, menos a consumação (BRUNO, Direito penal, t. 1, p. 239). Daí a reação penal diferenciada como observa REALE JÚNIOR: "Se, na tentativa, o dano não se concretiza, pairando a conduta no estágio da criação de uma situação perigosa, a pena, para ser proporcional, não poderia deixar de sofrer uma diminuição" (Instituições, p. 291).Existem três critérios para medir a quantidade da sanção do conato: a) pena igual à do crime consumado; b) pena fixada de acordo com a periculosidade do agente; c) pena inferior à do crime consumado. O Código Penal adota esse último ao determinar que a pena da tentativa deve corresponder à pena do crime consumado, diminuída de um a dois terços. O CP 1969, em sua redação original, acolheu antiga sugestão de COSTA E SILVA, que permitia ao juiz, "em caso de excepcional gravidade, aplicar a pena do crime consumado" (art. 14, parág. único). O exemplo dado pela Exp. Mot. daquele diploma era o da vítima que, em razão do atentado, ficou cega e paralítica (n. 9). Mas com o advento da Lei n. 6.016, de 31.12.1973 que alterou o referido diploma, manteve-se a orientação já adotada pela PG/1940 que foi consagrada pela PG/1984.

O critério seguido pelo Código Penal, na diversidade de punição, é de Política Criminal, levando em consideração que o bem jurídico visado pelo sujeito ativo não foi sacrificado (vida, liberdade, patrimônio etc.). A pena-base será fixada atendendo-se aos indicadores do art. 59 do Código Penal (culpabilidade, antecedentes etc.). Num segundo momento, o juiz considerará as circunstâncias atenuantes e agravantes; e finalmente irá contabilizar as causas de diminuição e de aumento. No caso da tentativa, a redução entre um a dois terços será promovida atendendo-se à redação final do art. 59: "conforme seja necessário e suficiente para reprovação e prevenção do crime".

A jurisprudência, no entanto, construiu um critério estritamente objetivo determinado "pelo maior ou menor avanço do agente, em relação ao momento consumativo. Quanto maior a proximidade, menor a carga redutora da pena" (SILVA FRANCO, Código penal, p. 134). STJ, HC 75.332-GO, Rel. JANE SILVA, j. 04.10.2007).

Há crimes nos quais a tentativa equivale à consumação, não se cogitando, obviamente, de redução penal: Código Penal, art. 352; Cód. Eleitoral, art. 309 e Lei n. 7.170/1983, arts. 9º, 11, 17 e 18.

XI. Crime impossível. Tentativa impunível

* **DIREITO COMPARADO**
Além dos textos já referidos acima (item II): Código Penal alemão: "§ 22. Intenta un hecho penal quien de acuerdo con su representación del hecho se dispone inmediatamente la realización del tipo". •• Código Penal francês: "Art. 121-5. La tentative est constituée dès lors que, manifestée par un commencement d'execution, elle n'a éte suspendue ou n'a manqué son effet qu'en raison de circonstances indépendantes de la volonté de son auteur". •• Anteprojeto argentino. "Art. 7. – Tentativa y desistimiento. 1. El que con el fin de cometer un delito determinado comenzare su ejecución, pero no lo consumare por circunstancias ajenas a su voluntad, será pena¬do conforme a la escala del delito consumado reducida a la mitad del mínimo y a dos tercios del máximo. 2. El autor o participe de tentativa no estará sujeto a pena cuando desistiere voluntariamente del delito o impidiere su consumación".

§ 22. A CONSUMAÇÃO

* **DIREITO ANTERIOR**
O CCrim 1830 acolheu dispensou a redação de um dispositivo específico sobre a consumação, definindo apenas a tentativa "quando fôr manifestada por actos exteriores e princípio de execução, que não teve effeito por circunstancias independentes da vontade do delinquente" (art. 2º, § 2º). •• CP 1890: Art. 9º: "É punível o crime consummado e a tentativa". E o art. 12, completava: "Reputar-se-ha consummado o crime, quando reunir em si todos os elementos especificados na lei". •• Projeto Alcântara Machado (1830): "Art. 10. Diz-se o crime: I – consumado, quando se realizam todos os elementos de sua qualificação legal". •• Anteprojeto Hungria (1963): Omisso. CP 1969 e Anteprojeto Toledo (1981): Art. 14. Corresponde ao dispositivo vigente.

I. Conceito legal

A consumação é a última etapa do atuar delituoso. Sua ocorrência torna inviáveis tanto a desistência voluntária (de prosseguir na execução) como o arrependimento eficaz (de voltar ao status quo ante). Essas condutas poderão somente influir na individualização judicial da pena. Consumar o delito é realizar, em todos os seus termos, a figura delituosa. O bem jurídico penalmente protegido sofreu a efetiva lesão ou a ameaça que se exprime no núcleo do tipo. A concretude do tipo legal de crime indica o momento consumativo.

FRANK lembra que muitos juristas sustentavam a desnecessidade de se fixar o conceito legal de consumação, diante da observação de que bastaria uma regra sobre a tentativa. Discordando dessa orientação, HUNGRIA pondera que a sugestão "para essa explicitude (que remonta aos práticos: dicitur delictum consummatum quando delictum est in suo esse quod omnes circumstantias illud constituintes) veio do Código de 90, que, por sua vez, se inspirara nos antigos Códigos bávaro (art. 37), toscano (art. 42) e dos cantões suíços, não se trata de uma superfluidade. Cumpre deixar extreme de dúvida que, para se considerar consumado o crime, não é necessário que o agente alcance tudo quanto se propusera (consumação não se confunde com exaurimento) ou que se aguarde implemento de condição a que esteja subordinada a punibilidade" (Comentários, vol. I, t. II, p. 73-74) (Itálicos do original). Os escritores que, a exemplo de BATAGLINI, consideram as condições objetivas de punibilidade como integrantes do delito certamente se opõem à conclusão acima (COSTA E SILVA, Código penal, vol. I, p. 75, nota de rodapé).

É relevante destacar que a necessidade do conceito legal de consumação atende à exigência de garantia individual na medida em que o tipo legal é instrumento de segurança jurídica. A indicação dos elementos que compõem a figura da consumação atende ao princípio da anterioridade da lei penal que é uma garantia constitucional e legal. O mesmo princípio deve guiar a redação de outros dispositivos da Parte Geral, por exemplo, conceito normativo de omissão, tentativa, relação de causalidade, concurso de pessoas, crime continuado, concurso de crimes, cominação, aplicação e execução das penas e medidas de segurança etc. Essa é a lição de REALE JÚNIOR: "[...] a Parte Geral delimita as condições de eficácia das normas proibitivas, razão por que sua elaboração, desde os primeiros códigos modernos, surge naturalmente como responsável consequência do princípio da legalidade e de segurança e da liberdade perante o Estado (Parte geral e tipicidade, p. 18)".

Resumindo a opinião dos mestres, pode-se afirmar que as teorias sobre a consumação se dividem em dois critérios: a) os que levam em conta a lesão do bem jurídico protegido; b) os que consideram a adequação ao tipo legal de ilícito (ASÚA, Tratado, t. VII, p. 965). Este último é o adotado pelo nosso Código.

II. Elementos

O crime consumado pressupõe não apenas os elementos descritivos, normativos e subjetivos do tipo, de que é exemplo o delito de furto (CP, art. 155). É, aliás, a análise do tipo subjetivo que permite distinguir se o crime é doloso (dolo direto ou dolo eventual) ou culposo. A advertência de HUNGRIA é de todo procedente: a consumação não é conceito puramente objetivo, senão também subjetivo. "O reconhecimento da consumação ao invés da tentativa, depende muitas vezes do animus do agente. Assim, a lesão corporal tanto pode ser um crime consumado (art. 129) como pode ser uma tentativa de homicídio, conforme haja ou não, por parte do agente, o animus necandi" (Comentários, vol. I, t. II, p. 74) (Itálicos do original).

III. O momento da consumação

O summatum opus do crime é o do instante em que ocorre o resultado (dano ou perigo de dano). Mesmo nas hipóteses dos crimes de consumação antecipada, o momento consumativo deve ser identificado em função do evento produzido. Esta conclusão decorre da orientação do Código Penal, segundo a qual não existe crime sem resultado, como se verifica pela redação da primeira parte do art. 13: "O resultado, de que depende a existência do crime, somente é imputável a quem lhe deu causa".

IV. A consumação nos crimes instantâneos, continuados e permanentes

O crime é instantâneo quando o resultado é produzido num só momento, ou seja, a fase consumativa se realiza num só instante, sem continuidade no tempo. Cf. BRUNO, é o momento da consumação que dá o caráter instantâneo ao fato criminoso (Direito penal, t. 2º, p. 220). Assim, o homicídio e o furto são delitos instantâneos porque a perda do bem jurídico tutelado (vida e patrimônio) ocorre num só momento, embora o processo letal ou os atos de execução possam ser destacáveis. Uma nova modalidade de crime ocorre nos casos em que a infração penal já se consumou, porém os seus efeitos permanecem como ocorre com a ameaça (CP, art. 147). O delito é instantâneo e se consumou quando o agente, através de comunicação telefônica, ameaçou de morte o interlocutor. Mas as consequências imediatas podem persistir com o estado de perturbação psicológica ou de terror sofridos pela vítima. O mesmo ocorre com o crime de furto (CP, art. 155) quando o ofendido é privado de comprar os alimentos com o dinheiro que lhe foi subtraído. Essa categoria de ilícitos é denominada crimes instantâneos de efeitos permanentes.

Nos crimes continuados o summatum opus se opera conforme o exame individual dos delitos. Na hipótese de dois ou mais crimes da mesma espécie e demais requisitos do art. 71 do Código Penal, p.ex., o furto, o tipo se considera realizado no momento em que o agente se torna possuidor da coisa alheia, bastando que cesse a clandestinidade, ainda que a posse não seja mansa e pacífica. A jurisprudência do STF e do STJ dispensa a antiga orientação de exigir que a res furtiva tenha saído da esfera de vigilância da vítima. Admitindo-se a continuidade em delitos não previstos no mesmo dispositivo legal, mas praticados contra o mesmo bem jurídico, pela mesma pessoa e demais circunstâncias idôneas, o summatum opus deve ser aferido isoladamente, assim como o furto e a apropriação indébita, cf. o lúcido exemplo formulado por LEONARDO LOPES. Relativamente à infração do art. 168 do Código Penal, a consumação ocorre com a recusa do agente em devolver a coisa de que tinha a posse ou detenção com a indevida inversão da posse, diante da configuração do animus rem sibi habendi" (STJ, 6ª T., HC 117.764/SP, Rel. Min. OG. FERNANDES, j. 27.10.2009).

Nos crimes formais a consumação independe de um resultado externo, a exemplo da calúnia, difamação e injúria (CP, arts. 138 a 140) na forma oral. Também chamados crimes de consumação antecipada, esses ilícitos não admitem a tentativa pela impossibilidade de se fracionar o processo executivo.

Crimes permanentes, na opinião majoritária da doutrina, são aqueles cuja consumação se prolonga no tempo enquanto a vítima estiver privada de sua liberdade como ocorre com o sequestro e o cárcere privado (CP, art. 148). Tais ilícitos têm o momento consumativo com a simples restrição do poder de locomoção do ofendido, mas seu efeito permanece. MUNHOZ NETTO observa que nos crimes permanentes "a consumação ocorre no instante em que, reunidos os seus elementos constitutivos, o resultado se produz, muito embora persista, ininterruptamente, a conduta lesiva" (Da tentativa, p. 121-122). No entanto, contrariando amplo entendimento contrário, o mestre paranaense sustenta: "O que perdura em tais delitos, por outro lado, é a atividade executiva e não a consumação, como pretende MAGGIORE ao aludir a um período consumativo, que teria lugar nos crimes permanentes. A consumação não pode perdurar, porque como observa VANNINI, assinala um momento da realização do crime, significando, num sentido temporal 'che siè giunti alla fase conclusiva dell' iter criminis, al punto terminativo del fatto'. Verificado por isto o evento característico do delito estará configurada, naquele instante, a consumação, não sendo possível, como ensina PETROCELLI, que a consumação perdure, que o crime continui (sic) a se consumar, porque 'ciò che si è consumato in quel momento no può continuare a consumarsi, appunto perchè si è gia comsumato'. A produção do resultado, assim, é que assinala a consumação do delito, seja este instantâneo ou permanente, material, formal ou de perigo" (MUNHOZ NETTO, ob. cit. p. 122).

Nas infrações de caráter permanente, entende-se o agente em flagrante delito enquanto não cessar a permanência (CPP, art. 303) e a prescrição da ação penal (prescrição da pretensão punitiva) somente começa a correr do dia em que cessou a permanência (CP, art. 111, III).

* **DIREITO COMPARADO**
O Código Penal alemão, o Código Penal português, o Código Penal Tipo e o Anteprojeto argentino não definem a consumação, dispondo apenas sobre a tentativa. Respectivamente: §§ 22 e 23; artigo 22º; art. 39 e art. 7, n. 1. •• O Código Penal espanhol, pelo art. 15 declara: "Son punibles el delito consumado y la tentativa de delito", mas somente define a tentativa (art. 16).

§ 23. O EXAURIMENTO

I. Noção geral

Não se confundem as figuras do crime consumado e do crime exaurido. Essa distinção, primeiramente formulada por FARANDA e desenvolvida por BARSANTI (Delito esaurito, Macerata, 1890), foi aceita por CARRARA: "Il delitto perfetto si può di nuovo distinguere in delitto semplicemente perfetto, e delitto perfetto esaurito" (Programma, vol. I, § 49,bis p. 81) e por FERRI: "Mas o iter criminis pode continuar também para além da consumação, quando esta não realiza o escopo concreto que o delinquente se tinha proposto com a sua acção. Juridicamente o crime é perfeito quando se verifica a violação da norma penal e portanto do bem jurídico, que esta entende tutelar; mas psicologicamente e socialmente ele pode ser conduzido a ulteriores consequências, que agravam o dano público e privado. Tem-se então o crime esgotado, porque o delinquente com a violação da lei realiza também o escopo final da sua acção: quem mata para roubar a vitima, que se apodera da coisa móvel de outrem para a gozar ou a destruir, quem calunia um inocente para o fazer condenar, quem falsifica a moeda para a gastar como verdadeira, quem tira os rails para fazer descarrilar o comboio, quem lança o fogo á casa para a destruir, quem se bate em duelo para matar o adversário, quem instiga outrem para que pratique um crime, quem se associa com outrem para cometer crimes, etc., já consumou juridicamente o crime, se bem que o seu projeto criminoso não esteja completamente exaurido" (Princípios, § 89, p. 523).

II. Hipóteses

Há muitas infrações que alcançam uma etapa ulterior: o exaurimento. Significa a produção de um resultado lesivo a bem jurídico após a consumação do delito, "ou seja, é o esgotamento da atividade criminosa, implicando outros prejuízos além dos atingidos pela consumação" (NUCCI, Código penal, p. 189). Por exemplo, a consumação se aperfeiçoou com o incêndio produzido na casa e que expôs a perigo a vida, a integridade física ou o patrimônio de outrem (CP, art. 250). Mas o exaurimento ocorreu pelo prejuízo causado ao proprietário ou morador, segundo a vontade do incendiário. Também no falso testemunho a consumação ocorre com a assinatura do depoente no termo respectivo mas o exaurimento se efetiva quando o réu é condenado com base nessa prova e segundo o desejo da testemunha. Outros exemplos são: a) a corrupção passiva que se consuma com a solicitação mas se exaure com o recebimento da vantagem indevida (CP, art. 317); b) o recebimento da vantagem indevida na concussão (CP. art. 316) que já se consumara com a exigência.

III. Efeitos penais

No sistema do Código Penal o exaurimento é considerado na individualização judicial da pena, sob dois aspectos: a) a culpabilidade é mais acentuada pelo grau de reprovação social da conduta; b) as consequências do crime são extraordinárias pelo dano patrimonial sofrido pela vítima (CP, art. 59).

DESISTÊNCIA VOLUNTÁRIA E ARREPENDIMENTO EFICAZ

Art. 15. *O agente que, voluntariamente, desiste de prosseguir na execução ou impede que o resultado se produza, só responde pelos atos já praticados.*

*DIREITO ANTERIOR
CCrim. 1830: Omisso •• CP 1890: Omisso •• Projeto Alcântara Machado (1830): "Art. 11. Não será punível a tentativa: I – se o agente desistir voluntariamente da execução do crime ou lhe impossibilitar a consumação, ressalvada, porém, a responsabilidade pelos atos anteriores, que por si mesmos constituam crimes". •• Anteprojeto Hungria (1963): "Art. 15 [...] § 1º "O agente que, voluntariamente, desiste de prosseguir na execução ou impede que o resultado se produza, só responde pelos atos já praticados". •• CP 1969. Art. 15. Corresponde ao texto vigente. •• Anteprojeto Toledo (1981). Art. 15. Corresponde ao texto vigente.

BIBLIOGRAFIA (ESPECIAL)

ABREU, Waldyr de. A tentativa branca de homicídio e a desistência voluntária da reiteração de tiros. Arquivos do Ministério da Justiça e Negócios Interiores, 56/1955 •• ALCÁCER GUIRAO Rafael. Estudios sobre la tentativa y el desistimiento en derecho penal. México: Ed. Temis, 2006 •• ALVES, Roque de Brito. Desistência voluntária e arrependimento eficaz. Recife: Imprensa Industrial, 1959 •• ARAÚJO, José Osterno C. de. O arrependimento no direito penal. RT, 808/2003 •• CARVALHO, Gisele Mendes de. Natureza jurídica da desistência voluntária e do arrependimento eficaz. RT, 808/2003 •• CASTILLO GONZALEZ, Francisco. Tentativa y desistimiento voluntario. San Jose: Ed. Juridica Continental, 2003 •• FARIA, Jorge Ribeiro de. Sobre a desistência da tentativa. Boletim da Faculdade de Direito de Coimbra, 57/1981 •• FERREIRA, Pedro Paulo da Cunha. A extinção da punibilidade na desistência voluntária. Boletim, 222/2011 •• GOMES, Renata. A natureza jurídica da desistência voluntária e do arrependimento eficaz. Revista Brasileira de Direito Público, 5/2004 •• LATAGLIATA, Angelo Raffaele. La desistenza voluntaria. Napoli: Morano, 1964 •• MARQUES, Alberto. Consumação e tentativa.

Revista Síntese, 12/ 2002 •• MUÑOZ CONDE, Francisco. El desistimiento voluntario de consumar el delito. Madrid: Ed. Bosch, 1972 •• URZUA, Enrique Cury. Desistimiento y arrepentimiento activo. MPPR, 6/1976 •• ZAGNONI, Piera. Desistenza volontaria e riparazione del danno non patrimoniale. RIDPP, 3/1983.

BIBLIOGRAFIA (GERAL)

ASÚA, Luís Jiménez de. Tratado de derecho penal. 3ª ed. Buenos Aires: Editorial Losada, 1964. t. VII •• BASILEU GARCIA. Instituições de direito penal. 4ª ed. São Paulo: Max Limonad, 1959. vol. I, t. I •• BENTO DE FARIA, Antonio de. Annotações theorico-praticas ao codigo penal do Brazil. Rio de Janeiro: Francisco Alves e Cia, 1913 // Código penal brasileiro (comentado). Rio de Janeiro: Distribuidora Récord Ed., 1958. vol. 2 •• BETTIOL, Giuseppe. Diritto penale: parte generale. 11ª ed. Padova(ES): CEDAM, 1982 •• BITENCOURT, Cezar Roberto. Tratado de direito penal: parte geral, 19ª ed. São Paulo: Saraiva, 2013 •• BRUNO, Aníbal. Direito penal: parte geral. 3ª ed. Rio de Janeiro: Forense, 1967. t. 2º •• BUSATO, Paulo César. Direito penal: parte geral. São Paulo: Atlas 2013. vol. 1 •• CIRINO DOS SANTOS, Juarez. Direito penal: parte geral. 3ª ed. Curitiba: ICPC; Lumen Juris, 2008 •• COBO DEL ROSAL, M.; VIVES ANTÓN, T. S. Derecho penal: parte general. Valencia: Universidad de Valencia, 1984 •• CORREIA, Eduardo. Direito criminal. Colaboração de Figueiredo Dias. Coimbra: Livraria Almedina, 2004. vol. I e II •• COSTA E SILVA, Antônio José da. Código Penal. São Paulo: Companhia Editora Nacional, 1943. vol. 1 •• COSTA JR., Paulo José. Código Penal comentado. 8ª ed. São Paulo: DPJ Editora, 2005 •• DAMÁSIO DE JESUS, E. Direito penal: parte geral. 35ª ed. São Paulo: Saraiva, 2014 •• DELMANTO, Celso (et alii). Código penal comentado. 8ª ed. São Paulo: Saraiva, 2010 •• DOTTI, René Ariel. Curso de direito penal: parte geral. 5ª ed. Colaboração de Alexandre Knopfholz e Gustavo Britta Scandelari. São Paulo: Thomson Reuters/Revista dos Tribunais, 2013 •• FERRI, Enrico. Principii di diritto criminale: delinquente e delitto. Torino: UTET, 1928 // Princípios de direito criminal: o criminoso e o crime. São Paulo: Livraria Acadêmica, 1931 •• FIANDACA, Giovanni; MUESCO, Enzo. Diritto penale: parte generale. 2ª ed. Bologna: Zanichelli 1994 •• FIGUEIREDO DIAS, Jorge de. Direito penal: parte geral, questões fundamentais, a doutrina geral do crime. 2ª ed. São Paulo: Revista dos Tribunais; Coimbra: Coimbra Editora, 2007 •• FRAGOSO, Heleno Claudio, Comentários ao código penal. 5ª ed. Rio de Janeiro: Forense, 1978. vol. I, t. II (arts. 11/27) // Lições de direito penal. 17ª ed. atual. Fernando Fragoso. Rio de Janeiro: Forense, 2006 •• GALDINO SIQUEIRA. Tratado de direito penal. Rio de Janeiro: José

Konfino, 1947 •• GRECO, Rogério. Curso de direito penal: parte geral. 15ª ed. Niterói: Impetus, 2013 •• HUNGRIA, Nélson. Comentários ao código penal. 4ª ed. Rio de Janeiro: Forense, 1958. vol. I, t. II •• JAKOBS, Günther. Derecho penal: parte general, Fundamentos y teoria de la Imputación. Trad. Joaquin Cuello Contreras, José Luis Serrano Gozalez de Murillo. Madrid: Marcial Pons, 1995 •• JESCHECK, Hans-Heinrich. Tratado de derecho penal: parte general. Barcelona: Bosch Casa Editorial 1981. vol. 2 •• J. F. MARQUES. Tratado de direito penal. 2ª ed. São Paulo: Saraiva, 1965. vol. 2 •• LEONARDO LOPES, Jair. Curso de direito penal: parte geral. 2ª ed. São Paulo: Revista dos Tribunais, 1996 •• LISZT, Franz Von. Tratado de direito penal allemão. Trad. e prefácio José Hygino Duarte Pereira. Rio de Janeiro: F. Briguiet & Cia-Editores, 1899. t.I •• LUZÓN PEÑA, Diego-Manuel. Lecciones de derecho penal: parte general. 2ª ed. Valencia(ES): Tirant lo Blanch, 2012 •• MAGALHÃES NORONHA, Edgard. Direito penal. 3ª ed. São Paulo: Saraiva, 1965. vol. 1 •• MANTOVANI, Ferrando. Diritto penale. 4ª ed. Padova: CEDAM, 2001 •• MANZINI, Vincenzo. Tratado de Derecho Penal: teorias generales. Trad. Santiago Sentís Melendo. Buenos Aires: EDIAR, 1948. vol. II // Tratatto di Diritto penale italiano. Torino: UTET, 1961. vol.1 •• MAURACH, Reinhart. Tratado de derecho penal. Trad. e notas Juan Cordoba Roda. Barcelona: Ediciones Ariel, 1962. t. I e II •• MAURACH, Reinhardt; ZIPF, Heinz. Derecho penal: parte general. Trad. 7ª ed. alemã por Jorge Bofill Genzsch e Enrique Aimone Gibson. Buenos Aires: Ed. Astrea de Alfredo y Ricardo Depalma, 1994. t. 1 e 2 •• MAYER, Max Ernst. Derecho penal: parte general. Trad. de Sergio Politoff Lifschitz; rev. geral e prólogo José Luis Guzmán Dalbora, ed. alemã de 1915. Buenos Aires: Julio César Faira Ed., 2007 •• MAYRINK DA COSTA, Álvaro. Direito penal: parte geral. 8ª ed. Rio de Janeiro: Forense, 2009. vol. 2 •• MEZGER, Edmundo. Tratado de derecho penal. Trad. de José Arturo Rodríguez Muñoz. Madrid (ES): Ed. Revista de Derecho Privado, 1955. t. II •• MUÑOZ CONDE, Francisco; GARCÍA ARÁN, Mercedes. Derecho penal: parte general. 5ª ed. Valencia(ES): Tirant lo Blanch, 2002 •• MIR PUIG, Santiago. Derecho penal: parte general. 9ª ed. Buenos Aires: B de F, 2012 •• MIRABETE, Julio Fabbrini; FABRINNI, Renato N. Manual de direito penal: parte geral. 30ª ed. São Paulo: Atlas, 2014 •• NUCCI, Guilherme de Souza. Código penal comentado. 13ª ed. São Paulo: Thomson Reuters/Revista dos Tribunais, 2013 •• NUÑEZ, Ricardo C. Manual de derecho penal: parte general. 3ª ed. Cordoba: Marcos Lerner Editora Cordoba, 1982 •• PIERANGELLI, José Henrique. Código penal: comentado artigo por artigo. São Paulo: Verbatim, 2013 •• POLITOFF L., Sérgio [et alii]. Lecciones de derecho penal chileno: parte general. 2ª ed. Santiago: Editorial Jurídica de Chile, 2003 •• PRADO, Luiz Regis. Tratado de direito penal: parte geral. São Paulo: Thomson

Reuters/Revista dos Tribunais, 2014. vol. 2 // Curso de direito penal brasileiro. 13ª ed. Coautoria. São Paulo: Thomson Reuters/Revista dos Tribunais, 2014 •• QUINTERO OLIVARES, Gonzalo. Parte general del derecho penal. 4ª ed. Colaboración de Fermín Morales Prats. Pamplona: Thomson Reuters, 2010 •• REALE JÚNIOR, Miguel. Instituições de direito penal: parte geral. 3ª ed. Rio de Janeiro: Forense, 2009 •• RODRIGUEZ DEVESA, José Maria; SERRANO GOMEZ, Alfonso. Derecho penal español: parte general. 15ª ed. Madrid: Dykinson, 1992 •• ROXIN, Claus. Derecho penal: parte general. Trad. 2ª ed. aleman Diego-Manuel Luzón Peña [et alii]. Madrid: Civitas Ediciones, 2003 •• SILVA FRANCO, Alberto. Código penal e sua interpretação: doutrina e jurisprudência. 8ª ed. Coordenadores: Alberto Silva Franco e Rui Stoco. São Paulo: Revista dos Tribunais, 2007 •• SOUZA & JAPIASSÚ. Curso de direito penal: parte geral. Rio de Janeiro: Elsevier, 2012 •• STRATENWERTH, Günther. Derecho penal: parte general I, El hecho punible. 4ª ed. Trad. Manuel Cancio Meliá y Marcelo Sancinetti. Buenos Aires: Hammurabi, 2005 •• VILLALOBOS, Ignacio. Derecho penal mexicano. México: Ed. Porrúa, 1975 •• VON WEBER, Hellmuth. Lineamentos del derecho penal alemán. 2ª ed. Buenos Aires, 2008 •• WELZEL, Hans. Derecho Penal aleman: parte general. 11ª ed., aleman. Trad. castellana, 4ª ed., de Juan Bustos Ramírez e Sergio Yáñez Pérez. Santiago de Chile: Editorial Juridica de Chile, 1997 •• WESSELS, Johannes. Direito penal: parte geral (aspectos fundamentais). Trad. do alemão e notas de Juarez Tavares. Porto Alegre: Sérgio Antonio Fabris Editor, 1976 •• ZAFFARONI, Eugenio Raul; ALAGIA, Alejandro; SLOKAR, Alejandro. Derecho penal: parte general. 2ª ed. Buenos Aires: EDIAR, 2014 •• ZAFFARONI, Eugenio Raúl; PIERANGELI, José Henrique. Manual de direito penal brasileiro: parte geral. 7ª ed. São Paulo: Revista dos Tribunais, 2007. vol. 1.

§ 24. DESISTÊNCIA E ARREPENDIMENTO

I. A desistência voluntária

A desistência voluntária é a atitude do agente que, podendo chegar à consumação do crime, interrompe o processo executivo por sua própria deliberação. É como se ele dissesse para si mesmo: "Posso, mas não quero". Ex.: A, querendo a morte de B, produz-lhe ferimentos por arma branca em região do corpo que normalmente não produziria a morte. Em face dos gritos da vítima, o agressor desiste da ideia e retira-se do local. Nesse caso não houve intervenção de terceiros para impedir a consumação do homicídio. A responderá somente pelo crime de lesões corporais (CP, art. 129). Se o agente interrompeu o processo delituoso a pedido de seu parceiro, também desistente, de consumar a subtração de coisa alheia móvel, estará configurada a desistência como voluntária. Responderão ambos pelo crime de violação de domicílio se houve o ingresso em casa alheia sem a permissão do dono (CP, art. 150). O STF decidiu que não ocorre a tentativa, se o agressor se afasta, assustado com os gritos da vítima (DJU, 25.11.1977, p. 8.505).

A lei atende ao interesse de Política Criminal e estende uma "ponte de ouro para a retirada do agente que já se tornara passível de pena" (LISZT, Tratado, t. I, p. 342).

II. O arrependimento eficaz

O arrependimento é eficaz quando o agente, tendo esgotado as possibilidades para atingir a consumação do crime, impede, por sua própria deliberação e atitude, a realização do evento inicialmente querido. Ele efetuou disparos contra a vítima, esgotando a munição de seu revólver, mas conseguiu evitar a morte ao providenciar socorro médico. Descaracterizada a tentativa, o agente responderá pelos atos anteriores, no caso, as lesões corporais (CP, art. 15 c/c o art. 129). "Configura-se o arrependimento eficaz quando o acusado, tendo obtido o 'visto' no cheque que falsificara, guarda-o consigo, não o apresentando ao estabelecimento sacado para pagamento" (TACrimSP, RT, 562/335). "Ocorre o arrependimento eficaz quando, após subtrair o dinheiro à vítima, o acusado o devolve antes de qualquer diligência policial" (RT, 462/437).

III. Desistência e arrependimento: aspectos comuns

Na desistência voluntária e no arrependimento eficaz, existem aspectos comuns: a) voluntariedade. Não se exige a espontaneidade. Basta que o desistir ou o arrepender-se sejam expressões da liberdade física e moral por iniciativa própria ou pedido de outrem. Mas a desistência não será voluntária se o sujeito foge do local antes de praticar o furto porque houve o disparo do alarme; b) crimes dolosos. Tais situações são próprias das infrações dolosas. As culposas não têm o iter criminis; c) irrelevância do motivo. Não importa a natureza do motivo da desistência ou do arrependimento (moral, religioso etc.). Até o medo da reação penal é admissível.

* DIREITO COMPARADO

Código Penal alemão: "§ 24. Desistimiento (1) No será castigado por tentativa, quien renuncia voluntariamente a la realización del hecho o evita su consumación. Si el hecho no se consuma sin intervención del desistente, entonces será impune si él se esfuerza voluntaria y seriamente para evitar la consumación. (2) Si son varios los partícipes en el hecho entonces no se castigará por tentativa a quien evitó voluntariamente la consumación. Sin embargo, basta para su non punibilidad su esfuerzo voluntario y serio, para evitar la consumación del hecho, quando no se consume sin su intervención o se haya cometido independientemente de su anterior aporte al hecho". •• Código Penal Tipo "Artículo 40. El que desistiere voluntariamente de la ejecución del delito o impidiere que el resultado se produzca, sólo responderá por los hechos punibles que ya hubiere realizado". •• Código Penal português: "Artigo 24º (Desistência) 1. A tentativa deixa de ser punível quando o agente voluntariamente desistir de prosseguir na execução do crime, ou impedir a consumação, ou, não obstante a consumação, impedir a verificação do resultado não compreendido no tipo de crime. 2. Quando a consumação ou a verificação do resultado forem impedidas por facto independente da conduta do desistente, a tentativa não é punível se este se esforçar seriamente para evitar uma ou outra". •• Código Penal espanhol: "Art. 16. 1 [...]. 2. Quedará exento de responsabilidad penal por el delito intentado quien evite voluntariamente la consumación del delito, bien desistiendo de la ejecución ya iniciada bien impidiendo la productión del resultado, sin perjuicio de la responsabilidad en que pudiera haber incurrido por los actos ejecutados, si éstos fueren ya constitutivos de otro delito o falta". •• Código Penal italiano: Art. 56 [...] Se il colpevole volontariamente desiste dall'azione, soggiace soltando alla pena per gli atti compiuti qualora questi costituiscano per sé un reato diverso. Se voluntariamente impedisce l'evento, soggiace alla pena stabilita per il delitto tentato, diminuita da un terzo alla metà". •• Anteprojeto argentino. Art. 7 [...]. 2. El autor o participe de tentativa no estará sujeto a pena cuando desistiere voluntariamente del delito o impidiere su consumación".

Arrependimento posterior
Art. 16. *Nos crimes cometidos sem violência ou grave ameaça à pessoa, reparado o dano ou restituída a coisa, até o recebimento da denúncia ou da queixa, por ato voluntário do agente, a pena será reduzida de um a dois terços.*

*DIREITO ANTERIOR
CCrim. 1830: Omisso. •• **CP 1890:** Omisso. •• **Anteprojeto Hungria (1963):** Omisso. •• **CP 1969.** Omisso. •• **Anteprojeto Toledo (1981).** "**Art. 16.** Nos crimes cometidos sem violência ou grave ameaça à pessoa, reparado o dano por ato espontâneo do agente, a pena poderá ser reduzida de um a dois terços ou substituída por outra menos crime grave".

BIBLIOGRAFIA (ESPECIAL)
ARAÚJO, José Osterno Campos de. O arrependimento no direito penal. *RT,* 808/2003 •• BASTOS, Marcelo Lessa. Arrependimento posterior e a extinção da punibilidade. *Revista da Faculdade de Direito de Campos,* 2-3/2001 •• GARCIA, Waléria Garcelan Loma. *Arrependimento posterior.* Belo Horizonte: Del Rey, 1997 •• GUIMARÃES, Antonio Breno V. F. Arrependimento posterior e a exclusão de punibilidade no direito penal. *Revista Consulex,* 361/2012 •• KOERNER JUNIOR, Rolf. O arrependimento posterior. *Jurisprudência Brasileira*

Criminal, 19/1988 •• LEVAI, Emeric. Retratação penal: o arrependimento *post factum* nos delitos contra a honra e nos crimes de falso testemunho e falsa perícia. *Revista de Processo*, 21/1981 •• PRADO, Suzane M. C. do. O arrependimento posterior como causa permissiva da suspensão do processo de apropriação indébita majorada. *Revista Consulex*, 301/2009.

BIBLIOGRAFIA (GERAL)

BASILEU GARCIA. *Instituições de direito penal*. 4ª ed. São Paulo: Max Limonad, 1959. vol. I, t. I •• BENTO DE FARIA, Antonio de. *Annotações theorico-praticas ao codigo penal do Brazil*. Rio de Janeiro: Francisco Alves e Cia., 1913 // *Código penal brasileiro (comentado)*. Rio de Janeiro: Distribuidora Record Ed., 1958. vol. 2 •• BITENCOURT, Cezar Roberto. *Tratado de direito penal*: parte geral. 19ª ed. São Paulo: Saraiva, 2013 •• BRUNO, Aníbal. *Direito penal*: parte geral. 3ª ed. Rio de Janeiro Forense, 1967. t. 2 •• BUSATO, Paulo César. *Direito penal*: parte geral. São Paulo: Atlas, 2013. vol. 1 •• CAHALI, Yussef Said. *Dano moral*. 4ª ed. São Paulo: Thomson Reuters/Revista dos Tribunais, 2011 •• CAIO MÁRIO da Silva Pereira. *Responsabilidade civil*. 3ª ed. Rio de Janeiro: Forense, 1992 •• CANOTILHO, J. J. Gomes. *Direito constitucional e teoria da Constituição*. 7ª ed. Coimbra: Almedina, 2003 •• CIRINO DOS SANTOS, Juarez. *Direito penal I*: parte geral. 3ª ed. Curitiba: ICPC; Lumen Juris, 2008 •• COSTA E SILVA, Antônio José da. *Código penal*. São Paulo: Companhia Editora Nacional, 1943. vol. 1 •• COSTA JR., Paulo José. *Código penal*. 8ª ed. São Paulo: DPJ Editora, 2005 •• DAMÁSIO DE JESUS, E. *Direito penal*: parte geral. 35ª ed. São Paulo: Saraiva, 2013 •• DELMANTO, Celso (*et alii*). *Código penal comentado*. 8ª ed. São Paulo: Saraiva, 2010 •• DOTTI, René Ariel. *Curso de direito penal*: parte geral. 5ª ed. Colaboração de Alexandre Knopfholz e Gustavo Britta Scandelari. São Paulo: Thomson Reuters/Revista dos Tribunais, 2013 •• FRAGOSO, Heleno Cláudio. *Lições de direito penal*: parte geral. 17ª ed. Atualizada por Fernando Fragoso. Rio de Janeiro: Forense, 2006 •• GANDRA MARTINS, Ives. *Comentários à Constituição do Brasil*. São Paulo: Saraiva, 1988. vol. 8 •• GOMES, Luiz Flávio. *Direito penal*: parte geral. 3ª ed. São Paulo: Revista dos Tribunais/LFG – Rede de Ensino Luiz Flávio Gomes, 2006 •• GRECO, Rogério. *Curso de direito penal*: parte geral. 15ª ed. Niterói: Impetus, 2013 •• HUNGRIA, Nélson. *Comentários ao código penal*. 4ª ed. Rio de Janeiro: Forense, 1958. vol. I, t. I •• LEONARDO LOPES, Jair. *Curso de direito penal*: parte geral. 2ª ed. São Paulo: Revista dos Tribunais, 1996 •• MAGALHÃES NORONHA, Edgard. *Direito penal*. 3ª ed. São Paulo: Saraiva, 1965. vol. 1 •• MAYRINK DA COSTA, Álvaro. *Direito penal*: parte geral. 8ª ed. Rio de Janeiro: Forense, 2009. vol. 2 •• MIRABETE, Julio Fabbrini; FABRINNI,

Renato N. Manual de *direito penal*: parte geral. 30ª ed. São Paulo: Atlas, 2014 •• NUCCI, Guilherme de Souza. *Código penal comentado*. 13ª ed. São Paulo: Thomson Reuters/Revista dos Tribunais, 2013 •• PIERANGELLI, José Henrique. *Código penal*: comentado artigo por artigo. São Paulo: Verbatim, 2013 •• PRADO, Luiz Regis. *Tratado de direito penal*: parte geral. São Paulo: Thomson Reuters/Revista dos Tribunais, 2014. vol. 2 // *Curso de direito penal brasileiro*. 13ª ed. Coautoria. São Paulo: Thomson Reuters/Revista dos Tribunais, 2014 •• REALE JÚNIOR, Miguel. *Instituições de direito penal*: parte geral. 3ª ed. Rio de Janeiro: Forense, 2009 •• REIS, Clayton. *Dano moral*. 5ª ed. Rio de Janeiro: Forense, 2010 •• SARLET, Ingo Wolfgang; MARINONI, Luiz Guilherme; MITIDIERO, Daniel. *Curso de direito constitucional*. 2ª ed. São Paulo: Revista dos Tribunais, 2013 •• SILVA FRANCO, Alberto. *Código penal e sua interpretação*: doutrina e jurisprudência. 8ª ed. Coordenadores: Alberto Silva Franco e Rui Stoco. São Paulo: Revista dos Tribunais, 2007 •• SOUZA & JAPIASSÚ. *Curso de direito penal*: parte geral. Rio de Janeiro: Elsevier, 2012 •• STOCO, Rui. *Tratado de responsabilidade civil*: doutrina e jurisprudência. 9ª ed. São Paulo: Thomson Reuters/Revista dos Tribunais, 2013. t. II •• TOLEDO, Francisco de Assis. *Princípios básicos de direito penal*. 5ª ed. São Paulo: Saraiva, 2002 •• ZAFFARONI, Eugenio Raúl; PIERANGELI, José Henrique. *Manual de direito penal brasileiro*: parte geral. 7ª ed. São Paulo: Revista dos Tribunais, 2007. vol. 1.

§ 25. ESPECIAL DIMINUIÇÃO DA PENA

I. Inovação legislativa

Não havia tal dispositivo na PG/1940 ou no CP 1969. A inovação atendeu ao interesse de Política Criminal como declara a Exp. Mot. da Lei n. 7.209, de 11.07.1984, sendo "instituída menos em favor do agente do crime do que da vítima. Objetiva-se, com ela, instituir um estímulo à reparação do dano, nos crimes cometidos 'sem violência ou grave ameaça à vítima'" (item n. 15).

O *arrependimento posterior* não é uma hipótese de *eficácia plena* assim como foi visto em relação ao instituto que extingue a punibilidade dos atos que, em princípio, caracterizavam a tentativa. Aqui, o arrependimento tem uma *eficácia restrita*, operando somente para diminuir a pena.

É fundamental esclarecer que o dano a ser reparado deve ser de natureza *material*, cujo prejuízo pode ser objetivamente estimado o que não sucede com o dano moral que tem via adequada no Judiciário para se pleitear a indenização (CF, art. 5º, V, c/c os arts. 186, 927 e ss. do CCiv.). Em tal sentido, NUCCI observa: *a)* a mensuração totalmente imprecisa do dano moral; **b)** não existe lei expressa para dispor sobre seu montante; **c)** há lesões, como o homicídio que não comportam qualquer tipo de *reparação*; **d)** a avaliação é complexa, controvertida e pode levar tempo muito superior ao recebimento da denúncia cujo ato é o limite final para a oferta e aceitação do benefício (*Código penal*, 207). Vem a propósito a observação de STOCO: "O estabelecimento de valores para compensar as ofensas morais admitidas em juízo constitui atualmente uma questão angustiante, pois fica no exclusivo poder discricionário do julgador, através de critérios subjetivos e aleatórios. Tanto isso é certo que há em tramitação no Congresso projetos de leis com o propósito de prefixar critérios para a reparação financeira do dano moral" (*Tratado*, t. II, p. 939).

Outro aspecto deve ser referido para demonstrar que o legislador penal de 1984 ao instituir o benefício da *"reparação do dano"* e/ou a devolução da *coisa* teve em linha de consideração exclusivamente a ofensa material. Com efeito, o Código Civil da época (Lei n. 3.071/1916) não estabelecia, na previsão dos atos ilícitos (art. 159) o dano moral como declara o dispositivo correspondente do CCiv. Vigente,[1] embora grande parte da doutrina nacional sustentasse que o ressarcimento do dano estava amparado pelo direito positivo.[2] É oportuno reproduzir a conclusão de CAHALI: "Assim, se é certo que o antigo Código Civil se omitira quanto a inserir uma regra geral de reparação do dano moral, não era menos certo que se referia a diversas hipóteses em que o dano moral seria reparável (arts. 1.537, 1.538, 1.543, 1.547, 1.548, 1.549 e 1.550, todos do CC/1916); tais situações assim mencionadas estavam longe de constituir simples exceção à regra de que somente os danos patrimoniais poderiam ser ressarcidos; antes, pelo contrário, visando apenas disciplinar a 'forma de liquidação do dano', prestavam-se para confirmar que estava ínsita na lei civil a ideia da reparabilidade do dano moral" (*Dano moral*, p. 41). De igual modo pensava CAIO MÁRIO, argumentando que "a aceitação da doutrina que defende a indenização por dano moral repousa numa interpretação sistemática de nosso Direito, abrangendo o próprio art. 159 do C/C 16 que, ao aludir à 'violação de um direito', não está limitando a reparação ao caso de dano material apenas" (*Responsabilidade civil*, p. 57). A posição do Supremo Tribunal Federal, no entanto, era firme ao não admitir o ressarcimento do dano moral puro, cf. precedente relatado pelo Min.

---

1 CCiv. (Lei n. 10.406/2002). "Art. 186. Aquele que, por ação ou omissão voluntária, negligência ou imprudência, violar direito e causar *dano* a outrem, ainda que exclusivamente moral, comete ato ilícito".

2 V., em CAHALI, Yussef Said, o expressivo número de mestres representantes daquela corrente (*Dano moral*, p. 41).

DECIO MIRANDA: "*O dano moral em si mesmo não autoriza indenização. É o entendimento deste tribunal. É o que já referia o douto e saudoso Ministro Nelson Hungria*".[3] Aplicando a Súmula nº 491 ("É indenizável o acidente que cause a morte de filho menor, ainda que não exerça trabalho remunerado", a Corte sistematicamente rejeitava a acumulação com o dano moral, quando, pelo mesmo fato danoso, o prejuízo patrimonial era ressarcido.[4]

Porém, foi somente a partir da Carta Política de 1988 que o direito à indenização pelo sofrimento do dano moral ingressou no rol dos direitos e garantias fundamentais (art. 5º, inc. V), pacificando a doutrina[5] e a jurisprudência a respeito do assunto.[6]

II. Disposição relativa à aplicação da pena

O artigo em análise está incluído entre as disposições do Tít. II do Código Penal que trata do *crime* (arts. 13 a 25). Durante os trabalhos da Comissão Revisora do Anteprojeto de Código Penal (1981), REALE JÚNIOR, na condição de membro,[7] sustentou que a matéria diz respeito à aplicação da *pena*, "pois a ação já se consumou e os atos posteriores podem indicar uma menor reprovabilidade" (*Instituições*, p. 300). A minha participação na feitura do mencionado *disegno di lege* ocorreu somente no primeiro estágio, razão pela qual não tive oportunidade de manifestar-me como o faço agora. Entendo que esse especial benefício deveria constar do Cap. III, do Tít. V, do Código Penal, ou seja, "DA APLICAÇÃO DA PENA" e, particularmente, do art. 68, como seu § 1º, renumerando-se o parágrafo único como § 2º. Com efeito, diz a rubrica: "**Cálculo da pena**". E declara o *caput:* "A pena base será fixada atendendo-se ao critério do art. 59 deste Código; em seguida serão consideradas as circunstâncias atenuantes e agravantes; *por último, as causas de diminuição e de aumento*".

---

3 RExt 96.433-9/RJ, j. 01.06.1982 (os destaques em itálico são meus).

4 RExt 97.448/RJ, Rel. Min. DECIO MIRANDA, j. 21.09.1982 (RTJ, 103/1315 •• RExt 84.718 / PR, Rel. Min. THOMPSON FLORES, j. 26.10.1977 •• RExt 97.488/RJ, Rel. Min. DJACI FALCÃO, j. 13.08.1982 •• 82.930-0/RJ, Rel. Min. ALDIR PASSARINHO, j. 26.11.1982.

5 Sobre o dissídio doutrinário, v., entre outros, CLAYTON REIS, *Dano moral*, p. 80.

6 "Ante o texto constitucional novo é indenizável o dano moral, sem que tenha a norma (art. 5º, V) condicionado a reparação à existência de sequelas somáticas. Dano moral é dano moral" (1º TACSP, 2º Gr. Cs., Emb. Inf., Rel. OCTAVIANO SANTOS LOBO, j. 23.06.94, RT, 712/170). Sobre os julgados acerca do dano moral a partir da CF 1988, v. CLAYTON REIS, ob. cit., p. 221-230.

7 Os demais foram: FRANCISCO DE ASSIS TOLEDO (Coord.), DÍNIO SANTIS GARCIA e JAIR LEONARDO LOPES (cf. Exp. Mot. da Lei n. 7.209/1984, item 6).

III. O suposto vício de linguagem

Sem razão a crítica feita por prestigiados penalistas no sentido de que a rubrica do tipo de ilícito ("arrependimento posterior") é *pleonástica* (DELMANTO, *Código penal,* p. 144) e SILVA FRANCO:" O arrependimento deve ser manifestado a partir de um determinado momento. Daí o adjetivo que o acompanha, marcando uma relação de tempo. O arrependimento terá de ser necessariamente *posterior*. Mas *posterior* a quê? À consumação do fato criminoso. Mas nessa adjetivação o legislador penal foi redundante" (*Código penal,* p. 143-144).

Como é curial, o sistema legal prevê *dois tipos* de arrependimento: um *anterior* e outro *posterior* à consumação. No primeiro caso, o agente *impede* a produção do resultado típico, respondendo somente pelos atos já praticados (art. 15). Por exemplo: porte ilegal de arma de fogo (Lei n. 10.826/2003, art. 14) de quem iria atirar contra um desafeto. No segundo, a infração já foi consumada e, portanto, a mudança de comportamento, agora a favor e não contra a vítima, não poderia ter outro *nomen juris* senão o adotado.

Sob outro aspecto, as normas penais são muitas vezes precedidas de ementas ou vocábulos destinados a facilitar a sua identificação e compreensão. São as *rubricas laterais* também designadas por *nomen iuris* (nome de direito), locução latina empregada para significar a *denominação legal*. O primeiro dispositivo do Código Penal é antecedido pelas palavras que designam o princípio da reserva legal quanto aos delitos e às penas: "Anterioridade da lei". Geralmente são indicadores didáticos: "*Lei penal no tempo*" (art. 2º); "*Lei excepcional ou temporária*" (art. 3º); "*Contagem de prazo*" (art. 10); "*Crime impossível*" (art. 17); "*Legítima defesa*" (art. 25) ou classificadores do tipo de ilicitude: "*Homicídio simples*" (art. 121); "*Calúnia*" (art. 138); "*Estelionato*" (art. 171). Em tais casos, a rubrica lateral caracteriza uma súmula do texto legal e tem sentido didático. A rigor não integra a norma, funcionando apenas como elemento exterior e destinado a facilitar à sua compreensão jurídica e social.

A expressão "*arrependimento posterior*" está em harmonia com as exigências da LC n. 95, de 26.02.1998, *verbis:* "Art. 11. As disposições normativas serão redigidas com *clareza, precisão* e ordem lógica, observadas, para esse propósito, as seguintes normas: I – para obtenção de clareza: *a)* usar as palavras e as expressões em seu sentido comum, salvo quando a norma versar sobre assunto técnico, hipótese em que se empregará a nomenclatura própria da área em que se esteja legislando; *b)* usar frases curtas e concisas; [...] II – para obtenção de precisão: *a) articular a linguagem,* técnica ou *comum, de modo a ensejar perfeita compreensão do objetivo da lei e a permitir que seu texto evidencie com clareza o conteúdo e o alcance que o legislador pretende dar à norma".

IV. Natureza jurídica

O arrependimento tardio é uma *causa objetiva de especial redução da pena* e caracteriza-se independentemente da motivação do agente. Não se confunde com o *arrependimento eficaz* (art. 15) porque neste caso o agente impede a produção do evento. Tratando-se de um benefício criado em favor do ofendido pelo crime pouco importa que a sua prática tenha como fundamento o interesse do infrator na redução da pena ou que assim proceda movido por sentimento moral, espiritual ou religioso. Basta que seja *voluntária* a conduta humana, i.e., livre para optar entre o fazer ou não fazer alguma coisa. Nos termos claros do presente artigo é necessário que a reparação ou a restituição tenha sido efetiva, isto é, com a aceitação da vítima, não bastando a *boa vontade* do infrator. A recusa pode ser justificável e o benefício não será concedido se a coisa devolvida, por exemplo o automóvel furtado, apresentar avarias consideráveis. Para suprir a rejeição a coisa poderá ser entregue à autoridade encarregada do inquérito policial para ser apreendida (CPP, art. 6º, II). O juiz decidirá se a minorante é aplicável. Em caso contrário, poderá reconhecer o benefício do art. 66 do Código Penal: *"A pena poderá ser ainda atenuada em razão de circunstância relevante, anterior ou posterior ao crime, embora não prevista expressamente em lei"*.

A dúvida, acerca de circunstâncias objetivas, como p.ex., quanto à pessoa que ressarciu o dano à vítima, antes do recebimento da denúncia, deve ser resolvida com a concessão do favor legal (Ex-TACRIM-SP, Rel. ARY CASAGRANDE, *RJD*, 26/44).

V. Aplicação e extensão do benefício

Desde que o delito não tenha sido praticado com violência ou grave ameaça, o benefício é aplicável em relação a qualquer tipo de ilícito, doloso ou culposo, tentado ou consumado, simples, privilegiado ou qualificado, independentemente do bem jurídico afetado. Não se trata, portanto, de uma regra instituída visando exclusivamente as infrações contra o patrimônio. É possível a sua aplicação no peculato doloso (TJSP, *RT*, 671/302) "ou em qualquer outro crime não patrimonial em que se possa, com nitidez, identificar a vítima, ou seja, quem deva receber o ressarcimento" (SILVA FRANCO, *Código penal*, p. 145). No sentido do texto, COSTA JÚNIOR (*Código penal*, 60-61).

A redução é obrigatória não sendo facultado ao juiz dispensá-la. Seu caráter automático permite a fixação da pena abaixo do mínimo previsto para o delito, como também influir no cálculo da prescrição penal (DELMANTO, *Código penal*, p. 144).

Em face de sua natureza exclusivamente objetiva, a redução da pena estende-se aos demais agentes do fato punível ainda que não tenham contribuído para a iniciativa adotada por um deles, seja autor, coautor ou partícipe.[8] A minorante deve ser reconhecida mesmo quando a reparação ou a restituição for praticada por terceira pessoa em nome do infrator. A mesma solução deve ser dada quando a satisfação do dano não for integral mas tenha a aceitação da vítima, no interesse de quem, aliás, foi instituída essa cláusula. No sentido do texto, PRADO (*Tratado,* vol. 2, p. 521).

A aplicação do art. 16 do Código Penal em confronto com duas súmulas do Supremo Tribunal Federal deu lugar ao seguintes julgados: "*Comprovado não ter havido fraude, não se configura o crime de emissão de cheque sem fundos*" (n. 246) e "*O pagamento de cheque emitido sem provisão de fundos, após o recebimento da denúncia, não obsta ao prosseguimento da ação penal*" (n. 554). Em decisão de 09 de setembro de 1986, a 1ª Turma do STF, assim se pronunciou: " Emissão de cheque sem suficiente provisão de fundos. Súmulas 246 e 554. Art. 16 do CP (Lei 7.209/84). Vigência dos verbetes sumulados. Art. 171, § 2º, VI, do CP. – O advento do art. 16 da nova Parte Geral do Código Penal não é incompatível com a aplicação das Súmulas 246 e 554, que devem ser entendidas complementarmente aos casos em que se verifiquem os seus supostos. Não há justa causa para a ação penal se, pago o cheque emitido sem suficiente provisão de fundos, antes da propositura da ação penal, a proposta acusatória não demonstra que houve fraude no pagamento por meio de cheque, não configurando, portanto o crime do art. 171, § 2º, VI, do CP. Precedentes. Recurso de *habeas corpus* provido" RHC 64.272 (*RTJ*, 119/1063, Rel. Min. RAFAEL MAYER).

Além da solução pretoriana dada ao *estelionato* pela emissão de cheque sem fundos, surge também a orientação relativa à *apropriação indébita* quanto à sua descaracterização pela restituição da coisa ou o ressarcimento do prejuízo que demonstrariam a ausência do elemento subjetivo o *animus rem sibi habendi* (TRF da 4ª Região, Apel. 01.04.01.024482-0 (RS), *DJU*, 29.05.2002, p. 632).

Surge, então, razoável dúvida: haveria a descaracterização dos mencionados delitos e ou, proposta a ação penal aplicar-se-ia o benefício da especial redução de pena? Valendo-se do elemento histórico de interpretação da norma penal, REALE JÚNIOR observa, com fundadas razões, que a orientação do Supremo Tribunal Federal "firmou-se quando vigorante o Código Penal de 1940, que mantinha o monopólio da pena privativa de liberdade como única sanção com diminuta flexibilização, pois a suspensão condicio-

---

8   "A reparação do dano não se restringe à esfera pessoal de quem a realiza, desde que a faça voluntariamente, sendo, portanto, nessas condições, circunstância objetiva, estendendo-se, assim, aos coautores e partícipes" (STJ, REsp 122.760/SP, 5ª T., Rel. Min. JOSÉ ARNALDO DA FONSECA, 07.12. 1999, v.u. DJ, 21.02.2000, p. 148).

nal da pena era aplicável apenas aos crimes punidos com detenção. Desse modo, por via oblíqua se buscou evitar mandar para a prisão autores de emissão de cheques sem fundos e apropriações indébitas de quantia reduzida. Foi, portanto, antes uma medida de política criminal, tomada com base em considerações de ordem dogmática. Hoje, com a regra do art. 16 do Código Penal, com a previsão de pena substitutiva e com a suspensão do processo, que tem por requisitos a reparação do dano, não se justifica mais, como medida de política criminal, forçar o reconhecimento de uma inexistência de dolo ou de fraude já ocorridos na realidade, e que a restituição ou a reparação posterior não desmancham. Assim sendo, concluo que é adequado às hipóteses acima estudadas a aplicação do art. 16 do Código Penal, sendo injustificada a ideia de descaracterização dos delitos de estelionato, por emissão de cheque sem fundos e de apropriação indébita, em virtude da reparação do dano ou restituição da coisa antes da denúncia" (*Instituições,* p. 301).

VI. A reparação do dano nos crimes culposos

Vários escritores têm admitido que a minorante é aplicável nos delitos culposos. Cf. SILVA FRANCO, "a restrição contida no art. 16 do Código Penal que proíbe sua incidência nos crimes em que haja violência ou grave ameaça à pessoa, refere-se, exclusivamente aos delitos dolosos. Desde o momento em que se extraiu o dolo do campo da culpabilidade, transferindo-o para o da ação final típica, não resta dúvida de que a vontade e a consciência do agente devem abranger a realização integral do tipo objetivo, inclusive os modos de sua execução. Ora, no crime culposo (como, por exemplo, no homicídio culposo ou nas lesões corporais culposas), a violência ou a grave ameaça não se incluem como modos de execução do atuar típico. O agente não quer matar, nem ferir ninguém, e o resultado *morte* ou lesão corporal advém não como expressão da vontade e consciência do agente, mas como sequela da falta do dever objetivo de cuidado que lhe era imposto para a realização da ação" (*Código penal,* p. 144). Com o mesmo entendimento, DELMANTO (ob. e loc. cit.).

Para estabelecer os valores da reparação pode-se levar em consideração os critérios adotados pelos arts. 948 *usque* 954 do CCiv.

VII. Causas gerais de atenuação da pena

Além de causas especiais existem causas gerais de diminuição da pena. A minorante acima não se confunde com a atenuante do art. 65, III, *b,* do Código Penal. Nesta, o arrependimento poderá ocorrer em qualquer tipo de ilícito, mesmo que praticado com violência ou grave ameaça à pessoa, e o *quantum* da redução penal é bem menor. Sob outro aspecto, o arrependimento como atenuante pode ser aceito até antes do julgamento, o que não ocorre com a hipótese do art. 16 do Código Penal que estabelece um marco temporal: *antes do recebimento* da denúncia ou queixa. No concurso entre a atenuante e a minorante, incide apenas esta, como forma de evitar o *bis in idem* e porque é a que mais diminui a pena" (TJRS, *RJTJRS*, 173/128).

VIII. Relevância jurídica do instituto

DAMÁSIO DE JESUS anota que além de causa obrigatória de redução penal, o ressarcimento do dano funciona em outros institutos e situações legais. Nos termos do art. 312, § 3º, do Código Penal (peculato culposo) a reparação do dano, se precede à sentença irrecorrível, extingue a punibilidade; se lhe é posterior, reduz de metade a pena imposta. Assim, a extinção da punibilidade torna sem objeto a regra do art. 16. A reparação do dano após o recebimento da denúncia ou da queixa constitui circunstância atenuante genérica (CP, art. 65, III, *b*). Efetuada até essa data, aplica-se o art. 16, prejudicada a atenuante genérica. Reparado o dano, o sujeito pode obter o *sursis* especial (CP, art. 78, § 2º). A ausência de reparação do dano caracteriza causa obrigatória de revogação do *sursis* (CP, art. 81, II). Uma das condições para a concessão do livramento condicional é a reparação do dano (CP, art. 83, IV). Constitui um dos efeitos da condenação (CP, art. 91, I). É um dos requisitos exigidos para a reabilitação (CP, art. 94, III) (*Direito penal*, p. 391).

Além desses aspectos, pode-se afirmar que o instituto do arrependimento *posterior* é mais um aspecto (além da atenuante do art. 66 do CP)[9] revelador de que a *culpabilidade é um elemento da pena* e não um elemento do crime, como sustentam os adeptos da teoria analítica do delito.[10]

IX. Relevância social do instituto

Alguns prestigiados intérpretes do Código Penal discutem se a regra em análise "não se traduz numa disposição discriminatória, pois atende às pessoas abonadas e deixa sem nenhum amparo as pessoas carentes de recursos, mesmo quando tenham o deliberado e manifesto propósito de efetuar o ressarcimento. Sob essa ótica, o arrependimento posterior separa indevidamente os delinquentes em razão do poder econômico, não fornecendo nenhuma solução para a situação mais corrente, isto é, a daqueles que não dispõem de meios para reparar ou minorar o dano" (SILVA FRANCO, *Código penal*, p. 146). Mais incisivamente, FRAGOSO indaga se a medida que a lei prevê não é discriminatória, "pois só os que têm meios podem reparar

---

9   CP, art. 66. "A pena poderá ainda ser atenuada em razão de circunstância relevante, anterior ou posterior ao crime, embora não prevista expressamente em lei".

10 Sobre a culpabilidade como elemento da pena, v. os Comentários ao § 30 (art. 19).

o dano. Os pobres, embora queiram promover o ressarcimento, não podem. E são os pobres que povoam as prisões. Parece que temos aí mais um elemento indicador da profunda desigualdade do sistema punitivo do Estado. Toda justiça é desigual, mas a Justiça Criminal é a mais gritantemente desigual" (*Lições*, p. 305). Porém, é o mesmo e notável penalista quem, linhas acima, na abertura de suas considerações sobre a minorante, escreve: "238-A. *Bem inspirada, a lei vigente introduziu em nosso direito penal o arrependimento posterior, que torna o sistema menos repressivo.* O artigo 16, CP, dispõe: [...] É uma espécie peculiar de arrependimento, que ocorre após o momento consumativo do crime, determinada por medida de política criminal" (ob. cit., p. 304)[11] (Itálicos meus).

É elementar que a introdução dessa causa especial de redução da pena teve dois claros objetivos: um em favor do delinquente; outro em favor do ofendido. Quanto ao primeiro, torna-se evidente que a hipótese de *"restituição da coisa"* foi concebida pensando-se, basicamente, na figura do autor do furto nas modalidades simples, com especial aumento de pena ou qualificado (CP, art. 155, *caput* e §§ 1º e 4º), i.e., de seres humanos frequentemente marginalizados e ameaçados com enérgica reação punitiva. Quanto à *"reparação do dano"*, torna-se óbvio que a disponibilidade financeira de alguns réus, ao contrário de outros que são carentes, é um grave problema humano e social contra o qual não há remédio na farmacopeia jurídica. A própria criminalização das condutas que afetam o patrimônio compõe uma vasta gama de situações nas quais é flagrante o abuso do poder de legislar e não raro uma desproporção profunda no conflito de bens entre o patrimônio e a liberdade.

X. Um exemplo legal de composição

Tanto a reparação quanto a restituição devem ser consideradas para muito além da operação aritmética das quantidades redutoras da pena. Tais fenômenos têm o valor social da composição simbólica entre os protagonistas do delito. Além disso é um estímulo para a reflexão sobre um desvio de conduta, principalmente se os gestos de reparar e restituir seguirem o conselho de parentes, amigos ou até mesmo partícipes do fato punível.

Acalmem-se os censores desse benefício que foi pensado e criado em favor da liberdade, e não da prisão. Disse muito bem CERVANTES (1546-1616) que *"um bom arrependimento é o melhor remédio para as enfermidades da alma"*, enquanto VOLTAIRE (1694-1778), sem qualquer ironia, afirmou: *"Deus fez do arrependimento a virtude dos mortais"*.

---

11 O verbete n. 238-A já constava da 7ª edição das *Lições* (1985), antes, portanto, de sua atualização.

CRIME IMPOSSÍVEL
Art. 17. *Não se pune a tentativa quando, por ineficácia absoluta do meio ou por absoluta impropriedade do objeto, é impossível consumar-se o crime.*

* DIREITO ANTERIOR
CCrim 1830: Omisso. **CP 1890:** "Art. 14 [...]. **Paragrapho unico**. Não é punivel a tentativa no caso de ineficacia absoluta do meio empregado, ou da impossibilidade absoluta do fim a que o delinquente se propuzer". **Projeto Alcântara Machado (1938):** "Art. 11. Não será punivel a tentativa: I – [...] ; II – se tais forem a ineficácia do meio empregado ou a impropriedade do objeto, que tornem impossível a realização do evento; podendo, entretanto, o juiz, verificada a periculosidade do agente, aplicar medida de segurança". **Anteprojeto Hungria (1963).** "Art. 15. [...] § 2º Quando, por ineficácia absoluta do meio empregado ou por absoluta impropriedade do objeto, é impossível consumar-se o crime, nenhuma pena é aplicável". **CP 1969. Art. 16.** Corresponde ao texto vigente. **Anteprojeto Toledo (1981). Art. 17.** Corresponde ao texto vigente.

BIBLIOGRAFIA (ESPECIAL)

CUNHA, Danilo Fontenele Sampaio. Do crime impossível. *Nomos*, 2/1988 •• DAMÁSIO DE JESUS, E. Crime impossível e imputação objetiva. *Revista do Foro*, 107/2001 •• KALIL, José Arthur Di Spirito. *Do crime impossível*. Rio de Janeiro: Lumen Juris, 2007 •• MELLO, J. Soares de. *O delicto impossível.* São Paulo: RT, 1936 •• MODONA, Guido Neppi. *Il reato impossibile*. Milano: A. Giuffrè, 1973 •• SARDINHA, Alvaro. *A tentativa impossível*. Rio de Janeiro: 1941 •• SEMER, Marcelo. *Crime impossível e a proteção aos bens jurídicos.* São Paulo: Malheiros, 2002 •• TANGERINO, Davi de Paiva Costa. Condição impossível nos crimes tributários: a adesão a programa de parcelamento (REFIS) como condição da suspensão da pretensão punitiva e princípios constitucionais penais. *RBCCrim*, 61/2006 •• TAVARES, Osvaldo Hamilton. Do crime impossível. *Justitia*, 78/1972 •• VALSECCHI, Wolfango. *Del reato putativo e del tentativo impossibile*. Torino: Unione Topografico, 1912.

BIBLIOGRAFIA (GERAL)

ANTOLISEI, Francesco. *Manuale di diritto penal*: parte generale. 3ª ed. Milano: Dott. A. Giuffrè, 1994 •• ASÚA, Luís Jiménez de. *Tratado de derecho penal*. 3ª ed. Buenos Aires: Editorial Losada, 1964. t. VII •• ALCANTARA MACHADO (de Oliveira), José de. *Projeto do código criminal brasileiro*. São Paulo: Empresa Gráfica da Revista dos Tribunais, 1938 •• BASILEU GARCIA. *Instituições de direito penal*. 4ª ed. São Paulo: Max Limonad, 1959. vol. I, t. I •• BENTO DE FARIA, Antonio de. *Annotações theorico-praticas ao codigo penal do Brazil*. Rio de Janeiro: Francisco Alves e Cia, 1913 // Código penal brasileiro (comentado). Rio de Janeiro: Distribuidora Récord Ed., 1958. vol. 2 •• BETTIOL, Giuseppe. *Diritto penale*: parte generale. 11ª ed. Padova: CEDAM, 1982 •• BITENCOURT, Cezar Roberto. *Tratado de direito penal*: parte geral. 19ª ed. São Paulo: Saraiva, 2013 •• BRUNO, Aníbal. *Direito penal:* parte geral. 3ª ed. Rio de Janeiro: Forense, 1967. t. 2º •• BUSATO, Paulo César. *Direito penal*: parte geral. São Paulo: Atlas, 2013. vol. 1 •• CORREIA, Eduardo. *Direito criminal*. Colaboração de Figueiredo Dias. Coimbra: Livraria Almedina, 2004. vol. II •• COSTA E SILVA, Antônio José da. *Código penal*. São Paulo: Companhia Editora Nacional, 1943. vol. 1 •• COSTA JR., Paulo José. *Código penal comentado*. 8ª ed. São Paulo: DPJ Editora, 2005 •• DAMÁSIO DE JESUS, E. *Direito penal*: parte geral. 35ª ed. São Paulo: Saraiva, 2014 •• DELMANTO, Celso (et alii). *Código penal comentado*. 8ª ed. São Paulo: Saraiva, 2010 •• DOTTI, René Ariel. *Curso de direito penal*: parte geral. 5ª ed. Colaboração de Alexandre Knopfholz e Gustavo Britta Scandelari. São Paulo: Thomson Reuters/Revista dos Tribunais, 2013 •• FIANDACA, Giovanni; MUESCO, Enzo. *Diritto penale*: parte generale. 2ª ed. Bologna: Zanichelli, 1994 •• FIGUEIREDO DIAS, Jorge de. *Direito penal*: parte geral, questões fundamentais, a doutrina geral do crime. 2ª ed. São Paulo: Revista dos Tribunais; Coimbra: Coimbra Editora, 2007 •• FRAGOSO, Heleno Claudio. *Comentários ao código penal*. 5ª ed. Rio de Janeiro: Forense, 1978. vol. I, t. II (arts. 11/27) // *Lições de direito penal*: parte geral. 17ª ed. atual. Fernando Fragoso. Rio de Janeiro: Forense, 2006 •• GALDINO SIQUEIRA. *Tratado de direito penal*. Rio de Janeiro: José Konfino, 1947 •• GOMES, Luiz Flávio. *Direito penal*: parte geral. 2ª ed. São Paulo: Revista dos Tribunais/LFG – Rede de Ensino Luiz Flávio Gomes, 2006 •• GRECO, Rogério. *Curso de direito penal*: parte geral. 15ª ed. Niterói: Impetus, 2013 •• HUNGRIA, Nélson. *Comentários ao código penal*. 4ª ed. Rio de Janeiro: Forense, 1958. vol. I, t. II •• J. F. MARQUES. *Tratado de direito penal*. 2ª ed. São Paulo: Saraiva, 1965. vol. 2 •• LEONARDO LOPES, Jair. *Curso de direito penal*: parte geral. 2ª ed. São Paulo: Revista dos Tribunais, 1996 •• LUZÓN PEÑA, Diego-Manuel. *Lecciones de derecho penal*: parte general. 2ª ed. Valencia(ES): Tirant lo Blanch, 2012 •• MAGALHÃES NORONHA, Edgard. *Direito penal*. 3ª ed. São Paulo: Saraiva, 1965. vol. 1 •• MANTOVANI, Ferrando. *Diritto penale*. 4ª ed. Padova: CEDAM, 2001 •• MANZINI, Vincenzo. *Tratatto di diritto penale italiano*. Torino: UTET, 1961. vol. 1 •• MAURACH, Reinhart. *Tratado de derecho penal.* Trad. e notas Juan Cordoba Roda. Barcelona: Ediciones Ariel, 1962. t. I e II •• MAURACH, Reinhardt; ZIPF, Heinz. *Derecho penal*: parte general. Trad. 7ª ed. alemã por Jorge Bofill Genzsch e Enrique Aimone Gibson. Buenos Aires: Ed. Astrea de Alfredo y Ricardo Depalma, 1994. t. 1 e 2 •• MAYER, Max Ernst. *Derecho penal*: parte general. Trad. de Sergio

Politoff Lifschitz; rev. geral e prólogo José Luis Guzmán Dalbora, ed. alemã de 1915. Buenos Aires: Julio César Faira Ed., 2007 •• MIR PUIG, Santiago. *Derecho penal*: parte general. 9ª ed. Buenos Aires: B de F, 2012 •• MIRABETE, Julio Fabbrini; FABRINNI, Renato N. *Manual de direito penal*: parte geral. 30ª ed. São Paulo: Atlas, 2014 •• MUÑOZ CONDE, Francisco; GARCÍA ARÁN, Mercedes. *Derecho penal*: parte general. 5ª ed. Valencia(ES): Tirant lo Blanch, 2002 •• NUCCI, José Guilherme de Souza. *Código penal comentado*. 13ª ed. São Paulo: Thomson Reuters/Revista dos Tribunais, 2013 •• NUÑEZ, Ricardo C. *Manual de derecho penal*: parte general. 3ª ed. Cordoba: Marcos Lerner Editora Cordoba, 1982 •• PIERANGELLI, José Henrique. *Código penal comentado artigo por artigo*. São Paulo: Verbatim, 2013 •• PRADO, Luiz Regis. *Tratado de direito penal*: parte geral. São Paulo: Thomson Reuters/Revista dos Tribunais, 2014. vol. 2 // *Curso de direito penal brasileiro*. 13ª ed. *Coautoria*. São Paulo: Thomson Reuters/Revista dos Tribunais, 2014 •• POLITOFF L., Sérgio [*et alii*]. *Lecciones de derecho penal chileno*: parte general. 2ª ed. Santiago: Editorial Jurídica de Chile, 2003 •• QUINTERO OLIVARES, Gonzalo. *Parte general del derecho penal*. 4ª ed. Colaboración de Fermín Morales Prats. Pamplona: Thomson Reuters, 2010 •• REALE JÚNIOR, Miguel. *Instituições de direito penal*: parte geral. 3ª ed. Rio de Janeiro: Forense, 2009 •• RODRIGUEZ DEVESA, José Maria; SERRANO GOMEZ, Alfonso. *Derecho penal español*: parte general. 15ª ed. Madrid: Dykinson, 1992 •• ROXIN, Claus. *Derecho penal*: parte general. Trad. 2ª ed. aleman Diego-Manuel Luzón Peña [*et alii*]. Madrid: Civitas Ediciones, 2003 •• SILVA FRANCO, Alberto. *Código penal e sua interpretação*: doutrina e jurisprudência. 8ª ed. Coordenadores: Alberto Silva Franco e Rui Stoco. São Paulo: Revista dos Tribunais, 2007 •• SOUZA & JAPIASSÚ. *Curso de direito penal*: parte geral. Rio de Janeiro: Elsevier, 2012 •• STRATENWERTH, Günther. *Derecho penal*: parte general I El hecho punible. 4ª ed. Trad. Manuel Cancio Meliá y Marcelo Sancinetti. Buenos Aires: Hammurabi, 2005 •• VILLALOBOS, Ignacio. *Derecho penal mexicano*. México: Ed. Porrúa, 1975 •• ZAFFARONI, Eugenio Raul; ALAGIA, Alejandro; SLOKAR, Alejandro. *Derecho penal*: parte general. 2ª ed. Buenos Aires: EDIAR, 2014 •• ZAFFARONI, Eugenio Raúl; PIERANGELI, José Henrique. *Manual de direito penal brasileiro*: parte geral. 7ª ed. São Paulo: Revista dos Tribunais, 2007. vol. 1.

§ 26. TENTATIVA INIDÔNEA

I. Crime impossível

No sistema penal de um Estado de Direito Democrático não existe crime sem um *fato* típico e ilícito que produza um resultado de dano ou *efetivo* perigo de dano. Segue-se daí a expressão *"quase crime"* que ilustra o dispositivo em comento e o art. 31, que trata dos casos de impunibilidade.

O CP 1890 declarava a impunibilidade da tentativa *"no caso de ineficacia absoluta do meio empregado, ou de impossibilidade absoluta do fim a que o delinquente se propuzer"* (Art. 14, parág. único). O Projeto Alcântara Machado declarava pelo art. 11: *"Não será punível a tentativa: I – se agente desistir voluntariamente da execução do crime ou lhe impossibilitar a consumação, ressalvada, porém, a responsabilidade pelos atos anteriores, que por si mesmos constituam crime; II – se tais forem a ineficácia do meio empregado ou a impropriedade do objeto, que tornem impossível a realização do evento; podendo, entretanto, o juiz, verificada a periculosidade do agente, aplicar-lhe medida de segurança".*

No regime precedente ao Código Penal (PG/1940) a *tentativa impunível* poderia sujeitar o autor a uma medida de segurança se ele fosse portador de periculosidade (art. 14 c/c os arts. 76, II e parág. único, e 94). Tratava-se de uma concessão à *teoria sintomática da personalidade* que a Reforma de 1984 eliminou ao adotar o sistema vicariante, abolindo a medida de segurança para o agente imputável (v. arts. 27 e 98).

II. Meio e objeto do crime

Meio é o instrumento ou o recurso utilizado para a prática do crime. Pode ser físico ou moral. É o instrumento contundente, cortante ou perfurocortante para lesionar a pessoa ou a mentira no estelionato. O vocábulo assume múltiplas acepções, p.ex., a palavra, escrita ou oral, nos delitos contra a honra. *Objeto* é a pessoa ou a coisa sobre a qual recai a ação do infrator. No homicídio e nas lesões corporais é o *corpo humano com vida* (CP, arts. 121 e 129); na falsidade ideológica é o *documento* no qual foi omitida declaração que dele devia constar ou foi inserida declaração falsa ou diversa da que devia ser escrita, cf. o art. 299 do Código Penal.

III. Ineficácia absoluta ou relativa (do meio)

O meio é *ineficaz* (*inidôneo*) quando lhe falta potencialidade causal, i.e., aquele que, por sua natureza, essência ou circunstância, é incapaz de produzir o evento: o agente, pretendendo matar, coloca algo inócuo na bebida de outrem supondo tratar-se venenosa a substância que havia preparado.

Se a ineficácia é *relativa*, p.ex., a deficiência da arma de fogo no momento em que foi acionada para o homicídio, a tentativa é punível. O Código Penal, nesta parte acolheu a *teoria objetiva temperada*.

IV. Impropriedade absoluta ou relativa (do objeto)

A impropriedade é relativa e caracteriza a tentativa punível de furto se o ladrão subtrai a carteira vazia de dinheiro que a vítima mantinha em um de seus bolsos. Também é relativa a impropriedade de objeto quando o sujeito atira em pessoa já morta com o dolo de homicídio. Poderá, no entanto, responder por vilipêndio a cadáver, segundo o art. 212 do Código Penal. Um exemplo da jurisprudência é o de estar o revólver empunhado pelo réu com todos os projéteis já deflagrados e, portanto, absolutamente ineficaz para a prática do homicídio mediante o disparo de tiros (TJSP, *RT*, 514/336).

É preciso, no entanto, compreender que o meio absolutamente inidôneo para produzir determinado resultado é apto para a produção de outro, como no exemplo de se matar de susto uma pessoa cardíaca (FRAGOSO, *Lições: parte geral,* p. 308). No caso do revólver sem balas a arma seria idônea para produzir lesões corporais e até mesmo a morte pela ação contundente. Daí por que a inidoneidade deve ser aferida pelo juiz em cada situação concreta, como determina a jurisprudência (TJSP, *RT*, 503/327).

A inidoneidade será apenas *relativa* se o meio, normalmente eficaz, deixou de produzir o evento nas circunstâncias com que foi empregado. A tentativa é punível se o meio fraudulento empregado pelo agente consistiu em artifício que, embora sem alcançar o engodo da vítima, era apto para induzir em erro pessoas menos atiladas (TACrimSP. In: SILVA FRANCO, *Direito penal*, p. 185).

V. Teoria adotada pelo Código e seu efeito

O Código Penal, na previsão do art. 17, adotou a *teoria objetiva temperada* ao admitir situações de punição do *conatus* quando o meio ou o objeto é relativamente ineficaz ou impróprio. Como efeito dessa teoria, o *crime impossível* constitui ausência de tipicidade, ou seja, da adequação da conduta a uma norma incriminadora.

A PG/1940 previa em caso do delito impossível a aplicação da medida de segurança da liberdade vigiada, pelo prazo mínimo de um ano, uma vez demonstrada a periculosidade do agente (art. 14 c/c os arts. 76, parág. único e 94, III). Ao eliminar o sistema do *duplo binário* (pena mais medida de segurança) a PG/1984 suprimiu a medida de segurança para os sujeitos imputáveis.

O Anteprojeto argentino, sob a designação geral "Inidoneidad" (art. 8), aborda as duas hipóteses: "**1**. Si el medio empleado hubiere sido manifiestamente inidôneo para cometer el hecho, la pena podrá reducirse hasta el mínimo legal de su espécie. Se deberá eximir da pena cuando no hubiere mediado peligro para el bien jurídico. **2**. No se impondrá pena si faltare el objeto requerido en la descripción legal del hecho".

VI. Crime imaginário

Diversamente das situações jurídicas anteriores, existe a figura do *crime imaginário*, também chamado *putativo*, que ocorre quando o agente supõe ter praticado uma ação delituosa, mas o "crime" somente existe em sua imaginação.

Na acepção jurídica, considera-se *putativo* algo que aparenta ser verdadeiro. É uma ilusória qualidade ou a condição que se pensa ter (criada, imaginada) ou que se deveria ter, mas que na realidade não se tem. A palavra é oriunda do latim (*putativus*, isto é, imaginário). No regime do CCiv. o *casamento putativo* é caracterizado pela boa-fé de um ou ambos os consortes e o matrimônio, embora nulo ou anulável, produz todos os efeitos até o dia da sentença anulatória (art. 1.561). Em relação ao Direito Penal, ocorre o *crime putativo* quando a ilicitude do fato existe somente na imaginação do agente. O fato é atípico e, portanto, irrelevante para a ordem jurídico-penal. Não se confunde com o *crime impossível* (CP, art. 17). A distinção entre o delito impossível e o delito putativo é facilmente demonstrável: "Quem parte *erroneamente*, no seu comportamento, de circunstâncias que, se fossem verdadeiras, preencheriam um tipo de crime, comete uma tentativa impossível; quem, diferentemente, representa correctamente todos os elementos constitutivos do facto mas aceita *erroneamente* que eles integram um tipo de crime comete um crime putativo" (FIGUEIREDO DIAS, *Direito penal*, t. 1, p. 719) (Itálicos do original)

No ensinamento de HUNGRIA, a situação psicológica pode ocorrer em três casos: ***a)*** o agente supõe infringir uma norma incriminadora que não existe; ***b)*** embora movido por uma representação criminosa, o sujeito engana-se quanto ao objeto específico do crime ou sobre a qualidade jurídica necessária ao objeto para que o crime se configure *(erro de fato)*;[1] ***c)*** quando as circunstâncias preordenadas por outrem e ignoradas pelo agente, ardilosamente induzido ao crime, impossibilitam a *seriedade* deste (simulacro de crime por obra de *agente provocador*") (*Comentários*, vol. I, t. II, p. 104). No mesmo sentido, DAMÁSIO indicando as três modalidades de crime putativo ou imaginário em sentido amplo: ***a)*** *por erro de proibição;* ***b)*** *por erro de tipo;* ***c)*** *por obra de agente provocador* (*Direito penal,* p. 239).

---

1 V. o art. 20 do Código Penal: erro sobre os elementos constitutivos do tipo.

Exemplo da primeira é a do amante da mulher casada que supõe estar praticando o delito de adultério ao manter relações sexuais com ela, ao tempo em que a incriminação já fora revogada;[2] da segunda, é o engano do freguês na saída do restaurante que leva um guarda-chuva alheio parecido com o seu; e o *crime de ensaio*, também chamado *de experiência*, ocorre pela ação do agente policial que, simulando ser adquirente de droga, pede ao traficante que lhe obtenha certa quantidade de cocaína para prendê-lo em flagrante. Como diz HUNGRIA, somente na aparência é que ocorre um crime exteriormente perfeito. "Na realidade, o seu autor é apenas o protagonista inconsciente de uma comédia" (ob. cit., p. 107). A Súmula STF n. 145 estabelece que *"nao há crime quando a preparação do flagrante pela polícia torna impossível a sua consumação"*.

Mas haverá tentativa punível no caso do *flagrante esperado* que ocorre quando a polícia toma conhecimento de que, por exemplo, haverá o tráfico de droga e efetua a prisão do fornecedor e do adquirente.

Poderá ocorrer que a nulidade alcance apenas a lavratura do auto de prisão, subsistindo o delito anteriormente cometido. É o caso, não raro, do agente fazendário que exige dinheiro do contribuinte para sonegar tributo mas que é surpreendido em flagrante recebendo a vantagem indevida porque a polícia foi previamente avisada do encontro. Neste caso o flagrante é nulo mas o processo deve prosseguir, pois o crime (CP, art. 316) já se consumou com a simples exigência. O mesmo sucede na corrupção passiva (CP, art. 317) quando há solicitação. Mas não haverá crime putativo quando a autoridade é informada sobre a futura prática da infração penal e surpreende o agente na fase de execução, a exemplo da venda e compra ilegal de droga (Lei n. 11.343/2006, art. 33).

* DIREITO COMPARADO
Anteprojeto argentino: Art. 8 (v. *supra* item V). •• **Código Penal português:** "Artigo 23º 1 [...]. 2 [...]. 3. A tentativa não é punível quando for manifesta a inaptidão do meio empregado pelo agente ou a inexistência do objecto essencial à consumação do crime". •• **Código Penal Tipo:** "Artículo 41. No se aplicará la pena correspondiente a la tentativa cuando fuere absolutamente imposible la consumación del delito".

---

2   O adultério era sancionado como delito até o advento da Lei n. 11.106/2005, que revogou o art. 240 do Código Penal que definia esse tipo.

Art. 18. Diz-se o crime:
CRIME DOLOSO
I – doloso, quando o agente quis o resultado ou assumiu o risco de produzi-lo;

CRIME CULPOSO
II – culposo, quando o agente deu causa ao resultado por imprudência, negligencia ou imperícia.
Parágrafo único. Salvo os casos expressos em lei, ninguém pode ser punido por fato previsto como crime, senão quando o pratica dolosamente.

* DIREITO ANTERIOR
CCrim 1830: "Art. 2º Julgar-se-á crime ou delicto: § 1º Toda a ação ou omissão voluntaria contraria ás leis penaes". •• CP 1890: "Art. 24. As acções ou omissões contrarias á lei penal que não forem commetidas com intenção criminosa, ou não resultarem de negligencia, imprudencia ou impericia, não serão passiveis de pena". •• **Projeto Alcântara Machado (1938)**: "Art. 13. Diz-se o crime: I – doloso, quando o resultado da ação ou omissão, que o constitui, corresponde à intenção do agente; II – preterintencional, quando o resultado previsto e querido pelo agente é menos grave do que o produzido; III – culposo, quando o resultado não é querido pelo agente, mas deriva deste se ter havido com negligência, imprudência, imperícia ou inobservância de determinação da lei ou da autoridade. Parágrafo único: O crime será punido como doloso, sempre que a lei não disponha o contrário, e como preterintencional ou culposo nos casos expressos". •• **Anteprojeto Hungria (1963)**: "Art. 16. Diz-se o crime: I – doloso, quando o agente quis o resultado ou assumiu o risco de produzi-lo; II – culposo, quando o agente, deixando de empregar a atenção ou diligência ordinária, ou especial, a que estava obrigado em face das circunstâncias, não prevê o resultado que podia prever ou, prevendo-o, supõe levianamente que não se realizaria ou que poderia evitá-lo. **Parág. único.** Corresponde ao parág. único do art. 18 vigente. •• **CP 1969** e **Anteprojeto Toledo (1981)**: Art. 17 e **parág. único.** Corresponde ao texto vigente.

BIBLIOGRAFIA (ESPECIAL)

ALCÁCER GUIRAO, Rafael. *Actio libera in causa dolosa e imprudente*: la estructura temporal de la responsabilidad penal. Barcelona: Atelier Editorial, 2004 •• ALMEIDA, Gil de. Da reincidência específica dos crimes culposos. *Justitia*, 76/1972 •• ALTAVILLA, Enrico. *La culpa*. Bogotá: Themis, 1971 •• ANGIOLINI, Alfredo. *Dei delitti colposi*: studio sociologico-giuridico. Torino: F. Bocca, 1901 •• ASÚA, Jimenez de. *La ley y el delito*. Caracas: Ed. Andrés Bello, 1945 •• AZEVEDO, David Teixeira de. O crime de receptação e formas de execução dolosa. *RT*, 762/1999 •• AZZALI, Giampiero. L'eccesso colposo. Milan: A. Giuffré, 1965 •• BECHARA, Fábio Ramazzini. Tentativa e crime culposo. *Revista Magister*, 6/2005 •• BRITO, Evandro Gomes. *Dos crimes culposos e dolo eventual nos crimes do trânsito*. Vitória da Conquista: Ed. do autor, 1974 •• BUSATO, Paulo César; MARTÍNES-BUJAN PÉREZ, Carlos; DÍAS PITA, María Del Mar. *Modernas tendências sobre o dolo em Direito Penal*. Rio de Janeiro, Lumen Juris, 2008 •• BUSTOS RAMÍREZ, Juan. *El delito culposo*. Santiago: Editorial Jurídica de Chile, 2002 •• CALLEGARI, André Luís. Dolo eventual, culpa consciente e acidentes de trânsito. *RBCCrim*, 13/1996 •• CARDENAS, Raul F. Los delitos culposos. *Criminalia*, 3/1969 •• CASTRO, Pedro Soliani de. A incompatibilidade entre a tentativa e o dolo eventual. *Boletim*, 253/2013 •• CARVALHO, Gisele Mendes de. O STF e o homicídio culposo no trânsito. *Boletim*, 229/2011 •• CARVALHO, Sara Fernandes. Dolo eventual e culpa consciente nos crimes de trânsito. *Revista Síntese*, 63/2010 •• CONSTANTINO, Carlos Ernani. Homicídio culposo e lesão corporal culposa. *Revista Jurídica IOB*, 251/1998 •• CORRÊA, Fabrício da Mata. Da imprescritibilidade do homicídio doloso. *Consulex*, 394/2013 •• COSTA, Álvaro Mayrink da Costa. O injusto dos crimes culposos. *Revista de Direito do TJRJ*, 35/1998 •• COSTA, Carlos Adalmyr C. da. *Dolo no tipo*: teoria da ação finalista no Direito Penal. Rio de Janeiro: Editora Liber Juris, 1989 // *Da natureza formal dos crimes culposos*. Rio de Janeiro: Liber Juris, 1989 •• COSTA JUNIOR, Heitor. *Teoria dos delitos culposos*. Rio de Janeiro: Lumen Juris, 1988 •• CUNHA, Rogério Sanches; PINTO, Ronaldo Batista. *Crimes dolosos contra a vida e seu procedimento parcial*. Salvador: JusPodium, 2004 •• D'ÁVILA, Fábio Roberto. *Crime culposo e a teoria da imputação objetiva*. São Paulo: Revista dos Tribunais, 2001 •• DAMÁSIO DE JESUS, E. Resultado diverso do pretendido, dolo e culpa. *Revista Síntese*, 20/2003 // Prescrição e autoria de crime culposo. *RT*, 603/1986 // A previsão legal dos crimes culposos. *Justitia*, 125/1984 •• DE FRANCESCO, Giovannangelo. Dolo eventuale e colpa consciente. *RIDPP*, 1/1988 •• DI GUYANGA, Eugenio Jannitti. *Concorso di più persone e valore del pericolo nei delitti colposi*. Milano: Societá Editrice Libraria, 1913 •• FORTE, Giacomo. Ai confini fra dolo e colpa. *RIDPP*, 1/1999 •• FRAGOSO, Heleno Claudio. Estrutura do crime culposo. *Revista da OAB*, 18/1976 •• GRINBERG, Rosana. Homicídio culposo. Arguição de nulidade. Inconstitucionalidade da Lei 4.611 de 2.4.65. Presunção de culpa, através de simples dedução lógica. *RT*, 581/1984 •• HERZBERG, Rolf Dietrich. El delito comisivo doloso consumado como un delito cualificado respecto del delito omisivo, imprudente y en tentativa. *RBCCrim*, 52/2005 •• JORDÃO, Milton. O perdão judicial no homicídio culposo e lesão corporal culposa de trânsito. *Revista Magister*, 7/2005 •• JORIO, Israel Domingos. O conceito de culpa e a estrutura bipartida dos tipos penais culposos. *RBCCrim*, 69/2007 // O fetiche do dolo eventual. *Boletim do IBCCrim*, 230/2012 •• LEAL, João

José. O CTB e o homicídio culposo de trânsito. *Revista Forense*, 344/1998 •• LEITE, Alaor. Dolo e o crime de dispensa ou inexigência ilegal de licitação. *RBCCrim*, 104/2013 •• LUSTOSA, Custodio. Crimes culposos. *Revista Forense*, 58/1932 •• LYRA, Roberto. Peculato culposo. *Revista Brasileira de Criminologia e Direito Penal*, 7-8/1955 •• MACHADO, Raul. *A culpa no direito penal*. 2ª ed. São Paulo: Ed. do Autor, 1943 •• MAGGIO, Vicente de Paula Rodrigues. Infanticídio e a morte culposa do recém-nascido. Campinas(SP): Millennium, 2004 •• MONTEIRO, Luciana. Aspectos fundamentais da autoria mediata nos crimes culposos. *RBCCrim*, 96/2012 •• MOREIRA, Rômulo de Andrade. Homicídio culposo no trânsito. *Revista Magister*, 22/2008 •• MOTTA FILHO, Candido. *Da premeditação*. São Paulo: Revista dos Tribunais, 1937 •• NINNO, Wilson Racha. Dolo eventual. *RBCCrim*, 19/1997 •• NORONHA, E. Magalhães. *Do crime culposo*. 3ª ed. São Paulo: Saraiva, 1974 •• NUÑEZ BARBERO, Ruperto. *El delito culposo*: su estructuración jurídica en la dogmática actual. Salamanca: Universidad de Salamanca, 1975 •• OLIVEIRA, André Carlos. Lesão corporal culposa. *Ciência Jurídica*, 115/2004 •• OLIVEIRA, Leonardo Henrique Mundim Moraes. A imprensa, o dolo e a culpa. *LEX*, 130/2000 •• PAULO FILHO, Pedro. *Absolvição sumária nos crimes dolosos contra a vida*: legislação, doutrina e jurisprudência. Leme (SP): LED, 2000 •• PIERANGELLI, José Henrique. Devido processo legal, continência e crime culposo. *RBCCrim*, 5/1994 // O crime culposo na dogmática atual. *Revista da ESMP-DF e territórios*, 5/1995 •• PIMENTEL, Manoel Pedro. Reincidência específica e crime culposo. *RT*, 413/1970 •• PINHEIRO, Geraldo de Faria Lemos. Algumas considerações sobre crimes culposos de trânsito e suas penalidades. *RBCCrim*, 17/1997 // As penas restritivas de direito nos crimes culposos de trânsito. *RT*, 590/1984 •• PINTO DE ALBUQUERQUE, Paulo Sérgio. *Introdução à actual discussão sobre o problema da culpa em direito penal*. Coimbra: Livraria Almedina, 1994 •• RAFFAELE, Simona. La seconda vita del dolo eventuale tra rischio, tipicitá e colpevolezza. *RIDPP*, 3/2012 •• REALE JÚNIOR, Miguel. Homicídio culposo e periclitação da vida e da saúde. *Ciência Jurídica*, 71/1996 •• RICIO, Stefano. *Il reato culposo*. Milano: A. Giufrè, 1952 •• SALLES JUNIOR, Romeu de Almeida. *Homicídio e lesão corporal culposos no código penal e no código de trânsito brasileiro*. São Paulo: Oliveira Mendes, 1998 •• SANTOS, Camila Mollerke. A regressão de regime no curso da execução da pena em razão da prática de fato definido com crime doloso. *Boletim*, 233/2012 •• SILVA, David Medina da. *O crime doloso*. Porto Alegre: Livraria do Advogado, 2005 •• SIQUEIRA, José Prudente. Coautoria nos crimes culposos. *RT*, 107/1937 •• SOUSA NETO. *O motivo e o dolo*. 2ª ed. Rio de Janeiro: Freitas Bastos, 1956 •• SOUZA, Ferreira de. Crimes dolosos contra a vida. *Revista Brasileira de Criminologia*, 1/1947 •• SUANNES, Adauto Alonso

S. Homicídio culposo. *Cadernos de Advocacia Criminal*, 4/1988 •• TAVARES, Juarez. *Teoria do crime culposo*. 3ª ed. Rio de Janeiro: Lumen Juris, 2009 // *Direito penal da negligência*: uma contribuição à teoria do crime culposo. São Paulo: Revista dos Tribunais, 1985 •• TENCA, Adrián Marcelo. *Dolo eventual*. Buenos Aires: Astrea, 2010 •• TERRAGNI, Marco Antonio. *Autor, partícipe y víctima en el delicto culposo*. Buenos Aires: Rubinzal-Culzoni, 2008 // *El delito culposo em la práxis medica*. Buenos Aires: Rubinzal Culzoni, 2003 // *El delito culposo*. Buenos Aires: Rubinzal Culzoni, 1998 •• TÓRTIMA, José Carlos. A imperícia e o domínio da vontade nos crimes culposos. *RT*, 666/1991 •• TOSTI, Alfredo. *La colpa penale*: studio sociológico giuridico. Torino: Fratelli Bocca, 1907 •• TUCUNDUVA, Ruy Cardoso de Mello. Da ação penal no crime de lesão corporal culposa. *Revista de Jurisprudência do TJSP*, 31/1974.

BIBLIOGRAFIA (GERAL)

ANTOLISEI, Francesco. *Manuale di diritto penale*: parte generale. 3ª ed. Milano: Dott. A. Giuffrè, 1994 •• ASÚA, Luís Jiménez de. *Tratado de derecho penal*. 3ª ed. Buenos Aires: Editorial Losada, 1965. t. V •• BASILEU GARCIA. *Instituições de direito penal*. 4ª ed. São Paulo: Max Limonad, 1959. vol. I, t. I •• BENTO DE FARIA, Antonio de. *Annotações theorico-praticas ao codigo penal do Brazil*. Rio de Janeiro: Francisco Alves e Cia, 1913 // Código penal brasileiro (comentado). Rio de Janeiro: Distribuidora Récord Ed., 1958. vol. 2 •• BETTIOL, Giuseppe. *Diritto penale:* parte generale. 11ª ed. Padova: CEDAM, 1982 •• BITENCOURT, Cezar Roberto. *Tratado de direito penal*: parte geral. 19ª ed. São Paulo: Saraiva, 2013 •• BOCKELMANN, Paul; VOLK, Klaus. *Direito penal*: parte geral. Belo Horizonte: Del Rey, 2007 •• BRUNO, Aníbal. *Direito penal*: parte geral. 3ª ed. Rio de Janeiro: Forense, 1967. t. 2º •• BUSATO, Paulo César. *Direito penal*: parte geral. São Paulo: Atlas, 2013. vol. 1 •• CARRANCA Y TRUJILLO, Raul. *Derecho penal mexicano*: parte general. México: Ed. Porrúa, 1970. t. I •• CAVALEIRO DE FERREIRA, Manuel. *Direito penal português*: parte geral. Viseu: Editorial Verbo, 1981 •• CEREZO MIR, José. *Derecho penal*: parte general. São Paulo: Revista dos Tribunais; Lima (PE): ARA Ed., 2007 •• CIRINO DOS SANTOS, Juarez. *Direito penal*: parte geral. 3ª ed. Curitiba: ICPC; Lumen Juris, 2008 •• COBO DEL ROSAL, M.; VIVES ANTÓN, T.S. *Derecho penal*: parte general. Valencia: Universidad de Valencia, 1984 •• CORREIA, Eduardo. *Direito criminal*. Colaboração de Figueiredo Dias. Coimbra: Almedina, 2001. vol. I e II •• COSTA E SILVA, Antônio José da. *Código penal*. São Paulo: Companhia Editora Nacional, 1943. vol. 1 •• COSTA JR., Paulo José. *Código penal comentado*. 8ª ed. São Paulo: DPJ Editora, 2005 •• DAMÁSIO DE JESUS, E. *Direito penal*: parte geral. 35ª ed. São Paulo: Saraiva, 2014 ••

DELMANTO, Celso (et. alii). *Código penal comentado*. 8ª ed. São Paulo: Saraiva, 2010 •• DOTTI, René Ariel. *Curso de direito penal*: parte geral. 5ª ed. Colaboração de Alexandre Knopfholz e Gustavo Britta Scandelari. São Paulo: Thomson Reuters/Revista dos Tribunais, 2013 •• FERRATER MORA, José. *Dicionário de filosofia*. São Paulo: Martins Fontes, 1993 •• FERRI, Enrico. *Principii di diritto criminale*: delinquente e delitto. Torino: UTET, 1928 // *Princípios de direito criminal*: o criminoso e o crime. São Paulo: Livraria Acadêmica, 1931 •• FIANDACA, Giovanni; MUESCO, Enzo. *Diritto penale*: parte generale. 2ª ed. Bologna: Zanichelli, 1994 •• FIGUEIREDO DIAS, Jorge de. *Direito penal*: parte geral, questões fundamentais, a doutrina geral do crime. 2ª ed. São Paulo: Revista dos Tribunais; Coimbra: Coimbra Editora, 2007 •• FRAGOSO, Heleno Claudio. *Comentários ao código penal*. 5ª ed. Rio de Janeiro: Forense, 1978, vol. I, t. II (arts. 11/27) // *Lições de direito penal*: parte geral. 17ª ed. atual. Fernando Fragoso. Rio de Janeiro: Forense, 2006 •• GOMES, Luiz Flávio. *Direito penal*: parte geral. 2ª ed. São Paulo: Revista dos Tribunais/LFG – Rede de Ensino Luiz Flávio Gomes, 2006 •• GRECO, Rogério. *Curso de Direito penal*: parte geral. 15ª ed. Niterói: Impetus, 2013 •• HASSEMER, Winfried. *Fundamentos del derecho penal*. Trad. y notas Francisco Muñoz Conde, Luis Arroyo Zapatero. Barcelona: Bosch, 1984 •• HUNGRIA, Nélson. *Comentários ao código penal*. 4ª ed. Rio de Janeiro: Forense, 1958. vol. I, t. II •• JAKOBS, Günther. *Derecho penal*: parte general, Fundamentos y teoria de la imputación. Trad. Joaquin Cuello Contreras, José Luis Serrano Gozalez de Murillo. Madrid: Marcial Pons, 1995 •• JESCHECK, Hans-Heinrich. *Tratado de derecho penal*: parte general. Barcelona: Bosch, Casa Editorial, 1981. vol. 1º e 2º •• J.F. MARQUES. *Tratado de direito penal*. 2ª ed. São Paulo: Saraiva, 1965. vol. 2 •• LEONARDO LOPES, Jair. *Curso de direito penal*: parte geral. 2ª ed. São Paulo: Revista dos Tribunais, 1996 •• LISZT, Franz von. *Tratado de direito penal allemão*. Trad. e prefácio José Hygino Duarte Pereira. Rio de Janeiro: F. Briguiet & Cia-Editores, 1899. t. I •• LUZÓN PEÑA, Diego-Manuel. *Lecciones de derecho penal*: parte general. 2ª ed. Valencia (ES): Tirant lo Blanch, 2012 •• MAGALHÃES NORONHA, Edgard. *Direito penal*. 3ª ed. São Paulo: Saraiva, 1965. vol. 1 •• MAIA GONÇALVES. *Código penal português,* anotado e comentado. 8ª ed. Coimbra: Livraria Almedina, 1995 •• MANTOVANI, Ferrando. *Diritto penale*. 4ª ed. Padova: CEDAM, 2001 •• MANZINI, Vincenzo. *Tratado de derecho penal*: teorias generales. Trad. Santiago Sentís Melendo. Buenos Aires: EDIAR, 1948. vol. II // *Trattatto di diritto penale italiano*. Torino: UTET, 1961. vol. 1 •• MAURACH, Reinhart. *Tratado de derecho penal*. Trad. e notas Juan Cordoba Roda. Barcelona: Ediciones Ariel, 1962. t. I e II •• MAURACH, Reinhardt; ZIPF, Heinz. *Derecho penal*: parte general. Trad. 7ª ed. alemã por Jorge Bofill Genzsch e

Enrique Aimone Gibson. Buenos Aires: Ed. Astrea de Alfredo y Ricardo Depalma, 1994. t.1 e 2 •• MAYER, Max Ernst. *Derecho penal*: parte general. Trad. de Sergio Politoff Lifschitz, rev. geral e prólogo José Luis Guzmán Dalbora, ed. alemã de 1915. Buenos Aires: Julio César Faira Ed., 2007 •• MAYRINK DA COSTA, Álvaro. *Direito penal*: parte geral. 8ª ed. Rio de Janeiro: Forense, 2009. vol. 2 •• MESTIERI, João. *Manual de direito penal*: parte geral. Rio de Janeiro: Forense, 2002 •• MEZGER, Edmundo. *Tratado de derecho penal*. Trad. de José Arturo Rodríguez Muñoz. Madrid (ES): *Revista de Derecho Privado*, 1955. t. I e II •• MIR PUIG, Santiago. *Derecho penal*: parte general. 9ª ed. Buenos Aires: B de F, 2012 •• MIRABETE, Julio Fabbrini; FARRINNI, Renato N. *Manual de direito penal*: parte geral. 30ª ed. São Paulo: Atlas, 2014 •• MUÑOZ CONDE, Francisco; GARCÍA ARÁN, Mercedes. *Derecho penal*: parte general. 5ª ed. Valencia (ES): Tirant lo Blanch, 2002 •• NOVOA MONREAL, Eduardo. *Curso de derecho penal chileno*: parte general. 2ª ed. Santiago: Editorial Juridica Ediar-Cono Sur Ltda, 1985. t. 1 •• NUCCI, José Guilherme de Souza. *Código penal comentado*. 13ª ed. São Paulo: Thomson Reuters/Revista dos Tribunais, 2013 •• NUÑEZ, Ricardo C. *Manual de derecho penal*: *parte general*. 3ª ed. Cordoba: Marcos Lerner Editora Cordoba, 1982 •• PIERANGELLI, José Henrique. *Código penal*: comentado artigo por artigo. São Paulo: Verbatim, 2013 •• POLITOFF L., Sérgio [*et alii*]. *Lecciones de derecho penal chileno*: parte general. 2ª ed. Santiago: Editorial Jurídica de Chile, 2003 •• PRADO, Luiz Regis. *Tratado de direito penal*: parte geral. São Paulo: Thomson Reuters/Revista dos Tribunais, 2014. vol. 2 // *Curso de direito penal brasileiro*. 13ª ed. *Coautoria*. São Paulo: Thomson Reuters/ Revista dos Tribunais, 2014 •• PUIG PEÑA, Federico. *Derecho penal*: parte general. 6ª ed. Madrid: Editorial Revista de Derecho Privado, 1969 •• QUINTERO OLIVARES, Gonzalo. *Parte general del derecho penal*. 4ª ed. Colaboración de Fermín Morales Prats. Pamplona: Thomson Reuters, 2010 •• REALE JÚNIOR, Miguel. *Instituições de direito penal*: parte geral. 3ª ed. Rio de Janeiro: Forense, 2009 •• RODRIGUEZ DEVESA, José Maria; SERRANO GOMEZ, Alfonso. *Derecho penal español*: parte general. 15ª ed. Madrid: Dykinson, 1992 •• ROXIN, Claus. *Derecho penal*: parte general. Trad. 2ª ed. aleman Diego-Manuel Luzón Peña [*et alii*]. Madrid: Civitas Ediciones, 2003 •• SILVA FRANCO, Alberto. *Código penal e sua interpretação:* doutrina e jurisprudência. 8ª ed. Coordenadores: Alberto Silva Franco e Rui Stoco. São Paulo: Revista dos Tribunais, 2007 •• SOUZA & JAPIASSÚ. *Curso de direito penal*: parte geral. Rio de Janeiro: Elsevier, 2012 •• STRATENWERTH, Günther. *Derecho penal*: parte general I; El hecho punible. 4ª ed. Trad. Manuel Cancio Meliá y Marcelo Sancinetti. Buenos Aires: Hammurabi, 2005 •• TOLEDO, Francisco de Assis. *Princípios básicos de direito penal*. 5ª ed. São Paulo: Saraiva, 2002 •• VILLA-

LOBOS, Ignacio. *Derecho penal mexicano*. México: Ed. Porrúa, 1975 •• VON WEBER, Hellmuth. *Lineamentos del derecho penal aleman*. 2ª ed. Buenos Aires, 2008 •• WELZEL, Hans. *Derecho penal aleman*: parte general. 11ª ed., aleman. Trad. castellana, 4ª ed., de Juan Bustos Ramírez e Sergio Yáñez Pérez. Santiago de Chile: Editorial Juridica de Chile, 1997 •• WESSELS, Johannes. *Direito penal*: parte geral (aspectos fundamentais). Trad. do alemão e notas de Juarez Tavares. Porto Alegre: Sérgio Antonio Fabris Editor, 1976 •• ZAFFARONI, Eugenio Raul; ALAGIA, Alejandro; SLOKAR, Alejandro. *Derecho penal*: parte general. 2ª ed. Buenos Aires: EDIAR, 2014 •• ZAFFARONI-BATISTA: ZAFFARONI, Eugenio Raúl; BATISTA, Nilo; ALAGIA, Alejandro; SLOKAR, Alejandro. *Direito penal brasileiro*. Rio de Janeiro: Revan, 2010. vol. II, I •• ZAFFARONI, Eugenio Raúl; PIERANGELI, José Henrique. *Manual de direito penal brasileiro*: parte geral. 7ª ed. São Paulo: Revista dos Tribunais, 2007. vol. 1.

§ 27. ELEMENTOS SUBJETIVOS DO TIPO

I. Conceito de dolo

O dolo é a "a vontade de realizar o tipo, guiada pelo conhecimento dos elementos do tipo objetivo necessários para a sua configuração" (ZAFFARONI-BATISTA, *Direito penal brasileiro*, II, 1, p. 270). "El dolo, conforme a la fórmula más universal, es el querer, regido por el conocimiento, de la realización del tipo objectivo" (MAURACH, *Tratado*, vol. 1, § 22, p. 302) (Itálicos do original). Em outras palavras: dolo é o conhecimento dos elementos que integram o fato típico e a vontade de praticá-lo ou, pelo menos, de assumir o risco de sua produção. Em sua estrutura o dolo contém um elemento cognitivo e um elemento volitivo. Este é o dolo chamado natural (ou neutro), concebido pela teoria finalista como elemento subjetivo do tipo, abstraído o aspecto da consciência real ou potencial da ilicitude, fenômeno que constitui pressuposto da culpabilidade. Essa é a doutrina aceita, como observa LUZÓN-PEÑA: "[...] desde que el finalismo y luego la doctrina mayoritaria, aun no finalista, consideran que el dolo pertenece a la parte subjetiva del tipo de injusto y portanto es requisito para la – plena o más grave – antijuridicidad de la conducta, la consecuencia lógica ha sido, en cuanto al elemento cognoscitivo o intelectual, sostener que el dolo requiere conocimiento de los elementos objetivos del tipo, pero no consciencia de la antijuridicidad o prohibición, que es un requisito distinto del dolo, que permanece en la culpabilidad"[1] (*Lecciones*, p. 237) (Itálicos meus). No mesmo sentido: "A

---

1 Segue-se, daí, a concepção de um *"dolo natural"* também chamado *"dolo neutro"*, frente ao *"dolus malus"*, no sentido da doutrina tradicional (LUZÓN PEÑA, ob. e loc. cit.).

chamada consciência da ilicitude não integra esses conhecimentos: pouco importa, e nenhum efeito produz no âmbito da tipicidade, erre o agente sobre a antinormatividade ou suponha estar amparado por uma permissão, pois isso não altera em nada a natureza da ação que realiza, ou seja, em cada caso, seguirá sabendo que mata, que furta, que estupra, etc." (ZAFFARONI-BATISTA, *Direito penal brasileiro*, II, 1, p. 282).

O Código Penal português (artigo 14º), define esse elemento subjetivo do tipo nos seguintes termos: "**1.** Age com dolo quem, representando um facto que preenche um tipo de crime, actuar com a intenção de o realizar. **2.** Age ainda com dolo quem representar a realização de um facto que preenche um tipo de crime como consequência necessária de sua conduta. **3.** Quando a realização de um facto que preenche um tipo de crime for representada como consequência possível da conduta, há dolo se o agente actuar conformando-se com aquela realização".[2]

II. O dolo como elemento do tipo

Com a reforma determinada pela PG/1984, a localização do dolo é efetivamente no interior do fato típico e não como um elemento da culpabilidade, segundo antigo e superado entendimento. Nesse sentido valem como exemplos as disposições do *erro sobre os elementos do tipo* e do *erro sobre a ilicitude do fato* (CP, arts. 20 e 21). A propósito e para demonstrar a conclusão acima, TOLEDO formula a hipótese do autoaborto (CP, art. 124) provocado por imprudência da gestante ao praticar algum esporte (como andar a cavalo). E indaga: "Terá cometido algum crime? Qualquer jurista ou juiz, por mais aferrado que seja às doutrinas tradicionais, responderá que não, porque *não está tipificada no Código a modalidade de delito de autoaborto culposo.* Sem saber, esse jurista, ou esse juiz tradicionalista, está afirmando, com isso, a existência de dolo no tipo, porque, para ele, como para nós, o que torna *atípico o autoaborto culposo* é a falta de dolo na ação praticada. Como o tipo legal é doloso, isto é, *contém o dolo*, a ação praticada culposamente *não se subsome*, não confere com o tipo legal de crime. Ora, se o dolo do delito em exame não estivesse *no tipo*, teríamos que concluir que, para o tipo se delito de autoaborto, é indiferente que a mulher grávida pratique o fato culposa ou dolosamente. Com isso estaríamos criando um delito culposo de autoaborto, sem previsão legal. O absurdo desse raciocínio revela que, quer queiram ou não certos juristas, o dolo está no tipo, visto como, nos tipos dolosos, quando a ação não for dolosa, o que se exclui

---

2   Esta última hipótese constitui o dolo eventual.

é a própria existência do fato típico e não apenas a culpabilidade [...] E se há um ponto, entre outros, em que a doutrina finalista se nos apresenta inatacável, este é, sem dúvida, o princípio de que o dolo é um elemento do tipo" (*Princípios básicos*, § 232, p. 231-232) (Itálicos do original).

Outro exemplo característico para demonstrar que somente a averiguação sobre o dolo é possível distinguir entre o crime de lesões corporais e a tentativa de homicídio, quando o agente esgotou os meios para alcançar a consumação mas esta não adveio por circunstâncias alheias à sua vontade.

Na adequada observação de ZAFFARONI-BATISTA, o dolo "cumpre sua função redutora como uma das duas pautas alternativas de imputação subjetiva (a outra é a culpa) que interditam a mera responsabilidade objetiva pelo resultado, excluindo toda vigência ao *versari in re illicita*" [...] "Os tipos dolosos cumprem a função redutora da imputação subjetiva postulando certos conteúdos finais como condição para sua relevância típica, enquanto os culposos os fazem exigindo uma forma particular de realização daqueles conteúdos" (*Direito penal brasileiro*, II, 1, p. 270).

III. Classes de dolo (1)

O dolo pode ser *direto* (quando o agente quis o resultado) ou *indireto* sendo que esta modalidade tem dois aspectos: *a) dolo eventual*, quando o agente, conscientemente, admite e aceita o risco de produzir o resultado; *b) dolo alternativo,* quando o agente visa a um ou outro resultado (exemplo: matar ou ferir) (DELMANTO, *Código penal*, p. 152). No caso do dolo eventual, "assumir o risco de produzir o resultado típico significa *aceitar seriamente que ele ocorra*, como efeito da indissociabilidade entre os meios escolhidos e empregados pelo agente e o fim ao qual não renunciará" (ZAFFARONI-BATISTA, *Direito penal brasileiro*, II, 1, p. 277) (Itálicos meus).

Quanto à modalidade direta, a doutrina é pacífica ao conceber o dolo como conhecer e querer os elementos objetivos e subjetivos do tipo de ilícito. Há duas outras formas, segundo o resultado típico: *dolo de dano* e *dolo de perigo*. Não é adequada a antiga distinção entre dolo genérico e dolo específico (v. *infra* § 4º).

Entre as classes do dolo a doutrina distingue as situações psicológicas do *dolo de ímpeto* e *dolo de propósito,* cf. o ensinamento de ANTOLISEI: "Il dolo è d'impeto, quando il delitto è risultato di una decisione improvvisa e viene immediatamente eseguito; è di proposito negli altri casi, e precisamente allorché transcorre un considerevole lasso di tempo fra il sorgere dell'idea criminosa e la sua attuazione" (*Manuale*, p. 330). No caso em que a deliberação é acompanhada da premeditação quanto ao modo e ao meio de execução para assegurar o projeto criminoso, o Código Penal italiano a considera como agravante no delito de homicídio (art. 577, n. 3).[3] Outra distinção é feita entre dolo inicial, concorrente e superveniente. Cf. as hipóteses de ANTOLISEI, o primeiro ocorre quando a mulher que após ter deixado na correnteza o filho havido fora do casamento para ocultar desonra própria arrepende-se e procura evitar a consumação; o segundo é da enfermeira que, após ter percebido a imprudência de ter ministrado a um paciente uma substância capaz de levá-lo a óbito, omite-se no dever de impedir o resultado morte (ob. cit., p. 330-331).

É interessante mencionar que a PG/1940, no capítulo da aplicação da pena, estabelecia a necessidade de o juiz considerar a *intensidade do dolo ou o grau da culpa*[4] para a devida individualização. Assim ocorria porque o sistema adotava a teoria psicológico- normativa, considerando o dolo e a culpa como *"formas da culpabilidade"* (Exp. Mot. item 13). Com a Reforma de 1984, tais espécies de conduta integram os tipos subjetivos de ilícito.

IV. Classes de dolo (2)

Uma parte da doutrina ainda admite a divisão estabelecida pela doutrina clássica em dolo *genérico* e dolo *específico*. O dolo seria *genérico* quando o agente se limita a realizar um fato proibido (ou a se omitir de uma *ação esperada*), querendo o resultado como expressão de sua vontade ou assumindo o risco de sua ocorrência; e seria *específico* quando revelasse uma particular direção de conduta ou um fim especial. FERRI já denunciava o equívoco dessa classificação em termos irredutíveis, esclarecendo que o dolo específico (consistindo no *fim* proposto pelo delinquente) é, em cada crime, inseparável do dolo genérico (consistindo na *intenção* e na *vontade*), porque ninguém (exceto nos casos de ação inconsciente) age sem um escopo a conseguir, isto é, sem um motivo determinado. O ladrão não rouba por

---

3 O CP 1890 incluiu a premeditação entre as circunstâncias agravantes "medindo entre a deliberação criminosa e a execução o espaço, pelo menos, de 24 horas" (art. 39, § 2º). A PG/1940 e a PG/1984 não a mantiveram. É oportuna a observação de BASILEU GARCIA: "À primeira vista, poderá afigurar-se que a premeditação é indicativa de grande temibilidade. Entretanto, o que parece constituir um raciocínio demorado, anterior ao delito, outra coisa não é, às vezes, que a hesitação do criminoso. Pode representar, na verdade, a luta travada na consciência do delinquente, a sua indecisão ante o eventual delito" (Instituições, vol. t. II, p. 470).

4 CP, art. 42. "(Fixação da pena). Compete ao juiz, atendendo aos antecedentes e à personalidade do agente, à *intensidade do dolo* ou *grau da culpa*, aos motivos, às circunstâncias e consequências do crime: I – determinar a pena aplicável, dentre as cominadas alternativamente; II – fixar, dentro dos limites legais, a quantidade da pena aplicável".

roubar (exceto no caso de cleptomania), mas rouba para conseguir um fim (de enriquecimento, de despeito, de vingativa destruição etc.). O homicida (salvo no caso de automatismo psíquico) não mata pelo único "fim de matar", que é, pelo contrário, a *intenção* de matar (dolo *genérico*), mas mata por um fim de vingança, de ódio, de lucro, de fanatismo etc. (*Principii*, p. 441). No sentido do texto é a lição de MAIA GONÇALVES, após esclarecer que "preenchidos os requisitos gerais do dolo, não é exigível para verificação do elemento subjectivo da infração qualquer outro requisito, designadamente que o agente tenha procedido tendo em vista certo fim ou motivo (dolo específico), a não ser que a lei, na tipicidade, disponha de outro modo" [...]. É conclui: *"O dolo específico pertence, portanto, à descrição típica de crimes"* (*Código Penal português*, p. 232) (Itálicos meus). Um exemplo, em nosso sistema, é o tipo do art. 299 do Código Penal que, prevendo a falsidade ideológica, determina o objetivo do agente: *"com o fim* de prejudicar direito, criar obrigação ou alterar a verdade sobre fato juridicamente relevante".

Segundo a *teoria finalista*, acolhida pela PG/1984, essa pretensa divisão perde sentido diante da constatação de que toda e qualquer ação é uma *ação final*.

V. O dolo eventual na orientação do Código Penal

a. *O consentimento como requisito essencial do dolo eventual*

Comentando o art. 15, n. 1, do Código Penal, em sua redação original,[5] NÉLSON HUNGRIA, o coordenador dos trabalhos do Código Penal de 1940 e o seu mais autorizado intérprete, observa: *"Assumir o risco* é alguma coisa mais que *ter consciência de correr o risco*: é consentir previamente no resultado, caso venha este, realmente a ocorrer. Pela leitura da *Exposição de motivos*, não padece dúvida que o Código adotou a *teoria do consentimento*. Diz o Ministro Campos: 'Segundo o preceito do art. 15, n. I, o dolo (que é a mais grave forma de culpabilidade) existe não só quando o agente quer diretamente o resultado (*effectus scelerisQ, (sic)* como quando assume o risco de produzi-lo. O *dolo eventual* é, assim, plenamente equiparado ao *dolo direto*. É inegável que arriscar-se conscientemente a produzir um evento vale tanto quanto querê-lo: ainda que sem interêsse nele, o agente o ratifica *ex ante*, presta anuência ao seu advento".[6]

---

5   Corresponde ao atual art. 18, I do CP: "Diz-se o crime: I – doloso, quando o agente quis o resultado ou assumiu o risco de produzi-lo".

6   *Comentários ao código penal*, 4ª ed., Rio de Janeiro: Forense, 1958, vol. I, t. II (arts. 11 a 27), p. 122 (Os destaques em itálico são do original. Foi mantida a acentuação original).

Com a 5ª edição (1978) dos antológicos *Comentários,* HUNGRIA ocupou-se dos arts. 11 a 27 (PRIMEIRA PARTE), enquanto FRAGOSO apresentou "comentários adicionais" (SEGUNDA PARTE). E nestes, FRAGOSO transcreve uma anotação posterior à 4ª edição (1958), do próprio HUNGRIA, com as seguintes observações: "Nota-se que, principalmente na Justiça de primeira instância, há uma tendência para dar elasticidade ao conceito do dolo eventual. Dentre alguns casos, a cujo respeito fomos chamados a opinar pode ser citado o seguinte: três rapazes apostaram e empreenderam uma corrida de automóveis pela estrada que liga as cidades gaúchas de Rio Grande e Pelotas. A certa altura, um dos competidores não pode evitar que o seu carro abalroasse violentamente com outro que vinha em sentido contrário, resultando a morte do casal que nele viajava, enquanto o automobilista era levado, em estado gravíssimo, para um hospital, onde só várias semanas depois conseguiu recuperar-se. Denunciados os três rapazes, vieram a ser pronunciados como coautores de homicídio doloso, por terem assumido *ex ante* o risco das mortes ocorridas. Evidente o excesso de rigor: se eles houvessem previamente anuído em tal evento, teriam, necessariamente, consentido de antemão na eventual eliminação de suas próprias vidas, o que é inadmissível. Admita-se que tivessem previsto a possibilidade do acidente, mas, evidentemente, confiaram em sua boa fortuna, afastando de todo a hipótese de que não ocorresse efetivamente. De outro modo, estariam repetindo, *in mente,* estupidamente, para o próprio suicídio" (*Comentários,* vol. I, t. II, ed. 1978, p. 543-544).

E para dissipar qualquer dúvida remanescente, é muito incisiva a conclusão do prestigiado penalista: "Prevalece, em relação ao dolo eventual, a *teoria do consentimento,* que é adotada pela nossa lei penal e pelas legislações modernas" (FRAGOSO, ob. cit., p. 544) (Itálicos do original). Essa é também, a lição do mestre imortal JIMÉNEZ DE ASÚA: "Hay dolo eventual cuando el sujeto se representa la posibilidad de un resultado que no desea, pero cuya producción *ratifica* en última instancia" (*La ley y el delito*, p. 461) (Itálico meu).

O Código Penal português exige, para a configuração do dolo eventual a conformação que é sinônimo de consentimento. A propósito: "**3.** Quando a realização de um facto que preenche um tipo de crime for representada como consequência possível da conduta, há dolo **se o agente actuar conformando-se** com aquela realização" (art. 14º).[7]

---

7   Conceito de dolo no CP português, v., art. 14º, § 1º, supra.

b. *O erro judiciário na abusiva presunção do dolo eventual*

A classificação do evento como crime doloso, na falta de elementos concretos de avaliação da conduta, tem sido ditada em inúmeros casos pela presunção, contrariando norma secular do Código Criminal do Império (1830): "*Nenhuma presumpção, por mais vehemente que seja, dará motivo para imposição de pena.*" (art. 66). Trata-se, lamentavelmente, de prática judiciária rotineira em decisões de pronúncia por homicídio sob o pretexto de uma máxima inexistente no repertório das frases latinas: o famigerado *in dubio pro societate* que tem sido o passaporte para a entrada do *erro judiciário*. É importante salientar que o *error in judicando* que obriga o Estado a indenizar o condenado (CF, art. 5º, LXXV) não ocorre somente quando o inocente é punido pelo crime praticado por outrem. Esse malsinado evento é também causado pela omissão ou abusiva aplicação da lei em prejuízo da liberdade do acusado. São muitas as hipóteses, entre elas: o não reconhecimento de evidentes causas de exclusão do crime ou de isenção de pena; de manifesta nulidade processual; de objetiva extinção da punibilidade; de arbitrária classificação do crime; de majoração ilegal da pena etc.

Com a autoridade de membro do Ministério Público estadual de segundo grau no Rio Grande do Sul, o prestigiado mestre LENIO STRECK, em obra específica sobre o Júri, observa: "Isso significa dizer que a figura do dolo eventual não deve ser utilizada como pedagogia ou remédio contra a violência no trânsito [...] *Não se resolverá o problema do trânsito mediante o 'enquadramento' dos infratores no dolo eventual*" (*Tribunal do júri*, p. 155).

Vem a propósito a doutrina de ZAFFARONI-BATISTA: "O dolo, sob quaisquer de suas formas, não pode jamais ser presumido: só diante de sua efetiva presença pode-se habilitar poder punitivo. Já foi, no entanto, observado que quando a febre da reação punitiva tem lacunas torna-se obsessiva, o *in dubio pro reo* é percebido como obstáculo liberal; diante disso, e também, de que o mito da emergência não consegue derrogá-lo, optou-se por um recurso dogmático: a *presunção do dolo*, uma ameaça equivalente que tem por inimigo ao conceito psicológico. Como o conceito psicológico oferece dificuldades para sua prova processual, é ele substituído por uma *ficção de dolo*, afirmando-se que haverá dolo quando assim o indicar seu inequívoco sentido social. Embora categorias assim imprecisas não sejam escassas na doutrina, o caráter abertamente reacionário fica patente quando se busca legitimá-lo em perspectiva constitucional, afirmando que a pretensão dos cidadãos de se verem protegidos pelo Estado é irrealizável sem uma certa renúncia de sua parte à correlativa pretensão de nunca serem condenados sem ter cometido efetivamente um delito; chegou-se mesmo a qualificar este erro judiciário como risco permitido. Não poderia ser mais clara a invocação de um argumento que, definitivamente, evoca a surrada afirmação de que *em toda guerra morrem inocentes*" (*Direito penal brasileiro*, II, 1, p. 281) (Itálicos do original).

c. *A necessária releitura de Cervantes quatro séculos após*

Os legisladores e os aplicadores da lei que acreditam na gravidade das penas como um meio de prevenção ou de justa retribuição ao crime mostram-se insensíveis ao princípio da razoabilidade e aos valores da Justiça e da dignidade da pessoa humana. Em outras palavras, mas com o mesmo sentido, foi o antológico conselho que o imortal MIGUEL DE CERVANTES (1547 1616) transmitiu, pelo seu *Dom Quixote* a SANCHO PANÇA, antes de seu escudeiro assumir o governo da Ilha de Barataria: "*Nunca interpretes arbitrariamente a lei, como costumam fazer os ignorantes que têm presunção de agudos. Achem em ti mais compaixão as lágrimas do pobre, mas não mais justiça do que as queixas dos ricos. Quando se puder atender à equidade, não carregues com todo o rigor da lei no delinquente, que não é a melhor a fama do juiz rigoroso que do compassivo*" (*O engenhoso fidalgo Dom Quixote de la Mancha*, 2ª parte, cap. XLII).

VI. O "fetiche do dolo eventual"

Em lúcido e admirável artigo, o Professor ISRAEL JORIO analisa o que chama de "*O fetiche do dolo eventual*". Entre outras passagens está dito o seguinte: "*Para que servem os livros? Para que servem as teorias? Para que servem as pesquisas científicas? Infelizmente, as indagações parecem admitir, como lastimável resposta, um sonoro "para nada". Séculos de desenvolvimento teórico, incontáveis horas de estudo e páginas de pesquisa parecem ter perdido sua utilidade diante de uma vontade incontrolável de criar soluções que satisfaçam um anseio pessoal ou social por "justiça". "Justiça", nesse caso, entre aspas, eis que, em uma sociedade dominada pela "cultura do medo", impera a ideia de que somente se faz justiça por meio da punição. Absolvição é impunidade; direitos e garantias fundamentais são obstáculos para que se faça "justiça. A mídia, que vive uma relação de simbiose com a violência, narra que a sociedade sangra, fomenta o pânico e induz à revolta. Sempre existiram a manipulação da verdade e o direcionamento tendencioso da notícia, postos a serviço de um lucrativo sensacionalismo. Atualmente, porém, desapareceu qualquer resquício de timidez: todas as notícias sobre crimes são levianamente comentadas. Não bastassem os falsos "especialistas", com seu mantra punitivo, temos os "âncoras" e as apresentadoras de programas de culinária e de futilidades do mundo artístico que julgam e condenam sumariamente, arriscando-se, inclusive, a usar expressões técnicas que lhes são absolutamente estranhas [...] É fácil ver que se desenvolve, paralelamente à crescente demonização do condutor embriagado, um fetiche pelo dolo eventual. A partir disso, tudo é dolo eventual. Tudo importa em assumir o risco. Atualmente, parece difícil criar exemplos críveis de homicídio culposo na direção de automóvel. Beber, correr, ultrapassar, avançar sinal... Tudo isso é assumir o risco de matar. Mas só de matar? Ninguém tem medo de morrer? Será que todo condutor inconsequente está efetivamente preparado para assumir seu pacote de desgraças? Não apenas a morte do outro, mas a sua própria; não apenas a morte do desconhecido, mas a do seu próprio filho ou cônjuge, que o acompanha. Isso, além das perdas financeiras e dos diversos aborrecimentos policiais e judiciais que serão enfrentados. Esse condutor, pior que um psicopata, é um psicopata suicida. E seria ele tão estranho a nós? Não são nossos amigos ou nossos parentes? Não somos nós mesmos? O que se tem, mais que um pensamento temerário, por embasar as decisões condenatórias em presunções absolutas, é uma convicção mentirosa. Se não nos identificamos com o estuprador, o latrocida, o corrupto, certamente não devemos nos esquecer de que somos, quase todos, condutores. Será que todos condutores exemplares? A leviana "popularização" do dolo eventual é fruto de um misto de malícia, ignorância e hipocrisia. Malícia da mídia, ignorância do destinatário e hipocrisia de todos os que se arvoram paladinos da segurança. E o discurso é apelativo. Difícil combatê-lo com técnica e teoria. Que ele ganhe espaço entre os leigos, parece ser inevitável. Mas como justificar seu crescente prestígio entre os profissionais e estudiosos do Direito?"* (Boletim do IBCCrim, n. 230, jan. 2012, p. 10-11) (Itálicos meus).

VII. É urgente uma nova definição legal do dolo eventual

Outro instigante texto sobre o tema é de autoria da Professora GISELE CARVALHO, com o título "O STF e o homicídio culposo no trânsito: o direito penal ainda é a 'insuperável barreira' da política criminal".

É fundamental reproduzir os seguintes trechos: "Assumir o risco do resultado e assumir que o mesmo ocorra como consequência direta de um comportamento são, portanto, coisas distintas. Se o autor não considera como certa, mas apenas como provável, a ocorrência do resultado lesivo, não é possível afirmar que atuou necessariamente com dolo eventual. Nesse último caso, tem-se apenas culpa consciente, pois o agente representa a probabilidade do resultado (elemento cognitivo do dolo), mas não o aceita como consequência de sua ação ou omissão (elemento volitivo). Sem o elemento volitivo, verdadeira *ratio* da incriminação dos comportamentos dolosos, (4) o dolo eventual transforma-se em mera culpa consciente, devendo ser reputada injusta qualquer condenação a título doloso. **Nessa linha, entende-se que deve ser afastado o conceito de dolo eventual constante do art. 18, I, do CP, pois ele dá margem a interpretações desastrosas que motivam a condenação por dolo eventual quando o que se tem, na verdade, é imprudência consciente (seja por excesso de velocidade, embriaguez eventual ou outra forma de atuação com falta do cuidado objetivamente devido).** Contudo, o esclarecimento de uma segunda questão põe em evidência a razão pela qual essas interpretações têm prevalecido em nossos tribunais. Trata-se de um produto da inadvertida confusão entre as funções do Direito Penal e da Política Criminal, provocando uma autêntica 'invasão' da Dogmática Penal pelos objetivos de combate ao crime, com grave risco para os direitos e garantias fundamentais do réu" (*Boletim do IBCCrim*, n. 229, dez. 2011, p. 9) (Itálicos e negritos meus).

VIII. Uma proposta para redefinir o dolo eventual

Ao tempo em que permaneci como membro e relator da Subcomissão da Parte Geral do Senado Federal para elaborar o anteprojeto de Código Penal,[8] apresentei a seguinte proposta para a definição do dolo eventual: "Diz-se o crime: I – doloso, quando o agente quis o resultado ou assumiu o risco *consentindo em produzi-lo*. § 1º *A pena será reduzida de 1/6 (um sexto) a 1/3 (um terço) quando o fato for praticado com dolo eventual.* § 2º (Renumeração do parágrafo único). *Salvo os casos expressos em lei, ninguém pode ser punido por fato previsto como crime quando o pratica dolosamente*".

Após o meu voluntário afastamento, a contribuição foi alterada como se verifica na redação final do Projeto de Lei n. 236, do Senado (2012): "Art. 18. Diz-se o crime: I – doloso, quando o agente quis realizar o tipo penal ou assumiu o risco de realizá-lo, *consentindo ou aceitando de modo indiferente o resultado*. [...] Art. 20. O juiz, considerando as circunstâncias, poderá reduzir a pena até um sexto, quando o fato for praticado com dolo eventual". A causa *obrigatória* de redução da pena foi excluída tornando-a *facultativa* e em menor quantidade.

---

[8] A respeito de minha atuação na Comissão de Reforma Penal (04.11.2011 – 21.03.2012) e das razões da renúncia à Comissão de Reforma Penal, v. o meu artigo A reforma da legislação penal – Parte Geral. *Boletim do IBCCrim*, mar. 2012, p. 3.

IX. Os elementos subjetivos do injusto

Autorizada doutrina refere-se ao fenômeno designado por "momentos subjetivos do autor da ação", os chamados *elementos subjetivos do injusto*. Na precisa lição de WELZEL, "junto al dolo, como quel elemento subjetivo-personal general, que fundamenta e configura la acción como acontecer final, a menudo aparecen en el tipo elementos subjetivo-personales especiales, que tiñen el contenido ético-social de la acción en determinado sentido. La actitud o posición subjetiva desde la cual al autor ejecuta la acción determina frecuentemente en gran medida el significado ético-social especifico de la acción. Así, por ejemplo, la sustracción de una cosa ajena es una actividad final, regida por el dolo. Sin embargo, su sentido ético-social será diferente, según si se ha realizado con el propósito de un uso transitorio o con intención de apropiación. En la primeira hipótesis, es, en principio, impune, y solo se castiga en relación con determinados objetos (bicicletas, automóviles) como hurto de uso. Solamente en el segundo caso se da el desvalor ético-social específico del hurto.[9] Por lo tanto, el contenido específico de desvalor ético-social de una acción se determina en muchos casos por la actitud o posición subjetiva del autor, de la cual ha surgido la acción. Decimos que se trata de elementos subjetivos de autor de la acción, puesto que es la postura o actitud anímica del autor la que tiñe o anima la acción de un modo específico" (*Derecho penal alemán,* § 13, p. 93).

A doutrina classifica tais elementos nos seguintes grupos: *a) delitos de intenção; b) delitos de tendência; c) delitos de expressão* (PRADO, *Tratado,* vol. 2, p. 397-398).

O ordenamento positivo brasileiro contém alguns ilícitos que além de indicar o *elemento subjetivo do tipo* (dolo) revelam a existência de um *elemento subjetivo do injusto*. Dois exemplos podem aclarar essa distinção: *a)* a falsificação de documento público ou particular (CP, arts. 297 e 298)[10]; *b)* a falsidade ideológica (CP, art. 299).[11] No primeiro caso, basta a existência

---

9   O exemplo do mestre alemão corresponde ao art. 155 do diploma penal brasileiro que contém o *elemento subjetivo especializante* da subtração de coisa alheia móvel: *"para si ou para outrem".* O *furtum usus* não é punível pelo CP porque não há o fim de assenhoreamento definitivo da coisa (DAMÁSIO, *Direito penal,* p. 317) e precedentes: *RT*, 486/320; 553/369; 545/402 etc. O CP 1969 previa essa figura com pena atenuada (art. 165).

10 CP, art. 297 – "Falsificar, no todo ou em parte, documento público, ou alterar documento público verdadeiro"; CP, art. 298- "Falsificar, no todo ou em parte, documento particular ou alterar documento particular verdadeiro".

11 CP, art. 299 – "Omitir, em documento público ou particular, declaração que dele devia constar, ou nele inserir ou fazer inserir declaração falsa ou diversa da que devia ser

do dolo (elemento subjetivo do *tipo*) para a caracterização do delito; no segundo, além do elemento acima, a concretização típica requer o elemento subjetivo do *injusto*, i.e., *"o fim de* prejudicar direito, criar obrigação ou alterar a verdade sobre fato juridicamente relevante". Outra evidência desse *momento subjetivo do autor* existe no delito de prevaricação quando o funcionário retarda ou deixa de praticar, indevidamente, ato de ofício, ou o pratica contra disposição expressa de lei, *"para satisfazer interesse ou sentimento pessoal"* (CP, art. 319). *Idem*, no crime de perigo de contágio venéreo que tem a pena sensivelmente agravada "se é *intenção* do agente transmitir a moléstia" (CP, art. 130, § 1º) e no ilícitos de redução condição análoga à de escravo, quer submetendo o ofendido a trabalhos forçados ou à jornada exaustiva, "quer sujeitando-o a condições degradantes de trabalho, quer restringindo, por qualquer meio, sua locomoção *em razão de dívida contraída com o empregador ou preposto"* (art. 149). Também se insere nesta categoria o crime de violação sexual praticado pelo médico ginecologista que, abusando do direito de fazer diagnóstico e com propósito libidinoso, manipula os seios da paciente (CP, art. 215).

X. Conceito de culpa

A *culpa*, em sentido estrito, pode ser definida como a violação do dever de cuidado objetivo, decorrente da imprudência, negligência ou imperícia. Cf. ensina TAVARES, deve-se estabelecer a distinção entre o *dever de cuidado*, associado à norma jurídica, e a *lesão* a este dever. O dever de cuidado tem características exclusivamente normativas e se impõe de modo concreto a todos os membros da comunidade que desenvolvem atividades "que não se dirijam finalisticamente à realização de um tipo de delito ou a um resultado típico" (*Teoria do crime culposo*, p. 138). Ao contrário de outro elemento subjetivo do tipo (o dolo), o Código Penal não define o *crime culposo.* No entanto, declara-o existente quando o agente deu causa ao resultado por imprudência, negligência ou imperícia (art. 18, II). A especificação dessas modalidades atende ao *princípio da taxatividade* de modo a impedir a interpretação extensiva quanto às situações relativas ao dever de cuidado objetivo.[12] O deli-

---

escrita, com o fim de prejudicar direito, criar obrigação ou alterar a verdade sobre fato juridicamente relevante".

12 O CP português utiliza o vocábulo "negligência" (art. 15º) e assim também a respectiva doutrina (por todos: M. MAIA GONÇALVES, *Código penal português*, p. 233 e ss.). Entre nós, CIRINO DOS SANTOS, emprega a palavra "imprudência" (*Direito penal*, p. 170 e ss.), como o faz o CP espanhol: "No hay pena sin dolo o imprudencia" (art. 5).

to culposo é caracterizado pela violação dessa obrigação que se impunha ao infrator em face das circunstâncias quando o resultado previsível não é previsto ou, prevendo-o, o sujeito supõe, levianamente, que o mesmo não ocorreria ou que poderia evitá-lo.

Para o Código Penal português, o tipo culposo tem a seguinte redação: "**Artigo 15º (Negligência)** Age com negligência quem, por não proceder com o cuidado a que, segundo as circunstâncias, está obrigado e de que é capaz: a)** Representar como possível a realização de um facto que preenche um tipo de crime mas actuar sem se conformar com essa realização; ou **b)** Não chegar sequer a representar a possibilidade de realização do facto" (Negrito do original).

XI. A estrutura do tipo culposo

Cf. a doutrina de ZAFFARONI-BATISTA, "*a característica essencial do tipo culposo reside em sua forma peculiar de individualização da conduta proibida*: ao contrário do tipo comissivo doloso (ou doloso ativo), no qual a conduta é individualizada através de sua descrição ou da descrição de um resultado precisamente demarcado por ela produzido, no tipo culposo ela permanece inicialmente indefinida, e só será possível individualizá-la em cada caso após capturar a ação que causou o resultado tipicamente relevante. Os tipos culposos não criminalizam ações enquanto tal; através dele são proibidas particulares formas de realização da ação que produzem o resultado. *O tipo culposo não pretende criminalizar o autor pela forma mediante a qual certa finalidade foi procurada, mas sim porque o resultado (diferente da finalidade procurada) proveio da causação por ele de um perigo proibido evitável e previsível, e isto se explica porque a simples criação de um perigo não é suficiente para a imputação culposa*" (Direito penal brasileiro, II, I, p. 314-315) (Itálicos do original)

A *imprudência* consiste na inconveniência, falta de cautela ou de precaução exigíveis nas circunstâncias do atuar concreto; a *negligência* significa a desatenção ou o desleixo, enquanto a *imperícia* é a falta de habilitação ou de experiência para desenvolver determinada atividade. A primeira hipótese se caracteriza pelo comportamento ativo; a segunda por uma conduta omissiva.

XII. Limites entre a culpa consciente e e o dolo eventual

É oportuno repetir as palavras do mestre HUNGRIA quando sustenta que a caracterização do dolo eventual exige, por parte do agente, uma *ratificação prévia*, uma *anuência* ao seu evento. É elementar a necessidade desse elemento subjetivo pois em caso contrário a conduta caracterizaria a *culpa consciente*, definida como a *culpa com previsão*. É oportuno citar o mestre ANÍBAL BRUNO: "*A forma típica da culpa é a culpa inconsciente, em que o resultado previsível não é previsto pelo agente. É a culpa sem previsão. Ao lado desta, construiu a doutrina a chamada culpa consciente, em que o resultado é previsto pelo agente, embora este sinceramente espere que ele não aconteça. A culpa com previsão representa um passo mais de culpa simples para o dolo. É uma linha quase imponderável que a delimita do dolo eventual. Neste, o agente não quer o resultado, mas aceita o risco de produzi-lo. Na culpa com previsão, nem esta aceitação do risco existe, o agente espera que o evento não ocorra*" (*Direito penal,* t. 2º, p. 92-93) (Itálicos meus).

Conforme os ensinamentos de TAIPA DE CARVALHO e ROGÉRIO GRECO, referidos por SILVA FRANCO (*Código penal*, p. 172) "o desajuste entre a culpa consciente e o dolo eventual encontra-se no plano volitivo. 'O que é decisivo para a afirmação de um tipo de ilícito doloso é que o agente, que representa a possibilidade de a sua conduta realizar um facto descrito num tipo legal, aceite correr esse risco. Se este risco se vem a concretizar na realização do cato típico, pode afirmar-se que entre o agente e este seu facto há uma conexão psicológico-volitiva, suficiente para a afirmação do dolo' (Americo Taipa de Carvalho. *Idem*, p. 136). Além disso, na culpa consciente, o agente sinceramente acredita que pode evitar o resultado; no dolo eventual, o agente não quer diretamente produzir o resultado, mas, se este vier a acontecer pouco importa' (Rogerio Greco. *Idem*, p. 218)" (SILVA FRANCO, ob. e loc. cit.) (Itálicos meus).

No mesmo sentido, NUCCI, ao expor que a culpa com previsão ocorre "quando o agente prevê que sua conduta pode levar a um certo resultado lesivo, embora acredite, firmemente, que tal evento não se realizará, confiando na sua atuação (vontade) para impedir o resultado" (*Código penal,* p. 222).

Mais uma vez é oportuno rememorar HUNGRIA: "Se o agente prevê o resultado mais grave, mas não aquiesce no seu advento, o *quid pluris* é imputável a título de *culpa* (consciente), embora com pena especialmente agravada; se, ao contrário, prevê e aprova o resultado mais grave, o que se dá é o *dolo eventual* [...]" (*Comentários,* vol. I, t. II, p. 130). Em síntese: a *aceitação do resultado,* ou seja, o *consentimento* em produzi-lo – embora não desejado – é o *divisor de águas* entre o dolo eventual e a culpa consciente.

Para tentar decifrar o *enigma da esfinge* da distinção entre dolo eventual e culpa consciente a doutrina oferece uma multiplicidade de critérios mas que se podem converter em três: *a)* teorias da probabilidade; *b)* teorias da aceitação; *c)* teorias da conformação. Para as primeiras, o dolo eventual deve estar ancorado "em uma especial **qualidade** de representação da realização típica como possível. Para tanto, costuma exigir-se que o agente tome a realização como *concretamente* possível, que não a considere improvável segundo seu juízo *fundado*, sobretudo, que parta de um ponto de vista *pessoalmente vinculante*" (FIGUEIREDO DIAS, *Direito penal,* p. 370) (Destaques do original). Relativamente às *teorias da aceitação,* a sua caracterização estaria na verificação do dolo do agente. Se ele *aceitou* o resultado o *dolo é direto*; se ele *revelou indiferença* o *dolo é eventual* e se *repudiou* o evento, acreditando que o evitaria, o caso será de *culpa consciente*. A terceira perspectiva é largamente dominante e é adotada pelo Código Penal português: "*Quando a realização de um facto que preenche um tipo de crime for representada como consequência possível da conduta, há dolo se o agente actuar* **conformando-se** *com aquela realização*" (Art. 14º, n. 3).

XIII. Precedentes paradigmáticos

A jurisprudência de nossos tribunais registra inúmeros precedentes no sentido de que a embriaguez do motorista e/ou o excesso de velocidade, por si sós, não são elementos suficientes de convicção para o reconhecimento do dolo eventual. É oportuno referir: "[...] O emprego de alta velocidade, por si só, não caracteriza 'racha' e, por conseguinte, dolo eventual, mas, sim, quebra do dever objetivo de cuidado."[13] Esse também é o entendimento reiterado de várias outras Cortes estaduais: RS, DF, SC, SP, ES, MT, MA e RN.[14]

Algumas decisões do Supremo Tribunal Federal e do Superior Tribunal de Justiça servem por amostragem. A primeira delas afirma que o dolo eventual "pressupõe consciência e anuência do agente, ainda quando não queira o resultado"; que o "*dolo eventual confina-se, mas não se confunde com a culpa consciente,* na qual, prevendo ou devendo prever o resultado, o agente espera levianamente que ele não se realize"; e que "a embriaguez, seja voluntária ou culposa, por si só, não caracteriza o dolo eventual".[15] O segundo julgado, também em processo de *habeas corpus,* é igualmente expressivo: "*Em delitos de trânsito, não é possível a conclusão automática de ocorrência de dolo eventual apenas com base em embriaguez do agente. Sendo os crimes de trânsito em regra culposos, impõe-se a indicação de elementos concretos dos autos que indiquem o oposto, demonstrando que o agente tenha assumido o risco do advento do dano, em flagrante indiferença ao bem jurídico tutelado.*"[16] E, ainda repudiando o juízo temerário –

---

13 TJPR. Ap. Crim. 715742-0, 1ª C. Crim., Rel. Des. NAOR R. DE MACEDO NETO, *DJ* 15.04.2011 (Itálicos meus).

14 A indicação dos dados de cada um dos arestos está em DOTTI, *Curso*, p. 417.

15 STF. HC 46.791, 1ª T., Rel. Min. ALIOMAR BALEEIRO, DJ, 17.10.1969 (Itálicos meus).

16 STJ. HC 58.826/RS, 6ª T., Rel. Min. MARIA THEREZA DE ASSIS MOURA, DJe 08.09.2009 (Itálicos meus).

alimentado pela pressão midiática – há várias outras sentenças de aplicação do direito justo, como esta: "Ademais, a corriqueira fórmula: velocidade + embriaguez = dolo eventual, não pode ter aplicação indiscriminada a todos os acusados que respondam por delitos de trânsito, mormente quando causam a morte ou lesões gravíssimas em suas vítimas. *Não se pode partir do princípio de que todos aqueles que dirigem embriagados e com velocidade excessiva não se importem em causar a morte ou mesmo lesões em outras pessoas.*"[17]

XIV. A neocriminalização

a. *Noção geral e exemplos*

A *neocriminalização* consiste na atividade legislativa de agravar as hipóteses já previstas de crimes, ampliando os seus contornos típicos, aumentando as sanções ou reduzindo as garantias processuais do indiciado, acusado ou condenado.

Como hipóteses podem ser referidas: *a)* a Lei n. 8.072, de 25.7.1990, que dispõe sobre os crimes hediondos, declarando-os – juntamente com o tráfico ilícito de entorpecentes e drogas afins e o terrorismo – insuscetíveis de anistia, graça, indulto e fiança e determinando que a pena seja inicialmente cumprida em regime fechado;[18] *b)* a Lei n. 9.459, de 13.5.1997, que modificou e aumentou a pena para a injúria se a mesma consistir na utilização de elementos referentes à raça, cor, etnia, religião ou origem (CP, art. 141, § 3º);[19] *c)* a Lei n. 9.426, de 24.12.1996, que aumentou as penas para os crimes de roubo (CP, art. 157, § 2º, IV, V e § 3º) e de receptação (CP, art. 180 e § 1º); *d)* a Lei n. 9.677, de 2.7.1998, que deu novos contornos típicos para alguns crimes contra a saúde pública, elevando as penas (CP, arts. 272, 273, 274 e ss.).

b. *As alterações no Código de Trânsito Brasileiro*

Os delitos de circulação previstos no art. 308, *caput,* e §§ 1º e 2º da Lei n. 9.503, de 27.09.1997 (CTB), foram objeto de neocriminalização com

---

17 STJ. REsp 705.416, 6ª T., Rel. Min. PAULO MEDINA, *DJ*, 20.08.2007 (Destaques meus).

18 Redação cf. a Lei n. 11.464, de 25.3.2007. O STF, em decisão de 23.2.2006, no julgamento do HC 82.959 (SP), relatado pelo Min. MARCO AURÉLIO, por maioria de votos, declarou a inconstitucionalidade do § 1º do art. 2º da Lei n. 8.072/1990, que determinava o cumprimento da pena privativa de liberdade integralmente em regime fechado.

19 A Lei n. 10.741, de 1º.10.2003, deu nova redação ao art. 140, *caput*, para incluir entre os elementos típicos "a condição de pessoa idosa ou portadora de deficiência".

rigoroso aumento de penas em função da Lei n. 12.971, de 12.05.2014. A temeridade da conduta culposa pela prática do chamado "racha" tem cominações exemplarmente distintas das previstas nos dispositivos alterados. No modelo anterior, em caso de *perigo presumido*[20] a detenção prevista era de **6 (seis) meses** a **2 (dois) anos**, além da multa e suspensão e suspensão ou proibição de se obter a permissão ou habilitação para dirigir veículo automotor. A *novatio legis* manteve o limite mínimo porém elevou o máximo para **3 (três) anos**, mantidas as sanções complementares.[21] E acrescentou os §§ 1º e 2º para sancionar os fatos causadores de *lesão corporal grave* com a *reclusão* de **3 (três)** a **6 (seis)** anos; e a morte com a *reclusão* de **5 (cinco)** a **10 (dez)** anos.

A neocriminalização acima observada tem seu complemento na modificação típica do art. 306, *caput*[22] e a substituição do revogado parágrafo único pelos §§ 1º e 2º que estabelecem critérios normativos para a colheita da prova.

c. *A razoabilidade judiciária em lugar da presunção do dolo*

Entre os benefícios sociais e humanos desse *aggiornamento* legislativo se destaca a nova perspectiva de julgamentos envolvendo a embriaguez e a imprudência como formas temerárias da *culpa consciente* na criminalidade de trânsito e não como hipóteses imaginárias de *dolo eventual*, tão confortáveis para "lavar" a consciência de juízes travestidos de Pilatos no credo de sua missão.[23]

---

20 CTB, art. 308. "Participar, na direção de veículo automotor, em via pública, de corrida, disputa ou competição automobilística não autorizada pela autoridade competente, gerando situação de risco à incolumidade pública ou privada".

21 A nova orientação de Política Criminal, exclui o "racha" da leniente jurisdição da Lei n. 9.099, de 26.09.1995, que considera como infração de menor potencial ofensivo o ilícito a que a lei comina a pena máxima não superior a *2 (dois) anos* (art. 61). As "cestas básicas" e as irrisórias multas, mediante o acordo de leniência previsto pelos arts. 72 e 73 – com o habitual caminho do arquivamento – eram formas atípicas de anistia transformando o magistério punitivo em farsa grosseira característica de um incrível *Exército Brancaleone*.

22 CBT, art. 306, redação anterior: "Conduzir veículo automotor, na via pública, estando com concentração de álcool por litro de sangue igual ou superior a 6 (seis) decigramas, ou sobre a influência de qualquer outra substância psicoativa que determine dependência".

23 Sobre as decisões iníquas e altamente gravosas de pronúncias induzidas pela pressão dos juízes paralelos da mídia eletrônica ou impressa, v. § 27, os itens V, VI, VII, VIII, XII e XIII.

XV. A culpa inconsciente

À primeira vista, a expressão *culpa inconsciente* soa como paradoxo. Considerando a *culpa* sob os aspectos psicológico e ético-religioso verifica-se ser ela um conceito de duas vertentes: *objetiva* e *subjetiva*. A primeira exprime a relação causal entre o sujeito e os seus atos reprováveis. "Ser culpado ou ter culpa é ser (cor)responsável (causador) de aspectos faltosos. Supõe a dupla valência ética do bem e do mal e situa-se ao centro da ética. Postula a liberdade e opção do sujeito para praticar o mal (pecado) e o bem (virtude). A C. situa-se em relação aos conceitos de remorso, pecado, reparação, castigo, pena, imputabilidade, responsabilidade e aos simétricos de mérito, prémio, louvor. O sentido doloroso da C. tem por função servir e defender a qualidade ética do homem" (GAMEIRO, *Culpa*. In: *Polis*, vol. 1, p. 1.430-1.431). Sob o aspecto subjetivo, a culpa indica um sentimento doloroso que põe os problemas de autoatribuição e heteroatribuição, de responsabilidade e culpabilidade, de evolução psicobiopsicológica e patologias desse sentimento. A culpa, em tal perspectiva, relaciona-se sempre com o social: "*A consciência (instância de reconhecimento da C.) funciona como bússola orientadora para o polo que a transcende*" (GAMEIRO, ob. e loc. cit.) (Itálicos meus).

Diante do aspecto subjetivo, como seria possível aceitar-se uma "culpa" sem que o fato determinante tivesse sido *conscientizado* pelo sujeito? Ou que, ao menos, tivesse sido por ele *percebido*? Em síntese: uma culpa *sem a representação* (prévia) do evento causado?

Ocorre que, sob o ponto de vista jurídico-penal, o vocábulo *culpa* tem outra conotação. Na lição do mestre CORREIA, "a culpa não é mais, pois, um conceito de natureza estritamente psicológica. A sua essência reside agora na *censura* de que torna passível o autor pelo seu facto – como tal um juízo de valor, só atribuível em face de uma motivação censurável do agente" (*Direito criminal*, vol. I, p. 320-321) (Itálico do original).

"A culpa inconsciente é a forma típica do delito culposo. O resultado, embora previsível, não é previsto pelo agente em face da violação do dever de cuidado e atenção a que estava obrigado" (DOTTI, *Curso*, p. 421). Cf. BRUNO, o resultado deve estar preso ao atuar do agente por um nexo de causalidade necessária e este nexo de causalidade deve ser previsível ao agente. Se o ato consiste em omissão, faz-se preciso que esta constitua a violação de um dever" (*Direito penal*, t. 2, p. 91).

A incriminação dessa modalidade do atuar culposo tem a sua justificação dogmática no reconhecimento e aplicação da *concepção normativa da culpabilidade*, cujas bases foram lançadas por FRANK em obra de 1907 (*Über den aufbau des schuldbegrisffs*).²⁴ Para demonstrar o acerto dessa concepção, basta a hipótese formulada pelo exímio penalista e coordenador da Reforma Penal de 1984: "Alguém dirige um veículo com excesso de velocidade, em uma rua deserta, e de repente colhe um pedestre que surge inesperadamente. Onde o vínculo psicológico entre o fato e o agente? Nenhum, porque, no exemplo dado, sequer houve previsão do resultado. Assim, ou se nega a culpabilidade em tais casos, ou se renuncia a um conceito unitário de culpabilidade, ou se introduz na culpabilidade um outro elemento, comum ao dolo e à culpa *stricto sensu*, capaz de unificar essas duas espécies de culpa. Preponderou a última solução, por ser a mais sensata? (TOLEDO, *Princípios básicos*, § 229, p. 223).

XVI. A preterintencionalidade

O *tipo subjetivo* da infração penal aparece sob as formas comuns do *dolo* ou da *culpa* em sentido estrito, cf. o dispositivo em comento. Excepcionalmente, porém, há determinados tipos de ilícito que apresentam uma conjugação do dolo e da culpa (dolo no antecedente e culpa no consequente). São os *crimes preterintencionais* (do latim: *praeter intentionem* = para além da intenção), também nominados *preterdolosos* ou *qualificados pelo resultado*, nos quais o efeito da conduta é mais grave embora não querido e nem aceito pelo ofensor, como ocorre com a *lesão corporal seguida de morte*, prevista no art. 129, § 3º, do Código Penal.²⁵ É evidente que tal figura delituosa depende do reconhecimento da previsibilidade do *mal maior* sem a qual não é possível falar-se em culpa.

Cf. QUINTERO OLIVARES, "se entiende que un resultado es preterintencional cuando va más allá del plan delictivo que el autor se había propuesto, y, además, no lo había asumido en términos de dolo indirecto ni tampoco contemplado y aceptado como probable en términos de dolo eventual. Por ejemplo: el que golpea a otro dando lugar a la pérdida definitiva de un órgano o sentido cuando solamente se pretendía ejercer una violencia limitada. El que empuja a una persona mayor dando lougar a su caída y con ello a una fractura ósea de graves secuelas" (Parte general del derecho penal, p. 365-366) (Itálicos do original).

---

24 Concepção normativa de culpabilidade. V. § 30, n. II, B (CP, art. 19).

25 CP, art. 129 "(Lesão corporal). Ofender a integridade corporal ou a saúde de outrem: § 1º [...]; § 2º[...]; § 3º Se resulta morte as circunstâncias evidenciam que o agente não quis o resultado, nem assumiu o risco de produzi-lo".

XVII. O problema da compensação de culpas

Ao contrário do Código Civil, que admite o fenômeno jurídico da compensação de culpas, assunto rotineiro em colisão de veículos automotores, o Código Penal não o aceita. Nessa hipótese cada motorista responde culposamente pelo fato de que resulte dano material ou danos pessoais. É uma situação de autoria colateral. A negligência da vítima que foi atropelada, não tendo observado a faixa do pedestre, também é irrelevante para excluir a responsabilidade do condutor do veículo que, ao imprimir velocidade proibida para o local demonstrou imprudência porque violou um dever de cuidado objetivo. Mas a contribuição causal do ofendido será considerada na fixação judicial da pena (art. 59).

No entanto, a culpa exclusiva da vítima tem o condão de exonerar o motorista quanto ao crime de lesão corporal ou até mesmo homicídio, cf. o exemplo formulado por SOUZA-JAPIASSÚ: "Atravessar a pista em baixo de uma passarela, sendo que o sujeito dirige o automóvel dentro da velocidade máxima permitida, não tendo como desviar a tempo de evitar o sinistro (no caso, não há violação de cuidado e/ou a previsibilidade objetiva – como se pode prever que alguém vá atravessar a pista bem embaixo de uma passarela?). Neste último caso, trabalha-se com o chamado *princípio de confiança*: se eu dirijo dentro das normas, respeitando todas as regras de trânsito, posso confiar que os demais façam o mesmo" (*Curso*, p. 202) (Itálicos meus).

* DIREITO COMPARADO

Código Espanhol: 5. No hay pena sin dolo o imprudencia. •• **Código Penal alemão**: "§ 15. La acción dolosa sólo es punible cuando, por ley no esta amenazada expressamente con pena la acción culposa". •• **Código Penal italiano:** "43 (elemento psicologico del reato. Il delitto: è *doloso*, o *secondo la intenzione*, quando l'evento dannoso o pericoloso, che è il risultato dell'azione od omissione e da cui la legge fa dipendere l' esistenza del delitto, è dall'agente prevedutto e voluto come consequenza della propria azione od omissione; è *preterintenzionale*, o oltre intenzione, quando dall'azione od omissione deriva u n evento dannono o pericoloso più grave di quello voluto dall'agente; è *colposo* o contro l'intenzione, quando l'evento, anche se prevedutto, non è voluto dall'agente e si verifica a causa di negligenza o imprudenza o imperizia, ovvero per inosservancia di leggi, regolamenti, ordini o discipline". •• **Código Penal Tipo:** "**Artículo 24.** *Nadie puede ser penado por un hecho legalmente descrito si no lo hubiere realizado con dolo, salvo los casos de culpa expresamente previstos por la ley.Si la ley señalare pena más grave por una consecuencia especial del hecho, se aplicará sólo al autor o participe que hubiere actuado por lo menos culposamente respecto de ella.* **Artículo 25.** *Obra con dolo el que quiere la realización del hecho legalmente descrito, así como el que la acepta, previéndola por lo menos como posible.* **Artículo 26.** *Obra con culpa quien realiza el hecho legalmente- descrito por inobservancia del deber de cuidado que le incumbe de acuerdo con* *las circunstancias y sus condiciones personales y, en el caso de representárselo como posible, se conduce en la confianza de poder evitarlo".* •• **Anteprojeto argentino**: "Art. 1 – Princípios. 1 [...]. 2. Se aplicarán con rigorosa observancia los seguientes principios, sin perjuício de otros derivados de las normas señaladas: *a) Legalidad estricta y responsabilidad.* Solo se considerán delitos las acciones u omisiones expressa y estrictamente previstas como tales en una ley formal previa, relalizadas con voluntad directa, salvo que también se prevea pena por imprudencia o negligencia".

AGRAVAÇÃO PELO RESULTADO
Art. 19. *Pelo resultado que agrava especialmente a pena, só responde o agente que o houver causado ao menos culposamente.*

* **DIREITO ANTERIOR**
CCrim. 1830: Omisso. **CP 1890**: Omisso. •• **Projeto Alcântara Machado (1938)**: Omisso. •• **Anteprojeto Hungria (1963)**. "Art. 17. Pelos resultados que agravam especialmente as penas só responde o agente quando os houver causado, pelo menos, culposamente". •• **CP 1969**. Art. 19. *Idem* ao modelo anterior. •• **Anteprojeto Toledo (1981)**." Art. 19. Pelo resultado que agrava especialmente a pena, só responde o agente que houver causado o crime, ao menos, culposamente".

BIBLIOGRAFIA (ESPECIAL)

ALMEIDA, Gabriel Bertin de. A crise do conceito tradicional de culpabilidade, segundo o direito penal contemporâneo. *RBCCrim*, 31/2001 •• ATEM, Abraão. *Noção gradativa da culpabilidade.* Terezina: Ed. do Autor, 1953 •• AZEVEDO, André Mauro Lacerda. Direito Penal e emoções: a influência da personalidade na formação da culpa jurídico-penal. *RBCCrim,* 101/ 2013 •• AZEVEDO, David Teixeira de. A culpabilidade e o conceito tripartido de crime. *RBCCrim*, 2/1993 •• BINDING, Karl. *La culpabilidad em derecho penal.* Trad. Manuel Cancio Meliá. Buenos Aires: B de F, 2009 •• BITENCOURT, Cezar Roberto. O "sabe" e o "deve saber" como moduladores da culpabilidade: reflexões sobre inovações da Lei 9.426/96. *RBCCrim*, 23/1998 •• BONCHRISTIANO, Ana Cristina Ribeiro. A culpabilidade jurídico-penal. *RT*, 633/1988 •• BRANDÃO, João Pedro Pereira. A execução antecipada da pena nos tribunais superiores brasileiros: os limites da garantia constitucional da presunção de não culpabilidade. *RBCCrim*, 80/2009 •• BRIONES ESPINOSA, Ramon. El procesamiento em relación con la antijuridicidad y la culpabilidad. Santiago: Editorial Juridica de Chile, 1972 •• *Cem anos de reprova-*

ção: uma contribuição transdisciplinar para a crise da culpabilidade. André Nascimento e Nilo Batista (Orgs.). Rio de Janeiro: Revan, 2011 •• CORRÊA Tatiana Machado. Crítica ao conceito funcional de culpabilidade de Jakobs. *RBCCrim*, 51/2004 // Em busca de um conceito latino-americano de culpabilidade. *RBCCrim*, 75/2008 •• COSTA, Ana Paula Motta. *As garantias processuais e o Direito Penal juvenil como limite na aplicação da medida socioeducativa de internação.* Porto Alegre: Livraria do Advogado, 2005 •• CRESPO, Eduardo Demetrio. Culpabilidad y fines de la pena: con especial referencia al pensamiento de Claus Roxin. *Ciências Penais*, 8/2008 •• DÍAZ PALOS, Fernando. *Culpabilidad jurídico-penal*. Barcelona: Bosch, 1954 •• FERRAZ, Esther de Figueiredo. *Os delitos qualificados pelo resultado*: no regime do Código Penal de 1940. São Paulo: Revista dos Tribunais, 1948 // *A codelinquência no direito penal brasileiro*. São Paulo: José Bushatsky 1976 •• FREITAS, Ricardo de Brito A.P. O princípio da culpabilidade e a responsabilidade pelo fato de outrem: uma abordagem constitucional do problema do excesso do coautor no código penal militar. *Ciências Penais,* 8/2008 •• FURQUIM, Luiz Dória. *Aspectos da culpabilidade no novo código penal*. Rio de Janeiro: Freitas Bastos, 1974 •• GIMBERNAT ORDEIG, Enrique. Delitos cualificados por el resultado y causalidad. Madrid: Reus, 1966 •• GOLDSCHMIDT, James. *La concepcion normativa de la culpabilidad*. Buenos Aires: Depalma, 1943 •• GÜNTHER, Klaus. A culpabilidade no direito penal atual e no futuro. *RBCCrim,* 24/1998 •• HUNGRIA, Nelson. *Novas questões jurídico-penais*. Rio de Janeiro: Ed. Nacional de Direito, 1945 •• KINDHÄUSER, Urs. La fidelidad al derecho como categoria de la culpabilidad. *RBCCrim*, 72/2008 // Culpabilidad jurídico-penal en el estado democrático de derecho. *RBCCrim,* 17/78, 2009 •• LOEBENFELDER, Carlos Künsemüller. *Culpabilidad y pena*. Santiago: Editorial Juridica de Chile, 2001 •• LUNA, Everardo da Cunha. O resultado, no direito penal. Recife: Ed. do Autor, 1959 •• LUZÓN DOMINGO, Manuel. *Tratado de la culpabilidad y de la culpa penal*: com especial referencia a los delitos de imprudência. Barcelona: Ed. Hispano-Europea, 1960 •• MEZGER, Edmundo. *La culpabilidad en el moderno derecho penal*. Trad. Juan Del Rosal. Valladolid: Universidad de Valladolid, 1956 •• MONIZ, Helena. Aspectos do resultado no direito penal. *RBCCrim*, 57/2005 •• NAHUM, Marco Antonio R. *Inexigibilidade de conduta diversa*: causa supralegal, excludente de culpabilidade. São Paulo: Revista dos Tribunais, 2001 •• NUÑEZ, Ricardo C. *La culpabilidad em el codigo penal*. Buenos Aires: Depalma, 1946 •• PEREIRA, Leonardo. A função do resultado no delito culposo. *Revista IOB*, 49/2008 •• PIERANGELLI, José Henrique. A culpabilidade e o novo sistema penal. *RT*, 616/1987 •• PIMENTEL, Manoel Pedro. A culpabilidade na reforma penal. *RT*, 605/1986 •• PINTO DE ALBUQUERQUE, Paulo

Sérgio. *Introdução à actual discussão sobre o problema da culpa em direito penal*. Coimbra: Livraria Almedina, 1994 •• PIOLETTI, Ugo. Fattispecie soggettive e colvopolezza nel delitto culposo. *RIDPP*, 34/1991 •• PORTO-CARRERO, J. P. *A responsabilidade criminal, perante a psycanalyse*. São Paulo: Soc. de Medicina Legal e Criminologia, 1936 •• PRADO, Luiz Regis. O injusto penal e a culpabilidade como magnitudes graduáveis. *RBCCrim*, 27/1999 // *Teorias da imputação objetiva do resultado*: uma aproximação crítica a seus fundamentos. 2ª ed. São Paulo: Revista dos Tribunais, 2006 •• PUPPE, Ingeborg. Dolo eventual e culpa consciente. Trad. Luís Greco. *RBCCrim*, 58/2006 •• QUINTANO RIPOLLÉS, Antonio. *Derecho penal de la culpa*: imprudencia. Barcelona: Bosch, 1958 •• RAGUÉS I VALLÈS, Ramon. Consideraciones sobre la prueba del dolo. *RBCCrim*, 69/2007 •• REALE JÚNIOR, Miguel. *Problemas penais concretos*: crimes contra a ordem financeira, crimes contra a ordem econômica, crimes contra a ordem tributária, crimes culposos, crime contra os costumes. São Paulo: Malheiros, 1997 •• REYS, Alfonso E. *La imputabilidad*. Bogotá: Universidad Externado de Colombia, 1984 •• ROCHA, Fernando Antonio N. Galvão da. A culpabilidade como fundamento da responsabilidade penal. *RT*, 707/1994 •• RIEGER, Renata Jardim da Cunha. Culpabilidade. *Revista Magister*, 29/2009 •• ROCHA, Fernando Antonio N. Galvão da. A culpabilidade como fundamento da responsabilidade penal. *RT*, 707/1994 •• RODRIGUES, Cristiano. *Teorias da culpabilidade e teoria do erro*. 2ª ed. Rio de Janeiro: Lumen Juris, 2009 •• ROMEO CASABONA, Carlos María. Sobre a estrutura monista do dolo: uma visão crítica. Trad. Gisele Mendes de Carvalho. *Ciências Penais*, 3/ 2005 •• ROSA, Fábio Bittencourt da. Dolo eventual e culpa consciente. *RT*, 473/1975 •• ROSSETTO, Patrícia Carraro. A graduação da magnitude do injusto e da culpabilidade na tutela jurídico-penal do ambiente. *Ciências Penais*, 6/2007 •• ROXIN, Claus. A culpabilidade e sua exclusão no direito penal. *RBCCrim*, 46/2004 // *Culpabilidad y prevencion em derecho penal*, trad. Francisco Muñoz Conde. Madrid: Reus, 1981 •• SANTOS, Juarez Cirino dos. Culpabilidade: desintegração dialética de um conceito metafísico. *RT*, 474/1975 •• SANTOS, Humberto Souza. Coautoria em delitos culposos? *RBCCrim*, 56/2005 •• SHECAIRA, Sérgio Salomão. Dolo eventual e culpa consciente. *RBCCrim*, 38/2002 // Crime de trânsito: responsabilidade objetiva, dolo eventual e culpa consciente. *RBCCrim*, 59/2006 // Ainda a expansão do direito penal: o papel do dolo eventual. *RBCCrim*, 64/2007 •• SILVA, Ângelo Roberto Ilha da. A culpabilidade como requisito do crime. *Ciências Penais*, 5/2006 •• SILVA, Pablo Rodrigo Alflen da. Culpabilidade e livre-arbítrio novamente em questão: os influxos da neurociência sobre o direito penal. *Revista Magister*, 33/ 2010 •• SOUZA NETO. *O motivo e o dolo*. Rio de Janeiro: Libraria Freitas Bastos, 1949 •• SPOSATO, Karyna Batista.

Culpa e castigo: modernas teorias da culpabilidade e os limites ao poder de punir. *RBCCrim* 56/2005 •• TANGERINO, Davi de Paiva Costa. Culpabilidade e responsabilidade penal da pessoa jurídica. *RBCCrim*, 36/2010 •• TAVARES, Juarez. Culpabilidade: a incongruência dos métodos. *RBCCrim*, 24/1998 // *Direito penal da negligência:* uma contribuição à teoria do crime culposo. São Paulo: Revista dos Tribunais, 1985 // *Teoria do crime culposo.* 3ª ed. Rio de Janeiro: Lumen Juris, 2009 •• TOLEDO, Francisco de Assis. Culpabilidade e a problemática do erro jurídico-penal. *RT,* 517/1978 // Teorias do dolo e teorias da culpabilidade. *RT,* 566/1982 •• TÓRTIMA, José Carlos. A imperícia e o domínio da vontade nos crimes culposos. *RT,* 666/1991 •• WEINMANN, Amadeu de Almeida et al. O crime e os motivos determinantes: uma homenagem a Pedro Vergara. *Revista Magister,* 8/2005 •• ZAFFARONI, Eugenio Raúl. La culpabilidad en el siglo XXI. *RBCCrim*, 28/1999.

BIBLIOGRAFIA (GERAL)

ABBAGNANO, Nicola. *Dicionário de filosofia*. São Paulo: Ed. Mestre Jou, 1970 •• ANTOLISEI, Francesco. *Manuale di diritto penale*: parte generale. 3ª ed. Milano: Dott. A. Giuffrè Ed., 1994 •• ASÚA, Luís Jiménez de. *Tratado de derecho penal*. 3ª ed. Buenos Aires: Editorial Losada 1965. t. V •• BASILEU GARCIA. *Instituições de Direito Penal*. 4ª ed. São Paulo: Max Limonad, 1959. vol. I, t. I •• BARROS, Flávio Augusto Monteiro de. *Direito penal*: parte geral. 5ª ed. São Paulo: Saraiva, 2006 •• BENTO DE FARIA, Antonio de. *Annotações theorico-praticas ao codigo penal do Brazil*. Rio de Janeiro: Francisco Alves e Cia, 1913 // *Código penal brasileiro*: comentado. Rio de Janeiro: Distribuidora Récord Ed., 1958. vol. 2 •• BETTIOL, Giuseppe. *Diritto penale*: parte generale. 11ª ed. Padova: CEDAM, 1982 // *O problema penal*. Trad. portuguesa de Fernando de Miranda. Coimbra: Coimbra Editora, 1967 •• BITENCOURT, Cezar Roberto. *Tratado de direito penal*: parte geral. 19ª ed. São Paulo: Saraiva, 2013 // *O problema penal*. Trad. portuguesa de Fernando de Miranda. Coimbra: Coimbra Ed., 1967 •• BOCKELMANN, Paul; VOLK, Klaus. *Direito penal*: parte geral. Belo Horizonte: Del Rey, 2007 •• BRUNO, Aníbal. *Direito penal*: parte geral. 3ª ed. Rio de Janeiro: Forense, 1967. t. 2º •• BUSATO, Paulo César. *Direito penal*: parte geral. São Paulo: Atlas, 2013. vol. 1 •• CARRANCA Y TRUJILLO, Raul. *Derecho penal mexicano*: parte general. México: Editorial Porrúa, 1970. t. I •• CAVALEIRO DE FERREIRA, Manuel. *Direito penal português*: parte geral. Viseu: Editorial Verbo, 1981 •• CEREZO MIR, José. *Derecho penal*: parte general. São Paulo: Revista dos Tribunais; Lima (PE): ARA Ed., 2007 •• CIRINO DOS SANTOS, Juarez. *A moderna teoria do fato punível*. Curitiba: Ed. Fórum, 2004 // *Direito penal*: parte geral. 3ª ed. Curitiba:

ICPC; Lumen Juris, 2008 •• COBO DEL ROSAL, M.; VIVES ANTÓN, T. S. *Derecho penal*: parte general. Valencia(ES): Universidad de Valencia, 1984 •• CORREIA, Eduardo. *Direito criminal*. Colaboração de Figueiredo Dias. Coimbra: Almedina, vol. I e II, 2001 // *Código penal*: projecto da parte geral. Coimbra: Ed. do Autor, 1963 •• COSTA E SILVA, Antônio José da. *Código penal*. São Paulo: Companhia Editora Nacional, 1943. vol. 1 •• COSTA JR., Paulo José. *Código penal comentado*. 8ª ed. São Paulo: DPJ Editora, 2005 •• CURY ARZUA, Henrique. *Derecho penal*: parte general. Santiago do Chile: Ed. Jurídica do Chile, 1992. t. II •• DAMÁSIO DE JESUS, E. *Direito penal*: parte geral. 35ª ed. São Paulo: Saraiva, 2014 // *Código penal comentado*. 17ª ed. São Paulo: Saraiva, 2006 •• DELMANTO, Celso (et alii). *Código penal comentado*. 8ª ed. São Paulo: Saraiva, 2010 •• DOTTI, René Ariel. *Curso de direito penal*: parte geral. 5ª ed. Colaboração de Alexandre Knopfholz e Gustavo Britta Scandelari. São Paulo: Thomson Reuters/Revista dos Tribunais, 2013 •• FERRATER MORA, José. *Dicionário de filosofia*. Trad. Roberto Leal Ferreira e Álvaro Cabral. São Paulo: Martins Fontes, 1993 •• FERRAZ JUNIOR, Tércio Sampaio. *A ciência do direito*. São Paulo: Atlas, 1996 •• FERRI, Enrico. *Principii di diritto criminale*: delinquente e delitto. Torino: UTET, 1928 // *Princípios de direito criminal*: o criminoso e o crime. São Paulo: Livraria Acadêmica, 1931 •• FIANDACA, Giovanni; MUESCO, Enzo. *Diritto Penale*: parte generale. 2ª ed. Bologna: Zanichelli, 1994 •• FIGUEIREDO DIAS, Jorge de. *Direito penal*: parte geral, questões fundamentais, a doutrina geral do crime. 2ª ed. São Paulo: Revista dos Tribunais; Coimbra: Coimbra Editora, 2007 •• FRAGOSO, Heleno Claudio. *Comentários ao código penal*. 5ª ed. Rio de Janeiro: Forense, 1978. vol. I, t. II (arts. 11/27) // *Lições de direito penal*. 17ª ed. atual. Fernando Fragoso. Rio de Janeiro: Forense, 2006 •• GÓMES, Eusebio. *Tratado de derecho penal*. Buenos Aires: Compañia Argentina de Editores, 1939. t. 1 •• GOMES, Luiz Flávio. *Direito penal*: parte geral. 3ª ed. São Paulo: Revista dos Tribunais/LFG – Rede de Ensino Luiz Flávio Gomes, 2006 •• •• GRECO, Rogério. *Curso de direito penal*: parte geral. 15ª ed. Niterói: Impetus, 2013 •• HASSEMER, Winfried. *Fundamentos del derecho penal*. Trad. e notas de Francisco Muñoz Conde e Luis Arroyo Zapatero. Barcelona: Bosch; Casa Editorial, 1984 •• HUNGRIA, Nélson. *Comentários ao código penal*. 4ª ed. Rio de Janeiro: Forense, 1958. vol. I, t. II •• JAKOBS, Günther. *Derecho penal*: parte general, Fundamentos y teoria de la imputación. Trad. Joaquin Cuello Contreras, José Luis Serrano Gozalez de Murillo. Madrid: Marcial Pons, 1995 •• JESCHECK, Hans-Heinrich. *Tratado de derecho penal*: parte general. Trad. S. Mir Puig e F. Muñoz Conde. Barcelona: Bosch, Casa Editorial, 1981. vol. 1 •• J. F. MARQUES. *Tratado de direito penal*. 2ª ed. São Paulo: Saraiva, 1965. vol. 2 •• LEONARDO LOPES, Jair. *Curso de direito penal:* parte geral. 2ª ed. São Paulo:

Revista dos Tribunais, 1996 •• LISZT, Franz von. *Tratado de direito penal allemão*. Trad. e prefácio José Hygino Duarte Pereira. Rio de Janeiro: F. Briguiet & Cia-Editores, 1899. t. I •• LUZÓN PEÑA, Diego-Manuel. *Lecciones de derecho penal*: parte general. 2ª ed. Valencia (ES): Tirant lo Blanch, 2012 •• MAGALHÃES NORONHA, Edgard. *Direito penal*. 3ª ed. São Paulo: Saraiva, 1965. vol. 1 •• MANTOVANI, Ferrando. *Diritto penale*. 4ª ed. Padova: CEDAM, 2001 •• MANZINI, Vincenzo. *Tratado de derecho penal*: teorias generales. Trad. Santiago Sentís Melendo. Buenos Aires: EDIAR, 1948. vol. II // Tratatto di diritto penale italiano. Torino: UTET, 1961. vol. 1 •• MAURACH, Reinhart. *Tratado de derecho penal*. Trad. e notas Juan Cordoba Roda. Barcelona: Ediciones Ariel, 1962. t. I e II •• MAURACH, Reinhardt; ZIPF, Heinz. *Derecho penal*: parte general. Trad. 7ª ed. alemã por Jorge Bofill Genzsch e Enrique Aimone Gibson. Buenos Aires: Ed. Astrea de Alfredo y Ricardo Depalma, 1994. t. 1 e 2 •• MAYER, Max Ernst. *Derecho penal*: parte general. Trad. de Sergio Politoff Lifschitz; rev. geral e prólogo José Luis Guzmán Dalbora, ed. alemã de 1915. Buenos Aires: Julio César Faria-Editor, 2007 •• MAYRINK DA COSTA, Álvaro. *Direito penal*: parte geral. 8ª ed. Rio de Janeiro: Forense, 2009. vol. 2 •• MESTIERI, João. *Manual de direito penal*: parte geral. Rio de Janeiro: Forense, 2002 •• MEZGER, Edmundo. *Tratado de derecho penal*. Trad. de José Arturo Rodríguez Muñoz. Madrid (ES): Ed. Revista de Derecho Privado, 1955. t. II •• MIR PUIG, Santiago. *Derecho penal*: parte general. 9ª ed. Buenos Aires: B de F, 2012 •• MIRABETE, Julio Fabbrini; FABRINNI, Renato N. *Manual de direito penal*: parte geral. 30ª ed. São Paulo: Atlas, 2014 // 23ª ed. São Paulo: Atlas, 2006 •• MUÑOZ CONDE, Francisco; GARCÍA ARÁN, Mercedes. *Derecho penal*: parte general. 5ª ed. Valencia: Tirant lo Blanch, 2002 •• NOVOA MONREAL, Eduardo. *Curso de derecho penal chileno*: parte general. 2ª ed. Santiago: Editorial Juridica Ediar-Cono Sur Ltda, 1985. t. 1 •• NUCCI, Guilherme de Souza. *Código penal comentado*. 13ª ed. São Paulo: Thomson Reuters/Revista dos Tribunais, 2013 •• NUÑEZ, Ricardo C. *Manual de derecho penal*: parte general. 3ª ed. Cordoba: Marcos Lerner Editora Cordoba, 1982 •• PIERANGELLI, José Henrique. *Código penal*: comentado artigo por artigo. São Paulo: Verbatim, 2013 •• POLITOFF L., Sérgio [et alii]. *Lecciones de derecho penal chileno*: parte general. 2ª ed. Santiago: Editorial Jurídica de Chile, 2003 •• PRADO, Luiz Regis. *Tratado de direito penal brasileiro*: parte geral. São Paulo: Thomson Reuters/Revista dos Tribunais, 2014. vol. 2 // *Curso de direito penal brasileiro*. 13ª ed. Coautoria. São Paulo: Thomson Reuters/Revista dos Tribunais, 2014 •• PUIG PEÑA, Federico. *Derecho penal*: parte general. 6ª ed. Madrid: Editorial Revista de Derecho Privado, 1969 •• QUEIROZ, Paulo. *Direito penal*: parte geral. Rio de Janeiro: Lumen Juris, 2008 •• QUINTERO OLIVARES, Gonzalo. *Parte general del derecho penal*. 4ª ed. Colaboración de Fermín Morales Prats. Pamplona: Thomson Reuters, 2010 •• REALE JÚNIOR, Miguel. *Instituições de direito penal*: parte geral. 3ª ed. Rio de Janeiro: Forense, 2009 // *Teoria do delito*. São Paulo: Revista dos Tribunais, 1998 •• ROCHA, Fernando A. N. Galvão da. *Direito penal*: parte geral. Rio de Janeiro: Impetus, 2004 •• RODA, Juan Córdoba. *Una nueva concepción del delito:* la doctrina finalista. 2ª ed. Buenos Aires: Julio César Faira Ed., 2014 •• RODRIGUEZ DEVESA, José Maria; SERRANO GOMEZ, Alfonso. *Derecho penal español*: parte general. 15ª ed. Madrid: Dykinson, 1992 •• ROXIN, Claus. *Derecho penal*: parte general. Trad. 2ª ed. aleman Diego-Manuel Luzón Peña [et alii]. Madrid: Civitas Ediciones, 2003 •• SALLES JR., Romeu de Almeida. *Código penal interpretado*. 2ª ed. São Paulo: Saraiva, 2000 •• SILVA FRANCO, Alberto. *Código penal e sua interpretação*: doutrina e jurisprudência. 8ª ed. Coordenadores: Alberto Silva Franco e Rui Stoco. São Paulo: Revista dos Tribunais, 2007 •• SOUZA & JAPIASSÚ. *Curso de direito penal*: parte geral. Rio de Janeiro: Elsevier, 2012 •• STRATENWERTH, Günther. *Derecho penal*: parte general I; El hecho punible. 4ª ed. Trad. Manuel Cancio Meliá y Marcelo Sancinetti. Buenos Aires: Hammurabi, 2005 •• TOLEDO, Francisco de Assis. *Princípios básicos de direito penal*. 5ª ed. São Paulo: Saraiva, 2002 •• VILLALOBOS, Ignacio. Derecho penal mexicano. México: Ed. Porrúa, 1975 •• VON WEBER, Hellmuth. *Lineamentos del derecho penal aleman*. 2ª ed. Buenos Aires, 2008 •• WELZEL, Hans. *Derecho penal aleman*: parte general. 11ª ed. aleman. Trad. castellana, 4ª ed., de Juan Bustos Ramírez e Sergio Yáñez Pérez. Santiago de Chile: Editorial Juridica de Chile, 1997 •• WESSELS, Johannes. *Direito penal*: parte geral (aspectos fundamentais). Trad. do alemão e notas de Juarez Tavares. Porto Alegre: Sérgio Antonio Fabris Editor, 1976 •• ZAFFARONI, Eugenio Raul; ALAGIA, Alejandro; SLOKAR, Alejandro. *Derecho penal*: parte geral. 2ª ed. Buenos Aires: EDIAR, 2014 •• ZAFFARONI-BATISTA: ZAFFARONI, Eugenio Raúl; BATISTA, Nilo; ALAGIA, Alejandro; SLOKAR, Alejandro. *Direito penal brasileiro*. Rio de Janeiro: Revan, 2010. vol. II, I •• ZAFFARONI, Eugenio Raúl; PIERANGELI, José Henrique. *Manual de direito penal brasileiro*: parte geral. 7ª ed. São Paulo: Revista dos Tribunais, 2007. vol. 1 .

§ 28. PREVENÇÃO DA RESPONSABILIDADE OBJETIVA

I. Inovação legislativa

A PG/1940 e os diplomas anteriores eram omissos quanto à necessidade de se prevenir a responsabilidade objetiva mediante uma disposição específica, inobstante o CP 1890 definir o crime como "a violação imputável e *culposa* da lei penal" (art. 7º). A Exp. Mot. da Lei n. 7.209, de 11.07.1984 (PG/1984) declara que "retoma o Projeto, no art. 19, o princípio da culpabilidade, nos denominados crimes qualificados pelo resultado, que o Código vigente submeteu à injustificada responsabilidade objetiva. A regra se estende a todas as causas de aumento situadas no desdobramento causal da ação" (n. 16). A fonte da norma em comento é o § 18 do Código Penal alemão (StGB) *verbis:* *"Quando a lei comina uma pena mais grave a um especial resultado do ato, esta só se aplica ao autor ou partícipe se produziu o resultado ao menos culposamente".*

II. A rejeição do *versari in re illicita*

Com a *proclamação de princípio* da norma em exame o legislador procura evitar os males da *versari in re illicita etiam causus imputatur,* aforismo indicativo de que a responsabilidade penal prescindiria do elemento subjetivo, bastando a simples produção do resultado típico: "Quem praticava um ato ilícito devia responder penalmente por todas as suas consequências, mesmo as não previsíveis" (BRUNO, *Direito penal,* t. 2º, p. 72). Aquela odiosa *jurisprudência* colocava-se em manifesta ofensa à garantia fundamental do *nullum crimen sine culpa.* O princípio da culpabilidade obriga, no plano da tipicidade, a proibição de conduta que não se subsuma aos conteúdos subjetivos que integram os conceitos de dolo ou, pelo menos, de culpa. A violação desse princípio caracteriza a hipótese da *versari in re illicita,* e tem por consequência a responsabilidade objetiva, que a dogmática contemporânea se esforça para evitar, não só na tipicidade subjetiva mas também na objetiva (ZAFFARONI-BATISTA, *Direito penal,* I, 1, p. 339).

O Anteprojeto argentino destaca, entre os princípios fundamentais que o orientam, o primado da culpabilidade nos expressivos termos: *"No habrá pena sin culpabilidad ni que exceda su medida. Para la determinación del delito y de la pena no se tomarán en cuenta el reproche de personalidad, juicios de peligrosidad ni otras cincunstancias incompatibles con la dignidad y la autonomía de la persona"* (art. 1º, *b*).

III. Crime qualificado pelo resultado

Vem à colação do generoso princípio exemplo do delito previsto no art. 129, § 3º, do Código Penal (lesão corporal seguida de morte)[1] configurado, no plano subjetivo, pela conduta dolosa e o resultado debitado ao agente a título de culpa, mediante a fórmula: *dolo no antecedente e culpa*

---

1 Art. 129 (Lesão corporal). "Ofender a integridade corporal ou a saúde de outrem: Pena – detenção, de três meses a um ano. [...] § 3º (Lesão corporal seguida de morte) Se resulta morte e as circunstâncias evidenciam que o agente não quis o resultado, nem assumiu o risco de produzi-lo: Pena – reclusão, de quatro a doze anos".

no consequente. Daí a designação *homicídio preterdoloso* ou *preterintencional.* A casuística revela a caracterização desse delito quando a vítima ao receber um soco cai ao chão vindo a falecer em razão da fratura do crânio. Mas não haverá esse tipo de ilícito se o resultado morte for imprevisível ou decorrer de caso fortuito. Sob outro aspecto, se o ofensor quiser o resultado morte ou, pelo menos, assumir o risco de produzi-la, deverá responder por homicídio doloso.

IV. Limites da regra de agravação

Cf. DELMANTO, a disposição em análise "apenas alcança os crimes qualificados (ou agravados) *pelo resultado,* isto é, aqueles com resultado 'que agrava especialmente a pena'. A regra desse art. 19 não se aplica, assim, às qualificadoras que não se vinculem ao resultado da conduta, mas, por exemplo, ao modo pelo qual ela é praticada (p.ex., no homicídio qualificado – CP, art., 121,§ 2º, III e IV) ou às agravantes (*v.g.*, na agravante da vítima ser mulher grávida, é que é necessário que o agente tenha ciência dessa condição – CP, art. 61, II, *h),* que devem estar cobertas pelo dolo (e não só culpa) do agente" (*Código penal,* p. 159) (Itálicos do original).

A lição acima demonstra a existência de tipos derivados (qualificados e agravados) que, tendo o dolo como elemento subjetivo do tipo não se confundem com as hipóteses de delitos preterintencionais, nos quais o resultado vai além da vontade do agente.

§ 29. A POSIÇÃO SISTEMÁTICA DA CULPABILIDADE

I. Breve leitura histórica

A história das instituições penais revela que o ingresso da culpabilidade como elemento da estrutura do delito foi uma conquista da Civilização e da Cultura, posto que nos alvores do Direito Penal bastava o nexo objetivo entre a ação e o resultado para se impor a pena criminal. Como lembra BETTIOL, era o conceito de lesão que dominava o campo penal, e a ocorrência do dano era suficiente para legitimar a reação, *"indipendentemente da ogni ricerca relativa alle condizioni psicologiche nelle quali l'autore del danno aveva operato"* (*Diritto penale,* p. 379). O genial penalista, em outro magnífico texto, ensina que o crime, na concepção tradicional, consta de dois elementos: "um *elemento objectivo,* resultante de se ter causado um evento lesivo, e um *elemento subjectivo* constituído pela atitude psicológica do sujeito activo em relação ao evento ocasionado. A culpabilidade é precisamente, esse elemento psicológico da infracção" [...]. "A culpabilidade, como elemento psicológico do crime, é um *dado de facto,* é um *quid* que cai sob a alçada da experiência sensível [...]" (*O problema penal,* p. 146) (Itálicos do original). Como lembra ASÚA: "*El Derecho romano entronizo la intención, dando espiritualidad ao Derecho penal y desde entonces la culpabilidad es una característica del delito, sin la que no es posible asociar al hecho dañoso una pena sensu stricto*" (*Tratado,* vol. V, p. 20) (Itálicos meus).

Pode-se, então, concluir que a doutrina clássica passou a sustentar a existência da culpabilidade para compor a noção do delito em face da necessidade de se evitar a responsabilidade penal objetiva. Hoje, porém, não subsiste nos sistemas evoluídos esse tipo de problema, diante da consagração do princípio *nullum crimen, nulla poena sine culpa.* Essa máxima é consagrada em dois dispositivos do Código Penal, entre outros: ***a)*** a exigência da culpa para responsabilizar o agente pelo crime qualificado pelo resultado (art. 19); ***b)*** o exame judicial da culpabilidade para estabelecer a natureza e a medida da pena (art. 59).

II. Conceito

A culpabilidade pode ser definida, sinteticamente, como "**reprochabilidad de la formación de la voluntad** (JESCHECK, *Tratado,* vol. 1º, § 37, p. 559) (Negritos do original). Na lição de ZAFFARONI, "*La culpabilidad es el juicio que permite vincular em forma personalizada el injusto a su autor y de este modo operar como el principal indicador que, desde la teoria del delito, condiciona la magnitud de poder punitivo que puede ejercerse sobre éste*" (*Derecho penal,* § 43, p. 654) (Itálicos do original). Também se pode dizer com o mestre chileno CURY URZÚA que ela é "*reprochabilidad del hecho típico y antijurídico, fundada em que su autor lo ejecutó no obstante que em la situación concreta podía someterse a los mandatos y proibiciones del derecho*" (*Derecho penal: parte general,* t. II, p. 7) (Itálicos do original).

"*Culpabilidad es 'reprochabilidad' de la configuración de la voluntad. Toda culpabilidad es según esto 'culpabilidad de voluntad'*" (WELZEL, *Derecho penal aleman,* § 19, p. 167) (Itálicos meus). "*La culpabilidad, según el finalismo, es el juicio de reproche que se formula al autor por no haber adaptado su conducta a la norma a pesar de que estaba en situación de hacerlo*" (RODA, *Una nueva concepción del delito,* p. 62*).*

Em síntese: "o agente é censurado pela adoção de uma conduta contrária ao Direito quando podia e devia agir de modo diverso" (DOTTI, *Curso,* p. 445). No mesmo sentido são os conceitos emitidos por outros penalistas nacionais: GOMES: "*Culpabilidade é juízo de reprovação que recai sobre o agente do injusto punível que podia concretamente agir de modo diverso, conforme o Direito, e não agiu*" (*Direito penal: parte ge-*

ral, p. 341); CIRINO DOS SANTOS: "Um juízo de reprovação *sobre* o sujeito (quem é reprovado), que tem por *objeto* a realização do tipo de injusto (o que é reprovado) e por *fundamento* **(a)** a capacidade geral de *saber* o que faz **(b)** o conhecimento concreto que permite ao sujeito saber realmente o que faz e **(c)** a normalidade das circunstâncias do fato que confere ao sujeito o *poder de não fazer o que faz* (porque é reprovado)" (*A moderna teoria do fato punível*, p. 2004) (Itálicos do original); PRADO: "Tem-se, pois, a culpabilidade como sendo a reprovação pessoal pela realização de uma ação ou omissão típica e ilícita em determinadas circunstâncias em que se podia atuar conforme as exigências do ordenamento jurídico" (*Tratado*, vol., 2, p. 455).

III. Teorias sobre a culpabilidade

Para a melhor exposição do tema formularam-se teorias, na dualidade *direito penal do autor* e *direito penal do fato*. Uma delas sustenta que a culpabilidade era identificada pelo caráter do sujeito, ou seja, como o conjunto de qualidades psicológicas e morais que determinam o comportamento do indivíduo no meio social. Outra afirma que a culpabilidade era resultante da formação da personalidade. A construção dessa teoria parte da ideia segundo a qual o homem "é responsável na vida por aquilo que é, independentemente da maneira por que assim se tornou" (CORREIA, *Direito criminal*, vol. I, p. 323). Corolário lógico dessa concepção foi a criação da categoria do criminoso por tendência. Embora adotada no CP 1969, não chegou a ser implantada em face da revogação daquele diploma pela Lei n. 6.578, de 11.10.1978. A culpabilidade pela conduta de vida foi uma concepção também defendida pelas doutrinas autoritárias. O seu maior prestígio adveio pela primeira vez no ano de 1938 quanto estava em ascensão a filosofia totalitária do III Reich, na Alemanha nazista de Hitler.

No magistério de ZAFFARONI-BATISTA, o "direito penal de fato representa o esforço do estado de direito para reduzir e limitar o poder punitivo de autor. O direito penal de autor renuncia a este esforço e sua expressão mais grosseira reside no tipo de autor, ou seja, na pretensão de que o tipo legal apreenda e demarque personalidades e não atos, proíba ser de determinada maneira e não fazer certas ações conflitivas. Portanto, a racionalização dos tipos de autor é o sinal mais crasso de desorientação metodológica do direito penal, que inverte sua função e põe-se a serviço do estado policial. Fala-se de direito penal de autor, mas em verdade quando uma teorização chega ao ponto de pretender legitimar tipos de autor já não merece o nome de direito" (*Direito penal brasileiro*, II, I, p. 139) (Itálicos do original).

Porém a teoria aceita num Estado Democrático de Direito e que tem como fundamento a dignidade da pessoa humana, é a da culpabilidade pelo fato determinado. O homem não pode ser punido pelo que é, mas pelo que faz. A sua conduta é a base e a razão de ser da incriminação, máxime no sistema positivo que não admite a medida de segurança para o imputável. Assim, ROXIN: "Hoy en día la doctrina dominante rechaza por razones propias del Estado de Derecho todas esas teorías que van más allá de la culpabilidad por hecho concreto" (*Derecho penal*, t. I, § 6, p. 181), atualmente a doutrina dominante rejeita todas as demais teorias que vão mais além que a culpabilidade pelo fato concreto. E assim o faz atendendo razões próprias do Estado de Direito.

§ 30. A CULPABILIDADE COMO ELEMENTO DA PENA

I. As teorias sobre a culpabilidade de autor

As teorias acerca de uma *culpabilidade de autor,* i.e., ancoradas nas características da personalidade e que fomentaram as especulações em torno de um *direito penal de autor* são repudiadas porque somente uma atividade concreta do sujeito poderá se justificar num regime penal sob as coordenadas de um Estado Democrático de Direito. Ninguém pode ser punido *pelo que é* mas, sim, *pelo que faz.* Como enfatiza ROXIN: "Hoy en día la doctrina dominante rechaza por razones propias del Estado de Derecho todas esas teorías que van más allá de la culpabilidad por el hecho concreto" (*Derecho penal,* § 6, p. 181). A conduta humana (típica e ilícita) é a base e a razão de ser da criminalização, máxime no sistema do Código Penal que não admite a imposição de medida de segurança para o imputável.

Mas, o interesse em demonstrar que a culpabilidade é um *elemento da pena* e não como geralmente se sustenta, uma *parte integrante do crime,* é oportuna a revisão das teorias que se desenvolveram, exclusivamente, sobre as condições próprias do autor ou de seu estilo de existência.

a. *A culpabilidade pelo caráter*

ARISTÓTELES (384-322 a.C.) seria o precursor de uma teoria da culpa em função do caráter. Ele diz em sua *Ética a Nicômano* que o homem se torna aquilo que é em face do comportamento voluntário em sua origem. Em sua concepção, é pela prática de certas ações que se acaba por adquirir um caráter do mesmo gênero dessas ações. Quem pratica a indolência é responsável por ser indolente. Da mesma forma, quem pratica a deslealdade ou se entrega ao vício da bebida é responsável por se tornar uma pessoa injusta ou temperamental. Na obra do célebre filósofo grego encontra-se, no dizer de TOLEDO, "toda uma caracterologia fundamentadora da responsabilidade pelo que se é, ou pelo modo de ser que se construiu" (*Princípios*, § 236, p. 238).

b. *A culpabilidade pela formação da personalidade*

A base ideológica dessa teoria repousa na ideia de que "*o homem é responsável na vida por aquilo que é, independentemente da maneira por que assim se tornou*" (CORREIA, *Direito criminal*, vol. I, p. 323). Mas não se pode sustentar a existência de uma culpa jurídico-penal fundada na personalidade (bem ou malformada), embora esse aspecto seja um dos indicadores para a fixação judicial da pena (CP, art. 59). Como variante da culpabilidade em função da personalidade, o CP 1969 criou a categoria do *criminoso habitual ou por tendência,* caso em que "*a pena a ser imposta será por tempo indeterminado. O juiz fixará a pena correspondente ao crime cometido, que constituirá a duração mínima da pena privativa de liberdade, não podendo ser inferior à metade da soma do mínimo com o máximo cominados*" (art. 64). "*A duração da pena indeterminada não pode exceder a dez anos, após o cumprimento da pena fixada na sentença*" (art. 64, § 1º). Com tal pena, a individualização seria transferida para momento posterior à sentença, considerando a impossibilidade de determinar, rigorosamente, a medida da culpabilidade do agente e o momento em que "estará atingida a satisfação das exigências de retribuição e da reparação, quer dizer, a verificação da regeneração e readaptação social, seja feita por via judicial" (CORREIA, *Código penal: projeto da parte geral*, 1963, p. 58).

Com o recurso à condição de periculosidade do sujeito, a Exp. Mot. do CP 1969, introduziu uma autêntica *pena de segurança* procurando justificá-la com a "*legislação moderna, estabelecendo revisão especial quanto aos criminosos habituais ou por tendência, e um sistema repressivo eficaz, com a pena relativamente indeterminada*" (Item 26) (Itálicos meus). O revogado CP 1969 considerava *criminoso habitual* quem: "*a) reincide pela segunda vez na prática de crime doloso da mesma natureza, em período de tempo não superior a cinco anos, descontado o que se refere ao cumprimento da pena; b) embora sem condenação anterior, comete sucessivamente, em período de tempo não superior a cinco anos, quatro ou mais crimes da mesma natureza e demonstra, pelas suas condições de vida e pelas circunstâncias dos fatos apreciados em conjunto, acentuada inclinação para o crime*" (art. 64, § 2º).[2] E

---

[2] A *habitualidade* no crime não se confunde com a *reincidência*, pois esta ocorre quando o agente comete novo crime, depois de transitar em julgado a sentença que, no país ou

O *criminoso por tendência* seria aquele que *"pela sua periculosidade, motivos determinantes e meios e modos ou modos de execução do crime, revela extraordinárias torpezas, perversão ou malvadez"* (art. 64, § 3º).

Aqueles tipos *anfíbios* de autor não se harmonizariam com a orientação da Reforma de 1984 que somente considera a periculosidade como um dado para aplicação da medida de segurança e, portanto, adequada exclusivamente para o inimputável ou semi-imputável (CP, art. 26 e parág. único).[3]

c. A culpabilidade pela conduta de vida

Uma orientação positivista do Direito Penal, fundada numa concepção autoritária, poderia justificar o reconhecimento da culpabilidade *pela conduta de vida* do autor do fato. A sustentação principal referente a esse tipo criminológico de autor foi formalmente apresentada pela primeira vez em 1938 quando estava em ascensão a filosofia totalitária do III Reich, na Alemanha nazista de HITLER. Assim, a culpabilidade jurídico-penal do autor não seria apenas debitada ao fato isolado senão, também, à autocondução de vida que se *degradou* para o ilícito. Mais tarde aquela concepção foi reformulada por BOCKELMANN, passando a ser entendida como a *culpabilidade pela decisão sobre a vida*. Para esse penalista, a essência da culpabilidade do autor não consistiria numa *condução* incorreta *da vida*, mas numa *decisão* incorreta *sobre* a vida. Aquela evolução da teoria levou ENGISH a sustentar a existência de uma *marca do destino* no desenvolvimento da personalidade do criminoso e destacar – louvando-se em SHOPENHAUER e SIMMEL – na responsabilidade do indivíduo inclusive pelas características não reprováveis do seu ser. A síntese desse pensamento é exposta por ROXIN: *"Si un sujeto, con ciertas acciones o con un determinado comportamiento, há puesto de manifiesto un carácter malvado, veleidoso o*

---

no estrangeiro, o tenha condenado por crime anterior (CP, art. 63). Há determinados tipos de ilícito para os quais a habitualidade é pressuposto indispensável da tipicidade. Assim, p. ex. o *rufianismo* (CP, art. 230) e a *gestão temerária* (Lei n. 7.492/1986, art. 4º, parág. único).

---

3   O CP português (1995), no entanto, acolhe a classificação biotipológica dos delinquentes perigosos, categoria em que se incluem os delinquentes por tendência e os alcoólicos e equiparados (Liv. I, Cap. V, arts. 83º e 84º). Como observa criteriosamente MAIA GONÇALVES, "a temática de pena relativamente indeterminada comporta muitas e delicadas questões, algumas de grande interesse dogmático e prático e sobre as quais o Código, mesmo após a revisão, não toma posição frontal. Uma destas questões é de saber qual a natureza da pena relativamente indeterminada na parte em que excede a medida que foi fixada em função da culpa. Pena? Medida de segurança? Pena de segurança? Sanção de natureza mista?" (*Código penal português,* p. 386-387).

desordenado, tiene que responder y espiar por ese carácter, con tal de que sea "persona" (o sea, no enfermo mental o inmaduro) y que haya actuado como tal (es decir, sin estar en una situación de perturbación de la conciencia, etc.). De ese modo, la teoría del tipo criminológico de autor se vuelve a unir con la idea de la culpabilidad por el carácter, tal y como ya se había sostenido por los seguidores de Liszt" (*Derecho penal,* § 6, p. 181) (Itálicos meus).

II. Concepções sobre a culpabilidade

a. *A concepção psicológica*

O desenvolvimento histórico das noções do dolo e da culpa (*stricto sensu*) deu lugar à elaboração de um conceito dogmático sobre a culpabilidade que chegou aos tempos modernos: culpabilidade é uma ligação de natureza anímica entre o agente e o fato criminoso (TOLEDO, *Princípios,* § 227, p. 219). Tal concepção implicava um vínculo de natureza psicológica entre o sujeito e o fato por ele praticado. Como consequência, a culpabilidade somente existiria no autor e se esgotava na relação interna frente à ação. O dolo e a culpa seriam duas *formas* de culpabilidade. As críticas se avolumaram à medida que a culpabilidade não poderia se encerrar nessa relação interna. Como observa MAYRINK DA COSTA, "tal postura deixa sem resposta satisfatória a ausência de punibilidade na coação moral irresistível, na obediência hierárquica e no estado de necessidade exculpante. Se a culpa se esgota no nexo psicológico. O inimputável também age negligentemente, pois o menor e o doente mental também são capazes de agir com vontade" (*Direito penal,* vol. I, t. II, p. 969).

As deficiências dessa concepção eram notórias. Na opinião de FRAGOSO, louvando-se em FRANK, não há qualquer vínculo psicológico entre o agente e o resultado nos casos de culpa inconsciente (como, p. ex., nos crimes de esquecimento). Por outro lado, se a culpa se esgota no nexo psicológico, tem-se de concluir que o inimputável também age culpavelmente, pois o menor e o doente mental também são capazes de agir com vontade. O mesmo se diga da ação praticada sob certas modalidades de coação irresistível (*Lições,* § 177, p. 239).

b. *A concepção normativa*

A culpabilidade não consiste, somente, na voluntariedade de um evento ilícito (concepção psicológica), mas em ser ilícita a vontade de que o crime provém, i.e., uma vontade que não deveria existir porque se opõe ao dever. Pode-se então dizer que a culpabilidade é a reprovação da *atitude interior* do sujeito ativo do crime. Essa evolução histórica do tema se deve à obra de FRANK (*Ueber den aufbau des schuldbegriffs: Sobre a estrutura do conceito de culpabilidade*, 1907), que lançou as bases da denominada *teoria normativa da culpabilidade*, introduzindo no conceito de culpa um elemento normativo, um juízo valorativo que se expressa na fórmula: reprovabilidade pelo ato praticado. A ineficácia da teoria psicológica foi *descoberta* pelo genial penalista ao observar que o estado de necessidade exculpante – que tinha paulatino reconhecimento em seu tempo, "no era explicable mediante el concepto psicológico de culpabilidad:'*Pues se el concepto de culpabilidad no abarca más que la suma de dolo e imprudencia y estos consisten en la producción consciente o descuidada del resultado, sigue siendo del todo incomprensible como podría ser excluída la culpabilidad por estado de necessidad*'"[4] (ROXIN, *Derecho penal*, § 19, p. 795 (Itálicos meus). O mérito de FRANK, GOLDSCHMIDT e outros, na Alemanha, e de MUSOTTO na Itália, foi, precisamente, o de ter esclarecido o conceito normativo da culpabilidade, que somente pode ser entendido com base numa relação de contradição entre a vontade da norma e a vontade individual. O sujeito responde culpavelmente porque quis de maneira diferente do que deveria ter querido, dadas as condições concretas em que agiu (BETTIOL, *Diritto penale*, p. 385).

A culpabilidade é a reprovabilidade da configuração da vontade (WELZEL, *Derecho penal aleman*, p. 167). É a pura reprovação ao sujeito por ter praticado um injusto quando poderia ter agido de outra maneira e optou pelo injusto penal (MAYRINK DA COSTA, *Direito penal*, vol. I, t. II, p. 973). Lembra REALE JUNIOR que a primeira decisão fundada numa concepção normativa da culpabilidade data de 1897 e proveio da justiça alemã. A sentença declarou a ausência de culpa (*lato sensu*) na conduta imprudente de um cocheiro que atrelara à carruagem os cavalos dificilmente domáveis, assim o fazendo por exigência do patrão que ameaçava demiti-lo se não o atendesse. O tribunal entendeu que se caracterizara a imprudência – mesmo porque houvera previsão – mas que não se poderia exigir do acusado uma conduta diversa (*Teoria do delito*, p. 128-129).

c. *A concepção psicológico-normativa*

A PG/1940 adotou a concepção psicológico-normativa da culpabilidade, como se poderá verificar no item 13 da Exp. Mot.: "No tocante à *culpa-*

---

4   Outra importantíssima observação de FRANK, levando-a a conceber a teoria da culpabilidade normativa foi o reconhecimento da punibilidade pela *culpa inconsciente*, quando o sujeito não tem a previsibilidade do resultado em função da inobservância de um dever de cuidado objetivo. V. § 27, n. XV (CP, art. 18, II).

bilidade (ou elemento subjetivo do crime), o projeto não conhece outras formas além do dolo e da culpa *stricto sensu*. Sem o pressuposto do dolo e da culpa *stricto sensu*, nenhuma pena será irrogada". O dolo e a culpa em sentido estrito eram *elementos* da culpabilidade. A síntese de ANÍBAL BRUNO bem esclarece aquela posição: "São três, portanto, os elementos que entram na estrutura da culpabilidade: *a)* a imputabilidade, isto é, uma determinada situação mental, que permite ao agente o exato conhecimento do fato e do seu sentido contrário ao dever e a determinação da vontade de acordo com esse entendimento, dando-lhe, assim, capacidade para sofrer a imputação jurídica do seu comportamento; *b)* o elemento psicológico-normativo, que relaciona o agente com o seu ato, psicológica e normativamente, manifestando-se sob a forma de dolo ou de culpa; *c)* finalmente, exigibilidade nas circunstâncias, de um comportamento conforme ao dever, isto é, que o fato ocorra em situação em que seja lícito exigir do sujeito comportamento diferente" (*Direito penal,* t. 2º, p. 32-33).

d. *A concepção adotada pela PG/1984*

Com a Reforma de 1984, o CP passou a adotar a concepção normativa pura ao fundamentar a culpabilidade, porque exige do sujeito imputável e capaz de adquirir a consciência da ilicitude de seu proceder, uma conduta adequada aos comandos jurídico-penais. Discorrendo sobre a "purificação" do conceito da culpabilidade, QUINTERO OLIVARES observa que a mesma [culpabilidade] *"se transforma así en un juicio sobre al autor y su hecho, coincide con la paralela evolución de la teoría de la acción y del tipo que condujo a la idea hoy dominante de que dolo y culpa son componentes momentos subjetivos de lo injusto (personal), y por ello han de pertenecer al tipo de delito"*(*Parte general del derecho penal,* p. 410) (Itálicos meus).

Sob o aspecto *psicológico,* o agente pode não ter a compreensão da ilicitude do fato que, se for inevitável, acarretará a isenção de pena (CP, art. 21, segunda parte). O erro de proibição é evitável quando o agente podia, nas circunstâncias, ter ou atingir a consciência da ilicitude. Em tal caso, a pena é diminuída de um sexto a um terço [CP, art. 21 (terceira parte) c/c o parág. único].

Como juízo de reprovação da *vontade ilícita,* i.e., na concepção normativa pura, a culpabilidade é identificada não somente para justificar a pena, mas também para outros fins: *a)* orientar a fixação da pena adequada (CP, art. 59); *b)* autorizar a substituição da pena privativa de liberdade por restritiva de direitos (CP, art. 44, III) ou por multa (CP, art. 60, § 2º); *c)* agravar ou atenuar (genericamente) a pena (CP, arts. 61 e ss.; 65 e ss.); e *d)* diminuir ou aumentar (especialmente) a pena (CP, arts. 14, parág. único; 121, § 1º; 71, *caput* e parág. único; 135, parág. único).

As hipóteses de *perdão judicial* (CP, arts. 121, § 5º; 129, § 8º; 140, § 1º, etc.) e de *isenção de pena* (CP, arts. 181 e 348, § 2º, etc.) são causas excludentes da culpabilidade sob o perfil normativo, pois mesmo que o agente, em tais casos, possa ter a consciência da ilicitude de seu ato, a ordem jurídica não reprova a sua conduta. Os exemplos formulados para essas situações têm caráter meramente indicativo e não exaustivo.

SILVA FRANCO considera que um exame mais atento da Lei n. 7.209, de 11.7.1984, "deixa a nu algumas pistas através das quais se chega à conclusão de que o conceito que melhor representa o seu pensamento é, sem dúvida, o da teoria normativa pura. Embora a nova Parte Geral não possa ser definida como um conjunto de normas que segue, com inteira fidelidade e coerência, a posição finalista, força é convir que o diploma legal acolheu algumas das mais importantes teses desta corrente. Assim, no que tange à culpabilidade, deixou patente que o dolo e a culpa não participam mais do âmbito do conceito e que a culpabilidade é, essencialmente, normativa. Tanto isto é exato que, na redação do texto legal referente ao erro de tipo (art. 20 da PG/84), deixou consignado que o "erro sobre elemento constitutivo do tipo legal exclui o dolo", num reconhecimento claro de que o dolo faz parte da composição típica e não da culpabilidade. Da mesma forma, ao cuidar do concurso de pessoas, fez uma nítida separação entre culpabilidade, compreendida como reprovabilidade (*caput* do art. 29 da PG/84) e o dolo, entendido como dado de estrutura típica (§ 2º do art. 29 da PG/84). O deslocamento do dolo (e também da culpa em sentido estrito) para o campo da tipicidade, de forma a constituir o tipo subjetivo paralelo ao tipo objetivo, atende a um postulado básico da teoria finalista. Por outro lado, evidencia-se, na disciplina do erro sobre a ilicitude do fato (art. 21 da PG/84), o caráter nuclear da consciência da ilicitude na formação do juízo de culpabilidade que passou a ter um significado puramente normativo" (*Código penal*, p. 274).

III. A adoção da teoria finalista da ação

No *ancien régime,* era rotineiro o entendimento de que a culpabilidade seria um elemento do delito e que estaria na estrutura do dolo e da culpa *stricto sensu.* Essa era a lição corrente da doutrina nacional como se pode ver em BRUNO: "4. São três portanto, os elementos que entram na estrutura da culpabilidade: *a)* A imputabilidade, isto é, uma determinada situação mental, [...]; *b)* O elemento psicológico-normativo, que relaciona o agente com o seu ato, psicológica e normativamente, manifestando-se sob a forma de dolo ou de culpa; *c)* Finalmente, exigibilidade, nas circunstâncias, de um comportamento conforme o dever, isto é, que o fato ocorra em situação em que seja lícito exigir do sujeito comportamento diferente" (*Direito penal*, t. 2º, p. 32-33) (Itálicos meus). Aquela *crença* seguia fielmente a Exp. Mot. da PG/1940, *verbis:* "No tocante à *culpabilidade* (ou elemento subjetivo do crime), o projeto não conhece outras formas além do dolo e da culpa *stricto sensu*" (Item 13) (Itálicos do original).

A importância da teoria finalista da ação para elaboração da teoria normativa pura da culpabilidade é reconhecida pela comunidade de estudiosos da ciência penal dos dias presentes. Observa BITENCOURT que "dos debates e estudos que vários desses penalistas – *causalistas e finalistas* – realizaram em torno do conceito de culpabilidade, chegou-se à consideração, mais ou menos unânime, entendendo a culpabilidade *como aquele juízo de reprovação dirigido ao autor por não haver obrado de acordo com o Direito, quando lhe era exigível uma conduta em tal sentido*" (*Tratado*, p. 460) (Itálicos do original).

IV. Pressupostos da culpabilidade

a. *A imputabilidade*

A imputabilidade, em seu conceito mais simples, é a *capacidade de culpa*.[5] Não a têm os doentes mentais e os menores de 18 anos. Os primeiros, em face de anomalia que os impede, inteiramente, de entender o caráter ilícito do fato ou de determinar-se de acordo com esse entendimento; os outros porque a Política Criminal, adotada pelo Estado, preserva-os dos males do sistema penitenciário e do *ferrete* da condenação, embora, sendo maiores de dezesseis e menores de dezoito anos, dispõe da faculdade de votar (CF, art., 14, § 1º, II, *c*) e, obviamente de distinguir entre as boas e más ações.

b. *A consciência (potencial ou real) da ilicitude*

A *consciência da ilicitude* em sua expressão efetiva ou potencial é a compreensão que o sujeito tem (ou poderia adquirir) quanto ao caráter ilícito do fato que está praticando ou que irá praticar. Essa ressalva, de uma conduta típica futura é justificável diante da ocorrência de situação de inimputabilidade no momento da conduta, mas cuja capacidade de culpa é identificável em momento anterior (*actio libera in causa*). Essa percepção é *real* quando o sujeito tem a noção da contrariedade ao Direito no momento da ação ou da omissão. Ou seja, ele tem a representação dos aspectos morais, éticos, religiosos e sociais do fato ilícito no momento da ação ou da omissão. Trata-se da compreensão que o ser humano tem dos próprios estados,

---

5 Sobre o conceito de imputabilidade e as situações de inimputabilidade duradoura e momentânea: v. Comentários ao Tit. III DA IMPUTABILIDADE PENAL, § 3º.

percepções, ideias, sentimento, volições etc. perante o mundo e a vida e os valores representados em determinado tempo e espaço. Ele sabe que ameaçar alguém de morte ou deixar de prestar socorro à pessoa que atropelou dirigindo seu automóvel, pode lhe causar um *problema* com a polícia. Em outras palavras: uma punição. Ou é *potencial* quando, embora ignorando ser proibida a pesca em determinado período do ano,[6] pratica o fato como lazer sem tomar a cautela de se informar a respeito. Também como hipóteses de *ciência virtual* da ilicitude ocorrem delitos culposos ou dolosos pelos portadores da chamada *cegueira jurídica,* i.e., aquela categoria de sujeitos que revelam uma *hostilidade ao Direito* por não terem assimilado regras elementares da boa convivência social. Tais sujeitos têm a idade e as condições de sanidade mental para alcançar o conhecimento potencial da ilicitude. No entanto, suas atitudes são próprias de quem ofende os valores éticos e sociais que compõem a norma.

O parág. único do art. 21 do CP declara que o erro (sobre a ilicitude do fato) é tido como evitável se o agente atua ou se omite sem a consciência da ilicitude do fato, "quando lhe era possível, nas circunstâncias, ter ou atingir essa consciência".

c. *possibilidade e exigibilidade, nas circunstâncias, de conduta diversa*

O juízo de culpabilidade pelo fato típico e ilícito pressupõe que o agente podia e devia agir de maneira diversa. Essa reprovabilidade deriva, portanto, de uma concepção normativa. Segundo a lição de BRUNO, o sujeito pode ter capacidade de entender e de querer relevante para o Direito, pode ser imputável, pode ter transgredido o preceito contido na norma penal por imprudência, negligência ou imperícia, ou por vontade conscientemente dirigida no sentido desse resultado contrário à norma; ainda assim não estão reunidos os elementos suficientes para suportar o juízo de reprovação em que a culpabilidade consiste. "É necessário ainda que, nas circunstâncias, seja exigível do agente uma conduta diversa; que a situação total em que o proceder punível se desenvolve não exclua a exigência do comportamento conforme ao Direito que se pode reclamar de todo homem normal em condições normais" (*Direito penal,* t. 2º, p. 7).[7]

Esse "poder-dever" de agir, de fácil compreensão no vernáculo, como hipóteses factuais do cotidiano, sugere, na verdade, uma indagação sobre a condição humana de liberdade individual. Na perspectiva filosófica há três

---

6   Lei n. 9.605, de 12.02.1998, art. 34.
7   Inexigibilidade de conduta diversa: v. CAUSAS SUPRALEGAIS DE EXCLUSÃO DE CULPABILIDADE, § 50.

concepções sobre a liberdade. A primeira a entende como absoluta, incondicionada; a segunda a identifica com a necessidade e a terceira a concebe como medida de possibilidade, ou seja, escolha motivada ou condicionada. Em tal sentido, a liberdade "não é autodeterminação absoluta e não é, portanto, um todo ou um nada, mas antes um problema sempre aberto: o problema de se determinar a medida, a condição ou a modalidade da escolha que pode garanti-la" (ABBAGNANO, *Dicionário de filosofia*, p. 582).

Em página antológica, BETTIOL assim se refere à normalidade do ato volitivo, como pressuposto para incidir o juízo de culpabilidade: "O que se pretende, na verdade, abranger com a expressão 'normalidade das circunstâncias'? Para que uma ação possa ser considerada culpável não basta que um sujeito capaz tenha previsto e querido um certo evento lesivo, mas é ainda preciso que a sua vontade tenha podido determinar-se normalmente à ação: essa determinação normal não pode exigir-se quando as condições de fato em que o indivíduo atua são de molde a tornar impossível ou muito menos difícil a formação de um querer imune de defeitos. Quando se admite, por exemplo, que em virtude de força maior é impossível a imputação de um fato a um sujeito capaz, que todavia tenha agido conscientemente, se vier a reconhecer-se que na base do juízo de culpabilidade se encontra o princípio de que esse juízo deve ser excluído quando a vontade não tenha podido determinar-se normalmente à ação, o que tanto pode acontecer por um vício que incida quer sobre a representação das consequências da própria ação, quer sobre a livre determinação à mesma ação. A culpabilidade, numa concepção normativa, é afastada cada vez que – dadas as condições do atuar – não se possa 'exigir' do sujeito ativo um comportamento diferente daquele que ele efetivamente teve" (*Diritto penale*, p. 490).

Os imperativos de comando ou proibição constituem o conteúdo da norma penal cuja violação acarreta uma sanção. Mas o comportamento adequado segundo tais mandamentos não pode ser exigido de maneira absoluta, devendo condicionar-se às possibilidades físicas ou morais do sujeito, de acordo com as circunstâncias do momento. Em outras palavras: de sua *essência* e *circunstância*, para usar a expressão clássica de ORTEGA Y GASSET.

Uma das discussões mais fecundas entre as Escolas Clássica[8] e Positiva de Direito Penal, com repercussões na cultura jurídico-penal da Europa e

---

8   A designação original daquele movimento, que teve em FRANCESCO CARRARA (1805-1888) a sua maior expressão, era Escola Jurídica Italiana e ganhou a designação Escola Clássica Criminal na obra de ENRICO FERRI (1856-1929). Sobre as orientações fundamentais, características essenciais, principais figuras e bibliografia daqueles movimentos, v. DOTTI, Curso, p. 240-247).

da América latina e reduzida à perspectiva maniqueísta em torno do livre-arbítrio e do determinismo. Trata-se de um assunto próprio e recorrente da Filosofia do Direito e das ciências sociais enquanto o problema da responsabilidade penal deve ser enfrentado com bases empíricas. "Con ello se excluye del campo de nuestra disciplina la referida controversia y simplemente se parte del hecho de que el individuo puede y debe tomar la norma jurídica y su sanción como motivos suficientes para no realizar conductas delictuales" (NOVOA MONREAL, *Curso*, p. 457) (Itálicos meus).

Em linha de princípio e sem a pretensão de reabrir a velha polêmica, é importante reconhecer que a noção de liberdade do ponto de vista social significa não apenas a liberdade de decidir como, igualmente, a de autodeterminar-se ou seja, "a ideia de responsabilidade para consigo mesmo, mas também para a comunidade (nesse caso, ser livre implica a assunção de algumas obrigações)" (FERRATER MORA, *Dicionário de filosofia*, p. 407).

No campo da imputabilidade, a liberdade do sujeito como objeto do juízo de reprovação, implica na autonomia para manifestar validamente a sua vontade a salvo de coação moral ou física, de incapacidade etária, de anomalia psíquica ou de qualquer outra causa que, nos termos expressos da lei, determine exclusão de ilicitude ou isenção de pena. Esse fenômeno reafirma a *liberdade de opção* do ser humano sem a qual não se justifica a pena criminal.

d. *O juízo de reprovação ao sujeito pela sua conduta contrária à norma*

Este último elemento, que completa o quadro estrutural da culpabilidade, é indicado por TOLEDO[9] após incluir no tipo de dolo esses dois componentes: *a)* intencionalidade, i.e., a finalidade da ação (elemento volitivo); *b)* previsão do resultado, i.e. (elemento intelectual). A lucidez e a didática dessa conclusão teve a seguinte premissa: "Ao examinar o dolo, notou Welzel que o impasse a que chegaram Mezger e seus seguidores diante do criminoso habitual ou por tendência, já por nós examinado, consistia em um detalhe: a inclusão no dolo da consciência da ilicitude e a exigência da atualidade desta. Retirada do dolo a consciência da ilicitude, decretar-se-ia, de vez, a morte do antigo *dolus malus* dos romanos, que já vivera muito e não mais correspondia às necessidades de um direito penal moderno, impregnado de contribuições valiosas da criminologia. De resto, essa nova

---

9 Culpabilidade = "imputabilidade; consciência *potencial* da ilicitude; possibilidade e exigibilidade, nas circunstâncias, de um agir-de-outro-modo; juízo de censura ao autor por não ter exercido, quando podia, esse poder-agir-de-outro-modo". V. TOLEDO, *Princípios básicos*, § 231, p. 229) (Itálico do original).

operação não traria qualquer prejuízo para a culpabilidade normativa, visto como a consciência da ilicitude poderia ser melhor situada no interior da própria culpabilidade. Além disso, poder-se-ia reelaborar aquele conceito normativo para transformá-lo na 'consciência potencial da ilicitude'" (*Princípios básicos*, § 231, p. 228).

V. A culpabilidade como fundamento da pena

O dogma da culpabilidade é expressamente enunciado pelo art. 19 do Código Penal e o primeiro dos indicadores a serem examinados pelo juiz para a individualização da pena – "conforme seja necessário e suficiente para reprovação e prevenção do crime" – (CP art. 59). Também no quadro do concurso de pessoas, a culpabilidade deve ser investigada para se determinar a natureza e o grau da participação (CP art. 29). Essa averiguação igualmente se efetiva quando o concurso é verificado em crime previsto em lei especial (Lei n. 8.137/1990, art. 11 e Lei n. 9.605/1998, art. 2º).

Um dos generosos princípios da ciência e do Direito Penal consiste no reconhecimento de que não pode haver pena criminal sem culpabilidade: *nulla poena sine culpa* (DOTTI, *Curso,* p. 452). No mesmo sentido é o entendimento sem divergência da doutrina (por todos, DAMÁSIO DE JESUS, *Direito penal,* p. 499 e ss.).

Para MESTIERI, a culpabilidade "é o juízo de reprovação pessoal sobre um autor capaz pela realização de um injusto. **Culpabilidade é reprovabilidade**. O juízo de culpabilidade refere-se prevalentemente ao autor, ao protagonista da ação típica e ilícita, é um *juízo derivado*, que parte do fato reprovado para o indivíduo. *A ilicitude diz respeito ao fato*" (*Manual,* p. 157) (Itálicos do original; negritos meus).

VI. A culpabilidade como base para a escolha e limites da pena

A sentença condenatória a ser proferida pelo juiz (CPP, art. 387) pressupõe a figura do *crime consumado* em seus elementos típicos: conduta (ação ou omissão), tipicidade e ilicitude. Nos termos do art. 68 do Código Penal, o procedimento para o cálculo da pena se desdobra em três etapas: *a)* fixação da pena-base conforme as diretivas do art. 59; *b)* a aplicação das circunstâncias atenuantes e agravantes; *c)* a aplicação das causas especiais de aumento ou diminuição. O dinamismo judicial na imposição concreta da pena leva em conta a natureza e a extensão da reprovabilidade da conduta "conforme seja necessário e suficiente para reprovação e prevenção do crime" (CP, art. 59, *caput,* última parte). E assim decide entre a prisão e a multa, cominadas alternativamente (CP, arts. 135, 136, 137, 140 etc. c/c o art. 59, I). O mesmo critério é adotado para a substituição de uma pena por outra (CP, arts. 44 e 60, § 2º). A medida da *culpa* deve ser a medida da *pena*, em face dos princípios da retribuição e da proporcionalidade. Na lição de ROXIN, distinguem-se as situações da culpabilidade para *fundamentar* a pena e para *medir* a pena: "De esta culpabilidad para la fundamentación de la pena del "si" de la pena, del supuesto de hecho o tipo de conexión para la medición judicial de la pena y por tanto "ao conjunto de los momentos que poseen relevancia para la magnitud de la pena en el caso concreto' [...] Mientras que en la culpabilidad para fundamentación de la pena nos preguntamos por la imputabilidad o capacidad de culpabilidad y por la posibilidad de conocimiento de la prohibición, la culpabilidad para la medición de la pena depende sobre todo de los factores mencionados en el § 46"[10] (*Derecho penal: parte general,* t. I, § 19, p. 814).

VII. A culpabilidade como base para a substituição da pena

A culpabilidade – além dos antecedentes, da conduta social, da personalidade do condenado, bem como os motivos e as circunstâncias – é também referencial para a *substituição da pena* privativa de liberdade pela pena restritiva de direitos (CP, art. 44, III) ou pela pena de multa (CP, art. 60, § 2º). Reafirma-se, neste aspecto, o entendimento segundo o qual, no ordenamento positivo brasileiro, a culpabilidade não é um elemento de estrutura do delito (que já ocorreu), mas um elemento inerente à reação punitiva do Estado.

VIII. A culpabilidade como base para fixar o regime inicial da pena de prisão

O juiz, na própria sentença de condenação, estabelecerá o regime inicial de cumprimento da pena privativa de liberdade, em atenção aos seguintes requisitos: *a)* a quantidade da pena imposta (CP, art. 33, § 2º); *b)* a qualificação subjetiva do condenado em relação aos tipos de regime aberto

---

10 Código Penal aleman: "§ 46. Principios de la fijación de la pena (1) La culpabilidad del autor constituye el fundamento para la fijación de la pena. 2 Deben considerarse las consecuencias que son de esperar de la pena para la vida futura del autor en la sociedad (2) En la fijación sopesa el tribunal las circunstancias favorables y desfavorables del autor. 2 En esta relación deben tomarse en consideración de manera particular: – los móviles y objetivos del autor, – el ánimo, que habla del hecho y la voluntad empreada en el hecho, – la medida del violación al deber, – la clase de ejecución y el efecto culpable del hecho, – los antecedentes de conducta del autor, sus condiciones personales y económicas, asi como su conducta después del hecho, especialmente su esfuerzo para reparar el daño asi como el esfuerzo del autor de lograr una acuerdo con la victima (3) No se permite tomar en cuenta circunstancias que ya son características del tipo legal".

e semiaberto; *c)* as indicações norteadoras do art. 59 do CP. Como bem observa SILVA FRANCO, tais requisitos evidenciam a necessidade do julgador não se limitar, na sua escolha, ao *quantum* da pena. "Escolher o regime inicial de cumprimento da pena, com base exclusiva na quantidade de pena imposta, além de ser incorreto, desserve aos objetivos da própria pena que estão centrados na sua necessariedade e suficiência para os fins de retribuição e prevenção do crime. Assim, além da verificação, em se tratando de regime semiaberto ou aberto, se o condenado é reincidente ou não, o julgador deve sempre chamar à colação os parâmetros do art. 59 do CP para verificar a adequabilidade do regime escolhido em função da culpabilidade, da personalidade, dos motivos, etc., do agente" (*Código penal*, p. 920).

IX. O entendimento de doutrinadores nacionais

Existem muitos aspectos relevantes para sustentar que a culpabilidade, no sistema adotado pelo Código Penal brasileiro, é, sem dúvida, o fundamento da reação estatal contra o delito. Em outras palavras: a culpabilidade é um elemento da pena. Essa é, também, a opinião dos atualizadores da valiosa obra de CELSO DELMANTO,[11] após analisar vários conceitos do delito e avaliar a concepção que sustento. É oportuno reproduzir:

> "*f.* Crime é a conduta típica e antijurídica (a culpabilidade é ínsita à Teoria da Pena): Segundo esta teoria, crime identifica-se com o conceito de injusto penal (conduta humana típica e antijurídica), restando a aplicação da pena condicionada à culpabilidade, que é a reprovação ao agente pela contradição entre sua vontade e a vontade da lei. Seu precursor, no Brasil, foi RENÉ ARIEL DOTTI (cf., atualmente, o seu *Curso de direito penal,* Rio de Janeiro, Forense, 2001, pp. 335-339), para quem "o crime, visto como ação tipicamente ilícita, é um fenômeno distinto e separável da pena cuja imposição depende dos pressupostos da imputabilidade, consciência da ilicitude e exigibilidade de conduta diversa, i.e., da culpabilidade". Nesse sentido, também encontram-se JULIO FABRINI MIRABETE *(Manual de direito penal,* 23. ed., atualizada por Renato N. Fabbrini, São Paulo, Atlas, 2006, t. 1, p. 83-85), DAMÁSIO DE JESUS *(Código penal comentado,* 17ª ed., São Paulo, Saraiva, 2006, p. 33), ROMEU DE ALMEIDA SALLES JR. *(Código penal interpretado, 2ª* ed., São Paulo, Saraiva, 2000, p. 18-19) e FLÁVIO AUGUSTO

---

11 *Código Penal comentado,* 8ª ed. ROBERTO DELMANTO, ROBERTO DELMANTO JÚNIOR e FÁBIO M. DE ALMEIDA, São Paulo: Editora Saraiva, 2010, p. 123-125.

MONTEIRO DE BARROS (*Direito penal parte geral*, 5. ed., São Paulo, Saraiva, 2006, vol. I, p. 117-119), além de outros. Para essa teoria, é fundamental a compreensão de que o inimputável pratica conduta como decorrência de sua personalidade, tendo vontade e agindo de acordo com essa vontade, ainda que sem compreensão do caráter ilícito de sua conduta ou, embora compreendendo a ilicitude de sua conduta, sendo incapaz de agir de acordo com esse entendimento. Não obstante, a sua conduta, que pode ser, portanto, típica e antijurídica, não será reprovável. Entre autores estrangeiros que admitem que o inimputável pode praticar crime, embora sem culpabilidade, lembramos o pensamento de EUSEBIO GÓMEZ (*Tratado de derecho penal*, Buenos Aires, Compañia Argentina de Editores, 1939, t. 1, p. 382), que escreve o seguinte: "O delito é um fato humano, antijurídico, real ou potencialmente lesivo de um bem ou interesse protegido pela lei. A sanção imposta a quem o comete não é um de seus atributos, senão uma consequência. [...] Não se ajusta, quando se enunciam os caracteres do delito, aludir à condição de que o autor seja legalmente imputável. O fato delituoso cometido por um inimputável poderá ou não ser objeto de sanção, segundo seja a doutrina da lei a esse respeito, mas o delito manterá sempre o seu caráter como tal" (*Código penal comentado*, p. 122).[12]

• *g*. Nossa posição: Como pudemos observar, várias são as teorias acerca do conceito analítico de crime, sendo dominante a teoria tripartida (crime é o fato típico, antijurídico e culpável), ao passo que a teoria dos elementos negativos do tipo vem crescendo e ganhando relevante consistência (para a qual o tipo é indissociável da antijuridicidade, havendo, com a exclusão da antijuridicidade, a própria exclusão da tipicidade), sendo o crime, assim, o fato típico e culpável. Inclusive na jurisprudência brasileira, essa união dos conceitos de tipo e antijuridicidade surge com a criação e aplicação de conceitos como o de "tipicidade formal" e "tipicidade material", e com o alargamento do chamado princípio da insignificância para diversos crimes, não só para delitos materiais de cunho econômico, mas também para outras condutas inexpressivas, o que se aproxima dos conceitos de "antijuridicidade formar e de "antijuridicidade material" (v., acima, comentários

---

12 *Idem* à nota anterior, p. 122.

sobre o tema). Todavia, deparamo-nos no Brasil, com um Código Penal cuja sistematização, em que pesem as críticas, aponta para a *culpabilidade* como sendo elemento da aplicação da pena (teoria da pena). Desse modo, e lembrando ALFONSO SERRANO MAÍLLO (ob. cit., p. 222)[13] quando diz que 'a concepção do delito que se pretende defender deve procurar de todos os modos ser coerente – ou compatível – com a própria lei positiva, em especial com as instituições mais importantes que integram a mesma,' a teoria desenvolvida por RENÉ DOTTI, em 1976, e que influenciou uma geração de autores brasileiros, no sentido de que crime é a conduta típica e antijurídica, estando a culpabilidade vinculada à pena, encontra respaldo em diversas passagens do (*sic*) legislação penal brasileira. Vejamos os exemplos abaixo:

▪ g. 1. A medida de segurança: O entendimento de que um inimputável pode cometer crime coaduna-se com o texto de nosso atual Diploma Penal, justificando a liberação da coação estatal de cunho penal consubstanciada na medida de segurança. Partindo-se do pressuposto de que a medida de segurança é sanção penal, e sanção que implica severíssima restrição da liberdade por tempo indeterminado, não concebemos como se poderia justificar tamanha violência estatal sem a prática de um *crime,* ainda que a pessoa que teve determinada vontade e a pôs em prática não tenha compreendido o caráter criminoso de sua conduta (não havendo valoração, por falta de capacidade de compreensão) ou não tenha podido agir de acordo com esse entendimento (apesar de haver valoração, não há capacidade de inibição do impulso), adotando-se a concepção de que basta o 'dolo natural' de WELZEL, destituído de caráter valorativo (em sentido contrário, MIGUEL REALE JÚNIOR, *Teoria do delito,* cit., p. 5, 48 e ss. e 83). Com efeito, o art. 96 do CP estatui: 'Se o agente for inimputável, o juiz determinará sua internação (art. 26). Se, todavia, o fato previsto como crime for punível com detenção, poderá o juiz submetê-lo a tratamento ambulatorial'. Ademais, não nega a doutrina a possibilidade do inimputável matar alguém em legítima defesa, sendo que embora possa até mesmo ser considerado potencialmente 'perigoso', não poderá ser submetido a medida de segurança em razão desse fato, permitindo-nos afirmar: se pode o inimputável

---

13 O texto refere-se à obra *Ensayo sobre el derecho penal como ciência,* Madrid, Dykinson, 1999, mencionada na p. 121 de *Código penal comentado.*

agir conforme o Direito (repelir agressão atual ou iminente, e injusta, a qual não deu causa, utilizando-se moderadamente dos meios necessários, nos termos do art. 25 do CP), pode ele, também, ser autor de um homicídio sem legítima defesa (fato típico e antijurídico), e, dada a periculosidade demonstrada, submetido a medida de segurança. Discordamos, desse modo, da respeitável crítica de PAULO QUEIROZ *(Direito penal,* cit., p. 133, nota 29), no sentido de que o fato do inimputável, nos termos do Código de Processo Penal, ser 'absolvido' (CPP, art. 386, VI), demonstra que ele não comete crime. Embora exista esse descompasso legislativo, tal sentença, ainda que se atenha aos ditames do Código de 1941, assume o *caráter de condenatória,* tendo a medida de segurança, como já apontado, natureza de resposta penal negativa. A demonstrar, *data venia,* a improcedência do argumento, ressaltamos que o Projeto de CPP de 1983 (que se pretendia aprovar juntamente com a Reforma Penal de 1984 e com a LEP), ao tratar da 'sentença condenatória' estipulava: 'Art. 361. Procedente a acusação, o juiz proferirá sentença condenatória, aplicando ao acusado as sanções cabíveis. Cumpre-lhe ainda: [...] IV – impor a medida de segurança adequada ao inimputável ou semi-imputável'. Ademais, tanto na LEP (art. 171) quanto no CP (art. 96), a medida de segurança tem caráter de resposta penal de cunho preventivo (prevenção especial) e terapêutico, como reação do Estado *ao crime,* lembrando o brocardo *nulla poena sine crimen.* Crime, este, que denota a periculosidade do sujeito a quem o fato criminoso é atribuído. Ousamos, aqui, e por tudo o que foi exposto, asseverar que, nos moldes do art. 97 do CP, não há diferença ontológica entre a prática de um crime e a prática de um fato definido como crime *(fatto di reato* para os italianos). Aliás, o próprio art. 96, parágrafo único, do CP, ao estabelecer que 'extinta a punibilidade, não se impõe medida de segurança nem subsiste a que tenha sido imposta', não deixa ao intérprete de nosso Código outra alternativa. Isto porque a punibilidade a ser extinta decorre de uma *conduta criminosa.* Afinal, como poderíamos falar em punibilidade sem crime? Não é possível.

▪ g.2. O art. 59 do CP: Ainda com o mesmo propósito de enfocar nosso Diploma Penal, verifica-se que nos termos do art. 59 do CP, ao tratar da individualização da pena, o que é valorado mediante a análise da culpabilidade (reprovabilidade) é o 'crime', *verbis:* 'Art. 59. O juiz, atendendo à culpabilidade, aos antecedentes, à conduta social, à personalidade do agente, aos motivos, às circunstâncias e consequências *do crime,* bem como ao comportamento da vítima, estabelecerá, conforme seja necessário e suficiente para reprovação e prevenção *do crime:* [...]'. Resta claro, pelos termos do citado artigo, que uma coisa é valoração ('atendendo à culpabilidade'), outra, aquilo que é valorado ('consequências do crime'). Ou seja, ao menos sob os métodos da interpretação gramatical, lógica e sistemática (que não são os únicos, evidentemente), a eles somando-se a interpretação histórico-evolutiva (cf. TÉRCIO SAMPAIO FERRAZ JÚNIOR, *A ciência do direito,* ed., São Paulo, Atlas, 1996, p. 74-80), a culpabilidade, como juízo de reprovabilidade, não constitui elemento daquilo que é valorado a fim de aferir a censurabilidade do sujeito a quem é atribuída a prática do crime, entendido como conduta típica e ilícita.

▪ g.3. Os arts. 26 e 28 do CP e o art. 45 da Lei n. 11.343/2006: Observa-se que se o legislador pátrio, por um lado, utiliza-se expressamente da locução 'não há crime' quando há estado de necessidade, legítima defesa, estrito cumprimento de dever legal ou exercício regular de direito (causas de exclusão da ilicitude previstas no art. 23 do CP), por outro lado emprega a expressão 'é isento de pena' ao dispor, por exemplo, sobre a exclusão da culpabilidade na embriaguez completa proveniente de caso fortuito ou força maior (art. 28, § 1º). Igualmente, ao tratar da inimputabilidade, estipula no art. 26 que 'é isento de pena o agente que, por doença mental ou desenvolvimento mental incompleto ou retardado, era, ao tempo da ação ou da omissão, inteiramente incapaz de entender o caráter ilícito do fato ou de determinar-se de acordo com esse entendimento'. Como visto, nesses dois exemplos, o legislador poderia ter se utilizado das frases 'não há crime quando o autor encontra-se em estado de embriaguez completa proveniente de caso fortuito ou força maior', ou 'não há crime quando o autor for inimputável'. Ocorre que não o fez. Ora, se partirmos do pressuposto de que a lei não possui palavras inúteis, não podemos chegar a outra conclusão senão à adotada por RENÉ ARIEL DOTTI (ob. e p. cit.). Ademais, se a punibilidade decorre do crime, a outra conclusão também não se pode chegar. Os arts. 26 e 28, § 1º, são textuais, não deixando margem a dúvida em (a) considerar que a imputabilidade não é pressuposto do crime, bem como (b) em entender que a culpabilidade, como juízo de reprovabilidade, não é elemento do crime, mas, sim, pressuposto da aplicação da pena que dele decorre. Reafirmando esse entendimento, a Lei de Drogas (Lei n. 11.343/2006), em seu art. 45, *caput,* estatui, expressamente: 'É isento de pena o agente que, em razão da dependência, ou sob o efeito, proveniente de caso fortuito ou força maior, de droga, era, ao tempo da ação ou da omissão, *qualquer que tenha sido a infração penal praticada,* inteiramente incapaz de entender o caráter ilícito do fato ou de determinar-se de acordo com esse entendimento'. Há, portanto, reconhecimento expresso, *pelo legislador,* de que o inimputável pratica infração penal.

- g.4. A coação moral irresistível (CP, art. 22, primeira parte): A admissão da *imputabilidade* como pressuposto do crime e da *culpabilidade* como seu elemento levaria, a nosso ver, a situações absolutamente incongruentes em face do que é disposto em nosso Código Penal. Assim, imagine-se a imputação de um crime, em coautoria, de apropriação indébita (CP, art. 168). No decorrer da instrução, um dos acusados prova que agiu sob coação moral irresistível (que é causa de exclusão da culpabilidade). Ora, por mais que seja pessoal esta causa, haveria incongruência em considerar o mesmo fato como sendo crime em relação a um acusado e, ao mesmo tempo, entender que o mesmo fato realizado no mesmo instante, e contra a mesma vítima, não seria crime em relação ao outro, que teve a culpabilidade (reprovabilidade) afastada.

- g.5. O crime de receptação: Um outro aspecto que pode ser lembrado é a questão da receptação. Isto porque somente com a admissão da culpabilidade como pressuposto da pena, e não do crime, é que se explicaria o art. 180, § 4º, do CP. Neste artigo estipula-se que a receptação será punível 'ainda que desconhecido ou isento de pena autor do crime de que proveio a coisa'. Nesses termos, se um menor, mediante ameaça de arma de fogo, subtrai a carteira e o relógio de um motorista, não teria cabimento deixar de considerar criminosa a conduta daquele que adquire o seu produto. Na hipótese de se entender a imputabilidade e a culpabilidade como elementos do crime, haveria a atipicidade de uma receptação do produto de um 'ato infracional' praticado por um menor.

- g.6. O Estatuto da Criança e ao Adolescente: O sempre respeitável FERNANDO GALVÃO *(Direito penal – parte geral,* Rio de Janeiro, Impetus, 2004, p. 111) afirma que o fato de o Estatuto da Criança e do Adolescente estipular em seu art. 103 que ato infracional é 'a conduta descrita como crime ou contravenção penal' seria um reconhecimento do legislador de que a culpabilidade integra o conceito de crime e que o menor não o comete. *Data venia,* a denominação 'ato infracional' a nosso ver, não passa de um pleonasmo, mesmo porque o seu conceito se identifica com as próprias figuras típicas que definem crimes. Os menores não são processados criminalmente justamente por serem inimputáveis, faltando justa causa para a ação penal, embora possam ter cometido um 'ato infracional' que assim é considerado por ser descrito pelo Código Penal como 'crime'. 'Ato infracional' que legitima a imposição da resposta penal prevista naquele diploma, como a internação, que se consubstancia em privação de liberdade com inegável conteúdo sancionatório em face da prática, pelo menor, de fato previsto como 'crime'. Nesse sentido, aliás, posiciona-se ANA PAULA MOTTA COSTA (*As garantias processuais e o direito penal juvenil como limite na aplicação da medida socioeducativa de internação,* Porto Alegre, Livraria do Advogado, 2005, p. 78-82), ao escrever: 'Coerente é o entendimento que atribui natureza sancionatória às medidas socioeducativas, embora seu conteúdo na execução deva ser predominantemente educativo. [...] Tais medidas, por serem restritivas de direitos, inclusive da liberdade, consequência da responsabilização, terão sempre caráter penal, sendo sua natureza de sanção ou de retribuição'. Igualmente, em monografia específica, WILSON DONIZETTI LIBERATI *(Adolescente e ato infracional,* São Paulo, Editora Juarez de Oliveira. 2003, p. 100), assevera que 'as medidas socioeducativas têm, nitidamente, natureza punitiva, mas são executadas com meios pedagógicos'. É essa a realidade, cuja teoria não pode desconsiderar, sendo claro e realístico o conteúdo sancionatório".[14]

X. O entendimento de doutrinadores estrangeiros

A culpabilidade é um fenômeno indissolúvel da pena assim como a *alma* que dá vida a um *corpo*. Há muitos fragmentos na doutrina estrangeira que autorizam essa conclusão. É oportuna a referência de alguns mestres: *a)* MEZGER, "La culpabilidad es el conjunto de aquellos presupuestos de la pena que fundamentan, frente al sujeto, la reprochabilidad personal de la conducta antijurídica" (*Tratado,* § 33, t. II, p. 1); *b)* RODA, "con la antijuridicidad concluye el juicio sobre el hecho; la culpabilidad constituye el juicio

---

14 *Idem, ibidem,* p. 123-125.

sobre el autor, en especial sobre su proceso de motivación" (*Una nueva concepción del delito,* p. 62); **c)** LUZÓN PEÑA: "Dentro de la posición mayoritaria, que admite la culpabilidad como presupuesto ineludible de la pena, la doctrina absolutamente dominante la entiende como un (último) requisito del delito, del hecho punible, que ha de ser un hecho culpable. Sin embargo, como ya vimos (*supra* 1/17 ss.)[15], alguns autores defienden que la culpabilidad es un requisito de sujeto (activo) del delito, pero no del propio delito; que para que haya pena, el sujeto ha de ser individualmente culpable del delito cometido (culpable del hecho o por el hecho), *pero el delito no es acción culpable, sino simplemente hecho típico y antijurídico (no es hecho culpable).* Aunque obviamente la posición dominante tiene a su favor la ventaja de ser absolutamente usual, ambas posiciones son defendibles, porque depende de la perspectiva que se quiera utilizar – culpabilidad en el propio hecho, o culpabilidad del sujeto por el hecho – y entonces no es más que una cuestión terminológica y solo hay que estar atento al sentido en el que se está empleando el concepto de delito"(*Lecciones,* p. 487) (Itálicos e negritos meus); **d)** CÓRDOBA RODA: "La culpabilidad según el finalismo, es el juicio de reproche que se formula al autor por no haber adaptado su conducta a la norma a pesar de que estaba en situación de hacerlo. Con la antijuridicidad concluye el juicio sobre el hecho; la culpabilidad constituye el juicio sobre el autor, en especial sobre su proceso de motivación. La inclusión de la finalidad en la acción, y la del dolo en el tipo, priva a la culpabilidad de todos sus elementos psicológicos. Sus componentes son ahora puros procesos de valoración: la imputabilidad constituye el juicio sobre la general capacidad de motivación del sujeto; de la posibilidad del conocimiento del injusto se extrae la conclusión de que al autor imputable podía, también en el caso concreto, conocer el carácter antijurídico de su hacer; por último, la exigibilidad de la conducta adecuada a la norma pone de manifiesto que no concurre a favor del sujeto situación coactiva alguna" (*Una nueva concepción del delito. La doctrina finalista,* p. 62).

---

15 Nota 1/17 e ss.: "En cambio, un sector minoritario considera que la culpabilidad es una característica del sujeto, y no un requisito del delito, que consiste simplemente en la acción penalmente antijurídica, tanto si su autor es culpable como si no lo es. Este es, por cierto, el concepto de delito ("infracción", conducta "penada por la ley", o sea, típicamente antijurídica) que utiliza en su articulado el CP, que además prevé con toda claridad la posibilidad de que inimputables como los enajenados, menores o quienes sufran alteraciones en la conciencia, es decir, personas no culpables cometan un "hecho delictivo" o una "infracción penal" (arts. 19 y 20, 1º y 2º CP 1995; o, como decia el art. 8, 1º a 3º, CP 1944/1973, un hecho costitutivo de 'delito'"(LUZÓN PEÑA, ob. cit., p. 5-6).

XI. A definição tripartite de crime em código moderno

O Código Penal espanhol ao estabelecer que "*son delitos o faltas las acciones y omisiones dolosas o imprudentes penadas por la lei*" (art. 10), adota o critério tripartido do delito, ou seja: a conduta (ação ou omissão), típica e ilícita.

Um dos mais qualificados intérpretes do aludido diploma, LUZÓN PEÑA, analisando o dispositivo citado observa: "*En cambio, no parece que el concepto legal de delito recoja la exigencia de la culpabilidad,* a no ser que se interpretara que 'penadas por la ley' significa también que la acción sea en concreto punible en vista de las condiciones del sujeto, lo que no parece muy plausible (ya que entonces, más que de acciones penadas por la ley, que denota idea de previsión legal general, debería hablarse de acciones legalmente previstas y susceptibles de ser judicialmente penadas o castigadas, es decir, en el caso individual). Por otra parte, el adjetivo 'dolosas o culposas' (del anterior CP), o dolosas o imprudentes', no significa culpables. Pues con esa mención el Código quiere destacar desde el principio la exigencia de responsabilidad subjetiva, pero el dolo y la imprudencia son diversos grados de desvalor de la acción – del injusto o hecho antijurídico – que dan lugar a diversas formas de tipos de injusto desde el punto de vista subjetivo, y no pertenecen a la culpabilidad; pero incluso para quienes siguen sosteniendo la concepción tradicional de que dolo e imprudencia son las formas o gados de la culpabilidad, 'dolosas o imprudentes' no equivale a culpables, ya que la culpabilidad exige otros requisitos adicionales, de modo que una acción dolosa o culposa (imprudente) puede no ser culpable. [...] *En definitiva, el concepto legal de delito no incluye la culpabilidad.* Y aunque se podría contra argumentar, como hacen algunos, qua tal concepto del art. 10 puede ser completado con la exigencia de la culpabilidad que se desprende, aunque fragmentariamente de la exención en los casos de inimputabilidad e inexigibilidad individual de los art. 19 y 20, 1º a 3º y 6º, y en el del error de prohibición invencible del art. 14,3 CP, lo cierto es que la interpretación más acorde con la posición legal parece la contraria. *Pues el art. 19, 2º reconoce que el menor comete "un hecho delictivo" y el art. 20, 1º y 2º habla de la 'ilicitud del hecho' cometido por los inimputables;* el art. 20.6º se limita a declarar excluido de responsabilidad penal el miedo insuperable, lo que en coherencia con lo anterior puede perfectamente entenderse como que el sujeto no es penalmente responsable del delito o hecho penado por la ley que há cometido" (*Lecciones de derecho penal,* p. 124-125) (Itálicos meus).

XII. Dispositivos específicos em favor da tese

Além das disposições penais já indicadas no curso desses *Comentários* e, em particular, as referidas por DELMANTO (*supra,* § 12-A), há no Código Penal instituições e normas que demonstram, *quantum satis*, a tese de que a culpabilidade é um elemento inerente à sanção penal porque diminuem ou aumentam a reprovabilidade sobre a conduta, antes ou depois de consumado o delito. Exemplos: *a)* a **agravante da reincidência** (CP, art. 61, I, c/c os arts. 63 e 64),[16] que acresce um *quantum* à pena pela situação pessoal do réu para além do fato praticado; *b)* a **atenuante** de ter o agente procurado, por sua espontânea vontade e com eficiência, *logo após o crime*, evitar-lhe ou minorar-lhe as consequências, ou ter, antes do julgamento, reparado o dano (CP, art. 65, III, *b*); *c)* a **atenuante** da confissão do crime que é caracterizada quando é feita espontaneamente perante a autoridade (CP, art. 65, III, *d); d)* o **arrependimento posterior** (CP, art. 16) previsto nos crimes cometidos sem violência ou grave ameaça, quando a *pena é reduzida* por ato voluntário do agente que repara o dano ou restitui a coisa, até o recebimento da denúncia ou queixa; *e)* a **atenuante** atípica, reconhecível em face de circunstância relevante, anterior ou posterior ao crime (CP, art. 66).

Antes mesmo da aplicação das circunstâncias agravantes e atenuantes e das causas especiais de diminuição e de aumento, a culpabilidade é triplamente avaliada, cf. o art. 59 do Código Penal. *Primeiramente*, pelo nível de reprovação da conduta típica e ilícita, i.e., do fato em julgamento; em um *segundo momento*, pelo passado individual do sujeito (*antecedentes* e *conduta social*) e, *por último,* quando o magistrado examina a sua *personalidade*, definida sinteticamente como "o conjunto de caracteres exclusivos de uma pessoa, parte herdada, parte adquirida" (NUCCI, *Código penal*, p. 432).[17] Na lição de especialistas, para a configuração da personalidade "congregam-se os elementos hereditários e socioambientais, o que vale dizer que as experiências da vida contribuem para a sua evolução. Esta se faz em cinco fases bem caracterizadas: infância, juventude, estado adulto, maturidade e velhice" (Guilherme Oswaldo Arbenz, *Compêndio de medicina legal*, *apud*, NUCCI, ob. e loc. cit.) (Itálicos meus).

Os motivos, as circunstâncias e consequências do crime bem como o comportamento da vítima são fenômenos relacionados à conduta típica, ora como elemento subjetivo do injusto, ora como elementos objetivo e subjetivo do tipo, ora como efeito do resultado.

---

16 A inconstitucionalidade da reincidência tem sido arguida pela doutrina penal brasileira contemporânea porque, entre outras razões, caracteriza dupla punição pelo mesmo fato (Cf. DOTTI, *Curso,* p. 653-655). O Anteprojeto CP argentino (2014) rejeita essa agravante.

17 Antecedentes, conduta social e personalidade formam uma tríade característica do *direito penal do autor* ou *direito penal do agente*, resíduo nos sistemas modernos de antigos regimes penais autoritários. V. § 30, n. I (As teorias sobre a culpabilidade do autor).

XIII. A coculpabilidade

Há mais um aspecto relevante para a demonstração de que a culpabilidade deve ser dogmaticamente considerada no universo temático reservado à pena, como um de seus elementos. Com efeito, é oportuno transcrever o conceito de culpabilidade cf. ZAFFARONI-ALAGIA-SLOKAR: *"La culpabilidad es el juicio necesario para vincular en forma personalizada el injusto a su autor y, en su caso, operar como principal indicador del máximo de la magnitud de poder punitivo que puede ejercerse sobre éste"* (*Derecho penal: parte general*, § 43, p. 656) (Itálicos do original). Essa é a chave para abrir a investigação sobre a natureza e os efeitos jurídico-penais da *coculpabilidade*. Trata-se de uma construção doutrinária atribuída inicialmente a JEAN PAUL MARAT (1743-1793) em seu *Plano de Legislação Criminal,* sustentando a necessidade de se reduzir o número das leis criminais existentes na França. A sua condição humana distinguiu-o como personalidade difusa e generosa, colocando-o como um *divisor de águas* entre os que *dormiam*, i.e., os insensíveis e os *canalhas* que prejudicavam o povo. Daí o seu apelido de *"o amigo do povo".*

A coculpabilidade parte da ideia de que a carga de reprovação dirigida contra o autor de um fato ilícito e culpável deve ser reduzida ou neutralizada quando ele não teve as mesmas oportunidades de inclusão e participação merecidas em uma sociedade livre, justa e solidária. Essa proclamação de princípio, aliás, constitui um dos objetivos fundamentais da República Federativa do Brasil (art. 3º, I). A propósito, ZAFFARONI *et alii*: *"Dado que ninguna sociedad tiene una movilidad vertical tan libre que proporcione a todos sus miembros el mismo espacio social que la persona ha tenido y, por consiguiente, la sociedad debe cargar con la parte que le fue negada (es coculpable en esa medida)"* (*Derecho penal: parte general*, § 43, p. 656).

Segundo o mestre argentino, essa ideia tem o mérito de se harmonizar com a natureza e o sentido da *culpabilidade normativa*, que usualmente reconhece em base idealista um componente de realismo" (ob. e loc. cit.).

No sistema positivo brasileiro, a coculpabilidade pode ser excepcionalmente admitida na análise concreta de situações relacionadas com o estado de necessidade, a inexigência de outra conduta, as hipóteses do erro sobre a factualidade típica e erro sobre a ilicitude do fato e como atenuante atípica etc. (CP, art. 66).

Muito significativo é o oportuno exemplo formulado por GRECO: um casal de mendigos, que a praxe jornalística chama de *moradores de rua*, estava embaixo de um viaduto quando uma ronda policial o surpreendeu praticando relação sexual. Evidentemente não pode ser condenado pelo suposto crime de ato obsceno (CP, art. 233). Embora ali seja um lugar público foi o único espaço onde "esse casal conseguiu se estabelecer, em face da inexistência de oportunidades de trabalho ou mesmo de programas destinados a retirar as pessoas miseráveis da rua a fim de colocá-las em lugar habitável e decente" (*Curso,* p. 415).

Acredito que um novo campo de consideração da coculpabilidade deve ter como objeto não mais o Estado como provedor social carente mas o Estado como responsável pelo sistema criminal abrangendo o legislador, o juiz e os órgãos e instâncias de investigação dos crimes e execução das penas e das medidas de segurança que em muitas situações é responsável pelo fenômeno da vitimização de indiciados, réus e condenados. O cotidiano forense está repleto de exemplos nos quais o erro chamado judiciário.[18]

XIV. O crime é um trecho da realidade

O adolescente, com a idade entre 14[19] e 18 anos incompletos, pode praticar um fato ilícito e típico, como é curial. Assim também o doente mental, embora ambos não sejam culpáveis por expressa disposição legal. Não é possível afastar da realidade humana e social a percepção comum de que certas condutas ofensivas à vida, à integridade física, ao patrimônio, à liberdade e a outros bens fundamentais assumem a dramática ou trágica configuração de um *crime* que o ECA, por amor ao eufemismo e pudor semântico, chama de "*ato infracional*". Neste momento é indispensável lembrar o magistério de NÉLSON HUNGRIA, em texto iluminado pela sabedoria da experiência de vida: "Introdução à ciência penal". Diz o príncipe dos penalistas brasileiros: "*Os preceitos jurídicos não são textos encruados, adamantinos, intratáveis, ensimesmados, destacados da vida como poças d'água que a inundação deixou nos terrenos ribeirinhos; mas, ao revés, princípios vivos que, ao serem estudados e aplicados, tem de ser perquiridos em sua gênese, compreendidos em sua ratio, condicionados à sua finalidade prática, interpretados em seu sentido social e humano. Ciência penal não é esse leite desnatado, esse bagaço remoído, esse esqueleto de aula de anatomia que nos impingem os ortodoxos da jurisprudência pura. Ciência penal não é a jurisprudência isolada em si mesma, a desdobrar-se, introvertidamente, em cálculos jurídicos e sublitates juris, indiferente às aventuras do mundo exterior. Não é ciência penal a que somente cuida do sistema ósseo do direito repressivo ou se limita a tessituras aracnídeas de lógica abstrata, fazendo*

---

18 Na verdade, a clássica expressão "erro judiciário" se deve à indicação do magistrado ou do tribunal que aplica a lei. Porém, o erro em nosso sistema criminal provém, geralmente, da fase anterior à ação penal, ou seja, da investigação criminal.

19 A hipótese de 14 anos tem como referência o § 19 do Código Penal alemão: "Es incapaz de culpabilidad quien en el momento de la comisión de un hecho aún no ha llegado a la edad de los catorce años".

de um código penal, que é a mais alta e viva expressão da ética de um povo, uma teoria hermética, uma categoria de idéias hirtas, um seco regulamento burocrático, um a inexpressiva tabela de aduana. Ciência penal não é só a interpretação hierática da lei, mas, antes de tudo e acima de tudo, a revelação de seu espírito e a compreensão de seu escopo, para ajustá-la a fatos humanos, a almas humanas, a episódios do espetáculo dramático da vida. O crime não é somente uma abstrata noção jurídica, mas um fato do mundo sensível, e o criminoso não é um 'modelo de fábrica', mas um trecho flagrante da humanidade" (*Novas questões jurídico-penais*, p. 6-7) (Itálicos meus).

* **DIREITO COMPARADO**
Anteprojeto argentino: "Art. 1 – Princípios. 1. [...]. 2. Se aplicarán con rigorosa observancia los seguientes principios, sin perjupício de otros derivados de las normas señaladas: *a)* [...] *b)* Culpabilidad. No habrá pena sin culpabilidad ni que exceda su medida. Para la determinación del delito y de la pena no se tomarán en cuenta el reproche de personalidad, juicios de peligrosidad ni otras circunstancias incompatibles con la dignidad y la autonomía de la persona".
• • **Código Penal Tipo:** "Artículo 24. Nadie puede ser penado por un hecho legalmente descrito si no lo hubiere realizado con dolo, salvo los casos de culpa expresamente previstos por la ley. Si la ley señalare pena más grave por una consecuencia especial del hecho, se aplicará sólo al autor o partícipe que hubiere actuado por lo menos culposamente respecto de ella. • • **Código Penal alemão:** "§ 18. Pena más grave en consecuencias especiales del hecho.** Si la ley asocia una pena más grave a una consecuencia especial del hecho, entonces ella solo se aplica al autor o participe cuando a él se le carga esta consecuencia al menos culposamente. • • **Código Penal português:** "Art. 13º (Dolo e negligência).** Só é punível o facto praticado com dolo ou, nos casos especialmente previstos na lei, com negligência" • • **Código Penal espanhol:** "5. No hay pena sin dolo o imprudencia". • • **Código Penal italiano:** "42. Nessuno può essere punito per un'azione od omissione prevedutta dalla legge come reato, se non l'ha commessa con coscienza e volontà. Nessuno può essere punito per un fatto preveduta dalla legge come delitto, se non l'ha commesso con dolo, salvoi casi di delitto preterintenzionale.

Erro sobre elementos do tipo
Art. 20. *O erro sobre elemento constitutivo do tipo legal de crime exclui o dolo, mas permite a punição por crime culposo, se previsto em lei.*
Descriminantes putativas
§ 1º É isento de pena quem, por erro plenamente justificado pelas circunstâncias, supõe situação de fato que, se existisse, tornaria a ação legítima. Não há isenção de pena quando o erro deriva de culpa e o fato é punível como crime culposo.
Erro determinado por terceiro
§ 2º Responde pelo crime o terceiro que determina o erro.
Erro sobre a pessoa

§ 3º *O erro quanto à pessoa contra a qual o crime é praticado não isenta de pena. Não se consideram, neste caso, as condições ou qualidades da vítima, senão as da pessoa contra quem o agente queria praticar o crime.*

* DIREITO ANTERIOR
CCrim 1830: Omisso. **CP 1890**: "Art. 26. Não dirimem, nem excluem a intenção criminosa: *a)* [...]; *b)* o erro sobre a pessoa ou cousa a que se dirigir o crime". •• **Projeto Alcântara Machado (1938)**: "Art. 15. Não é punível quem pratica a ação ou omissão por erro substancial sobre o fato que constitui o crime; entendendo-se: I – que, se o erro fôr imputavel a culpa e a ação ou omissão estiver prevista como crime culposo, por este responderá o agente; II – que, se o erro fôr devido a ter sido o agente enganado por terceiro, este responderá pelo crime. **Parág. único.** Quando, por erro ou acidente, o crime fôr cometido contra pessoa ou cousa diversa daquela contra a qual se dirigir a ação ou omissão ou se tiver a intenção de dirigi-la, não se levarão em conta as circunstancias que derivem da condição da vítima. Atender-se-á, porém, às circunstancias inherentes à pessoa, ou cousa, intencionalmente visada e às circunstancias subjetivas em que tiver o agente deliberado e executado o crime". •• **Anteprojeto Hungria (1963)**: "Art. 18. Não age dolosamente quem, ao praticar o crime, supõe, por êrro escusável, a inexistência de circunstância de fato que o constitui, ou a existência de situação de fato que tornaria a ação legítima. § 1º Se o êrro deriva de culpa, a êste título responde o agente, se o fato é punível como crime culposo. § 2º Se o êrro é provocado por terceiro, responderá êste pelo crime, a título de dolo ou culpa, conforme o caso". •• **CP 1969**: "Art. 21. É isento de pena quem, ao praticar o crime, supõe, por erro plenamente escusável, a inexistência de circunstância de fato que o constitui, ou a existência de situação de fato que tornaria a ação legítima. §1º Se o erro deriva de culpa, a este título responde o agente, quando o fato é punível como crime culposo. § 2º Se o erro é provocado por terceiro, responderá este pelo crime, a título de dolo ou culpa, conforme o caso. **Art. 22.** Quanto o agente, por erro de percepção ou no uso dos meios de execução, ou outro acidente, atinge uma pessoa em vez de outra, responde como se tivesse praticado crime contra aquela que realmente pretendia atingir. Devem ter-se em conta não as condições e qualidades da vítima, mas as da outra pessoa, para a configuração, qualificação ou exclusão do crime, e agravação ou atenuação da pena. § 1º Se, por erro ou outro acidente na execução, é atingido bem jurídico diverso do visado pelo agente, responde este por dolo, se assumiu o risco de causar este resultado, ou por culpa, se o previu, ou podia prever, e o fato é punível como crime culposo. § 2º Se, no caso do artigo, é também atingida a pessoa visada, ou no caso do parágrafo anterior, ocorre ainda o resultado pretendido, aplica-se a regra do art. 65, parágrafo primeiro". **Anteprojeto Toledo (1981)**"Art. 20. Correspondente ao dispositivo vigente, com a substituição da palavra "*fato*" pela palavra "*crime*".

BIBLIOGRAFIA (ESPECIAL)

ALMEIDA, André Vinicius de. *Erro de tipo no direito penal econômico*. Porto Alegre: Sergio Antonio Fabris, 2005 // *Erro e concurso de pessoas no direito penal*. Curitiba: Juruá, 2010 •• AMBROGINI, Orestes. Da aberratio ictus. *RT*, 425/1971 •• BACIGALUPO, Enrique. *Tipo y error*. Buenos Aires: Cooperadora de Derecho y Ciencias sociales, 1973 // La evitabilidad o vencibilidad del error de prohibición. *RBCCrim*, 14/1996 •• BITENCOURT, Cezar Roberto. *Erro de tipo e erro de proibição*: uma análise comparativa. 6ª ed. São Paulo: Saraiva, 2013 // *Erro jurídico-penal*. São Paulo: Revista dos Tribunais, 1996 // O erro no novo sistema penal. *Revista Jurídica*, 114/1986 •• CALLEGARI, André Luiz. O erro de tipo no delito de lavagem de dinheiro. *RT*, 798/2002 •• CARVALHO, Gisele Mendes de. Aberratio ictus ou erro na execução. *Boletim*, 227/2011 •• CEREZO MIR, José. O tratamento do erro de proibição no Código Penal Espanhol. *Ciências Penais*, 1/1990 •• COSTA, Paulo José da. *Riflessioni sulla aberratio ictus*. Padova: CEDAM, 1967 •• COSTA JÚNIOR, Paulo José. *O crime aberrante*. Belo Horizonte: Del Rey, 1996 •• CRUZ, Flavio Antônio. *O tratamento do erro em um direito penal de bases democráticas*. Porto Alegre: Sergio Antonio Fabris, 2007 •• D'AQUINO, Dante Bruno. Póstuma modernidade e erro de proibição. *RBCCrim*, 88/2011 •• DOTTI, René. A perturbação dos sentidos e da inteligência. *RBCCrim*, 9/1995 •• DUARTE, José A. Caetano. *O erro no código penal*. Lisboa: Vega, 1984 •• ELEUTÉRIO, Fernando. *Erro no direito penal*. Curitiba: Juruá, 2006 •• FALCÃO JUNIOR, Alfredo Carlos Gonzaga. Ignorância da lei penal como erro de proibição nos crimes fiscais. *RT*, 900/2010 •• FAYET, Fábio Agne. Da tentativa impossível e do erro sobre o nexo causal. *RBCCrim*, 72/2008 •• FLORÊNCIO FILHO, Marco Aurélio. Lineamentos político-dogmáticos sobre as discriminantes putativas no direito penal brasileiro. *Boletim*, 230/2012 •• GAZAL, Cristiano Rocha. Teoria do erro. *Informativo ADV*, 27/1997 •• GOMES, Luiz Flávio. *Erro de tipo e erro de proibição*: e a evolução da teoria causal-naturalista para a teoria finalista da ação: doutrina e jurisprudência: estudo especial do art. 20, parágrafo 1º do CP. 4ª ed. São Paulo: Revista dos Tribunais, 1994 // *O erro nas discriminantes putativas*. São Paulo: USP, 1988 // Aberratio ictus por acidente ou erro na execução. *Informativo Consulex*, 22/2007 •• LEITE, João Pinto da Costa. O erro em direito penal. *Boletim da Faculdade de Direito de Coimbra*, 11/1929 •• LOPES, Fernando dos Santos. A diferença entre o dever intraprosicional e o dever interproposicional como o fundamento lógico da diferença entre o erro de tipo e erro de proibição no direito penal econômico. *Boletim*, 243/2013 •• LUNA, Everardo da Cunha. O erro de direito e o concurso de pessoas no anteprojeto de código penal de 1981. *Revista Forense*, 77/1981 •• LUNA, Eleonora de Souza. O erro no direito penal. *Revista ESMAFE 5ª Região*, 14/2007 •• MACHADO, Hugo de Brito. Erro de tipo e erro de proibição nos crimes contra a ordem tributária. *Revista Dialética de Direito Tributário*, 125/2006 •• MAGGINI, Attilio. Aberratio ictus e legittima difesa. *RIDPP*, 24/1981 •• MENTOR, Aldy. *Homicídio qualificado e aberratio ictus*: o crime dos Carvalho Pereira. Fortaleza: Tip. Estrela, 1953 •• MOTTA, Ivan Martins. *Erro de proibição e bem jurídico-penal*. São Paulo: Revista dos

Tribunais, 2009 •• MESQUITA JÚNIOR, Sidio Rosa de. Erro de tipo e erro de proibição. *Informativo Consulex*, 12/2000 •• MUNHOZ NETTO, Alcides. Erro de tipo e erro sobre a ilicitude do fato no Ante-projeto de Código Penal. *Anais do I Congresso Brasileiro de Política Criminal e Penitenciária*, 1982 // Descriminantes putativas fáticas. *Ciência Penal*, 3/1975 // Êrro de fato e êrro de direito no anteprojeto de código penal. *Revista da Faculdade de Direito UFPR*, 9/1961 •• OLIVEIRA, Marina M. C. O erro de direito e a jurisprudência. *Ciência Penal*, 1/1980 •• PALAZZO, Francesco C. *L'errore sulla legge extrapenale*. Milano: Dott. A. Giuffré 1974 •• PIACENZA, Scipione. *Errore ed ignoranza di diritto in matéria penale*. Torino: Unione Tipográfico – Editrice Torinese, 1960 •• PICANÇO, Melchiades. Aberratio ictus. *Archivo judiciário*, 34/1935 •• PUPPE, Ingeborg. Error de hecho error de derecho, error de subsunción. *RBCCrim*, 51, 2004 •• QUEIROZ, Paulo. Erro de tipo e erro de proibição. *Boletim*, 82/1999 •• RODRIGUES, Cristiano. *Teorias da culpabilidade e teoria do erro*. 2ª ed. Rio de Janeiro: Lumen Juris, 2009 •• ROMANO, Mario. *Contributo all'analisi della aberratio ictus*. Milano: A. Giufré, 1970 •• ROSA, José Eduardo Diniz. O erro no direito penal. *Revista Jurídica*, 5/1987 •• ROXIN, Claus. La teoría del delito em la discusón atual. Lima: Grijley, 2007 •• SILVA, Louise Nascimento e. O erro das descriminantes putativas. *Revista IOB*, 50/2008 •• SILVA, Luciano Correia da. Descriminantes: doutrina e jurisprudência. Curitiba: Juruá, 2012 •• SIRVINSKAS, Luis Paulo. Erro de tipo e de proibição determinado por terceiro. *Repertório IOB de Jurisprudência*, 12/1989 •• STRUENSEE, Eberhard. Dolo, tentativa e delito putativo. Buenos Aires: Hammurabi, 1992 •• TOLEDO, Francisco de Assis. Erro de tipo e erro de proibição no projeto de reforma penal. *Revista da Procuradoria-Geral do Estado de São Paulo*, 20/1983 // *O erro no direito penal*. São Paulo: Saraiva, 1977 // Culpabilidade e a problemática do erro jurídico-penal. *RT*, 517/1978 •• TUCUNDUVA, Ruy Cardozo de Mello. *Êrro de direito*. RT, 381/1967 •• VAY, Giancarlo Silkunas. Erro de proibição e o princípio da irrelevância do desconhecimento da lei: uma análise do art. 21 do Código Penal. *Boletim*, 231/2012 •• ZAPATER, Enrique Bacigalupo. La evitabilidad o vencibilidad del error de prohibición. *RBCCrim*, 14/96.

BIBLIOGRAFIA (GERAL)

ANTOLISEI, Francesco. *Manuale di diritto penale*: parte generale. 3ª ed. Milano: Dott. A. Giuffrè, 1994 •• ASÚA, Luís Jiménez de. *Tratado de derecho penal*. 3ª ed. Buenos Aires: Editorial Losada, 1965. t. VI •• BASILEU GARCIA. *Instituições de direito penal*. 4ª ed. São Paulo: Max Limonad, 1959. vol. I, t. I •• BENTO DE FARIA, Antonio de. *Annotações theorico-praticas ao codigo pe-*

nal do Brazil. Rio de Janeiro: Francisco Alves e Cia, 1913 // Código penal brasileiro (comentado). Rio de Janeiro: Distribuidora Récord Ed., 1958. vol. 2 •• BETTIOL, Giuseppe. *Diritto penale*: parte generale. 11ª ed. Padova: CEDAM, 1982 •• BITENCOURT, Cezar Roberto. *Tratado de direito penal*: parte geral. 19ª ed. São Paulo: Saraiva, 2013 •• BRUNO, Aníbal. *Direito penal*: parte geral. 3ª ed. Rio de Janeiro: Forense, 1967. t. 2º •• BUSATO, Paulo César. *Direito penal*: parte geral. São Paulo: Atlas, 2013. vol. 1 •• CARRANCA Y TRUJILLO, Raul. *Derecho penal mexicano*: parte general. México: Ed. Porrúa, 1970. t. I •• CAVALEIRO DE FERREIRA, Manuel. *Direito penal português*: parte geral. Viseu: Editorial Verbo, 1981 •• CEREZO MIR, José. *Derecho penal*: parte general. São Paulo: Revista dos Tribunais; Lima(PE): ARA Ed., 2007 •• CIRINO DOS SANTOS, Juarez. *Direito penal*: parte geral. 3ª ed. Curitiba: ICPC; Lumen Juris, 2008 •• COBO DEL ROSAL, M.; VIVES ANTÓN, T.S. *Derecho penal*: parte general. Valencia: Universidad de Valencia, 1984 •• CORREIA, Eduardo. *Direito criminal*. Colaboração de Figueiredo Dias. Coimbra: Almedina, 2001. vol. I e II •• COSTA E SILVA, Antônio José da. *Código penal*. São Paulo: Companhia Editora Nacional, 1943. vol. 1 •• COSTA JR., Paulo José. *Código penal comentado*. 8ª ed. São Paulo: DPJ Editora, 2005 •• DAMÁSIO DE JESUS, E. *Direito penal*: parte geral. 35ª ed. São Paulo: Saraiva, 2014 •• DELMANTO, Celso (et alii). *Código penal comentado*. 8ª ed. São Paulo: Saraiva, 2010 •• DOTTI, René Ariel. *Curso de direito penal*: parte geral. 5ª ed. Colaboração de Alexandre Knopfholz e Gustavo Britta Scandelari. São Paulo: Thomson Reuters/Revista dos Tribunais, 2013 •• FERRI, Enrico. *Principii di diritto criminale*: delinquente e delitto. Torino: UTET, 1928 // *Princípios de direito criminal*: o criminoso e o crime. São Paulo: Livraria Acadêmica, 1931 •• FIANDACA, Giovanni; MUESCO, Enzo. *Diritto penale*: parte generale. 2ª ed. Bologna: Zanichelli, 1994 •• FIGUEIREDO DIAS, Jorge de. *Direito penal*: parte geral, *questões fundamentais, a doutrina geral do crime.* 2ª ed. São Paulo: Revista dos Tribunais; Coimbra: Coimbra Editora, 2007 •• FRAGOSO, Heleno Claudio. *Comentários ao código penal.* 5ª ed. Rio de Janeiro: Forense, 1978. vol. I, t. II (arts. 11/27) // *Lições de direito penal*. 17ª ed. atual. Fernando Fragoso. Rio de Janeiro: Forense, 2006 •• GOMES, Luiz Flávio. *Direito penal*: *parte geral.* 2ª ed. São Paulo: Revista dos Tribunais/LFG – Rede de Ensino Luiz Flávio Gomes, 2006 •• GRECO, Rogério. *Curso de direito penal*: parte geral. 15ª ed. Niterói: Impetus, 2013 •• HOUAISS, Antônio; VILLAR, Mauro de Salles. *Dicionário Houaiss da língua portuguesa*. Rio de Janeiro: Objetiva, 2009 •• HUNGRIA, Nélson. *Comentários ao código penal*. 4ª ed. Rio de Janeiro: Forense, 1958. vol. I, t. II •• JAKOBS, Günther. *Derecho penal*: parte general, Fundamentos y Teoria de la Imputación. Trad. Joaquin Cuello Contreras, José Luis Serrano Gozalez de Murillo. Madrid: Marcial Pons, 1995 •• JESCHE-

CK, Hans-Heinrich. *Tratado de derecho penal*: parte general. Barcelona: Bosch; Casa Editorial, 1981. vol. 1º e 2º •• J. F. MARQUES. *Tratado de direito penal*. 2ª ed. São Paulo: Saraiva, 1965. vol. 2 •• LISZT, Franz von. *Tratado de direito penal allemão*. Trad. e prefácio José Hygino Duarte Pereira. Rio de Janeiro: F. Briguiet & Cia-Editores, 1899. t. I •• LOPES, Jair. *Curso de direito penal*: parte geral. 2ª ed. São Paulo: Revista dos Tribunais, 1996 •• LUZÓN PEÑA, Diego-Manuel. *Lecciones de derecho penal*: parte general. 2ª ed. Valencia (ES): Tirant lo Blanch, 2012 •• MANZINI, Vincenzo. *Tratado de derecho penal*: teorias generales. Trad. Santiago Sentís Melendo. Buenos Aires: EDIAR, 1948. vol. II // Tratatto di diritto penale italiano. Torino: UTET, 1961. vol. 1 •• MANTOVANI, Ferrando. *Diritto penale*. 4ª ed. Padova: CEDAM, 2001 Tratatto di diritto penale italiano. Torino: UTET, 1961. vol. 1 •• MAGALHÃES NORONHA, Edgard. *Direito penal*. 3ª ed. São Paulo: Saraiva, 1965. vol. 1 •• MAURACH, Reinhart. *Tratado de derecho penal*. Trad. e notas Juan Cordoba Roda. Barcelona: Ediciones Ariel, 1962. t. I e II •• MAURACH, Reinhardt; ZIPF, Heinz. *Derecho penal*: parte general. Trad. 7ª ed. alemã por Jorge Bofill Genzsch e Enrique Aimone Gibson. Buenos Aires: Ed. Astrea de Alfredo y Ricardo Depalma, 1994. t. 1 e 2 •• MAYER, Max Ernst. *Derecho penal*: parte general. Trad. de Sergio Politoff Lifschitz; rev. geral e prólogo José Luis Guzmán Dalbora, ed. alemã de 1915. Buenos Aires: Julio César Faria-Editor, 2007 •• MAYRINK DA COSTA, Álvaro. *Direito Penal*: parte geral. 8ª ed. Rio de Janeiro: Forense, 2009. vol. 2 •• MESTIERI, João. *Manual de direito penal*: parte geral. Rio de Janeiro: Forense, 2002 •• MEZGER, Edmundo. *Tratado de derecho penal*. Trad. de José Arturo Rodríguez Muñoz. Madrid (ES): Ed. Revista de Derecho Privado, 1955. t. II •• MIR PUIG, Santiago. *Derecho penal*: parte general. 9ª ed. Buenos Aires: B de F, 2012 •• MIRABETE, Julio Fabbrini; FABRINNI, Renato N. *Manual de direito penal*: parte geral. 30ª ed. São Paulo: Atlas, 2014 •• MUÑOZ CONDE, Francisco; GARCÍA ARÁN, Mercedes. *Derecho penal*: parte general. 5ª ed. Valencia: Tirant lo Blanch, 2002 •• NOVOA MONREAL, Eduardo. *Curso de derecho penal chileno*: parte general. 2ª ed. Santiago: Editorial Juridica Ediar-Cono Sur,1985. t. 1 •• NUCCI, Guilherme de Souza. *Código penal comentado*. 13ª ed. São Paulo: Thomson Reuters/ Revista dos Tribunais, 2013 •• NUÑEZ, Ricardo C. *Manual de derecho penal*: parte general. 3ª ed. Cordoba: Marcos Lerner Editora, 1982 •• PIERANGELLI, José Henrique. *Código penal*: comentado artigo por artigo. São Paulo: Verbatim, 2013 •• POLITOFF L., Sérgio [et alii]. *Lecciones de derecho penal chileno*: parte general. 2ª ed. Santiago: Editorial Jurídica de Chile, 2003 •• PRADO, Luiz Regis. *Tratado de Direito Penal*: parte geral. São Paulo: Thomson Reuters/Revista dos Tribunais, 2014. vol. 2 // *Curso de direito penal brasileiro*. 13ª ed. Coautoria. São Paulo: Thomson Reuters/Revista dos Tribunais,

2014 •• PUIG PEÑA, Federico. *Derecho penal*: parte general. 6ª ed. Madrid: Editorial Revista de Derecho Privado, 1969 •• QUINTERO OLIVARES, Gonzalo. *Parte general del derecho penal*. 4ª ed. Colaboración de Fermín Morales Prats. Pamplona: Thomson Reuters, 2010 •• REALE JÚNIOR, Miguel. *Instituições de direito penal*: parte geral. 3ª ed. Rio de Janeiro: Forense, 2009 •• RODRIGUEZ DEVESA, José Maria; SERRANO GOMEZ, Alfonso. *Derecho penal español*: parte general. 15ª ed. Madrid: Dykinson, 1992 •• ROXIN, Claus. *Derecho penal*: parte general. Trad. 2ª ed. aleman Diego-Manuel Luzón Peña [et alii]. Madrid: Civitas Ediciones, 2003 •• SILVA FRANCO, Alberto. *Código penal e sua interpretação*: doutrina e jurisprudência. 8ª ed. Coordenadores: Alberto Silva Franco e Rui Stoco. São Paulo: Revista dos Tribunais, 2007 •• SOUZA & JAPIASSÚ. *Curso de direito penal*: parte geral. Rio de Janeiro: Elsevier, 2012 •• STRATENWERTH, Günther. *Derecho penal*: parte general I; El hecho punible. 4ª ed. Trad. Manuel Cancio Meliá y Marcelo Sancinetti. Buenos Aires: Hammurabi, 2005 •• TOLEDO, Francisco de Assis. *Princípios básicos de direito penal*. 5ª ed. São Paulo: Saraiva, 2002 •• VILLALOBOS, Ignacio. Derecho penal mexicano. México: Ed. Porrúa, 1975 •• VON WEBER, Hellmuth. *Lineamentos del derecho penal aleman*. 2ª ed. Buenos Aires, 2008 •• WELZEL, Hans. *Derecho penal aleman*: parte general. 11ª ed. aleman. Trad. castellana, 4ª ed., de Juan Bustos Ramírez e Sergio Yáñez Pérez. Santiago de Chile: Editorial Juridica de Chile, 1997 •• WESSELS, Johannes. *Direito penal*: parte geral (aspectos fundamentais). Trad. do alemão e notas de Juarez Tavares. Porto Alegre: Sérgio Antonio Fabris Editor, 1976 •• ZAFFARONI, Eugenio Raul; ALAGIA, Alejandro; SLOKAR, Alejandro. *Derecho penal*: parte general. 2ª ed. Buenos Aires: EDIAR, 2014 •• ZAFFARONI-BATISTA; ZAFFARONI, Eugenio Raúl; BATISTA, Nilo; ALAGIA, Alejandro; SLOKAR, Alejandro. *Direito penal brasileiro*. Rio de Janeiro: Revan, 2010. vol. II, I •• ZAFFARONI, Eugenio Raúl; PIERANGELI, José Henrique. *Manual de direito penal brasileiro*: parte geral. 7ª ed. São Paulo: Revista dos Tribunais, 2007. vol. 1.

§ 31. O ERRO SOBRE OS ELEMENTOS DO TIPO

I. Ignorância e erro

Psicologicamente os fenômenos da ignorância e do erro são distintos. O erro é o "juízo ou julgamento em desacordo com a realidade observada; engano", enquanto a ignorância é "o estado de quem não está a par da existência ou ocorrência de algo (HOUAISS, *Dicionário*, p. 790 e 1.045). Cf. BRUNO, o erro "impede o agente de alcançar a representação real do fato nas suas características objetivas que o põem em conformidade com o tipo legal, ou no seu sentido social-jurídico, como ato contrário perante a ordem de Direito" enquanto a ignorância é a "ausência de representação" (Direito penal, t. 2º, p. 109). É importante ter presente as observações de M. E. MAYER: "Por variados que puedan ser los errores, su núcleo reside siempre en una diferencia entre una representación y la realidad, realidad en el más amplio sentido. No solo lo que es perceptible por los sentidos, también una decisión, una idea, una norma o deber, etc., es algo real; hasta algo posible (p. ej., en peligro de que mañana estalle un guerra) puede ser real. De ello se sigue que lo esencial no es el objeto al que se dirige el error, sino la relación de la conciencia con el objeto: El que tiene una falsa representación sobre algo se encuentra en un error [...] que se puede hacer equivalente el falso saber, es decir, la falta de un correcto conocimiento, al no saber" (Derecho penal, p. 392.) (Itálico do original). No ensinamento de ASÚA, a distinção relevantíssima em Psicologia carece de interesse no direito positivo e na prática judiciária. A legislação adota o critério unificador entre um estado e outro porque determinam os mesmos efeitos. "Y, por ello, los jueces no hallan la necesidad de investigar si, en el caso concreto que ante ellos se enjuicia, hay error o simple ignorancia. Los dos conceptos se reúnen, pues, en uno solo y los códigos suelen hacer uso de la expresión 'error' [...]" (Tratado, t. VI, p. 313). E o dispositivo em análise confirma exatamente isso.

II. Precisão terminológica

Em artigo de grande repercussão acadêmica com o título "Êrro de fato e êrro de direito no anteprojeto de código penal", publicado na *Revista Brasileira de Criminologia e Direito Penal*, n. 4, de 1964, o Professor ALCIDES MUNHOZ NETTO criticou a manutenção das expressões "erro de fato" e "erro de direito", mantendo a velha distinção romanística entre *error facti* e *error iuris*. São suas estas palavras: "Permitimo-nos afirmar esta orientação não é das mais felizes. Com efeito, ninguém ignora as dificuldades que decorrem desta classificação. Situações existem em que se fica perplexo no momento de decidir se a falsa representação relaciona-se ao direito. Veja-se o que ocorre com as descriminantes putativas. Embora tradicionalmente consideradas como êrro de fato, não falta hoje quem ponha em dúvida o acêrto dessa classificação, Assim é que BETTIOL, MANTOVANI e PECORARO ALBANI, entre outros, raciocinando em tôrno do Código italiano, que segue a mesma orientação que o nosso, afirmam que o êrro nestas hipóteses é erro sobre a ilicitude, apesar de reconhecerem que só quando incidente sobre o fato é que terá o mesmo idoneidade a impedir o dolo" (*RBCDP*, n. 4, de 1964, p. 56-57)[1] (Mantida a acentuação original).

---

1   O magnífico texto aborda ainda temas de absoluta atualidade ao tempo da discussão do Anteprojeto Hungria (1963), como a tendência à abolição do *error iuris nocet*; fundamentos e crítica ao princípio da irrelevância do erro sobre a antijuridicidade; cegueira jurídica e medida de segurança etc.

Como em toda e qualquer manifestação contrária aos seus pontos de vista, HUNGRIA demonstrava a sua brilhante cultura jurídica e a notável habilidade no manejo verbal para enfrentar o opositor. E assim ocorreu naquele episódico entrevero de palavras, na defesa de sua proposta: "A divergência do Prof. MUNHOZ NETTO quanto aos dispositivos do anteprojeto sobre 'erro de fato' e 'erro de direito', nada mais reflete que sua adesão aos aranhóis em que se compraz o doutrinarismo jurídico-penal dos mais recentes autores alemães. O trasladar para o futuro Código Penal brasileiro, como postula o exímio professor paranaense, as fórmulas germânicas sobre os denominados 'erro de tipo' e 'erro de proibição', com repúdio dos nossos tradicionais e singelos critérios de disciplina dos 'erro de fato' e 'erro de direito', atenderia apenas à preocupação de substituir a simplicidade pela complicação ou de inovar pelo puro prazer de inovar, ainda que para pior" (Em torno do Anteprojeto de Código Penal III. In: *RBCDP*, n. 5, abr.-jun. 1964, p. 7).

A polêmica foi decidida em favor do texto proposto pelo Anteprojeto Toledo,[2] máxime porque o coordenador da Reforma Penal de 1984 demonstrou ser o mais qualificado estudioso e escritor sobre essa temática, como se pode ver em sua prestigiada monografia *O erro no direito penal*, p. 43: "Mas, dentro desse novo quadro, compreende-se que, para uma perfeita construção dogmática da nova teoria, *a terminologia do Digesto (erro de fato, erro de direito) deva ser abandonada pela nova (erro de tipo, erro de proibição),* menos equívoca, menos comprometida com os fracassos das soluções manipuladas durante séculos" (Itálicos meus).

O art. 20 do mencionado *disegno di legge* foi integralmente acolhido pela Lei n. 7.209, de 11.07.1984 (PG/1984).

III. Dicotomia: erro de tipo e erro de proibição

A *communis opinio doctorum* acolheu a dicotomia *erro de tipo-erro de proibição,* cf. demonstram os códigos penais de diversos países. ROXIN, por exemplo, explica que além dos elementos descritivos, o erro pode recair sobre elementos normativos. "*De ello resulta que un error de tipo no es necesariamente un error sobre hechos. Este error también puede consistir – en caso de elementos normativos – en un error de derecho*" (*La teoría del delito en la discusión actual*, p. 197) (Itálicos meus). A propósito e como diz o próprio TOLEDO: "Quebra-se, por esse modo, a longa tradição romanística que nos prendia no anel de ferro da velha dicotomia 'erro de fato-erro de direito', responsável por algumas insuperáveis contradições na *praxis* e na

---

2 Anteprojeto Toledo. V. ABREVIATURAS.

dogmática penal, após o surgimento, no início do século, da denominada concepção normativa de culpabilidade, segundo a qual a consciência da ilicitude do fato é elemento indispensável para a caracterização do crime" (*Princípios básicos*, § 251, p. 277-278) (Itálicos do original).

IV. Conceito

A representação equivocada do sujeito acerca do objeto de sua conduta pode envolver algum elemento constitutivo da norma penal: surge, então o *erro de tipo*. Considerando que o dolo consiste na *vontade* de praticar o fato, guiada pelo *conhecimento* dos elementos do tipo objetivo, tem-se que o vício da representação exclui o dolo. Cf. JESCHECK: "La teoría del **error de tipo** se halla conectada de forma inmediata a la teoría del dolo, yá que el error de tipo no és mas que la **negación del contenido de representación requerido para el dolo**: el autor no conoce los elementos a que, según el correspondiente tipo, debe extenderse el dolo" (*Tratado,* vol. 1º, § 29, p. 41) (Negritos do original). É irrelevante que tais elementos sejam puramente factuais "ou possuam carga normativa, ou mesmo conotação subjetiva" (SILVA FRANCO, *Código penal*, p. 175). Com efeito, o erro de tipo pode decorrer de um engano tanto do fato quanto da errônea compreensão do direito. Incide em erro de tipo quanto ao crime de bigamia, tanto quem contrai novo casamento por julgar falecido o primeiro cônjuge (*erro de fato*), quanto quem o contrai por supor-se automaticamente divorciado antes do decurso do prazo de um ano do trânsito em julgado da sentença que houver decretado a separação judicial (CCiv. art. 1.580) *(erro de direito)* (MUNHOZ NETTO, Erro de tipo e erro de proibição. In: *Anais*, vol. I, p. 227).

V. Espécies

O "elemento constitutivo do tipo" pode ser descritivo (objetivo), subjetivo ou normativo. Quando se caracteriza o erro acerca de um elemento normativo de natureza legal, o problema se resolve como *erro de tipo* e não *erro de proibição* (CP, art. 21). Assim, se o agente promove a saída de moeda ou divisa para o exterior ignorando a existência da disposição legal que autorizaria a operação (cf. o parág. único do art. 22 da Lei n. 7.492/1986), também incorre em *erro de tipo*. Serve também o exemplo formulado por TOLEDO: "Quem invade um escritório de trabalho fora dos casos autorizados, supondo erroneamente que as dependências do local de atividade profissional não estão abrangidas pela expressão 'casa', se estiver realmente em erro, era sobre o conceito jurídico-penal de 'casa', ministrado pelo § 4º do art. 150 do CP. Como, no caso, o objeto do erro é elemento essencial do tipo em exame, o erro se classifica como erro de tipo. Na doutrina tradicional, esse erro seria um belo exemplo de erro de direito (e de direito penal)" (Erro de tipo e erro de proibição no Projeto de Reforma Penal, *RT*, vol. 72, p. 290).

Nesse sentido é o art. 16º do Código Penal português, ao dispor sobre o "erro sobre as circunstâncias do facto", declarando que "sobre *elementos de facto* ou *de direito* de um tipo de crime, ou sobre proibições cujo conhecimento for razoavelmente indispensável para que o agente possa ter consciência da ilicitude do facto, exclui o dolo".

A importante e difícil questão do nível de precisão do conhecimento que o autor deve apresentar, sobre os elementos objetivos do tipo, é abordada por ROXIN: "Al respecto hay que descartar de entrada las posiciones extremas. Por un lado no se puede exigir que el sujeto realice reflexiones conscientes sobre cada uno de los elementos (o sea, p. ej. 'cosa', 'mueble', 'ajena' en el § 242[3] [...]. Por otro lado hoy es indiscutido que no basta para el dolo con una conciencia solamente potencial" (*Derecho penal, parte general*, 1997, p. 471-472).

A atipicidade como consequência do erro de tipo resulta da adoção da teoria finalista na PG/1984 que retirou o dolo da culpabilidade, para constituir o elemento subjetivo do tipo de ilícito. Com efeito, se o dolo abarca a intenção de praticar os elementos do tipo penal objetivo, quem os desconhece ou os ignora não age dolosamente. A conduta é atípica por ausência do elemento subjetivo.

VI. Erro de tipo na circunstância de aumento da pena

O erro também pode recair sobre elementos dos tipos derivados, assim compreendendo as circunstâncias qualificativas, as causas de especial aumento e as circunstâncias agravantes. Essa é a orientação correta cf. interpretação extensiva (*in bonam partem*) do dispositivo ora comentado. O autor do crime de lesão corporal, que ocasionou o aborto (CP, art. 129, § 2º, V), não sabia que a vítima estava grávida. Obviamente a vontade de ferir não tinha, nesse caso, a representação do estado de gestação, inexistindo o dolo quanto a esse resultado mais grave (CP, art. 19). O ladrão desconhecia que o dono da bicicleta furtada tinha mais de 60 anos. Responderá pelo furto mas sem a agravante de o fato ter sido praticado contra (o patrimônio do) idoso (CP, arts. 155 e 61, II, alínea *h*).

---

3   CP alemão, "§ 242. Hurto (1) Quien sustraiga una cosa mueble ajena a otro en la intención de apoderarse antijurídicamente de ella para si o para un tercero, será castigado con pena privativa de libertad hasta cinco años o con multa". Corresponde ao art. 155 do nosso Código Penal.

VII. Erro de tipo essencial e erro de tipo acidental

É *essencial* (*escusável, invencível*) o erro quando versa sobre elemento constitutivo do tipo. O caçador percebe que um javali se embrenhou na mata e atira em sua direção vindo porém a atingir uma pessoa que estava cortando lenha; é *acidental* (*inescusável, vencível*) quando recai sobre circunstância acessória ou secundária do crime, sem as quais o crime continua a existir. Serve o exemplo formulado por PIERANGELI: "*A*, pretendendo matar *B*, mata *C*, irmão gêmeo de *B*. Para a existência do delito, basta que se produza a morte de um ser humano" (*Código penal*, p. 67). É *acidental*, também, o erro do ladrão que furta um saco fechado de laranja supondo tratar-se de batatas. O sujeito atua dolosamente contra o patrimônio alheio; apenas se engana quanto ao objeto subtraído.

O erro acidental pode ocorrer nas seguintes hipóteses: *a)* sobre o objeto (*error in objecto*); *b)* sobre a pessoa (*error in persona*, CP, art. 20, § 3º); *c)* na execução (*aberratio ictus*: CP, art. 73); *d)* no resultado diverso do pretendido (*aberratio criminis*: CP, art. 74) (GRECO, *Curso*, p. 299).

A primeira delas foi referida acima quando o sujeito se enganou ao furtar uma coisa por outra; a segunda, será objeto de *Comentários* mais adiante; o erro no procedimento executório do delito diz respeito ao acidente ou erro no uso do meio empregado para a consumação: o agente, pretendendo alvejar a vítima logo após ter sido provocado, atinge pessoa diversa com o disparo de sua arma. Ele responderá como se tivesse praticado o crime contra aquela. E no caso de ser também atingida a pessoa que pretendia ofender, aplica-se a regra do art. 70 do Código Penal (concurso formal de crimes). Fora das situações do artigo anterior, quando por acidente ou errônea execução do crime, sobrevém resultado diverso do pretendido, o agente responde por culpa se o fato é previsto como crime culposo; se ocorre também o resultado pretendido, aplica-se a regra do concurso formal.

VIII. A punição por crime culposo

A *punição residual*, prevista pela segunda parte do dispositivo em análise, é orientação consagrada pela doutrina: "Si el error se debió a culpa, subsistirá la punibilidad por comissión culposa, siempre que exista el respectivo tipo culposo" (por todos: WELZEL, *Derecho penal alemán*, § 13, p. 196).

Como declara o parág. único do art. 18 do Código Penal, a hipótese do delito culposo deve estar previamente cominada logo após a indicação do tipo doloso e com a previsão da respectiva pena (CP, art. 1º).

IX. Descriminantes putativas

Além das hipóteses objetivas que autorizam o exercício da legítima defesa e das demais causas de justificação, existem situações do cotidiano que produzem a aparência de ofensa a um direito de modo a colocar o seu titular em posição de defesa, reagindo contra a suposta lesão ou sua ameaça. Em outras palavras: a *descriminante putativa* é caracterizada pelo estado psicológico de alguém que, imaginando estar vivendo uma situação de perigo contra direito seu ou de outrem, pratica um dano para remover o suposto perigo em prejuízo do direito alheio. O adjetivo *putativo* (do latim: *putativu)* significa a aparência de verdadeiro, suposto, reputado.

A inclusão do § 1º do art. 20 entre as normas que regulam as hipóteses de *erro* demonstra que a descriminante putativa não exclui a ilicitude do fato e até mesmo autoriza a punição quando o erro deriva de culpa e o fato é sancionado a esse título. Duas situações, entre muitas, podem servir de exemplo: *a)* o caçador perde-se do grupo em que se encontrava e, na mata deserta e escura, ouve um (suposto) rugido e o barulho de galhos que se movimentam numa árvore junto dele. Acreditando estar na iminência de sofrer o ataque de um leão, atira contra o objeto indeterminado, causando, no entanto, a morte de seu companheiro que pretendia pregar-lhe um susto; *b)* o dono da casa, altas horas da noite, ouve passos no interior da casa e acreditando tratar-se de um ladrão, apaga as luzes e desfecha um tiro contra o vulto que, na realidade, é a empregada que entrara com a chave de seu uso diário. É possível que no primeiro caso ocorra a exclusão de culpabilidade em face do *erro essencial* e que, no segundo, remanesça uma punição a título de homicídio culposo se ficar demonstrada a imprudência, a negligência ou a imperícia.

As descriminantes putativas não se limitam às hipóteses de exclusão do dolo, como na chamada *legítima defesa putativa*: Iago atira em seu desafeto pensando que o gesto do mesmo, levando a mão à cintura, fosse o saque de uma arma quando, na realidade, a vítima tentava apanhar um lenço. Tais casos de erro podem também ocorrer sobre os limites ou a própria existência de uma causa de justificação. Nesse passo, o agente acredita, em face das circunstâncias, estar autorizado a praticar determinado ato que é aparentemente lícito. Daí a certeira conclusão de que as descriminantes putativas encontram melhor tratamento dentro da *teoria limitada da culpabilidade*, com resultados diferenciados, segundo caracterizem, em concreto, o erro de tipo ou o erro de proibição, submetendo-se aos requisitos já apresentados para a escusabilidade, ou não, de cada uma dessas formas básicas do erro" (TOLEDO, *Princípios,* § 249, p. 274).

X. O princípio da personalidade da pena

Ao declarar que "responde pelo crime o terceiro que determina o erro", o Código Penal consagra na lei ordinária o princípio constitucional da personalidade da pena (CF, art. 5º, XLV, primeira parte): *"nenhuma pena passará da pessoa do condenado* [...], além de reafirmar a regra do art. 29, *caput*, sobre a responsabilidade pelo concurso no delito.

XI. O erro sobre a pessoa

O engano do agente quanto à identidade da vítima atacada não exclui o dolo. O pistoleiro, contratado para matar um desafeto do mandante, negligencia quanto aos dados pessoais e de endereço da pessoa a quem deveria atacar e atinge um terceiro pela semelhança física com o alvo do atentado. Em tal caso, não se consideram as condições e qualidades do ofendido, senão as da pessoa contra quem o agente queria praticar o crime.

XII. Outras modalidades de erro

Também são consequências do erro as situações do *crime imaginário,* do *crime impossível* e do *crime provocado*.[4] Com a diferença de que, enquanto nos casos anteriores não há isenção de pena, no delito putativo a ilicitude somente existe na imaginação (errônea) do agente; sob outra perspectiva, a tentativa não é punível porque o agente errou ao escolher o meio (absolutamente ineficaz)[5] ou errou quanto ao objeto (absolutamente impróprio)[6] para a caracterização do ilícito.

* DIREITO COMPARADO
Código Penal português. "**Artigo 16º** (Erro sobre as circunstâncias do facto) 1. O erro sobre elementos de facto ou de direito de un tipo de crime, ou sobre proibições cujo conhecimento for razoavelmente indispensável para que o agente possa tomar consciência da ilicitude do facto, exclui o dolo. **2.** O preceituado no número anterior abrange o erro sobre um estado de coisas que, a existir, excluiria a ilicitude do facto ou a culpa do agente. **3.** Fica ressalvada a

---

4   *Crime imaginário (putativo)   crime impossível* e *crime provocado*: V. MODALIDADES DE CRIMES, § 4º, n. (81), (59) e (80 A), respectivamente (CP, art. 17). Tb. sobre o crime imaginário, v. § 26, n. VI.

5   Pretendendo induzir uma pessoa ao consumo de droga (Lei n. 11.343/2006, art. 33), encorajando-a para colaborar num roubo, o agente ofereceu-lhe parte da substância que adquirira como se fosse cocaína. Presos como suspeitos e apreendida a "droga" o exame toxicológico revelou que a mesma era inócua.

6   Durante um confronto de quadrilhas, um de seus membros com o propósito de matar um elemento do outro bando que já estava caído, desfecha-lhe um tiro. A necropsia revelou que o alvejado já estava morto por ferimento causado por golpes de faca o qual foi, por natureza e sede, a causa eficiente da morte.

punibilidade da negligência nos termos gerais". •• **Código Penal alemão**. "§ 16. Error sobre las circunstancias del hecho (1) Quien en la comisión del hecho no conoce una circunstancia que pertenece ao tipo legal, no actua dolosamente. La punibilidad por lacomisión culposa permanece intacta (2) Quien en la comisión de un hecho suponga circunstancias erradas, que realizaríannel tipo de una ley más benigna solo podrá ser castigado por comisión dolosa conforme a la ley más benigna". •• **Código Penal espanhol**. "14. 1. El error invencible sobre un hecho constitutivo de la infracción penal excluye la responsabilidad criminal. Si el error, atendidas las circunstancias del hecho y las personales del autor, fuera vencible, la infracción será castigada, en su caso, como imprudente. 2. El error sobre un hecho que cualifique la infracción o sobre una circunstancia agravante, impedirá su apreciación. •• **Código Penal Tipo**: "Artículo 27. No es punible el que obrare en la convicción de que no concurre en el hecho alguna de las exigencias necesarias para que el delito exista según su descripción legal. No obstante, si el error proviniere de culpa, el hecho será penado únicamente cuando la ley hubiere previsto su realización culposa. Las mismas reglas se aplicarán a quien suponga erróneamente la concurrencia de circunstancias que justificarían el hecho realizado [...] **Art. 29**. Si por error del agente, el hecho realizado fuere diferente del que se propuso, se le impondrá la pena correspondiente al hecho menos grave". •• **Anteprojeto argentino. Art. 5. - Eximentes**. No es punible: *a)* [...] *b)* El que actuare en ignorancia o error invencible sobre algún elemento constitutivo de la descripción legal del hecho".

ERRO SOBRE A ILICITUDE DO FATO

Art. 21. *O desconhecimento da lei e inescusável. O erro sobre a ilicitude do fato, se inevitável, isenta de pena; se evitável, poderá diminuí-la de um sexto a um terço.*

Parágrafo único. Considera-se evitável o erro se o agente atua ou se omite sem a consciência da ilicitude do fato, quando lhe era possível, nas circunstâncias, ter ou atingir essa consciência.

* DIREITO ANTERIOR
CCrim 1830: "**Art. 3º**. Não haverá criminoso ou delinquente sem má fé, isto é, sem conhecimento do mal e intenção de o praticar; **Art. 18**. São circumstancias attenuantes dos crimes: § 1º Não ter havido no delinquente pleno conhecimento do mal e directa intenção de o praticar." •• **CP 1980**: "**Art. 26**. Não dirimem, nem excluem a intenção criminosa: *a)* a ignorância da lei penal". •• **Projeto Alcântara Machado (1938)**: "**Art. 14**. Não eximem de pena o agente o erro ou ignorância da lei penal". •• **Anteprojeto Hungria (1963)**: "**Art. 19**. A pena pode ser atenuada, substituída por outra menos grave ou mesmo excluída quando o agente, por escusável ignorância ou erro de interpretação da lei, supõe lícito o fato". •• **CP 1969**: "**Art. 20**. A pena pode ser atenuada ou substituída por outra menos grave, quando o agente, por escusável ignorância ou errada compreensão da lei, supõe lícito o fato". •• **Anteprojeto Toledo (1981)**: "**Art. 21**. O conhecimento das leis vigentes presume-se em relação a todos. O erro sobre a ilicitude do fato, se inevitável, isenta de pena; se evitável, poderá atenuá-la. **Parágrafo único**. Considera-se evitável o erro se o agente atua ou se omite sem a consciência da ilicitude do fato, quando lhe era possível, nas circunstâncias, ter ou atingir essa consciência".

BIBLIOGRAFIA (ESPECIAL)

ALBUQUERQUE, Martim de. *Para uma distinção do erro sobre o facto e do erro sobre a ilicitude em direito penal.* Lisboa: Ministério das Finanças, 1968 •• ALMEIDA, José Eulálio Figueiredo de. A antijuridicidade como elemento conceitual do crime. *Revista Síntese*, 18/2003 •• ARDAILLON, Danielle. *A insustentável ilicitude do aborto.* São Paulo: Revista dos Tribunais, 1998 •• BRANDÃO, Claudio. Inconsciência da antijuridicidade. *Revista da Faculdade de Direito da Universidade de Lisboa*, 41/2000 •• BRIONES ESPINOSA, Ramon. *El procesamiento em relacion com la antijuridicidad y la culpabilidad.* Santiago: Ed. Juridica de Chile, 1972 •• COSTA, Alvaro Mayrink da. Antijuridicidade. *Revista de Direito do TJRJ*, 13/1992 •• CRUZ, Flavio Antônio da. O tratamento do erro em um direito penal de bases democráticas. Porto Alegre: Sergio Antonio Fabris, 2007 •• D'AGOSTINO, Francesco. L'antigiuridismo di S. Agostino. *RIFD*, 1/1987 •• DIAS, Jorge de Figueiredo. *O problema da consciência da ilicitude em direito penal.* 2ª ed. Coimbra: Coimbra Ed., 1978 •• DONINI, Massimo. Antigiuridicità e giustificazione oggi. *RIDPP*, 4/2009 •• DOTTI, René Ariel. Aspectos da antijuridicidade. *MP*, 6/1976 •• FERNANDES SESSAREGO, Carlos. Algunas reflexiones sobre antijuridicidad del delito y las penas privativas de la libertad a la luz de la teoria del derecho. *Revista de Direito Civil, Imobiliário, Agrário e Empresarial*, 76/1996 •• FERREIRA SOBRINHO, Jose Wilson. Erro sobre a ilicitude do fato (mercadorias adquiridas na galeria pajé-sp). *Repertório IOB de Jurisprudência*, 18/1996 •• FIGUEIREDO DIAS, Jorge de. O problema da consciência da ilicitude em direito penal. 3ª ed. Coimbra: Coimbra Ed., 1987 •• FRAGOSO, Heleno Claudio. Antijuridicidade. *RF*, 7/1964 •• HEINITZ, Ernesto. *El problema de la antijuridicidad material.* Buenos Aires: Depalma, 1947 •• LEITE, Alaor. *Dúvida e erro sobre a proibição no direito penal*: a atuação nos limites entre o permitido e o proibido. São Paulo: Atlas, 2013 •• LEON NUNEZ, Rene. Hacia una apreciacion positiva de la antijuridicidad. *Criminalia*, 2/1970 •• LÓPEZ MESA, Marcelo; CEASNO, José Daniel. *Antijuridicidad y causas de justificación.* Madrid: EDISOFER, 2010 •• MOLINA FERNANDES, Fernando. *Antijuridicidad penal y sistema del delito.* Barcelona: J. M. Bosch, 2001 •• MORO, Aldo. *La antijuridicidad penal.* Buenos Aires: Atalaya, 1949 •• MUNHOZ NETTO, Alcides. A ignorância da antijuridicidade em matéria penal. Rio de Janeiro: Forense, 1978 •• OLIVEIRA FILHO, José Lopes. Aspectos da antijuridicidade no crime fiscal. *Justilex*, 31/2004 •• PAGLIONE, Eduardo Augusto. A prisão em flagrante e as causas excludentes de antijuridicidade. *Boletim*, 178/2007 •• PEREIRA, Thales E. R. A exclusão da antijuridicidade à luz do Codigo Penal vigente. *Revista do TJ Pará*, 32/1984 •• PETROCELLI, Biaggio. *L'antijuridicità.* Padova: CEDAM, 1951

•• REALE JUNIOR, Miguel. *Antijuridicidade completa*. São Paulo: Bushatsky, 1974 •• REYES ECHANDIA, Alfonso. *La antijuridicidad*. Colombia: Universidad Externado de Colombia, 1981 •• RIGHI, Esteban. *Antijuridicidad e justificación*. Buenos Aires: Lumiere, 2002 •• SÁ PEREIRA, Virgílio. *Projecto de codigo penal brasileiro*. Rio de Janeiro: Imprensa Nacional, 1930 •• SERRA, Teresa. *Problemática do erro sobre a ilicitude*. Coimbra: Almedina, 1991 •• SILVA, Luiz Cláudio Bonassini da. Excludentes da antijuridicidade. *ESMAGIS*, 7/1994 •• SILVEIRA, Alipio. Antijuridicidade objetiva e seus reflexos forenses. *Revista Jurídica*, 27/1957 •• SIQUEIRA, Geraldo Batista de. Antijuridicidade concreta nos tribunais. *Justitia*, 92/1976 •• SPOLIDORO, Luiz Claudio Amerise. O aborto e sua antijuridicidade. Rio de Janeiro: Lejus, 1997 •• SUAREZ MONTES, Rodrigo Fabio. *Consideraciones criticas em torno a la doctrina de la antijuridicidad em el finalismo*. Madrid: Ed. Rialp, 1963 •• TOLEDO, Francisco de Assis. *Ilicitude penal e causas de sua exclusão*. Rio de Janeiro: Forense, 1984 // *O erro no direito penal*. São Paulo: Saraiva, 1977 •• SÁ PEREIRA, Virgílio. Projecto de Codigo Penal brasileiro. Rio de Janeiro: Imprensa Nacional, 1930 •• VALLE, Lourdes Maria Celso do. A antijuridicidade e sua exclusão pelo estado de necessidade e pela legítima defesa. *Revista do STM*, 7/1981 •• VALLETTA, Alfonso. *L'Antigiuridicidad penale in relazione allo scopo della norma*. Napoli: E. Jovene, 1951 •• VAY, Giancarlo Silkunas. Erro de proibição e o princípio da irrelevância do desconhecimento da lei: uma análise do art. 21 do código penal. *Boletim*, 231/2012 •• VELA TREVINO, Sergio. *Antijuridicidad y justificacion*. Mexico: Ed. Porrúa, 1976 •• VITALE, Vincenzo. L'antigiuridicita struturale del suicídio. *RIFD*, 3/1983.

BIBLIOGRAFIA (GERAL)

ANTOLISEI, Francesco. *Manuale di diritto penale*: parte generale. 3ª ed. Milano: Dott. A. Giuffré, 1994 •• ASÚA, Luis Jiménez. *Tratado de derecho penal*. Buenos Aires: Editorial Losada, 1962. vol. VI •• BASILEU GARCIA. *Instituições de direito penal*. 4ª ed. São Paulo: Max Limonad, 1959. vol. I, t. I •• BENTO DE FARIA, Antonio de. *Annotações theorico-praticas ao codigo penal do Brazil*. Rio de Janeiro: Francisco Alves e Cia., 1913 // Código penal brasileiro (comentado). Rio de Janeiro: Distribuidora Récord Ed., 1958. vol. 2 •• BETTIOL, Giuseppe. *Diritto penale*: parte generale. 11ª ed. Padova: CEDAM, 1982 •• BITENCOURT, Cezar Roberto. *Tratado de direito penal*: parte geral. 19ª ed. São Paulo: Saraiva, 2013 •• BRUNO, Aníbal. *Direito penal*: parte geral. 3ª ed. Rio de Janeiro: Forense, 1967. t. 1º •• BUSATO, Paulo César. *Direito penal*: parte geral. São Paulo: Atlas, 2013. vol. 1 •• CARRANCA Y TRUJILLO, Raul. *Derecho penal mexicano*: parte general. México: Ed. Porrúa,

1970. t. I •• CAVALEIRO DE FERREIRA, Manuel. *Direito penal português*: parte geral. Viseu: Editorial Verbo, 1981 •• CEREZO MIR, José. *Derecho penal*: parte general. São Paulo: Revista dos Tribunais, Lima (PE): ARA Ed., 2007 •• CIRINO DOS SANTOS, Juarez. *Direito penal*: parte geral. 3ª ed. Curitiba: ICPC; Lumen Juris, 2008 •• COBO DEL ROSAL, M.; VIVES ANTÓN, T. S. *Derecho penal*: parte general. Valencia: Universidad de Valencia, 1984 •• CORREIA, Eduardo. *Direito criminal*. Colaboração de Figueiredo Dias, Coimbra: Almedina, vol. I e II, 2001 •• COSTA E SILVA, Antônio José da. *Código penal*. São Paulo: Companhia Editora Nacional, 1943. vol. 1 •• COSTA JR., Paulo José. *Código penal comentado*. 8ª ed. São Paulo: DPJ Editora, 2005 •• DAMÁSIO DE JESUS, E. *Direito penal*: parte geral. 35ª ed. São Paulo: Saraiva, 2014 •• DELMANTO, Celso (et alii). *Código penal comentado*. 8ª ed. São Paulo: Saraiva, 2010 •• DOTTI, René Ariel. *Curso de direito penal*: parte geral. 5ª ed. Colaboração de Alexandre Knopfholz e Gustavo Britta Scandelari. São Paulo: Thomson Reuters/Revista dos Tribunais, 2013 •• FERRI, Enrico. *Principii di diritto criminale*: delinquente e delitto. Torino: UTET, 1928 // *Princípios de direito criminal*: o criminoso e o crime. São Paulo: Livraria Acadêmica, 1931 •• FIANDACA, Giovanni; MUESCO, Enzo. *Diritto penale*: parte generale. 2ª ed. Bologna: Zanichelli, 1994 •• FIGUEIREDO DIAS, Jorge de. *Direito penal*: parte geral, questões fundamentais, a doutrina geral do crime. 2ª ed. São Paulo: Revista dos Tribunais; Coimbra: Coimbra Editora, 2007 •• FRAGOSO, Heleno Claudio, *Comentários ao código penal*. 5ª ed. Rio de Janeiro: Forense, 1978. vol. I, t. II (arts. 11/27) // *Lições de direito penal*: parte geral. 17ª ed. atual. Fernando Fragoso. Rio de Janeiro: Forense, 2006 •• GRECO, Rogério. *Curso de direito penal*: parte geral. 15ª ed. Niterói: Impetus, 2013 •• •• HOUAISS, Antônio. *Dicionário Houaiss da língua portuguesa*. Rio de Janeiro: Objetiva, 2009 •• HUNGRIA, Nélson. *Comentários ao código penal*. 4ª ed. Rio de Janeiro: Forense, 1958. vol. I, t. II •• HUNGRIA, Nélson; DOTTI, René Ariel. *Comentários ao código penal*. Rio de Janeiro: GZ, 2014. vol. 1, t. 1 •• JAKOBS, Günther. *Derecho penal*: parte general, Fundamentos y teoria de la Imputación. Trad. Joaquin Cuello Contreras, José Luis Serrano Gozalez de Murillo. Madrid: Marcial Pons, 1995 •• J. F. MARQUES. *Tratado de direito penal*. 2ª ed. São Paulo: Saraiva, 1965. vol. 2. LEONARDO LOPES, Jair. *Curso de direito penal*: parte geral. 2ª ed. São Paulo: Revista dos Tribunais, 1996 •• LISZT, Franz Von. *Tratado de direito penal allemão*. Trad. e comentários José Hygino Duarte Pereira. Rio de Janeiro: F. Briguiet & C. Editores, 1899. t. I •• LUZÓN PEÑA, Diego-Manuel. *Lecciones de derecho penal*: parte general. 2ª ed. Valencia(ES): Tirant lo Blanch, 2012 •• MAGALHÃES NORONHA, Edgard. *Direito penal*. 3ª ed. São Paulo: Saraiva, 1965. vol. 1 •• MAIA GONÇALVES, M. *Código penal português*. 8ª ed. Coimbra: Livraria Almedina, 1995 ••MANTOVANI, Ferrando.

Diritto penale. 4ª ed. Padova: CEDAM, 2001 •• MANZINI, Vincenzo. *Tratado de derecho penal*: teorias generales. Trad. Santiago Sentís Melendo. Buenos Aires: EDIAR, 1948. vol. II // Tratatto di diritto penale italiano. Torino: UTET, 1961. vol. 1 •• MAURACH, Reinhart. *Tratado de derecho penal.* Trad. e notas Juan Cordoba Roda. Barcelona: Ediciones Ariel, 1962. t. I e II •• MAURACH, Reinhardt; ZIPF, Heinz. *Derecho penal*: parte general. Trad. 7ª ed. alemã por Jorge Bofill Genzsch e Enrique Aimone Gibson. Buenos Aires: Ed. Astrea de Alfredo y Ricardo Depalma, 1994. t.1 e 2 •• MAYER, Max Ernst. *Derecho penal*: parte general. Trad. de Sergio Politoff Lifschitz; rev. geral e prólogo José Luis Guzmán Dalbora, ed. alemã de 1915. Buenos Aires: Julio César Faira Ed., 2007 •• MAYRINK DA COSTA, Álvaro. *Direito penal*: parte geral. 8ª ed. Rio de Janeiro: Forense, 2009. vol. 2 •• MESTIERI, João. *Manual de direito penal*: parte geral. Rio de Janeiro: Forense, 2002 •• MEZGER, Edmundo. *Tratado de derecho penal.* Trad. de José Arturo Rodríguez Muñoz. Madrid (ES): Ed. Revista de Derecho Privado, 1955. t. II •• MIR PUIG, Santiago. *Derecho penal: parte general.* 9ª ed. Buenos Aires: B de F, 2012 •• MIRABETE, Julio Fabbrini; FABRINNI, Renato N. *Manual de direito penal*: parte geral. 30ª ed. São Paulo: Atlas, 2014 •• MUÑOZ CONDE, Francisco; GARCÍA ARÁN, Mercedes. *Derecho penal*: parte general. 5ª ed. Valencia: Tirant lo Blanch, 2002 •• NOVOA MONREAL, Eduardo. *Curso de derecho penal chileno*: parte general. 2ª ed. Santiago: Editorial Juridica Ediar-Cono Sur Ltda., 1985. t. 1 •• NUCCI, Guilherme de Souza. *Código penal comentado.* 13ª ed. São Paulo: Thomson Reuters/Revista dos Tribunais, 2013 •• PIERANGELLI, José Henrique. *Código penal*: comentado artigo por artigo. São Paulo: Verbatim, 2013 •• POLITOFF L., Sérgio [et alii]. *Lecciones de derecho penal chileno*: parte general. 2ª ed. Santiago: Editorial Jurídica de Chile, 2003 •• PRADO, Luiz Regis. *Tratado de direito penal*: parte geral. São Paulo: Thomson Reuters/Revista dos Tribunais, 2014. vol. 2 // *Curso de direito penal brasileiro.* 13ª ed. Coautoria. São Paulo: Thomson Reuters/Revista dos Tribunais, 2014 •• PUIG PEÑA, Federico. *Derecho penal*: parte general. 6ª ed. Madrid: Editorial Revista de Derecho Privado, 1969 •• QUINTERO OLIVARES, Gonzalo. *Parte general del derecho penal.* 4ª ed. Colaboración de Fermín Morales Prats. Pamplona: Thomson Reuters, 2010 •• REALE JÚNIOR, Miguel. *Instituições de direito penal*: parte geral. 3ª ed. Rio de Janeiro: Forense, 2009 •• RODRIGUEZ DEVESA, José Maria; SERRANO GOMEZ, Alfonso. *Derecho penal español*: parte general. 15ª ed. Madrid: Dykinson, 1992 •• ROXIN, Claus. *Derecho penal*: parte general. Trad. 2ª ed. aleman Diego-Manuel Luzón Peña [et alii]. Madrid: Civitas Ediciones, 2003 •• SILVA FRANCO, Alberto. *Código penal e sua interpretação*: doutrina e jurisprudência. 8ª ed. Coordenadores: Alberto Silva Franco e Rui Stoco. São Paulo: Revista dos Tribunais, 2007 •• SOUZA & JAPIASSÚ. *Curso de Direito*

Penal: parte geral. Rio de Janeiro: Elsevier, 2012 •• STRATNWERTH, Günther. *Derecho penal*: parte general I; El hecho punible. 4ª ed. Trad. Manuel Cancio Meliá y Marcelo Sancinetti. Buenos Aires: Hammurabi, 2005 •• TOLEDO, Francisco de Assis. *Princípios básicos de direito penal*. 5ª ed. São Paulo: Saraiva, 2002 •• VON WEBER, Hellmuth. *Lineamentos del derecho penal aleman*. 2ª ed. Buenos Aires, 2008 •• WELZEL, Hans. *Derecho penal aleman*: parte general. 11ª ed., aleman. Trad. castellana, 4ª ed., de Juan Bustos Ramírez e Sergio Yáñez Pérez. Santiago de Chile: Editorial Juridica de Chile, 1997 •• WESSELS, Johannes. *Direito penal*: parte geral (aspectos fundamentais). Trad. do alemão e notas de Juarez Tavares. Porto Alegre: Sérgio Antonio Fabris Editor, 1976 •• ZAFFARONI, Eugenio Raul; ALAGIA, Alejandro; SLOKAR, Alejandro. *Derecho penal*: parte general. 2ª ed. Buenos Aires: EDIAR, 2014 •• ZAFFARONI-BATISTA: ZAFFARONI, Eugenio Raúl; BATISTA, Nilo; ALAGIA, Alejandro; SLOKAR, Alejandro. *Direito penal brasileiro*. Rio de Janeiro: Revan, 2010. vol. II, I •• ZAFFARONI, Eugenio Raúl; PIERANGELI, José Henrique. *Manual de direito penal brasileiro*: parte geral. 7ª ed. São Paulo: Revista dos Tribunais, 2007. vol. 1.

§ 32. O ERRO SOBRE A PROIBIÇÃO

I. Precisão terminológica e conceito

O dispositivo acima consagrou a melhor expressão para indicar a conduta humana conforme ou contrária ao Direito. Em lugar do vocábulo *antijuridicidade*, considerado apropriadamente como nominal e tautológico,[1] é utilizado o vocábulo *ilícito*. Essa orientação é bem exposta por TOLEDO: "A reforma penal brasileira (Lei n. 7.209/1984), ao dar nova redação à Parte Geral do Código Penal, adotou, portanto, o termo correto *ilicitude:* fê-lo no art. 21, onde fala em 'erro sobre a *ilicitude* do fato'; no parágrafo único desse mesmo dispositivo, quando menciona 'consciência da ilicitude do fato', e, notadamente, na rubrica lateral do art. 23, que relaciona as causas de justificação, ao dizer 'exclusão de ilicitude'" (*Princípios básicos,* § 146, p. 160). Em texto anterior, o coordenador da Reforma de 1984 já sustentava: "Andou bem, portanto, o legislador de 1984, no particular, ao retomar a melhor tradição portuguesa, contribuindo para afastar, segundo se espera,

---

[1] Isso seria o mesmo que "definir" o homem dizendo ser ele um animal vivente. A designação é criticada por M. E. MAYER: "ella tiene que fracasar porque no entrega ninguna información acerca dela esencia de la antijuricidad y se queda en una declaración tautológica: antijurídica é un conduta que está en contradicción con el Derecho" (*Derecho penal: parte general,* p. 218).

daqui por diante, o equívoco linguístico que parece ter sido fruto de importação de uma tradução pouco precisa da palavra alemã *Rechtswidrigkeit,* que significa, literalmente, *contrariedade ao direito* (não ao *jurídico).* Com efeito, 'ilícito é o fato que contraria o ordenamento jurídico" [...] Ilicitude é, pois, em outras palavras e segundo a definimos, 'a relação de antagonismo que se estabelece entre uma conduta humana voluntária e o ordenamento jurídico, de sorte a causar lesão ou expor a perigo de lesão um bem jurídico tutelado'" (TOLEDO, Considerações sobre a ilicitude na reforma penal brasileira. In: *Reforma penal*, p. 2-3) (Itálicos do original). Na sintética definição acolhida por LEONARDO LOPES, a "ilicitude é a relação de contrariedade entre o fato típico e o ordenamento jurídico" (*Curso,* p. 137). Sendo assim, é preferível a terminologia adotada pelo Código Penal: arts. 21, *caput* e parág. único; 23, *caput* e parág. único; 26, *caput* e parág. único; 28, §§ 1º e 2º; 171 etc. O Tít. III do Livro III do CCiv. é designado "DOS ATOS ILÍCITOS" (arts. 186-187), demonstrando que este vocábulo é o mais corrente também na linguagem de outros ramos jurídicos.

II. Direito anterior

O Código Criminal do Império, considerava somente atenuante, "não ter havido no delinquente *pleno conhecimento do mal* e intenção directa de o praticar" (Art. 18, § 1º). O CP 1890 declarava: "Art. 26. Não dirimem nem excluem a intenção criminosa: *a)* a ignorancia da lei penal; *b)* o erro sobre a pessoa ou cousa a que se dirigir o crime". Para o Projeto Alcântara Machado (1938), "não exime de pena o agente o erro ou ignorancia da lei penal" (art. 14). A PG/1940 dispunha: "*A ignorância ou a errada compreensão da lei não eximem de pena*" (art. 16). A Exp. Mot. da PG/1940 assim justificou o dispositivo: "O art. 16 dispõe sobre a irrelevância do *erro de direito*. Não cedeu a Comissão revisora, em matéria de crimes, aos argumentos em prol da restrição a esse princípio. O *error juris nocet* é, antes de tudo, uma exigência de política criminal. Se fosse permitido invocar como escusa a ignorância da lei, estaria seriamente embaraçada a ação social contra o crime, pois ter-se-ia criado para os malfeitores um pretexto elástico e dificilmente contestável. Impraticável seria, em grande número de casos, a prova contrária à exceção do réu, fundada na insciência da lei. Conforme pondera VON HIPPEL (*Deutsches strafrecht*, vol. II, p. 342), pelo menos a prova do *dolus eventualis* teria de ser oposta ao réu, mas, ainda assim, redundaria, num *non liquet,* que frustraria a ação repressiva. Aos piores delinquentes, quase sempre originários das classes sociais mais desprovidas de cultura, ficaria assegurada a impunidade" (item 14). O fenômeno da ignorância ou a errada compreensão da lei, quando escusáveis, ficou restrito a uma simples atenuante na PG/1940 (art. 48, III).

III. A lenta desconstituição do dogma *error iuris nocet*

Ao comentar aquele dispositivo, em obra publicada no ano de 1943, COSTA E SILVA já observara: "A verdade é que o rigor do princípio vai sendo por toda parte abrandado. As legislações mais recentes e os projetos de codificação penal dos últimos tempos admitem a eficácia, mais ou menos extensa, do erro de direito. O moderno Código suíço dá ao juiz a faculdade de mitigar livremente a pena e até de não impor nenhuma. Só exige que o autor do fato, com razões suficientes (*auszureicheiden gruenden*), se tenha julgado legalmente autorizado (*berechtigt*) a praticá-lo (art. 20) (*Código penal*, p. 127).

Muito antes, porém, na Exp. Mot. da Parte Geral de seu *Projecto de Codigo Penal Brasileiro* (1930), o Desembargador SÁ PEREIRA, justificando a necessidade do art. 39, já alertava: "O princípio de que a ignorância da lei a ninguem aproveita é um dos alicerces da ordem juridica, que, sem elle, se subverteria, mas assenta na presumpção de que todos a conhecem, ou, na melhor hypothese, de que todos a podem conhecer. A realidade nos diz que, em qualquer das hypotheses, a presumpção é falsa, mas na segunda a falsidade é mais clamorosa porque resulta da impossibilidade para o analphabeto de ler uma lei que só vigora depois de publicada, e que é publicada para que seja conhecida pela leitura, afim de que possam os cidadãos obedecer ás suas prescripções. No próprio campo do direito civil já se accentúa a reacção contra a inflexibilidade do principio, mas é no direito penal que essa reacção fala mais alto, porque é justamente nelle que as injustiças resultantes do seu rigor maior attenção despertam. *Nem a ordem jurídica nem a repressão penal soffreriam, porém, se, mantendo, como é de necessidade, o principio, nos lhe permeassemos o rigor com as excepções de pura equidade que elle comporta*" (*Projecto,* cit., p. 87) (Mantida a ortografia original. Itálicos meus).

O tempo e a obra de HUNGRIA mostraram que a contradição – de que poderia ser acusado pela revisão de alguns dogmas – é uma virtude do espírito humano, e não um defeito.[2] Os *novos tempos* de Política Criminal e Penitenciária influenciaram o imortal *master* como ficou demonstrado em seu Anteprojeto de Código Penal (1963) que dispôs no art. 19, antecedido pela rubrica "**erro de direito**": "*A pena pode ser atenuada, substituída por outra menos grave ou mesmo excluída quando o agente, por escusável ignorância ou erro de interpretação da lei, supõe lícito o fato*". Como subsídio da legislação comparada, Mestre HUNGRIA referiu os seguintes Códigos:

---

2   A propósito, Nélson Hungria: o passageiro da Divina Comédia. In: DOTTI, René Ariel, *Comentários ao código penal,* Rio de Janeiro: GZ Editora, vol. I, t. I, p. 280 e ss.

grego, art. 31, 2; suíço, art. 20; iugoslavo, art. 10 e os Anteprojetos: alemão, art. 21; argentino, art. 22. O CP 1969 também quebrou o rigor da inescusabilidade do *error juris*, mas sem a amplitude que lhe dera o Anteprojeto Hungria. Com efeito, embora o Dec.-Lei n. 1.004, de 21.10.1969, com as alterações da Lei n. 6.016, de 31.12.1973, tivesse como fonte imediata o texto do mencionado *disegno di legge*,[3] a redação final do dispositivo sobre o erro de direito não permitia a isenção de pena. A sanção poderia, apenas, ser atenuada ou substituída por outra menos grave (art. 20). A solução para os casos de injustiça material veio com o Anteprojeto Toledo (1981). Com a rubrica "Erro sobre a ilicitude do fato", o art. 21 dizia: "O conhecimento das leis vigentes presume-se em relação a todos. O erro sobre a ilicitude do fato, se inevitável, isenta de pena; se evitável, poderá atenuá-la. Parágrafo único. Considera-se evitável o erro se o agente atua ou se omite sem a consciência da ilicitude do fato, quando lhe era possível, nas circunstâncias, ter ou atingir essa consciência".

IV. A orientação do Anteprojeto Toledo

A elaboração do Anteprojeto Toledo (1981) levou em consideração o fato de que durante um século o sistema penal brasileiro mantinha como invariável a presunção geral do conhecimento da lei penal para justificar a punibilidade mesmo sem a consciência de ilicitude do fato por parte de seu autor. Não havia espaço para a concessão da sentença latina *est modus in rebus* ("há uma medida nas coisas"), diante do rigor adotado pela PG/1940 (*supra*). Os membros das comissões de redação e revisão do anteprojeto de que resultou a Lei n. 7.209, de 11.07.1984 (PG/1984),[4] preocupados com o incalculável número de injustiças materiais provocadas pelo mito do conhecimento presumido da norma incriminadora, apoiaram uma fórmula para neutralizar tais situações que já estavam sensibilizando muitos juízes e tribunais no curso dos anos 60 quando grandes transformações políticas, econômicas e sociais ampliaram o catálogo dos fatos ilícitos. O Anteprojeto Hungria, amplamente discutido em inúmeros eventos científicos e acadêmicos, deflagrou uma *revolução copérnica* para desmontar a blindagem do então vigente art. 16. O dogma da irrelevância do desconhecimento da lei penal perdeu nos últimos tempos o vigor que desfrutava na doutrina e na jurisprudência. Muitas normas incriminadoras se multiplicam no quadro da

---

3 Para a leitura de um resumo histórico acerca da proposta de reforma global do Código Penal a partir de 1961, passando pelo Código de 1969 e as alterações da Lei n. 6.016/193, v. DOTTI, René Ariel, *Curso*, p. 294-298.

4 Membros das comissões de redação e revisão do Anteprojeto Toledo: v. § 1º, item XIV.

proteção de bens e interesses particularizados, compondo um imenso mural de ilicitudes que para satisfação de um *direito penal de ocasião* alimenta a crise de eficiência provocada pela expansão legislativa. É compreensível que se a ignorância ou a errada compreensão da lei não forem escusáveis, o fenômeno serve, contudo, para abrandar o juízo de reprovabilidade da conduta. Este é o sentido e o alcance da atenuante prevista no art. 65, II, do Código Penal (SILVA FRANCO, *Código penal,* p. 806).

V. O dogma do *error iuris non nocet*

Razão de prudência determinou a redação da primeira frase do *caput* do art. 21: "*O desconhecimento da lei é inescusável*". Trata-se de repetir o espírito da regra do art. 3º da LINDB, *verbis:* "*Ninguém se escusa de cumprir a lei, alegando que não a conhece*". Assim procederam as comissões de redação e revisão do anteprojeto de 1981 em face da relevância ampliada do então chamado "erro de direito". Era preciso, por antecipação, superar barreiras que poderiam vir não somente de parte da comunidade jurídico-penal como também do Congresso Nacional e do Poder Executivo. Afinal, essa nova e promissora orientação não poderia sofrer as intervenções legislativas que produziram o maior período de *vacatio legis* do ordenamento positivo com os sucessivos adiamentos da entrada em vigência da Lei n. 6.016, de 31.12.1973 (CP 1969) até a sua revogação pela Lei n. 6.478, de 11.10.1978. Encontrou-se uma fórmula normativa que atende a doutrina e a jurisprudência vinculadas à realidade do caso concreto. E nesse sentido é a opinião da generalidade dos estudiosos, a exemplo de CIRINO DOS SANTOS, (*Direito penal,* p. 326 e ss.; MESTIERI, (*Manual,* p. 182), FRAGOSO, (*Lições,* p. 212) e ANTÔNIO CRUZ, que reconhece, no estudo da culpa, a possibilidade de afastar-se esse dogma (*O tratamento do erro em um direito penal de bases democráticas,* p. 208-209).

Na hipótese de contravenção penal, a ignorância ou a errada compreensão da lei, quando escusáveis, autorizam o perdão judicial (LCP, art. 8º). Em se tratando de crime, se não houver isenção de pena (erro inevitável), o agente será obrigatoriamente beneficiado com a atenuante (CP, art. 65, II), em face da natureza impositiva das circunstâncias (cf. o art. 65, *caput,* do CP).

VI. O conhecimento real da ilicitude

O conhecimento da lei é *real* quando o destinatário tem a consciência da licitude ou ilicitude de sua conduta. Não se exige um conhecimento específico das normas jurídico-penais, assim como resulta da experiência dos profissionais e demais estudiosos do Direito. Basta o chamado *conhecimento profano* da existência dos valores protegidos pela norma (vida, integridade corporal, saúde, liberdade, patrimônio etc.) para que se possa exigir uma conduta adequada aos mandamentos do Direito. No fundo, as pessoas penalmente capazes que vivem em sociedade têm a consciência do lícito ou do ilícito em seu aspecto material, justamente porque o respeito às normas de cultura decorre dessa mesma convivência.

VII. O conhecimento potencial da ilicitude

O *conhecimento potencial da ilicitude* caracteriza a hipótese em que o sujeito, por estar vivendo em uma sociedade orientada pelos hábitos e costumes que protegem interesses e valores fundamentais, tem, presumidamente, a *percepção profana* sobre o que é permitido e o que é proibido. O parágrafo único do dispositivo ora comentado serve de paradigma ao admitir que o erro (ignorância) sobre a ilicitude do fato seria evitável quando era possível ao agente *"nas circunstâncias, ter ou atingir essa consciência"*.

O exemplo de NUCCI é oportuno: "abstendo-se do seu dever de se manter informado, o agente deixa de tomar conhecimento de uma lei, divulgada na imprensa, que transforma em crime determinada conduta" (*Código penal*, p. 240).

VIII. A *cegueira jurídica* e a hostilidade ao Direito

No universo do tema sobre o erro ou a ignorância da proibição circundam os fenômenos da *cegueira jurídica* e da hostilidade ao Direito.

Na primeira situação, o agente não desconhece os imperativos de comando ou de proibição que estruturam as normas criminais; apenas são incapazes de "vê-las" como tais. Na síntese de ASÚA, "padece ceguera jurídica quién obra u omite asumiendo una actitud incompatible con una correcta concepción de lo que es el derecho y su contrapartida lo injusto. La 'fauna' – podríamos decir – de estos indivíduos que no ven el derecho ni lo contario a el, oferece una extensa gama: delincuentes habituales con un super-yo adaptado ao crimen; autores de delitos de lesa humanidad, como los ejectores de matanzas de judios; fusilamiento de rehenes sin pretexto de previa hostilización de parte de las poblaciones ocupadas, o de desertores sin juicio prévio; eliminación de enfermos o de débiles sob pretexto de eutanásia; genocídio, etc. Muchos de ellos fueran sometidos a juício después de la caída del Tercer Reich y no pudieran escapar a la justicia mediante el alegato de ignorar que sus actos estabam prohibidos y que se trataba de instaurar un 'nuevo orden'al que prestaban su convenvimiento activo, así como su esfuerzo y trabajo" (La 'ceguera jurídica' y el remanente imputable. In: *Estudos de direito e processo penal em homenagem a Nélson Hungria,* p. 13).

Sob outra perspectiva, a *hostilidade ao Direito* é caracterizada pela atitude de enfrentamento aos interesses e valores que compõem os bens jurídicos. O sujeito tem pleno conhecimento da ilicitude de sua conduta porém agride, voluntária e conscientemente, o objeto da proteção jurídica. Um exemplo é a invasão de populares no prédio do Tribunal do Júri, destruindo obstáculos físicos com paus e pedras, visando a impedir a continuidade da sessão e linchar o réu que está sob julgamento. O fato tipifica o delito previsto no art. 18 da Lei n. 7.170, de 14.12.1983, *verbis*: "*Tentar impedir, com emprego de violência ou grave ameaça, o livre exercício de qualquer dos Poderes da União ou dos Estados: Pena – reclusão, de 2 (dois) a 6 (seis) anos*".

IX. Falta de consciência da ilicitude e desconhecimento da lei

a. *A distinção entre lei e Direito*

Em obra publicada no ano de 1977, Francisco de Assis TOLEDO já criticava o rigor adotado pelo regime então vigente, após fazer a *acareação* entre o art. 3º da Lei de Introdução ao Código Civil[5] e o 16 do Código Penal de 1940, concluindo que tais disposições estatuem tão somente a validade formal, abstrata da lei penal, mas nada dizem sobre a culpabilidade do agente pela prática de um fato concreto. Se assim não se entender, um exame mais profundo desses preceitos conduz à inevitável conclusão de que neles não estão previstas todas as formas possíveis de erro de proibição, mas apenas os chamados erros de vigência, de eficácia, de punibilidade, e de subsunção, permanecendo em aberto o exame de outras ainda mais importantes espécies de *error iuris*. Partindo do pressuposto da distinção entre Lei e Direito, o coordenador da Reforma de 1984 conclui que a "falta de consciência da ilicitude é o desconhecimento ou o falso conhecimento da relação de contrariedade entre uma conduta concreta, da vida real, e o ordenamento jurídico em seu todo. Nada tem a ver com a *ignorantia legis*. Age com essa falta de consciência quem pratica o fato supondo, com uma valoração 'na esfera do profano' (Mezger) não estar obrigado a omitir ou a praticar a conduta proibida ou ordenada pela norma" (*O erro no direito penal*, p. 133).

Não se confundem as situações que funcionam em planos distintos: a presunção de conhecimento da lei, vale dizer, de sua validade como abstração ditada pela necessidade de subsistência do ordenamento jurídico de um País, e a falta da consciência da ilicitude da conduta no fato concreto.

---

5   A Lei n. 12.376, de 30.12.2010, ampliou o campo de aplicação do Dec.-Lei n. 4.657, de 04.09.1942 e deu-lhe a ementa: "Lei de Introdução às Normas do Direito Brasileiro".

Com a precisão técnica que lhe é peculiar, FIGUEIREDO DIAS sustenta que "o princípio da irrelevância do desconhecimento da lei penal não decide, directa ou indirectamente, da relevância, do tipo de relevância e do âmbito do problema da falta de consciência da ilicitude; não decide, não ajuda a decidir, nem ao menos constitui critério normativo da decisão, pois que ele diz unicamente respeito ao fundamento de validade da lei, à sua obrigatoriedade abstracta" (*O problema da consciência da ilicitude*, p. 64-65) (Itálicos meus).

b. *Ignorância da lei e ignorância do Direito*

A ignorância (desconhecimento) da lei penal, ou seja, do imperativo de comando ou de proibição da conduta, não se confunde com a ignorância (desconhecimento) da norma de Direito. Daí a certeira conclusão de TOLEDO: "Assim, o legislador pátrio, quando estabelece a inescusabilidade da ignorância ou da errada compreensão *da lei*, não pode estar se referindo à ignorância ou à errada compreensão *do Direito*, a menos que se queira reduzir este àquela, redução essa hoje inaceitável" (*O erro no direito penal*, p. 131) (Itálicos do original).

É oportuno referir a conclusão de BITENCOURT: "A *ignorantia legis* é matéria de aplicação da lei, que, por ficção jurídica, se presume conhecida por todos, enquanto o erro de proibição é matéria de culpabilidade, num aspecto inteiramente diverso. Não se trata de derrogar ou não os efeitos da lei, em função de alguém conhecê-la ou desconhecê-la. A incidência é exatamente esta: a relação que existe entre a lei, em abstrato, e o conhecimento que alguém possa ter de que seu comportamento esteja contrariando a norma legal. E é exatamente nessa relação – de um lado a norma, em abstrato, plenamente eficaz e válida para todos, e, de outro lado, o comportamento em concreto e individualizado – que se estabelecerá ou não a *consciência da ilicitude,* que é matéria de culpabilidade, e nada tem que ver com os princípios que informam a estabilidade do ordenamento jurídico" (*Erro de tipo e de proibição*, p. 84-85).

X. Espécies de erro de proibição

São várias as modalidades do *erro de proibição* cf. a judiciosa classificação de TOLEDO (*O erro no direito penal,* cap. 6, p. 102 e ss.).

a. *Erro de proibição direto*

Essa forma de engano não incide sobre o modelo de conduta proibida, ou o tipo legal da infração e tampouco sobre a lei penal (*ignorantia legis*). Tal erro consiste na suposição de licitude de uma conduta que na verdade é ilícita. Por exemplo: acreditando que já está divorciado, segundo informação equivocada, o agente contrai um novo casamento ignorando o impedimento (CCiv., art. 1.521, VI). No campo civil tal casamento é nulo (CCiv., art. 1.548, II). Mas o delito de bigamia (CP, art. 235) não se caracteriza porque o agente desconhece a vedação para a prática do ato.

b. *Erro de proibição indireto*

Neste caso, o agente tem conhecimento dos pressupostos factuais e jurídicos de uma causa de exclusão de ilicitude, por exemplo, na legítima defesa mas ignora os seus exatos limites cometendo excesso culposo ou doloso. Se o erro for evitável, portanto, inescusável, caracteriza-se o crime doloso. Se resultar de imprudência ou outra violação do dever de cuidado objetivo, haverá punição a título de culpa *stricto sensu* se o fato for sancionado sob esse título.[6]

c. *Erro de mandamento*

Além das *normas proibitivas* o ordenamento positivo contém *normas preceptivas,* i.e., aquelas que indicam um preceito, uma ordem. Há determinadas pessoas que, em função da lei (p.ex., o dever dos pais em relação aos filhos, cf. o CCiv., art. 1.634, I) ou de situações concretas da vida (p.ex., atividade anterior causadora do perigo). Se o erro incidir sobre a existência da norma preceptiva, vale dizer, sobre a existência de uma obrigação de impedir o resultado, caracteriza-se o erro de proibição sob a perspectiva do erro *de mandamento* ora examinado.

d. *Erro de vigência*

Trata-se de situação que não escusa. O sujeito desconhece a existência de uma norma incriminadora (*ignorantia legis*) ou ainda não pôde conhecer uma lei recentemente sancionada.

e. *Erro de eficácia*

Também é inescusável, "salvo hipóteses raras e especialíssimas: o agente não aceita a legitimidade de um preceito legal por supor que ele contraria outro preceito de categoria superior, ou norma constitucional" (TOLEDO, *Princípios básicos*, § 248, p. 271).

f. *Erro de punibilidade*

O agente tem a consciência real de que a sua conduta é proibida, percepção essa decorrente de sua participação na vida comunitária. Porém

---

6 Sobre a punibilidade nos casos de excesso: v. o § 36.

ignora a existência da sanção específica. Obviamente esse erro sobre a *cominação penal* é irrelevante.

g. *Erro de subsunção*

O médico sabe que o aborto é crime, salvo as hipóteses legais (CP, art. 128), mas supõe que o consentimento do representante legal da menor vítima do estupro é dispensável e provoca a interrupção da gravidez.

h. *Erro por convicção religiosa*

A Constituição Federal dispõe que ninguém será privado de direitos por motivo de crença religiosa [...], salvo se a invocar para eximir-se de obrigação a todos imposta e recusar-se a cumprir a prestação alternativa, fixada em lei (art. 5º, VIII). A jurisprudência tem se orientado no sentido de que a recusa da transfusão de sangue, manifestada pelos pais do menor por motivo de crença religiosa, é ilegítima em face da prevalência da tutela da vida sobre a convicção religiosa. Sob outro aspecto, o crime de *insubmissão* (CPM, art. 183) cometido pelo convocado em não se apresentar para a incorporação ao serviço militar não é excluído por motivo de convicção religiosa.

i. *Erro por outras situações*

Obediência hierárquica, norma penal em branco etc., são outras modalidades da ocorrência do erro evitável e, portanto, inescusável.

XI. A concepção adotada pelo Código Penal e o erro de proibição

Com a Reforma de 1984, o Código Penal adotou a concepção normativa pura ao fundamentar a culpabilidade, porque exige do sujeito imputável e capaz de adquirir a consciência da ilicitude de seu proceder, uma conduta adequada aos comandos jurídico-penais.

Sob o aspecto *psicológico*, o agente pode não ter a compreensão de ilicitude do fato que, se for inevitável, acarreta a isenção de pena (CP, art. 21, segunda parte).[7]

O erro de proibição é *evitável* quando o agente podia, nas circunstâncias, *ter* ou *atingir* a consciência da ilicitude. É importante deixar claro que, para que se possa exigir do agente buscar o conhecimento da ilicitude, é

---

7   O art. 35 do Projeto de Lei do Senado 236/ 2012, de Código Penal, exclui a frase do caput do vigente art. 21 do CP: "O desconhecimento da lei é inescusável" seguindo a proposta de GUSTAVO BRITTA SCANDELARI à subcomissão do Senado Federal que redigiu o anteprojeto. A propósito, v. DOTTI, René Ariel. A reforma da legislação penal – Parte Geral. Boletim do IBCCrim, mar. 2012, p. 3.

necessário que haja elementos concretos – devidamente retratados nos autos – apontando no sentido de que ele deveria suspeitar de que sua conduta era punível *criminalmente*. Em tal caso, a pena é diminuída de um sexto a um terço [CP, art. 21 (terceira parte) c/c o parágrafo único].

Caso o erro de proibição seja *inevitável* (equivalente à *ausência de conhecimento da ilicitude do fato* – sendo inadequada, portanto, a redação da primeira parte do art. 21 do CP),[8] ele acarreta a isenção da pena (ou a exclusão completa da culpabilidade). Nessa situação – que é a regra e não a exceção, sobretudo por conta da inflação legislativa em matéria de Direito Penal especial – o agente não sabia e não tinha como saber (e nem por que procurar saber), a respeito do eventual caráter penalmente ilícito de sua conduta. Exemplo muito comum é do empresário de determinado campo de atuação que vem desenvolvendo há muitos anos o mesmo procedimento (da mesma forma que praticamente todos os seus concorrentes), sem qualquer dolo; mas, de inopino, alguma normativa administrativa passa a complementar norma penal em branco à qual tal conduta se subsome. O sujeito passa a ser réu. Corriqueiro é o caso do profissional do comércio exterior, por exemplo, que desconhece todos os detalhes da declaração de tributos no processo de importação, ficando tal encargo com as pessoas mais envolvidas com a parte burocrática do procedimento, como o despachante.[9]

XII. Múltiplas funções da culpabilidade

Como juízo de reprovação da *vontade ilícita* na concepção normativa pura, a culpabilidade é identificada não somente para justificar a pena, mas também para outros fins: *a)* orientar a fixação da pena adequada (CP, art. 59); *b)* autorizar a substituição da pena privativa de liberdade por restritiva de direitos (CP, art. 44, III) ou por multa (CP, art. 60, § 2º); c) agravar ou atenuar (genericamente) a pena (CP, arts. 61 e ss.; 65 e ss.); d) diminuir ou aumentar (especialmente) a pena (CP, arts. 14, parágrafo único; 121, § 1º; 71, *caput* e parágrafo único; 135, parágrafo único).

As hipóteses de *perdão judicial* (CP, arts. 121, § 5º; 129, § 8º; 140, § 1º etc.) e de *isenção de pena* (CP, arts. 181 e 348, § 2º etc.) são causas excludentes da culpabilidade sob o perfil normativo, pois mesmo que o agente, em tais casos, possa ter a consciência da ilicitude de seu ato, a ordem jurídica não reprova a sua conduta.

---

8   Sobre esse tema, v. o exaustivo trabalho monográfico de FIGUEIREDO DIAS. O problema da consciência da ilicitude em direito penal, p. 53-69.

9   Acerca desse tipo de problema, v. CRUZ, Flavio Antônio da. O tratamento do erro em direito penal de bases democráticas. Porto Alegre: Sergio Antonio Fabris Editor, 2007.

Os exemplos formulados para essas situações têm caráter meramente indicativo e não exaustivo.

SILVA FRANCO considera que um exame mais atento da Lei n. 7.209, de 11.07.1984, "deixa a nu algumas pistas através das quais se chega à conclusão de que o conceito que melhor representa o seu pensamento é, sem dúvida, o da teoria normativa pura. Embora a nova Parte Geral não possa ser definida como um conjunto de normas que segue, com inteira fidelidade e coerência, a posição finalista, força é convir que o diploma legal acolheu algumas das mais importantes teses desta corrente. Assim, no que tange à culpabilidade, deixou patente que o dolo e a culpa não participam mais do âmbito do conceito e que a culpabilidade é, essencialmente, normativa. Tanto isto é exato que, na redação do texto legal referente ao erro de tipo (art. 20 da PG/84), deixou consignado que o "erro sobre elemento constitutivo do tipo legal exclui o dolo", num reconhecimento claro de que o dolo faz parte da composição típica e não da culpabilidade. Da mesma forma, ao cuidar do concurso de pessoas, fez uma nítida separação entre culpabilidade, compreendida como reprovabilidade (*caput* do art. 29 da PG/84) e o dolo, entendido como dado de estrutura típica (§ 2º do art. 29 da PG/84). O deslocamento do dolo (e também da culpa em sentido estrito) para o campo da tipicidade, de forma a constituir o tipo subjetivo paralelo ao tipo objetivo, atende a um postulado básico da teoria finalista. Por outro lado, evidencia-se, na disciplina do erro sobre a ilicitude do fato (art. 21 da PG/84), o caráter nuclear da consciência da ilicitude na formação do juízo de culpabilidade que passou a ter um significado puramente normativo" (*Código penal*, p. 274).

XIII. Erro de proibição extrapenal

A Exp. Mot. da PG/1940 declara que "o projeto não faz distinção entre erro de *direito penal* e erro de *direito extrapenal:* quando uma norma penal faz remissão a uma norma não penal ou a pressupõe, esta fica fazendo parte integrante daquela e, consequentemente, o erro a seu respeito é um irrelevante *error iuris criminalis*" (n. 14). Louvando-se em lições de MASSARI, DE MARSICO e DELITALA, o mestre HUNGRIA sustenta que as normas extrapenais (Direito Administrativo, Civil etc.) "pelo fato de que acedem ao *proeceptum juris*, concorrem tôdas na formação da norma penal, e tôdas têm, em relação a esta, valor essencialmente constitutivo; de modo que, quanto a elas, deve ter aplicação o princípio *nemo censetur ignorare legem*" (*Comentários*, vol. I, t. II, p. 224) (Itálicos do original).

A orientação inflexível já era combatida por penalistas pátrios. Assim BASILEU GARCIA, ao impugnar o brocardo *ignorantia legis non excusat* que mandava "punir o verdadeiro inocente, o que repugna ao senso de justiça.

Convém aceitar as atenuantes que tolera, e uma bem razoável é a eximente influência do êrro de direito extrapenal, quando conduza a êrro sobre elemento de fato da infração" (*Instituições,* vol. I, p. 277). Com a mesma opinião, MARQUES J. F. (*Tratado,* vol. II, p. 241-242).

Surge aqui o problema gerado pelas *leis penais em branco* que, na imagem antológica de Binding, "são corpos errantes à procura de alma". Elas se caracterizam pelo sentido genérico do preceito que precisa ser completado por outra disposição normativa (lei, decreto, regulamento, circular, portaria etc.) (DOTTI, *Curso,* p. 313).[10] A esse respeito, o magistério de CRUZ mostra que o erro em face das leis penais em branco tem graves consequências diante do abuso da tipificação aberta, notadamente no âmbito do Direito Penal Econômico. "Há uma maior delegação valorativa, já que tais preceitos são recheados de elementos normativos do tipo, sem mencionar a existência de um maior dever de informação [...] Na medida em que se caminha para um maior tecnicismo penal (a administrativização do Direito Penal), é comum o emprego de tipos eticamente neutros: aqueles fundados em questões altamente complexas e insusceptíveis de serem adivinhadas (!) mediante simples reflexão" (*O tratamento do erro,* p. 300-301).

As hipóteses de erro de proibição extrapenal podem ser resolvidas com a escusa de punibilidade quando a ignorância da norma complementar for relevante, salvo nas situações em que o sujeito esteja obrigado a conhecer a matéria como ocorre com as situações dos arts. 268 e 269 do Código Penal. A propósito, BETTIOL, ao esclarecer que os elementos integradores de uma norma penal em branco (ordem de autoridade ou atos administrativos) dizem respeito, substancialmente ao fato descrito pelo modelo de lei, pelo que o erro que ataca a norma integradora do preceito penal em branco tem eficácia de escusa (*Diritto penale,* p. 513).

* **DIREITO COMPARADO**
Código Penal alemão: "§ 17. *Erro de proibição.* Se, ao cometer o fato, falta ao autor o conhecimento de realizar um injusto, age ele sem culpabilidade, se este erro não puder ser evitado. Sendo-lhe possível evitá-lo, pode a pena ser reduzida segundo o § 49 ".[11] •• **Código Penal**

---

10 As leis (normas) penais em branco (CP, arts. 268 e 269) não se confundem com os *tipos penais abertos.* Estes não dependem de *complementação* por uma norma, como aqueles. São chamados de *tipos penais abertos* porque contêm palavras ou expressões que, para sua compreensão dependem de uma valoração cultural. As primeiras são *integradas* por uma disposição normativa; os segundos são *avaliados* pelo juiz (CP, arts. 121, § 3º; 233 etc.) (DOTTI, *Curso,* p. 144 e 314).

11 Trad. LEITE, Alaor. *Novos estudos de direito penal,* org. Alaor Leite, 1ª ed. São Paulo: Marcial Pons, 2014, p. 221. O referido § 51 do diploma alemão trata das causas legais especiais de atenuação.

português, art. 17º (Erro sobre a ilicitude): "1. Age sem culpa quem actuar sem consciência da ilicitude do facto, se o erro não lhe era censurável. 2. Se o erro lhe for censurável, o agente é punido com a pena aplicável ao crime doloso respectivo, a qual pode ser especialmente atenuada". Cf. MAIA GONÇALVES, a isenção de culpa (n. 1) não tinha correspondente no projeto de Código Penal de EDUARDO CORREIA (1963) "e inspirou-se manifestamente na doutrina do Prof. Figueiredo Dias, expendida em *O Problema da Consciência da Ilicitude em Direito Penal*" *(Código Penal Português,* p. 238). Interpretando aquele dispositivo frente ao tema do erro de proibição, CORREIA esclarece que "ele é de toda evidência estranho ao nosso problema. Pois do que neste se cura não é da ignorância da lei penal, que pena natureza das coisas só em abstracto poderia ser considerada, mas de concreta ausência no agente, e no momento da actuação, da *consciência* da ilicitude *de uma certa conduta.* Poder-se-á, na verdade, pretender que a ignorância da lei não tenha eficácia excluidora da culpa; mas já assim não será, como vimos, em relação à ignorância da ilicitude do facto" *(Direito Criminal,* vol. I, p. 419) (Itálicos do original). •• **Código Penal espanhol: art. 14, n. 3:** "El error invencible sobre la ilicitud del hecho costitutivo de la infracción penal excluye la responsabilidad criminal. Si el erro fuera vencible, se aplicará la pena inferior en uno o dos grados". As regras para a individualização quanto aos graus estão nos arts. 70 e 71. •• **Código Penal Tipo: Artículo 28**. No es culpable el que por error invencible obrare en la convicción de que el hecho que realiza no está sujeto a pena. Si el error no fuere invencible, el hecho será reprimido con una pena no menor de la mitad del mínimo ni mayor de la mitad del máximo de la establecida para el correspondiente delito. •• **Anteprojeto CP argentino, art. 5, i:** não é punível quem atua *"por error invencible que le impida comprender la criminalidad del hecho".*

COAÇÃO IRRESISTÍVEL E OBEDIÊNCIA HIERÁRQUICA

Art. 22. *Se o fato é cometido sob coação irresistível ou em estrita obediência a ordem, não manifestamente ilegal, de superior hierárquico, só é punível o autor da coação ou da ordem.*

*DIREITO ANTERIOR

CCrim 1830: "Art. 2º. Julgar-se-ha crime ou delicto: § 1º Toda acção ou omissão *voluntaria* contraria ás Leis penaes; [...] "**Art. 10.** Tambem não se julgarão criminosos: [...] § 3º Os que commetterem crimes violentados, por força ou por medo irresistiveis". •• **CP 1890:** "**Art. 27.** Não são criminosos: § 1º [...] § 5º Os que forem impellidos a commetter o crime por violencia physica irresistivel, ou ameaças acompanhadas de perigo actual;" •• **Projeto Alcântara Machado (1938):** "**Art. 13.** Tambem não será punivel aquele que praticar a ação ou omissão: I – [...]; II – Coagido por violencia física irresistivel, respondendo neste caso pelo crime o autor da violencia". •• **Anteprojeto Hungria (1963):** "**Art. 21.** Não é culpado quem comete o crime: *a)* sob coação moral, que lhe suprima a faculdade de agir segundo a própria vontade; *b)* em obediência a ordem, não manmifestamente ilegal, de supértior hierárquico. Parágrafo único. Responde pelo crime o autor da coação ou da ordem" (..). **Art. 23.** Não é autor do crime quem o pratica sob coação física irresistível, respondendo tão-sòmente o coator. **Art. 24**. Nos casos do art. 21, letras *a* e *b*, e do art. 23, se era possível resistir à coação, ou se a ordem não era manifestamente ilegal; ou, no caso do art. 22, se era razoavelmente exigível o sacrifício do direito ameaçado, o juiz, tendo emk vista as condições pessoais do réu, pode atenuar a pena". •• **CP 1969**: "**Art. 23**. Não é autor do crime quem o pratica sob coação física irresistível, respondendo tão-somente o coator; "**Art. 24**. Não é culpado quem comete o crime: *a)* sob coação moral irresistível; *b)* em obediência a ordem, não manifestamente ilegal, de superior hierárquico. Parágrafo único. Responde pelo crime o autor da coação ou da ordem". "**Art. 26**. Nos casos do artigo 23 e do artigo 24, letras *a* e *b*, se era possível resistir à coação, ou se a ordem era manifestamente ilegal [...] o juiz, tendo em vista as condições pessoais do réu, pode atenuar a pena". •• **Anteprojeto Toledo (1981)**: Art. 22. Corresponde ao texto vigente.

BIBLIOGRAFIA (ESPECIAL)

ANDREUCCI, Ricardo Antunes. *Coação irresistível por violência*. São Paulo: Bushatsky, 1974 •• AZEVEDO, Pedro Ferreira de. A coação irresistível no direito penal brasileiro. *RT*, 215/1953 •• CAMPOS PIRES, Ariosvaldo de. *A coação irresistível no Direito Penal brasileiro*. Belo Horizonte: Ed. do Autor, 1964 •• CHENE, João Jeremias. Força irresistível. *Informativo Consulex*, 12/2001 •• FIGUEIREDO, Telma Angelica. *Excludentes de ilicitude e obediência hierárquica no direito militar*. 2ª ed. Rio de Janeiro: Lumen Juris, 2009 •• GOMEZ LOPEZ, Jesus Orlando. *Obediencia jerarquica y la inviolabilidad de los derechos*. Bogotá: Ed. Doctrina e Ley, 1998 •• JUNIOR, Rolf. *Obediência hierárquica*. Belo Horizonte: Del Rey, 2003 •• KOERNER JUNIOR, Rolf. *Obediência hierárquica*. Belo Horizonte: Del Rey, 2003 •• LINHARES, Marcelo Jardim. *Coação irresistível*. São Paulo: Sugestões Literárias, 1980 •• NEDER, Gizlene. *Iluminismo jurídico penal luso brasileiro*: obediência e submissão. Rio de Janeiro: Revan, 2000 •• PIERANGELI, José Henrique. Coação irresistível e inexigibilidade. *MPPR*, 15/1987 •• PIRES, Ariosvaldo de Campos. *A coação irresistível no direito penal brasileiro*. Belo Horizonte: Lemi, 1973 •• TOLEDO, Francisco de Assis. *O erro no direito penal*. São Paulo: Saraiva, 1977 •• VIANA, Rosangela Araujo. Coação irresistível do meio social ambiente. *Revista da OAB-PE*, 29/1990.

BIBLIOGRAFIA (GERAL)

ASÚA, Luis Jiménez. *Tratado de derecho penal*. Buenos Aires: Editorial Losada, 1962. vol. III e VI •• BASILEU GARCIA. *Instituições de direito penal*. 4ª ed. São Paulo: Max Limonad, 1959. vol. I, t. I •• BENTO DE FARIA, Antonio de. *Annotações theorico-praticas ao codigo penal do Brazil*. Rio de Janeiro: Francisco Alves e Cia, 1913 // *Código penal brasileiro (comentado)*. Rio de Janeiro: Distribuidora Récord Ed., 1958. vol. 2 •• BETTIOL, Giuseppe. *Diritto penale:* parte generale. 11ª ed. Padova: CEDAM, 1982 •• BITENCOURT, Cezar

Roberto. *Tratado de direito penal*: parte geral, 19ª ed. São Paulo: Saraiva, 2013 •• BRUNO, Aníbal. *Direito penal*: parte geral. 3ª ed. Rio de Janeiro: Forense, 1967. t. 2º •• BUSATO, Paulo César. *Direito penal*: parte geral. São Paulo: Atlas, 2013. vol. 1 •• CARRANCA Y TRUJILLO, Raul. *Derecho penal mexicano*: parte general. México: Editorial Porrúa, 1970. t. I •• CARRARA, Francesco. *Programma del corso di diritto criminale*: parte generale. 11ª ed. Firense: Casa Editrice Libraria *Fratelli Cammeli*, 1924. vol. 1 •• CAVALEIRO DE FERREIRA, Manuel. *Direito penal português*: parte geral. Viseu: Editorial Verbo, 1981 •• COBO DEL ROSAL, M.; VIVES ANTÓN, T. S. *Derecho penal*: parte general. Valencia (ES): Universidad de Valencia, 1984 •• CIRINO DOS SANTOS, Juarez. *Direito penal*: parte geral. 3ª ed. Curitiba: ICPC; Lumen Juris, 2008 •• CORREIA, Eduardo. *Direito criminal*. Colaboração de Figueiredo Dias. Coimbra: Almedina, 2001. vol. II •• COSTA E SILVA, Antônio José da. *Código penal*. São Paulo: Companhia Editora Nacional, 1943. vol. 1 •• COSTA JR., Paulo José. *Código penal comentado*. 8ª ed. São Paulo: DPJ Editora, 2005 •• DAMÁSIO DE JESUS, E. *Direito penal*: parte geral. 35ª ed. São Paulo: Saraiva, 2014 •• DELMANTO, Celso (et alii). *Código penal comentado*. 8ª ed. São Paulo: Saraiva, 2010 •• DOTTI, René Ariel. *Curso de direito penal*: parte geral. 5ª ed. Colaboração de Alexandre Knopfholz e Gustavo Britta Scandelari. São Paulo: Thomson Reuters/Revista dos Tribunais, 2013 •• FERRI, Enrico. *Principii di diritto criminale*: delinquente e delitto. Torino: UTET, 1928 // *Princípios de direito criminal*: o criminoso e o crime. São Paulo: Livraria Acadêmica, 1931 •• FIANDACA, Giovanni; MUESCO, Enzo. *Diritto penale*: parte generale. 2ª ed. Bologna: Zanichelli, 1994 •• FIGUEIREDO DIAS, Jorge de. *Direito penal*: parte geral, questões fundamentais, a doutrina geral do crime. 2ª ed. São Paulo: Revista dos Tribunais; Coimbra: Coimbra Editora, 2007 •• FRAGOSO, Heleno Claudio. *Comentários ao código penal*. 5ª ed. Rio de Janeiro: Forense, 1978. vol. I, t. II (arts. 11/27) // *Lições de direito penal*: parte geral. 17ª ed. atualizada por Fernando Fragoso. Rio de Janeiro: Forense, 2006 •• GRECO, Rogério. *Curso de direito penal*: parte geral. 15ª ed. Niterói: Impetus, 2013 •• HUNGRIA, Nélson. *Comentários ao código penal*. 4ª ed. Rio de Janeiro: Forense, 1958. vol. I, t.II •• JESCHECK, Hans-Heinrich. *Tratado de derecho penal*: parte general. Barcelona: Bosch; Casa Editorial, 1981. vol. 1º •• J.F. MARQUES. *Tratado de Direito Penal*. 2ª ed. São Paulo: Saraiva, 1965. vol. 2 LEONARDO LOPES, Jair. *Curso de direito penal:* parte geral. 2ª ed. São Paulo: Revista dos Tribunais, 1996 •• LISZT, Franz von. *Tratado de direito penal allemão*. Trad. e prefácio José Hygino Duarte Pereira. Rio de Janeiro: F. Briguiet & Cia-Editores, 1899. t. I •• LUZÓN PEÑA, Diego-Manuel. *Lecciones de derecho penal*: parte general. 2ª ed. Valencia (ES): Tirant lo Blanch, 2012 •• MAGALHÃES NORONHA, Edgard. *Direito penal*. 3ª ed. São Paulo: Saraiva, 1965. vol. 1 •• MAN-

TOVANI, Ferrando. *Diritto penale*. 4ª ed. Padova: CEDAM, 2001 •• MANZINI, Vincenzo. *Tratado de derecho penal*: teorias generales. Trad. Santiago Sentís Melendo. Buenos Aires: EDIAR, 1948. vol. II // *Tratatto di diritto penale italiano*. Torino: UTET, 1961. vol. 1 •• MAURACH, Reinhart. *Tratado de derecho penal.* Trad. e notas Juan Cordoba Roda. Barcelona: Ediciones Ariel, 1962. t. I e II •• MAURACH, Reinhardt; ZIPF, Heinz. *Derecho penal*: parte general. Trad. 7ª ed. alemã por Jorge Bofill Genzsch e Enrique Aimone Gibson. Buenos Aires: Ed. Astrea de Alfredo y Ricardo Depalma, 1994. t. 1 e 2 •• MAYER, Max Ernst. *Derecho penal:* parte general. Trad. de Sergio Politoff Lifschitz, rev. geral e prólogo José Luis Guzmán Dalbora, ed. alemã de 1915. Buenos Aires: Julio César Faira Ed., 2007 •• MAYRINK DA COSTA, Álvaro. *Direito penal*: parte geral. 8ª ed. Rio de Janeiro: Forense, 2009. vol. 2 •• MESTIERI, João. *Manual de direito penal:* parte geral. Rio de Janeiro: Forense, 2002 •• MEZGER, Edmundo. *Tratado de derecho penal.* Trad. de José Arturo Rodríguez Muñoz. Madrid(ES): Ed. Revista de Derecho Privado, 1955. t. II •• MIR PUIG, Santiago. *Derecho penal*: parte general. 9ª ed. Buenos Aires: B de F, 2012 •• MIRABETE, Julio Fabbrini; FABRINNI, Renato N. *Manual de direito penal*: parte geral. 30ª ed. São Paulo: Atlas, 2014 •• MUÑOZ CONDE, Francisco; GARCÍA ARÁN, Mercedes. *Derecho penal*: parte general. 5ª ed. Valencia: Tirant lo Blanch, 2002 •• NOVOA MONREAL, Eduardo. *Curso de derecho penal chileno*: parte general. 2ª ed. Santiago: Editorial Juridica Ediar-Cono Sur Ltda, 1985. t. 1 •• NUCCI, Guilherme de Souza. *Código penal comentado.* 13ª ed. São Paulo: Thomson Reuters/Revista dos Tribunais, 2013 •• NUÑEZ, Ricardo C. *Manual de derecho penal*: parte general. 3ª ed. Cordoba: Marcos Lerner Editora Cordoba, 1982 •• PIERANGELLI, José Henrique. *Código penal*: comentado artigo por artigo. São Paulo: Verbatim, 2013 •• POLITOFF L., Sérgio [et alii]. *Lecciones de derecho penal chileno*: parte general. 2ª ed. Santiago: Editorial Jurídica de Chile, 2003 •• PRADO, Luiz Regis. *Tratado de direito penal*: parte geral. São Paulo: Thomson Reuters/Revista dos Tribunais, 2014. vol. 2 // *Curso de direito penal brasileiro.* 13ª ed. Coautoria. São Paulo: Thomson Reuters/Revista dos Tribunais, 2014 •• QUINTERO OLIVARES, Gonzalo. *Parte general del derecho penal*. 4ª ed. Colaboración de Fermín Morales Prats. Pamplona: Thomson Reuters, 2010 •• REALE JÚNIOR, Miguel. *Instituições de direito penal*: parte geral. 3ª ed. Rio de Janeiro: Forense, 2009 •• RODRIGUEZ DEVESA, José Maria; SERRANO GOMEZ, Alfonso. *Derecho penal español*: parte general. 15ª ed. Madrid: Dykinson, 1992 •• ROXIN, Claus. *Derecho penal*: parte general. Trad. 2ª ed. aleman Diego-Manuel Luzón Peña [et alii]. Madrid: Civitas Ediciones, 2003 •• SILVA FRANCO, Alberto. *Código penal e sua interpretação*: doutrina e jurisprudência. 8ª ed. Coordenadores: Alberto Silva Franco e Rui Stoco. São Paulo: Revista dos Tribunais, 2007 ••

SOLER, Sebastian. *Derecho penal argentino.* Buenos Aires: Tipografia Editora Argentina, 1970 •• STRATENWERTH, Günther. *Derecho penal*: parte general I; El hecho punible. 4ª ed. Trad. Manuel Cancio Meliá y Marcelo Sancinetti. Buenos Aires: Hammurabi, 2005 •• TOLEDO, Francisco de Assis. *Princípios básicos de direito penal.* 5ª ed. São Paulo: Saraiva, 2002 •• VILLALOBOS, Ignacio. *Derecho penal mexicano.* México: Ed. Porrúa, 1975 •• VON WEBER, Hellmuth. *Lineamentos del derecho penal aleman.* 2ª ed. Buenos Aires, 2008 •• WELZEL, Hans. *Derecho penal aleman*: parte general. 11ª ed. aleman. Trad. castellana, 4ª ed., de Juan Bustos Ramírez e Sergio Yáñez Pérez. Santiago de Chile: Editorial Juridica de Chile, 1997 •• ZAFFARONI, Eugenio Raul; ALAGIA, Alejandro; SLOKAR, Alejandro. *Derecho penal*: parte general. 2ª ed. Buenos Aires: EDIAR, 2014 •• ZAFFARONI-BATISTA: ZAFFARONI, Eugenio Raúl; BATISTA, Nilo; ALAGIA, Alejandro; SLOKAR, Alejandro. *Direito penal brasileiro.* Rio de Janeiro: Revan, 2010. vol. II, I •• ZAFFARONI, Eugenio Raúl; PIERANGELI, José Henrique. *Manual de direito penal brasileiro*: parte geral. 7ª ed. São Paulo: Revista dos Tribunais, 2007. vol. 1.

§ 33. SUJEIÇÃO FÍSICA OU MORAL

I. Coação física e coação moral

O texto legal não distingue entre coação física (*vis absoluta*) e coação moral (*vis compulsiva*) como fizera o CP/1969: "Art. 23. *Não é autor* do crime quem o pratica sob *coação física* irresistível, respondendo tão somente o coator. Art. 24. *Não é culpado* quem comete o crime: *a)* sob *coação moral* irresistível; *b)* em obediência à ordem, não manifestamente ilegal, de superior hierárquico. Parágrafo único. Responde pelo crime o autor da coação ou da ordem".

Evidencia-se do texto legal vigente que na *coação física* (*material*) falta o primeiro elemento do crime, ou seja, a *ação* ou a *omissão* (*non agit, sed agitur*). Na *coação moral* existe a ação ou a omissão do subjugado mas não se lhe pode exigir conduta diversa da submissão ao constrangimento de fazer ou deixar de fazer alguma coisa. A *vis compulsiva* tem a força de excluir a culpabilidade. Corolário lógico da isenção de pena é o princípio constitucional de que "*ninguém será obrigado a fazer ou deixar de fazer alguma coisa senão em virtude de lei*" (CF, art. 5º, II).

II. Distinção entre as formas de coação

A distinção entre os fenômenos coativos quanto ao sujeito passivo é a seguinte: Na *conduta forçada* pela força exterior irresistível (*vis absoluta*), falta qualidade da ação final. O caso é resolvido pelo art. 13, *caput,* porque na coação absoluta o autor é o coator. Não se deve cogitar, no caso, nem de autoria mediata, nem de coautoria. O coagido é manipulado objetivamente, porquanto, apesar de a vontade subsistir intacta, ele é usado como elemento da cadeia causal (ANDREUCCI, "Coação irresistível", *Enciclopédia Saraiva*, vol. 15, p. 257). Na conduta imposta pelo constrangimento moral (*vis compulsiva*) a qualidade da ação final é comprometida pela falta de liberdade para agir diferente. Exemplo da primeira hipótese: o vigilante é conduzido, mediante força bruta, para o interior do lavatório e lá mantido, enquanto os ladrões assaltam os frequentadores da casa noturna. Exemplos da segunda: *a)* o caixa do banco entrega o dinheiro exigido pelo delinquente que aponta um revolver como meio de intimidação; *b)* o guarda ferroviário que se vê obrigado, mediante força física, a abster-se de dispor os binários para evitar uma colisão de comboios (HUNGRIA, *Comentários,* vol. I, t. II, p. 255).

III. Elementos comuns às formas de coação

São elementos próprios às duas modalidades de constrangimento: *a)* o emprego do constrangimento (fisiológico ou psicológico); *b)* atualidade, injustiça e inevitabilidade da coação; *c)* a manipulação *corporal* do coato; *d)* a manipulação *psicológica* do coato com a ameaça de fazer-lhe um mal injusto e grave ou a pessoa de sua família ou de suas relações de amizade ou afeição; *e)* a irresistibilidade da coação; *f)* a existência de, pelo menos, três partes envolvidas: o coator, o coato e a vítima do crime praticado sob coação.

O impacto do constrangimento material ou moral é considerado primeiramente pelo coagido no momento em que sofre a violência e posteriormente pelo juiz para decidir pela absolvição ou condenação, levando em conta as declarações pessoais do agressor e do agredido, depoimentos de testemunhas referidas e demais circunstâncias do caso concreto (CPP, art. 155). A verificação da idoneidade dos meios empregados para a coação deve processar-se sob um *critério objetivo* e não subjetivo (CAMPOS PIRES, *A coação irresistível*, p. 59). Para essa avaliação o magistrado não deve ter como parâmetro a figura do chamado *homem médio*, autêntica ficção processual,[1] mas, sim, a sua própria sensibilidade ao *encarnar* a situação

---

[1] Com saborosa ironia, TOLEDO contesta a ficção do homo medius: "[...] permitindo que a dogmática penal alimente a esperança de poder descer da estratosfera para oferecer soluções cada vez mais ajustadas a este e àquele indivíduo, banindo-se dos tratados e sobretudo das sentenças a irreal imagem do homo medius, com o qual realmente não se conseguirá jamais tomar um café, ou cruzar em alguma esquina. Os que trabalham quotidianamente com a aplicação do direito penal sabem ser, muita vez, extremamente difícil, diante do caso particular, ter que aplicar a um ser humano, real concreto, modelos recortados com base em medidas abstratas, irreais" (O erro no direito penal, p. 26-27).

vivida pelo coato. Se a retrospectiva do fato e de suas circunstâncias, revelar que o constrangimento era resistível caracteriza-se o juízo de reprovabilidade da conduta (culpabilidade), com a atenuação obrigatória da pena (CP, art. 65, c, primeira parte).

Como esclarece ANDREUCCI, irresistível quer dizer "inevitável, insuperável, inelutável, força a que o coato não se pode subtrair, tudo sugerindo uma situação à qual ele não se pode opor, recusar-se, fazer face, mas tão somente sucumbir, ceder, ante o decreto daquilo que é inexorável. É por isso que se fala em coação absoluta, exigindo-se o total preenchimento desse requisito, sem o qual a hipótese se desnatura, podendo passar a ser coação por ameaça ou causa de diminuição de pena, por não ter sucedido a supressão total da capacidade de agir" (*Coação irresistível por violência,* p. 46-47).

IV. Hipótese da coação com dois sujeitos

Ao contrário da hipótese rotineira da integração de três pessoas no fenômeno da coação (material ou moral), a jurisprudência tem aceitado, excepcionalmente, a excludente de culpabilidade, pela coação moral, de apenas duas pessoas. Em tal caso, o coator seria a vítima de sua própria violência. "A grave e injusta ameaça exercida pelo coator contra a pessoa do coato seria tão intensa e difícil de suportar que ele se voltaria contra o próprio coator, matando-o, por exemplo. Note-se que a intenção do coator não seria obrigar o coato a realizar qualquer ato contra terceiro, mas seria infligir um mal futuro qualquer que atingiria o próprio coato. Este, no entanto, não estaria em legítima defesa, por ausência de agressão atual ou iminente, mas encontrar-se-ia em situação desesperadora, causada pelo coator, contra quem terminaria agindo, para livrar-se da situação de agonia. Exemplo do STF: 'O quesito que propõe a vítima como agente da coação moral irresistível não delira da lógica jurídica, nem apresenta coação absurda em tese' (HC 62.982-2, Rel. FRANCISCO REZEK, *RT*, 605/380)" (NUCCI, *Código penal,* p. 252).

V. Coação moral imposta pela sociedade

A jurisprudência, rotineiramente, rejeitava a tese de uma coação moral irresistível imposta pela sociedade. Seguem alguns arestos: "A decisão do júri que reconhece ter sido a sociedade autora da coação irresistível, afronta a evidência dos autos, eis que, segundo a lei penal, o causador da coação é quem responde pelo crime, logo seria ela a verdadeira criminosa, o que não é admissível. Para que se caracterize a coação moral irresistível, indispensável se torna a presença de três elementos: o coator físico, o coagido e a vítima" (TJMT, Ap.Crim. 195/78, *RT*, 526/1979, p. 416). "A coação irresistível da sociedade, porque não contemplada pelo Código Penal como excludente de culpabilidade, não pode ser proposta em forma de quesitos aos jurados (Apel. Cr. 16.935, TJSC, *RT*, 570/1973, p. 368). No mesmo sentido, TJPR, *RT*, 414/1970, p. 301 e TJSP, *RT*, 477/1974, p. 342.[2]

Uma excepcional dissidência tem como origem o acórdão unânime do STJ, proferido no REsp 5.329-0 (GO), 6ª T., de 31.08.1992, Rel. Min. JOSÉ CÂNDIDO, em 31.08.1992. "Tecnicamente não há dúvida, a coação pressupõe coator e coato. Entretanto, o Tribunal do Júri é soberano. Vários precedentes indicam, como coator, a sociedade, que, através de sua cultura, exigiria reação violenta do coagido, no caso o réu. Exemplificativamente, nos crimes passionais, onde, em determinadas regiões, a própria sociedade exige que o traído sentimentalmente deve praticar determinados atos, sob pena de receber qualificativos desairosos no ambiente em que mora".

A orientação dos julgados contrários à redação de um quesito para ser respondido pelo tribunal popular acerca da coação imposta pela sociedade perdeu sentido com o advento da Lei n. 11.689, de 09.06.2008, que modificou radicalmente o critério das perguntas. Nos casos de autoria e materialidade reconhecidas pela defesa o quesito sobre o mérito indaga simplesmente "se o acusado deve ser absolvido" (CPP, art. 483, III). Não há mais a necessidade de indagar aos juízes de fato sobre o reconhecimento de uma causa específica de exclusão de ilicitude ou isenção de pena como exigia o *ancien régime*, com minuciosos desdobramentos que, na lúcida crítica do saudoso jurista MARQUES, J. F., "foi uma criação dos órgãos da superior instância, no exercício de útil política judiciária destinada a tentar corrigir os abusos do júri" (O júri. In: *Estudos de direito processual penal*, p. 235). A "absurda complexidade do sistema de formulação de questionário a ser submetido aos jurados", na vigorosa denúncia de STOCO (Crise existencial do júri no direito brasileiro, *RT*, 664/252)[3] e as frequentes distorções nas respostas funcionavam, com grande frequência, como *usinas de nulidade* com gravíssimo prejuízo ao *princípio da razoável duração do processo* que, embora ainda não proclamado formalmente,[4] era acolhido pelo sistema positivo, não somente pela cláusula do § 2º do art. 5º da

---

2   A dissidência encontra amparo na tese da *inexigibilidade de outra conduta*, reconhecida por juízes e tribunais como causa supralegal de exclusão de culpabilidade, i.e., de isenção de pena: *v*. § 50, n. II.

3   Mais amplamente sobre esse assunto: DOTTI, René Ariel. A reforma do procedimento do júri. In: *Tribunal do Júri*, p. 312 e ss.; EL TASSE, Adel. *Tribunal do júri*, p. 122 e ss.

4   CF, art. 5º, LXXVIII (acrescentado pela EC n. 45/2004) – "a todos, no âmbito judicial e administrativo, são assegurados a razoável duração do processo e os meios que garantam a celeridade de sua tramitação".

Constituição, como também pelas regras de prazo do Código de Processo Penal e pelo sentimento de frustração da sociedade com a forma de impunidade pelo decurso de tempo.

* **DIREITO COMPARADO**
  Código Penal Tipo: *"No es culpable quien obrare bajo coacción o peligro de un mal actual y grave, sea o no provocado por la acción de un tercero, cuando razonablemente no pueda exigírsele una conducta diversa* (art. 31). •• "**Anteprojeto argentino**: "**Art. 5. – Eximentes.** *No es punible: a) El que obrare violentado por fuerza física irresistible o en estado de inconsciencia".*

§ 34. OBEDIÊNCIA DEVIDA

I. Obediência hierárquica

A obediência hierárquica é o acatamento, por um subordinado, de uma ordem que não é evidentemente proibida pela lei criminal. A conduta do inferior tem como causa a relação de sujeição em que se encontrava ao tempo em que agiu, impossibilitando a atuação de modo diverso. O superior responde pela ação do inferior, o qual está exonerado de culpa.

II. Natureza da relação entre as partes

Está bastante difundida a orientação de que, nesses casos, a relação é exclusivamente de Direito Público no qual se insere a noção de *hierarquia*. Mas tal orientação deve ser revista. Há inúmeros casos em que a prática forense nos mostra empregados ou funcionários em regime profissional privado que sofrem constrangimentos morais de toda ordem, como a ameaça de ser demitido, por exemplo, se não procederem de um determinado modo (ilegal, mas não evidentemente ilegal). Embora sustentando que para a existência dessa causa de exclusão da culpabilidade é essencial a existência de um *vínculo de subordinação* de direito público, não sendo suficientes as ligações decorrentes de família, emprego, convicção religiosa, filosófica ou política. Não se deve exigir que o executor da ordem seja, necessariamente, funcionário público, porque na dependência, que deriva da autoridade pública, "pueden comprenderse los simples ciudadanos, en aquellos casos em que obram a petición de las autoridades" (ASÚA, *La ley y el delito*, p. 511). Por outro lado e segundo a opinião de MESTIERI, e não fica excluída, *a priori,* a possibilidade de se admitir nas relações de trabalho a figura da coação moral, presentes os requisitos necessários (*Manual*, p. 186). Essa conclusão está em harmonia com o reconhecimento, pela jurisprudência, do assédio moral que consiste na exposição de mulheres e homens a situações humilhantes e constrangedoras, repetitivas e prolongadas durante a jornada de trabalho e no exercício de suas funções.

III. Natureza jurídica do instituto

A obediência hierárquica está legislada como causa excludente de culpabilidade que tem, entre seus requisitos, *a* exigibilidade de conduta diversa. Se a ordem é manifestamente ilegal, além da responsabilidade do ordenador, também responde criminalmente o cumpridor, embora com a pena atenuada (CP, art. 65, III, c).

Com o instituto da obediência devida o legislador quer "assegurar e proteger o poder hierárquico estatal, realizável legitimamente sob a inspiração de legalidade e da supremacia do interesse público (CF, arts. 37, *caput*, e 5º, II), porque o dever de obediência é limitado e não absoluto, até para os militares, para quem as ordens criminosas, ictu oculi reconhecíveis, não obrigam" (KOERNER JÚNIOR, Obediência hierárquica, p. 167). Perante o art. 38 do CPM não é culpado quem comete o crime: **a)** [...]; **b)** "em estrita obediência a ordem direta de superior hierárquico, em matéria de serviços". Mas "se a ordem do superior tem por objeto a prática de ato manifestamente criminoso, ou há excesso nos atos ou na forma de execução, é punível também o inferior (CPM, art. 38, § 2º).

IV. A obediência devida no Direito Internacional

a. *A doutrina do positivismo jurídico*

O tema da *obediência devida* no campo militar foi amplamente discutido durante os julgamentos de criminosos de guerra. Os debates foram vigorosos porque os acusados alegavam essa causa de exclusão de culpabilidade que teria como suporte a ideologia do *positivismo jurídico* que considera como única realidade jurídica a que se expressa nos códigos e nas leis. Entende-se por *positivismo jurídico* o movimento que envolve todas as doutrinas que, repelindo as especulações aprioristicas ou metafísicas no terreno jurídico, consideram como única realidade jurídica a que se contém nos códigos (leis penais fundamentais) e na legislação extravagante (leis penais especiais). Para uma caracterização desse movimento é oportuno distinguir três aspectos distintos: *a)* como um modo de compreender o Direito; *b)* como uma determinada teoria ou concepção do Direito; e *c)* como uma determinada ideologia da Justiça.

Como orientação metodológica geral, o positivismo parte de uma premissa que em si é de natureza metafísica, i.e., a condenação ou o repúdio de toda metafísica. A concepção e o ideário em torno de um Direito Natural foram enfaticamente rejeitados. Do dualismo, direito positivo, como o conjunto de normas jurídicas que estão em vigor e o Direito Natural, como um conjunto de princípios e regras que caracterizam um sistema ideal de validade (que caracterizaria outras épocas históricas), só restará o primeiro. Somente esse pode ser chamado de *positivo* e nenhum outro (OLIVEIRA ASCENÇÃO, *O direito*, p. 153).

No plano jurídico, o positivismo se recusa a aceitar a subordinação do Estado a uma ordem que lhe seja anterior e superior. O positivismo foi levado, na sua busca de pureza metodológica, a afastar do campo do Direito tudo o que não se reduzisse à *forma* essencial da norma jurídica. Por esse caminho se vão afastar as fontes de Direito, como o costume, que repousam num visível entrelaçar de *ser* e *dever ser*. O Estado, fonte da coercibilidade, tem de ser colocado na origem de todo o Direito.

O triunfo do positivismo jurídico foi marcante sob a influência das doutrinas totalitárias, a exemplo do nacional-socialismo que estabeleceu a relação entre os soldados e os juízes sob o império dos seguintes princípios: "As ordens são ordens", aplicável aos primeiros, e "antes de tudo é preciso cumprir a lei", dirigido aos segundos. E foi justamente durante o período imediatamente posterior a II Grande Guerra que ressurgiu na Europa o movimento do jusnaturalismo e que pode ser traduzido pelo aforismo de que *"existem leis injustas e leis nulas"*. É a reação ao formalismo e ao totalitarismo frente à conclusão de que a lei não esgota o Direito e de que existe Direito acima das leis. A literatura em tal rumo é copiosa.[5]

É certo que um conceito universal e eterno do Direito Natural, fora do espaço e do tempo, acima do homem e da sociedade, quase uma espécie de *direito sobrenatural*, deve ser afastado. Mas não é possível ignorar o anseio do homem e da sociedade, de um modo geral, por um direito ideal, mais justo e mais humano que o codificado. Um direito que, no dizer de GROPPALI, "existe na consciência de todos, deve estar presente e ser considerado como uma força imanente e operante no progresso do Direito" (*Introdução ao estudo do direito*, p. 81).

A teoria e a prática do positivismo jurídico, sob a perspectiva da realização da justiça material, demonstram um saldo francamente negativo. A propósito, BIGOTTE CHORÃO, Positivismo jurídico. In: *Polis*, vol. 4, p. 1.426.

---

[5] Como simples referência: GUSTAV RADBRUCH, EBERHARD SCHMIDT e HANS WELZEL, Derecho injusto y derecho nulo, trad. Jose Maria Rodriguez Paniagua, Madrid: Aguilar, S/A, 1971; GUSTAV RADBRUCH, Arbitrariedad legal y derecho supralegal, trad. María Isabel Azareto de Vásquez, Buenos Aires: Abeledo-Perrot, 1962; El hombre en el derecho, trad. Aníbal del Campo, Buenos Aires: Ediciones Depalma, 1980; CARL SCHMITT, Legalidad y legitimidad, trad. de Jose Diaz Garcia, Madrid: Aguillar, S/A, 1971; NORBERTO BOBBIO, El problema del positivismo jurídico, trad. de Ernesto Garzón Valdés, Buenos Aires: Editorial Universitaria de Buenos Aires, 1965; GENARO R. CARRIÓ, Algunas palabras sobre las palavras de la ley, Buenos Aires: Abeledo Perrot, 1971; JOSE MARIA RODRIGUEZ PANIAGUA, Ley y derecho, Madrid: Editorial Tecnos S/A, 1976; HELEN SILVING, Derecho positivo y derecho natural, trad. Genaro R. Carrió, Buenos Aires: Editorial Universitaria de Buenos Aires, 1966.

b. *Um novo paradigma de justiça penal internacional*

A aplicação cega de um sistema normativo que não respeita limites mínimos de humanidade não é mais aceitável. Esse novo paradigma tornou-se claro a partir do reconhecimento dos horrores da II Guerra Mundial e materializou-se, então, em diversos julgamentos ocorridos no pós-guerra pelos tribunais das forças de ocupação. Essa experiência permitiu a sedimentação da ideia de que à lei se agregam princípios fundamentais de interpretação e de que existem limites essenciais ao legislador, quando da criação da lei, e ao julgador, quando da sua materialização. Especialmente a condenação de uma série de juristas envolvidos com a aplicação da lei nazista no *III Reich* foi contundente nesse sentido. No caso *The United States of America vs. Josef Altstötter, et al.* (ou, "*Justice Case*"), conduzido diante dos Tribunais Militares de Nuremberg para Julgamento de Criminosos de Guerra, vários operadores do Direito terminaram condenados, em dezembro de 1947, por condutas tipificadas como crimes de guerra e crimes contra a humanidade na medida em que serviram de instrumento (através da gestão do processo penal e da aplicação de sentenças baseadas no sistema legal alemão então vigente) para a prática de diversos crimes, tais como homicídios, tortura e escravidão.

No plano internacional, essa construção encontrou reflexo nos princípios de Nuremberg (conforme constituídos pela *International Law Commission*, em 1950), especialmente naquele de número IV, ao reconhecer que "*o fato de que uma pessoa agiu atendendo às ordens do seu Governo ou de um superior não a exime da responsabilidade diante do Direito Internacional, desde que uma escolha moral fosse efetivamente possível pelo sujeito*". A jurisprudência de vários países, bem como a dos tribunais penais internacionais, ainda que de forma pouco aprofundada reiterou essa compreensão. O aumento da normatividade internacional confirmou a tendência incluindo no Estatuto de Roma, que criou o Tribunal Penal Internacional, a questão da obediência devida de forma expressa no art. 33, que determina que "*o fato de um crime sob a jurisdição da Corte ter sido cometido pela pessoa seguindo uma ordem do Governo ou de um superior, seja militar o civil, não elimina a sua responsabilidade criminal*", salvo nos casos de coação, erro e diante de uma ordem não manifestamente ilegal.[6]

Na obra *Eichmann em Jerusalém*, HANNAH ARENDT demontra com propriedade a improcedência da tese no sentido de que poderia haver uma "culpa coletiva" apta a excluir a imputabilidade individual de agentes de escalões intermediários do governo nazista alemão.

---

6 Acerca da doutrina da obediência hierárquica no Direito Internacional Penal e do julgamento dos criminosos de guerra, v. ASÚA, Tratado, t. VI, n. 1.862, p. 853-862.

* **DIREITO COMPARADO**
O Código Penal espanhol não contém uma norma específica sobre a obediência devida. Mas quem realiza uma conduta em cumprimento de um dever jurídico de obediência pode invocar a causa de justificação prevista no § 7º do art. 20,[7] "siempre que el deber de obediencia sea de rango superior ou igual ao deber de abstenerse de realizar la acción prohibida o de ejecutar la acción ordenada, en los delitos de omisión" (CEREZO MIR, *Derecho penal*, p. 727). •• **Código Penal português**: "**Artigo 36º (Conflito de deveres) 1.** *Não é ilícito o facto de quem, em caso de conflito no cumprimento de deveres jurídicos ou de ordens legítimas da autoridade, satisfizer dever ou ordem de valor igual ou superior ao do dever ou ordem que sacrificar.* **2.** *O dever de obediência hierárquica cessa quando conduzir à prática de um crime*". Anteprojeto argentino: "**Art. 5. - Eximentes** No es punible: a) El que obrare violentado por fuerza física irresistible o en estado de inconsciencia.

Exclusão de ilicitude
Art. 23. *Não há crime quando o agente pratica o fato:*
I – em estado de necessidade;
II – em legítima defesa;
III – em estrito cumprimento de dever legal ou no exercício regular de direito.

Excesso punível
Parágrafo único. O agente, em qualquer das hipóteses deste artigo, responderá pelo excesso doloso ou culposo.

***DIREITO ANTERIOR**
Sobre o *caput*: CCrim. 1830: Omisso. •• CP 1890: Omisso. •• Projeto Alcântara Machado (1938): Omisso. •• **Anteprojeto Hungria (1963):** Art. 25. Corresponde ao texto vigente. •• **CP 1969:** Art. 27. Corresponde ao texto vigente. •• **Anteprojeto Toledo (1981):** Art. 23. Corresponde ao texto vigente.
Sobre o parágrafo único: CCrim. 1830: Omisso. •• CP 1890: Omisso. •• Projeto Alcântara Machado (1938): Art. 14, parág. único. ••Anteprojeto Hungria (1963): Art. 28. •• CP 1969: Art. 30. •• Anteprojeto Toledo (1981): Corresponde ao texto vigente.

BIBLIOGRAFIA (ESPECIAL)
AMARAL, Carlos Eduardo Rios do. A exclusão do crime de aborto. *Revista Magister*, 48/2012 •• COSTA, Pedro. Possibilidade jurídica da aplicação analógica da excludente de ilicitude "estrito cumprimento do dever legal"

---

7 Art. 20. "Están exentos de responsabilidad criminal: [...] 7º El que obre en cumplimiento de un deber o en el ejercicio legítimo de un derecho, oficio o cargo".

às infrações de trânsito. *Debates em Direito Público*, 4/2005 •• IENNACO, Rodrigo. *Causas especiais de exclusão do crime.* Porto Alegre: S.A. Fabris, 2005 •• INELLAS, Gabriel Cezar Zaccaria de. *Da exclusão de ilicitude.* São Paulo: J. de Oliveira, 2001 •• MANSO, Eduardo Vieira. Os fundamentos da exclusão de ilicitude em atos que contrariam direitos autorais. *RT*, 557/1982 •• MARREY NETO, José Adriano. Exclusão da ilicitude. *Revista de Julgados e Doutrina*, 1/1989 •• MATSUO, Eduardo. Síntese das causas de exclusão do crime: opções lógicas. [s.l]: Ed. do Autor, 2012 •• MELLO, Lydio Machado Bandeira de. *Crime e exclusão de criminalidade.* Belo Horizonte: B. Alvares, 1962 •• •• TOLEDO, Francisco de Assis. *Ilicitude penal e causas de sua exclusão.* Rio de Janeiro: Forense, 1984 •• ZACARIAS, André Eduardo de Carvalho. *Exclusão da ilicitude.* Leme(SP): EDIJUR, 2002.

BIBLIOGRAFIA (GERAL)

ASÚA, Luis Jiménez. *Tratado de derecho penal.* Buenos Aires: Editorial Losada, 1962. vol. IV •• BASILEU GARCIA. *Instituições de Direito Penal.* 4ª ed. São Paulo: Max Limonad, 1959. vol. I, t. I •• BENTO DE FARIA, Antonio de. *Annotações theorico-praticas ao codigo penal do Brazil.* Rio de Janeiro: Francisco Alves e Cia., 1913 // Código penal brasileiro (comentado). Rio de Janeiro: Distribuidora Récord Ed., 1958. vol. 2 •• BETTIOL, Giuseppe. *Diritto penale*: parte generale. 11ª ed. Padova: CEDAM, 1982 •• BITENCOURT, Cezar Roberto. *Tratado de direito penal*: parte geral. 19ª ed. São Paulo: Saraiva, 2013 •• BRUNO, Aníbal. *Direito penal*: parte geral. 3ª ed. Rio de Janeiro: Forense, 1967. t. 1º •• BUSATO, Paulo César. *Direito penal*: parte geral. São Paulo: Atlas, 2013. vol. 1 •• CARRANCA Y TRUJILLO, Raul. *Derecho penal mexicano*: parte general. México: Ed. Porrúa, 1970. t. I •• CEREZO MIR, José. *Derecho penal*: parte general. São Paulo: Revista dos Tribunais; Lima(PE): ARA Ed., 2007 •• CIRINO DOS SANTOS, Juarez. *Direito penal*: parte geral. 3ª ed. Curitiba: ICPC; Lumen Juris, 2008 •• COBO DEL ROSAL, M.; VIVES ANTÓN, T. S. *Derecho penal*: parte general. Valencia(ES): Universidad de Valencia, 1984 •• CORREIA, Eduardo. *Direito criminal.* Colaboração de Figueiredo Dias. Coimbra: Almedina, 2001. vol. II •• COSTA JR., Paulo José. *Código penal comentado.* 8ª ed. São Paulo: DPJ Editora, 2005 •• COSTA E SILVA, Antônio José da. *Código penal.* São Paulo: Companhia Editora Nacional, 1943. vol. 1 •• DAMÁSIO DE JESUS, E. *Direito penal*: parte geral. 35ª ed. São Paulo: Saraiva, 2014 •• DELMANTO, Celso (et alii). *Código penal comentado.* 8ª ed. São Paulo: Saraiva, 2010 •• DOTTI, René Ariel. *Curso de direito penal*: parte geral. 5ª ed. Colaboração de Alexandre Knopfholz e Gustavo Britta Scandelari. São Paulo: Thompson Reuters/Revista dos Tribunais, 2013 •• ECHANDIA, Alfonso Reyes. *La antijuridicidad.* 3ª ed. Bogotá: Universidad Externado de Colombia,

1981 •• FERRI, Enrico. *Principii di diritto criminale*: delinquente e delitto. Torino: UTET, 1928 // *Princípios de direito criminal*: o criminoso e o crime. São Paulo: Livraria Acadêmica, 1931 •• FIANDACA, Giovanni; MUESCO, Enzo. *Diritto penale*: parte generale. 2ª ed. Bologna: Zanichelli, 1994 •• FIGUEIREDO DIAS, Jorge de. *Direito penal*: parte geral, questões fundamentais, a doutrina geral do crime. 2ª ed. São Paulo: Revista dos Tribunais; Coimbra: Coimbra Editora, 2007 •• FRAGOSO, Heleno Claudio. *Comentários ao código penal*. 5ª ed. Rio de Janeiro: Forense, 1978. vol. I, t. II (arts. 11/27) // *Lições de direito penal*. 17ª ed. Atual. Fernando Fragoso. Rio de Janeiro: Forense, 2006 •• GRECO, Rogério. *Curso de direito penal*: parte geral. 15ª ed. Niterói: Impetus, 2013 •• HUNGRIA, Nélson. *Comentários ao código penal*. 4ª ed. Rio de Janeiro: Forense, 1958. vol. I, t. II •• JAKOBS, Günther. *Derecho penal*: parte general, Fundamentos y teoria de la imputación. Trad. Joaquin Cuello Contreras, José Luis Serrano Gozalez de Murillo. Madrid: Marcial Pons, 1995 •• JESCHECK, Hans-Heinrich. *Tratado de derecho penal*: parte general. Barcelona: Bosch; Casa Editorial, 1981. vol. 1º •• LEONARDO LOPES, Jair. *Curso de direito penal*: parte geral. 2ª ed. São Paulo: Revista dos Tribunais, 1996 •• LISZT, Franz von. *Tratado de direito penal allemão*. Trad. e prefácio José Hygino Duarte Pereira. Rio de Janeiro: F. Briguiet & Cia-Editores, 1899. t. I •• LUZÓN PEÑA, Diego-Manuel. *Lecciones de derecho penal*: parte general. 2ª ed. Valencia(ES): Tirant lo Blanch, 2012 •• MAGALHÃES NORONHA, Edgard. *Direito penal*. 3ª ed. São Paulo: Saraiva, 1965. vol. 1 •• MAIA GONÇALVES, M. *Código penal português*. 8ª ed. Coimbra: Livraria Almedina, 1995 •• MANTOVANI, Ferrando. *Diritto penale*. 4ª ed. Padova: CEDAM, 2001 •• MARQUES, J. F. *Tratado de direito penal*. 2ª ed. São Paulo: Saraiva, 1965. vol. 2 •• MAURACH, Reinhart. Tratado de *derecho penal*. Trad. e notas Juan Cordoba Roda. Barcelona: Ediciones Ariel, 1962. t. I e II •• MAURACH, Reinhardt; ZIPF, Heinz. *Derecho penal*: parte general. Trad. 7ª ed. alemã por Jorge Bofill Genzsch e Enrique Aimone Gibson. Buenos Aires: Ed. Astrea de Alfredo y Ricardo Depalma, 1994. t. 1 e 2 •• MAYER, Max Ernst. *Derecho penal*: parte general. Trad. de Sergio Politoff Lifschitz, rev. geral e prólogo José Luis Guzmán Dalbora, ed. alemã de 1915. Buenos Aires: Julio César Faira Ed., 2007 •• MAYRINK DA COSTA, Álvaro. *Direito penal*: parte geral. 8ª ed. Rio de Janeiro: Forense, 2009. vol. 2 •• MESTIERI, João. *Manual de direito penal*: parte geral. Rio de Janeiro: Forense, 2002 •• MEZGER, Edmundo. *Tratado de derecho penal*. Trad. de José Arturo Rodríguez Muñoz. Madrid(ES): Ed. Revista de Derecho Privado, 1955. t. II •• MIR PUIG, Santiago. *Derecho penal*: parte general. 9ª ed. Buenos Aires: B de F, 2012 •• MIRABETE, Julio Fabbrini; FABRINNI, Renato N. *Manual de direito penal*: parte geral. 30ª ed. São Paulo: Atlas, 2014 •• MUÑOZ CONDE, Francisco; GARCÍA ARÁN, Mercedes. *Derecho penal*: parte general. 5ª ed. Valencia: Tirant lo Blanch, 2002 •• NOVOA MONREAL, Eduardo. *Curso de derecho penal chileno*: parte general. 2ª ed. Santiago: Editorial Juridica Ediar-Cono Sur Ltda, 1985. t. 1 •• NUCCI, Guilherme de Souza. *Código penal comentado*. 13ª ed. São Paulo: Thomson Reuters/Revista dos Tribunais, 2013 •• NUÑEZ, Ricardo C. *Manual de derecho penal*: parte general. 3ª ed. Cordoba: Marcos Lerner Editora Cordoba, 1982 •• PIERANGELLI, José Henrique. *Código penal*: comentado artigo por artigo. São Paulo: Verbatim, 2013 •• POLITOFF L., Sérgio [et alii]. *Lecciones de derecho penal chileno*: parte general. 2ª ed. Santiago: Editorial Jurídica de Chile, 2003 •• PRADO, Luiz Regis. *Tratado de direito penal*: parte geral. São Paulo: Thomson Reuters/Revista dos Tribunais, 2014. vol. 2 // *Curso de direito penal brasileiro*. 13ª ed. Coautoria. São Paulo: Thomson Reuters/Revista dos Tribunais, 2014 •• PUIG PEÑA, Federico. *Derecho penal*: parte general. 6ª ed. Madrid: Ed. Revista de Derecho Privado, 1969 •• QUINTERO OLIVARES, Gonzalo. *Parte general del derecho penal*. 4ª ed. Colaboración de Fermín Morales Prats. Pamplona: Thomson Reuters, 2010 •• REALE JÚNIOR, Miguel. *Instituições de direito penal*: parte geral. 3ª ed. Rio de Janeiro: Forense, 2009 •• RODRIGUEZ DEVESA, José Maria; SERRANO GOMEZ, Alfonso. *Derecho penal español:* parte general. 15ª ed. Madrid: Dykinson, 1992 •• ROXIN, Claus. *Derecho penal*: parte general. Trad. 2ª ed. aleman Diego-Manuel Luzón Peña [et alii]. Madrid: Civitas Ediciones, 2003 •• SILVA FRANCO, Alberto. *Código penal e sua interpretação*: doutrina e jurisprudência. 8ª ed. Alberto Silva Franco e Rui Stoco (Coords.). São Paulo: Revista dos Tribunais, 2007 •• SOLER, Sebastian. *Derecho Penal argentino*. Buenos Aires: Tipografia Editora Argentina, 1970 •• SOUZA & JAPIASSÚ. *Curso de direito penal*: parte geral. Rio de Janeiro: Elsevier, 2012 •• STRATENWERTH, Günther. *Derecho penal*: parte general I, El hecho punible. 4ª ed. Trad. Manuel Cancio Meliá y Marcelo Sancinetti. Buenos Aires: Hammurabi, 2005 •• TOLEDO, Francisco de Assis. *Princípios básicos de direito penal*. 5ª ed. São Paulo: Saraiva, 2002 •• VILLALOBOS, Ignacio. *Derecho penal mexicano*. México: Ed. Porrúa, 1975 •• VON WEBER, Hellmuth. *Lineamentos del derecho penal alemán*. 2ª ed. Buenos Aires, 2008 •• WELZEL, Hans. *Derecho penal alemán*: parte general. 11ª ed., alemán; trad. castellana, 4ª ed., de Juan Bustos Ramírez e Sergio Yáñez Pérez. Santiago de Chile: Editorial Juridica de Chile, 1997 •• WESSELS, Johannes. *Direito penal*: parte geral (aspectos fundamentais). Trad. do alemão e notas de Juarez Tavares. Porto Alegre: Sérgio Antonio Fabris Editor, 1976 •• ZAFFARONI, Eugenio Raul; ALAGIA, Alejandro; SLOKAR, Alejandro. *Derecho penal*: parte general. 2ª ed. Buenos Aires: EDIAR, 2014 •• ZAFFARONI-BATISTA: ZAFFARONI, Eugenio Raúl; BATISTA, Nilo; ALAGIA, Alejandro; SLOKAR, Alejandro. *Direito penal brasileiro*. Rio de Janeiro: Revan,

2010. vol. II, I •• ZAFFARONI, Eugenio Raúl; PIERANGELI, José Henrique. *Manual de direito penal brasileiro*: parte geral. 7ª ed. São Paulo: Revista dos Tribunais, 2007. vol. 1.

§ 35. CAUSAS LEGAIS DE JUSTIFICAÇÃO

I. A ordem legal das excludentes

A PG/1984 seguiu a tradição legislativa em iniciar a relação das causas excludentes de ilicitude com o *estado de necessidade* e a *legítima defesa*. Assim ocorreu com o CP 1890 (art. 32, §§ 1º e 2º); a PG/1940 (arts. 19 a 21); o Anteprojeto Hungria (arts. 25 a 27) e o Anteprojeto Toledo (arts. 23 a 25). Ambas as justificativas têm como cenário humano o fenômeno da resistência em defesa do direito contra uma situação socialmente anormal traduzida pelo perigo atual ou pela agressão injusta, atual ou iminente. O brocardo latino *"necessitas facit ius"* ("a necessidade faz") como expressão natural da luta pela vida (*struggle for life*), foi convertido em princípio fundamental das relações sociais para, em seguida, ser objeto de disciplina legislativa. Sob outro aspecto, a Reforma substituiu a redação do verbete "Exclusão de *criminalidade*", empregado pela PG/1940, por "Exclusão de *ilicitude*". A mudança foi adequada: "A área de significado de ilicitude apresenta realmente maior rigor técnico quando em cotejo com a de criminalidade na medida em que esta é um conceito muito aberto e propiciador de equívocos. Já, no que tange à antijuridicidade, apesar de estar em voga, optou o legislador pelo vocábulo ilicitude, por considerar entre elas uma sinonímia" (SILVA FRANCO, *Código penal*, p. 189)

II. Cláusulas de garantia

As causas de exclusão de ilicitude devem ser consideradas como *cláusulas de garantia individual e social*. Quem pratica o fato nas situações descritas pelo art. 23 do CP está protegendo um direito individual (próprio ou de terceiro) e, também, conforme a situação do caso concreto, um interesse coletivo. Assim ocorre, por exemplo, com a *legítima defesa*, posto que a sociedade reprova as agressões injustas e outros comportamentos ilícitos causadores de perigo ou lesão. Em passagens muito expressivas de seu estudo criminológico sobre essa justificante, JULIO FIORETTI sustenta: "Tudo quanto tende a eliminar simultaneamente o perigo para o aggredido e as forças criminosas do aggressor, é feita no interesse da sociedade; quem repele o aggressor injusto pratica um acto de justiça social. [...] Uma boa legislação penal deverá fazer o possível para favorecer a nobre coragem de quem, com o próprio direito, defende também o da sociedade". E criticando a legislação de seu tempo, o notável positivista enfatiza: "Quando o direito de legitima defeza fosse escripto em grandes caracteres nos primeiros artigos do Código Penal e não sepultado entre as escusas dos crimes contra as pessoas, a consciencia d'elle se difundiria mais largamente entre os cidadãos de todas as condições. Libertar-se-ia o homem honesto de toda coacção psychologica que pudesse incutir nelle o receio de soffrer uma pena por ter-se defendido valorosamente" (p. 109-110) (Mantida a ortografia original).

A *"extrema necessidade"*, como se refere VON LISZT ao analisar uma das dramáticas situações de perigo atual envolvendo direito próprio ou alheio e que precisa ser removida, está inserida na Civilização e Cultura dos povos desde a mais remota antiguidade e permanece como suporte fundamental para a vida do ser humano e das sociedades. A respeito do *estrito cumprimento do dever legal* e do *exercício regular de Direito,* diz muito bem o sempre lembrado mestre BASILEU GARCIA: "Mesmo que o Código Penal não incluísse disposição expressa nesse sentido, ter-se-ia como indubitável não ocorrer crime nas duas situações. Consideremos a primeira. É óbvio que a pessoa que se limita a cumprir o seu dever – ainda mais, dever imposto pela lei – e procede estritamente, sem exorbitância, não comete delito [...] Qualquer do povo pode prender quem esteja cometendo crime. É a prisão em flagrante. O cidadão não tem o dever de prender, mas sim a faculdade para fazê-lo.[1] Se, no exercício desse seu direito, lesar a integridade física do delinquente, agindo com moderação, escudar-se-á com a justificativa do exercício regular de direito" (*Instituições,* vol. I, t. I, p. 318-319).

*DIREITO COMPARADO
Código Penal português: "Artigo 31º **(Exclusão de ilicitude) 1.** O facto não é punível quando a sua ilicitude for excluída pela ordem jurídica considerada na sua totalidade. **2.** Nomeadamente, não é ilícito o facto praticado: *a)* Em legítima defesa; *b)* No exercício de um direito; *c)* No cumprimento de um dever imposto pela lei ou por ordem legítima da autoridade; ou *d)* Com o consentimento do titular de interesse lesado".

---

[1] CPP: "Art. 301. Qualquer do povo poderá e as autoridades policiais e seus agentes deverão prender quem quer que seja encontrado em flagrante delito. Art. 302. Considera-se em flagrante delito quem: I – está cometendo a infração penal; II – acaba de cometê-la; III – é perseguido, logo após, pela autoridade, pelo ofendido ou por qualquer pessoa, em situação que faça presumir ser autor da infração; IV – é encontrado, logo depois, com instrumentos, armas, objetos ou papéis que façam presumir ser ele autor da infração".

§ 36. A PUNIBILIDADE NOS CASOS DE EXCESSO

I. O abuso do direito

Estabelece o CCiv. (sem correspondência no diploma anterior) que comete ato ilícito "o titular de um direito que, ao exercê-lo, excede manifestamente os limites impostos pelo seu fim econômico ou social, pela boa-fé ou pelos bons costumes" (art. 187). A redação guarda semelhança com o texto do Código Civil português: "É ilegítimo o exercício de um direito, quando o titular exceda manifestamente os limites impostos pela boa-fé, pelos bons costumes ou pelo fim social ou econômico desse direito" (art., 334º).

II. O problema no Direito anterior

O CCrim. 1830 e o CP 1890, ao disciplinarem o estado de necessidade e a legítima defesa, estabeleciam requisitos específicos para a justificação.[2] Obviamente, a falta de cada um deles excluiria a justificação. O Projeto Alcântara Machado previa o excesso nos casos de obediência hierárquica, estado de necessidade e legítima defesa concedendo uma diminuição de pena ou a sua dispensa, nas duas últimas hipóteses "quando o ecxcesso fôr explicável pelas circumstancias do fato ou pelas condições pessoais do agente" (parág. único do art. 14). A PG/1940 reduzia a previsão dos casos de excesso à legítima defesa, cf. o parágrafo único do art. 21: *"O agente que excede culposamente os limites da legítima defesa, responde pelo ato, se este é punível como crime culposo"*. O Anteprojeto Hungria dispunha: "O agente que, em qualquer dos casos de exclusão de crime,[?] excede culposamente os limites da necessidade, responde pelo fato, se este é punível a título de culpa" (art. 28, *caput*). A mesma redação foi adotada pelo CP 1969 (art. 30, *caput*), enquanto o Anteprojeto Toledo previu também o excesso doloso (parág. único do art. 23). Esta última fórmula foi acolhida pela PG/1984 (*idem, ibidem*).

III. A regra geral

A PG/1984 ampliou o reconhecimento dessa situação a todas as causas de exclusão de ilicitude, além de prever a situação do descontrole motivado por dolo, cf. dispõe o parágrafo único do art. 23: *"O agente, em qualquer das hipóteses deste artigo,[3] responderá pelo excesso doloso ou culposo"*.

---

2 V. os dispositivos dos códigos anteriores logo após a transcrição dos arts. 24 e 25 do CP.

3 CP, art. 23. "Não há crime quando o agente pratica o fato: I – em estado de necessidade; II – em legítima defesa; III – em estrito cumprimento de dever legal ou no exercício regular de direito".

IV. Fundamento da punição

É punível a conduta *imoderada* ou *descuidada* na proteção de direito ou dever ocasionando resultado mais grave que o tolerado e, por isso, não permitido. O parágrafo único do art. 23 do Código Penal deve ser interpretado em conjugação com o parágrafo único do art. 17 ("*salvo os casos expressos em lei, ninguém pode ser punido por fato previsto como crime, senão quando o pratica dolosamente*"). Assim, a punição do excesso culposo somente se admitirá quando tal exagero caracterizar um delito culposo e assim previsto em lei (CP, art. 18, parág. único) Exemplo: no homicídio, admite-se a punição do excesso culposo (CP, art. 121, § 3º) Na hipótese, porém, do crime de dano (CP, art. 163), sem outras implicações, o excesso culposo é penalmente irrelevante porque esta infração não é punível a título de imprudência, negligência ou imperícia. Remanesce, entanto, a ilicitude civil.

V. Erro sobre a causa de justificação

Pode surgir a situação em que a demasia (dolosa ou culposa) seja consequência de um erro sobre os limites da causa de justificação, i.e., o sujeito acredita que pode ultrapassar a barreira da atuação juridicamente permitida (erro de proibição). Vale o exemplo de BITENCOURT: "O policial que considere lícito o uso da violência para realizar a prisão em flagrante delito e que, em virtude do uso da violência, produza lesão corporal dolosa ou a morte do preso de maneira não planificada. Nesse caso, o excesso será punível, aplica-se o disposto no art. 23, parágrafo único, de acordo com as regras do erro de proibição previstas no art. 21 do nosso Código Penal" (*Tratado*, p. 435). Outra situação de excesso doloso ou culposo pode surgir quando o agente da autoridade pública, ao realizar a diligência de detenção de um acusado contra o qual foi decretada a prisão temporária, mantiver o réu algemado fora das hipóteses estritamente indicadas pela Súmula Vinculante n. 11 (STF): "*Só é lícito o uso de algemas em casos de resistência e de fundado receio de fuga ou de perigo à integridade física própria ou alheia, por parte do preso ou de terceiros, justificada a excepcionalidade por escrito, sob pena de responsabilidade disciplinar, civil e penal do agente ou da autoridade e de nulidade da prisão ou do ato processual a que se refere, sem prejuízo da responsabilidade civil do Estado*".

§ 37. CAUSAS SUPRALEGAIS DE JUSTIFICAÇÃO

I. Introdução

Além das causas expressamente declaradas no Código Penal e nas leis especiais, como excludentes da criminalidade, um sistema penal de justiça não pode ignorar outras hipóteses que, estando em harmonia com interesses humanos e sociais, não podem ser reprovados pelo Direito.

A doutrina e a jurisprudência orientam-se no sentido de admitir a existência de hipóteses que, embora não previstas diretamente no rol das causas indicadas pelo ordenamento positivo, devem ser reconhecidas para se excluir a ilicitude do fato. Em tal sentido é a lição de SILVA FRANCO: "A ausência de uma explícita regra geral não impede, contudo, o reconhecimento de causas excludentes de ilicitude fora do rol legal (como, por exemplo, o consentimento do titular do direito, o direito de correção dos mestres, fundada no direito consuetudinário, o estado de necessidade do direito civil, o direito de informação, etc.)" (*Código penal*, p. 341). Este é também o entendimento de TOLEDO, ao sustentar que as causas de justificação, ou normas permissivas, não se restringem a uma estreita concepção positivista do Direito, às hipóteses expressamente indicadas na lei. Precisam igualmente ampliar-se àquelas hipóteses que, "sem limitações legalistas, derivam necessariamente do direito e de suas fontes. Além disso, como não pode o legislador prever todas as mutações das condições materiais e dos valores ético-sociais, a criação de novas causas de justificação, ainda não traduzidas em lei, torna-se uma imperiosa necessidade para a correta e justa aplicação da lei penal" (*Princípios básicos*, § 159, p. 171).

Seguem algumas hipóteses que a realidade demonstra como suscetíveis de merecer acolhida num sistema penal de proteção de direitos, interesses e garantias fundamentais.

II. O consentimento do ofendido[4]

O Código Penal português declara que não é ilícito o fato praticado "*com o consentimento do titular do interesse jurídico lesado*" (**art. 31º, 2. d**). Em outro dispositivo (Artigo **38º Consentimento**), o mesmo diploma estabelece as hipóteses de admissão da excludente: "**1.** Além dos casos especialmente previstos em lei, o consentimento exclui a ilicitude do facto quando se referir a interesses jurídicos livremente disponíveis e o facto não ofender bons costumes. **2.** O consentimento pode ser expresso por qualquer meio que traduza uma vontade séria, livre e esclarecida do titular do interesse juridicamente protegido, e pode ser livremente revogado até a execução do facto. **3.** O consentimento só é eficaz se for prestado por quem tiver mais de 14 anos e possuir discernimento necessário para avaliar o seu sentido e al-

---

[4] CEREZO MIR considera inadequada essa designação "pues no puede considerar-se ofendido al portador del bien jurídico que consiente en su lesión o puesta en peligro" (*Derecho penal*, p. 755).

cance no momento em que o presta. **4.** Se o consentimento não for conhecido do agente, este é punível com a pena da tentativa". Além da modalidade real o Código prevê a concordância presumida, nos seguintes termos: "**Art. 39º (Consentimento presumido) 1.** Ao consentimento efectivo é equiparado o consentimento presumido. **2.** Há consentimento presumido quando a situação em que o agente actua permitir razoavelmente supor que o titular do interesse juridicamente protegido teria eficazmente consentido no facto, se conhecesse as circunstâncias em que este é praticado".

Além do modelo português, também o Código Penal italiano prevê expressamente essa causa de exclusão de ilicitude: *"Consenso dell'avente diritto. Non è punibile chi lede o pone in pericolo un diritto, col consenso della persona che può validamente disporne"* (art. 50).

O Código Penal brasileiro não arrola o *consentimento do ofendido* entre as causas literais de justificação, rejeitando a proposta do Anteprojeto Alcântara Machado, que dispunha no art. **15**: "*Também não será passível de pena quem praticar a ação ou a omissão: I – com o consentimento do ofendido, quando o objeto do crime for um bem ou um interesse jurídico de que o respectivo titular possa dispor*". Mas tal fenômeno é recepcionado pelo sistema quando decorre da vontade juridicamente válida do titular do direito. O consentimento eficaz pode excluir a *tipicidade do fato,* como nas hipóteses dos arts. 150 (invasão de domicílio), 164 (introdução de animais em propriedade alheia) e 168 (apropriação indébita). Sob outra perspectiva, o consentimento (válido) pode operar para excluir a ilicitude do fato como na hipótese referida por NUCCI e com decisão judicial "absolvendo autor de atentado violento ao pudor (hoje, unificado ao delito de estupro), tendo em vista que a pessoa ofendida teria participado, espontaneamente, de sexo grupal, não podendo, pois, reclamar do que lhe aconteceu" (*Código penal,* p. 260).

Não se incluem nessa modalidade de justificação as intervenções médico-cirúrgicas, realizadas dentro das exigências éticas e técnicas da ciência e da arte da Medicina e da Odontologia. Cf. TOLEDO, em tais procedimentos, exclui-se não apenas a ilicitude, como também a tipicidade do fato que é praticado em benefício do paciente (*Princípios,* § 221, p. 215).

Para que o consentimento do ofendido tenha eficácia jurídico-penal é indispensável a satisfação dos seguintes requisitos: *a)* que o ofendido tenha manifestado a sua aquiescência livremente, sem sofrer qualquer tipo de coação, simulação, fraude ou outro vício da vontade; *b)* que o ofendido, no momento de aquiescer, esteja em condições de compreender o significado e as consequências de sua decisão, i.e., tenha capacidade de entender e de querer; *c)* que o bem jurídico, objeto do consentimento, esteja na esfera de disponibilidade do aquiescente; *d)* que o tipo de ilícito realizado se identifique com o que foi previsto e se constitua em objeto do consenso do ofendido (TOLEDO, *Princípios básicos*, § 222, p. 215).

Existem situações nas quais o consentimento é *presumido*. Assim poderá ocorrer no aborto necessário e em situação de emergência, quando a paciente não estiver em condições de manifestar a sua vontade. Mas, como se depreende pelo próprio exemplo, a questão é resolvida à luz do *estado de necessidade* (CP arts. 128, I, e 146, § 3º, I).

Sobre a natureza jurídica do *consentimento presumido*, CIRINO DOS SANTOS doutrina que o *consentimento real* constitui expressão de liberdade da ação do titular de um bem jurídico disponível, que exclui a tipicidade da ação, enquanto o *consentimento presumido* é construção normativa do psiquismo do autor sobre a existência objetiva de consentimento do ofendido, que funciona como causa supralegal de justificação da ação típica (*A moderna teoria do fato punível*, p. 198). Há divergência entre os escritores sobre a natureza dessa construção normativa. Alguns a situam entre o consentimento real e o estado de necessidade; outros como uma combinação do estado de necessidade, do consentimento real e da gestão de negócio.

O consentimento do ofendido não se confunde com as hipóteses processuais da renúncia ao exercício da queixa e do perdão do ofendido (CPP, arts. 49 e 55). Efetivamente, como nos diz CORREIA, nestes casos trata-se de atos posteriores à realização do crime, enquanto o consentimento há de verificar-se antes da execução da atividade criminosa (*Direito criminal,* vol. II., p. 18).

III. O risco permitido

O *risco permitido* ou *risco tolerado* constitui uma das manifestações rotineiras dos tempos modernos em determinados setores da vida humana. Existem *atividades de risco* praticadas por certos profissionais (policiais, bombeiros, pilotos de corrida etc.) e existem *situações de risco* envolvendo a generalidade das pessoas, quando, por exemplo, para salvar a vida de um paciente, o médico realiza uma cirurgia de emergência e sem os preparativos usuais. Tal fenômeno deve ser considerado sob a perspectiva da *adequação social* e, portanto, capaz de excluir a tipicidade ou, na solução mais apropriada, ser reconhecido como causa supralegal de justificação.

Abordando o assunto sob a perspectiva da imputação objetiva, TAVARES observa que "devem ser entendidos por risco permitido aqueles perigos que resultem de condutas que, por sua importância social e em decorrência de sua costumeira aceitação por todos, como inerentes à vida moderna, sejam socialmente e juridicamente tolerados". E enfatiza: "Desde que observadas as regras atinentes a essas atividades, compreende-se que não se podem imputar aos seus agentes os resultados danosos ou perigos daí advindos" (Teoria do injusto penal, p. 285) (Itálicos meus).

BINDING, em obra magistral (*Die normen)*, pondera que quanto mais imprescindível seja uma modalidade de comportamento humano, tanto maior será o risco que, em relação a ele, se deverá suportar, sem que disso resulte uma reprovação jurídica. Daí, então, se estabelece a *linha demarcatória* entre o fato culposo punível e o fato impunível causado pelo risco (atividade ou situação) juridicamente permitido. Alguns exemplos indicados por JESCHECK são bem ilustrativos. Primeiramente, o mestre refere *ações arriscadas de salvamento: a)* "Durante un incendio el padre se ve en la necessidad de decidir entre arrojar a dos hijos pequeños por la ventana con la esperanza de que puedan ser tomados en brazos por persona que se prestan a colaborar, o dejar que perezcan entre las llamas •• El guarda forestal ve que un perro rabioso ataca a un niño pequeño y decide efectuar un disparo peligroso, pese que posiblemente todavía hubiera estado a tiempo de socorrer al niño de otro modo •• El helicóptero de salvamento emprende el rescate a pesar de que la maniobra, vistas las circunstancias, pone en peligro la propia vida de los accidentados; *b)* Na sequência, há ações arriscadas que *põem em perigo bens jurídicos de interesse coletivo, do agente* ou *do ofendido*, com base no **§ 193** do Código Penal alemão: [5] "Es lícito manifestar una afirmación lesiva para el honor aun a riesgo de que resulte incierta o en todo caso no susceptible de prueba, cuando la expresión de la imputación de que se trate constituya la única forma de salvaguardar un legítimo interés público o privado [...] Una imputación de hecho constitutiva de difamación (**§ 186**) o injuria (**§ 185**) está justificada como *riesgo permitido* si concurren los presupuestos de la salvaguardia de intereses legítimos previstos en el **§ 193**. Entre ellos cuentan, en primer lugar, el de que la expresión represente el *unico* medio de conseguir una finalidad legítima y el de que el autor actúe con la intención de salvaguardar dicho interés (elemento subjetivo de justificación). Cabe reputar intereses legítimos en el sentido del **§ 193** no sólo los propios del autor y otros intereses privados que le afecten de cerca, sino también intereses de la colectividad. En especial, también la *prensa* puede

---

[5] CP alemão, art. 193: "(Defensa de legítimos intereses), Juicios de reproche sobre desempeños científicos, artísticos o industriales y expresiones que se hagan para la ejecución o defensa de derechos o para la salvaguardia de legítimos intereses así como reproches o amonestaciones de un superior contra sus subalternos, denuncias oficiales u opiniones por parte de un empleado y casos parecidos, son sólo punibles en la medida en que la existencia de una injuria resulte de la forma de la declaración o de las circunstancias bajo las cuales sucedió la injuria".

recabar la protección del **§ 193** cuando se vea forzada a difundir hechos lesivos del honor para cumplir su deber de información al público"; *c)* E finalmente, *"el riesgo permitido también opera como causa de justificación ante la acusación de infidelidad (§ 266 StGB), cuando en la administración de un patrimonio ajeno se efectúan negocios de especulación peligrosos, pero en principio no prohibidos, que exceden a una prudente gestión empresarial o administración patrimonial, pero que atendidas las circunstancias prometen ganancias considerables"* (*Tratado*, vol. 1º, § 36, p. 555-557).

Em nosso ordenamento positivo pode-se referir como situação legal de risco permitido o disposto no art. 4º, parág. único, da Lei n. 7.492, de 16.07.1986, que, sem qualquer especificação da conduta, dispõe: "*Se a gestão é temerária*: Pena – reclusão, de 2 (dois) a 8 (oito) anos, e multa". Bem a propósito é a lição de TORTIMA, salientando que "o risco, dentro dos limites razoáveis, é ínsito à atividade negocial, sobretudo no terreno em que operam as instituições financeiras. Nas operações com os chamados derivativos, por exemplo, também conhecidas as incertezas desse mercado de índices ou preços futuros de mercadoria, no qual os investidores apostam em cotações que oscilarão em torno de fatores um tanto aleatórios" (*Crimes contra o sistema financeiro nacional*, p. 35).

IV. As normas de cultura
a. *Meios de correção*

O Código Criminal do Império dispunha: "**Art. 14.** Será o crime justificavel, e não terá lugar a punição delle: § 1º [...]; **§ 6.** Quando o mal consistir no castigo moderado que os paes derem a seus filhos, os senhores a seus escravos, e os mestres a seus discipulos, ou desse castigo resultar, uma vez que a qualidade delle não seja contraria ás Leis em vigor".

É através das chamadas *normas de cultura* que é penalmente justificável o uso de *meios de correção* por parte de mestres em relação aos alunos e dos pais com o objetivo de educação, quando admitido pelos costumes. O excesso, porém, configura o delito de *maus tratos* como se verifica pela redação final do art. 136 do CP.

CIRINO DOS SANTOS alude ao "direito de castigo" como exercício regular de direito e que "tem por objeto a educação das crianças no âmbito da família, compete originalmente aos pais em relação aos filhos, mas não se estende aos filhos alheios – embora possa ser exercido por professores e educadores no âmbito da escola, com o consentimento expresso ou presumido dos responsáveis. Alguns autores consideram que o direito de castigo com fins educativos exclui o próprio tipo, mas para a opinião dominante constitui justificação, embora o castigo corporal como método de educação familiar não mereça aplausos" (*Direito penal*, p. 269).

O Estatuto da Criança e do Adolescente (Lei n. 8.069/1990) estabelece: "É dever de todos velar pela dignidade da criança e do adolescente, pondo--os a salvo de qualquer tratamento desumano, violento, aterrorizante, vexatório ou constrangedor" (art. 18). O caráter generalizador dessa norma e determinadas situações concretas de ofensa física ou moral que poderiam ser interpretadas como atípicas pelos pais, responsáveis ou outras pessoas em relação social ou funcional com os menores, motivou a edição da Lei n. 13.010, de 26.06.2014. A chamada *lei da palmada,* acresceu ao referido art. 18 do ECA, os dispositivos A e B. O art. 18-A determina: "A criança e o adolescente têm o direito de ser educados e cuidados sem o uso de castigo físico ou de tratamento cruel ou degradante, como formas de correção, disciplina, educação ou qualquer outro pretexto, pelos pais, pelos integrantes da família ampliada, pelos responsáveis, pelos agentes públicos executores das medidas socioeducativas ou por qualquer pessoa encarregada de cuidar deles, tratá-los, educá-los e protegê-los". O parágrafo único define o que é considerado "castigo físico" e "tratamento cruel ou degradante".

b. *A cultura indígena*

O Estatuto do Índio (Lei n. 6.001 de 19.12.1973) estabelece que "será tolerada a aplicação, pelos grupos tribais, de acordo com as instituições próprias, de sanções penais ou disciplinares, contra os seus membros, desde que não revistam caráter cruel ou infamante, proibida em qualquer caso a pena de morte" (art. 57). As práticas da justiça indígena permitem a imposição de sanções aos membros de sua comunidade que ofendam os seus interesses e bens, mesmo que as punições não estejam previstas nos catálogos legais das populações civilizadas. Em face do reconhecimento de uma cultura própria dos índios, pode-se afirmar que o dispositivo anteriormente transcrito foi recepcionado pela Carta Política de 1988 que não admite penas cruéis (art. 5º, XLVII, *e*). Com efeito, a CF consagra a existência de *áreas de reserva* da cultura indígena ao declarar que são reconhecidos aos índios sua organização social, costumes, línguas, crenças e tradições, além dos direitos originários das terras que tradicionalmente ocupam (art. 231). Por outro lado, tanto os índios como as suas comunidades são partes legítimas para ingressar em juízo em defesa de seus direitos e interesses (CF, art. 232).[6]

Esse reconhecimento indica que os conflitos no cenário indígena são solucionados conforme os costumes e tradições dessas comunidades e que, mesmo na ausência de disposição expressa, o Direito Penal os considera

---

6   Acerca da imputabilidade jurídico-penal do índio, v. o § 49, n. VI.

para diversos efeitos. Inclusive para evitar a dupla punição (ZAFFARONI-BATISTA, *Direito penal brasileiro*, I, p. 236). A propósito, é correta a opinião de QUEIROZ: "Efetivamente, ninguém está em melhor condição de julgar o índio do que a própria comunidade indígena em que se deu o conflito. E mais legitimamente. Tolerar que o índio continue a ser julgado segundo o direito oficial é tão injusto e inadequado quanto o contrário: permitir que os não índios fossem julgados de acordo com o direito indígena. Ofende-se, assim, o princípio da igualdade ao negar o direito à diferença e ao tratar como iguais os desiguais" (Jurisdição penal indígena. In: *Boletim*, n. 266, jan. 2015, p. 8).

ESTADO DE NECESSIDADE
Art. 24. *Considera-se em estado de necessidade quem pratica o fato para salvar de perigo atual, que não provocou por sua vontade, nem podia de outro modo evitar, direito próprio ou alheio, cujo sacrifício, nas circunstâncias, não era razoável exigir-se.*
§ 1º Não pode alegar estado de necessidade quem tinha o dever legal de enfrentar o perigo.
§ 2º Embora seja razoável exigir-se o sacrifício do direito ameaçado, a pena poderá ser reduzida de um a dois terços.

*DIREITO ANTERIOR
CCrim 1830: "Art. 14. Será o crime justificavel, e não terá lugar a punição delle: § 1º Quando for feito pelo delinquente para evitar mal maior. Para que o crime seja justificavel neste caso, deverão intervir conjunctamente a favor do delinquente os seguintes requisitos: **1.** Certeza do mal que se propoz evitar; **2.** Falta absoluta de outro meio menos prejudicial; **3.** Probabilidade da efficacia do que se empregou; § 2º Quando for feito em defesa da própria pessoa ou de seus direitos; § 3º Quando for feito em defesa da família do delinquente. Para que o crime seja justificavel nestes dous casos, deverão intervir conjunctamente os seguintes requisitos: **1.** Certeza do mal que os delinquentes se propozeram evitar. **2.** Falta absoluta de outro meio menos prejudicial. **3.** O não ter havido da parte delles, ou de suas familias, provocação ou delicto que occasionasse o conflito. § 4º Quando for feito em defesa da pessoa de terceiro. Para que o crime seja justificavel, neste caso, deverão intervir conjunctamente a favor do delinquente os seguintes requisitos: **1.** Certeza do mal que se propoz evitar. **2.** Que este fosse maior, ou pelo menos igual ao que se causou. **3.** Falta absoluta de outro meio menos prejudicial. **4.** Probabilidade da efficacia do que se empregou. Reputar-se-ha feito em propria defesa, ou de um terceiro o mal causado na repulsa dos que de noite entraremn ou tentarem entrar nas casas, em que alguem morar ou estiver, ou nos edificios ou pateos fechados a ellas pertencentes, não sendo nos casos em que a Lei o permitte. § 5º Quando for feito em resistencia á execução de ordens

illegaes, não se excedendo os meios necessarios para impedil-a; § 6° Quando o mal consistir no castigo moderadoque os paes derem a seus filhoa, os senhores a seus escravos, e os mestres a seus discípulos, ou desse castigo resultar, uma vez que a qualidade delle não seja contraria ás Leis em vigor. •• **CP 1890**: "**Art. 32**. Não serão tambem criminosos: § 1° Os que praticarem o crime para evitar um mal maior; "**Art. 33**. Para que o crime seja justificado no caso do § 1° do artigo precedente, deverão intervir conjuntamente, a favor do delinquente, os seguintes requisitos: **1**. certeza do mal que se propoz evitar; **2**. falta absoluta de outro meio menos prejudicial; **3**. probabilidade de efficacia do que se empregou". •• **Projeto Alcântara Machado (1938)**: "**Art. 14**. Não será tambem punivel aquele que praticara ação ou omissão: I – [...]; III – para salvar a vida, a liberdade, a honra ou outro direito relevante, proprio ou alheio, de perigo atual e grave, que o agente não haja voluntariamente provocado, não possa evitar de outra maneira e não tenha o dever juridico de afrontar". •• **Anteprojeto Hungria (1963)**: "**Art. 26**. Considera-se em estado de necessidade quem pratica o mal para preservar de perigo certo e atual, que não provocou, nem podia de outro modo evitar, direito seu ou alheio, desde que o mal causado, pela sua natureza e importância, é consideravelmente inferior ao mal evitado, e o agente não era legalmente obrigado a arrostar o perigo". •• **CP 1969**: "**Art. 28**. Considera-se em estado de necessidade quem pratica o mal para preservar direito seu, ou alheio, de perigo certo e atual, que não provocou, nem podia de outro modo evitar, desde que o mal causado, pela sua natureza e importância, é consideravelmente inferior ao mal evitado, e o agente não era legalmente obrigado a arrostar o perigo". •• **Anteprojeto Toledo (1981)**: Art. 24 e §§ 1° e 2°. Conforme o texto vigente.

BIBLIOGRAFIA (ESPECIAL)
ACUNA ANZORENA, Arturo. *O estado de necessidade como excludente da responsabilidade civil. Revista Forense*, 83/1940 •• ARAÚJO, Maria Placidina de A.B. *O estado de necessidade sob o enfoque do direito penal comum e do Direito Penal militar*. S.L: Ed. do Autor, 2001 •• BALDO LAVILA, Francisco. *Estado de necesidad y legitima defensa*. Madrid: Bosch, 1994 •• CARDINI, Eugenio Osvaldo. El llamado estado de necesidad. *Revista Jurídica Argentina La Ley*, 130/1968 •• CERNICCHIARO, Luiz Vicente. O estado de necessidade. *Revista de informação legislativa*, 34/1972 •• CONTIERI, Enrico. *O estado de necessidade*. São Paulo: Livraria Acadêmica, 1942 •• DÍAZ PALOS, Fernando. *Estado de necesidad*. Barcelona: Bosch, s.d. •• DOTTI, René Ariel. Estado de necessidade e inexigibilidade de conduta diversa. *Revista Magister*, 18/2007 •• FORIERS, Paulo. *De l'etat de necessite em droit penal*. Bruxelles: E. Bruylant, 1951 •• GARCÍA-RIPOLL MONTIJANO, Martín. *Ilicitud, culpa y estado de necesidad*. Madrid: Dyckinson, 2006 •• GIULIANI, Ubaldo. *Dovere di soccorso e stato di necessitá nel diritto penale*. Milano: A. Giuffré, 1970 •• GROSSO, Carlo Frederico. *Difesa legittima e stato di necessitá*. Milano: A. Giuffré, 1964 •• ISRÄEL, Nicolas. *Genealogia do direito moderno*: o estado de necessidade. São Paulo: WMF Martins Fontes, 2009 •• JESUS, Damásio E. de. Estado de necessidade. *Ciência Penal*, 1/1973 // Furtos, saques e estado de necessidade. *Revista Jurídica IOB*, 251/1998 •• JIMENEZ DE ASÚA, Luis. *El estado de necesidad em matéria penal*. Buenos Aires: Talleres Graficos

de la Penitenciaria Nacional, 1922 •• MACHADO, Luiz Alberto. *Estado de necessidade e exigibilidade de outra conduta*. Curitiba: Ed. do Autor, 1973 •• MALAMUD GOTI, Jaime E. *Legitima defensa y estado de necesidad*: problemas sistemáticos de las causas de justificación. Buenos Aires: Cooperadora de Derecho y Ciencias Sociales, 1977 •• MEREJE, João Rodrigues de. *O estado de necessidade*. São Paulo: EDIGRAF, 1957 •• MIR PUIG, Santiago. Aborto, estado de necesidad y constitucion. *Revista de la Faculdad de Derecho de la Universidad de Madrid*, 66/1982 •• MOTTA FILHO, Candido. *Do estado de necessidade*. São Paulo: Revista dos Tribunais, 1938 •• PIRES, Andre de Oliveira. *Estado de necessidade*. São Paulo: Juarez de Oliveira, 2000 •• PRADO, Luiz Regis. Sobre o estado de necessidade. *Revista Trimestral de Jurisprudência dos Estados*, 20/1982 •• RAMOS RIVERA, Jose Luis. El estado de necesidad em la legislacion penal mexicana. *Boletin Mexicano de Direito Comparado*, 69/1990 •• REALE JÚNIOR, Miguel. *Dos estados de necessidade*. São Paulo: J. Bushatsky, 1971 •• SIMONETTI FILHO, Irineu João. Movimentos sociais: criminalização e estado de necessidade. *Boletim*, 194/2009 •• SOUSA, Alberto R. R. Rodrigues de. *Estado de necessidade*: um conceito novo e aplicações mais amplas. Rio de Janeiro: Forense, 1979 •• VASCONCELOS, Fernando Camilo de. *O estado de necessidade no direito penal*. Porto: Athena, 1982.

BIBLIOGRAFIA (GERAL)
ANTOLISEI, Francesco. *Manuale di diritto penale*: parte generale. 3ª ed. Milano: Dott. A. Giuffrè, 1994 •• ASÚA, Luis Jiménez. *Tratado de derecho penal*. Buenos Aires: Editorial Losada, 1962. vol. IV •• BASILEU GARCIA. *Instituições de direito penal*. 4ª ed. São Paulo: Max Limonad, 1959. vol. I, t. I •• BENTO DE FARIA, Antonio de. *Annotações theorico-praticas ao codigo penal do Brazil*. Rio de Janeiro: Francisco Alves e Cia., 1913 // *Código penal brasileiro* (comentado). Rio de Janeiro: Distribuidora Record Ed., 1958. vol. 2 •• BETTIOL, Giuseppe. *Diritto penale*: parte generale. 11ª ed. Padova: CEDAM, 1982 •• BITENCOURT, Cezar Roberto. *Tratado de direito penal*: parte geral. 19ª ed. São Paulo: Saraiva, 2013 •• BOCKELMANN, Paul; VOLK, Klaus. *Direito penal*: parte geral. Belo Horizonte: Del Rey, 2007 •• BRUNO, Aníbal. *Direito penal*: parte geral. 3ª ed. Rio de Janeiro: Forense, 1967. t. 1º •• BUSATO, Paulo César. *Direito penal*: parte geral. São Paulo: Atlas, 2013. vol. 1 •• CARRANCA Y TRUJILLO, Raul. *Derecho penal mexicano*: parte general. México: Ed. Porrúa, 1970. t. I •• CAVALEIRO DE FERREIRA, Manuel. *Direito penal português*: parte geral. Viseu: Editorial Verbo, 1981 •• CEREZO MIR, José. *Derecho penal*: parte general. São Paulo: Revista dos Tribunais; Lima(PE): ARA Ed., 2007 •• CIRINO DOS SANTOS, Juarez. *Direito penal*: parte geral. 3ª ed. Curitiba: ICPC; Lumen Juris, 2008 •• COBO DEL ROSAL, M.; VIVES ANTÓN,

T. S. *Derecho penal*: parte general. Valencia: Universidad de Valencia, 1984 •• CORREIA, Eduardo. *Direito criminal*. Colaboração de Figueiredo Dias. Coimbra: Almedina, 2001. vol. I e II •• COSTA E SILVA, Antônio José da. *Código penal*. São Paulo: Companhia Editora Nacional, 1943. vol. 1 •• COSTA JR., Paulo José. *Código penal comentado*. 8ª ed. São Paulo: DPJ Editora, 2005 •• DAMÁSIO DE JESUS, E. *Direito penal*: parte geral. 35ª ed. São Paulo: Saraiva, 2014 •• DELMANTO, Celso (et alii). *Código penal comentado*. 8ª ed. São Paulo: Saraiva, 2010 •• DOTTI, René Ariel. *Curso de direito penal*: parte geral. 5ª ed. Colaboração de Alexandre Knopfholz e Gustavo Britta Scandelari. São Paulo: Thompson Reuters/Revista dos Tribunais, 2013 •• FERRI, Enrico. *Principii di Diritto Criminale*: delinquente e delitto. Iorino: UTET, 1928 // *Princípios de direito criminal*: o criminoso e o crime. São Paulo: Livraria Acadêmica, 1931 •• FIANDACA, Giovanni; MUESCO, Enzo. *Diritto penale*: parte generale. 2ª ed. Bologna: Zanichelli, 1994 •• FIGUEIREDO DIAS, Jorge de. *Direito penal*: parte geral, questões fundamentais, a doutrina geral do crime. 2ª ed. São Paulo: Revista dos Tribunais; Coimbra: Coimbra Editora, 2007 •• FRAGOSO, Heleno Claudio. *Comentários ao código penal*. 5ª ed. Rio de Janeiro: Forense, 1978. vol. I, t. II (arts. 11/27) // *Lições de direito penal*. 17ª ed. Atual. Fernando Fragoso. Rio de Janeiro, Forense, 2006 •• GOMES, Luiz Flávio. *Direito penal*: parte geral. 2ª ed. São Paulo: Revista dos Tribunais/LFG – Rede de Ensino Luiz Flávio Gomes, 2006 •• GRECO, Rogério. *Curso de direito penal*: parte geral. 15ª ed. Niterói: Impetus, 2013 •• HUNGRIA, Nélson. *Comentários ao código penal*. 4ª ed. Rio de Janeiro: Forense, 1958. vol. I, t.II •• JAKOBS, Günther. *Derecho penal*: parte general, Fundamentos y teoria de la imputación*. Trad. Joaquin Cuello Contreras, José Luis Serrano Gozalez de Murillo. Madrid: Marcial Pons, 1995 •• JESCHECK, Hans-Heinrich. *Tratado de derecho penal*: parte general. Barcelona: Bosch; Casa Editorial, 1981. vol. 1º •• LEONARDO LOPES, Jair. *Curso de direito penal*: parte geral. 2ª ed. São Paulo: Revista dos Tribunais, 1996 •• LUZÓN PEÑA, Diego-Manuel. *Lecciones de derecho penal*: parte general. 2ª ed. Valencia(ES): Tirant lo Blanch, 2012 •• MAGALHÃES NORONHA, Edgard. *Direito penal*. 3ª ed. São Paulo: Saraiva, 1965. vol. 1 •• MANTOVANI, Ferrando. *Diritto penale*. 4ª ed. Padova: CEDAM, 2001 •• MARQUES, J. F. *Tratado de direito penal*. 2ª ed. São Paulo: Saraiva, 1965. vol. 2 •• MAURACH, Reinhart. *Tratado de derecho penal*. Trad. e notas Juan Cordoba Roda. Barcelona: Ediciones Ariel, 1962. t. I e II •• MAURACH, Reinhardt; ZIPF, Heinz. *Derecho penal*: parte general. Trad. 7ª ed. alemã por Jorge Bofill Genzsch e Enrique Aimone Gibson. Buenos Aires: Ed. Astrea de Alfredo y Ricardo Depalma, 1994. t. 1 e 2 •• MAYER, Max Ernst. *Derecho penal*: parte general. Trad. de Sergio Politoff Lifschitz; rev. geral e prólogo José Luis Guzmán Dalbora, ed. alemã de 1915. Buenos Aires: Julio César Faria-

Editor, 2007 •• MAYRINK DA COSTA, Álvaro. *Direito penal*: parte geral. 8ª ed. Rio de Janeiro: Forense, 2009. vol. 2 •• MESTIERI, João. *Manual de direito penal:* parte geral. Rio de Janeiro: Forense, 2002 •• MEZGER, Edmundo. *Tratado de derecho penal.* Trad. de José Arturo Rodríguez Muñoz. Madrid (ES): Ed. Revista de Derecho Privado, 1955. t. II •• MIR PUIG, Santiago. *Derecho penal:* parte general. 9ª ed. Buenos Aires: B de F, 2012 •• MIRABETE, Julio Fabbrini; FABRINNI, Renato N. *Manual de direito penal*: parte geral. 30ª ed. São Paulo: Atlas, 2014 •• MUÑOZ CONDE, Francisco; GARCÍA ARÁN, Mercedes. *Derecho penal:* parte general. 5ª ed. Valencia: Tirant lo Blanch, 2002 •• NOVOA MONREAL, Eduardo. *Curso de derecho penal chileno:* parte general. 2ª ed. Santiago: Ed. Juridica Ediar-Cono Sur Ltda, 1985. t. 1 •• NUCCI, Guilherme de Souza. *Código penal comentado.* 13ª ed. São Paulo: Thomson Reuters/Revista dos Tribunais, 2013 •• NUÑEZ, Ricardo C. *Manual de derecho penal:* parte general. 3ª ed. Cordoba: Marcos Lerner Editora Cordoba, 1982 •• PIERANGELLI, José Henrique. *Código penal: comentado artigo por artigo*. São Paulo: Verbatim, 2013 •• POLITOFF L., Sérgio [et alii]. *Lecciones de derecho penal chileno:* parte general. 2ª ed. Santiago: Editorial Jurídica de Chile, 2003 •• PRADO, Luiz Regis. *Tratado de direito penal:* parte geral. São Paulo: Thomson Reuters/Revista dos Tribunais, 2014. vol. 2 // *Curso de direito penal brasileiro.* 13ª ed. Coautoria. São Paulo: Thomson Reuters/Revista dos Tribunais, 2014 •• PUIG PEÑA, Federico. *Derecho penal:* parte general. 6ª ed. Madrid(ES): Ed. Revista de Derecho Privado, 1969 •• QUINTERO OLIVARES, Gonzalo. *Parte general del derecho penal.* 4ª ed. Colaboración de Fermín Morales Prats. Pamplona: Thomson Reuters, 2010 •• REALE JÚNIOR, Miguel. *Instituições de direito penal*: parte geral. 3ª ed. Rio de Janeiro: Forense, 2009 •• RODRIGUEZ DEVESA, José Maria; SERRANO GOMEZ, Alfonso. *Derecho penal español*: parte general. 15ª ed. Madrid: Dykinson, 1992 •• ROXIN, Claus. *Derecho penal*: parte general. Trad. 2ª ed. alemã Diego-Manuel Luzón Peña [et alii]. Madrid: Civitas Ediciones, 2003 •• SILVA FRANCO, Alberto. *Código penal e sua interpretação*: doutrina e jurisprudência. 8ª ed. Alberto Silva Franco e Rui Stoco (Coord.). São Paulo: Revista dos Tribunais, 2007 •• SOLER, Sebastian. *Derecho penal argentino.* Buenos Aires: Tipografia Editora Argentina, 1970 •• SOUZA & JAPIASSÚ. *Curso de direito penal*: parte geral. Rio de Janeiro: Elsevier, 2012 •• STRATENWERTH, Günther. *Derecho penal*: parte general I; El hecho punible. 4ª ed. Trad. Manuel Cancio Meliá y Marcelo Sancinetti. Buenos Aires Hammurabi, 2005 •• TOLEDO, Francisco de Assis. *Princípios básicos de direito penal*. 5ª ed. São Paulo: Saraiva, 2002 •• VILLALOBOS, Ignacio. *Derecho penal mexicano.* México: Ed. Porrúa, 1975 •• VON WEBER, Hellmuth. *Lineamentos del derecho penal aleman*. 2ª ed. Buenos Aires, 2008 •• WELZEL, Hans. *Derecho penal aleman*: parte general. 11ª ed., alemã; trad. castellana. 4ª ed. de Juan Bustos

Ramírez e Sergio Yáñez Pérez. Santiago de Chile: Editorial Juridica de Chile, 1997 •• WESSELS, Johannes. *Direito penal:* parte geral (aspectos fundamentais). Trad. do alemão e notas de Juarez Tavares. Porto Alegre: Sérgio Antonio Fabris Editor, 1976 •• ZAFFARONI, Eugenio Raul; ALAGIA, Alejandro; SLOKAR, Alejandro. *Derecho penal*: parte general. 2ª ed. Buenos Aires: EDIAR, 2014 •• ZAFFARONI, Eugenio Raúl; PIERANGELI, José Henrique. *Manual de direito penal brasileiro*: parte geral. 7ª ed. São Paulo: Revista dos Tribunais, 2007. vol. 1.

§ 38. *NECESSITAS FACIT IUS*

I. Modelos antigos e modernos

Existem algumas hipóteses clássicas que ilustram a definição legal. A primeira tem como referência o célebre filósofo e orador grego CARNÉADES, (215-129 a.C.). Ele refutava o sistema estoico da lei natural. Atribui-se ao ceticismo daquele pensador o exemplo bem conhecido da disputa pelos náufragos da *tabula únicos capax,* de onde resulta a morte do que dela é excluído em favor da vida do outro que dela se apossa. O segundo modelo é fornecido pelo imortal romance de VITOR HUGO (1802-1885), *Os miseráveis*, que narra a saga de JEAN VALJEAN, condenado a uma longa pena carcerária pelo furto de um pão. O estado de necessidade, não reconhecido por um terrível magistrado, celebrizou a condição humana do personagem faminto e tornou inesquecível o conflito entre os bens jurídicos (vida *versus* patrimônio). Mas há um episódio verdadeiro lembrado pelo mestre EDUARDO CORREIA (*Direito Criminal*, II, p. 70). Trata-se do barco *Mignonette* naufragou com quatro homens a bordo, em Southampton (Inglaterra), no ano de 1884. Navegando por vários dias sem comida, três deles decidiram matar o mais jovem, o grumete Parker que se encontrava adoentado, para se alimentar de sua carne e de seu sangue. Outro fato canibalesco, de repercussão internacional, ocorreu com a queda de um avião uruguaio na Cordilheira dos Andes (1972). Dos 45 ocupantes sobreviveram 16, suportando temperaturas negativas de até 30 graus durante setenta e dois dias, sem roupa adequada. Para matar a fome, alimentaram-se de restos dos mortos na tragédia.

Além dos modelos antigos há também fenômenos modernos e muitos deles gerados pela palpitante realidade humana quando as pressões sociais do cotidiano e a força do instinto de conservação destroem as resistências legais e éticas que compõem a personalidade individual e alimentam o espírito das massas invasoras da propriedade alheia nos campos e nas cidades. Apesar disso, a rotina forense tem registros minguados sobre o reconhecimento da justificante da extrema necessidade como é fácil perceber pela escassez de precedentes.

Seguem alguns poucos: *a)* o furto de comida ou de remédios para saciar a fome (*RT,* 574/370) ou combater uma doença grave; *b)* a infração à lei de trânsito pelo motorista para evitar acidente (*RT,* 436/406); *c)* a apropriação de contribuição previdenciária para pagamento de empregados (a depender, segundo orientação pretoriana, da demonstração efetiva da absoluta impossibilidade de recolhimento das verbas previdenciárias descontadas dos segurados, bem como do exaurimento de todos os meios para efetivar essa obrigação, inclusive com o desfazimento de bens pessoais do *réu* (TRF da 4ª Região, Ap. n. 0001052-27.2007.404.7214, *DJU*, 13.05.2013).

II. Fundamento jurídico

Na lúcida exposição de VON LISZT, a verdadeira concepção acerca da *extrema necessidade* deve partir da seguinte consideração: "é da essencia da extrema necessidade o conflicto de interesses licitos, cada um dos quaes só pode ser conservado à custa de outro. Si ao interesse posto em perigo é sacrificado um interesse de egual valor (vida contra vida), falta ao direito, de um lado, o poder e, do outro, a ensancha para intervir, inflingindo e executando penas. O legislador não prohibe a acção que não quer punir; limita-se aqui, como em outros casos, a ter em conta os factos; tolera o que não pode mudar, e regule o que deve tolerar. Não confere ao individuo que corre perigo um direito de necessidade, mas deixa-lhe o campo livre. Deve pelo contrario ser considerada como conforme ao direito a conservação do interesse de maior valor á custa do interesse menos valioso (vida contra fortuna), e como illegal e punível o caso inverso. Mas, emquanto o direito vigente não sanccionar esta distincção, a sciencia é forçada a formar uma concepção uniforme a respeito dos casos de extrema necessidade"(*Direito Penal allemão,* t. I, p. 235-236) (Mantida a ortografia original).

III. Requisitos

O estado de necessidade somente poderá ser reconhecido se todos os seus requisitos estiverem presentes no momento da prática do fato. São eles: *a)* A *situação de perigo*. Há momentos na vida em que o direito de uma pessoa está em conflito com o direito de outra. Tal confronto poderá resultar de uma situação perigosa gerada por ação humana, por fato do animal ou da natureza. Inundação, naufrágio, incêndio, fome, doença e muitas outras hipóteses de perigo individual ou coletivo acarretam a prática de condutas movidas pelo instinto de conservação. Trata-se de uma reação natural para remover o perigo que constitui a probabilidade de um evento temido (morte, lesões etc.); *b)* A *atualidade do perigo*. Embora o Código Penal se refira à *atualidade* do perigo, a doutrina e a jurisprudência reconhecem o estado de necessidade também na situação de um perigo iminente, isto é, que está prestes a ocorrer (DAMÁSIO, *Código penal*, p. 82, *RT*, 376/108). Há julgados em sentido contrário (*RT*, 597/287). Entendo que a melhor exegese do sistema positivo admite o estado de necessidade em face do risco iminente. Para tanto, basta valer-se da interpretação analógica com o instituto da legítima defesa que considera lícita a reação, através de meio necessário e moderadamente, contra injusta agressão, atual ou *iminente*, a direito seu ou de outrem. Também é possível invocar-se a analogia para preencher essa lacuna, valendo-nos do disposto no inciso II do art. 188 do CCiv., que define o estado de necessidade como a deterioração ou a destruição da coisa alheia, ou a lesão à pessoa, a fim de remover perigo *iminente*. Não se reconhece, no entanto, esta causa de exclusão do crime quando a situação de perigo já tenha cessado ou seja mera expectativa futura; *c)* A ***involuntariedade na criação do perigo***. A lei não pode favorecer o provocador voluntário da situação perigosa. É aplicável, em tal circunstância, o princípio geral de direito segundo o qual ninguém poderá tirar proveito de sua conduta irregular. Nesse sentido é incontroversa a doutrina e a jurisprudência: não pode invocar estado de necessidade quem criou a situação de perigo em que se encontrava no momento do fato (extinto TACRIM-SP, *RT*, 546/357 e TJSC, *RT*, 572/380); *d)* A ***inevitabilidade da situação de perigo***. Inevitável é, na linguagem comum, o evento ou a situação que não se pode impedir. A inevitabilidade deve ser apurada pelo critério *objetivo*, i.e., em face das circunstâncias do caso concreto e não em face apenas da alegação do agente. Se o mesmo não puder "de outro modo" contornar a situação perigosa, deve-se reconhecer a causa de exclusão de ilicitude, presentes os demais requisitos. A propósito, *RT*, 518/377, 535/304 e 559/358; *e)* A ***defesa de um direito***. O direito a que se refere o texto deve ser compreendido como o bem ou o interesse juridicamente protegido. Não se trata, aqui, do Direito em sua acepção de *regra geral obrigatória*, cf. o clássico conceito. A Constituição Federal declara a inviolabilidade dos direitos à vida, à liberdade, à igualdade, à segurança e à propriedade (art. 5º *caput*) além de outros que possam ser objeto de proteção nas circunstâncias e condições estabelecidas pelo dispositivo em análise. Na lição de COSTA E SILVA, "todos os direitos (bens ou interesses jurídicos) são suscetíveis de legítima defesa. Não direitos privilegiados e direitos menos dignos de proteção" (*Código penal*, v. I, p. 172); *f)* O ***balanceamento dos bens em conflito***. No estado de necessidade justificante há, sempre, uma situação de confronto de bens jurídicos que se resolve em favor do bem de maior valor. É óbvio que se impõe, sempre, para uma definição a respeito, o balanceamento dos bens em conflito (extinto,

TACRIM-SP. In: SILVA FRANCO, *Código penal,* p. 260). Se o bem sacrificado era de valor igual ou superior ao bem protegido, persistirá o caráter ilícito do fato, mas não haverá reprovabilidade penal se, nas circunstâncias em que se encontrava o agente, não lhe era exigível conduta diversa. Em face desse critério, o exemplo do náufrago que, para sobreviver, se sobrepõe fisicamente ao outro disputante da mesma tábua de salvação, causando-lhe a morte por afogamento, deve ser resolvido no quadro das causas de exclusão da culpabilidade. Essa é a orientação da doutrina, reconhecendo o *estado de necessidade exculpante* (FRAGOSO, *Lições: Parte Geral,* p. 219); **g) A inexigibilidade do sacrifício.** Para a caracterização dessa causa de justificação torna-se indispensável que, nas circunstâncias do caso concreto, não era razoável exigir o sacrifício do bem ameaçado. Por exemplo: a destruição de um obstáculo, material ou humano pelo sujeito que procura salvar-se do incêndio, por ele não provocado, e que gerou uma situação de pânico no interior do cinema. O requisito ora analisado diz respeito à *proporcionalidade* do perigo que ameaça o direito do sujeito (ou alheio) e a gravidade da ofensa causada para remover a situação periclitante.

IV. A colisão de deveres

A *colisão de deveres* caracteriza uma *espécie* do *gênero* (estado de necessidade), posto que todo o dever está intimamente ligado à proteção de um determinado bem ou interesse jurídico. É o caso do padre que, para salvar a vida de alguém, comunica à polícia o teor da confissão de um crime a ser praticado ou do médico que para evitar contágio de doenças ou crime iminente pode quebrar o dever do sigilo profissional, se isso for absolutamente necessário para a salvação de vidas ou da saúde (TOLEDO, *Princípios básicos,* § 175, p. 187).

O conflito de bens (ou interesses) deve ser resolvido em favor do interesse público prevalente mediante o processo de *balanceamento de bens.* No fundo, além de uma solução de natureza empírica, também o *princípio da razoabilidade* é uma espécie de *fiador* dessa decisão.

V. Concurso de pessoas

Quem concorre para a ação de outrem, dentro dos limites da necessidade e preenchidos os requisitos legais dessa causa de exclusão de ilicitude, nenhum fato punível pratica. Como é óbvio, a proteção de um direito poderá ser exercida com a colaboração de outra pessoa.

VI. Estado de necessidade putativo

Assim como ocorre em outras causas de exclusão de ilicitude também é possível que o agente, por erro na avaliação das circunstâncias do caso concreto, pratique atos de reação para salvar direito supostamente ameaçado de perigo atual por ele não provocado. E que o sacrifício não era razoavelmente exigível. Obviamente se o erro era evitável, o sujeito será responsabilizado criminalmente a título de culpa se o fato for punível a esse título (CP, arts. 121, § 3º; 129, § 6º; 250, § 2º etc.).

É oportuno o exemplo formulado por BRUNO, tomando o gesto daqueles que "em uma sala de espetáculos, ouvindo o grito de ⬜fogo⬜, soltado por engano ou gracejo atiram-se para a saída, acometendo e ferindo quem se encontra na sua passagem" (*Direito penal,* t. 2º, p. 123).

VII. Estados de necessidade defensivo e agressivo

Alguns escritores justificam a distinção entre estado de necessidade *defensivo* e estado de necessidade *agressivo*. Ocorre o primeiro quando o ato necessário se dirige contra a coisa da qual provém a situação de perigo para o direito, como no exemplo do transeunte que mata o cão alheio que o estava agredindo na rua. Verifica-se o segundo quando o ato necessário se dirige contra coisa diversa daquela que criou o perigo para o bem jurídico defendido, como no caso de quem se apodera de um veículo alheio para transportar uma pessoa ferida (TOLEDO, *Princípios básicos,* § 163, p. 176).

VIII. O dever legal de enfrentar o perigo

Não pode alegar a causa justificante quem tem o dever legal de enfrentar o perigo. O exemplo comum é o do bombeiro que, tendo a obrigação imposta por lei de enfrentar o fogo, não pode sacrificar o direito alheio (a vida de outra pessoa, p.ex.) para fugir da situação perigosa criada pelo incêndio contra a sua pessoa.

IX. Estado de necessidade no Direito Civil

Dispõe o inc. II do art. 188 do CCiv. que não constitui ato ilícito a "deterioração ou a destruição da coisa alheia, ou a lesão à pessoa, a fim de remover perigo iminente". Mas o ato será legítimo somente quando as circunstâncias o tornarem "absolutamente necessário, não excedendo os limites do indispensável para a remoção do perigo" (parág. único do art. 188 do CCiv.). O perigo pode ameaçar a vida, a honra, a liberdade e outros bens da pessoa ou de outrem. Para evitar o sacrifício de um desses bens, o Direito autoriza a destruição ou a deterioração da coisa alheia.

A lei civil, de modo expresso, admite que o perigo possa ser iminente e, quanto ao balanceamento de bens, a doutrina acentua que o estado de necessidade somente se caracteriza se o mal, que se pretende evitar, for maior do que o praticado para removê-lo (BEVILÁQUA, *Código civil,* I/347). O mesmo diploma estabelece que deve ser reparado o dano causado por necessidade, se a pessoa lesada ou o dono da coisa não for culpado pela criação da situação de perigo (art. 929). Se o perigo ocorrer por culpa de terceiro, contra este poderá ser proposta ação regressiva pelo autor do dano para haver a importância que tiver ressarcido ao lesado (art. 930). No caso de legítima defesa, cabe ação de indenização contra aquele em defesa de quem se causou o dano (art. 930, parág. único).

Mostrando a diferença entre o estado de necessidade em Direito Penal e em Direito Civil, TOLEDO esclarece que no cível não se exige que o perigo não tenha sido provocado pelo agente do fato necessário, salvo se o fizer com o objetivo de criar a oportunidade para a destruição da coisa, como, por exemplo, na atração deliberada de um animal para matá-lo (*Princípios básicos,* § 178, p. 189).

X. O direito de resistência

A lei fundamental da Alemanha estabelece no **art. 20** os princípios constitucionais e o direito de resistência. Os princípios são expressamente declarados: **(1)** A República Federal da Alemanha é um Estado federal, democrático e social; **(2)** Todo o poder estatal emana do povo. É exercido pelo povo por meio de eleições e votações através de órgãos especiais dos Poderes Legislativo, Executivo e Judiciário; **(3)** O Poder Legislativo está submetido à ordem constitucional; os Poderes Executivo e Judiciário obedecem à lei e ao Direito; **(4)** Contra qualquer um que tente subverter esta ordem, todos os alemães têm o direito de resistência, quando não houver outra alternativa.

Na lição de ROXIN, o inciso **(4)** não regula o exercício de uma suposta legítima defesa – que é inadmissível – mas constitui um relevante aspecto do estado de necessidade do Estado: "El derecho de resistência cabe contra el golpe de Estado, tanto desde abajo como desde arriba, y por tanto se dirige tanto contra los rebeldes revolucionarios como contra el Gobierno que se disponga a eliminar los principios constitucionales básicos" (*Derecho penal,* § 16, p. 732).

A Constituição brasileira declara que constitui crime inafiançável e imprescritível a ação de grupos armados, civis ou militares, contra a ordem constitucional e o Estado democrático (art. 5º, XLIV). O CPM prevê, em *tempo de paz,*[1] o delito de *tentativa contra a soberania nacional,* nas seguintes modalidades: I – submeter o território nacional, ou parte dele, à soberania de país estrangeiro[2]; II – desmembrar por meio de movimento armado ou tumultos planejados, o território nacional, desde que o fato atente contra a segurança externa do Brasil ou a sua soberania; III – internacionalizar, por qualquer

---

1 Livro I da Parte Especial (arts. 136-354).
2 CF, "Art. 1º A República Federativa do Brasil, formada pela união indissolúvel dos Estados e Municípios e do Distrito Federal, constitui-se em Estado Democrático de Direito e tem como fundamentos: I – a soberania; II – [...]."

meio, região ou parte do território nacional: Pena – reclusão, de 15 (quinze) a 30 (trinta) anos, para os cabeças[3]; de 10 (dez) a 20 (vinte) anos para os demais agentes. Se o delito for praticado em *tempo de guerra*,[4] a pena é a morte (grau máximo) ou a reclusão de 20 (vinte) anos, grau mínimo (art. 357).

* DIREITO COMPARADO
Código Penal português. "**Artigo 34º (Direito de necessidade)** Não é ilícito o facto praticado como meio adequado para afastar um perigo actual que ameace interesses juridicamente protegidos do agente ou de terceiro, quando se verificarem, os seguintes requisitos: *a)* Não ter sido voluntariamente criada pelo agente a situação de perigo, salvo tratando-se de proteger o interesse de terceiro; *b)* Haver sensível superioridade do interesse a salvaguardar relativamente ao interesse sacrificado; e *c)* Ser razoável impor ao lesado o sacrifício do seu Interesse em atenção à natureza ou ao valor do interesse ameaçado". •• **Código Penal espanhol**: "**20**. *Están exentos de responsabilidade criminal*: **1º** [...]. **5º** El que, en estado de necesidad, para evitar un mal propio o ajeno lesione un bien jurídico de otra persona o infrinja un deber, siempre que concurram los seguientes requisitos: Primero. Que el mal causado no sea mayor que el que se trate evitar. Segundo. Que la situación de necesidad no haya sido provocada intencionadamente por el sujeto. Tercero. Que el necesitado no tenga, por su oficio o cargo, obligación de sacrificarse. •• **Código Penal Tipo:** "**Artículo 17**. *No comete delito el que en situación de peligro para un bien jurídico propio o ajeno, lesionare otro bien para evitar un mal mayor, siempre que concurran conjuntamente los siguientes requisitos:* **1º** *Que el peligro sea actual o inminente.* **2º** *Que no lo haya provocado intencionalmente.* **3º** *Que no sea evitable de otra manera. Si el titular del bien que se trata de salvar tiene el deber jurídico de afrontar el riesgo, no se aplicará lo dispuesto en este artículo*" (art. 17). •• **Anteprojeto argentino:** "**Art. 5. Eximentes** No es punible: *a)* [...]; *f) el que causare un mal por evitar otro mayor e inminente, siempre que:* **i)** *el hecho fuere necesario y adecuado para conjurar el peligro;* **ii)** *la situación de no hubiere sido provocada deliberadamente por el agente;* **iii)** *el autor no estuviere juídicamente obligado a soportar el peligro.* **g)** *El que atuare para evitar un mal grave e inminente no evitable de otro modo, siempre que lo hiciere para apartar el peligro de su persona, de un pariente o de un tercero próximo, y se dieren las circunstancias* **i), ii)** *y* **iii)** *del apartado anterior*".

LEGÍTIMA DEFESA
Art. 25. *Entende-se em legítima defesa quem, usando moderadamente dos meios necessários, repele injusta agressão, atual ou iminente, a direito seu ou de outrem.*

---

3   CPM, "Art. 53. (coautoria) Quem, de qualquer modo, concorre para o crime incide nas penas a este cominadas. [...] § 4º (cabeças) Na prática de crime de autoria coletiva necessária reputam-se cabeças os que dirigem, provocam, instigam ou excitam a ação".

4   Livro II da Parte Especial (arts. 355-408).

*DIREITO ANTERIOR
CCrim 1830: "Art. 14. Será o crime justificável e não terá lugar a punição delle: § 1º [...]; § 2º Quando for feito em defesa da própria pessoa ou de seus direitos. § 3º Quando for feito em defesa da familia do delinquente. Para que o crime seja justificavel nestes dous casos, deverão intervir conjunctamente os seguintes requisitos: 1º Certeza do mal que os delinquentes se propozeram evitar. 2º. Falta absoluta de outro meio menos prejudicial. § 3º O não ter havido por parte delles, ou de suas familias, provocação ou delicto que occasionasse o conflito". **CP 1890:** "**Art. 32.** Não serão tambem criminosos: § 1º [...]; § 2º Os que o praticarem em defesa legitima, propria ou de outrem. A legitima defesa não é limitada unicamente á protecção da vida; ella comprehende todos os direitos que podem ser lesados. [...]. **Art. 34.** Para que o crime seja justificado no caso do § 2º do mesmo artigo [art. 32], deverão intervir conjunctamente, em favor do delinquente, os seguintes requisitos: **1.** aggressão actual; **2.** impossibilidade de prevenir ou obstar a acção, ou de invocar e receber soccorro da autoridade publica; **3.** emprego de meios adequados para evitar o mal e em proporção da aggressão; **4.** ausencia de provocação que occasionasse a aggressão; **Art. 35.** Reputar-se-á praticado em defesa propria ou de terceiro: § 1º O crime commettido na repulsa dos que á noite entrarem, ou tentarem entrar, na casa onde alguem morar ou estiver, ou nos pateos e dependencias da mesma, estando fechadas, salvo os casos em que a lei o permitte; § 2º O crime commettido em resistencia a ordens illegaes, não sendo excedidos os meios indispensaveis para impedir-lhes a execução". •• **Projeto Alcântara Machado (1938):** "**Art. 14.** Não será tambem punivel aquele que praticar a ação ou omissão: I – [...]; IV – em legitima defesa em direito próprio ou de terceiro, dado o concurso dos seguintes requisitos: *a)* agressão atual; *b)* impossibilidade de preveni-la ou obstá-la, sem humilhação ou perigo, por outros meios ao alcance do agente; *c)* ausencia de provocação suficiente da parte do agredido; *d)* inexistencia de desproporção manifesta entre a gravidade da agressão ou a importancia do direito ameaçado e a repulsa. •• **Anteprojeto Hungria (1963): Art. 27.** Corresponde ao texto vigente. **CP 1969: Art. 29.** Corresponde ao texto vigente. **Anteprojeto Toledo (1981): Art. 25.** Corresponde ao texto vigente.

BIBLIOGRAFIA (ESPECIAL)

ALMADA, Celio de Melo. Legítima defesa. São Paulo: Bushatsky, 1958 •• ALVES, Karina Nogueira. Legítima defesa putativa. *Revista Consulex*, 12/2008 •• AMARAL, Boanerges do. *Tudo sobre legítima defesa*. Rio de Janeiro: Laemmert, 1964 •• AZEVEDO, Pedro Ferreira. Quesitos sobre a legítima defesa. *RT*, 191/1951 •• BALDO LAVILA, Francisco. *Estado de necesidad y legitima defensa*. Madrid: Bosch, 1994 •• BARROS, Fernando Jorge Ferreira Araújo. *Legitima defesa*. Porto: Athena, 1980 •• BAUM, Frederic S. *Law of self-defense*. New York: Oceana, 1970 •• BONATELLI, Calmette Satyro. Da legitima defesa. *RT*, 279/1959 •• BRITO, Galeno Martins. *Da legitimidade da defesa frente ao direito natural*. São Luiz: Graf. Mignon, 1952 •• BRITO, Teresa Quintela de. *O direito de necessidade e a legítima defesa no código civil e no código penal*: uma perspectiva de unidade de jurisdição. Lisboa: Lex, 1994 •• BUSSADA, Wilson. *Legítima defesa*: sentenças & decisões. Rio de Janeiro: Cultura Jurídica, 1996 •• CALHAU, Lélio Braga. Vítima e legítima defesa. *Revista Síntese*, 19/2003 •• CAMAÑO ROSA, Antonio. *Legitima defen-*

sa. 2ª ed. Montevideo: Barreiro y Ramos S.A., 1967 •• CARVALHO, Americo A. Taipa de Carvalho. *A legítima defesa*. Coimbra: Coimbra Ed., 1995 •• CENDERELLI, Fabrizia Fierro. Legitima difesa e provocazione rilievi comparatistici. *RIDPP*, 23/1980 •• COELHO, Bruna. A legítima defesa putativa como causa de justificação exculpante à luz do direito penal brasileiro. *Ciência Jurídica*, 157/2011 •• COGAN, José Damião Pinheiro Machado. *Legítima defesa e prisão em flagrante*. RT, 770/1999 •• COUVRAT, Pierre. La notion de legitime defense dans le noveau droit penal français. *Revue Internationale de Criminologie et de Police Technique*, 4/1984 •• DÍAZ PALOS, Fernando. *La legítima defensa*: estudio técnico-jurídico. Barcelona: Bosch, 1984 •• DÍAZ PALOS, Fernando. *La legítima defensa*: estudio técnico-jurídico. Barcelona: Bosch, 1984 •• DOTTI, René Ariel. Estado de necessidade e inexigibilidade de conduta diversa. *Revista Magister*, 18/ 2007 •• DOUGLAS, William. Legítima defesa antecipada. *Revista Consulex*, 20/1998 •• FERNANDES, Paulo Sérgio Leite. O insano mental, sujeito ativo da legítima defesa. *RT*, 391/1968 •• FERRACINI, Luiz Alberto. *Legítima defesa*. São Paulo: LED, 1996 •• FIORETTI, Giulio. *Su la legitima difesa*: studio di criminologia. Torino: F. Bocca, 1886// FIORETTI, Julio. *Sobre a legitima defeza*. Trad. de Octavio Mendes. Lisboa: Livraria Clássica Ed., 1925 •• FLETCHER, George P. *Lo justo y lo razonable*. Buenos Aires: Hammurabi, 2005 // *En defensa propia*. Valencia(ES): Tirant lo Blanch, 1992 // Eccesso di defesa. Milano: A. Giuffre, 1995 •• FONSECA, José Eduardo. Legitima defesa. *Revista do Supremo Tribunal*, 8/1916 •• FRAGOSO, Christiano. Sobre a necessidade do *animus defendendi* na legítima defesa. *Boletim*, 112/2002 •• GIRAUD, Emile. La theorie de la legitime defense. *Recuel de Cours*, 3/1934 •• GOULART, Henny. *O excesso na defesa*. São Paulo: Revista dos Tribunais, 1968 •• GRISANTI AVELEDO, Hernando. *Esquema de la legitima defensa*. Valencia(ES): Universidad de Carabobo, 1975 •• GROSSO, Carlo Frederico. *Difesa legittima e stato de necessitá*. Milano: A. Giuffré, 1964 •• GUERRERO, Hermes Vilchez. *Do excesso em legítima defesa*. Belo Horizonte: Del Rey, 1997 •• HUNGRIA, Nelson. *A legítima defesa putativa* (These de Concurso para a Cadeira de Direito Penal da Faculdade de Direito da Universidade do Rio de Janeiro). Rio de Janeiro: Livraria Jacintho, 1936 •• LEMOS SOBRINHO, Antonio. *Legítima defesa*: exposição systematica da doutrina no direito penal brasileiro. Rio de Janeiro: Jacintho Ribeiro dos Santos, 1925 // *Da legítima defesa*: exposição theorico-pratico da doutrina no direito penal brasileiro. São Paulo: Saraiva, 1931 ••LENZ, Luis Alberto Thompson Flores. A responsabilidade civil frente à legítima defesa putativa. *RT*, 632/1988 •• LIMA, Agamenon Duarte. Do excesso culposo na legítima defesa. *Arquivo Forense*, 39-40/ 1959 •• LINHARES, Marcello Jardim. *Legitima defesa*. Rio de Janeiro: Forense, 1992 •• LOYOLA, Carlos Vitor Maranhão de. O arquivamento de inquérito policial e legítima defesa. *MPPR*, 3/1974 •• LUZÓN PEÑA, Diego-Manuel. Aspectos esenciales de la legitima defensa. Barcelona: Bosch, 1978 •• LYRA, Roberto. Excesso culposo da legítima defesa. *Revista Brasileira de Criminologia*, 1/1959 // Legitima defesa real ou ficta. *Revista Brasileira de Criminologia e Direito Penal*, 1-2/1954 // Polícia e justiça para o amor. Rio de Janeiro: Ed. S.A. A Noite, 1937 •• MACIEL FILHO, Erico. A legítima defesa recíproca em face do código penal brasileiro. *Revista Jurídica*, 3/1953 •• MAGALHÃES, Délio. *Legítima defesa da pátria*. Brasília: Ed. do Autor, 1973 •• MALAMUD GOTI, Jaime E. *Legitima defensa y estado de necesidad*: problemas sistemáticos de las causas de justificación. Buenos Aires: Cooperadora de Derecho y Ciencias Sociales, 1977 •• MANTOVANI, Ferrando. Leggitima difesa comune e leggitima difesa speciale. *RIDPP*, 2/2006 •• MARON, Sônia Carvalho de Almeida. *Legítima defesa no Tribunal do Júri*. Rio de Janeiro: GZ, 2009 •• MENDONÇA, Teofilo Xavier de. Legitima defesa na tentativa. *RT*, 233/1955 •• MEREJE, João Rodrigues de. *A legítima defesa*. São Paulo: Linográfica, 1956 •• MILITELLO, Vincenzo. La proporzione nella nuova legitima difesa. *Rivista Italiana di Diritto e Procedura Penale*, 3/2006 •• MOTTA FILHO, Candido. *Do estado de necessidade*. São Paulo: RT, 1938 •• MOURA, Bruno de Oliveira. *A não punibilidade do excesso na legítima defesa*. Coimbra: Coimbra Ed, 2013 // O fundamento da legítima defesa. *RBCCrim*, 90/2012 // Legítima defesa simbólica. *Boletim da Faculdade de Direito de Coimbra*, 87/2011 •• PALERMO, Omar. *La legítima defensa*: uma revisión normativista. Barcelona: Atelier Libros, 2006 •• PEDROSO, Fernando de Almeida. Legítima defesa. *RT*, 513/1978 •• PENSO, Girolamo. *La difesa legitima*. Milano, A. Giuffre, 1939 •• PINTO, Clodoaldo. *Legítima defesa autêntica*. Ceará: Minerva, 1947 •• RIBEIRO, Roberto Victor Pereira. Legítima defesa putativa. *Revista Magister*, 33/2010 •• PRADO SAMPAIO. Legitima defesa. *O Direito*, 92/1903 •• RODRIGUES, Arlindo Peixoto Gomes. *Legítima defesa como causa excludente da responsabilidade civil*. São Paulo: Ícone, 2008 •• RODRIGUES, Francisco César Pinheiro. Legítima defesa nos assaltos. *Atualidades Forense*, 107/1986 •• RODRÍGUEZ OLIVAR, Gilberto C. *La legítima defensa imprudente*. Montevideo: B de F, 2008 •• ROMA, Oliveira. *Modalidades da legítima defesa*. Rio de Janeiro: Pongetti, 1941 •• SAINT-HILAIRE, J. P. Delmas. La crise de la legitime defense dans la doctrine contemporaine. *Revue Internacionale de Criminologie et de Police Tecnique*, 1/1975 •• SANTOS, Milton Evaristo dos. Rixa e legitima defesa. *RT*, 177/1949 •• SATYRO, Ernani. *O novo conceito de legítima defesa*. Campina Grande (PB): Moderna, 1943 •• SILVANO FONTANA, Raúl José. *Legítima defensa y lesión de bines de terceros*. Buenos Aires: Depalma, 1970 •• SILVEIRA, José Francisco O. da. Legítima defesa permanente. *Revista Síntese*, 9/2001 •• SISCO, Luis P.

La defensa justa: estúdio doctrinario legal e jurisprudencial sobre la legítima defensa. Buenos Aires: El Ateneo, 1949 •• SOBRINHO, Antonio. *Legítima defesa*: exposição systematica da doutrina no direito penal brasileiro. Rio de Janeiro: Jacintho Ribeiro dos Santos, 1925 •• SOUSA, Alberto R. R. Rodrigues de. *Estado de necessidade*: um conceito novo e aplicações mais amplas. Rio de Janeiro: Forense, 1979 •• TEIXEIRA, Antonio Leopoldo. *Da legítima defesa*: doutrina, prática, jurisprudência. Belo Horizonte: Del Rey, 1996 •• VENZON, Altayr. *Excessos na legítima defesa*. Porto Alegre: SAFE, 1989 •• VERHAEGEN, Jacques. Sollicitations et alterations de la notion de legitime defense. *Revue de Droit Penal et de Criminologie*, 10/1976 •• VERGARA, Pedro. *Da legítima defesa subjetiva*. 3ª ed. Rio de Janeiro: Freitas Bastos, 1961 •• VIGANÓ, Francesco. Sulla nuova legittima difesa. *RIDPP*, 1/2006.

BIBLIOGRAFIA (GERAL)

ANTOLISEI, Francesco. *Manuale di diritto penale*: parte generale. 3ª ed. Milano: Dott. A. Giuffré, 1994 •• ASÚA, Luis Jiménez. *Tratado de derecho penal*. Buenos Aires: Editorial Losada, 1962. vol. IV •• BASILEU GARCIA. *Instituições de direito penal*. 4ª ed. São Paulo: Max Limonad, 1959. vol. I, t. I •• BENTO DE FARIA, Antonio de. *Annotações theorico-praticas ao codigo penal do Brazil*. Rio de Janeiro: Francisco Alves e Cia., 1913 // *Código penal brasileiro (comentado)*. Rio de Janeiro: Distribuidora Récord Ed., 1958. vol. 2 •• BETTIOL, Giuseppe. *Diritto penale*: parte generale. 11ª ed. Padova: CEDAM, 1982 •• BITENCOURT, Cezar Roberto. *Tratado de direito penal*: parte geral. 19ª ed. São Paulo: Saraiva, 2013 •• BOCKELMANN, Paul; VOLK, Klaus. *Direito penal*: parte geral. Belo Horizonte: Del Rey, 2007 •• BRUNO, Aníbal. *Direito penal*: parte geral. 3ª ed. Rio de Janeiro: Forense, 1967. t. 1º •• BUSATO, Paulo César. *Direito penal*: parte geral. São Paulo: Atlas, 2013. vol. 1 •• CARRANCA Y TRUJILLO, Raul. *Derecho penal mexicano*: parte general. México: Ed. Porrúa, 1970. t. I •• CAVALEIRO DE FERREIRA, Manuel. *Direito penal português*: parte geral. Viseu: Editorial Verbo, 1981 •• CEREZO MIR, José. *Derecho penal*: parte general. São Paulo: Revista dos Tribunais; Lima (PE): ARA Ed., 2007 •• COBO DEL ROSAL, M.; VIVES ANTÓN, T. S. *Derecho penal*: parte general. Valencia: Universidad de Valencia, 1984 •• CIRINO DOS SANTOS, Juarez. *Direito penal*: parte geral. 3ª ed. Curitiba: ICPC; Lumen Juris, 2008 •• CORREIA, Eduardo. *Direito criminal*. Colaboração de Figueiredo Dias. Coimbra: Almedina, 2001. vol. II •• COSTA E SILVA, Antônio José da. *Código penal*. São Paulo: Companhia Editora Nacional, 1943. vol. 1 •• COSTA JR., Paulo José. *Código penal comentado*. 8ª ed. São Paulo: DPJ Editora, 2005 •• DAMÁSIO DE JESUS, E. *Direito penal*: parte geral. 35ª ed. São Paulo: Saraiva, 2014 •• DEL-

MANTO, Celso (et alii). *Código penal comentado*. 8ª ed. São Paulo: Saraiva, 2010 •• DOTTI, René Ariel. *Curso de direito penal*: parte geral. 5ª ed. Colaboração de Alexandre Knopfholz e Gustavo Britta Scandelari. São Paulo: Thompson Reuters / Revista dos Tribunais, 2013 •• FERRI, Enrico. *Principii di diritto criminale*: delinquente e delitto. Torino: UTET, 1928 // *Princípios de direito criminal*: o criminoso e o crime. São Paulo: Livraria Acadêmica, 1931 •• FIANDACA, Giovanni; MUESCO, Enzo. *Diritto penale*: parte generale. 2ª ed. Bologna: Zanichelli, 1994 •• FIGUEIREDO DIAS, Jorge de. *Direito penal*: parte geral, questões fundamentais, a doutrina geral do crime. 2ª ed. São Paulo: Revista dos Tribunais; Coimbra: Coimbra Editora, 2007 •• FRAGOSO, Heleno Claudio. *Comentários ao código penal*. 5ª ed. Rio de Janeiro: Forense, 1978. vol. I, t. II (arts. 11/27) // *Lições de direito penal*. 17ª ed. atual. Fernando Fragoso. Rio de Janeiro: Forense, 2006 •• GOMES, Luiz Flávio. *Direito penal*: parte geral. 2ª ed. São Paulo: Revista dos Tribunais/LFG – Rede de Ensino Luiz Flávio Gomes, 2006 •• GRECO, Rogério. *Curso de direito penal*: parte geral. 15ª ed. Niterói: Impetus, 2013 •• GUEIROS & JAPAIASSÚ. *Curso de direito penal*: parte geral. Rio de Janeiro: Elsevier, 2012 •• HUNGRIA, Nélson. *Comentários ao código penal*. 4ª ed. Rio de Janeiro: Forense, 1958. vol. I, t. II •• JAKOBS, Günther. *Derecho penal*: parte general, Fundamentos Y Teoria de la Imputación. Trad. Joaquin Cuello Contreras, José Luis Serrano Gozalez de Murillo. Madrid: Marcial Pons, 1995 •• JESCHECK, Hans-Heinrich. *Tratado de derecho penal*: parte general. Barcelona: Bosch, Casa Editorial 1981. vol. 1º •• J. F. MARQUES. *Tratado de direito penal*. 2ª ed. São Paulo: Saraiva, 1965. vol. 2 •• LEONARDO LOPES, Jair. *Curso de direito penal: parte geral.* 2ª ed. São Paulo: Revista dos Tribunais, 1996 •• LISZT, Franz von. *Tratado de direito penal Allemão*. Trad. e prefácio José Hygino Duarte Pereira. Rio de Janeiro: F. Briguiet & Cia-Editores, 1899. t. I •• LUZÓN PEÑA, Diego-Manuel. *Lecciones de derecho penal*: parte general. 2ª ed. Valencia(ES): Tirant lo Blanch, 2012 •• MAGALHÃES NORONHA, Edgard. *Direito penal*. 3ª ed. São Paulo: Saraiva, 1965. vol. 1 •• MANTOVANI, Ferrando. *Diritto penale.* 4ª ed. Padova: CEDAM, 2001 •• MAURACH, Reinhart. *Tratado de derecho penal.* Trad. e notas Juan Cordoba Roda. Barcelona: Ediciones Ariel, 1962. t. I e II •• MAURACH, Reinhardt; ZIPF, Heinz. *Derecho penal*: parte general. Trad. 7ª ed. alemã por Jorge Bofill Genzsch e Enrique Aimone Gibson. Buenos Aires: Ed. Astrea de Alfredo y Ricardo Depalma, 1994. t. 1 e 2 •• MAYER, Max Ernst. *Derecho penal*: parte general. Trad. de Sergio Politoff Lifschitz, rev. geral e prólogo José Luis Guzmán Dalbora, ed. alemã de 1915. Buenos Aires: Julio César Faira Ed., 2007 •• MAYRINK DA COSTA, Álvaro. *Direito penal:* parte geral. 8ª ed. Rio de Janeiro: Forense, 2009. vol. 2 •• MESTIERI, João. *Manual de direito penal*: parte geral. Rio de Janeiro: Forense, 2002 •• MEZGER, Edmundo.

Tratado de derecho penal. Trad. de José Arturo Rodríguez Muñoz. Madrid (ES): Ed. Revista de Derecho Privado, 1955. t. II •• MIR PUIG, Santiago. *Derecho penal*: parte general. 9ª ed. Buenos Aires: B de F, 2012 •• MIRABETE, Julio Fabbrini; FABRINNI, Renato N. *Manual de direito penal*: parte geral. 30ª ed. São Paulo: Atlas, 2014 •• MUÑOZ CONDE, Francisco; GARCÍA ARÁN, Mercedes. *Derecho penal*: parte general. 5ª ed. Valencia: Tirant lo Blanch, 2002 •• NOVOA MONREAL, Eduardo. *Curso de derecho penal chileno*: parte general. 2ª ed. Santiago: Editorial Juridica Ediar-Cono Sur Ltda, 1985. t. 1 •• NUCCI, Guilherme de Souza. *Código penal comentado*. 13ª ed. São Paulo: Thomson Reuters/Revista dos Tribunais, 2013 •• NUÑEZ, Ricardo C. *Manual de derecho penal*: parte general. 3ª ed. Cordoba: Marcos Lerner Editora Cordoba, 1982 •• POLITOFF L., Sérgio [*et alii*]. *Lecciones de derecho penal chileno*: parte general. 2ª ed. Santiago: Editorial Jurídica de Chile, 2003 •• PRADO, Luiz Regis. *Tratado de direito penal*: parte geral. São Paulo: Thomson Reuters/Revista dos Tribunais, 2014. vol. 2 // *Curso de direito penal brasileiro*. 13ª ed. *Coautoria*. São Paulo: Thomson Reuters/Revista dos Tribunais, 2014 •• PUIG PEÑA, Federico. *Derecho penal*: parte general. 6ª ed. Madrid: Editorial Revista de Derecho Privado, 1969 •• REALE JÚNIOR, Miguel. *Instituições de direito penal*: parte geral. 3ª ed. Rio de Janeiro: Forense, 2009 •• QUINTERO OLIVARES, Gonzalo. *Parte general del derecho penal*. 4ª ed. Colaboración de Fermín Morales Prats. Pamplona: Thomson Reuters, 2010 •• RODRIGUEZ DEVESA, José Maria; SERRANO GOMEZ, Alfonso. *Derecho penal español:* parte general. 15ª ed. Madrid: Dykinson, 1992 •• ROXIN, Claus. *Derecho penal*: parte general. Trad. 2ª ed. alemã Diego-Manuel Luzón Peña [*et alii*]. Madrid: Civitas Ediciones, 2003 •• SILVA FRANCO, Alberto. *Código penal e sua interpretação:* doutrina e jurisprudência. 8ª ed. Alberto Silva Franco e Rui Stoco (Coords). São Paulo: Revista dos Tribunais, 2007 •• SOLER, Sebastian. *Derecho Penal argentino*. Buenos Aires: Tipografia Editora Argentina, 1970 •• STRATENWERTH, Günther. *Derecho penal*: parte general I, El hecho punible. 4ª ed. Trad. Manuel Cancio Meliá y Marcelo Sancinetti. Buenos Aires: Hammurabi, 2005 •• TOLEDO, Francisco de Assis. *Princípios básicos de direito penal*. 5ª ed. São Paulo: Saraiva, 2002 •• VILLALOBOS, Ignacio. *Derecho penal mexicano*. México: Ed. Porrúa, 1975 •• VON WEBER, Hellmuth. *Lineamentos del derecho penal aleman*. 2ª ed. Buenos Aires, 2008 •• WELZEL, Hans. *Derecho penal aleman:* parte general. 11ª ed., alemã; trad. castellana, 4ª ed., de Juan Bustos Ramírez e Sergio Yáñez Pérez. Santiago de Chile: Editorial Juridica de Chile, 1997 •• WESSELS, Johannes. *Direito penal*: parte geral (aspectos fundamentais). Trad. do alemão e notas de Juarez Tavares. Porto Alegre: Sérgio Antonio Fabris Editor, 1976 •• ZAFFARONI, Eugenio Raul; ALAGIA, Alejandro; SLOKAR, Alejandro. *Derecho penal*:

parte general. 2ª ed. Buenos Aires: EDIAR, 2014 •• ZAFFARONI, Eugenio Raúl; PIERANGELI, José Henrique. *Manual de direito penal brasileiro*: parte geral. 7ª ed. São Paulo: Revista dos Tribunais, 2007. vol. 1.

§ 39. A PRIMITIVA FORMA DE REAÇÃO

I. Resumo histórico

Um breve histórico do instituto é feito por DANTE DELMANTO, o imortal tribuno do Júri de São Paulo. São suas estas palavras: "Os que estudam a legítima defesa e a evolução deste instituto explicam que o seu fundamento natural é o instinto de conservação da vida, que é a lei suprema da criação e cedo se manifesta em todas as criaturas. Nos primórdios da vida social, já foram encontrados os primeiros traços fisiológicos e psicológicos da legítima defesa. O homem primitivo não podia ter a ideia desse direito. Em virtude, entretanto, dos instintos de conservação e de reprodução, ele reagia, como irracional, contra tudo o que punha em perigo a sua existência, respondendo às excitações exteriores por atos reflexos automáticos. O instituto evoluiu através dos séculos e é um produto da civilização, LETOURNEAU, em excelente trabalho, mostra que o direito, de fato puramente biológico, se transformou em fenômeno sociológico. Ao ser constituída a sociedade jurídica e organizado o poder social, a defesa passou a ser exercida pelo Estado e começaram a ser tomados em consideração os motivos determinantes da ação. A vingança e o delito passaram a ser tidos como fatos antissociais, sujeitos à punição. GEIB afirmou que a legítima defesa não tem história, pois está na de todos os povos e sempre foi reconhecida em todos os tempos e lugares. Como direito escrito, apareceu pela primeira vez entre os romanos, na Lei das XII Tábuas. A legislação justiniana inscreveu-a na frente do Primeiro Título do Digesto, como epígrafe de todo o *Corpus Juris*. E CÍCERO já proclamava, na oração *Pro Milone*: '*A legítima defesa é a lei sagrada, nascida com o próprio homem; anterior a legistas, à tradição e a todos os livros; que dispensa estudos porque nós a pressentimos e adivinhamos. É direito natural e inalienável*'" (*Defesas que fiz no júri*, p. 55)[1] (Itálicos meus).

II. Teorias fundamentais

Em conferência realizada na Faculdade de Direito de São Paulo, no ano de 1943 (portanto, um ano após o início de vigência do Código Penal), HUNGRIA discorreu sobre "A evolução do direito penal brasileiro nos últimos 25

---

1 O trecho é reproduzido em DELMANTO, *Código penal*, p. 176.

anos", aludindo a *"uma fase de notável reconstrução e florescimento"* que deixou para traz *"a nossa bibliografia jurídico-penal [que] era escassa, enfezada e carrasquenha. Apenas arranhava a epiderme da lídima ciência penal, cujo estudo, por isso mesmo, se tornava desinteressante e tedioso. Foi a época dos anotadores do antigo Código, a respeito dos quais, molhando a pena em vinagre, escrevia* ESMERALDINO BANDEIRA *que 'não faziam avançar um passo na evolução da ciência jurídica' e estavam para esta como certos indivíduos para a indústria nacional: Mandam estes últimos vir do estrangeiro um por um dos elementos de que se compõe determinado produto, inclusive o invólucro: reúnem e colam esses elementos e, metendo-os no invólucro referido os expõem à venda como produto nacional.* Mutatis mutandis, *é o que praticam aqueles anotadores. Apanham aqui e recortam ali as lições de uns juristas e as decisões de uns tribunais. Reúnem e colam tudo isso e metem depois num livro, que fazem publicar. Põem na lombada o seu nome de autor, e nesse mesmo nome circula e é citado o livro'".* A vigorosa crítica, agora retomada por HUNGRIA, prossegue: *"Por outro lado, a tímida jurisprudência não voava mais longe que um curiango. Salvo um ou outro julgado de maior fôlego, limitava-se à obsedante enunciação de algumas regrinhas, de contestável acerto, mas que, à força de se repetirem, haviam adquirido o cunho de verdades axiomáticas. Nas academias, o estudante era doutrinado, de preferência, na desabrida crítica ao Direito Penal constituído e na inconciliável polêmica das 'escolas' sobre o que devia ser, mais ou menos utopicamente, o novo direito penal [...] A eloquência farfalhada da tribuna do júri foi substituída pela dialética ponderada, sóbria e leal na exegese, análise e aplicação dos textos penais"* (*Comentários*, vol. I, t. I, p. 46-48, nota de rodapé) (Itálicos meus).

O forte libelo contra a mediocridade intelectual daqueles tempos teve um momento de intervalo para render homenagem a um grande jurista. São palavras de HUNGRIA: "Já a esse tempo, como nítido traço do novo rumo, viera a ser publicada (1921) a 'parte geral' do Direito penal brasileiro, de GALDINO SIQUEIRA[2]. Foi um acontecimento verdadeiramente notável. Tínhamos, afinal, escrita com mão de mestre, uma exposição clara e reconstrutiva do nosso direito penal positivo, interpretado dentro do raciocínio lógico-jurídico, retraçado em suas fontes e no seu desenvolvimento histórico, coordenado nos seus princípios e corolários, exaustivamente comentado à luz

---

2 GALDINO DE SIQUEIRA (1872-1961): além das funções acima referidas, GS foi Desembargador no Tribunal de Justiça do Rio de Janeiro, destacou-se como autor de um Projeto de Código Penal, por delegação do Ministro da Justiça e tornou-se famoso por ter sido o primeiro penalista brasileiro a procurar edificar e consolidar a legislação, a doutrina e a jurisprudência em seus textos como jurista e juiz.

da doutrina e jurisprudência modernas. Foi como se tivéssemos subido a um alcantil, descortinando a vastidão da paisagem circundante, divisando sítios nunca dantes percebidos, perscrutando toda a dilatada sucessão dos acidentes geográficos" (HUNGRIA, ob. cit., p. 49 (nota, continuação) (Itálicos meus).

Em homenagem à memória daquele inesquecível penalista e processualista, que exerceu as funções de Promotor Público,[3] advogado, professor e magistrado, segue-se a transcrição literal de sua obra na parte que trata das teorias de justificação da legítima defesa, dividida em dois grupos.

PRIMEIRO GRUPO:

a) Teoria da coação moral. Para PUFENDORF, a defesa individual se legitima *propter perturbationem animi*. O seu fundamento é, pois, o temor, a perturbação de ânimo em que se encontra o agredido, doutrina, também desenvolvida por CARMIGNANI, JARCKE, STELZER, HEYMAN e outros. CARRARA refutou satisfatoriamente a teoria, mostrando que a legítima defesa é de todo compatível com o estado de plena lucidez mental. Por sua vez, ALIMENA acentua especialmente que com a teoria da coação moral não se pode explicar a defesa de terceiros, porquanto aí não há perturbação ou coação moral, desde que não é solicitado o instinto de conservação;

b) Teoria da retribuição do mal pelo mal. Essa teoria foi desenvolvida por GEYER, que estabelece em princípio que se a repressão é monopólio do Estado, a defesa privada é essencialmente injusta. Se é injusta, ficará, tal, porque não se pode compreender como a necessidade possa tornar direito o que de outro modo seria injusto. Em consequência, a lesão de direito, produzida por quem se acha em estado de necessidade de defesa, não cessa de ser antijurídica e injusta. Entretanto, não é punida nem na forma culposa, apenas impune. A razão dessa impunidade excepcional é a completa igualdade da agressão e da reação, a *retribuição do mal pelo mal* operada pela defesa individual e pela *compensação* dos dois males que daí resultam: o ataque e a ameaça, que contém, constituem um mal real que encontra sua retribuição no mal resultante da defesa, por isso que houve retribuição do mal pelo mal, compensação entre o mal do ataque e o mal da defesa, e, assim, não cabe punir a reação defensiva, uma nova retribuição do mal pelo mal. Inquire, porém, MAGGIORE: "Se a legítima defesa é, por definição, uma injustiça, como o Estado pode tolerá-la e permiti-la?";

---

3   Promotor Público: antiga designação dos Promotores de Justiça.

c) Teoria da colisão de direitos. Sustentada por VON BURI do seguinte modo: "Entre dois interesses, estão de tal modo em colisão e em oposição, que um não pode ser conservado sem a destruição do outro: o Estado sacrificará o menos importante. Ora, quando há agressão injusta e em presença de um agressor e de uma pessoa atacada, o direito do agressor, somente pelo fato da agressão, desaparece ou diminui e, achando-se em conflito com o direito oposto e superior da vítima da agressão deve ser sacrificado". Em outros termos, diz VIDAL, sumariando a teoria, o atacado tem o direito de matar o agressor, porque este, violando o dever que tinha de respeitar a vida daquele, perdeu o direito ao respeito da sua. Como se vê, esta teoria parte de um princípio insustentável, o sacrifício do direito menos importante, quando o dever do Estado é fazer respeitar todos os direitos sem distinção, sem impor sacrifícios de nenhum.

SEGUNDO GRUPO

a) Teoria do direito de necessidade – Desenvolvendo esta teoria, nota HEGEL, que a vida pessoal é a expressão mais simples e concreta da totalidade dos fins humanos. Não se pode negar, pois, a quem está em extremo perigo, o direito, e não mera faculdade, de sacrificar o bem jurídico de outro. A vida, como fora concreta, tem um direito em face do direito abstrato, pois negar à vida seu direito de autoconservação importaria em declarar o homem, em geral, carente de direito e negar inteiramente sua liberdade. Reconhecendo-se, porém, o direito de necessidade, não se nega, em princípio, o direito do que sofre a lesão, mas somente se declara a eventual e limitada necessidade de suportá-la. Só a necessidade do presente imediato pode facultar uma ação antijurídica, por isso que em sua omissão há a comissão de uma ilicitude, a mais alta de todas, qual é a total negação da existência da liberdade; *b) Teoria da cessação do direito de punir.* – Desenvolvida por CARRARA. Partindo do pressuposto jus naturalista, vê o inolvidável professor da Universidade de Pisa o fundamento jurídico da legítima defesa na cessação do direito de punir na sociedade. "O direito de punir na autoridade social emana da lei eterna da ordem, que exige se dê ao preceito moral uma pronta e eficaz sanção que complete a lei natural, garantindo, validamente aqueles direitos que a própria lei compartilha, e socorrendo mediante a defesa pública a humanidade impotente para defender-se dos malvados pela força privada. A defesa pública tem, pois, o caráter de *subsidiário*. Admitido este postulado, necessita pela força lógica deduzir que quando a defesa privada pode ser eficaz, enquanto ineficaz a defesa pública, aquela retoma o seu direito e esta o perde. O provérbio

vulgar – *necessidade não tem lei* – resume o conceito filosófico desta teoria, melhor assaz do que o fazem tantas fórmulas estudadas pelos publicistas";
c) Teoria do caráter jurídico e social dos motivos. Desenvolvida por FERRI e substancialmente por outros positivistas, como FIORETTI, ZERBOGLIO e FLORIAN, segundo a qual a legítima defesa é o exercício de um direito, porque a reação do ofendido ou agredido por uma agressão injusta é determinada por motivos jurídicos e sociais. A agressão injusta revela a *temibilidade* e o *caráter antissocial* de seu autor; tudo o que se pratique com o objetivo de eliminar as forças criminosas do agressor para a cessação do perigo ocorrido pelo agredido é um fato de interesse da sociedade; quem repele um agressor injusto pratica um ato de justiça social. Sua ação é o exercício de um direito nas mesmas condições da pena infligida pela autoridade social. Em síntese, os caracteres jurídicos que legitimam a defesa individual são: **1º** O interesse social à conservação da integridade pessoal do indivíduo honesto; **2º** O interesse social na repressão ou eliminação da atividade criminosa do agressor injusto. Como nota VIDAL, o argumento deduzido nesta teoria puramente subjetiva é uma petição de princípio, porque ela supõe admitido e demonstrado que a defesa individual é um direito. Quanto ao argumento do interesse social à conservação do indivíduo honesto e à eliminação do malfeitor atacante, se enfraquece e torna-se singularmente embaraçante quando a agressão e a defesa ocorrem entre dois malfeitores, reincidentes ambos, pela conservação dos quais a sociedade não tem nenhum interesse, e entre os quais bem difícil seria fazer uma escolha (SIQUEIRA, *Tratado*, t. I, p. 319-322, n. 279-280 (Itálicos do original).

Há ainda outras doutrinas, a exemplo da formulada por VON BURI, chamada de *teoria da colisão de direitos.* Baseia-se ela no confronto entre duas pessoas, ambas portadoras de direitos, mas que uma não pode conservar o seu direito sem a destruição de outro. Em tal caso "*o Estado sacrificará o menos importante.* Ora, quando há agressão injusta e em presença de um agressor, somente pelo fato da agressão, desaparece ou diminui e, achando--se em conflito com o direito oposto e superior da vítima da agressão deve ser sacrificado" (MELO ALMADA, *Legítima defesa,* p. 45). HUNGRIA contesta o valor científico das várias formulações: *a) instinto de conservação* e a sua afinidade com a *perturbação de ânimo ou coação moral* (PUFFENDORF); *b) retribuição do mal pelo mal* (GEYER); *c) inutilidade da ameaça penal* (KANT); *d) negação da negação do direito* (HEGEL); *e) defesa pública subsidiária* ou da *cessação do direito de punir* (CARRARA); *f) colisão de direitos* (VON BURI); *g) ausência de periculosidade do ofensor* (FIORETTI); *h) delegação do poder de polícia* (MANZINI). E, após indicar as "teorias de cunho estritamente jurídico": *a) Teoria da legitimidade absoluta* (JHERING); *b) Teoria do direi-

to público subjetivo (BINDING); e *c) Teoria da ausência de injuricidade da ação defensiva*, afirma que esta última é a única aceitável e consagrada pelo nosso Código. Informando que a orientação vem dos "(autores alemães em geral)", conclui no sentido de que: *a)* a defesa privada não é contrária ao direito pois coincide com o seu próprio fim que é a incolumidade de bens ou interesses que tutela; *b)* realiza a vontade primária da lei ao colaborar na manutenção da ordem jurídica. Consequentemente a defesa privada, nos limites traçados pela lei, não pode deixar de ser autorizada, facultada ou declarada pela própria lei como objetivamente lícita (*Comentários,* vol. I, t. II, p. 283-286).

III. Requisitos

Os requisitos a serem observados para a admissibilidade dessa causa justificante são os seguintes: *a)* uma agressão (humana) injusta; *b)* atualidade ou iminência da agressão; *c)* a defesa de um direito próprio ou de terceiro; *d)* o meio necessário para a reação; *e)* o uso moderado desse meio.

A *agressão injusta* é, cronologicamente, o primeiro dos elementos da excludente de ilicitude. Considera-se como tal aquela ofensa não autorizada pelo Direito. Há determinadas lesões que são juridicamente autorizadas, como a privação da liberdade, nos casos e na forma legal. A agressão poderá decorrer da palavra (escrita ou oral) ou da ação humana. Eventualmente do animal quando açulado como instrumento de ofensa à integridade física.[4] A agressão (injusta) pode ser dolosa ou culposa; ambas autorizam a reação pela simples razão de serem contrárias ao Direito.[5] *Atual* é a agressão que está ocorrendo, i.e., que está em ato (opõe-se à *virtual* e *potencial*), efetiva; *iminente* é o ataque prestes a ocorrer, em via de efetivação imediata. Na lição de COSTA E SILVA: "Iminente é a que se apresenta como de possível execução imediata. Há nesse caso uma ameaça, que põe em perigo a integridade e segurança do bem jurídico ameaçado" (*Código penal*, t. 1, p. 167). *Defesa de um direito* (próprio ou alheio). Assim como ocorre em relação ao estado de necessidade, a defesa, para ser legítima, precisa atender aos parâmetros normativos. Para avaliação da necessidade do meio o julgador

---

4 FIGUEIREDO DIAS: A legítima defesa não deverá ser negada 'quando exercida contra animais que estejam, a ser usados por alguém como instrumento de agressão, já que nestes casos não deixa de se estar perante uma agressão humana, apenas com a particularidade de um animal ser utilizado como arma' (*Direito penal,* p. 408).

5 Age em legítima defesa o cidadão que, estando na fila de passageiros e para impedir o atropelamento contra si e outras pessoas, atira contra o motorista que, embriagado dirigia com excesso de velocidade.

deve reportar-se mentalmente às circunstâncias que cercaram o episódio e deduzir o que faria naquela circunstância para repelir a injusta agressão. Cf. autorizada doutrina, a reação necessária pressupõe a inevitabilidade da agressão, isto é, "quando por outros meios não pode ser removida senão pela força" (SIQUEIRA, *Tratado,* t. I, p. 327). Em outras palavras: "Já não há cogitar da rigorosa adequação ou proporção entre os meios da reação e os da agressão, mas na *necessidade* e *moderação* dos meios empregados pelo defensor" (HUNGRIA, *Comentários,* vol. I, t. II, p. 289) (Itálicos do original).[6] A *moderação* consiste na prudência com que o agente deve se comportar sem que tal consideração tenha caráter meticuloso igual à tentativa de pesar as reações humanas com a *balança do ourives.* Na lição de GARCIA: "O exame da moderação deve ser feito levando-se em conta as condições pessoais e as circunstâncias especiais em que se encontrou o agente. O que, aliás, se dá na apreciação de todos os requisitos da legítima defesa. É mister que o juiz se coloque na posição do acusado e mentalmente procure reconstruir o lance em que ele se viu envolvido, para verificar se os atos praticados foram proporcionais à ofensa recebida" (*Instituições,* vol. I, t. I, p. 305-306) (Itálicos meus). No mesmo sentido é o precedente quanto à proporcionalidade no revide: TJSP, "tratando-se de legítima defesa, não se exige rigor matemático na proporcionalidade do revide à agressão injusta, pois, no estado em que se encontra, não dispõe o agredido da reflexão precisa, capaz de ajustar a sua reação em equipolência completa com o ataque" (*RT,* 677/358).

IV. Direitos suscetíveis de defesa legítima

A *legítima defesa* assim e o *estado de necessidade,* guardadas as peculiaridades de sua natureza e tratamento legal, têm a sua base fundante na situação de inevitabilidade na defesa de direito cujo exercício é autorizado pelo sistema positivo. O requisito relativo ao *direito* a ser protegido está exposto no § 3º letra *"e"* dos comentários ao art. 24 (*supra*) para onde se remete o leitor.

V. O caráter objetivo da legítima defesa

Durante muito tempo uma parte da doutrina e da jurisprudência sustentavam que o reconhecimento normativo da legítima defesa dispensaria a exigência do elemento subjetivo: o *animus defendendi.* A propósito, a lição

---

6 A Exp. Mot. da PG/1940, declarava: "Também é dispensada a rigorosa propriedade dos meios empregados, ou sua precisa proporcionalidade com a agressão. Uma reação *ex improviso* não permite uma escrupulosa escolha de meios, nem comporta cálculos dosimétricos: o que se exige é apenas a *moderação* do revide, o exercício da defesa no limite razoável da *necessidade*" (item 17) (Itálicos do original).

de MAGALHÃES NORONHA, opondo-se à afirmação de ANÍBAL BRUNO de que só existe legítima defesa quando *há consciência ou vontade de defender-se*. "Não comungamos dessa opinião. A legítima defesa é causa *objetiva* excludente da antijuridicidade. Situa-se no terreno físico ou material do fato, prescindindo de *elementos subjetivos*. O que conta é o fim objetivo da ação e não o fim subjetivo do autor [...]. Se, v.g., um criminoso se dirige à noite para sua casa, divisando entre arbustos um vulto que julga ser um policial que o veio prender e, para escapar à prisão, atira contra ele, abatendo-o, mas verifica-se a seguir que se tratava de um assaltante que, naquele momento, de revolver em punho ia atacá-lo, age em legítima defesa, porque de legítima defesa era a situação. *O que se passa na mente da pessoa não pode ter o dom de alterar o que se acha na realidade do fato externo*. Consequentemente, não se exclui a legítima defesa do ébrio, do insano etc., quando a *situação externa* era de quem legitimamente se defende" (*Direito penal,* 1º vol., p. 227-228) (Itálicos do original). O caráter objetivo dessa excludente é sustentado por HUNGRIA: "A legítima defesa, por isso mesmo que é uma causa *objetiva* de exclusão de injuricidade, só pode existir *objetivamente,* isto é, quando ocorrem, efetivamente, os seus pressupostos *objetivos.* Nada tem estes a ver com a *opinião* ou *crença* do agredido ou do agressor. Devem ser reconhecidos de um ponto restritamente objetivo. [...] Assim, se Tício, ao voltar à noite para casa, percebe que dois indivíduos procuram barrar-lhe o passo em atitude hostil e os abate a tiros, supondo-os policiais que o vão prender por um crime anteriormente praticado, quando na verdade são ladrões que o querem despojar, não se lhe pode negar a legítima defesa" (*Comentários,* vol. I, t. II, p. 289) (Os destaques em itálico são do original).

VI. A orientação majoritária

Essa orientação não é acompanhada pela generalidade de escritores: aquele que reage deve ter a consciência e a vontade de repelir uma agressão injusta, atual ou iminente (BRUNO, *Direito penal*, 1º, p. 380-381; FRAGOSO, *Lições: Parte geral*, p. 226; DAMÁSIO, *Código penal*, p. 77; CIRINO DOS SANTOS, *Direito penal*, COSTA JÚNIOR, Elementos subjetivos nas causas de justificação, *RDP*, 23/41); REGIS PRADO, *Curso de direito penal*, p. 394; BITENCOURT, *Tratado*, p. 305; p. 242; ZAFFARONI-PIERANGELI, *Manual*, p. 505). Cf. a conclusão de SILVA FRANCO: "[...] não há legítima defesa sem vontade de defender-se; não há justificação pelo estado de necessidade, se o agente não atua com vontade dirigida à salvação do bem em perigo; não há exercício regular de direito nem cumprimento de dever legal sem a consciência de agir em tais condições" (*Código penal e sua interpretação*, p. 194). Essa linha de interpretação distingue entre *finalidade* e *motivação*: exige-se para reconhecimento da justificante que a *finalidade* do agente esteja de acordo com a norma jurídica. A *motivação* – que pode acompanhar o conhecimento da agressão injusta e a vontade de reação – pode ser até mesmo reprovável (ódio, vingança etc.). Um dos adeptos dessa conclusão entende que ela resulta da adoção da teoria finalista da ação, acolhida pela PG/1984, como argumenta NUCCI: "Pensamos, entretanto, que adotada a posição finalista em relação ao crime, não há como deixarmos de apoiar, também neste ponto, a *teoria subjetiva* (*Código penal,* p. 263, itálicos do original). Esse raciocínio se harmoniza com a doutrina de CURY ao observar que a finalidade *"es voluntad de realización y, por esto, está plena de contenido y dirección"* (*Orientación*, p. 31). O magistério de WELZEL é incisivo quanto à indispensabilidade do requisito interior para se reconhecer essa excludente de criminalidade. *"Las causales de justificación tienen elementos objetivos y subjetivos. Para la justificación de una acción típica no basta que se den los elementos objetivos de justificación, sino que el autor debe conocerlos y tener además las tendencias subjetivas especiales de justificación. Así, por ejemplo, en la legitima defensa o en el estado de necessidad (justificante), el autor deberá conocer los elementos objetivos de la justificación (la agressión actual o el peligro actual) y tener la voluntad de defensa o de salvamento. Si faltare el uno o el outro elemento subjetivo de justificación, el autor no queda justificado a pesar de la existencia de los elementos objetivos de justificación"* (*Derecho penal aleman,* p. 100). No mesmo sentido: CEREZO MIR, admitindo, como os demais autores dessa corrente, que o ânimo de defender-se pode estar aliado a outras motivações legítimas ou ilegítimas (*Derecho penal,* p. 651).

VII. Uma opinião relevante

Entre os diversos penalistas brasileiros, quem oferece a melhor fundamentação para a tese do requisito subjetivo é TOLEDO. São suas essas palavras: "Assim como no estado de necessidade e nas demais causas de justificação, exige-se o elemento intencional que, na legítima defesa, se traduz no propósito de defender-se. A ação defensiva – já o dissemos – não é um fenômeno cego do mundo físico, mas uma verdadeira ação humana. E como tal só se distingue da ação criminosa pelo significado positivo que lhe atribui a ordem jurídica. Em uma, isto é, na ação criminosa, dá-se o desvalor da ação; em outra, na ação defensiva, reconhece-se a existência de um intenso conteúdo valioso. Em ambas, porém, a orientação de ânimo, a intencionalidade do agente, é elemento decisivo, pois o fato, que, na sua configuração ou aparência exterior, permanece o mesmo (exemplo: causar a morte de um ser humano), dependendo das circunstâncias e também dos motivos e da intenção do agente, pode ser: homicídio doloso ou culposo; legítima defesa; excesso doloso, culposo ou exculpante da legítima defesa; legítima defesa putativa. Como dizer-se, diante dessa variedade de possibilidades, que a legítima defesa é um fenômeno puramente objetivo?" (*Princípios básicos*, § 206, p. 205).

Porém, o mesmo e prestigiado mestre admite que os elementos subjetivos na legítima defesa são "os motivos e a intenção do agente que se revelam no intuito de defender-se, no agir 'para defender-se', *sem que com isso se exija uma consciência da licitude do fato*" (Ob. e loc. cit., *in fine*) (Destaques em itálico meus).

VIII. A exceção do ânimo de defesa

Apesar da existência rotineira do *animus defendendi* no confronto físico entre agressor e agredido, a vida prática pode oferecer outros exemplos além daquele fornecido por MAGALHÃES NORONHA (*supra*). Não se pode ignorar a hipótese de uma reação determinada por *movimento reflexo* "de que a vontade do agente não participa" (BRUNO, *Direito penal*, I, p. 317)

Penso que não importam a natureza e a direção da vontade para que se reconheçam as causas de justificação, que não exigem o requisito da vontade coincidente com o propósito de exercer o direito, como ocorre, por exemplo, com a legítima defesa. Esse é também o entendimento de autores estrangeiros como ANTOLISEI, que exemplifica: se alguém acredita estar praticando uma ação ilícita, mas, segundo as circunstâncias e na verdade, exercita um direito, não comete crime (*Manuale*, p. 247). DEVESA E GOMES sustentam que as causas de justificação têm uma natureza predominantemente objetiva, embora em algumas delas estejam inseridos elementos subjetivos. O reconhecimento de sua ocorrência, portanto, é procedido em função de um exame do comportamento externo do sujeito que atua. E ponderam que o Direito não pode penetrar nos mistérios insondáveis da alma humana, pois, em caso contrário, excederia os limites de sua missão e reduziria as possibilidades dos meios de que dispõe o jurista para o controle das condutas no seio da comunidade. "*El ordenamiento jurídico abandonaría la misión que le está confiada de hacer posible da vida comunitaria si hiciera depender su intervención no del comportamiento externo de los que están sometidos a él, sino de sus íntimas motivaciones: dejaría de ser Derecho para convertir-se en una Religión*" (*Derecho penal español*, p. 503-504).

Verifica-se, portanto, que na literatura estrangeira há um considerável número de escritores que dispensam a exigência do elemento subjetivo nas causas de justificação. Dissertando a propósito dos elementos da legítima defesa, MEZGER comenta: "El concepto de la defensa es independiente de 'elementos subjetivos'; la realidad de la existencia de una defensa se determina con arreglo a la situación *externa*, no según la situación *interna* del sujeto. Por tanto, no pertenece a la defensa el *conocimiento* ni la *intención* de defender-se o defender a otro" (*Tratado*, p. 457) (Destaques em itálico do original). No artigo "*El papel del factor subjetivo en las causas de justificación*" POLITOFF LIFSCHITZ adota a mesma orientação (*Politica criminal y reforma penal*, p. 74). E mais recentemente, em monografia específica sobre o tema, o referido mestre sustenta: "[...] *la exigencia de dichos momentos subjetivos, como requisito general de justificación, no es admisible y sólo lo será en casos particulares, frente a una prescripción inequívoca de la ley. [...] no nos parece que nuestra ley reclame, como norma general, esta determinada voluntad como requisito de la justificación [...]*" (*Los elementos subjetivos del tipo legal,* p. 52). LUZÓN PEÑA refuta o entendimento dos que consideram o elemento subjetivo de justificação como essencial para o reconhecimento da exclusão de ilicitude e outros que, na falta desse elemento interior, admitem a sua dispensa se estiver caracterizada a parte objetiva da justificação (ausência de desvalor do resultado ou do fato), "*por lo que cabe apreciar una eximente incompleta o, de otra perspectiva, calificar el hecho como tentativa*". E enfatiza: "Sin embargo, se debe rechazar estas soluciones y dar razón a la posición que sostiene **que las causas de justificación no requieren de modo general tales elementos subjetivos, salvo en alguna en que la ley lo exija inequívocamente,** aunque, eso sí, **es preciso conocimiento de la situación justificante**. Hay alguna causa de justificación como el estado de necessidad en que excepcionalmente la ley pide expresamente que se obre '*para evitar un mal propio o ajeno*'" (*Lecciones,* p. 351) (Destaques do original).

IX. O elemento subjetivo no tipo

Há outras causas excludentes de criminalidade cuja admissão está diretamente condicionada à direção de vontade do agente, como ocorre nas situações do chamado *direito de correção,* que tem por objeto a educação de crianças no âmbito familiar ou da escola e pode excluir a criminalidade de ações típicas de insignificante potencial ofensivo (lesão corporal, constrangimento ilegal). Em tal caso é necessário que o agente tenha o *conhecimento da situação justificante* e também a *vontade de correção.* Outros exemplos são o *estrito cumprimento do dever legal* e o *exercício regular de direito,* que pressupõem o *conhecimento* da natureza jurídica do *dever* ou do *direito* e a *vontade* de cumprimento ou exercício.

Mas a controvérsia sobre o tema não está encerrada. Em favor do reconhecimento da legítima defesa independentemente do elemento subjetivo, surge a evocação do *princípio da legalidade* constitucionalmente declarado a todos os brasileiros e aos estrangeiros residentes no país (CF, art. 5º, II). Assim, se a caracterização legal do estado de necessidade exige a vontade do sujeito dirigida a superar a situação do perigo atual, por ele não provocado (CP, art. 24), o mesmo já não sucede com a legítima defesa, cuja fórmula legal não indica tal direção de vontade (art. 25). Novamente é oportuno invocar a doutrina de LUZÓN PEÑA ao interpretar o art. 20, § 4º, do Código Penal espanhol:[7] *"Sin embargo, la opinión correcta, defendida en España por un amplio e importante sector doctrinal, sostiene que obrar 'en defensa' significa una situación de defensa y defendiendo el bien jurídico – y el Derecho – frente a la agresión, y que, como hemos visto en 21/27 s., no es preciso en absoluto tal ánimo o elemento subjetivo si la ley no lo exige inequívocamente"* (*Lecciones*, p. 408) (Itálicos e negritos meus).

X. Precedentes

Uma evidência desse debate se contém no dissídio de jurisprudência. Inobstante o grande número de precedentes exigindo o elemento subjetivo na legítima defesa (por exemplo, *RT*, 594/385), há decisões que o dispensam, como a oriunda do TJSP: "A existência desta se ajuíza pela situação externa, meramente objetiva, e não pela íntima posição do agente, independendo, pois, de elementos subjetivos. Já observava Cícero, na sua famosa *Oração pro Milone*, que 'a legítima defesa não tem história porque é uma lei sagrada, que nasceu com o homem, lei anterior aos legistas, à tradição e aos livros, gravada no código imortal da natureza, lei menos estudada que sentida'" (Rel. Des. SILVA LEME, *RT*, 589/295).

XI. A demonstração objetiva de justificação

Acredito que na situação concreta da legítima defesa, a melhor orientação está na dispensa da averiguação do elemento subjetivo (finalidade de se defender ou defender outrem). Por exemplo, em um processo por homicídio ou lesões corporais em que o réu alega a justificante, o MP tem o dever legal de comprovar a ocorrência de um delito, ou seja, uma conduta típica, *ilícita* e

---

[7] Art. 20. Están exentos de responsabilidad criminal: [...] 4º En que obre en defensa de la persona o derechos propios o ajenos, siempre que concurran los requisitos siguientes: Primero. Agresión ilegítima. En caso de defensa de los bienes se reputará agresión ilegítima el ataque a los mismos que constituya delito o falta y los ponga en grave peligro de deterioro o pérdida inminentes. En caso de defensa de la morada o sus dependencias, se reputará agresión ilegítima la entrada indebida en aquélla o éstas. Segundo. Necessidad racional del medio empleado para impedirla o repelerla. Terceiro. Falta de provocación suficiente por parte del defensor.

culpável. Ao acusado basta demonstrar que, objetivamente, foi alvo de uma injusta agressão atual (ou iminente) contra a sua vida ou integridade física e que a repeliu usando moderadamente dos meios necessários. Essa hipótese está em harmonia com a lição de REALE JÚNIOR ao afirmar que "da ocorrência de todos os elementos da figura permissiva pode-se inferir a subjetividade do agente no sentido de ser movido pela intenção de agir para se defender, se constituindo, a meu ver, uma presunção relativa. Só efetiva prova em contrário, demonstrativa de que o agente atuou para agredir e não para se defender, pode excluir a legítima defesa" (*Instituições I*, p. 160). Finalmente, deve-se acrescer que a defesa pessoal ou de terceiro é legítima quando a conduta, objetivamente, revela adequação social. O valor positivo da ação exclui o desvalor do resultado porque busca-se, afinal, um resultado reconhecido como socialmente positivo (REALE JÚNIOR, ob. cit., p. 154).

XII. A lição de HUNGRIA

Last but not least. Um valioso subsídio sobre a dispensa do aspecto interno no gesto de reação, vem de HUNGRIA, em sua tese de concurso para a Cadeira de Direito Penal da Faculdade de Direito da Universidade do Rio de Janeiro. Disse ele: "O preconizado critério *subjectivo*, em materia de legitima defesa, só é compreensível para o efeito do *relativismo* com que, ocorrendo *effectivamente* uma aggressão ou perigo de aggressão, se deve apreciar o 'erro de calculo' do agente, no tocante á gravidade da *real* aggressão ou do *real* perigo, e consequente *excessus* no *modus* da reacção. Somente para se saber si o *excessus defensionis* é *doloso, culposo,* ou *isento de qualquer culpabilidade,* é que se pode e deve indagar da *subjectividade* da acção. A realidade de uma prévia aggressão ou de um perigo de aggressão é tão necessaria á legitima defesa como uma causa ao seu effeito. De outro modo (pelo menos no direito pátrio), ter-se-ia que violentar o texto legal e confundir noções juridico-penaes autonomas, isto é, entre *causas excludentes de injuricidade* e *causas excludentes de culpabilidade*" (*Legítima defesa putativa,* p. 141-142) (Os destaques em itálico e a ortografia são do original).

Passados mais de vinte anos, o mestre manteve a mesma lição ao indicar como requisitos da justificante: "I – agressão atual ou iminente e injusta; II – preservação de um direito, próprio ou de outrem; III – emprêgo moderado dos meios necessários à defesa" (*Comentários,* vol. I, t. II, ed. de 1958, p. 287).

XIII. O caso de ausência de provocação do ofendido

Existe diferença entre *agressão* e *provocação*. Aquela implica em uma lesão ou perigo de lesão a um bem jurídico; esta poderá caracterizar um desafio ou repto e não necessariamente um insulto ou ofensa.

Quando a provocação, segundo a natureza, a intensidade e as circunstâncias, configurar uma agressão moral, é possível ao provocado reagir sob o estado da legítima defesa. Mas, se a provocação, embora desagradável ou de mau gosto, não passar de um desafio, instigação ou pequeno confronto, tolerável segundo a condição das pessoas e o lugar onde se encontrem, "o certo será não aceitá-la, não lhe dar trelas, visto como o instituto da legítima defesa não se destina a amparar os que, com os nervos à flor da pele, andam por aí à moda antiga, a procura de duelos, ferindo e matando por me dá cá esta palha. Nesta última hipótese, apesar da provocação, o provocador pode defender-se legitimamente de uma desproporcional agressão do provocador. Não poderá fazê-lo, contudo, quando a provocação transformar-se em verdadeira agressão, ou quando for mero pretexto de legítima defesa" (TOLEDO, *Princípios básicos*, § 192, p. 198). No mesmo sentido: "Como já tivemos ocasião de notar, a *provocação* do agredido não elimina, perante o Código atual, a *injustiça* da agressão, posto que não constitua, em si mesma, uma real agressão. A desproteção do *auctor rixae* é uma velharia do direito romano" (HUNGRIA, *Comentários*, vol. I, t. II, p. 296-297 (Itálicos do original).

Diante das ponderações acima, é possível ao provocador alegar a legítima defesa se o provocado praticar contra ele uma agressão que, nas circunstâncias do caso concreto, era desarrazoada.

XIV. Legítima defesa abusiva

O abuso é o uso incorreto, excessivo de uma possibilidade ou direito. No caso da legítima defesa o *abuso* no seu exercício, quanto à proporcionalidade entre agressão e reação ou a utilização do meio empregado, configura a situação de excesso. O assunto foi tratado no § 4º do art. 23, que trata do excesso nas causas de exclusão de ilicitude. Entre as diversas situações de abuso, a mais frequente é a da reação contra agressão insignificante, que é tratada abaixo.

XV. Reação contra agressão insignificante

Dois requisitos essenciais para legitimar a defesa na reação a uma agressão atual (ou iminente) e injusta é a *necessidade do meio* empregado e a *moderação* de seu uso. A lei adota, neste caso, dois princípios fundamentais para justificar o uso da força pessoal: a *proporcionalidade* e a *razoabilidade*. Ambos se inserem no vetor geral da proibição do excesso. Essa é a posição geral da doutrina e da jurisprudência ao reconhecer o abuso nos casos em que ocorre uma insuportável desproporção entre o direito a proteger e a gravidade da ação defensiva. Relativamente aos bens de valor insignificante a defesa somente será legítima "quando os atos necessários e suficientes para tanto não causarem lesão ao agressor de forma excessivamente desproporcional ao valor dos bens e interesses ameaçados. É o princípio da proporcionalidade que, a nosso ver, constitui um princípio de hermenêutica, limitador da aplicação da legítima defesa, ou ainda, um princípio regulador da reação defensiva, para evitar resultados absurdos, desvaliosos, diante de certas situações" (TOLEDO, *Princípios básicos,* § 202, p. 204). A *communis opinio doctorum* se orienta na lição de JESCHECK, "ya que no puede constituir el sentido del ordinamiento jurídico permitir la defensa en favor de bienes de escaso valor o frente a agresiones irrelevantes a costa de importantes lesiones del agresor. Por lo tanto, la legítima defensa no concurrirá cuando exista una desproporción inadmisible entre el bien jurídico atacado y la lesión y puesta en peligro del agresor:" (*Tratado*, vol. 1º, § 32, p. 472). Essa conclusão, porém, não exclui de amparo os bens de menor valor que podem ser considerados insignificantes, como foi dito acima. Tudo depende da necessidade do meio e da moderação utilizada para a reação.

XVI. Legítima defesa contra multidão em tumulto

Há inúmeros estudos e teorias sobre o comportamento da massa. Um aspecto bastante explorado da Sociologia consiste em dizer que as pessoas, quando se reúnem em massa, formam um todo com características próprias e distintas das partes que o compõem, em um *organismo coletivo*.

Com efeito, o indivíduo, quando imerso numa atmosfera coletiva, pode assumir um comportamento que jamais assumiria individualmente, passando a fazer parte de uma *coreografia social* que lhe impõe regras inexoráveis, quando não espontâneas. Neste contexto, o ser humano despoja-se da autodeterminação, tragado pelas circunstâncias que o compelem a proceder de uma determinada maneira que, sob as mesmas condições, não poderia ser diferente.

A *multidão em tumulto* é um fenômeno psicológico e socialmente relevante que produz a desagregação da personalidade de seus integrantes. Interpretando aspectos da relação entre as formas de associação criminosa e o grau de periculosidade dos agentes, FIGUEIREDO FERRAZ comenta que "os bons sentimentos cedem lugar à maré invasora de maus instintos, das tendências perversas e antissociais. Facilmente se processa e se transmite de indivíduo a indivíduo a sugestão criminosa. A ideia do delito ganha terreno nessa praça de antemão conquistada. E os piores crimes passam a ser cometidos por pessoas que, individualmente, seriam incapazes de causar o menor mal a seu semelhante" (*A codelinquência*, p. 71).

As manifestações de junho de 2013 em nosso país reuniram milhares de pessoas em várias capitais do país para protestar contra o governo federal pela falta de melhores condições de vida e pela corrupção em setores públicos do Estado. A natureza ordeira daqueles movimentos de massa foi interrompida pelo vandalismo praticado pela seita de fanáticos cognominada *black-bloc* que, além dos danos pessoais e materiais, produziu cenários de terror. É elementar a situação de legítima defesa em favor do cidadão que, assistindo ou participando pacificamente dos protestos, reagisse com as próprias mãos ou com uma arma, para repelir a agressão injusta (atual ou iminente) contra sua pessoa.

Também o fenômeno da violência de massa produzida frequentemente nos estádios de futebol pelas chamadas "torcidas organizadas" admite perfeitamente o exercício da legítima defesa pelo torcedor ou simples frequentador que, sem participar do entrevero, mas sofrendo agressão iminente da turba que dele se aproxima, repele o ataque utilizando moderadamente a sua bengala como instrumento necessário para repelir os ofensores.

XVII. Legítima defesa putativa

Ninguém melhor que HUNGRIA para definir o objeto de sua tese de Concurso para a Cadeira de Direito Penal da Faculdade de Direito da Universidade do Rio de Janeiro (1936). São suas estas palavras: "Dá-se a legitima defesa putativa quando alguem erroneamente se julga em face de uma aggressão actual e injusta, e, portanto, legalmente autorizado á *reacção*, que empreende". E, mais adiante, esclarece: Abstrahido o aspecto subjectivo, a legitima defesa putativa nada tem de commum com a legitima defesa, senão no nome. Dentro da logica juridica, e a não ser que a lei (como faz o actual Código Penal italiano) intervenha com uma ficção em sentido contrário, seria erro grosseiro o confundir-se uma com outra. Na legitima defesa, a acção é *objectivamente licita*; na legitima defesa putativa, ao contrario, a acção é *objectivamente illicita*. Naquella, inexiste responsabilidade penal porque, preliminarmente, inexiste crime a parte objecti; nesta, ha injuricidade *a parte objecti*, sendo a responsabilidade penal excluida (salvo o caso de erro culposo) por carencia de uma condição indispensavel a *parte subjecti,* isto é, o dolo" (*A legítima defesa putativa*, p. 69 e 97) (Ortografia e itálicos, do original).

Cf. observações feitas ao § 2º do art. 23, as descriminantes putativas que traduzem o estado de erro acerca de uma causa de justificação, não se limitam à exclusão do dolo (CP, art. 20), mas podem apresentar-se, também, como causa de exclusão da culpabilidade. A propósito, a opinião de TOLEDO: "Considere-se que o erro sobre uma causa de justificação pode recair sobre os pressupostos fáticos dessa mesma causa ('supor situação de fato'), mas pode também – isto é inegável e aceito em doutrina – recair não sobre tais pressupostos fáticos, mas sobre os limites, ou a própria existência da causa de justificação (supor *estar autorizado*). Isso é possível ocorrer com nitidez, quando alguém, por exemplo, para defender-se de um tapa no rosto, supõe estar autorizado a desferir um tiro fatal no agressor, em *legítima defesa*, excedendo-se no emprego dos 'meios necessários'. Nessa hipótese – e em muitas outras – pode não haver qualquer equívoco do agente sobre a 'situação de fato', incidindo o seu erro somente sobre os limites da causa de justificação 'legítima defesa' etc. E não seria razoável confundir-se 'supor situação de fato' com 'supor estar autorizado' para considerarem-se ambas as hipóteses reguladas por preceitos legais – art. 20, § 1º – que só cuidam da primeira, isto é, 'supor situação de fato'. Por outro lado, na lacuna da lei, não será igualmente possível, diante do princípio *nullum crimen nulla poena sine culpa* concluir-se simplistamente por uma responsabilidade objetiva do agente, sempre e sempre que, no evento dado, possa ter incorrido em um erro, na escolha dos 'meios necessários' para defender-se, quando se encontrava em uma induvidosa situação de legítima defesa. Não estamos pretendendo, evidentemente, justificar, aqui, indiscriminadamente, a desproporcionada agressão de quem mata para se defender de um simples tapa. Isso seria um equívoco oposto, talvez mais grave. O que estamos afirmando é que, admitindo-se o fato exemplificado como resultante de um erro, este só pode ser o de proibição, que, na omissão da lei, deve ser analisado dentro do direito penal da culpabilidade, onde encontrará solução adequada com a punição ou absolvição do agente, segundo a sua culpa e o grau desta" (*Princípios básicos,* § 249, p. 273-274) (Itálicos do original).

XVIII. A defesa preordenada (*Offendiculum*)

a. *Noção geral*

A Constituição Federal declara entre os direitos e as garantias fundamentais a *inviolabilidade do direito à propriedade* (art. 5º, *caput*). O proprietário tem a faculdade de usar, gozar e dispor da coisa, e o direito de reavê-la do poder de quem quer que injustamente a possua ou detenha (CCiv., art. 1.228). O CCiv. declara que "*o possuidor tem direito a ser mantido na posse em caso de turbação, restituído no de esbulho, e segurado de violência iminente, se tiver justo receio de ser molestado*" (art. 1.210).

É no quadro da legítima defesa que se pode reconhecer a excludente da *defesa predisposta* (*offendiculum*). Em muitas residências nas cidades e nos campos o proprietário ou possuidor coloca obstáculos geralmente no alto dos muros. A finalidade é a proteção da vida, integridade física, patrimônio, segurança etc., como meio antecipado de prevenir e, conforme o caso, repelir a agressão injusta da invasão ilegal. São inúmeras as possibilidades de uso desse recurso. Por exemplo: "cacos de vidro no muro, ponta de lança na amurada, armas de fogo que disparam mediante dispositivo predisposto, corrente elétrica na maçaneta da porta, corrente elétrica na cerca, células fotoelétricas que acendem luzes e automaticamente fecham portas, dispositivos eletrônicos que liberam gazes, arame farpado no portão, etc." (DAMÁSIO, *Direito penal*, vol. 1, p. 439).

Além desses meios físicos rotineiros, considera-se também como *offendicula* o adestramento de cães e outros animais de guarda (GRECO, *Curso*, p. 361).

b. *Natureza jurídica*

É interessante o debate acadêmico – e por vezes, judiciário – sobre a natureza jurídica dessa especial forma de reação. Para HUNGRIA, "a defesa é preparada de antemão, isto é, quando o perigo é ainda futuro; mas o funcionamento do *offendiculum* é necessariamente subordinado à afetividade da agressão. A opinião dominante é que se trata de *legítima defesa preordenada*, a ser disciplinada segundo a regra geral" (*Comentários*, vol. I, t. II, p 293) (Itálicos do original). Em sentido contrário é a doutrina de BRUNO: "Não nos parece que a hipótese possa ser resolvida como legítima defesa. A legítima defesa é um caso de exercício de direito, que só pode configurar-se dentro de estritos requisitos, que não verificam na defesa predisposta. Nesta, a ação do sujeito, no momento em que realiza, apresenta-se, não como reação justa, oportuna e medida contra agressão atual ou iminente, mas como um gesto de prevenção contra possível agressão futura e, embora o aparelho predisposto só se destine a funcionar no momento do ataque, a verdadeira ação do sujeito é anterior: no momento da agressão, quando cabia a reação individual imediata, ele, com o seu gesto e a sua vontade de defesa, está ausente. Além disso, a atuação do aparelho é automática e uniforme, não pode ser graduada segundo a realidade e a importância do ataque; o agente não pode dar-lhe a capacidade de submeter-se àquele critério de necessidade e àquela razoável proporcionalidade entre o valor do bem a defender e a força da reação, necessário para que a defesa se configure como legítima. [...] Por tudo isso, esse proceder fica distante dos termos precisos da legítima defesa, que supõe sempre um sujeito atuando, com o seu gesto e o seu ânimo de defender-se, no momento mesmo e com a medida justa e oportuna, contra agressão atual ou iminente" (*Direito penal,* t. 2º, p. 10). No sentido de que a utilização do ofendículo nos limites impostos pela prudência constitui "exercício regular de direito ou de antecipada legítima defesa" é o precedente do extinto TACRIM-PR, 77274-9, 1ª C. Cr. j. em 17.08.1995:

"Evidenciando o conjunto probatório que o mecanismo de defesa da área privativa do imóvel residencial contra invasões, ou ofendículo, foi instalado com as cautelas exigíveis, de modo a dificultar seu alcance, tendo seu acionamento derivado do comportamento inconsequente e temerário da própria vítima, sem que se demonstrasse a ocorrência da imprevisibilidade ou excesso do agente na avaliação do potencial ofensivo do artefato, até pelo resultado efetivamente produzido (lesões corporais leves), entende-se haver o agente operado sem exorbitância, no exercício regular do seu direito ou da legítima defesa antecipada" (Rel. LUIZ CESAR OLIVEIRA, publ. 15.09.1995). Penso que a melhor compreensão desse instituto se filia à excludente do art. 25 do Código Penal, segundo a orientação de TOLEDO, *Princípios básicos*, § 207, p. 206; DELMANTO, *Código penal*, p. 178; DAMÁSIO DE JESUS, ob. cit., p. 440; MAGALHÃES NORONHA, *Direito penal*, 1º vol., p. 222; MARQUES, J. F. *Tratado,* vol. II, p. 112 e NUCCI, *Código Penal,* p. 280.

c. *Requisitos de admissibilidade*

O emprego do *ofendículo*, para se ajustar à situação que exclua a ilicitude, deve obedecer a todos os requisitos indispensáveis para o reconhecimento da legítima defesa. Esse é o entendimento, entre outros, de FIGUEIREDO DIAS: "A doutrina dominante reputa tal tipo de defesa como legítimo; mas este ponto de vista só pode ser aceito desde que se verifiquem os restantes pressupostos da legítima defesa, nomeadamente, o de que no momento da defesa a agressão seja actual, o da necessidade da defesa e, *em especial, o de que a defesa esteja preparada para atingir apenas o agressor*" (*Direito penal*, t. I, p. 413) (Itálicos meus).

d. *O problema do erro de pessoa*

Hipótese profundamente lamentável pode ocorrer com a *aberratio in persona,* ou seja em lugar de atingir o agressor injusto, o dispositivo material ou o animal de guarda sacrifica pessoa inocente, como pode suceder com a criança que pretenda alcançar o brinquedo ou a pipa que caiu no terreno alheio. Para HUNGRIA, o problema deve ser resolvido como de "legítima defesa putativa" desde que se demonstre que o proprietário ou ocupante da casa "estava persuadido de que a armadilha somente poderia colher o *fur nocturnus:* se foram tomadas as precauções devidas para que o aparelho não fosse infiel à sua finalidade, o evento lesivo contra *alia persona* não deixa de ser antijurídico, mas não pode ser imputado, nem mesmo a título de culpa" (*Comentários*, vol. I, t. II, p. 295). Assim também entende NUCCI (*Código penal*, p. 281). Ao contrário, sustenta TOLEDO: "O temor de possível ofensa a bens patrimoniais – ou até a bens mais importantes – por mais compreensível, não é nem pode ser erigido em fato gerador do direito de vida ou morte sobre pessoas inocentes. Aliás, a nosso entender, a própria legítima defesa não é um direito mas uma situação de fato valiosa, reconhecida pelo direito para que não se dê prevalência à agressão ilícita. Sendo assim, não pode extrapolar de seus exatos limites para justificar condutas agressivas, não defensivas. Desse modo, pensamos com JESCHECK que os riscos que as *ofendicula* apresentam correm por conta de quem as utiliza. Se atingem um ladrão, na ocasião do furto ou do roubo, ocorre em princípio legítima defesa; se apanham, contudo, uma criança ou um inocente, há pelo menos crime culposo" (*Princípios básicos*, § 208, p. 206-207). Penso que esta é a solução adequada porque se o fato concreto demonstra que a reação não era necessária – ainda que a agressão fosse injusta – ou, se necessária fosse, o meio utilizado foi imoderado, não há que se falar em defesa *legítima* e sim na utilização imprudente da *armadilha* (reconhecimento *ex post facto*) e, portanto, caracterizadora de um delito culposo. Eventualmente, porém, não estaria afastada a hipótese do dolo eventual alternativo[8] se o sujeito, advertido da possibilidade de o engenho atingir criança ou terceiro inocente, assumiu o risco, assentindo no resultado lesão corporal ou morte, respondendo: "*Não interessa; que se dane*".

XIX. A legítima defesa no Direito Civil

A legítima defesa é declarada como ato lícito perante a órbita do Direito Civil (art. 188, I). Em matéria de posse, o Código autoriza, expressamente, a defesa em caso de turbação e a restituição se houver esbulho. Em qualquer dessas hipóteses, o possuidor turbado ou esbulhado poderá valer-se da força, contanto que o faça logo. Os atos de defesa ou de desforço, não podem ir além do indispensável à manutenção ou restituição da posse (CCiv., art. 1.210, § 1º).

Sob outro aspecto, em se tratando de uma causa de exclusão de ilicitude, a legítima defesa reconhecida no âmbito criminal também o é na área cível. Cf. precedente do STF, o ato praticado em legítima defesa é lícito também na esfera civil (*RTJ*, 83/649).

XX. Situações especiais

Além das hipóteses mais comuns analisadas pela doutrina e pela jurisprudência, a casuística da legítima defesa apresenta situações especiais. Algumas já têm orientação pacificada; outras são objeto de polêmica entre os escritores e dissidência entre magistrados.

---

8   *Dolo alternativo*: v. o § 27, n. III (1) do art. 18.

a. *Legítima defesa e aberratio ictus*

A *aberratio ictus* não tem o condão de excluir a situação de legítima defesa. Essa conclusão resulta não somente do caráter objetivo da excludente como também da *analogia legis,* tomando como padrão o § 3º, segunda parte, do art. 20 do Código Penal: "Não se consideram, neste caso, as condições ou qualidades da vítima, senão as da pessoa contra quem o agente queria praticar o crime". Essa é a orientação sufragada pelo STF cf. MELO ALMADA (*Legítima defesa*, p. 67). É possível formular a hipótese seguinte: para revidar agressão física violenta, atual e injusta o defendente consegue sacar o seu revólver e desfecha tiros contra o ofensor, que vem a morrer. No entanto, um dos projéteis se desvia do alvo e atinge um terceiro inocente que transitava pelo local, causando-lhe ferimento grave. Neste caso, o agente responde civilmente pela ofensa a terceiro que é estranho ao confronto (STJ, 4º T. REsp 152.030, Rel. RUY ROSADO AGUIAR, j. 25.03.1998, *RT*, 756/191; 5ª T., Apel. Rel. Teori Zavaski, j. 05.10.1995, *RT*, 730/374).

b. *Legítima defesa contra agressão de inimputável*

O menor de 18 anos e o doente metal podem ser sujeitos ativos da agressão injusta, atual ou iminente, que autorize a reação com o uso moderado dos meios necessários. O que se leva em conta, relativamente à natureza e extensão do ataque, é a capacidade física e o desempenho do ofensor para agredir com as próprias mãos ou mediante uma arma ou instrumento apto a causar ferimentos. Não existem, portanto, parâmetros que permitam, abstratamente, resolver uma situação que irá revelar seus pormenores no fato concreto.

A injustiça da agressão deve ser analisada de forma objetiva, independente da consciência de ilicitude por parte do agressor, não precisando basear-se em intenção lesiva. Como observa muito apropriadamente DAMÁSIO, "*a conduta do inimputável, embora não culpável, é ilícita, constituindo agressão injusta*" (*Direito penal*, p. 428) (Itálicos meus).

c. *Legítima defesa exercida por inimputável*

A legítima defesa é uma causa objetiva de exclusão de ilicitude. Independente da cogitação sobre a vontade do defendente, o fundamental é saber se o menor (o adolescente, p. ex.) e o esquizofrênico têm capacidade física para reagir a uma agressão injusta, atendidos os demais elementos da excludente de ilicitude. A resposta positiva indica essa possibilidade como factível. A objetividade da injustiça faz com que não seja necessária ao agressor a capacidade de Direito Penal. "É, pois, legítima defesa, e não estado de necessidade, a ação de quem dá morte ao louco, ao ébrio ou ao menor por quem foi agredido" (MAGGIORE, *apud* MELO ALMADA, *Legítima defesa*, p. 65).

d. Legítima defesa contra agressão de pessoa jurídica

Somente por ficção ou derivação se pode falar em *agressão* praticada pelas pessoas morais que atuam por representação das pessoas naturais. A agressão física ou moral, suscetível de ser repelida no exercício da defesa legítima, é somente manifestação do ser humano e excepcionalmente do animal quando usado como instrumento, cf. já exposto.

Para os efeitos da justificante, o vocábulo *agressão* significa "una conducta humana objetivamente idónea para lesionar o poner en peligro un interés ajeno jurídicamente protegido" (POLITOFF, *Lecciones*, p. 215). Também definindo esse requisito, assim leciona ROXIN: "**Una agresión es la amenaza de un bien jurídico por una conducta humana** [...] Tampoco puede considerarse agresora a las personas jurídicas (contra una opinión muy extendida en Derecho Civil), porque las mismas no pueden actuar en el sentido del Derecho Penal (cfr., § 8, nm.55 s) y no son asequibles a la eficacia preventivogeneral y del prevalecimiento del Derecho. Por tanto no se puede actuar en legítima defensa frente a una asociación, una sociedad anónima o el Estado. Pero en cambio, por supuesto que sí existe derecho a la legítima defensa frente a los órganos humanos de la persona jurídica (p.ej. funcionarios o policías), cuando actúen antijurídicamente" (*Derecho penal*, t. I, § 15, p. 611) (Negritos do original).

Em sentido contrário, NUCCI, formulando a hipótese de um funcionário que vê "um aviso dependurado no mural da empresa em que trabalha, contendo flagrantes impropérios contra a sua pessoa, poderá destruir o vidro que o separa do referido aviso para eliminá-lo em defesa de sua honra" (*Código penal*, p. 288).

e. Legítima defesa da alegada honra conjugal

ROBERTO LYRA (1902-1982), o notável penalista, ex-Promotor Público,[9] membro da Comissão revisora do Projeto Alcântara Machado, professor adorado pelos alunos e que chegou a ser Ministro da Educação e Cultura (1962) redigiu um verdadeiro libelo contra a pena de morte decretada e

---

9   Promotor Público: antiga denominação do cargo de Promotor de Justiça.

executada por maridos contra suas mulheres, sob a alegação de legítima defesa da honra. No opúsculo *Polícia e Justiça para o amor!*, publicado em 1937, no capítulo sobre "O amor e o Júri", ele diz: "Quando celebra o casamento, o juiz não decreta o amor, nem a fidelidade recíproca, é prometida sob pena de morte. Assim como se conquista, é preciso conservar o amor. Cada qual alimenta-o como sabe, como pode, como quer. Se foi descuidado ou inepto, não deve culpar a vítima desse procedimento [...] O amor é, por natureza, fecundo e creador. Não figura nas cifras da mortalidade; não tira, mas põe gente no mundo" (p. 43) (Mantida a ortografia original).

Ao tempo da edição daquele ferrete contra os *Otelos de fancaria*, estava em vigor a dirimente do art. 24, § 4º, da Consolidação das Leis Penais[10] que declarava não serem criminosos "os que se acharem em estado de *completa perturbação de sentido e de intelligencia* no acto de commetter o crime". Em determinada passagem da pregação em favor do amor e contra a morre, LYRA se refere ao "suposto desonrado" que "desce ainda mais, tornando-se, também, assassino. O réu, alegando a obrigação de matar para lavar a honra em sangue, e o legislador ou juiz, reconhecendo-a, explícita ou implicitamente, estão injuriando todos aqueles que resolvem sem o crime os fracassos conjugais [...]. A mulher não é mais costela ou apêndice, objeto de luxo ou besta de carga. Tem honra própria, como o homem. A deshonra da mulher não faz a do homem. [...] A vida de um homem, sobretudo aos olhos da sociedade, não se limita à alcova, nem por ela deve se sacrificar tudo" (ob. cit., p. 56-57) (Mantida a ortografia original).

A natureza da honra como bem *personalíssimo* tem sido considerada ao longo dos anos pela jurisprudência para negar a tese da legítima defesa da honra conjugal, somada à declaração legal expressa de que a emoção e a paixão não excluem a imputabilidade penal (CP, art. 28, I), admitida, eventualmente a causa de especial redução da pena (CP, art. 121, § 1º) ou uma simples atenuante: "ter o agente cometido o crime por motivo de relevante valor social ou moral" (CP, art. 65, III, *a*). Um precedente do TJPR (*RT*, 473/372), referido por DELMANTO resume a mais adequada orientação: "Honra é atributo pessoal, independente de ato de terceiro, donde impossível levar em consideração ser um homem desonrado porque sua mulher é infiel... A lei e a moral não permitem que a mulher prevarique. Mas negar-lhe, por isso, o direito de viver, seria um requinte de impiedade" (*Código penal*, p. 179).

O ordenamento positivo, a doutrina e a jurisprudência consagram o exercício da defesa em revide de agressão à honra pessoal em casos de injúria, calú-

---

10 O dispositivo era oriundo do CP 1890 que, juntamente com outros diplomas, foi objeto de uma consolidação em 1932. Sobre tal assunto, v. DOTTI, *Curso*, p. 88-89).

nia ou difamação, como é curial. Mas o uxoricídio, sob a capa da honra ultrajada pelo adultério, é um anacronismo que não mais se sustenta na sociedade moderna, com igualdade de direitos entre homem e mulher e as soluções humanas e sociais conduzidas pelo Direito Civil, como a separação e o divórcio.

f. *Legítima defesa em favor de interesses difusos e de bens do estado*

Nenhum problema existe quanto à possibilidade do exercício da legítima defesa no interesse de pessoas jurídicas de direito privado: associações, sociedades e fundações (CCiv., art. 44). A reação contra o furto ou o roubo, atendidos os requisitos do art. 25 do Código Penal, em defesa do patrimônio físico de um desses entes, por um funcionário ou preposto ou mediante o ofendículo, pode caracterizar a excludente. E o exemplo melhor consta do art. 1.210, § 1º, do CCiv., na defesa da posse.

A dúvida surge quanto à proteção de interesses difusos, de bens coletivos e de bens das pessoas jurídicas de direito público interno: I – a União; II – os Estados, o Distrito Federal e os Territórios; III – os Municípios; IV – as autarquias; V – as demais entidades de caráter público criadas por lei (CCiv., art. 41).

Penso que a opinião de LUZÓN PEÑA é escorreita: "La agresión ilegítima ha de afectar a "la persona o derecho, propios o ajenos", es decir a derechos de la persona, física o jurídica, por lo que quedan excluidos los ataques a bienes jurídicos colectivos o comunitarios, cuya defensa se encomienda exclusivamente a los órganos estatales, debido a lo peligrosa e incluso inidónea que podría ser la defensa del particular y a la menor necesidad y perentoriedad de defensa de los bienes comunitarios. En cuanto a los bienes jurídicos del Estado, éste es una persona jurídica. No obstante, así como no plantea dudas la defendibilidad de sus bienes jurídicos privados, como los de cualquier persona jurídica, p. ej. la propiedad de bienes materiales (sean de dominio privado o público; en cambio, mucho más dudoso en los derechos inmateriales sobre las costas o las aguas públicas), cuando la agresión afecta a bienes jurídicos peculiares del Estado como ente soberano o a su existencia misma como ente político independiente, puede haber problemas en cuanto a la actualidad de la agresión, la idoneidad de la defensa, la voluntad del Estado de ser defendido por particulares, la comparación con las facultades de actuación de la fuerza pública o la necesidad del medio"(*Lecciones de derecho penal,* p. 404).

Mas, é preciso ponderar que a prática do vandalismo contra bens públicos justifica não só a ação repressiva policial, *ex vi* do *estrito cumprimento do dever legal*, como também a iniciativa particular de prender em flagrante o delinquente, com base na excludente do *exercício regular de direito*, autorizado pelo art. 301 do CPP.

g. Legítima defesa contra legítima defesa

Em princípio não existe reciprocidade na situação de legítima defesa. Com efeito, não pode beneficiar-se da excludente o autor da agressão, atual e injusta que, no confronto físico com a vítima produziu-lhe lesões ou a morte. Mas HUNGRIA considera "perfeitamente admissível uma sucessiva situação de legítima defesa por parte do agressor inicial, se o primeiro agredido se excede na reação, pois o excesso de defesa importa, por sua vez, uma agressão injusta" (*Comentários,* vol. I, t. II, p. 308). O mestre ainda aborda outro aspecto, bem distinto: "Pode também acontecer que, no caso de dois adversários que mutuamente se feriram, haja dúvida sobre qual deles tenha precedido ao outro na agressão: em tal caso, será compreensível que se absolvam um e outro, como se ambos tivessem agido em legítima defesa; mas isto por injunção decorrente da prova *in concreto,* e não pelo reconhecimento de *reciprocidade* de legítima defesa" (Ob. e loc. cit.) (Itálicos do original).

h. Legítima defesa em caso de rixa

A rixa (CP, art. 137) é um movimento desordenado de agressões físicas de uns contra outros agentes, tornando-os, ao mesmo tempo, sujeitos ativos e passivos da violência generalizada envolvendo um número de três ou mais pessoas: é plurissubjetivo e plurissubsistente porque há um concurso necessário e uma sucessão de atos que compõem a pancadaria mútua. É um crime de perigo concreto cuja probabilidade de dano é afirmada pelo próprio parágrafo único ao prever as consequências de morte ou lesão corporal de natureza grave.

Não há possibilidade da legítima defesa porque todos são agressores injustos em um cenário difuso de ilicitudes. Nesse sentido, LUZÓN PEÑA: En los casos de riña mutuamente aceptada, la jurispr. y doc. mayoritarias rechazan que quepa legítima defensa. Frecuentemente se niega que concurra la agresión ilegítima, bien argumentando que no la hay porque todos se agreden recíprocamente, o bien que no es ilegítima porque es una agresión provocada y esperada" (LUZÓN PEÑA, *Lecciones*, p. 401).

i. Legítima defesa contra agressão culposa

Vale repetir a afirmação de que a agressão, como pressuposto da reação legalmente fundada, é uma atividade considerada exclusivamente sob a perspectiva objetiva. Não se indaga sobre a *formação da vontade* que ditou a ofensa. Assim, nenhuma dúvida sobre a exclusão de ilicitude da ação do pedestre que para escapar do iminente atropelamento, por um automóvel desgovernado e em alta velocidade, consegue sacar o revólver em tempo e atirar vindo a ferir o imprudente motorista.

j. Legítima defesa em caso de resistência agressiva

Se o oponente à execução de ato legal pratica violência física contra o funcionário competente para o cumprimento da ordem ou a quem lhe esteja prestando auxílio (CP, art. 329) a vítima da agressão pode reagir em legítima defesa. Fora de tal caso, se é oposto algum obstáculo material que não possa ser removido, sem ofensa a direito mais relevante do que o que se pretende exercer, o responsável pela execução deve recorrer à autoridade pública. "E quando se tratar de direito litigioso ou contestado não pode ser exercido senão mediante intervenção da autoridade judiciária, sob pena de configurar o delito de exercício arbitrário das próprias razões (HUNGRIA, *Comentários*, t. I, vol. II, p. 312-313).

k. outras hipóteses

A fertilidade dos episódios violentos da sociedade moderna e as inúmeras situações individuais para a defesa de direitos, especialmente a vida e a integridade corporal, produzem as mais diversas hipóteses de admissão ou exclusão do instituto da legítima defesa, como registram os escritores em seus livros de doutrina e os magistrados em sua missão de aplicar o Direito aos casos concretos. Valem algumas amostras que, entanto, não esgotam os múltiplos eventos que desafiam os oráculos de segurança: **a)** *legítima defesa contra fato omissivo*. A omissão pode configurar uma *agressão*. É o exemplo do policial que, por ódio e violando dever funcional, deixa de cumprir o alvará de soltura de um preso que, por sua vez, agride o omitente para apossar-se do documento; **b)** *legítima defesa por omissão*. O exemplo concebido por NUCCI é adequado. O carcereiro, que está exercendo sozinho a função em pequena delegacia policial, deixa de cumprir o alvará de soltura que chegou às suas mãos pelo servente judiciário, porque tem receio de que o preso beneficiário da ordem cumpra a promessa feita de matá-lo tão logo saísse da cadeia. O policial retém o documento até o dia seguinte quando será substituído. Em tal caso, houve *reação* (por omissão) a uma agressão injusta e que seria iminente com o ato da liberação. Não se poderá negar ao servidor público, vítima de uma ameaça injusta e gravíssima, o reconhecimento dos demais requisitos da justificante (*Código penal*, p. 290-291); **c)** *legítima defesa contra estado de necessidade*. Não se configura a legitimidade da reação quando a agressão constitui exercício de um direito. Ambos os figurantes estão em estado de necessidade justificante; **d)** *legítima defesa contra agressão oriunda de uma coação moral irresistível ou obediência hierárquica*. A agressão, nesses casos, ocorre quando o coato ou o obediente, para se libertarem da opressão, atacam terceira pessoa. Sendo estranha aos fatos originários da agressão, essa pessoa pode reagir licitamente, atendendo-se aos demais requisitos do art. 25 do Código Penal. Segue-se, dessas possibilidades, a regra: quando a agressão parte de quem pratica o fato ilícito mas não é culpável (menor, ébrio, doente mental), essa ação é antijurídica, i.e., ilícita; *e) legítima defesa efetiva contra legítima defesa putativa.* É possível, cf. a regra exposta.

* **DIREITO COMPARADO**
Código Penal português: "**Art. 32º (Legítima defesa)** Constitui legítima defesa o facto praticado como meio necessário para repelir a agressão actual e ilícita de interesses juridicamente protegidos do agente ou de terceiro". •• **Código Penal espanhol:** "**20.** *Están exentos de responsabilidad criminal*: **1º** [...]. **4º** *El que obre en defensa de la persona o derechos propios o ajenos, siempre que concurran los requisitos siguientes:* **Primero**. *Agresión ilegítima. En caso de defensa de los bienes se reputará agresión ilegítima el ataque a los mismos que constituya delito o falta y los ponga en grave peligro de deterioro o pérdida inminentes. En caso de defensa de la morada o sus dependencias, se reputará agresión ilegítima la entrada indebida en aquélla o éstas.* **Segundo**. *Necessidad racional del medio empleado para impedirla o reperla.* **Tercero**. *Falta de provocación suficiente por parte del defensor*" •• **Código Penal Tipo:** "**Artículo 16.** *No comete delito el que obrare en defensa de la persona o derechos, propios o ajenos, siempre que concurran los siguientes requisitos:* **1º** *Agresión ilegítima*. **2º** *Necesidad razonable de la defensa empleada para impedirla o repelerla*". •• **Anteprojeto argentino:** "**Art. 5. – Eximentes.** *No es punible*: **a)** [...] **d)** *El que actuare en defensa propia o de sus derechos, siempre que concurrieren las siguientes circunstancias;* **i)** *agresión ilegítima;* **ii)** *necesidad racional del medio empleado para impedirla ou repelerla;* **iii)** *falta de provocación suficiente por parte del agredido. Se presume, salvo prueba en contrario, que concurren las circunstancias de este inciso, respecto de aquel que obrare:* **i)** *para rechazar la entrada por escalamiento, fractura o violencia en lugar habitado,* **ii)** *por encontrar un estraño dentro de su hogar, siempre que ofreciere resistencia. Igual presunción corresponde cuando la conducta tuviere lugar en un contexto de violencia doméstica y el agredido hubiere sufrido anteriores hechos de violencia.* **e)** *El que actuare en defensa de la persona o derechos de otro, siempre que concurrieren las circunstancias* **i)** *y* **ii)** *del primer párrafo del apartado anterior y, en caso de haber precedido provocación suficiente por parte del agredido, la de que no haya participado en ella el tercero defensor.* **Art. 6. Pena por culpa. Disminuición de la pena. 1.** [...]. **2.** *Se impondrá la pena reducida entre la mitad del mínimo y del máximo previsto:* **a)** [...]. **c)** *Al que cometiere un hecho ilícito excediendo los límites de la legítima defensa o de un estado de necessidad justificante*".

§ 40. ESTRITO CUMPRIMENTO DO DEVER LEGAL

*DIREITO ANTERIOR
CCrim. 1830: (Omisso) •• **CP 1890:** "Art. 28. A ordem de commeter crime não isentará de pena aquelle que o praticar, salvo si fôr cumprida em virtude de obediência legalmente devida a superior legítimo e não houver excesso nos actos ou na fórma de execução". •• **Projeto Alcântara Machado (1938):** "Art. 14. Não será tambem punivel aquele que praticar a ação ou omissão: I – [...]; II – em obediencia a ordem emanada de superior hierárquivo, no exercí-

cio de suas funções, uma vez que: **a)** a autoridade seja competente para dar a ordem; **b)** e esta não seja manifestamente ilegal, ou, por circunstancias especiais, o executor não possa ter a consciencia da ilegalidade". •• **Anteprojeto Hungria (1963)**: "**Art. 25**. Não há crime quando o agente pratica o fato: I – [...]; III – em cumprimento do dever legal ou no exercício de direito". •• **CP 1969**: "**Art. 27**. Não há crime quando o agente pratica o fato: I – [...]; III – em estrito cumprimento do dever legal". •• **Anteprojeto Toledo (1981)**: "**Art. 23, n. III**. Corresponde ao texto vigente.

BIBLIOGRAFIA (ESPECIAL)

ANDREUCCI, Ricardo Antunes. Violência e estrito cumprimento do dever legal. *Arquivos da Polícia Civil de SP*, 26/1975 •• BITENCOURT, Cezar Roberto. Excesso no estrito cumprimento do dever legal. *Boletim*, 161/2006 •• BRODT, Luís Augusto Sanzo. *Do estrito cumprimento de dever legal*. Porto Alegre: SAFE, 2005 •• CERNICCHIARO, Luiz Vicente. Estrito cumprimento de dever legal e exercício regular de direito. *Revista do Conselho Penitenciário do DF*, 5/1964 •• COSTA, Pedro. Possibilidade jurídica da aplicação analógica da excludente de ilicitude "estrito cumprimento do dever legal" às infrações de trânsito. *Debates em Direito Público*, 4/2005 •• LINHARES, Marcello Jardim. *Estrito cumprimento de dever legal*: exercício regular de direito. Rio de Janeiro: Forense, 1983 •• MOTTA, Ivan Martins. *Estrito cumprimento do dever legal e exercício regular de direito*. São Paulo: Juarez de Oliveira, 2000.

BIBLIOGRAFIA (GERAL)

ASÚA, Luis Jiménez. *Tratado de derecho penal.* Buenos Aires: Editorial Losada, 1962. vol. IV •• BASILEU GARCIA. *Instituições de direito penal*. 4. ed. São Paulo: Max Limonad, 1959. vol. I, t. I •• BENTO DE FARIA, Antonio de. *Annotações theorico-praticas ao codigo penal do Brazil*. Rio de Janeiro: Francisco Alves e Cia., 1913 // Código penal brasileiro (comentado). Rio de Janeiro: Distribuidora Récord Ed., 1958. vol. 2 •• BETTIOL, Giuseppe. *Diritto penale*: parte generale. 11. ed. Padova: CEDAM, 1982 •• BITENCOURT, Cezar Roberto. *Tratado de direito penal*: parte geral. 19ª ed. São Paulo: Saraiva, 2013 •• BRUNO, Aníbal. *Direito penal*: parte geral. 3ª ed. Rio de Janeiro: Forense, 1967. t. 1º •• BUSATO, Paulo César. *Direito penal*: parte geral. São Paulo: Atlas, 2013. vol. 1 // 2ª ed, 2015 •• CARRANCA Y TRUJILLO, Raul. *Derecho penal mexicano*: parte general. México: Ed. Porrúa, 1970. t. I •• CEREZO MIR, José. *Derecho penal*: parte general. São Paulo: Revista dos Tribunais; Lima (PE): ARA Ed., 2007 •• CIRINO DOS SANTOS, Juarez. *Direito penal*: parte geral. 3ª ed. Curitiba: ICPC; Lumen Juris, 2008 •• COBO DEL ROSAL, M.; VIVES ANTÓN, T. S. *Derecho penal*: parte general. Valencia (ES): Universidad de Valencia,

1984 •• CORREIA, Eduardo. *Direito criminal*. Colaboração de Figueiredo Dias. Coimbra: Almedina, 2001. vol. II •• COSTA JR., Paulo José. *Código penal comentado*. 8ª ed. São Paulo: DPJ Editora, 2005 •• DAMÁSIO DE JESUS, E. *Direito penal*: parte geral. 35ª ed. São Paulo: Saraiva, 2014 // *Código penal anotado*. 19ª ed. São Paulo: Saraiva, 2009 •• DELMANTO, Celso (*et alii*). *Código penal comentado*. 8ª ed. São Paulo: Saraiva, 2010 •• DOTTI, René Ariel. *Curso de direito penal*: parte geral. 5ª ed. Colaboração de Alexandre Knopfholz e Gustavo Britta Scandelari. São Paulo: Thompson Reuters/Revista dos Tribunais, 2013 •• FERRI, Enrico. *Principii di diritto criminale*: delinquente e delitto. Torino: UTET, 1928 •• FIGUEIREDO DIAS, Jorge de. *Direito penal*: parte geral, questões fundamentais, a doutrina geral do crime. 2ª ed. São Paulo: Revista dos Tribunais; Coimbra: Coimbra Editora, 2007 •• FRAGOSO, Heleno Claudio. *Comentários ao código penal*. 5ª ed. Rio de Janeiro: Forense, 1978. vol. I, t. II (arts. 11/27) // *Lições de direito penal*. 17ª ed. Atual. Fernando Fragoso. Rio de Janeiro: Forense, 2006 •• GALDINO SIQUEIRA. *Tratado de direito penal*: parte geral. Rio de Janeiro, José Konfino Ed., 1947. vol. 1 •• GRECO, Rogério. *Curso de direito penal*: parte geral. 15ª ed. Niterói: Impetus, 2013 •• HUNGRIA, Nélson. *Comentários ao código penal*. 4ª ed. Rio de Janeiro: Forense, 1958. vol. I, t. II •• JAKOBS, Günther. *Derecho penal*: parte general, Fundamentos y Teoria de la Imputación. Trad. Joaquin Cuello Contreras, José Luis Serrano Gozalez de Murillo. Madrid: Marcial Pons, 1995 •• JESCHECK, Hans-Heinrich. *Tratado de derecho penal*: parte general. Barcelona: Bosch; Casa Editorial, 1981. vol. 1º •• J. F. MARQUES. *Tratado de direito penal*. 2ª ed. São Paulo: Saraiva, 1965. vol. 2 ••LEONARDO LOPES, Jair. *Curso de direito penal*: parte geral. 2ª ed. São Paulo: Revista dos Tribunais, 1996 •• LISZT, Franz von. *Tratado de direito penal allemão*. Trad. e prefácio José Hygino Duarte Pereira. Rio de Janeiro: F. Briguiet & Cia.-Editores, 1899. t. I •• LUZÓN PEÑA, Diego-Manuel. *Lecciones de derecho penal*: parte general. 2ª ed. Valencia (ES): Tirant lo Blanch, 2012 •• MAGALHÃES NORONHA, Edgard. *Direito penal*. 3ª ed. São Paulo: Saraiva, 1965. vol. 1 •• MAIA GONÇALVES, M. *Código penal português*. 8ª ed. Coimbra: Livraria Almedina, 1995. •• MANTOVANI, Ferrando. *Diritto penale*. 4ª ed. Padova: CEDAM, 2001 MAURACH, Reinhart. Tratado de *derecho penal*. Trad. e notas Juan Cordoba Roda. Barcelona: Ediciones Ariel, 1962. t. I e II •• MAURACH, Reinhardt; ZIPF, Heinz. *Derecho penal*: parte general. Trad. 7ª ed. alemã por Jorge Bofill Genzsch e Enrique Aimone Gibson. Buenos Aires: Ed. Astrea de Alfredo y Ricardo Depalma, 1994. t. 1 e 2 •• MAYER, Max Ernst. *Derecho penal*: parte general. Trad. de Sergio Politoff Lifschitz, rev. geral e prólogo José Luis Guzmán Dalbora, ed. alemã de 1915. Buenos Aires: Julio César Faira Ed., 2007 •• MAYRINK DA COSTA, Álvaro. *Direito penal*: parte geral. 8ª ed. Rio de Janeiro: Forense,

2009. vol. 2 •• MESTIERI, João. *Manual de direito penal*: parte geral. Rio de Janeiro: Forense, 2002 •• MIR PUIG, Santiago. *Derecho penal*: parte general. 9ª ed. Buenos Aires: B de F, 2012 •• MIRABETE, Julio Fabbrini; FABRINNI, Renato N. *Manual de direito penal*: parte geral. 30ª ed. São Paulo: Atlas, 2014 •• MUÑOZ CONDE, Francisco; GARCÍA ARÁN, Mercedes. *Derecho penal*: parte general. 5ª ed. Valencia: Tirant lo Blanch, 2002 •• NOVOA MONREAL, Eduardo. *Curso de derecho penal chileno*: parte general. 2ª ed. Santiago: Editorial Juridica Ediar-Cono Sur Ltda, 1985. t. 1 •• NUCCI, Guilherme de Souza. *Código penal comentado.* 13ª ed. São Paulo: Thomson Reuters/Revista dos Tribunais, 2013 •• NUÑEZ, Ricardo C. *Manual de derecho penal*: parte general. 3ª ed. Cordoba: Marcos Lerner Editora Cordoba, 1982 •• PIERANGELLI, José Henrique. *Código penal*: comentado artigo por artigo. São Paulo: Verbatim, 2013 •• POLITOFF L., Sérgio (*et alii*). *Lecciones de derecho penal chileno:* parte general. 2ª ed. Santiago: Editorial Jurídica de Chile, 2003 •• PRADO, Luiz Regis. *Tratado de direito penal*: parte geral. São Paulo: Thomson Reuters/Revista dos Tribunais, 2014. vol. 2 // *Curso de direito penal brasileiro.* 15ª ed. Coautoria. São Paulo: Thomson Reuters/Revista dos Tribunais, 2015 •• PUIG PEÑA, Federico. *Derecho penal*: parte general. 6ª ed. Madrid: Ed. Revista de Derecho Privado, 1969 •• QUINTERO OLIVARES, Gonzalo. *Parte general del derecho penal.* 4ª ed. Colaboración de Fermín Morales Prats. Pamplona: Thomson Reuters, 2010 •• REALE JÚNIOR, Miguel. *Instituições de direito penal*: parte geral. 3ª ed. Rio de Janeiro: Forense, 2009 •• RODRIGUEZ DEVESA, José Maria; SERRANO GOMEZ, Alfonso. *Derecho penal español*: parte general. 15ª ed. Madrid: Dykinson, 1992 •• ROXIN, Claus. *Derecho penal*: parte general. Trad. 2ª ed. aleman Diego-Manuel Luzón Peña [*et alii*]. Madrid: Civitas Ediciones, 2003 •• SILVA FRANCO, Alberto. *Código penal e sua interpretação*: doutrina e jurisprudência. 8ª ed. Alberto Silva Franco e Rui Stoco (Coords.). São Paulo: Revista dos Tribunais, 2007 •• SOLER, Sebastian. *Derecho penal argentino.* Buenos Aires: Tipografia Editora Argentina, 1970 •• SOUZA & JAPAIASSÚ. *Curso de direito penal*: parte geral. Rio de Janeiro: Elsevier, 2012 •• STRATENWERTH, Günther. *Derecho penal*: parte general I, El hecho punible. 4ª ed. Trad. Manuel Cancio Meliá y Marcelo Sancinetti. Buenos Aires: Hammurabi, 2005 •• TOLEDO, Francisco de Assis. *Princípios básicos de direito penal.* 5ª ed. São Paulo: Saraiva, 2002 •• VILLALOBOS, Ignacio. *Derecho penal mexicano.* México: Ed. Porrúa, 1975 •• VON WEBER, Hellmuth. *Lineamentos del derecho penal aleman.* 2ª ed. Buenos Aires, 2008 •• WELZEL, Hans. *Derecho penal aleman*: parte general. 11ª ed., aleman; trad. castellana, 4ª ed., de Juan Bustos Ramírez e Sergio Yáñez Pérez. Santiago de Chile: Editorial Juridica de Chile, 1997 •• WESSELS, Johannes. *Direito penal*: parte geral (aspectos fundamentais). Trad. do alemão e notas de Juarez Tavares. Porto Alegre: Sérgio Antonio Fabris Editor, 1976 •• ZAFFARONI, Eugenio Raul; ALAGIA, Alejandro; SLOKAR, Alejandro. *Derecho penal*: parte general. 2ª ed. Buenos Aires: EDIAR, 2014 •• ZAFFARONI, Eugenio Raúl; PIERANGELI, José Henrique. *Manual de direito penal brasileiro*: parte geral. 7ª ed. São Paulo: Revista dos Tribunais, 2007. vol. 1.

I. Noção geral

A lei exige o cumprimento de deveres em relação a determinadas pessoas, sejam elas funcionários públicos ou não. A prisão, efetuada com as formalidades legais (em flagrante, temporária, preventiva etc.), não constitui o crime de constrangimento ilegal (CP, art. 146), de sequestro ou cárcere privado (CP, art. 148) ou de abuso de autoridade (Lei n. 4.898/65, art. 4º, *a*). As autoridades policiais e seus agentes têm o *dever legal* de prender quem estiver em flagrante delito (CPP, art. 301); o Oficial de Justiça tem o *dever legal* de, em cumprimento ao mandado judicial de busca e apreensão de pessoas ou de coisas, efetuar a diligência respectiva; o carcereiro tem o *dever legal* de manter detido o acusado contra quem foi expedido mandado de prisão preventiva. Nesses e em outros casos legalmente previstos, ocorre a causa de justificação do *estrito cumprimento* do dever legal, uma vez atendidas as formalidades instituídas pela lei. A desobediência ou a resistência aos atos legais, praticados pelas pessoas investidas de poder, pode configurar o crime respectivo (CP, arts. 329 e 330). Em se tratando de resistência à prisão em flagrante ou à determinada por autoridade competente, o executor e as pessoas que o auxiliarem poderão usar dos meios necessários para defender-se ou para vencer a resistência (CPP, art. 292).

O dever legal imposto a determinados agentes públicos se distingue da mera *faculdade* (direito subjetivo) e o seu descumprimento poderá configurar um ilícito contra a administração pública, como a prevaricação ou a condescendência criminosa (CP, arts. 319 e 320). O estrito cumprimento do dever legal configura uma situação oposta do *abuso* ou *desvio* de poder ou de autoridade.

II. Requisitos

São os seguintes os *requisitos* para o reconhecimento dessa causa de justificação: *a)* a existência de um dever oriundo da lei em sentido amplo (lei, decreto-lei, decreto, portaria); *b)* o cumprimento desse dever por parte de quem tem a competência funcional para fazê-lo; *c)* a consciência de estar o agente cumprindo esse dever; *d)* a atuação dentro dos estreitos limites fixados pela lei ou pelo regulamento.

Em face da direção de vontade, no sentido de estar o agente cumprindo um dever, esta excludente é incompatível com os delitos culposos (extinto TACRIM-SP, *RT*, 383/193 e 516/346).

III. O descumprimento de ordem legal

Não caracteriza o crime de resistência ou desobediência (CP, arts. 329 e 330), ou qualquer outro tipo de ilícito em geral, o descumprimento de uma ordem ilegal. Ela poderá assumir essa característica em face do abuso de autoridade ou abuso de poder do agente estatal. No primeiro caso, poderá ocorrer a legítima defesa por parte de quem reage, com os meios necessários e moderadamente, à injusta e atual agressão constituída pela ordem ilegal.

IV. O abuso de autoridade

É no contexto dessa hipótese permissiva de conduta que se deve considerar o crime de abuso de autoridade. A Lei n. 4.898, de 9.12.1965, prevê diversas hipóteses do crime de *abuso de autoridade.* Constitui esse tipo de ilícito qualquer atentado: *a)* à liberdade de locomoção; *b)* à inviolabilidade do domicílio; *c)* ao sigilo de correspondência; *d)* à liberdade de consciência e de crença; *e)* ao livre exercício do culto religioso; *f)* à liberdade de associação; *g)* aos direitos e às garantias legais assegurados ao exercício do voto; *h)* ao direito de reunião; *i)* à incolumidade física do indivíduo; *j)* aos direitos e garantias legais assegurados ao exercício profissional.

Além das hipóteses acima indicadas, outras modalidades existem do crime de abuso de autoridade como se poderá verificar pelo art. 4º do mencionado diploma.

** **DIREITO COMPARADO**
Código Penal espanhol: Art. 20. Están exentos de responsabilidad criminal: 1º [...]; 7º El que obre en cumplimiento de un deber o en ejercicio legítimo de un derecho, oficio o cargo". •• **Código Penal português: (Exclusão da ilicitude) Art. 31º, n. 1.** O facto não é punível quando a sua ilicitude for excluída pela ordem jurídica considerada na sua totalidade. 2. Nomeadamente, não é ilícito o facto praticado: *a)* [...]; *c)* No cumprimento de um dever imposto por lei ou por ordem legítima da autoridade. •• **Código Penal Tipo**: "**Artículo 15**: *No comete delito el que obrare en cumplimiento de un deber legal o en el ejercicio legítimo de un derecho*". •• **Anteprojeto argentino: Art. 5. – Eximentes.** No es punible: *a)* [...]; "*c)* El que actuare en cumplimiento de un deber jurídico o en el legítimo ejercicio de un derecho, autoridad o cargo".

§ 41. EXERCÍCIO REGULAR DE DIREITO

***DIREITO ANTERIOR**
CCrim. 1830: "**Art. 10**. Tambem não se julgarão criminosos: § 1. [...]. § 4. Os que commeterem crimes casualmente no exercício ou pratica de qualquer ato licito, feito com attenção ordinaria". •• **CP 1890:** "**Art. 27**. Não são criminosos: § 1º [...]; § 6º Os que commeterem crime

casualmente, no exercício ou pratica de qualquer acto licito, feito com attenção ordinaria". •• **Projeto Alcântara Machado (1938)**: Omisso. •• **Anteprojeto Hungria (1963)**: "Art. 25. Não há crime quando o agente pratica o fato: I – [...]; IV – em cumprimento de dever legal ou no exercício regular de direito". •• **CP 1969**: "Art. 27. Não há crime quando o agente pratica o fato: I – [...]; n. IV – em exercício regular de direito". •• **Anteprojeto Toledo (1981)**: Art. 23. I – [...]; III – Corresponde ao texto vigente.

BIBLIOGRAFIA (ESPECIAL)

CERNICCHIARO, Luiz Vicente. Estrito cumprimento de dever legal e exercício regular de direito. *Revista do Conselho Penitenciário do DF*, 5/1964 •• LINHARES, Marcello Jardim. *Estrito cumprimento de dever legal*: exercício regular de direito. Rio de Janeiro: Forense, 1983 •• MOTTA, Ivan Martins. *Estrito cumprimento do dever legal e exercício regular de direito*. São Paulo: Juarez de Oliveira, 2000 •• THOREAU, David. *A desobediência civil*. Trad. de José Geraldo Couto, título original: Walden and civil disobedience. São Paulo: Penguin Classic; Companhia das Letras, 2012.

BIBLIOGRAFIA (GERAL)

ASÚA, Luis Jiménez. *Tratado de derecho penal.* Buenos Aires: Editorial Losada, 1962. vol. IV •• BASILEU GARCIA. *Instituições de direito penal*. 4ª ed. São Paulo: Max Limonad, 1959. vol. I, t. I •• BENTO DE FARIA, Antonio de. *Annotações theorico-praticas ao codigo penal do Brazil.* Rio de Janeiro: Francisco Alves e Cia., 1913 // Código Penal brasileiro (comentado). Rio de Janeiro: Distribuidora Récord Ed., 1958. vol. 2 •• BETTIOL, Giuseppe. *Diritto penale*: parte generale. 11ª ed. Padova: CEDAM, 1982 •• BITENCOURT, Cezar Roberto. *Tratado de direito penal*: parte geral. 19ª ed. São Paulo: Saraiva, 2013 •• BRUNO, Aníbal. *Direito penal*: parte geral. 3ª ed. Rio de Janeiro: Forense, 1967. t. 1º •• BUSATO, Paulo César. *Direito penal*: parte geral. São Paulo: Atlas, 2013. vol. 1 •• CARRANCA Y TRUJILLO, Raul. *Derecho penal mexicano*: parte general. México: Ed. Porrúa, 1970. t. I •• CEREZO MIR, José. *Derecho penal*: parte general. São Paulo: Revista dos Tribunais; Lima (PE): ARA Ed., 2007 •• CIRINO DOS SANTOS, Juarez. *Direito penal:* parte geral. 3ª ed. Curitiba: ICPC; Lumen Juris, 2008 •• COBO DEL ROSAL, M.; VIVES ANTÓN, T.S. *Derecho Penal*: parte general. Valencia (ES): Universidad de Valencia, 1984 •• CORREIA, Eduardo. *Direito criminal*. Colaboração de Figueiredo Dias. Coimbra: Almedina, 2001. vol. II •• COSTA JR., Paulo José. *Código penal comentado*. 8ª ed. São Paulo: DPJ Editora, 2005 •• DAMÁSIO DE JESUS, E. *Direito penal*: parte geral. 35ª ed. São Paulo: Saraiva, 2014 // Código penal anotado. 19ª ed. São Paulo: Saraiva, 2009 •• DELMANTO, Celso (*et alii*). *Código pe-*

nal comentado. 8ª ed. São Paulo: Saraiva, 2010 •• DOTTI, René Ariel. *Curso de direito penal*: parte geral. 5ª ed. Colaboração de Alexandre Knopfholz e Gustavo Britta Scandelari. São Paulo: Thompson Reuters/Revista dos Tribunais, 2013 •• FERRI, Enrico. *Principii di diritto criminale*: delinquente e delitto. Torino: UTET, 1928 •• FIANDACA, Giovanni; MUESCO, Enzo. *Diritto penale*: parte generale. 2ª ed. Bologna: Zanichelli, 1994 •• FIGUEIREDO DIAS, Jorge de. *Direito penal*: parte geral, questões fundamentais, a doutrina geral do crime. 2ª ed. São Paulo: Revista dos Tribunais; Coimbra: Coimbra Editora, 2007 •• FRAGOSO, Heleno Claudio. *Comentários ao código penal*. 5ª ed. Rio de Janeiro: Forense, 1978. vol. I, t. II (arts. 11/27) // *Lições de direito penal*. 17ª ed. Atual. Fernando Fragoso. Rio de Janeiro: Forense, 2006 •• GRECO, Rogério. *Curso de direito penal*: parte geral. 15ª ed. Niterói: Impetus, 2013 •• HUNGRIA, Nélson. *Comentários ao código penal*. 4ª ed. Rio de Janeiro: Forense, 1958. vol. I, t. II •• JAKOBS, Günther. *Derecho penal*: parte general, Fundamentos y Teoria de la Imputación. Trad. Joaquin Cuello Contreras, José Luis Serrano Gozalez de Murillo. Madrid: Marcial Pons, 1995 •• JESCHECK, Hans-Heinrich. *Tratado de derecho penal*: parte general. Barcelona: Bosch; Casa Editorial, 1981. vol. 1º •• J. F. MARQUES. *Tratado de direito penal*. 2ª ed. São Paulo: Saraiva, 1965. vol. 2 •• LEONARDO LOPES, Jair. *Curso de direito penal*: parte geral. 2ª ed. São Paulo: Revista dos Tribunais, 1996 •• LISZT, Franz von. *Tratado de direito penal allemão*. Trad. e prefácio José Hygino Duarte Pereira. Rio de Janeiro: F. Briguiet & Cia.-Editores, 1899. t. I •• LUZÓN PEÑA, Diego-Manuel. *Lecciones de derecho penal*: parte general. 2ª ed. Valencia(ES): Tirant lo Blanch, 2012 •• MAGALHÃES NORONHA, Edgard. *Direito penal*. 3ª ed. São Paulo: Saraiva, 1965. vol. 1 •• MAIA GONÇALVES, M. *Código penal português*. 8ª ed. Coimbra: Livraria Almedina, 1995 •• MANTOVANI, Ferrando. *Diritto penale*. 4ª ed. Padova: CEDAM, 2001 •• MAURACH, Reinhart. *Tratado de derecho penal*. Trad. e notas Juan Cordoba Roda. Barcelona: Ediciones Ariel, 1962. t. I e II •• MAURACH, Reinhardt; ZIPF, Heinz. *Derecho penal*: parte general. Trad. 7ª ed. alemã por Jorge Bofill Genzsch e Enrique Aimone Gibson. Buenos Aires: Ed. Astrea de Alfredo y Ricardo Depalma, 1994. t. 1 e 2 •• MAYER, Max Ernst. *Derecho penal*: parte general. Trad. de Sergio Politoff Lifschitz, rev. geral e prólogo José Luis Guzmán Dalbora, ed. alemã de 1915. Buenos Aires: Julio César Faira Ed., 2007 •• MAYRINK DA COSTA, Álvaro. *Direito penal*: parte geral. 8ª ed. Rio de Janeiro: Forense, 2009. vol. 2 •• MESTIERI, João. *Manual de direito penal*: parte geral. Rio de Janeiro: Forense, 2002 •• MIR PUIG, Santiago. *Derecho penal*: parte general. 9ª ed. Buenos Aires: B de F, 2012 •• MIRABETE, Julio Fabbrini; FABRINNI, Renato N. *Manual de direito penal*: parte geral. 30ª ed. São Paulo: Atlas, 2014 •• MUÑOZ CONDE, Francisco; GARCÍA ARÁN, Mercedes. *Derecho penal*: parte general. 5ª ed. Valencia: Tirant lo Blanch, 2002 •• NOVOA MONREAL, Eduardo. *Curso de Derecho penal chileno*: parte general. 2ª ed. Santiago: Editorial Juridica Ediar-Cono Sur Ltda., 1985. t. 1 •• NUCCI, Guilherme de Souza. *Código penal comentado.* 13ª ed. São Paulo: Thomson Reuters/Revista dos Tribunais, 2013 •• NUÑEZ, Ricardo C. *Manual de derecho penal:* parte general. 3ª ed. Cordoba: Marcos Lerner Editora Cordoba, 1982 •• PIERANGELLI, José Henrique. *Código penal*: comentado artigo por artigo. São Paulo: Verbatim, 2013 •• POLITOFF L., Sérgio [*et alii*]. *Lecciones de derecho penal chileno*: parte general. 2ª ed. Santiago: Editorial Jurídica de Chile, 2003 •• PRADO, Luiz Regis. *Tratado de direito penal*: parte geral. São Paulo: Thomson Reuters/Revista dos Tribunais, 2014. vol. 2 // *Curso de direito penal brasileiro.* 15ª ed. *Coautoria*. São Paulo: Thomson Reuters/Revista dos Tribunais, 2015 •• PUIG PEÑA, Federico. *Derecho penal*: parte general. 6ª ed. Madrid: Ed. Revista de Derecho Privado, 1969 •• QUINTERO OLIVARES, Gonzalo. *Parte general del derecho penal*. 4ª ed. Colaboración de Fermín Morales Prats. Pamplona (ES): Thomson Reuters, 2010 •• REALE JÚNIOR, Miguel. *Instituições de direito penal*: parte geral. 3ª ed. Rio de Janeiro: Forense, 2009 •• RODRIGUEZ DEVESA, José Maria; SERRANO GOMEZ, Alfonso. *Derecho penal español*: parte general. 15ª ed. Madrid: Dykinson, 1992 •• ROXIN, Claus. *Derecho penal*: parte general. Trad. 2ª ed. alemã Diego-Manuel Luzón Peña [et alii]. Madrid: Civitas Ediciones, 2003 •• SILVA FRANCO, Alberto. *Código penal e sua interpretação*: doutrina e jurisprudência. 8ª ed. Coordenadores: Alberto Silva Franco e Rui Stoco. São Paulo: Revista dos Tribunais, 2007 •• SOLER, Sebastian. *Derecho penal argentino*. Buenos Aires: Tipografia Editora Argentina, 1970 •• SOUZA & JAPAIASSÚ. *Curso de direito penal*: parte geral. Rio de Janeiro: Elsevier, 2012 •• STRATENWERTH, Günther. *Derecho penal*: parte general I, El hecho punible. 4ª ed. Trad. Manuel Cancio Meliá y Marcelo Sancinetti. Buenos Aires: Hammurabi, 2005 •• TOLEDO, Francisco de Assis. *Princípios básicos de direito penal*. 5ª ed. São Paulo: Saraiva, 2002 •• VILLALOBOS, Ignacio. *Derecho penal mexicano*. México: Ed. Porrúa, 1975 •• VON WEBER, Hellmuth. *Lineamentos del derecho penal aleman*. 2ª ed. Buenos Aires, 2008 •• WELZEL, Hans. *Derecho penal aleman*: parte general. 11ª ed., alemã; trad. castellana, 4ª ed., de Juan Bustos Ramírez e Sergio Yáñez Pérez. Santiago de Chile: Editorial Juridica de Chile, 1997 •• WESSELS, Johannes. *Direito penal*: parte geral (aspectos fundamentais). Trad. do alemão e notas de Juarez Tavares. Porto Alegre: Sérgio Antonio Fabris Editor, 1976 •• ZAFFARONI, Eugenio Raul; ALAGIA, Alejandro; SLOKAR, Alejandro. *Derecho penal*: parte general. 2ª ed. Buenos Aires: Ediar, 2014 •• ZAFFARONI, Eugenio Raúl; PIERANGELI, José Henrique. *Manual de direito penal brasileiro*: parte geral. 7ª ed. São Paulo: Revista dos Tribunais, 2007. vol. 1.

I. Conceito

O *exercício regular de um direito* é uma causa de justificação que consiste no reconhecimento pela ordem jurídica de que determinadas condutas são autorizadas quando praticadas no seu próprio interesse. Seria uma contradição intolerável que o exercício de um direito fosse considerado ilícito. Segundo conhecida lição de GRAF ZU DOHNA, *"uma ação juridicamente permitida não pode ser, ao mesmo tempo, proibida pelo Direito"*. Ou, em outras palavras: o exercício de um Direito nunca é antijurídico (TOLEDO, *Princípios básicos,* § 217, p. 213) (Itálicos meus). No entanto, o sistema positivo reprova o abuso de direito, assuma ele a forma de *abuso de poder* ou *abuso de autoridade*. O exercício é regular quando se contém nos limites impostos pelo objetivo social do direito em causa, pela boa-fé ou pelos costumes.

II. Requisitos

O reconhecimento da causa justificante depende da integração dos seguintes requisitos: *a)* a existência de um direito objetivo; *b)* a consciência, por parte do agente, de sua existência; *c)* a prática do direito dentro de seus limites estabelecidos pela lei, pela boa-fé ou pelos costumes.

III. Intervenção médico-cirúrgica e lesão em prática desportiva

Um dos temas que tem interessado os especialistas é o da não criminalização das práticas médico-cirúrgicas e das lesões que resultem das atividades desportivas violentas. É como exercício regular de direito que devem ser solucionadas essas duas questões da doutrina penal moderna.

A doutrina ainda não adotou uma posição pacífica quanto à classificação desses fatos e variadas opiniões têm sido expostas para explicar-lhes a exclusão de ilicitude. Uma opinião generalizada sustenta para os casos médicos a ocorrência do estado de necessidade. Seria uma intervenção legítima na proteção de um bem jurídico de outrem, em situação de perigo. Plausível na aparência, essa explicação, na realidade, confunde situações que se distinguem claramente por mais um ponto fundamental. Nem sempre, porém, ocorrem no caso os requisitos com que a lei caracteriza o estado de necessidade (BRUNO, *Direito penal,* t. 2º, p. 11).

Constitui exercício regular de direito, a intervenção cirúrgica que atenda às exigências deontológicas e técnicas, observados o consentimento do paciente e o dever de cuidado objetivo sob pena da ocorrência de crime culposo de homicídio ou lesão corporal. A atividade cirúrgica será também lícita quando, na ausência de autorização, ocorrerem os requisitos do estado de necessidade justificante. Quanto aos esportes violentos que causam lesões, como a luta livre, a luta romana, karatê, artes marciais e o boxe, uma vez praticados em lugares autorizados pelo Estado e satisfeitas as regras do jogo, não são criminalizados. É preciso também considerar a hipótese de trabalho lícito em relação a protagonistas do esporte e funcionários da empresa organizadora. No entanto, a agressão praticada pelo atleta que extravasa os limites da tolerância constitui delito porque não é necessária para a prática do jogo ou produzida além das regras técnicas permitidas pela moral prática, regulada e regulamentada pelo Poder Público (extinto TAMG. In: *RT*, 611/418).

IV. Atuação *pro magistratu*

Dentro dessa classificação de excludentes está a chamada "atuação *pro magistratu*", que compreende "situações em que o particular é autorizado a agir porque a autoridade não pode atuar em tempo, como a *prisão em flagrante* e a *autoajuda*" (CIRINO DOS SANTOS, *Direito penal,* p. 268) (Itálicos do original).

A autorização legal conferida a *"qualquer do povo"* para *"prender quem quer que seja encontrado em flagrante delito"* (CPP, art. 301) é também justificada pela nossa *lei fundamental* ao declarar que a segurança pública, embora "dever do Estado" é, (também) por expressão da cidadania, *"direito e responsabilidade de todos"* (CF, art. 144 c/c o art. 1º, II).

V. A autoajuda

A *"autoajuda"* compreende ações diretas sobre pessoas ou coisas (prender, eliminar a resistência) distintas da legítima defesa e da prisão em flagrante como a recuperação da *res furtiva,* dias após o fato, ao encontrar e subjugar o ladrão que estava de posse do objeto (CIRINO DOS SANTOS, ob. cit., p. 269) Como exemplo é possível citar o direito de retenção e o exercício de condutas que, segundo a jurisprudência, não caracterizam o delito do exercício arbitrário das próprias razões (CP, art. 345). A hipótese formulada por JESCHECK é bem ilustrativa: "Quien encuentra a su deudor subiendo a un avión a bordo del cual intenta huir al extranjero, puede detenerle" (*Tratado,* § 35, p. 544).

VI. A imunidade parlamentar

Há determinadas atividades cujo exercício não é suficientemente explicável à luz dos institutos do estado de necessidade, da legítima defesa, do estrito cumprimento do dever legal e do exercício regular de direito. Entre elas estão a imunidade parlamentar e a imunidade profissional.

A imunidade parlamentar é uma das conquistas essenciais da democracia representativa e uma expressão vigorosa do Estado Democrático de Direito para tornar factíveis os princípios fundamentais da República Federativa: a soberania, a cidadania, a dignidade da pessoa humana, os valores sociais do trabalho e da livre iniciativa e o pluralismo político (CF, art. 1º).

A CF estabelece que os Deputados e Senadores são invioláveis, civil e penalmente, por quaisquer de suas opiniões, palavras e votos (art. 53). É consagrada a *imunidade parlamentar* que constitui uma das garantias indispensáveis para a liberdade do exercício do mandato. Essa causa de exclusão de ilicitude é irrenunciável por ser erigida no interesse da autonomia das Casas parlamentares (Câmara dos Deputados, Senado Federal, Assembleias Legislativas e Câmaras Municipais) e do dever imposto aos detentores do mandato popular de cumpri-lo sem as restrições ou obstáculos que adviriam com o processo criminal ou cível no pressuposto de ofensa à honra, pela manifestação oral ou escrita (discurso, opinião, voto etc.).

Como é evidente, a imunidade parlamentar constitui um dos aspectos inerentes à soberania popular, que é exercida pelo sufrágio universal e pelo voto direto e secreto, com igual valor para todos (CF, art. 14). Essa primeira *petição de princípio* se desdobra em duas conclusões: *a)* a imunidade é uma *prerrogativa* instituída em função do exercício independente e autônomo do mandato; não é um *privilégio* concedido em favor da pessoa do mandatário; *b)* a prerrogativa da imunidade é irrenunciável posto não ser uma faculdade do parlamentar, mas da Casa a que ele pertence. A impossibilidade da renúncia dessa garantia já foi declarada pelo STF, ao decidir que o congressista, isoladamente considerado, não tem sobre ela qualquer poder de disposição (Inq. n. 774-9, Rel. Min. CELSO DE MELLO, DJU 16.12.1993, p. 27.869). A imunidade parlamentar alcança os deputados, cf. declaram as Constituições estaduais, e também os vereadores, como o reconheceu o STF em aresto relatado pelo Min. MOREIRA ALVES (HC 75.621, DJU 27.3.1998). Especificamente sobre a inviolabilidade dos vereadores quanto aos crimes contra a honra, é oportuna a leitura do precedente relatado pelo Min. CELSO DE MELLO, de 12.11.1996, HC 74.201-7 (MG). In: *Boletim* IBCCrim, 53/188. A doutrina tem assentado que a imunidade deferida aos vereadores tem a mesma natureza e alcance que a conferida aos parlamentares federais, protegendo-os civil e criminalmente por suas "opiniões, palavras e votos, no exercício de suas funções" (ZACHARIAS TORON, *Inviolabilidade penal dos vereadores*, p. 301).

VII. A imunidade profissional

O advogado que, no cumprimento de um mandato outorgado pelo seu cliente, requer a abertura de procedimento criminal (inquérito, representação ou ação penal privada) contra alguém imputando-lhe um fato delituoso não pratica qualquer ilícito penal (p. ex., calúnia ou denunciação caluniosa). Importa considerar que não há uma causa legal que inclua a denunciação caluniosa entre os delitos contra os quais o patrono tem imunidade. Entretanto, como os tribunais podem admitir esteja a calúnia compreendida na proteção legal, fatalmente tal orientação se estenderia também à denunciação caluniosa, eis que esses dois delitos compartilham a mesma elementar normativa da ciência da falsidade do fato criminoso imputado (STJ, RHC 14.621/SP, 5ª T., Rel. Min. FELIX FISCHER, DJ 10.5.2004).

O mesmo ocorre quando, na questão relativa ao Direito de Família (separação ou divórcio litigiosos, investigação de paternidade, guarda de filhos etc.), o procurador atribui fato ofensivo à honra ou à dignidade da parte contrária. A *imunidade profissional* neste caso não se confunde com a hipótese do inc. I do art. 142 do CP. Aqui o legislador descriminaliza a ofensa praticada tanto pelo procurador como pela parte e quando dirigida ao adversário ou ao seu patrono (advogado ou membro do MP) e se reduz aos casos de injúria ou difamação. A *libertas convinciandi* não é admitida contra a pessoa do juiz da causa (STF, *RTJ*, 91/807). No entanto e na qualidade de procurador judicial, ele poderá atribuir ao magistrado que preside a causa o cometimento de um crime quando, por exemplo, fundamente uma arguição de suspeição, ou promova a responsabilidade penal do juiz independentemente da prática de um ato de ofício. A representação ou outro tipo de petição atribuindo a prática de crime a alguém exige a indicação de poderes especiais no mandato conferido pelo cliente para ressalvar o advogado. "No cumprimento do seu dever de ofício, ou seja, na ação restrita à causa de seu patrocínio, o **advogado** tem a cobertura de **imunidade** profissional, em se tratando de crimes contra a honra (Lei n. 8.906/94, art. 7º, § 2º)" (STJ, 5ª T., RHC 11.474 (MT), Rel. Min. EDSON VIDIGAL, DJ 04.02.2002). "Sendo a ofensa irrogada circunscrita à **representação** de ofício, com o fim de discutir-se punição administrativa a Procurador da República, há de ser reconhecida a **imunidade** profissional, porquanto a peça dita agressiva à honra nada mais é do que o preâmbulo da manifestação atinente a fato cuja atuação do causídico proponente tem sua razão única de ser" (STJ, 5ª T., RHC 17.516 (DF), Rel. Min. JOSÉ ARNALDO DA FONSECA, DJ 21.11.2005).

No sentido do exposto é a lição de CEREZO MIR: "Los abogados para defender a sus clientes, o para actuar como acusadores privados, hacen a veces afirmaciones que son objetivamente injuriosas y que estarían comprendidasen el tipo de los delitos de injurias (arts. 208 y ss.) o calumnia (arts. 205 y ss.) se si hubieran realizado con *animus injuriandi* o *caluniandi*. *Su accion no es típica, generalmente, por falta de este elemento subjetivo de lo injusto*" (*Derecho penal*, p. 739).

Essa causa de imunidade também beneficia os jornalistas e outros comunicadores sociais do rádio, TV, jornal, revista e equiparados, nas hipóteses de exclusão de ilicitude previstas no art. 27 da revogada Lei n. 5.250, de 9.2.1967, quando a atividade é exercida no interesse público e sem o *animus offendendi*. Muito embora a *lei de imprensa* tenha sido declarada inconstitucional pelo STF (ADPF 130-7), o princípio imanente àquela regra deve ser aplicado aos casos concretos, como exercício regular de direito, a exemplo do jornalismo investigativo, como excludente de ilicitude do tipo de crime contra a honra. No entanto, é adequada a observação de CEREZO MIR: "Los perodistas, en el desempeño, de su profisión, al informar o realizar cualquer género de crítica (política, literaria, artística, deportiva, etc.) hacen afirmaciones que si no estuvieran realizadas con el *animus informandi* o *criticandi,* sino con *animus iniuriandi* o *calumniandi* estarían comprendidas en el tipo de los delitos de injurias o calumnia" (ob. e loc. cit.).

Tratando-se de autoridade policial ou seus agentes, ou de membro do Ministério Público ou o magistrado que impute a alguém o cometimento de um crime, através de relatório, informação ou denúncia, despacho ou sentença, atendo-se aos elementos de prova existentes e à devida forma, a causa justificante terá outra natureza, i.e., o estrito cumprimento do dever legal.

VIII. O exercício regular de direito no Direito Civil

Prevê o inc. I do art. 188 do CCiv. que não constituem atos ilícitos os praticados em legítima defesa ou no *exercício regular* de um direito reconhecido.

* DIREITO COMPARADO
Código Penal espanhol: "20. *Están exentos de responsabilidad criminal:* 1º [...]. 7º *El que obre en cumplimiento de un deber o en ejercicio legítimo de un derecho, oficio o cargo.* "•• **Código Penal português: (Exclusão da ilicitude) Art. 31º, n. 1.** O facto não é punível quando a sua ilicitude for excluída pela ordem jurídica considerada na sua totalidade. 2. Nomeadamente, não é ilícito o facto praticado: *a)* [...]; *b)* no exercício de um direito". •• **Código Penal Tipo: Artículo 15.** "No comete delito el que obrare en cumplimiento de un deber legal o *en el ejercicio legítimo de un derecho"*. •• **Anteprojeto argentino:** "**Art. 5. – Eximentes.** No es punible: a) [...] *c)* El que actuare en cumplimiento de un deber jurídico o en el legítimo ejercicio de un derecho, autoridad o cargo".

TÍTULO III

DA IMPUTABILIDADE PENAL

BIBLIOGRAFIA (ESPECIAL)

ALENCAR, Fabio Almeida de. *Imputabilidade penal:* aspectos jurídicos e sociais. Ananindeua (PA): Faculdade da Amazônia, 2005 •• ALIMENA, Bernardino. *I limiti e i modificatore dell'imputabilidad*. Torino: F. Bocca, 1894 •• ÁVILA, Ítalo Bruno de. Imputabilidade x impunidade. *Informativo Consulex*, 32/1999 ••

BADARÓ, Ramagem. *Da imputabilidade e responsabilidade na sistemática penal*. Rio de Janeiro: J. Konfino, 1970 •• BARBOSA, Mafalda Miranda. O papel da imputabilidade no quadro da responsabilidade delitual. *Boletim da Faculdade de Direito de Coimbra*, 82/2006 •• BELEZA DOS SANTOS, José. O conceito ético-jurídico da responsabilidade penal-valor deste conceito-deverá manter-se ou pôr-se de parte? In: Estudos de direito e processo penal em homenagem a Nélson Hungria. Rio de Janeiro: Forense, 1962 •• BERTOLINO, Marta. Fughe in avanti e spinte regressive in tema di imputabilitá penale. *RIDPP*, 3/2001 •• CAMARA, Edson de arruda. *Imputabilidade*. Brasília: Consulex, 1992 •• DE MAURO, G. B. *Fondamento della imputabilitá nella dottrina e nel Códice Penale italiano*. Torino: Torinese, 1910 •• DIAZ PALOS, Fernando. *Teoria general de la imputabilidad*. Barcelona: Bosch, 1965 •• FOSCHINI, Gaetano. *L'imputato*. Milano: A. Giuffre, 1956 •• GARCIA RAMIREZ, Sergio. *La imputabilidad en el derecho penal federal mexicano*. Mexico: UNAM, 1968 •• GIANNITRAPANI, Alfredo. *Le ragioni umane della imputabilita e responsabilita penale*. Napoli: La Toga, 1933 •• GÓMEZ-JARA DÍEZ, Carlos. ¿Imputabilidad de personas jurídicas? *RBCCrim*, 63/2006 •• HASSEMER, Winfried. *Persona, mundo y responsabilidad*: bases para una teoría de la imputación en derecho penal. Trad. Francisco Munõz Conde, Maria del Mar Díaz Pita. Valencia (ES): Tirant lo Blanch, 1999 // *Persona, mundo y responsabilidad*: bases para una teoría de la imputación en derecho penal, trad. Francisco Munõz Conde, Maria del Mar Díaz Pita. Santa Fé de Bogotá: Editorial Temis, 1999 •• HUNGRIA, Nelson. A responsabilidade em face do código penal. *Revista Forense*, 93/1943 •• LEIRIA, Antonio José Fabrício. Fundamentos da responsabilidade penal. Rio de Janeiro: Forense, 1980 •• LINHARES, Marcelo Jardim. *Responsabilidade penal*. Rio de Janeiro: Forense, 1978 •• MIRÓ LLINARES, Fernando. *La imputación penal a debate*. Lima (PE): ARA Ed., 2010 •• MONTALBANO, Giuseppe. *Il fondamento della imputabilita*. Milano: F. Bocca, 1938 •• PEREIRA, Virgílio de Sá. Da imputabilidade no projecto do codigo penal brasileiro. *Revista Forense*, 54/1930 •• PEREZ-LLANTADA Y GUTIERREZ, Fernando. Vision historica de la responsabilidad penal. Caracas: Universidad Central de Venezuela, 1972 •• REYS ECHANDIA, Alfonso. *La imputabilidad*. 2ª ed. Bogotá: Universidad Externado de Colombia, 1979 •• RIBEIRO, Leonidio. Imputabilidade criminal. *RT*, 73/1930 •• SABINO JUNIOR, Vicente. A imputabilidade criminal. *Revista de Jurisprudência do TJSP*, 61/1979 •• SILVEIRA, José dos Santos. *Da imputabilidade penal no direito português*. Coimbra: Coimbra Ed., 1960 •• SIQUEIRA, José Prudente. A imputabilidade e a responsabilidade criminais. Rio de Janeiro: I. Amorim, 1938 // A imputabilidade no projecto de código criminal brasileiro a proposições jurídicas. Rio de Janeiro: Typ. do Jornal do Comércio, 1936 // O problema da imputabilidade no Projeto Alcântara Machado. *Revista Forense*, 80/1939.

BIBLIOGRAFIA (GERAL)

ANTOLISEI, Francesco. *Manuale di diritto penale*: parte generale. 3ª ed. Milano: Dott. A. Giuffrè, 1994 •• ASÚA, Luis Jiménez. *Tratado de derecho penal*. Buenos Aires: Editorial Losada, 1962. vol. V •• BASILEU GARCIA. *Instituições de direito penal*. 4ª ed. São Paulo: Max Limonad, 1959. vol. I, t. I •• BENTO DE FARIA, Antonio de. *Annotações theorico-praticas ao codigo penal do Brazil*. Rio de Janeiro: Francisco Alves e Cia, 1913 // Código penal brasileiro (comentado). Rio de Janeiro: Distribuidora Récord Ed., 1958. vol. 2 •• BETTIOL, Giuseppe. *Diritto penale*: parte generale. 11ª ed. Padova: CEDAM, 1982 •• BITENCOURT, Cezar Roberto. *Tratado de direito penal*: parte geral. 19ª ed. São Paulo: Saraiva, 2013 •• BOCKELMANN, Paul; VOLK, Klaus. *Direito penal*: parte geral. Belo Horizonte: Del Rey, 2007 •• BRUNO, Aníbal. *Direito penal*: parte geral. 3ª ed. Rio de Janeiro: Forense, 1967. t. 2º •• BUSATO, Paulo César. *Direito penal*: parte geral. São Paulo: Atlas, 2013. vol. 1 •• CARRANCA Y TRUJILLO, Raul. *Derecho penal mexicano* parte general. México: Ed. Porrúa, 1970. t. I •• CAVALEIRO DE FERREIRA, Manuel. *Direito penal português*: parte geral. Viseu: Editorial Verbo, 1981 •• CEREZO MIR, José. *Derecho penal*: parte general. São Paulo: Revista dos Tribunais; Lima(PE): ARA Ed., 2007 •• CIRINO DOS SANTOS, Juarez. *Direito penal*: parte geral. 3ª ed. Curitiba: ICPC; Lumen Juris, 2008 •• COBO DEL ROSAL, M.; VIVES ANTÓN, T. S. *Derecho penal*: parte general. Valencia (ES): Universidad de Valencia, 1984 •• CORREIA, Eduardo. *Direito criminal*. Colaboração de Figueiredo Dias. Coimbra: Almedina, 2001. vol. I e II •• COSTA E SILVA, Antônio José da. *Código penal*. São Paulo: Companhia Editora Nacional, 1943. vol. 1 •• COSTA JR., Paulo José. *Código penal comentado*. 8ª ed. São Paulo: DPJ Editora, 2005 •• DAMÁSIO DE JESUS, E. *Direito penal*: parte geral. 35ª ed. São Paulo: Saraiva, 2014 •• DELMANTO, Celso (*et alii*). *Código penal comentado*. 8ª ed. São Paulo: Saraiva, 2010 •• DOTTI, René Ariel. *Curso de direito penal*: parte geral. 5ª ed. Colaboração de Alexandre Knopfholz e Gustavo Britta Scandelari. São Paulo: Thomson Reuters/Revista dos Tribunais, 2013 •• FERRI, Enrico. *Principii di diritto criminale*: delinquente e delitto. Torino: UTET, 1928 // *Princípios de direito criminal*: o criminoso e o crime. São Paulo: Livraria Acadêmica, 1931 •• FIANDACA, Giovanni; MUESCO, Enzo. *Diritto penale*: parte generale. 2ª ed. Bologna: Zanichelli, 1994 •• FIGUEIREDO DIAS, Jorge de. *Direito penal português*. Lisboa: Aequitas Editorial Notícias, 1993 // *Direito penal*: parte geral. *Questões fundamentais*: a doutrina geral do crime. 2ª ed. São Paulo: Revista dos Tribunais; Coimbra: Coimbra Editora, 2007 •• FRAGOSO, Heleno Claudio. *Comentários ao código penal*. 5ª ed. Rio de Janeiro: Forense, 1978, vol. I, t. II (arts. 11/27) // *Lições de direito penal*. 17ª ed. Atual. Fernando Fragoso. Rio de Janeiro: Forense, 2006 •• GRECO, Rogério. *Curso de direi-*

to penal: parte geral. 15ª ed. Niterói: Impetus, 2013 •• HUNGRIA, Nélson. *Comentários ao código penal*. 4ª ed. Rio de Janeiro: Forense, 1958. vol. I, t. II •• JAKOBS, Günther. *Derecho penal*: parte general, Fundamentos y Teoria de la Imputación. Trad. Joaquin Cuello Contreras, José Luis Serrano Gozalez de Murillo. Madrid: Marcial Pons, 1995 •• JESCHECK, Hans-Heinrich. *Tratado de derecho penal*: parte general. Barcelona: Bosch, Casa Editorial, 1981. vol. 1º •• LEONARDO LOPES, Jair. *Curso de direito penal*: parte geral. 2ª ed. São Paulo: Revista dos Tribunais, 1996 •• LISZT, Franz von. *Tratado de direito penal allemão*. Trad. e prefácio José Hygino Duarte Pereira. Rio de Janeiro: F. Briguiet & Cia-Editores, 1899. t. I •• LUZÓN PEÑA, Diego-Manuel. *Lecciones de derecho penal*: parte general. 2ª ed. Valencia(ES): Tirant lo Blanch, 2012 •• MAGALHÃES NORONHA, Edgard. *Direito penal*. 3ª ed. São Paulo: Saraiva, 1965. vol. 1 •• MANTOVANI, Ferrando. *Diritto penale*. 4ª ed. Padova: CEDAM, 2001 •• MARQUES, J. F. *Tratado de direito penal*. 2ª ed. São Paulo: Saraiva, 1965. vol. 2 •• MAURACH, Reinhart. *Tratado de derecho penal*. Trad. e notas Juan Cordoba Roda, Barcelona: Ediciones Ariel, 1962. t. I e II •• MAURACH, Reinhardt; ZIPF, Heinz. *Derecho penal*: parte general. Trad. 7ª ed. alemã por Jorge Bofill Genzsch e Enrique Aimone Gibson. Buenos Aires: Ed. Astrea de Alfredo y Ricardo Depalma, 1994. t. 1 e 2 •• MAYER, Max Ernst. *Derecho penal*: parte general. Trad. de Sergio Politoff Lifschitz, rev. geral e prólogo José Luis Guzmán Dalbora, ed. aleman de 1915. Buenos Aires: Julio César Faira Ed., 2007 •• MAYRINK DA COSTA, Álvaro. *Direito penal*: parte geral. 8ª ed. Rio de Janeiro: Forense, 2009. vol. 2 •• MESTIERI, João. *Manual de direito penal*: parte geral. Rio de Janeiro: Forense, 2002 •• MEZGER, Edmundo. *Tratado de derecho penal*. Trad. de José Arturo Rodríguez Muñoz. Madrid(ES): Ed. Revista de Derecho Privado, 1955. t. I e II •• MIR PUIG, Santiago. *Derecho penal*: parte general. 9ª ed. Buenos Aires: B de F, 2012 •• MIRABETE, Julio Fabbrini; FABRINNI, Renato N. *Manual de direito penal*: parte geral. 30ª ed. São Paulo: Atlas, 2014 •• MUÑOZ CONDE, Francisco; GARCÍA ARÁN, Mercedes. *Derecho penal*: parte general. 5ª ed. Valencia(ES): Tirant lo Blanch, 2002 •• NOVOA MONREAL, Eduardo. *Curso de derecho penal chileno:* parte general. 2ª ed. Santiago: Editorial Juridica Ediar-Cono Sur Ltda., 1985. t. 1 •• NUCCI, Guilherme de Souza. *Código penal comentado*. 13ª ed. São Paulo: Thomson Reuters/Revista dos Tribunais, 2013 •• NUÑEZ, Ricardo C. *Manual de derecho penal*: parte general. 3ª ed. Cordoba: Marcos Lerner Editora Cordoba, 1982 •• PIERANGELLI, José Henrique. *Código penal*: comentado artigo por artigo. São Paulo: Verbatim, 2013 •• POLITOFF L., Sérgio [*et alii*]. *Lecciones de derecho penal chileno*: parte general. 2ª ed. Santiago: Editorial Jurídica de Chile, 2003 •• PRADO, Luiz Regis. *Tratado de direito penal*: parte geral. São Paulo: Thomson Reuters/Revista dos Tribunais, 2014. vol. 2 // *Curso de direito penal brasileiro*. 13ª ed. Coautoria. São Paulo: Thomson Reuters/Revista dos Tribunais, 2014 •• PUIG PEÑA, Federico. *Derecho penal*: parte general. 6ª ed. Madrid: Editorial Revista de Derecho Privado, 1969 •• QUINTERO OLIVARES, Gonzalo. *Parte general del derecho penal*. 4ª ed. Colaboración de Fermín Morales Prats. Pamplona: Thomson Reuters, 2010 •• REALE JÚNIOR, Miguel. *Instituições de direito penal*: parte geral. 3ª ed. Rio de Janeiro: Forense, 2009 •• RODRIGUEZ DEVESA, José Maria; SERRANO GOMEZ, Alfonso. *Derecho penal español*: parte general. 15ª ed. Madrid: Dykinson, 1992 •• ROXIN, Claus. *Derecho penal*: parte general. Trad. 2ª ed. aleman Diego-Manuel Luzón Peña [et alii]. Madrid: Civitas Ediciones, 2003 •• SILVA FRANCO, Alberto. *Código penal e sua interpretação*: doutrina e jurisprudência. 8ª ed. Coordenadores: Alberto Silva Franco e Rui Stoco. São Paulo: Revista dos Tribunais, 2007 •• SOUZA & JAPIASSÚ. *Curso de direito penal*: parte geral. Rio de Janeiro: Elsevier, 2012 •• STRATENWERTH, Günther. *Derecho penal*: parte general I; El hecho punible. 4ª ed. Trad. Manuel Cancio Meliá y Marcelo Sancinetti. Buenos Aires: Hammurabi, 2005 •• TOLEDO, Francisco de Assis. *Princípios básicos de direito penal*. 5ª ed. São Paulo: Saraiva, 2002 •• VILLALOBOS, Ignacio. *Derecho penal mexicano*. México: Ed. Porrúa, 1975 •• VON WEBER, Hellmuth. *Lineamentos del derecho penal aleman*. 2ª ed. Buenos Aires, 2008 •• WELZEL, Hans. *Derecho penal aleman*: parte general. 11ª ed., aleman. Trad. castellana, 4ª ed., de Juan Bustos Ramírez e Sergio Yáñez Pérez. Santiago de Chile: Editorial Juridica de Chile, 1997 •• ZAFFARONI, Eugenio Raúl. *Tratado de derecho penal*: parte general. Buenos Aires: EDIAR, 1980 •• ZAFFARONI, Eugenio Raul; ALAGIA, Alejandro; SLOKAR, Alejandro. *Derecho penal*: parte general. 2ª ed. Buenos Aires: EDIAR, 2014 •• ZAFFARONI, Eugenio Raúl; PIERANGELI, José Henrique. *Manual de direito penal brasileiro*: parte geral. 7ª ed. São Paulo: Revista dos Tribunais, 2007. vol. 1

§ 42. HIPÓTESES DE ISENÇÃO DE PENA

I. Exclusão de culpabilidade

A exemplo do art. 23, que indica as hipóteses de exclusão de ilicitude, o ideal seria, sob a perspectiva didática, que o Tít. III do Código Penal tivesse uma redação binária compatível com disposições de imputabilidade e inimputabilidade penal como se verifica pelos arts. 26 a 28 do Código Penal. Mas a tradicional sequência na distribuição dos assuntos, adotadas não somente pela PG/1940 mas, também por diplomas posteriores como o Anteprojeto Hungria, o CP 1969 (com a lei de alteração n. 6.016/1973) e outras propostas legislativas, não poderia ser ignorada pelas comissões de redação e revisão do Anteprojeto Toledo.[1] E muito menos pelo idealizador da Reforma Penal de 1984, o Ministro da Justiça IBRAHIM ABI-ACKEL que a todo tempo acompanhou os trabalhos desde seu início até os atos finais da aprovação dos projetos dos quais resultaram as Leis n. 7.209 e 7.210, de 11.07.1984 (nova Parte Geral do CP e LEP).

Por outro lado e mesmo que houvesse a decisão de *atravessar o Rubicão* da arquitetura legislativa, consolidada por décadas de uso das normas *moradoras do sistema*, ainda assim o desafio não seria menor. Ao contrário da singeleza técnica para a compreensão dos institutos previstos nos arts. 23-25 o mesmo não ocorre com algumas situações de isenção de pena, nas quais se conjugam a ausência de dolo e a exclusão da culpabilidade, a exemplo do art. 20 e seus parágrafos. O melhor caminho, portanto, não seria a tentativa de *reinventar a roda* mas partir do arcabouço normativo já testado ao longo do tempo nas atividades práticas e teóricas dos trabalhadores forenses, das autoridades e órgãos administrativos, das academias jurídicas, das instituições de ensino universitário e dos cidadãos em geral.

II. Precisão terminológica

A PG/1984 substituiu as expressões "DA RESPONSABILIDADE" e "irresponsáveis", constantes, respectivamente, do Título III da Parte Geral e *nomen juris* do art. 22 do Código Penal, em sua redação original (PG/1940), pelas designações "DA IMPUTABILIDADE PENAL" e "inimputáveis" (art. 26). Como foi dito em outra oportunidade, "trata-se de uma denominação de natureza específica, dizendo respeito tão somente às hipóteses legais que reúnem determinados tipos de autores (doentes mentais, portadores de desenvolvimento mental incompleto ou retardado, menos de 18 anos), estados anímicos (emoção e paixão) e a embriaguez. Ao contrário, a designação *responsabilidade penal* é abrangente, envolvendo não somente a capacidade de culpa, que diz respeito à imputabilidade e, portanto, à culpabilidade, como também aos demais elementos do crime e às condições objetivas de punibilidade" (DOTTI, *Curso,* p. 531).

---

1 Sobre as comissões v. a Exp. Mot. ao projeto do qual resultou a Lei n. 7.209/1984 e o n. XIV do § 1º.

III. Conceito

A imputabilidade traduz-se naquele "conjunto de qualidades pessoais que são necessárias para ser possível a censura ao agente por ele não ter agido de outra maneira" (Correia, Direito criminal, vol. I, p. 331, grifos do original). Pode-se conceituar, sinteticamente, a imputabilidade como a capacidade de culpa. Na definição minuciosa de FRAGOSO, a imputabilidade é "a condição pessoal de maturidade e sanidade mental que confere ao agente a capacidade de entender o caráter ilícito do fato ou de se determinar segundo esse entendimento" (Lições, p. 242).

Mas o tema não se prende, exclusivamente, aos aspectos acima referidos. Há situações nas quais o agente, embora penalmente capaz (em razão da idade e da higidez mental), encontra-se em situação de exclusão da culpa. Assim ocorre, por exemplo, no caso da embriaguez completa, decorrente de caso fortuito ou força maior, que retira do autor, por inteiro, a capacidade de entender o caráter ilícito do fato e de se determinar de acordo com esse entendimento. Como consequência, pode-se afirmar que existe a *inimputabilidade de natureza duradoura* (CP, arts. 26 e 27) e a *inimputabilidade de natureza momentânea* (CP, art. 28, § 1º).

Inimputáveis

Art. 26. *É isento de pena o agente que, por doença mental ou desenvolvimento mental incompleto ou retardado, era, ao tempo da ação ou da omissão, inteiramente incapaz de entender o caráter ilícito do fato ou de determinar-se de acordo com esse entendimento.*

Redução de pena

Parágrafo único. *A pena pode ser reduzida de um a dois terços, se o agente, em virtude de perturbação de saúde mental ou por desenvolvimento mental incompleto ou retardado não era inteiramente capaz de entender o caráter ilícito do fato ou de determinar-se de acordo com esse entendimento.*

* DIREITO ANTERIOR
CCrim. 1830: "Art. 10. Tambem não se julgarão criminosos: § 1º [...]; § 2º Os loucos de todo o genero, salvo se tiverem lucidos intervallos e nelles commetterem o crime. •• CP 1890: "Art. 27. Não são criminosos: § 1º [...]; § 3º Os que por imbecilidade nativa, ou enfraquecimento

senil, fôrem, absolutamente incapazes de imputação". •• **Projeto Alcântara Machado:** "Art. 15. Não são passíveis de pena, ficando, porém, sujeitos ás medidas de segurança constantes dos títulos V e VI que lhes forem aplicáveis: I – [...]; II – o surdo-mudo não educado; III – o selvícola não adaptado; IV – aquele que, devido ao estado de alienação mental, em que se encontre no momento do crime, fôr incapaz de compreender a criminalidade do fato ou de se determinar de acordo com essa apreciação". •• **Anteprojeto Hungria:** "Art. 30. Não é penalmente responsável que, no momento da ação ou omissão, não possui, em virtude de mórbida perturbação mental, de desenvolvimento mental incompleto ou retardado ou de outra grave anomalia psíquica, a capacidade de entender o caráter ilícito do fato ou de governar a própria conduta. **Parágrafo único.** Se a perturbação, deficiência ou anomalia psíquica não suprime, mas diminui consideravelmente a capacidade de entendimento da ilicitude do fato ou a de autogovêrno, não fica excluída a responsabilidade, mas a pena pode ser atenuada, sem prejuízo no disposto no art. 89".[1] •• **CP 1969:** "Art. 31. Não é imputável quem, no momento da ação ou da omissão, não possui a capacidade de entender o caráter ilícito do fato ou de determinar-se de acordo com esse entendimento, em virtude de doença mental ou de desenvolvimento mental incompleto ou retardado. **Parágrafo único.** Se a doença ou a deficiência mental não suprime, mas diminui consideravelmente a capacidade de entendimento da ilicitude do fato ou a autodeterminação, não fica excluída a imputabilidade, mas a pena pode ser atenuada, sem prejuízo do disposto no artigo 93".[2] •• **Anteprojeto Toledo (1981).** "É isento de pena o agente que, por doença mental ou desenvolvimento mental incompleto ou retardado, era, ao tempo da ação ou da omissão, inteiramente incapaz de entender o carátere criminoso do fato ou de determinar-se de acordo com esse entendimento. **Parágrafo único.** A pena pode ser reduzida de um a dois terços, se o agente, em virtude de perturbação da saúde mental ou por desenvolvimento mental incompleto ou retardado, não possuía, ao tempo da ação ou da omissão, a plena capacidade de entender o caráter criminoso do fato ou de determinar-se de acordo com esse entendimento, observado o disposto no artigo [...]"[3].

BIBLIOGRAFIA (ESPECIAL)

ABREU, Michele O. de; ABREU, Evandro L. Oliveira de. Inimputabilidade superveniente: uma impropriedade jurídica. *Boletim*, 256/2014 •• ABREU, Michele O. de. *Da imputabilidade do psicopata.* Rio de Janeiro: Lumen Juris, 2013 •• ANTUNES, Maria João. Discussão em torno de internamento de inimputável em razão de anomalia psíquica. *RBCCrim,* 42/2003 •• BARBOZA, Luiz Hildebrando B. Horta. Responsabilidade penal a luz do positivismo. *Revista Brasileira de Criminologia*, 1/1959 •• BERRIOS, Olga M. Inimputabilidad penal y transtorno mental. *Criminalia*, 7/1963 •• BRICOLA,

---

1 Anteprojeto Hungria, art. 89: "Quando o condenado se enquadra no parágrafo único do art. 30 e necessita de especial tratamento curativo a pena privativa de liberdade é substituída pela internação em estabelecimento psiquiátrico anexo ao manicômio judiciário ou ao estabelecimento penal, ou em seção especial de um ou de outro".

2 Redação cf. a nota de rodapé anterior.

3 Da publicação oficial do anteprojeto pelo MJ, Brasília (1981) não consta a indicação do artigo a que se remete o dispositivo.

Franco. *Fatto del non imputabile e periculositá*. Milano: A. Giuffre, 1961 •• COLACE, Filippo. *Imputabilitá e pericolositá nel codice penale vigente*. Milano: Societá Editrice Libraria, 1938 •• DIAS, Jorge Figueiredo Dias. *O problema da consciencia da ilicitude em direito penal*. Coimbra: Coimbra Ed., 1987 •• DIAZ CONTY, Ricardo. Psicopatia, historia, descripcion clinica y responsabilidad penal. *Criminalia*, 2/1967 •• FERRARI, Eduardo; Gomides, Luma. *Serial Killer*: discussão sobre a imputabilidade. São Paulo: Baraúna, 2010 •• FÜHRER, Maximiliano Roberto Ernesto. *Tratado da inimputabilidade no direito penal*. São Paulo: Malheiros, 2000 •• HASSELEIN, Karin Soares. Medidas de segurança, tratamento ambulatorial, entre os limites de sua aplicação e o princípio da individualização. *Revista Síntese*, 78/2013 •• HERINGER JUNIOR, Bruno. A imputabilidade penal do índio. *Ajuris*, 73/1998 •• ILHA DA SILVA, Ângelo Roberto. *Da inimputabilidde penal em face do atual desenvolvimento da psicopatologia e da antropologia*. Porto Alegre: Livraria do Advogado, 2011 •• LEME, Michele Oliveira de Abreu. Da imputabilidade do psicopata. *Boletim*, 234/2012 •• LESSA, Pedro. *O determinismo psychico e a imputabilidade e responsabilidade criminaes*. São Paulo: Typographia Duprat & Co., 1905 •• MARÇAL, Orlando. *Da imputabilidade criminal*: sob os pontos de vista antropolojico, psicolojico e sociolojico. Lisboa: Classica, 1919 •• MARCHEWKA, Tânia Maria Nava. As contradições das medidas de segurança no contexto do direito penal e da reforma psiquiátrica no Brasil. *Ciências Penais*, 0/2004 •• MUNHOZ, Laertes de Macedo. A imputabilidade e o princípio psiquiátrico-psicológico-jurídico. In: *Estudos de direito e processo penal em homenagem a Nelson Hungria*. Rio de Janeiro: Forense, 1962 •• PIEDADE JÚNIOR, Heitor. *Personalidade psicopática, semi-imputabilidade e medida de segurança*. Rio de Janeiro: Forense, 1982 •• PONTE, Antônio Carlos da. *Inimputabilidade e processo penal*. São Paulo: Saraiva, 2012 •• RAMOS, Maria Regina Rocha. Considerações acerca da semi-imputabilidade penais e inimputabilidade resultantes de transtornos mentais e de comportamento. *RBCCrim*, 39/2002 •• ROESLER, Claudia Rosane; LAGE, Leonardo Almeida. A argumentação do STF e do STJ acerca da periculosidade de agentes inimputáveis e semi-imputáveis. *RBCCrim*, 105/2013 •• ROMANI, Dagoberto. Semi-imputabilidade. *RT*, 605/1986 •• SANGUINÉ, Odone. Semi-imputabilidade e a aplicação da pena. *Ciência Jurídica*, 26/1989 •• SANTOS FILHO, Roberto Lemos dos. Índios e imputabilidade penal. *Revista do TRF-3*, 85-2007 •• SILVEIRA, José dos Santos. *Da imputabilidade penal no direito português*. Coimbra: Coimbra Ed., 1960 •• SIQUEIRA, José Prudente. *A imputabilidade e a responsabilidade criminais*. Rio de Janeiro: I. Amorim, 1938 // *A imputabilidade no projeto de código criminal brasileiro a proposições jurídicas*. Rio de Janeiro: Typ. do Jornal do Comércio, 1936 // O problema da

imputabilidade no Projeto Alcântara Machado. *Revista Forense*, 80/1939 ••
TABORDA, José G. V.; ABDALLA-FILHO, Elias; CHALUB, Miguel. *Psiquiatria forense*. Porto Alegre: ARTMED, 2012 •• TORON, Alberto Zacharias. Imputabilidade penal do traficante dependente. *Cadernos de Advocacia Criminal*, 1/1988 ••
URRUELA MORA, Asier. La genética como fator relevante efectos del juicio de imputabilidad penal. *Ciências Penais*, 175/2011 •• VALENÇA, Alexandre Martins; MECLER, Kátia; ABDALLA-FILHO, Elias. Responsabilidade penal e capacidade civil nas psicoses. *Revista Debates em Psiquiatria*, 2/2013 •• VELO, Joe Tennyson. Considerações teóricas sobre a importância da psicanálise para o juízo de imputabilidade. *RBCCrim*, 44/2003 // *Teoria crítica do juízo de imputabilidade criminal*. Curitiba: UFPR, 2013 •• ZARZUELA, José Lopes. *Semi-imputabilidade*: aspectos penais e criminológicos. Campinas: Julex, 1988

BIBLIOGRAFIA (GERAL)

ANTOLISEI, Francesco. *Manuale di diritto penale*: parte generale. 3ª ed. Milano: Dott. A. Giuffrè, 1994 •• ASÚA, Luis Jiménez. *Tratado de derecho penal*. Buenos Aires: Editorial Losada, 1962. vol. V •• BASILEU GARCIA. *Instituições de direito penal*. 4ª ed. São Paulo: Max Limonad, 1959. vol. I, t. I •• BENTO DE FARIA, Antonio de. *Annotações theorico-praticas ao codigo penal do Brazil*. Rio de Janeiro: Francisco Alves e Cia, 1913 // Código penal brasileiro (comentado). Rio de Janeiro: Distribuidora Récord Ed., 1958. vol. 2 •• BETTIOL, Giuseppe. *Diritto penale*: parte generale. 11ª ed. Padova: CEDAM, 1982 •• BITENCOURT, Cezar Roberto. *Tratado de direito penal*: parte geral. 19ª ed. São Paulo: Saraiva, 2013 •• BOCKELMANN, Paul; VOLK, Klaus. *Direito penal*: parte geral. Belo Horizonte: Del Rey, 2007 •• BRUNO, Aníbal. *Direito penal*: parte geral. 3ª ed. Rio de Janeiro: Forense, 1967. t. 2º •• BUSATO, Paulo César. *Direito penal*: parte geral. São Paulo: Atlas, 2013. vol. 1 ••
CARRANCA Y TRUJILLO, Raul. *Derecho penal mexicano* parte general. México: Ed. Porrúa, 1970. t. I •• CAVALEIRO DE FERREIRA, Manuel. *Direito penal português*: parte geral. Viseu: Editorial Verbo, 1981 •• CEREZO MIR, José. *Derecho penal*: parte general. São Paulo: Revista dos Tribunais; Lima(PE): ARA Ed., 2007 •• CIRINO DOS SANTOS, Juarez. *Direito penal*: parte geral. 3ª ed. Curitiba: ICPC; Lumen Juris, 2008 •• COBO DEL ROSAL, M.; VIVES ANTÓN, T.S. *Derecho penal*: parte general. Valencia(ES): Universidad de Valencia, 1984 •• CORREIA, Eduardo. *Direito criminal*. Colaboração de Figueiredo Dias. Coimbra: Almedina, 2001. vol. I e II •• COSTA E SILVA, Antônio José da. *Código penal*. São Paulo: Companhia Editora Nacional, 1943. vol. 1 •• COSTA JR., Paulo José. *Código penal comentado*. 8ª ed. São Paulo: DPJ Editora, 2005 •• DAMÁSIO DE JESUS, E. *Direito penal*: parte geral. 35ª ed. São Paulo: Saraiva, 2014

•• DELMANTO, Celso (*et alii*). *Código penal comentado*. 8ª ed. São Paulo: Saraiva, 2010 •• DOTTI, René Ariel. *Curso de direito penal*: parte geral. 5ª ed. Colaboração de Alexandre Knopfholz e Gustavo Britta Scandelari. São Paulo: Thomson Reuters/Revista dos Tribunais, 2013 •• FERRI, Enrico. *Principii di diritto criminale*: delinquente e delitto. Torino: UTET, 1928 // *Princípios de direito criminal*: o criminoso e o crime. São Paulo: Livraria Acadêmica, 1931 •• FIANDACA, Giovanni; MUESCO, Enzo. *Diritto penale*: parte generale. 2ª ed. Bologna: Zanichelli, 1994 •• FIGUEIREDO DIAS, Jorge de. *Direito penal português*. Lisboa: Aequitas Editorial Notícias, 1993 // *Direito penal*: parte geral. *Questões fundamentais*: a doutrina geral do crime. 2ª ed. São Paulo: Revista dos Tribunais; Coimbra: Coimbra Editora, 2007 •• FRAGOSO, Heleno Claudio. *Comentários ao código penal.* 5ª ed. Rio de Janeiro: Forense, 1978, vol. I, t. II (arts. 11/27) // *Lições de direito penal*. 17ª ed. Atual. Fernando Fragoso. Rio de Janeiro: Forense, 2006 •• GRECO, Rogério. *Curso de direito penal*: parte geral. 15ª ed. Niterói: Impetus, 2013 •• HUNGRIA, Nélson. *Comentários ao código penal*. 4ª ed. Rio de Janeiro: Forense, 1958. vol. I, t. II •• JAKOBS, Günther. *Derecho penal*: parte general, Fundamentos y teoria de la imputación. Trad. Joaquin Cuello Contreras, José Luis Serrano Gozalez de Murillo. Madrid: Marcial Pons, 1995 •• JESCHECK, Hans-Heinrich. *Tratado de derecho penal*: parte general. Barcelona: Bosch, Casa Editorial, 1981. vol. 1º •• LEONARDO LOPES, Jair. *Curso de direito penal*: parte geral. 2ª ed. São Paulo: Revista dos Tribunais, 1996 •• LISZT, Franz von. *Tratado de Direito Penal Allemão*. Trad. e prefácio José Hygino Duarte Pereira. Rio de Janeiro: F. Briguiet & Cia-Editores, 1899. t. I •• LUZÓN PEÑA, Diego-Manuel. *Lecciones de derecho penal*: parte general. 2ª ed. Valencia(ES): Tirant lo Blanch, 2012 •• MAGALHÃES NORONHA, Edgard. *Direito penal*. 3ª ed. São Paulo: Saraiva, 1965. vol.1 •• MANTOVANI, Ferrando. *Diritto penale.* 4ª ed. Padova: CEDAM, 2001 •• MARQUES, J. F. *Tratado de direito penal*. 2ª ed. São Paulo: Saraiva, 1965. vol. 2 •• MAURACH, Reinhart. *Tratado de derecho penal.* Trad. e notas Juan Cordoba Roda, Barcelona: Ediciones Ariel, 1962. t. I e II •• MAURACH, Reinhardt; ZIPF, Heinz. *Derecho penal*: parte general. Trad. 7ª ed. alemã por Jorge Bofill Genzsch e Enrique Aimone Gibson. Buenos Aires: Ed. Astrea de Alfredo y Ricardo Depalma, 1994. t. 1 e 2 •• MAYER, Max Ernst. *Derecho penal*: parte general. Trad. de Sergio Politoff Lifschitz, rev. geral e prólogo José Luis Guzmán Dalbora, ed. aleman de 1915. Buenos Aires: Julio César Faira Ed., 2007 •• MAYRINK DA COSTA, Álvaro. *Direito penal*: parte geral. 8ª ed. Rio de Janeiro: Forense, 2009. vol. 2 •• MESTIERI, João. *Manual de direito penal*: parte geral. Rio de Janeiro: Forense, 2002 •• MEZGER, Edmundo. *Tratado de derecho penal.* Trad. de José Arturo Rodríguez Muñoz. Madrid(ES): Ed. Revista de Derecho Privado, 1955. t. I e II •• MIR PUIG, Santiago. *Derecho penal*: parte general. 9ª ed. Buenos Aires: B de F, 2012 •• MIRABETE, Julio Fabbrini; FABRINNI, Renato N. *Manual de direito penal*: parte geral. 30ª ed. São Paulo: Atlas, 2014 •• MUÑOZ CONDE, Francisco; GARCÍA ARÁN, Mercedes. *Derecho penal*: parte general. 5ª ed. Valencia (ES): Tirant lo Blanch, 2002 •• NOVOA MONREAL, Eduardo. *Curso de derecho penal chileno:* parte general. 2ª ed. Santiago: Editorial Juridica Ediar-Cono Sur Ltda., 1985. t. 1 •• NUCCI, Guilherme de Souza. *Código penal comentado.* 13ª ed. São Paulo: Thomson Reuters/Revista dos Tribunais, 2013 •• NUÑEZ, Ricardo C. *Manual de derecho penal*: parte general. 3ª ed. Cordoba: Marcos Lerner Editora Cordoba, 1982 •• PIERANGELLI, José Henrique. *Código penal*: comentado artigo por artigo. São Paulo: Verbatim, 2013 •• POLITOFF L., Sérgio [*et alii*]. *Lecciones de derecho penal chileno*: parte general. 2ª ed. Santiago: Editorial Jurídica de Chile, 2003 •• PRADO, Luiz Regis. *Tratado de direito penal*: parte geral. São Paulo: Thomson Reuters/Revista dos Tribunais, 2014. vol. 2 // *Curso de direito penal brasileiro*. 13ª ed. Coautoria. São Paulo: Thomson Reuters/Revista dos Tribunais, 2014 •• PUIG PEÑA, Federico. *Derecho penal*: parte general. 6ª ed. Madrid: Editorial Revista de Derecho Privado, 1969 •• QUINTERO OLIVARES, Gonzalo. *Parte general del derecho penal*. 4ª ed. Colaboración de Fermín Morales Prats. Pamplona: Thomson Reuters, 2010 •• REALE JÚNIOR, Miguel. *Instituições de direito penal*: parte geral. 3ª ed. Rio de Janeiro: Forense, 2009 •• RODRIGUEZ DEVESA, José Maria; SERRANO GOMEZ, Alfonso. *Derecho penal español*: parte general. 15ª ed. Madrid: Dykinson, 1992 •• ROXIN, Claus. *Derecho penal*: parte general. Trad. 2ª ed. aleman Diego-Manuel Luzón Peña [*et alii*]. Madrid: Civitas Ediciones, 2003 •• SILVA FRANCO, Alberto. *Código penal e sua interpretação*: doutrina e jurisprudência. 8ª ed. Coordenadores: Alberto Silva Franco e Rui Stoco. São Paulo: Revista dos Tribunais, 2007 •• SOUZA & JAPIASSÚ. *Curso de direito penal*: parte geral. Rio de Janeiro: Elsevier, 2012 •• STRATENWERTH, Günther. *Derecho penal*: parte general I; El hecho punible. 4ª ed. Trad. Manuel Cancio Meliá y Marcelo Sancinetti. Buenos Aires: Hammurabi, 2005 •• TOLEDO, Francisco de Assis. *Princípios básicos de direito penal*. 5ª ed. São Paulo: Saraiva, 2002 •• VILLALOBOS, Ignacio. *Derecho penal mexicano*. México: Ed. Porrúa, 1975 •• VON WEBER, Hellmuth. *Lineamentos del derecho penal aleman*. 2ª ed. Buenos Aires, 2008 •• WELZEL, Hans. *Derecho penal aleman*: parte general. 11ª ed., aleman. Trad. castellana, 4ª ed., de Juan Bustos Ramírez e Sergio Yáñez Pérez. Santiago de Chile: Editorial Juridica de Chile, 1997 •• ZAFFARONI, Eugenio Raúl. *Tratado de derecho penal*: *parte general*. Buenos Aires: EDIAR, 1980 •• ZAFFARONI, Eugenio Raul; ALAGIA, Alejandro; SLOKAR, Alejandro. *Derecho penal*: parte general. 2ª ed. Buenos Aires: EDIAR, 2014 •• ZAFFARONI, Eugenio Raúl; PIERANGELI, José Henrique. *Manual de direito penal brasileiro*: parte geral. 7ª ed. São Paulo: Revista dos Tribunais, 2007. vol. 1

§ 43. ABSOLUTA INCAPACIDADE DE CULPA

I. A incapacidade de compreensão e o erro de proibição

Há uma diferença abissal entre as situações psíquicas do sujeito que, por anomalia mental, é incapaz de ter a representação de sua conduta modelada pelos valores e comandos éticos e sociais e o sujeito que não tem a percepção necessária para compreender que o fato praticado é contrário ao direito.

II. Casos de anomalia mental

Em resumo e interpretando o texto do Código Penal, temos: *a) doença mental*: psicoses endógenas (esquizofrenia, psicose maníaco-depressiva, paranoia, parafrenia, epilepsia genuína) e psicoses exógenas (paralisia geral, demência senil, psicoses arteriosclerótica, tóxicas, infecciosas, pós-traumáticas, reativas, situacionais etc.); *b) desenvolvimento mental incompleto ou retardado*: oligofrenias (debilidade mental, imbecilidade, idiotia); *c) perturbação da saúde mental*: neuroses (ou psiconeuroses) e psicopatias.

III. O sistema adotado pelo Código Penal

Ao cuidar desse complexo problema, o Código Penal adota uma orientação segura de avaliação, tanto quanto lhe permite a evolução científica. A propósito, assim dispõe a Exp. Mot. de CP/1940: "Na fixação do pressuposto da responsabilidade penal (baseada na capacidade de *culpa moral*), apresentam-se três sistemas: o biológico ou etiológico (sistema francês), o psicológico e o biopsicológico. O sistema biológico condiciona a responsabilidade à saúde mental, à normalidade da mente. Se o agente é portador de uma enfermidade ou grave deficiência mental, deve ser declarado irresponsável sem necessidade de ulterior indagação psicológica. O método psicológico não indaga se há uma perturbação mental mórbida: declara a irresponsabilidade se, ao tempo do crime, estava abolida no agente, seja qual for a causa, a faculdade de apreciar a criminalidade do fato (momento intelectual) e de determinar-se de acordo com essa apreciação (momento volitivo). Finalmente, o método biopsicológico é a reunião dos dois primeiros: a responsabilidade só é excluída se o agente, em razão de insanidade ou retardamento mental, era, no momento da ação, incapaz de entendimento ético-jurídico e autodeterminação. O método biológico, que é o inculcado pelos psiquiatras em geral, não merece adesão: admite aprioristicamente um nexo constante de causalidade entre o estado mental patológico do agente e o crime: coloca os juízes na absoluta dependência dos peritos-médicos, e, o que é mais, faz *tábula rasa* do caráter ético da responsabilidade.

O método puramente psicológico é, por sua vez, inaceitável, porque não evita, na prática, um demasiado arbítrio judicial ou a possibilidade de um extensivo reconhecimento da irresponsabilidade, em antinomia com o interesse da defesa social. O critério mais aconselhável, de todos os pontos de vista, é, sem dúvida, o misto ou biopsicológico" (§ 18) (Itálicos do original).

IV. Doença mental

Ao adotar o sistema biopsicológico o legislador brasileiro restringiu o conceito de doença mental, somente admitindo como tal os estados patológicos que, afetando o psiquismo, privam o indivíduo da capacidade de entendimento e de autogoverno. As doenças mentais compreendem somente as psicoses, aí se incluindo a alienação mental por desintegração da personalidade ou evolução deformada de seus componentes, como ocorre na *esquizofrenia*, ou na *psicose maníaco-depressiva* e na *paranoia;* as chamadas *reações de situação*, os *distúrbios mentais* com que o sujeito responde a problemas embaraçosos do seu mundo circundante; as *perturbações do psiquismo* por processos tóxicos ou toxi-infecciosos e também os *estados demenciais*, a *demência senil* e as *dem*ências secundárias (BRUNO, *Direito penal*, t. 2º, p. 133).

Em acepção genérica considera-se *doença mental* qualquer afecção ou estado mórbido, orgânico ou funcional, congênito ou adquirido, temporário ou permanente, que compromete as funções psíquicas, no seu todo ou em parte. Essa categoria nosológica abrange, indistintamente, todas as perturbações do psiquismo, sejam elas oriundas de predisposição hereditária, sejam resultantes da repercussão, sobre o sistema nervoso central, de estados patológicos orgânicos, já que, de uma forma ou de outra, com maior ou menor intensidade, alteram o comportamento do indivíduo, influindo negativamente em seu rendimento intelectual, em sua afetividade, em sua volição e, por decorrência, em seu aprendizado, em sua capacidade laborativa, em seu relacionamento social e em sua adaptação às normas da moral vigente.

Neste sentido, ou com esta significação, acham-se incluídas no rol das doenças mentais as psicoses, as neuroses (ou psiconeuroses), as oligofrenias e, ainda, as psicopatias tal como são hoje entendidas, isto é, os desvios de comportamento incompatíveis com os padrões da normalidade, mas que não se pode, a rigor, rotular de doentios. É sob este critério, eminentemente clínico, que têm sido elaboradas as inúmeras classificações das chamadas *doenças mentais,* inclusive a adotada pela Organização Mundial da Saúde, cf. a Classificação Internacional de Doenças (C.I.D.).

Divergindo, entretanto, dessa generalização médica, a ciência jurídica, ou, mais explicitamente, os aplicadores da lei penal, restringem consideravelmente o conceito de doença mental, assim nomeando apenas aqueles estados patológicos que, afetando o psiquismo, privam o indivíduo de sua capacidade de entendimento e de autodeterminação. O Código Penal, particularmente, ao abordar, em seu art. 26, a questão da irresponsabilidade, absoluta ou relativa, do agente delitivo, reduz a concepção de *doença mental*, distinguindo-a de *desenvolvimento mental incompleto ou retardado* e da *perturbação da saúde mental*. De acordo com esse critério, as *doenças mentais* compreendem apenas as psicoses, endógenas ou exógenas.

§ 44. RELATIVA INCAPACIDADE DE CULPA

I. Desenvolvimento mental incompleto ou retardado

Esse tipo de anomalia, que diz respeito à oligofrenia em seus diversos graus, nas formas mais graves (imbecilidade, idiotia), também priva o indivíduo de sua capacidade de entender e de se autodeterminar, enquanto na forma mais leve (debilidade mental) essa capacidade acha-se apenas reduzida.

Ao referir-se à *doença mental, desenvolvimento mental incompleto* ou *retardado* e *perturbação da saúde mental*, o Código Penal identifica os requisitos de ordem biológica (doença mental e desenvolvimento mental retardado) e psicológicas (desenvolvimento mental incompleto, perturbação da saúde mental), bem como as alterações psicológicas que acompanham a doença mental. Quando se refere a "entender o caráter ilícito do fato" pressupõe o aspecto cognitivo (saber ajuizar o que é certo ou errado) e quando menciona "determinar-se de acordo com este entendimento", pressupõe o exercício do livre-arbítrio (vontade).

Na opinião de especialistas, "o método biopsicológico exige a averiguação da efetiva existência de um nexo de causalidade entre o estado mental anômalo e o crime praticado, isto é, que este estado, contemporâneo à conduta, tenha privado parcial ou completamente o agente de qualquer das mencionadas capacidades psicológicas (seja a intelectiva ou a volitiva). Não basta diagnosticar apenas a doença mental, dependendo da responsabilidade do período ou grau de evolução da doença ou deficiência mental, da estrutura psíquica do indivíduo e da natureza do crime. Desta forma, deve o perito avaliar e investigar tanto os fatores criminogênicos (que motivaram o delito), como os criminodinâmicos (como se deu o delito, qual a dinâmica do mesmo). É indispensável o exame psiquiátrico pericial, sempre que houver dúvidas em relação à sanidade mental do acusado. Entretanto, cabe ao juiz a palavra final na decisão de aplicar pena ou medida de segurança. A conclusão positiva do laudo pericial não substitui a sentença judicial, que é soberana" (MARTINS VALENÇA *et alii*. Responsabilidade penal e capacidade civil nas psicoses, p. 15).

II. Semi-imputabilidade

Existe um tipo de anomalia que se situa na faixa intermediária entre a sanidade e a doença mental. Trata-se da *perturbação da saúde mental* ou do *desenvolvimento mental incompleto ou retardado,* que acarretam ao agente a capacidade reduzida de entendimento e de autogoverno. A *perturbação da saúde mental é* aquele estado mórbido distinto de uma verdadeira doença mental, mas que, em determinadas circunstâncias e durante certo período de tempo, inibe, sem chegar a suprimir, a faculdade cognoscitiva e o *poder* de volição do indivíduo. Passíveis de sofrer essas perturbações são os neuróticos e as personalidades psicopáticas. O sujeito, em uma ou outra dessas situações, é considerado *semi-imputável,* e a pena aplicável pode ser reduzida de um a dois terços. Nessa classe estão compreendidos os deficientes mentais, pessoas apresentando desenvolvimento intelectual subnormal. Mas, como é intuitivo, nem todos os graus de deficiência justificariam a inimputabilidade pelo sistema biopsicológico; necessário que a falta seja funcional para determinar a incapacidade de entender, valorar e reger o próprio comportamento. A classificação dos deficientes mentais, segundo a psicologia moderna, comporta graus: a) *deficiência limítrofe*, em que a pessoa é considerada capaz para os atos da vida civil, mas de inteligência ligeiramente subnormal (QI 70-80); b) *debilidade,* caso em que o indivíduo pode participar da vida laborativa, presentes as condições favoráveis, mas não competir em igualdade de condições com pessoas normais, seja por deficiência congênita ou adquirida (QI 50-69); c) *imbecilidade*, em que a pessoa é capaz de precaver-se dos perigos da vida cotidiana, mas não de prover a própria subsistência (QI 25-49); e d) *idiota*, incapacidade praticamente total, inclusive de coordenar a fala (QI menor do que 25)" (MESTIERI, *Manual*, p. 173). No entendimento de BRITO ALVES, é nessa categoria que deve ser incluída a chamada *loucura moral* (*moral insanity*) quando o paciente revelar traços de uma personalidade psicopática ao revelar "modificações ou distúrbios essenciais da afetividade e do senso moral" (*Ciúme e crime. Crime e loucura*, p. 196).

III. Avaliação da Psiquiatria Forense

Em minucioso estudo sobre a matéria, TABORDA, ABDALLA FILHO e CHALUB, analisam o art. 26 e parágrafo único do Código Penal: "O termo 'doença mental' usado pelo CP exige algumas ponderações. A psiquiatria sempre se valeu de tal expressão e equivalentes (enfermidade mental, moléstia mental, distúrbio psíquico e outras) para designar toda e qualquer anormalidade que acometesse o psiquismo, desde um simples problema de ajustamento até grave e irreversível deterioração mental, como ocorre nas demências.

No entanto, percebe-se na exposição de motivos da parte geral do CP, na doutrina dos autores que trataram da matéria e na jurisprudência, que 'doença mental' para o CP tem um sentido muito mais restrito: refere-se aos casos de 'alienação mental', a qual compreende apenas as patologias graves, como psicoses e demências. Ficam excluídos do conceito legal de 'doença mental', pois, os transtornos de personalidade, as parafilias e todos os quadros classicamente denominados neuroses. Dessa forma, teria sido melhor e mais preciso a utilização direta pelo legislador da expressão 'alienação mental', como, aliás, já o faz, em outros contextos legais, como o das legislações de servidores públicos e o da previdência social. De qualquer modo, é consensual que a 'doença mental' do CP se refere a situações nas quais exista, em grau maior ou menor, a alienação mental" (*Psiquiatria forense*, p. 145).

IV. A surdo-mudez

O *surdo-mudo* é a marca da infelicidade do ser humano que não pode se relacionar com o mundo exterior por intermédio do som e que não pode se comunicar com as demais pessoas por meio da palavra. Sob o regime do CP 1890, havia uma previsão específica reservada aos portadores dessa anomalia. "*Não são criminosos*" – dizia o art. 27, § 7º – "*os surdos-mudos de nascimento que não tiverem recebido educação nem instrucção, salvo provando-se que obraram com discernimento*".

Na orientação do sistema vigente, o surdo-mudo é equiparado ao oligofrênico e será declarado imputável, semi-imputável ou inimputável segundo o exame médico do caso concreto. No sentido do texto, ILHA DA SILVA: *Da inimputabilidade penal*, p. 67). Essa é a orientação da jurisprudência que leva em conta a possibilidade de entendimento e de autogoverno por parte dessa categoria de sujeitos. Cf. precedente do extinto TACRIM-SP, o surdo-mudo, principalmente quando se trata de um defeito congênito ou adquirido nos primeiros anos de vida, "representa um *déficit* intelectual considerável, podendo – em certos casos – acarretar a inimputabilidade ao indivíduo ou determinar a redução de sua responsabilidade penal" (*RJT*, 7/158).

A avaliação da capacidade ou incapacidade de culpa dependerá, sempre, do exame pericial de natureza médica e psicológica.

V. A epilepsia

A *epilepsia* é a afecção neuropsíquica que se caracteriza, essencialmente, por acessos paroxísticos de excitação motora, geralmente sob a forma de convulsões, com a intercorrência de desordens mentais agudas ou de evolução crônica. Os especialistas acentuam que não se trata de entidade nosológica de etiologia única e definida, mas de síndrome que admite inúmeras causas, algumas delas ainda desconhecidas, atuando sobre um organismo quase sempre sensibilizado por predisposição hereditária. A epilepsia, também conhecida como *mal sagrado* ou *doença sagrada* (*morbus sacer*), aparece em qualquer idade, não guardando relação com o sexo, a raça ou a condição social. Suas primeiras manifestações costumam surgir em maior proporção na época da puberdade, entre os 12 e os 15 anos e, fora dessa faixa etária, embora com menor frequência, entre os 30 e os 40 anos (ZACHARIAS, *Dicionário de medicina legal*, p. 157).

Em suas formas de manifestação, a epilepsia pode irromper com um ataque caracterizado por gritos, caindo o doente ao solo, já em estado de inconsciência. Esse é o acesso paroxístico chamado de *o grande mal*. Na epilepsia *menor* ou de *pequeno mal*, não ocorrem as convulsões limitando-se a crise a um estado vertiginoso passageiro que provoca também a queda do doente, mas sem a perda do conhecimento ou a uma súbita e breve perda da consciência. Assim poderá suceder que, em meio a uma conversa, o doente torna-se pálido e fica parado, com o olhar fixo, alheio ao ambiente durante alguns momentos passados os quais retorna a si como se nada tivesse acontecido.

Segundo precedentes, a epilepsia está classificada como neuropsicose constitucional, acarretando graves perturbações do caráter, da inteligência, da consciência e dos sentidos. "Esse estado mórbido, desde que constatado pela perícia médica, cria ao enfermo, quando agente do delito, a situação de irresponsabilidade prevista na lei penal" (TJSP, *RT*, 545/320).

§ 45. MEDIDAS DE SEGURANÇA

*DIREITO ANTERIOR
CCrim. 1830: "Art. 12. Os loucos que tiverem commettido crimes serão recolhidos às casas para elles destinadas, ou entregues ás suas famílias, como ao juiz parecer mais conveniente". •• CP 1980: "Art. 29. Os indivíduos isentos de culpabilidade em resultado de affecção mental serão entregues ás suas famílias, ou recolhidos a hospitaes de alienados, si o seu estado mental assim exigir para segurança do público". •• **Projeto Alcântara Machado (1938): Art. 87. § 1º** As medidas de segurança pessoais dividem-se em detentivas e não detentivas. § 2º São medidas pessoais detentivas, além da internação em reformatório judiciário, regulada no título V: I – a internação em manicômio judiciário; II – a internação em casa de tratamento e custódia; III – a internação em instituto de trabalho obrigatório". •• **Anteprojeto Hungria (1963): Art. 87.** As medidas de segurança são pessoais ou patrimoniais. As da primeira espécie subdividem-se em detentivas e não detentivas. As detentivas são a internação em manicômio judiciário e a internação em estabelecimento psiquiátrico anexo ao manicômio judiciário ou ao estabelecimento penal, ou em secção especial de um ou de outro. As não-detentivas são a interdição de exercício de profissão, a cassação de licença para direção de veículos motorizados, o exílio local e a proibição de frequentar determinados lugares. As patrimoniais são a in-

terdição de estabelecimento ou sede de sociedade ou associação e o confisco". •• **CP 1969. Art. 91.** Corresponde ao modelo anterior. •• **Anteprojeto Toledo (1981):** "Art. 96. As medidas de segurança são: internação em manicômio judiciário; [...] II – internação em estabelecimento psiquiátrico ao manicômio judiciário ou a estabelecimento penal ou em seções especiais de um ou outro".

BIBLIOGRAFIA (ESPECIAL)

ALVIM, Rui Carlos Machado. *Uma pequena história das medidas de segurança.* [s.l.]: IBCCRIM, 1997 •• ANDRADE, Haroldo da Costa. *Das medidas de segurança.* Rio de Janeiro: América Jurídica, 2004 •• ARAÚJO, Fábio Roque da Silva. Prazos (mínimo e máximo) das medidas de segurança. *Revista Magister*, 22/2008 // Medida de segurança. *Revista IOB*, 57/2009 •• AURELIANO, João. Pena e medida de segurança em o novo código penal brasileiro. *Revista Forense*, 90/1942 •• BARBERO SANTOS, Marino. As medidas de segurança na legislação espanhola. *RBCCrim*, 9/1995 •• BARREIRO, Agustín Jorge. *Las medidas de seguridad en el derecho español.* Madrid: Editorial Civitas, 1976 •• BRUNO, Aníbal. *Medidas de segurança.* Recife: [s.n.], 1940 // *Perigosidade criminal e medidas de segurança.* Rio de Janeiro: Ed. Rio, 1977 •• CARDOSO, Danilo Almeida. *Medidas de segurança.* Curitiba: Juruá, 2012 •• CASTIGLIONE, Theodolindo. As penas e as medidas de segurança e a sua execução. *Revista Brasileira de Criminologia e Direito Penal*, 14/1966 // Medidas de segurança perante a jurisprudência e a defesa social. *RT*, 400/1969 •• COSTA, Alvaro Mayrink da. Medidas de segurança. *Revista da EMERJ*, 37/2007 •• COSTA, Freddy Lourenço Ruiz. Medida de segurança e sua aplicação na Lei 9.099/95. *LEX*, 110/98 •• COSTA JR., Paulo José da. Presunção normativa de perigosidade e jurisdicionalização da medida de segurança. *Revista Brasileira de Criminologia e Direito Penal*, 1/1963 •• DRUMOND, J. Magalhães. Medidas de segurança. *Revista Forense*, 94/1943 •• DOTTI, René Ariel. Penas e medidas de segurança no anteprojeto do código penal. *Revista Forense*, 280/1982 // Bases e alternativas para o sistema de penas. Curitiba: Ed. Litero-Técnica, 1980 •• DOTTI, René; REALE JÚNIOR (*et alli*). Penas e medidas de segurança no novo código penal. 2ª ed. Rio de Janeiro: Forense, 1987 •• D'URSO, Luíz Flávio Borges. Medidas de segurança no direito comparado. *RBCCrim*, 3/1993 •• FACCINI NETO, Orlando. Atualidades sobre as medidas de segurança. *Revista Jurídica IOB*, 337/2005 •• FAYET, Ney. As medidas de segurança no novo sistema penal. *Estudos Jurídicos (São Leopoldo)*, 50/1987 •• FERRARI, Eduardo Reale. Os prazos de duração das medidas de segurança. *RT*, 701/1994 // *Medidas de segurança e direito penal no estado democrático de direito.* São Paulo: Revista dos Tribunais, 2001 // Medidas de segurança e o decreto de indulto. *Boletim*, 195/2009 •• FRANCO, Ari. As medidas de segurança no novo código penal italiano. *Archivo Judiciario*, 18/1931 •• GARCIA, Basileu. Medidas de segurança. *RT*, 162/1946 •• GARCÍA PEREZ, Octavio. A racionalidade da proporcionalidade nos sistemas orientados à prevenção especial. *Ciências Penais*, 5/2006 •• GERMANO, Alexandre Moreira. *Das medidas de segurança detentivas*. São Paulo: USP, 1983 •• GOMES, Luiz Flávio. Medidas de segurança e seus limites. *RBCCrim*, 2/1993 // Duração das medidas de segurança. *Doutrinas Essenciais RT*, 3/2010 •• KREMPEL, Luciana Rodrigues. As fidelidades das medidas de segurança de internamento em Portugal e no Brasil. *RT*, 828/2004 •• LACERDA, Romeu Côrte de. Medida de segurança. *Archivo Judiciário*, 64, 1942 •• LEVORIN, Marco Polo. *Princípio da legalidade na medida de segurança*. São Paulo: J. Oliveira, 2003 // Direitos humanos e medida de segurança. *Boletim*, 141/2004 •• MARÇAL, Orlando. *Da imputabilidade criminal*: sob os pontos de vista antropolojico, psicolojico e sociolojico. Lisboa: Classica, 1919 •• MARCHEWKA, Tânia Mara Nava. As contradições das medidas de segurança no contexto do direito penal e da reforma psiquiátrica do Brasil. *Ciências Penais*, 0/2004 •• MELLIM FILHO, Oscar. Medida de segurança detentiva: opção preferencial pelos pobres. *Boletim*, 245/2013 •• NOGUEIRA, J. C. Ataliba. *Medidas de segurança*. São Paulo: Saraiva, 1937 // As medidas de segurança em espécie. *Revista Forense*, 94/1943 •• OLESA MUÑIDO, Francisco Felipe. *Las medidas de seguridad*. Barcelona: Bosch, 1951 •• OLIVEIRA, Jeniffer Cavalheiro de. A periculosidade como justificativa para aplicação de medida de segurança. *Revista Jurídica IOB*, 392/2010 •• PANCHERI, Ivanira. Medidas de segurança. *RBCCrim*, 14/1996 •• PINHO, Demosthenes Madureira de. *Medidas de segurança*: teoría geral. Rio de Janeiro: Typ. do Jornal do Commercio, 1938 // Medidas de segurança no projecto de código criminal. *Archivo Judiciário*, 28/1933 •• REALE JÚNIOR, Miguel. *Penas e medidas de segurança no novo código*. Rio de Janeiro: Forense, 1985 •• RIBEIRO, Bruno de Morais. *Medidas de segurança*. Porto Alegre: S.A. Fabris, 1998 •• RIEGO DE LUCAS, Rafael del. Las medidas de seguridad y la constitucion. Revista de la Faculdad de Derecho de la Universidad Complutense, 81/1993 •• ROMANI, Dagoberto. *Doutrinas Essenciais RT*, 4/2010 •• ROMEIRO, João. *Medidas de segurança*. Belo Horizonte: Imprensa Oficial, 1956 •• ROSSETI, Janora Rocha. Da prescrição da medida de segurança. *RT*, 679/1992 •• ROSSETI, Janora Rocha; ALVIM, Rui Carlos Machado. *Jurisprudência das medidas de segurança*. São Paulo: LEUD, 1994 •• SANTOS, Marino Barbero. As medidas de segurança na legislação espanhola. *RBCCrim*, 9/1995 •• SILVA, João Gomes. A revogação da medida de segurança pessoal e o livramento condicional em face da reincidência. *RT*, 196/1952 •• SILVA, Osvaldo. A aplicação da medida de segurança detentiva. *Revista Forense*, 106/1946 •• SILVEIRA, Alípio. A individualização das medidas de segurança. *Revista Jurídica IOB*, 51/1961 •• STEVENSON, Oscar. A jurisdicionalidade das medidas de segurança. *Archivo Judiciário*, 76/1945 // *Problemas das medidas de segurança*. Rio de Janeiro: Freitas Bastos, 1965 •• TASSE, Adel El. Considerações sobre o atual sistema de fundamentação e imposição da medida de segurança. *Ciências Penais*, 9/2008 •• TOLEDO, Gislaine Barbosa de. A disparidade da aplicação da medida de segurança. *Informativo Consulex*, 50/2010 •• ZIFFER, Patricia S. *Medidas de seguridad*. Buenos Aires: Hammurabi, 2008.

BIBLIOGRAFIA (GERAL)

ANTOLISEI, Francesco. *Manuale di diritto penale*: parte generale. 13ª ed. Milano: Dott. A. Giuffrè, 1994 •• ASÚA, Luís Jiménez de. *Tratado de derecho penal*. 3ª ed. Buenos Aires: Editorial Losada, 1965. t. IV •• BASILEU GARCIA. *Instituições de direito penal*. 4ª ed. São Paulo: Max Limonad, 1959. vol. I, t. I •• BENTO DE FARIA, Antonio de. *Annotações theorico-praticas ao codigo penal do Brazil*. Rio de Janeiro: Francisco Alves e Cia., 1913 // *Código penal brasileiro (comentado)*. Rio de Janeiro: Distribuidora Récord Ed., 1958. vol. 2 •• BETTIOL, Giuseppe. *Diritto penale*: parte generale. 11ª ed. Padova: CEDAM, 1982 •• BITENCOURT, Cezar Roberto. *Tratado de direito penal*: parte geral. 19ª ed. São Paulo: Saraiva, 2013 •• BOCKELMANN, Paul; VOLK, Klaus. *Direito penal*: parte geral. Belo Horizonte: Del Rey, 2007 •• BRUNO, Aníbal. *Direito penal*: parte geral. 3ª ed. Rio de Janeiro: Forense, 1967. t. 2 •• BUSATO, Paulo César. *Direito penal*: parte geral. São Paulo: Atlas, 2013. vol. 1 // 2ª ed., 2015 // *Fundamentos do direito penal brasileiro*. 3ª ed. Curitiba: Ed. do Autor, 2012 •• CARRANCA Y TRUJILLO, Raul. *Derecho penal mexicano*: parte general. México: Ed. Porrúa, 1970. t. I •• CARRARA, Francesco. *Programma del corso di diritto criminale*: parte generale. Firenze: Casa Editrice Libraria "Fratelli Cammellli", 1924 •• CAVALEIRO DE FERREIRA, Manuel. *Direito penal português*: parte geral. Viseu: Editorial Verbo, 1981 •• CEREZO MIR, José. *Derecho penal*: parte general. São Paulo: Revista dos Tribunais, Lima (PE): ARA Ed., 2007 •• CIRINO DOS SANTOS, Juarez. *Direito penal*: parte geral. 3ª ed. Curitiba: ICPC; Lumen Juris, 2008 •• COBO DEL ROSAL, M.; VIVES ANTÓN, T. S. *Derecho penal*: parte general. Valencia(ES): Universidad de Valencia, 1984 •• CORREIA, Eduardo. *Direito criminal*. Colaboração de Figueiredo Dias, reimpressão. Coimbra: Livraria Almedina, 2004. vol. I e II •• COSTA E SILVA, Antônio José da. *Código penal*. São Paulo: Companhia Editora Nacional, 1943. vol. 1 •• COSTA JR., Paulo José. *Código penal comentado*. 8ª ed. São Paulo: DPJ Editora, 2005 •• CARRARA, Francesco. *Programma del corso di diritto criminale:* parte generale. 11ª ed. Firense: Casa Editrice Libraria

"*Fratelli Cammeli*", 1924. vol. I •• DAMÁSIO DE JESUS, E. *Direito penal*: parte geral. 35ª ed. São Paulo: Saraiva, 2014 // Código penal anotado. 19ª ed. São Paulo: Saraiva, 2009 •• DELMANTO, Celso (*et alii*). *Código penal comentado*. 8ª ed. São Paulo: Saraiva, 2010 •• DOTTI, René Ariel. *Curso de direito penal*: parte geral. 5ª ed. Colaboração de Alexandre Knopfholz e Gustavo Britta Scandelari. São Paulo: Thomson Reuters/Revista dos Tribunais, 2013 •• FERRI, Enrico. *Principios de direito criminal*: o criminoso e o crime. São Paulo: Livraria Academica Saraiva & Cia., 1931 •• FIANDACA, Giovanni; MUESCO, Enzo. *Diritto penale*: parte generale. 2ª ed. Bologna: Zanichelli, 1994 •• FIGUEIREDO DIAS, Jorge de. *Direito penal*: parte geral, questões fundamentais, a doutrina geral do crime. 2ª ed. São Paulo: Revista dos Tribunais; Coimbra: Coimbra Editora, 2007 •• FRAGOSO, Heleno Cláudio. *Comentários ao código penal*. 5ª ed. Rio de Janeiro: Forense, 1978. vol. I, t. II // *Lições de direito penal:* parte geral. 17. ed. atual. Fernando Fragoso. Rio de Janeiro: Forense, 2006 •• GALDINO SIQUEIRA. *Tratado de direito penal*. Rio de Janeiro: José Konfino, 1947 •• GARCÍA-PABLOS DE MOLINA, Antonio. *Derecho penal*: parte general, fundamentos. Lima (PE): Instituto Peruano de Criminología y Ciencias Penales, 2099 •• GRECO, Rogério. *Curso de direito penal*: parte geral. 15ª ed. Niterói: Impetus, 2013 •• HUNGRIA, Nélson. *Comentários ao código penal*. 4ª ed. Rio de Janeiro: Forense, 1958. vol. I, t. II •• JAKOBS, Günther. *Derecho penal*: parte general, fundamentos y teoria de la imputación. Trad. Joaquin Cuello Contreras, José Luis Serrano Gozalez de Murillo. Madrid: Marcial Pons, 1995 •• JESCHECK, Hans-Heinrich. *Tratado de derecho penal*: parte general. Barcelona: Bosch, Casa Editorial, 1981. vol. 1º e 2º •• J. F. MARQUES. *Tratado de direito penal*. 2ª ed. São Paulo: Saraiva, 1965. vol. 2 •• LEONARDO LOPES, Jair. *Curso de direito penal*: parte geral. 2ª ed. São Paulo: Revista dos Tribunais, 1996 •• LISZT, Franz von. *Tratado de direito penal allemão*. Trad. e prefácio José Hygino Duarte Pereira. Rio de Janeiro: F. Briguiet & Cia.-Editores, 1899. t. I •• LUZÓN PEÑA, Diego-Manuel. *Lecciones de derecho penal*: parte general. 2ª ed. Valencia(ES): Tirant lo Blanch, 2012 •• MAGALHÃES NORONHA, Edgard. *Direito penal*. 3ª ed. São Paulo: Saraiva, 1965. vol. 1 •• MAIA GONÇALVES. *Código penal português*: anotado e comentado. 8ª ed. Coimbra: Livraria Almedina, 1995 •• MANTOVANI, Ferrando. *Diritto penale*. 4ª ed. Padova: CEDAM, 2001 •• MANZINI, Vincenzo. *Tratado de derecho penal*: teorias generales. Trad. Santiago Sentís Melendo. Buenos Aires: EDIAR, 1948. vol. II // Tratatto di diritto penale italiano. Torino: UTET, 1961. vol. 1 •• MAURACH, Reinhart. *Tratado de derecho penal.* Trad. e notas Juan Cordoba Roda. Barcelona: Ediciones Ariel, 1962. t. I e II •• MAURACH, Reinhardt; ZIPF, Heinz. *Derecho penal*: parte general. Trad. 7ª ed. alemã por Jorge Bofill Genzsch e Enrique Aimone Gibson. Buenos Aires: Ed. Astrea de

Alfredo y Ricardo Depalma, 1994. t. 1 e 2 •• MAYER, Max Ernst. *Derecho penal*: parte general. Trad. de Sergio Politoff Lifschitz, rev. geral e prólogo José Luis Guzmán Dalbora, ed. alemã de 1915. Buenos Aires: Julio César Faria-Editor, 2007 •• MAYRINK DA COSTA, Álvaro. *Direito penal*: parte geral. 8ª ed. Rio de Janeiro: Forense, 2009. vol. 2 •• MESTIERI, João. *Manual de direito penal*: parte geral. Rio de Janeiro: Forense, 2002 •• MIR PUIG, Santiago. *Derecho penal*: parte general. 9ª ed. Buenos Aires: B de F, 2012 •• MEZGER, Edmundo. *Tratado de derecho penal*. Trad. de José Arturo Rodríguez Muñoz. Madrid (ES): Ed. Revista de Derecho Privado, 1955. t. I •• MIR PUIG, Santiago. *Derecho penal*: parte general. 9ª ed. Buenos Aires: B de F, 2012 •• MIRABETE, Julio Fabbrini; FABRINNI, Renato N. *Manual de direito penal:* parte geral. 30. ed. São Paulo: Atlas, 2014 •• MUÑOZ CONDE, Francisco; GARCÍA ARÁN, Mercedes. *Derecho penal*: parte general. 5ª ed. Valencia (ES): Tirant lo Blanch, 2002 •• NOVOA MONREAL, Eduardo. *Curso de derecho penal chileno:* parte general. 2ª ed. Santiago: Editorial Juridica Ediar-Cono Sur, 1985. t. 1 •• NUCCI, Guilherme de Souza. *Código penal comentado.* 13ª ed. São Paulo: Thomson Reuters/Revista dos Tribunais, 2013 •• NUÑEZ, Ricardo C. *Manual de derecho penal*: parte general. 3ª ed. Cordoba: Marcos Lerner Editora Cordoba, 1982 •• PIERANGELLI, José Henrique. *Código penal comentado artigo por artigo*. São Paulo: Revista dos Tribunais, 2013 •• POLITOFF L., Sérgio (*et alii*). *Lecciones de derecho penal chileno*: parte general. 2ª ed. Santiago: Editorial Jurídica de Chile, 2003 •• PRADO, Luiz Regis. *Tratado de direito penal*: parte geral. São Paulo: Thomson Reuters/Revista dos Tribunais, 2014. vol. 2 // *Curso de direito penal brasileiro.* 13ª ed. Coautoria. São Paulo: Thomson Reuters/Revista dos Tribunais, 2014 •• QUINTERO OLIVARES, Gonzalo. *Parte general del derecho penal*. 4ª ed. Colaboración de Fermín Morales Prats, Pamplona: Thomson Reuters, 2010 •• REALE JÚNIOR, Miguel. *Instituições de direito penal*: parte geral. 3ª ed. Rio de Janeiro: Forense, 2009 // *Parte geral e tipicidade*. São Paulo: Ed. do Autor, 1986 •• RODRIGUEZ DEVESA, José Maria; SERRANO GOMEZ, Alfonso. *Derecho Penal español*: parte general. 15ª ed. Madrid: Dykinson, 1992 •• ROXIN, Claus. *Derecho penal*: parte general. Trad. 2ª ed. alemã Diego-Manuel Luzón Peña (*et alii*). Madrid: Civitas Ediciones, 2003 // *La teoría del delito en la discusión actual*. Trad. Manuelk Abanto Vásquez. Lima: Editora Jurídica Grijley, 2007 •• SILVA FRANCO, Alberto. *Código penal e sua interpretação*: doutrina e jurisprudência. 8ª ed. Alberto Silva Franco e Rui Stoco (Coords.). São Paulo: Editora Revista dos Tribunais, 2007 •• SOLER, Sebastian. *Derecho penal argentino*. Buenos Aires: Tipografia Editora Argentina, 1970 •• SOUZA & JAPIASSÚ. *Curso de direito penal*: parte geral. Rio de Janeiro: Elsevier, 2012 •• STRATENWERTH, Günther. *Derecho penal*: parte general I; El hecho punible. 4ª ed. Trad. Manuel Cancio

Meliá y Marcelo Sancinetti. Buenos Aires: Hammurabi, 2005 •• TOLEDO, Francisco de Assis. *Princípios básicos de direito penal*. 5ª ed. São Paulo: Saraiva, 2002 •• VILLALOBOS, Ignacio. Derecho penal mexicano. México: Ed. Porrúa, 1975 •• VON WEBER, Hellmuth. *Lineamentos del derecho penal aleman*. 2ª ed. Buenos Aires, 2008 •• WELZEL, Hans. *Derecho penal aleman*: parte general. 11ª ed., alemã; trad. castellana, 4ª ed., de Juan Bustos Ramírez e Sergio Yáñez Pérez. Santiago de Chile: Editorial Juridica de Chile, 1997 •• WESSELS, Johannes. *Direito penal*: parte geral (aspectos fundamentais). Trad. do alemão e notas de Juarez Tavares. Porto Alegre: Sérgio Antonio Fabris Editor, 1976 •• ZAFFARONI, Eugenio Raul; ALAGIA, Alejandro; SLOKAR, Alejandro. *Derecho penal*: parte general. 2ª ed. Buenos Aires: EDIAR, 2014 •• ZAFFARONI-BATISTA: ZAFFARONI, Eugenio Raúl; BATISTA, Nilo; ALAGIA, Alejandro; SLOKAR, Alejandro. *Direito penal brasileiro*. Rio de Janeiro: Revan, 2010. vol. II, I •• ZAFFARONI, Eugenio Raúl; PIERANGELI, José Henrique. *Manual de direito penal brasileiro*: parte geral. 7ª ed. São Paulo: Revista dos Tribunais, 2007. vol. 1.

I. Precisão terminológica

As medidas de segurança são *previstas* e não *cominadas* pela lei penal. Não se pode afirmar que o Código Penal *comina* uma medida de segurança, assim como ocorre com a pena. Esta é a linguagem técnica adotada no Cap. II do Tit. V do Código Penal (arts. 53 a 58). Realmente, o vocábulo *cominação* deriva do latim (*comminatio*, de *comminare*) e significa a ameaça com pena ou castigo no caso de infração ou falta de cumprimento do contrato, de um preceito ou uma ordem. Também na legislação extrapenal a palavra é empregada com o mesmo sentido, como se poderá verificar em disposições do Código de Processo Civil que preveem a *cominação* de pena pecuniária nos casos dos arts. 287 (abster-se de algum ato, tolerar alguma atividade ou prestar fato), 936, II (nunciação de obra nova) e 921, II (ação possessória).

O sistema positivo penal não ameaça o inimputável ou o semi-imputável, autores de um fato previsto como ilícito penal, quando necessitam eles de especial tratamento curativo e não podem sofrer a pena criminal. Ao reverso, devem ser objeto de medidas de caráter preventivo e assistencial.

II. Noções gerais

A Exp. Mot. da PG/1940 refere que o projeto "contém uma inovação capital: é a que faz ingressar na órbita da lei penal as *medidas de segurança*. A Carlos Stoos, no seu projeto de Código Penal suíço, de 1894, cabe o mérito da iniciativa da aliança prática entre a pena e a medida de segurança. Este *criterium* de política criminal, pairando acima de radicalismos de *escolas*, está hoje definitivamente introduzido na legislação penal do mundo civilizado. À parte a resistência dos clássicos, já ninguém mais se declara infenso a essa bilateralidade da reação legal contra o crime. Seria ocioso qualquer arrazoado em sua defesa. Apenas cumpre insistir na afirmação de que as medidas de segurança não têm caráter *repressivo*, não são *pena*. Diferem desta, quer do ponto de vista teórico e prático, quer do ponto de vista de suas causas e de seus fins, quer pelas condições em que devem ser aplicadas e pelo modo de sua execução" (§ 33) (Itálicos do original).

A medida de segurança é uma reação estatal adotada para a contenção e a prevenção da criminalidade por parte das pessoas afetadas por doença mental ou perturbação da saúde mental e indicadas pelo art. 26 e seu parágrafo único do Código Penal. Tais sujeitos demonstram um *estado de periculosidade* que constitui a *probabilidade de delinquir*. Na hipótese do art. 26, *caput*, do Código Penal, a periculosidade é presumida *iure et de iure*, i.e., tem caráter absoluto; no caso do parágrafo único ela é presumida *iuris tantum*, i.e., tem caráter relativo.

III. Pena e medida de segurança

A *pena* tem seu fundamento na culpabilidade; a *medida de segurança* pressupõe a periculosidade. A pena tem seus limites mínimo e máximo predeterminados (CP, arts. 53, 54, 55, 58 e 75); a medida de segurança tem um prazo mínimo de 1 (um) a 3 (três) anos, porém o máximo da duração é indeterminado, perdurando a sua aplicação enquanto não for averiguada, mediante perícia médica, a cessação de periculosidade (CP, art. 97, § 1º); a pena exige a individualização, atendendo às condições pessoais do agente e às circunstâncias do fato (CP, arts. 59 e 60); a medida de segurança deve ser também personalizada em atenção ao grau de periculosidade do agente, limitando-se a duas únicas espécies: *a)* internação; *b)* sujeição a tratamento ambulatorial) (CP, art. 96).

IV. Natureza jurídica

Autores de prestígio sustentam que as medidas de segurança não têm uma natureza jurídico-penal, e sim administrativa, e que são incorporadas nos códigos por motivos de oportunidade. Tal conclusão decorre da orientação de alguns sistemas positivos em submeter os sujeitos imputáveis a medidas pré-delituais e pós-delituais. Para ZAFFARONI, as primeiras são casos de pena sem delito e as outras constituem penas agravadas ou formas de agravar as penas. Daí por que o mestre argentino rejeita a admissibilidade da medida de segurança fora dos casos de incapacidade psíquica do autor (*Tratado,* vol. V, p. 457).

Para os Códigos Penais que ainda permanecem ancorados no sistema do *doppio binario* é perfeitamente adequada essa crítica, posto que não estabelecem a nítida separação entre os sujeitos que merecem a repressão e aqueles que têm direito a providências assistenciais de segurança.

A medida de segurança é uma reação criminal, detentiva ou restritiva da liberdade individual, para a assistência social e prevenção criminal e que se liga à prática de um ilícito típico e tem como pressuposto a periculosidade. Segundo FIGUEIREDO DIAS essa modalidade de resposta visa, primacialmente, a finalidades de defesa social ligadas à prevenção especial, seja sob a forma de pura segurança, seja sob a forma de ressocialização. E arremata: "Com esta acepção e este entendimento, um subsistema de medidas de segurança constitui hoje um capítulo político-criminalmente indispensável e irrenunciável do sistema das reacções criminais" (*Direito penal*, § 654, p. 415).

V. Algumas notas sobre o Direito anterior

No sistema da PG/1940, o assunto era muito complicado. As medidas de segurança dividiam-se em *patrimoniais* e *pessoais*. A interdição de estabelecimento ou de sede de sociedade ou associação e o confisco eram medidas da primeira espécie; as da segunda espécie subdividiam-se em *detentivas* e *não detentivas* (art. 88).

As medidas se segurança *patrimoniais* tinham as seguintes modalidades: ***a)*** *interdição* de estabelecimento comercial ou industrial ou sede de sociedade ou associação; ***b)*** *confisco*. A primeira poderia ser decretada por um prazo não inferior a 15 (quinze) dias, nem superior a 6 (seis) meses, se o estabelecimento, sociedade ou associação servisse de meio ou pretexto para a prática de infração penal. A interdição do estabelecimento consistia na proibição ao condenado ou a terceiro, a quem ele o tenha transferido, de exercer no local o mesmo comércio ou indústria. A sociedade ou associação, cuja sede fosse interditada, não poderia exercer as suas atividades em outro local (PG/1940, art. 99 e §§ 1º e 2º). O confisco era ordenado em relação aos instrumentos e produtos do crime, desde que consistissem em coisas cujo fabrico, alienação, uso, porte ou detenção constituísse fato ilícito (PG/1940, art. 100). Com a Reforma de 1984, o confisco de instrumentos e do produto do crime são impostos como efeito da condenação para revertê-los em favor da União, ressalvado o direito do lesado ou terceiro de boa-fé (art. 91, II, letras *a* e *b)*. A Lei n. 11.343, de 23.08.2006 (drogas), prevê no art. 60 que o juiz, de ofício ou mediante representação policial e ouvido o MP, no curso do inquérito ou da ação penal, decrete a apreensão e outras medidas assecuratórias relacionadas aos bens móveis e imóveis ou valores consistentes em produtos de crimes previstos nesta lei ou que constituam proveito auferido com sua prática, aplicando-se os arts. 125 a 144 do CPP. E ao proferir a sentença condenatória, o magistrado decidirá sobre o perdimento do produto, bem ou valor apreendido, sequestrado ou declarado indisponível (art. 63).

As medidas de segurança *detentivas* eram: *a)* a internação em manicômio judiciário; *b)* a internação em casa de custódia e tratamento; *c)* a internação em colônia agrícola ou em instituto de trabalho, de reeducação ou de ensino profissional. E como medidas de segurança *não detentivas,* havia: *a)* a liberdade vigiada; *b)* a proibição de frequentar determinados lugares; *c)* o exílio local (art. 88, §§ 1º e 2º).

A distribuição legal dos *tipos de autor* e das medidas correspondentes era também complicada, como se poderá verificar. Assim: *a)* o inimputável, nos termos do art. 22 (vigente art. 26), deveria ser internado em *Manicômio Judiciário*; *b)* o semi-imputável (parág. único do art. 22, que corresponde hoje ao parág. único do art. 26), deveria ser internado em *Casa de Custódia e Tratamento*, obedecidos alguns requisitos, como a quantidade da pena e o estado de embriaguez na prática do fato, se habitual a embriaguez); *c)* o condenado por crime doloso, se fosse reincidente; o condenado à reclusão por mais de cinco anos e o condenado à pena privativa de liberdade, se o crime se relacionasse com a ociosidade, a vadiagem e a prostituição, deveriam ser confinados em *Colônia Agrícola* ou *Instituto de Trabalho*, de *Reeducação* ou de *Ensino Profissional*, por períodos mínimos de dois anos, quanto ao primeiro, e um ano, os demais (arts. 91 a 93).

VI. O Direito vigente

A PG/1984 simplificou muito a matéria e sem nenhum prejuízo para a eficácia das espécies de medida de segurança. São elas: I. *Pessoais* porque incidem sobre o delinquente-doente, "limitando sua liberdade individual, com o intuito de objetivar o tratamento e, concomitantemente, a não reiteração da prática de novos ilícitos-típicos" (REALE FERRARI, *Medidas de segurança*, p. 80) São elas de duas espécies: *a) privativas de liberdade; b) restritivas de liberdade.* A primeira é a *internação* em hospital de custódia e tratamento psiquiátrico, ou à sua falta, em outro estabelecimento adequado (CP, art. 96, I); a segunda é a *submissão,* em liberdade, ao tratamento em ambulatório (CP, art. 96, II). O art. 101 da LEP dispõe que o tratamento ambulatorial, previsto no art. 97, segunda parte,[4] do Código Penal, será realizado no Hospital de Custódia e Tratamento Psiquiátrico ou em outro local com dependência médica adequada.

---

4   CP (Imposição de medida de segurança para inimputável). "Art. 97. Se o agente for inimputável, o juiz determinará sua internação (art. 26). *Se, todavia, o fato previsto como crime for punível com detenção, poderá o juiz submetê-lo a tratamento ambulatorial*".

VII. Pressupostos legais

A aplicação judicial da medida de segurança pressupõe dois requisitos: *a)* prática de fato penalmente punível (crime ou contravenção); *b)* a periculosidade[5] do agente (CP, arts. 96 e 97 c/c art. 26 e parág. único).

Conforme reconhece a doutrina, inexiste na PG/1984 referência expressa aos aludidos requisitos, como previa o art. 76 da PG/1940, porque desnecessária, visto que decorrem ambos da própria legislação reformada (arts. 26 e 96 do CP). "A primeira norma torna explícita a isenção de pena, quando o inimputável comete fato penalmente ilícito e quando, da mesma forma, o faz o semi-imputável, se não se mostrar merecedor da pena privativa de liberdade reduzida (arts. 26 e ss. e parág. único do CP)" (REALE JÚNIOR e outros, *Penas e medidas de segurança,* p. 288).

É iterativa a orientação dos juízes e tribunais no sentido de que não basta somente a periculosidade do agente para a imposição da medida de segurança. É indispensável que o fato cometido seja típico e também ilícito (*RT,* 507/375). Sob outro aspecto, porém na mesma direção, constam precedentes declarando que em caso de absolvição do réu não se aplica a medida de segurança ainda que o mesmo seja inimputável ou semi-imputável (*RT,* 666/329 e *RJTJSP,* 110/466).

Como já foi visto (*supra* nº 10), também para a aplicação da medida de segurança é indispensável que os seus pressupostos estejam fixados em lei anterior ao fato.

Não mais se admite a aplicação da medida de segurança nas hipóteses do *crime impossível* e do *quase crime* (CP, arts. 17 e 31), assim como previa a PG/1940 (art. 76, parág. único).

a. *Periculosidade real*

Consiste a *periculosidade real* na constatação pelo juiz e mediante perícia médica, que o autor é doente mental ou portador de desenvolvimento mental incompleto ou retardado. A prática do ilícito penal pelo sujeito em uma dessas condições, determinará a aplicação da medida de segurança de internamento ou tratamento ambulatorial (CP, art. 26 e parág. único c/c o art. 97).

b. *Periculosidade presumida*

A periculosidade é *presumida* quando a lei determina que o inimputável por doença mental ou desenvolvimento mental incompleto (CP, art. 26),

---

5   Sobre o conceito de *perigo,* v. § 19, n. I.

deve ser internado (CP, art. 97). Enquanto a periculosidade *real* é verifica pelo juiz a periculosidade *presumida* decorre da lei.

A Lei nº 7.209/84, ao dar nova redação à Parte Geral do Código Penal, reduziu ao limite mínimo as hipóteses de periculosidade presumida. O art. 78 do Código Penal, em sua redação original, assim dispunha: "Presumem-se perigosos: I – aqueles que, nos termos do art. 22[6], são isentos de pena; II – os referidos no parágrafo único do art. 22[7]; III – os condenados por crime cometido em estado de embriaguez pelo álcool ou substância de efeitos análogos, se habitual a embriaguez; IV – os reincidentes em crime doloso; V – os condenados por crime que hajam cometido como filiados a associação, bando ou quadrilha de malfeitores". Tratava-se de *presunção absoluta*, isto é, *iure et de iure* e que, portanto, não admitia prova em contrário.

Tais sujeitos estariam revelando uma *probabilidade de delinquir*, circunstância que impedia a suspensão condicional da pena.

VIII. Estabelecimento adequado

A PG/1940 previa quatro tipos de estabelecimentos destinados ao cumprimento da medida de segurança detentiva: *a)* manicômio judiciário; *b)* casa de custódia e tratamento; *c)* colônia agrícola; *d)* instituto de trabalho, de reeducação ou de ensino profissional (art. 88, do º). No primeiro, eram internados os doentes mentais ou portadores de desenvolvimento mental incompleto ou retardado (art. 22, atual art. 26); no segundo eram alojados os semi-imputáveis (parág. único do art. 22, atual parág. único do art. 26) e os imputáveis condenados à pena privativa de liberdade, por crime cometido em estado de embriaguez pelo álcool ou substância de efeitos análogos, se a embriaguez fosse habitual; para o terceiro e o quarto tipo de estabelecimento seriam mandados o condenado por crime doloso, se reincidente, o condenado à pena de reclusão superior a cinco anos e o condenado à pena privativa de liberdade, em qualquer limite, se o crime se relacionasse com a ociosidade, a vadiagem ou a prostituição (CP, arts. 91 a 93, cf. a redação original).

Na verdade, porém, somente um daqueles estabelecimentos, ou seja, o manicômio judiciário, existia em cidades maiores e, ainda assim, funcionando de maneira precária. O próprio Código Penal já admitia que onde não houvesse local adequado, a medida detentiva, segundo a sua natureza, seria executada em seção especial de outro estabelecimento (art. 89).

---

6   Corresponde atualmente ao art. 26 do CP.

7   Corresponde atualmente ao parág. único do art. 26 do CP.

A ausência das prisões-hospitais, das colônias agrícolas e dos institutos de trabalho, de reeducação ou de ensino profissional, em quase todas as unidades federativas determinou a orientação da jurisprudência no sentido de que os condenados imputáveis, à falta de tais estabelecimentos, ficariam sujeitos às medidas de segurança não detentivas que o Código Penal previa sob três modalidades: *a)* liberdade vigiada; *b)* proibição de frequentar determinados lugares; *c)* exílio local (art. 88, § 2º, redação original). Restava, tão somente, uma espécie de local para internamento: o manicômio judiciário, para onde eram levados os inimputáveis e os semi-imputáveis.

A propósito já tive oportunidade de afirmar – antes do advento da reforma da Parte Geral do Código Penal – que "a história e a prática dos manicômios judiciários devem ser imediatamente revista a fim de que as construções de tais estabelecimentos e a formação de todo o pessoal administrativo, dos médicos, enfermeiros, assistentes sociais, psicólogos e outras categorias de servidores não se mantenham como o cortejo de fantasmagorias que constitui a sombra de tais *centros de maldição*" (*Bases e alternativas,* p. 274).

O STF, em sessão plenária, já decidiu que constitui constrangimento ilegal a execução de medida de segurança detentiva em estabelecimento inadequado (RF, 164/318). Sob outro aspecto, a falta de vaga em local de tratamento psiquiátrico, pela desorganização ou imprevidência do Estado, não justifica o recolhimento na Cadeia Pública, sob pena de grave violação ao devido procedimento da execução e intolerável coação ilegal. No sentido do texto, RT, 608/325.

IX. Previsão de princípios, garantias e direitos

Embora distinta da pena quanto à natureza, conteúdo e finalidade, a medida de segurança está envolta em um sistema de garantias e direitos, *verbis:*

a. *O princípio da necessidade*

A doença mental ou o desenvolvimento mental incompleto ou retardado e a prática de uma infração penal determinam a reação estatal aplicável a determinadas pessoas que, eram, ao tempo do fato inteiramente incapazes de entender o caráter ilícito de sua conduta ou de se determinarem de acordo com esse entendimento. Se o agente tinha uma capacidade reduzida de entendimento e de autogoverno, em virtude de perturbação da saúde mental ou por desenvolvimento mental incompleto ou retardado, também poderá também necessitar de cuidados médicos, justificando-se a medida de segurança de internamento ou tratamento ambulatorial. A *necessidade* surge, em tais circunstâncias, como justificação individual e social da medida de segurança, visando não somente a prevenir novos ilícitos como também a combater a anomalia revelada pelo sujeito;

b. *A dignidade da pessoa humana*

A dignidade da pessoa humana é um dos princípios fundamentais da República (CF, art. 1º, III), aplicável, sem distinção de qualquer natureza, aos brasileiros e estrangeiros residentes no país. Esse reconhecimento ocorreu de modo explícito e firme antes da Carta Política de 1988, cf. o art. 99 da PG/1984: *"O internado será recolhido a estabelecimento dotado de características hospitalares e será submetido a tratamento"*. A LEP garante que ao internado "serão assegurados todos os direitos não atingidos pela sentença ou pela Lei" (art. 3º) e enuncia apropriadas regras sobre a assistência ao internado,[8] declarando-a como "dever do Estado, objetivando prevenir o crime e orientar o retorno à convivência em sociedade" (art. 10) e o art. 41 relaciona os direitos do preso, os quais podem ser estendidos aos destinatários da medida se segurança, segundo o caso concreto (art. 42). Finalmente, a Lei n. 10.216, de 06.04.2001, dispõe sobre a proteção e os direitos das pessoas portadoras de transtornos mentais e redireciona o modelo assistencial em saúde mental. O princípio nuclear que assegura aos presos o respeito à integridade física e moral (CF, art. 5º, XLIX), vale também para o internado (LEP, arts. 40 e 42);

c. *Anterioridade da lei penal*

A medida de segurança depende da ocorrência de um fato previsto como crime (CF, art. 5º, XXXIX, e CP, art. 1º) e da periculosidade do agente. Duas condições que devem estar ancoradas em lei prévia e expressa. Enfatiza HUNGRIA, "à semelhança do que ocorre com a pena, é assegurado, quanto às medidas de segurança, o *princípio da legalidade* ou da *reserva legal*. Não há medida de segurança fora da lei" (*Comentários*, vol. III, p. 33) (Itálicos do original). Embora não haja norma expressa a respeito, as medidas de segurança estão submetidas ao princípio da legalidade, pois não é possível impor privação ou restrição de liberdade que não estejam anteriormente previstas em lei (FRAGOSO, *Lições*, p. 502). O Código Penal português declara que a medida de segurança *"só pode ser aplicada a estados de perigosidade cujos pressupostos estejam fixados em lei anterior ao seu preenchimento"* (art. **1º**, n. 2). No mesmo sentido dispõe o modelo espanhol: *"Las medidas de seguridad sólo podrán aplicarse cuando concurran los presupuestos establecidos previamente por la Ley"* (art. **1, nº** 2). E o Anteprojeto argentino, declara: *"No se impondrá pena ni otra consequencia penal del delito, diferente de las señaladas en ley previa"* (art. 2, *a*, segunda parte);

---

8   LEP, art. 11. "A assistência será: I – material; II – à saúde; III – jurídica; IV – educacional; V – social; VI – religiosa".

d. *Personalidade*

A responsabilidade pelo fato típico e ilícito somente é debitada a quem lhe deu causa (CP, art. 13). Vigora também no quadro das medidas de segurança o salutar princípio da personalidade: não da *pena*, mas da *medida* penal. O Código Civil determina a responsabilidade do curador pelo ato ilícito cometido pelo curatelado (p.ex., o doente mental) que vive em sua companhia (art. 1.521, II), salvo se provar ausência de culpa (RT, 402/162), i.e., que não houve negligência no dever de vigilância. Mas no campo da responsabilidade criminal nenhuma pena ou medida é aplicável ao terceiro que, por qualquer circunstância, exerce o dever de guarda sobre o inimputável;

e. *Irretroatividade da lei mais grave*

A PG/1940 declarava que as medidas de segurança regiam-se "pela lei vigente ao tempo da sentença, prevalecendo, entretendo, se diversa, a lei vigente ao tempo da condenação" (art. 75). Evidentemente, aquela fórmula normativa permitia a aplicação da *lex gravior* ao fato anterior ao argumento de que a medida de segurança não se impõe pelo que o indivíduo *fez* mas pelo que ele *é* ou *pode vir a fazer*. Daí por que a lei sucessiva era aplicável "sempre, imediatamente, em substituição à lei anterior, pouco importando se mais benigna, ou se mais rigorosa" (HUNGRIA, *Comentários,* vol. III, p. 33). No sistema positivo atual, a lei aplicável ao inimputável ou semi-imputável, indicados pelo art. 26 e parág. único do Código Penal, é a lei vigente ao tempo do fato (*tempus regit actum*). Esse foi o entendimento adotado pela jurisprudência sob o advento da Lei n. 7.209/84 (PG/1984), que suprimiu diversos tipos de medida de segurança previstos anteriormente;

f. *Proporcionalidade*

Seria paradoxal que o ordenamento positivo ou a jurisprudência permitissem que internamento para fim curativo fosse caracterizado pelo abuso nos meios de contenção e tratamento ou com negligência na adoção de terapia adequada. Para REALE FERRARI, a proporcionalidade, sob este aspecto, "deve condicionar-se à sua necessidade, adequação e limitação de seus objetivos" (ob. cit., p. 101). Um exemplo da proporcionalidade na execução consiste na orientação pretoriana de permitir o tratamento ambulatorial, no lugar da internação, em caso de crime punido com *reclusão*, atendendo às peculiaridades do caso concreto. Há precedentes, admitindo o ambulatório em condenação à pena de reclusão, de modo a flexibilizar a regra do art. 97 do Código Penal que, em princípio, restringe essa modalidade para as infrações apenadas com *detenção*.[9] Assim também é a lição de NUCCI;[10]

g. Jurisdicionalidade

A jurisdicionalização da execução das medidas de segurança é consagrada pelo art. 97 do CP e pelo art. 194 da LEP. Trata-se de uma das exigências do devido processo legal, traduzido neste caso pelo princípio do juiz natural (CF, art. 5º, LIV, c/c o inc. LIII), com a declaração expressa: *"Ninguém será internado em Hospital de Custódia e Tratamento Psiquiátrico, ou submetido a tratamento ambulatorial, para cumprimento da medida de segurança, sem a guia expedida pela autoridade judiciária"* (LEP, art. 172).

Com o advento da orientação legal, doutrinária e jurisprudencial de que a matéria de execução das penas e medidas de segurança perdeu o monopólio da regência de normas administrativas, surge a integração de um conjunto de disciplinas afins – Direito Constitucional, Penal, Processual Penal, Civil etc. – para regular os múltiplos problemas desse complexo e sensível território humano, imerso de angústias e esperanças. A intervenção judicial garantista nos momentos de aplicação e execução reafirma o princípio constitucional do acesso à jurisdição (CF, art. 5º, XXXV) expressamente consagrado pelo art. 194 da LEP.[11]

Uma disposição revolucionária no campo da execução das medidas de segurança está na garantia de "liberdade de contratar médico de confiança pessoal do internado ou do submetido a tratamento ambulatorial, por seus familiares ou dependentes, a fim de orientar e acompanhar o tratamento. As divergências entre o médico oficial e o particular serão resolvidas pelo juiz de execução" (LEP, art. 43 e parág. único).

X. Sistemas de aplicação e de execução

Dois sistemas disputaram a preferência do legislador para regular a aplicação e a execução das medidas de segurança; *a) duplo binário; b) vicariante*.

---

9   STF, HC 85.401, 2ª T., Rel. Min. CEZAR PELUSO, DJ 12.02.2010 •• STJ, REsp 1.266.225/PI, Rel. Min. SEBASTIÃO REIS JÚNIOR, 6ª T., DJe 03.09.2012; Ag Rg no REsp 998.128/MG, 6ªT., Rel. Min. MARIA THEREZA DE ASSIS MOURA, DJe 25.04.2011 e REsp 324.091/SP, 6ª T., Rel. Min. HAMILTON CARVALHIDO, DJ 09.02.2004 •• TJ-PR, Ap. Cr. 610.376-4, Rel. Des. ANTÔNIO MARTELOZZO, j. 01.07.2010.

10 V., *infra*, XII. Internação ou ambulatório.

11 LEP, art. 194. "O procedimento correspondente às situações previstas nesta Lei será judicial, desenvolvendo-se perante o Juízo da Execução".

O primeiro foi assim designado em atenção à origem italiana da expressão *doppio binario* ou seja, duplo trilho ou dupla via. E significava a imposição sucessiva da pena e da medida de segurança em razão do mesmo fato. Cumprida aquela, aplicava-se esta se persistisse o estado de periculosidade. Os notórios inconvenientes desse sistema sempre despertaram contundentes críticas desde os primeiros tempos de sua implantação pelo Código Penal italiano, o famoso *Codice Rocco* (1930).

O segundo é o *vicariante*, também chamado *binário único*, consiste na imposição exclusiva da pena ou da medida de segurança. Não se admite mais a conjugação de ambas as reações. A medida de segurança era um complemento da pena gerando o paradoxo: se uma das finalidades da pena de prisão é ressocializar ou reeducar o infrator, sob o pálio da prevenção especial, como se justificar um aditivo que pressupõe a periculosidade, ainda persistente? Trata-se de uma *contraditio in adjecto* e, portanto, a negação de um dos objetivos da pena, assim declarado no art. 1º da LEP: *"A execução penal tem por objetivo efetivar as disposições de sentença ou decisão criminal e proporcionar condições para a harmônica integração social do condenado e do internado"*.

O art. 98 do Código Penal consagra o sistema vicariante ao estabelecer que, quando o agente submetido à regra do parág. único do art. 26 necessitar de especial tratamento curativo, a pena privativa de liberdade pode (*rectius*: deve) ser substituída pela internação ou tratamento ambulatorial. Como o próprio vocábulo está a indicar (do latim *vicariu* = que faz as vezes de outrem ou de outra coisa), diante de tal quadro o juiz determina uma providência de natureza curativa em lugar da privação da liberdade. Vem a propósito, a Exp. Mot. da PG/1984: "Extingue o Projeto a medida de segurança para o imputável e institui o sistema vicariante para os fronteiriços. Não se retomam, com tal método, soluções clássicas. Avança-se, pelo contrário, no sentido da autenticidade do sistema. A medida de segurança, de caráter meramente preventivo e assistencial, ficará reservada aos inimputáveis. Isso, em resumo, significa: culpabilidade-pena; periculosidade-medida de segurança. Ao réu perigoso e culpável não há razão para aplicar o que tem sido, na prática, uma fração da pena eufemisticamente denominada medida de segurança" (§ 87).

XI. Execução definitiva e internação provisória

Transitada em julgado a sentença que aplicar medida de segurança, o juiz ordenará a expedição da carta de guia para a execução a qual deverá conter dados específicos sobre o agente e o processo (LEP, arts. 171 e 173). Ninguém será internado sem a guia expedida pela autoridade judiciária

(LEP, art. 172). A colocação ou o recebimento de alguém em estabelecimento psiquiátrico sem tais formalidades, caracteriza a contravenção prevista no art. 22 da lei respectiva, salvo a ocorrência de ilícito mais grave como o sequestro ou cárcede privado (CP, art. 148).

A internação provisória é providência necessária para a realização do exame de sanidade mental (CPP, art. 149) e deve ser mantida se for positivo o resultado quanto à doença mental ou desenvolvimento mental incompleto ou retardado, hipóteses que se ajustem ao art. 26 do Código Penal. A PG/1940 previa a aplicação provisória de medida de segurança também para os ébrios habituais e aos toxicômanos (art. 80). A Reforma de 1984 não manteve disposição semelhante provocando divergência entre os tribunais. O TACRIM-SP entende que o art. 378 do Código de Processo Penal – que regula a aplicação provisória da medida de segurança – não estaria revogado (JUTACRIM-SP, 87/75). Ao contrário, decidiu o TARS, concedendo um *habeas corpus* com base no raciocínio de que a Lei n. 7.209/84, ao reformar a Parte Geral do Código Penal, não manteve o art. 80. Consequentemente, estariam revogados os arts. 378 e 380 do Código de Processo Penal (JUTARS, 59/9).

Este último julgado reflete a melhor posição. Em se tratando de medida penal que suprime ou restringe a liberdade individual, a medida de segurança, mesmo em caráter provisório não pode ser aplicada sem a previsão anterior da lei. O princípio da anterioridade da lei penal, neste caso, deve ser observado, principalmente quando a Lei de Execução Penal não previu a possibilidade da aplicação provisória de medida de segurança. Ao contrário, exige o trânsito em julgado da decisão que a impuser (art. 172) e declara que "ninguém será internado em Hospital de Custódia e Tratamento Psiquiátrico, ou submetido a tratamento ambulatorial, para cumprimento de medida de segurança, sem a guia expedida pela autoridade judiciária" (art. 173).

Constitui a contravenção penal prevista no art. 22 do diploma respectivo, *"receber em estabelecimento psiquiátrico, e nele internar, sem as formalidades legais, pessoa apresentada como doente mental"*. Os parágrafos 1º e 2º dispõem sobre: ***a)*** omissão de comunicação à autoridade competente, no prazo legal, de internação admitida em caráter de urgência, sem as formalidades da lei; ***b)*** deixar retirar-se ou despedir do estabelecimento psiquiátrico, pessoa nele internada. É curial que as hipóteses do *caput* e do § 1º podem caracterizar meios executivos do sequestro ou cárcere privado (CP, art. 148), delitos que, por serem mais graves, consomem a contravenção.

XII. Internação ou ambulatório

O art. 97 do CP, segunda parte, dispõe que *"se o fato previsto como crime for punível com detenção, poderá o juiz submetê-lo a tratamento ambulatorial"*. No entanto, a doutrina e a jurisprudência flexionaram a radicalização do texto para admitir que, em determinadas circunstâncias, o tratamento em ambulatório seja também dispensado ao condenado à pena de reclusão. Essa é a conclusão de NUCCI, considerando o dispositivo *"nitidamente injusto, pois padroniza a aplicação da sanção penal e não resolve o drama de muitos doentes mentais que poderiam ter suas internações evitadas. Imagine-se o inimputável que cometa uma tentativa de homicídio, com lesões leves para a vítima. Se possuir família que o abrigue e ampare, fornecendo-lhe todo o suporte para a recuperação, por que interná-lo? Seria mais propícia a aplicação do tratamento ambulatorial" (Código Penal, p. 567) (Itálicos meus).* No sentido do texto há inúmeros precedentes, já referidos na nota de rodapé n. 50 (*supra*).

Ressalva-se a possibilidade de internação do agente, em qualquer fase do tratamento ambulatorial, se ao juiz parecer necessária essa providência para fim de tratamento, demonstrando-se que o agente revela incompatibilidade com a medida em meio livre (CP, art. 97, § 4º, c/c art. 184 da LEP).

XIII. Desinternação ou liberação condicional

A diferença entre tais situações decorre da natureza da medida de segurança aplicada: a *desinternação* se refere à medida se segurança detentiva, enquanto a *liberação* diz respeito à medida de segurança não detentiva, i.e., restritiva.

A *desinternação* é um procedimento de natureza provisória que revela a desnecessidade de manter o agente em hospital atendendo sua condição individual de não periculosidade. Mas, tratando-se de medida temporária está ela *condicionada* à demonstração de que o sujeito não oferece perigo social. A avaliação do comportamento será feita com base nos arts. 132 e 133 da LEP que regulam as condições e obrigações impostas ao liberado condicional bem como a possibilidade de residência fora do juízo da execução (LEP, art. 178). A internação será revigorada se, antes do decurso de um ano, for constatado o estado de periculosidade (CP, art. 97, § 3º). Se no curso do benefício da desinternação o agente ameaça a sua família, o juiz deve restabelecer o internamento (TJSP. In: RJTJSP, 118/553).

No caso do tratamento em liberdade, a *incompatibilidade* poderá resultar do comportamento desidioso do agente, não comparecendo no local do ambulatório, não seguindo o tratamento prescrito pelo médico ou revelando, por qualquer fato, um comportamento socialmente perigoso.

A liberação definitiva, tanto da internação como do tratamento ambulatorial, depende do exame médico conclusivo da cessação da periculosidade, além da satisfação de outros requisitos legais (LEP, art. 175). "Para que um condenado declarado perigoso tenha como cessada sua periculosidade é indispensável que o laudo técnico declare, expressa, segura e fundamentadamente tal cessação, não se admitindo simples presunção" (TACRIM-SP. In: JUTACRIM, 79/173).

XIV. Superveniência de doença mental

Um dos incidentes da execução da pena privativa de liberdade é a *superveniência de doença mental*, cuja patologia poderia estar em estado potencial e aflorada no curso do cumprimento da prisão. Pode se dizer que o indivíduo apresentava uma predisposição a um transtorno mental e a prisão seria o evento estressante precipitador do distúrbio psiquiátrico. O agente, nessa situação, precisa ser recolhido ao estabelecimento adequado para tratamento (CP, art. 41 e LEP, art. 183).

A expressão "condenado" abrange exclusivamente aquele que está cumprindo uma pena privativa de liberdade, não alcançando as hipóteses da pena restritiva de direitos e da multa. Quanto a esta, o Código Penal contém uma disposição própria, determinando que a sua execução ficará suspensa, na hipótese de sobrevir doença mental (art. 52). A mesma orientação deve ser dada quando se trate de uma condenação à prestação de serviços à comunidade, à interdição temporária de direitos, à limitação de fim de semana, ou outra modalidade de sanção restritiva de direitos. A solução proposta assenta na natureza do sistema de não sujeitar o inimputável a qualquer forma de sanção criminal.

Demonstrada a doença mental ou qualquer outra perturbação da saúde mental, deverá o juiz, de ofício, a requerimento do Ministério Público ou da autoridade administrativa, como, por exemplo, o diretor do estabelecimento penal, determinar a substituição da pena por medida de segurança (LEP, art. 183).

A substituição tem caráter *provisório* e, segundo a jurisprudência, o tempo de duração deve corresponder ao tempo da pena aplicada. Se, ao término desta, o condenado ainda revelar problemas de saúde, deverá ser colocado à disposição do juízo cível (STJ, RHC 2.445, DJU 31.5.1993, p. 10.678. In: *Revista Brasileira de Ciências Criminais*, n. 3, p. 257 e TJSP. In: *RT* 640/294).

XV. Perícia médica

A perícia médica deve ser realizada ao termo do prazo mínimo fixado (1 a 3 anos) e deverá ser repetida de ano em ano, ou a qualquer tempo se o determinar o juiz da execução (CP, art. 97, § 2º).

XVI. Tempo de duração

A Exp. Mot. da PG/1984, contém uma advertência muito relevante sobre o *tempo de duração* das medidas de segurança, especialmente a privativa de liberdade: "A pesquisa sobre a condição dos internados ou dos submetidos a tratamento ambulatorial deve ser estimulada com rigor científico e desvelo humano. O problema assume contornos dramáticos em relação aos internamentos que não raro ultrapassam os limites razoáveis de durabilidade, consumando, em alguns casos, a perpétua privação da liberdade" (Parág. 158). O período de internamento deverá corresponder ao tempo fixado na sentença para o cumprimento da pena privativa de liberdade. E se após esse período não houver a recuperação da saúde, cumpre ao juiz colocar o condenado à disposição do juízo cível, para as medidas de proteção recomendadas pela sua enfermidade, conforme decidiu o TJSP (*RT,* 640/294).

Mas o sistema dispõe de freios e contrapesos para evitar a sujeição eterna da pessoa submetida ao tratamento médico, atendendo, aliás, ao dogma constitucional de que não haverá penas de caráter perpétuo (art. 5º, XLVII, *b)*. Com efeito, o art. 176 da LEP contempla o procedimento de apuração da cessação da periculosidade em qualquer tempo, *"ainda no decorrer do prazo mínimo de duração da medida de segurança",* atendendo-se a determinadas exigências (LEP, art. 176).

Sobre o tempo de duração das medidas de segurança, um Substitutivo ao Proj. de Lei n. 3.473, de 2000, redigido pelo relator, Deputado IBRAHIM ABI-ACKEL, assim dispunha: "**Art. 98**. *O tempo de duração da medida de segurança não será superior à pena máxima cominada ao tipo legal de crime.* § 1º *Findo o prazo máximo e não cessada a doença por comprovação pericial, será declarada extinta a medida de segurança, transferindo-se o internado para tratamento comum em estabelecimentos médicos da rede pública, se não for suficiente o tratamento ambulatorial.* § 2º *A transferência do internado ao estabelecimento médico da rede pública será de competência do Juízo da Execução".*

O Anteprojeto CP argentino prevê como limite máximo da internação a metade do máximo da pena cominada para o crime (art. 39, n. 3, *a*).

XVII. Detração

O Código Penal dispõe que se computa, na medida de segurança, o tempo de internação em hospital de custódia e tratamento psiquiátrico ou em outro estabelecimento adequado (art. 42).

A jurisprudência tem se orientado no sentido de considerar o tempo de internamento do inimputável absolvido em função desta causa para reconhecer o prazo mínimo (de um a três anos) para autorizar o exame de verificação de cessação da periculosidade (LEP, art. 175) visando à desinternação ou liberação (TJSP. In: *RT*, 631/288).

XVIII. Revogação e extinção

Existe clara distinção entre *revogação* e *extinção* da medida de segurança. No primeiro caso, há um pronunciamento jurisdicional determinando o levantamento da medida seja ela detentiva ou restritiva; no segundo, interfere um outro tipo de causa determinante por exemplo, a morte do agente. A medida de segurança é *revogada* quando não mais subsistem os pressupostos que a determinaram. Se o processo criminal instaurado contra o agente concluir pela sua absolvição, seja pela inexistência do fato, seja pela não participação ou por uma causa excludente de criminalidade, a medida de segurança que tenha sido imposta em caráter provisório deve ser revogada. A mesma solução deve ser adotada quando a absolvição resulta de julgamento em grau de revisão criminal.

A *revogação* também ocorre se não mais persistir a periculosidade do agente, aferida através da perícia médica. Considerando-se, porém, que a desinternação ou a liberação sempre têm um caráter condicional, é necessário, para a revogação, que o agente não tenha praticado fato indicativo da periculosidade, antes de 1 (um) ano contado da decisão judicial.

A medida de segurança é *extinta* ou *não é aplicada*, quando ocorrer uma causa extintiva da punibilidade como a anistia, graça ou indulto; a retroatividade de lei que não mais considera o fato criminoso; a prescrição; a decadência etc. (CP, art. 96, parág. único c/c art. 107). "Tratando-se de sentença absolutória, em razão da inimputabilidade, não há prazo específico para a prescrição da medida de segurança, regulando a matéria o parágrafo único do art. 96 do CP" (*RSTJ*, 39/351)

A revogação ou a extinção não se confundem com a *desinternação* ou *liberação condicional* (v., *supra*, item XIII).

XIX. Execução administrativa das medidas de segurança

A Comissão de Juristas, criada pelo Ato n. 35, de 19.11.2012, assinado pelo Presidente do Senado Federal, JOSÉ SARNEY, ratificada pelo Ato n. 23, de 03.06.2013, e Portaria n. 15, do Presidente RENAN CALHEIROS, apresentou em 29 de novembro de 2013 uma *Proposta de Alteração da Lei de Execução Penal,* com 205 dispositivos. O grupo de trabalho, composto por 14 membros, foi presidido pelo Ministro do STJ, SIDNEI AGOSTINHO BENETI, sendo relatora a Procuradora de Justiça MARIA TEREZA UILE GOMES.

Uma radical orientação suprimiu o controle jurisdicional das medidas de segurança, extinguindo o Hospital de Custódia e Tratamento Psiquiátrico, com a revogação dos arts. 99 a 101 da LEP, e declarando que, com o trânsito em julgado da sentença que aplica a medida de segurança, "será determinada expedição de guia de execução à autoridade de saúde competente, promovendo-se a inserção dos dados no Cadastro Nacional de Saúde" (art. 171). Segue-se a revogação dos arts. 172 a 174 da LEP.

A Exp. Mot. dessa *Proposta* esclarece: "Pelas mesmas razões de extinção dos Hospitais de Custódia e Tratamento Psiquiátrico, não há fundamento jurídico para manutenção, na lei de execução penal, da disciplina normativa pertinente às medidas de segurança. Simplificando-se o procedimento, com o trânsito em julgado da sentença que aplica medida de segurança será expedida guia de execução endereçada à autoridade de saúde competente, com a devida inserção dos dados no Cadastro Nacional de Saúde, aplicando-se, a partir desse ponto, a Lei 10.216, de 6 de abril de 2001" (Item n. 93).

O *disegno di legge* rompe com o princípio federativo da execução penal, conquista obtida com a Lei n. 7.210, de 11.07.1984, após muitas décadas de resistência e a frustrante experiência da Lei n. 6.416, de 24.05.1977. Esse diploma atribuiu à legislação local ou à sua falta, aos provimentos do Conselho Superior da Magistratura ou órgão equivalente, a regulamentação dos regimes de execução, da prisão-albergue, do trabalho externo, e outras relevantes instituições (art. 6º). O resultado foi desastroso. Somente duas ou três unidades federativas legislaram e também foram raríssimos os provimentos judiciários. A exclusão da atividade do magistrado e também do Ministério Público em terreno tão complexo como esse caracteriza insegurança individual, quanto ao paciente de medidas de tratamento, e também insegurança social pela crônica dificuldade dos setores de saúde pública em nosso país.

* **DIREITO COMPARADO**
Anteprojeto argentino: Art. 41: "**1.** La resolución de todas las cuestiones de ejecución, reemplazo y control de las penas y medidas, será de exclusiva competência de los jueces. **2.** En ejercicio de esta competencia, el juez atenderá a lo más conveniente para: *a)* Evitar o reducir cualquier eventual efecto negativo de la pena. *b)* Proteger a la víctima, a su familia y a las personas que de ella dependan. *c)* Mitigar las carências económicas, sociales y educativas del condenado. *d)* Resolver o atenuar los conflictos generados por el delito o por el contexto en que se hubiere cometido; *e)* Reducir latrascendencia de la pena a terceros inocentes." •• **Art. 39. Internación en establecimiento psiquiátrico u otro adecuado. 1.** Quien cometiere un hecho conminado con una pena cuyo máximo fuere superior a diez años, del que hubiese sido absuelto conforme à apartado h) del artículo 5 o por el que se le hubiere impuesto una

pena atenuada en razón del inciso 3 del artículo 6 será sometido por el juez a un examen de peritos que verificaránsi supadecimiento determina agresividad contra la vida, integridad física o la integridad y libertad sexual. En ese caso, el juezdispondrá su control ointernación en un establecimiento psiquiátrico u otro adecuado para su atención y contención. **2.** Lo mismo se dispondrá cuando las circunstancias previstas en el inciso anterior sobrevinieren durante el cumplimiento de la pena de prisión. **3.** El control o la internación cesarán cuando se verificara la desaparición del riesgo creado por la agresividad, o cuando: En el caso del apartado h) del artículo 5 se agotare el tiempo que el juez, en razón de la gravedad del hecho, hubiere fijado en la sentencia como límitemáximo, el que no podrá exceder de la mitad del máximo de la pena conminada. En el caso del inciso 3 del artículo 6, à agotar el tiempo de la pena de prisión que se le hubiese impuesto. En el caso del inciso 2 de este artículocuando se agotare la pena de prisión impuesta, computándose en ésta todo el tiempo de internación. **4.** En los supuestos de los apartados b) y c) inciso anterior, si desapareciere el padecimiento antes del agotamiento de la pena impuesta, el condenado cumplirá en establecimiento ordinario la pena remanente o le será reemplazado si fuere el caso. **5.** El juez deberá dar intervención al juez civil competente respecto de personas incapaces en los siguientes supuestos: Cuando la persona absuelta sufriere un padecimiento y no se reunierenlos requisitos inciso 1 para disponer su control o internación. b) Cuando debiere cesar el control o la internación y la persona continuara sufriendo el padecimiento mental. **6.** Cuando en la comisión del delito hubiere tenido incidencia la dependencia de alcohol o de alguna substancia estupefaciente, el juezpodrá disponer la Internación del condenado en un establecimiento o lugar adecuado para su deshabituación, que cesará cuando se obtenga este resultado o se agote la pena. •• **Código Penal Tipo:** "*Artículo 19. No es imputable quien, en el momento de la: acción u omisión, y por causa de enfermedad mental, de desarrollo psíquico incompleto o retardado, o de grave perturbación de la conciencia, no tuviere la capacidad de comprender el carácter ilícito del hecho o de determinarse de acuerdo con esa comprensión. El Tribunal ordenará el sometimiento del agente a una medida de seguridad curativa, salvo el caso de grave perturbación de la conciencia sin base patológica, en que no se aplicará ninguna medida.* **Artículo 20.** *Al agente que, por efecto de las causas a que se refiere el artículo 19, no poseía plenamente en el momento de la acción u omisión la capacidad, de comprender el carácter ilícito del hecho o, dc determinarse de acuerdo con esa comprensión, se le aplicará una pena no menor de un tercio del mínimo ni mayor de un tercio del máximo de la establecida por la ley para el correspondiente delito. Si la imposición de pena se considerara perjudicial para el debido tratamiento del agente por mediar causas patológicas, se aplicará solamente una medida de seguridad curativa. En los demás casos podrá aplicarse una pena disminuida, una medida curativa o ambas en el orden que señale el Juez.*" •• **Código Penal alemão:** "§ 20. *Incapacidade de culpabilidade por perturbações anímicas*. Atua sem culpabilidade aquele que ao praticar o fato, por perturbação anímica doentia (*krakhafte seelische Störung*), por uma perturbação profunda de consciência (*tiefgreifende*) ou por imbecilidade (*Schwachsinn*) ou outra qualquer degeneração anímica, seja incapaz de compreender o caráter ilícito do fato ou agir segundo essa compreensão".[12]

---

12 Tradução do texto original por ALAOR LEITE (organizador). *Novos estudos de direito penal: Claus Roxin,* São Paulo, Marcial Pons, 2014, p. 221-222.

MENORES DE DEZOITO ANOS

Art. 27. *Os menores de 18 (dezoito) anos são penalmente inimputáveis, ficando sujeitos às normas estabelecidas na legislação especial.*

BIBLIOGRAFIA (ESPECIAL)

BARRETO, Tobias. *Menores e loucos em direito criminal*. Rio de Janeiro: Organização Simões, 1951 •• BARRILARI, Claudia Cristina. Panorama da idade penal na legislação brasileira (da colonização até o código penal de 1969. *RBCCrim*, 467/2011 •• BATISTA, Carlos Ferraz; REZENDE, Manuel Morgado. *Crime, castigo e a maioridade penal*. Taubaté(SP): Ed. Cabral, 2008 •• BOTTINI, Pierpaolo Cruz. Uma resposta adequada. *Revista Consulex*, 392/2013 •• CAVALLIERI, Alyrio. Responsabilidade penal dos menores. *Revista do Conselho Penitenciário Federal*, 9/1971 // Menoridade penal. *Revista Jurídica Mineira*, 111/1995 •• CERVELLO DONDERIS, Vicenta; COLAS TUREGANO, Asuncion. *La responsabilidad penal del menor de edad*. Madrid: Tecnos, 2002 •• COSTA, Gabriela Rivoli. Não à redução da imputabilidade penal. *Consulex*, 9/2005 •• DELMANTO, Roberto. Maioridade penal. *Boletim*, 8/2001 •• DIAS, Aldo de Assis. Do limite da idade para a responsabilidade penal. *RT*, 298/1960 •• DINIZ, Eduardo Saad. A proteção penal do menor: entre a medida socioeducativa e a repressão ao inimigo. *Revista Magister*, 45/2012 •• D'URSO, Luiz Flávio Borges. A questão da maioridade e a FEBEM. *Revista da ADPESC*, 6/2000 •• DUTRA, Carlos Augusto de Amorim. *A inimputabilidade penal e as medidas aplicáveis a adolescentes infratores no Brasil e na Argentina*. Florianópolis: Ed. do Autor, 2006 •• FERRANDIN, Mauro. *Ato penal juvenil*. Curitiba: Juruá, 2009 •• FERRARI, Eduardo Reale. Redução da menoridade penal ou política social para o menor? *Boletim*, 8/2000 •• FIÚZA, Tatiana. A violência, a criminalidade e o menor. *Consulex*, 7/2003 •• GALLEGOS, Jorge L. *El menor ante el derecho penal*. Buenos Aires: A. Lopez, 1943 •• GARCIA MENDEZ, Emilio. Adolescentes y responsabilidad penal: um debate latinoamericano. *RBCCrim*, 48/2004 •• GOMES, Luiz Flávio. Redução da maioridade penal. *Revista Magister*, 16/2007 •• GONÇALVES, Juliana de Assis Aires. Redução da maioridade penal como fator incapaz de gerar a diminuição da violência. *Revista Magister,* 47/2012 •• GRECO, Rogério. É necessária a redução da maioridade penal? *Revista Consulex*, 392/2013 •• HENRIQUES, Hamilton Belotto; CARVALHO, Gisele Mendes de. Redução da maioridade penal: política criminal da pós-modernidade e os discursos de emergência. *Boletim*, 249/2013 •• KOERNER JUNIOR, Rolf. A menoridade é carta de alforria? *Jurisprudencia Brasileira Criminal*, 27/1997 •• LEITE,

Antonio J. M. Redução da imputabilidade penal. *RBCCrim*, 37/2002 •• LOBO, Silvana Lourenço. *A idade no direito penal brasileiro*: da menoridade. Belo Horizonte: Mandamentos, 2008 •• MACEDO, Renata C. M. de. *Adolescente infrator e a imputabilidade penal*. Rio de Janeiro: Lumen Juris, 2008 •• MARANHÃO, Douglas Bonaldi. Menoridade penal. *Ciências Penais*, 7/2007 •• MARTINS, Rogério L. Vidal Gandra da Silva. Maioridade penal e discernimento. *Revista Magister*, 53/ 2013 •• MASSA, Patricia Helena. A menoridade penal no direito brasileiro. *RBCCrim*, 4/1993 •• MELFI, Renata C. *O adolescente infrator e a imputabilidade penal*. Rio de Janeiro: Lumen Juris, 2008 •• MINAHIM, Maria Auxiliadora. Novos limites para a maioridade penal. *Ciências Penais*, 0/2004 // *Direito penal da emoção*: a inimputabilidade do menor. São Paulo: Revista dos Tribunais, 1992 •• MORAES, Sílvio Roberto Mello. Da prova da menoridade relativa para reconhecimento da atenuante genérica prevista no artigo 65, I, do Código Penal. *RT*, 655/1990 •• NASCIMENTO, José F.B. *Imputabilidade do menor sob a ótica criminológica*. São Paulo: Juarez de Oliveira, 2007 •• NEVES, Gustavo. Redução da maioridade penal. *Revista Magister*, 16/2007 •• NEVES, Paulo Roberto Baeta. A maioridade cronológica e a maioridade psicossomática como marco para a punibilidade. *Revista de doutrina e jurisprudência*, 20/1986 •• OLIVEIRA, Marise M. de. A inimputabilidade do menor. *Infojur*, 2/1997 •• OLIVEIRA, Raimundo Luiz Queiroga. O rebaixamento da imputabilidade penal e os reflexos do novo código civil no ECA. *Informativo Consulex*, 18/2004 •• PASCUIM, Luiz Eduardo. *Menoridade penal*. Curitiba: Juruá, 2006 •• PIERANGELLI, José Henrique. Menoridade. *Revista Síntese*, 20/2003 •• RAMOS, Luciana; FERREIRA, Carolina. Redução da maioridade penal: análise da PEC 26/02. *Boletim*, 176/2007 •• REBELO, Carlos Eduardo Barreiros. *Maioridade penal e a polêmica acerca de sua redução*. Belo Horizonte: IUS, 2010 •• RODRÍGUEZ LÓPES, Pedro. *Ley orgânica de responsabilidad penal de los menores*. Madrid: DIJUSA, 2005 •• SARAIVA, João Batista Costa. A idade e as razões: não ao rebaixamento da imputabilidade penal. *RBCCrim*, 18/1997 // Não à redução da idade penal. *RBCCrim*, 71/2008 // O adolescente em conflito com a lei e sua responsabilidade: nem abolicionismo penal nem direito penal máximo. *RBCCrim*, 47/2004 // Inimputabilidade penal e responsabilidade penal juvenil. *Revista da Ajuris*, 93/2004 // *Compêndio de direito penal juvenil*: adolescente a ato infracional. Porto Alegre: Livraria do Advogado, 2010 •• SILVA, João Estevam da. Reduzir a menoridade penal só agravará o sistema de aplicação e execução da lei. *Justitia*, 54/1992 •• SILVA, Marcelo Gomes. *Menoridade penal*. Rio de Janeiro: Lumen Juris, 2012 •• SILVA SÁNCHEZ, Jesús-María. La política criminal ante el hecho penalmente antijuridico cometido por un menor de edad. *RBCCrim,* 13/1996 // La política criminal ante el hecho penalmente antijuridico cometido por un menos de edad. *RBCCrim*, 13/1996 •• SOARES, Janine Borges. A construção da responsabilidade penal do adolescente no Brasil. *Revista do MP/RS*, 51/2003 •• SOUZA, Selma L. N. S. Imputabilidade penal de adolescentes. *Boletim*, 79/1999 •• SPOSATO, Karyna. *O direito penal juvenil*. São Paulo: Revista do Tribunais, 2006 •• VIDAL, Luís Fernando Camargo de Barros. A irresponsabilidade penal do adolescente. *RBCCrim*, 18/1997 // Medidas socioeducativas. *RBCCrim*, 37/2002 •• WEINMANN, Amadeu de Almeida. Da responsabilidade penal do menor. *Revista Magister*, 3/2007 •• ZAPATER, Maíra Cardoso. Novamente (ou ainda?) redução da idade penal como solução: qual problema se pretende resolver? *Boletim*, 259/2014.

BIBLIOGRAFIA (GERAL)

ANTOLISEI, Francesco. *Manuale di diritto penale*: parte generale. 3ª ed. Milano: Dott. A. Giuffrè, 1994 •• ASÚA, Luis Jiménez. *Tratado de derecho penal*. Buenos Aires: Editorial Losada, 1962. vol. V •• BASILEU GARCIA. *Instituições de direito penal*. 4ª ed. São Paulo: Max Limonad, 1959. vol. I, t. I •• BENTO DE FARIA, Antonio de. *Annotações theorico-praticas ao codigo penal do Brazil*. Rio de Janeiro: Francisco Alves e Cia, 1913 // Código penal brasileiro (comentado). Rio de Janeiro: Distribuidora Récord Ed., 1958. vol. 2 •• BETTIOL, Giuseppe. *Diritto penale*: parte generale. 11ª ed. Padova: CEDAM, 1982 •• BITENCOURT, Cezar Roberto. *Tratado de direito penal*: parte geral. 19. ed. São Paulo: Saraiva, 2013 •• BOCKELMANN, Paul; VOLK, Klaus. *Direito penal*: parte geral. Belo Horizonte: Del Rey, 2007 •• BRUNO, Aníbal. *Direito penal*: parte geral. 3ª ed. Rio de Janeiro: Forense, 1967. t. 1º •• BUSATO, Paulo César. *Direito penal*: parte geral. São Paulo: Atlas, 2013. vol. 1 •• CAVALEIRO DE FERREIRA, Manuel. *Direito penal português*: parte geral. Viseu: Editorial Verbo, 1981 •• CEREZO MIR, José. *Derecho penal*: parte general. São Paulo: Revista dos Tribunais; Lima(PE): ARA Ed., 2007 •• COBO DEL ROSAL, M.; VIVES ANTÓN, T. S. *Derecho penal*: parte general. Valencia(ES): Universidad de Valencia, 1984 •• CORREIA, Eduardo. *Direito criminal*. Colaboração de Figueiredo Dias. Coimbra: Almedina, 2001. vol. I e II •• COSTA E SILVA, Antônio José da. *Código penal*. São Paulo: Companhia Editora Nacional, 1943. vol. 1 •• COSTA JR., Paulo José. *Código penal comentado*. 8ª ed. São Paulo: DPJ Editora, 2005 •• DAMÁSIO DE JESUS, E. *Direito penal*: parte geral. 35ª ed. São Paulo: Saraiva, 2014 •• DELMANTO, Celso (*et alii*). *Código penal comentado*. 8ª ed. São Paulo: Saraiva, 2010 •• DOTTI, René Ariel. *Curso de direito penal*: parte geral. 5ª ed. Colaboração de Alexandre Knopfholz e Gustavo Britta Scandelari. São Paulo: Thomson Reuters/Revista dos Tribunais, 2013 •• FERRI, Enrico. *Principii di diritto criminale*: delinquente e delitto. Torino: UTET,

1928 // *Princípios de direito criminal*: o criminoso e o crime. São Paulo: Livraria Acadêmica, 1931 •• FIANDACA, Giovanni; MUESCO, Enzo. *Diritto penale*: parte generale. 2ª ed. Bologna: Zanichelli, 1994 •• FIGUEIREDO DIAS, Jorge de. *Direito penal*: parte geral, questões fundamentais, a doutrina geral do crime. 2ª ed. São Paulo: Revista dos Tribunais; Coimbra: Coimbra Editora, 2007 •• FRAGOSO, Heleno Claudio. *Comentários ao código penal.* 5ª ed. Rio de Janeiro: Forense, 1978. vol. I, t. II (arts. 11/27) // *Lições de direito penal.* 17ª ed. Atual. Fernando Fragoso. Rio de Janeiro: Forense, 2006 •• GRECO, Rogério. *Curso de direito penal*: parte geral. 15ª ed. Niterói: Impetus, 2013 •• GUEIROS & JAPAIASSÚ. *Curso de direito penal*: parte geral. Rio de Janeiro: Elsevier, 2012 •• HUNGRIA, Nélson. *Comentários ao código penal.* 4ª ed. Rio de Janeiro: Forense, 1958. vol. I, t. II •• JAKOBS, Günther. *derecho penal*: parte general, fundamentos y teoria de la imputación. Trad. Joaquin Cuello Contreras, José Luis Serrano Gozalez de Murillo. Madrid: Marcial Pons, 1995 •• JESCHECK, Hans-Heinrich. *Tratado de derecho penal*: parte general. Barcelona: Bosch, Casa Editorial, 1981. vol. 1º •• J.F. MARQUES. *Tratado de direito penal.* 2ª ed. São Paulo: Saraiva, 1965. vol. 2 •• LEONARDO LOPES, Jair. *Curso de direito penal*: parte geral. 2ª ed. São Paulo: Revista dos Tribunais, 1996 •• LISZT, Franz von. *Tratado de direito penal allemão.* Trad. e prefácio José Hygino Duarte Pereira. Rio de Janeiro: F. Briguiet & Cia.-Editores, 1899. t. I •• LUZÓN PEÑA, Diego-Manuel. *Lecciones de derecho penal*: parte general. 2ª ed. Valencia(ES): Tirant lo Blanch, 2012 •• MAGALHÃES NORONHA, Edgard. *Direito penal.* 3ª ed. São Paulo: Saraiva, 1965. vol.1 •• MANTOVANI, Ferrando. *Diritto penale.* 4ª ed. Padova: CEDAM, 2001 •• MANZINI, Vincenzo. *Tratado de derecho penal*: teorias generales. Trad. Santiago Sentís Melendo. Buenos Aires: EDIAR, 1948. vol. II // Tratatto di diritto penale italiano. Torino: UTET, 1961. vol. 1 •• MAURACH, Reinhart. *Tratado de derecho penal.* Trad. e notas Juan Cordoba Roda. Barcelona: Ediciones Ariel, 1962. t. I e II •• MAURACH, Reinhardt; ZIPF, Heinz. *Derecho penal*: parte general. Trad. 7ª ed. alemã por Jorge Bofill Genzsch e Enrique Aimone Gibson. Buenos Aires: Ed. Astrea de Alfredo y Ricardo Depalma, 1994. t. 1 e 2 •• MAYER, Max Ernst. *Derecho penal*: parte general. Trad. de Sergio Politoff Lifschitz, rev. geral e prólogo José Luis Guzmán Dalbora, ed. alemã de 1915. Buenos Aires: Julio César Faira Ed., 2007 •• MAYRINK DA COSTA, Álvaro. *Direito penal*: parte geral. 8ª ed. Rio de Janeiro: Forense, 2009. vol. 2 •• MESTIERI, João. *Manual de direito penal*: parte geral. Rio de Janeiro: Forense, 2002 •• MEZGER, Edmundo. *Tratado de derecho penal.* Trad. de José Arturo Rodríguez Muñoz. Madrid(ES): Ed. Revista de Derecho Privado, 1955. t. II •• MIR PUIG, Santiago. *Derecho penal* parte general. 9ª ed. Buenos Aires: B de F, 2012 •• MIRABETE, Julio Fabbrini; FABRINNI, Renato N. *Manual de direito penal:* parte geral. 30ª ed. São Paulo: Atlas, 2014 •• MUÑOZ CONDE, Francisco; GARCÍA ARÁN, Mercedes. *Derecho penal:* parte general. 5ª ed. Valencia: Tirant lo Blanch, 2002 •• NOVOA MONREAL, Eduardo. *Curso de derecho penal chileno*: parte general. 2ª ed. Santiago: Editorial Juridica Ediar-Cono Sur Ltda., 1985. t. 1 •• NUCCI, Guilherme de Souza. *Código penal comentado.* 13ª ed. São Paulo: Thomson Reuters/Revista dos Tribunais, 2013 •• NUÑEZ, Ricardo C. *Manual de derecho penal*: parte general. 3ª ed. Cordoba: Marcos Lerner Editora Cordoba, 1982 •• POLITOFF L., Sérgio (*et alii*). *Lecciones de derecho penal chileno*: parte general. 2ª ed. Santiago: Editorial Jurídica de Chile, 2003 •• PRADO, Luiz Regis. *Tratado de direito penal*: parte geral. São Paulo: Thomson Reuters/Revista dos Tribunais, 2014. vol. 2 // *Curso de direito penal brasileiro.* 13ª ed. Coautoria. São Paulo: Thomson Reuters/Revista dos Tribunais, 2014 •• QUINTERO OLIVARES, Gonzalo. *Parte general del derecho penal.* 4ª ed. Colaboración de Fermín Morales Prats. Pamplona: Thomson Reuters, 2010 •• REALE JÚNIOR, Miguel. *Instituições de direito penal*: parte geral. 3ª ed. Rio de Janeiro: Forense, 2009 •• RODRIGUEZ DEVESA, José Maria; SERRANO GOMEZ, Alfonso. *Derecho penal español*: parte general. 15ª ed. Madrid: Dykinson, 1992 •• ROXIN, Claus. *Derecho penal*: parte general. Trad. 2ª ed. aleman Diego-Manuel Luzón Peña (*et alii*). Madrid: Civitas Ediciones, 2003 •• SILVA FRANCO, Alberto. *Código penal e sua interpretação:* doutrina e jurisprudência. 8ª ed. Coordenadores: Alberto Silva Franco e Rui Stoco. São Paulo: Revista dos Tribunais, 2007 •• STRATENWERTH, Günther. *Derecho penal*: parte general I; El hecho punible. 4ª ed. Trad. Manuel Cancio Meliá y Marcelo Sancinetti. Buenos Aires: Hammurabi, 2005 •• TOLEDO, Francisco de Assis. *Princípios básicos de direito penal*. 5ª ed. São Paulo: Saraiva, 2002 •• WELZEL, Hans. *Derecho penal aleman*: parte general. 11ª ed. aleman; trad. castellana, 4ª ed., de Juan Bustos Ramírez e Sergio Yáñez Pérez. Santiago de Chile: Editorial Juridica de Chile, 1997 •• ZAFFARONI, Eugenio Raúl; PIERANGELI, José Henrique. *Manual de direito penal brasileiro*: parte geral. 7ª ed. São Paulo: Revista dos Tribunais, 2007. vol. 1 ••

§ 46. PRESUNÇÃO LEGAL DE INCAPACIDADE DE CULPA

I. Algumas notas sobre o Direito anterior

O CCrim. 1830 declarava: "Art. 10: Também não se julgarão criminosos: § 1. Os menores de quatorze anos". O CP 1890 foi bem mais rigoroso ao estabelecer que não seriam criminosos "os menores de 9 annos completos" (art. 27, § 1º) e os "maiores de 9 e menores de 14, que obrarem sem discernimento" (art. 27, § 2º). Um acórdão do Tribunal de Justiça de São Paulo de 12.05.1893 decidiu criminalizar a conduta do maior de 9 anos e menor de 14 "que procurou occultar o crime e destruir-lhe os vestigios" (OLIVEIRA ESCOREL, *Codigo penal brazileiro*, p. 117). E um aresto da Relação de Ouro Preto, de 20.03.1885, reconheceu o discernimento no menor que, "para commeter o crime de roubo, se premune de instrumentos apropriados, e procura horas adiantadas da noite para arrombar um cofre" (OLIVEIRA ESCOREL, ob. e loc. cit.). O Projeto Alcântara Machado excluía a imputabilidade ("não são passíveis de pena"), dentre outros, o menor de 18 anos (art. 15, I). Mas previa eventual medida de segurança, dentro do "Regime de minoridade" (Tít. VI, Cap. I), determinando o art. 102: "Sempre que fôr cometida ação ou omissão definida como crime, por menos de 18 anos, proceder-se-á ao estudo da personalidade do agente, da situação moral e material da família e das outras condições em que o menor tenha vivido, fazendo-se para êsse efeito as perícias e investigações necessárias". Os dispositivos seguintes regulam a pedagogia correcional dos menores de 14 anos e os adolescentes com mais de 14 e menos de 18 anos (arts. 103 a 110). A PG/1940 dispunha: "*Os menores de dezoito anos são penalmente irresponsáveis, ficando sujeitos às normas estabelecidas na legislação especial*" (art. 23). O debate acerca da matéria é antigo e repercutiu no Anteprojeto Hungria (1963), cujo art. 32 previa: "*O menor de 18 anos é penalmente irresponsável, salvo se, já tendo completado 16 anos, revela suficiente desenvolvimento psíquico para entender o caráter ilícito do fato e governar a própria conduta. Neste caso, a pena aplicável é diminuída de um terço até metade. Os menores entre 8 e 16 anos, bem como os menores de 18 e maiores de 16 não responsáveis, ficam sujeitos às medidas educativas, curativas ou disciplinares determinadas em legislação especial*". Essa foi a orientação do CP 1969, em sua redação original,[1] com pequenas variações (arts. 33 e 34). Na alteração imposta pela Lei n. 6.016, de 31.12.1973, o texto foi desdobrado: "*O menor de dezoito anos é inimputável*" (art. 33); "*Os menores de dezoito anos ficam sujeitos às medidas educativas, curativas ou disciplinares determinadas em leis especiais*" (art. 34).

II. A declaração constitucional

Assunto que provoca fecunda discussão é a garantia prevista no art. 228 da Constituição Federal, prevendo tratamento especial dos infratores menores de dezoito anos, sujeitos às normas da Lei n. 8.069, de 13.07.1990

---

1 Dec.-Lei n. 1004, de 21.10.1969, que deveria entrar em vigor no dia 1º.08.1970 (Lei n. 5.573, de 1º.12.1969), reformado pela Lei n. 6.016, de 31.12.1973 e revogado pela Lei n. 6.578, de 11.10.1978. Esse foi o mais longo período de *vacatio legis* na história legislativa do país.

(Estatuto da Criança e do Adolescente). Ao criticar o texto da lei maior, GANDRA MARTINS observa que o dispositivo "repete princípio válido no passado quando os jovens levavam mais tempo para amadurecer, o que hoje já não se justifica" (*Comentários*, p. 1.030). E sustenta ocorrer um paradoxo com a faculdade de alistamento eleitoral e o voto para os maiores de dezesseis e menores de dezoito anos (CF, art. 14, § 1º, II, c). Mas a contradição é aparente porque o legislador constituinte seguiu a orientação do Código Penal que adota um critério de Política Criminal em face da permanente e dramática crise do sistema carcerário brasileiro que marcaria brutalmente o jovem no tempo formação de sua personalidade. É imperioso observar que a Lei n. 8.069, de 13.07.1990, embora declare como adolescente a pessoa entre 12 e 18 anos de idade, admite, excepcionalmente a aplicação das normas do ECA às pessoas entre 18 e 21 anos de idade (art. 2º e parág. único).

Criticando a corrente a favor da redução da capacidade penal com base na questão do voto, a Procuradora Federal JULIANA DE ASSIS observa que o sufrágio facultado ao adolescente maior de dezesseis e menor de dezoito anos é "apenas e tão somente uma prática incentivadora e aceleradora da cidadania ativa, jamais demonstração de maturidade suficiente para a imputabilidade penal". "Redução da maioridade penal como fator incapaz de gerar a diminuição da violência". In: *Revista Magister*, 47/2012, p. 14).

O Código Penal espanhol (Ley Orgánica 10/1995) estabelece que os menores de dezoito anos "no serán responsables criminalmente com arreglo a este Código. Cuando un menor de dicha edad cometa un hecho delictivo podrá ser responsable con arreglo a lo dispuesto en la ley que regule la responsabilidad penal del menor" (art. 19). Nos termos do art. 23 do Código Penal Tipo, "no es punible el que no tuviere en el momento del hecho la edad señalada en la ley respectiva". O texto remete ao sistema legal de cada país latino-americano que esteve representado, por seus respectivos penalistas, na discussão e redação do mencionado diploma.[2]

Na observação de SOUZA e JAPIASSÚ, a legislação brasileira adotou a orientação comum entre os diversos países do mundo, lembrando que o Estatuto do Tribunal Penal Internacional estabelece que a capacidade criminal inicia aos 18 anos de idade. "No estatuto, conforme o disposto no art. 26 do Decreto n. 4.388/2002, consta a seguinte regra: *O Tribunal não terá jurisdição sobre menores de 18 anos de idade no momento da prática do crime*" (*Curso*, p. 244).

---

2   Codigo Penal Tipo para Latino America, v. origem, participação e elaboração em ABREVIATURAS.

III. O momento da aquisição da imputabilidade

O adolescente é criminalmente imputável, ou seja, adquire a *capacidade de culpa* a partir do momento em que completa 18 anos. Se o fato é praticado no mesmo dia em que ele atinge esse limite, responderá perante o Código Penal, não se indagando a *hora* em que ocorre esse evento (DAMÁSIO, *Direito penal,* p. 550). Há precedentes específicos: "Considera-se penalmente responsável o agente que pratica a infração no preciso dia em que completa seu 18º aniversário" (extinto TACRIM-SP, Rel. Juiz ADAUTO SUANNES, *RT,* 554/356). *"Considera-se penalmente responsável, o agente que completou dezoito anos no dia da prática do crime"* (STJ, 5ª T., REsp 90.105/GO, Rel. Min. CID FLAQUER SCARTEZZINI, DJ 06.10.1997) *(Itálicos meus). Por outro lado, a* jurisprudência doméstica é invariável no sentido de reconhecer a inimputabilidade do menor de 18 anos, fundada apenas no critério biológico, sendo, porém, indispensável a prova idônea.[3] Precedentes: *"Menor de dezoito anos. Inimputabilidade (art. 23 do Código Penal de 1940 e 27 do reformado). Presunção 'juris et de jure'. Prova da menoridade indispensável. Anulação do processo a partir da sentença condenatória. 'Habeas Corpus' concedido"* (STF, 2ª T., HC 64.249, Rel. Min. CELIO BORJA, DJ 13.02.1987) (Itálicos meus). •• *É inadmissível a sujeição de menor de dezoito anos a processo penal, por força do art. 27 do Código Penal. A ilegalidade é mais evidente diante da condenação transitada em julgado e do já cumprimento de um sexto da pena em regime semiaberto* (STJ, 6ª T., HC 119.384/SP, Rel. Min. MARIA THEREZA DE ASSIS MOURA, DJ 29.11.2010) (Itálicos meus).

Considerando a regra do *tempo do crime* (CP, art. 4º) se um dia antes de completar 18 anos, ele praticar violência contra a vítima que venha a morrer três ou quatro dias após, o caso será apreciado pelo ECA, e não julgado pelo Código Penal. A mesma jurisdição de menores é mantida mesmo com a superveniência da imputabilidade penal que não tem, por si só, o condão de interferir na aplicabilidade das regras do ECA" (STJ, 6ª T., HC 186.751/RJ, Rel. Min. MARIA THEREZA DE ASSIS MOURA, DJ 25.04.2012). Quanto aos crimes permanentes[4] e continuados[5] adota-se a orientação de se aplicar o Código Penal se o agente completar 18 anos, por exemplo: *a)* durante a manutenção da vítima em cativeiro (CP, art. 148); *b)* no intervalo de tempo entre um crime e outro (CP, art. 71). Serve o paradigma: "Atribuída a prática do delito de sonegação fiscal, *crime permanente,* à paciente após o advento

---

3   Súmula n. 74 do STJ: "Para efeitos penais, o reconhecimento da menoridade do réu requer prova por documento hábil".

4   *Crime permanente:* v. § 4º, n. (69).

5   *Crime continuado:* v. § 4º, n. (13).

da sua maioridade penal, não há falar em inimputabilidade" (STJ, 5ª T., HC 117.119/PE, Rel. Min. MARCO AURÉLIO BELIZZE, DJ 01.02.2012).

IV. Maioridade penal e maioridade civil

A maioridade penal é independente da civil. Em face do exclusivo critério biológico adotado pelo Código Penal para determinar a imputabilidade somente a partir dos 18 anos, não importa que, para os atos da vida civil, os maiores de 16 e menores de 18 anos tenham cessada a incapacidade na ocorrência das hipóteses previstas pelo Código Civil. Assim ocorre pela concessão dos pais, ou de um deles na falta de outro; casamento; exercício de emprego público efetivo; colação de grau em curso de ensino superior e pelo estabelecimento civil ou comercial ou pela existência de relação de emprego, desde que, em função deles, o menor com 16 anos completos tenha economia própria (parág. único do art. 5º). O menor entre 18 e 21 anos na data do fato tem em seu benefício uma atenuante genérica e a redução, pela metade, do prazo prescricional (CP, arts. 65, I, e 115). Interessante observar que o menor de 21 anos ao tempo do crime, embora tenha adquirido a capacidade civil pelo casamento, não perde o direito à atenuante respectiva em função da idade,[6] cf. precedente do STF, relatado pelo Min. CLOVIS RAMALHETE (STJ, 2ª T., HC 59.031, DJ 09.10.1981). Esse julgado vale para a hipótese do agente que, tendo casado com a idade de 16 anos completos (CCiv., art. 5º, parág. único, I) e praticar um crime aos 17, ainda será objeto do procedimento especial do ECA. Portanto, nem o matrimônio e nem a capacidade antes de 18 anos, pressupondo, em princípio, desenvolvimento psicológico e social, servem para romper a *presunção iure et de iure* da inimputabilidade criminal.

V. Fundamento da inimputabilidade

A inimputabilidade criminal dos menores de 18 anos envolve uma presunção de caráter absoluto *(iure et de iure)*. O critério adotado pela legislação é o biológico. A propósito, a lição de FIGUEIREDO DIAS, acentuando que a imputabilidade deve ser excluída relativamente a qualquer agente que não atingiu ainda, em virtude da idade, a sua *maturidade psíquica* e *espiritual.* Trata-se, para o prestigiado mestre de uma "conclusão que não é posta em dúvida. E todavia deve indagar-se do fundamento de tal conclusão. Em nossa opinião esse fundamento é, no fundo, da *mesma índole* daquele que

---

6 PG/1940, art. 48, I; PG/1984, art.65, I. O aresto se refere, apenas, à atenuante embora também haja o benefício da redução do prazo de prescrição (PG/1940 e PG/1984, art. 115).

dá base à inimputabilidade em função de anomalia psíquica: tal como uma certa *sanidade mental* é condição de apreciação da personalidade e da atitude em que ela se exprime, também o é um certo grau de *maturidade*. Só quando a pessoa pratica uma acção num estádio de desenvolvimento em que já lhe é dada a plena consciência da natureza *própria* das vivências que naquela se manifestam se torna patente ao julgador a *conexão objectiva de sentido* entre o facto e a pessoa do agente. Isto porém, uma vez mais, não há-de entender-se no sentido de que, antes de atingido um tal estádio de evolução pessoal, não presida já ao existir um ser-livre que torna a pessoa substancialmente responsável: um tal ser-livre é um existencial e portanto, uma função originária, segundo a sua essência, do existir humano. Do que se trata é pois – como na inimputabilidade fundada em anomalia psíquica – da impossibilidade, para o juiz, de apreensão das conexões no sentido objectivo que derivam da atitude da pessoa do agente e se exprimem no facto. [...] Além das razões expendidas, a colocação desta barreira etária intransponível à intervenção penal funda-se – em estrita perspectiva político-criminal – em um *princípio de humanidade* que deve caracterizar todo o direito penal de um Estado de direito material. Deve evitar-se a todo o custo a submissão de uma criança ou adolescente às sanções mais graves previstas no ordenamento jurídico e ao rito do processo penal, pela estigmatização que sempre acompanha a passagem pelo corredor da justiça penal e pelos efeitos extremamente gravosos que a aplicação de uma pena necessariamente produz ao nível dos direitos da personalidade do menor, marcando inevitavelmente o seu crescimento e toda a sua vida futura" (*Direito penal,* p. 594-595).

Pode-se acrescentar afirmando que a questão da menoridade penal é, antes de tudo, um assunto que não se concilia com a indagação sobre a idade do adolescente quanto à sua compreensão sobre a ilicitude do fato que não pode, geralmente, ser negada em relação ao menor de dezoito e maior de dezesseis anos, máxime quanto a certas modalidades de crimes contra a pessoa e o patrimônio. O tema, portanto, refoge às especulações em torno da culpabilidade para ser considerado como orientação de Política Criminal que, na frase lapidar de LISZT, é a *sabedoria legislativa do Estado*. A Política Criminal e o Direito Penal atuam como *vasos comunicantes* da realidade social. No processo de seleção dos bens jurídicos a serem protegidos e das normas penais *lato sensu* desenham-se o perfil da sociedade e o modelo estatal na prevenção e na repressão da criminalidade. O Código Penal e as leis especiais são frutos de uma determinada vontade política manifestada pelos cidadãos através de seus representantes junto aos poderes do Estado. A professora MINAHIM pondera muito bem que *"tratar da redução da menoridade no Brasil, fazendo com que alguns cidadãos nele* [intervenção do sistema penal] *ingressem antecipadamente, pode realizar apenas a função simbólica, criando a impressão de segurança jurídica*" (*Ciências Penais,* 1/2004, p. 164).

VI. A permanente crise do sistema prisional

GERARD BAUËR (1888-1967), escritor francês, editor do famoso jornal *Le Figaro,* resume em poucas palavras o fenômeno político da indiferença da Administração Pública diante do condenado mundo das prisões: "*Há uma coisa ainda pior do que a infâmia das cadeias; é não mais lhes sentir o peso*".

O princípio da dignidade da pessoa humana, proclamado entre os primeiros dispositivos da Carta Política nacional, se opõe ao rigor de tratar o adolescente no mesmo nível de privações e restrições sofridas pelos infratores adultos. A doutrina brasileira, invariavelmente, manifesta-se contra a redução da maioridade penal tendo como sustentação elementar o contágio dos dramas e das tragédias do condenado mundo das prisões, já definidas por alguém como "*erros monumentais talhados em pedra*".

A síntese desse pensamento crítico é exposta por HAMILTON BELLOTO e GISELA MENDES: "Não construímos o Estado do Bem-Estar Social. Não suprimimos a fome, não fomentamos o pleno emprego, não igualamos a sociedade, como o projeto constitucional nos impele. Vamos, no entanto, encarcerar crianças e adolescentes. Vamos reduzir a mão de obra excedente, que vive, ou que sobrevive nas periferias, a um bando de encarcerados, vamos profissionalizar a juventude em carreiras criminais formadas dentro do nosso pernicioso sistema carcerário. Faremos história construindo um Direito Penal máximo, que tudo pune e nada resolve" (Redução da maioridade penal: a política criminal da pós-modernidade. In: *Boletim,* 249/2013, p. 4).

VII. A contradição entre a teoria e a prática

"As cadeias serão seguras, limpas e bem arejadas, havendo diversas casas para separação dos réus, conforme suas circunstâncias e natureza de seus crimes". Esta foi a proclamação da Carta Política de 25 de março de 1824 (art. 179, § 21).

Do Império que estava surgindo, após a colonização portuguesa (1500-1822) e até a República Federativa, constituída em Estado Democrático de Direito e que tem, em seu primeiro artigo e como um de seus fundamentos "a *dignidade* da pessoa humana", o que mudou? Entre o texto da Carta Política outorgada por Dom Pedro I (1824), que declarou abolidos "*os açoites, a tortura, a marca de ferro quente e todas as demais penas cruéis*" e os dispositivos da Constituição Cidadã (1988), ao afirmar que "*é assegurado aos presos o respeito à integridade física e moral*" e que "*a pena será cum-*

prida em estabelecimentos distintos, de acordo com a natureza do delito, a idade e o sexo do apenado", qual foi a mudança?

Pouca ou quase nenhuma. Nem mesmo o conteúdo do discurso religioso e da pregação dos defensores dos Direitos Humanos. Salvo quanto às *embalagens* que cobrem as mesmas e antigas promessas. A propósito, o art. 300 do Código de Processo Penal, com a redação que lhe deu a recente Lei n. 12.403/2011, adverte: "*As pessoas presas provisoriamente ficarão separadas das que já estiverem definitivamente condenadas, nos termos da lei de execução penal*".

Existem fatos no universo da marginalidade social que revelam, com notável frequência, as *sucursais do Inferno* por onde desfilam *seres desafortunados* (crianças, velhos, doentes, presidiários) que são destinatários dos dejetos da sociedade e, com grande frequência, vítimas da injustiça, indiferença, preconceito e exclusão que funcionam como *pontos cardeais* das viagens para portos desconhecidos.

Aliás, as primeiras palavras denunciando esses *campos de concentração* em tempos de paz vêm de autoridades responsáveis pela segurança pública. Essas *bombas*, se não forem desativadas, vão estourar também no colo dos funcionários e dos vizinhos desses depósitos de seres humanos. A caótica situação como, por exemplo, da convivência imposta entre delinquentes perigosos e acusados primários ou simples suspeitos, derruba um dos fundamentos da República, que é a dignidade da pessoa humana, e desmente o princípio da presunção de inocência, estabelecido em nossa Carta Política: "*Ninguém será considerado culpado até o trânsito em julgado da sentença penal condenatória*".

As cadeias públicas do país, de um modo geral, são servidões de passagem para o terror. Um mural infinito onde se desenham, à imagem das antigas inscrições, o sofrimento e o desespero. Assim como nos recorda a palavra imortal de um ex-presidiário: "*Para lá do portão ficava o mundo luminoso da liberdade, que do lado de cá se imaginava como uma fantasmagoria, uma miragem. Para nós, o nosso mundo não tinha nenhuma analogia com aquele; compunha-se de leis, de usos, de hábitos especiais, de uma casa morta-viva, de uma vida a parte e de homens a parte*" (FIÓDOR DOSTOIEVSKI, 1821-1881, *Recordações da casa dos mortos*).

VIII. A inimputabilidade declarada no art. 228 da Constituição Federal

a. *Uma cláusula pétrea*

O tema da capacidade criminal do menor de 18 anos tem sido, ao longo dos anos, uma autêntica *vexata quaestio*. Um denso e fecundo material de especulação tem sido objeto de opiniões de educadores, cientistas sociais (em suas linhas de pesquisa antropológica, sociológica e política), religiosos, criminólogos, operadores jurídicos no campo criminal, legisladores, políticos e inúmeros cidadãos que compõem as organizações não governamentais, além de órgãos e entidades nacionais e estrangeiras qu se dedicam à teoria e à prática desse problema. O maior exemplo desse fenômeno se contém nos diversos projetos legislativos pretendendo a antecipação da maioridade penal para 16 anos e alguns até mais radicais, propondo a responsabilidade criminal a partir dos 14 anos.[7]

A antecipação da imputabilidade penal pode ser efetivada por meio de emenda constitucional? No sentido positivo é a opinião de NUCCI, argumentando que "por clara opção do constituinte a responsabilidade penal foi inserida no capítulo *da família, da criança, do adolescente e do idoso*, e não no contexto dos direitos e garantias individuais (Capítulo I, art. 5º, CF). Não podemos concordar com a tese de que há direitos e garantias humanas fundamentais soltos em outros trechos da Carta, por isso também *cláusulas pétreas,* inseridas na impossibilidade de emenda prevista no art. 60, § 4º, IV, CF, pois se sabe que há 'direitos e garantias de conteúdo material' e 'direitos e garantias de conteúdo formal'. O simples fato de ser introduzida no texto da Constituição Federal como *direito e garantia fundamental* é suficiente para transformá-la, formalmente, como tal, embora possa não ser assim considerada materialmente" (*Código penal,* p. 300) (Itálicos do original).

Comungando desse entendimento, REALE JÚNIOR sustenta que a norma do art. 228 da Constituição Federal não constitui regra pétrea, "pois não se trata de um direito fundamental ser reputado penalmente inimputável até completar dezoito anos" (*Instituições*, p. 210).

Apesar das respeitáveis opiniões em contrário na análise desse tema a exegese deve iniciar pela consideração de que as normas relativas à criança e ao adolescente constituem capítulo subordinado ao conteúdo das regras da ORDEM SOCIAL (Tít. VIII da CF). Na proclamação da *Carta Magna*, um dos deveres da família, da sociedade e *do Estado* é assegurar ao adolescente "*com absoluta prioridade*" o direito – dentre outros – *à liberdade* – "além de colocá-los a salvo de toda forma de negligência, discriminação, exploração, violência, crueldade e opressão" (art. 227). Como consequência lógica, a regra do art. 228 da *lei fundamental* traduz um fenômeno jurídico de dupla

---

[7] Refoge ao objetivo dos *Comentários* desse dispositivo a enxurrada de projetos de lei que, influenciados pela mídia sensacionalista, radicalizam o debate leigo para sustentar a antecipação da capacidade criminal dos menores autores ou partícipes de infrações penais de extraordinária repercussão pública.

face no interesse do adolescente: ***a)*** como *direito social*; ***b)*** como *garantia individual*. Se assim é, ocorre a proibição da emenda redutora da maioridade a vedação do § 4º, IV, do art. 60: *"Não será objeto de deliberação a proposta de emenda tendente a abolir:* I – [...]; II – [...]; III- [...]; IV – *os direitos e garantias individuais"*.

Incide com fundamento da conclusão acima o princípio da *proibição de retrocesso social*, assim formulado por CANOTILHO: "O núcleo essencial dos direitos sociais já realizado e efectivado através de medidas legislativas ('lei da segurança social', 'lei do subsídio de desemprego', lei do serviço de saúde')[8] deve considerar-se constitucionalmente garantido, sendo inconstitucionais quaisquer medidas estaduais que, sem a criação de outros esquemas alternativos ou compensatórios, se traduzam, na prática, numa 'anulação', 'revogação' ou 'aniquilação' pura a simples desse núcleo essencial. Não se trata, pois, de proibir um retrocesso social captado em termos ideológicos ou formulado em termos gerais ou de garantir em abstracto um *status quo* social, mas de proteger direitos fundamentais sociais sobretudo no seu núcleo essencial. A liberdade de conformação do legislador e inerente auto-reversibilidade têm como limite o núcleo essencial já realizado, sobretudo quando o núcleo essencial se reconduz à garantia do mínimo de existência condigna inerente ao respeito pela dignidade da pessoa humana" (CANOTILHO, *Direito constitucional e teoria da Constituição*, p. 340/341) (Itálicos do original).

No mesmo sentido é a escorreita doutrina de prestigiados juristas nacionais: "Com efeito, no que diz com as garantias dos direitos sociais contra ingerências por parte de atores públicos e privados, importa salientar que, tanto a doutrina, quanto, ainda que muito paulatinamente, a jurisprudência, vêm reconhecendo a vigência, como garantia constitucional implícita, do princípio da vedação do retrocesso social, a coibir medidas que, mediante a revogação ou alteração da legislação infraconstitucional (apenas para citar uma forma de intervenção nos direitos sociais), venham a desconstituir ou afetar gravemente o grau de concretização já atribuído a determinado direito fundamental (e social), o que equivaleria a uma violação da própria Constituição Federal e de direitos fundamentais nela consagrados. No que diz respeito com sua justificação e fundamentação jurídico-constitucional, apresentada aqui de modo sumário, a proibição de retrocesso social costuma ser vinculada também ao dever de realização progressiva dos direitos sociais, tal como previsto no art. 2º do Pacto Internacional de

---

8 Medidas de proteção e socioeducativas aplicáveis à criança e ao adolescente: v. arts. 101 e 112 do ECA (Lei n. 8.069/90).

Direitos Econômicos, Sociais e Culturais de 1966, ratificado pelo Brasil. Além disso, a proibição de retrocesso social guarda relação com o princípio da segurança jurídica (consagrado, entre outros, no Preâmbulo da Constituição Federal e no *caput* dos arts. 5º e 6º) e, assim, com os princípios do Estado Democrático e Social de Direito e da proteção da confiança, na medida em que tutela a proteção da confiança do indivíduo e da sociedade na ordem jurídica, e de modo especial na ordem constitucional, enquanto resguardo de certa estabilidade e continuidade do direito, notadamente quanto à preservação do núcleo essencial dos direitos sociais. Ao mesmo tempo, a proibição de medidas retrocessivas reconduz-se ao princípio da máxima eficácia e efetividade das normas definidoras de direitos e garantias fundamentais (art. 5º, § 1º, da CF), assim como, numa perspectiva defensiva do princípio da dignidade da pessoa humana, objetiva impedir a afetação dos níveis de proteção já concretizados das normas de direitos sociais, sobretudo no que concerne às garantias mínimas de existência digna" (SARLET, Ingo Wolfgang *et alii, Curso,* p. 580-582).

Sob outro aspecto, é forçoso reconhecer a existência de direitos fundamentais para além do rol estabelecido pelo art. 5º da *lei fundamental*, que não constitui um *numerus clausus.* Esta é a orientação do precedente do Supremo Tribunal Federal (ADI n. 939-7) traduzida pelo voto do Min. MARCO AURÉLIO: "[...] *não temos, como garantias constitucionais, apenas o rol do artigo 5º da Lei Básica de 1988. Em outros artigos da Carta encontramos, também, princípios e garantias do cidadão, nesse embate diário que trava com o Estado, e o objetivo maior da Constituição é justamente proporcionar uma certa igualação das forças envolvidas — as do Estado e as de cada cidadão considerado de per se"* (ADIn 939-7 (DF), p. 259) (Grifos meus). No mesmo *leading case,* o lúcido voto do Min. CELSO DE MELLO sustenta que "as denominadas cláusulas pétreas representam, na realidade, categorias normativas subordinantes que, achando-se pré-excluídas por decisão da Assembleia Nacional Constituinte, do poder de reforma do Congresso Nacional, evidenciam-se como temas insuscetíveis de modificação pela via do poder constituinte derivado [...] o *telos* dessa norma destina-se a preservar, dentro de nosso ordenamento positivo, o núcleo essencial do sistema democrático-constitucional vigente no Brasil [...]. Desse modo, não assiste ao Congresso Nacional qualquer poder de rever ou reapreciar o sistema de valores consagrados na Constituição, dentre os quais avultam, por sua indiscutível relevância, o postulado da Federação e o princípio tutelar dos direitos e garantias individuais (STF, ADIn cit., p. 294-296).

Evidentemente, não se pode negar que o *direito* social do trabalhador, *garantido* pela regra do art. 6º, IV, da Constituição Federal (salário-mínimo) constitui uma *cláusula pétrea*, de natureza imodificável segundo as lições doutrinárias e o precedente que com elas se harmoniza.

b. *Proposta de Emenda ao art. 228 da Constituição Federal*

A Câmara dos Deputados, no dia 2 de julho deste ano, aprovou a Proposta de Emenda à Constituição (PEC), n. 171, de 1993, com a EA n. 16/2015, para dar a seguinte redação ao art. 228 da Constituição Federal: *"São penalmente inimputáveis os menores de 18 anos, sujeitos às normas da legislação especial, ressalvados os maiores de 16 anos, observando-se o cumprimento da pena em estabelecimento separado dos maiores de 18 anos e dos menores inimputáveis, em casos de crimes hediondos, homicídio doloso e lesão corporal seguida de morte"*. Outro dispositivo obriga a União, os Estados e o Distrito Federal, a criarem os "estabelecimentos especiais".[9]

IX. O Estatuto da Criança e do Adolescente (Lei n. 8.069/1990)

Seguindo o modelo do Código Penal, o Estatuto da Criança e do Adolescente (Lei n. 8.069/1990) declara que são penalmente inimputáveis os menores de 18 anos, sujeitos às medidas previstas nesta lei (art. 104). A Exp. Mot. da PG/1940 declarava que o projeto de lei não cuidava dos menores de 18 anos senão para declará-los "inteira e irrestritamente fora do direito penal (art. 23) sujeitos apenas à *pedagogia corretiva* da legislação especial" (§ 19) (Itálicos do original).

Essa é também a orientação da PG/1984. Já tive oportunidade de afirmar que "o sistema positivo brasileiro é muito evoluído no sagrado território dos direitos humanos e se caracteriza pelo aspecto protetivo da criança e do adolescente. Essa conclusão resulta não somente das disposições da CF e do ECA como também dos esforços da administração pública, envolvendo as autoridades e agentes dos Poderes Executivo e Judiciário. Realmente, a *lei fundamental* declara que 'é dever da família, da sociedade e do Estado assegurar à criança e ao adolescente, com absoluta prioridade, o direito à vida, à saúde, à alimentação, à educação, ao lazer, à profissionalização, à cultura, à dignidade, ao respeito, à liberdade e à convivência familiar e comunitária, além de colocá-los a salvo de toda forma de negligência, dis-

---

9 A referida Emenda Aglutinativa é objeto da fusão das PECs 386/1996, 399/2009, 228/2012, 438/2014, das emendas 2 e 3 apresentadas à PEC 171/1993. A proposta ainda precisa ser discutida e aprovada em mais um turno na Câmara dos Deputados antes de ir para o Senado Federal, também em dois turnos, se obtiver, em ambas as Casas, três quintos dos votos dos respectivos membros (CF, art. 60, § 2º).

criminação, exploração, violência, crueldade e opressão' (art. 227). No que concerne ao ECA, são previstas medidas de proteção de caráter *geral* (art. 98) e de caráter *especial* (arts. 99 e ss.).

Vida, saúde, liberdade, respeito, dignidade e convivência, como valores sociais de fundamental relevância, são tratados nos múltiplos títulos e capítulos com o carinho dos legisladores que revelaram ser pais, avós, tios, padrinhos, amigos e outras categorias familiares ou afetivas. Todo esse cuidado mostra o grande avanço do *Estatuto* apesar das profundas dificuldades para implementá-lo. A opressora e pervertida distribuição de rendas, com o sacrifício de milhões de crianças e adolescentes (analfabetos, carentes, doentes, abandonados) e a multiplicidade de crimes que se cometem contra a infância e a juventude, poderiam sugerir um *réquiem* como homenagem póstuma a muitas *letras mortas* do diploma. Mas ele deve ser saudado como um conjunto de ideais a serem alcançados, uma espécie de *bíblia* contendo os antigos e os novos testamentos sobre a desgraça e a felicidade. Um guia para ser usado pela família e pelos educadores em sua missionária obra. Embora se destine a proteger determinadas pessoas o *Estatuto* é também dirigido aos educadores. E nesses momentos difíceis vividos pelos professores de todos os níveis, com o desprezo oficial pela sua condição humana e a brutal degradação de seus vencimentos, é importante a relação que se estabelece entre esses *formadores da personalidade* e os destinatários de suas lições de vida. Não é possível imaginar uma criança ou um adolescente em condições de potencialidade plena de suas faculdades se não tiver o carinho e a luz dos mestres.

Na homenagem à existência da Lei n. 8.069/90, apesar do mundo conturbado pelos variados tipos de genocídio e num país de formidável cifra de analfabetismo, seria talvez oportuno recitar os melhores poemas de amor à infância e à juventude e fazer um bom pensamento para que as primeiras palavras desenhadas no quadro negro pela professora para ensinar o *beabá* aos alunos, pequenos ou grandes, de todas as cores e raças, sejam exatamente estas: Estatuto da Criança e do Adolescente (DOTTI, *Curso,* p. 536-537).

A repercussão internacional do ECA pode ser aferida por um dos especialistas dessa área: GARCIA MENDEZ. São suas estas palavras: "La derogación del viejo Código de Menores de Brasil de 1979 por el Estatuto del Niño y el Adolescente em 1990, no constituyó ni el resultado de un rutinario proceso de evolución jurídica, ni una mera 'modernización' de instrumentos jurídicos. Existen hoy sobradas evidencias que demuestran que dicha sustitución resultó un verdadero (y brusco) cambio de paradigma, una verdadera revolución cultural" (*RBCCrim*, 48/2004, p. 238).

X. Medidas aplicáveis às crianças e adolescentes

São *crianças* para os efeitos do ECA as pessoas com até 12 anos incompletos (art. 2º da Lei n. 8.069/90). Na prática de infração penal, a criança estará sujeita às seguintes *medidas de proteção* a serem determinadas pela autoridade competente: *a)* encaminhamento aos pais ou responsáveis; *b)* orientação, apoio e acompanhamento temporários; *c)* matrícula e frequência obrigatórias em estabelecimento oficial de ensino fundamental; *d)* inclusão em programa comunitário ou oficial de auxílio; *e)* requisição de tratamento médico, psicológico ou psiquiátrico, em regime hospitalar ou ambulatorial; *f)* inclusão em programa oficial ou comunitário de auxílio, orientação e tratamento a alcoólatras e toxicômanos; *g)* abrigo em entidade; *h)* colocação em família substituta. Essa relação, constante do art. 101 do ECA, não é exaustiva.

São *adolescentes,* as pessoas entre 12 anos completos até 18 anos incompletos (art. 2º da Lei n. 8.069/90). Completada a maioridade criminal, cessa a incapacidade penal (CP, art. 27).

As medidas socioeducativas que podem ser aplicadas aos adolescentes pela prática de infração penal são as seguintes: *a)* advertência; *b)* obrigação de reparar o dano; *c)* prestação de serviços à comunidade; *d)* liberdade assistida; *e)* inserção em regime de semiliberdade; *f)* internação em estabelecimento educacional; *g)* qualquer uma das previstas no art. 101, I a IV, ou sejam: I – encaminhamento aos pais ou responsáveis; II – orientação, apoio e acompanhamento temporários; III – matrícula e frequência obrigatórias em estabelecimento oficial de ensino fundamental; IV – inclusão em programa comunitário ou oficial de auxílio à família, à criança e ao adolescente.

XI. Projeto de Lei ampliando o tempo de internação do menor infrator

O Senado Federal, em sessão do dia 14 de julho, aprovou em primeira discussão o Projeto de Lei n. 333, de 2015, de autoria do Senador JOSÉ SERRA, que, alterando disposições do Código Penal; da Lei n. 12.594, de 18.01.2012, e da Lei n. 8.069, de 13.07.1990 (ECA), dispõe que o limite máximo de contenção será de 3 (três) anos, "salvo no Regime Especial de Atendimento, em que o período máximo de internação será de até dez anos" (art. 121, § 3º). O mesmo *disegno di legge* prevê situação na qual esse limite de dez anos poderá ser cominado. Ao art. 122 é acrescido o § 3º que estabelece as hipóteses da medida de internação que deverá ser executada em Regime Especial de Atendimento.

A ementa do projeto é a seguinte: "Altera o Decreto-Lei n. 2.848, de 7 de dezembro de 1940 (Código Penal) e as Leis n. 8.069, de 13 de julho de

1990 (Estatuto da Criança e do Adolescente), e 12.594, de 18 de janeiro de 2012 (SINASE)".[10]

XII. "Ato infracional" ou crime (infração penal)?

Como já foi observado na parte relativa ao conceito de crime[11] a designação "ato infracional" constitui um subterfúgio semântico com o propósito de atenuar a gravidade objetiva de ilícitos praticados por menores de 12 a 18 anos incompletos que não raramente provocam comoção social, especialmente em casos de homicídio qualificado, de lesão corporal grave ou seguida de morte,[12] de roubo, de extorsão simples ou mediante sequestro etc.

Ao contrário do Código Penal, que utiliza o vocábulo *crime* e, excepcionalmente, a palavra *infração* (penal)[13] ou a expressão *fato ilícito*,[14] o Estatuto da Criança e do Adolescente define o *ato infracional* como "*a conduta descrita como crime ou contravenção penal*" (Lei 8.069/1990, art. 103). É o mesmo que tentar definir o número *seis* como sendo *meia-dúzia*. O legislador procurou suavizar o impacto social da palavra ao abjurar a ideia da *prisão*, que é institucional e sistematicamente declarada[15] substituindo-a por *apreensão* e *internação*. O verbo *apreender* significa "tomar posse de alguma coisa" ou "tomar conhecimento de algo, assimilando-o mentalmente; compreender" (HELENA DINIZ, *Dicionário Jurídico*, vol. 1, p. 238). Tal vocábulo, em relação à pessoa humana, somente é admissível quando se trata de socorrer vítima de crime[16] e nunca do seu autor. Também é desviante

---

10 SINASE. Sistema Nacional de Atendimento Socioeducativo destinado a adolescente que pratique ato infracional.

11 Uma definição tautológica: v. § 2º, n. VII.

12 Fato lamentável recorrente nas guerras entre as chamadas torcidas organizadas.

13 CP, art. 76: "(Concurso de infrações) No concurso de infrações, executar-se-á primeiramente a pena mais grave"; Art. 83: "(Requisitos do livramento condicional). O juiz [...]; IV – tenha reparado, salvo efetiva impossibilidade de fazê-lo, o dano causado pela infração;"

14 CP, art. 26: "(Inimputáveis). É isento de pena o agente que, por doença mental ou desenvolvimento mental incompleto ou retardado, era, ao tempo da ação ou da omissão, inteiramente incapaz de entender o caráter ilícito do fato ou de determinar-se de acordo com esse entendimento."

15 CF, art. 5º, LXI, LXIII, LIV, LXV, LXVI etc.; CP, arts. 39, 40, 42, 349-A, 352 etc.; CPP, arts. 8º, 10, 13, III e IV, 301, 304, 306, 307, 319 etc.; LEP, arts. 2ª, parág. único, 10, 12, 13 etc.

16 CPP, art. 240: "A busca será domiciliar ou pessoal. § 1º Proceder-se-á à busca domiciliar, quando fundadas razões a autorizarem para: *a)* [...]; *g) apreender* pessoas vítimas de crime."

do vernáculo e da técnica legislativa o emprego da palavra *internação* para dulcificar o estado de perda da liberdade, ou seja, da prisão. A *internação* é a medida de segurança destinada ao agente inimputável por doença mental ou desenvolvimento mental incompleto ou retardado (CP, arts. 96, I, e 97). O internado é o sujeito recolhido em hospital psiquiátrico e dependente de tratamento especializado aos doentes mentais (CP, art. 99; LEP, arts. 172 e ss.) e não o jovem infrator, maior de 16 (dezesseis) e menor de 18 (dezoito) anos, que tem aptidão social para exercer o direito de voto (CF, art. 14, § 1º, II, *c*), embora a aquisição da capacidade de sufrágio não seja suficiente para atribuir-lhe a responsabilidade penal.

Muito melhor andou o revogado Código de Menores (Lei n. 6.697/79), ao estabelecer, no art. 99: "O menor de dezoito anos, a que se atribua autoria de *infração penal*, será, desde logo, encaminhado à autoridade judiciária". Como se verifica, não existe nesse e em outros preceitos da *lei velha* a mascarada benignidade normativa quando se refere ao "adolescente *privado da liberdade*" (ECA, art. 124, *caput*) demonizando a palavra correta: *preso*.

Na verdade, o adolescente, ou seja, o portador da idade entre 12 (doze) e 18 (dezoito) anos incompletos (ECA, art. 2º) pratica crime ou contravenção embora não seja culpável por lhe faltar o pressuposto da imputabilidade. As ações típicas e ilícitas de matar, roubar e furtar, por exemplo, podem ser cometidas por ele desde que fisicamente apto. As circunstâncias dolorosas de muitos desses fatos e a sua repercussão junto de familiares, amigos e conhecidos de seus protagonistas, não fazem nenhuma diferença por ter a infração sido praticada por um menor ou por um adulto. Essa é uma peculiaridade da violência dos jovens infratores que a mídia tem registrado com o sensacionalismo característico dos juízes paralelos e provocado movimentos sociais e campanhas parlamentares para reduzir a maioridade penal de modo a alterar o art. 228 da Constituição Federal: *"São penalmente inimputáveis os menores de dezoito anos, sujeitos às normas da legislação especial".* O CP 1969, em sua redação original[17] tratou a questão da seguinte maneira: "Art. 33. *O menor de dezoito anos é inimputável salvo se, já tendo completado dezesseis anos, revela suficiente desenvolvimento psíquico para entender o caráter ilícito do fato e determinar-se de acordo com este entendimento. Neste caso, a pena aplicável é diminuída de um terço até metade*". Um dos argumentos da Exp. Mot. àquele diploma foi o de que, com a proposta, "parece certo que

---

17 Dec.-Lei n. 1.004, de 21.10.1969.

a possível redução do limite da imputabilidade a dezesseis anos aumenta a consciência de responsabilidade social dos jovens" (§ 16).[18]

O debate nacional em torno do tema da antecipação da capacidade penal ainda irá se manter por muitos anos na sociedade, na imprensa, nos múltiplos fóruns acadêmicos e no Parlamento. Assim também ocorre em outros países, a exemplo da Espanha, cujo Código Penal da mesma forma estabelece a capacidade de culpa a partir dos 18 anos (art. 19)[19] – ainda irá perdurar por muito tempo entre nós. A fixação de uma *idade fronteiriça* é motivo de grande polêmica no país de Cervantes e um tema ainda recorrente para o legislador com a promulgação de oito diplomas (1822, 1848, 1850, 1870, 1928, 1932, 1944 e o atual – *Ley Orgánica* 10/1995, de 23 noviembre).[20]

Uma via intermediária para decifrar o *enigma da esfinge* da capacidade penal do adolescente, será a manutenção do art. 228 da CF e correspondente art. 27 do Código Penal, em face da absoluta deficiência das prisões brasileiras[21] mas com alterações em dispositivos do Estatuto da Criança e do Adolescente, assim como dispõe o projeto acima para os ilícitos mais graves. Nesse sentido é o pensamento de NUCCI que sustenta a necessidade de "punições mais severas a determinados adolescentes infratores, tratados, hoje, com *extremada leniência*, apesar dos gravíssimos atos infracionais que praticam" (*Código penal,* p. 301) (Itálicos meus).

---

18 O Código não entrou em vigor em 1º.08.1970, como prometeu o seu art. 407. Na verdade, após vários adiamentos e a sua alteração pela Lei n. 6.016, de 31.12.1973, foi revogado pela Lei n. 6.578, de 11.10.1978. No entanto, o Código Penal Militar (Dec.-Lei n. 1.001, de 21.10.1969), passou a viger a partir de 1º.01.1970. E incorporou, no art. 50 com os mesmos termos, a fórmula do diploma penal civil, até o advento da CF (art. 228), que declarou a inimputabilidade dos menores de 18 anos.

19 Art. 19. *"Los menores de dieciocho años no serán responsables criminalmente con arreglo a este Código. Cuando un menor de dicha edad cometa un hecho delictivo podrá ser responsable con arreglo a lo dispuesto en la ley que regule la responsabilidad penal del menor".*

20 Para leitura sobre a evolução dos Códigos da Espanha e as discussões provocadas pelo aumento da criminalidade considerada por muitos *"cada vez más precoz y por lo tanto* [dizendo eles] *es preciso aplicar el derecho penal de adultos antes"* (QUINTERO OLIVARES, *Parte geral del derecho penal,* p. 244 e ss.; 588 e ss.) (Itálico meu).

21 Referindo-se ao sistema penitenciário brasileiro, o Ministro da Justiça, JOSÉ EDUARDO CARDOZO, em palestra pronunciada para empresários no dia 13.11.2012, ao ser perguntado qual a sua opinião sobre a pena de morte, respondeu: "Entre passar alguns anos num presífdio brasileiro e perder a vida, eu talvez preferisse perder a vida" (Noticiário da imprensa).

XIII. Uma avaliação concreta sobre menores infratores

No ano de 2000, o Ministro da Justiça, JOSÉ CARLOS DIAS, constituiu a Comissão de Diagnóstico do Sistema Criminal, integrada por ALBERTO SILVA FRANCO, EDSON O' DWEIR, IVETTE SENISE FERREIRA, JAIR LEONARDO LOPES, LUÍS FERNANDO XIMENEZ, LUIZ VICENTE CERNICCHIARO, MAURÍCIO ANTONIO RIBEIRO LOPES, NILO BATISTA, RENÉ ARIEL DOTTI, MIGUEL REALE JÚNIOR (coordenador) e EDUARDO REALE FERRARI (secretário). Com dados oriundos do Ministério Público, do Poder Judiciário e outras fontes, constatou-se que se houve aumento, não significativo, da participação de adolescentes na prática de crimes, especialmente roubo, a cifra era incomparavelmente menor do que o número de crimes de responsabilidade de maiores entre 18 (dezoito) e 25 (vinte e cinco) anos.[22]

A pesquisa de campo procede à observação de fatos e fenômenos exatamente como ocorrem no real, à coleta de dados referentes aos mesmos e, finalmente, à análise e interpretação desses dados, com base numa fundamentação teórica consistente, objetivando compreender e explicar o problema pesquisado. Ciência e áreas de estudo, como a Antropologia, Sociologia, Psicologia, Economia, História, Arquitetura, Pedagogia, Política e outras, usam frequentemente a pesquisa de campo para o estudo de indivíduos, grupos, comunidades, instituições, com o objetivo de compreender os mais diferentes aspectos de uma determinada realidade. Exige também a determinação das técnicas de coleta de dados mais apropriadas à natureza do tema e, ainda, a definição das técnicas que serão empregadas para o registro e análise. Dependendo das técnicas de coleta, análise e interpretação dos dados, a pesquisa de campo poderá ser classificada como de abordagem predominantemente quantitativa ou qualitativa. Segundo FRANCO (1985) numa pesquisa em que a abordagem é basicamente quantitativa, o pesquisador se limita à descrição factual deste ou daquele evento, ignorando a complexidade da realidade social.

---

22 O diagnóstico e as recomendações dessa pesquisa de campo, bem como as propostas de Política Criminal, estão publicadas na *RBCCrim*, n. 30/2000, p. 37 e ss.

Emoção e paixão

Art. 28. *Não excluem a imputabilidade penal:*

I – a emoção ou a paixão;

Embriaguez

II – a embriaguez, voluntária ou culposa, pelo álcool ou substância de efeitos análogos.

§ 1º É isento de pena o agente que, por embriaguez completa, proveniente de caso fortuito ou força maior, era, ao tempo da ação ou da omissão, inteiramente incapaz de entender o caráter ilícito do fato ou de determinar-se de acordo com esse entendimento.

§ 2º A pena pode ser reduzida de um a dois terços, se o agente, por embriaguez, proveniente de caso fortuito ou força maior, não possuía, ao tempo da ação ou da omissão, a plena capacidade de entender o caráter ilícito do fato ou de determinar-se de acordo com esse entendimento.

*DIREITO ANTERIOR
CCrim. 1830: "Art. 18. São circumstancias attenuantes dos crimes: § 1. [...]. § 9. Ter o delinquente commetido o crime no estado de embriaguez. Para que a embriaguez se considere circumstancia attenuante, deverão intervir conjunctamente os seguintes requesitos: 1º que o delinquente não tivesse antes della formado o projecto do crime; 2º que a embriaguez não fosse procurada pelo delinquente como meio de o animar á perpetração do crime; 3º que o delinquente não seja costumado em tal estado a commeter crimes". •• **CP 1890:** Art. 27. Não são criminosos: § 1º [...]; 4º Os que se acharem em estado de completa privação de sentidos e de intelligencia no ato de commeter o crime; **Art. 42.** São circumstancias attenuantes: § 1º [...]; § 10. Ter o delinquente commetido o crime em estado de embriaguez incompleta, e não procurada como meio de o animar á perpetração do crime, não sendo acostumado a commeter crimes nesse estado". •• **Projeto Alcântara Machado (1938):** "Art. 17. Não autorizam nem a isenção, nem a diminuição da pena: I – os estados emotivos ou passionais; II – embriaguez pelo álcool ou substância de efeitos análogos, salvo se devida a caso fortuito ou força maior". •• **Anteprojeto Hungria (1963):** "Art. 31. A embriaguez, pelo álcool ou substância de efeitos análogos, ainda quando completa, não exckui a responsabilidade, salvo quando fgortuita ou inbvo,untária. § 1º Se a embriaguez foi intencionalmente procurada para a prática do crime, o agente é punível a título de dolo. § 2º Se, embora não preordenada, a embriaguez é voluntária e completa e o agente previu ou podia prever que, em tal estado, poderia vir a cometer crime, a pena é aplicável a título de culpa, se a êste título é punível o fato". •• **CP 1969:** "Art. 32. Não é igualmente imputável o agente que, por embriaguez completa, proveniente de caso fortuito ou força maior, era, ao tempo da ação ou da omissão, inteiramente incapaz de entender o caráter ilícito do fato ou de determinar-se de acordo com esse entendimento. **Parágrafo único.** A pena pode ser reduzida de um a dois terços, se o agente, por embriaguez proveniente de caso fortuito ou força maior, não possuía, ao tempo da ação ou da omissão, a plena capacidade de entender o caáter ilícito do fato ou determinar-se de acordo com esse entendimento". •• **Anteprojeto Toledo (1981):** Art. 28. Corresponde ao texto vigente.

BIBLIOGRAFIA (ESPECIAL) – EMOÇÃO E PAIXÃO

ALVES, Roque de Brito. *Ciúme e crime*. Recife: UCPE, 1984 // *Ciúme e crime, crime e loucura*. Rio de Janeiro: Forense, 2001 •• ARBEX, Sergei Cobra. Crime passional ocorre por impulso? *Revista IOB*, 53/2008 •• ARREGUY, Marília Etienne. *Os crimes no triângulo amoroso*: violenta emoção e paixão na interface da psicanálise com o direito penal. Curitiba: Juruá, 2011 •• AUGUSTO, Naiara C. Legítima defesa da honra e crimes passionais. *Ciência Jurídica*, 167/2012 •• AZEVEDO, André Mauro Lacerda. Direito penal e emoções. *RBCCrim*, 101/2013 •• BACCO, Federico. Sentimenti e tutela penale. *RIDPP*, 3/2010 •• BERNARDES, Marcelo di Rezende. A realidade vigente dos chamados crimes passionais. *Revista Magister*, 20/2007 •• BONANNO, Giuseppe. Il delinquente per passione: studio de psicologia criminale. Torino: F. Bocca, 1896 •• BORGES, Oscar Heitor Cavalcanti. *Responsabilidade penal do delinquente passional*. [s.l.: s.ed.], 1936 •• BRITO, Evandro Gomes. Dos crimes culposos e dolo eventual nos crimes do trânsito. Vitória da Conquista(BA): Ed. do Autor, 1974 •• CARMO, Suzana J. de O. Crimes passionais. *Informativo ADV*, 45/2008 •• CORREIA, Luiz. O amor e o crime: considerações jurídico-litterarias sobre o amor, considerado como causa efficiente •• COUTO, Carlos Magno. O julgamento do amor no código penal. *Síntese Jornal*, 74/2003 •• DOTTI, René Ariel. A perturbação dos sentidos e da inteligência. *RBCCrim*, 9/1995 // O crime do Sacopã: primeira parte. *RBCCrim*, 14/1996 // O crime do Sacopã: segunda parte. *RBCCrim*, 17/1997 // O crime do Sacopã: última parte. *RBCCrim*, 18/1997 // O caso Pontes Visgueiro. *RBCCrim*, 2/1993 •• DRUMMOND, Lima. Responsabilidade dos criminosos passionais. *Arquivos Penitenciários do Brasil*, 4/1941 •• D'URSO, Luiz Flávio Borges. Violência, emoção e razão. *Revista Magister*, 17/2007 •• ELUF, Luiza Nagib. A paixão e o crime. *Revista Consulex*, 356/2011 // *A paixão no banco dos réus*: casos passionais célebres. São Paulo: Saraiva, 2013 •• FERRI, Enrico. *O delito passional na civilização contemporânea*. Campinas: Servanda, 2009 •• FRAGA JÚNIOR, Luiz Carlos. Crimes passionais. *Justilex*, 76/2009 •• HUNGRIA, Nelson. Emoção e crime. *Revista Forense*, 133/1951 •• LASSERE, Emmanuel. *Os delinquentes passionaes e o criminalista Impallomeni*. Lisboa: Liv. Ferreira, 1909 •• LYRA, Roberto. *O amor e a responsabilidade criminal*. São Paulo: Saraiva, 1932 •• MATTOS, Mello. *Os crimes passionaes perante o jury*: caso Lacerda e Bezzanilla. Rio de Janeiro: J. R. dos Santos, 1919 •• MELUSSI, Vincenzo. *Do amor ao delito*: delinquentes por erotomania psicossexual. Sorocaba: Minelli, 2006 // *Delinquenti dell'amore*. Roma: Athenaeum, 1932 •• MENDES, Soraia da Rosa. Crime passional ou violência de gênero. *Revista Consulex*, 356/2011 •• MORAES, Evaristo. Criminalidade passional.

São Paulo: Saraiva, 1933 // *Um erro judiciário*: o caso Pontes Visgueiro. Rio de Janeiro: Ariel Ed., 1934 // Prova testemunhal: apontamentos sobre psycopathologia do testemunho. *RT*, 75/1930 •• NEVES, João Curado. *A problemática da culpa nos crimes passionais*. Coimbra: Coimbra Ed., 2008 •• OLIVEIRA, Guilherme. *Estados afetivos e imputabilidade penal*. São Paulo Revista dos Tribunais, 1958 •• OLIVEIRA, Lucielly C. de. Homicídio passional. *Ciência Jurídica*, 150/2009 •• OLIVEIRA E SILVA. A perturbação dos sentidos e da inteligência. Rio de Janeiro: Livraria Jacintho, 1941 •• PEDREIRA, Mario Bulhões. *Paixão e delicto*. Rio de Janeiro: Jornal do Commercio, 1927 •• PEDROSO, Fernando de Almeida. Homicídio privilegiado. *RT*, 695/1993 •• PEIXOTO, Afranio. *Crimenes pasionales*. Buenos Aires: Frascoli Y Bindi, 1930 •• PIMENTEL, Silvia; BELLOQUE, Juliana; PADJIARJIAN, Valéria. Legítima defesa da honra: legislação e jurisprudência da América Latina. *RBCCrim*, 50/2004 dos chamados crimes passionaes •• PRADO, Robervani Pierin do. *Caso fortuito*. Porto Alegre: S.A. Fabris, 2003 •• PROAL, Louis. *Le crime et le suicide passionnels*. Paris: F. Alcan, 1900 •• RABINOWICZ, Léon. *O crime passional*. São Paulo: Mundo Jurídico, 2007 •• RIBEIRO, Jorge Severiano. *Criminosos passionaes*. Rio de Janeiro: Freitas Bastos, 1940 •• RIBEIRO, Sergio Nogueira. *Crimes passionais e outros temas.* Rio de Janeiro: Forense, 2004 •• ROCHA, Alvaro Filipe Oxley da. Crime e emoções na criminologia cultural. *Boletim,* 232/2012 •• ROMEIRO, João. Emoção e paixão. *Revista Brasileira de Criminologia*, 17/1951 •• SÁ, Alvino Augusto de. A personalidade do suicida. *RBCCrim*, 10/1995 •• SERAFIM, Antonio. Paixão: do desejo à violência. *Revista Consulex*, 356/2011 •• TELES, Maria Amélia de Almeida. Crimes passionais ou crimes praticados contra as mulheres? *Revista Consulex*, 356/2011 •• TORRES, Antonio Magarinos. O jury e seu rigor contra os passionaes ou o amor no banco dos réus. *Archivo Judiciario*, 26/1933 •• ZACHARIAS, Manif; ZACHARIAS, Elias. *Dicionário de medicina legal*. 2ª ed. Colaboração de Miguel Zacharias Sobrinho. São Paulo: IBRASA; Curitiba: Editora Universitária Champagnat, 1991.

BIBLIOGRAFIA (ESPECIAL) – EMBRIAGUEZ

AGUDELO BETANCUR, Nódier. *Embriaguez y responsabilidad penal*: aspectos juridicos de la embriaguez patológica y de la embriaguez aguda. Bogotá: Universidade Externado de Colômbia, 2003 •• ARANÃO, Adriano. A prova da embriaguez ao volante em face da Lei n. 11.275, de 7 de fevereiro de 2006. *LEX*, 215/2007 •• ARAÚJO, Marcelo José. O consumo do álcool e o código de trânsito brasileiro. *Cidadania e Justiça*, 10/2001 •• BALESTRA, Andres Augusto. Da embriaguez como figura autônoma. *Ciência Penal*, 1/1973 ••

BARBAGALO, Fernando Brandini. Embriaguez ao volante. *Ciência Jurídica*, 143/2008 •• BARRETO, Edmundo Muniz. A embriaguez como circumstancia atenuante. *Revista do Supremo Tribunal*, 57/1923 •• BEM, Leonardo Schmidt. Embriaguez ao volante. *Revista IOB*, 52/2008 // Um porre de embriaguez ao volante. *Revista Síntese*, 64/2010 // A legitimidade do delito de embriaguez ao volante. *Revista Síntese*, 72/2012 •• BRITO, Tereza. *Crime praticado em estado de inimputabilidade autoprovocada por via do consumo de álcool ou drogas*: contributo para uma análise do art. 282 do código penal à luz do princípio da culpa. Lisboa: AAFDL, 1991 •• BRUNO, Anibal. *Embriaguez voluntária ou culposa e responsabilidade penal*. Recife: MEC, 1962 •• BRUTTI, Roger Spode. A eficácia da prova testemunhal nos delitos de embriaguez ao volante. *Revista IOB*, 52/2008 •• CABETTE, Eduardo Luiz Santos. *Comentários à Lei 11.705/08*: alterações do código de trânsito brasileiro. Porto Alegre: Núria Fabris, 2009 // *Nova lei seca*. Rio de Janeiro: Freitas Bastos, 2013 •• CALLEGARI, André Luís. A inconstitucionalidade do teste de alcoolemia e o novo código de trânsito. *RT*, 757/1998 •• CARDOSO, A.C. S. Queiroz. O alcoolismo frente à legislação penal. *Revista Brasileira de Criminologia e Direito Penal*, 5-6/1955 •• CARVALHO, Érika Mendes de. A técnica dos valores-limite e os delitos de perigo abstrato. *Boletim*, 228/2011 •• CASAS FERNANDEZ, Manuel. *El alcoholismo infantil como causa de degeneracion y delinquencia de los menores*: medios para combater el mal. La Coruna: La Voz de Galicia, 1914 •• CHAMON JUNIOR, Lúcio Antonio. Responsabilidade penal e embriaguez. Belo Horizonte: Melhoramentos, 2003 •• CLAUDE, N. *Raaport fait au nom de la comission d'enquete sur la consomation de l'álcool en France*. Paris: P. Mouillot, 1887 •• COSTA, Danilo Carnio. Embriaguez. *Revista Síntese*, 6/2001 •• DAMÁSIO DE JESUS, E. Embriaguez ao volante. *Revista IOB*, 52/2008 // Crime de embriaguez ao volante. *Justilex*, 55/2006 // Limites à prova da embriaguez ao volante. *Revista Síntese*, 28/2004 // Teste do bafômetro. *Justilex*, 35/2004 // Embriaguez ao volante e ação penal. *Revista Síntese*, 13/2002 // Culpabilidade normativa e embriaguez no código penal de 1969. *Justitia*, 83/1973 •• DEZOTTI, Neuton. As correlações entre os acidentes de trânsito e a participação de motoristas alcoolizados. *RT*, 623/1987 •• DONNEWALD, Heraldo N. Alcohol y accidentes de transito. *Revista Argentina de Ciencias Penales*, 6/1977 •• GARCIA, Ismar Estulano. Embriaguez ao volante. *Informativo Consulex*, 2/2001 •• COSTA, Leonardo. A alteração da embriaguez ao volante e o crime de lesões corporais na direção de veículo automotor. *Boletim*, 164/2006 •• GOMES, Luiz Flavio. *Nova lei seca*. São Paulo: Saraiva, 2013 // Embriaguez ao volante (Lei n. 11.705/2008). *Repertório IOB de Jurisprudência*, 16/2008 •• DRUMMOND, GONÇALVES, Antonio Baptista.

Embriaguez no volante. *Revista Jurídica IOB*, 418/2012 •• DRUMMOND, José de Magalhães. A embriaguez alcoólica e as emoções. *Revista Forense*, 33/1920 •• FERNANDES, Alexsandro R. A embriaguez delituosa no código de trânsito brasileiro e sua identificação. *Informativo Consulex*, 7/2005 •• FREITAS, Gilberto Passos de. A embriaguez no volante e a proibição de dirigir veículo. *Justitia*, 93/1976 •• FRIAS CABALLERO, Jorge. La responsabilidad penal del ebrio em la IV Asamblea Plenaria de la comision redactora del codigo penal tipo para latinoamerica. *Criminalia*, 7-8/1972 •• GOMES, Luiz Flavio. Crime de embriaguez ao volante e ativismo punitivista do STJ. *Repertório IOB de Jurisprudência*, 6/2010 // Embriaguez ao volante (artigo 306 do CTB). *Revista Magister*, 32/2009 // Embriaguez ao volante. *Repertório IOB de Jurisprudência*, 10/1998 // Bafômetro. *Revista Magister*, 31/2009 •• GONDIM, Jeverson Fernandes. *Embriaguez no trânsito brasileiro*. [S.L.]: Ed. do Autor, 2011 •• GUIMARÃES, Isaac Sabbá. *Exame de alcoolemia*: sua validade como prova no processo penal. *RBCCrim*, 33/2001 •• HARKINS, Malcolm J. Public drunkeness statutes. *Saint Louis University Law Journal*, 4/1975 •• HONORATO, Cássio Mattos. Dois crimes de embriaguez ao volante e as alterações introduzidas pela Lei 11.705/2008. *RT*, 880/2009 •• JUNQUEIRA, Gilberto Carvalho. *Considerações sobre o alcoolismo*. Brasília: Ministério da Justiça, 1973 •• HAUGE, Ragna. *Alcool et delinquance*. Strasbourg: Council of Europe, 1984 •• LEAL, João José. Embriaguez e delinquência. *RT*, 680/1992 // Controle jurídico-administrativo da embriaguez ao volante e o princípio da não autoincriminação. *Revista IOB*, 44/2007 •• LOUREIRO NETO, José da Silva. *Embriaguez delituosa*. São Paulo: Saraiva, 1990 •• MACHADO, Alcântara. *Medicina legal*: a embriaguez e a responsabilidade criminal. São Paulo: Ed. do Autor, 1894 •• MADRUGA, Antonio Alves. Embriaguez por bebidas alcoólicas. *Justilex*, 72/2007 •• MAGALHÃES, Agenor Teixeira. Da embriaguez pelo álcool e susbtâncias análogas. *Justitia*, 83/1973 •• MARANGHELLI, Edgar. Embriaguez e responsabilidade. *Revista Brasileira de Criminologia*, 9/1949 •• MARCÃO, Renato. O artigo 306 do CTB no PLS n. 48/2011: da "Lei não tão seca" à "Tolerância zero" com "culpa alcoólica". *Revista Magister*, 44/2011 // Embriaguez ao volante: exames de alcoolemia e teste de bafômetro. *Revista Magister*, 24/2008 •• MARQUES, José Frederico. Embriaguez e responsabilidade criminal. *Revista jurídica*, 18/1955 •• MENNA BARRETO, João de Deus Lacerda. *Novo prisma jurídico da embriaguez*. Rio de Janeiro: Freitas Bastos, 1979 •• MILAZZO, Cristhyan Martins Castro. Alcoolismo e tratamento penal da embriaguez. *Revista de informação legislativa*, 191/2011 •• MIRANDA, Darcy Arruda. O problema criminológico do alcoolismo. *Revista Brasileira de Criminologia e Direito penal*, 1/1963 •• MORAES, Evaristo de. *A embriaguez e o alcoolismo perante o direito criminal e a criminologia*. Rio de Janeiro: Jacintho Ribeiro dos Santos, 1933 •• MORAES E MELLO. Criminalidade e alcoolismo. *Archivo Judiciário*, 4/1927 •• MOREIRA, Rômulo de. Homicídio culposo no trânsito: o artigo 302 do CTB e o artigo 121, § 3º, do Código Penal. *Revista Magister,* 22/2008 •• MOURA, Humberto Fernandes de. Alguns aspectos sobre a lei seca. *Revista IOB*, 52/2008 •• NASCIMENTO, Walter Vieira do. *A embriaguez e outras questões penais*. Rio de Janeiro: Forense, 2000 •• NOBREGA, Agripino F. da. *A justiça na repressão ao alcoolismo*. Recife: Imprensa Oficial, 1956 •• OLIVA, Tamar. Sobre os disparates na consideração jurídica da embriaguez. *Boletim*, 142/2004 •• OLIVEIRA, Daniel Kessler. A supressão da culpa consciente no sistema jurídico-penal brasileiro: o caso do homicídio de trânsito. *Revista Magister*, 51/2013 •• OTTATI FOLLE, Amadeo. *Alcoholismo e derecho penal*. Montevideo: A. M. Fernandez, 1976 •• PEDROSO, Fernando de Almeida. Acidente de trânsito com morte, motorista embriagado ou participante de racha: culpa consciente ou dolo eventual? *Revista Magister,* 46/2012 •• PELUSO, Vinícius de Toledo Piza. O crime de embriaguez ao volante e ao bafômetro. *Boletim,* 189/2008 •• PIERANGELLI, José Henrique. A embriaguez penalmente relevante. *Revista Síntese*, 30/2005 // Refoma penal da embriaguez. *RT*, 186/1993 •• PINHEIRO, Geraldo de Faria Lemos. Breves notas sobre a embriaguez ao volante de veículos automotores. *Revista do Advogado*, 53/1998 // A embriaguez no código de trânsito brasileiro. *Boletim,* 83/1999 // Embriaguez ao volante e lesão corporal. *RBCCrim*, 13/1996 •• PIVA, Paulo César. Embriaguez ao volante. *Revista Síntese,* 8/2001 •• QUEIROZ, Narcelio de. *Theoria da "actio libera in causa"*: a embriaguez e a responsabilidade penal. Rio de Janeiro: Livraria Jacintho, 1936 // Embriaguez e responsabilidade penal. Revista Forense, 69/1937 •• REALE JUNIOR, Miguel. Crime de embriaguez ao volante. *RT*, 450/1973 •• ROCHA, Geraldo Tasso da. Água mole em pedra dura, tanto pinga até que fura. *Doutrina e Jurisprudência*, 6/1970 •• RODRIGUEZ, Eduardo Silveira Melo. *A embriaguez e o crime*. Brasília: Brasília Jurídica, 1996 •• ROMANI, Dagoberto. Alcoolismo é doença. *RT*, 639/1989 •• ROSS, H. Lawrence. Reflexions sur la legislation française relative a la conduite sous l'influence de l'alcool. *Revue Internationale de Criminologie et de Police Technique*, 1/1983 •• ROMANI, Dagoberto. Alcoolismo e doença. *RT*, 639/1989 •• SANTOS, Boaventura de Sousa. *Crimes cometidos em estado de embriaguez*. Coimbra: Faculdade de Direito de Coimbra, 1968 •• SEBEN, Lizete Andreis. Tolerância zero ao álcool no volante. *Revista Magister*, 52/2013 •• SILVA, Antonio Alvarez da. *Lei seca*. São Paulo: LTR, 2008 •• SILVA, Haroldo Caetano da. *Embriaguez & a teoria da actio libera in causa*. Curitiba: Juruá, 2004 •• SILVA, José Antonio Pereira da. Alcoolemia e peritagem médico-legal. *Boletim da Faculdade de Direito de Coimbra*, 60/1984 •• SILVA, José

Geraldo da. Comentários à Lei 12.971/2014: crimes de trânsito. *Boletim*, 260/2014 •• SOBRAL, Francisco Fernandes. *Repressão jurídico-social ao uso das bebidas alcoólicas*. Belo Horizonte, Imprensa Oficial, 1931 •• SZNICH, Valdir. *A responsabilidade penal na embriaguez*. São Paulo: LEUD, 1987 •• VIDAL, Hélvio Simões. Dolo e culpa na embriaguez voluntária. *RT,* 841/2005 •• WALLS, Henry James. *Drink, drugs and driving*. London: Sweet & Maxwell, 1970 •• ZAFFARONI, Eugenio Raúl. La embriaguez en el derecho penal. *Criminalia*, 6/1965.

BIBLIOGRAFIA (GERAL)

ANTOLISEI, Francesco. *Manuale di diritto penale*: parte generale. 3ª ed. Milano: Dott. A. Giuffrè, 1994 •• ASÚA, Luis Jiménez. *Tratado de derecho penal*. Buenos Aires: Editorial Losada, 1962. vol. V, 1962 •• BASILEU GARCIA. *Instituições de direito penal*. 4ª ed. São Paulo: Max Limonad, 1959. vol. I, t. I •• BENTO DE FARIA, Antonio de. *Annotações theorico-praticas ao codigo penal do Brazil*. Rio de Janeiro: Francisco Alves e Cia, 1913 // *Código penal brasileiro (comentado)*. Rio de Janeiro: Distribuidora Récord Ed., 1958. vol. 2 •• BETTIOL, Giuseppe. *Diritto penale:* parte generale. 11ª ed. Padova: CEDAM, 1982 •• BITENCOURT, Cezar Roberto. *Tratado de direito penal*: parte geral. 19. ed. São Paulo: Saraiva, 2013 •• BRUNO, Aníbal. *Direito penal*: parte geral. 3ª ed. Rio de Janeiro: Forense, 1967. t. 2º •• BUSATO, Paulo César. *Direito penal:* parte geral. São Paulo: Atlas, 2013. vol. 1 •• CARRANCA Y TRUJILLO, Raul. *Derecho penal mexicano*: parte general. México: Ed.Porrúa, 1970. t. I •• CARRARA, Francesco. *Programma del corso di diritto criminale*: parte generale. 11ª ed. Firense: Casa Editrice Libraria "Fratelli Cammeli", 1924, vol. 1 •• CEREZO MIR, José. *Derecho penal*: parte general. São Paulo: Revista dos Tribunais; Lima(PE): ARA Ed., 2007 •• CIRINO DOS SANTOS, Juarez. *Direito penal*: parte geral. 3ª ed. Curitiba: ICPC; Lumen Juris, 2008 •• COBO DEL ROSAL, M.; VIVES ANTÓN, T. S. *Derecho penal*: parte general. Valencia (ES): Universidad de Valencia, 1984 •• CORREIA, Eduardo. *Direito criminal*. Colaboração de Figueiredo Dias. Coimbra: Almedina, 2001. vol. I •• COSTA E SILVA, Antônio José da. *Código penal*. São Paulo: Companhia Editora Nacional, 1943. vol. 1 •• COSTA JR., Paulo José. *Código penal comentado*. 8ª ed. São Paulo: DPJ Editora, 2005 •• DAMÁSIO DE JESUS, E. *Direito penal*: parte geral. 35ª ed. São Paulo: Saraiva, 2014 •• DELMANTO, Celso (*et alii*). *Código penal comentado*. 8ª ed. São Paulo: Saraiva, 2010 •• DOTTI, René Ariel. *Curso de direito penal*: parte geral. 5ª ed. Colaboração de Alexandre Knopfholz e Gustavo Britta Scandelari. São Paulo: Thomson Reuters/Revista dos Tribunais, 2013 •• FERRI, Enrico. *Principii di diritto criminale*: delinquente e delitto. Torino: UTET, 1928 // *Princípios de direito criminal*: o criminoso e o crime. São Paulo: Livraria Acadêmica, 1931 •• FIANDACA, Giovanni; MUESCO, Enzo. *Diritto penale*: parte generale. 2ª ed. Bologna: Zanichelli, 1994 •• FIGUEIREDO DIAS, Jorge de. *Direito penal*: parte geral, questões fundamentais, a doutrina geral do crime. 2ª ed. São Paulo: Revista dos Tribunais; Coimbra: Coimbra Editora, 2007 •• FRAGOSO, Heleno Claudio. *Comentários ao código penal*. 5ª ed. Rio de Janeiro: Forense, 1978, vol. I, t. II (arts. 11/27) // *Lições de direito penal*. 17ª ed. Atual. Fernando Fragoso. Rio de Janeiro: Forense, 2006 •• GRECO, Rogério. *Curso de direito penal*: parte geral. 15ª ed. Niterói: Impetus, 2013 •• GUEIROS & JAPAIASSÚ. *Curso de direito penal*: parte geral. Rio de Janeiro: Elsevier, 2012 •• HUNGRIA, Nélson. *Comentários ao código penal*. 4ª ed. Rio de Janeiro: Forense, 1958. vol. I, t. II •• JAKOBS, Günther. *Derecho penal*: parte general, fundamentos y teoria de la imputación. Trad. Joaquin Cuello Contreras, José Luis Serrano Gozalez de Murillo. Madrid: Marcial Pons, 1995 •• JESCHECK, Hans-Heinrich. *Tratado de derecho penal*: parte general. Barcelona: Bosch, Casa Editorial, 1981. vol. 1º e 2º •• J. F. MARQUES. *Tratado de direito penal*. 2ª ed. São Paulo: Saraiva, 1965. vol. 2 •• LEONARDO LOPES, Jair. *Curso de direito penal*: parte geral. 2ª ed. São Paulo: Revista dos Tribunais, 1996 •• LISZT, Franz von. *Tratado de direito penal allemão*. Trad. e prefácio José Hygino Duarte Pereira. Rio de Janeiro: F. Briguiet & Cia-Editores, 1899. t. I •• LUZÓN PEÑA, Diego-Manuel. *Lecciones de derecho penal*: parte general. 2ª ed. Valencia (ES): Tirant lo Blanch, 2012 •• MAGALHÃES NORONHA, Edgard. *Direito penal*. 3ª ed. São Paulo: Saraiva, 1965. vol. 1 •• MANTOVANI, Ferrando. *Diritto penal*. 4ª ed. Padova: CEDAM, 2001 •• MANZINI, Vincenzo. *Tratado de Derecho Penal*: teorias generales. Trad. Santiago Sentís Melendo. Buenos Aires: EDIAR, 1948. vol. II // Tratatto di diritto penale italiano. Torino: UTET, 1961. vol. 1 •• MAURACH, Reinhart. *Tratado de derecho penal*. Trad. e notas Juan Cordoba Roda. Barcelona: Ediciones Ariel, 1962. t. I e II •• MAURACH, Reinhardt; ZIPF, Heinz. *Derecho penal*: parte general. Trad. 7ª ed. alemã por Jorge Bofill Genzsch e Enrique Aimone Gibson. Buenos Aires: Ed. Astrea de Alfredo y Ricardo Depalma, 1994. t. 1 e 2 •• MAYRINK DA COSTA, Álvaro. *Direito penal*: parte geral. 8ª ed. Rio de Janeiro: Forense, 2009. vol. 2 •• MESTIERI, João. *Manual de direito penal*: parte geral. Rio de Janeiro: Forense, 2002 •• MEZGER, Edmundo. *Tratado de derecho penal*. Trad. de José Arturo Rodríguez Muñoz. Madrid (ES): Ed. Revista de Derecho Privado, 1955. t. II •• MIR PUIG, Santiago. *Derecho penal*: parte general. 9ª ed. Buenos Aires: B de F, 2012 •• MIRABETE, Julio Fabbrini; FABRINNI, Renato N. *Manual de direito penal*: parte geral. 30ª ed. São Paulo: Atlas, 2014 •• MUÑOZ CONDE, Francisco; GARCÍA ARÁN, Mercedes. *Derecho penal*: parte general. 5ª ed. Valencia: Tirant lo Blanch, 2002 ••

NOVOA MONREAL, Eduardo. *Curso de derecho penal chileno*: parte general. 2ª ed. Santiago: Editorial Juridica Ediar-Cono Sur Ltda., 1985. t. 1 •• NUCCI, Guilherme de Souza. *Código penal comentado*. 13ª ed. São Paulo: Thomson Reuters/Revista dos Tribunais, 2013 •• NUÑEZ, Ricardo C. *Manual de derecho penal*: parte general. 3ª ed. Cordoba: Marcos Lerner Editora Cordoba, 1982 •• POLITOFF L., Sérgio (*et alii*). *Lecciones de derecho penal chileno:* parte general. 2ª ed. Santiago: Editorial Jurídica de Chile, 2003 •• PRADO, Luiz Regis. *Tratado de direito penal*: parte geral, São Paulo: Thomson Reuters/Revista dos Tribunais, 2014. vol. 2 // *Curso de direito penal brasileiro*. 13ª ed. Coautoria. São Paulo: Thomson Reuters/Revista dos Tribunais, 2014 •• PUIG PEÑA, Federico. *Derecho penal:* parte general. 6ª ed. Madrid: Editorial Revista de Derecho Privado, 1969 •• REALE JÚNIOR, Miguel. *Instituições de direito penal*: parte geral. 3ª ed. Rio de Janeiro: Forense, 2009 •• RODRIGUEZ DEVESA, José Maria; SERRANO GOMEZ, Alfonso. *Derecho penal español*: parte general. 15ª ed. Madrid: Dykinson, 1992 •• ROXIN, Claus. *Derecho penal*: parte general. Trad. 2ª ed. alemã Diego-Manuel Luzón Peña (*et alii*). Madrid: Civitas Ediciones, 2003 •• SILVA FRANCO, Alberto. *Código penal e sua interpretação:* doutrina e jurisprudência. 8ª ed. Alberto Silva Franco e Rui Stoco (Coords.). São Paulo: Revista dos Tribunais, 2007 •• TOLEDO, Francisco de Assis. *Princípios básicos de direito penal*. 5ª ed. São Paulo: Saraiva, 2002 •• VILLALOBOS, Ignacio. *Derecho penal mexicano*. México: Ed. Porrúa, 1975 •• VON WEBER, Hellmuth. *Lineamentos del derecho penal aleman*. 2ª ed. Buenos Aires, 2008 •• WELZEL, Hans. *Derecho penal aleman:* parte general. 11ª ed., alemã; trad. castellana, 4ª ed., de Juan Bustos Ramírez e Sergio Yáñez Pérez. Santiago de Chile: Editorial Juridica de Chile, 1997 •• ZAFFARONI, Eugenio Raul; ALAGIA, Alejandro; SLOKAR, Alejandro. *Derecho penal*: parte general. 2ª ed. Buenos Aires: EDIAR, 2014 •• ZAFFARONI, Eugenio Raúl; PIERANGELI, José Henrique. *Manual de direito penal brasileiro*: parte geral. 7ª ed. São Paulo: Revista dos Tribunais, 2007. vol. 1.

§ 47. ESTADOS EMOCIONAIS E PASSIONAIS

I. Algumas notas sobre o Direito anterior

a. *A privação dos sentidos e da inteligência*

O art. 27, § 4º, do CP 1890 declarava que não eram criminosos os que "se acharem em estado de completa *privação* de sentidos e de intelligencia no acto de commetter o crime".

Segundo os intérpretes daquele diploma, o texto original aludia à *perturbação* (e não à *privação)* dos sentidos e da inteligência, mas a publicação oficial consagrou o equívoco. As reações àquela disposição foram generalizadas, principalmente em face das absolvições decretadas pelo Tribunal do Júri que estaria, ao abrigo da descriminante, absolvendo os "bárbaros matadores de mulheres" segundo a crítica de um juiz que presidia o Júri após os debates em torno de um caso de homicídio passional. Muitos trabalhos específicos combateram a chamada *indulgência plenária* que se tornara rotineira nos processos submetidos ao tribunal popular. A propósito a verrina de HUNGRIA, em conferência na Faculdade de Direito da USP: "O caluniado Código de 90 fora metamorfoseado, pela espetacular e profusa oratória criminal, desorientadora da justiça praticada pelos juízes de fato, num espantalho ridiculamente desacreditado. Foi o período áureo do *passionalismo sanguinário*, que andava à solta, licenciado sob a estapafúrdia rubrica de 'privação dos sentidos'" (A evolução do direito penal brasileiro nos últimos 25 anos. In: *Novas questões jurídico-penais*, p. 17) (Itálicos do original).

b. *A perturbação dos sentidos e da inteligência*

Com o advento da Consolidação das Leis Penais (Dec. n. 22.213, de 14.12.1932), o dispositivo foi modificado para obter a seguinte redação: "*Art. 27.* Não são criminosos: § 1º [...]; § 2º [...]; § 3º [...]; § 4º Os que se acharem em estado de completa *perturbação* de sentidos e inteligência no acto de commetter o crime". Substituiu-se, finalmente, o vocábulo *privação* por *perturbação*. O Projeto Alcântara Machado, certamente influenciado pela estatística de impunidade do regime então vigente e a ideologia repressiva do Estado Novo,[1] colocou "os estados emotivos e passionais" na zona de responsabilidade penal declarando que os mesmos não autorizavam "nem a isenção, nem a diminuição da pena" (art. 17, I), salvo a circunstância atenuante prevista no art. 46, II, quando o crime fosse praticado "sob o influxo de violenta emoção provocada por ato injusto da vítima". A propósito, ao saudar a regra do art. 24 da PG/1940 declarando que a emoção e a paixão não excluem a responsabilidade[2] penal, HUNGRIA afirma que foi *"cancelado o texto elástico do famigerado § 4º do art. 27 do Código de 90, essa chave falsa com que se abria, sistematicamente, a porta da prisão a réus dos mais estúpidos crimes"* (*Comentários*, vol. I, t. 2, p. 380) (Itálicos meus).

---

1 *Estado Novo.* Designação do regime instaurado pela ditadura de 1937 a 1945, imposta pelo golpe de estado chefiado por Getúlio Dornelles Vargas (1882-1954) que, entre outros atos, determinou o recesso do Congresso Nacional e decretou uma nova Constituição, apelidada de "polaca" pelas graves restrições às liberdades públicas e aos direitos e garantias individuais.

2 A PG/1984 mantém a mesma redação substituindo, apenas, o vocábulo "responsabilidade" por "imputabilidade".

II. Emoção: conceito, consequências psicossomáticas e penais

O Direito Penal se socorre da Medicina Legal e da especialidade médica para estabelecer os conceitos e as consequências jurídico-penais dos fenômenos da *emoção* e da *paixão*. Em síntese, pode-se afirmar que essa disciplina resume o conjunto de conhecimentos aplicáveis às questões jurídicas. Tais relações entre estas ciências são estabelecidas em várias circunstâncias, desde os fenômenos biológicos do nascimento e da morte, passando pelos problemas vinculados ao corpo e à alma das pessoas.

De dois ilustres médicos-legistas, MANIF E ELIAS ZACHARIAS, nos vêm o conceito de emoção como "estado de exaltação afetiva, intensa e transitória, determinada pela percepção ou, às vezes, pela simples evocação de fatos e imagens que impressionam a consciência e sensibilizam o ânimo. É uma excitação mental aguda, em que a brusca alteração do tono afetivo ocasiona uma comoção de todo o organismo, chegando a afetar, quando muito acentuada, as funções intelectivas, a ponto, mesmo, de determinar, em certos casos e sob determinadas circunstâncias, perturbações temporárias da consciência e desvios do comportamento habitual. No plano físico, são inúmeros os distúrbios funcionais, destacando-se dentre eles, por sua maior frequência, a palidez ou o rubor da face, palpitações, aceleração do pulso e do ritmo respiratório, tremores generalizados ou circunscritos às mãos, sequidão da boca; e mais, quando muito forte a emoção, esfriamento das extremidades, sudorese profusa, paralisia da musculatura voluntária, relaxamento dos esfíncteres vesical e anal, desfalecimento etc."

"As emoções, segundo sua natureza, repercussão orgânica e efeitos mentais, distinguem-se em primárias, ou simples, e secundárias, ou complexas.

As emoções primárias, ou simples, são as que emanam diretamente da vida instintiva. Representam respostas aos estímulos que ameaçam ou favorecem a conservação do indivíduo e da espécie. São elas o medo, a cólera e o amor [...]. As emoções secundárias, ou complexas, são as reações afetivas que repercutem no psiquismo e envolvem o intelecto, assumindo, por essa razão, caráter mais estável e duradouro. São emoções vividas mais conscientemente e que proporcionam elevação prazenteira do ânimo, sob a forma de sensação de bem-estar, otimismo, satisfação, alegria, júbilo, felicidade e, até mesmo, êxtase; ou, de forma contrária, gerando estados depressivos, de inquietude ou de mortificação, postos de manifesto por sensação de mal-estar, dor moral, tristeza, amargura, vergonha, ansiedade, angústia etc.

A emoção, fenômeno psíquico observado diariamente e em todos os seres em condições de perfeita normalidade, pode assumir características mórbidas, quando improcedente ou exagerada em seus efeitos. Nessa con-

dição, depende ela mais do estado mental do indivíduo do que dos fatores e circunstâncias que a motivam. Caracteriza-se, essencialmente, pela falta de uma causa real ou evidente que a justifique, ou, quando esta existe, pela desproporção entre o estímulo e a reação: motivos de somenos, quando não de todo imaginários, provocando reações emocionais exageradas e que só contribuem para o agravamento das condições psíquicas do doente. Como exemplos de emoções patológicas, citam-se a ira e o furor dos neurastênicos, dos psicopatas explosivos, dos esquizofrênicos, dos paranoicos, dos epiléticos; a tristeza, o desgosto e a depressão dos melancólicos; a angústia, a ansiedade e as fobias dos neuróticos; a euforia dos maníacos, dos dementes senis, dos histéricos, etc. A emoção diz-se violenta, quando se manifesta de inopino e com intensidade tal, que chega a obnubilar a consciência, reduzindo ou abolindo seu poder de coordenação e síntese da atividade psíquica. O indivíduo nessas condições, dominado totalmente pelo arrebatamento afetivo, torna-se incapaz, durante breve período, de controlar ou inibir suas tendências instintivas e, movido por um automatismo psicomotor, passa a agir impulsivamente, com ímpeto irresistível, praticando atos de violência, quase sempre defeituosos, dos quais, passada a crise, não guarda a menor recordação ou se lembra de maneira muito vaga e confusa (amnésia lacunar). Mais sujeitos a ela são, particularmente, os hiperemotivos constitucionais e os psicóticos e neuróticos declarados" (ZACHARIAS, Dicionário de medicina legal, p. 149-150) (Itálicos meus).

A emoção não exclui a imputabilidade, podendo, no entanto, ser causa de especial redução de pena quando violenta e dominar o agente, logo em seguida à injusta provocação da vítima (CP, art. 121, § 1º). Se a emoção violenta, provocada por ato injusto da vítima, apenas *influenciar* o agente na prática do crime, estará caracterizada uma atenuante genérica (CP, art. 65, III, c).

III. Paixão: conceito, consequências psicossomáticas e penais

"*Nas horas da paixão, como se afigura indiferente ao homem tudo o quanto o rodeia*" **Goethe** (1749-1832).

Apesar do desvio passional a imputabilidade não é excluída segundo determinação legal. Mas poderá ser reflexo de um estado patológico que poderá caracterizar a hipótese do art. 26, *caput,* ou do parág. único do Código Penal.

Na linguagem dos especialistas em Psiquiatria, a *paixão* é uma "*exaltação afetiva, intensa e persistente, que, através de uma poderosa influência sobre as funções intelectivas, impele o indivíduo à satisfação plena dos desejos, tendências ou aspirações que a motivaram. É a emoção vívida e duradoura, que fica, que subsiste indefinidamente e, às vezes, mais e mais se exacerba, alimentada por sentimentos profundamente arraigados no ânimo e que não se extinguem enquanto não de todo satisfeitos, impregnando o pensamento com todo o seu potencial afetivo, a paixão arrasta o indivíduo a febril atividade, a inusitadas ações ou a formas incomuns de comportamento, com que visa descarregar a tensão emocional que o põe inquieto, quando não o aflige e tortura, enquanto represada em seu íntimo.*

Todos os seres humanos, mesmo no gozo de perfeita saúde mental, estão sujeitos à contingência das paixões, fenômeno peculiar ao homem, que sente, que vibra, que sofre, que participa ativamente dos embates de um mundo e de uma sociedade em permanente agitação. Assim motivadas, são elas com frequência, de índole egoística, tendendo à defesa de um instinto ou à satisfação de desejos ou inclinações não raros escuses, censuráveis, antissociais. São assim as paixões de ódio, do ciúme, da vingança, da concupiscência, da luxúria etc. Em certas pessoas, no entanto, independentemente de sua formação educacional ou cultural, prevalecem sentimentos altruístas, que despertam paixões nobres, impregnadas de amor ao próximo e que se exteriorizam pela prática da caridade, da filantropia, da prodigalidade, da devoção religiosa etc. E existem, finalmente, as paixões ditas impessoais, cujo objetivo é o exercício absorvente de determinada atividade. Tais são as paixões por certo tipo de trabalho, por qualquer ramo de investigação científica, por esta ou aquela arte, por uma ideologia política, pelo esporte, pelo jogo, e assim por diante. Sempre que a exaltação afetiva assume aspectos de uma exasperação sentimental de tamanha envergadura, que chega a subjugar, de maneira opressiva, toda a atividade psíquica, em detrimento de outras cogitações envolvendo diferentes interesses ou conveniências, já não se fala de paixão simplesmente, mas de um estado passional, condição mental anômala, frequentemente mórbida, de observação comum em psicopatas e neuropatas constitucionais. Sob sua influência, verificam-se crises de exacerbação aguda do ânimo, na vigência das quais se estreita o campo da consciência, perturba-se o raciocínio, compromete-se o juízo crítico e debilita-se a vontade, ficando o pensamento amoldado aos desígnios de uma ideia fixa, que intenta, obstinadamente, exteriorizar-se, converter-se em ação que satisfaça aos incontidos anseios que a motivaram, mesmo contrariando o bom senso, a prudência, as normas de moralidade, ou, mesmo, os preceitos legais. Esse estado passional, por força de circunstâncias de momento, costuma provocar súbitos e inesperados assomes de violência impulsiva, absolutamente incontroláveis, acompanhados, às vezes, de obnubilação da consciência e perda momentânea da capacidade de autodeterminação, suscetíveis, por isso mesmo, de acarretar consequências danosas à integridade corporal ou à vida de quantos sejam visados pela explosão sentimental" (ZACHARIAS, *Dicionário de medicina legal*, p. 347) (Itálicos meus).

§ 48. O PROBLEMA DA EMBRIAGUEZ

I. Conceito

A *embriaguez* é o "conjunto das perturbações psíquicas e somáticas, de caráter transitório, resultantes da intoxicação aguda pela ingestão de bebida alcoólica ou pelo uso de outro inebriante" (ZACHARIAS, *Dicionário de medicina legal*, p. 147). Embora certas substâncias entorpecentes como a heroína, a mescalina, as anfetaminas etc., possam produzir efeitos tóxicos que são rotulados como embriaguez, esta, no comum das vezes, faz pressupor a ingestão de bebidas à base de álcool etílico, cujo uso, por ter permissão legal – e talvez por isso mesmo – é o mais difundido entre os povos. Na lição de DELMANTO, a embriaguez é o estado de intoxicação aguda e passageira, provocada pelo álcool ou outras substâncias de efeitos análogos que reduz ou anula a capacidade de entendimento (*Código penal*, p 28).

II. Tipos de embriaguez

O ordenamento positivo brasileiro conhece 5 (cinco) tipos de embriaguez, assim indicados:

a. *Embriaguez preordenada*

Diz-se *preordenada* aquela em que o indivíduo se embriaga deliberadamente para, com mais facilidade, praticar o crime, "animando-se de coragem ou sufocando os contraestímulos à ação criminosa, ou para acobertar-se com uma dirimente ou atenuante. É a forma clássica da *actio libera in causa*, a sua forma típica. Então, esse estado de inconsciência ou semi-inconsciência não só não exclui nem atenua a responsabilidade mas a agrava" (BRUNO, *Direito penal*, 2º, p. 151).[3] A embriaguez preordenada para o cometimento de um crime constitui a agravante prevista na letra *l* do inc. II do art. 61 do CP.

b. *Embriaguez voluntária*

A embriaguez é *voluntária* quando o indivíduo, sem pensar na prática futura de um crime ou contravenção, bebe voluntariamente "para embriagar-se, para gozar a sensação para ele agradável da embriaguez ou para sufocar no álcool preocupações ou tristezas" (BRUNO, ob. e loc. cit.).

---

3   *Actio libera in causa:* v. § 15, item IV.

c. *Embriaguez culposa*

Essa modalidade resulta da ingestão excessiva da droga provocada por imprudência ou negligência e, excepcionalmente, pode resultar da imperícia. É *imprudente* a conduta do festeiro que se excede no uísque. É *negligente* o sujeito que, sendo portador de distonia neurovegetativa, consume substância psicotrópica, por exemplo, morfina. O *sommellier,* carecendo de maior experiência nessa atividade, embriaga-se com as doses de vinho que está provando.

d. *Embriaguez acidental*

Essa hipótese é caracterizada pelo estado etílico decorrente de caso fortuito ou força maior. O caso fortuito ocorre "quando o sujeito desconhece o efeito inebriante da substância que ingere, ou quando, desconhecendo uma particular condição fisiológica, ingere substância que possui álcool ou substância de efeitos análogos" (DAMÁSIO, *Direito penal*, p. 508).

e. *Embriaguez proveniente de caso fortuito ou força maior*

Na primeira hipótese, a pessoa que estava tomando medicamento para depressão e ingere álcool de modo a produzir o estado etílico involuntário mas suficiente para inibir a capacidade de entendimento e de querer. Ou se embriaga aspirando os vapores do álcool quando estava trabalhando acidentalmente em uma distilaria.

Em outra situação o guardião de um depósito de materiais de construção é forçado, mediante ameaça de morte por disparo de arma de fogo, a aspirar substância tóxica que o impede de evitar o furto praticado pelos ladrões que a imobilizaram. O calouro, aprovado no vestibular de Medicina, é obrigado pela ação física de veteranos, a ingerir substância entorpecente.

f. *Outras modalidades*

A literatura médica especializada e a jurisprudência apontam outras formas de ebriedade como a *habitual, crônica* e *patológica*. A primeira se caracteriza pela ingestão inveterada da bebida, com propensão de chegar à psicose alcoólica. É *crônica* a embriaguez quando o consumo é de longa duração, por oposição à embriaguez *acidental*. E é *patológica* quando assume uma forma aguda a que estão sujeitos os indivíduos extremamente suscetíveis à ação do álcool. Em tais casos, uma pequena quantidade de bebida é suficiente para provocar, além das perturbações peculiares à embriaguez comum, uma profunda obnubilação da consciência. O ébrio é levado a um estado crepuscular e sob o domínio de intensa excitação psicomotora pode praticar atos violentos contra pessoas ou coisas. Estão sujeitos à embriaguez patológica os indivíduos constitucionalmente predispostos a anomalias mentais (psicopatas ou psicóticos), os epiléticos, os alcoólatras inveterados e, ainda, aqueles que tenham sofrido, anteriormente, traumatismo crânio--encefálico, ou que se encontrem debilitados por graves padecimentos.

III. A embriaguez ao volante de veículo automotor

O CTB (Lei n. 9.503, de 23.09.1997), com a alteração determinada pela Lei n. 12.760, de 20.12.2012, prevê o crime de "conduzir veículo automotor com capacidade psicomotora alterada em razão de influência de álcool ou outra substância psicoativa que determine dependência: Penas – detenção de 6 (seis) meses a 3 (três) anos, multa e suspensão ou proibição de se obter a permissão ou a habilitação para dirigir veículo automotor" (art. 306).

IV. A embriaguez e a imputabilidade

a. *A regra geral*

O Código Penal estabelece que "não excluem a imputabilidade penal", [...] "a embriaguez, voluntária ou culposa, pelo álcool ou substância de efeitos análogos" (art. 28). E quando o agente comete a infração penal em estado de embriaguez preordenada, a pena é agravada (CP, art. 61, II, *l*). Em tal regra se incluem também as formas de embriaguez habitual e a crônica e patológica, salvo quando elas sejam expressão de uma doença mental ou de um desenvolvimento mental incompleto ou retardado, hipóteses em que poderá ocorrer a isenção ou a diminuição da pena e a aplicação de medida de segurança (CP, art. 26 e parág. único c/c os arts. 97 e 98).

b. *Hipótese de exclusão da ilicitude*

Interessante hipótese de exclusão de ilicitude, pelo estado de necessidade, é apresentada em DELMANTO relativamente ao delito previsto no art. 306 do CTB. O passageiro do automóvel, com alteração da capacidade psicomotora alterada por ter ingerido bebida alcoólica, assume a direção do veículo para levar ao hospital mais próximo o motorista, seu amigo, que sofreu ferimento grave em face da colisão com outro veículo, ocorrida momentos antes (*Leis penais especiais*, p. 475).

c. *Hipóteses de isenção e redução da pena*

Somente quando ocorrer a *embriaguez completa*, proveniente de caso fortuito e força maior, estará o agente isento de pena, se o mesmo era, "ao tempo da ação ou da omissão, inteiramente incapaz de entender o caráter ilícito do fato ou de determinar-se de acordo com esse entendimento" (CP, art. 28, § 1º). Se, em consequência dessas modalidades de embriaguez, o agente não possuía, ao tempo da ação ou da omissão, "a plena capacidade de entender o caráter ilícito do fato ou de determinar-se de acordo com esse entendimento", a pena é reduzida de um a dois terços (CP, art. 28, § 2º).

V. Presunção de periculosidade

A PG/1984 ao tratar das medidas de segurança (CP, arts. 96 a 99) reduziu ao mínimo as hipóteses da presunção de periculosidade indicadas pelo art. 78 do *ancién regime*. Com efeito, o mencionado dispositivo da PG/1940 declarava como perigoso o condenado por crime cometido em estado de embriaguez pelo álcool ou substância de efeitos análogos, se habitual a embriaguez (art. 78, II). Os ébrios habituais ou toxicômanos estavam sujeitos "às medidas de segurança que lhes sejam aplicáveis" (PG/1940, art. 80). O regime em vigor não admite a presunção do estado perigoso o qual é somente reconhecível, caso a caso, em relação ao portador de doença mental ou desenvolvimento mental incompleto e que, ao tempo do fato, era *inteiramente incapaz* de entender o seu caráter ilícito ou de agir de acordo com esse entendimento (CP, art. 26). Somente outra hipótese de periculosidade concreta é admissível: CP, art. 26, parág. único: "*A pena pode ser reduzida de um a dois terços, se o agente, em virtude de perturbação da saúde mental ou por desenvolvimento mental incompleto ou retardado não era inteiramente capaz de entender o caráter ilícito do fato ou de determinar-se de acordo com esse entendimento*". Em tal caso, se o condenado necessitar de especial tratamento curativo, a pena privativa de liberdade pode ser substituída pela internação ou tratamento ambulatorial, pelo prazo mínimo de 1 (um) a 3 (três) anos (CP, art. 98). Portanto, não mais existe o sistema do *duplo binário*, ou seja, a aplicação concomitante da pena e da medida de segurança, quando esta seria executada após a outra. A PG/1984 adotou o sistema *vicariante,* i.e., o sujeito sofre uma ou outra medida de reação ao delito. Não há mais a imposição da medida de segurança para o réu imputável.

Portanto, e antes mesmo da consagração constitucional da presunção de inocência (CF, art. 5º, LVII) a Reforma de 1984 considerou a existência do princípio, já constante na Declaração dos Direitos do Homem e do Cidadão (1796, art. 9º) e da Declaração Universal dos Direitos do Homem (1948, art. XI)

* **DIREITO COMPARADO**
Código Penal português: "**Artigo 86º (Pressupostos e efeitos) 1.** Se um alcoólico ou pessoa com tendência para abusar de bebidas alcoólicas praticar crime a que devesse aplicar-se con-

cretamente prisão efectiva e tiver cometido anteriormente crime a que tenha sido aplicada também prisão efectiva, é punido com uma pena indeterminada sempre que os crimes tiverem sido praticados em estado de embriaguez ou estiverem relacionados com o alcoolismo ou com a tendência do agente. 2. A pena reletaivamente indeterminada tem um mínimo correspondente a metade da pena de prisão que concretamente caberia ao crime cometido e um máximo correspondente a esta pena acrescida de 2 anos na primeira condenação e de 4 nas restantes. **Artigo 87º (Regras da execução da pena)** A execução da pena prevista no artigo anterior é orientada no sentido de eliminar o alcoolismo do agente ou combater a sua tendência para abusar de bebidas alcoólicas". •• **Código Penal espanhol:** "20. Están exentos de responsabilidad criminal: 1º [...]; 2º El que al tiempo de cometer la infración penal se halle en estado de intoxicación plena por el consumo de bebidas alcohólicas, drogas tóxicas, estupefacientes, sustancias psicotrópicas u drogas que produzcan efectos análogos, siempre que no haya sido buscado con el propósito de cometerla o no se hubiese previsto o debido prever su comisión, o se halle bajo la influencia de un síndrome de abstinencia, a causa de su depedendencia de tales substancias, que le impida comprender la ilicitud del hecho o actuar conforme a esa comprensión [...] 21. Son circunstancias atenuantes: 1ª [...]. 2ª La de actuar el culpable a causa de su grave adición a las sustancias mencionadas en el número 2º del artículo anterior. •• **Código Penal Tipo: Artículo 19.** No es imputable quien, en el momento de la acción u omisión, y por causa de enfermedad mental, de desarrollo psíquico incompleto o retardado, o de grave perturbación de la conciencia, no tuviere la capacidad de comprender el carácter ilícito del hecho o de determinarse de acuerdo con esa comprensión. El Tribunal ordenará el sometimiento del agente a una medida de seguridad curativa, salvo el caso de grave perturbación de la conciencia sin base patológica, en que no se aplicará ninguna medida. **Artículo 20.** Al agente que, por efecto de las causas a que se refiere el artículo 19, no poseía plenamente en el momento de la acción u omisión la capacidad de comprender el carácter ilícito del hecho o de determinarse de acuerdo con esa comprensión, se le aplicará una pena no menor de un tercio del mínimo ni mayor de un tercio del máximo de la establecida por la ley para el correspondiente delito. Si la imposición de pena se considerara perjudicial para el debido tratamiento del agente por mediar causas patológicas, se aplicará solamente una medida de seguridad curativa. En los demás casos podrá aplicarse una pena disminuida, una medida curativa o ambas en el orden que señale el Juez. [...] **Artículo 22.** La grave perturbación de la conciencia ocasionada por haber ingerido *bebidas alcohólicas* se rige por lo dispuesto en los artículos 19 y 20 si la *ingestión fue accidental o fortuita, y* por el *artículo 21 si fue intencional o imprudente, o para facilitar la realización del hecho o procurarse una excusa.*No será atenuada la pena en razón de que el agente sólo poseía parcialmente, en el momento de la acción u omisión, la capacidad de comprender el carácter ilícito del hecho o de determinarse de acuerdo con esa comprensión, *si la perturbación de conciencia fue ocasionada por haber ingerido bebidas alcohólicas de un modo intencional o imprudente,* o para la realización del hecho o procurarse una excusa. Lo dispuesto en este artículo y en los tres precedentes se aplicará *cuando la grave perturbación de la conciencia resulte del uso de sustancias estupefacientes, alucinógenas u otras semejantes.*

§ 49. A SITUAÇÃO JURÍDICO-PENAL DO ÍNDIO

BIBLIOGRAFIA

BARRETO, Helder Girão. As disputas sobre direitos indígenas. *Revista CEJ*, 22/2003 •• CARVALHO, Walkyria. Violência doméstica no contexto indígena.

Revista CONSULEX, 288/2009 •• CASTILHO, Manoel Lauro V. de. A competência nos crimes praticados por ou contra indígenas. *Revista Jurídica IOB*, 316/2004 •• CASTILLO, Ela Wiecko V. de. O projeto de Lei do Senado n. 156, de 2009, que institui novo código de processo penal e os crimes praticados contra indígenas ou por indígenas. *Revista de Informação Legislativa*, 183/2009 •• CAVALCANTI, Fábio da Costa. A capacidade civil e a culpabilidade penal dos indígenas em face da Constituição de 1988. *Revista da AGU*, 6/2005 •• COLAÇO, Thaís Luzia. *Incapacidade indígena*: tutela religiosa e violação do direito guarani nas missões jesuíticas. Curitiba: Juruá, 1999 •• DAMÁSIO DE JESUS, E. *Temas de direito criminal*: 1ª série. São Paulo: Saraiva, 1998 // *Direito penal*: parte geral. 35ª ed. São Paulo: Saraiva, 2014 •• DOTTI, René Ariel. A situação jurídico-penal do indígena: hipóteses de responsabilidade e de exclusão. *Ciências Penais*, 287/2009 // *Curso de direito penal*: parte geral. 5ª ed. Colaboração de Alexandre Knopfholz e Gustavo Britta Scandelari. São Paulo: Thomson Reuters/Revista dos Tribunais, 2013 •• D'URSO, Luiz Flávio Borges. Direito penal indígena. *RT*, 708/1994 •• ESTRADA, Martin Pino Manuel. Panorama jurídico do genocídio indígena no Brasil. *Revista Internacional de Direito Ambiental*, 5/2013 •• GHERSI, Carlos Alberto. *Derecho siglo XXI*. Buenos Aires: Gowa, 2002 •• GONZAGA, João Bernardino. *O direito penal indígena*: à época do descobrimento do Brasil. São Paulo: Max Limonad, 1970 •• GUTIÉRREZ, Bolívar Beltrán. El proceso penal indígena. In: *Anuário de Derecho Constitucional Latino Americano, 2/2006* •• HADDAD, Carlos Henrique Borlido. Infanticídio indígena. *Boletim*, 232/2012 •• HERINGER JUNIOR, Bruno. A imputabilidade penal do índio. *Ajuris*, 73/1998 •• LYRA FILHO, Roberto. O direito penal dos índios. *Arquivos Penitenciários do Brasil,* 3-4/1942 •• NORONHA, E. Magalhães. Justiça e criminalidade aborígenes. *Revista do Conselho Penitenciário do DF*, 17/1968 •• PACHECO, Rosely Aparecida Stefanes. População carcerária indígena e o direito à diferença. *Revista Direito GV*, 2/2011 •• PASCHOAL, Janaína Conceição. Infanticídio indígena. *Revista Criminal*, 14/2011 •• PIOVESAN, Hélio Botelho. Os critérios utilizados pelos magistrados para a aferição da culpabilidade do réu indígena. *RBCCrim*, 96/2012 •• QUEIROZ, Paulo. Jurisdição penal indígena. *Boletim*, 266/2015 •• RAMOS, Alcida Rita. *Sociedades indígenas*. 2ª ed. São Paulo: Ática, 1988 •• REZENDE, Guilherme Madi. Índio é índio. Boletim, 222/2011 •• SANTOS, Gérson Pereira dos. Aspectos penais nas tradições indígenas da Amazônia. In: *Estudos em homenagem ao Prof. João Marcelo de Araújo Júnior*. Rio de Janeiro: Lumen Juris, 2001 •• SANTOS FILHO, Roberto Lemos dos. Índios e imputabilidade penal. *Revista do TRF-3*, 85-2007 •• SILVA, Tédney Moreira da. A imputabilidade do indígena e o projeto de lei 216/2008. *Boletim*, 203/2009 •• SOUZA FILHO, Carlos

Frederico Marés. *O renascer dos povos indígenas para o direito*. Curitiba: Juruá, 2010 •• TOURINHO NETO, Fernando da Costa. *Os povos tradicionais e as sociedades nacionais*: conflito de normas e superação. Brasília: TRF-1, 2002 •• VAZQUEZ NEIRA, Leonel Fernando. La diversidad cultural em la teoria del delito. *Revista Íbero-Americana de Direito Penal*, 18/2010 •• VILLARES, Luiz Fernando. *Direito e povos indígenas*. Curitiba: Juruá, 2009 •• ZARRATEA, Tadeo. El derecho consuetudinário de las etnias indígenas. *Revista Del Centro de Estúdios Antropológicos*, 1/1989.

I. Precisão terminológica

O art. 3º da Lei n. 6.001, de 19.12.1973, estabelece que, para seus efeitos, são adotadas as seguintes definições: "I – Índio ou silvícola – *É todo indivíduo de origem e ascendência pré-colombiana que se identifica e é identificado como pertencente a um grupo étnico cujas características culturais o distinguem da sociedade nacional;* II – Comunidade Indígena ou Grupo Tribal – *É um conjunto de famílias ou comunidades índias, quer vivendo em estado de completo isolamento em relação aos outros setores da comunhão nacional, quer em contatos intermitentes ou permanentes, sem contudo estarem neles integrados".* No entanto, o adjetivo "*silvícola*" para identificar "aquele que nasce ou vive nas selvas; selvagem" (cf. AURÉLIO, p. 1.585), embora conste da lei como sinônimo de "*índio*" (art. 5º), não foi recepcionado pela Constituição Federal que utiliza os vocábulos "*índio*" (individual) e "*indígenas*" *(*comunidades).[4]

II. Cultura penal própria

Como é natural a todos os grupos humanos reunidos sob o comando de determinadas normas escritas ou consuetudinárias, também os índios têm os seus códigos punitivos.[5] Esse é o resultado uniforme de todas as pesquisas a respeito dessas comunidades em nosso país e no exterior. A propósito, COLAÇO: "Nas sociedades indígenas existem normas preestabelecidas que definem os atos delituosos" (Incapacidade indígena: Tutela religiosa e violação do direito guarani nas missões jesuíticas, p. 40).[6] A mesma autora observa que relativamente aos crimes contra a pessoa a diferença é muito grande tendo-se como referência a concepção cristã ocidental e a cultura indígena. Alguns fatos puníveis segundo o Código Penal e as leis especiais não o são entre os ídios (ob. cit., p. 48)

---

4   Cap. VIII (DOS ÍNDIOS), arts. 231, 232, do Tít. VIII (DA ORDEM SOCIAL).
5   V. amplamente em DOTTI, René Ariel. A situação jurídico-penal do indígena, *Direito penal contemporâneo em homenagem a José Cerezo Mir*, p. 259 e ss.
6   Sobre a cultura indígena: v. § 37, IV, *b*.

A propósito, existem variações semânticas para se identificar as infrações. Por exemplo, o homicídio, o adultério, o incesto, a prática da feitiçaria, podem ser consideradas transgressões mais ou menos graves dependendo do grupo. "As sociedades indígenas possuem dois tipos de coação que auxiliam no controle social: "as medidas inibidoras e as medidas punitivas". As medidas inibidoras, que eram muito eficazes, consistiam em procedimentos informais caracterizados por situações que expunham ao ridículo, acusações de bruxaria e pelo fuxico. Quando o ato criminoso se consumava, tomavam-se medidas punitivas, que variavam de intensidade conforme a gravidade do crime cometido" (RAMOS, *Sociedades indígenas,* p. 61).

A este respeito é oportuna a lição de BERNARDINO GONZAGA: "Nos casos menos graves, a reação consistirá em mera sanção moral, gerando difusa reprovação da coletividade. Nos mais sérios, poderá haver uma sanção ritual, que torne o indivíduo impuro, com perigo para si próprio e para os que com ele mantenham contato, o que gera às vezes o seu apartamento da comunhão social; ou se chegará a verdadeiros castigos, de variada qualidade, como sanção retaliatória. Em se tratando de delitos privados, os povos mais atrasados deixam à discrição da vítima responder à ofensa, e até mesmo a compelem a assim proceder, sob pena de desonra" (*O direito penal indígena,* p. 57-58).

Cf. o tipo de infração, o índio poderia ser condenado ao ostracismo, à expulsão, a castigos corporais ou à morte. O isolamento em ostracismo coletivo levava-o a uma vida de humilhações, restrições e permanente censura, onde "todos se recusavam a falar, olhar ou ter algo com os infratores, como se eles não existissem" (RAMOS, ob. cit., p. 64).

Este tipo de sanção condenando ao ostracismo e lhe retirando o "direito de reciprocidade", corresponde mais ou menos à perda de direitos civis pelas restrições dos direitos à vida familiar, às relações de trabalho e à propriedade coletiva (ZARRATEA, *El derecho consuetudinário de las etnias indígenas,* p. 228). A expulsão da comunidade correspondia a uma pena de morte, pois era quase impossível a sobrevivência isolada na selva.

Em hipótese de covardia, o homem poderia ser repudiado pela mulher, que adquiria o direito de retornar à família de origem. Os castigos corporais predominavam para os presos de guerra, que eram esbofeteados pelas mulheres e crianças da tribo (BERNARDINO GONZAGA, *O direito penal indígena,* p. 127-129). Segundo a mesma pesquisa, não há informes relativos à tortura para se obter a confissão, porém as formas de execução dos condenados à morte poderiam variar: desde o emprego do tacape nos rituais de sacrifício dos inimigos à aplicação de venenos, enterro da pessoa viva, afogamento e enforcamento, este já sob a influência dos costumes europeus. A privação da liberdade só era empregada em determinadas ocasiões, para deter os inimigos em seguida à captura ou nas horas que precediam de imediato o seu sacrifício. Tratava-se, enfim, de medida semelhante à "prisão processual" da atualidade (*O direito penal indígena*, p. 127-128).

SUSNIK elenca algumas transgressões e delitos que considera mais frequentes nas sociedades indígenas e merecedoras de penas. São elas: o homicídio, o incesto, a prática da magia negra, o rapto de esposa alheia, a revelação de segredos dos ritos de iniciação, o adultério, os danos à propriedade privada ou comunal, as injúrias aos líderes, o não cumprimento das obrigações sociais e a desobediência política (*Introducción a la antropologia social*, p. 125).

Sob o aspecto da causalidade, as pesquisas demonstram que o indígena não procura entender as causas imediatas dos eventos mas as suas origens remotas. Assim, a imputação objetiva pode recair em alguém por todos os males que acontecem no grupo ou a um de seus membros ainda que o evento tenha sido produzido por um fenômeno da natureza. O responsável pode ser um homem do grupo, um homem de outra tribo, um espírito, uma divindade, um animal, uma planta ou um objeto inanimado. Até mesmo os pajés, quando não obtinham êxito no tratamento de algum doente, atribuíam a culpa ao feitiço de algum inimigo do enfermo, que, às vezes, chegava a ser morto pelos seus parentes (BERNARDINO GONZAGA, ob. cit., p. 99-108). Regra geral, não há distinção entre dolo e culpa. Na infração levam-se em consideração, as consequências e não a vontade do infrator. A ausência de intenção pode ser fator agravante e não atenuante, pois se compreende que o indivíduo foi movido por forças ocultas maléficas, que devem ser reprimidas o mais rápido possível. Nos estudos feitos pelo Prof. GONZAGA, não existiam causas de extinção da punibilidade: a vingança, por exemplo, poderia ser exercida a qualquer momento; a punibilidade nunca se extinguia nem pelo decurso de tempo, nem sequer pela morte do "condenado".

Normalmente, a embriaguez, as alterações emocionais e a coação não excluem a responsabilidade. "Nem anomalias mentais que se apresentam, para o homem primitivo, plenas de misteriosas significações. Sequer o sono importa, porque leva o indivíduo a entrar em contato com o mundo espiritual" (ob. cit., p. 103-104).

Há relatos de que os índios brasileiros usavam a desculpa da embriaguez para justificar os maus-tratos dispensados às suas mulheres, mas tal atitude, de acordo com a tradição indígena, não era considerada delito, permanecendo na esfera privada do âmbito familiar. Era pouco provável que algum crime tivesse a excludente de responsabilidade por motivo de embriaguez.

As mulheres e as crianças eram as mais apenadas. Aquelas, por serem consideradas perigosas em face da aura mística da maternidade que paira sobre elas. As crianças, pela crença de que "nelas podia estar encarnado algum adulto já falecido".

III. A orientação do Código Civil revogado

O Código Civil de 1916 estabelecia que o "silvícola" (expressão textual) era relativamente incapaz para a prática de certos atos ou à maneira de exercê-los (art. 6º, III), estando sujeito ao regime tutelar previsto em leis e regulamentos especiais, o qual cessaria na medida em que se forem adaptando à civilização do país.

IV. A Constituição Federal de 1988

Aquela norma restritiva não foi recepcionada pela Constituição de 1988, cujo art. 232 estabelece: "Os índios, suas comunidades e organizações são partes legítimas para ingressar em juízo em defesa de seus direitos e interesses, intervindo o Ministério Público em todos os atos do processo."Compete ao Ministério Público defender judicialmente os direitos e os interesses das populações indígenas (CF art. 129, V). As comunidades indígenas têm uma cultura e uma civilização próprias, reconhecidas pela Constituição Federal que lhes assegura a utilização de suas línguas maternas e processos próprios de aprendizagem para o ensino fundamental (art. 210, § 2º). Trata-se de uma extensão da garantia, também declarada pela Carta Política de 1988, no sentido de que "são reconhecidos aos índios sua organização social, costumes, línguas, crenças e tradições", além do direito às terras que ocupam (art. 231). Outro exemplo dessa proteção especial decorre da criminalização dos atos de menosprezo ou zombaria de cerimônia, rito, uso, costume ou tradição culturais indígenas, de vilipêndio ou que perturbem a sua prática (Lei n. 6.001, de 19.12.1973, art. 58, I).

V. O Código Civil em vigor

O Código Civil de 2002 não definiu a capacidade dos índios para o exercício de direitos e obrigações, remetendo o assunto para a *legislação especial* (parág. único do art. 4º).[7]

---

[7] Remissões: CF, arts. 231 e 232; Lei n. 6.001/73 (Estatuto do Índio); Lei n. 6.015/73 (Registros Públicos), art. 50, § 2º; Dec. n. 1.141/94 (Proteção ambiental, saúde e apoio às comunidades indígenas); Dec. n. 3.156/99 (Condições para a prestação de assistência à saúde dos povos indígenas no âmbito do SUS); Dec. n. 6.861/2009 (educação escolar indígena); Dec. n. 7.778/2013 (Estatuto da Funai).

VI. A imputabilidade jurídico-penal do índio

Em linha de princípio, o *Estatuto do Índio* (Lei n. 6.001/73) reconhece a imputabilidade ao estabelecer que "no caso de condenação do índio por infração penal, a pena deverá ser atenuada e na sua aplicação o juiz atenderá também ao grau de integração do silvícola" (art. 56). Há inúmeros precedentes nesse rumo.

Sobre a imputabilidade jurídico-penal do indígena, isto é, a sua *capacidade* ou *incapacidade de culpa,* há entendimentos diversos na jurisprudência segundo as condições pessoais do agente: *a) quanto ao inadaptado*, pode ser reconhecida a isenção de pena "pela possível existência de incapacidade psíquica na compreensão do que seja ou não ato ilícito" (TJ-PR, Rel. Des. LAURO LOPES, *RT*, 621/339); *b) quanto ao aculturado*, não se admite a isenção de pena quando se tratar de "índio integrado e adaptado ao meio civilizado" (TJ-MG, Rel. Des. RUI GARCIA DIAS, *RT*, 694/364).

Nos termos do art. 4º da Lei n. 6.001/73, os índios são considerados: *a) isolados*, quando vivem em grupos desconhecidos ou de que se possuem poucos e vagos informes através de contatos eventuais com elementos da comunhão nacional; *b) em vias de integração*, quando, em contato intermitente ou permanente com grupos estranhos, conservam menor ou maior parte das condições de sua vida nativa, mas aceitam algumas práticas e modos de existência comuns aos demais setores da comunhão nacional, da qual vão necessitando cada vez mais para o próprio sustento; *c) integrados*, quando incorporados à comunhão nacional e reconhecidos no pleno exercício dos direitos civis, ainda que conservem usos, costumes e tradições característicos de sua cultura.

Um interessante aresto reafirma que o índio integrado à sociedade, inclusive alfabetizado, não pode ser considerado inimputável, de molde a excluir sua responsabilidade penal pela prática de ato delituoso. Rechaçando a tese do Procurador da FUNAI de que os réus eram inimputáveis, decidiu o Tribunal de Justiça do Maranhão (março de 2002) ser ela "desprovida de fundamentos fáticos e jurídicos que a possam sustentá-la". E enfatiza a propósito: "É do conhecimento de todos que os índios em sua grande maioria encontram-se em vias de integração à sociedade, como é o caso dos apelantes, que se relacionam com bastante frequência com os moradores da Comarca de Barra do Corda. O simples fato de serem índios não exclui de maneira alguma suas responsabilidades criminais, principalmente se já estão bem aculturados, como os ora apelantes" (*RT*, 797/642).

VII. A individualização da pena

Admitida a capacidade de culpa e sendo o réu condenado, a aplicação da pena deverá observar as circunstâncias judiciais, as causas de aumento ou diminuição e as agravantes e atenuantes previstas no Código Penal, bem como a regra especial do art. 56 do Estatuto do Índio (Lei n. 6.001/73). A pena deverá ser atenuada, devendo o magistrado atender também ao grau de integração. A reclusão ou a detenção devem ser executadas, se possível, em regime de semiliberdade, no local de funcionamento do órgão federal de assistência aos índios mais próximo da habitação do condenado (parág. único do art. 56).

VIII. O equivocado reconhecimento da semi-imputabilidade

Há precedentes no sentido de que o reconhecimento da imputabilidade do indígena implica em submetê-lo ao regime do parágrafo único do art. 26 do Código Penal. Um deles, oriundo do Supremo Tribunal Federal, é bem expressivo: "Inexiste razão para a realização de exames psicológico ou antropológico se presentes, nos autos, elementos suficientes para afastar qualquer dúvida sobre a imputabilidade de indígena, sujeitando-o às normas do art. 26 e parágrafo único do CP. Com base nesse entendimento, a Turma deferiu, em parte, *habeas corpus* impetrado em favor de índio Guajajara condenado, por juízo federal, pela prática dos crimes previstos nos artigos 12, *caput*, e § 1º, II, e 14 da Lei 6.368/76 e art. 10 da Lei 9.437/97" (HC 85.198/MA, Rel. Min. EROS GRAU).

No mencionado paradigma, a convicção judicial de que o acusado seria inteiramente capaz de entender o caráter criminoso do fato e de se determinar de acordo com esse entendimento, resultou do grau de escolaridade, da fluência na língua portuguesa, do nível de liderança exercida na quadrilha, entre outros aspectos.

IX. Os aspectos da culpabilidade e da pena

A Constituição Federal consagra a existência de *áreas de reserva* da cultura indígena ao declarar que são reconhecidos aos índios sua organização social, costumes, línguas, crenças e tradições, além dos direitos originários das terras que tradicionalmente ocupam (art. 231). E o Estatuto do Índio em seu art. 6º manda respeitar "os usos, costumes e tradições das comunidades indígenas e seus efeitos". Um corolário lógico deste princípio se contém no art. 57: "Será tolerada a aplicação, pelos grupos tribais, de acordo com as instituições próprias, de sanções penais ou disciplinares, contra os seus membros, desde que não revistam caráter cruel ou infamante, proibida em qualquer caso a pena de morte".

As práticas da justiça indianista podem aplicar sanções aos membros de sua comunidade que ofendam os seus interesses e bens, mesmo que as punições não estejam previstas nos catálogos legais das populações civilizadas. Em face do reconhecimento de uma cultura própria dos índios, pode-se afirmar que o dispositivo acima transcrito foi recepcionado pela Carta Política de 1988.

Como nos diz BERNARDINO GONZAGA, "o mundo selvagem está inteiramente impregnado de misticismo, o que é fértil de consequências no campo penal. Enquanto o homem civilizado dispõe de grande massa de informações (ou pelo menos tem meios de suspeitar a sua existência), que lhes dão nítida e tranquilizadora compreensão da trama causal que governa os fenômenos naturais, o primitivo vive perdido entre mistérios e perigos, efetivos ou imaginários, para os quais não dispõe de explicações racionais. Falta-lhe outrossim segurança porque não tem consciência das próprias forças. De conseguinte, sua formação de imagens se rege pela efetividade; e, para satisfazer o instintivo anseio de explicações, o pensamento se volta para o fantástico" (ob. cit., p. 71-72).

Diante do universo de características peculiares que envolve a formação cultural e o cenário de usos e costumes da vida indígena, não se poderá exigir do silvícola o comportamento segundo os princípios e as regras de outro tipo de civilização e de cultura para as quais é editada a lei penal comum. Consequentemente, estará ele isento de pena se o fato punível por ele praticado não estiver na categoria de valores próprios de seus usos e costumes. Deve-se reconhecer em seu favor, em tal caso, o *erro inevitável sobre a ilicitude do fato* (CP, art. 21). Não existe um dos pressupostos da culpabilidade, ou seja, a *consciência da ilicitude* do fato.

Conforme a boa doutrina, o nível de adaptação social às normas de cultura da comunidade social deve ser avaliado em caso concreto. Como pondera CEZAR BITENCOURT, "a situação dos *silvícolas* não tem natureza *patológica*, mas decorre da ausência de adaptação à vida social urbana ou mesmo rural, à complexidade das normas ético-jurídico-sociais reguladoras da vida dita civilizada e a diferença da escala de valores" (*Manual*, p. 306).

Esse entendimento, com o qual concordo inteiramente, rejeita certa orientação antiga da doutrina e da jurisprudência no sentido de atribuir ao indígena uma *capacidade parcial* quanto à compreensão do fato para sujeitá-lo ao tratamento do parágrafo único do art. 26 do Código Penal. Como já foi dito acima, a semi-imputabilidade em tal hipótese não resulta de um *processo cultural* na formação do caráter e da personalidade, mas sim de um *processo patológico*: perturbação da saúde mental ou desenvolvimento mental incompleto ou retardado.

X. A solução mais adequada

Na hipótese de o índio ser mentalmente hígido não há que se falar em inimputabilidade ou imputabilidade diminuída. Esse entendimento implicaria em submetê-lo ao regime de uma medida de segurança (CP, arts. 97 e 98).

A orientação cientificamente adequada é reconhecer a falta de consciência da ilicitude do fato e aplicar o art. 21 do Código Penal, que prevê o *erro inevitável sobre a ilicitude do fato.* Ou, então, a admissão de uma causa supralegal de isenção de pena: *inexigibilidade de conduta diversa.*

A propósito, o seguinte acórdão: "1. Apesar de comprovada a configuração de fatos que implicaram a concretização do crime de dano qualificado, na medida em que houvera a ação de um numeroso grupo de manifestantes indígenas, alguns dos quais munidos com armas de fogo, com vistas a obstar a implementação de projeto aprovado e custeado com recursos da Funai, tendo havido a subtração e destruição de materiais que seriam empregados na obra, a intenção dos agentes envolvidos no delito não autoriza a aplicação da pena. As razões motivadoras do agir dos índios, que se apresentam coerentes com o seu instinto de preservação, externado em defesa dos seus interesses e das prioridades traçadas pela sua comunidade, os quais, a seu ver, teriam sido mitigados, e atestada pericialmente a sua inimputabilidade, não há como a presente persecução penal redundar em resultado outro que não o absolutório" (TRF-4ª Reg., Ap. Crim. n. 1.349/PE, 95.05.20906-1, DJU 23.03.2001, Sec. 2, p. 938).

XI. Crimes contra grupos e comunidades indígenas

O Estatuto do Índio (Lei n. 6.001/73) contém três hipóteses típicas de delitos. A primeira modalidade ofende o índio ou as expressões de sua cultura como cerimônia, rito, uso, costume e tradição, vilipendiando-os ou, de qualquer forma, perturbando a sua prática (art. 58, I). A segunda é a utilização do índio ou a comunidade indígena como objeto de propaganda turística ou de exibição para fins lucrativos (art. 58, II). E a última consiste em proporcionar, por qualquer meio, a aquisição, o uso e a disseminação de bebidas alcoólicas, nos grupos, tribunais ou entre índios não integrados (art. 58, III).

Apesar de o parág. único dos arts. 58 e 59 estabelecerem causas de especial aumento,[8] as penas básicas são manifestamente irrisórias,[9] uma vez que o processo e o julgamento das infrações correspondentes – declaradas como de menor potencial ofensivo – são de competência dos Juizados Especiais Criminais (cf. Lei n. 9.099/1995, arts. 60, 61 e ss.) órgãos, em geral, de lamentável e notória leniência na aplicação e execução das penas restritivas de direitos, que costumeiramente substituem a pena de prisão. Mas é provável que o reconhecimento da dignidade humana e cultural do índio e de suas comunidades pela Carta Política de 1988 e as ações protetivas dos governos exerçam positiva influência para a neocriminalização dos fatos puníveis e mais adequadas sanções, entre elas a multa em forma cumulativa com a pena privativa de liberdade.

§ 50. CAUSAS SUPRALEGAIS DE EXCLUSÃO DE CULPABILIDADE

I. Introdução

Ao reverso do art. 23 do Código Penal, que relacionou as causas de justificação (com a rubrica: "**Exclusão de ilicitude**") dentro do Tít. II (DO CRIME), o Tít. III (DA IMPUTABILIDADE PENAL) inclui algumas situações de exclusão legal de culpabilidade (arts. 26, 27 e 28, § 1º), mas também refere dispositivos que afirmam a imputabilidade, e não a sua ausência. Assim, e diante dessa contradição, entendeu o legislador de 1984[10] por conservar o roteiro da PG/1940 (arts. 22-24), apenas substituindo a expressão "DA RESPONSABILIDADE". Nesse aspecto, acompanhou FRAGOSO que faz a distinção: enquanto a *imputabilidade* é a capacidade genérica de entender e de querer, ou seja, de entendimento da antijuridicidade de seu comportamento e de autogoverno, a responsabilidade penal é o dever jurídico de responder pela ação delituosa que recai sobre o agente imputável (*Lições: parte geral*, p. 242). Seguem algumas situações que podem ser reconhecidas dentro do repertório das causas supralegais de exculpação e, por consequência, de isenção de pena.

---

8   Lei n. 6.001/73: Art. 58, parág. único. "As penas estatuídas neste artigo são agravadas de um terço, quando o crime for praticado por funcionário ou empregado do órgão de assistência ao índio. Art. 59. No caso de crime contra a pessoa, o patrimônio ou os costumes, em que o ofendido seja índio não integrado ou comunidade indígena, a pena será agravada de 1/3 (um terço)".

9   Art. 58, I: detenção de 1 (um) a 3 (três meses); Art. 58, II: detenção de 2 (dois) a 6 (seis) meses; Art. 58, III: detenção de 6 (seis) meses a 2 (dois) anos.

10 Comissões de redação e revisão do anteprojeto da Lei n. 7.209/84. V. Exp. Mot. da Nova Parte Geral do Código Penal, item 6 e § 1º, n. XIV.

II. Inexigibilidade de conduta diversa

Em texto de notável clareza linguística e precisão científica, EDUARDO CORREIA afirma: "A falta de liberdade do agente para se comportar de modo diverso, ou seja, a *não exigibilidade* de uma outra conduta é, deste modo, um valor limite da culpa" (*Direito criminal*, § 26, vol. I, p. 445) (Itálicos do original). O mestre imortal justifica essa conclusão nos seguintes termos: "Na verdade, na explicação do apaecimento de um facto não é posasível olharmos só o momento subjectivo, à estrutura da personalidade do agente no momento em que pratica o crime. A decisão de executar um ato supõe sempre *uma certa situação ambiente* constituída por todas aquelas circunstâncias e acontecimentos exteriores que arrastam a pessoa para ele, se opõem às tendências que ele conduz, facilitando-o ou dificultando-o, determinando a maneira da sua execução, ou de algum modo, influindo o 'se', o 'como', o 'quando' do seu aparecimento. Ora, a conexão entre um crime e o ambiente pode traduzir-se em que este crie uma *disposição exterior das coisas* para o facto, tornando possível ou facilitando exteriormente a sua execução. Esta disposição exterior das coisas para a perpetração do crime pode resultar sobretudo da *oportunidade favorável*, ou seja, da presença do objecto da ação, da disponibilidade dos meios de execução ou seus auxiliares, da vantagem do lugar e do tempo, e, de uma maneira geral, de todas as circunstâncias que tornam o fim do crime fàcilmente atingível ou a sua execução sem perigo, ou que asseguram o sucesso e a impunidade. Todas essas circunstâncias, na moldura das quais se desenvolve um facto, podem configurar-se mesmo de tal maneira que arrastem irresistìvelmente o agente para a sua prática, roubando-lhe toda a possibilidade de se comportar diferentemente, tal como no chamado 'estado de necessidade' –, e, então, o respeito pela *eticização* do direito criminal conduz a que se exclua em tais hipóteses toda a culpa. Aceitando a exclusão do poder de agir de outra maneira por força da situação exterior, necessàriamente que, com isso, fica excluído o pressuposto de toda a censura" (*Direito criminal,* loc. cit., p. 444-445).

Desenvolvendo o tema da estrutura psicológica dessa causa de exclusão da culpabilidade, BETTIOL nos diz que se exige do juiz um ulterior requisito para o reconhecimento de que um fato lesivo é culpável: o da *normalidade das circunstâncias em que a ação se desenvolveu*. E explica: "*Perché un'azione possa dirsi colpevole no basta che un soggetto capace abbia previsto e voluto un dato evento lesivo, ma occorre che la sua volontà se sia potuta determinare normalmente all'azione: tale determinazione normale non si può richiedere quando le condizione di fatto nelle quali l'individuo opera sono tali da rendere impossibile o molto difficile la formazione di un volere immune di difetti*" (*Diritto penale,* p. 490) (Itálicos meus). Em outras palavras: numa concepção normativa – adotada pelo sistema do nosso Código Penal – é afastada cada vez que, em face das condições pessoais do agente, não se possa exigir dele um comportamento diverso do adotado. A norma incriminadora, que aparentemente deve enlaçar a conduta humana, perde eficácia diante do quadro psicológico da impossibilidade de um agir diferente. Na precisa conclusão de TENNYSON VELO, "o juízo de censura penal deve considerar o 'comportamento interior', segundo a versão dada por Giuseppe Bettiol" (*O juízo de censura penal,* p. 178). *Comportamento interior* ou "*atitude interior*", em português; "*gesinnungsstrafrech*", do alemão e "*atteggiamento interiore*", na linguagem italiana, constitui, na avaliação de BETTIOL, uma revolucionária concepção em defesa do *princípio da personalidade da responsabilidade penal.* E acentua: "*La nozione ha in sé una carica esplosiva da mandare in pezzi tutte le vecchie impalcature logico-sistematico formali*" (*Diritto penale,* p. 57) (Itálicos meus).

Cf. a estrutura funcional da culpabilidade, a *exigibilidade de conduta diversa* é um de seus pressupostos, além da imputabilidade e da consciência (real ou potencial) da ilicitude da conduta. NUCCI refere a intensa polêmica na doutrina e na jurisprudência a respeito da admissão da tese da inexigibilidade de conduta diversa desvinculada das excludentes da coação moral irresistível e da obediência hierárquica. E admite: "Ora, nada impede que dentro da culpabilidade se retire essa tese para, em caráter excepcional, servir para excluir a culpabilidade de agentes que tenham praticado determinados injustos" (*Código penal,* p. 254.) E em sua valiosa monografia *Tribunal do Júri,* observa: "Como mencionamos no item anterior, alterada sistemática de formulação de quesitos defensivos, não há mais que se desdobrar uma tese qualquer em várias proposições a serem formuladas aos jurados. Basta a pergunta se o jurado absolve o acusado. Nesse cenário, podem ingressar tanto as teses legais (legítima defesa, estado de necessidade, exercício regular de direito, estrito cumprimento do dever legal etc.), quanto as supralegais (inexigibilidade de conduta diversa, crime de bagatela, estado de necessidade exculpante etc.) [...]. Lembremos que as teses supralegais não são ilegais, nem fazem parte do direito alternativo. Cuidam-se de teses implícitas ao ordenamento jurídico penal, olvidadas pelo legislador no momento de redigir o Código Penal, mas que podem emergir pela força interpretativa da doutrina e da jurisprudência, analisando os demais institutos vigentes" (p. 332). Assim se orienta o Código Penal Tipo: "*Artículo 31. No es culpable quien obrare bajo coacción o peligro de un mal actual y grave, sea o no provocado por la acción de un tercero, cuando razonablemente no pueda exigírsele una conducta diversa*".

Cf. FRAGOSO, as causas de inexigibilidade admitem aplicação analógica (*Lições*, § 200). Também reconhecendo que a censura penal pode ser excluída em situações de inexigibilidade de conduta diversa, "independentemente das mesmas não estarem previstas expressamente na lei", é o entendimento de TENNYSON VELO (*O juízo de censura penal*, p. 178).

A propósito, BETTIOL pondera que o reconhecimento desta causa de exclusão da culpabilidade não implica um *amolecimento* do Direito Penal em contraste com uma concepção autoritária do mesmo Direito, porque só é *direito penal amolecido* aquele que não pune quando existem todos os pressupostos para uma punição, entre eles o da culpabilidade. Mas, quando não existe a culpabilidade, porque não podia esperar-se do sujeito uma motivação normal, seria uma heresia falar-se de culpa e, ainda, aplicar-se uma pena (*Diritto penale*, p. 493-494). Mas é bem de ver que a caracterização dessa causa de exculpação deve ficar bem demonstrada e não dependente de um juízo puramente subjetivo e pessoal do sujeito ativo a respeito de ser ou não exigível o comportamento, nem de se ter em conta a figura do *homem médio*. Isso, no seu dizer, corresponderia, no caso concreto, a um *individualismo anárquico* que desculparia qualquer ação ou uma abstração inconcludente (ob. cit., p. 494).

É oportuno reproduzir a lição notável de TOLEDO: "A inexigibilidade de outra conduta é, pois, a primeira e mais importante causa de exclusão da culpabilidade. E constitui um verdadeiro princípio de direito penal. Quando aflora em preceitos legislados, é uma causa legal de exclusão. Se não, deve ser reputada causa supralegal, erigindo-se em princípio fundamental que está intimamente ligado com o problema da responsabilidade pessoal e que, portanto, dispensa a existência de normas expressas a respeito" (*Princípios básicos*, § 283, p. 328). Um notável precedente foi relatado por ele mesmo na condição de Ministro da 5ª Turma do Superior Tribunal de Justiça, em 23.05.1990 – antes, portanto, da lei de reforma do procedimento do júri – cuja ementa é a seguinte: "*Penal e processual penal. Inexigibilidade de outra conduta*. Causa legal e supralegal de exclusão de culpabilidade, cuja admissibilidade no direito brasileiro já não pode ser negada. – *Júri. Homicídio.* Defesa alternativa baseada na alegação de não exigibilidade de conduta diversa. Possibilidade, em tese, desde que se apresentem ao Júri quesitos sobre fatos e circunstâncias, não sobre mero conceito jurídico. *Quesitos*. Como devem ser formulados. Interpretação do art. 484, III, do CPP, à luz da Reforma Penal. Recurso especial conhecido e parcialmente provido para extirpar-se do acórdão a proibição de, em novo julgamento, questionar-se o Júri sobre a causa de exclusão da culpabilidade em foco" (REsp 2.492/RS) (Itálicos do original) (TOLEDO, *Princípios básicos*, § 285, p. 329).

Um sistema penal de justiça não pode ficar indiferente às mais várias formas de pressão psicológica determinada pelo fenômeno que ÉMILE DURKHEIM designa por "correntes sociais". E exemplifica: "Assim, numa assembleia, os grandes movimentos de entusiasmo ou de devoção que se produzem não têm por lugar de origem nenhuma consciência particular. Eles nos vêm, a cada um de nós, de fora e são capazes de nos arrebatar contra a nossa vontade. Certamente pode ocorrer que, entregando-me a eles sem reserva, eu não sinta a pressão que exercem sobre mim. Mas ela se acusa tão logo procuro lutar contra eles. Que um indivíduo tente se opor a uma dessas manifestações coletivas: os sentimentos que ele nega se voltarão contra ele "[...] É assim que indivíduos perfeitamente inofensivos na maior parte do tempo podem ser levados a atos de atrocidade quando reunidos em multidão" (*As regras do método sociológico*, p. 45).

III. Estado de necessidade exculpante

Além do estado de necessidade *justificante,* a doutrina e a jurisprudência admitem a ocorrência do estado de necessidade *exculpante,* ou seja, a situação do sacrifício de um bem de valor igual ou maior que o protegido. O CP 1969 consagrou a chamada *teoria diferenciadora* declarando no art. 25 a causa de exclusão da culpabilidade: *"Não é igualmente culpado quem, para proteger direito próprio ou de pessoa a quem está ligado por estreitas relações de parentesco ou afeição, contra perigo certo e atual, que não provocou, nem podia de outro modo evitar, sacrifica direito alheio, ainda quando superior ao direito protegido, desde que não lhe era razoavelmente exigível conduta diversa"*. E o art. 28 regulava o estado de necessidade como *excludente do crime,* com a seguinte redação: *"Considera-se em estado de necessidade quem pratica um mal para preservar direito seu, ou alheio, de perigo certo e atual, que não provocou, nem podia de outro modo evitar, desde que o mal causado, pela sua natureza e importância, é consideravelmente inferior ao mal evitado, e o agente não era legalmente obrigado a arrostar o perigo"*.

A Exp. Mot. do aludido diploma, em sua redação original,[11] estabelecia: "**§ 14**. Com referência ao estado de necessidade, seguiu o projeto o sistema moderno de distinguir os casos de exclusão da ilicitude dos que excluem a culpabilidade. [...] O projeto acolhe a chamada teoria diferenciadora, que distingue conforme se trata de bem jurídico de valor igual ou inferior ao ameaçado. Essa teoria diferenciadora (que se opõe à *unitária*)

---

11   CP 1969, texto original: Dec-Lei n. 1.004, de 21.10.1969.

é hoje amplamente dominante e sua correção nos parece indubitável. Ela se inspira na ideia de inexigibilidade de outra conduta, dando-lhe, porém, limites claramente definidos".

A PG/1984 não acolheu tal orientação e manteve a redação original do Código Penal (PG/1940) que adotou a teoria unitária, com uma pequena alteração. O revogado § 2º do art. 20 estabelecia: "Embora reconheça que era razoável exigir-se o sacrifício do direito ameaçado, *o juiz pode reduzir a pena* de um a dois terços". E o vigente § 2º do art. 24 estabelece: "Embora seja razoável exigir-se o sacrifício do direito ameaçado, *a pena poderá ser reduzida* de um a dois terços".

É importante esclarecer que o CP 1969, em sua primeira edição (Dec.-Lei n. 1.004, de 21.10.1969), deveria entrar em vigor no dia 1º de agosto de 1970 (cf. art. 407), o que não ocorreu. Alterado integralmente pela Lei n. 6.016, de 31.12.1973, o diploma teve anunciado o início de vigência para 1º de julho de 1974 (cf. art. 403). Novos adiamentos sucederam-se até o advento da Lei n. 6.578, de 11.10.1978, que revogou o código que teve o maior período de *vacatio legis* na história da legislação brasileira. Mas assim não aconteceu com o CPM (Dec.-Lei n. 1.001, de 21.10.1969) que entrou efetivamente em prática a partir de 1º de janeiro de 1970 (cf. art. 410). O diploma castrense positivou a *teoria diferenciadora*, prevendo o estado de necessidade como excludente da *culpabilidade* (art. 39) e como excludente da *criminalidade* (art. 43). A definição de uma e de outras das situações está conforme os arts. 25 e 28 do CP 1969, acima transcritos.

A solução mais razoável, frente à disparidade de tratamento legislativo entre ambos os diplomas e a contribuição doutrinária, é a aceitação, pelo Poder Judiciário, do estado de necessidade exculpante como causa supralegal de isenção de pena.

O Código Penal português define pelo art. 35º o *"estado de necessidade desculpante"*, nos seguintes termos: "**1.** Age sem culpa quem praticar um facto ilícito adequado a afastar um perigo actual, e não removível de outro modo, que ameace a vida, a integridade física, a honra ou a liberdade do agente ou de terceiro, quando não for razoável exigir-lhe, segundo as circunstâncias do caso, comportamento diferente. **2.** Se o perigo ameaçar interesses jurídicos diferentes dos referidos no número anterior, e se verificarem os restantes pressupostos ali mencionados, pode a pena ser especialmente atenuada ou, excepcionalmente, o agente ser dispensado de pena". Cf. MAIA GONÇALVES, a questão de maior interesse é o da eleição do critério de valoração dos interesses jurídicos, para a definição do direito de necessidade ou do estado de necessidade desculpante. "A lei escalona aqui a valoração de alguns interesses, pelo que se deve observar a ordem por que os enumera, no n. 1. Trata-se de interesses eminentemente pessoais, e em relação aos quais já anteriormente a solução era indiscutida. Para os casos em que a lei não refere expressamente, deverá entender-se que em princípio os interesses eminentemente pessoais predominam sobre os patrimoniais e que a própria lei, pela indicação dada através das sanções, estabelece o escalonamento entre os interesses da mesma natureza" (*Código penal português*, p. 284, nota n. 3).

IV. Obediência indevida exculpante

O Código Penal Tipo estabelece: "**Artículo 32.** *No es culpable el que actuare en virtud de obediencia jerárquica siempre que concurran los siguientes requisitos: 1º Que la orden emane de autoridad competente para expedirla y reúna las formalidades legales. 2º Que el agente esté jerárquicamente subordinado a quien expida la orden. 3º Que la orden no revista manifiestamente el carácter de hecho punible*".

Nos termos do art. 37º do Código Penal português, *age sem culpa o funcionário que cumpre uma ordem sem conhecer que ela conduz à prática de um crime, não sendo isso evidente no quadro das circunstâncias por ele representadas*". Na lição de MAIA GONÇALVES, "estabelece-se isenção de culpa quando o funcionário se não apercebe, nem é evidente no quadro das circunstâncias que ele representou, que a ordem do seu superior hierárquico que executa conduz ao cometimento de um crime. A evidência susceptível de afastar esta causa de exclusão de culpa tem, simultaneamente, uma nota subjectiva e uma nota objectiva. A nota subjectiva é dada pela exigência de que o próprio agente represente o quadro das circunstâncias; a objectiva é dada pela necessidade de a evidência resultar para o homem médio, face às circunstâncias representadas pelo agente. Será assim uma evidência para o homem médio, colocado perante as circunstâncias que o agente representou" (*Código penal português*, p. 286, nota n. 2).

V. Excesso exculpável no estado de necessidade e na legítima defesa

A realidade humana e social poderá apresentar uma hipótese em que o agente ultrapassa os limites do estado de necessidade ou da legítima defesa, por exemplo, mas assim o faz por medo ou outro estado psicológico de perturbação diante da situação de perigo ou da agressão que repele. Referindo-se ao § 33 do diploma penal alemão, sob a rubrica "*excesso de legítima defesa*",[12] TOLEDO observa que "o estado de perturbação mental, de

---

12 "Ultrapassando o agente os limites da legítima defesa por perturbação, medo ou susto, não será ele punido".

medo ou de susto, pode, pois, em tais circunstâncias, configurar o mencionado excesso intensivo, excludente da culpabilidade do agente" (*Princípios básicos*, § 290, p. 331). Em tal sentido, o Código Penal espanhol declara no art. 20, em harmonia com a doutrina e a jurisprudência do mesmo país, que estão "*exentos de responsabilidad criminal:* [...] 6º *El que obre impulsionado por miedo insuperable*". Na interpretação desse dispositivo, QUINTERO OLIVARES sustenta: "La conceptualización del miedo no debe articularse esencial y exclusivamente por medio de criterios psicológicos (perturbación anímica), por cuanto a los efectos de la eximente no se exige que por tal se entienda el terror o pánico psicológico; por el contrario, por miedo debe entenderse la alteración de capacidad de decisión, provocada por el recelo o la aprensión que un sujeto alberga intelectivamente frente a un facto del que deriva la posibilidad de acaecimiento de un evento negativo (así CUERDA ARNAU); se trata de una alteración que no llega a anular la capacidad de conocer y querer pues si tal efecto psicológico-normativo llegara a producirse en el sujeto se entraría en los dominios de la causa de inimputabilidad del artículo 20.1 CP."[13] (*Parte general del derecho penal*, p. 597). O CP 1969, com a rubrica "**Excesso escusável**," declarava a isenção de pena quando o excesso "resulta de escusável medo, surpresa, ou perturbação de ânimo em face da situação" (art. 30, § 1º). E compreendendo o extraordinário relevo desse *estado de alma*, o CP 1969 dispunha: "Ainda quando punível o fato por excesso doloso, o juiz pode atenuar a pena" (art. 30, § 2º).

Na lição dos médicos-legistas MANIF e ELIAS ZACHARIAS, "o medo é uma das maneiras pelas quais reage o indivíduo aos perigos que põem em risco sua vida ou sua integridade corporal, sejam eles representados por agressões externas, sejam por perturbações somáticas causadoras de mal-estar ou dor. É reação emocional negativa, de amesquinhamento da personalidade, provocada pela impressão de incapacidade física ou moral do indivíduo para enfrentar e superar uma ameaça que, direta ou indiretamente, paire sobre a segurança de sua pessoa. Formas exacerbadas do medo são o terror e o pânico, sob cuja influência há uma privação momentânea da faculdade do raciocínio e do controle de ação. O terror paralisa as funções psíquicas e inibe os movimentos; o pânico, terror infundado, leva a uma superexcitação mental, com o desencadeamento de violentos reflexos motores de autodefesa, que explodem na fuga cega, atropelada, ao perigo. A cólera, ou ira, constitui, também, modalidade de reação a um perigo, mas

---

13 CP espanhol, art. 20. "Están exentos de responsabilidad criminal: 1º El que ao tiempo de cometer la infracción penal, a causa de cualquier anomalía o alteración psíquica, no pueda comprender la ilicitud del hecho o actuar conforme a esta comprensión".

apenas externo, provindo de situações ambientais desfavoráveis. Ao contrário do medo, é reação positiva, de confronto, de embate, dirigida contra pessoas e que se firma na convicção de uma força moral ou de um poder físico, capaz de se contrapor a uma ameaça ou anular uma situação desfavorável ou penosa. Desencadeia-se em acessos motivados pela insuficiente capacidade de domínio dos impulsos agressivos ou quando se esgotem, com a paciência, todos os demais recursos para contornar uma conjuntura hostil ou adversa. "A cólera descontrolada transmuda-se em furor, que é a exaltação violenta do ânimo, em sua máxima intensidade. A investida furiosa dirige-se, quase sempre, contra pessoas, mas pode voltar-se, também, contra objetos e bens materiais, que são depredados ou destruídos" (*Dicionário de medicina legal*, p. 149) (Itálicos meus).

O Código Penal não regula formalmente a isenção de pena pelo excesso decorrente do medo ou da cólera mas o sistema de justiça não poderia afrontar a realidade palpitante da vida e ignorar a existência das emoções. Não é possível o juízo de culpabilidade da conduta por força da inexigibilidade de conduta diversa. Com efeito, não é censurável o agente que esvazia a carga de seu revólver contra o injusto agressor que o estava ferindo com uma faca, provocando-lhe um estado de terror que somente irá ceder com a imobilização total do ofensor. A mesma solução é adotada quando o excesso decorre de caso fortuito ou força maior, situações que podem excluir a ação (ou omissão) ou a culpabilidade. Seguem precedentes: STF: "A simples resposta negativa ao quesito referente ao excesso culposo não torna dispensável o alusivo ao doloso. A ordem jurídica em vigor contempla, de forma implícita, o excesso escusável (ASSIS TOLEDO, DAMÁSIO e ALBERTO SILVA FRANCO). No campo de processo-crime, a busca incessante da verdade real afasta o exercício intelectual da presunção; cabe indagar se o réu exercera dolosamente os limites da legítima defesa. O excesso exculpante não se confunde com o excesso doloso ou culposo, por ter como causas a alteração no ânimo, o medo, a surpresa. Ocorre quando é oposta à agressão injusta, atual ou iminente, reação intensiva, que ultrapassa os limites adequados a fazer cessar a agressão" (STF, HC 72.341/RS, Rel. Min. MAURÍCIO CORREA, 2ª T., DJ 20/03/1998) •• TJSP: "Quanto ao argumento utilizado pelo Ministério Público, no sentido de que o recorrente teria agido com excesso, ao desferir oito facadas na vítima, o que ficou comprovado pelo laudo de exame necroscópico de fls. 28/32, tal circunstância encontra-se plenamente justificada pelas circunstâncias do crime. Isto porque, conforme já demonstrado, o recorrente foi atacado pela vítima, vindo a sofrer lesões nos braços, ombros e, principalmente, abdômen, ferimentos estes que resultaram em lesão corporal de natureza grave, acarretando a necessidade de intervenção cirúrgica. Consequentemente, embora o ofendido tenha sido vítima de inúmeras facadas, está devidamente caracterizada hipótese de "excesso exculpante", pois o recorrente apenas utilizou-se dos meios disponíveis no momento, reagindo contra agressão injusta que sofria". (TJSP, RESE 0001643-57.2007.8.26.0257, 3ª CCR, Rel. TOLOZA NETO, DJ 04.05.2011). TJDF: "Negado ambos, o excesso que ocorre é o exculpante ou escusável que suprime a culpabilidade porque decorrente de erro relativo à proibição provocada por perturbação do momento, pela agressão sofrida. O excesso exculpante, previsto no anteprojeto do Código Penal de 1969, subsiste como causa extralegal de exclusão da culpabilidade" (ACR 2001 05 5 005795-2, 1ª TCR, Rel. EVERARDO MOTA E MATOS, DJ 04.06.2003)

Um paradigmático caso de excesso impunível consta de julgamento do *Tribunal de Apelação*[14] de Minas Gerais: "É possível que o réu se tenha excedido na repulsa. Mas diante do estado de perturbação em que devia se achar, face à brutal agressão a seu filho, naquela situação, é natural que não se tenha podido conter nos apertados limites do *moderamen.* Ao que parece, agiu com excesso na escolha dos meios ou em seu uso, não com aquele excesso criminoso na causa, fruto de vingança ou de um impulso de perversidade" (SILVA FRANCO, *Código penal*, p. 203).[15]

O CPM consagrou o excesso culposo como causa de exclusão da culpabilidade quando resulta de "escusável surpresa ou perturbação de ânimo em face da situação" (parág. único do art. 45). E permite que o juiz atenue a pena se o desmando for doloso (art. 46).

VI. A cláusula de consciência

A Constituição Federal garante a *liberdade de consciência* (art. 5º, VI), declarando que ninguém será privado de direitos por motivo de crença religiosa ou de convicção filosófica e política, "salvo se as invocar para eximir-se de obrigação legal a todos imposta e recusar-se a cumprir prestação alternativa, fixada em lei" (art. 5º, VIII). CIRINO DOS SANTOS pondera que a norma constitucional protege a liberdade de formação e de manifestação de *crença* e de *consciência*, limitadas, apenas, por outros direitos fundamentais individuais (vida, liberdade, integridade corporal etc.) ou coletivos (paz interna, existência do estado etc.), mas não pela lei penal. "Assim, o *fato de*

---

14 Tribunal de Apelação. Antiga denominação dos Tribunais de Justiça e ainda grafada na redação de algumas disposições do CPP. Ex., Cap. V do Tít. II, do Liv. III; arts. 618, 619, 642 etc.

15 O precedente foi extraído do livro de ALTAYR VENZON, *Excessos na legítima defesa,* Porto Alegre: Sergio Antonio Fabris Editor, 1989, p. 77.

consciência constitui a experiência existencial de um sentimento interior de obrigação incondicional, cujo conteúdo não pode ser valorado como *certo* ou *errado* pelo juiz, que deve verificar, exclusivamente, a correspondência entre *decisão exterior* e *mandamentos morais da personalidade*" (*A moderna teoria do fato punível*, p. 264).

No entanto, a exclusão de culpabilidade em tal circunstância somente será reconhecida para a isenção de pena se houver a proteção concreta do bem jurídico por uma *alternativa neutra*, como a designa CIRINO DOS SANTOS: "A recusa da necessária transfusão de sangue no filho, por motivos religiosos, é suprida por determinação do Curador de Menores, ou pela ação do médico, sob estado de necessidade; a recusa ao serviço militar, por motivo de consciência, é substituída por prestação de serviço alternativo etc. Mas, em nenhuma hipótese, o *fato de consciência* exculpa a efetiva *lesão* de bens jurídicos individuais fundamentais (vida, integridade corporal e liberdade), porque a omissão da ação salvadora priva a vítima de todos os direitos: os pais deixam morrer o filho menor, porque sua consciência religiosa impede transfusão de sangue; o médico deixa morrer o paciente, porque sua consciência pessoal não permite realizar aborto" (*A moderna teoria do fato punível*, p. 265).

Distinguem-se a infração praticada por *motivo de consciência* da infração cometida por *convicção* (religiosa, política ou de outra ordem). Como ensina ROXIN, a decisão de consciência se caracteriza pelo seu caráter existencial, por um sentimento interior de estar incondicionalmente obrigado (*Derecho penal*, p. 943).

VII. A provocação da situação da legítima defesa

A *provocação da situação de legítima defesa* exclui a legitimidade da reação defensiva, porquanto é orientação firme da jurisprudência de que a provocação e a legítima defesa são incompatíveis entre si. Essa tendência, no entanto, vem sofrendo revisão através da moderna dogmática, frente à possibilidade do desvio da agressão: se o provocador pode desviar a agressão provocada, não há exculpação; se não há possibilidade de desviar a agressão provocada, é possível admitir a exculpação, porque não se pode exigir de ninguém a renúncia à vida (ROXIN, ob. cit., p. 937; CIRINO DOS SANTOS, ob. cit., p. 266).

VIII. A desobediência civil

A *desobediência civil* é uma forma particular de rebeldia praticada com o fim imediato de mostrar publicamente a injustiça da lei e com o fim mediato de induzir o legislador a modificá-la. BOBBIO mostra a diferença elementar entre a *desobediência comum* e a *desobediência civil:* enquanto a primeira é um fato que desintegra o ordenamento, e deve ser prevenida e reprimida para a restauração do estado anterior, a segunda é um fato que objetiva, em última instância, mudar o ordenamento sendo, no final das contas, mais inovador que destruidor (*Dicionário de política*, vol. 1, p. 334). Configuram atos de desobediência civil os bloqueios de estrada, as ocupações de prédios públicos, por exemplo, em defesa de reivindicações de interesse coletivo como ocorre com as manifestações do MST, de grevistas e de presidiários que se rebelam contra a falta de atendimento de direitos humanos. A exculpação somente é admissível quando fundada na proteção de direitos fundamentais e o dano for juridicamente irrelevante (ROXIN, *Derecho penal*, p. 953). Não haverá isenção de pena no caso de violência ou grave ameaça contra a pessoa ou resistência ativa contra a ordem vigente, capaz de afetar a segurança e a paz pública, bem como a prática de qualquer ato que atente contra os direitos fundamentais, a exemplo da vida, liberdade, patrimônio,segurança e igualdade (CF, art. 5º, *caput*).

IX. O conflito de deveres

O c*onflito* é uma forma de interação entre indivíduos, grupos, organizações e coletividades que implica em choques para o acesso e a distribuição de recursos escassos. Em muitas circunstâncias da vida se estabelece um *conflito de deveres* de quem está juridicamente obrigado a cumpri-los. O exemplo clássico referido pela doutrina alemã é o da *comunidade do perigo*, segundo o qual os médicos praticavam a eutanásia no contexto das razões do Estado Nacional Socialista, causando a morte de doentes mentais como forma de selecionar um menor número de vítimas para salvar a grande maioria das pessoas que estaria perdida se não houvesse a opção adotada (ROXIN, *Derecho penal*, p. 961-962). Outras hipóteses podem ser reconhecidas como as indicadas por CIRINO DOS SANTOS: *a)* para evitar colisão com trem de passageiros, acarretando a morte de muitos deles, o maquinista desvia o trem de carga desgovernado para trilho diferente, causando a morte de alguns trabalhadores; *b)* o médico substitui a paciente com menores chances de sobrevivência por outra com maiores possibilidades de salvação. "A escolha do *mal menor* constitui *situação de exculpação*, para a opinião dominante: se qualquer pessoa agiria igual ao autor, então seria inexigível comportamento diverso" (*A moderna teoria do fato punível,* p. 268).

É também no quadro do *conflito de deveres* que pode ser acolhida a tese da *coculpabilidade* do Estado quando, deixando de cumprir os deveres essenciais de assistência aos necessitados, renuncia ao dever da punição.[16] Trata-se de uma *valoração compensatória* da responsabilidade de indivíduos inferiorizados pelas condições sociais adversas e que determinam uma *anormal motivação da vontade* (CIRINO DOS SANTOS, ob. cit., p. 270). Mesmo fora da hipótese das populações marginalizadas, há precedentes no sentido de reconhecer a inexigibilidade de conduta diversa no caso de empresário que omite o recolhimento de contribuições previdenciárias em face das dificuldades financeiras provocadas pelos planos econômicos do Governo (TRF da 4ª Região, Apel. n. 95.04.63083-9/RS, DJU 19.2.1997, p. 7.638).

X. A grave alteração da consciência

O art. 19 do Codigo Penal Tipo prevê, além das hipóteses patológicas da inimputabilidade, a "grave perturbación dela conciencia [quando o agente] no tuviere capacidad de comprender el caráter ilícito del hecho o de determinar-se de acuerdo com esa comprensión".

É importante salientar que esse estado de incapacidade pode ocorrer independentemente de o sujeito padecer de alguma enfermidade mental. É o que declara o complemento do mesmo dispositivo transcrito: *"El Tribunal ordenará el sometimiento del agente a una medida de seguridad curativa, salvo el caso de grave perturbación de la conciencia sin base patológica, en que no se aplicará ninguna medida".*

Na História, Literatura, Teatro e Cinema há episódios nos quais surgem personagens reais ou fictícios acometidos desse problema. O filme *Anatomia de um crime (Anatomy of a Murder)*, clássico de 1959, sob a direção de Otto Preminger, é bem ilustrativo. Trata-se de um aclamado suspense e emocionante drama restaurado num processo sobre estupro. Um Tenente do Exército, Frederick Manion, ao chegar em casa encontra sua mulher (Laura Manion) desesperada porque fora vítima de estupro e denuncia o autor do crime: Barney Quill, conhecido dono de um bar e hotel na pequena cidade onde moravam. Frederick vai a procura do estuprador e quando o encontra mata-o com cinco tiros. Após pesquisa na jurisprudência da Suprema Corte americana, o advogado, Paul Biegler, convence o presidente do Júri a admitir um quesito sobre o estado de perturbação do réu: impulso incontrolável. O Conselho de Sentença declarou o *"not guilty"*.

O legislador pátrio não acolheu essa causa de exculpação e outras assemelhadas como *perturbação da consciência, grave perturbação da consciência, transtorno mental transitório* e *grave anomalia psíquica*, posto que

---

16 Coculpabilidade: v. § 30, n. XIII.

exige, para o reconhecimento da inimputabilidade, a ocorrência de dois elementos conjugados: o biológico e o psicológico.

* **DIREITO COMPARADO**
Código Penal português: "Artigo 33º **(Excesso de legítima defesa) 1.** Se houver excesso dos meios empregados em legítima defesa, o facto é ilícito mas a pena pode ser especialmente atenuada. **2.** O agente não é punido se o excesso resultar de perturbação, medo ou susto, não censuráveis". •• **Artigo 86º (Pressupostos e efeitos) 1.** Se um alcoólico ou pessoa com tendência para abusar de bebidas alcoólicas praticar crime a que devesse aplicar-se concretamente prisão efectiva e tiver cometido anteriormente crime a que tenha sido aplicada também prisão efectiva, é punido com uma pena relativamente indeterminada sempre que os crimes tiverem sido praticados em estado de embriaguez ou estiverem relacionados com o alcoolismo ou com a tendência do agente. **2.** A pena relativamente indeterminada tem um mínimo correspondente a metade da pena de prisão que concretamente caberia ao crime cometido e um máximo correspondente a esta pena acrescida de 2 anos na primeira condenação e de 4 nas restantes. **Artigo 87º (Regras da execução da pena)** A execução da pena prevista no artigo anterior é orientada no sentido de eliminar o alcoolismo do agente ou combater a sua tendência para abusar de bebidas alcoólicas. **Artigo 88º (Abuso de estupefacientes)** O disposto nos artigos 86º e 87º é correspondentemente aplicável aos agentes que abusarem de estupefacientes". •• **Código Penal espanhol**: "**20.** Están exentos de responsabilidad criminal: **1º** [...] **6º** *El que obre impulsado por miedo insuperable*". •• **Código Penal Tipo**: "**Artículo 18.** *Si en los casos de los artículos anteriores*[17] *el agente ha incurrido en exceso el hecho no queda justificado, pero el juez podrá atenuar la pena, que no será menor de un tercio del mínimo ni mayor de un tercio del máximo de la establecida por la ley para el correspondiente delito*" (art. 18, primera parte). •• **Anteprojeto argentino**: **Art. 6. Pena por culpa. Disminución de la pena. 1.** Se impondrá la pena correspondiente al delito por imprudencia o negligencia, si estuviere previsto, al que actuare con error vencible sobre algún elemento constitutivo de la descripción legal del hecho. **2.** Se impondrá la pena reducida entre la mitad del mínimo y del máximo previsto: *a)* [...]; *c)* Al que cometiere un hecho ilícito excediendo los límites de la legítima defensa o de un estado de necesidad justificante; *d)* Al que cometiere un hecho ilícito cuando concurrieren solo parcialmente los extremos de la legítima defensa o del estado de necesidad justificante.

---

17 Estrito cumprimento do dever legal; exercício regular de direito; legítima defesa e estado de necessidade (CP, arts. 15, 16 e 17).

TÍTULO IV

DO CONCURSO DE PESSOAS

Art. 29. *Quem, de qualquer modo, concorre para o crime incide nas penas a este cominadas, na medida de sua culpabilidade.*

§ 1º Se a participação for de menor importância, a pena pode ser diminuída de um sexto a um terço.

§ 2º Se algum dos concorrentes quis participar de crime menos grave, ser-lhe-á aplicada a pena deste; essa pena será aumentada até metade, na hipótese de ter sido previsível o resultado mais grave.

BIBLIOGRAFIA (ESPECIAL)

AGUIAR, Leonardo Augusto de Almeida. *Da participação de menor importância.* Curitiba: Juruá, 2012 •• ALMEIDA, André Vinicius de. *Erro e concurso de pessoas no direito penal.* Curitiba: Juruá, 2010 •• BATISTA, Nilo. *Concurso de agentes*: uma investigação sobre aos problemas da autoria e da participação no direito penal brasileiro. 2ª ed. Rio de Janeiro: Liber Juris, 2004 •• BENOIT-CHAMPY, Gabriel-Bernard. *Essai sur la complicite.* Paris: C. de Mourgues Freres, 1861 •• BOCKELMAN, Paul. *Relaciones entre autoria y participacion.* Buenos Aires: Abeledo-Perrot, 1960 •• CAGLIARI, José Francisco. Do concurso de pessoas. *Justitia*, 185-188/1999 •• CALLEGARI, André Luís. Breves anotações sobre o concurso de pessoas. *RT*, 761/1999 •• CAMARGO, Beatriz Corrêa. O concurso de pessoas na reforma do Código Penal. *Boletim*, 241/2012 •• CERNICCHIARO, Luiz Vicente. Concurso de pessoas. *Boletim*, 140/2004 •• COGNETTA, Gigliola. La cooperazione nel delitto culposo. *RIDPP*, 21/1978 •• CORREIA, Eduardo Henriques da Silva. *A teoria do concurso em direito criminal.* Coimbra: Almedina, 1963 •• CINTRA, Joaquim de Sylos. Concurso de agentes em crime culposo. *RT*, 190/1951 •• DAMÁSIO DE JESUS, E. Nelson Hungria e o concurso de pessoas no crime de infanticídio. *Boletim*, 99/2001 // Concurso de pessoas nos delitos omissivos. *Boletim*, 107/2001 // *Teoria do domínio do fato no concurso de pessoas.* São Paulo: Saraiva, 2002 // A teoria do domínio do fato no concurso de pessoas. *RBCCrim*, 27/1999 // *Da codelinquência em face do novo código penal.* São Paulo: Revista dos Tribunais, 1976 •• DI GUYANGA, Eugenio Jannitti. *Concorso di più persone e valore del pericolo nei delitti colposi.* Milano: Societá Editrice Libraria, 1913 •• DOTTI, René Ariel. O concurso de pessoas. *Ciência Penal*, 1/1981 // O concurso de pessoas. Belo Horizonte: LEMI,

1982 // A organização criminosa é uma forma qualificada do concurso de pessoas. *Boletim*, 198/2009 •• FERRAZ, Esther de Figueiredo. *A codelinquência no moderno direito penal brasileiro*. São Paulo: Ed. do Autor, 1947 // *A codelinquência no direito penal brasileiro*. São Paulo: J. Bushatsky, 1976 •• FERREIRA, Ivette Senise. *Concurso eventual de pessoas*. São Paulo: USP, 1988 •• GIMBERNAT ORDEIG, Enrique. *Autor y cumplice en derecho penal*. Buenos Aires: B de F, 2007 •• GOMES, Luiz Flavio. Participação de várias pessoas no crime culposo. *Juris Plenum*, 8/2006 •• GRECO, Rogério. *Concurso de pessoas*. Belo Horizonte: Mandamentos, 2000 •• LATAGLIATA, Angelo Raffaelle. *I principi del concorso di persone nel reato*. 2ª ed. Pompei: Morano Ed., 1964 •• LEIRIA, Antonio José Fabrício. *Autoria e participação criminal*. São Paulo: Davidip, 1974 •• LINHARES, Marcelo Jardim. *Coautoria e legítima defesa*. São Paulo: Sugestões Literárias, 1979 •• LOBATO, José Danilo Tavares. *Teoria geral da participação criminal e ações neutras*. Curitiba: Juruá, 2010 •• LOBO, Estevam. *Autoria collectiva e cumplicidade*. Rio de Janeiro: Laemmert, 1897 •• LUNA, Everardo da Cunha. O erro de direito e o concurso de pessoas no anteprojeto de Código Penal de 1981. *Revista Forense*, 77/1981 •• NASCIMENTO, José Flávio Braga. *Concurso de pessoas.* São Paulo: J. de Oliveira, 1999 •• OLIVEIRA, Marcelo Sales Santiago. Concurso de agentes. *Ciência Jurídica*, 162/2011 •• OLIVEIRA, Marcelo Sales Santiago; PACHECO, Wagner Brussolo. Concurso de pessoas. *RT*, 720/1995 •• ORTIZ, Mariana Tranchesi. *Concurso de agentes nos delitos especiais*. São Paulo: IBCCRIM, 2011 •• PAGLIUCA, José Carlos Gobbis. Coautoria culposa nos crimes de trânsito. *Boletim*, 110/2002 •• PATALANO, Vincenzo. *L'associazione per delinquere*. Napoli: E. Jovene, 1971 •• RAMOS, Beatriz Vargas. *Do concurso de pessoas*. Belo Horizonte: Del Rey, 1996 •• RIBEIRO, Jorge Severiano. *Do crime, da responsabilidade, da Coautoria*. Rio de Janeiro: Livraria Jacintho, 1943 •• ROSA, Antonio José Miguel Feu. *Concurso de pessoas*. Cachoeiro de Itapemirim: Frangraf, 1988 // Do concurso de pessoas. *RT*, 634/1988 •• SALES, Sheila Jorge Selim de. *Dos tipos plurissubjetivos*. Belo Horizonte: Del Rey, 1997 •• SANTIAGO NINO, Carlos. *El concurso en el derecho penal.* Buenos Aires: Astrea, 1972 •• SANTOS, Humberto Souza. Coautoria em delitos culposos? *RBCCrim*, 56/2005 // *Coautoria em crime culposo e imputação objetiva*. Barueri (SP): Manole, 2004 •• SIGHELE, Scipio. *La teorica positiva della complicita*. Torino, F. Bocca, 1894 •• THIRION, A. *De la complicite par recel des choses*. Paris: V. Giard & E. Briere, 1896 •• TICIANELLI, Marcos Daniel Veltrini. A inconstitucionalidade de normas específicas do concurso de pessoas na legislação penal especial econômica. *Ciências Penais*, 9/2008 •• VALDÁGUA, Maria da Conceição S. *Início da tentativa do coautor*: contributo para a Teoria da Imputação do facto na Coautoria. Lisboa Lex, 1993 // O início da tentativa do coautor no direito penal alemão. Lisboa: Faculdade de Direito de Lisboa, 1988 •• WAINSTEIN, Bernardo. Do concurso de pessoas. *Revista Consulex*, 254/2007.

BIBLIOGRAFIA (ESPECIAL) – Crime organizado

ARAÚJO JÚNIOR, João Marcello de. *Quadrilha ou bando*. Rio de Janeiro: Liber Juris, 1977 •• BECHARA, Fábio Ramazzini. O estado e o crime organizado: quebrando paradigmas. *Boletim*, 239/2012 •• BITENCOURT, Cezar Roberto. Primeiras reflexões sobre organização criminosa: anotações à Lei 12.850/2013. *Revista Magister,* 55/2013 // Participação de policial em crimes relativos à organização criminosa. *Revista Magister,* 57/2014 •• CALLEGARI, André Luís; WERMUTH, Maiquel Ângelo Dezordi. Crime organizado: conceito e possibilidade de tipificação diante do contexto de expansão do direito penal. *RBCCrim,* 79/ 2009 •• CASTALDO, Andrea R. La criminalidad organizada en Italia: la respuesta normativa y los problemas de la práxis. *RBCCrim,* 27/1999 •• CASTANHEIRA, Beatriz Rizzo. Organizações criminosas no direito penal brasileiro: o estado de prevenção e o princípio da legalidade estrita. *RBCCrim,* 24/1998 •• CERVINI, Raúl. *Toxicos*: criminalidad organizada su dimension econômica. Montevideo: Ed. do Autor, 1989 // *El crimen organizado*: desafios y perspectivas en el marco de la globalización. Coord. Guillermo J. Yacobucci. Buenos Aires: Ed. Ábaco de Rodolfo Depalma, 2005 // Referente comunitario como base de una lucha eficaz contra la delinquencia organizada. *RBCCrim,* 15/1996 •• DIAS, Jorge de Figueiredo. A criminalidade organizada: do fenômeno ao conceito jurídico-penal. *RBCCrim,* 71/2008 •• DOTTI, René Ariel. Ausência do tipo penal de organização criminosa na legislação brasileira. *Ciências Penais*, 13/2010 •• DUARTE, Luiz Carlos Rodrigues. Vitimologia e crime organizado. *RBCCrim,* 16/1996 •• ESTELLITA, Heloisa. *Criminalidade de empresa, quadrilha e organização criminosa*. Porto Alegre: Livraria do Advogado, 2009 •• FAYET, Paulo. *Da criminalidade organizada*. São Paulo: RT, 2010 •• FERNANDES, Antonio Scarance. O equilíbrio entre a eficiência e o garantismo e o crime organizado. *RBCCrim,* 70/2008 •• FERRO, Ana Luiza Almeida. *Crime organizado e organizações criminosas mundiais*. Curitiba: Juruá, 2009 •• FONSECA, Jorge Carlos. O sistema prisional face às organizações criminosas: um olhar a partir da constituição penal global. *RBCCrim,* 57/2005 •• GOMES, José Carlos. Estrutura das organizações criminosas. *RBCCrim, 22/*1998 •• GOMES, Luiz Flávio. *Crime organizado*: enfoques criminológico, jurídico (Lei 9.034/95) e político criminal. São Paulo: Revista dos Tribunais, 1995 // Crime organizado: que se entende por isso depois da Lei 10.217 de 11.04.2001?: apontamentos sobre a perda de eficácia de grande parte da Lei 9.034/1995. *RT,* 795/2002 // Crime organizado (definição) e a convenção de Palermo. *Revista Magister,* 30/2009 // Criminalidade econômica organizada. *Revista Magister,* 55/2013 •• GRINOVER, Ada Pellegrini. A legislação brasileira em face do crime organizado. *RBCCrim,* 20/1997 // O crime organizado no sistema italiano. *RBCCrim,* 12/1995 •• GUZMÁN DALBORA, José Luis. Del bién jurídico a la necesidad de la pena en los delitos de asociaciones ilícitas y lavado de dinero. *RBCCrim,* 30/2000 •• HASSEMER, Winfried. Límites del estado de derecho para el combate contra la criminalidad organizada: tesis y razones. *RBCCrim,* 23/1998 •• JESUS, Damásio E. de. Criminalidade organizada: tendências e perspectivas modernas em relação ao Direito Penal transnacional. *RBCCrim,* 31/2000 •• LEMOS JUNIOR, Arthur Pinto de. Crime organizado e o problema da definição jurídica de organização criminosa. *RT,* 901/2010 •• MACIEL, Adhemar Ferreira. Observações sobre a lei de repressão ao crime organizado. *RBCCrim,* 12/1995 •• MASI, Carlo Velho. A nova política criminal brasileira de enfrentamento das organizações criminosas. *Revista Magister,* 56/2013 •• MAYOR M., Pedro Juan. Concepcion criminologica de la criminalidad organizada contemporânea. *RBCCrim,* 25/1999 •• MINGARDI, Guaracy. *O estado e o crime organizado.* São Paulo: IBCCRIM, 1998 •• MOREIRA, Rômulo de Andrade. *A nova lei do crime organizado*: Lei n. 12.859/2013. Porto Alegre: Magister, 2014 // A nova lei de organização criminosa: Lei 12.850/2013. *Revista Magister,* 55/2013 •• MUSACCHIO, Vincenzo. Derecho penal economico, criminalidad organizada y union europea. *RBCCrim,* 60/2006 •• PITOMBO, Antônio Sérgio Altieri de Moraes. *Organização criminosa*: nova perspectiva do tipo legal. São Paulo: RT, 2009 // *Lavagem de dinheiro*: a tipicidade do crime antecedente. São Paulo: RT, 2003 •• PRADO, Luiz Regis; CASTRO, Bruna Azevedo de. Crime organizado e sistema jurídico brasileiro: a questão da conformação típica. *RT,* 890/2009 •• QUEIROZ, Carlos Alberto Marchi de. *Crime organizado no Brasil*: comentários à Lei n. 9034/95, aspectos policiais e judiciários. São Paulo: Iglu, 1998 •• REALE JÚNIOR, Miguel. Crime organizado e crime econômico. *RBCCrim,* 13/1996 •• RINALDI, Stanislao. Criminalidade organizada de tipo mafioso e poder político na Itália. *RBCCrim,* 22/1998 •• ROSSETTO, Patrícia Carraro. Criminalidade organizada: considerações sobre a Lei 9.034, de 03.05.1995. *Revista de Ciências Penais,* 14/2011 •• SALLA, Fernando. Considerações sociológicas sobre o crime organizado no Brasil. *RBCCrim,* 71/2008 •• SANTOS, Juarez Cirino dos. Crime organizado. *RBCCRIM,* 42/2003 •• SEQUEIRA, Carlos Antonio Guimarães de. Crime organizado: aspectos nacionais e internacionais. *RBCCrim,* 16/1996 •• SERRANO-PIEDCASAS, José Ramon. Respuesta penal al crimen organizado en el código penal español. *Revista de Ciências Penais,* 6/2004 •• SILVA, Ivan Luiz da. Crime organizado: caracterização criminológica e jurídica. *RT,* 861/ 2007 •• SILVA JÚNIOR,

Walter Nunes da. Crime organizado: a nova lei. *RT*, 721/1995 •• SILVEIRA, Rafael Barros Bernardes da. A Lei 12.850 e a nova redação do art. 288 do Código Penal. *Boletim,* 255/2014 •• SOUZA, Fernando Antônio C. Alves de. Criminalidade de empresa, quadrilha ou organização criminosa? O caso Daslu. *Revista Magister,* 29/2009.

BIBLIOGRAFIA (GERAL)

ANTOLISEI, Francesco. *Manuale di diritto penale*: parte generale. 3ª ed Milano: Dott. A. Giuffrè, 1994 •• ASÚA, Luis Jiménez. *Tratado de derecho penal*. Buenos Aires: Editorial Losada, 1962. vol. III •• BASILEU GARCIA. *Instituições de Direito Penal*. 4ª ed. São Paulo: Max Limonad, 1959. vol. I, t. I •• BENTO DE FARIA, Antonio de. *Annotações theorico-praticas ao Codigo Penal do Brazil.* Rio de Janeiro: Francisco Alves e Cia, 1913 // *Código Penal brasileiro (comentado).* Rio de Janeiro: Distribuidora Récord Ed., 1958. vol. 2 •• BETTIOL, Giuseppe. *Diritto Penale*: parte generale. 11ª ed. Padova: CEDAM, 1982 •• BITENCOURT, Cezar Roberto. *Tratado de Direito Penal*: parte geral. 19. ed. São Paulo: Saraiva, 2013 •• BOCKELMANN, Paul; VOLK, Klaus. *Direito Penal*: parte geral. Belo Horizonte: Del Rey, 2007 •• BRUNO, Aníbal. *Direito Penal*: parte geral. 3ª ed. Rio de Janeiro: Forense, 1967. t.2º •• BUSATO, Paulo César. *Direito Penal:* parte geral. São Paulo: Atlas, 2013. vol. 1 •• CARRANCA Y TRUJILLO, Raul. *Derecho Penal mexicano*: parte general. México: Ed. Porrúa, 1970. t. I •• CARRARA, Francesco. *Programma del corso di Diritto Criminale*: parte generale. 11ª ed. Firense: Casa Editrice Libraria *"Fratelli Cammeli"*, 1924. vol. 1 •• CAVALEIRO DE FERREIRA, Manuel. *Direito Penal português*: parte geral. Viseu: Editorial Verbo, 1981 •• CEREZO MIR, José. *Derecho Penal*: parte general. São Paulo: Revista dos Tribunais; Lima (PE): ARA Ed., 2007 •• CIRINO DOS SANTOS, Juarez. *Direito Penal:* parte geral. 3ª ed. Curitiba: ICPC; Lumen Juris, 2008 •• COBO DEL ROSAL, M.; VIVES ANTÓN, T.S. *Derecho Penal*: parte general. Valencia(ES): Universidad de Valencia, 1984 •• COSTA E SILVA, Antônio José da. *Código Penal*. São Paulo: Companhia Editora Nacional, 1943. vol. 1 // *Codigo penal dos Estados Unidos do Brasil.* São Paulo: Companhia Editora Nacional, 1930, vol. I •• COSTA JR., Paulo José. *Código Penal comentado*. 8ª ed. São Paulo: DPJ Editora, 2005 •• DAMÁSIO DE JESUS, E. *Direito Penal*: parte geral. 35ª ed. São Paulo: Saraiva, 2014 •• DELMANTO, Celso (*et alii*). *Código penal comentado*. 8ª ed. São Paulo: Saraiva, 2010 •• DOTTI, René Ariel. *Curso de direito penal*: parte geral. 5ª ed. Colaboração de Alexandre Knopfholz e Gustavo Britta Scandelari. São Paulo: Thomson Reuters/Revista dos Tribunais, 2013 •• FIANDACA, Giovanni; MUESCO, Enzo. *Diritto penale*: parte generale. 2ª ed. Bologna: Zanichelli,

1994 •• FIGUEIREDO DIAS, Jorge de. *Direito penal*: parte geral, questões fundamentais, a doutrina geral do crime. 2ª ed. São Paulo: Revista dos Tribunais; Coimbra: Coimbra Editora, 2007 •• FRAGOSO, Heleno Claudio. *Comentários ao código penal*. 5ª ed. Rio de Janeiro: Forense, 1978, vol. I, t. II (arts. 11/27) // *Lições de direito penal*. 17ª ed. Atual. Fernando Fragoso. Rio de Janeiro, Forense, 2006 •• GALDINO SIQUEIRA. *Tratado de direito penal*. Rio de Janeiro: José Konfino, 1947 •• GOMES, Luiz Flávio. *Direito penal*: parte geral. 2ª ed. São Paulo: Revista dos Tribunais/LFG – Rede de Ensino Luiz Flávio Gomes, 2006 •• GRECO, Rogério. *Curso de direito penal*: parte geral. 15ª ed. Niterói: Impetus, 2013 •• GUEIROS & JAPAIASSÚ. *Curso de direito penal*: parte geral. Rio de Janeiro: Elsevier, 2012 •• HUNGRIA, Nélson. *Comentários ao código penal*. 4ª ed. Rio de Janeiro: Forense, 1958. vol. I, t. II, 1958 •• JAKOBS, Günther. *Derecho penal*: parte general, fundamentos y teoria de la imputación. Trad. Joaquin Cuello Contreras, José Luis Serrano Gozalez de Murillo. Madrid: Marcial Pons, 1995 •• JESCHECK, Hans-Heinrich. *Tratado de derecho penal*: parte general. Barcelona: Bosch, Casa Editorial, 1981. Vol. 1º e 2º •• MARQUES, J. F. *Tratado de direito penal*. 2ª ed. São Paulo: Saraiva, 1965. vol. 2 •• LEONARDO LOPES, Jair. *Curso de direito penal*: parte geral. 2ª ed. São Paulo: Revista dos Tribunais, 1996 •• LISZT, Franz von. *Tratado de direito penal allemão*. Trad. e prefácio José Hygino Duarte Pereira. Rio de Janeiro: F. Briguiet & Cia.-Editores, 1899. t. I •• MAGALHÃES NORONHA, Edgard. *Direito penal*. 3ª ed. São Paulo: Saraiva, 1965. vol. 1 •• MANTOVANI, Ferrando. *Diritto penale*. 4ª ed. Padova: CEDAM, 2001 •• MAURACH, Reinhart. *Tratado de derecho penal*. Trad. e notas Juan Cordoba Roda. Barcelona: Ediciones Ariel, 1962. t. I e II •• MAURACH, Reinhardt; ZIPF, Heinz. *Derecho penal*: parte general. Trad. 7ª ed. alemã por Jorge Bofill Genzsch e Enrique Aimone Gibson. Buenos Aires: Ed. Astrea de Alfredo y Ricardo Depalma, 1994. t. 1 e 2 •• MAYER, Max Ernst. *Derecho penal*: parte general. Trad. de Sergio Politoff Lifschitz, rev. geral e prólogo José Luis Guzmán Dalbora, ed. alemã de 1915. Buenos Aires: Julio César Faira Ed., 2007 •• MAYRINK DA COSTA, Álvaro. *Direito penal*: parte geral. 8ª ed. Rio de Janeiro: Forense, 2009. vol. 2 •• MESTIERI, João. *Manual de direito penal*: parte geral. Rio de Janeiro: Forense, 2002 •• MEZGER, Edmundo. *Tratado de derecho penal*. Trad. de José Arturo Rodríguez Muñoz. Madrid (ES): Ed. Revista de Derecho Privado, 1955. t. II •• MIR PUIG, Santiago. *Derecho penal*: parte general. 9ª ed. Buenos Aires: B de F, 2012 •• MIRABETE, Julio Fabbrini; FABRINNI, Renato N. *Manual de direito penal*: parte geral. 30ª ed. São Paulo: Atlas, 2014 •• MUÑOZ CONDE, Francisco; GARCÍA ARÁN, Mercedes. *Derecho penal*: parte general. 5ª ed. Valencia (ES): Tirant lo Blanch, 2002 •• NUCCI, Guilherme de Souza. *Código penal comentado*. 13ª ed. São Paulo: Thomson Reuters/ Revista dos Tribunais, 2013 •• NUÑEZ, Ricardo C. *Manual de derecho penal*: parte general. 3ª ed. Cordoba: Marcos Lerner Editora Cordoba, 1982 •• POLITOFF L., Sérgio (et alii). *Lecciones de derecho penal chileno*: parte general. 2ª ed. Santiago: Editorial Jurídica de Chile, 2003 •• PRADO, Luiz Regis. *Tratado de direito penal*: parte geral. São Paulo: Thomson Reuters/ Revista dos Tribunais, 2014. vol. 2 // *Curso de direito penal brasileiro*. 13ª ed. Coautoria. São Paulo: Thomson Reuters/Revista dos Tribunais, 2014 •• QUINTERO OLIVARES, Gonzalo. *Parte general del derecho penal*. 4ª ed. Colaboración de Fermín Morales Prats, Pamplona: Thomson Reuters, 2010 •• REALE JÚNIOR, Miguel. *Instituições de direito penal*: parte geral. 3ª ed. Rio de Janeiro: Forense, 2009 •• RODRIGUEZ DEVESA, José Maria; SERRANO GOMEZ, Alfonso. *Derecho penal español*: parte general. 15ª ed. Madrid: Dykinson, 1992 •• ROXIN, Claus. *Derecho penal*: parte general. Trad. 2ª ed. Alemã. Diego-Manuel Luzón Peña (*et alii*). Madrid: Civitas Ediciones, 2003 •• SILVA FRANCO, Alberto. *Código penal e sua interpretação*: doutrina e jurisprudência. 8ª ed. Alberto Silva Franco e Rui Stoco (Coords.). São Paulo: Revista dos Tribunais, 2007 •• STRATENWERTH, Günther. *Derecho penal*: parte general I; El hecho punible. 4ª ed. Trad. Manuel Cancio Meliá y Marcelo Sancinetti. Buenos Aires: Hammurabi, 2005 •• TOLEDO, Francisco de Assis. *Princípios básicos de direito penal*. 5ª ed. São Paulo: Saraiva, 2002 •• VON WEBER, Hellmuth. *Lineamentos del derecho penal aleman*. 2ª ed. Buenos Aires, 2008 •• WELZEL, Hans. *Derecho Penal aleman*: parte general. 11ª ed., aleman; trad. castellana, 4ª ed., de Juan Bustos Ramírez e Sergio Yáñez Pérez. Santiago de Chile: Editorial Juridica de Chile, 1997 •• WESSELS, Johannes. *Direito penal*: parte geral (aspectos fundamentais). Trad. do alemão e notas de Juarez Tavares. Porto Alegre: Sérgio Antonio Fabris Editor, 1976 •• ZAFFARONI, Eugenio Raul; ALAGIA, Alejandro; SLOKAR, Alejandro. *Derecho penal*: parte general. 2ª ed. Buenos Aires: EDIAR, 2014 •• ZAFFARONI, Eugenio Raúl; PIERANGELI, José Henrique. *Manual de direito penal brasileiro*: parte geral. 7ª ed. São Paulo: Revista dos Tribunais, 2007. vol. 1.

§ 51. INTRODUÇÃO

I. O crime como fato individual

Em sua generalidade, os ilícitos penais podem ser praticados por uma só pessoa. Com suas próprias forças o autor realiza o evento típico quando mata alguém, subtrai coisa alheia móvel ou falsifica um documento. Essa *individualidade* na prática do delito criou a figura do *crime monossubjetivo*. Essa é a regra comum, independentemente da natureza da infração e dos meios ou modos de seu cometimento. Em consequência, pode-se concluir que, salvo exceções, o crime é um *fato individual* na medida em que pode ser causado por ação ou omissão de um único sujeito.

II. O crime como fato comum

Sob outro aspecto, o crime pode resultar de um *fato comum* a duas ou mais pessoas. A sua caracterização envolve a soma de esforços para o bom êxito da empreitada delituosa. A convergência é facultativa ou obrigatória. Nesta hipótese, a concorrência é condição do tipo legal, como ocorre no *crime plurissubjetivo,* de que são exemplos a associação criminosa e o motim de presos (CP, arts. 288 e 354).

§ 52. O CONCURSO DE PESSOAS NO DIREITO ANTERIOR

I. O Código Criminal do Império (1830)

O Código imperial adotou um *critério pluralista* para atender a diversidade de contribuição causal entre autores e cúmplices: "**Art. 4**. São criminosos, como autores, os que commetterem, constrangerem, ou mandarem alguem commetter crimes. **Art. 5**. São criminosos, como complices, todos os mais que directamente concorrerem para se commetter crimes. **Art. 6**. Serão tambem considerados complices: § 1º Os que receberem, oculttarem, ou comprarem cousas obtidas por meios criminosos, sabendo que o foram, ou devendo sabêl-o em razão da qualidade ou condição das pessoas de quem as receberam ou compraram. § 2º Os que derem asylo ou prestarem sua casa para reunião de assassinos ou roubadores, tendo conhecimento de que commettem ou pretendem commetter taes crimes" (Mantida a ortografia original).

II. O Código Penal da Primeira República (1890)

A mesma orientação foi acolhida pelo CP 1890 reconhecendo o prestígio do diploma sancionado por D. Pedro I. O **art. 17** do diploma da 1ª República dispunha: "Os agentes do crime são autores ou cumplices. **Art. 18**. São autores: § 1º Os que diretamente resolverem e executarem; § 2º Os que, tendo resolvido a execução do crime, provocarem e determinarem outros a executal-o por meio de dadivas, promessas, mandato, ameaças, constrangimento, abuso ou influência de superioridade hierarchica; § 3º Os que, antes e durante a execução prestarem auxílio sem o qual o crime não seria commettido; § 4º Os que directamente executarem o crime por outrem resolvido". O mandato delituoso tinha ampliada a responsabilidade penal, cf.

as seguintes regras: "**Art. 19**. Aquelle que mandar, ou provocar alguem a commetter crime, é responsavel como autor: § 1º Por qualquer outro crime que o executor commetter para executar o de que se encarregou; § 2º Por qualquer outro crime que daquelle resultar" (Mantida a ortografia original). O **art. 20** previa que a responsabilidade do mandante cessava se ele retirasse a tempo a sua cooperação no crime.

Seriam *cúmplices*: **Art. 21**. [...] § 1º Os que, não tendo resolvido ou provocado de qualquer modo o crime, fornecerem instrucções para commettel-o, e prestarem auxilio á sua execução. § 2º Os que antes ou durante a execução, prometerem ao criminoso auxílio para evadir-se, occultar ou destruir os instrumentos do crime ou apagar os seus vestigios; § 3º O que receberem, occultarem, ou comparem cousas obtidas por meios criminosos, sabendo que o foram ou devendo sabê-lo em razão da qualidade ou condição das pessoas de quem as houverem; § 4º Os que derem asylo ou prestarem sua casa para reunião de assassinos e roubadores, conhecendo-os como taes e o fim para que se reunem" (Mantida a ortografia original).

Os velhos diplomas pretendiam estabelecer uma relação exaustiva das hipóteses de autoria e participação. Mas o elenco previsto não esgotaria as múltiplas modalidades vertentes do cotidiano simplesmente porque o esquema abstrato não conseguiria aprisionar a realidade em todos os matizes do comportamento humano dirigido à produção do ilícito. A doutrina reconheceu que o *ancien régime* não tratava adequadamente o fenômeno da instigação, modelado em clássicas linhas divisórias sob os contornos do mandato, coação, ordem, conselho e sociedade. Também não estavam delimitadas as posições do autor, coautor e cúmplice como condutas peculiares e bem definidas pela realidade.

III. O Código Penal de 1940

Com a adoção da *teoria unitária* ou *monista*, o Código Penal em sua versão original (Dec.-Lei n. 2.848/40) eliminou as distinções apriorísticas entre os vários tipos de participação (primária e secundária; moral e material; principal e acessória) ao declarar: "**Art. 25**. Quem, de qualquer modo, concorre para o crime incide nas penas a este cominadas".[1] A Exp. Mot. da PG/1940 acentuou: "Quem emprega qualquer atividade para a realização do evento criminoso é considerado responsável pela totalidade dele,

---

1   O *nomen iuris* do dispositivo – "DA COAUTORIA" – é já uma declaração do monismo na medida em que consagra a teoria da causalidade adotada pelo Código Penal: todos que concorrem para o crime são, indissociavelmente, seus autores (coautores).

no pressuposto de que também as outras forças concorrentes entrarem no âmbito da sua consciência e vontade. Não há nesse critério de decisão do projeto senão um corolário da *teoria da equivalência das causas* adotada no art. 11. O evento, por sua natureza, é indivisível, e todas as condições que cooperam para a sua produção se equivalem. Tudo quando foi praticado para que o evento se produzisse é causa indivisível dele. Há, na participação criminosa, uma associação de causas conscientes, uma convergência de atividades que são, no seu incindível conjunto, a causa *única* do evento e, portanto, a cada uma das forças concorrentes deve ser atribuída, solidariamente, a responsabilidade pelo todo" (§ 22) (Itálicos do original).

Entre as teorias que disputavam a preferência legislativa, i.e., *pluralística*, *dualística* e *monística*, a PG/1940 preferiu a última por ser mais lógica e menos complexa. Com efeito, pela *teoria pluralística*, a cada agente correspondia uma ação própria, um elemento subjetivo próprio, um resultado próprio, cf. o aforisma romano: *quot personae agentes tot crimina*. A *teoria dualista* sustentava a existência de um *crime único* em relação aos agentes principais e outro *crime único* entre os partícipes secundários.

A Comissão Revisora do Anteprojeto Alcântara Machado, elaborado por incumbência do Ministro FRANCISCO CAMPOS, rejeitou a proposta apresentada pelo seu redator que, no art. 17, considerava incurso nas penas cominadas para o crime: "I – quem o houver diretamente resolvido e executado; II – quem tiver instigado ou determinado alguém a executá-lo; III – quem executar o crime resolvido por outrem; IV – quem, antes ou durante a execução, prestar auxílio, sem o qual o crime não seria cometido; V – quem de outra maneira participar da preparação ou execução do crime". Os §§ 1º e 2º estabeleciam: "Salvo expressa disposição em contrário, não serão puníveis, quando o crime não for cometido, o ajuste entre duas ou mais pessoas, ou a instigação para cometê-lo. Em qualquer desses casos, porém, poderá o juiz aplicar medida de segurança ao que participar do ajuste ou fizer a instigação; São incomunicáveis entre os partícipes: I – as circunstâncias pessoais de que resultem atenuação ou agravação do crime, ou isenção, diminuição, ou aumento de pena. II – as circunstâncias reais de que o partícipe não tiver conhecimento, a menos que sejam elementos constitutivos do crime ou sirvam para lhe facilitar a execução".[2]

---

2   Cada dispositivo do Anteprojeto era ilustrado com indicações da Constituição então vigente; do projeto elaborado por VIRGÍLIO DE SÁ PEREIRA, BULHÕES PEDREIRA e EVARISTO DE MORAIS e da legislação comparada, revelando o zelo na pesquisa e a cultura jurídica do ilustre mestre e ex-diretor da Faculdade de Direito de São Paulo; ex-Senador da República e ex-Deputado da Assembleia Nacional Constituinte que outorgou a Carta

Analisando a adoção da teoria monista, COSTA E SILVA afirmou que o novo ordenamento regulou "de modo muitíssimo simplificado, a complicada matéria da codelinquência. Ele qualifica como autores (coautores) todos quantos concorrem para o crime. Extinguiu, portanto, a distinção tradicional entre autores e cúmplices. A pena é, em tese, a mesma para todos. Obedeceu o Código à tendência moderna que é franca e decididamente pelo abandono das velhas classificações dos agentes do crime. O exemplo veio do Código norueguês e vai a pouco e pouco se alastrando" (*Código penal*, p. 194). Esse texto, na obra editada em 1943, não omitiu, contudo, a percepção de mudança futura pelo imortal magistrado. Com efeito, mais adiante ele escreveu: "Representa tão grande simplificação do instituto da codelinquência verdadeiro progresso? Já tivemos ocasião de anotar que os adeptos da supressão das distinções entre os múltiplos participantes do crime davam a lembrar aquele Cardeal que, reinando o tímido D. João V, acabou com as tempestades, riscando-as das folhinhas do ano. As dificuldades persistirão; e, para resolvê-las, será preciso recorrer aos ensinamentos tradicionais da ciência do direito criminal. [...] O próprio legislador, onde quer que haja sido abraçada a nova sistematização do instituto da codelinquência, continua a empregar expressões que relembram as distinções que ele pretendeu excluir. No art. 27 fala o nosso em "determinação ou instigação" e "auxílio" (COSTA E SILVA, ob. cit., p. 196).

§ 53. O CONCURSO DE PESSOAS NO DIREITO A CONSTITUIR

I. O Anteprojeto Hungria

O Anteprojeto HUNGRIA (1963) abria a indicação dos dispositivos acerca do concurso de pessoas com o Título IV: "DO CONCURSO DE AGENTES" e a rubrica lateral: "Coautoria". **Art. 33.** Quem, de qualquer modo, concorre para o crime incide nas penas a este cominadas: **§ 1º** A punibilidade de qualquer dos concorrentes é independente da dos outros, não se comunicando, outrossim, as circunstâncias de caráter pessoal, salvo quando elementares do crime. **§ 2º** A pena é agravada em relação ao agente que: I. Promove ou organiza a cooperação no crime ou dirige a atividade dos demais agentes; II. Determina a cometer o crime alguém sujeito à sua autoridade, ou não punível em virtude de condição ou qualidade pessoal. **§ 3º** Se algum dos concorrentes quis participar de crime menos grave, a pena, em relação a

---

Política de 1934. O texto integral do *disegno di legge* e as notas correspondentes estão publicados em *Ante-projéto da parte geral do codigo criminal brasileiro,* São Paulo: Empresa Gráfica da Revista dos Tribunais, 1938.

ele, é diminuída de um terço até metade, não podendo, entretanto, ser inferior ao mínimo da cominada ao crime".

A proposta recebeu lúcida observação de FRAGOSO, ao observar que "a unificação de todas as formas de participação, que geralmente se entende ser consequência da adoção da teoria da equivalência dos antecedentes, é, a rigor, incompatível com um direito penal da culpa. Poucas são as legislações penais que não distinguem entre os diversos graus de participação no delito. [...] O sistema unitário inspira-se em razões de política criminal, visando mais eficiente repressão. Nunca é, porém, adotado em sua inteireza, pois isto levaria a soluções absolutamente injustas e inaceitáveis. Os códigos estabelecem temperamentos à equiparação dos vários partícipes" (A reforma da legislação penal. In: *RBCDP*, 2/1963, p. 71).

No entanto, o saudoso mestre pondera que apesar da procedência das críticas que cientificamente são opostas contra a teoria da unificação, "é forçoso convir que entre nós sua aplicação não pode ser censurada. Ela tem a seu favor a grande simplicidade no estabelecimento de critérios, grandemente debatidos, quando se procura distinguir entre autoria principal e cumplicidade. Embora não seduza uma forma de distinção, como a que aparece na maioria dos Códigos modernos, não só pelos motivos já alegados, mas também para resolver o problema da participação tentada, julgamos melhor manter a fórmula que consta do art. 33 do anteprojeto. Afinal, a distinção entre autor e cúmplice, em termos práticos, significa apenas garantir a mais leve punição deste, resultado que o sistema de nossa lei assegura. O que nos parece indispensável, na disciplina do concurso de agentes, é deixar bem claro o princípio básico de que cada partícipe será punido conforme sua culpabilidade, e sem consideração à culpabilidade dos demais. Esse princípio, que consta do vigente Código alemão (§ 50) e do projeto alemão de 1960 (§ 64), como se diz na Exposição de Motivos desse último está ao centro da teoria da participação e da teoria da culpa (*Dieser Satz steht im Mittelpunkt der Teilnahme und Schuldlehre*). Poderia constar do § 1º do art. 33 do anteprojeto, cuja redação poderia ser a seguinte: "A punibilidade de qualquer dos concorrentes é independente da dos outros, medindo-se por sua própria culpabilidade. Não se comunicam as circunstâncias de caráter pessoal, salvo quando elementares ao crime" (ob. loc. cit.). FRAGOSO, no entanto, discorda vigorosamente da regra do § 3º do art. 33 do Anteprojeto, averbando-a de *medieval* e que consta do art. 48, parágrafo único, da Parte Geral então vigente: "Se o agente quis participar de crime menos grave, a pena é diminuída de um terço até metade, não podendo, porém, ser inferior ao mínimo da cominada ao crime cometido".

II. O Código Penal de 1969/1973

Em 1964, o Ministro da Justiça, MILTON CAMPOS designou uma comissão para revisar o Anteprojeto Hungria, composta pelo seu redator, por HELENO CLÁUDIO FRAGOSO e ANÍBAL BRUNO.[3] A valiosa contribuição de FRAGOSO foi incorporada no texto do CP 1969 (Dec.-Lei n. 1004/1969) e mantida com a reforma determinada pela Lei n. 6.016, de 31.12.1973, como se constata pelas disposições seguintes: "**Art. 35** (Coautoria). Quem, de qualquer modo, concorre para o crime incide nas penas a este cominadas. § 1º A punibilidade de qualquer dos concorrentes é independente da dos outros, *determinando-se segundo a sua própria culpabilidade*. Não se comunicam, outrossim, as condições ou circunstâncias de caráter pessoal, salvo quando elementares do crime. § 2º A pena é agravada em relação ao agente que: I – promove ou organiza a cooperação no crime ou dirige a atividade dos demais agentes; II – coage outrem a execução material do crime; III – instiga ou determina a cometer o crime alguém sujeito à sua autoridade, ou não punível em virtude de condição ou qualidade pessoal; IV – executa o crime, ou nele participa, mediante paga ou promessa de recompensa. § 3º *A pena é atenuada em relação ao agente cuja participação no crime é de somenos importância*".[4]

A Exp. Mot. do CP 1969, publicada com a redação original (Dec.-Lei n. 1004, de 21.10.1969), assim justificava a manutenção do sistema monista: "A aplicação da fórmula unitária do Código vigente não pode ser censurada. Ela tem a seu favor a grande simplicidade no estabelecimento de critérios, grandemente debatidos, quando se procura distinguir entre autoria e participação, e entre cumplicidade primária e secundária. Afinal a distinção entre autor e cúmplice, em termos práticos, significa apenas garantir a mais leve punição deste, resultado que o sistema de nossa lei assegura. Proclamou o projeto a regra fundamental em tema de concurso de agentes que é a de que a punibilidade de cada um dos concorrentes é independente da dos outros, determinando-se segundo a sua própria culpabilidade. Isso deve servir como princípio reitor geral para os juízes, na aplicação da pena em caso de concurso. Foi eliminada a regra inadmissível do art. 48, parágrafo único, do

---

3   A respeito dos trabalhos de revisão, v. DOTTI, *Curso*, p. 294 e ss.

4   O CP/69, i.e., o Código Penal sancionado pelo Dec.-Lei n. 1.004, de 21.10.1969, e alterado pela Lei n. 6.016, de 31.12.1973, foi, realmente, um modelo de sistema penal em perspectiva em face de sua revogação pela Lei n. 6.578, de 11.10.1978, sem nunca ter entrado em vigor. Foi o mais longo período de *vacatio legis* na História do Direito Penal brasileiro.

Código vigente,[5] que representa brutal aceitação de responsabilidade sem culpa" (Item n. 18).

III. O Anteprojeto Toledo

O Anteprojeto da Parte Geral do Código Penal (1981) quebrou a rigidez do sistema monista no entendimento de que a regra adotada pelo CP 1969, no § 1º do art. 35 não atendia à exigência da individualização na prática do delito. Com efeito, a proclamação de que a punibilidade de qualquer dos concorrentes é independente, uma em relação às outras, avaliando-se em função da "própria culpabilidade", não vai além de uma avaliação, para mais ou para menos, que é própria da etapa de fixação judicial da pena. Mas não resolvia o problema da *individualização* da medida penal, exigência constitucional (art. 5º, XLVI) que deve ser resolvida em função da natureza, do meio e do modo de concorrência, se participação ou cumplicidade, e, também, do tipo de ilícito para o qual o agente quis concorrer, i.e., segundo a sua contribuição para o mesmo crime ou crime diverso.

A orientação do anteprojeto foi acolhida pelo legislador, como se verifica pela Exp. Mot. do projeto que se converteu na Lei n. 7.209/84: "Sem completo retorno à experiência passada, curva-se, contudo, o Projeto aos críticos dessa teoria, ao optar, na parte final do art. 29, e em seus dois parágrafos, por regras precisas que distinguem a *autoria* da *participação*. Distinção, aliás, reclamada com eloquência pela doutrina, em face de decisões reconhecidamente injustas" (item n. 25).

Antes de sua conversão em projeto de lei, o Anteprojeto Toledo foi amplamente discutido pela comunidade jurídica nas áreas de Direito Penal, Direito Processual Penal e Direito de Execução Penal. O Ministério da Justiça, pelo seu Conselho Nacional de Política Criminal e Penitenciária, promoveu o I Congresso Brasileiro de Política Criminal e Penitenciária, de 27 a 30 de setembro de 1981, para a reunião de aproximadamente 3.000 participantes. Sobre temas da Parte Geral do Código Penal, especificamente quanto aos assuntos tratados nestes *Comentários*, foram publicados os seguintes artigos: "Concurso de agentes: circunstâncias comunicáveis", ANDRÉ AUGUSTO BALESTRA; "Alteração do art. 27 do Anteprojeto do Código Penal"; ALYRIO CAVALLIERI; "Concurso de agentes: enfoque do tema à luz do Anteprojeto", ARINDA FERNANDES; "Erro de tipo e erro sobre a ilicitude do

---

5   PG/1940, art. 48. São circunstâncias que sempre atenuam a pena: I – [...] (Atenuação especial da pena). "Parágrafo único. Se o agente quis participar de crime menos grave, a pena é diminuída de um terço até metade, não podendo, porém, ser inferior ao mínimo da cominada ao crime cometido".

fato no Anteprojeto de Código Penal", ALCIDES MUNHOZ NETTO; "Humanizar e punir", MIGUEL REALE JÚNIOR; "Extinção das medidas de segurança para os imputáveis", ALBERTO JOSÉ TAVARES VIEIRA DA SILVA".[6]

§ 54. O CONCURSO DE PESSOAS NO DIREITO EM VIGOR

I. Precisão terminológica

A PG/1984 inovou em relação ao modelo revogado que no Tít. IV utilizava a expressão "DA COAUTORIA", insuficiente para abranger as várias modalidades de concorrência delituosa. A designação "DO CONCURSO DE PESSOAS" em lugar da indicação "DO CONCURSO DE AGENTES", proposta pelo Anteprojeto Hungria e o CP/1969, tem inegável valor simbólico. Com efeito, o vocábulo *pessoa* revela uma dimensão filosófico-antropológica muito mais consentânea ao universo moral e espiritual do *concursus delinquentium* ao contrário da palavra *agente* que é costumeiramente utilizada para apontar (fisicamente) o infrator da lei penal. A modificação do Tít. IV do Código Penal, portanto, não ocorreu por "mero capricho ou vontade de mudar", como observa o Professor LEONARDO LOPES, um dos membros da Comissão Revisora que analisou o anteprojeto da PG/1984. E esclarece que a designação adotada na PG/1940, i.e., coautoria, é insuficiente para abranger as várias modalidades das concorrências (*Nova parte geral do código penal*, p. 31). Na visão da Reforma de 1984, a designação "concurso de pessoas" é a "melhor forma para definir a reunião de pessoas para o cometimento de um crime, adequando-se melhor à natureza das coisas" (BITENCOURT, *Tratado,* p. 546).

II. A individualização da responsabilidade penal

Para o texto vigente foi acolhida a proposta de FRAGOSO constante do CP 1969 ao flexionar o caráter objetivo do concurso de pessoas (baseado na teoria da equivalência dos antecedentes) e atenuar o rigor da teoria monista para os seguintes efeitos: *a)* a medida da sanção é a medida da culpabilidade do sujeito; *b)* a participação de menor importância admite a redução da pena; *c)* se um dos concorrentes quis participar de crime menos grave terá a pena correspondente a este tipo de infração porém com especial aumento se o resultado mais grave for previsível. Nesta última situação o crime mais grave não passa a ter a forma culposa, "pois não responde o concorrente que pretendia crime menos grave pelo de maior gravidade na forma

---

[6] *Anais do I Congresso Brasileiro de Política Criminal e Penitenciária,* Brasília: Ministério da Justiça/Conselho Nacional de Política Criminal e Penitenciária, 1982, vol. I, p. 135 e ss.

culposa. A responsabilidade decorre de o agente ter aceitado participar da comissão de um crime, sendo-lhe, nas circunstâncias, possível prever que o outro concorrente viria a exceder ao desiderato comumente estabelecido para executar uma ação não querida. Não se trata de dolo eventual, mas aproxima-se da culpa consciente, pois o agente, apesar de previsível, confia que o fato mais grave não ocorrerá" (REALE JÚNIOR, *Instituições*, p. 323).

III. A consagração do princípio da culpabilidade

A *arquitetura normativa* dos dispositivos em análise revigorou o princípio da culpabilidade, declarado pelo art. 19 do Código Penal, e eliminou a responsabilidade objetiva caracterizada pelo parágrafo único do art. 48 da PG/1940, autêntica consagração do critério *versari in re illicita*,[7] assim exposto: *"Se o agente quis participar de crime menos grave, a pena é diminuída de um terço até metade, não podendo, porém, ser inferior ao mínimo cominado ao crime cometido".* A fórmula adotada cumpre também o princípio constitucional da *individualização da pena* (CF, art. 5º, XLVI) considerando que essa garantia percorre os três momentos do dinamismo penal: *cominação*, aplicação e execução.

IV. Espécies do concurso de pessoas

a. *O concurso eventual*

O concurso é *eventual* quando o tipo de ilícito não exige a presença de dois ou mais agentes. A maioria dos crimes previstos no Código Penal e nas leis especiais podem ser cometidos por uma só pessoa (delitos monossubjetivos). A coautoria ou a participação em tais casos é uma eventualidade determinada pela planificação do delito ou pela conjuntura e circunstâncias de sua prática, quando os sujeitos ativos estabelecem uma *divisão de tarefas*.

b. *O concurso necessário*

O concurso é *necessário* quando a realização do verbo constante do tipo requer a conjugação das condutas. Pode-se dizer que enquanto a pluralidade de agentes é uma *faculdade* nos delitos monossubjetivos, torna-se ela uma *necessidade* nos delitos plurissubjetivos. Essa espécie do *concursus delinquentium* subdivide-se nas seguintes modalidades: ***a) condutas paralelas***. Os agentes se dirigem à produção do evento atuando todos no mesmo sentido: associação criminosa, motim de presos (CP, arts. 288 e 354) e

---

7   *Versari in re illicita.* V. § 28, n. II.

o concerto de militares para a deserção (CPM, art. 191). Essa classificação é também designada por *crimes de conduta unilateral;* **b) condutas convergentes.** As ações se conjugam, indispensavelmente, para a realização típica: bigamia e corrupção passiva (CP, arts. 235 e 317). Tais delitos são também designados *crimes bilaterais* e *crimes de encontro;* **c) condutas contrapostas.** Os sujeitos atuam uns contra os outros, desordenadamente, de modo a compor o tipo de que é exemplo a rixa (CP, art. 137).

V. Elementos do concurso

a. *Pluralidade de condutas culpáveis*

O concurso de pessoas na infração penal, em qualquer de suas modalidades, é, em síntese, a soma de comportamentos individuais que realizam a figura do ilícito. Há necessidade, portanto, de duas ou mais condutas dirigidas ao mesmo objetivo, i.e., à realização do verbo indicado pelo núcleo do tipo legal de crime. É fundamental, no entanto, que o concorrente seja imputável, tenha consciência da ilicitude do fato (ou possa adquirir tal consciência) e que, nas circunstâncias do caso concreto, poderia e deveria agir de outro modo. Sem tais requisitos não se caracteriza, quanto a ele, o concurso na forma prevista pelo art. 29 do Código Penal. Com efeito, o texto exige, como elemento típico, a capacidade de culpa daquele que "de qualquer modo, concorre para o crime" para receber a pena adequada à sua culpabilidade.

b. *A relação de causalidade física*

Independentemente do tipo da concorrência (coautoria ou participação), é imprescindível o nexo de causalidade da conduta simultânea visando ao resultado. Para ser punível, a atividade deve ser causa próxima ou remota do evento. Este é o aspecto *objetivo* do concurso de agentes e que permite estabelecer o começo da responsabilidade penal entre os parceiros. A matéria em exame remete ao tema geral da relação de causalidade física.[8]

c. *A homogeneidade do elemento subjetivo*

Não se exige um *pactum sceleris* ou acordo prévio para a configuração do elemento subjetivo. É preciso a consciência de cooperar, de qualquer modo, em maior ou menor grau, para a ação de outrem visando a praticar o fato punível, antes ou durante o processo executivo. A reciprocidade do

---

8 *Relação de causalidade física.* V. o § 13, n. VIII (CP, art. 13).

elemento subjetivo também é necessária, pois se um dos concorrentes não souber da colaboração de outrem no mesmo fato não haverá, para ele, o concurso. O elemento cognoscitivo (intelectual) do dolo inclui o conhecimento de cada um dos elementos descritivos da figura típica. Para a configuração do concurso sob esse aspecto é necessário, segundo a lição de SHEILA SALES: "*a)* que os sujeitos possuam o recíproco conhecimento da presença uns dos outros; *b)* conhecimento do vínculo material que se estabelece entre as diversas condutas; *c)* conhecimento de estarem concorrendo para a realização de um mesmo tipo incriminador" (*Dos tipos plurissubjetivos*, p. 93). Tais características são próprias dos crimes plurissubjetivos.[9] Mas a compatibilidade subjetiva não é suficiente. Cf. NILO BATISTA: "Não basta, pois ao coautor que seja ele codetentor da resolução comum para o fato [...] é de mister, já que se trata de um autor, que realize tal resolução, e isto se dá quando disponha ele do domínio funcional do fato" (*Concurso de agentes*, p. 101-103).

Não é admissível a participação culposa em crime doloso e vice-versa. A homogeneidade do elemento subjetivo é indispensável sob pena da caracterização de delitos diversos. Como exemplo, pode-se figurar a hipótese do contrarregra que, pretendendo a morte de um dos atores, municia o revólver para a cena de um homicídio simulado com um projétil verdadeiro, entregando a arma que é acionada pelo protagonista que interpreta o personagem *assassino*. Este, segundo instruções, deveria adotar a cautela de examinar o tambor antes de desfechar o tiro que causa a morte da vítima. Haverá, em tal caso, dois homicídios distintos: um doloso e outro culposo.

VI. Tipos e momentos do concurso

O sistema positivo contempla somente dois tipos de concurso de pessoas: *a)* a coautoria; *b)* a participação.[10]

Em todo o desenvolvimento do *iter criminis* pode ser identificado o concurso de pessoas. Nas fases de cogitação e deliberação o concurso poderá ser caracterizado sob as formas de induzimento ou instigação; na etapa dos atos preparatórios quando, por exemplo, os concorrentes escolhem as armas e o local para atrair a vítima; finalmente, no momento da execução, a concorrência pode surgir sob a modalidade de coautoria ou participação. Consumado o delito, i.e., quando no fato praticado se reúnem todos os elementos de sua definição legal, não mais se admite, salvo caso especialíssi-

---

9 Crimes plurissubjetivos. V. MODALIDADES DE CRIMES, § 4º, n. (71).

10 *Conceitos de coautoria e participação*: v. § 51, n. I-IV.

mo dos crimes permanentes,[11] o *concursus plurium ad idem delictum.* Em tal caso, a ajuda dolosa posterior ao *summatum opus,* poderá configurar o ilícito de favorecimento pessoal ou favorecimento real (CP, arts. 348 e 349).

§ 55. TEORIAS SOBRE AUTORIA E PARTICIPAÇÃO

I. Teoria objetivo-formal

Essa teoria foi prevalente na doutrina penal alemã durante o Século XIX e grande parte da centúria seguinte, até o advento da teoria do domínio do fato. Um de seus mais importantes defensores foi MERKEL, para quem "autor en el sentido estricto y técnico de nuestras leyes penales es aquel al que hace referencia directamente la definición de una clase de delito y la medida penal a éste vinculada, esto es, aquel que puede subsumirse directamente con su acción u omisión en aquella definición [...], esto es, aquel que realiza la 'acción principal' o 'acción ejecutiva'. Cómplice es, según nuestro Derecho vigente, em que conscientemente ayuda al autor en la comisión del hecho" (GIMBERNAT ORDEIG. *Autor y cómplice en el derecho penal,* p. 6-7).

A maior objeção a esta doutrina é demonstrada com uma hipótese do cotidiano criminal, exposta por NILO BATISTA: "O organizador de um projeto delituoso que não seja executado diretamente por ele não pode ser considerado autor, já que pessoalmente não cometeu nenhum 'fragmento da ação típica'. Em termos de criminalidade brasileira, o 'coronel' que determina seus jagunços a eliminação do desafeto, prescrevendo-lhes local, hora, modo de execução e fornecendo-lhes os meios, não poderia ser considerado autor do homicídio cometido, e sim mero partícipe" (*Concurso de agentes,* p. 64).

Como é evidente, nas situações de autoria mediata (o autor atrás de outro autor) a doutrina ora em exame claudica inteiramente. É de *autor mediato* e não de coautoria a hipótese da agravante prevista no art. 62, III (segunda parte), do Código Penal, ou seja, do sujeito que instiga ou determina a cometer o crime alguém não punível em virtude de condição ou qualidade pessoal. Trata-se da utilização de um inimputável como *instrumento* para a realização do tipo legal de ilícito.

---

11 Por exemplo: havendo necessidade de mudança do cativeiro onde está a refém, a quadrilha obtém a colaboração dolosa de um novo parceiro que oferece o local para manter a vítima encarcerada.

II. Teoria objetivo-material

Para os adeptos da teoria, a distinção entre autor e partícipe deveria ser procurada em função da causalidade individualmente posta a serviço do resultado pelos concorrentes. Sua *marca registrada* estaria na avaliação das forças contribuintes do resultado conforme sua natureza e extensão. Em outras palavras: o que seria *causa* e o que seria *condição* para se identificar a conduta do autor e a conduta do partícipe.

O maior inconveniente dessa perspectiva está justamente no critério adotado pelo art. 13 do Código Penal que desconsidera a diferença entre os elos da cadeia causal. A Exp. Mot. da PG/1940 é incisiva: "Tudo quanto contribui *in concreto*, para o resultado, é *causa*. Ao agente não deixa de ser imputável o resultado, ainda quando, para a produção deste, se tenha aliado à sua ação ou omissão uma *concausa*, isto é, uma outra causa preexistente, concomitante ou superveniente" (§ 11) (Itálicos do original).

Mas é relevante considerar o mérito de tal critério, assim observado por NILO BATISTA, que reside "no questionamento à causalidade 'absolutizada' pela equivalência dos antecedentes. A conduta de propiciar a arma pode ser tão causal quanto a de ferir a vítima, mas o direito não pode *esgotar* a sua apreciação neste aspecto, sem um processo de quantificação física e valorativa revelador de uma diferença que não pode ser ignorada. A minorante da participação de menor importância (art. 29, § 1º, CP) demonstra que o direito brasileiro recomenda essa apreciação" (*Concurso de agentes,* p. 67).

III. Teoria subjetiva

A diversidade das causas ou condições manipuladas pelos agentes é inócua para definir quem é *autor* e quem é *cúmplice.* A diferença entre um e outro é, porém, identificável no plano subjetivo: é autor quem quis, como ato próprio, a realização típica *(animus auctoris);* é cúmplice quem quis a realização típica como ato de outrem *(animus socii).*

Um destacado membro de associação criminosa recebe de seu chefe e organizador do bando a incumbência de assassinar um concorrente na máfia de tráfico de drogas. O executor cumpre o mandato e, por isso, sua posição é de *partícipe* enquanto *autor* é o mandante.

Lembram SOUZA e JAPIASSÚ que, afora as dificuldades evidentes desse critério, a adoção de tal entendimento pode redundar em injustiças, como as que ocorreram na Alemanha, com o abrandamento da punição de criminosos de guerra nazistas, responsáveis diretos pela execução de milhares de pessoas, mas que foram punidos apenas como partícipes, pois teriam praticado os homicídios como obra alheia (*Curso,* p. 291).

IV. Teoria do domínio do fato

O primeiro jurista a empregar em Direito Penal a expressão "*domínio do fato*" foi HEGLER na obra de 1915 sobre *Os elementos do delito*, introduzindo-a em várias partes de sua monografia como "domínio do fato" ou como "domínio sobre o fato" (ROXIN, *Autoría y dominio del hecho*, § 11, p. 81).

"A ideia básica da teoria do *domínio do fato* pode ser assim enunciada: o autor *domina* a realização do fato típico, controlando a continuidade ou a paralisação da ação típica; o partícipe *não domina* a realização do fato típico, não tem controle sobre a continuidade ou paralisação da ação típica" (CIRINO DOS SANTOS, *Direito penal*, p. 360). (Itálicos do original).

Na escorreita doutrina de ALAOR LEITE, "a teoria do domínio do fato parte de um *sistema diferenciador* e de um conceito *restritivo* de autor. Ela parte de um sistema *diferenciador*, pois crê ser necessária a distinção, já no plano do tipo, de níveis de intervenção no delito, ou seja, entre autor (imediato e mediato, além da coautoria) e partícipe (instigador e cúmplice). Ela parte de um conceito *restritivo*, pois entende que apenas o autor do delito é que viola a norma de conduta inscrita na parte especial do Código, e a punição da participação seria produto de uma norma extensiva da punibilidade. O conceito restritivo de autor é contraposto ao conceito *extensivo*, que entende que autores e partícipes violam a norma de conduta contida na parte especial, e que a menor punição da participação é uma decisão do legislador por restringir a punição do partícipe. O sistema diferenciador é contraposto ao sistema *unitário*, que sequer distingue entre autor e partícipe, ou distingue conceitualmente mas prevê os mesmos marcos penais para todas as contribuições" ("Domínio do fato, domínio da organização e responsabilidade penal por fatos de terceiros. Os conceitos de autor e partícipe na AP 470 do Supremo Tribunal Federal", artigo publicado em *Autoria como domínio do fato*, p. 134). (Itálicos do original).

Segundo o correto entendimento de SOUZA-JAPIASSÚ, "a teoria do domínio do fato corrige o defeito apresentado pela teoria objetivo-formal. Efetivamente, deve ser considerado como autor não só o concorrente que realiza pessoalmente as elementares do tipo, mas, igualmente, aquele que detém o poder sobre sua realização. Por exceção, o concorrente que não realiza o verbo típico, tampouco controla o desenrolar do processo delitivo, será considerado partícipe do delito" (*Direito Penal*, p. 292). Daí porque "a doutrina buscou um critério objetivo-material de identificação do autor. Importa aqui mais do que simplesmente a realização do núcleo do tipo, mas sim o efetivo (material) domínio da realização do delito" (BUSATO, *Direito Penal*, 2ª ed., p. 707).

Os exímios penalistas, GRECO-LEITE, no artigo "O que é e o que não é a teoria do domínio do fato. Sobre a distinção entre autor e partícipe no direito penal", publicado em *Autoria como domínio do fato*, p. 25-31, destacam as três manifestações concretas da ideia do domínio do fato, a saber:

a. *O domínio da ação*

O *domínio da ação* é caracterizado pela conduta do *autor imediato*. "Trata-se da hipótese do **§ 25** I StGB, descrita pelas palavras 'comete o fato por si mesmo'. Quem aperta o gatilho tem o domínio da ação e nunca poderá ser mero partícipe (...) Aquele que domina a ação permanece autor ainda que aja a pedido ou mando de outrem, ou mesmo em erro de proibição inevitável determinado por um terceiro (§ 17 do StGB; art. 21 do nosso CP); será um autor exculpado, mas ainda assim autor do fato típico, ainda que não necessariamente o único" (GRECO-LEITE, ob. cit., p. 25-26).

b. *O domínio da vontade*

O *domínio da vontade* revela a figura do *autor mediato* que serve como instrumento de outrem para a prática do delito e é descrito também pelo § 25 I do Código Penal alemão, por meio da expressão "*comete o fato por meio de outrem*". Essa situação envolve três aspectos: *a)* a *coação exercida sobre o homem da frente*. A responsabilidade penal é do *homem de trás*, assim como ocorre com o art. 22 do CP; *b) a autoria mediata em situação de erro*. Vale como exemplo a hipótese do contrarregra de teatro que pretendendo a morte do ator *A*, fornece ao ator *B*, que irá fazer a cena fictícia de matar *A*, a arma municiada com projétil real e não com pólvora seca. *B* é o autor mediato não culpável em face do erro de tipo inevitável. Para ROXIN, o induzimento em erro do executor da ação é excludente do dolo ou da imprudência inconsciente (*Autoría y dominio del hecho*, § 22, p. 195); *c) o domínio da vontade do executor por meio de um aparato organizado de poder*. A propósito dessa classificação, é oportuna a lição de ROXIN: "(...)*quien es empleado en una maquinaria organizativa en cualquier lugar, de un manera tal que puede impartir órdenes a subordinados, es autor mediato en virtud del dominio de la voluntad que le corresponde si utiliza sus competencias para que se cometan acciones punibles. Que lo haga por propia iniciativa o en interés de instancias superiores y a órdenes suyas es irrelevante, pues para su autoría lo único decisivo es la circunstancia de que puede dirigir la parte de la organización que le está subordinada sin tener que dejar a criterio de otros la realización del delito. Con buen criterio puntualiza* JÄGER *que precisamente en estos casos queda claro 'que una acción consistente sim-*

plemente en firmar un documento o en llamar por teléfono puede constituir asesinato (y ello también, según el Derecho alemán vigente con caracter absoluto y sin limitaciones)'" (*Autoría y dominio del hecho*, § 24, p. 275). (Itálicos meus). Em nota de rodapé, nº 13, ROXIN observa: *"Por esto tampoco puede excluir la autoría, por ejemplo, en el caso Eichamnn, la indicación del defensor de que su defendido fue autónomo sólo en el trabajo rutinario y de que, como informante, simplemente firmó 'por orden'"* (*Idem, ibidem*).

c. O domínio funcional do fato

Essa modalidade de poder ocorre na *coautoria* em uma atividade típica da *distribuição de tarefas*, em fato praticado por mais de duas pessoas culpáveis. Vale o exemplo de GRECO-LEITE: "*A* aponta uma pistola para a vítima (grave ameaça), enquanto *B* lhe toma o relógio de pulso (subtração de coisa alheia móvel): aqui, seria inadequado que *A* respondesse apenas pelo delito de ameaça (art., 147, CP) ou de constrangimento ilegal (art. 146, CP), e *B* apenas pelo furto (art. 155, CP). Se duas ou mais pessoas, partindo de uma decisão conjunta de praticar o fato, contribuem para a sua realização com um ato relevante[12] de um delito, elas terão o *domínio funcional do fato* (*funktionale Taherrschaft*), que fará de cada qual *coautor* do fato como um todo, ocorrendo aqui, como consequência jurídica, o que se chama de imputação recíproca.[13] *A* e *B* responderão, assim, ambos pelo delito de roubo (art. 157 do CP)". (ob. cit. em *Autoria como domínio do fato*, p. 30-31). (Destaques em itálico do original).

V. A teoria do domínio do fato e o art. 29 do Código Penal

As disposições do art. 29, *caput* e parágrafos do Código Penal, não se harmonizam com a teoria do domínio do fato embora essa equivocada opinião seja defendida por alguns intérpretes de nosso diploma. Em primeiro lugar, porque a *faculdade* judicial para reduzir a pena "*se a participação for de menor importância*" (§ 1º) não satisfaz a exigência dogmática de que a participação tenha uma tipicidade autônoma. Essa é a orientação do modelo alemão ao definir *a) autor:* quem comete o fato punível por si mesmo ou por intermédio de outrem (§ 25, nº 1); *b) coautor*: é também punido como

---

12 Nota de rodapé nº 57: "Segundo ROXIN, *Täterschaft*, p. 275 e ss., na fase de execução (e não na fase preparatória); em sentido contrário, à posição dominante, cf. por todos Rengier, *Strafrecht* AT, 3. ed., München, 2011, § 44, nm. 40 e ss.; Joecks, Münchner Kommentar, § 25, nm.53 e ss., p. 1.157 e ss." (Ob. cit. p. 30-31).

13 Nota de rodapé nº 58: "Roxin, *Täerschaft*, p. 27 e ss.; AT II, § 25 nm.188 e ss. (Ob. cit. p. 31).

autor quem, juntamente com outrem e de comum acordo, pratica o fato punível (**§ 25, nº 2**); **c)** *partícipe* (*instigador*): "Instigación (inducción a delinquir) igual que el autor será castigado el instigador. Instigador es quien haya determinado dolosamente a otro para la comisión de un hecho antijurídico (**§ 26**); **d)** *cúmplice*: "Como cómplice se castigará a quien haya prestado dolosamente ayuda a otro para la comisión un hecho doloso antijurídico (**§ 27, nº 1**); La pena para el cómplice se sujeta a la sanción penal para el autor. La pena debe reduzirse conforme al § 49, inciso 1" (**§ 27, nº 2**).

Em outras palavras: enquanto o art. 29 do Código Penal adota um *sistema unitário* ("*Quem, de qualquer modo, concorre para o crime incide nas penas...*") a teoria (*rectius:* a ideia) do domínio do fato está ancorada em um *sistema diferenciador*. A propósito: "Ao contrário da concepção derivada da leitura tradicional do código, a teoria do domínio do fato diferencia autores e partícipes - *sistema diferenciador*. Mais: essa diferenciação é entendida como um problema de tipo, e não apenas de determinação de uma moldura penal mais ou menos severa" (GRECO-ASSIS, *Autoria como domínio do fato. Estudos introdutórios ...*, p. 87). (Itálicos do original).

VI. Casos de inaplicabilidade da teoria do domínio do fato

A adoção do domínio do fato não é universal e, portanto, não se aplica a todos as formas do concurso de pessoas. Em determinadas infrações penais a autoria não é ajustável pela ideia do domínio do fato e sim com base em outros critérios. Seguem-se duas exceções: **a)** *crimes de violação de dever;*[14] **b)** *crimes de mão própria*.

Exemplos dos primeiros são os delitos praticados pelo funcionário contra a administração pública, a exemplo da corrupção passiva, concussão etc. Se um terceiro induz o servidor a apropriar-se de dinheiro que tem sob sua guarda para proveito de ambos, o *extraneus* possui o domínio do fato, mas não poderá ser o autor do mencionado ilícito. "Considerá-lo autor seria estranho, porque o que justifica a pena elevada do delito funcional – pense-se no peculato (art. 312, CP), com a pena de 2 a 12 anos, e na apropriação indébita (art. 168, CP), com pena de 1 a 4 anos – é a violação de um dever que se dirige apenas ao detentor da função, e não a um terceiro". O mesmo se pode dizer quanto aos delitos omissivos (como espécie do gênero dos crimes de violação de dever) porque "o domínio do fato pressupõe, neces-

---

14 ROXIN, Claus: "Los delitos de infracción de deber", *Autoría y dominio del hecho en el Derecho Penal*, 7ª ed., trad. Joaquín Cuello Contreras y José Luis S.G de Murillo, Madrid: Marcial Pons, 2000 § 34, p. 385 e s.

sariamente, um controle ativo do curso causal e não pode ser atingido por um mero não-fazer" (ROXIN, AT II, § 31, nm. 133 e s., *apud* GRECO-LEITE, "O que é e o que não é ...", cit., em *Autoria como domínio do fato,* p. 32-33). No mesmo sentido é a lição de BUSATO: "O mesmo se pode dizer dos casos dos crimes especiais ou próprios - aqueles que exigem, do sujeito ativo, alguma qualidade ou condição especial -, onde, existindo uma pluralidade de agentes, o autor sempre será o *intraneus,* ou seja, aquele que está incluído no círculo de autores delimitados normativamente pelo tipo. *Desse modo, somente as pessoas que reúnam a qualidade específica mencionada pelo tipo estão em condições de serem identificadas como autores*" (*Direito Penal,* 2. Ed., p. 710). (Itálicos meus). Se, porém, duas pessoas que, por força de lei ou do contrato tenham o dever de agir para evitar o resultado danoso e se omitem, o caso não é de coautoria e sim de autorias autônomas. Admita-se a hipótese de dois carcereiros que propositadamente queiram a morte do diretor do presídio e, para tanto, não o socorrem quando o mesmo, ao entrar em uma das celas é agredido e morto por um dos presos.

Quanto aos *delitos de mão própria* (CP, arts. 342, 355 etc.) a doutrina é uniforme no sentido da não aplicação dos arts. 29 e 30 do Código Penal, embora admite-se a participação. Cf. MAURACH, "los *delitos de propria mano* no son delitos de resultado, sino simples delitos de actividades, en los que el desvalor de la acción ocupa un primer plano: el resultado es totalmente indiferente para el derecho, basándose el desvalor en la circunstancia de que la ejecución de la acción está prohibida precisamente al autor. Los estraños, en los delitos de propia mano, pueden intervenir como partícipes, pero no como autores, esto es: ni como coautores ni como autores mediatos" (*Derecho Penal,* § 21, II A, vol. I, p. 287). Um exemplo acabado é o ilícito previsto pelo art. 187 do CPM (*deserção*), justificando a máxima: o desertor somente foge pelas próprias pernas.

§ 56. CONCEITOS DE AUTORIA, COAUTORIA E PARTICIPAÇÃO

I. Autor imediato (direto)

Autor imediato é quem, pelas próprias mãos e como obra sua, cumpre o verbo contido no tipo de ilícito. É o homicida que desfecha tiros contra a vítima querendo a sua morte; é o estelionatário que emite um cheque sem provisão de fundos com o propósito de obter vantagem ilícita induzindo em erro o credor da obrigação; é o funcionário público que se apropria de valores sob sua guarda. É, enfim, o sujeito que "tem o domínio do fato *Tatherrschaft*) na forma do domínio de ação (*Handlungsherrschaft),* pela pessoal e dolosa realização da conduta típica. Por realização pessoal se deve entender a execução da própria mão da ação típica. Por realização dolosa se exprimem consciência e vontade a respeito dos elementos objetivos do tipo" (NILO BATISTA, *Concurso de agentes,* p. 77). Também como autoria imediata deve ser considerada a conduta de açular um animal (p.ex., um cão) como instrumento para atacar alguém.

Em harmonia com uma concepção pessoal do injusto, a boa doutrina acolhe um conceito de autor que considera, também, aquele sujeito que detém o *domínio funcional* do fato. Com efeito, autor não é somente quem realiza a ação típica, mas também aquele que detém o domínio funcional do fato. É, portanto, autor, quem realiza a conduta típica ou tenha o domínio do fato" (PRADO *et alii, Curso,* 14ª ed., p. 402) (Itálicos meus).

II. Autor mediato (indireto)

"Autor mediato lo es quien, para realizar un hecho punible susceptible de comisión dolosa, emplea un hombre como mediador en hecho (instrumento)" (MAURACH, Derecho penal, vol. II, § 48, p. 314). A característica material de autoria mediata é o domínio do ato pelo indutor. Assim, comete o delito de abuso de autoridade (Lei n. 4.898/165, art. 4º, *a)* o policial **A** que, induzindo em erro um seu colega **B**, provoca a prisão de um desafeto, informando falsamente que contra o mesmo existe um mandado judicial de prisão.

A autoria mediata (indireta) pode assumir duas formas: *a)* o sujeito determina ou instiga um inimputável (doente mental ou menor de idade) ou alguém em situação de erro essencial, para a execução do furto; *b)* o sujeito contrata alguém, imputável e anuente, para a prática das lesões corporais em um desafeto. No primeiro caso não existe o concurso de pessoas ao contrário da segunda hipótese.

Nos *crimes de mão própria*[15] não é possível a caracterização de autoria mediata. Mas é admissível a ocorrência da autoria mediata em crimes omissivos quando o autor mediato provoca um fato típico mediante o instrumento que deixa de praticar a ação esperada. Para ilustrar esta conclusão serve o exemplo de MAURACH: "El guardián de un establecimiento psiquiátrico encargado de la custodia de un enfermo mental peligroso, deja voluntariamente que ataque éste a otro enfermo" (ob. cit., p. 327).

III. Coautoria

Existe a *coautoria* quando duas ou mais pessoas físicas realizam, por si ou por intermédio de outrem não culpável, o verbo contido no tipo de ilícito. Cada coautor é um autor e, portanto, deve se revestir das características

---

15 *Crimes de mão própria.* V. MODALIDADES DE CRIMES, § 4º, n. (34).

exigíveis para a autoria. Na lição de ZAFFARONI, ALAGIA e SLOKAR, "cuando en la realización de un hecho converge una pluralidad de sujetos y cada uno de ellos realiza por sí la totalidad de la acción típica, se trata de un supuesto de autoria plural, que se conoce con el nombre de *autoria concomitante* o *paralela,* cuyo concepto emerge del autor individual, conforme a cada uno de los tipos en particular" (*Derecho penal,* p. 784-785).

"La coautoría es autoría: su particularidad consiste en que el domínio del hecho unitario es común a varias personas. Coautor es quien en posesión de las cualidades personales de autor es portador de la decisión común respecto del hecho y en virtud de ello toma parte en la ejecución del delito. La coautoría es una forma de independiente de autoría junto a la simple, pero no un caso de autoría mediata percial (pusto que ninguno de los coautores debe ser mero instrumento de otro. La coautoria se basa sobre el principio de la división del trabajo. Cada coautor complementa con su parte en el hecho la de los demás en la totalidad del delito; por eso responde también por el todo (WELZEL, *Derecho penal alemán,* § 47, p. 129).

a. Coautoria em crime culposo

A Exp. Mot. à PG/1940 expressamente declarava a possibilidade da *coautoria* nos delitos culposos (nº 24).[16] Também a jurisprudência a admite: STF, DJU de 12.9.1977, p. 6.169; TJSC, RF 257/311; o extinto TACRIM-SP, RT 608/328; 684/325; 687/302. Assim, o passageiro que instiga o motorista a desenvolver velocidade não permitida, será *coautor* e não partícipe moral do delito culposo resultante (homicídio ou lesão corporal).

Em um de seus precedentes, o Supremo Tribunal Federal homologou esse entendimento "pois neste [delito] tanto é possível a cooperação material quanto à cooperação psicológica, isto é, no caso de pluralidade de agentes, cada um destes tem consciência de cooperar na ação" (Rel. Min. OSCAR CORRÊA, JUTACRIM 89/465). Essa é também a opinião de REALE JÚNIOR, louvando-se em caso hipotético colhido do penalista italiano RICCIO: "Se o motorista imprime alta velocidade, em acordo de vontade com o acompanhante, configura-se o concurso de pessoas em crime culposo, bastando para tanto que haja uma vontade consciente de concorrer para a ação imprudente" (*Instituições,* p. 320). Igualmente DELMANTO é partidário dessa orientação "desde que demonstrada a existência do vínculo subjetivo à realização da conduta imprudente comum. Como exemplo, imaginamos as condutas do

---

16 Em sentido contrário e, expressamente, dispunha o art. 18, § 3º do Projeto Alcântara Machado (1938): "*No crime culposo, se o evento resultar da ação ou omissão de mais de um agente, cada um deles ficará sujeito à pena estabelecida para o crime*".

piloto e do copiloto de um avião que voam em desacordo com o denominado 'plano de voo', havendo, como consequência, um acidente aéreo do qual eles sobrevivem" (*Código Penal*, p. 196).

Apesar de reconhecer a predominância, na doutrina e na jurisprudência nacionais, da admissão do concurso em delito culposo, NILO BATISTA adverte que há um "equívoco básico do raciocínio, que vai buscar em algo completamente irrelevante para o direito penal (a proximidade física de condutas desatentas ao dever objetivo de cuidado), ou em algo para ele insuficiente (a pura concausalidade), um traço de união fictício e enganoso. No surrado exemplo dos operários *A* e *B* que juntos erguem e juntos arremessam, do edifício em construção, pesada viga sem antes se certificarem da ausência de transeuntes, vindo a causar a morte de *C*, há dois autores diretos. (...) *Nega-se, pois, que nos crimes culposos haja participação, bem como coautoria*" (*Concurso de agentes*, p. 84-85). (Itálicos meus).

E para demonstrar o acerto de sua objeção, ele apresenta a seguinte situação: "*A* reúne lenha para a fogueira e *B* deita-lhe fogo, resultando incêndio. *A* e *B* são autores diretos do crime de incêndio, pois cada um violou, de forma pessoal e incomunicável, o dever objetivo de cuidado, imposto pelas 'condições concretas', e contribuiu causalmente para o resultado (teoria da conditio)" (*Concurso de agentes*, p. 82-83).

Em síntese, não há diferença entre autor e partícipe nos delitos culposos porque a violação do dever de cuidado objetivo caracteriza uma forma personalíssima da culpa (consciente ou inconsciente), considerando-se que esse tipo de dever é um fenômeno normativo-psicológico atribuível a cada um dos agentes em separado, embora a produção conjunta do resultado. Ocorre aí uma espécie de autoria colateral porque o aludido dever é uma circunstância de caráter pessoal e, portanto, incomunicável (CP art. 30). Admita-se a seguinte hipótese: dois mecânicos são encarregados de examinar as condições do automóvel para uma longa viagem. Um deles, com a obrigação de verificar o sistema de freios, negligentemente não o faz. E o outro, de modo imprudente, assina o "de acordo" na ordem de serviço sem "checar" com o colega. Num trecho de acentuado declive, em estrada montanhosa, o motorista não consegue frenar o veículo que vem a se chocar violentamente com um caminhão que trafegava normalmente. Na colisão morreram o motorista e sua companheira. A omissão e a ação, reunidas, porém autônomas, causaram o dano. A propósito, a doutrina e o exemplo de VON LISZT, servem para eliminar eventual dúvida: "*Quando várias pessoas tomam parte na producção ou não impedimento de um resultado, sem que se trate de uma execução em commum, cada um dos agentes é tambem responsavel pelo resultado, como autor, pressuposto que não se dê um caso* de cumplicidade.Verifica-se esta hypothese, quando por exemplo, varios operarios que trabalham na demolição de um edificio atiram do alto do andaime uma trave, sem avisar os transeuntes, e por esse acto imprevidente occasionam a morte de um homem". (*Tratado de Direito Penal Allemão*, t. I, p. 362-363).

b. *Crimes que não admitem a coautoria*

Os chamados *crimes de mão própria* não admitem a coautoria porquanto a conduta indicada pelo tipo legal somente poderá ser praticada por determinada pessoa, qualificada para tanto. O TJSP, em decisão paradigmática, proclamou ser de mão própria o delito de falso testemunho, "somente podendo ser praticado pelo autor direto da infração. Não se admite a coautoria, com base quer no art. 25 do CP de 1940, quer no art. 29 do mesmo Código com a redação da Lei n. 7.209/84" (Des. GENTIL LEITE, RT, 605/301).

A bigamia é um delito de mão própria que somente pode ser cometido pela pessoa que, sendo casada, vem a contrair novo casamento. Mas não se exclui a hipótese de participação que, aliás, é necessária nesse ilícito, conforme a previsão legal (CP, art. 235, § 1º). Também é admissível nesses tipos de ilícito a modalidade de concurso eventual (instigação, induzimento ou cumplicidade), pelo concorrente que, embora não realizando a ação contida no tipo legal, contribui para a sua prática. Como acentua o Des. DANTE BUSANA, em voto proferido no TJSP, "os crimes de mão própria ou de atuação pessoal não comportam, é certo, a autoria mediata, pois não podem ser executados por intermédio de outrem. Não são compatíveis, também, com a coautoria em sentido técnico, já que é impossível a hipótese de um sujeito qualificado cometer o delito com outro não qualificado, ambos realizando a conduta prevista no núcleo do tipo. Daí, porém, não se segue que tais crimes não permitam a participação por instigação ou auxílio e seja atípica a conduta de quem, como no caso de falso testemunho, convence outrem a fazer afirmação falsa, negar ou calar a verdade, como testemunha" (*RT*, 635/365).

IV. A participação

A *participação* consiste na livre e dolosa cooperação no delito doloso de outrem (MAURACH, *Derecho penal,* vol. II, § 50 IIA, p. 350); (NILO BATISTA, *Concurso de agentes,* p. 157) e assim tem se orientado a jurisprudência (*RT*, 494/339; 572/393 e 644/266). Segundo acepção comum, participar é tomar parte em algo, é colaborar para um fato alheio. Ocorre a participação quando o agente, não praticando atos executivos do delito, concorre de qualquer modo para a sua produção. *Partícipe* é o sujeito dessa forma de concorrência. Ele não cumpre o verbo descrito pela norma ("matar", "subtrair", "falsificar"), porém realiza uma atividade intelectual ou física que contribui para a realização do tipo.

V. Formas de participação

a. *Instigação*

A *instigação* é a forma intelectual de participação. Na precisa definição de NILO BATISTA, a instigação "é a dolosa colaboração de ordem espiritual objetivando o cometimento de um crime doloso" (*Concurso de agentes*, p. 181). Cf. MAURACH, "instigación es la dolosa incitación, a un sujeto, el hecho punible que dolosamente comete" (*Derecho penal,* vol. II, § 51, p. 368). Essa outra pessoa deve ser penalmente capaz. É a hipótese que a doutrina menciona sob a denominação de autoria intelectual ou psíquica (BRUNO, *Direito penal*, t. 2º, p. 272). A instigação pode revelar-se através do mandato, conselho, comando ou ameaça.

b. *Mandato*

O *mandato* significa *dar poder* ou *autorizar* (do latim: *mandatum;* de *mandare).* Nos termos do art. 653 do CCiv., opera-se o mandato quando alguém recebe de outrem poderes para, em seu nome, praticar atos ou administrar interesses. A adoção do vocábulo para exprimir o encargo ou a autorização que se revelam, no contrato, advém da circunstância primitiva de ser o mandato um ônus da amizade, fundado na lealdade e na fidelidade (cf. de Plácido e Silva, *Vocabulário jurídico*, p. 513). Para os efeitos penais, o mandato é a incumbência atribuída por um sujeito (mandante) a outro (mandatário) para que em seu nome cometa o ato ilícito, geralmente mediante paga ou promessa de recompensa. Na lição com dois exemplos de GRECO e LEITE, o assunto é bem claro: "*A* contrata *B* para que este mate *C*, o amante de sua esposa. Após anos de maus-tratos nas mãos de *P, M* pede ao filho *F*, maior de idade, que mate o pai tirano. *A* e *M* são 'mandantes',[17] mas não autores, e sim partícipes, instigadores" (O que é e o que não é a teoria do domínio do fato. Sobre a distinção entre autor e partícipe no Direito Penal. In: *Autoria como domínio do fato,* p. 37).

---

17 Observação: as aspas envolvendo a palavra 'mandante' são utilizadas pelos autores porque consideram tal vocábulo 'coloquial, de conteúdo jurídico obscuro' (GRECO-LEITE, ob. cit., p. 38).

c. Conselho

O *conselho* é o parecer ou a opinião do que se deve fazer. Traduz uma atitude psicológica de apoio para a prática da infração (*consilium criminis*);

d. Comando

O *comando* é o exercício do poder (legítimo ou ilegítimo) que um sujeito exerce sobre outrem. A pena é agravada em relação ao agente que determina a cometer o crime alguém sujeito à sua autoridade (CP, art. 62, III);

e. Ameaça

Ameaça é a promessa da causação de um mal injusto e grave para alguém. No caso da instigação por ameaça, a conduta do ameaçado é determinada pelo temor infligido pelo ameaçador. A pena aplicável ao coator é agravada (CP, art. 62, II). Se a ameaça assumir a forma de coação irresistível que impeça a liberdade de decisão do ameaçado, não há o *concurso de pessoas*, mas uma hipótese de *autoria mediata* (CP, art. 22).

f. Induzimento

Também o *induzimento* configura uma modalidade psíquica da participação. *Induzir* significa persuadir alguém à prática de um ato quando ainda não existe uma decisão preordenada. Difere, portanto, da *instigação* que se traduz pelo encorajamento de uma deliberação já existente, para afastar a hesitação. Cf. HUNGRIA, o *induzimento* pressupõe a *iniciativa* na formação da vontade de outrem, enquanto a *instigação* pode ter um caráter secundário, acessório ou de adesão e estímulo a um propósito já concebido (*Comentários*, vol. V, p. 226). O induzimento à prática do crime constitui circunstância agravante (CP, art. 62).

g. Cumplicidade

Cúmplice é a pessoa que, dolosamente, presta auxílio à ação criminosa de outrem. Geralmente, essa modalidade de participação se manifesta por uma conduta positiva (entregar a arma para a prática do homicídio ou emprestar o dinheiro para a corrupção de funcionário público), mas também poderá decorrer da omissão quando exista o dever jurídico de praticar a *ação esperada*. Será cúmplice do furto o guardião que não impede a entrada dos ladrões na casa que deveria proteger, ciente de que os mesmos ali entraram para a subtração de coisas.

No Código Penal português, a *cumplicidade* está definida no art. 27º: "**1.** É punível como cúmplice quem, dolosamente e por qualquer forma, prestar auxílio material ou moral à prática por outrem de um facto doloso. **2.** É aplicável ao cúmplice a pena fixada para o autor, especialmente atenuada".

VI. Graus de participação

A propósito do rompimento da teoria unitária adotada pela redação original da PG/1984, que equiparava autores e partícipes sob a moldura da causalidade objetiva,[18] disse muito bem REALE JÚNIOR: "Esta remissão à legislação e aos doutrinadores do passado justifica-se, pois por essa via demonstra-se que quando se atende ao real, acolhendo a distinção entre autores e cúmplices, sem a amarra identificadora da equivalência das condições, transplantada do nexo de causalidade para a relação entre os agentes e a ação coletiva, passa-se a ter como dado fundamental da codelinquência o acordo de vontades visando a um fim comum, do qual participam autor e cúmplice, devendo cada qual responder na medida de sua culpabilidade. Assim sendo, a responsabilidade pelo concurso de pessoas deixa de seguir a trilha objetiva para se estribar em uma visão objetivo-subjetiva, em que é o aspecto subjetivo que enlaça os participantes e não a constatação de uma causalidade material, pois o aspecto subjetivo é como diz LATAGLIATA 'um fator constitutivo da tipicidade dos atos de participação dolosa'" (*Instituições*, p. 315).

a. *A participação de menor importância*

Cf. orientação doutrinária, com apoio na jurisprudência, quanto mais a conduta se aproximar do núcleo do tipo, maior deverá ser a pena; quanto mais distante do núcleo, menor deverá ser a resposta penal. A verificação concreta da menor importância da conduta participativa é aferida em razão de sua eficiência quanto ao evento típico, considerando-se como de *pequena importância* aquela de leve eficiência causal. Trata-se de uma causa especial de redução obrigatória da pena e não de mera faculdade judicial. A redução de pena em tal caso é obrigatória (CP, art. 29, § 1º).

---

18 CP, 1940, art. 25. "Quem, de qualquer modo, concorre para o crime incide nas penas a este cominadas"; "Art. 48. São circunstâncias que sempre atenuam a pena: [...] Parágrafo único. Se o agente quis participar de crime menos grave, a pena é diminuída de um terço até metade, não podendo, porém, ser inferior ao mínimo da cominada ao crime cometido".

b. *A vontade de participar de crime menos grave*

O texto legal é aplicável à hipótese em que o partícipe (instigador ou cúmplice) pretendia concorrer para um resultado menos grave que o efetivamente produzido pelo autor, como ocorre com o mandato para o delito de lesão corporal, mas o executor comete homicídio em razão da violência empregada. Trata-se da chamada *cooperação dolosamente distinta*. É oportuno referir o precedente: "Partícipe que fica de vigia na rua, enquanto dois outros entram no prédio absolutamente desarmados, para a realização do furto combinado, ignorando a existência do guardião, e morto este de improviso com instrumentos encontrados fortuitamente no lugar, só pode ser punido na medida de seu dolo. Caso acabado de preenchimento do art. 29, § 2º, do CP" (extinto TACRIM-PR, Rel. LUIZ VIEL. In: *RT*, 691/352).

Se algum dos concorrentes quis participar de crime menos grave, ser-lhe-á aplicada a pena deste; tal pena será aumentada até a metade, na hipótese de ter sido previsível o resultado mais grave (CP, art. 29, § 2º).

c. *A "participação" subjetivamente distinta*

Não se caracteriza a concorrência de pessoas na forma do art. 29 e §§ do Código Penal quando houver colaboração subjetivamente distinta entre os agentes. Assim, não é possível a "participação" dolosa em ação culposa ou "participação" culposa em conduta dolosa de outrem. A ausência do liame subjetivo entre a motivação de um e de outro dos agentes, exclui a hipótese do concurso (TJSP, *RJTJSP*, 41/308). Em tal situação, cada sujeito responde como autor.

VII. A participação em certos tipos de crimes

A. *Crime continuado: § 4º n. (13)*

O *crime continuado* não oferece maiores problemas para a admissão da concorrência. A dúvida poderia surgir quanto ao agente que não participa de todos os atos integrativos da cadeia delitiva. Na lição de FERRAZ, a participação fica limitada aos atos em relação aos quais se possa comprovar que o copartícipe atuou de maneira eficaz, não se estendendo aos demais (*A codelinquência*, p. 151). Esse também é o entendimento de FAYET JÚNIOR (*Do crime continuado*, p. 280).

b. *Crime permanente: § 4º, n. (69)*

No crime *permanente*, a exemplo do sequestro ou cárcere privado é possível a participação de um terceiro que, sem ter participado dos atos anteriores até a consumação, presta auxílio posterior como, por exemplo, oferecer um local para o cativeiro.

c. Crime plurissubjetivo: § 4, n. (71)

A participação nos delitos *plurissubjetivos* é uma exigência do próprio tipo, justificando a outra designação para o fato: *crimes de concurso necessário*, a exemplo da associação criminosa (CP, art. 288).

d. Crime societário: § 4º, n. (86)

Na doutrina de FERRAZ, a aplicação das regras do concurso de agentes nos crimes societários leva a resultados, como bem acentuam alguns autores "desde que ajam de forma culpável, os colaboradores dos sujeitos qualificados", ou seja, os contadores, peritos e outros auxiliares da sociedade, além dos "administradores ocultos" (*A codelinquência*, p. 102).

e. Crime de conduta mista: § 4, n. (22 bis)

O concurso de pessoas pode resultar de condutas físicas *homogêneas*, i.e., quando o fato é praticado pela *atividade positiva* dos coautores ou de autor e partícipe, ou pela *omissão* do dever jurídico de agir. E também pode decorrer de condutas físicas *heterogêneas*, ou seja, quando um sujeito pratica lesão corporal na vítima na presença do policial que nada faz para impedir a agressão. Se houver acordo de vontades para esse resultado surge a figura da coautoria. Na falta de um *pacto*, ambos serão autores.

§ 57. INEXISTÊNCIA DO CONCURSO DE PESSOAS

I. A conivência

A chamada *conivência* se caracteriza pela presença física de alguém no ato da execução de um crime ou a omissão em denunciar à autoridade pública um fato delituoso de que tenha conhecimento. Nessas hipóteses não se caracteriza a participação (ou uma infração autônoma), se não houver o dever jurídico de impedir o evento ou de comunicar a sua existência a quem de direito. A jurisprudência tem se orientado nessa linha: "Não fica caracterizada a participação do agente pela conduta omissiva de presenciar a prática do crime. A inexistência do dever jurídico de impedir o resultado desvincula o agente da autoria do delito. A sua conivência, ainda que evidenciada, não sendo delituosa, é impunível" (extinto TACRIM-SP, *RJD*, 2/70).[19]

---

19 *Omissão e conivência*: v. § 16, n. XI.

II. Autoria colateral

Verifica-se a *autoria colateral* quando dois ou mais agentes atuam contra o mesmo objeto humano ou material sem que um deles tenha conhecimento da ação do outro. Como exemplos podem ser mencionados os casos em que dois pistoleiros atiram contra a mesma vítima e de duas empregadas domésticas que furtam objetos valiosos da mesma casa, em dias distintos, sem que uma saiba da conduta da outra. Inexiste na espécie a figura do concurso porque falta "o necessário liame subjetivo unindo as várias vontades. Cada agente responderá pela tipicidade realizada, independentemente dos demais" (MESTIERI, *Manual*, p. 202).

Há, no entanto, a figura da autoria colateral e não da coautoria – embora com a identidade de propósitos entre os agentes – como ocorre no caso dos arts. 124 (segunda parte) e 126, ambos do Código Penal: a gestante consente na prática do aborto feito pela parteira. Nessa hipótese as condutas são distintas para a formação de tipos autônomos.

III. Provocação, preparação e infiltração

O *agente provocador* não é reconhecido como partícipe para os efeitos do art. 29 do Código Penal. Trata-se da pessoa que induz outrem à prática do crime, não para obter qualquer vantagem ou proveito ilícitos, mas para responsabilizar criminalmente o seu autor. Essa atitude não se confunde com o chamado *flagrante preparado,* hipótese em que os detalhes para surpreender o agente em flagrante pela polícia tornam impossível a consumação do crime (Súmula STF n. 145).[20] Também não existe a participação criminal na conduta do *infiltrado,* ou seja, o policial em atividade de investigação que atua na organização criminosa para obter prova da infração (Lei n. 12.850/2013, art. 3º, VII).

IV. Atividade ilícita posterior à consumação

O CP 1890 admitia a cumplicidade *post factum* em relação aos sujeitos que recebessem, ocultassem ou comprassem coisas obtidas por meio criminoso sabendo que o foram ou devendo sabê-lo em face da qualidade ou condição das pessoas de quem as houveram (art. 21, § 3º), bem como os que prestassem asilo ou cedessem sua casa "para reunião de assassinos e roubadores, conhecendo-os como taes e o fim para que se reunem" (art. 21, § 4º). Tais disposições provocavam discussão na doutrina e dissídio na jurisprudência da época, segundo as observações de autorizados intérpre-

---

20 *Crime de ensaio*: v. MODALIDADES DE CRIMES, § 4º, n. (28).

tes. Relativamente à hipótese do § 3º, entendiam alguns que havia um *concursus delictus subsequens*, enquanto outros sustentavam a existência da receptação como delito autônomo. E quanto à regra do § 4º, havia opiniões respeitáveis, como a de RUY BARBOSA, no sentido de que a mesma abrangia ambas as modalidades de cumplicidade: *ante factum* e *post factum* (cf. COSTA E SILVA, *Código penal dos Estados Unidos do Brasil*, p. 109-114). A Exp. Mot. da PG/1940 declara que a receptação é prevista como crime *sui generis* contra o patrimônio, não comungando da orientação do diploma de 1890 que a definia como cumplicidade posterior "resultando daí, muitas vezes, a aplicação de penas desproporcionadas" (§ 64).

§ 58. A MULTIDÃO CRIMINOSA

I. Noções gerais

Na lição de ESTHER FIGUEIREDO FERRAZ, "sob o domínio da multidão em tumulto, opera-se, por assim dizer, um fenômeno de desagregação da personalidade. Os bons sentimentos humanos cedem lugar à maré invasora dos maus instintos, das tendências perversas e antissociais. Facilmente se processa e se transmite de indivíduo para indivíduo a sugestão criminosa. A ideia do delto ganha terreno nessa praça de antemão conquistada. E os piores crimes passam a ser cometidos por pessoas que, individualmente, seriam incapazes de causar o menor mal a seu semelhante" (*A codelinquência,* p. 71). É o sentimento da *alma coletiva* em que as reações de cada um passam a ser as da massa em tumulto (LOPES, *Curso,* p. 220).

A concorrência de pessoas pode assumir uma feição especialmente grave quando o estímulo à violência é facilmente transmissível entre os diversos agentes. Fala-se então do fenômeno conhecido como a *multidão criminosa* que constitui uma espécie de *alma nova* dos movimentos de massa que em momentos de grande excitação anulam ou restringem sensivelmente o autocontrole e a capacidade individual de se governar segundo padrões éticos e sociais. A prática reiterada de graves violências físicas nos estádios de futebol, sob a instigação e a própria execução das chamadas *torcidas organizadas*, bem demonstra que esse tipo de criminalidade coletiva deve merecer um tratamento penal diferenciado dos casos rotineiros.

II. O problema da punibilidade

Se o agente pratica o crime sob a influência de multidão em tumulto e não foi o seu provocador, a pena será atenuada (CP, art. 65, III, *e).* Trata-se de solução compatível com a redução da capacidade de autocontrole, quando o ser humano é instigado a praticar atos que não cometeria se não houvesse a compulsão do agrupamento social caracterizado pela pluralidade e heterogeneidade dos elementos que reúne e pelo contato físico dos indivíduos. Frente à multidão em tumulto o homem pode perder a sua individualidade e reagir de maneira semelhante aos mesmos impulsos de outros indivíduos.

III. O concurso de pessoas

Não há dúvida de que o crime *multitudinário* é uma espécie do gênero dos ilícitos plurissubjetivos ou de concurso necessário. Em sua natureza reúnem-se os elementos materiais e morais do concurso de pessoas. Mas o auxílio prestado por um terceiro à turba violenta converte o cúmplice em autor direto (NILO BATISTA, *Concurso de agentes*, p. 179).

* **DIREITO COMPARADO**
Código Penal português: "**Art. 26º (Autoria)** É punível como autor quem executar o facto, por si mesmo ou por intermédio de outrem, ou tomar parte directa na sua execução por acordo ou juntamente com outro ou outros, e ainda que, dolosamente, determinar outra pessoa à prática do facto, desde que haja execução ou começo de execução". •• **Código Penal espanhol**: "**27.** *Son responsables criminalmente de los delitos y faltas los autores y los cómplices.* **28.** *Son autores quienes realizan el hecho por sí solos, conjuntamente o por medio de otro del que se sirven como instrumento. También serán considerados autores: a) Los que inducen directamente a otro u otros a ejecutarlo.* **b)** *Los que cooperan a su ejecución con un acto sin el cual no se habría efectuado.* **29.** *Son cómplices los que, no hallándose comprendidos en ale artículo anterior, cooperan a la ejecución del hecho con actos anteriores o simultáneos*". •• **Código Penal Tipo**. "**Artículo 33.** *El que realizare por si o sirviéndose de otro el hecho legalmente descrito, y los que lo realizaren conjuntamente, serán reprimidos con la pena establecida para el delito.* **Art. 34.** *El que hubiere determinado a otro a realizar el hecho será reprimido con la pena prevista para el autor.* **Art. 35.** *El que prestare al autor o autores un auxilio de tal modo necesario que sin él no hubiera podido realizarse el hecho, será reprimido también con la pena establecida para el delito.* **Art. 36.** *El que de cualquier otro modo prestare auxilio para la realización del hecho, aun mediante promesa de ayuda posterior a la consumación de aquél, será reprimido con una pena no menor de la mitad del mínimo ni mayor de la mitad del máximo de la establecida para el correspondiente delito.* **Art. 37.** *Los partícipes serán punibles desde el momento en que se hubiere iniciado la ejecución del hecho, según lo establecido en el artículo 39, y cada uno responderá en la medida de su propia culpabilidad. Si el hecho resultare más grave del que quisieron realizar, sólo responderán por aquél quienes lo hubieren aceptado como una consecuencia posible de la acción emprendida.* **Art. 38.** *Las calidades o relaciones personales y los demás elementos de carácter subjetivo integrantes de la descripción legal del hecho que concurrieren en alguno de quienes lo han realizado, se comunicarán a los demás autores y partícipes que hubieren tenido conocimiento de ellos. Si no los hubieren conocido, sufrirán la pena del delito previsto sin*

esos requisitos. Las calidades o relaciones personales y los demás elementos de carácter subjetivo no integrantes de la descripción legal, sólo influirán en la responsabilidad de aquellos en quienes concurran". •• **Anteprojeto CP argentino: Art. 9. Concurrencia de personas. 1.** Los que tomaren parte en la ejecución del hecho o prestaren al autor o autores un auxilio o cooperación sin los cuales no habría podido cometerse, tendrán la pena establecida para el delito. La misma pena se aplicará a los que hubieren determinado directamente a otro a cometerlo. **2.** Los que cooperaren de cualquier otro modo a la ejecución del hecho y los que prestaren una ayuda posterior cumpliendo promesas anteriores a éste, serán penados conforme a la escala correspondiente al autor reducida a la mitad del mínimo y del máximo. Si el hecho no se consumare, se les impondrá la pena conforme a la escala del correspondiente delito reducida a un cuarto del mínimo y del máximo. **3.** Al que hubiere querido determinar al autor a un delito menos grave, se le aplicará la pena correspondiente al delito al que hubiere querido determinar, La misma regia se seguirá para establecer la pena del cooperador. **4.** En los delitos cometidos a través de los medios de comunicación e información, no se considerarán concurrentes a las personas que solamente prestaren al autor la cooperación material necesaria para su publicación, difusión o venta. **5.** Las relaciones, circunstancias y calidades personales, cuyo erecta fuere disminuir, excluir o agravar la penalidad, tendrán influencia sólo respecto del autor o cómplice a quien correspondan. **Art. 10. Actuación en lugar de otro 1.** El que actuare como directivo ti órgano de una persona jurídica, o como representante legal o voluntario de otro, responderá por el hecho punible, aunque no concurrieren en él las calidades legales de aquel, si tales características correspondieren a la entidad o persona en cuya representación actuare. **2.** Lo dispuesto en este artículo será aplicable aun mando el acto jurídico determinante de la representación o del mandato fuere ineficaz".

Circunstâncias incomunicáveis

Art. 30. *Não se comunicam as circunstâncias e as condições de caráter pessoal, salvo quando elementares do crime.*

*****DIREITO ANTERIOR**
CCrim. 1830: Omisso. •• **CP 1890:** Omisso. •• **Projeto Alcântara Machado (1938):** "Da coautoria. Art. 18. (...). § 2º. São incomunicáveis entre os partícipes: **I** – as circunstâncias pessoais de que resultem atenuação ou agravação do crime, ou isenção, diminuição ou aumento da pena. **II** – as circunstâncias reais de que o partícipe não tiver conhecimento, a menos que sejam elementos constitutivos do crime ou sirvam para lhe facilitar a execução". •• **Anteprojeto Hungria (1963):** "Art. 33. Quem, de qualquer modo, concorre para o crime incide nas penas a este cominadas. § 1º A punibilidade de qualquer dos concorrentes é independente da dos outros, não se comunicando, outrossim, as circunstâncias de caráter pessoal, salvo quando elementares do crime". •• **CP 1969: Art. 35 e § 1º.** Mesma redação do Anteprojeto Hungria. •• **Anteprojeto Toledo (1981): Art. 30.** Corresponde ao texto vigente.

BIBLIOGRAFIA (ESPECIAL)

BALESTRINI, Raffaello. *Aborto, infanticidio ed esposizione d'infante*. Torino: Fratelli Bocca, 1888 •• BARBOSA, Marcelo fontes. O infanticídio e o novo código penal. *RT*, 453/1973 •• BOLDOVA PASAMAR, Miguel Angel. *La comunicabilidadde las circunstancias y la participacion delictiva*. Madrid: Civitas, 1995 •• DAMÁSIO DE JESUS, E. Infanticídio e concurso de agentes em face do novo código penal. São Paulo: Ed. do Autor, 1970 •• FARHAT, Alfredo. *Do infanticídio*. São Paulo: Revista dos Tribunais, 1956 •• FERNANDES, Paulo Sérgio Leite. *Aborto e infanticídio*. São Paulo: Sugestões Literárias, 1972 •• FREITAS JÚNIOR, João Edelardo. Da impunibilidade do abortamento. *Revista Cearense Independente do Ministério Público*, 21-22/2204-2005 •• GARCIA MAANOM, Ernesto Garcia. *Aborto e infanticídio*. Buenos Aires: Ed. Universidad, 1982 •• HADDAD, Carlos Henrique B. Infanticídio indígena. *Boletim*, 232/2012 •• MAGGIO, Vicente de Paula Rodrigues. Infanticídio e a morte culposa do recém-nascido. Campinas (SP): Millenium, 2004 // *Infanticídio*. Bauru: Edipro, 2001 •• MALHEIROS, José Ribamar Ribeiro. *Infanticídio*: crime ou ficção jurídica? Brasília: Rossini Correa, 2012 •• MELLO, Dirceu de. Infanticídio: algumas questões suscitadas por toda uma existência (do delito) de discrepâncias e contrastes. *RT*, 455/1973 •• MUNHOZ NETTO, Alcides. *O fator cronológico no infanticídio*. Curitiba: Ed. do Autor, 1956 •• PELOSSI, Dener N. *Problematica em el delito de aborto e infanticidio*. Buenos Aires Lener, 1976 •• RIBEIRO, Gláucio Vasconcelos. *Infanticídio*: crime típico, figura autônoma, concurso de agentes. São Paulo: Pillares, 2004 •• VASCONCELOS, Luiz Cruz. *Do infanticídio*. Fortaleza: Imprensa Oficial, 1946 •• VICTOR, Julio. *Modalidades do infanticídio*. Belém: CEJUP, 1991.

BIBLIOGRAFIA (GERAL)

ANTOLISEI, Francesco. *Manuale di diritto penale: parte generale*. 3ª ed. Milano: Dott. A. Giuffré, 1994 •• ASÚA, Luis Jiménez. *Tratado de derecho penal*. Buenos Aires: Editorial Losada, 1962. vol. III •• BASILEU GARCIA. *Instituições de direito penal*. São Paulo: Max Limonad, 1959. vol. I, t. I •• BENTO DE FARIA, Antonio de. *Annotações theorico-praticas ao codigo penal do Brazil*. Rio de Janeiro: Francisco Alves e Cia, 1913 // Código penal brasileiro (comentado). Rio de Janeiro: Distribuidora Récord Ed., 1958. vol. 2 •• BETTIOL, Giuseppe. *Diritto penale: parte generale*. 11ª ed. Padova: CEDAM, 1982 •• BITENCOURT, Cezar Roberto. *Tratado de direito penal: parte geral*. 19ª ed. São Paulo: Saraiva, 2013 •• BRUNO, Aníbal. *Direito penal: parte geral*. 3ª ed. Rio de Janeiro: Forense, 1967. t. 1º •• BUSATO, Paulo César. *Direito penal*: parte geral. São Paulo: Atlas, 2013. vol. 1 •• CARRANCA Y TRUJILLO, Raul. *Derecho penal mexicano*: parte general. México: Ed. Porrúa, 1970. t. I •• CEREZO MIR, José. *Derecho penal*: parte general. São Paulo: Revista dos Tribunais; Lima (PE): ARA Ed., 2007 •• CIRINO DOS SANTOS, Juarez. *Direito penal*: parte geral. 3ª ed. Curitiba: ICPC; Lumen Juris, 2008 •• COBO DEL ROSAL, M.; VIVES ANTÓN, T. S. *Derecho penal*: parte general. Valencia: Universidad de Valencia, 1984 •• CORREIA, Eduardo. *Direito criminal*. Colaboração de Figueiredo Dias. Coimbra: Almedina, 2001. vol. I •• COSTA E SILVA, Antônio José da. *Código penal*. São Paulo: Companhia Editora Nacional, 1943. vol. 1 •• COSTA JR., Paulo José. *Código penal comentado*. 8ª ed. São Paulo: DPJ Editora, 2005 •• DAMÁSIO DE JESUS, E. *Direito penal*: parte geral. 35ª ed. São Paulo: Saraiva, 2014 •• DELMANTO, Celso (et alii). *Código penal comentado*. 8ª ed. São Paulo: Saraiva, 2010 •• DOTTI, René Ariel. *Curso de direito penal*: parte geral. 5ª ed. Colaboração de Alexandre Knopfholz e Gustavo Britta Scandelari. São Paulo: Thomson Reuters/Revista dos Tribunais, 2013 •• FIANDACA, Giovanni; MUESCO, Enzo. *Diritto penale*: parte generale. 2ª ed. Bologna: Zanichelli, 1994 •• FIGUEIREDO DIAS, Jorge de. *Direito penal*: parte geral, questões fundamentais, a doutrina geral do crime. 2ª ed. São Paulo: Revista dos Tribunais; Coimbra: Coimbra Editora, 2007 •• FRAGOSO, Heleno Cláudio. *Lições de direito penal*. 17ª ed. Atual. Fernando Fragoso. Rio de Janeiro, Forense, 2006 •• GRECO, Rogério. *Curso de direito penal*: parte geral. 15ª ed. Niterói: Impetus, 2013 •• GUEIROS & JAPAIASSÚ. *Curso de direito penal*: parte geral. Rio de Janeiro: Elsevier, 2012 •• HUNGRIA, Nélson. *Comentários ao código penal*. 4ª ed. Rio de Janeiro: Forense, 1958. vol. I, t. II •• JESCHECK, Hans-Heinrich. *Tratado de derecho penal*: parte general. Barcelona: Bosch, Casa Editorial, 1981. vol. 1º e 2º •• LEONARDO LOPES, Jair. *Curso de direito penal*: parte geral. 2ª ed. São Paulo: Revista dos Tribunais, 1996 •• LISZT, Franz von. *Tratado de direito penal allemão*. Trad. e prefácio José Hygino Duarte Pereira. Rio de Janeiro: F. Briguiet & Cia-Editores, 1899. t. I •• MAGALHÃES NORONHA, Edgard. *Direito penal*. 3ª ed. São Paulo: Saraiva, 1965. vol. 1 •• MANZINI, Vincenzo. *Tratado de derecho penal*: teorias generales. Trad. Santiago Sentís Melendo. Buenos Aires: EDIAR, 1948. vol. II •• MANTOVANI, Ferrando. *Diritto penale*. 4ª ed. Padova: CEDAM, 2001 •• MARQUES, J. F. *Tratado de direito penal*. 2ª ed. São Paulo: Saraiva, 1965. vol. 2 •• MAURACH, Reinhart. *Tratado de derecho penal*. Trad. e notas Juan Cordoba Roda. Barcelona: Ediciones Ariel, 1962. t. I e II •• MAURACH, Reinhardt; ZIPF, Heinz. *Derecho penal*: parte general. Trad. 7ª ed. alemã por Jorge Bofill Genzsch e Enrique Aimone Gibson. Buenos Aires: Ed. Astrea de Alfredo y Ricardo Depalma, 1994. t. 1 e 2 •• MAYER, Max Ernst. *Derecho penal*: parte general. Trad. de Sergio Politoff Lifschitz, rev. geral e prólogo

José Luis Guzmán Dalbora, ed. alemã de 1915. Buenos Aires: Julio César Faira Ed., 2007 •• MAYRINK DA COSTA, Álvaro. *Direito penal*: parte geral. 8ª ed. Rio de Janeiro: Forense, 2009. vol. 2 •• MESTIERI, João. *Manual de direito penal*: parte geral. Rio de Janeiro: Forense, 2002 •• MEZGER, Edmundo. *Tratado de derecho penal*. Trad. de José Arturo Rodríguez Muñoz. Madrid (ES): Ed. Revista de Derecho Privado, 1955. t. II •• MIR PUIG, Santiago. *Derecho penal:* parte general. 9ª ed. Buenos Aires: B de F, 2012 •• MIRABETE, Julio Fabbrini; FABRINNI, Renato N. *Manual de direito penal*: parte geral. 30ª ed. São Paulo: Atlas, 2014 •• MUÑOZ CONDE, Francisco; GARCÍA ARÁN, Mercedes. *Derecho penal*: parte general. 5ª ed. Valencia: Tirant lo Blanch, 2002 •• NUCCI, Guilherme de Souza. *Código penal comentado*. 13ª ed. São Paulo: Thomson Reuters/Revista dos Tribunais, 2013 •• POLITOFF L., Sérgio (*et alii*). *Lecciones de derecho penal chileno*: parte general. 2ª ed. Santiago: Editorial Jurídica de Chile, 2003 •• PRADO, Luiz Regis. *Curso de direito penal brasileiro*. 13ª ed. Coautoria. São Paulo: Thomson Reuters/Revista dos Tribunais, 2014 •• REALE JÚNIOR, Miguel. *Instituições de direito penal*: parte geral. 3ª ed. Rio de Janeiro: Forense, 2009 •• RODRIGUEZ DEVESA, José Maria; SERRANO GOMEZ, Alfonso. *Derecho penal español*: parte general. 15ª ed. Madrid: Dykinson, 1992 •• ROXIN, Claus. *Derecho penal*: parte general. Trad. 2ª ed. alemã Diego-Manuel Luzón Peña (*et alii*). Madrid: Civitas Ediciones, 2003 •• SILVA FRANCO, Alberto. *Código penal e sua interpretação*: doutrina e jurisprudência. 8ª ed. Coordenadores: Alberto Silva Franco e Rui Stoco. São Paulo: Revista dos Tribunais, 2007 •• TOLEDO, Francisco de Assis. *Princípios básicos de direito penal*. 5ª ed. São Paulo: Saraiva, 2002 •• VON LISZT, Franz. *Tratado de direito penal allemão*. Trad. e prefácio José Hygino Duarte Pereira. Rio de Janeiro: F. Briguiet & Cia-Editores, 1899. t. I •• WELZEL, Hans. *Derecho penal aleman*: parte general. 11ª ed., aleman; trad. castellana, 4ª ed., de Juan Bustos Ramírez e Sergio Yáñez Pérez. Santiago de Chile: Editorial Juridica de Chile, 1997 •• ZAFFARONI, Eugenio Raul; ALAGIA, Alejandro; SLOKAR, Alejandro. *Derecho penal*: parte general. 2ª ed. Buenos Aires: EDIAR, 2014 •• ZAFFARONI, Eugenio Raúl; PIERANGELI, José Henrique. *Manual de direito penal brasileiro*: parte geral. 7ª ed. São Paulo: Revista dos Tribunais, 2007. vol. 1.

§ 59. CIRCUNSTÂNCIAS E CONDIÇÕES PESSOAIS

I. Precisão terminológica

O art. 26 da PG/1940 referia-se apenas ao vocábulo *"circunstâncias"*. Mas o Anteprojeto HUNGRIA já incluía como rubrica lateral do art. 33, § 1º, a alternativa *"condições* ou *circunstâncias pessoais"*. E foi assim acolhida no art. 35, § 1º, do CP 1969. A nova redação da Parte Geral incluiu a palavra *"condições"* atendendo a variação de significados como é constatável nas hipóteses rotineiras. Por exemplo, a prática do furto durante o *repouso noturno* evidencia uma *circunstância* que qualifica e reprova mais gravemente o fato (art. 155, § 4º). E a *violenta emoção*, logo em seguida à injusta provocação da vítima, é uma *condição* (subjetiva) do agente que comete o crime sob tal estado psicológico (arts. 121, § 1º, e 129, § 4º).

II. Conceito

Circunstâncias são elementos de natureza objetiva ou subjetiva que se manifestam em torno do fato típico, para determinar o aumento ou redução geral ou especial da pena (*accidentalia delicti*). Na primeira hipótese estão as circunstâncias de caráter *geral*, indicadas como *agravantes* e *atenuantes* (CP, arts. 61 a 66) e na segunda, as de caráter *especial* e que funcionam como *causas de diminuição ou aumento,* em quantidades prefixadas (CP, arts. 121, §§ 1º e 2º; 129, § 4º; 141; 150, § 1º; 155, § 1º etc.). Mas há elementos que são integrantes do próprio tipo de ilícito (*essentialia delicti*), e, portanto, comunicam-se entre os agentes, como se verifica em relação ao furto qualificado (CP, art. 155, § 4º, inc. I a III).

As *condições* podem ser definidas como a natureza ou a qualidade de coisa ou de pessoa, bem como as relações do agente com a vida exterior ou com outros seres humanos. Assim o infanticídio, ou seja, a conduta da mãe que, sob a *influência do estado puerperal*, mata o próprio filho, durante ou logo após o parto (CP, art. 123) e o peculato que consiste na apropriação, pelo *funcionário público*, de dinheiro, valor ou qualquer outro bem móvel, público ou particular, de que tem a posse em razão do cargo, ou desviá-lo, em proveito próprio ou alheio (CP, art. 312). Há farta jurisprudência afirmando que o particular pode ser coautor ou partícipe do peculato, desde que saiba da condição de servidor público do outro agente.

Não se comunicam as condições: *a)* da reincidência; *b)* da menoridade; *c)* do parentesco; *d)* dos motivos: relevante valor social, moral, fútil ou torpe. Na lição de BITENCOURT, "cada agente responderá de acordo com suas circunstâncias e condições pessoais" (*Tratado,* p. 574). Com base nas disposições da PG/1984, o mesmo autor resume o assunto em duas regras básicas: "*a)* às circunstâncias e condições de caráter pessoal não se comunicam entre coautores e partícipes, por expressa determinação legal; *b)* as circunstâncias objetivas e as elementares do tipo (sejam elas objetivas ou subjetivas) só se comunicam se entrarem na esfera de conhecimento dos partícipes" (ob. cit., p. 575). Nesse sentido, pode-se afirmar que a *condição* de reincidente de um dos coautores do delito não se comunica ao outro que é primário, o mesmo sucedendo com a atenuante da menoridade (CP, art. 65, I) de um dos partícipes.

III. O concurso de pessoas no infanticídio

A exemplo do vigente art. 30 do Código Penal, o art. 26 da PG/1940 declarava a incomunicabilidade das circunstâncias de caráter pessoal, salvo quando elementares do crime. Um dos temas penais que durante muitos anos alimentou fecunda polêmica doutrinária foi o reconhecimento ou não da coautoria ou participação no delito de infanticídio (art. 123) para o efeito do estranho sujeitar-se à mesma pena. HUNGRIA manifestou-se primeiramente contra esse tipo de benefício em favor do concorrente. "Não diz com o infanticídio a regra do art. 25 ('Quem, de qualquer modo, concorre para o crime incide nas penas a este cominadas'). Trata-se de crime *personalíssimo*. A condição 'sob a influência do estado puerperal' é *incomunicável*. Não tem aplicação, aqui, a norma do art. 26, sobre as *circunstâncias de caráter pessoal, quando elementares do crime*. As causas que diminuem (ou excluem) a responsabilidade não podem, na linguagem técnico-penal, ser chamadas de *circunstâncias*, pois estas só dizem com o maior ou menor grau de criminosidade do fato, ou seja, com a maior ou menor intensidade do elemento subjetivo ou gravidade objetiva do crime. O partícipe (instigador, auxiliar ou coexecutor material) do infanticídio responderá por homicídio" (*Comentários*, 3ª ed., vol. V, 1955, p. 259) (Itálicos do original). Aquela opinião foi modificada na 5ª ed. dos *Comentários,* vol. V, de 1979, nos seguintes termos: "Assim, em face do nosso Código, mesmo os terceiros que concorrerem para o infanticídio respondem pelas penas a este cominadas, e não pelas do homicídio" (p. 266). FRAGOSO manifestou-se em sentido oposto: "O privilégio se funda numa diminuição da imputabilidade, que não é possível estender aos partícipes. Na hipótese de coautoria (realização de atos de execução por parte do terceiro), parece-nos evidente que o crime deste será o de homicídio" (*Lições: parte especial*, p. 80).

Mas no próprio regime da PG/1940 a Exp. Mot. poderia ser invocada como endereço seguro para admitir a coautoria ou participação no delito especial de infanticídio, como se verifica pela seguinte passagem: "As *circunstâncias* de caráter pessoal incomunicáveis são apenas as que representam, no caso concreto, simples *accidentalia delicti*. As *circunstâncias subjetivas* que influem sobre o *nomen juris* da infração penal, ainda que inerentes a um só dos partícipes, estendem-se, necessariamente, aos copartícipes" (item 23). São de natureza *subjetiva* ou *pessoais* as que se referem aos motivos, à qualidade ou condição pessoal do agente, às suas relações com a vítima ou com os demais concorrentes no fato. São de natureza *objetiva* ou *reais* as que se referem aos meios e modos de execução, à condição ou qualidade da vítima, ao tempo, lugar e ocasião do crime.

O Anteprojeto Hungria aclarou o dispositivo nos seguintes termos: "A punibilidade de qualquer dos concorrentes é independente da dos outros, não se comunicando, outrossim, as circunstâncias de caráter pessoal, salvo quando elementares do crime" (art. 33, § 1º).

A doutrina nacional, pela grande maioria de seus representantes, entende que o terceiro que concorre para o infanticídio deve ser punido com as penas a este cominadas: NUCCI, *Código penal*, p. 322-323; DELMANTO, *Código penal*, p. 465; SOUZA-JAPIASSÚ, *Direito penal*, p. 312; DAMÁSIO DE JESUS, *Direito penal: parte especial*, vol. 2, p. 110 e ss.[1] e *Infanticídio e concurso de agentes em face do novo código penal*, p. 31-F[2]; MARQUES, J. F., *Tratado*, vol. II, p. 314; MAGALHÃES NORONHA, *Direito penal*, vol. 2, p. 47; COSTA JÚNIOR, *Código penal*, p. 384; BARTOLI-PANZERI, *Código penal*, p. 661; GARCIA, *Instituições*, vol. I, t. I, p. 382.

Embora possa ser considerada materialmente injusta essa solução, que é também adotada pela jurisprudência, cumpre-se, rigorosamente, o princípio constitucional e legal da anterioridade da lei penal quanto à previsão dos crimes e cominação das sanções.

A respeito do tema, assim dispõe o Código Penal Tipo: *"Las calidades o relaciones personales y los demás elementos de carácter subjetivo integrantes de la descripción legal del hecho que concurrieren en alguno de quienes lo han realizado, se comunicarán a los demás autores y partícipes que hubieren tenido conocimiento de ellos. Si no los hubieren conocido, sufrirán la pena del delito previsto sin esos requisitos. Las calidades o relaciones personales y los demás elementos de carácter subjetivo no integrantes de la descripción legal, sólo influirán en la responsabilidad de aquellos en quienes concurran* (art. 38).

---

1   Esse penalista dedica grande espaço em seus comentários para abordar, minuciosamente, a evolução do pensamento de NÉLSON HUNGRIA a respeito do tema (ob. cit., p. 114-117).

2   A tese *Infanticídio e concurso de agentes em face do novo Código Penal,* apresentada por DAMÁSIO DE JESUS e aprovada por unanimidade na sessão plenária do IV Congresso Nacional de Direito Penal e Ciências Afins (Recife, 2-8 de agosto de 1970), tem suas duas últimas conclusões nos seguintes termos: "Em suma enquanto não for mudada a legislação penal a respeito do assunto, não vemos como possa o terceiro que participa do fato do infanticídio responder por homicídio. Sugerimos que o infanticídio seja convertido pelo legislador em forma privilegiada de homicídio, permitindo a punição do terceiro por esse crime" (p. 31-F). O novo Código Penal a que se refere o autor foi sancionado pelo Dec.-Lei n. 1.004, de 21.10.1969, e assim dispôs sobre o infanticídio: "**Art. 122.** *Matar a mãe o próprio filho, para ocultar sua desonra, durante ou logo após o parto*: Pena – *detenção, de dois a seis anos".*

CASOS DE IMPUNIBILIDADE
Art. 31. *O ajuste, a determinação ou instigação e o auxílio, salvo disposição expressa em contrário, não são puníveis, se o crime não chega, pelo menos, a ser tentado.*

DIREITO ANTERIOR
CCrim. 1830: Omisso. •• **CP 1890:** "Art. 10. A resolução de commeter crime, manifestada por actos exteriores, que não constituiem começo de execução, não é sujeita á acção penal, salvo si constituir crime especificado na lei". •• **Projeto Alcântara Machado (1938):** "Art. 18. I – [...] § 1º Salvo expressa disposição em contrário, não serão puniveis, quando o crime não for cometido, o ajuste entre duas ou mais pessôas, ou a instigação para cometê-lo. Em qualquer desses casos, porém, poderá o juiz aplicar medida de segurança ao que participar do ajuste ou fizer a instigação". •• **Anteprojeto Hungria (1963):** Omisso. •• **CP 1969:** Omisso. ••. **Anteprojeto Toledo (1981): Art. 31.** Corresponde ao texto vigente.

BIBLIOGRAFIA (GERAL)

ANTOLISEI, Francesco. *Manuale di diritto penale*: parte generale. 3ª ed. Milano, Dott. A. Giuffrè, 1994 •• ASÚA, Luis Jiménez. *Tratado de derecho penal*. Buenos Aires: Editorial Losada, 1962. vol. VI, 1962 •• BASILEU GARCIA. *Instituições de direito penal*. São Paulo: Max Limonad, 1959. vol. I, t. I •• BENTO DE FARIA, Antonio de. *Annotações theorico-praticas ao codigo penal do Brazil*. Rio de Janeiro: Francisco Alves e Cia., 1913 // Código penal brasileiro (comentado). Rio de Janeiro: Distribuidora Récord Ed., 1958. vol. 2 •• BETTIOL, Giuseppe. *Diritto penale:* parte generale. 11ª ed. Padova: CEDAM, 1982 •• BITENCOURT, Cezar Roberto. *Tratado de direito penal:* parte geral. 19ª ed. São Paulo: Saraiva, 2013 •• BOCKELMANN, Paul; VOLK, Klaus. *Direito penal*: parte geral. Belo Horizonte: Del Rey, 2007 •• BRUNO, Aníbal. *Direito penal*: parte geral. 3ª ed. Rio de Janeiro: Forense, 1967. t. 1º •• BUSATO, Paulo César. *Direito penal:* parte geral. São Paulo: Atlas, 2013. vol. 1 •• CARRANCA Y TRUJILLO, Raul. *Derecho penal mexicano*: parte general. México: Ed. Porrúa, 1970. t. I •• CEREZO MIR, José. *Derecho penal*: parte general. São Paulo: Revista dos Tribunais, Lima (PE): ARA Ed., 2007 •• CIRINO DOS SANTOS, Juarez. *Direito penal*: parte geral. 3ª ed. Curitiba: ICPC; Lumen Juris, 2008 •• COBO DEL ROSAL, M.; VIVES ANTÓN, T. S. *Derecho penal*: parte general. Valencia: Universidad de Valencia, 1984 •• CORREIA, Eduardo. *Direito criminal*. Colaboração de Figueiredo Dias. Coimbra: Almedina, 2001. vol. I •• COSTA E SILVA, Antônio José da. *Código penal*. São Paulo: Companhia Editora Nacional, 1943. vol. 1 •• COSTA JR., Paulo José. *Código penal comentado*. 8ª ed. São Paulo: DPJ Editora, 2005 •• DAMÁSIO DE JESUS, E. *Direito penal*: parte geral. 35ª ed. São Paulo: Saraiva, 2014 •• DELMANTO, Celso (*et alii*).

Código penal comentado. 8ª ed. São Paulo: Saraiva, 2010 •• DOTTI, René Ariel. *Curso de direito penal*: parte geral. 5ª ed. Colaboração de Alexandre Knopfholz e Gustavo Britta Scandelari. São Paulo: Thomson Reuters/Revista dos Tribunais, 2013 •• FIANDACA, Giovanni; MUESCO, Enzo. *Diritto penale*: parte generale. 2ª ed. Bologna: Zanichelli, 1994 •• FIGUEIREDO DIAS, Jorge de. *Direito penal*: parte geral, questões fundamentais, a doutrina geral do crime. 2ª ed. São Paulo: Revista dos Tribunais; Coimbra: Coimbra Ed., 2007 •• FRAGOSO, Heleno Claudio. *Comentários ao código penal*. 5. ed. Rio de Janeiro: Forense, 1978, vol. I, t. II (arts. 11/27) // *Lições de direito penal*. 17ª ed. Atual. Fernando Fragoso. Rio de Janeiro: Forense, 2006 •• GRECO, Rogério. *Curso de direito penal*: parte geral. 15ª ed. Niterói: Impetus, 2013 •• GUEIROS & JAPAIASSÚ. *Curso de direito penal*: parte geral. Rio de Janeiro: Elsevier, 2012 •• HUNGRIA, Nélson. *Comentários ao código penal*. 4ª ed. Rio de Janeiro: Forense, 1958. vol. I, t. II •• JAKOBS, Günther. *Derecho penal*: parte general, fundamentos y teoria de la Imputación. Trad. Joaquin Cuello Contreras, José Luis Serrano Gozalez de Murillo. Madrid: Marcial Pons, 1995 •• JESCHECK, Hans-Heinrich. *Tratado de derecho penal*: parte general. Barcelona: Bosch, Casa Editorial, 1981. vol. 1º e 2º •• LEONARDO LOPES, Jair. *Curso de direito penal*: parte geral. 2. ed. São Paulo: Revista dos Tribunais, 1996 •• MAGALHÃES NORONHA, Edgard. *Direito penal*. 3ª ed. São Paulo: Saraiva, 1965. vol. 1 •• MANTOVANI, Ferrando. *Diritto penale*. 4ª ed. Padova: CEDAM, 2001 •• MARQUES, J. F. *Tratado de direito penal*. 2ª ed. São Paulo: Saraiva, 1965. vol. 2 •• MAURACH, Reinhart. *Tratado de derecho penal*. Trad. e notas Juan Cordoba Roda. Barcelona: Ediciones Ariel, 1962. t. I e II •• MAURACH, Reinhardt; ZIPF, Heinz. *Derecho penal*: parte general. Trad. 7ª ed. alemã por Jorge Bofill Genzsch e Enrique Aimone Gibson. Buenos Aires: Ed. Astrea de Alfredo y Ricardo Depalma, 1994. t. 1 e 2 •• MAYER, Max Ernst. *Derecho penal:* parte general. Trad. de Sergio Politoff Lifschitz, rev. geral e prólogo José Luis Guzmán Dalbora, ed. alemã de 1915. Buenos Aires: Julio César Faira Ed., 2007 •• MESTIERI, João. *Manual de direito penal:* parte geral. Rio de Janeiro: Forense, 2002 •• MAYRINK DA COSTA, Álvaro. *Direito penal*: parte geral. 8ª ed. Rio de Janeiro: Forense, 2009. vol. 2 •• MEZGER, Edmundo. *Tratado de derecho penal*. Trad. de José Arturo Rodríguez Muñoz. Madrid (ES): Ed. Revista de Derecho Privado, 1955. t. II •• MIR PUIG, Santiago. *Derecho penal:* parte general. 9ª ed. Buenos Aires: B de F, 2012 •• MIRABETE, Julio Fabbrini; FABRINNI, Renato N. *Manual de direito penal*: parte geral. 30ª ed. São Paulo: Atlas, 2014 •• MUÑOZ CONDE, Francisco; GARCÍA ARÁN, Mercedes. *Derecho penal:* parte general. 5ª ed. Valencia (ES): Tirant lo Blanch, 2002 •• NOVOA MONREAL, Eduardo. *Curso de derecho penal chileno:* parte general. 2ª ed. Santiago: Editorial Juridica Ediar-Cono Sur Ltda,

1985. t. 1 •• NUCCI, Guilherme de Souza. *Código penal comentado*. 13ª ed. São Paulo: Thomson Reuters/Revista dos Tribunais, 2013 •• NUÑEZ, Ricardo C. *Manual de derecho penal*: parte general. 3ª ed. Cordoba: Marcos Lerner Editora Cordoba, 1982 •• POLITOFF L., Sérgio (*et alii*). *Lecciones de derecho penal chileno*: parte general. 2ª ed. Santiago: Editorial Jurídica de Chile, 2003 •• PRADO, Luiz Regis. *Tratado de direito penal*: parte geral. São Paulo: Thomson Reuters/Revista dos Tribunais, 2014. vol. 2 // *Curso de direito penal brasileiro*. 13ª ed. Coautoria. São Paulo: Thomson Reuters/Revista dos Tribunais, 2014 •• QUINTERO OLIVARES, Gonzalo. *Parte general del derecho penal*. 4ª ed. Colaboración de Fermín Morales Prats. Pamplona: Thomson Reuters, 2010 •• REALE JÚNIOR, Miguel. *Instituições de direito penal*: parte geral. 3ª ed. Rio de Janeiro: Forense, 2009 •• RODRIGUEZ DEVESA, José Maria; SERRANO GOMEZ, Alfonso. *Derecho penal español*: parte general. 15ª ed. Madrid: Dykinson, 1992 •• ROXIN, Claus. *Derecho penal*: parte general. Trad. 2ª ed. alemã Diego-Manuel Luzón Peña (*et alii*). Madrid: Civitas Ediciones, 2003 •• SILVA FRANCO, Alberto. *Código penal e sua interpretação:* doutrina e jurisprudência. 8ª ed. Alberto Silva Franco e Rui Stoco (Coords.). São Paulo: Revista dos Tribunais, 2007 •• TOLEDO, Francisco de Assis. *Princípios básicos de direito penal*. 5ª ed. São Paulo: Saraiva, 2002 •• VILLALOBOS, Ignacio. *Derecho penal mexicano*. México: Ed. Porrúa, 1975 •• WELZEL, Hans. *Derecho penal aleman*: parte general. 11ª ed., aleman; trad. castellana, 4ª ed., de Juan Bustos Ramírez e Sergio Yáñez Pérez. Santiago de Chile: Editorial Juridica de Chile, 1997 •• ZAFFARONI, Eugenio Raul; ALAGIA, Alejandro; SLOKAR, Alejandro. *Derecho penal*: parte general. 2ª ed. Buenos Aires: EDIAR, 2014 •• ZAFFARONI, Eugenio Raúl; PIERANGELI, José Henrique. *Manual de direito penal brasileiro*: parte geral. 7ª ed. São Paulo: Revista dos Tribunais, 2007. vol. 1

§ 60. CASOS DE ATIPICIDADE

I. Precisão terminológica

A denominação legal *"Casos de impunibilidade"*, utilizada na redação da PG/1940, foi trasladada pela PG/1984. No entanto, a rubrica seria tecnicamente mais adequada se empregasse a expressão acima indicada. Realmente, a palavra "hipótese(s)" está presente em várias normas do Código Penal, como referem os arts. 23, parág. único; 33, § 2º; 69, § 1º; 121, § 5º; 251, § 2º etc. Sob outro aspecto, o vocábulo "atipicidade", característica do que é atípico, está dicionarizada, como se verifica em HOUAISS, significando, na acepção jurídica, "propriedade do que é indiferente ao direito penal, por não se enquadrar na definição legal de um direito (*rectius:* delito)" (p. 214).

II. Noção realística do crime

Com muita propriedade técnica, HUNGRIA alude à "noção realística do crime" para afirmar que este não existe "sem que se apresente, pelo menos a periclitação do bem jurídico penalmente tutelado" (*Comentários,* vol. I, t. II, p. 438). Trata-se de um dogma de garantia individual consagrado por um dos princípios muito caros ao Direito Penal de um Estado Democrático de Direito: o *princípio da lesividade* também chamado *ofensividade.* Como já foi destacado em outra oportunidade (DOTTI, *Curso,* p. 147), tal princípio tem duas funções básicas: ***a)*** *função político-criminal,* na medida em que determinadas modalidades de lesão consideram-se insuportáveis para a normalidade da vida individual ou coletiva e são destacadas para sofrerem a imposição de pena ou medida de segurança. Cabe à Política Criminal – "a sabedoria legislativa do Estado", como bem definiu VON LISZT, essa tarefa de seleção; ***b)*** *função interpretativa ou dogmática,* que se exercita *a posteriori*, i.e., quando se aplica a norma penal. Cf. GOMES, trata-se de uma função "que pretende ter natureza 'material' e significa constatar *ex post factum* (depois do cometimento do fato) a concreta presença de uma lesão ou de um perigo concreto de lesão ao bem jurídico protegido" (*Princípio da ofensividade no direito penal,* p. 99).

O início de execução do crime é caracterizado pelo começo da realização do verbo contido no tipo que descreve a conduta proibida. Antecedem essa fase, nos injustos dolosos, *os atos preparatórios* e a *cogitação* geralmente impuníveis.

Na oportuna opinião de NUCCI, a hipótese em análise constitui situação de *atipicidade* (*Código penal,* p. 323).

III. Exclusão do sistema "duplo binário"

Na PG/1940, o dispositivo em análise tinha a ressalva do art. 76, parágrafo único, que previa a imposição de medida de segurança – além da pena – quando constatada a periculosidade do agente. O juiz obrigatoriamente deveria ordenar a *liberdade vigiada* pelo prazo mínimo de um ano (art. 94, III).

Mas, cf. a Exp. Mot. da Lei n. 7.209/84, "o princípio da culpabilidade estende-se, assim, a todo o Projeto. Aboliu-se a medida de segurança para o imputável" (item 18). O diploma vigente acolhe o sistema *vicariante*: ao autor do fato punível é aplicável a pena ou a medida de segurança, e não mais o acúmulo de tais respostas quando o mesmo é considerado perigoso.

IV. Cláusula de reserva

A não criminalização do ajuste, determinação, instigação ou auxílio sem ultrapassar o estágio dos atos preparatórios é regra geral que admite exceções expressas no sistema positivo. Além da criminalização dos atos da *associação criminosa* (CP, art. 288), há outras figuras típicas puníveis em função da prática de atos de preparação para um proveito posterior, como os *petrechos para falsificação de moeda* (CP, art. 291) e as hipóteses de *incitação,* como espécies de crimes comuns (CP, arts. 122, 227, 228 etc.) e de crime político (Lei n. 7.170/83, art. 23).

APÊNDICE

1. ***Dados biográficos.*** René Ariel Dotti
2. ***Tributo de respeito e admiração.*** Heleno Cláudio Fragoso
3. ***Memória jurisprudencial.*** Luciano Felício Fuck
4. ***A pena de morte no Brasil.*** Nélson Hungria
5. ***Metáforas e pensamentos de Nélson Hungria.*** René Ariel Dotti
6. **Reunião da Comissão Revisora do Anteprojeto do Código Penal de 1940**
7. **Exposição de Motivos do Projeto definitivo do Código Penal de 1940**
   (Dec.-Lei n. 2.848, de 07.12.1940: Parte Geral, arts. 11-27)
8. **Páginas originais do Anteprojeto Hungria redigidas pelo autor**
   Doação: Clemente Hungria
9. **Quadro dos dispositivos penais comparados**

NÉLSON HUNGRIA Hoffbauer (1891-1969)

DADOS BIOGRÁFICOS

René Ariel Dotti

Uma fiel pesquisa sobre vida e obra do *príncipe dos penalistas brasileiros* se contém na abertura da valiosa coletânea de seus votos organizada por LUCIANO FELÍCIO FUCK, *Memória Jurisprudencial: Ministro Nélson Hungria*, editada pelo Supremo Tribunal Federal (2002). Outras nascentes de informações vêm de CID FLAQUER SCARTEZZINI, com seu discurso de posse na Academia Paulista de Direito, *Nelson Hungria: o homem e o jurista* (23.09.1974), saudando o anterior ocupante da Cadeira nº18, e do filho dedicado e atento, CLEMENTE HUNGRIA, no texto publicado nas primeiras páginas deste volume.

NÉLSON HUNGRIA HOFFBAUER nasceu em 16 de maio de 1891, na fazenda Solidão, propriedade de seus avós maternos, localizada no Município de Além Paraíba, na Zona da Mata de Minas Gerais. Seus pais, "ricos apenas em valores morais",[1] chamavam-se Alberto Teixeira de Carvalho Hungria, humilde funcionário público municipal, e Anna Paula Domingues Hungria, costureira.

Alfabetizado pela mãe aos 3 anos de idade ele fez o curso primário no Colégio Cassão, em Belo Horizonte e iniciou o secundário na mesma instituição completando-o em Sabará – "onde estudou latim com FRANCISCO CAMPOS e OROZIMBO NONATO"[2] e no Ginásio Nogueira da Gama, em Jacareí (SP). Já aos 7 fundou em Santo Antônio do Pinhal (SP) o semanário de uma página impresso em Pindamonhangaba (SP), com o arrebatado título "A vespa" para meter ferroadas em fazendeiros locais.

Aos 14 anos ingressou na Faculdade de Direito de Belo Horizonte, mas no final do segundo ano "mudou-se sozinho para o Rio de Janeiro onde conseguiu emprego como *mata-mosquito*, para se sustentar. Bacharelou-se aos 18 anos no Curso de Direito da Faculdade Livre do Rio de Janeiro. Retornou a Minas Gerais, onde foi nomeado Promotor Público em Rio Pomba, agres-

---

1 FELÍCIO FUCK, Luciano. Ob. cit., p. 20.
2 TAVARES, Adelmar. *Apud* FELÍCIO FUCK, Luciano. Ob. cit., nota de rodapé nº 4, fls. 20.

te interior do Estado. Aos 21 anos, em 1912, casou-se com D. Isabel Maria Machado Hungria Hoffbauer, com quem teve quatro filhos".[3]

Após a mudança para Belo Horizonte, em 1918, advogou por quatro anos e decidiu retornar ao Rio de Janeiro para exercer a função de Delegado de Polícia durante dez meses e "vendedor de estampilhas no Tesouro Nacional".[4]

Sua carreira na judicatura iniciou-se em 1924, passando em primeiro lugar no Brasil para o concurso de pretor. Assumiu a 8ª Pretoria Criminal do Rio de Janeiro e serviu posteriormente como Juiz de Órfãos da Vara dos Feitos da Fazenda Pública. Em 1936 veio a promoção por merecimento a Juiz de Direito e em 1944 foi nomeado Desembargador do Tribunal de Apelação do Rio de Janeiro. Em 29 de maio de 1951, o Presidente GETÚLIO VARGAS nomeou-o Ministro do Supremo Tribunal Federal cargo que honrou até a sua aposentadoria em razão do limite de idade (11.04.1961) com extraordinária cultura geral, notável conhecimento jurídico, profunda dedicação e um *fervor religioso* na defesa de suas convicções. Também foi membro substituto (1955-1957) e efetivo (1957-1961) do Tribunal Superior Eleitoral, ocupando a presidência no período de 9 de setembro de 1959 a 22 de janeiro de 1961.

Em seu discurso de despedida (14.04.1961) cunhou a histórica frase que o identificaria como insuperável penalista e exímio polemista: "*Muitas vezes, com a minha fácil e irreprimível exaltação, fui provocador de acalorados debates, em que todos nos empenhávamos, imprimindo ondulações na superfície de nosso até então invariável 'manso lago azul'. Não me arrependo de tê-lo feito. Tenho aversão às águas estagnadas, que só servem para emitir efluvios malignos ou causar emanações mefíticas*".[5]

A metáfora foi – e continua sendo pela recuperação da palavra – o seu instrumento de combate que serve tanto à crítica como à ironia no cenário da polêmica quando vergasta a apostasia de princípios jurídicos ou os apóstolos de novos e esdrúxulos credos doutrinários. Vale um exemplo: "*Nós ainda não nos libertamos do mau vezo de acolher, sem refletir, as ideias que nos chegam,* empacotadas, *da Europa. Ainda não nos corrigimos da balda de ter acessos de tosse quando o Velho Mundo apanha a coqueluche... Na pressa de se coçarem de pruridos alheios, aqueles que, entre nós, vozeiam as ideias partejadas na crise epilética dos países europeus, não se dão ao*

---

3   FELÍCIO FUCK, Luciano. Ob. cit., p. 20.
4   Idem. Ob. cit., p. 21.
5   Idem. Ob. cit., p. 12. (Os destaques em itálico são meus).

trabalho de passá-las pelo crivo da meditação e ponderação que nos permite a tranquilidade remansosa em que vivemos".[6]

Na carreira acadêmica HUNGRIA obteve a aprovação em primeiro lugar para a Livre-Docência de Direito Penal na Faculdade Nacional de Direito (1934). Entre suas obras de maior relevo (quinze livros e cerca de trezentas monografias), podem ser referidas: *Fraude Penal; Legítima defesa putativa; Estudos sobre a Parte Especial do Código Penal de 1890; Crimes contra a economia popular; Novas questões jurídico-penais* e os monumentais *Comentários ao Código Penal.* Ele conciliava o tempo da magistratura com o tempo de escritor na atmosfera da vida familiar e doméstica. Madrugador qual um monge trapista, NÉLSON chamava a atenção do filho CLEMENTE que lembra as palavras de absoluta disposição para o trabalho: "A natureza me privilegiou com boa memória e decretou que só dormiria cinco horas por noite, o que me sobre tempo para ler".[7]

Participou ativamente em congressos nacionais e internacionais indicando-se entre muitos: *a)* 2º Congresso Latino Americano (Santiago do Chile, 1947); *b)* 3º Congresso Latino Americano de Criminologia (1949), *c) Jornadas de Derecho Penal* (Buenos Aires, 1960); *d)* a corredação do *Código Penal Tipo para a América Latina,* com reuniões em Santiago do Chile (1963 e 1965); *e)* Centenário de Abolição da Pena de Morte em Portugal (1967), com o artigo "A pena de morte no Brasil".

É impossível enumerar a sua vasta contribuição para os debates acadêmicos e legislativos com palestras, conferências, artigos e entrevistas acerca dos mais vibrantes temas de Direito Penal e Criminologia. Algumas amostras de sua lúcida versatilidade, luminosa inteligência e esmerada combatividade estão nos escritos publicados nos apêndices dos volumes I (tomos I e II), III, V e VI dos *Comentários.*

Como legislador NÉLSON HUNGRIA coordenou a Comissão Revisora do Anteprojeto ALCÂNTARA MACHADO, também integrada por ANTONIO VIEIRA BRAGA, NARCÉLIO DE QUEIROZ, ROBERTO LYRA e ABGAR RENAULT e que teve a colaboração de A. J. COSTA E SILVA. O aludido trabalho se converteu no Decreto-lei nº 2.848, de 7 de dezembro de 1940 (Código Penal). Em 1963 foi publicado pelo Ministério da Justiça o seu portentoso Anteprojeto de Código Penal. Com infatigável paciência ele ilustrou vários dispositivos da Parte Geral com a legislação comparada de outros países.[8] HUNGRIA partici-

---

6 Comentário ao art. 1º, p. 13. (Os destaques em itálico são meus).

7 HUNGRIA, Clemente. "Nélson Hungria, meu pai", nesta edição.

8 O Anteprojeto de Código Penal foi também divulgado pela *Revista Brasileira de Criminologia e Direito Penal*, Rio de Janeiro: ed. Universidade do Estado da Guanabara, 1963, nºs. 1 (p. 169-198) e 2 (p.185-227).

pou da primeira comissão revisora de seu texto que subsidiou a elaboração do Código Penal de 1969.[9] Foi também membro das comissões de redação dos anteprojetos do Código de Processo Penal e da Lei das Contravenções Penais.

Após a sua aposentadoria retornou ao exercício da advocacia (razões, pareceres, sustentações orais) até dias antes do passamento ocorrido em 26 de março de 1969 aos 78 anos de idade.

Assim foi; assim é e assim continuará sendo, NÉLSON HUNGRIA.

"Bisogna fare la propria vita, come si fa un'opera d'arte. Bisogna che la vita d'un uomo d'inteletto sia opera di lui. La superiorità vera è tuta qui".

G. D'Annunzio (1863-1938), Il piacere, I, 2.

---

9 CP 1969: Dec.-lei nº 1004, de 21.10.1969, alterado pela Lei nº 6.016, de 31.12.1973 e revogado, sem entrar em vigor, pela Lei nº 6.578, de 11.10.1978.

TRIBUTO DE RESPEITO E ADMIRAÇÃO[1]

Heleno Cláudio Fragoso

"Os estudos de Direito e Processo Penal enfeixados no presente volume constituem homenagem que a **Nélson Hungria** prestam seus colegas e discípulos, no país e no estrangeiro, associando-se às múltiplas manifestações de apreço e simpatia que vêm sendo tributadas ao insigne jurista, pela sua aposentadoria, como ministro do Supremo Tribunal Federal, em maio último, quando completou 70 anos.

É esta, talvez, a mais representativa das homenagens, pois é prestada através do estudo e da pesquisa, na matéria a que o homenageado dedicou toda a sua atividade científica. Compõe-se de estudos de alto nível de alguns dos melhores penalistas do Brasil e de grandes mestres estrangeiros, que acederam ao convite que lhes foi formulado, todos assinalando, invariavelmente, os altíssimos méritos do homenageado.

Nélson Hungria é a figura mais representativa de nossa cultura jurídico-penal, onde constitui, como dizia **Roberto Lira**, uma culminância. É êle, como já se afirmou, o príncipe do Direito Penal brasileiro. É com a obra de **Nélson Hungria** que a ciência penal no Brasil penetra numa nova e decisiva fase de seu desenvolvimento. Seus *Comentários* constituem um Tratado que honra a ciência penal do Brasil. São obra de consulta obrigatória para os estudiosos, sendo citados a cada passo pelos tribunais, como verdadeira interpretação autêntica do vigente Código Penal.

A atividade constante de **Nélson Hungria** no estudo revela-se através de impressionante quantidade de notáveis trabalhos científicos que incessantemente produz e que estão publicados nas revistas jurídicas do país.

---

[1] Texto de apresentação da coletânea *Estudos de Direito e Processo Penal*, reunindo artigos de Luís Jimenez de Asúa, Giuseppe Bettiol, Reinhart Maurach, Francisco B. Laplaza, Aníbal Bruno, José Frederico Marques, Noé Azevedo, Heleno Cláudio Fragoso, Jorge Alberto Romeiro, E. Magalhães Noronha, João Bernardino Gonzaga, Benjamim Morais, Roberto Lira Filho, F. M. Xavier de Albuquerque, Romeu Pires de Campos Barros, Odin Americano, Alípio Silveira, Everardo da Cunha Luna, Laertes de Macedo Munhoz, Geber Moreira, Antenor Bogéa e J. A. César Salgado. Rio de Janeiro: Forense, 1962.

É um homem em dia com a ciência de seu tempo. Em relação a êle poderíamos dizer, como **Wegner** na apresentação dos estudos publicados na Alemanha em homenagem a **Wilhelm Sauter**, que é difícil crer no número setenta, com referência à sua idade. À sua extraordinária vitalidade corresponde um espírito jovem e sem preconceitos. Recebendo do Governo o encargo de preparar um anteprojeto de reforma de nosso Código Penal, nós agora o vemos modificar concepções ardorosamente defendidas no passado, em magnífica lição de fidelidade à ciência e à cultura.

A homenagem que lhe prestam seus antigos companheiros e alguns de seus jovens discípulos – à qual se associa sua editora de longos anos – constitui um preito de gratidão e reconhecimento ao penalista emérito, a quem tantos e tão relevantes serviços deve a Ciência do Direito Penal".

MEMÓRIA JURISPRUDENCIAL
(O caso Café Filho)

Luciano Felício Fuck

INTRODUÇÃO À LEITURA

Não somente nas páginas de doutrina os pensamentos, as citações e as metáforas de Nélson Hungria desvendavam a sua exímia capacidade de argumentador, valendo-se do mesmo processo de comunicação verbal para enriquecer a frase. Ele foi um juiz luminoso e intimorato, como demonstra o caso *Café Filho,* de extraordinária importância histórica e repercussão institucional. A pesquisa e o texto a seguir foram reproduzidos da valiosa publicação *Memória Jurisprudencial*: *Ministro Nélson Hungria,* de autoria de Luciano Felício Fuck, Brasília: Supremo Tribunal Federal, 2012, p. 92 a 106. As minuciosas e pontuais observações acerca da conjuntura política e circunstâncias do episódio são feitas pelo próprio autor e impressas em fonte distinta da utilizada para transcrição dos votos. (RAD)

"2.2.1.2. CASO CAFÉ FILHO

Entre as graves discussões institucionais travadas no período, envolvendo a separação de poderes, nenhuma outra se tornaria tão célebre como o caso Café Filho (HC 33.908/DF, Rel. Min. convocado Afrânio Costa, Pleno, 21.12.1955; e o MS 3.557/DF, Rel. para o acórdão Min. convocado Afrânio Costa, Pleno, 7.11.1956).

Evidentemente, para avaliar a decisão do Supremo Tribunal Federal e o caso em comento, é necessário conhecer o acirrado contexto histórico do momento e distanciar-nos do maduro e estável parâmetro institucional em que vivemos.

A própria posse de Café Filho já ocorreu em meio à grave crise institucional que culminou com o suicídio de Vargas, em 24 de agosto de 1954.

Em síntese, João Fernandes Café Filho foi eleito vice-presidente da República junto com Getúlio Vargas, em 1950, numa aliança entre o Partido Social Progressista (PSP) e o Partido Trabalhista Brasileiro (PTB), contra os candidatos Cristiano Machado, do Partido Social Democrático (PSD), apoiado pelo presidente Dutra; e Eduardo Gomes, da União Democrática Nacional (UDN). Getúlio Vargas foi o mais votado: obteve 48% dos votos, o que desde logo foi impugnado pela UDN, sustentando a necessidade da maioria absoluta de votos, ante a inexistência de segundo turno.[1]

A partir de então, a UDN fez uma oposição vigorosa contra o governo, principalmente por meio de denominada 'Banda de Música' – parte exaltada da bancada da UDN foi atada por Afonso Arinos, Milton Campos e pelos futuros Ministros Aliomar Baleeiro, Adaucto Cardoso, Prado Kelly e Bilac Pinto – e do polêmico jornalista Carlos Lacerda.[2]

Este último se tornou a principal figura de oposição ao presidente Vargas 'os atentados contra sua vida, sendo guardado dia e noite por um de voluntários, jovens oficiais da aeronáutica'.[3]

No dia 5 de agosto, à meia-noite e quarenta e cinco minutos, ocorreu o atentado mais impactante: um pistoleiro atirou contra Lacerda, na frente do prédio onde morava o jornalista, na rua Toneleros, em Copacabana, Rio de Janeiro. No episódio, Carlos Lacerda ficou apenas ligeiramente ferido, mas morreu seu acompanhante, o major Rubens Florentino Vaz.[4]

O impacto político do ato foi enorme, principalmente após a captura do assassino, que revelou em inquérito estar sob as ordens de Gregário Fortunato, *chefe* da Guarda Presidencial do Palácio. Tratava-se de gaúcho analfabeto, que servia havia mais de trinta anos o presidente Getúlio Vargas.[5]

Pressionado para renunciar, inclusive pelas Forças Armadas, Getúlio Vargas apontou a arma contra o coração e cometeu suicídio no dia 24 de agosto de 1954.[6]

Nesse contexto, Café Filho toma posse, compondo um ministério formado essencialmente por políticos da UDN.[7]

Em outubro de 1955 é eleita a coligação PSD/PTB, encabeçada por Juscelino Kubitschek, com pouco mais de três milhões de votos, ou 36%

---

1   COSTA, Emilia Viotti da. *O Supremo Tribunal Federal e a construção da cidadania*. 2ª ed. São Paulo: IEJE, 2007, p. 143.
2   CHACON, Vamireh. *História dos partidos brasileiros*. 3ª ed. Brasília: Universidade de Brasília, 1998, p. 153.
3   SKIDMORE, Thomas E. *Brasil:* de Getúlio a Castelo. Tradução coordenada por Ismênia Turres Dantas. 10ª ed. Rio de Janeiro: Paz e Terra, 1996, p. 176.
4   Id., loc. cit.
5   Loc. cit.
6   Loc. cit.
7   COSTA, Emilia Viotti da. *O Supremo Tribunal Federal e a construção da cidadania*. 2ª ed. São Paulo: IEJE, 2007, p. 150.

do eleitorado, contra os candidatos Juarez Távora (UDN), Ademar de Barros (PSP) e Plínio Salgado, líder integralista. Ressalte-se que, na eleição para vice-presidente, João Goulart (PTB) teve mais votos que Juscelino Kubitschek[8].

De imediato, os antipopulistas e representantes da UDN impugnaram o resultado da eleição que deu vitória ao candidato com pouco mais de um terço dos votos.

Por ocasião do enterro do general Canrobert Pereira da Costa, em 1º de novembro de 1955, então expoente dos militares que se opunham a Getúlio Vargas, o coronel Jurandir Bizarria Mamede proferiu discurso em nome do Clube Militar contra a denominada 'vitória da minoria', calculado como o estopim contra a posse do presidente eleito[9].

Concomitantemente, Carlos Lacerda pleiteava de seu jornal, *Tribuna da Imprensa,* a intervenção das Forças Armadas contra a posse de Juscelino[10].

O ministro da Guerra, general Henrique Duffles Teixeira Lott, era firme no princípio da legalidade e no caráter apolítico das Forças Armadas. Ele ficou irritadíssimo com o discurso do coronel Mamede e procurou tão logo quanto possível responsabilizá-lo administrativa e penalmente.[11]

Como o coronel era membro do corpo permanente da Escola Superior de Guerra, ligada não ao Ministério da Guerra, mas diretamente à Presidência da República, o general Lott, logo após o feriado de 2 de novembro de 1955, entrou em contato com o presidente.[12]

Ocorre que, na madrugada do dia 3 novembro, o presidente Café Filho teve um ataque cardíaco e ficou hospitalizado. No dia 7 de novembro de 1955, Café Filho enviou ofício ao presidente da Câmara dos Deputados, deputado Carlos Coimbra da Luz, transmitindo-lhe o exercício da Presidência até o fim de seu impedimento por motivo de saúde, nos termos do art. 79, § 1º, CF/1946.[13]

Carlos Luz tomou posse no dia 8 de novembro de 1955 e, de imediato, o general Lott pediu audiência privada para tratar do caso Mamede.

---

8   CHACON, Vamireh. *História dos partidos brasileiros.* 3ª ed. Brasília: Universidade de Brasília, 1998, p. 153.

9   RODRIGUES, Lêda Boechat. *História do Supremo Tribunal Federal.* Rio de Janeiro: Civilização Brasileira, 2002. v. I, t. IV, p. 165.

10 SKIDMORE, Thomas. *Brasil:* de Getúlio a Castelo. Tradução coordenada por Ismênia Tunes Dantas. 10ª ed. Rio de Janeiro: Paz e Terra, 1996, p. 192.

11 Ibid., p. 193.

12 RODRIGUES, Lêda Boechat. *História do Supremo Tribunal Federal.* Rio de Janeiro: Civilização Brasileira, 2002. v. I, t. IV, p. 166.

13 Id., loc. cit.

No dia 9 de novembro, a *Tribuna da Imprensa* de Carlos Lacerda proclamava: 'Esses homens [Kubitschek e Goulart] não podem tomar posse, não devem tomar posse, nem tomarão posse'. Boatos de golpe, com a participação do presidente em exercício, agitavam a Capital da República.[14]

No dia 10 de novembro de 1955, após deixar o general Lott aguardando por uma hora e meia, o presidente Carlos Luz o recebeu para entregar o parecer do consultor-geral da República e futuro ministro do Supremo Tribunal Federal, Temístocles Cavalcanti, no sentido de que a decisão era privativa do presidente da República. Na ocasião, foi comunicado ao general Lott que o presidente Carlos Luz não devolveria Mamede ao Exército e à autoridade do ministro da Guerra. A decisão final era de que o coronel Mamede não seria punido.[15]

Forçado a renunciar, o general Lott retorna à sua residência oficial por volta das 21 horas e chama seu vizinho, general Odilo Denys. Convencidos de que se preparava um golpe contra a democracia brasileira, ambos partem rumo à Guerra à 1h:30 da madrugada, decididos a assegurar a transição do presidente eleito.[16]

A ação do general Lott foi enérgica e célere. Na alvorada de 11 de novembro o Palácio do Catete e a *Tribuna da Imprensa* estavam ocupados e as bases da Marinha e Aeronáutica estavam cercadas. Carlos Luz refugiou-se a bordo do *Cruzador Tamandaré*.

Eram 4 horas, quando o general Teixeira Lott lançou a seguinte proclama – 'Tendo em conta a solução dada pelo presidente Carlos Luz ao caso do coronel Mamede, os chefes do Exército, julgando tal ato de positiva provocação aos do Exército, que viu postergados os princípios de disciplina, decidiram credenciar-me como intérprete dos anseios do Exército, objetivando o retorno à situação dos quadros normais, o regime constitucional vigente. Acreditamos na solidariedade dos companheiros da Marinha e da Aeronáutica e apelamos aos governadores dos Estados, solicitando o seu apoio à nossa atitude.[17]

Enquanto o Cruzador se dirigia a São Paulo, onde Carlos Luz pretendia reinstalar o governo federal, o general Lott buscou o Congresso para legitimar o afastamento do presidente em exercício. O Congresso decla-

---

14 SKIDMORE, ob. cit., loc. cit.
15 RODRIGUES, ob. cit., p. 167.
16 COSTA, Emilia Viotti da. O Supremo Tribunal Federal e a construção da cidadania. 2ª ed. São Paulo: IEJE, 2007, p. 151.
17 *O Globo,* 11.11.1955, p. 6.

rou Carlos Luz perdido e deu posse no exercício da Presidência ao senador Nereu Ramos, vice-presidente do Senado.[18]

Em 14 de novembro de 1955, ainda convalescente, Café Filho encaminhou ofício ao Congresso Nacional, pretendendo reassumir a Presidência. O general Lott visitou-o no hospital e tentou dissuadi-lo, sem sucesso, da intenção de reassumir o poder.

Assim, em 22 de novembro de 1955, o Congresso Nacional declarou estado de sítio e impedimento do presidente Café Filho. Além disso, o Exército cercou sua casa com tanques e metralhadoras, impossibilitando-o fisicamente de reassumir a Presidência da República.

Contra essa decisão de impedi-lo de reassumir a presidência, Café Filho impetrou mandado de segurança ao Supremo Tribunal Federal.

2.2.1.2.1. MANDADO DE SEGURANÇA N. 3.557/DF

O mandado de segurança em favor de Café Filho foi impetrado pelo advogado Jorge Dyott Fontenelle, sob o fundamento de inconstitucionalidade das resoluções da Câmara dos Deputados e do Senado que mantinham seu impedimento, em alegado abuso de poder.[19]

Além disso, outra preliminar foi levantada pelo então procurador-geral da República, Dr. Plínio de Freitas Travassos: o estado de sítio decretado pelo Congresso Nacional implicava suspensão dos direitos constitucionais, inclusive o direito de ação quanto a mandados de segurança.

Logo, para conhecer do mandado de segurança, era necessário declarar a inconstitucionalidade, em primeiro lugar, do estado de sítio.

O Plenário, então, reuniu-se no dia 14 de dezembro de 1955, sob a presidência do ministro **José Linhares** e a relatoria do Ministro **Hahnemann Guimarães**, para discutir sobre o mandado de segurança, com ampla repercussão política e pressão popular e da imprensa.

O Ministro **Hahnemann Guimarães,** em voto curto, primeiro afastou as preliminares, entendendo que o caráter político do ato impugnado não afastava a jurisdição do Supremo Tribunal Federal, inclusive citando o MS 1.959/DF, e que, por anteceder a declaração do estado de sítio, não estava obstada a via do mandado de segurança.

Relativamente ao mérito, o ministro relator denegou a segurança, por entender que não havia inconstitucionalidade nas resoluções do Senado e da Câmara, a quem competia avaliar a situação de fato que impede o pleno exercício da Presidência da República.

---

18   COSTA, ob. cit., loc. cit.
19   MS n. 3.557/DF, Rel. para o acórdão Min. convocado Afrânio Costa, Pleno 7.11.1956.

Por outro lado, desde logo o Ministro **Ribeiro da Costa**, em longo e incisivo voto, abriu divergência reconhecendo o direito líquido e certo do impetrante de ser conduzido à Presidência da República. Na oportunidade, ele aduziu:

> 'Senhor Presidente, está em jogo, neste Tribunal, num lance de cara e de coroa, a sorte do regime democrático. Reconheçamos que malgrado o tempo decorrido desde o aportamento de Cabral a estas terras, até os angustiosos momentos que estamos vivendo, o vai e vem da orientação política nos tem conduzido, desde antes, mas, acentuadamente, de 1930 para cá, a uma tergiversação, na qual se sentem influências de exóticas matizes, de tal sorte que a nação, ainda se apercebeu, ou mal tem podido delinear seu anseio de estrutura política.
> É mister, Senhor Presidente, que parta precisamente das instituições mais autorizadas a palavra de serenidade, mas também a orientação no sentido político ou cívico-pedagógico, a fim de que o nosso povo não tenha os olhos vendados por quaisquer nuvens que empanem o seu sentimento, as raízes profundas da nacionalidade, pois são elas as fontes perenes da organização social. Nos regimes democráticos, o medo não deve subsistir; eles se voltam contra o regime de intimidação. O seu ambiente próprio, o clima de liberdade, de confiança, e de respeito à vontade do povo não oferece lugar às ameaças nem à menor tentativa de opressão.
> O sistema de intimidação não prospera nas sociedades livres onde os indivíduos desenvolvem suas atividades sem as incertezas do dia seguinte.
> [...]
> O Supremo Tribunal tem a seu cargo o julgamento da espécie, como, igualmente, o tem de todos os outros contidos nas suas atribuições. O nosso dever é apreciar com verdade, esgotando toda a matéria, para que, quando sairmos daqui ninguém possa dizer que este Tribunal escusou-se examinar, menor que fosse, a minúcia ou a grandeza deste caso; penso, sinceramente, devemos dar a nossa contribuição, ainda que com sacrifício, como estou fazendo agora porque estou doente –, mas hei de fazê-lo até o fim, para que a Nação saiba como os fatos se passaram e como devem ser interpretados em face da Constituição.
> [...]
> Ela está aqui, no recinto deste Tribunal, aberta nesta urna, a Constituição que nos foi entregue, para que a guardemos, não como páginas frias, que ali estão, mas como letras de fogo, que queimam a quem se aproximar delas, para violá-las. Esta é a Constituição, regra e caminho de grandeza traçado pelo povo e para o povo'.

O voto do ministro **Ribeiro da Costa** não deixou de apelar à verdadeira força por trás do impedimento do presidente Café Filho, ao general Lott:

> 'Considero de suma importância que o eminente ministro da Guerra, Sr. General Teixeira Lott, reflita no ato que praticou e que, na hora em que este Tribunal resolver, por sua maioria, como espero, conceder a medida de segurança, haja Sua Excelência, o ministro da Guerra, de elevar-se perante a Nação, não como

aquele que, humilhado, cumpre um decreto judiciário, mas como homem superior, que se eleva perante si e perante todos, por ter sabido curvar-se diante da Lei, da Ordem e da Justiça. Não o antevejo empedernido ou impermeável às solicitações da consciência'.

O Ministro **Ribeiro da Costa** fez suas as palavras do professor Sampaio Dória, invocando a autoridade do Supremo Tribunal Federal para resolver a questão independentemente das consequências da decisão:

'Ora, ao Congresso nacional foram atribuídas as competências, comuns com o presidente da República no art. 65, e privativas no art. 66. Leia-se e releia-se cada uma das atribuições que ali se exaram, e não se encontra nada, absolutamente nada, nem explícita nem implicitamente, que autorize o Congresso, pelo voto da maioria, ou mesmo unânime, a declarar o presidente da República impedido de exercer o mandato que as urnas lhe conferiram. Não só nos dez itens em que se enumera a competência exclusiva do Congresso Nacional, nada autoriza ao Congresso destituir o presidente da República do exercício do seu cargo, corno o art. 36 da mesma Constituição [CF/1946] firmou em base do regime, a *independência dos poderes,* isto é, não estar nenhuma mercê do outro.
Em matéria de crime comum, ou de responsabilidade, de que o presidente seja acusado, cabe à Câmara dos Deputados apenas declarar procedente ou não, a acusação processada na forma da lei. O julgamento cabe, nos crimes comuns, ao Supremo Tribunal, e, nos de responsabilidade, ao Senado Federal. Só quando declarada a procedência da acusação ficará o presidente suspenso de suas funções. Suspendê-lo, porém, de suas funções fora deste caso específico, é o mais patente abuso de poder. Nem no regime parlamentar jamais se praticou tamanho despropósito. Naquele regime, o parlamento pode, pelo voto da maioria dos seus membros, derrubar o primeiro-ministro. Nunca, porém, o chefe da nação, presidente ou rei. O impedimento decretado pelo Congresso Nacional para suspender de suas funções constitucionais o presidente da República é caso inédito nos anais do regime presidencial ou de qualquer democracia decente. Não se concebe entre nós maior abuso de poder.
O direito que o presidente da República tem de exercer o mandato a ele conferido pela Nação Soberana é líquido e certo. Está apoiado no art. 36 da Constituição, onde se veda a subordinação do Executivo aos maiores congressais.
A missão suprema do Supremo Tribunal, no sistema federativo, é sustentar a Constituição na defesa dos direitos contra o abuso de poder. Esta a majestade do Supremo Tribunal Federal, sejam quais forem as consequências'.

E concluiu o ministro **Ribeiro da Costa:**

'Como admitir que a Câmara dos Deputados possa, mesmo numa suposta conjuntura de salvação nacional, rasgar a Constituição para declarar impedido o presidente da República? [...]
Senhor Presidente, entendo que, se o afastamento do presidente da República resultou do ato de força e de violência, já exposto ao Supremo Tribunal, a as-

sunção àquele alto cargo do Sr. Nereu Ramos é ato que não somente ofende à Constituição, como também resulta manifestamente nulo. O Sr. Nereu Ramos, a meu ver, é um funcionário de fato, nada mais do que isso. Não é detentor autêntico da autoridade que exerce, porque o afastamento do legítimo substituto do presidente da República se deu por maneira inconstitucional. O Sr. Nereu Ramos é, pois, tão somente um funcionário de fato, que assina papéis na Presidência da República. Qual será, porém, a consequência lógica, inevitável e jurídica dessa situação de fato? A Câmara dos Deputados e o Senado, votando a lei de estado de sítio, entregaram ao Sr. Nereu Ramos a complementação desse irrisório veículo da lei. Pergunto eu: nestas condições, estará a lei do estado de sítio vigendo no país? Deverá ser respeitada? Em face dela, poderá alguém sofrer vexame por ato político, de natureza política? Não, não e não, conforme diz a Bíblia.
[...]
Qual a função do juiz? A maior, a mais elevada, a mais pura? E aplicar a Constituição. Talvez após quarenta anos de serviços à causa pública, dos quais trinta e dois à magistratura, também eu tenha de dizer, com melancolia como o grande escritor: 'Perdi meu ofício'. Arrebataram meu instrumento de trabalho, meu gládio e meu escudo: a Constituição.
Assim, concedo o mandado de segurança, para que Câmara dos Deputados, nossa decisão, tome as providências que quiser para que o presidente Café Filho se emposse no cargo de que é legítimo detentor.

A citação que o Ministro **Ribeiro da Costa** faz do escritor Monteiro Lobato na instalação do Estado Novo bem demonstra o delicado da decisão. Com a CF 1946 encontrava-se vigente apenas em razão da autocontenção das Forças Armadas, que se limitaram a obstar Café Filho e Carlos Luz do poder e decretar o estado de sítio. De fato, poderiam as tropas do general Lott a qualquer momento fechar o Congresso e o próprio Supremo Tribunal Federal pela força bruta das armas e revogar a Constituição.

Os ministros convocados **Sampaio Costa** e **Afrânio Costa**, substituindo respectivamente os ministros **Luiz Gallotti** e **Barros Barreto**, votaram pela suspensão do julgamento até o final do estado de sítio, quando restabelecidas as garantias constitucionais.

Nesse momento, o ministro **Nelson Hungria** proferiu seu polêmico voto, até irado e debatido. Em primeiro lugar, rechaçou veementemente a proposta de suspensão do julgamento:
O Sr. Ministro **Nelson Hungria**:

Senhor Presidente, entendo que o ponto vista adotado pelos eminentes Srs. Ministros Sampaio Costa e Afrânio Costa é inadmissível.
Estamos diante de um dilema: ou não conhecemos do mandado de segurança ou conhecemos dele, para deferi-lo ou negá-lo. Não há sair daí. Ou o estado de sítio é constitucional, e não podemos conhecer do presente mandado; ou é inconstitucional, ou o caso vertente não incide sob o seu império, por ser ante-

rior, como entendeu o eminente Sr. ministro relator, e teremos de conhecer do mandado, para concedê-lo ou recusá-lo.

Destaque-se que o Ministro **Nelson Hungria** acabou prevendo o resultado que a posição inaugurada pelo Ministro **Sampaio Costa** comportaria e que, efetivamente, ocorreu no caso:

> [...] Isso valeria por uma negativa de julgamento. Suponha-se que o estado de sítio seja prorrogado até a posse do novo presidente eleito. O mandado de segurança ficaria, então, prejudicado, e ao Supremo Tribunal apenas restaria a melancólica situação de, se tivesse de conceder o mandado de segurança, ter representado o papel dos carabineiros de Offenbach.

A seguir, em corajoso voto, o Ministro **Nelson Hungria** opina pela constitucionalidade da decretação do estado de sítio, pontuando-o como mero desdobramento da insurreição do Exército, contra o qual não havia qualquer remédio jurídico:

> Senhor Presidente, pode-se discordar de certas razões expendidas no ofício de informações do Poder ao Sr. ministro relator; mas há uma que é irrecusável, embora não formulada francamente: ao declarar o impedimento do ilustre Sr. João Café Filho, o Congresso não fez mais que reconhecer uma situação de fato irremovível dentro dos quadros constitucionais ou legais, qual a criada pelo imperativo dos canhões e metralhadoras insurrecionais que barravam e continuam barrando o caminho do Sr. João Café Filho até o Catete. A presidência da República não podia ficar acéfala, e a sua ocupação pelo Sr. vice-presidente do Senado, dada a anterior renúncia do Sr. Carlos Luz à presidência da Câmara dos Deputados, era mandamento do art. 79, § 1º, da Constituição [...]
> Qual o impedimento mais evidente, e insuperável pelos meios legais, do titular da presidência da República, que o obstáculo oposto por uma vitoriosa insurreição armada?

Em nenhum momento, a manifestação utilizou de ambiguidade ou subterfúgios para deixar de apreciar a realidade: a limitação do Supremo Tribunal Federal em interromper a revolução das armas. O Ministro **Nelson Hungria** afirmou naquela data, com todas as letras:

> 'Afastado o manto diáfano da fantasia sobre a nudez rude da verdade', a resolução do Congresso não foi senão a constatação da impossibilidade material em que se acha o Sr. Café Filho, de reassumir a presidência da República, em face da imposição dos *tanques* e baionetas do Exército, que estão acima das leis, da Constituição e, portanto, do Supremo Tribunal Federal. Podem ser admitidos os bons propósitos dessa imposição, mas como a santidade dos fins não expunge a ilicitude dos meios, não há jeito, por mais auspicioso, de considerá-la uma situação que possa ser apreciada e resolvida *de jure* por esta Corte.

E uma situação de fato criada e mantida pela força das armas, contra a qual seria, obviamente, inexequível qualquer decisão do Supremo Tribunal Federal. A insurreição é um crime político, mas, quando vitoriosa, passa a ser um título de glória, e os insurretos estarão a cavaleiro do regime legal que infligiram; sua vontade é que conta, e nada mais.

Admita-se que este Tribunal reconhecesse inconstitucionais o impedimento do Sr. Café Filho e o estado de sítio: volver-se-ia ao *statu quo ante,* isto é, à situação insurrecional do Exército, que ainda continua com seus canhões em pé de guerra no Campo de Santana e alhures, para impedir o retorno do Sr. Café Filho à presidência da República. Desde que o chefe da insurreição não assumiu, *ex proprio Marte,* a presidência da República, quem devia assumi-la? O Sr. vice-presidente do Senado, o penúltimo atualmente disponível na escala do art. 79, § 1º, da Constituição. A declaração de impedimento do Sr. Café Filho pelo Congresso foi, em última análise, uma superfluidade. Com ou sem essa declaração, e não querendo os insurretos assumir o governo da República, o Sr. vice-presidente do Senado é que tinha que ocupar o Catete, posto que a presidência da República não podia ficar em acefalia.

A lei do estado de sítio foi sancionada por quem, constitucionalmente, está substituindo o Sr. Café Filho, na presidência da República, dado o impedimento deste, decorrente do inelutável *sic vole, sic inbec*, das forças insurrecionais.

Contra uma insurreição pelas armas, coroada de êxito, somente valerá uma contrainsurreição com maior força. E esta, positivamente, não pode ser feita pelo Supremo Tribunal, posto que este não iria cometer a ingenuidade de, numa inócua declaração de princípio, expedir mandado para cessar a insurreição.

Aí está o nó górdio que o Poder Judiciário não pode cortar, pois não dispõe da espada de Alexandre. O ilustre impetrante, ao que me parece, bateu em porta errada.

Continuando, o Ministro **Nelson Hungria** não deixou de responder às provocações de acadêmicos e políticos, como o professor Afonso Arinos, citado expressamente pelo magistrado:

> [...] Um insigne professor de direito constitucional, *double* do exaltado político partidário, afirmou, em entrevista não contestada, que o julgamento deste mandado de segurança ensejaria ocasião para se verificar se os ministros desta Corte 'eram leões de verdade ou leões de pé de trono'.
> Jamais nos encalcamos leões. Jamais vestimos, nem podíamos vestir, a pele do rei dos animais. A nossa espada é um mero símbolo. É uma simples pintura decorativa no teto ou na parede das salas de justiça. Não pode ser oposta a uma rebelião armada. Conceder mandado de segurança contra esta seria o mesmo que pretender afugentar leões autênticos sacudindo-lhes o pano preto de nossas togas.
> Senhor Presidente, o atual estado de sítio é perfeitamente constitucional, e o impedimento do impetrante para assumir a presidência da República, antes de ser declaração do Congresso, é imposição das forças insurrecionais do Exército, contra a qual não há remédio na farmacologia jurídica.
> Não conheço do pedido de segurança.

Dessa forma, com sua verve peculiar, o Ministro **Nelson Hungria** apresentou o problema pelo nome, de forma clara e direta, sem tergiversações ou soluções sub-reptícias. Não se tratou tampouco de acovardamento ou rebaixamento do Tribunal, mas de reconhecimento de situação de fato que independia da situação jurídica. Em suma, a legitimidade para o Supremo Tribunal Federal deliberar ia até onde a força de suas decisões poderia alcançar.

O Ministro **Mario Guimarães** acompanhou o entendimento do Ministro **Nelson Hungria**, de forma até mais elegante, assentando o respeito do Judiciário para com o governo de fato:

> Qual a atitude da magistratura em face dos governos de fato?
> De absoluto respeito. De acatamento às suas deliberações. A magistratura, no Brasil ou alhures, não entra na apreciação da origem do governo. Do contrário, teríamos o Poder Judiciário a ordenar a contrarrevolução, o que jamais se viu em qualquer país do mundo.
> [...] Quando, em 1930, as forças do Sr. Getúlio Vargas venceram o Sr. Washington Luiz, ninguém se lembrou de recorrer ao Judiciário a fim de que fossem restituídos os quinze dias que faltavam para o término do quadriênio. E quem se lembraria de, por intermédio da Justiça, tomar contas do glorioso marechal Deodoro quando, em 1889, derrubou de seu trono o venerando D. Pedro II, imperador vitalício do Brasil? O próprio governo do Marechal Floriano, o ínclito marechal de Ferro, não resistiria a uma análise constitucional, pois que a Carta de 91 prescrevia novas eleições quando a vaga de presidente ocorresse no primeiro biênio. E, se mergulharmos mais para o passado, veremos que até o reinado de D. Pedro II se instalou com infringência da Constituição do Império, que estatuía a maioridade aos 18 anos,
> A regra, pois, é que a magistratura não examina a origem dos governos de fato. A ascensão ao Poder máximo é assunto de natureza estritamente política.
> Não é o direito do Sr. Nereu Ramos ou do Sr. Café Filho, simplesmente, que está em jogo. É a orientação a ser dada aos destinos da nação. Essa compete aos órgãos políticos, não a nós.

De outro lado, acompanharam a suspensão do julgamento os Ministros **Lafayette de Andrada, Edgard Costa** e **Orozimbo Nonato.** Ou seja, por cinco votos a quatro – uma vez que o Ministro **Rocha Lagôa** se deu por impedido, e o presidente, Ministro **José Linhares,** só votava para desempatar – o Plenário deliberou por suspender o julgamento do feito até a cessão do estado de sítio.

2.2.1.2.2. HC 33.908/DF

Na mesma sessão de 14 de dezembro de 1955, do julgamento que suspendeu o trâmite do MS 3.557/DF, o Plenário do Supremo Tribunal Federal começou a apreciar o *habeas corpus* impetrado em favor do presidente Café

Filho, para cessar o impedimento à locomoção do paciente, em face da instalação de tropas militares na entrada de sua residência.

O relator, Ministro convocado **Afrânio Costa**, votou pelo prejuízo da impetração em razão das informações prestadas pela Presidência da República, atestando que a locomoção de qualquer pessoa não estava mais obstada pela presença dos militares, que permaneciam no local apenas para preservar a ordem, por sua vez, o Ministro **Ribeiro da Costa** suscitou a necessidade de o *habeas corpus* ser apreciado após o mandado de segurança impetrado pelo ora paciente, em virtude da interdependência dos casos. A questão foi acolhida pela maioria dos Ministros **Nelson Hungria, Hahnemann Guimarães** e o convocado **Afrânio Costa.**

Novamente o Ministro **Nelson Hungria** divergiu da orientação da maioria, propugnando o julgamento imediato do pedido.

Na semana seguinte, no entanto, o pedido de *habeas corpus* voltou à pauta do Plenário para se deliberar sobre a suspensão do julgamento, da mesma forma que o MS 3.557/DF. Na ocasião, ausente o substituto do Ministro **Luiz Gallotti** e impedido o Ministro **Rocha Lagôa**, a decisão de suspensão empatou em quatro votos a quatro. O presidente, Ministro **José Linhares**, votou pelo imediato julgamento do *habeas corpus*.

Com a continuação do julgamento, a maioria acompanhou o relator, Ministro convocado **Afrânio Costa**, por entender que o pedido restara prejudicado, em razão das informações apresentadas pela Presidência da República. Ficaram vencidas as duas correntes mais firmes no julgamento do mandado de segurança: o Ministro Ribeiro da Costa, que deferia a ordem; e os Ministros **Nelson Hungria** e **Mário Guimarães,** que não conheciam do pedido; além de **Lafayette de Andrada** e **Orozimbo Nonato**, que insistiam na suspensão do julgamento.

Em conclusão, o Supremo Tribunal Federal julgou prejudicado o *writ* de *habeas corpus*.

2.2.1.2.3. PETIÇÕES APRECIADAS NA SESSÃO DE 11.1.1956

Na primeira semana de janeiro, a poucos dias de expirar o mandato de Café, urna vez que a posse de Juscelino Kubitschek estava marcada para 31 de janeiro de 1956, a defesa do impetrante pediu a continuação do julgamento do MS 3.557/DF.

Em suma, o impetrante atacou a prorrogação do estado de sítio, ocorrida como havia alertado o Ministro **Nelson Hungria**.

Em primeiro lugar, o Tribunal decidiu que a relatoria das petições ficaria com o Ministro **Afrânio Costa**, uma vez que o relator originário, Ministro **Hahnemann Guimarães**, ficara vencido na proposta de suspensão do julgamento e **Sampaio Costa**, cujo voto fora o primeiro a indicar a suspensão do feito, não estava mais convocado no Supremo Tribunal Federal.

Em segundo lugar, o Plenário entendeu por bem conhecer do pedido, apesar de o aresto prolatado em 14 de dezembro de 1955 não ter sido lavrado à época.

Por fim, o Plenário deliberou por indeferir as petições, mantendo a suspensão do feito enquanto perdurasse o estado de sítio, contra o voto do Ministro **Ribeiro da Costa,** que deferia a segurança.

Na oportunidade, não deixou o Ministro Nelson Hungria de ressaltar a posição do Supremo Tribunal Federal:

> Tem-se afirmado, e já foi repetido no seio da própria Câmara dos Deputados, que o Supremo Tribunal, nos casos do mandado de segurança e *habeas corpus* em favor do Sr. Café Filho, mais uma vez está falhando à sua missão dentro do nosso regime democrático. Protesto veementemente contra essa assacadilha. Jamais o Supremo Tribunal desertou de sua função constitucional, que não é, positivamente, a de debelar insurreições vitoriosas. O que ocorre é que o Brasil, com a implantação da República, entrou no ciclo político da América Latina em que as mudanças de regime e a queda dos governos se operam, frequentemente, mediante pronunciamentos militares, contra os quais não há opor-se a força do direito. Bem ou mal-intencionados, tais pronunciamentos fazem calar a voz das leis e os ditames jurídicos. Contra o fatalismo histórico dos pronunciamentos militares não vale o Poder Judiciário – como não vale o Poder Legislativo. Esta é que é a verdade, que não pode ser obscurecida por aqueles que parecem supor que o Supremo Tribunal, ao invés de um arsenal de livros de direito, disponha de um arsenal de *Schrapnels* e de torpedos.
> Se o ilustre impetrante quer que esta Corte declare que o movimento militar de 11 de novembro é contrário à Constituição e que seus promotores estarão sujeitos à lei penal, de que só se isentarão com uma futura lei de anistia, a não ser que imponham um governo de fato, que acabará se legitimando no correr dos dias, com a implantação de novo regime, não tenho dúvida em fazer tal declaração.
> E nada mais, segundo penso, poderia fazer o Supremo Tribunal, além dessa declaração, que é, nem pode deixar de ser, na atualidade, puramente platônica.
> (Voto do MS 3.557/DF, Rel. para o acórdão Min. Convocado Afrânio Costa, Pleno, 7.11.1956.)

A obviedade das limitações do Supremo Tribunal Federal ficou também marcada na manifestação do Ministro Orozimbo Nonato:

> O Tribunal não pode opor força à força, violência à violência. Pode apenas definir a natureza do governo. O governo de fato tem seus atos legitimados pela própria situação em que se mantém. Reconhecê-lo não é se curvar, servilmente, ao império da força; é reconhecer a contingência inevitável na história de cada povo. Ou obedecemos ao governo de fato ou cairemos na anarquia, na acracia, na aversão generalizada de todos os princípios da ordem.
> (Voto do Min. Orozimbo Nonato no MS 3.557/DF, Rel. para o acórdão Min. Convocado Afrânio Costa, Pleno, 7.11.1956.)

Registre-se que os Ministros Nelson Hungria e Mario Guimarães mantiveram seus votos no sentido do não conhecimento do *writ*.

CONCLUSÃO

Da análise dos votos do Ministro Nelson Hungria, é fácil perceber sua superior inteligência e seu incrível bom senso na discussão das questões mais complexas e delicadas. A vasta erudição do magistrado jamais foi óbice, mas sempre instrumento para o exercício da Prudência, da Justiça e da Razoabilidade.

Suas manifestações eram repletas de citações tanto de autores nacionais quanto de estrangeiros. Da Bíblia e clássicos romanos até os mais modernos autores de sua época, essas citações tinham em comum apenas uma característica: nunca foram usadas desnecessariamente por vaidade ou soberba, mas tinham sempre o objetivo de melhor esclarecer um aspecto da discussão.

Além disso, o registro escrito dos votos e as notas taquigráficas não escondem a notória exaltação e o entusiasmo que as mais diversas discussões jurídicas suscitavam no experiente magistrado. Sua dedicação transparece pela inconfundível verve, própria de quem se importa e ama seu ofício a ponto de engajar-se com tal afinco aos debates em Plenário.

Por outro lado, a vocação de professor incutia-lhe o apego à verdade e a coragem de apontar as dificuldades, chamando-as pelo nome, sem quaisquer ambiguidades, tergiversações ou subterfúgios. Suas críticas à instituição do Júri, por exemplo, são frutos da sua sinceridade e do seu desassombro.

As do Ministro Nelson Hungria eram sempre firmes e claras, alguns as teriam, por vezes, como agressivas e destemperadas. Em resposta às suas ácidas ponderações, o Tribunal de Justiça do Estado de São Paulo chegou a enviar um protesto coletivo ao Supremo Tribunal Federal contra um voto exarado pelo ministro (cf. o voto no RE 33.827/SP, Rel. Min. Ary Franco, Primeira Turma, 14.1.1957).

O ardor de Nelson Hungria, porém, logo se revelava conduzido pela boa vontade e pela constante busca da Justiça, que o absolviam de qualquer exagero. A propósito de seu espírito inquieto, são inesquecíveis as palavras de seu discurso de posse como ministro efetivo do Tribunal Superior Eleitoral, em 23 de janeiro de 1957, que soam como antecipado pedido de desculpas para as sensibilidades mais exageradas:

> É possível, meus Senhores, que eu, vez por outra, me exalte, me exprima com veemência, mas vós me conheceis e a vós mesmo peço o testemunho de que esta minha veemência, de que este meu ardor, esta minha exaltação jamais foi e será uma demonstração da intolerância ou de paixão subalterna. Não,

Senhores! Este espírito, este sentimento exaltado que possuo, que o berço deu e só a tumba há de levar, ainda mesmo que me ameacem dores anginoides, é um sinal, precisamente, da fé que consagro, da fé que deposito no Direito, na Justiça e nos ideais humanos.

E veemente foi sua atuação no Supremo Tribunal Federal, na defesa do instrumento do *habeas corpus,* da ampla consulta no procedimento de criação de novos Municípios e de tantos institutos caros ao Estado de Direito.

Por um lado, o já referido uso recorrente de doutrina e jurisprudência estrangeiras norteava a constante precisão técnica. Por outro, o frequente emprego de exemplos *ad absurdum* alimentava o apelo retórico necessário ao julgamento colegiado.

De tudo, resta o legado de votos e acórdãos que, até hoje, fundamentam a jurisprudência do Supremo Tribunal Federal. Este trabalho pretendeu evidenciar alguns dos magníficos votos proferidos pelo Ministro Nelson Hungria, que ajudaram a construir a rica tradição da Suprema Corte.

Oxalá seus lúcidos pronunciamentos e suas fecundas lições continuem a encontrar eco nos pensadores do direito e, sobretudo, nos seus sucessores no Pretório Excelso."

A PENA DE MORTE NO BRASIL[1]

Nélson Hungria

No Brasil, a pena de morte, com efetiva execução, é, como em Portugal, uma vaga, quase apagada reminiscência. *De facto*, desde 1855 deixou de ser aplicada, embora só viesse a ser abolida, *de jure*, após o advento da República (1889). E se foi restaurada com a Constituição antiliberal de 1937, que instituiu no Brasil, transitoriamente, o chamado "Estado Novo", tendo mesmo a subsequente Lei de Defesa do Estado (Dec.-Lei n. 431, de 18 de maio de 1938, revogado em parte pela Constituição de 1946, superveniente à queda do "Estado Novo") cominado, a pena de morte no caso de certos crimes contra a ordem político-social, jamais foi infligida pelos tribunais do país, nem mesmo pelo juízo de exceção, que foi o ominoso Tribunal de Segurança Nacional (1936-1946).

Nos primeiros tempos da Descoberta, a pena capital, tão prodigamente distribuída pela coetânea legislação portuguesa, com vigência nas capitanias da Colônia ultramarina, era, na ausência de justiça organizada, imposta pelos capitães ou governadores. Sua execução, porém, não era acontecimento muito frequente, naturalmente porque os réus deparavam fácil impunidade com a fuga ou escondimento na vastidão de um território sem policiamento. Além disso, é bem de ver que, então, entre os habitantes da terra, constituindo, na sua maioria, uma indisciplinada aglomeração de aventureiros sem fé nem lei, que punham entre si e os princípios ético-sociais do Velho Mundo nada menos que o Oceano Atlântico, a ponto de se tornar provérbio que *ultra equinoxium* não havia pecados, a ideia de punição do crime não podia ser muito acentuada ou intolerante. Só de uma ou outra execução, mediante enforcamento por algozes improvisados, ficou memória. Assim, o caso do francês João Bouller (ou Jean de Bollès), condenado por heresia e propagação de ideias contra a igreja católica. O relevo histórico adquirido por sua morte na forca vem de que dela participou o famoso padre catequista *José de Anchieta*, que, piedosamente, achou de

---

[1] Comunicação apresentada no Colóquio Internacional Comemorativo do Centenário da Abolição da Pena de Morte em Portugal, 11-16 de setembro de 1967, ed. Faculdade de Direito da Universidade de Coimbra, vol. II, p. 173-185.

instruir o inexperto verdugo no sentido de tornar menos demorado o sofrimento do condenado. Eis como é narrado o episódio por frei *Vicente do Salvador*, na sua "História do Brasil" (publicada em 1627):

> "Entre os primeiros franceses que vieram ao Rio de Janeiro em companhia de Nicolau Villegaignon, vinha um herege calvinista chamado João Bouller, o qual fugiu para a capitania de São Vicente, onde os portugueses o receberam cuidando ser católico, e como tal o admitiam em suas conversações, por ele ser também na sua eloquente, e universal na língua espanhola, latina, grega, e saber alguns princípios da hebreia, e versado em alguns lugares da sagrada escritura, com os quais, entendidos a seu modo, dourava as pírulas *(sic)* e encobria o veneno aos que o ouviam e viam morder algumas vezes na autoridade do Sumo Pontífice, no uso dos sacramentos, no valor das indulgências, e em a veneração das imagens. – Contudo não faltou quem o conhecesse (que ao lume da fé nada se esconde), e o foram denunciar ao bispo, o qual o condenou como seus erros mereciam e sua obstinação, que nunca quis retratar-se, pelo que o remeteu ao governador, o qual o mandou que, à vista dos outros que tinham cativos na última vitória, morresse às mãos de um algoz. Achou-se ali para o ajudar a bem morrer o padre José de Anchieta, que já então era sacerdote, e o tinha ordenado o mesmo bispo, D. Pedro Leitão, e, posto que no princípio o achou rebelde, não permitiu a divina providência que se perdesse aquela ovelha fora do rebanho da igreja, senão que o padre com suas eficazes razões, e principalmente com a eficácia da graça, o reduzisse a ela. Ficou o padre tão contente deste ganho, e por conseguinte tão receoso de o tornar a perder que, vendo ser o algoz pouco dextro em seu ofício e que se detinha em dar a morte ao réu e com isso o angustiava e o punha em perigo de renegar a verdade que já tinha confessada, repreendeu o algoz e o industriou pera que fizesse com presteza seu ofício, escolhendo antes pôr-se a si mesmo em perigo de incorrer nas penas eclesiásticas, de que logo se absolveria, que arriscar-se aquela alma às penas eternas."

A caritativa interferência de Anchieta, ao que parece, não teve a fácil absolvição suposta por frei *Salvador*, pois, segundo se propala, tem sido reiterado empecilho à canonização do celebrado jesuíta, apoiando-se a argumentação do "advogado do diabo", talvez, no cânon 984 (do *Codex Juris Canonicis*), que, entre as *irregularitates ex defectu* (impeditivas até mesmo do exercício das ordens sacerdotais) inclui o fato de *"qui munus carnificis susceperint eorumque voluntarii ac immediati ministri in executione capitalis sententiae"*.

Mesmo com a investidura dos "ouvidores" (juízes postos pelos donatários de capitanias ou governadores, quando não vinham despachados da Metrópole), fazia-se, até certo ponto, no juízo penal, caso omisso da profusa casuística dos crimes capitais encontradiça no *liber terribilis* das *Ordenações do Reino* (sucessivamente, *Afonsinas*, *Manuelinas* e *Filipinas*), bem como da recomendada crueldade, em certos casos, na execução da pena de "morte natural para sempre" (segundo o estilo legal da época). Ainda mesmo quando se tratasse de crimes de lesa-majestade, reprimidos com maior rigor, não se praticava a requintada crueldade, de que são exemplos arrepiantes o suplício de Damiens na França e o dos Tavoras em Portugal. Salvo o caso único do rebelde Filipe dos Santos, que, ao invés de ser levado ao patíbulo, foi esquartejado por quatro cavalos, o maior rigor da punição, "para escarmento dos povos", consistia no esquartejamento *post mortem* e exposição pública dos membros destacados. Nunca houve, mesmo no ulterior tempo do Império, carrascos de ofício, pois o sinistro mister era exercido por outros criminosos, que a isso se prestavam em compensação do favor de se lhes comutar a pena de morte em prisão perpétua.

Com a Independência (1822), embora mantida transitoriamente a legislação reinol, a Constituição de 1824 expressamente aboliu as "penas crueis". Só em 1830 (16 dezembro) foi promulgado o primeiro Código Penal do Brasil, em cujo arsenal de penas se incluía "morte na forca", restritamente cominada aos crimes de "insurreição de escravos", homicídio qualificado e latrocínio. Eram os seguintes os dispositivos que, na parte geral desse Código, se referiam à pena capital:

> Art. 38. A pena de morte será dada na forca.
> Art. 39. Esta pena, depois que se tiver tornado irrevogável a sentença, será executada no dia seguinte ao da intimação, a qual nunca se fará na véspera de domingo, dia santo, ou de festa nacional.
> Art. 40. O réu com o seu vestido ordinário, e preso, será conduzido pelas ruas mais públicas até à forca, acompanhado do juiz criminal do lugar, aonde estiver, com o seu escrivão, e da força militar, que se requisitar. Ao acompanhamento precederá o porteiro, lendo em voz alta a sentença, que se for executar.
> Art. 41. O juiz criminal que acompanhar, presidirá a execução até que se ultime, e o seu escrivão passará certidão de todo este acto, a qual se ajuntará ao processo respectivo.
> Art. 42. Os corpos dos enforcados serão entregues a seus parentes, ou amigos, se os pedirem aos juízes, que presidirem à execução; mas não poderão enterrá-los com pompa, sob pena de prisão por um mês a um ano.
> Art. 43. Na mulher prenhe não se executará a pena de morte, nem mesmo ela será julgada, em caso de a merecer, senão quarenta dias depois do parto.

Uma lei de junho de 1835 ampliou a pena de morte aos escravos que matassem, envenenassem ou ferissem gravemente ao seu senhor ou feitor, ou respectivos familiares. Desde essa data, os escravos passaram a ser quase exclusivamente os pacientes da forca. Raros eram os homens livres condenados à pena última, que, a partir de 1855, como já foi dito, embora persistisse no texto legal, não mais foi executada. Ocorreu então um fato que contribuiu decisivamente para abolição *de facto* da *poena mortis*: o erro judiciário que levou à forca o fazendeiro Manuel Mota Coqueiro, no Município de Macaé, Estado do Rio de Janeiro. Foi ele acusado de, com o auxílio de dois escravos, Faustino e Fiorentino, ter chacinado, na sua estância de *Macabú*, o colono Francisco Benedito e toda sua família, de quem assim se teria vingado de uma suposta oposição aos seus ilícitos amores com uma das filhas do colono, de rara beleza. Submetido a julgamento pelo tribunal do júri, o réu, que o povo denominara de "Fera de Macabú", veio a ser condenado à forca, não obstante seus reiterados e veementes protestos de inocência, e executado a 5 de agosto de 1855. Posteriormente, entretanto, por confissão dos próprios escravos indiciados como coautores e que intercorrentemente haviam conseguido ocultar-se, ficou demonstrado o inteiro alheiamento de Mota Coqueiro ao crime, pois sua mulher, movida por desvairado ciúme, é quem armara o braço dos dois facinorosos escravos. Foi tal o abalo que o caso produziu na opinião pública, e tal o clamor suscitado contra a pena de morte, por sua irreparabilidade quando resulta do equívoco da justiça, que o imperador D. Pedro II, usando de seu "poder moderador", passou a comutar, sistematicamente, a pena capital na de galés (trabalhos forçados por toda a vida), apegando-se, para tanto, a qualquer circunstância favorável ao condenado, ainda que sem maior comprovação. Desde então até a queda do Império, ninguém mais subiu à forca.

De par com o Código Criminal comum do Império, havia, para uso da Justiça Castrense, os draconianos "Artigos de Guerra", do Conde de Lippe, vigorantes desde 1763 (embora com sucessivas alterações, de maior ou menor relevo), em que a pena de morte era distribuída *larga manu* (até mesmo no caso de "falta de botão na farda"), executando-se pelo "arcabuzamento" ou "enforcamento".

Com a proclamação da República, o Dec. n. 774, de 20.9.1890, riscou da legislação a pena de morte, e logo a seguir (11.10.1890) foi publicado o Código Penal substitutivo do Código imperial, em cujo elenco de penas não foi incluída a de morte, antecipando-se, dessarte, à primeira Constituição republicana (24.2.1891), que, depois de abolir a pena de galés a de banimento judicial, declarava (art. 72 *a* 21): "Fica igualmente abolida a pena de morte, reservadas as disposições da legislação militar em tempo de guerra". Adstrito ao preceito constitucional, o Código Penal da Armada, que, decretado a 7.3.1891, foi ampliado ao Exército a 29.9.1899 e à Aeronáutica em 20.1.1941, passando a ser, assim, o Código Penal Militar do Brasil, limitou-se a cominar a pena de morte mediante fuzilamento, como grau máximo, a certos crimes praticados em tempo de guerra, seja militar ou civil o agente (em consonância, aliás, com o que ocorre, em geral, nos países onde não existe a pena de morte em tempo de paz). Um dos mais notáveis comentadores desse Código, *Crisólito de Gusmão*, apesar de declarado adversário da pena de morte, assim justificava com ardor cívico, a ressalva constitucional:

> Se, de facto, em tempo de paz se não concebe e se não pode admitir, hodiernamente, a *legalização do assassínio*, a legitimação da vindicta, certo que na legislação militar e em tempo de guerra torna-se tal pena indispensável. No momento em que a nação verte o seu sangue, lança e expõe à morte o que de mais viril, de mais vital possui, em tudo se baseia na solidariedade sem limite de todos, em que a confiança mutua e indefinida é o principal alicerce das mais heroicas ações, numa atmosfera em que o paroxismo das emoções facilita o propagar e o desdobramento das hipnoses, das sugestões, das imitações, como que magnético-elétricas, capaz de tudo levar às maiores virtudes como às mais horrendas e baixas ações, necessárias e naturalmente se faz mister que um elemento de reacção forte, imediato e eficiente se ponha em ação, e esse elemento outro não pode ser, para os mais graves crimes, que a pena de morte.

Na conformidade do Regulamento do Processo Criminal Militar, de 16.7.1895, a execução da morte por fuzilamento era destituída de qualquer aparato de infamação ou crueldade: o condenado devia "sair da prisão em que estivesse, metido em pequeno uniforme e despido de insignias, sendo colocado no lugar em que tenha de receber as descargas com os olhos vendados, substituindo-se as vozes de fogo por sinais". Este último dispositivo foi reproduzido pelo art. 383 do Código da Justiça Militar, de 2.12.1938, que lhe fez o seguinte acréscimo (parágrafo único): "O civil ou assemelhado será executado nas condições deste artigo, devendo deixar a prisão decentemente vestido".

A respeito da excepcional legislação militar em tempo de "guerra", entendia-se que esta compreendia tanto a internacional quanto a intestina ou civil, desde que proclamada a "lei marcial"; mas, com o advento da Constituição de 1934, que manteve o repúdio à pena de morte, a ressalva ficou assim redigida: "[...] ressalvadas[...] as disposições da legislação militar, em tempo de *guerra com país estrangeiro*".

Sobrevindo, no entanto a Constituição autoritária de 1937, outorgada, após um golpe de Estado, pelo Presidente Getúlio Vargas, voltou a ser autorizada, mesmo na legislação civil e em tempo de paz, a pena capital, rompendo-se, dessarte, um tradição de quase meio século. Assim rezava o inciso 13 do seu art. 122: "Além dos casos previstos na legislação militar para o tempo de guerra, a lei poderá prescrever a pena de morte para os seguintes crimes: *a)* tentar submeter o território da Nação ou parte dele à soberania de Estado estrangeiro; *b)* tentar, com auxílio ou subsídio de Estado estrangeiro ou organização de carácter internacional, contra a unidade da Nação, procurando desmembrar o território sujeito à sua soberania; *c)* tentar por meio de movimento armado o desmembramento do território nacional, desde que para reprimi-lo se torne necessário proceder a operações de guerra; *d)* tentar, com auxilio ou subsídio de Estado estrangeiro ou organização de carácter internacional a mudança da ordem política ou social estabelecida na Constituição; *e)* tentar subverter por meios violentos a ordem política e social, com o fim de apoderar-se do Estado para o estabelecimento da ditadura de uma classe; *f)* o homicídio cometido por motivo fútil e com extremos de perversidade".

A Lei Constitucional n. I, expedida a 16.5.1938, demonstrou ainda maior severidade, declarando imperativa, ao invés de simplesmente facultativa, nos citados casos, a cominação da pena de morte. Onde no texto acima referido se lia "a lei poderá prescrever a pena de morte", devia-se ler: "a pena de morte será aplicada". Ainda mais: no tocante às circunstâncias condicionantes do homicídio sujeito à pena capital, a copulativa "e" foi substituída pela disjuntiva "ou".

O subsequente Dec.-Lei n. 431 (18.5.1938), expedido no curso do "estado de emergência", em que o chefe do Governo assumira poderes de "constituinte permanente", ampliou a casuística constitucional dos crimes contra o Estado sob a sanção da pena de morte, definindo mais os seguintes:

> "Insurreição armada contra os poderes do Estado, assim considerada ainda que as armas se encontrem em depósito"; "prática de atos destinados a promover guerra civil, se esta sobrevém deles"; "prática de devastação, saque, incêndio, depredação ou quaisquer atos destinados a suscitar terror, com o fim de atentar contra a segurança do Estado e a estrutura das instituições"; "atentado contra a vida, a incolumidade ou liberdade do Presidente da República".

No que concerne ao homicídio como crime capital, a lei penal comum absteve-se de cumprir o dispositivo constitucional, que, assim, não passou de *letra morta*. É verdade que o *Projecto de Código Criminal Brasileiro*, apresentado ao Governo, a 15 de maio de 1938, pelo Prof. *Alcântara Machado*, inseria no elenco das penas a de morte, disciplinando pormenorizadamente a sua imposição e execução; mas em vão se procuraria na sua "parte especial" qualquer crime a que tal pena fosse cominada, assim se manifestando, explicativamente, o projetista na sua "Exposição de motivos".

Não propomos o restabelecimento da pena de morte, que a República aboliu. Inútil seria reabrir um debate secular, em que se esgotaram, de parte a parte, todos os argumentos. Basta a convicção que temos, de que as condições atuais do meio brasileiro não exigem a adoção de uma penalidade, contra a qual se levantam objeções da maior gravidade e transcendência. Ressalvada a nossa maneira de encarar o problema, deixamos a solução ao critério do Governo; e, a exemplo de Jorge Coll e Eusebio Gomez, autores do projeto argentino, redigimos as disposições correspondentes, para o caso do Governo entender de usar da faculdade (ainda era, então, *faculdade*) conferida pelo art. 122, n. 13, da lei constitucional em vigor.

Com a revisão do Projeto e sua transformação em lei (1940), entretanto, embora já vigente a Emenda Constitucional n. 1, foi eliminada qualquer referência à pena de morte. O próprio Chefe do que no Brasil se chamou "Estado Novo" (expressão tomada de empréstimo à Alemanha nazista ou à Itália fascista) foi o primeiro a, incongruentemente, desacreditar o preceito constitucional a respeito dessa pena, quando baixou o Dec.-Lei n. 394 sobre "extradição" (ainda em vigor até hoje), no qual subordinou a entrega do extraditando à condição de "comutar-se na de prisão a pena de morte, com que seja punida a infração". O que a Constituição permitia no país, a lei ordinária não tolerava, sequer, no estrangeiro...

O atual Código Penal Militar, promulgado em 1944, consagrou na sua "segunda parte", um "título único" para os "crimes militares em tempo de guerra", onde a pena de morte é copiosamente cominada. São os seguintes os crimes capitais (aos quais a pena de morte é prescrita como "gráu máximo") ali definidos:

No capítulo I, sob a rubrica "Da traição": "tomar o nacional armas contra o Brasil ou Estado aliado, ou prestar serviço nas forças armadas de nação em guerra contra o Brasil"; "favorecer ou tentar favorecer o inimigo"; "prejudicar ou tentar prejudicar o bom êxito das operações militares"; "comprometer ou tentar comprometer a eficiência militar": I – empreendendo ou deixando de empreender ação militar; II – entregando ao inimigo ou expondo a perigo dessa consequência navio, embarcação, aeronave, força ou posição, engenho de guerra motomecanizado, provisões ou qualquer outro elemento de ação militar; III – perdendo, destruindo, inutilizando, danificando ou expondo a perigo de perda, destruição, inutilização ou dano, navio, embarcação, aeronave, engenho de guerra motomecanizado, provisão ou qualquer outro elemento de ação militar; IV – sacrificando ou expondo a perigo de sacrifício força militar; V – abandonando posição – ou deixando de cumprir missão ou ordem; "entrar em conluio, usar de violência ou ameaça, provocar tumulto ou desordem, – com o fim de obrigar o comandante a não empreender ou a cessar ação militar; "prestar ao inimigo informação ou auxílio que lhe possa facilitar a ação militar"; "aliciar militar a passar-se para o inimigo ou prestar-lhe auxílio para esse fim"; "libertar prisioneiros sob a guarda ou custódia de força nacional ou aliada"; "provocar, em presença do inimigo e por qualquer meio, a debandada de tropa, impedir a reunião de tropa ou causar alarme, com o fim de produzir confusão, desalento ou desordem na tropa".

No capítulo II, sob a epígrafe "Da covardia": "provocar, por temor, em presença do inimigo e por qualquer meio, a debandada da tropa, impedir a reunião da tropa debandada ou causar alarme com o fim de produzir confusão, desalento ou desordem na tropa ou guarnição"; "fugir ou incitar à fuga, em presença do inimigo".

No capítulo III, sob a rubrica "Da espionagem": "praticar qualquer dos crimes previstos nos arts. 124 a 127 (modalidades de espionagem), em favor do inimigo ou comprometendo a preparação, a eficiência ou as operações militares".

No capítulo IV, sob a rubrica "Motim e revolta": "praticar qualquer dos crimes previstos nos arts. 130, e seu parágrafo único, e 132 (motim e revolta), em presença do inimigo".

No capítulo V, sob a epígrafe "Da insubordinação e da violência": "praticar, em presença do inimigo, qualquer dos crimes definidos nos arts. 141, 142, 136 e 137 (insubordinação e violência)".

No capítulo VII, sob a epígrafe "Da inobservância do dever militar": "render-se o comandante, sem ter esgotado os recursos extremos de ação militar, ou, em caso de capitulação, não se conduzir de acordo com o dever militar"; "dar causa, por falta de cumprimento de ordem, à ação militar do inimigo, se o fato expõe a perigo força, posição ou outros elementos de ação militar"; "separar o comandante, em caso de capitulação, a sorte própria da dos oficiais e praças"; "abandonar comboio cuja escolta lhe tenha sido confiada, se do fato resulta avaria grave, ou perda total ou parcial do comboio".

No capítulo VIII, sob a rubrica "De outros crimes de auxílio ao inimigo"; "amotinarem-se prisioneiros em presença do inimigo"; "evadir-se o prisioneiro em tempo de guerra e voltar a tomar armas contra o Brasil ou Estado aliado".

No capítulo IX, sob o rótulo "Da deserção": "desertar em presença do inimigo".

No capítulo X, intitulado "Do abandono de posto": "praticar, em presença do inimigo, crime de abandono de posto, sem ordem superior".

No capítulo XII, sob a rubrica "Dos crimes contra o patrimônio": "praticar crime de roubo ou de extorsão, em zona de operações militares ou em território militarmente ocupado;" "praticar o saque em zona de operações militares ou em território militarmente ocupado".

No capítulo XIII, sob a epígrafe "Do dano": "praticar ou tentar praticar qualquer dos crimes definidos nos arts. 212 e 213 (isto é, "causar a perda, destruição, inutilização, encalhe, colisão ou alagamento de navio de guerra

Apêndice

ou de navio mercante e serviço militar, ou nele causar avaria" e "praticar dano em aeronave, angar, depósito, pista ou instalação de campo de aviação, engenho de guerra motomecanizado, arsenal, dique, doca, armazém ou em qualquer outra instalação militar") em benefício do inimigo, ou comprometendo ou podendo comprometer a preparação, a eficiência ou as operações militares"; "destruir ou danificar serviço de abastecimento de água, luz e força, estrada, meio de transporte, instalação telegráfica, ou outro meio de comunicação, depósito de combustível, inflamáveis, matérias primas necessárias à produção, mina, fábrica, usina ou qualquer estabelecimento de produção de artigo necessário à defesa nacional ou ao bem-estar da população e, bem assim, rebanho, lavoura ou plantações, se o fato compromete ou pode comprometer a preparação a eficiência ou as operações militares ou de qualquer forma atenta contra a segurança externa do país".

No capítulo XIV, epigrafado "Dos crimes de perigo comum": praticar dolosamente crime de perigo comum definido no título VII da Primeira Parte do Livro II (incêndio, explosão, inundação, emprego de gás tóxico ou asfixiante, desabamento ou desmoronamento), se o fato compromete ou pode comprometer a preparação, a eficiência ou as operações militares, ou é praticado em zona de efetivas operações militares e dele resulta morte".

No capítulo XV, sob a epígrafe "Do rapto e da violência carnal": "praticar qualquer dos crimes de violência carnal previstos nos arts. 192 e 193 (estupro e atentado violento ao pudor), em lugar de efetivas operações militares, se do fato resulta morte".

Quando da última Grande Guerra, de que o Brasil participou como aliado dos países inimigos do Eixo, foi baixado, a 1º.10.1942, o Dec.-Lei n. 4.766, que fazia incidir sob a pena de morte, como grau máximo, além de vários dentre os crimes já previstos como capitais pela lei militar em tempo de guerra, mais os seguintes (ainda quando praticados por civis), desde que o fato fosse "cometido com o fim de espionagem política ou militar, no interesse do Estado em guerra contra o Brasil ou de Estado aliado ou associado ao primeiro": "promover ou manter, no território nacional, serviço secreto de espionagem" e "revelar qualquer documento, notícia ou informação que, no interesse da segurança do Estado, ou no interesse político, interno ou internacional, do Estado, deva permanecer secreto". Como uma nódoa na legislação penal brasileira, esse decreto-lei atribuiu-se efeito retroativo, no tocante aos atentados contra a segurança externa do Estado, ainda nos casos de *novatio criminis*, de modo a atingir os fatos ocorridos desde a data da ruptura das relações diplomáticas com os países do Eixo, anterior de vários meses a própria data da declaração de guerra. A título de clemência, porém, declarava-se que "no caso de aplicação retroativa da lei, a pena de morte será substituída pela de reclusão por trinta anos[...]".

Com o advento da Constituição de 1946 voltou a ser riscada da lei penal brasileira para o tempo de paz a *capitis poena*. O seu art. 141, n. 31, ressuscitou o art. 113, n. 29, da Constituição de 34, o mesmo fazendo a atual Constituição (de 24.1.1967), que, como aquela, diversamente da primeira Constituição republicana (1891), restringe a cominação da pena de morte à legislação penal militar em *caso de guerra externa*.

Cumpre notar, entretanto, que, não obstante as leis cominatórias da pena de morte, não houve durante sua vigência, nem mesmo em período de guerra externa, um só julgamento que a impusesse. Não porque o seu suposto efeito intimidativo tivesse dissuadido da prática de crimes capitais, mas porque o "assassínio legal", no Brasil, longe de corresponder a uma vindicação social, encontra da parte do povo uma incoercível repulsa, a que os juízes não se alheiam. Se em momentos de aguda crise política, em que se faz necessário garantir contra o inconformismo, menos o regime governamental ou a segurança do Estado do que a permanência dos governantes no Poder, o legislador tem-se lembrado de retirar do "museu histórico nacional" a pena de morte, sabe-se, de antemão, que isso não valerá mais que o gesto de colocar um velho trabuco na panóplia que adorna a parede. No tocante aos crimes comuns, o melhor atestado da incompatibilidade da pena de morte com o sentimento geral é que, mesmo quando a Constituição do "Estado Novo" brasileiro (1937-1945) a declarava obrigatória no caso de "homicídio por motivo fútil ou com extremos de perversidade", o legislador ordinário não se sentiu encorajado a incluí-la no arsenal das penas criminais, fazendo caso omisso do imperativo constitucional. É verdade que, de quando em quando, ao ter-se notícia de algum crime hediondo ou revestido de circunstâncias de invulgar crueldade, vem à tona, pela imprensa, o tema da pena capital, e algumas vozes isoladas põem-se a proclamar a necessidade de sua restauração. Jamais se registou, mesmo em caráter episódico, um extenso movimento de opinião em tal sentido. Com os conhecidos argumentos e contra-argumentos, sopra-se no borralho da polêmica sobre a pena de morte, mas, em breve termo, o assunto retorna ao esquecimento por falta de eco no seio da população.

No seu relatório apresentado à ONU, em 1962, relativamente a uma *enquete* feita sobre a questão da pena de morte em numerosos países do mundo civilizado, Marc Ancel alinha toda a série de razões, quase universalmente expendidas contra esse resquício da *lex talionis*. São elas repetidas, com raras discrepâncias, pelos juristas, sociólogos e legisladores brasileiros, predominando, porém, as relativas à desmentida maior intimibilidade da pena capital em cotejo com a de prisão, ao seu carácter sumariamente negativo da possível recuperação social do delinquente e à sua irrevogabilidade, no caso de sempre possíveis erros judiciários. Pondera-se que, via de regra, o indivíduo reage pelo crime, ou num *raptus* emocional (que lhe suprime momentaneamente o são discernimento ou o poder de autoinibição) ou a coberto de testemunhas, confiante na impunidade (sendo certo que 30% de crimes ficam inultos por falta de prova da autoria), e quer num caso, quer noutro, é bem de ver que a ameaça da pena de morte não será mais eficiente que a da longa privação de liberdade, devendo ter-se em conta que esta apresenta o sentido humano de oferecer a eventualidade de recuperação social do delinquente, enquanto aquela é um ato tão estúpido quanto o do caçador que com um golpe de azagaia dessangra a *uncia tigris* depois de enjaulada, ou do médico que, para fazer cessar a febre, mata o febrento. Não é racional, que ao invés da plástica de almas humanas ou da cada vez mais promissora "técnica de regeneração" por adequados meios ortopsíquicos, se prefira uma triste *magarefada*, uma repulsiva cena de sangue, um lúgubre processo de matar, o machado do carnífice, a guilhotina, o fuzilamento, a forca, a cadeira eléctrica, os gases tóxicos nas câmaras de morte. Dentre todas as objeções, porém, com que se impugna a pena capital sobreleva, no Brasil, a relativa à sua irrevogabilidade, ao seu caráter *absoluto*, tornando impossível a reparação de um eventual êrro judiciário. Explica-se. De um lado, a imprensa brasileira, para aumento da venda avulsa de exemplares, tem o veso e a mais ampla licença de provocar o máximo de sensacionalismo em torno dos crimes revestidos de perversidade; e quando não se conhece, desde logo, o seu autor ou autores, até mesmo os repórteres se arvoram em detetives, e as gazetas *cor de açafrão*, à menor suspeita, tratam de arranjar "bodes expiatórios", contra os quais se dirigem os brados sediciosos e os punhos crispados junto à varanda de Pilatos. Indícios irrelevantes assumem o cunho da evidência mesma, e se a justiça penal não se precata, pode ser levada a deploráveis desvios, como já tem acontecido. Por outro lado, os processos *ad eruendam veritatem* empregados, à margem da lei, pela polícia brasileira, nos secretos desvãos das delegacias ou cadeias, nada ficam a dever ao *third degree* dos policiais norte-americanos ou ao *passage au tabac* da policia francesa, a atestarem que a *tortura* dos tempos medievais, para extorquir confissões, ainda não desapareceu de todo, embora sem o *placet* legal. De par com os meios de tortura, e como estilização destes, há ainda o uso dos precaríssimos "detentores de mentira" ou da chamada "psicanálise química", isto é, a ministração do pseudo – "soro da verdade" ou de drogas hipnóticas, provocadoras, segundo se pretende, de certo "estado de indiscrição" e consequente esvaziamento dos conteúdos da consciência. Vem daí o grave perigo da imolação de inocentes que não sabem resistir, sequer, à visão dos "instrumentos de suplício", ou se perturbam ante o aparato do "psicógrafo de Berkeley", ou cuja alteração psíquica pode exteriorizar-se em descontrolada logorreia e "confissões" por héterossugestão. Haja vista o rumoroso "caso dos irmãos Naves", ocorrido, não há muito tempo, no Município de Araguari, Estado de Minas Gerais, e que hoje corre mundo, romanceado em filme de cinema. O fato deu-se assim como se segue. Tendo desaparecido o granjeiro Benedito Pereira Caetano, depois de haver vendido à vista uma partida de arroz, suspeitou-se que havia sido vítima de latrocínio, e deste vieram a ser acusados seus primos e assíduos companheiros Joaquim e Sebastião Naves, que foram, aliás, os primeiros a comunicar o caso à polícia. Foi mandado da capital do Estado, para proceder a investigações, um energúmeno fardado, sob o nome de delegado militar, que logo fez prender os Naves e, submetendo-os, dias seguidos, a espancamento e judiarias de toda espécie, seja na própria cadeia, seja em lugares ermos para onde os levava, deles extorquiu a "confissão" de serem os autores do propalado crime, e mais a de que haviam jogado o cadáver da vítima na caudal do Rio das Velhas e enterrado o dinheiro entre duas árvores "sinaleiras" nas proximidades do local. Em vão procuraram os policiais o cadáver no fundo do rio ou o dinheiro no esconderijo apontado pelos "confitentes". Mas, a essa altura, o clamor público contra os Naves era tremendo e a exaltação dos espíritos não admitia raciocínios e ponderações, de tal modo que os próprios juízes, de primeira e segunda instância, se deixaram impressionar pela fúria popular e, não obstante a inexistência de corpo de delito (não substituível pela confissão), vieram a condenar os acusados a 26 anos de reclusão (posteriormente, em segundo julgamento, reduzidos para 18). Passados cerca de 9 anos, já tendo falecido no cárcere o condenado Joaquim Naves, em virtude de uma pneumonia ali contraída, eis que surge em Araguari, vivo e são, o *defunto* Benedito Pereira Caetano, que contou a sua história: com o dinheiro da venda do arroz, que não queria repartir com os credores, viajara clandestinamente para a Bolívia, onde vivera todo esse tempo, jamais tendo notícia do que estava acontecendo com seus primos Naves.

Antes mesmo que cessasse a generalizada comoção acarretada por esse grando erro judiciário, um outro fato que, embora ocorrido nos Estados Unidos, teve enorme repercussão na América Latina, ainda mais agravou a ausência, no Brasil, de clima propício à pena de morte. Trata-se do famoso caso de Caryl Chessman, condenado à morte pela justiça do Estado da Califórnia, como sendo o odiado "bandido da luz vermelha", e que, durante os doze anos em que conseguiu adiar a execução da pena, adquirira, através da leitura de cerca de 20 mil livros, uma vasta cultura, que lhe possibilitou tornar-se um escritor de renome universal. Do seio das classes letradas do Brasil, notadamente da mocidade estudantil, inúmeros e calorosos foram os apelos dirigidos ao então Governador californiano, para que comutasse em prisão perpétua a pena capital imposta a Chessman, pois este, no "corredor da morte" da Penitenciária de San Quentin, por um esforço quase sobre-humano, vencendo o negativismo de sua personalidade psicopática, se fizera um autêntico valor humano. Foi, porém em vão: Chessman respirou o gás mortífero, segundo o método de matar legalmente admitido na Califórnia. Pois bem; um ano depois, um artigo publicado no *Peace News* pelo conhecido criminólogo Harry Elmer Barnes, simultamentemente com livros trazidos a lume pelos advogados Milton Machlin e William Woodfield, em colaboração, e W. Kunstler ("*Ninth Life*" e "*Beyond reasonable doubt*"), não só mostrava as graves falhas do processo contra Chessman como proclamava sua inocência, pois o "bandido da luz vermelha" não era outro senão o "gangster" Charles Terranova, conforme declarações de sua própria viúva. Chessman fora condenado apenas em razão de seu passado pouco recomendável e um vago "reconhecimento" por parte das vítimas Regina Johnson e Alice Meza, abstraindo-se que, como dizia o ilustre advogado italiano Bentini, "o *reconhecimento* e a chamada de corréu são os dois braços da cruz em que se prega a inocência".

Nunca como na atualidade foi o sentimento brasileiro tão radicalmente infenso à pena de morte. Tudo indica que o Brasil jamais a restabelecerá, afeiçoando-se, assim, ao ritmo da maioria das nações do mundo civilizado, cujo exemplo autoriza a previsão de que, no ano 2000, não mais subsistirá, à face da terra, esse resíduo de barbaria, incompatível com o mais elementar espírito de solidariedade humana.

METÁFORAS E PENSAMENTOS DE NÉLSON HUNGRIA[1]

René Ariel Dotti

Este artigo é dedicado ao Dr. **Clemente Hungria**, filho do imortal penalista, e aos jovens e talentosos criminalistas que ainda não haviam conhecido os antológicos *Comentários ao Código Penal*.

A teoria e a prática do Direito Criminal em nosso País não conheceram expressão mais fulgurante de mestre e humanista. Nos mais diversos e longínquos mundos da realidade e da imaginação dos casos criminais, ele foi, e continua sendo, pela obra imortal – o personagem, o ator e o espectador da *divina comédia da existência*. Infernos, purgatórios e paraísos, todos os cenários dantescos da vida cotidiana foram esculpidos e interpretados em suas lições.

A imensa obra de **Nélson Hungria** é um dos modelos ambulantes da vida, da paixão, da morte e da ressurreição da palavra como sagração e canto da condição humana.

Os seus antológicos *Comentários ao Código Penal* constituem a reencenação da aventura da existência, assim como o fizeram as Sagradas Escrituras. Com uma diferença, porém: os profetas que falam por intermédio das páginas de sua imensa obra não são os místicos que flutuam sobre a realidade. São as criaturas de carne e osso que escrevem, dirigem, interpretam e montam a representação da vida.

Seguem alguns extratos de metáforas e pensamentos que ilustram a exegese do art. 1º do CP, cuja redação original foi mantida pela reforma da Parte Geral pela Lei n. 7.209/84. Os fragmentos vêm dos *Comentários ao Código Penal*, 4ª ed., Rio de Janeiro: Forense, vol. 1, t. I, p. 13 e ss.

"A fonte única do Direito Penal é a norma legal. •• Não há Direito Penal vagando fora da lei escrita. •• Na Alemanha nacional-socialista, ao invés do ideal marxista da massa, fala-se, para servir ao ferrenho anti-individualismo de Hitler, no interesse do povo, que é defendido como 'comunhão indissoluvelmente ligada

---

[1] Texto publicado originalmente no *Boletim do IBCCrim*, edição de maio de 2014, p. 4.

pelo sangue e pelo território' ou como 'única grandeza política', de que o Estado é forma natural; mas o resultado é o mesmo: o indivíduo reduzido à expressão mais simples. •• Não há direitos individuais em si mesmos. •• Os postulados mais fundamentalmente insculpidos na consciência jurídica universal foram renegados como superstições maléficas, incompatíveis com o que por lá se chama o novo Estado, mas que, na realidade, não é mais que o retorno ao omisso hiperestatismo dos tempos medievais. •• **Siegert**, professor da famosa Universidade de Goettingen, assim formula o versículo do novo Evangelho: 'Devemos seguir as proclamações do Führer como linhas de direção, a mostrar-nos, dentro do espírito nacional-socialista, o justo caminho para o reconhecimento e solução das concretas situações de fato'. •• O *Mein Kampf* (esse livro que **Jacques Banville** justamente qualifica de *bric-à-brac* de ideias pueris e charlatanices, em uma linguagem desconcertante de pedantismo) é a Bíblia do nacional-socialismo, é a craveira por onde têm de medir-se a alma e o pensamento alemães. O invocado 'espírito do povo' não quer dizer o que o povo pensa na realidade, mas o que deve pensar segundo a Führung, isto é, a orientação do Chefe... •• É de ver-se como os juristas de Hitler, na crítica do Direito Penal tradicional, cuidam de emprestar vulto a míseros grãos de areia. E outra ridícula teia de aranha a que procuram pendurar-se os penalistas do nazismo é o caso da 'fraude praticada sobre os aparelhos telefônicos automáticos'. •• A supressão do *nullum crimen, nulla pœna sine lege*, quer na Rússia, quer na Alemanha, não é mais que mero luxo de prepotência. •• Na pressa de se coçarem de pruridos alheios, aqueles que, entre nós, vozeiam as ideias partejadas na crise epiléptica dos países europeus, não se dão ao trabalho de passá-las pelo crivo da meditação e ponderação que nos permite a tranquilidade remansosa em que vivemos. Não percebem eles que um Direito Penal fora ou além das leis não seria um avanço, mas um recuo da civilização jurídica. Seria uma contramarcha aos crepusculares tempos medievais, em que o indefinido arbítrio judicial escreveu páginas que ainda hoje envergonham a humanidade."

REUNIÃO DA COMISSÃO REVISORA DO ANTEPROJETO DO CÓDIGO PENAL DE 1940

Reunião da Comissão Revisora do Anteprojeto de Código Penal. Em sentido horário: Antonio Vieira Braga, Nélson Hungria, Florêncio de Abreu, Narcélio de Queiroz, Roberto Lyra.

EXPOSIÇÃO DE MOTIVOS DO CÓDIGO PENAL

MINISTÉRIO DA JUSTIÇA E NEGÓCIOS INTERIORES
GABINETE DO MINISTRO
EXPOSIÇÃO DE MOTIVOS[1]

Em 4 de novembro de 1940.
Senhor Presidente:
[...]

DO CRIME
11. Seguindo o exemplo do Código italiano, o projeto entendeu de formular, no art. 11, um dispositivo geral sobre a imputação física do crime. Apresenta-se, aqui, o problema da causalidade, em torno do qual se multiplicam as teorias. Ao invés de deixar o problema às elucubrações da doutrina, o projeto pronunciou-se *expressis verbis*, aceitando a advertência de Rocco, ao tempo da construção legislativa do atual Código italiano:

> "[...] adossare la responsabilità della resoluzione di problemi gravissimi alia giurisprudenza è, da parte del legislatore, una vegliaccheria intellettuale" (Lav. prep., IV, 29. 117).

O projeto adotou a teoria chamada da *equivalência dos antecedentes* ou da *conditio sine qua non*. Não distingue entre causa e condição: tudo quanto contribui, *in concreto*, para o resultado, é causa. Ao agente não deixa de ser imputável o resultado, ainda quando, para a produção deste, se tenha aliado a sua ação ou omissão uma *concausa*, isto é, uma outra causa preexistente, concomitante ou superveniente. Somente no caso em que se verifique uma *interrupção de causalidade*, ou seja, quando sobrevém uma

---

[1] Publicada no Diário Oficial da União, de 31 de dezembro de 1940. Mantidos os valores monetários indicados no texto original, bem como a acentuação. A transcrição (parcial) da Exposição de Motivos do CP 1940 leva em consideração o valor histórico do documento e a sua importância como meio de interpretação. Os itens 1. a 10. estão no Volume I, Tomo I.

causa que, sem *cooperar* propriamente com a ação ou omissão, ou representando uma cadeia causal autônoma, produz, por si só, o evento, é que este não poderá ser atribuído ao agente, a quem, em tal caso, apenas será imputado o evento que se tenha verificado por efeito exclusivo da ação ou omissão.

O art. 12 do projeto cuida dos graus de realização do crime, definindo o crime *consumado* e o crime *tentado*. Teria bastado que se fixasse a noção do crime tentado, para que se tivesse, por indução, o conceito do crime consumado? É este o expediente adotado por alguns Códigos modernos, como o italiano, o uruguaio e o suíço. Seguindo, porém, a tradição do nosso Direito Penal, o projeto insiste em declarar que o crime se diz consumado "quando nele se reúnem todos os elementos de sua definição legal". Não há nisto uma demasia. É preciso acentuar que a *consumação* não diz com a *inteireza* do fato, mas com a verificação integral das condições a que a lei subordina a existência do crime. Basta a fiel correspondência entre o fato e o "tipo legal" de crime, não se devendo esquecer que a lei, muitas vezes, considera *crime consumado* um fato que, normalmente, só poderia constituir *tentativa*.

Segundo o inciso II do art. 12, o crime se diz tentado (conservada a identificação entre tentativa e *crime falho*) "quando, iniciada a execução, não se consuma por circunstâncias alheias à vontade do agente".

O projeto repele em princípio a idéia de tentativa de *crime culposo*, pois neste a vontade não é dirigida ao evento, nem o agente assume o risco de produzi-lo. Cita-se, habitualmente, o exemplo formulado por Frank, relativo à legítima defesa putativa culposa ou por erro inescusável, para demonstrar a possibilidade de tentativa de crime culposo. Mas, em tal caso excepcionalíssimo, não há falta de vontade em relação ao evento, e nada impede, em face da fórmula do projeto, que se reconheça a tentativa, quando o agente não consegue realizar o evento que, culposamente ou por erro vencível, julgara legítimo.

12. É reconhecida a isenção de pena no caso de desistência *voluntária* da consumação, ressalvada a punibilidade dos atos já praticados. Não é exigida a desistência *espontânea*: basta que o agente não tenha sido *coagido*, moral ou materialmente, à interrupção do *iter criminis*.

Também é declarado imune de pena o agente no caso de *arrependimento eficaz*, isto é, quando, de sua própria iniciativa, já empregada a atividade necessária e suficiente para a consumação, impede que o resultado se produza. A concessão de imunidade penal pareceu-nos mais aconselhável, do ponto de vista *político*, que o critério da simples *atenuação* da pena.

E reconhecida a impunibilidade da tentativa ou crime *impossível*, que ocorre quando, por absoluta ineficácia do meio empregado, ou absoluta impropriedade do objeto, era impraticável a consumação. Foi, assim, adotada a *teoria objetiva temperada*. Fez-se, porém, uma concessão à *teoria sintomática*: verificada a periculosidade do agente, ser-lhe-á aplicada *medida de segurança*.

Dentro do seu critério dúplice, de medir a responsabilidade do ponto de vista da quantidade do crime e da temibilidade do agente, o projeto dispõe, divergindo da *teoria subjetiva*, que a pena da tentativa é inferior (de um a dois terços) à do crime consumado. Atendeu-se à tradição do nosso direito e ao sentimento popular, que não consente sejam colocados em pé de igualdade o crime *perfeito* e o *imperfeito*. Além disso, para justificar a disparidade de tratamento, há uma razão de ordem prática: se se comina a mesma pena em ambos os casos, o agente não teria interesse algum em deixar de insistir, antes de ser descoberto, no seu frustrado objetivo criminoso.

13. No tocante à *culpabilidade* (ou elemento subjetivo do crime), o projeto não conhece outras formas além do dolo e da culpa *stricto sensu*. Sem o pressuposto do dolo e da culpa *stricto sensu*, nenhuma pena será irrogada. *Nulla poena sine culpa*. Em nenhum caso haverá *presunção* de culpa. Assim, na definição da culpa *stricto sensu*, é inteiramente abolido o dogmatismo da "inobservância de alguma disposição regulamentar", pois nem sempre é *culposo* o evento subsequente.

Segundo o preceito do art. 15, n. I, o dolo (que é a mais grave forma de culpabilidade) existe não só quando o agente quer diretamente o resultado *(effectus sceleris)*, como quando assume o risco de produzi-lo. O *dolo eventual* é, assim, plenamente equiparado ao *dolo direto*. É inegável que arriscar-se conscientemente a produzir um evento vale tanto quanto querê-lo: ainda que sem *interesse nele*, o agente o ratifica *ex ante*, presta anuência ao seu advento.

Com o vocábulo "resultado", o citado artigo designa o efeito da ação ou omissão criminosa, isto é, o *dano efetivo* ou *potencial*, a lesão ou perigo de lesão de um bem ou interesse penalmente tutelado. O projeto acolhe o conceito de que "não há crime sem resultado". Não existe crime sem que ocorra, pelo menos, um *perigo de dano*; e sendo o perigo um "trecho da realidade" (um estado de fato que contém as condições de superveniência de um efeito lesivo), não pode deixar de ser considerado, objetivamente, como resultado, pouco importando que, em tal caso, o resultado coincida ou se confunda, cronologicamente, com a ação ou omissão.

Relativamente à culpa *stricto sensu*, absteve-se o projeto de uma conceituação teórica, limitando-se a dizer que o crime é culposo "quando o agente deu causa ao resultado por *imprudência, negligência ou imperícia*". Não era preciso mais.

Não é feita distinção entre culpa *consciente* e culpa *inconsciente:* praticamente, as duas se equiparam, pois tanto vale não ter consciência da anormalidade da própria conduta, quanto estar consciente dela, mas confiando, sinceramente, em que o resultado lesivo no sobrevirá.

É esclarecido que, salvo os casos expressos em lei, ninguém pode ser punido senão a título de dolo.

14. O art. 16 dispõe sobre a irrelevância do *erro de direito*. Não cedeu a Comissão revisora, em matéria de crimes, aos argumentos em prol da restrição a esse princípio. O *error juris nocet* é, antes de tudo, uma exigência de política criminal. Se fosse permitido invocar como escusa a ignorância da lei, estaria seriamente embaraçada a ação social contra o crime, pois ter-se-ia criado para os malfeitores um pretexto elástico e dificilmente contestável. Impraticável seria, em grande número de casos, a prova contrária à exceção do réu, fundada na insciência da lei. Conforme pondera Von Hippel ("Deutsches Strafrecht", vol. II, pág. 342), pelo menos a prova do *dolus eventualis* teria de ser oposta ao réu, mas, ainda assim, redundaria, muitas vezes, num *non liquet*, que frustraria a ação repressiva. Aos piores delinqüentes, quase sempre originários das classes sociais mais desprovidas de cultura, ficaria assegurada a impunidade. É a justa advertência de Warton ("Criminal Law". vol. I. pág. 134):

> "If ignorance of a law were defense for breaking such law, there is no law of which a villain would not be scrupulously ignorant. The more brutal, in this view, a man becomes, the more irresponsible would be in the eyes of the law, and the worst classes of society would be the most privileged".

E ainda mesmo que se abstraia o ponto de vista da utilidade social, o *nemo consetur ignorare legem* não traduz uma injustiça, quando se tem em atenção a gênese sociológica da lei, notadamente da lei penal. E de inteira procedência a argumentação de Von Bar ("Gesetz und Schuld", vol. 2, pág. 393): "Do ponto de vista do indivíduo, não há injustiça em que lhe não aproveite o erro de direito. Cresce ele como membro da comunhão social, a cuja consciência jurídica deve corresponder a lei penal, e por isso tem, de regra, a clara intuição do que deve evitar para não violar a ordem jurídica". É certo que nem sempre a lei é um reflexo da consciência jurídica coletiva, representando apenas conveniências políticas de momento. A tais casos, porém, atende o projeto, na medida do possível, incluindo entre as "circunstâncias que sempre atenuam a pena" o escusável erro de direito.

O projeto não faz distinção entre erro de direito *penal* e erro de direito *extrapenal*: quando uma norma penal faz remissão a uma norma não penal ou a pressupõe, esta fica fazendo parte integrante daquela e, conseqüentemente, o erro a seu respeito é um irrelevante *error juris criminalis*.

15. O erro de fato constitui objeto do art. 17 e seus parágrafos. Distingue-se entre o *erro essencial* e o *erro acidental:* este é irrelevante, aquele é excludente da responsabilidade a título de dolo e mesmo a título de culpa, se é escusável ou invencível.

O erro relevante é tanto aquele que versa sobre o fato constitutivo do crime (erro de fato *essencial*), quanto aquele que faz o agente supor uma situação de fato que, se realmente existisse, legitimaria a ação. É indiferente se o erro é espontâneo ou provocado por outrem. Neste último caso, responde pelo crime o terceiro que induziu ao erro.

Quanto ao *error in persona* (erro acidental), o projeto reproduz o direito atual, declarando-o indiferente. Apenas acrescenta a regra, já firmada, aliás, pela jurisprudência, de que, em tal caso, "não se consideram as condições ou qualidades da vítima, senão as da pessoa contra quem o agente queria praticar o crime".

16. Entre as causas de isenção de pena, ou de exclusão de crime, não inclui o projeto o *consentimento do ofendido*. Há crimes para cuja existência se torna necessário o *dissenso* do sujeito passivo. Assim, os crimes patrimoniais. Ora, em tais casos, se precede o consentimento do interessado, não há falar em crime. Fora daí, o consentimento do lesado não pode elidir o crime ou a pena, pois solução diversa estaria em contraste com o caráter eminentemente *público* do direito penal.

17. Entre as causas de isenção de pena, são disciplinadas a *coação irresistível* e a *ordem de superior hierárquico*, e é declarada a *inexistência de crime* nos casos de *legítima defesa, estado de necessidade, estrito cumprimento de dever legal* e *exercício regular de direito*.

Na *coação irresistível* e na *ordem de superior hierárquico*, é abstraído o autor imediato do crime: por este só responde o autor da coação ou da ordem. A *coação* deve ser *irresistível*: se pode ser vencida (tendo-se em vista, é claro, o padrão do *homo medius*, e não o do *homo constantissimus),* haverá apenas uma atenuante (art. 48, n. IV, letra *c*),

A *ordem de superior hierárquico* (isto é, emanada de autoridade pública, pressupondo uma relação de direito administrativo) só isenta de pena o executor, se não é *manifestamente* ilegal. Outorga-se, assim, ao inferior hierárquico, tal como no direito vigente, uma relativa faculdade de indagação da legalidade da ordem. Conforme observa De Marsico, se o princípio fundamental do Estado moderno é a autoridade, não é menos certo que o Estado é uma organização jurídica, e não pode autorizar a obediência cega do inferior hierárquico. De um lado, um excesso de poder na indagação da legalidade da ordem quebraria o princípio de autoridade, mas, de outro, um excesso do dever de obediência quebraria o princípio do direito.

A *legítima defesa* apresenta-se sem certos requisitos de que se reveste na legislação em vigor. Na defesa de um direito, seu ou de outrem, injustamente atacado ou ameaçado, *omnis civis est miles*, ficando *autorizado* à repulsa imediata. Também é dispensada a rigorosa *propriedade* dos meios empregados, ou sua precisa *proporcionalidade* com a agressão. Uma reação *ex improviso* não permite uma escrupulosa escolha de meios, nem comporta cálculos dosimétricos: o que se exige é apenas a moderação do revide, o exercício da defesa no limite razoável da *necessidade*.

A questão do *excesso* na legítima defesa é resolvida no parágrafo único do art. 21: se o excesso é *culposo*, responde o agente por culpa, se a este título é punível o fato. Corolário, *a contrario sensu:* se o excesso é conscientemente *querido*, responde o agente por crime doloso, pouco importando o estado inicial de legítima defesa.

No tocante ao *estado de necessidade*, é igualmente abolido o critério anti-humano com que o direito atual lhe traça os limites. Não se exige que o direito sacrificado seja *inferior* ao direito posto a salvo, nem tampouco se reclama a *"falta absoluta* de outro meio menos prejudicial". O critério adotado é outro: identifica-se o *estado de necessidade* sempre que, nas circunstâncias em que a ação foi praticada, não era razoavelmente exigível o sacrifício do direito ameaçado. O estado de necessidade não é um conceito absoluto: deve ser reconhecido desde que ao indivíduo era *extraordinariamente* difícil um procedimento diverso do que teve. O crime é um fato *reprovável*, por ser a violação de um dever de conduta, do ponto de vista da disciplina social ou da ordem jurídica. Ora, essa *reprovação* deixa de existir e não há crime a punir, quando, em face das circunstâncias em que se encontrou o agente, uma conduta diversa da que teve não podia ser exigida do *homo medius*, do comum dos homens. A abnegação em face do perigo só é exigível quando corresponde a um *especial dever jurídico*. É o que dispõe o § 1º do art. 20: "Não pode alegar estado de necessidade quem tinha o dever legal de enfrentar o perigo". Ainda mesmo no caso de razoável exigibilidade do sacrifício do direito ameaçado, pode o juiz, dadas as circunstâncias reduzir a pena (§ 2º do art. 20).

DA RESPONSABILIDADE

18. Na fixação do pressuposto da responsabilidade penal (baseada na capacidade de *culpa moral*), apresentam-se três sistemas: o biológico ou etiológico (sistema francês), o psicológico e o biopsicológico. O sistema biológico condiciona a responsabilidade à saúde mental, à normalidade da mente. Se o agente é portador de uma enfermidade ou grave deficiência mental, deve ser declarado irresponsável sem necessidade de ulterior indagação psicológica. O método psicológico não indaga se há urna perturbação mental mórbida: declara a irresponsabilidade se, ao tempo do crime, estava abolida no agente, seja qual for a causa, a faculdade de apreciar a criminalidade do fato (momento intelectual) e de determinar-se de acordo com essa apreciação (momento volitivo). Finalmente, o método biopsicológico é a reunião dos dois primeiros: a responsabilidade só é excluída, se o agente, em razão de enfermidade ou retardamento mental, era, no momento da ação incapaz de entendimento ético-jurídico e autodeterminação.

O método biológico, que é o inculcado pelos psiquiatras em geral, não merece adesão: admite aprioristicamente um nexo constante de causalidade entre o estado mental patológico do agente e o crime: coloca os juízes na absoluta dependência dos peritos médicos, e, o que é mais, faz *tabula rasa* do caráter ético da responsabilidade. O método puramente psicológico é, por sua vez, inaceitável, porque não evita, na prática, um demasiado arbítrio judicial ou a possibilidade de um extensivo reconhecimento da irresponsabilidade em antinomia com o interesse da defesa social.

O critério mais aconselhável, de todos os pontos de vista, é, sem dúvida, o misto ou biopsicológico.

É o seguido pelo projeto (art. 22): "E isento de pena o agente que, por doença mental, ou desenvolvimento mental incompleto ou retardado, era, ao tempo da ação ou da omissão, inteiramente incapaz de entender o caráter criminoso do fato, ou de determinar-se de acordo com esse entendimento". No seio da Comissão, foi proposto que se falasse, de modo genérico, *em perturbação mental*; mas a proposta foi rejeitada, argumentando-se, em favor da fórmula vencedora, que esta era mais compreensiva, pois, com a referência especial ao "desenvolvimento mental incompleto ou retardado", e devendo entender-se como tal a própria falta de aquisições éticas (pois o termo *mental* é relativo a todas as faculdades psíquicas, congênitas ou adquiridas, desde a memória à consciência, desde a inteligência à vontade, desde o raciocínio ao senso moral), dispensava alusão expressa aos surdos-mudos e silvícolas inadaptados.

19. No parágrafo único do art. 22, é *facultada* a redução da pena no tocante aos que, "em virtude de *perturbação* da saúde mental, ou por desenvolvimento mental incompleto ou retardado", não possuíam, no momento da ação, a plena capacidade de entendimento, ou de autodeterminação. O projeto teve em vista, aqui, principalmente, os chamados "fronteiriços" (anormais psíquicos, psicopatas). É conhecida a controvérsia que esses indivíduos suscitam no campo da psiquiatria. Ora são declarados verdadeiramente loucos, e, portanto, irresponsáveis; ora se diz que são apenas *semiloucos* e reconhece-se a sua *imputabilidade restrita*; e, finalmente, não falta quem afirme, com indiscutível autoridade, a sua nenhuma identidade com os insanos mentais. Entre os que sustentam este último ponto de vista está, por exemplo, Wilmanns, o ilustre psiquiatra de Heidelberg, cujo livro "Die sogenannte verminderte Zurechnungsfaehigkeit" ("A chamada imputabilidade diminuída") veio modificar profundamente a orientação científica relativamente aos psicopatas ou anormais psíquicos. Assim escreve ele:

> "Vem-se reconhecendo, cada vez mais, o desacerto e impropriedade de submeter esses caracteres anormais, sem maior indagação, ao mesmo processo usado com o alienado mental. Chegou-se à convicção de que a esses 'prejudicados' em geral é proveitosíssima a aplicação de pena... Deu-se uma transformação no sistema do tratamento que se julgava adequado ao psicopata: este não é mais o pobre enfermo, de quem se deve cuidar como aos insanos mentais; mas, sim, um indivíduo passível de métodos correcionais e, quando seja o caso, de coerção disciplinar". ("Maerkannte in wachsenden Masse die Unrichtigkeit und Unzweckmaessigkeit, auf diese abnormen Charaktere die Grundsaetze der Irrenbenhandlung ohne weiteres zu übertragen. Man karn zu der Uberzeugung, ,dass solchen minderwertigen Individuen der Strafvelizug im allgemeinen recht zutraeglich' sei... trat eine Wandlung in der Forderung ein, die man dem Psychopathen stelen zu dürfen glaubte; er war nicht mehr der arme Kranke, den man wie den Geistesgestörten gewaehren liess, sondern Objekt der Erziehung, gegebenfalls der Disziplinierung".)

Birnbaum ("Die psychopatischen Verbrecher"), profundo conhecedor dos psicopatas, assevera que a sujeição destes a castigos, para corrigir-lhes o caráter indisciplinado, opera *resultados maravilhosos* ("Wunderdinge").

Em face da diversidade ou dubiedade dos critérios científicos, o projeto, no interesse da defesa social, só podia tomar um partido: declarar responsáveis os "fronteiriços", ficando ao prudente arbítrio do juiz, nos casos concretos, urna redução de pena, e isto sem prejuízo da aplicação *obrigatória* de *medida de segurança*. Para a adoção de tal critério milita, além disso, uma razão de ordem prática. É preciso reforçar no espírito público a ideia da inexorabilidade da punição. Deixando-se a coberto de pena, quando autores de crimes, os anômalos psíquicos, que vivem no seio do povo, identificados com o ambiente social, e que o povo, por isso mesmo, não considera irresponsáveis, fica desacreditada a função repressiva do Estado. A fórmula do projeto virá aumentar a certeza geral da punição dos que delinqüem, tornando maior a eficiência preventiva da sanção penal, não somente em relação ao *homo typicus*, como em relação aos psicopatas, que são, sem dúvida alguma, intimidáveis.

Não cuida o projeto dos *imaturos* (menores de 18 anos), senão para declará-los inteira e irrestritamente fora do direito penal (art. 23), sujeitos apenas à *pedagogia corretiva* de legislação especial.

20. No art. 24, n. I, o projeto dispõe que não isenta de pena "a emoção ou a paixão". A Comissão revisora, porém, não deixou de transigir, até certo ponto, cautelosamente, com o *passionalismo:* não o colocou fora da psicologia normal, isto é, não lhe atribuiu o efeito de exclusão da responsabilidade, só reconhecível no caso de autêntica alienação ou grave deficiência mental; mas reconheceu-lhe, sob determinadas condições, uma influência minorativa da pena. Em consonância com o projeto Alcântara, não só incluiu entre as circunstâncias atenuantes explicitas a de "ter o agente cometido o crime sob a influência de *violenta emoção, provocada por ato injusto de outrem"*, como fez do *homicídio passional*, dadas certas circunstâncias, uma espécie de *delictum exceptum*, para o efeito de *facultativa* redução da pena (art. 121, § 1º): "Se o agente comete o crime sob o domínio de emoção violenta, logo em seguida a injusta provocação da vítima..., o juiz pode reduzir a pena, de um sexto a um terço". E o mesmo critério foi adotado no tocante ao crime de *lesões corporais*.

21. Ao resolver o problema da *embriaguez* (pelo álcool ou substância de efeitos análogos), do ponto de vista da responsabilidade penal, o projeto aceitou em toda a sua plenitude a teoria da *actio libera in causa seu ad libertatem relata*, que, modernamente, não se limita ao estado de inconsciência *preordenado*, mas a todos os casos em que o agente se deixou arrastar ao estado de inconsciência.

Quando *voluntária* ou culposa, a embriaguez, ainda que *plena*, não isenta de responsabilidade (art. 24, n. II): o agente responderá pelo crime. Se foi *preordenada*, responderá o agente, a título de dolo, com pena agravada (art. 24, n. II, combinado com o art. 44, n. 11, letra *c*). Somente a embriaguez *plena* e *acidental* (devida a caso fortuito ou força maior) autoriza a isenção de pena, e, ainda assim, se o agente no momento do crime, em razão dela, estava inteiramente privado da capacidade de entendimento ou de livre determinação.

A propósito, não é de esquecer a opinião de Battaglini ("Diritto Penale", pág. 125), que, se contém algum exagero, não deixa de ser útil advertência:

"[...] o ébrio, com inteligência suprimida e vontade inexistente, é uma criação da fantasia: ninguém jamais o viu no banco dos réus". Se a embriaguez, embora fortuita, não é de molde a subverter totalmente a consciência e vontade, o juiz pode reduzir a pena (§ 2º do art. 24), tal como no caso dos anormais psíquicos.

A embriaguez habitual faz presumir, *juris et de jure*, a *periculosidade* do agente (art. 78, n. III), para o efeito de aplicação de medida de segurança adequada.

DA CO-AUTORIA

22. O projeto aboliu a distinção entre *autores* e *cúmplices:* todos os que tomam parte no crime são *autores*. Já não haverá mais diferença entre participação *principal* e participação *acessória*, entre auxílio *necessário* e auxílio *secundário*, entre a *societas criminis* e a *societas in crimine*. Quem emprega qualquer atividade para a realização do evento criminoso é considerado responsável pela totalidade dele, no pressuposto de que também as outras forças concorrentes entraram no âmbito da sua consciência e vontade. Não há nesse critério de decisão do projeto senão um corolário da *teoria da equivalência das causas*, adotada no art. 11. O evento, por sua natureza, é indivisível, e todas as condições que cooperam para a sua produção se equivalem. Tudo quanto foi praticado para que o evento se produzisse é causa indivisível dele. Há na participação criminosa, uma associação de causas conscientes, uma convergência de atividades que são, no seu incindível conjunto, a causa *única* do evento e, portanto, a cada uma das forças concorrentes deve ser atribuída, solidariamente, a responsabilidade pelo todo.

Ficou, assim, repudiada, a ilógica e insuficiente ficção segundo a qual, no sistema tradicional, o *cúmplice* "acede" à criminalidade do autor principal. Perde sua utilidade a famosa teoria do *autor imediato*, excogitada para não deixar impune o *cúmplice*, quando o *autor principal* é um irresponsável. Por outro lado, os juízes já não ficarão em perplexidade, como atualmente, para distinguir entre *auxiliar necessário* e *auxiliar dispensável*.

23. Para substituição da antiga fórmula do *concursus delinquentium* por outra mais racional, mais lógica e menos complexa, surgiram em doutrina três teorias diversas: a pluralística, a dualística e a monística. Segundo a teoria pluralística (Getz, Massari), no concurso criminoso não se dá somente a pluralidade de agentes, mas a cada um destes corresponde uma ação própria, um elemento subjetivo próprio, um evento próprio, devendo-se, pois, concluir que *quot personae agentes lot crimina*.

Para a teoria dualística (Manzini), há um *crime único* entre os chamados autores principais e outro *crime único* entre os co-partícipes secundários (cúmplices *stricto sensu*).

Para a teoria monística, finalmente, o crime é sempre *único* e *indivisível*, tanto no caso de unidade de autoria, quanto no de co-participação. É o sistema do Código italiano. Os vários atos convergem para uma operação única. Se o crime é incindível, do ponto de vista material ou técnico, também o é do ponto de vista jurídico. Foi esta a teoria adotada pelo projeto. A preferência por ela já vinha do projeto Galdino Siqueira. É a teoria que fica a meio caminho entre a teoria pluralística e a teoria tradicional. Assim dispõe, peremptoriamente, o art. 25 do projeto: "Quem, de qualquer modo, concorre para o crime incide nas penas a este cominadas".

Para que se identifique o *concurso*, não é indispensável um "prévio acordo" das vontades: basta que haja em cada um dos concorrentes *conhecimento de concorrer a ação de outrem*. Fica, dessarte, resolvida a *vexata quaestio* da chamada *autoria incerta*, quando não tenha ocorrido ajuste entre os concorrentes. Igualmente, fica solucionada, no sentido afirmativo, a questão sobre o concurso em *crime culposo*, pois neste tanto é possível a *cooperação material*, quanto a *cooperação psicológica*, isto é, no caso de pluralidade de agentes, cada um destes, embora não *querendo* o evento final, tem *consciência de cooperar na ação*.

As diferenças subjetivas ou objetivas das ações convergentes, na co--delinquência, podem ser levadas em conta, não para atribuir a qualquer delas uma diversa importância causal, mas apenas para um diagnóstico de maior ou menor periculosidade (Rocco).

O art. 26 preceitua que, na co-delinquência, "não se comunicam as circunstâncias de caráter pessoal, salvo quando elementares do crime". As *circunstâncias* de caráter pessoal incomunicáveis são apenas as que representam, no caso concreto, simples *accidentalia delicti*. As *circunstâncias subjetivas* que influem sobre o *nomen juris* da infração penal, ainda que inerentes a um só dos partícipes, estendem-se, necessariamente, aos co-partícipes.

A cumplicidade *post factum*, da lei vigente, é inteiramente desconhecida do projeto, que passou a considerá-la como crime autônomo, sob os *nomina juris* de *receptação* e favorecimento.

Salvo disposição especial em contrário, não constituem crime o *ajuste* e a *determinação* ou *instigação*, bem como o *auxílio* para o crime, se este *não* for, pelo menos, tentado (art. 27); mas se se tratar de indivíduo perigoso, será aplicada uma medida de segurança, ou, mais precisamente, a *liberdade vigiada* (arts. 92, parágrafo único e 94, n. III).

[...]

PÁGINAS ORIGINAIS DO ANTEPROJETO HUNGRIA REDIGIDAS PELO AUTOR

Doação: Clemente Hungria

MINISTÉRIO DA JUSTIÇA E NEGÓCIOS INTERIORES

ANTEPROJETO DE CÓDIGO PENAL

PARTE GERAL

Título I

Da aplicação da lei penal

Princípio de legalidade	Art. 1º. Não há crime sem lei anterior que o defina, nem pena sem prévia cominação legal. (Cód. atual, art. 1º)
Lei supressiva de incriminação	Art. 2º. Ninguém será punido por fato que lei posterior deixa de considerar crime, cessando, em virtude dela, a própria vigência da sentença condenatória transitada em julgado, salvo quanto aos efeitos de natureza civil. (Cód. atual, art. 2º)
Retroatividade de lei mais benigna	§ 1º. A lei posterior que, de qualquer outro modo, favorece o agente, aplica-se retroativamente, ainda quando já tenha sobrevindo sentença condenatória irrecorrível. (Const. Federal, art. 141, § 29)
Apuração da maior benignidade	§ 2º. Para se reconhecer qual a mais favorável, a lei posterior e a anterior devem ser consideradas separadamente, cada qual no conjunto de suas normas aplicáveis ao caso vertente. (Cód. cubano, art. 4º)
Medidas de segurança	Art. 3º. As medidas de segurança regem-se pela lei vigente ao tempo da sentença, prevalecendo, entretanto, se diversa, a lei vigente ao tempo da execução. (Cód. atual, art. 75)
Lei excepcional ou temporária	Art. 4º. A lei excepcional ou temporária, embora decorrido o período de sua duração ou cessadas as circunstâncias que a determinaram, aplica-se ao fato praticado durante sua vigência. (Cód. atual, art. 3º)
Conflito aparente de normas	Art. 5º. Quando a um mesmo fato podem ser aplicadas duas ou mais normas penais, atende-se ao seguinte, a fim de que só uma pena seja imposta: a) a norma especial exclui a norma geral; b) a norma relativa a crime que passa a ser elemento constitutivo ou qualificativo de outro, é excluída pela norma atinente a êste;

MINISTÉRIO DA JUSTIÇA E NEGÓCIOS INTERIORES

Eficácia de lei estrangeira

Art. 10. A sentença estrangeira, quando a aplicação da lei brasileira produz na espécie as mesmas consequências, pode ser homologada no Brasil para:

I - obrigar o condenado à reparação do dano, restituições e outros efeitos civis;

II - sujeitá-lo às penas acessórias e medidas de segurança;

III - reconhecê-lo como reincidente ou criminoso habitual (art. 60, § 1º, letra a) ou esclarecer seus antecedentes.

(Cód. atual, art. 7º; Cód. ital., art. 12)

Parágrafo único.- A homologação, no caso do nº I, depende de iniciativa da parte interessada; nos demais casos, de requerimento do Ministério Público.

Contagem de prazo

Art. 11. No cômputo dos prazos penalmente relevantes, inclui-se o dia do começo.

Contam-se os dias, os meses e os anos pelo calendário comum.

(Cód. atual, art. 8º)

Frações não computáveis de pena

Art. 12. Desprezam-se, na pena privativa de liberdade, as frações de dia e, na multa, as frações de Cr$100,00.

(Cód. atual, art. 9º)

Legislação especial

Art. 13. As regras gerais dêste Código aplicam-se aos fatos incriminados por lei especial, se esta não dispõe de modo diverso.

(Cód. atual, art. 10)

Título II
Do Crime

Relação de causalidade

Art. 14. O resultado de que depende a existência do crime é imputável a quem lhe deu causa.

Considera-se causa a ação ou omissão sem a qual o resultado não teria ocorrido.

(Cód. atual, art. 2º)

§ 1º. A omissão é relevante como causa quando quem omite devia e podia agir para evitar o resultado, decorrente êsse dever seja da lei, seja de relação contratual ou de perigosa situação de fato criada pelo próprio omitente, ainda que sem culpa.

(Cód. ital., art. 40; Cód. uruguaio, art. 3º; Anteprojeto

MINISTÉRIO DA JUSTIÇA E NEGÓCIOS INTERIORES

Aranhandi

CP-5-

alemão, de 1960, art. 13; Anteprojeto argentino, art. 10)

Superveniência de causa autônoma

§ 2º. A superveniência de causa independente, ainda que relativamente tal, exclui a imputação quando, por si só, produziu o resultado; os fatos anteriores, entretanto, imputam-se a quem os praticou.

Tentativa

Art. 15. Quem, com o fim de cometer um crime, começa sua execução com atos idôneos e inequívocos, mas não vem a consumá-lo por circunstâncias independentes de sua vontade, será punido, pela tentativa, com a pena correspondente ao crime, diminuída de um têrço até a metade.

Desistência voluntária e arrependimento eficaz

§ 1º. O agente que, voluntàriamente, desiste de prosseguir na execução ou impede que o resultado se produza, só responde pelos atos já praticados.
(Cód. atual, art. 13)

Tentativa de crime impossível

§ 2º. Quando, por ineficácia absoluta do meio empregado ou por absoluta impropriedade do objeto, é impossível consumar-se o crime, nenhuma pena é aplicável.
(Cód. atual, art. 14)

Culpabilidade

Art. 16. Diz-se o crime:
I - doloso, quando o agente quís o resultado ou assumiu o risco de produzí-lo;
(Cód. atual, art. 15, nº I)
II - culposo, quando o agente, deixando de empregar a atenção ou diligência ordinária, ou especial, a que estava obrigado em face das circunstâncias, não prevê o resultado que podia prever ou, prevendo-o, supõe levianamente que não se realizaria ou que poderia evitá-lo.
(Cód. grego, art. 28; Cód. suíço, art. 18; Anteprojeto alemão, art. 18)

Excepcionalidade do crime culposo

Parágrafo único. Salvo os casos expressos em lei, ninguém pode ser punido por fato previsto como crime, senão quando o pratica dolosamente.
(Cód. atual, art. 15, § único)

Não há pena sem culpa

Art. 17. Pelos resultados que agravam especialmente as penas só responde o agente quando os houver causado, pelo menos, culposamente.
(Códs. grego, art. 29; tchecoslovaco, de 1950, art. 4, nº 2; iugoslavo, art. 8; dinamarquês, art. 20; Anteprojeto alemão, art. 22; Anteprojeto argentino, art. 18)

Embriaguez
culposa

§ 2º. Se, embora não preordenada, a embriaguez é voluntária, e o agente previu ou podia prever que, em tal estado, poderia vir a cometer crime, a pena é aplicável a título de culpa, se a êste título é punível o fato.
(Cód. grego, art. 35, ns. 1 e 3; Anteprojeto arg., art. 26, letras a e b)

Menores

Art. 32. O menor de 18 anos é penalmente irresponsável, salvo se, já tendo completado 16 anos, revela suficiente desenvolvimento psíquico para entender o caráter ilícito do fato e governar a própria conduta. Neste caso, a pena aplicável é diminuída de um têrço até metade.
(Cód. iugoslavo, art. 79-c)
Os menores entre 8 e 16 anos, bem como os menores de 18 e maiores de 16 não responsáveis, ficam sujeitos às medidas educativas, curativas ou disciplinares determinadas em legislação especial.

Título IV
Do concurso de agentes

Co-autoria

Art. 33. Quem, de qualquer modo, concorre para o crime incide nas penas a êste cominadas.

Condições
ou circunstâncias
pessoais

§ 1º. A punibilidade de qualquer dos concorrentes é independente da dos outros, não se comunicando, outrossim, as circunstâncias de caráter pessoal, salvo quando elementares do crime.

Agravação da pena

§ 2º. A pena é agravada em relação ao agente que:
I - promove ou organiza a cooperação no crime ou dirige a atividade dos demais agentes;
II - determina a cometer o crime alguém sujeito à sua autoridade, ou não punível em virtude de condição ou qualidade pessoal.

Atenuação
especial

§ 3º. Se algum dos concorrentes quís participar de crime menos grave, a pena, em relação a êle, é diminuída de um têrço até metade, não podendo, entretanto, ser inferior ao mínimo da cominada ao crime.
(Cód. atual, arts. 25, 26, 45, I e III, e 48, § único)

Título V
Das penas
Capítulo 1º

QUADRO COMPARATIVO DE DISPOSITIVOS PENAIS

Dec.-Lei n. 2.848, DE 07.12.1940.	Dec.-Lei n. 1.004, DE 21.10.1969 com alterações da Lei n. 6.016, de 31.12.1973.	Lei n. 7.209, de 11 de julho de 1984.
O PRESIDENTE DA REPÚBLICA, usando da atribuição que lhe confere o art. 180 da Constituição, decreta a seguinte Lei:	*O PRESIDENTE DA REPÚBLICA, usando da atribuição que lhe confere o art. 180 da Constituição, decreta a seguinte Lei:*	*O PRESIDENTE DA REPÚBLICA, faço saber que o CONGRESSO NACIONAL decreta e eu sanciono a seguinte Lei:*
		Art. 1º *O Decreto-lei n. 2.848, de 7 de dezembro de 1940 – Código Penal, passa a vigorar com as seguintes alterações:*
CÓDIGO PENAL *Parte Geral*	*CÓDIGO PENAL* *Parte Geral*	*PARTE GERAL*
[...]	[...]	[...]
TÍTULO II DO CRIME	TÍTULO II DO CRIME	TÍTULO II DO CRIME RELAÇÃO DE CAUSALIDADE
Relação de causalidade **Art. 11.** *O resultado, de que depende a existência do crime, somente é imputável a quem lhe deu causa. Considera-se causa a ação ou omissão sem a qual o resultado não teria ocorrido.*	**Relação de causalidade** **Art. 13.** *O resultado, de que depende a existência do crime, somente é imputável a quem lhe deu causa. Considera-se causa a ação ou omissão se, a qual o resultado não teria ocorrido.*	**Relação de causalidade** **Art. 13.** O resultado, de que depende a existência do crime, somente é imputável a quem lhe deu causa. Considera-se causa a ação ou omissão sem a qual o resultado não teria ocorrido

Superveniência de causa independente Parágrafo único. A superveniência de causa independente exclui a imputação quando, por si só, produziu resultado; os fatos anteriores, entretanto, imputam-se a quem os praticou.	**§ 1º A superveniência de causa relativamente independente** exclui a imputação quando, por si só, produziu o resultado. Os fatos anteriores imputam-se, entretanto, a quem os praticou. § 2º A omissão é relevante como causa quando o omitente devia e podia agir para evitar o resultado. O dever de agir incumbe a quem tenha por lei obrigação de cuidado, proteção ou vigilância; a quem, de outra forma, assumiu a responsabilidade de impedir o resultado; e a quem, com seu comportamento anterior, criou o risco de sua superveniência.	**Superveniência de causa independente** § 1º A superveniência de causa relativamente independente exclui a imputação quando, por si só, produziu o resultado; os fatos anteriores, entretanto, imputam-se a quem os praticou. **Relevância da omissão** § 2º A omissão é penalmente relevante quando o omitente devia e podia agir para evitar o resultado. O dever de agir incumbe a quem a) tenha por lei obrigação de cuidado, proteção ou vigilância; b) de outra forma, assumiu a responsabilidade de impedir o resultado; c) com seu comportamento anterior, criou o risco da ocorrência do resultado.
Art. 12. Diz-se o crime: **Crime consumado** I – consumado, quando nele se reúnem todos os elementos de sua definição legal; **Tentativa** II – tentado, quando, iniciada a execução, não se consuma, por circunstâncias alheias à vontade do agente.	**Art. 14.** Diz-se o crime: **Crime consumado** I – consumado, quando nele se reúnem todos os elementos de sua definição legal; **Tentativa** II – tentado, quando, iniciada a execução, não se consuma por circunstâncias alheias à vontade do agente.	**Art. 14.** Diz-se o crime: **Crime consumado** I – consumado, quando nele se reúnem todos os elementos de sua definição legal; **Tentativa** II – tentado, quando, iniciada a execução, não se consuma por circunstâncias alheias à vontade do agente.

Pena da Tentativa Parágrafo único. Salvo disposição em contrário, pune-se a tentativa com a pena correspondente ao crime consumado, diminuída de um a dois terços.	Pena de tentativa Parágrafo único. Salvo disposição em contrário, pune-se a tentativa com a pena correspondente ao crime consumado, diminuída de um a dois terços. • Redação dada pela Lei 6.016, de 31 de dezembro de 1973.[1] **Redação anterior**: Pune-se a tentativa com a pena correspondente ao crime, diminuída de um a dois terços, podendo o juiz, no caso de excepcional gravidade, aplicar a pena do crime consumado.	Pena de tentativa Parágrafo único. Salvo disposição em contrário, pune-se a tentativa com a pena correspondente ao crime consumado, diminuída de um a dois terços.
Desistência voluntária e arrependida eficaz Art. 13. O agente que, voluntariamente, desiste da consumação do crime ou impede que o resultado se produza, só responde pelos atos já praticados.	Desistência voluntária e arrependimento eficaz Art. 15. O agente que, voluntariamente, desiste de prosseguir na execução ou impede que o resultado se produza, só responde pelos atos já praticados.	Desistência voluntária e arrependimento eficaz Art. 15. O agente que, voluntariamente, desiste de prosseguir na execução ou impede que o resultado se produza, só responde pelos atos já praticados.
		Arrependimento posterior Art. 16. Nos crimes cometidos sem violência ou grave ameaça à pessoa, reparado o dano ou restituída a coisa, até o recebimento da denúncia ou da queixa, por ato voluntário do agente, a pena será reduzida de um a dois terços.

---

1   Lei n. 6.016, de 31 de dezembro de 1973, republicada em 06.03.1974.

Crime impossível	Crime impossível	Crime impossível
Art. 14. Não se pune a tentativa quando, por ineficácia absoluta do meio ou por absoluta impropriedade do objeto, é impossível consumar-se o crime (artigo 76, parágrafo único, e 94, n. III).	Art. 16. Não se pune a tentativa quando, por ineficácia absoluta do meio ou por absoluta impropriedade do objeto, é impossível consumar-se o crime.	Art. 17. Não se pune a tentativa quando, por ineficácia absoluta do meio ou por absoluta impropriedade do objeto, é impossível consumar-se o crime.
Crime doloso e crime culposo	**Crime doloso e crime culposo**	Art. 18. Diz-se o crime:
Art. 15. Diz-se o crime: I – doloso, quando o agente quis o resultado ou assumiu o risco de produzi-lo; II – culposo, quando o agente deu causa ao resultado por imprudência, negligência ou imperícia. Parágrafo único. Salvo os casos expressos em lei, ninguém pode ser punido por fato previsto como crime, senão quando o pratica dolosamente.	Art. 17. Diz-se o crime: I – doloso, quando o agente quis o resultado ou assumiu o risco de produzi-lo; II – culposo, quando o agente deu causa ao resultado por imprudência, negligência ou imperícia. • Redação dada pela Lei 6.016, de 31 de dezembro de 1973. **Redação anterior:** II – culposo, quando o agente, deixando de empregar a cautela, a atenção ou a diligência ordinária, ou especial, a que estava obrigado em face das circunstâncias, não prevê o resultado que podia prever ou, prevendo-o, supõe levianamente que não se realizaria ou que poderia evita-lo. **Excepcionalidade do crime culposo** Parágrafo único. Salvo os casos expressos em lei, ninguém pode ser punido por fato previsto como crime, senão quando o pratica dolosamente.	**Crime doloso** I – doloso, quando o agente quis o resultado ou assumiu o risco de produzi-lo; **Crime culposo** II – culposo, quando o agente deu causa ao resultado por imprudência, negligência ou imperícia. Parágrafo único. Salvo os casos expressos em lei, ninguém pode ser punido por fato previsto como crime, senão quando o pratica dolosamente.

	Caso fortuito ou força maior Art. 18. Não há crime quando o fato resulta de caso fortuito ou força maior.	
Ignorância ou erro de direito Art. 16. A ignorância ou a errada compreensão da lei não eximem de pena.		
	Agravação pelo resultado Art. 19. Pelo resultado que agravam especialmente as penas só responde o agente quando os houver causado, pelo menos, culposamente.	Agravação pelo resultado Art. 19. Pelo resultado que agrava especialmente a pena, só responde o agente que o houver causado ao menos culposamente.
	Erro de direito Art. 20. A pena pode ser atenuada ou substituída por outra menos grave, quando o agente, por escusável ignorância ou errada compreensão da lei, supõe lícito o fato • Redação dada pela Lei 6.016, de 31 de dezembro de 1973. **Redação anterior**: A pena pode ser atenuada ou substituída por outra menos grave, quando o agente, por escusável ignorância ou erro de interpretação da lei, supõe lícito o fato	Erro sobre elementos do tipo Art. 20. O erro sobre elemento constitutivo do tipo legal de crime exclui o dolo, mas permite a punição por crime culposo, se previsto em lei.

| Erro de fato
Art. 17. É isento de pena quem comete o crime por erro quanto ao fato que o constitui, ou quem, por erro plenamente justificado pelas circunstâncias, supõe situação de fato que, se existisse, tornaria a ação legítima. | Erro de fato
Art. 21. É isento de pena quem, ao praticar o crime, supõe, por erro plenamente escusável, a inexistência de circunstância de fato que o constitui, ou a existência de situação de fato que tornaria a ação legítima. | |
|---|---|---|
| Erro culposo
§ 1º Não há isenção de pena quando o erro deriva de culpa e o fato é punível como crime culposo. | Erro culposo
§ 1º Se o erro deriva de culpa, a este título responde o agente, quando o fato é punível como crime culposo. | Descriminantes putativas
§ 1º É isento de pena quem, por erro plenamente justificado pelas circunstâncias, supõe situação de fato que, se existisse, tornaria a ação legítima. Não há isenção de pena quando o erro deriva de culpa e o fato é punível como crime culposo. |
| Erro determinado por terceiro
§ 2º Responde pelo crime o terceiro que determina o erro. | Erro provocado
§ 2º Se o erro é provocado por terceiro, responderá este pelo crime, a título de dolo ou culpa, conforme o caso. | Erro determinado por terceiro
§ 2º Responde pelo crime o terceiro que determina o erro. |
| Erro sobre a pessoa
§ 3º O erro quanto à pessoa contra a qual o crime é praticado não isenta de pena. Não se consideram, neste caso, as condições ou qualidades da vítima, senão as da pessoa contra quem o agente queria praticar o crime. | Erro sobre a pessoa
Art. 22. Quando o agente, por erro de percepção ou no uso dos meios da execução, ou outro acidente, atinge uma pessoa em vez de outra, responde como se tivesse praticado o crime contra aquela que realmente pretendia atingir. Devem ter-se em conta não as condições e qualidades da vítima, mas as da outra pessoa, para configuração, qualificação ou exclusão do crime, e agravação ou atenuação da pena. | Erro sobre a pessoa
§ 3º O erro quanto à pessoa contra a qual o crime é praticado não isenta de pena. Não se consideram, neste caso, as condições ou qualidades da vítima, senão as da pessoa contra quem o agente queria praticar o crime. |

	Erro quanto ao bem jurídico § 1º Se, por erro ou outro acidente na execução, é atingido bem jurídico diverso do visado pelo agente, responde este por dolo, se assumiu o risco de causar este resultado, ou por culpa, se o previu, ou poderia prever, e o fato é punível como crime culposo. **Duplicidade de resultado** § 2º Se, no caso do artigo, é também atingida a pessoa visada, ou, no caso do parágrafo anterior, ocorre ainda o resultado pretendido, aplica-se a regra do art. 65, § 1º. • Redação dada pela Lei 6.016, de 31 de dezembro de 1973. **Redação anterior:** § 2º Se, no caso do artigo, é também atingida a pessoa visada, ou, no caso do parágrafo anterior, ocorre ainda o resultado pretendido, aplica-se a regra do art. 65.	
Ignorância ou erro de direito Art. 16. A ignorância ou a errada compreensão da lei não eximem de pena.		**Erro sobre a ilicitude do fato** Art. 21. O desconhecimento da lei é inescusável. O erro sobre a ilicitude do fato, se inevitável, isenta de pena; se evitável, poderá diminuí-la de um sexto a um terço. Parágrafo único. Considera-se evitável o erro se o agente atua ou se omite sem a consciência da ilicitude do fato, quando lhe era possível, nas circunstâncias, ter ou atingir essa consciência.

Coação irresistível e obediência hierárquica **Art. 18.** Se o crime é cometido sob coação irresistível ou em estrita obediência a ordem, não manifestamente ilegal, de superior hierárquico, só é punível o autor da coação ou da ordem.	Coação física **Art. 23.** Não é autor do crime quem o pratica sob coação física irresistível, respondendo tão-somente o coator. **Art. 24.** Não é culpado quem comete o crime: **Coação moral** *a)* sob coação moral irresistível; • Redação dada pela Lei 6.016, de 31 de dezembro de 1973. **Redação anterior**: a) sob coação moral, que lhe suprima a faculdade de agir segundo a própria vontade. **Obediência hierárquica** *b)* em obediência a ordem, não manifestamente ilegal, de superior hierárquico. Parágrafo único. Responde pelo crime o autor da coação ou da ordem.	Coação irresistível e obediência hierárquica **Art. 22.** Se o fato é cometido sob coação irresistível ou em estrita obediência a ordem, não manifestamente ilegal, de superior hierárquico, só é punível o autor da coação ou da ordem.
	Estado de necessidade como excludente de culpabilidade **Art. 25.** Não é igualmente culpado quem, para proteger direito próprio ou de pessoa a quem está ligado por estreitas relações de parentesco ou afeição, contra perigo certo e atual, que não provocou, nem poderia de outro modo evitar, sacrifica direito alheio, ainda quando superior ao direito protegido, desde que não lhe era razoavelmente exigível conduta diversa.	

	Atenuação da pena **Art. 26.** Nos casos do art. 23 e do art. 24, letras *a* e *b*, se era possível resistir à coação, ou se a ordem era manifestamente ilegal; ou no caso do art. 25, se era razoavelmente exigível o sacrifício do direito ameaçado, o juiz, tendo em vista as condições pessoais do réu, pode atenuar a pena. • Redação dada pela Lei 6.016, de 31 de dezembro de 1973. **Redação anterior:** **Art. 26.** Nos casos do art. 23 e do art. 24, letras *a* e *b*, se era possível resistir à coação, ou se a ordem **não** era manifestamente ilegal; ou no caso do art. 25, se era razoavelmente exigível o sacrifício do direito ameaçado, o juiz, tendo em vista as condições pessoais do réu, pode atenuar a pena.	
Exclusão de criminalidade **Art. 19.** Não há crime quando o agente pratica o fato: I – em estado de necessidade; II – em legítima defesa; III – em estrito cumprimento de dever legal ou no exercício regular de direito.	**Exclusão de crime** **Art. 27.** Não há crime quando o agente pratica o fato: I – em estado de necessidade; II – em legítima defesa; III – em estrito cumprimento de dever legal; IV – em exercício regular de direito	**Exclusão de ilicitude** **Art. 23.** Não há crime quando o agente pratica o fato: I – em estado de necessidade; II – em legítima defesa; III – em estrito cumprimento de dever legal ou no exercício regular de direito.
Excesso culposo Parágrafo único. O agente que excede culposamente os limites da legítima defesa, responde pelo fato, se este é punível como crime culposo.	**Excesso culposo** **Art. 30.** O agente que, em qualquer dos casos de exclusão de crime, excede culposamente os limites da necessidade, responde pelo fato, se este é punível a título de culpa.	**Excesso punível** Parágrafo único. O agente, em qualquer das hipóteses deste artigo, responderá pelo excesso doloso ou culposo.

	Excesso escusável § 1º Não é punível o excesso quando resulta de escusável medo, surpresa, ou perturbação de ânimo em face da situação. Excesso doloso § 2º Ainda quando punível o fato por excesso doloso, o juiz pode atenuar a pena.	
Estado de necessidade Art. 20. Considera-se em estado de necessidade quem pratica o fato para salvar de perigo atual, que não provocou por sua vontade, nem podia de outro modo evitar, direito próprio ou alheio, cujo sacrifício, nas circunstâncias, não era razoável exigir-se. § 1º Não pode alegar estado de necessidade quem tinha o dever legal de enfrentar o perigo. § 2º Embora reconheça que era razoável exigir-se o sacrifício do direito ameaçado, o juiz pode reduzir a pena, de um a dois terços.	Estado de necessidade excludente do crime Art. 28. Considera-se em estado de necessidade quem pratica um mal para preservar direito seu ou alheio, de perigo certo e atual, que não provocou, nem podia de outro modo evitar, desde que o mal causado, pela sua natureza e importância, é consideravelmente inferior ao mal evitado, e o agente não era legalmente obrigado a arrostar o perigo.	Estado de necessidade Art. 24. Considera-se em estado de necessidade quem pratica o fato para salvar de perigo atual, que não provocou por sua vontade, nem podia de outro modo evitar, direito próprio ou alheio, cujo sacrifício, nas circunstâncias, não era razoável exigir-se. § 1º Não pode alegar estado de necessidade quem tinha o dever legal de enfrentar o perigo. § 2º Embora seja razoável exigir-se o sacrifício do direito ameaçado, a pena poderá ser reduzida de um a dois terços.
Legítima defesa Art. 21. Entende-se em legítima defesa quem, usando moderadamente dos meios necessários, repele injusta agressão, atual ou iminente, a direito seu ou de outrem.	Legítima defesa Art. 29. Entende-se em legítima defesa quem, usando moderadamente dos meios necessários, repele injusta agressão, atual ou iminente, a direito seu ou de outrem.	Legítima defesa Art. 25. Entende-se em legítima defesa quem, usando moderadamente dos meios necessários, repele injusta agressão, atual ou iminente, a direito seu ou de outrem.

Excesso culposo Parágrafo único. O agente que excede culposamente os limites da legítima defesa, responde pelo fato, se este é punível como crime culposo.	Excesso culposo Art. 30. O agente que, em qualquer dos casos de exclusão de crime, excede culposamente os limites da necessidade, responde pelo fato, se este é punível a título de culpa. **Excesso escusável** § 1º Não é punível o excesso quando resulta de escusável medo, surpresa, ou perturbação de ânimo em face da situação. **Excesso doloso** § 2º Ainda quando punível o fato por excesso doloso, o juiz pode atenuar a pena.	Excesso punível (Art. 23) Parágrafo único. O agente, em qualquer das hipóteses deste artigo, responderá pelo excesso doloso ou culposo.
TÍTULO III **DA RESPONSABILIDADE**	**TÍTULO III** **DA IMPUTABILIDADE PENAL**	**TÍTULO III** **DA IMPUTABILIDADE PENAL**
Irresponsáveis Art. 22. É isento de pena o agente que, por doença mental ou desenvolvimento mental incompleto ou retardado, era, ao tempo da ação ou da omissão, inteiramente incapaz de entender o caráter criminoso do fato ou de determinar-se de acordo com esse entendimento.	**Inimputáveis** Art. 31. Não é imputável quem, no momento da ação ou da omissão, não possui a capacidade de entender o caráter ilícito do fato ou de determinar-se de acordo com esse entendimento, em virtude de doença mental ou de desenvolvimento mental incompleto ou retardado.	**Inimputáveis** Art. 26. É isento de pena o agente que, por doença mental ou desenvolvimento mental incompleto ou retardado, era, ao tempo da ação ou da omissão, inteiramente incapaz de entender o caráter ilícito do fato ou de determinar-se de acordo com esse entendimento.
Redução facultativa da pena Parágrafo único. A pena pode ser reduzida de um a dois terços, se o agente, em virtude de perturbação da saúde mental ou por desenvolvimento mental incompleto ou retardado, não possua, ao tempo da ação ou da omissão, a plena capacidade de entender o caráter criminoso do fato ou de determinar-se de acordo com esse entendimento.	**Redução facultativa da pena** Parágrafo único. Se a doença ou a deficiência mental não suprime, mas diminui consideravelmente a capacidade de entendimento da ilicitude do fato ou de autodeterminação, não fica excluída a imputabilidade, mas a pena pode ser atenuada, sem prejuízo do disposto no art. 94.	**Redução de pena** Parágrafo único. A pena pode ser reduzida de um a dois terços, se o agente, em virtude de perturbação de saúde mental ou por desenvolvimento mental incompleto ou retardado não era inteiramente capaz de entender o caráter ilícito do fato ou de determinar-se de acordo com esse entendimento.

Menores de 18 anos **Art. 23.** Os menores de dezoito anos são penalmente irresponsáveis, ficando sujeitos às normas estabelecidas na legislação especial.	**Menores** **Art. 33.** O menos de dezoito anos é inimputável. **Art. 34.** Os menores de dezoito anos ficam sujeitos às medidas educativas, curativas ou disciplinares determinadas em leis especiais. • Redação dada pela Lei 6.016, de 31 de dezembro de 1973. **Redação anterior:** **Art. 33.** O menor de dezoito anos é inimputável salvo se, já tendo completado dezesseis anos, revela suficiente desenvolvimento psíquico para entender o caráter ilícito do fato e determinar-se de acordo com este entendimento. Neste caso, a pena aplicável é diminuída de um terço até a metade. **Art. 34.** Os menores de dezesseis anos, bem como os menores de dezoito e maiores de dezesseis inimputáveis, ficam sujeitos às medidas educativas, curativas ou disciplinares determinadas em legislação especial.	**Menores de dezoito anos** **Art. 27.** Os menores de 18 (dezoito) anos são penalmente inimputáveis, ficando sujeitos às normas estabelecidas na legislação especial.
Emoção e paixão. Embriaguez **Art. 24.** Não excluem a responsabilidade penal: I – a emoção ou a paixão; II – a embriaguez, voluntária ou culposa, pelo álcool ou substância de efeitos análogos.	**Embriaguez** **Art. 32.** Não é igualmente imputável o agente que, por embriaguez completa, proveniente de caso fortuito ou força maior, era, ao tempo da ação ou da omissão, inteiramente incapaz de entender o caráter ilícito do fato ou de determinar-se de acordo com esse entendimento.	**Emoção e paixão** **Art. 28.** Não excluem a imputabilidade penal: I – a emoção ou a paixão; Embriaguez II – a embriaguez, voluntária ou culposa, pelo álcool ou substância de efeitos análogos.

§ 1º É isento de pena o agente que, por embriaguez completa, proveniente de caso fortuito ou força maior, era, ao tempo da ação ou da omissão, inteiramente incapaz de entender o caráter criminoso do fato ou de determinar-se de acordo com esse entendimento. § 2º A pena pode ser reduzida de um a dois terços, se o agente, por embriaguez, proveniente de caso fortuito ou força maior, não possuía, ao tempo da ação ou da omissão, a plena capacidade de entender o caráter criminoso do fato ou de determinar-se de acordo com esse entendimento.	Parágrafo único. A pena pode ser reduzida de um a dois terços, se o agente, por embriaguez proveniente de caso fortuito ou força maior, não possuía, ao tempo da ação ou da omissão, a plena capacidade de entender o caráter ilícito do fato ou de determinar-se de acordo com esse entendimento. • Redação dada pela Lei 6.016, de 31 de dezembro de 1973. Redação anterior: **Art. 32.** Não é igualmente imputável o agente que, por embriaguez completa proveniente de caso fortuito ou força maior, era, ao tempo da ação ou omissão, inteiramente incapaz de entender o caráter criminoso do fato ou de determinar-se de acordo com esse entendimento. Parágrafo único. A pena pode ser reduzida de um a dois terços, se o agente, por embriaguez proveniente de caso fortuito ou força maior, não possuía, ao tempo da ação ou da omissão, a plena capacidade de entender o caráter criminoso do fato ou de determinar-se de acordo com esse entendimento.	§ 1º É isento de pena o agente que, por embriaguez completa, proveniente de caso fortuito ou força maior, era, ao tempo da ação ou da omissão, inteiramente incapaz de entender o caráter ilícito do fato ou de determinar-se de acordo com esse entendimento. § 2º A pena pode ser reduzida de um a dois terços, se o agente, por embriaguez, proveniente de caso fortuito ou força maior, não possuía, ao tempo da ação ou da omissão, a plena capacidade de entender o caráter ilícito do fato ou de determinar-se de acordo com esse entendimento.

	Menores **Art. 33.** O menos de dezoito anos é inimputável. **Art. 34.** Os menores de dezoito anos ficam sujeitos às medidas educativas, curativas ou disciplinares determinadas em leis especiais. • Redação dada pela Lei 6.016, de 31 de dezembro de 1973. **Redação anterior:** **Art. 33.** O menor de dezoito anos é inimputável salvo se, já tendo completado dezesseis anos, revela suficiente desenvolvimento psíquico para entender o caráter ilícito do fato e determinar-se de acordo com este entendimento. Neste caso, a pena aplicável é diminuída de um terço até a metade. **Art. 34.** Os menores de dezesseis anos, bem como os menores de dezoito e maiores de dezesseis inimputáveis, ficam sujeitos às medidas educativas, curativas ou disciplinares determinadas em legislação especial.	
TÍTULO IV **DA COAUTORIA**	**TÍTULO IV** **DO CONCURSO DE AGENTES**	**TÍTULO IV** **DO CONCURSO DE PESSOAS**
Pena da Coautoria **Art. 25.** Quem, de qualquer modo, concorre para o crime incide nas penas a este cominadas.	**Coautoria** **Art. 35.** Quem, de qualquer modo, concorre para o crime, incide nas penas a este cominadas.	**Regras comuns às penas privativas de liberdade** **Art. 29.** Quem, de qualquer modo, concorre para o crime incide nas penas a este cominadas, na medida de sua culpabilidade.

		§ 1º Se a participação for de menor importância, a pena pode ser diminuída de um sexto a um terço. § 2º Se algum dos concorrentes quis participar de crime menos grave, ser-lhe-á aplicada a pena deste; essa pena será aumentada até metade, na hipótese de ter sido previsível o resultado mais grave.
Circunstâncias incomunicáveis Art. 26. Não se comunicam as circunstâncias de caráter pessoal, salvo quando elementares do crime.	**Condições ou circunstâncias pessoais** § 1º A punibilidade de qualquer dos concorrentes é independente da dos outros, determinando-se segundo a sua própria culpabilidade. Não se comunicam, outrossim, as condições ou circunstâncias de caráter pessoal, salvo quando elementares do crime.	**Circunstâncias incomunicáveis** Art. 30. Não se comunicam as circunstâncias e as condições de caráter pessoal, salvo quando elementares do crime.
Casos de impunibilidade Art. 27. O ajuste, a determinação ou instigação e o auxílio, salvo disposição expressa em contrário, não são puníveis, se o crime não chega, pelo menos, a ser tentado (art. 76, parágrafo único).		**Casos de impunibilidade** Art. 31. O ajuste, a determinação ou instigação e o auxílio, salvo disposição expressa em contrário, não são puníveis, se o crime não chega, pelo menos, a ser tentado.

	Agravação de pena	
	§ 2º A pena é agravada em relação ao agente que:	
	I – promove ou organiza a cooperação no crime ou dirige a atividade dos demais agentes;	
	II – coage outrem à execução material do crime;	
	III – instiga ou determina a cometer o crime alguém sujeito à sua autoridade, ou não punível em virtude de condição ou qualidade pessoal;	
	IV – executa o crime, ou nele participa, mediante paga ou promessa de recompensa.	
	Atenuação da pena	
	§ 3º A pena é atenuada em relação ao agente cuja participação no crime é de somenos importância.	

PLANO GERAL DOS COMENTÁRIOS AO CÓDIGO PENAL

NÉLSON HUNGRIA, vol. I tomo I: arts. 1º a 10, RJ: Forense. 4ª ed. 1958

NÉLSON HUNGRIA, vol. I tomo II: arts. 11 a 27, RJ: Forense, 4ª ed. 1958

NÉLSON HUNGRIA – HELENO CLÁUDIO FRAGOSO, vol. I, tomo I: arts. 1 a10, RJ: Forense, 5ª ed. 1977

NÉLSON HUNGRIA – HELENO CLÁUDIO FRAGOSO, vol. I, tomo II: arts. 11 a 27, RJ: Forense, 5ª ed. 1978

NÉLSON HUNGRIA- RENÉ ARIEL DOTTI, vol. I, tomo I: arts. 1 a 10, RJ: Forense, 4ª ed., 1958 e 1 a 12, RJ: GZ Editora, 6ª ed., 2014

NÉLSON HUNGRIA- RENÉ ARIEL DOTTI, vol. I, tomo II: arts. 11 a 27, RJ: Forense, 4ª ed., 1958 e 13 a 31, RJ: GZ Editora, 7ª ed., 2016

ROBERTO LYRA, vol. II: arts. 28 a 74, RJ: Forense, 3ª ed., 1958 (2ª tiragem)

ANÍBAL BRUNO, vol. II: arts. 28 a 74, RJ: Forense, 1ª ed., 1969

NÉLSON HUNGRIA, vol. III: arts. 75 a 101, RJ: Forense, 4ª ed., 1958

ALOYSIO DE CARVALHO FILHO, vol. IV: arts. 102 a 120, RJ: Forense, 4ª ed., 1958

ALOYSIO DE CARVALHO FILHO – JORGE ALBERTO ROMEIRO, vol. IV: arts. 102 a 120, RJ: Forense, 5ª ed., 1979

NÉLSON HUNGRIA, vol. V: arts. 121 a 136, RJ: Forense, 4ª ed., 1958

NÉLSON HUNGRIA, vol. VI: arts. 137 a 154, RJ: Forense, 4ª ed., 1958

NÉLSON HUNGRIA – HELENO CLÁUDIO FRAGOSO, vol. V: arts. 121 a 136, RJ: Forense, 5ª ed., 1979

NÉLSON HUNGRIA – HELENO CLÁUDIO FRAGOSO, vol. VI: arts. 137 a 154, RJ: Forense, 5ª ed., 1980

NÉLSON HUNGRIA, vol. VII: arts. 155 a 196, RJ: Forense, 2ª ed., 1958

NÉLSON HUNGRIA – HELENO CLÁUDIO FRAGOSO, vol. VII: arts. 155 a 196, RJ: Forense, 4ª ed., 1980

ÍNDICE ALFABÉTICO REMISSIVO

"aberratio delicti" – 181
"aberratio ictus" – 181
"actiones liberae in causa" – 154
"ato infracional" ou crime (infração penal)? – 762
"error in persona" – 181
absoluta incapacidade de culpa – 715
abuso de autoridade – 695
abuso do direito – 638
ação e ato – 456
actio libera in causa – 456
agente provocador – 315, 841
agravação e atenuação de pena – 309
agressão atual ou iminente e injusta – 213
anteprojeto Hungria, a revisão do – 348
anteprojeto Toledo – 356
arrependimento eficaz – 67, 507
associação criminosa – 376
atividade ilícita posterior à consumação – 841
atos de tentativa – 59
atos preparatórios – 485
atuação *pro magistratu* – 700
atualidade do perigo – 652
ausência de conduta – 458
autoajuda – 700
autor imediato – 831
autor mediato – 832
autoria colateral – 841
avaliação da psiquiatria forense – 718
balanceamento dos bens em conflito – 653
bases da constituição portuguesa, Influência das – 341

bem jurídico – 397
bem jurídico e objeto do crime – 398
caráter objetivo da legítima defesa – 670
caso de ausência de provocação do ofendido – 676
casos de anomalia mental – 715
causa e condição – 428
causalidade – 43
causalidade da omissão – 49
causalidade factual e jurídica – 424
causalidade nos delitos de omissão culposa – 468
causalidade nos delitos de omissão dolosa – 466
causas extintivas de punibilidade – 412
causas gerais de atenuação da pena – 516
causas legais de justificação – 636
causas supralegais de exclusão de culpabilidade – 793
causas supralegais de justificação – 639
cegueira jurídica e a hostilidade ao Direito – 612
circunstâncias e condições pessoais – 847
circunstâncias incomunicáveis e comunicáveis – 318
classes de dolo – 534
classificação das anormalidades psíquicas – 261
classificação dos crimes omissivos – 464
classificação dos tipos legais – 383
classificações do delito segundo o resultado – 427
cláusula de consciência – 802
cláusula pétrea – 755

Índice

ÍNDICE ALFABÉTICO-REMISSIVO

cláusulas de garantia – 636
coação física e coação moral – 624
coação irresistível – 187
coação moral imposta pela sociedade – 626
coautoria – 832
coautoria em crime culposo – 833
coculpabilidade – 586
código criminal do império – 357
código criminal do império (1830) – 343, 814
código de trânsito brasileiro – 547
código penal da primeira república – 344
código penal da primeira república (1890) – 814
código penal de 1940 – 346
código penal de 1969 – 348
cogitação e deliberação – 485
colisão de deveres – 654
compensação de culpas, o problema da – 551
compensação de culpas – 152
concausa – 428
conceito analítico – 359
conceito de culpa – 543
conceito de dolo – 532
conceito dominante – 361
conceito formal – 360
conceito funcional. – 362
conceito jurídico do crime – 5
conceito jurídico-legal – 360
conceito legal de causa – 381
conceito material – 360
conceito material de crime – 358
conceito natural. – 360
conceito radical – 360
conceito realístico da ação – 441
conceito sociológico – 360
conceitos de autoria, coautoria e participação – 831

conceitos de crime – 357
concepção adotada pelo código penal e o erro de proibição – 616
concepções sobre a culpabilidade – 566
concurso de agentes – 290
concurso de pessoas, inexistência do – 840
concurso de pessoas – 843
concurso de pessoas – 654
concurso de pessoas no direito a constituir – 817
concurso de pessoas no direito anterior – 814
concurso de pessoas no direito em vigor – 821
concurso de pessoas no infanticídio – 849
concurso em crime culposo – 306
concurso necessário – 310
concurso-agravante – 310
condições de punibilidade ou condições de processabilidade – 407
condições negativas de punibilidade – 410
condições objetivas de punibilidade – 407
conduta – 381
conflito de deveres – 804
conhecimento potencial da ilicitude – 612
conhecimento real da ilicitude – 611
conivência – 840
consagração do princípio da culpabilidade – 822
consciência (potencial ou real) da ilicitude – 570
consciência de injuricidade – 104
consentimento como requisito essencial do dolo eventual – 536
consentimento do ofendido – 640
consolidação das leis penais (1932) – 345
constituição do império do brasil – 342
consumação – 498
consumação nos crimes instantâneos, continuados e permanentes – 500

Cooperação dolosamente distinta – 304
crime a distância – 365
crime aberrante – 365
crime acessório – 365
crime ambiental – 365
crime bilateral – 365
crime coletivo – 365
crime comissivo – 365
crime comissivo por omissão – 365
crime complexo – 366
crime comum – 366
crime conexo – 366
crime consumado – 53, 366
crime continuado – 366
crime contra a ordem política e social – 366
crime contra a segurança nacional – 366
crime contra o ambiente – 366
crime contra o meio ambiente – 366
crime culposo – 366
crime da mesma natureza – 367
crime de atentado – 367
crime de circulação – 367
crime de concurso necessário – 367
crime de conduta mista – 367
crime de consumação antecipada – 367
crime de conteúdo variado – 367
crime de dano – 368
crime de encontro – 368
crime de ensaio – 368
crime de expressão – 368
crime de forma livre – 368
crime de forma vinculada – 368
crime de ímpeto – 368
crime de imprensa – 369
crime de mão própria – 369
crime de menor potencial ofensivo – 369
crime de mera conduta – 369
crime de mera suspeita – 369

crime de ocasião – 369
crime de ofensa presumida – 370
crime de opinião – 370
crime de perigo – 370
crime de perigo abstrato – 370
crime de perigo efetivo (perigo concreto) – 370
crime de perigo presumido – 370
crime de responsabilidade – 370
crime de resultado – 370
crime de resultado naturalístico – 371
crime de simples desobediência – 368
crime de tendência – 371
crime de trânsito – 371
crime doloso – 371
crime e contravenção – 26
crime ecológico – 371
crime eleitoral – 371
crime especial – 372
crime exaurido – 373
crime formal – 373
crime funcional – 373'
crime habitual – 32, 373
crime hediondo – 374
crime imaginário – 374, 524
crime impossível – 374
crime impossível ou tentativa inadequada (inidônea) – 71, 522
crime impossível. tentativa impunível – 498
crime instantâneo – 375
crime instantâneo de efeito permanente – 375
crime material – 375
crime militar – 375
crime multitudinário – 310
crime mutilado em atos – 375
crime omissivo – 375
crime omissivo por comissão – 376
crime omissivo por comissão (conduta mista) – 465

Índice

crime organizado – 376
crime passional – 377
crime permanente – 377
crime pluriofensivo – 377
crime plurissubjetivo – 377
crime plurissubsistente – 378
crime político – 378
crime por tendência – 378
crime preterdoloso – 378
crime preterintencional – 378
crime principal – 378
crime privilegiado – 378
crime progressivo – 36, 379
crime próprio – 379
crime provocado – 379
crime putativo – 75, 379
crime qualificado – 379
crime qualificado pelo resultado – 379, 559
crime simples – 380
crime social – 380
crime societário – 380
crime tentado – 380
crime unilateral – 380
crime unissubsistente – 380
crimes comuns – 38
crimes comuns e especiais – 38
crimes continuados, habituais e progressivos – 30
crimes contra grupos e comunidades indígenas – 792
crimes de ação pública e de ação privada – 41
crimes dolosos, culposos e preterdolosos – 30
crimes formais – 501
crimes incondicionados e condicionados – 41
crimes instantâneos e permanentes – 30
crimes omissivos impróprios (comissivos por omissão) – 465

crimes omissivos próprios (puros) – 465
crimes permanentes – 501
crimes principais e acessórios – 41
crimes qualificados e privilegiados – 38
crimes que não admitem a coautoria – 835
crimes simples e complexos – 38
crimes unilaterais, bilaterais e coletivos – 38
crimes unissubsistentes e plurissubsistentes – 38
crise do sistema prisional – 754
critérios ou requisitos psicológicos da responsabilidade – 262
culpa (stricto sensu) – 134
culpa inconsciente – 549
culpa presumida – 151
culpabilidade – 405
culpabilidade – 82
culpabilidade (culpa "sensu lato") – 16
culpabilidade como base para a escolha e limites da pena – 574
culpabilidade como base para a substituição da pena – 575
culpabilidade como base para fixar o regime inicial da pena de prisão – 575
culpabilidade como elemento da pena – 563
culpabilidade como fundamento da pena – 574
culpabilidade pela conduta de vida – 565
culpabilidade pela formação da personalidade – 563
culpabilidade pelo caráter – 563
cumprimento de dever legal e exercício de direito – 226
dano – 472
dano efetivo – 473
dano potencial – 473
defesa de um direito – 653
defesa preordenada (offendiculum) – 680
definição tripartite de crime em código moderno – 584

demonstração objetiva de justificação – 675
descriminantes putativas – 600
descumprimento de ordem legal – 695
desenvolvimento mental incompleto ou retardado – 246, 717
desinternação ou liberação condicional – 738
desistência e arrependimento – 506
desistência e arrependimento: aspectos comuns – 507
desistência voluntária – 506
desistência voluntária e arrependimento eficaz – 67
desobediência civil – 803
detração – 740
dever legal de enfrentar o perigo – 655
direito administrativo sancionador – 402
direito de resistência – 656
direito penal do fato – 426
direitos suscetíveis de defesa legítima – 670
distinção entre as formas de coação – 624
distinção entre atos preparatórios e início de execução – 486
distinção entre lei e direito – 613
distinções do dolo – 126
divisão das infrações penais – 363
divisão dos crimes – 29
doença mental – 244, 716
dolo – 84
dolo como elemento do tipo – 533
dolo eventual – 534
dolo eventual na orientação do código penal – 536
duplo binário, exclusão do sistema – 854
elemento subjetivo da participação – 302
elemento subjetivo no tipo – 674
elementos comuns às formas de coação – 625
elementos da ação – 441
elementos da ilicitude – 395

elementos da omissão – 462
elementos do crime – 381, 382, 394, 405
elementos dos tipos penais – 390
elementos subjetivos do injusto – 542
elementos subjetivos do tipo – 532
embriaguez – 280, 779
embriaguez acidental – 780
embriaguez ao volante de veículo automotor – 781
embriaguez culposa – 780
embriaguez e a imputabilidade – 781
embriaguez preordenada – 779
embriaguez proveniente de caso fortuito ou força maior – 780
embriaguez voluntária – 779
emoção
  conceito, consequências psicossomáticas e penais – 776
  emoção e paixão – 269, 766
emprego moderado dos meios necessários à defesa – 221
epilepsia – 719
erro acidental – 181
erro de eficácia – 615
erro de fato – 166
erro de mandamento – 615
erro de pessoa, o problema do – 682
erro de proibição direto – 614
erro de proibição extrapenal – 618
erro de proibição indireto – 615
erro de punibilidade – 615
erro de subsunção – 616
erro de tipo e erro de proibição, dicotomia – 596
erro de tipo essencial e erro de tipo acidental – 599
erro de tipo na circunstância de aumento da pena – 598
erro de vigência – 615

Índice

erro judiciário na abusiva presunção do dolo eventual – 538
erro por convicção religiosa – 616
erro por outras situações – 616
erro profissional – 150
erro provocado – 181
erro sobre a causa de justificação – 639
erro sobre a pessoa – 601
erro sobre a proibição – 607
erro sobre os elementos do tipo – 594
error iuris nocet – 609
error iuris non nocet – 611
escusa absolutória e perdão judicial – 411
escusas absolutórias – 409
especial diminuição da pena – 510
espécies de dano – 473
espécies de erro de proibição – 614
espécies de perigo – 475
estabelecimento adequado – 731
estado de necessidade – 198
estado de necessidade exculpante – 797
estado de necessidade no direito civil – 655
estado de necessidade putativo – 654
estados de necessidade defensivo e agressivo 655
estados emocionais e passionais – 775
estatuto da criança e do adolescente (lei nº 8.069/1990) – 759
estrito cumprimento do dever legal – 691
estrutura do tipo culposo – 544
etapas de desenvolvimento da ação – 441
exaurimento – 502
exceção do ânimo de defesa – 673
excesso culposo – 223
excesso exculpável no estado de necessidade e na legítima defesa – 799
exclusão de culpabilidade – 707
execução administrativa das medidas de segurança – 741

execução definitiva e internação provisória – 736
exercício regular de direito – 695
exercício regular de direito no Direito Civil – 703
extinção da punibilidade – 18
falta de consciência da ilicitude e desconhecimento da lei – 613
fases do crime doloso – 484
fato típico – 6
fetiche do dolo eventual – 539
formas da omissão – 464
funções do tipo penal – 392
fundamento da inimputabilidade – 752
fundamento da punição – 639
graus da culpa – 148
grave alteração da consciência – 805
hipótese da coação com dois sujeitos – 626
hipóteses de isenção de pena – 707
ignorância da lei e ignorância do direito – 614
ignorância e erro – 594
ignorância ou erro de direito – 159
ilícito penal – 385
ilícito penal e ilícito administrativo – 24, 401
ilícito penal e ilícito civil – 19, 401
ilícito penal e outras modalidades – 405
ilícitos penais que não admitem a tentativa – 495
ilicitude – 394
ilicitude e injusto – 395
ilicitude formal e ilicitude material – 395
imaturidade – 263
impropriedade absoluta ou relativa (do objeto) – 523
imprudência, negligência, imperícia – 149
impunibilidade no caso de "delictum non secutum" – 319
imputabilidade – 570
imputabilidade jurídico-penal do índio – 789

imputabilidade penal – 704

imunidade parlamentar – 700

imunidade profissional – 701

inadmissibilidade da legítima defesa recíproca – 226

inadmissibilidade da tentativa – 61

incapacidade criminal da pessoa jurídica – 442

incapacidade de compreensão e o erro de proibição – 715

inconfidência mineira – 340

independência do brasil – 341

indígena – 645

individualização da responsabilidade penal – 821

ineficácia absoluta ou relativa (do meio) – 522

inevitabilidade da situação de perigo – 653

inexigibilidade de conduta diversa – 794

inexigibilidade do sacrifício – 654

inexistência de ação ou omissão da pessoa jurídica – 442

inexistência do concurso de pessoas – 840

infração penal de menor potencial ofensivo – 380

início de execução – 485

inimputabilidade declarada no art. 228 da Constituição Federal – 755

injuridicidade – 14

internação ou ambulatório – 737

interrupção de causalidade – 48

intervenção médico-cirúrgica e lesão em prática desportiva – 699

involuntariedade na criação do perigo. – 653

itinerário do crime – 484

ius puniendi – 403

juízo de reprovação ao sujeito pela sua conduta contrária à norma – 573

legítima defesa – 206

legítima defesa abusiva – 677

legítima defesa contra agressão culposa – 688

legítima defesa contra agressão de inimputável – 684

legítima defesa contra agressão de pessoa jurídica – 685

legítima defesa contra legítima defesa – 688

legítima defesa contra multidão em tumulto – 678

legítima defesa da alegada honra conjugal – 685

legítima defesa e aberratio ictus – 684

legítima defesa em caso de resistência agressiva – 689

legítima defesa em caso de rixa – 688

legítima defesa em favor de interesses difusos e de bens do Estado – 687

legítima defesa exercida por inimputável – 684

legítima defesa no direito civil – 683

legítima defesa putativa – 679

lei de introdução ao código penal – 358

limites entre a culpa consciente e e o dolo eventual – 544

maioridade penal e maioridade civil – 752

medidas aplicáveis às crianças e adolescentes – 761

medidas de segurança – 720

meio e objeto do crime – 522

menores infratores – 765

método biopsicológico – 242

modalidades de crimes – 364

momento da aquisição da imputabilidade – 751

momento da consumação – 499

multidão criminosa – 842

múltiplas funções da culpabilidade – 617

não há crime sem resultado – 425

natureza da relação entre as partes – 628

natureza do dever de agir – 463

necessitas facit ius – 651
neocriminalização – 547
obediência devida – 628
obediência devida no Direito Internacional – 629
obediência hierárquica – 190, 628
obediência indevida exculpante – 799
omissão e conivência – 469
ordem legal das excludentes – 636
ordenações do Reino de Portugal – 339
outras modalidades de erro – 601
paixão
conceito, consequências psicossomáticas e penais – 777
participação – 835
participação de participação e instigação ou mandato sucessivo – 306
participação e arrependimento – 317
participação mediante omissão – 308
pena da tentativa – 496
pena de tentativa – 66
pena e medida de segurança – 727
perícia médica – 739
perícia psiquiátrica e quesitos – 284
periculosidade presumida – 730
periculosidade real – 730
perigo – 473
perigo atual ou iminente – 13, 477
perigo coletivo – 477
perigo coletivo ou comum – 12
perigo efetivo – 475
perigo futuro (mediato) – 478
perigo individual – 477
perigo presumido – 12, 475
perturbação dos sentidos e da inteligência – 775
posição sistemática da culpabilidade – 560
possibilidade e exigibilidade, nas circunstâncias, de conduta diversa – 571

preservação de um direito, próprio ou de outrem – 219
pressupostos da culpabilidade – 570
presunção de periculosidade – 782
presunção do dolo – 548
presunção do dolo eventual – 538
presunção legal de incapacidade de culpa – 748
preterdolo e caso fortuito – 90
preterintencionalidade – 550
prevenção da responsabilidade objetiva – 558
previsão de princípios, garantias e direitos – 732
primitiva forma de reação – 664
princípio da anterioridade da lei penal – 733
princípio da anterioridade da lei penal – 733
princípio da dignidade da pessoa humana – 733
princípio da insignificância jurídica – 399
princípio da intervenção mínima – 386, 393
princípio da irretroatividade da lei mais grave – 734
princípio da jurisdicionalidade – 735
princípio da necessidade – 732
princípio da ofensividade – 427
princípio da personalidade – 734
princípio da personalidade da pena – 601
princípio da proporcionalidade – 734
princípio da subsidiariedade – 386
princípio do bem jurídico – 397
privação dos sentidos e da inteligência – 774
problema da embriaguez – 779
Projeto de Lei ampliando o tempo de internação do menor infrator – 761
Proposta de Emenda ao art. 228 da Constituição Federal – 759
proposta para redefinir o dolo eventual – 541
provocação da situação da legítima defesa – 803

provocação, a reparação e a infiltração – 841
Punibilidade (incidência sob a ameaça da pena *stricto sensu*) – 17
punibilidade – 405
punibilidade como suposto elemento do crime – 405
punibilidade e pena – 406
punibilidade excepcional dos fatos culposos – 157
punibilidade nos casos de excesso – 638
punição por crime culposo – 599
raporto di causalità – 468
reação contra agressão insignificante – 677
reforma do cp 1969 – 351
reforma setorial da Parte Geral do CP de 1940 – 353
reforma global da Parte FEral do CP de 1940 – 355
reincidência – 354
relação de causalidade – 429
relativa incapacidade de culpa – 717
reparação do dano nos crimes culposos – 516
requisitos da legítima defesa – 210
responsabilidade diminuída – 247
responsabilidade pelo dever de agir – 464
responsabilidade penal – 235
revogação e extinção – 741
risco permitido – 642
semi-imputabilidade – 718
silvícola – 785
situação de perigo – 652
situação jurídico-penal do índio – 783
sujeição física ou moral – 624
sujeito ativo – 470
sujeito passivo – 471
sujeitos do crime – 470
superveniência de causa independente – 440
superveniência de doença mental – 739

surdo-mudez – 719
suspensão condicional da pena – 354
tentativa – 54
tentativa – 489
tentativa abandonada – 67
tentativa de lesão corporal – 65, 493
tentativa e "impetus" – 63
tentativa e crime complexo – 66
tentativa e dolo eventual – 65
tentativa em outras espécies de crimes – 494
tentativa inidônea – 521
tentativa no crime de perigo – 495
teoria causal-naturalista – 451
teoria da causa decisiva – 44
teoria da causa humana exclusiva – 44, 435
teoria da causa próxima – 44
teoria da causa próxima ou última (ORTMANN) – 439
teoria da causa relevante para o direito penal – 44
teoria da causa típica – 44
teoria da causalidade adequada – 43, 433
teoria da causalidade jurídica (MOSCA, MAGGIORE) – 439
teoria da cessação do direito de punir – 667
teoria da coação moral – 666
teoria da colisão de direitos – 667
teoria da condição insubstituível – 44
teoria da condição mais eficaz ou ativa (BIRKMEYER, STOPPATO) – 439
teoria da condição perigosa – 45
teoria da eficiência – 44
teoria da equivalência dos antecedentes (conditio sine qua non) – 432
teoria da equivalência dos antecedentes causais – 43
teoria da imputação objetiva – 435
teoria da predominância – 434

teoria da qualidade do efeito ou da causa eficiente (KOHLER) – 439

teoria da relevância jurídica – 434

teoria da retribuição do mal pelo mal – 666

teoria da tipicidade condicional (RANIERI) – 44, 440

teoria da totalidade das condições – 431

teoria do caráter jurídico e social dos motivos – 668

teoria do direito de necessidade – 667

teoria do domínio do fato – 827

teoria do equilíbrio – 44

teoria do movimento atual – 44

teoria dos elementos negativos do tipo – 387

teoria finalista – 453, 462

teoria finalista (da omissão) – 462

teoria finalista da ação – 454

teoria jurídico-penal da ação – 450

teoria jurídico-penal da omissão – 460

teoria normativa (da omissão) – 462

teoria objetiva temperada – 523, 523

teoria sintomática – 452

teoria social – 452

teorias sobre a ação – 451

teorias sobre a culpabilidade – 562

teorias sobre a culpabilidade de autor – 563

teorias sobre a omissão – 461

teorias sobre a relação de causalidade – 431

teorias sobre autoria e participação – 825

terceiro prejudicado – 472

tipicidade – 382

tipicidade conglobante – 382

tipo de ilícito penal, conceito – 385

tipo penal como indiciário da ilicitude – 385

tipos de embriaguez – 779

tipos derivados (de atenuação ou agravação) – 390

tipos e momentos do concurso – 824

tipos fundamentais (básicos) – 390

tipos penais abertos – 388

tipos penais (classificação) – 388

tipos penais fechados – 388

uma avaliação concreta sobre menores infratores – 765

versari in re illicita, a rejeição do – 559

vicariante – 735